세계철학사 4

세계철학사 4

탈근대 사유의 지평들

이정우 지음

도서출판 길

소운(逍雲) **이정우**(李正雨)는 1959년 충청북도 영동에서 태어났다. 서울대학교에서 공학, 미학, 철학을 공부했으며, 아리스토텔레스 연구로 석사학위를, 미셸 푸코 연구로 박사학위를 받았다. 2000년에 대안공간 철학아카데미를 창설해 시민 교육에 힘썼으며, 현재는 소운서원, 경희사이버대학교, 카이스트에서 후학 양성과 집필에 몰두하고 있다.

소운의 사유는 '전통, 근대, 탈근대'를 화두로 한 보편적인 세계철학사의 서술, 시간·생명·사건 등의 개념들을 중심으로 한 생성존재론의 구축, 그리고 '타자-되기의 윤리학'과 그 정치철학적 구체화의 세 갈래로 전개되어왔다. 초기 저작으로 『소운 이정우 저작집』(전6권, 그린비)이 나와 있으며, 철학사적 저술로 『세계철학사』 4부작(도서출판 길, 2011~2024)이 완간되었다. 아울러 '철학 대계'(그린비, 2022~)로서 1~3권(『신족과 거인족의 투쟁』, 『동일성과 차이생성』, 『파라-독사의 사유: 장자와 철학』)이, '이정우 에크리'로서 『무위인-되기』(그린비, 2023)가 나와 있다. 현재는 철학 대계 4권인 『타자-되기의 에티카』와 에크리 2권인 『아이온의 시간』을 집필하고 있다. paideia@khcu.ac.kr

세계철학사 4
탈근대 사유의 지평들

2024년 1월 31일 제1판 제1쇄 펴냄
2024년 3월 25일 제1판 제2쇄 펴냄

2025년 1월 10일 제1판 제3쇄 찍음
2025년 1월 20일 제1판 제3쇄 펴냄

지은이 | 이정우
펴낸이 | 박우정

기획 | 이승우
편집 | 천정은
전산 | 한향림

펴낸곳 | 도서출판 길
주소 | 06032 서울 강남구 도산대로25길 16 우리빌딩 201호
전화 | 02)595-3153 팩스 | 02)595-3165

등록 | 1997년 6월 17일 제113호

ⓒ 이정우, 2024. Printed in Seoul, Korea
ISBN 978-89-6445-278-3 93100

대안공간과
시민적 지성을 위하여

여는 말

전통과 근대성 그리고 탈근대성이라는 구도에 입각해 철학/사유의 역사 전체를 음미해보려는 우리의 여정도 막바지에 이르렀다. 이제 우리가 논해야 할 내용은 탈-근대적 철학으로서의 현대 철학이 전통 철학의 한계를 넘어 전개된 근대 철학을 이어받되 그것이 여전히 내포하고 있는 문제점들을 어떻게 극복해나갔는지를 음미해보는 것이다. 3권이 근대성의 카르토그라피를 그렸다면, 이 마지막 권은 탈-근대 철학의 여러 지평들을 논한다.

여기에서 논의되는 탈-근대적 사유들, 즉 근대 철학의 본질주의 및 결정론을 극복하면서 전개된 생성존재론, 근대적 실증주의 인식론의 한계를 극복해나간 규약주의 이래의 여러 인식론과 합리주의적 형이상학, 인간존재를 둘러싼 현상학, 구조주의, 생명철학 등 여러 결의 참신한 시각들, 그리고 유난히 어두웠던 20세기의 현실에 부딪쳐나가면서 전개된 여러 실천적 철학들, 이 사유들은 지금의 우리에게도 여전히 '현대의 고전'들로서 큰 영향을 끼치고 있다. 이제 우리는 다시 이 사유들과 대결하면서 전통, 근대, 탈근대를 가로지르는 사유를, 철학의 새로운 단계로서 보편철학, 세계철학을 전개해나가야 할 시간을 맞이하고 있다. 본 철학사를 마무리함으로써, 이제

우리는 이런 사유에로의 나아감을 밑받침해줄 하나의 지반을 다졌다고 할
수 있을 것이다.

2023년 봄
逍雲

세계철학사 4

탈근대 사유의 지평들

지중해세계의 철학

4부 시민적 주체와 근대 정치철학

일러두기

- 인명 및 지명은 가능한 한 국립국어원의 외래어표기법에 따랐으나, 경우에 따라 원래의 발음을 살려 표기하기도 하였다.
- 인물들의 생몰 연도는 브리태니커사전에 따랐다. 브리태니커사전에서도 연도가 분명치 않아 추정한 결과로 나오는 경우가 있으나, 이 책에서는 일일이 "추정"임을 표시하지 않았다.

1부

형이상학의 귀환

1장 존재에서 생성으로

현대 철학의 기본 골격을 만들어낸 철학자들은 근대 철학자들의 성취를 이어가면서도, 이들의 한계를 돌파하려고 노력했다. 이 점에서 이들의 사유는 '탈-근대성'의 사유로 특징지어진다. 그러나 근대성의 어떤 문제점에 초점을 맞추는가에 따라, 현대 철학의 여러 갈래들이 상이한 방식으로 분기하여 전개되었다. 근대 철학의 빛나는 한 성취가 자연철학(오늘날의 자연과학)과 그것이 응용된 새로운 문명에 있다는 것은 분명하다. 하지만 현대의 철학자들은 근대 문명이, 나아가 그것을 떠받친 근대 과학기술의 세계관이 근본적인 문제점을 담고 있다고 판단했다. 그리고 근대 과학기술의 근저에 존재하는 존재론적 정향들, 즉 데카르트 이래의 기계론, 정신-신체 이원론, 갈릴레오 이래의 고전 역학적 세계관에서 비롯해 근대 사유 전반을 관류한 등질화, 결정론, 환원주의, 일방향적 인과론을, 아울러 헤겔 이래 전개된 목적론적 진화론 등을 비판적으로 분석하게 된다.

우선 근대의 과학과 인식론이 내포하는 핵심적인 맹점이 문제가 된다. 인식 주체가 전지적 관점에 입각해 세계 바깥에 서서 그것의 총체적 그림을 간파해낸다는 이 인식론에 대한 비판은 중요하다. 여기에 '제1 성질'과 '제2 성질'의 구분으로 대변되는, 현상과 실재의, 또한 감성과 이성의, 주체와 객체의 이분법 또한 극복의 대상이 된다. 아울러 초월적 형태로든 내재적 형태로든, 과학의 형태로든 형이상학의 형태로든, 세계에 대한 완벽한 결정론, 환원주의, 일방향적 인과론을, 후에는 목적론적 진화론을 견지했던 근대 철학의 전반적 경향 또한 핵심적인 극복의 대상이 된다. 근대 철학의 이런 문제점들을 극복하고자 한 현대 철학의 정초자들은 시간과 생명에 대한 성찰, 다원성과 이질성의 중시, 단순한 인과론에 대한 비판과 우연의 역할에 대한 분석, 주객의 통합적 이해 등에 대한 참신한 성찰들을 통해 이 과제를 수행해나갔다.

이 모든 사유들의 근저에는 무엇보다도 우선 '생성'에 대한 새로운 존재론적 음미가 깔려 있었다. 이런 맥락에서 이 시점에 이르러 서구 철학은 역(易)과 기(氣)을 근간으로 사유해온 동북아 철학사, '화(化)'의 사유를 전개해온 인도 철학사와 만나게 된다. 우리는 이런 흐름을 '생성존재론'이라 부를 수 있으며, 현대 철학은 이 생성존재론으로의 '존재론적 전회'에서, 보다 넓은 시각에서 본다면 형이상학의 부활에서 시작된다.

> 그렇다면 이제 우리가 길을 잃어버린 것 같소이다. 하니 그대들이 이 '존재(to on)'라는 표현으로 무엇을 이해해야 하는지를 우리에게 설명해주지 않으려오? 그대들은 분명 그 뜻하는 바에 매우 친숙해 있을 것이고, 사실 우리 자신도 지금껏 그렇다고 믿어왔었소. 하나 지금에 와서는 이렇게 당혹감에 처해 있소이다.(『소피스트』, 244a)

> 먼 옛적에 제기되어 지금까지도 논의되고 있으며 또 앞으로도 논의될, 늘 우리를 당혹감에 처하게 만드는 그런 물음이 있다: 존재란 무엇인가/무엇이 존재인가(ti to on), 즉, 실재란 무엇인가/무엇이 실재인가(tis hē ousia)?(『형이상학』, 1028b 2)

우리는 다시 철학사의 원점으로 돌아왔다. 문제는 여전히 '존재'이다. 근대 철학에서 형이상학은 거부되었다. 그러나 현대 철학은 형이상학의 부활을 통해서 새로운 사유의 문을 연다. 하지만 현대 형이상학은 고전적인 형이상학 체계들과는 다른 방식으로 문제를 제기한다. 현대 형이상학의 출발점은 존재, 영원, 필연이 아니라 무, 시간, 우연이다.

> 우연성이란 필연성의 부정이다. 필연이란 반드시 존재함을 뜻한다. 즉, 존재가 어떤 뜻에서든 자기 안에 근거를 가지고 있음을 뜻한다. 우연이란 어쩌다가 존재한다는 뜻에서 존재가 자기 안에 충분한 근거를 가지고 있지 않은 것이다. 즉, 부정을 포함한 존재, 존재하지 않을 수가 있는 존재이다. 다시 말해, 우연성이란 존재가 비-존재와 분리될-수-없는 내적 관계를 맺고 있을 때 성립하는 무엇이다. 유와 무의 접면에 끼어 있는 극한적 존재이다. 유가 무에 근거하고 있는 상태, 무가 유를 침범하고 있는 형상(形象)이다.[1]

서구 존재론사가 집요하게 추구해온 필연성의 원리가 아니라 그것의 부정인 우연성의 원리가 문제가 되고 있다. 존재와 비-존재는 타자로서, 대립항으로서 맞서 있는 것이 아니라 서로 분리할 수 없는 내적 관계를 맺고 있음이 지적되고 있다. 무는 배제되지 않는다. 오히려 유는 무에 근거하고 있고, 무가 유에 침범하고 있다. 그리고 그 경계선상에서 우연이 파열하고 있다. 현대 존재론에 들어와 존재와 무=비-존재, 필연과 우연은 이전과는 다른 관계 하에 놓인다. 구키 슈조(1888~1941)는 '형이상학'을 새롭게 정의한다.

> 우연성에 있어 존재는 무에 직면하고 있다. 그런데 존재를 넘어 무로 가는 것이, 형(形)을 넘어 형이상(形而上)의 것으로 가는 것이 형이상학의 핵심적 의미이다. 형

---

1) 九鬼周造, 『偶然性の問題』, 岩波文庫, 1935/2015,* 13頁.
   * 앞의 연도는 초판의 발행연도이고, 뒤의 연도는 내가 사용한 판본의 발행연도이다.

이상학은 '참된 존재(ontōs on)'를 문제로 삼고 있음에 틀림없다. 그러나 '참된 존재'는 '비-존재(mē on)'와의 관계에 있어서만 본연의 문제를 형성한다. 형이상학이 문제로 삼는 존재는 비-존재 즉 무에 의해 감싸여 있는 존재이다. 그래서 형이상학 즉 본연의 의미에서의 철학과 다른 학문들과의 차이도 바로 이 점에 있다. 다른 학문들은 존재/유의 단편을 주어진 존재 및 유의 단편으로서 문제 삼을 뿐이며, 무에 대해서는, 그리고 유와 무의 관계에 대해서는 아무것도 알려고 하지 않는다.

우연성의 문제는 무에 대한 물음과 분리될 수 없다는 점에서 엄밀한 의미에서 형이상학의 문제이다. 이 점에서 형이상학으로서의 철학 이외의 학문들은 우연성이라는 것을 본래의 의미에서 문제로 삼고 있다고 볼 수 없다.[2]

전통적인 서구 형이상학의 개념과는 달리, 구키는 형이상학을 "존재를 넘어 무로 가는 것"으로 규정하고 있다. 형이상학의 핵은 서구 철학이 추구해온 '존재론'이 아니라 오히려 동북아 철학이 추구해온 '무론(無論)'인 것이다.[3] 전통적인 규정에 따를 경우 형이상학은 '참된 존재'를 탐구하는 학문이지만, 참된 존재는 비-존재와의 관계를 통해서만 형이상학 본연의 문제가 될 수 있기 때문이다. 이것은 곧 존재는 무에 직면해 있고 무에 감싸여 있는 존재이기 때문이다. 그리고 존재가 무에 직면하게 되는, 존재와 무가 닿는(con-tingent) 그 경계선에 우연의 문제가 놓여 있다. 구키는 전통적인 형이상학, 즉 존재, 필연의 사유를 잇고 있는 것은 현대의 철학이 아니라 오히려 과학임을 지적한다. 현대에 들어와 존재의 필연적 이법을 탐구하는 것은 철학이 아니라 과학인 것이다. 철학 특히 형이상학은 오히려 존재가 그 극한에서 닿게 되는 무를, 그리고 그 극한에서 활동하는 우연을 다룬다. '형이상'의 의미는 극적인 반전을 겪기에 이른다. 현대 형이상학은 여러 갈

---

2) 九鬼周造,『偶然性の問題』, 13~14頁.
3) 무로서의 생성, 생성하는 무에 초점을 맞출 경우, 이것은 곧 '氣'이다.(그리고 해석 여하에 따라서는 '空'이다) 따라서 이 형이상학 개념에 따르면, 형이상학이란 바로 기학이다. 기는 오로지 생성할 때에만 기이며, 따라서 이 경우 형이상학＝생성존재론이 된다.

래가 있기에, 구키의 이런 언급이 현대 형이상학 전체를 규정한다고 볼 수는 없다. 그러나 전통 형이상학과 현대 형이상학의 정향이 얼마나 다른가를 밝혀주는 지적으로는 손색이 없다 할 것이다.

무가 존재와 분리되어 존재 바깥을 감싸는 경우가 아니라 존재 사이사이에 분배될 때 생성이 성립한다. 정확히는 단지 사이사이에 분배될 뿐만 아니라 존재-무-존재-무-…를 경계 짓고 있는 선들이 계속 무너질 때 생성이 성립한다. 존재와 무는 절대 모순을 형성하며, 존재가 존재이고 무가 무일 때 생성은 성립하지 않는다. 그리고 무는 무이므로(없으므로) 존재만이남는다. 무가 존재 사이사이에 분포하고 그 경계선들이 무너져갈 때 차이생성(differentiation)이 도래한다.[4] 모든 생성은 차이생성이다. 그리고 이때 '존재한다'는 것은 사실상 '생성한다'는 것과 동일한 것이다. 그리스 철학자들은 존재 바깥의 무가 무(없음)임을 확실히 하거나(파르메니데스), 존재-무-존재-무-…에서의 경계들을 고착화하거나(데모크리토스), 존재 사이사

---

4) 달리 말해 존재 사이사이에서 작동하는 무는 존재의 연속성을 완전히 깨버리는 절대적 무가 아니라 존재의 연속성을 깨면서도 동시에 그 근원적 연속성을 깨버리지는 않는 상대적 무여야 한다. 이 점에서 이 상대적 무는 곧 타자성이다. 동일자의 흐름 사이사이에 타자성이 개입하되 동일성과 타자성 사이에 완전한 단절이 개입하지 않을 때 생성이 성립한다. 박홍규(1919~1994)는 이를 '과정' 개념과 연관시켜 설명한다. "(존재와 무로써 단절되는) 그 한계를 넘어서는 것을 우리는 연속성이라고 해. 연속성은 항상 생성(Werden) 속에서만 성립하고, 한 번에 다 주어지지 않는 것이 연속성의 특징이야. 과정(process) 속에서만 주어지지. (A에서 B까지 가는 과정에서) B에 들어가면 A는 없어져. 그러나 그것이 돌연히 없어지는 것이 아니라, 과정을 통해서 어느 새인지 모르게 없어지게 돼. 이 두 가지가 다 들어가. 그리고 A에서 B로 갈 때, B 직전에 이르기까지는 변하지 않는 측면과 또 B로 들어가는 순간에 변하는 측면, 이 양 측면이 서로 구별되지 않는 상태에서 주어지는 것이 순수한 과정이야. 그런데 그것이 딱 끊어지면, 서로 비교할 수 있잖아? 그 변하지 않는 측면을 잘라서 볼 때, 무수히 많은 잘라진 부분들이 동시에 공존할수 있어. 그것을 공간이라고 해."(「아리스토텔레스의 우시아」, 『박홍규 전집 3』, 민음사, 2007, 41쪽) 마지막 구절은 이성이 생성/과정을 합리적=분석적 방식으로 파악할 때 필요한 것은 그것의 분절이고, 그 분절의 근거에는 곧 공간이 놓여 있음을 뜻한다. 이하 박홍규의 인용은 모두 이 전집에 근거하며, 글의 제목, 전집의 권수, 해당 권의 쪽수를 병기한다.

이의 무를 솎아냄으로써 존재와 무(정확히는 半-존재, 아페이론/질료)를 논리적으로 구별해내거나(플라톤, 아리스토텔레스) 함으로써, 생성을 제거하거나 이차적인 것으로 만들었다. 이것은 이들이 '존재'야말로 본래적인 것이며, '생성'은 비-본래적인 것이라 생각했기 때문이다. 서구 문명이 기독교화되면서 이제 생성에는 일종의 '죄' 및 '타락'의 뉘앙스가 들러붙게 된다. 그러나 현대에 들어와 거대한 전환이 발생한다. 존재 사이사이에서 활동하는 무와 그것이 존재와 닿는 곳에서 파열하는 우연이 긍정되기 시작한다. 이제 생성은 긍정된다.[5] 생성은 무죄이다.

---

5) 이것은 아페이론의 역할을 재평가하는 것과 맞물려 있다. 존재와 무의 단적인 대립 상태에서는 생성이 불가능하며, 이 대립을 해소하는 것이 아페이론이기 때문이다. "무한정자〔아페이론〕는 모순으로 빠지는 것을 방해하는〔막아주는〕 방파제야. (…) 〔운동의〕 연속성이라는 것은 동시에 주어지는 것이 아니야. 항상 과정으로 주어져. (…) 과정이나 연속성이나 철학적으로 보면 똑같은 것의 양면이야. 그런데 과정은 그 자체 연속성의 원인으로서 한정되어 있지 않기 때문에 한정적인 것의 보충을 받아야 되는데, 그렇게 보충해주는 것이 형상('에이도스')과 제작자('데미우르고스')야. 다시 말해서 무한정자 속에서 드러나는 한에 있어서만 존재가 드러나고 그럼으로써 모순은 극복된다는 것이지. (…) 그러니까 정적인 측면에서 보면 무한정자는 존재를 분열시키는 원인이 되지만, 동적인 측면에서 보면 모순을 극복하는 방파제야."(박홍규, 「플라톤과 허무주의의 극복」, III, 148)

24

1절 생성존재론의 흥기

　현대 형이상학의 핵심 갈래인 생성존재론은 '존재'가 아니라 '생성'을 일차적인 실재로 봄으로써, 철학의 모든 문제를 새로이 했다. 생성존재론을 토대로 한 현대 형이상학 나아가 철학 일반은 19세기 말 이래 전개된 현대의 역사 및 문화 전반과 조응하면서 '생성'의 의미를 사유했다. 서구 사유의 근간에는 플라톤의 영원의 철학과 에우클레이데스의 기하학이 놓여 있다. 현대 존재론은 이 전통에 도전해 그 근간을 무너뜨렸으며, 공간이 아닌 시간에 방점을 찍은 사유를 펼쳤다. 삶의 선험적 조건으로서의 시간 개념은 이미 영국 경험론자들과 칸트 이래 개념화되었고, 다윈 등에 의해 생명과학적 뉘앙스를 부여받기도 했으나, 현대 생성존재론에 이르러 보다 참신하고 확고한 존재론적 정초로서 개념화될 수 있었다. 이런 흐름은 곧 비-결정론적 세계관의 탄생과 전개에 맞물린다. 오랫동안 철학자들을 지배해온 결정론적 관점은 무너지고, 우연 개념이 새로운 존재론적 지위를 획득하게 된다. 모든 면에서 생성존재론은 인식과 가치의 새로운 시대를 열게 된다. 그리고 이런 흐름을 통해 근대적 인식론에 의해 가로막혀 있었던 형이상학이 새로운 지평을 열어갈 수 있었다. 현대 철학은 존재론적 전회로부터 시작된다.

　모든 것은 아킬레우스와 거북의 경주에서 시작되었다. 스승 파르메니데스의 가르침("존재하지 않음〔비-존재〕이 존재한다는 주장을 경계하라. 그대의 생각을 그런 주장으로부터 멀찌감치 떨어지도록 하라")을 귀류법의 형태로 논증하고자 한 제논의 노력은 존재론의 한 핵심 문제-장 — 연속성, 무한, 극한, 공간, 시간, 운동 등의 개념들로 구성된 문제-장 — 을 진수하면서 사유의 역사에 굵은 지도리를 만들어냈다. 이 문제-장은 철학과 수학에 입문하기 위해서는 반드시 거쳐야 할 통과의례가 된다. 생성존재론의 출발선상에서 활동한, 더 정확히 말해 이 출발선을 창조해낸 두 거장인 니체(1844~1900)

와 베르그송(1859~1941)이 공히 제논의 이율배반[6]에서 전통 사유의 한계를 읽어낸 것은 우연이 아니다.

§1. 생성의 무죄

니체에게 엘레아학파는 세계로부터 '생기'와 '생동감'[7]을 앗아버린 극단적으로 추상적이고 공허한 존재론을 제시한 학파이다. 그것은 논리적 경직성을 위해 생성을 부정한 사유로서, 이로부터 서구 사유의 생성 부정 또는 폄하의 역사가 시작된 것이다. 존재가 본래적인 것이고 생성은 비-존재라는 이 생각은 후대에 이르러, 존재는 탈-물질적인 차원이며 생성이란 존재가 물질에 구현됨으로써 또는 '타락'함으로써 생겨난 것이라는 생각으로 이어진다. 니체는 이렇게 핏기 없는 추상적 존재들을 본래적인 것으로 보고 생성하는 현실세계를 비-본래적인 것으로 보았다는 이유에서 엘레아학파를 비난한다.[8] 니체는 서구 사유를 그토록 오랫동안 지배해온 존재론적 우열관계를 전복하고자 했다.

---

6) **이율배반과 역설** —— 제논의 '역설'은 정확히는 이율배반이다. 이율배반은 두 직선(두 '독사')이 평행을 달리는 구조를 띤다. 반면 역설은 A-선을 따라가다 보면 어느새 B-선으로 가고, B-선을 따라가다 보면 어느새 A-선에 가 있는 원환의 구조를 띤다. 제논의 경우가 이율배반의 원형이라면, "나는 거짓말한다"의 경우가 역설의 원형이다.

7) "die Energie des Lebensgefühls"와 "die tonischen Affekten"을 각각 간단히 '생기'와 '생동감'으로 번역했다.

8) 니체는 과학적 사유가 '=' 즉 동일성의 기호에 의해 지배되어왔으며, 경험과학인 물리학(넓게는 자연과학)이 사실은 논리적 동일성의 개념에 의해 알게 모르게 지배되어왔음을 지적한다. "역학은 그 근본에 있어 논리학이다."(Friedrich Nietzsche, *Nachlaß 1884~1885*, in *Kritische Studienausgabe*, De Gruyter, 2009, Bd. XI, S. 158)* 니체의 이런 생각은 과학철학자인 메이에르송(1859~1933)에게서도 발견된다. 메이에르송에 따르면, 서구 학문을 오랫동안 지배해온 '역사적 아프리오리'는 동일성/동일화였다. Émile Meyerson, *Du cheminement de la pensée*, Vrin, 1931/2011, §§28~33.
   * 이하 니체의 인용은 모두 이 전집을 근거로 한다.

스승 파르메니데스를 옹호하는 과정에서 제논은, 앞에서 언급한 존재론적 문제-장 외에도, 이후 철학의 역사 전체를 관류할 결정적인 사유문법 두 가지를 남기게 된다. '이율배반'과 '귀류법'이 그것이다. 제논의 사유 전체가 이율배반(평행을 달리는 두 의견)의 구조를 논하고 있으며, 귀류법은 이런 이율배반으로 귀착하게 되는 논리적 과정을 보여준다. 여기에는 이율배반에 빠진다는 것은 곧 부조리/오류에 빠지는 것이라는 점이 전제되어 있다. 니체는 제논의 이율배반이 논리적인 것과 실재적인 것(das Reale) 사이의 모순을 논한 것이며,[9] 논리 차원에서는 '완성된 무한'이 성립할 수 없지만 현실 차원에서는 그것이 성립한다는 점이 모순을 이룬다고 보았다. 논리 차원에서 아킬레우스는 결국 거북을 추월할 수 없는데, 이는 곧 무한분할 과정을 끝낸, 연속성을 초월한 완성된 무한이 불가능하기 때문이다. 그러나 현실에서는(우리의 감각으로는) 이런 추월 현상을 얼마든지 확인할 수 있다. 니체는 엘레아학파가 우리가 몸으로 만나는 생생한 현실을 부정하고 논리의 세계를 절대시했다고 보았고, 그로써 생기와 생동감이 넘치는 현실을 일종의 착각, 환상, 외관으로 격하하고 추상적인 논리의 세계를 실재로 격상했다고 본 것이다.

이런 비판은 기독교 비판으로 이어진다. 니체는 "대중을 위한 플라톤주의"인 기독교를 격렬한 어조로 비판했고, 근대 철학 특히 17세기 형이상학과 이후의 독일 철학은 플라톤-기독교라는 그림자를 벗어나지 못했음을 지적한다. 이런 철학들은 근대 철학인 듯이 보이지만 사실은 이미 몰락한 가치들을 "뒷문으로" 다시 들여오는 담론들에 불과하다는 것이다. 니체는

---

9) **이율배반과 모순** — 이율배반이 두 의견("아킬레우스는 거북을 추월할 수 있다"와 "아킬레우스는 거북을 추월할 수 없다")이 각각으로는 성립하면서도 끝내 평행을 달림을 말한다면, 모순은 두 의견 중 어느 하나는 단적으로 성립할 수 없는 경우("철수는 인간이다"와 "철수는 인간이 아니다")를 뜻한다. 니체가 제논의 이율배반이 궁극적으로는 모순이라고 생각한 것은 제논이 논리 차원을 긍정하고 현실 차원을 부정했다고 보았기 때문이다.

예외적으로 스피노자에 대해서는 경탄을 발했지만, 그의 '코나투스' 개념에 대해서는 역능(potentia, puissance)의 확장을 거역하는 퇴행적인 사유라고 비판했다. 그는 18세기의 계몽사상과 19세기의 비합리주의에 대해서는 일정 정도 공감을 표한다. 그러나 그에게 실증주의와 공리주의는 피상적인 성격의 철학이며, 왜소화의 방향으로 평균화된 대중 시대에 영합하는 철학일 뿐이다. 쇼펜하우어의 염세주의에 대해서는 자신의 선구자라는 위상을 부여했지만, 스피노자 비판에서 그랬듯이 그의 탈-의지적인 해탈의 철학에 대해서는 비판을 가했다. 니체는 시간과 생성, 새로움과 창조에 가치를 둔 자신의 사유에 입각해 플라톤 이래의 서구 철학사에 대해 전면적인 비판을 가한 것이다. 그는 "망치를 든 철학자"였다.

§2. 잃어버린 시간을 찾아서

베르그송은 제논의 이율배반에 대해 좀 더 면밀한 분석을 가한다. 베르그송이 볼 때 문제의 핵심은 이 논법이 **시간을 공간화하고** 있다는 점, 그리고 실재와 그것의 추상물 사이에 **잘못된 존재론적 위계**를 부여하고 있다는 점에 있다.

아킬레우스와 거북의 실제 경주는 힘(/에너지), 의지, 연속적 시간 속에서 이루어지는 경주이다. 제논이 그의 이율배반을 펼치기 위해서 공간/지면에 선을 그었을 때, 그는 이 모든 것들을 추상해내고 사실상 그들이 주파한 공간의 궤적을 그린 것이다. 그리고 그 궤적을 (오늘날로 말해) 해석학적으로 논변함으로써 그의 이율배반을 이끌어냈던 것이다. 우리가 잊고 있는 것은 실제 사태를 공간 위에서 표상했을 때 어떤 일이 벌어지는가 하는 것이다. 기존의 많은 수학자, 철학자들이 종이에 선을 그어놓고서 해석학적 논변을 펼쳤고, 또 그 논변들이 매력 있는 것도 사실이지만,[10] 이들이 잊고 있는 것은 이 단순한 사실이다. 베르그송의 해법은 어떤 복잡한 기호도 논변도 없이, 학자들이 볼 수 있는데도 보지 못했던 하나의 간단한 사실을 지적함으로써 이루어졌다는 점에서 무척이나 인상적이다. 칸트가 양손의 예를 통해서 간단히 '불일치 대칭물'을 논증한 것을 연상시킨다. 제논의 이율배반은 "분할 불가능한 전체"를 공간에 투사해서 "상상적인 정지점들"을 설정함으로써 진행된 것이다.(MM, 209~215)[11] 시간의 '순간'들은 아무리 작아도 외연을 가지며 전적으로 연속적이건만('생성하고 있는 연속성'), 공간에 투사된 시간은 외연 없는 '위치'들에 의해 분할 가능한 것들로서 표상된다. 모든 것은 시간을 공간화한 데에서 유래하는 것이다.

　베르그송의 이런 비판은 세계와 그것의 표상물 사이의 존재론적 위계 문제와 연관된다. 전통적인 합리주의에 입각할 때, 우리가 감각으로 만나는 세계는 존재론적으로 피상적인 차원이며 이성을 통해 그 심층에서 읽어내는 비-감각적인 것이야말로 실재이다. 그러나 제논의 이율배반에 대한 베르그송의 논파는 '사유물'('노에톤')이란 그것보다 더 실재인 차원(생성의 차원)에서 떠낸 추상물에 불과하다는 생각에 입각해 있다. 존재론적 위계는 역전된다. 더욱 중요하게는, 베르그송이 이런 추상행위를 순수 인식의 차원이 아닌 실용적인 차원에서 이루어지는 것으로 본다는 점이다. 합리성 — 또는 베르그송적 뉘앙스에서의 '지능' — 의 역할은 순수 인식에 있는 것이 아니라 실용적인 맥락에 있다. 베르그송에게서의 순수 인식은 뒤에서 논할 '직관'에서 성립한다. 여기에서 더 나아가 베르그송은 인간이 언어를 통해, 넓게는 각종 형태의 상징들을 통해 세계를 포착하는 한 그것은 세계의 심장부가 아니라 그 표층을 마름질해낸 것일 뿐임을 역설한다. 이는 근

---

10) Wesley Salmon(ed.), *Zeno's Paradox*(Hackett, 2001)에서 대표적인 해법들을 찾아볼 수 있다. 이 문제가 수학사 및 철학사 전반에 걸쳐 어떻게 이어졌는가에 관해서는 Adrian W. Moore, *The Infinite*(Routledge, 2018)가 도움을 준다.

11) MM＝Henri Bergson, *Matière et mémoire*, PUF, 1896/1939. 시각을 선호하는 그리스인들에게 운동의 현상을 기하학적 공간으로 환원해 보는 것은 무리가 아니었을 것이다. 시각에 의한 현상 포착은 말하자면 광선(光線)의 기하학에 의한 공간적 파악을 함축했던 것이다.

본적인 성격의 주장으로서, 결국 인간의 일상적 세계 인식은 물론 과학적 인식 나아가 언어(넓은 의미)를 사용한 모든 종류의 인식의 한계를 지적하고 있는 것이다. 지능으로서의 이성의 기능, 이것이 발견해내는 차원으로서의 비-감각적 차원, 언어의 역할에 대한 베르그송의 이런 비판은 매우 급진적이어서, 이후의 사상사를 베르그송을 따르는 사람들과 그에 반대해 전통적인 합리적 인식을 옹호하는 사람들로 양분해도 될 정도이다. 그의 이런 생각은 최초의 주저인 『의식에 직접 주어진 것들에 관한 시론』(1889)의 서문에 압축적으로 나타나 있다.

> 우리는 우리 자신을 언어로 표현할 수밖에 없으며, 대개의 경우는 공간을 놓고서 사유한다. 달리 말해 언어는 우리로 하여금 물질적 대상들에서와 똑같은 방식으로 관념들 사이에 분명하고 정확한 구분들, 불연속을 세우게 만든다. 양자를 이렇게 동일한 방식으로 다루는 것은 실용적 맥락에서 유용하고, 대부분의 과학적 탐구들에 있어 필수적이다. 하지만 우리는 이렇게 물을 수 있을 것이다. 어떤 철학적 문제들이 야기하는 극복하기 힘든 어려움들이란 바로 공간을 점하고 있는 게 아닌 현상들을 공간에 병치하려는(juxtaposer) 우리의 떨쳐버리기 힘든 습관 때문이 아닌가라고, 그리고 경계가 뚜렷하지 않은 그래서 논쟁거리가 될 수 있는 이미지들에 대해 추상화를 감행함으로써 종종 거기에 인위적인 분절을 도입하는 것은 아닌가라고. 비-연장적인 것에서 연장적인 것으로의, 질에서 양으로의 잘못된 번역이 주어진 문제의 바로 그 심장부에 모순을 심어놓았을진대, 사람들이 제시한 해(解)들에서 바로 그 모순이 재발견된다고 해서 과연 놀라울 게 있을까?(E, vii)[12]

베르그송에게 합리적 이성, 분석적 이성이란 피상적 현실을 뚫고서 사물의 본질을 밝혀내는 능력이 아니라, 우리가 물체들에서 발견할 수 있는 '고체의 논리'에 입각해 세계를 공간, 외연, 양으로 **환원**해 보는 능력이다. 이런

---

12) E = Bergson, *Essai sur les données immédiates de la conscience*, PUF, 1889/1927.

방식은 실용적 맥락에서는 분명 유용하다. 사실 인간이 지금까지 구축해온 문명이란 다름 아닌 이 능력에 기반한다고 해야 할 것이다. 생물학적 맥락에서 본다면, 지능(분석적/합리적 이성)이야말로 인간의 최대 무기인 것이다. 그리고 과학적 탐구에서는 이런 방식이 필수적이다. 이 맥락에서 인간이 어떻게 다루어지는가를 생각해보면 좋을 것이다. 과학적 탐구들에서 인간은 그 모든 개성, 내면, 복잡한 관계, 역사, 우연 등에서 추상되어 단지 하나의 개체, 한 요소로 환원된다. 예컨대 사회과학에서 한 사람 한 사람은 통계를 위해 설정된 모집단의 숫자 하나로 환원된다. 컴퓨터 시뮬레이션으로 진행되는 진화론 연구에서 한 사람 한 사람은 도태압 연구를 위한 함수에 대입되는 하나의 함숫값으로 환원된다. 공간화, 외연화의 대표적인 것은 그래프이거니와, 그래프의 축들을 세울 때 다른 요소들은 모두 사상된다. 양화하기 어려운 것들은 억지로 양화된다. 예컨대 연결망 이론에서 노드 A가 노드 B와 링크되어 있다는 기준은 무엇일까? 도대체 어떤 경우에 누군가가 누군가를 '안다'고 할 수 있을까? 병원에서는 고통이 "아주 심함, 심함, 보통, 약함, 아주 약함" 등으로 나누는데, 과연 이런 분절이 고통을 정확히 표상할 수 있을까? 그러나 과학적 탐구 방식에 들어맞도록 대상을 다루기 위해서는 이런 환원은 분명 불가피하다. 실용적-과학적 맥락에서 공간화와 양화 ── 3권[13])에서 근대 사유의 핵심으로서 읽어내었던 등질화(homogenization) ── 는 불가피한 면이 있다. 하지만 이런 환원의 과정에서 누락되어버리는 것, 그것이 바로 현대 생성존재론의 맥락에서 이해되는 생성이다. 베르그송은 분석적 이성에 의한 생성의 폄하가 탄생한 사상사적 사건이 바로 제논의 이율배반이라고 본 것이다. 이는 곧 생성으로부터 그 추상화를 포용하는 것이 아니라, 추상화를 가지고서 생성을 폄하하는 존재론이라고 할 수 있다. 베르그송이 전복하고자 한 것은 바로 분석적 이성의 이

---

13) 본 저작에서 책 제목의 제시 없이 언급하는 '권 번호'는 본 철학사 이전 권들의 번호를 가리킨다.

런 선험적(transcendental) 착각이었다.

베르그송에게 실재는 시간을 본질로 하며, 연속성, 다질성, 창조성을 핵심 속성으로 하는 생성 —— '지속(la durée)' —— 이다. 실재는 근본적인 층위에서 연속적이다. 정적인 외연을 가지고 있기에 편리하게 잘라서 조작할 수 있는 것은 공간이다. 시간의 분절은 이미 그것을 공간화했을 때에만 가능하다. 흐름은 존재 사이사이에 무들이 개입할 때, 특히 그 무들이 극히 짧게 개입할 때 성립한다. 그러나 그 무들이 아무리 짧다 해도, 그것들이 고정되어 있는 한 흐름은 성립하지 않는다. 흐름은 존재와 무의 경계선이 매 순간 무너질 때에만 성립하며, 그때에만 존재와 무가 명확히 갈라지는 다자성의 세계 —— 정적으로는 플라톤의 이데아들의 세계, 동적으로는 데모크리토스의 원자들과 공허의 세계 —— 가 성립한다. 지속의 세계는 존재와 무의 경계선이 매 순간 무너짐으로써 **연속적 흐름** 또는 **흐르는 연속성**이 성립하는 세계이다. 이것이 베르그송적 생성, 즉 '지속'으로서의 생성이다. 분석적 이성은 다양한 방식으로 이 지속을 공간화해 조작하지만, 그때마다 매번 지속은 빠져 달아나버린다.

베르그송에게 지속이란 또한 다질성(hétérogénéité), 더 구체적으로는 '질적 다양체'이다. 베르그송에게 세계의 근본 성격은 환원 불가능한 질들이 생성하는 장이다. 세계의 진상은 절대적인 질적 풍요로움에 있다. 3권에서 근대적 사유의 나아가 근대 문명의 핵심적인 특성을 '등질성'에서 찾았다. 근대 문명이란 과학기술, 자본주의, 민주주의(정확히는 대중주의)에 의해 등질화된 세계이다. 베르그송은 이런 등질화의 경향에 정면으로 맞서, 세계를 생성하는 질들로 출렁이는 장으로 파악한다. 칸트에서 'Mannigfaltigkeit' 즉 'multiplicité'는 주체의 구성을 기다리는 '잡다(雜多)'이며, 이 점은 근대적 주체철학의 성격을 특히 선명하게 드러내는 구도이다. 베르그송에서 이 개념은 자체의 존재론을 통해 이해되는 (단순한 복수성이 아닌) 다양체가, 특히 '질적' 다양체가 된다. 묘하게도 원래 이런 개념적 혁명은 오히려 공간 분야에서 이루어졌다. 리만(1826~1866)의 다양체는 가장 단순한/간명한 것으로 표상되던 공간이라는 것에 복잡성과 역동성을 부여했다. 베르그송은 다양체 개념을 질적인 생성, 생성하는 질들의 장으로서 새롭게 규정함으로서 현대 형이상학을 진수했다. 이 국면은 현대 생성존재론의 형성에서 핵심적인 국면이다.

결정적으로 베르그송은 실재를 하나의 주어진 총체로서가 아니라 절대적인 새로움을 통해서 매번 새롭게 창조되어가는 열린 전체로서 파악한다. 그에게서 전체는 공간적 표상을 통해서가 아니라 질적 생성들의 직관을 통해 이해되며, 열림이란 공간적 외연이 아니라 질적 생성에서의 열림이다. 베르그송에게서 '연속적 창조'는 알-아샤리나 데카르트에게서와는 달리 (1권, 10장, 3절), 초월적 존재에 의한 것이 아니라 세계 자체 내에서 일어나는 근본적인 생기(生起), 약동(élan)이다. 이로써 서구 형이상학사에서 '창조' 개념은 완전히 다른 뉘앙스를 띠기에 이른다. 베르그송에게서는 차이생성이 동일성을 무너뜨리는 것이 아니다. 세계의 진상은 차이생성이며, 그 위에서 동일성들이 성립하는 것이다.

베르그송에게서 실재란 이렇게 연속적 흐름, 질적 다양체, 내재적 창조를 통해서 이해된다. 이 존재론은 서구 형이상학을 생성존재론의 방향으로 완전히 바꾸어놓았다.

§3. 모든 것은 '과정'이다

화이트헤드(1861~1947)는 베르그송이 지적한 잘못된 존재론적 위계를 모든 형태의 환원주의에서 읽어내었다. 인간의 각종 인식들은 인간의 경험이라는 총체에서 어떤 측면을 추상해낸 것들이다. 예컨대 원자론은 인간 경험의 모든 측면들을 솎아내고 몇 개의 성질들만을 가진 기하학적 입자들만으로 세계를 환원해 보았다. 분명 그렇게 봄으로써 얻는 것이 있겠지만, 경험을 그런 특정한 추상물로 환원해버리고자 할 때 '잘못 놓인 구체성의 오류'가 발생한다.(PR, 93)[14] 화이트헤드에게 사변철학=형이상학의 과제는 바로 어떤 특정한 추상화를 진리로 놓고서 환원주의적 논변을 펴는 담론들을 비판함으로써, 늘 인간 경험의 총체에 입각해 개념화하도록 사유를 이끄는 활동이다. 이는 곧 ① 특정한 추상 관념들을 절대화하는 것을 비판함으로써 다양한 담론들의 상대성을 드러내는 일이며, ② 적극적으로는 그것들을 인간 경험의 총체("우주에 대한 보다 구체적인 직관")에 비추어 봄으로써 보다 보편적인 인식에 도달하는 일이다. "철학은 제 과학을 구체적인 사실 앞에 마주 세운다."[15] 하지만 철학 자체에 대해서도 화이트헤드의 이런 관점은 일관되게 적용된다. 기성 철학 사상들 역시 인간 경험의 총체에 입각해 비판되어야 하는 것이다. 화이트헤드는 고대 철학과 근대 철학이 어떻게 '잘못 놓인 구체성의 오류'를 범했는가를 논한다.

고대 철학이 펼친 사유들의 논리학적-존재론적 핵심 구조는 "S는 P이다"라는 명제 형식이다. 화이트헤드가 볼 때 고대(와 중세) 철학은 우리의 일상 언어가 함축하는 존재론에 근거하고 있다.[16] 때문에 명사, 형용사, 동사 등 일상 언어의 품사들에 입각한 이 존재론은 '자체로서 존재하는' 실체와 그것에 '부대해서 존재하는' 성질들을 구분하고, 이 구분을 "S는 P이다"라는 명제 형식에 반영했다. 경험주의에 충실할 때, 이런 '실체주의'는 세계의 본질인 '과정'을 실체들로 붙들어 매 정지시키고 인간의 경험과 구체적으로 맞물려 있는 질적 차원들을 실체의 부대물로 격하하는 것이 된다. 이런 구도는 고중세 철학만이 아니라 근대 철학까지도 지배했다. 근대 철학

---

14) PR = Alfred N. Whitehead, *Process and Reality*, Free Press, 1978. 보다 자세히는 알프레드 화이트헤드, 오영환 옮김, 『과학과 근대세계』, 서광사, 2008, 3장을 보라.

15) 화이트헤드, 『과학과 근대세계』, 158쪽.

16) 화이트헤드의 이런 판단은 특히 아리스토텔레스 이래의 서양 철학사에 적합하다고 볼 수 있다. 고대 자연철학자들에서 플라톤에 이르기까지의 철학사는 이런 도식에 간단히 포함되지 않는다. 그러나 플라톤의 사유도 기본적으로는 일상 언어의 분절에 따라 존재자들을 분절하고 있는 것이 사실이다. 플라톤과 아리스토텔레스의 차이는 『동일성과 차이생성』(그린비, 2016/2022), 7장에서 다루었다.

은 객관적 실체들을 고착시킨 고중세 철학과는 달리 인간의 의식/주체성을 고착시키고 모든 것들을 그 주위에 배치한다. 이것은 객관적 실체들을 고착시키고 모든 것들을 그 주위에 배치한 고중세 철학의 거울상에 불과하다. 고대 철학자들이 "이 돌은 회색이다"라고 말했다면, 근대 철학자들은 "내 의식이 회색(의 어떤 것)을 지각한다"라고 말한다. 고대 철학의 잔재를 많이 간직했던 철학자들은 '제1 성질'과 '제2 성질'을 나눔으로써 '객관적인 것'과 '주관적인 것'을 구분하되 객관적 성질들을 담지하는 실체라는 고대적 가설은 거부했으며, 보다 급진적인 경험주의자들은 이런 구분조차도 걷어내고 오로지 내 마음과 그것에 들어온 지각물만을 가지고서 사유하고자 했다. 화이트헤드가 볼 때 이 주관주의는 객관주의를 뒤집어놓은 것에 불과한 것이다. 물론 그 자신 경험주의자인 화이트헤드가 볼 때, 근대 철학이 존재론적 독단을 거부하고 인간의 경험에서 사유의 출발점을 잡은 공헌은 부정할 수 없다. 그러나 이 경험주의는 너무 편협한 경험주의, 의식중심주의인 것이다.(PR, 159) 베르그송을 이어 화이트헤드는 성숙한 경험주의를 주창한다.

화이트헤드는 '경험'의 개념이 '의식'의 개념보다 훨씬 큰 범위를 띤다는 점을 지적한다. 어떤 실체를 못 박아 놓고서 논의를 전개하는 방식을 그는 '단순 정위(simple location)'라고 부른다. 고대 철학이 신이든 원자이든 이데아이든 어떤 객관적 실체의 단순 정위에 입각해 전개되었다면, 근대 철학은 바로 의식이든 마음이든 정신이든 어떤 주관적 실체의 단순 정위에 입각해 전개된 것이다. 바로 이로부터 독아론의 문제라든가 타인의 마음을 어떻게 알 수 있는가의 문제, 개인의 의식에서의 인식이 어떻게 사물에 대한 객관적 인식으로 나아갈 수 있는가의 문제, 개인 인식이 어떻게 일반화될 수 있는가의 문제 등, 근대 철학 특유의 문제들이 양산되었던 것이다. 예컨대 흄의 경우, 돌이라는 실체와 회색이라는 성질이라는 구도를 그대로 놓고서 실체를 제거했을 때 남는 것이라곤 회색이라는 어떤 감각데이터 외에는 없기에, 이 '인상'에서 출발해 주관주의적＝관념론적 논의를 전개할 수밖에 없었다. 칸트의 경우, 인식 주체의 종합/구성이 투영되지 않은 세계는 단지 '잡다'일 뿐이기에, 의식의 빛이 비추일 때 비로소 세계는 질서 있는 그 무엇으로서 드러난다. 그러나 화이트헤드는 의식이 있어 경험을 하는 것이 아니라, 경험의 장에 의식이 (현상학자들이 즐겨 사용하는 표현으로) 언제나-이미 들어 있을 뿐이라는 점을 역설한다.[17] '존재론적 달걀'에 관련해서 논했듯이(2권, 5장), 인간의 주체성이 포함된 객관세계와 그렇지 않은 객관세계는 판이한 무엇이다. 인간은 세계 바깥에서 세계라는 원을 인식할 수 없다. 달걀 안에서 자신의 경험을 토대로 사유할 수 있을 뿐이다. 따라서 화이트헤드에게서 의식이란 경험의 출발점이 아니라, 경험에 포함되어 있으면서 그것을 이해할 수 있게 해주는 실마리의 역할을 한다고 할

---

17) 화이트헤드에게서 의식은 지상을 비추는 태양처럼 위에 떠 있는 것이 아니라, 지상에 언제나-이미 잠겨 있다고 할 수 있다. 그리고 이 잠겨 있는 부분이 바로 우리의 신체이다. "우리는 외부의 자연이 어디에서 끝나고 우리 신체가 어디에서 시작되는지를 확정지을 수 없게 된다."(화이트헤드, 오영환·문창옥 옮김, 『사고의 양태』, 치우, 1938/2012, 57쪽) 거의 똑같은 문장을 메를로-퐁티(1908~1961)에게서도 볼 수 있다는 사실이 흥미롭다. 영국 경험론을 다루면서 이 사유에서 신체란 일종의 감광판/수용기로서, 말하자면 하나의 막과도 같다고 했던 것을 상기하자.(3권, 3장, 2절) 화이트헤드에게 신체는 단순한 감광판/수용기가 아니라 존재=과정의 심층에 언제나-이미 잠겨 있고 생성하고 있는 차원으로서, 세계=과정의 존재론적 탐사를 언제나-이미 행하고 있는 척후병이다.

화이트헤드와는 다른 각도에서, 퍼스(1839~1914) 역시 한 개인의(또는 인류의) 의식/주체성에서 시작하는 근대 철학의 정향을 비판한다. 특히 그는 자신의 마음을 들여다봄으로써 진리에 도달할 수 있다는 생각('내성'의 중시. 이런 생각은 급기야 '유아론'에 빠진다), '아르키메데스의 점'을 직관함으로써 진리의 체계를 세울 수 있다는 '정초주의(foundationalism)', 진리는 언어 이전의 것이며 이후에 언어로 표현된다는 생각 등을 비판한다. 퍼스는 데카르트의 방법적 회의에서 근대 철학의 이런 특징들이 집중적으로 나타나고 있다고 보았다. 자신의 의식에 중점을 두고서 아르키메데스의 점을 찾아가는 이 인식론적 연극은 인식이란 늘 어떤 전제들로부터 출발하며, 혼자 하는 것이 아니라 공동체에 있어 성립하는 것이며, 기호(그 자체 상호주관성을 함축하는)를 떠나서는 성립하지 않는 것이라는 점을 망각하고 있다. 퍼스는 말한다. "우리가 가슴에서 회의하지 않는 것을 철학에서 회의하는 체하지는 말자."(Charles Sanders Peirce, *The Collected Papers of Charles Sanders Peirce*, Electronic Edition, 1994, Vol. V, p. 265)

수 있다.

화이트헤드에게 사유의 출발점은 의식이 아니라 경험이며, 경험이란 무엇보다 우선 생성으로서, '과정'으로서 이해된다. 순수 객관세계라든가 순수 주관세계 같은 차원들은 이 과정에서 추상해낸 것들일 뿐이다. 화이트헤드에게 실재는 과정이다.

> 현실적 존재(actual entity)가 어떻게 생성하는가가 그것이 무엇인가의 실상이다. 그래서 현실적 존재에 대한 이 두 서술은 별개의 것이 아니다. (⋯) 이것이 '과정의 원리'이다.(PR, 23)
> 실재하는 사물(res vera)의 존재는 그것의 생성에 의해 구성된다. (⋯) 과정이란 경험의 생성이다.(PR, 166)[18]

인용문의 마지막 문장이 시사하듯이, 화이트헤드에게 과정은 순수 존재론적 원리가 아니라 어디까지나 경험주의와 맞물려 있는 원리이다. 그의 사유는 영국 경험론의 심화된 형태라고 할 수 있다. "경험의 생성"으로서의 과정은 '합생(合生, concrescence)' 개념을 통해 설명된다. 근대 철학에서 경험은 경험의 대상과 주체 그리고 양자 사이의 관계라는 구도로 이루어졌다. 화이트헤드는 이 구도를 이어받으면서도 세 항 모두를 새로운 형태로 바꾸었다. 그에게 경험의 대상은 사물, 대상, 감각자료, 잡다 등이 아니라 '여건'으로서 개념화된다. 이 여건은 지금 인식 주체의 눈앞으로 호출된 '對-象'이 아니라, 대지에 잠겨 있는 신체와 세계가 함께 형성하고 있는 상황 전체이다. 주체의 인식행위가 이루어지는 것은 이 방대한 여건에 입각해서이다. 따라서 주체의 인식행위도 의식의 지각이라든가 구성행위가 아니라 의식-이전에 이루어지는 '파지(把持, prehension)'이다. 파지는 주체의

---

18) 본 저작에서 밑줄 친 것은 원저자가 강조한 것이고, 고딕체로 된 것은 필자가 강조한 것이다.

파악이 아니라 그 이전에 이루어지는 인식, 주체가 세계로 나아가는 구성 행위가 아니라 주체-이전의 주체가 세계와 겹쳐져 있는 상태에서 성립하는 인식이다. 주체성이 이렇게 이해되기 때문에, 화이트헤드는 그것을 인간이나 동물에게만이 아니라 식물, 심지어 무기물에까지 부여하는 경향을 띠게 된다.

마지막으로, 여건과 파지가 함께 형성하는 장에서 주체가 활동하는 방식인 '주체적 형식'이 존재한다. 이 주체적 형식을 통해서, 의식에 의한 좁은 차원에서의 인식을 넘어서는 인식이 이루어진다. 여기에서는 어떻게 정신적인 것이 그 바깥으로 나아가 물리적인 것을 "안다"고 할 수 있을까 같은 근대 철학 특유의 아포리아가 생기지 않는다. 아울러 로고스/누스가 '감각적 차원'을 건너뛰어 '가지적 차원'과 상응하는 플라톤적 구도도 거부된다. 주-객 아니 객-주가 겹쳐져 있는 차원에서의 인식은 그 자체 "자연 내부의 한 사실"이며, "인간 경험을 물리과학에 연결하는 동일한 요소"를 전제하고 있는 것이다.

> 생리학자와 물리학자가 똑같이 동의하고 있는 것은 신체가 물리적 법칙에 따라 물리적 환경으로부터 물리적 조건을 계승[파지]한다는 것이다. 따라서 인간의 경험과 물리적 계기들 간에는 일반적 연속성이 있다. 이러한 연속성을 상세히 설명해주는 것이 철학의 가장 자명한 과제들 중 하나이다.(『관념의 모험』, XI, §22)

이렇게 화이트헤드는 주-술 구조에 입각한 고중세적인 동일성 철학과 실체로서의 의식에 입각한 근대적인 동일성 철학의 한계를 극복하고, 과정 철학에 입각한 성숙한 경험주의 사유를 전개했다.[19]

---

19) **'존재와 사유의 일치' 문제** — 화이트헤드는 신체의 생리학과 물리세계의 물리학이 동질적이기 때문에 양자는 연속적이라고 보았다. 이것은 화이트헤드적 맥락에서의 '존재와 사유의 일치'라고 볼 수 있다. 물론 신체가 사유하지는 않지만, 화이트헤드에게서 의식적 사유와 신체의 파지는 연속적이다. 결국 존재와 사유는 일치한다. ① 그러나 물리법

§4. '바쇼(場所)'의 자기한정으로서의 생성

니시다 기타로(1870~1945) 역시 근대적인 의식철학/주체철학이 빚어낸 주객 분리(와 물질과 정신의 분리) 및 인간중심주의의 구도를 넘어서 주·객을 함께 포용하는 차원을 사유하고자 했다. 그의 사유는 주체가 있어 경험이 성립하는 것이 아니라 경험이 있어 주체가 성립하는 '순수 경험'의 철학에서 시작되었다.[20] 이것은 객관적 본체 중심의 구도도 주관적 의식 중심의 구도도 아니며, 또 객체와 주체를 전제하고 양자 사이의 일치를 찾으려는 구도도 아니다. 객체와 주체는 순수 경험에서 추상해낸 양극일 뿐이다. 이 점에서 순수 경험 단계에서의 니시다 사유는 '코기토'이든 '전-반성적 코기토'이든 선험적 주체를 전제하는 구도와 다르다. 그것은 '물아일여(物我一如)'라는 동북아적 깨달음의 세계에 더 가깝다. 순수 경험에서의 '순수'

칙과 생리법칙은 엄연히 다르다. 예컨대 뇌는 끝없이 갱신되고 자기교정을 행하지만 물리세계에는 이런 개념이 없다. 아니, 생명세계에도 예컨대 DNA 같은 경우는 이런 개념이 없다.(그래서 DNA는 아이덴티티 확인의 수단이 되고 있다.) 같은 생명세계에서조차도 대상에 따라, 맥락에 따라, 상황에 따라 법칙들은 다르다. ② 더 핵심적인 문제로, 물리세계의 인식은 적지 않은 경우 '인식론적 단절'을 통해서 이루어진다. 그러나 세계와 신체의 연속성은 이런 단절 이전의 문제이다. 신체와 물리세계가 연속적이라는 것은 현상학적 맥락에서 성립하는 것이며, 물리세계의 심층에 대한 인식의 맥락에서는 오히려 불연속이 강하게 작동한다. 여기에서도 '존재와 사유의 일치'를 논할 수 있지만, 이 경우에 일치는 화이트헤드적 방식이 아니라 플라톤적 방식에서 성립할 것이다. 우리는 뒤에서 메를로-퐁티와 비슐라르를 비교하면서 다시 이 문제를 다룰 것이다.

20) 니시다 기타로, 서석연 옮김, 『선의 철학』, 범우사, 1911/2001. 니시다가 이 책에서 추구한 궁극의 경지는 '천인합일'이라는 동북아적 이상의 현대적 버전인 '주객 일치'이다. "주객이 서로 상몰(常沒)하고 물아(物我)가 서로 망각되어 천지에 오직 하나의 실재만이 활동하기에 이르렀을 때, 비로소 선행의 극치에 도달하는 것이다. 물이 아를 움직이는 것도 아니고, 아가 물을 움직이는 것도 아니다. (…) 천지동근(天地同根)이며 만물일체이다."(183~184쪽) 더 정확히 말한다면, 주와 객이 있어 양자가 일치하는 것이 아니라 주객 구분 이전의 순수 경험이 존재하고 주와 객은 이 전체를 '한정'함으로써 성립한다. 장소론에서도 논하겠지만, 니시다의 사유는 부분들이 '종합'되어 전체를 이루는 구도가 아니라 전체가 '한정'됨으로써 부분들이 성립하는 구도를 취한다.

는 그 어떤 매개도 개입하지 않음을 뜻한다. 순수 경험은 오로지 현재 이루어지고 있는 지각(예컨대 장미꽃의 향기를 맡음, 악기를 연주함, 절벽을 기어오르고 있음)을 뜻한다. 그러나 여기에서 현재는 어떤 순간 또는 고정된 시간 간격을 뜻하는 것이 아니다. 그것은 **현재의 생생한 흐름**을 뜻한다.[21] 순수 경험이란 현재의 생생한 흐름에 있어 주객이 미분화된 상태에서의 지각이다. 니시다에게는 바로 이 차원이 유일 실재이다.

그러나 논의가 진행되면서 니시다는 이 유일 실재를 무한으로 확장해 형이상학적인 일자와 같은 전체로 만든다.[22] 그는 "주관과 객관의 구분을 없애고 정신과 자연을 합일한 것이 신"이라고 하거니와, 이렇게 그의 사유는 처음에는 현상학적 성격의 사유로부터 이내 내재적인 일자의 형이상학이라고 부를 수 있을 사유로 이행한다. 하지만 모든 것이 순수 경험 속으로,

---

21) **'흐름'이란 무엇인가** — 흐름이 띠고 있는 일차적인 이미지는 연속성이다. 어떤 단절이나 간격이 개입해 있는 상황에서는 흐름이 느껴지지 않는다. 그러나 정적인 연속성은 흐름이 아니다. **생성하는 연속성**이 흐름이다. 하지만 생성하는 연속성이란 이해하기 쉽지 않은 개념이다. 생성하려면 단적인 연속성이 깨져야 한다. 하지만 연속적이려면 불연속이 개입하면 안 된다. 따라서 생성하는 연속성은 사이사이에 무가 개입해서 연속성이 깨지면서도 근원적으로는 연속성이 유지될 때에만 가능하다. 사이사이의 무의 개입을 통해 계속해서 차이생성이 이루어지면서도, 이 무들이 절대적인 것이 아니어서 단절이 극복되어야 한다. 피아노 건반을 하나씩 칠 때 각 소리는 개별적이며 불연속적이다. 그러나 그 소리들이 연속되어야 멜로디가 성립한다. 즉, 각 소리가 **구분되면서도** 서로 이어져야 한다. 그리고 이 이어짐은 정적인 기하학적 이어짐이 아니라 **동적이고 상호침투적인** 이어짐이어야 한다. 이때 흐름이 성립한다.

22) "우주에는 오직 하나의 실재만이 존재한다. 그리하여 이 유일한 실재는 (…) 한편으로는 무한한 대립·충돌인 동시에 다른 한편으로는 무한한 통일이다. 한 마디로 독립자전의 무한한 활동이다. 이 무한한 활동의 근본을 우리는 신(神)이라고 일컫는 것이다. 신이란 결코 이 실재 밖으로 초월시킬 것은 아니다. 실재의 근거가 곧 신이다."(『선의 철학』, 113쪽) 니시다의 이런 언급은 도가철학의 분위기를 풍긴다. "독립자전의 무한한 활동"을 '기'로, 활동의 근본으로서의 신을 '도'로 해석할 수 있을 것이다. 하지만 방법상 니시다는 도가철학적인 구도에서가 아니라, 현재의 흐름에서의 순수 경험을 무한으로 확장하고 신 개념을 통해 그 전체를 다분히 실체화한 것이라고 해야 한다. 이렇게 볼 때, 순수 경험의 현상학에서 일자의 형이상학으로의 이런 이행은 논리적 비약을 범하고 있다고 하지 않을 수 없다.

일자의 흐름으로 녹아버리는 이 세계에서는 개별자들, 특히 주체들이 설 자리가 없다. 이런 문제점을 극복하기 위해 니시다는 순수 경험의 철학으로부터 '자각'의 철학으로 이행한다. '지각'은 세계와의 마주침의 경험을 가능케 하고, '생각'은 그 경험을 개념적 차원에서 인식할 수 있게 하거니와, '자각'은 지각과 생각의 인식을 자기인식의 차원으로 심화해 인간으로 하여금 자기의 존재와 의미를 깨닫게 해준다. 그러나 니시다의 자각의 사유는 지각 → 생각 → 자각의 수순으로 전개된 것이 아니라, 오히려 전체로서의 유일 실재를 '한정'함으로써 성립했다.[23] 『자각에서의 직관과 반성』 (1917)에서 니시다는 직관을 주객 미분의 차원에서 흐르는 의식으로, 반성을 이런 흐름에서 벗어나 그것을 바라보는 의식으로 규정한다. 직관은 순수 경험의 상태를, 반성은 이 합일의 상태를 벗어나 별도의 공간에서 그 흐름을 사유하는 상태를 가리킨다. 그리고 이 두 겹으로 분화된 의식을 하나로 통일하는 것이 자각이다. 따라서 자각은 한편으로 순수 경험에 반성의 측면을 도입함으로써 주체로 하여금 순수 경험(나아가 신)의 흐름 속에 녹아버리지 않도록 해준다. 다른 한편 니시다는 반성을 어디까지나 흐름에 내재하는 것으로 개념화함으로써, 이원적 또는 초월적 구도로 가지 않고 원래의 일원적 구도를 유지한다.[24] 결국 자각이란 한편으로 물아일여의 순수 경험을 행하면서도 그 행함을 스스로 깨닫는, 이원적 일원의 차원 — "자기 안에서 자기를 비추는(自己の中に自己を写す)" 차원 — 을 개념화하고 있다.[25] 이것이 '自覺'의 의미이다.

---

23) 이런 사유법은 지각에 대한 베르그송의 설명을 연상시킨다. 베르그송은 요소들의 연합을 통해서 지각이 형성되는 '연합'의 논리를 비판하면서, 오히려 전체로부터 어떤 부분이 '분리'됨으로써 지각이 성립한다고 보기 때문이다.(MM, 36~39)

24) 앞에서 '흐름'에 대해 논했거니와, 이 구도는 곧 순수 경험의 흐름이 계속 이어지면서도 (궁극적으로는 "독립자전의 무한한 활동"과 그 원리로서의 '신'의 차원으로까지) 동시에 그 안에서 반성의 공간을 통해서 자각이 성립하는 구도이다. 무한한 잠재적 흐름(직관의 상태) 속에서 유한한 현실적 반성이 이루어지는 '한정'의 순간에 자각이 성립한다.

25) 이런 생각은 특히 피히테의 강한 영향을 반영한다. "자아(das Ich)에 의한 자아 자신

그러나 다시 그는 순수 경험과 자각을 포괄하는 존재론적 사유로서 장소론을 전개한다.(『활동하는 것에서 보는 것으로』, 1927) 니시다의 '바쇼'는 존재론적 차원에서의 장소이기 때문에 멀리로는 플라톤의 코라에까지 닿지만, 내용상으로는 크게 다르다. 장소론은 모든 것은 '~에 있어(~に於いて)' 존재한다는 것을 기본 원리로 한다. 장소는 객체와 주체, 그리고 양자 사이의 관계와 운동 전체를 떠받치고 있는 터, 장이다. 일반적으로 장소는 사물들이 존재하고 관계 맺는 곳/터로 이해되며, 보다 고급하게는 그 안에 힘이 장착되어 있는 곳/터로 이해된다. 이런 일반적 이해 단계에서의 장소를 니시다는 '유(有)의 장소'라 이른다. 여기에는 공간만이 아니라 전기장, 자기장 등 물리적 '장'들도 포함된다. 이에 비해 한 단계 상위 장소인 '의식야(意識の野)'는 의식과 그것의 대상을 공히 감싸는/포괄하는(包む) 장소이다. 그것은 의식이 대상을 비추고 대상이 의식에 비추어지는 것을 가능케 하는 장소로서, '대립적 무의 장소'로 불린다. 대상이라는 '유'와 의식이라는 '무'를 감싸는 의식야는 '상대적 무의 장소'를 이룬다. 니시다는 여기에서 그치지 않고, 이 의식야를 무한으로까지 확장한 차원을 생각한다. 이것은 최초의 저작에서 현재의 순수 경험을 무한으로까지 확장해 신에 이르렀던 과정을 상기시킨다. 같은 구조가 반복되면서, 그 사이에 '자각'의 사유가 매개됨

의 정립은 순수한 활동성 자체이다. ── 자아는 스스로를 정립하며, 자신에 의한 이 단적인 정립에 힘입어 존재한다. 그 역도 마찬가지인 바, 자아는 존재하며 그 단적인 존재로 말미암아 자신의 존재를 정립한다. ── 행위와 행위의 산물에 대해서도 마찬가지로 말할 수 있다. 자아는 활동하는 존재이며, 그 활동이 낳는 것이기도 한 것이다. 행위(Handlung)와 활동(Tat)은 하나의 같은 것이다. 따라서 전(全)지식학에 입각해 증명할 수 있듯이, 자아가 존재한다는 것은 사행(Tathandlung)의 표현, 게다가 유일하게 가능한 표현이다."(Johann Fichte, *Grundlage der gesamten Wissenschaftslehre*, Felix Meiner, 1794/1997, S. 16) 니시다는 "피히테에게 새로운 의미를 부여함으로써, 오늘날의 〔신〕칸트학파와 베르그송을 깊은 근저로부터 결합하는 것이 가능하다고 생각했다"고 말한다.(『自覚における直感と反省』, 「序」, 『西田幾多郎哲學論集 I』, 岩波文庫, 2016, 23頁)* 이것은 곧 베르그송의 '직관'과 신칸트학파의 '반성'을 피히테의 '자각'을 통해 통합하고자 했음을 뜻한다.

*『西田幾多郎哲學論集』은 이하 『論集 1』로 약함.

으로써 심화되고 있다. 이 무한으로 확장된 장소를 니시다는 '절대무의 장소'라고 부른다. 그것은 일체의 것을 자기 자신의 그림자로서 자기 안에서 비추는 장소, "자기 안에서 자기의 그림자를 비추는 것, 자기 자신을 비추는 거울과도 같은 것"이다.[26]

역으로 말해 일체의 것들은 바로 이 절대무의 장소가 '자기한정'됨으로써 성립한다고 할 수 있다. 절대무의 장소가 자기한정되어 상대무의 장소가 되고, 다시 상대무의 장소가 한정될 때 유의 장소가 성립한다. '절대무의 장소'라는 표현은 어떤 공적(空寂)한 곳을 연상시키고 생성존재론과는 거리가 멀어 보이지만, 그렇지 않다. 사실 그것은 "독립자전의 무한한 활동"을 잇고 있는 개념이기 때문이다. 이 점에서 그것은 '氣'에 상당히 근접하는 개념이다. 니시다에게서 모든 것은 '장소'의 자기한정에 의해 생성한다. 그러나 상대무의 장소가 결국 의식이 대상을 포용하는 차원이고, 절대무의 장소가 이것을 무한히 확장한 것이라는 점을 생각하면, 니시다의 철학은 분명 유심론적(唯心論的) 성향을 강하게 내장하고 있다고 할 수 있다.[27]

§5. 박홍규와 아페이론의 철학

철학사의 최초의 국면을 논하면서, 파르메니데스 이전의 철학자들은 엘레아적인 사유를 계승해 형성될 이후의 서양 철학 주류에 비해 오히려 유

---

26) 西田幾多郞, 「場所」, 『論集 1』, 86頁.
27) "지금까지의 인식론이 (칸트에서처럼) 주객의 대립이라는 구도에 서서, 안다는 것은 형식에 의해 질료를 구성하는 것이라고 생각했다면, 나는 자기 안에서 자기를 비춘다는 자각의 구도에 서서 생각하고자 한다. 자기 안에서 자기를 비추는 것이 안다고 하는 것의 근본적 의의라고 생각한다. 자신의 안을 안다고 하는 것으로부터 자신의 바깥의 것을 안다고 하는 것에 미치는(及ぶ) 것이다. 자기에 대해서 주어진다고 하는 것은 우선 자기 내부에 있어 주어지지 않으면 안 된다. (…) 안다고 하는 것은 우선 안에서 감싼다는 것이어야 한다."(西田幾多郞, 「場所」, 『論集 1』, 74~75頁)

동적인 사유를 전개했음을 보았다. '아페이론' 개념은 이 맥락을 대변하는 결정적 개념이었다. 그리고 서구 사유에서 줄곧 부정적 역할을 해 왔던 이 개념이 현대에 이르러 어떻게 새로운 생명을 부여받았는지에 대해 보았다.(1권, 2장, 결론 부분) 이는 곧 아페이론 개념이 생성존재론을 정초해주는 핵심 개념으로 화했음을 뜻한다. 서구 존재론사의 변환이 이루어진 이 과정 전반을 시야에 두고서, 아페이론 개념을 근본적이고 체계적으로 사유한 인물은 소은(素隱) 박홍규이다. 박홍규는 아페이론 개념을 천착함으로써 현대 생성존재론의 토대를 놓았다.

박홍규는 서구 사유의 근저에서 무의 배제를 읽어낸다. 무의 배제는 파르메니데스적 일자, 에우클레이데스 공간의 다자, 그리고 운동이라는 세 형태를 띤다. 파르메니데스적 일자를 극복한 다자의 세계에서 각각의 다자는 **동일성**을 함축하며, 에우클레이데스의 도형들, 후기 자연철학자들의 실체들, 플라톤의 이데아들은, 각각 수학적 존재들, 물질적 실체들, 순수 형상들이라는 차이가 있지만, 공히 이런 성격을 갖는다. 이에 비해 운동은 연속적 생성이라는 성격을 띠며, 그로써 동일성을 무너뜨린다. 연속적 생성은 존재와 무의 경계선들을 무너뜨리기 때문이다. "연속성의 이면은 결핍"이며, 그래서 운동에는 동일성이 정착하지 못하는 상태가 내재한다. 이 상태에서 질들은 "엉켜 있다". 이것이 곧 아페이론의 상태이다. 동일성의 철학이란 어떤 **추상공간**(에우클레이데스의 기하학적 공간, 후기 자연철학자들의 실체들의 공간, 플라톤의 이데아계)을 설정해 그곳에 운동을 놓은 후, 이 엉킴을 풀어내고 동일자들을 '분석'해내는 사유이다. 그럴 때에 운동/현상은 "구제된다." 즉, 로고스는 비로소 운동/현상을 자신 속에서 소화해낼 수 있다('理解'). 박홍규는 이 동일성과 추상공간의 사유가 '서구적 합리주의'의 근간을 형성한다고 본다.

동일성 사유의 확립은 '충족이유율'의 개념을 요청했다. "x는 왜 존재하며, 왜 바로 그렇게 존재하는가?"에 답하는 것은 곧 그것이 관계의 생성 속에서도 잃어버리지 않는 본질을 찾아내는 것이다. 절대 동일성과 절대 비-

동일성에서는 충족률이 성립하지 않는다. 파르메니데스적 동일성은 충족률을 해결한 것이 아니라 단지 회피한 것이다. 반면, 아페이론에서도 충족률은 성립하지 않는다. 앞에서 말한 동일자들(추상공간에서 자기동일성을 유지하면서, 물리적으로가 아니라 논리적으로만 관계 맺는 존재들)의 사유는 다자성을 인정함으로써 충족률에 응답한다. 그러나 이 구도에서 운동하는 세계는 동일자들의 발견을 위해 숨아내 버려야 할 외관으로 전락한다. 그것은 진정으로 "현상을 구제하는" 것이 아니다. 보다 고급한 사유는 **운동성 자체에서 충족률을 읽어내는 사유이다.** 플라톤이 『파이드로스』에서 생명을 '자기운동자'로 규정한 것이 그 범례를 제공한다.[28] 존재와 무가 날카로운 경계선을 가지는 추상공간의 세계, 아페이론을 거부하는 이 세계에서 현실세계는 증발해버린다. 현실세계를 그대로 인정하면서 충족이유율을 추구하려면 이런 경계선들을 무너뜨리는 아페이론이 요청되며, 거꾸로 이 지점에서 출발해 동일자들을 발견해갈 때 참된 학문이 성립한다. 언급했듯이, "아페이론은 모순으로 빠지는 것을 방해하는(막아주는) 방파제"이다. 진정한 사유는 아페이론을 숨아내기보다 그 안에서 충족률을 추구한다.

그렇기 때문에 플라톤의 우주에서 아페이론의 성격을 띤 코라는 이데아계, 조물주와 함께 원인으로서 동등한 자격을 가진다. 이 맥락에서, 아페이론은 물질성, 공간성(/연장성), 유동성("방황성")이라는 성격을 갖는다. 플라톤에게 우주는 코라에 형상들이 구현된 것으로서 이해되며, 이때 각각의 형상은 물질성을 띠게 된다. 여우의 이데아는 순수 논리적 존재이지만, 현실의 여우들은 신체들로서 실존한다. 이데아가 물질에 구현될 때 연장성(과 시간)이 갖추어지게 된다. 여우-이데아와 달리 실존하는 여우들은 3차원 입체로서 존재하게 되며, 일정한 시간('주기')을 부여받게 된다. 아울러 아페이론은 유동성을 띤다. 아페이론은 파르메니데스적인 정적인 연속성이 아니라 유동하는 물질적 연속성, 즉 'flux'로서 존재한다. 이 때문에 형상

---

28) 이정우, 『동일성과 차이생성』(그린비, 2016/2022), 3장을 보라.

들은 코라에 원래의 성격대로 구현되지 못한다. 아페이론은 그 자체의 속성들(물질성, 연장성, 유동성)을 띠고 있고, 그로써 형상들의 구현은 일방적인 것이 아니라 쌍방적인 것이 된다. 박홍규는 『티마이오스』, 『파르메니데스』, 『필레보스』를 비롯한 플라톤의 후기 대화편들에 대한 정치하고 독창적인 독해를 통해 아페이론의 존재론을 개념화했다.[29] 박홍규는 플라톤의 사유를 이데아가 아니라 오히려 아페이론/코라에 역점을 두고서 읽음으로써 생성존재론의 철학사적 맥락을 구축했다.

플라톤에서 코라는 이데아계의 타자이다. 그렇기 때문에 플라톤에게는 이 두 타자의 결합에 대한 논의가 큰 비중을 차지한다. 반면 아리스토텔레스에게서 아페이론으로서의 질료는 형상에 포획되어 있다. 플라톤에게서 개체들은 코라에의 이데아들의 구현이 빚어낸 결과들이며, 그에게 이 과정을 사유하는 것은 중요하다. 반면 아리스토텔레스는 그러한 과정이 빚어낸 결과인 개체들에서 사유를 시작한다. 그에게서 아페이론은 형상의 잠재태로서의 역할을 맡게 되며, 형상의 길을 따라서 형태를 갖추어가는 질료로 화한다.(다만, 아리스토텔레스에게서도 질료가 마냥 수동적이기만 한 것은 아니다.) 반대로 베르그송에 이르면, 아페이론은 '물질'로서 다시금 엄연한 실재성을 갖추게 된다. 이데아들은 조물주 안으로 들어가고, 이 전체는 '생명'으로 전환된다. 그리고 생명은 물질에 구현되는 것이 아니라 그것과 끝없이 투쟁하며, 그 과정에서 생명 안에 잠재적으로 내포되어 있던 이데아들(형태들, 질들 등)이 구체적인 생명체들로서 탄생한다. 흥미로운 점은 이 구도에 이르면, 아페이론에 부여되었던 성격들 중 연속성(공간적 연속성이 아니라 생명의 연속성), 유동성, 비결정성이 오히려 생명에 부여된다는 점이다.(반면 물질=아페이론은 공간성을 그 핵심 속성으로 가지게 된다.)

---

29) 『티마이오스』 독해에 대해서는 『형이상학 강의 1』, 248~299쪽, 『파르메니데스』 독해에 대해서는 『플라톤 후기 철학 강의』, 172~213쪽, 『필레보스』 독해에 대해서는 『플라톤 후기 철학 강의』, 214쪽 이하를 각각 참조하라.

이런 변화는 플라톤의 '자기운동자'로부터 베르그송의 '자기차생자'로의 이행에서 분명하게 드러난다.[30] 『파이돈』에서의 생명 = 영혼은 자기동일자이다. 그러나 『파이드로스』에서 플라톤은 생명을 자기운동자로 규정한다. 이것은 곧 앞에서 말한 "운동성 자체에서 충족이유율을 읽어내는"것과 연관된다. 자기동일자에서와는 달리 '자기운동자(heauton kinoūn)' 개념에는 모순이 내포되어 있다. 생명체는 운동하지만 자기를 유지하며, 자기를 유지하면서도 운동한다. 달리 말해 생명은 타자화되면서도 "스스로를 떠나지 않는다." 박홍규는 이런 이유에서 생명을 안에서 모순을 소화하고 있는 존재로서 파악하며, 그 본질은 기억에 있다고 본다. 생명은 기억으로써 모순율을 넘어서는 존재인 것이다. 이는 곧 플라톤이 생명을 운동자이면서도 결국 동일자인 존재로서 파악했음을 의미한다. 그러나 베르그송의 세계는 더 이상 이런 동일자의 존속이 보장되지 않는 절대 생성의 세계이다. 게다가 이 세계는 물질에로의 하강(엔트로피의 증가)을 강요하는 강력한 힘이 지배하는 곳이다. 이제 생명은 이 차이생성과 싸우면서 자기동일성을 유지해야 하는 존재가 아니라, 그 차이생성을 소화해내기 위해 스스로의 동일성을 계속 바꾸어나가야 하는 존재, 즉 자기차생자이다. 스스로를 떠나지 않는 것으로는 부족하다. 스스로를 계속 재창조해나가야 한다. 생명이란 끝없는 '약동'을 통해서 "엔트로피의 사면을 거슬러 올라가려는" 노력인 것이다. 박홍규는 자기운동자로부터 자기차생자로의 이 이행을 서구 존재론사의 골격으로 보았다.

플라톤에서 베르그송으로 이행하는 사유의 선을 독자적 방식으로 해명해간 박홍규에게 아페이론 개념은 두 갈래로 갈라진다. 아페이론의 연속성, 유동성, 비결정성은 오히려 이데아들을 내장한 조물주의 성격으로 할당되면서 그 전체가 '생명'의 개념으로 전환된다. 그리고 아페이론의 물질

---

30) 이 이행에 대해서는 『박홍규 전집』의 『형이상학 강의 1』, 94~162쪽을 보라. 전집의 5권은 베르그송의 『창조적 진화』 독해를 통해서 논의를 구체화하고 있다.

성과 공간성은 '물질'의 속성으로 할당된다.[31] 이로써 플라톤과는 판이한 구도가 도래하며, 생성존재론에 있어 박홍규 식의 근본 구도가 형성되기에 이른다.

　현대 생성존재론의 주창자들은 객관적 실체 중심의 고중세 철학과 주체 중심의 근대 철학을 동시에 극복하고자 했으며, 특정한 동일성을 못 박고서 전개되는 철학 전통 자체를 극복하고자 했다. 그러나 이들의 사유를 전통과의 단적인 단절로서만 이해할 필요는 없다. 생성존재론은 **경험론적 형이상학**이다. 이들은 근대 철학의 주체중심주의/인간중심주의를 넘어서고자 했으나, 그 넘어섬의 출발점은 다름 아닌 인간-주체의 경험인 것이다. 경험에 충실하면서도 경험의 주체중심주의적 이해를 넘어서고자 했다는 점에서 이들은 근대의 경험론적 인식론자들과 구분되는 경험론적 형이상학자들이다.

　우리는 니체, 베르그송, 화이트헤드, 퍼스, 니시다 기타로, 박홍규 등에게서 볼 수 있는 이 경험론적 형이상학을 혜강 최한기(1803~1877)의 사유에까지 소급해서 이해할 수 있다. 최한기에게서 우리는 신체에 상관적인 구체적인 '기'와 우주의 '운화지기'를 이어서 사유하려는 노력을 보았다. 경험론적 형이상학은 형이상학을 구축하기 위해 직접적 경험을 기각하고서 실재로 건너뛰어 가는 사유도 아니고, 반(反)형이상학을 주장하면서 경험의 너머를 싹둑 잘라버리는 사유도 아니다. 그것은 경험에 충실하면서도 그것의 근저를 들여다보려 한 사유이다. 이러한 흐름은 이후 들뢰즈 등에게로 이어진다.

　경험론적 형이상학자들이 볼 때 '근대 철학'이란 인간-주체를 원점에 놓

---

31) 물질-공간 역시 연속적이지만, 오히려 이 연속성은 언제라도 지능에 의해 (기하학적 형태들에 따라) 마름질될 수 있는 잠재적 불연속성으로 특징지어진다. 아울러 베르그송에게서도 물질은 자체의 저항력을 가지지만, 그것의 핵심 속성은 엔트로피의 법칙에 따라 등질화되는 것이 된다.

고서 세계로 하여금 그것을 둘러싸게 한 사유이다. "코페르니쿠스적 전회"라는 표현은 이 이미지를 잘 보여준다. 그리고 그것은 인간-주체의 빛(지각)이 비출 수 있는 범위 저편은 잘라내거나 불가지의 차원으로 남겨놓은 사유이다. 경험론적 형이상학자들은 한편으로 '경험'에 충실하되, 이런 주체중심주의를 벗어나 경험의 심층을 응시한다. 그러나 이들은 실재를 인식하기 위해 경험을 피상적인 것으로서 벗겨내고 그것과 불연속을 이루는 실재를 찾으려 하지 않았다. 그런 실재를 찾는 한 본질과 현상의 이율배반(과 그것과 맞물려 있는 신체와 정신의 이율배반)은 피할 길이 없을 것이다. 이들은 어디까지나 경험과 연속되는 그것의 심층을 구체적으로 인식해 들어가려 했다. 이렇게 경험과 연속적으로 파악된 실재는 곧 '생성'이었다. 경험론적 형이상학의 구도를 통해 새롭게 성립한 형이상학 즉 생성존재론은 현대 철학/탈-근대 철학의 핵심적인 성취에 속한다.

2절 결정론적 세계관의 붕괴

생성존재론이 도래시킨 중요한 한 귀결은 결정론적 세계관의 붕괴이다. 서구의 근대 철학은 단단한 결정론적 토대 위에서 전개되었다. 설사 결정론적 차원을 넘어서는 차원들을 논한다 해도, 그것은 세계의 결정성을 그대로 놓아둔 채 아예 다른 차원들(데카르트에게서 기계론 바깥의 영혼 및 신, 칸트에게서 기계론적 자연과 다른 차원을 형성하는 '목적의 왕국' 등)을 설정하는 방식으로 이루어졌다. 19세기는 이런 결정론적 구도가 역사에까지 적용되어 거대한 역사형이상학들('거대 담론들')이 구축된 시대였지만, 그와 동시에 (3권, 5장, 결론부에서 논했듯이) 쿠르노, 르누비에, 부트루를 비롯한 여러 철학자들이 근대적 결정론을 벗어나기 위해 분투한 시대이기도 했다. 현대 생성존재론의 흐름은 이 비결정론적 세계관을 수준 높게 다듬어 새로운 존재론으로 정련해냈다. 이 과정은 또한 '우연' 개념이 철학적 사유의 조연(나아가 엑스트라)에서 일약 주역으로 떠오르는 과정이기도 했다. 언급했듯이, 현대 형이상학은 존재와 필연의 사유가 아니라 무와 우연의 사유인 것이다. 아울러 이 과정은 또한 이전의 사유들을 오랫동안 지배해온 '전체'라는 개념에 대한, 아울러 전체를 굽어보는 인식 주체라는 개념에 대한 급진적인 비판의 과정이기도 했다.

§1. '전체'는 주어질 수 없다

생성이 세계의 본질이라는 것은 세계가 계속 변하고 있다는 것을 뜻하는 것이 아니다. 동북아나 인도의 철학 전통은 말할 것도 없고, 파르메니데스가 극복된 이래 서양 철학에서도 이 사실 자체를 부정하는 경우는 찾아보기 힘들다. 세계가 생성변화를 겪는다는 것은 분명한 경험적 사실이다. 생성존재론이 강조하는 생성은 이 현상적 생성이 본질적 비-생성으로 환원되지 않는다는 것, 생성은 세계의 현상 차원이 아니라 본질 차원에 존재한다는 것을 뜻한다.

이 점을 몇 가지 각도에서 음미해볼 수 있다. 생성이 세계의 본질이라 함은 세계의 근저에 시간이 놓여 있음을 뜻한다. 이는 곧 세계의 근저에서 어떤 창조가 이루어지고 있음을, 단지 기존의 것들이 다른 것으로 변한다거나 사물들이 일정한 법칙성에 따라 운동한다거나 하는 것이 아니라, 절대적인 의미에서의 새로움이 도래한다는 것을 뜻한다. 이 점이 함축하는 한 가지는 '전체'는 주어질 수 없다는 것이다.[32] 그리고 이 존재론을 인간 자신에게 적용할 경우, 인간의 본질 같은 것은, 적어도 강고한 형태의 본질 같은 것은 상정할 수 없음을 뜻한다. 시간이란 사물들의 변화에 수반되는 것이 아니다. 시간은 세계에 절대적으로 새로운 것, 어떤 타자성(altérité)을 도래시키는 존재론적 원리이다.[33] 이와 더불어, 우연이 새로운 존재론적 위

---

32) "전체는 주어질 수 없다"라는 테제는 두 가지 맥락에서 이해될 수 있다. ① 존재론적 테제로서, 이는 세계의 본질이 끝없는 생성이기에 전체가 고정되지 않는다는 것을 뜻한다. ② 인식론적 테제로서, 이는 "전체"를 언급하려면 인식 주체가 전체의 바깥에서 그것을 보아야 하는데 이는 불가능하다는 것을 뜻한다. 지금은 ①의 맥락에서 언급했다. 군지 페기오-유키오의 저작들은 생명과학의 맥락에서 이 점을(→②의 맥락을) 잘 보여준다. 특히『생명 이론』(박철은 옮김, 그린비, 2013)을 참조.
'결정론'은 이 두 의미 모두에서 "전체가 주어졌다"는 것을 전제한다. 이는 ① 절대적 새로움의 생성을 부정해야만 결정론을 주장할 수 있기 때문에, 그리고 ② 인식 주체가 전체를 굽어볼 때에만 그것의 결정성을 주장할 수 있기 때문이다.

33) '전체'의 의미—따라서 우리가 운동을 다루고 있다고 생각할 때조차도 고정된 '전체'를 전제로 탐구하고 있음을 반성해볼 필요가 있다. '전체'라는 개념은 대개 공간적으로 표상된다. 그러나 시간의 관점을 함께 고려할 경우 '전체'의 뉘앙스는 현저하게 바뀐다. 공간적 맥락에서의 '전체'(그런 것이 있다면)가 그대로여도 그 안에서 어떤 타자성이 도래한다면, 즉 진정으로 새로운 어떤 사건이 일어난다면, 전체는 바뀐 것이다. 예컨대 철수네 집 앞마당에서 전혀 새로운 어떤 미생물이 탄생하는 순간, '우주'=전체는 바뀌는 것이다. 들뢰즈가 적절히 설명해주었듯이, 다음 유비관계가 성립한다.(C-1, 19)*

부동의 물체들 : 운동 = 동적 절단(coupe mobile)으로서의 운동 : 질적 변화

상을 획득한다. 플라톤에게서 코라가 띠고 있는 아낭케의 성격은 존재론적으로 단지 부차적인 것이 아니라 이데아들과 더불어 세계의 근본적인 '원인'을 구성한다. 그러나 중세에 들어와, 특히 근대에 들어와 강고한 형태의 결정론은 학문적 사유의 근저에 자리 잡게 된다. 이것은 근대 고전 역학적 세계관의 여파라 할 것이다. 그러나 19세기에 이르러 우연의 역할이 점차 커져가고,[34] 현대 존재론은 이 원리를 그 심장부에 장착하게 된다. 다윈 진화론 이후의 생명과학, 양자역학 이후의 물리과학, 뒤르켐 이후의 사회과학의 발전이 이런 흐름과 보조를 같이했다. 우리는 이런 흐름 전체를 '결정론적 세계관의 붕괴'로 이해할 수 있다.

§2. '새로움'을 사유하기

19세기 후반에 결정론과 비-결정론을 둘러싸고서 이루어진 다양한 형태의 논의들을 집대성하면서 현대 철학의 기본 형태를 확고하게 정립한 인물이 베르그송이다.

우선 근대 이래 정형화된 과학적 탐구의 프로세스에 대해 다시 생각해보자. 어떤 대상들을 과학적으로 탐구하려면 우선 그것들을 '등질화'해야 한

분석적 이성은 흔히 운동을 부동의 물체들로 공간화해 설명하거니와, 운동에 충실할 경우에조차 그것의 동적 절단에 초점을 맞출 뿐 질적 변화는 방법상 접어두곤 하는 것이다. 물론 여기에서의 질적 변화는 절대적 새로움이 탄생하는 맥락에서의 변화이다. 이 구도를 '전체'에 적용할 경우, 우주 전체를 사유할 때에도 동적 절단으로서 이해된 운동 전체는 사실상 공간적 맥락에서 파악된 전체임을 알 수 있다. 질적 변화에 의한 전체의 변화는 접어두고 있는 것이다.

* C-1 = Gilles Deleuze, *Cinéma 1: l'image-mouvement*, Minuit, 1983.

34) 우연은 존재론적 맥락에서만이 아니라 현실의 맥락에서도 중요했다. 이는 정확히 말해서 우연에 대한 것이라기보다는 우연의 통제에 대한 것이었다. 이는 곧 '생명정치'의 문제와 직결된다. 이안 해킹의 『우연을 길들이다』(정혜경 옮김, 바다출판사, 2012)를 보라.

다. 근대 이래의 과학적 사유의 핵, 나아가 근대 문명의 한 핵으로서 등질화에 대해 여러 차례 언급했거니와, 대상들을 등질화하는 것은 분석적 이성에게는 특히 기본적이다. 목동에게 50마리의 양은 모두 다르고 그가 하나하나 이름을 붙여 부르는 존재들이다. 그러나 동물 통계학자에게 중요한 것은 오로지 50이라는 숫자이며, 이때 양 50마리는 사실상 기하학적 공간에서의 50개의 점 또는 동그라미와 등가적인 것이다.[35] 이렇게 등질화는 과학적 탐구의 첫 단계를 형성한다. 400여 년 동안 전개된 지난 학문의 역사를 되돌아보면, 이런 관점을 점차 세련화해나간 과학의 형이상학과 (19세기 이래) 그런 관점을 벗어나고자 한 반(反)합리주의적 형이상학(과 예술)의 투쟁의 과정이었다. 물론 과학은, 더 정확히 말해 여러 과학들을 떠받치는 근대적 형이상학은 비교적 단일한 활동이지만, 그것을 벗어나려는 현대 형이상학의 모색들은 여러 갈래라는 것을 염두에 두어야 한다. 그리고 또한 지난 몇백 년의 시간에 걸쳐 과학과 형이상학은 복잡미묘한 관계를 맺어왔고, 양자 모두 처음의 출발점으로부터 많이 멀어졌다는 점을 염두에 두어야 한다.

물론 사물들은 기하학적 점들이나 원들이 아니다. 해당 탐구에 있어 의미를 가지는 요소들을 거기에 덧붙여야 한다. 그런데 무엇을 덧붙일까는 과학의 분야에 따라 다르다. 고전 역학의 경우 사실상 질량과 위치, 힘만이 핵심적이다. 다른 모든 요인들은 제거된다. 3권에서 고전 역학에 내해 논하면서(1장, 2절), '질점(mass-point)'만큼 이 사유 양식을 잘 보여주는 개념도 없을 것이라고 했던 것, 그리고 이 담론의 매력을 압축하고 있는 개념은 '가

---

35) 공간적 구분까지 하지 않는다면, 50개가 아니라 하나가 되어버리기 때문이다. 기하학에서의 '합동'이나 존재론에서의 '식별 불가능자 동일성의 원리'에 입각해서. 베르그송은 그의 『시론』에서 "물질적 대상들을 세는 모든 조작은 그 대상들의 동시적인 표상을 함축하며, 바로 그런 이유로 그것들을 공간에 놓고 있는 것임"을 지적한다.(E, 58) 그리고 모든 양화의 근저에는 이런 공간적 직관이 깔려 있음을 논증해나간다. 칸트를 따라 하나의 담론은 그것이 그 대상들을 양화할 수 있는 그만큼 '과학적'이라고 할 수 있다면, 베르그송이 지적한 이 조건은 바로 과학적 탐구의 핵심적인 성립 조건이라고 할 수 있다.

속도' 개념이라고 했던 것을 상기하자. 이렇게 과학적 탐구는 사물들을 등질적 대상들로 환원한 후, 거기에 각 과학이 관심을 가지는, 그 과학의 테두리 내에서 유의미하다고 보는 변항들만을 동정(同定)한다. 그래서 고전 역학의 맥락에서 모든 사물들은 질점들이다. 이 사유 양식을 처음 개발해낸 서구 철학자들(과학자들)에게 이는 강력한 사유문법으로 다가왔고, 때문에 이를 인간을 포함한 세계 전체로 확장하려는 시도들이, 심지어 최근까지도 이어졌다. 그러나 이런 접근 방식의 취약함은 물리학 이외의 영역으로 갈 것도 없이 물리학 자체 내에서도 갈수록 분명해졌고, 때문에 뉴턴과 라이프니츠의 '힘의 과학'을 필두로 새로운 사유 양식들이 속속 등장하게 된다.

세 번째로, 각 과학이 관심을 가지는 변항들이 정해지면 그 변항들에 관련된 데이터를 수집한다. 과학은 데이터에서 출발한다고 생각하는 사람들이 많지만, 데이터는 앞의 두 단계가 전제된 위에서 수집되는 것이다. 데이터의 수집은 물론 시간과 공간을 기본 틀로 해서 이루어진다. 예컨대 천체들의 경우 우주공간에서의 위치와 그 이동 속도가 핵심이 된다. 넷째, 수집된 데이터들 사이에서 함수관계를 찾아내는 것이 핵심이다. 데이터가 모든 것을 말해주지는 않기 때문에, 여기에서 수학적 추론이 중요한 역할을 하게 된다. 이 함수관계를 시각화한 것이 곧 그래프이다. 다섯째, 이 함수관계 파악이 성공적으로 이루어지면, 해당 대상의 미래도 성공적으로 예측된다. 등질성/균일성이 담보되는 천문 현상들의 경우 이런 방식이 비교적 잘 적용되며, 따라서 예측의 정밀도 또한 매우 높다. 여섯째, 이런 예측 기능을 가지고서 사물들을 조작하고 변형함으로써 기술을 발달시킨다. 이미 지적했듯이, 이 여섯 번째가 사실 첫 번째이기도 하다. 그리고 이는 특히 자본주의 생산양식과 결부되어 있다. 근대 과학과 자본주의는 쌍둥이로서 태어났다. 생명정치를 가능하게 한 (미셸 푸코가 뜻한 의미에서의) '지식'들의 아래에 깔려 있는 방법론도 이와 같은 것이다. 고전 역학을 통해 정형화된 방식이 인간의 삶 전반에 투영되기 시작한 것이다. 근대 과학의 결정론은 흔히 '원인과 결과'의 구도에서 논의되지만, 사실 이 함수관계가 내포하는 결정론이 더 강력한 역할을 한다고 보아야 한다. 그 극단적인 경우가 유명한 라플라스의 결정론이다.

베르그송은 이런 고전 역학의 존재론과 그것의 그림자를 떨쳐버리지 못한 근대 형이상학들을 비판함으로써 현대 형이상학을 향한 길을 연다. 베르그송이 볼 때 서구 학문사는 곧 시간 망각의 역사이다. 그 극한적 형태가 곧 고전 역학을 확장한 세계관에서 발견된다. 앞에서 정리한 탐구 방법이 곧 고전 역학을 모델로 형성된 것이다. 베르그송은 고대의 과학과 근대의 과학이 여러 차이를 드러내긴 하지만, 그가 지능의 근본 한계라고 지적했던 것 즉 "영화적 착각"을 공유한다고 보았다. 고대의 과학은 목적론적이고 생물학적이며 근대의 과학은 기계론적이고 물리학적이지만, 그 근저를 흐르는 존재론은 공통된다고 보았던 것이다. 그것은 곧 '시간의 공간화'에 다름 아니다. 달리 말해, 고대 과학과 근대 과학의 근저에는 공통으로 참된 시간의 망각이라는 핵심이 놓여 있다.

주로 아리스토텔레스를 모델로 한 고대 과학의 본질주의는 목적론적 본질주의이다. 여기에서 세계의 변화는 주어진 본질의 실현을 목적으로 이루어지며, 본질들/목적들의 유기적 체계의 파악이 학문이 겨냥하는 목표가 된다. 이런 질적 과학이 양적 과학으로 전환됨으로써, 특히 무한소미분의 사용을 통해서, 지능은 물체들의 운동을 어느 순간에서나 파악할 수 있게 되었다. 그러나 이로써 시간 망각은 오히려 강화된다. 고대 과학의 경우 본질과 본질은 서로 불연속적이기 때문에, 그 사이에서의 변화 과정에서는 우연이 일정한 역할을 할 수 있다. 반면 탐구 대상을 어느 순간에서나 파악 가능한 고전 역학에서는 이런 여백이 모두 일소된다.[36] 라플라스적 결정론도 이런 맥락에서 성립할 수 있었다. 이런 차이에도 불구하고 베르그송이

---

[36] 베르그송이 논하는 고대 과학은 여러 분야를 포괄하는 종합적인 과학이고, 근대 과학은 주로 고전 역학을 뜻한다. 따라서 논의 대상에서 짝이 맞지 않는다. 우리는 "근대 과학"이라는 말을 고전 역학을 모델로 하는 모든 종류의 과학들을 포괄하는 의미로 이해함으로써 비교 논의의 짝을 맞출 수 있을 것이다.

고대 과학과 근대 과학이 본질적인 면에서 같다고 본 이유는 양자 모두가 진정한 시간으로서의 순수 지속을 망각했다고 보기 때문이다.

고전 역학의 기본적인 독립 변수는 시간(t)이다. 왜인가? 모든 운동이란 결국 시간에 대한 운동이기 때문이다. 여기에서 t는 양화된 시간이며, 결국 (모든 양화의 근저에는 공간표상이 깔려 있으므로) 공간화된 시간에 다름 아니다. 이것을 달리 말한다면, 그것은 등질화된 시간이다. 이것은 시간이 가져올 수 있는 타자성을 모두 제거한 시간이라고 할 수 있다. 이런 조건하에서만 시간을 양화할 수 있고 계산할 수 있기 때문이다. 고전 역학의 시간은 공간화된 시간의 작위성을 특히 잘 보여주는데, 우주의 모든 운동들이 두 배, 세 배 더 빨라진다 해도 고전 역학의 공식들에, 또 거기에 대입하는 수들에 어떤 수정도 가할 필요가 없다는 사실에서 이 점이 잘 드러난다.(E, 87) 심지어 운동이 거꾸로 일어난다 해도 마찬가지임을 확인할 수 있다. 컵에서 쏟아진 물이 다시 컵으로 들어가 원래 상태로 돌아가는 것은 현실에서는 있을 수 없는 일이지만, 고전 역학의 방정식에서 반대 방향이란 그저 t와 $-t$의 차이 이외의 것이 아니기 때문이다.[37] 이는 영화를 두 배, 세 배 빨리 상영해도, 심지어 필름을 거꾸로 돌려도, 그 안의 내용에는 하등의 변화도 없는 것과 같다. 공간화된=등질화된 시간("공간의 네 번째 차원")의 계산을 통해서 사유하는 고전 역학의 세계는 지능의 영화적 착각을 매우 잘 보여준다.

이런 식의 세계 이해는 "모든 것이 주어졌다"라고 가정하는 이해이다. 베르그송은 엘레아학파 이래 서구 존재론이 이 전제를 떨쳐버리지 못했다고 보았다. 그리고 그러한 전제의 근저에는 바로 시간의 공간화, 참된 지속의 망각이 깔려 있다고 본 것이다. 그는 공간적 표상의 침투에 의해 왜곡

---

37) 이 때문에 양수의 제곱과 음수의 제곱이 공히 양수가 된다는 수학적 사실이 물리학적으로 중요한 함축을 띠게 된다. 고전 역학의 방정식들은 제곱으로 이루어져 있고, 이 수학적 구조로 인해 위와 같은 결과가 나타나는 것이기 때문이다. Hans Reichenbach, *The Direction of Time*, Dover Publications, 1956/2019, pp. 30 ff.

된 시간이 아닌 '순수 지속'의 개념을 통해서 서구 존재론을 새롭게 하고자
했다.

> 시간은 실재이다. 그것은 작용을 한다. 어떤 고유한 작용을 할 수 있는가? 양식(良
> 識)은 단적으로 이렇게 답한다: 시간이란 모든 것이 단번에 주어질 수 없게 만드는
> 것이다. 따라서 그것은 끊임없이 작동해야 한다. 그렇다면 시간이란 창조와 선택의
> 담지자가 아니겠는가? 시간의 존재는 사물들에는 비결정성이 내장되어 있음을 증
> 험해주지 않는가? 시간이란 바로 이 비결정성 자체가 아니겠는가?(PM, 102)[38]

근대 철학의 핵심적인 문제는 과학적 탐구를 위해 고안된 **방법일 뿐인 것**
에 어느 순간 **존재론적인 실재성**을 부여해버렸다는 점에 있다. 인간이 던진
특정 형태의 그물에 그 형태에 들어맞는 물고기가 몇 마리가 잡혔다고 해
서, 어느새 그 형태를 물고기 전체의 형태로 단언해버리는 형국이다. "기계
론의 이성은 공간 속에서 병치되고 시간 속에서 계기하는 모든 것들이 응
축되는, 한 원리의 통일성 속에서 발견되어야 했다. 이때부터 사람들은 실
재의 총체가 단번에 주어진 것으로 가정하게 되었다."(EC, 348)[39] 고대 과
학의 본질주의도 근대 과학의 법칙주의도 모두 결정론의 형태를 띠고 있는
것이다. 베르그송 사유에 입각할 때, 실재는 등질화된 불연속적 요소들을
병치해서 분석하고 그것들의 관계를 결정론적으로 설명함으로써는 드러나
지 않는다. 세계의 심층적인 실재는 연속적인 흐름이며, 등질화된 불연속적
요소들로의 분석은 인위적으로만 이루어질 수 있다. 그리고 질들의 양화는

---

38) PM = Bergson, *La pensée et le mouvant*, PUF, 1938. 이 점에서 베르그송은 'ex nihilo
nihil fit'라는 서구 존재론의 대전제를 파기한다. 베르그송은 이와 대비적으로 'creatio
ex nihilo'를 제시한 것이다. 하지만 그에게 이 원리는 세계를 초월하는 것도 또 태초에
단 한 번 실행된 것도 아니다. 그에게서 이 원리는 세계에 내재화되며, 또 시간의 매 순
간 작동하는 원리로 화한다. 언급했듯이, 시간이란 그 안에서 끊임없이 타자성이 도래하
는 선험적 지평이다.
39) EC = Bergson, *L'évolution créatrice*, PUF, 1907/2013.

1장 존재에서 생성으로 | 57

분석적 이성이 설명을 위해 행하는 조작일 뿐이며, 질들은 자체의 존재론적 위상을 가진다. 그리고 질들은 공간적으로 병치되어 있는 것이 아니라 상호 침투해 연속체를 이루며, 그로써 (단순한 다수/복수, 즉 양적 여럿이 아니라) 질적 다양체로서 존재한다. 여기에 또 하나의 결정적인 측면, 즉 창조성이 포함된다. 세계는 시간이 아무 역할도 하지 못하는 결정론적인 곳이 아니라 새로운 질들이 끊임없이 창발(創發)하는 곳이다. 베르그송이 생각하는 세계란 이렇게 연속적 흐름이자, 질적 다양체이자, 내재적 창조로 가득 찬 곳이다. 세계의 이런 성격, 생성/시간의 이런 성격이 곧 '순수 지속'이다. 베르그송의 순수 지속의 철학은 철학사의 결정적인 지도리를 만들어내면서 현대 사유의 근저에 자리 잡게 된다.

§3. 세 종류의 우연

이러한 논의에 함축되어 있는, 비-결정론적 세계를 가능케 하는 핵심적인 존재론적 원리는 우연이다. 우연을 존재론적으로 대하는 태도는 그것을 통계학적으로 대하는 태도와 대극적이다. 후자가 '우연 길들이기'의 관점이라면, 전자는 "이 세계 속에서 통계학과 '필연성' 외의 그 어떤 것을 발견하려는 희망을 놓지 않는 사람들"(셰스토프)의 관점이다. 즉, 우연을 오성의 틀에 넣어 다스리려는 관점이 아니라 그것의 존재론적 의미, 삶에서의 의의를 파악하고 향유하려는 관점이다. 이는 우연을 단지 인식 주체의 무지로서만 이해하는 것이 아니라, 세계의 존재론적 오저(奧底)와 인생의 아이러니, 부조리, 운명을 담고 있는 원리로서 이해하는 관점이다. 우연의 객관성을 인정하는 데에서 현대 형이상학이 출발한다.[40]

---

40) 스피노자는 "어떤 일이 우연이라 불리는 것은 오로지 〔그것에 대한〕 우리의 인식이 불완전하기(defectus) 때문일 뿐, 그 외의 어떤 이유도 없다"라고 했지만(『에티카』, 1권, 명

구키 슈조는 세 종류의 우연을 구분한다. 정언적(categorical) 우연은 아리스토텔레스에 의해 정초된 주-술 구조에서 나타나는 우연으로서, 주어의 일반적 속성이 아닌 술어가 나타날 때 성립하는 우연이다. "저 클로버는 네 잎이다"는 "클로버는 세 잎이다"라는 일반적 경우에 비해서 우연적이다. 가설적 우연은 이유적 우연, 목적적 우연, 인과적 우연으로 나뉘거니와, 가장 기초적인 것은 쿠르노(1801~1877)가 제시했던 우연, 즉 자체로서는 필연의 양상을 띠는 두 인과계열이 교차함으로써 발생하는 우연이다.(3권, 5장의 결론 부분) 이접적 우연은 여러 개의 가능지들 중 어느 하나가 현실화할 때 성립한다. 전체가 부분으로 분화할 때 등장하는 우연이다. "영희는 〔일본인, 중국인, …이 아니라〕한국인으로 태어났다" 같은 경우가 전형적인 예이다.

구키는 정언적 우연을 다섯 가지(크게는 세 가지)로 분류한다. 개념과 내포에서의 우연은 한 개념-주어에 비본질적인 내포가 술어로 붙을 때 성립한다. "정삼각형은 각 꼭짓점에서 마주 보는 변에 내린 세 수직선이 한 점에서 만나는 도형이다" 같은 경우가 이것이다. 이때의 술어는 정삼각형의 본질에 속해 있지 않았던 것이 우연히(수학적으로는 우연이 아니라고도 할 수 있겠지만) 발견된 것이기 때문이다. 종합판단에서의 우연은 주어와 술어가 결합될 때 주어에 대해 우연인 술어가 옴으로써 성립하는 우연이다. 분석판단과 비교할 경우, 모든 종합판단은 'syn-thesis'라는 말 지체가 힘축하듯이 우연의 양상을 내포한다. "인간은 두 개의 눈을 가진다", "물은 축축하다" 등이 이런 경우이다. 이 우연은 철학적으로는 우연이지만, 일상적으로는 우연으로 잘 느껴지지 않는다. 특칭판단에서의 우연은 주어가 특칭일 때 성립하는 우연이다. "어떤 남자들은 여장을 한다" 같은 명제들이 이런

제 33, 주해 1), 구키 슈조는 "우연이란 결코 주관적인 것이 아니다. 우연은 객관성을 가지고 있다"라고 강조한다."(『偶然性の問題』, II, §20) 이하 구키의 인용은 이 저작의 장과 절만을 명기한다.

경우이다.[41] 고립적 사실로서의 우연은 특정 주어에 대해 기대하지 않는 술어가 나타났을 때 성립하는 우연이다. "저 할아버지는 번지 점프를 잘한 다" 같은 명제들이 이런 경우이다.[42] 마지막으로 예외적 우연은 법칙성에서 벗어나는 경우에 성립하며, "わくら葉"(여름인데 단풍처럼 물들어 끝이 마른 나뭇잎) 같은 경우가 이런 경우이다.

정언적 우연 개념을 생성존재론 및 생성윤리학('타자-되기의 윤리학') 의 양상론적 토대로 삼을 수 있다. 개별자의 의미를 종과의 연관성에 둘 때, 각 개별자는 어떤 본질을 구현하고 있는 것, 해당 종의 '예화(例化, instantiation)'로서 이해된다. 이 경우 각 존재자는 그 동일성에 의해서 이해 되며, "x는 A이다"라는 명제로 표현된다. 아울러 이렇게 이해된 개체의 가 치는 곧 그것의 본질을 얼마나 최고도로 잘 구현하느냐, 얼마나 좋은 A가 되느냐에 두어진다. 반면 개별자의 의미를 차이생성에 둘 때, 각 개별자는 특정한 본질의 구현체가 아니라 타자들과 관계 맺으면서 계속 생성하는 존 재로서 이해된다. 이때 종을 비롯한 각종 일반성들은 단지 이 흐름의 평균 치, '정상화(normalization)'로서 이해된다. 그리고 이런 개별자의 가치는 차 이생성의 방향과 속도를 어떻게 가져가느냐에 두어진다. 요컨대 문제는 생 성이며, 명제로서는 "x는 ~이 된다"라고 표현된다. 이때 모든 개별자는 각

---

41) '우연에 의한 환위(conversio per accidens)'는 특칭판단에 우연이 개입됨을 잘 보여준 다. "모든 A는 B이다"를 환위(換位)하면 "모든 B는 A이다"가 된다. 이는 오류추리이다. 예컨대 "모든 백인종은 인간이다"를 환위하면 "모든 인간은 백인종이다"가 되어 오류 가 된다. 이런 환위를 진리로 간주할 경우, 인종 차별의 잘못된 논리적 근거로 활용된다. 이 종류의 환위가 참이 되려면 우연이 개입되어야 하며, 이 경우 '우연에 의한 환위'라 불린다. "모든 백인종은 인간이다"는 우연에 의한 환위를 통해 "어떤 인간은 백인종이 다"가 된다. 이것은 옳은 추리이다.

42) 대상들에 대한 어떤 특정한 관점을 부당하게 일반화하고 있을 때, 그 일반화의 바깥에 존재하는 것들은 '우연'으로서 다가온다. 예컨대 고전 역학적 관점을 세계의 특정한 부 분에 국한하지 않고 일반화해버릴 때, 그 관점의 바깥에 존재하는 것들(예컨대 생명체 들)은 우연의 양상을 띠게 된다. 베르그송은 그의 생명철학을 논하면서 특정한 관점 에서 '무질서'라고 파악된 것이 사실은 '다른 질서'일 뿐임을 세밀하게 분석해주었다. (EC, 221-27)

각에 대해 타자이며, 어떻게 관계의 생성을 통해 타자들 사이의 생성/되기가 좋은 생성/되기가 될 수 있을 것인가가 문제가 된다.[43] 이렇게 정언적 우연의 존재론은 개별자의 존재론적 지위 및 타자-되기의 윤리학을 함축한다고 볼 수 있다.

가설적(hypothetical) 우연은 정언적 우연보다 근본적이다. 가설적 우연이 정언적 우연을 정초/설명해주기 때문이다. "저 뱀은 머리가 두 개이다"는 정언적 우연의 경우이다. 그러나 이 우연은 이 뱀이 어릴 때 당했던 사고라는 우연을 통해 설명될 수 있다. 앞의 명제는 이 이전의 우연의 결과를 언어로 표현하고 있을 뿐이다. 이 점에서 가설적 우연이 보다 근본적인 우연이다. 구키는 가설적 우연을 이유적 우연, 원인적 우연, 목적적 우연으로 대별한다.

이유적 우연은 라이프니츠에 의해 역(逆)정초되었다. 다시 말해, 그는 이유적 필연만이 존재하며 이유적 우연은 존재하지 않는다고 보았다. 그는 "모든 분석명제는 참"일 뿐만 아니라 "모든 참된 명제는 분석적"이라고 말한다. 전자는 동일률(/모순율)을, 후자는 충족이유율을 가리킨다. 그리고 궁극적으로 후자는 전자로 환원된다. 여기에는 우연이 존재할 수 없다. 모든 일에는 이유가 있다. 이에 비해 이유적 우연을 인정할 경우, 우리는 "이유 없이" 일어나는 많은 일들을 목격할 수 있다. 구키는 소극적인 이유적 우연과 적극적인 이유적 우연을 구분한다. 전자는 도대체 왜 이유 없이 그런 일이 벌어졌는지를 알 수 없는 경우로서, 예컨대 꿈속에서 일어나는 일들이나 뜬금없이 떠오르는 기억 등이 그런 경우이다. 후자는 이유 없는 우연이기는 하지만 그 우연이 성립하게 된 경위는 파악 가능한 경우이다.[44] "洛陽

---

43) 서구어에서 생성과 되기는 공히 'becoming/devenir'이지만, 우리말에서는 구분해서 사용할 수 있다. 넓은 의미에서 사용되는 생성과 달리, '되기'는 주체가 의지를 가지고서 특정 타자와의 관련하에서 스스로를 바꾸어나가는 것이기 때문이다. 관련해서 전자의 경우 자기타자화를 포함해 '타자화'로 표기할 수 있다면, 후자의 경우에는 '타자-화'로 표기할 수 있다.

城東桃李花"와 "飛來飛去落誰家" 사이에는 "花(ka)"와 "家(ka)"가 평성마운(平聲麻韻)이라는 음운상의 일치가 있어, 언어의 의미에 따른 이유성과는 전혀 관계없는 우연적 관계가 형성되어 있음을 알 수 있다. 적극적인 이유적 우연은 논리적인 우연이다. 소극적인 이유적 우연이 논리 자체를 넘어서버리는 우연이라면, 적극적인 이유적 우연은 대개 논리, 수학이나 언어 등 (실제 세계가 아니라) 기호적인 차원에서 발생한다.

이유적 우연이 논리적-수학적 맥락에서의 우연이라면, 실제 세계에서 발생하는 우연은 목적적 우연이거나 인과적 우연이다. 우리가 평소에 논하는 우연은 사실 이 경험적 맥락에서의 우연이다. 이 경우들은 경험에서의 우연이기에 시간과 공간이, 더 정확히는 날짜와 장소가 개입된다. 경험적인 모든 우연들은 "특정 장소에서 특정한 때에" 일어나기 때문이다.(『형이상학』, 1025a 22) 우리의 삶을 짜왔고, 지금 짜고 있고, 앞으로 짜나갈 주요 장소들과 날짜들은 우연한 사건들로 가득 차 있다. 쿠르노가 지적했듯이,[45] 우리 삶에서의 우연한 사건들은 과학적으로는 의미가 없지만 역사적으로는 결정적으로 중요할 때가 많은 것이다.

목적적 우연성은 딱히 아무런 목적도 없지만 여하튼 사태가 그렇게 된 경우에 성립한다. 이때 인과적으로는 필연인 경우도 있고, 인과적으로도 우연인 경우가 있다. 예컨대 기계론적 결정론은 '목적적인 우연성'과 '인과적인 필연성'이 결합된 경우를 보여준다. 세계는 완벽히 인과적으로 결정되어 있다. 그러나 그런 법칙성에는 아무런 목적이 없다. 반면 목적의 맥락에서도 우연이, 인과의 맥락에서도 역시 우연이 지배하는 경우도 있다. 에피

---

44) 소극적 우연은 '절대적 우연'이고, 적극적 우연은 '상대적 우연'이다.(II, §15) 그런데 소극적 우연은 결국 그 근저에 적극적 우연을 깔고 있다. 소극적 우연에 대해 우리는 그것을 더 깊이 파 내려가 어떤 필연을 발견할 수도 있기 때문이다. 반면 쿠르노에게서 보았던 우연은 우리가 필연을 충분히 숙지한 위에서도 인정하지 않을 수 없는 우연이다. 이 점에서 그것은 역설적으로 표현해 '필연적 우연'이라고도 할 수 있다.

45) Antoine-Augustin Cournot, *Essai sur les fondements de no connaissances et sur les caractères de la critique philosophique*, Vrin, 1851/1975, §20.

쿠로스의 원자론이 이런 경우이다. 이 사유체계에서는 목적은 물론이고, 인과 역시 '클리나멘'이라는 우발성에 기초하고 있기 때문이다. 이런 우연들은 소극적인 목적적 우연이다. 이에 비해, 적극적인 목적적 우연은 목적 자체는 분명하지만 중간에 다른 목적 또는 인과가 개입해 그 목적이 흐트러져버리는 경우이다. 나무를 심기 위해 땅을 팠는데 거기에서 보물을 발견한 경우(『형이상학』, 1025a 15~18), 이는 나무를 심으려는 목적과 보물을 숨기려는 목적이 교차하는 지점에서 발생한 우연이다. 쿠르노 인과론의 목적론적 판본이라 하겠다. 인구에 회자되는 대부분의 우연은 바로 이 종류의 우연이다.[46] 그러나 목적적 우연은 대개 인간적 차원에서 성립하며, 이보다 더 객관적이고 보편적인 우연은 인과적 우연이다. 과학자들이나 철학자들이 우연을 논할 때 대개 이 인과적 우연을 논하는 것은 이 때문이다.

소극적인 인과적 우연은 어떤 일이 특정한 원인 없이 '저절로' 일어나는 경우에 성립한다. 사람이 밀지도 않았고 바람도 없는데 문이 열릴 때, 우리는 문이 "저절로" 열렸다고 말한다. 구키는 인과적 우연을 '비결정론적 자발성'이라고도 부른다. 그런데 이 인과적 우연/비결정론적 자발성이 목적적 우연과 결합할 때 "자연히"가 성립한다. 이때의 "자연히"는 인과적 필연을 뜻하는 것으로 보이지만, 내용상 아낭케("어찌할 수 없는")의 뉘앙스이다. 이는 플라톤 등에서 '아낭케'가 '필연'으로 번역되고 있지만, 내용상으로는 "어쩔 수 없음"을 뜻하는 것과 같다. 반대로 인과석 우연/비결정론적 자발성이 목적적 필연과 결합할 때, "저절로"는 "스스로"로 바뀌어 자유의 양

---

46) 이 적극적인 목적적 우연에는 종종 이른바 "목적 없는 목적"이 주관적으로 개입한다. 이는 목적적 우연이 마치 어떤 '선한 정령'이나 '악한 정령'에 의한 것이거나 한 것처럼 느껴지는 것을 뜻한다.(MR, 152~157)* 좋은 일이 계속되거나 나쁜 일이 계속될 때 '목적 없는 목적'이 개입하게 된다. 목적 없는 목적은 때로 '의도'의 문제로 나타난다. 의도(좋은 것이든 나쁜 것이든)가 개입하지 않은 경우가 의도적으로 이루어진 것처럼 보이는 우연이 있는가 하면, 우연을 가장한 의도(우연인 척하면서 누군가에게 선물을 안긴다든가, 또는 반대로 우연인 척하면서 남을 해코지하는 경우)도 있다.

＊MR＝Bergson, *Les deux sources de la morale et de la religion*, PUF, 1932/2013.

상이 된다. 이 점은 단순한 우연이 자발성으로 그리고 다시 자유로 변환됨을 논했던 부트루(1845~1921)의 논의와 연계된다.(3권, 5장, 4절) 다만 부트루가 말하는 자발성과 구키가 논하고 있는 "저절로"는 다소 다른데, 전자는 물리적 우연에서 생물학적 자발성으로 변환된 맥락을 뜻하는 데 비해 구키의 경우는 이 점을 함축하지 않는다. 흔히 말하는 소극적 자유와 적극적 자유의 구분은 "저절로(自ずから)"와 "스스로(自ら)"의 차이와 연계된다. 두 경우 모두 "自"가 들어가지만 의미는 다르다. 구키는 인과적 우연이 목적적 필연에 매우 중요하다고 보는데, 이는 적극적 자유는 소극적 자유를 넘어설 때에만 성립할 수 있기 때문이다. 인과적 우연이 완전히 부정되면, 목적적 필연이 설 터가 없어져버린다. 그렇지 않다면, 칸트 식의 또는 푸앵카레식의 이원론으로 가야 할 것이다. 자유를 내재적으로/일원적으로 정초하고자 할 때, 인과적 우연은 중요한 징검다리가 된다는 것이다.[47]

적극적인 인과적 우연은 바로 쿠르노가 논의한 우연이다. 각각은 필연적인 두 인과계열이 교차함으로써 우연이 발생한다. 두 계열 혹은 여러 계열의 마주침(조우, 해후)에서 우연이 발생한다. 이 점은 '偶'가 '짝'을 뜻하는 바에도 함축되어 있고(아울러 '遇'는 만남/마주침을 뜻한다), 사건의 철학이라 할 역학에서의 효(爻) 개념이 곧 마주침(爻)을 함축한다는 점에서도 잘 드러난다. 아울러 서구어 "con-tingence", "ac-cident", "Zu-fall" 등과 같은 일상어들도 이 점을 잘 드러내고 있다. 앞에서도 말했지만, 이 적극적인 인과적 우연이 가장 기본적인 우연이라고 할 수 있다. 이 우연의 경우에도 앞에서 "목적 없는 목적"이라고 했던 것과 유사한 개입이 일어난다. 그 개입이

---

47) 에피쿠로스학파를 논하면서 '클리나멘' 개념의 문제점을 지적했다.(1권, 8장, 3절) 지금의 맥락에서 재음미해본다면, 루크레티우스가 인과적 우연을 자유의 근거로 본 것은 온전히 틀렸다기보다는 불완전하다고 평가할 수 있을 것이다. 구키의 지적처럼, 자유란 인과적 우연의 전제 위에서 목적적 필연이 성립함으로써 가능하기 때문이다. 라이프니츠는 자유의 개념이 성립하기 위해서는 우연성, 자발성, 지성이 요청된다고 보았거니와 (물론 그의 사유는 구키의 그것과는 이론적 배경이 다르다.), 지금의 맥락에서 본다면 자발성과 지성이 합쳐짐으로써 목적적 필연이 이루어진다고 볼 수 있을 것이다.

좋은 결과를 낳았을 경우 우리는 "(때)마침", "요행히"라고 말하며, 나쁜 결과를 낳았을 경우에는 "하필이면"이라고 말한다. 보다 중성적으로는 "어쩌다"라는 표현이 있고, "딱", "꼭" 같은 말들도 이와 연관된다.[48] 그리고 이런 마주침이 특정 인물에게 좋은 식으로든 나쁜 식으로는 매우 중대한 의미를 함축하고 있을 때, 우리는 그것을 '운명'이라고 부른다. 더구나 같은 유형의 우연이 여러 번 반복될 때면 이런 '운명'의 성격은 더욱 강화된다. 이 우연은 가장 기본적인 우연이기 때문에, 다른 종류의 우연에도 흔히 결합되어 있다. 앞에서 들었던 클로버의 예에서도, "이 클로버는 네 잎이다"라는 것은 사실 그 클로버가 생물학적으로 겪었던 인과적 우연의 결과를 명제로 표현한 것일 뿐이다. 그리스 철학 이래 자주 분석되어왔듯이, 인과성과 목적성 간에도 복잡·미묘한 연관성이 존재한다.(II, §5)

정언적 우연과 가설적 우연은 무슨 일인가가 일어나고 그 일이 특정한 경우에 우연을 형성하게 됨을 논한다. 이에 비해 이접적(disjunctive) 우연은 무슨 일인가가 일어난 그 자체가 애초에 우연의 양상을 품고 있음을 뜻한다. 이 점에서 이접적 우연은 가장 근본적인 우연이며, 가설적 우연이 정언적 우연을 정초한다면 다시 이접적 우연은 가설적 우연을 정초한다. 철수와 영희가 지하철에서 만난 것은 우연이다. 철수가 도서관에 가고 있었던 것에도 영희가 할머니 댁에 가고 있었던 것에도 어떤 필연적 인과가 있다. 철수는 시험 준비를 해야 했고, 영희는 할머니 댁에 떡을 가져다 드려야 했다. 그러나 둘이 지하철에서 만난 것은 우연이다. 그러나 이 가설적 우연을 구성하는 두 인과계열 자체가 이접적 우연에 의해 생성한 것이다. 철수는 도

---

48) 의미심장한 '사건'이란 대개 이 인과적 우연의 산물로서 발생한다. 사건들은 계열화됨으로써 의미를 형성하며, 그런 계열들의 교차를 통해 상위의 어떤 사건이 발생하기 때문이다. 그리고 사건은 대개 '해석'의 대상이 된다. 유사한 사건일지라도 예컨대 반금련이 떨어뜨린 창문 받침대가 '마침'(멀리 보면 '하필이면') 서문경의 어깨에 떨어진 것은 단순한 우연이지만, 건축 중이던 건물 아래를 지나가던 반정부 인사의 어깨에 벽돌이 떨어진 것은 우연이 아닐 수도 있기 때문이다.

서관에서 공부할 수도 있었고 카페에서 공부할 수도 있었다. 두 이접지 중 전자가 우연히 현실화된 것이다. 영희는 집에 있을 수도 있었고 외출할 수도 있었다. 그러나 우연히 집에 있었고 때문에 어머니의 심부름을 가게 된 것이다. 물론 이 우연 역시 그 이전의 여러 필연들을 추적할 수 있겠으나, 그때마다 우리는 이접적 우연을 만나게 된다.[49]

§4. 우연의 형이상학

이접적 우연의 맥락에서 우리는 가장 근본적인 형이상학적 문제들을 만나게 된다. 우선, 양상 개념으로서의 우연은 다른 양상 개념들인 필연, 불가능, 가능 등과 일정한 체계를 형성한다. 필연과 불가능성은 양상 구조의 양 끝을 형성한다. 반드시 일어나는 것과 결코 일어나지 않는 것. 양자는 '확연적'이다. 그 사이에 가능과 우연이 위치한다. 양자는 '개연적'이다. 가능은 일어날 수 있는 것으로서, 그 정도가 커지면서 점차 필연으로 접근한다. 우연은 오히려 무 쪽으로 접근한다. "이 장미는 붉다"는 그것이 붉지 않을 가능성, 그것의 비-존재에 닿아 있기에 우연이다. 이는 현실성으로부터 그것의 무로 나아가는 방향이다. 그러나 반대의 방향을 취할 경우, 이 꽃이 붉다는 것은 다른 무수한 가능성들을 제치고 현실화된 매우 극적인 어떤 것이다. 이렇게 볼 경우 모든 현실성은 극적인 것이고, 이접적 우연의 맥락에서 우연이라고 할 수 있다. 모든 일을 '인연'으로 보는 불교적 사유에는 이런 양상론이 깔려 있다. 현실성의 맥락에서 우연은 비-존재에 맞닿아 있지만,

---

49) 이 이접적 우연들 중 가장 궁극적인 우연은 곧 이 세계가 존재하게 되었다는 사실이다. 이 세계는 존재할 수도 있었고 존재하지 않을 수도 있었으나 우연히 이렇게 존재하게 된 것이다. 셸링은 이를 '원시우연(Urzufall)'이라고 했다.
모든 이접적 우연은 시간의 지도리에서 일어난다. 시간의 지도리, 'pro-blēma'를 비롯해 사건의 철학의 주요 개념들은 이 이접적 우연과 밀접한 관련성을 띤다.

가능성의 맥락에서는 존재로 극적으로 솟아오른 것이 우연이다. 이는 이접적 우연의 맥락에서 분명해진다고 할 수 있다.

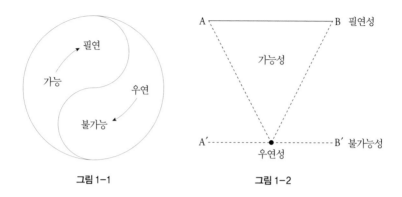

그림 1-1   그림 1-2

　양상의 문제는 기본적으로 '존재'와 '시간'의 문제이다. 필연이란 모든 시간에 존재해야 하는 것이고, 불가능이란 모든 시간에 무일 수밖에 없는 것, 어떤 시간에도 존재할 수 없는 것이다. 필연과 불가능은 모든 시간을 통관해 성립하는 양상이기에, 경험적으로는 확인하기 힘들다. 지금까지 필연이었던 것이 앞으로 무너질 수도 있고, 불가능이었던 것이 일어날 수도 있기 때문이다. 이 점에서 필연과 불가능의 시간은 과거이며, 양자를 모든 시간에 걸친 양상으로 보는 것은 지금까지의 과거를 미래로 외삽(外揷)하는 것에 불과하다. 필연과 불가능은 어떤 부분적 사태를 과장해서 보편화한 것이라고 해야 한다. 결정론이 바로 이런 사유이며, 때문에 생성존재론은 결정론에 대한 비판에서 논의를 시작하는 것이다. 이에 비해서 가능의 시간은 미래이다. 가능이 현실이 되면 그것은 곧 과거로 흘러간다. 가능은 미래의 양상을 띨 때에만 가능답다.[50] 이접적 우연은 가능과 현실의 교차점

50) 베르그송이 과거의 '기억'에서 인간존재(réalité humaine)의 오저를 찾았다면, 하이데거는 미래의 '가능성'에서 인간존재의 오저를 찾았다. 하이데거에게 '세계-내-존재'로서의 인간존재의 핵심은 '처해-있음'이고, 처해-있음의 한 핵심 계기는 이해에 있다. "이해가, 그 안에서 개현될 수 있는 것의 그 모든 본질적인 차원에 따라, 항상 가능성 안으

에서 파열한다. 현실에서 가능으로 갈 때, 우연은 비-존재와 접해 있는 것으로서 나타난다. 저 장미꽃은 붉지 않았을 수도 있다. 가능에서 현실로 갈 때, 우연은 존재와 접해 있는 것으로서 나타난다. 저 장미꽃은 붉다. 그러나 가능은 '정도'를 형성한다. 그것은 존재와 무의 스펙트럼을 미끄러지면서 움직인다. 그 정도가 클 때의 현실화는 보통 우연으로 생각되지 않으나, 철학적 맥락에서는 역시 우연(endechomenon)이다.(이 말이 '가능'을 뜻하기도 한다는 점은 시사적이다.) 그러나 일상적 어감에서는 가능성이 매우 낮은 경우가 현실화되었을 때 '우연'으로서 다가온다고 할 수 있다. 전자의 용법이 필연과 존재의 철학인 그리스 철학에서 우세를 점한다면, 후자의 용법은 우연과 무의 철학인 불교에서 우세를 점하는 것은 우연이 아닐 것이다. 우연은 가능과 밀접하게 결부되어 있고, 존재와 비-존재를 잇는 정도의 끈 위의 어딘가에서 파열한다. 그래서 우연의 시간은 현재이다. 우연이 가장 우연다운 것은 그것이 현재에 파열하고 있을 때이다.

현재의 시간에 우연이 파열할 때, 인간은 경탄/경이로움의 염을 느낀다. 필연과 불가능은 공히 모든 것이 결정되어 있는 양상이기에, 경탄의 감정을 생기게 하지는 않는다. 미래와 특히 상관적인 가능의 양상은 불안이나 희망을, 그리고 이미 현실화된 가능인 과거는 후회나 추억의 감정을 일으킨다. 이에 비해 우연은 경탄의 감정을 불러일으키며, 긴장, 흥분 등 동적인 감정을 야기한다. 데카르트는 "경탄/경이로움이란 정신의 돌연한 놀람이며, 정신으로 하여금 드물고 이상한 사물을 주의하여 고찰하도록 만드는 것"이며, "모든 격정 가운데 제일"이라고 했다.[51] 구키는 "우연성에 상응하

로 밀고 들어가는 것은 무슨 까닭인가? 이해가 자체 안에 우리가 기투(Entwurf)라고 부르는 실존론적인 구조를 내포하고 있기 때문이다. (…) 현존재는 그가 현존재로서 존재하는 한 언제나 이미 언제나 여전히 자신을 가능성으로부터 이해하고 있다. (…) 기투로서의 이해는 현존재의 존재방식이며, 그는 바로 그런 방식에서 자신의 가능성으로서의 가능성인 것이다."(『존재와 시간』, §31) 아울러 말한다면, 현재(화)를 기준으로 놓고 과거 지향과 미래 지향을 논한 후설의 경우는 현재 중심의 시간론으로 자리매김할 수 있을 것이다. 세 사람의 시간론을 하나로 통합한다면 어떤 시간론이 될까?

는 감정인 경이로움은 가능한 이접지들 중 하나가 현실화된 현재의 순간에 느끼는, 그 현실화의 절대적 이유에 대해 당혹감을 느끼는 형이상학적 감정"임을 지적한다.(III, §10) 이렇게 보면 그리스의 철학이 왜 경이로움에서 시작되었는지도 이해할 수 있다. 세상이 다른 식으로가 아니라 바로 이런 식으로 존재한다는 것, 이 사실이 불러일으키는 경이로움이 사유의 불을 켠 것이다. 그래서 구키는 "존재론적 감정은 우연으로부터의 경이로움에서 시작해 가능으로부터의 불안을 거쳐 필연으로부터의 평온함으로 전개한다"라고 말한다. 그리고 가능의 정도가 더 작았던 우연일수록 이런 경탄의 감정을 더욱 크게 일으키는 법이다.

우연은 이렇게 존재론적 맥락과 깊이 연관되면서 '운명'의 뉘앙스를 띠게 된다. 우연이 인생의 묘(妙)함에 닿을 때, 그것은 운명이 된다. 몬테규가와 카풀렛가 사이에 화해의 분위기가 무르익었을 때 우연히 발생한 비극적 사건 앞에서, 로미오는 "아, 우연이여!"라고 외치지 않고 "아, 운명이여!"라고 외친다. 그리고 그 묘함이 필연의 뉘앙스를 띨 때, 거기에는 숭고한 신성이 깃들게 된다. 스토아학파의 "heimarmenē/fatum"은 자연철학적 필연인 동시에 형이상학적 섭리이기도 한 운명이다. 구키는 이렇게 말한다. "운명 개념은 필경 목적적 우연이 인간의 전(소)존재성을 위압하는 듯한 경우에 생겨나는 것이리라. 목적적 우연은 쉽게 인과적 필연과 이종(異種)결합한다. 나아가 동종결합에 의해 인과적 필연이 목적적 필연과 결합한다. 그로써 이 '필연-우연'의 복합체가 사태 자체의 숭고함에 의해 현실초월성을 얻은 것이 운명에 다름 아니다."(III, §12) 로미오의 운명은 목적적 필연과 인과적 우연의 결합에서 생겨난 것이고, 여기에 어떤 숭고함이 깃들 때 인과적 필연과 목적적 필연의 결합을 통해 스토아적 운명이 성립한다. 인간에게 목적적 우연인 것이, 신들에게는 목적적 필연이다. 개인적 운명에 한탄하는 것을 넘어 존재론적 운명으로 나아갈 때, 우리는 자신의 사건을 살

---

51) René Descartes, *Les passions de l'âme*, §§70, 53, *Oeuvres et Lettres*, Gallimard, 1953.

수 있고 '운명애(amor fati)'를 살 수 있다.

우연에 대한 존재론적 상념은 우리를 절대자/신에 대한 사색으로 이끈다. 인간이 살아가는 현실은 이접지들 중 하나가 현실화된 결과들이고, 때로 그 결과들은 개개인에게 행복한/불행한 운명으로 다가오곤 한다. 그러나 그러한 이접지들 전체, 가능성 전체는 선택과 행/불행, 후회와 희망, 운명 등을 초월한 차원이다. 이 차원은 곧 절대자의 차원, 신의 차원이다. 이 절대자는 특정한 양태로는 물론 특정한 속성으로도 제한되지 않는 신=자연(Deus sive Natura)이다. 칸트는 선험적 변증론의 세 번째 선험적 가상으로서 '사변이성의 이상'을 논하면서, 이 이상 즉 신을 "가능한 모든 술어들의 전체가능성을 담지하는 존재"로서 파악한다.(3권, 9장, 1절) 이접지들 전체를 내포하는 일자, 그것이 곧 절대자=신인 것이다.[52] 이 절대자=신은 가설적 우연의 맥락에서 본다면, 인과계열들을 무한히 거슬러 올라갔을 때 만나게 되는 '원시우연'이다. 가설적 우연의 끝에서 만나게 되는 원시우연과 이접적 우연의 출발점에 놓여 있는 절대자는 한 존재의 두 얼굴이다. 우리는 셸링에게서 이 구도를 만난 바 있다.(3권, 9장, 4절) 신은 하나의 초점

---

52) 이 이접지들이 인격신에 내포되어 있고, 그것들 중 어떤 것들이 선택되어 바깥으로 구현됨으로써 세계가 성립했다고 볼 때 인격신이 성립한다. 창조라든가 은총, 예정설 등 일신교 신학의 여러 주제들 아래에는 이 구도가 깔려 있다. 라이프니츠 형이상학은 '공가능성', '관점' 등의 개념들에 입각해 이 구도를 형이상학적으로 빼어나게 승화시킨 경우이다. 칸트가 '사변이성의 이상'으로서 비판한 것은 바로 이러한 전통이다.

이접적 종합(synthèse disjonctive) —— 이접적 종합은 주어진 술어들을 넘어 절대자의 차원으로 나아가는 원리이다. 이접지들은 말 그대로 서로 발산(divergence)의 관계를 가지며, 배제적 또는(exclusive or)의 구조를 띤다. 그러나 들뢰즈는 이 당연해 보이는 구조를 넘어 이접적 종합을 논한다. 이는 곧 포함적 또는(inclusivie or)의 구조를 통해서 'A 또는 B'가 'A이거나 B'가 아니라 'A일 수도 B일 수도'를 뜻하게 되는 경지이다. "나는 남자이거나 여자이다"가 아니라 "나는 남자일 수도 있고 여자일 수도 있다". 이 경우 x라는 주어의 동일성이 전제된 채 A, B라는 술어가 대립자로서 양자택일의 대상이 되기보다, A, B라는 두 사건을 x라는 **분열자**가 통과하게 된다. "술어들의 배제는 사건들 사이의 소통으로 대체된다." 상세한 논의로는 질 들뢰즈의 『의미의 논리』(이정우 옮김, 한길사, 1999), 계열 24를 보라.

70

을 가진 원이 아니라 두 개의 초점을 가진 타원이며, '不一而不二'의 존재이다. 원시우연은 모든 가능성들의 총체로서의 신의 또 다른 얼굴인 것이다. 여기에 우리는 절대자 자체가 고정된 동일성이 아니라 차이생성을 내포할 수 있다는 또 하나의 형이상학적 가설을 생각해볼 수 있다. 다시 말해, 절대자＝신은 어떤 동일성이 아니라 그 자체 계속 생성해나가는 전체일 수 있는 것이다. 이렇게 생각할 경우, 이접지들 자체가 새로 생겨날 수 있는 그런 세계에 대해서도 논할 수 있을 것이다. 생성존재론은 이 가정으로까지 나아갈 때 진정 급진적 형이상학이 된다.

　우연을 향유하는 것은 인간의 창조적 삶과도 깊이 연관되어 있다. 문학에서 우연은 아이러니, 부조리 등과 얽혀 비극과 희극을 낳는다. 과학은 우연을 다스리려 하는 데 비해, 예술은 우연을 향유하고자 한다. 그래서 과학의 시간은 과거와 미래를 포괄하는 긴 지속을 담고자 하는 데 비해, 예술의 시간은 수직으로 솟아오르는 우연의 현재에 있다. 이 현재는 과거와 미래를 지배하는 항구적인 법칙성이 아니라, 순간 속에서 빛나는 영원을 사랑한다. "그 순간에게 내가 말해도 좋으리, 멈추어라, 너 참 아름답구나!"[53] 추상표현주의를 비롯해 발랄한 일탈을 추구하는 현대 미술을 주도한 원리도 우연이었다. 구키가 예로 들고 있는(III, §11) 도기 제작에서의 요변(窯變)에서도 우연은 핵심적인 역할을 하고 있다. 예술은 우연을 먹고 산다고 할 수 있으며, 우리는 이를 이전에(1권, 2장의 결론 부분) 논했던 '아페이론의 귀환'과 연계해 이해할 수 있을 것이다.

　언급했듯이, 가능이 존재에 보다 근접한다면 우연은 무에 보다 근접한다. 이 점에서 예술 역시 무와 친연성을 가진다. 예술의 세계는 비-현실적인 세계이며, 비-존재에 가까운 세계이다. 그러나 이 무는 '적극적 무'이다. 구키는 무를 '부정적 무', '적극적 무', '소극적 무'로 나눈다.[54] 부정적 무는 현

53) 요한 볼프강 폰 괴테, 전영애 옮김, 『파우스트 2』, 도서출판 길, 2019, 829쪽.
54) 九鬼周造, 『文学概論』, 『九鬼周造全集』, 第十一卷, 2012, 28～82頁.

실성에서의 무이며, 곧 타자를 의미한다. 낮의 무는 밤이고, 기네스의 무는 다른 어떤 맥주의 무이다. 적극적 무는 잠재성으로서의 무이다. 그것은 현실적으로는 무, 비-현실이다. 구키는 적극적 무의 예로서 꿈, 광기, 예술을 든다. 모두 현실에서는 무이지만, 잠재적으로는 의미를 가진다. 소극적 무는 상상적인 것으로서의 무이다. 그것은 잠재적으로도 존재하지 않는 것이다. 그러나 예술은 이 소극적 무에도 의미를 부여한다. 상상적인 것을 오류로 내치지 않고 별도의 의미를 부여하는 데에 예술의 의미가 있다 하겠다. 그리고 무가 어떤 존재의 모습으로 전화되는 순간 늘 우연이 중요한 역할을 떠맡곤 한다. "시인은 우연에 예배한다.(Der Dichter betet den Zufall an.)" (노발리스)

결국 이접적 우연은 일어나지 않을 수도 있었을 일이 일어난 데에, 일어날 수 있는 모든 일들을 내포하는 절대자가 아니기에 어느 한 이접지를 살 수밖에 없는 실존적 상황에 관계한다. 나는 존재하지 않을 수도 있었고, 저 꽃은 붉지 않을 수도 있었고, 세월호의 비극은 일어나지 않았을 수도 있었다. 존재하는 모든 것들은 이접적 우연의 터 위에 있다. 그런데 이렇게 선택된 이접지들이 어느 장소, 어느 날짜에 교차하면서 가설적 우연이 생겨난다. 철수는 도서관에서가 아니라 집에서 공부할 수도 있었다. 영희는 낮에 심부름을 가지 않고 저녁에 갈 수도 있었다. 이접적 우연에 의해, 철수는 도서관에 가는 길이었고 영희는 심부름을 가는 길이었다. 둘이 만남으로써 가설적 우연이 파열한 것이다. 정언적 우연은 이렇게 생겨나는 일들이 명제로 표현될 때, 술어가 해당 주어의 본질적인 속성이 아닐 때 성립한다. 이렇게 지금까지의 논의를 거꾸로 되짚어 봄으로써, 우리는 우연론의 전체적 구조를 이해할 수 있다.

✧ ✧ ✧

　생성존재론에 있어 우연은 단지 예외, 무질서, 일탈, 다스려야 할 것, 계산해서 순치해야 할 것, "리스크"가 아니다. 그것은 오히려 무=허(虛)의 근저에서 솟아오르는 실존의 경이로움이며, 단조로운 세계에 생기를 불어넣는 생명의 핏기이며, 인식의 일방통행을 무너뜨리는 존재의 춤이다.

> 내가 이렇게 가르친다면 그것은 진정 축복일지언정 모독은 아니리라: "모든 사물들 위에는 우연이라는 하늘, 무구(無垢)라는 하늘 '뜻밖에'라는 하늘, 개구쟁이 짓이라는 하늘이 존재한다."
>
> (…)
>
> 하나 나는 일체의 사물들에게서 이 행복한 확신을 찾았다: 그것들이 차라리 우연이라는 두 발로 춤추려 한다는 것.[55]

> 일체의 "그랬었다"는 창조하는 의지가 "그러나 나는 그것을 원했노라"라고 말하기 전에는 그저 하나의 파편이요 수수께끼요 끔찍한 우연일 뿐이다.
>
> (…)
>
> 그리고 의지에게 시간과의 화해를, 온갖 화해들보다도 더 고귀한 것을 가르친 자 그 누구인가?[56]

　하지만 우연은 늘 무에 인접해 있다. 왜 생겼는지도 알기 어렵고, 언제 사라질지도 모른다. 우연은 무의 심연에서 솟아올라 홀연히 나타났다가 어느 결에 모습을 감춘다. 그래서 우연은 우리의 삶을 단순하지 않은 것, 기계적이지 않은 것, 경이롭고 신비한 어떤 것으로 만들어준다.

---

55) Nietzsche, "Vor Sonnen-Aufgang", *Also sprach Zarathustra*, III, Bd. IV.
56) Nietzsche, "Von der Erlösung", *Also sprach Zarathustra*, II, Bd. IV.

우연에서는 무가 유를 깊숙이 침범하고 있다. 그런 한에서 우연은 깨지기 쉬운 존재이다. 우연은 단지 '이 장소'에 또 '이 순간'에 첨단적이고 허약한 존재를 내걸 뿐이다. 모든 우연은 붕괴와 파괴의 운명을 본래적으로 자기 안에 내포하고 있다. "만남에는 이별이 있고, 모든 것은 변하고 사라진다."("合會有別離, 一切皆遷滅". 『涅槃經』, 卷第二) 현실이 무에 직면하고 무가 현실을 위태롭게 할 때, 우리는 메난드로스 왕과 함께 새삼스레 경이로움을 느끼면서 "왜일까?"라는 물음을 발하는 것이다.[57]

현대 철학은 우연의 존재론적 위상과 의미를 이전과 전혀 달리함으로써 생성존재론의 주요한 한 축으로 삼았다. 우연론의 전화와 더불어 존재론 나아가 철학 일반은 이전과는 상당히 다른 그 무엇으로 바뀌어버린 것이다.

넓게 보아, 현대 철학의 결정적인 첫걸음은 이렇게 '존재'로부터 '생성'으로의 존재론적 전회를 이룬 점에 있다. 철학사의 흐름에서 볼 때, 이는 곧 '아페이론의 귀환'을 뜻한다. 다시 말해, 사유의 축이 '영원의 상하(相下)'로부터 '지속의 상하'로 옮아갔음을 뜻한다. 영원의 축이 "순수한 본질들의 남김 없는 공존"이라면, 지속의 축은 "모든 질들의 상호 간섭으로 인한 비-공존화(불연속의 와해)의 연속적인 과정, 즉 모든 질의 무규정적 상태로 환원되는 과정"이다.[58] 플라톤적 시각에서 볼 때, 아페이론은 다자가 무규정성 속으로 몰락하는, 타자-화의 필연적인 법칙이다. 그러나 베르그송의 시각에서 볼 때, 아페이론은 새롭게 해석될 수 있다. 그에게서 형상들은 조물주 속으로 들어가고 그로써 '생명'이 성립한다. 그리고 아페이론에 부여되었던 연속성, 유동성, 비결정성의 성격은 오히려 이 생명으로 이전된다.(거기에 창조성이 더해진다.) 그리고 아페이론의 잔여는 공간성을 그 핵심으로 하는 물질로 규정된다. 생명은 형상들의 차원과 달리 연속적인 차원이 되고, 형상들은 생명에 내포되어 있는 잠재적 형태들, 질들로 화한다. 나아가

57) 九鬼周造, 『偶然性の問題』, 271頁.
58) 박홍규, 「베르그송에 있어서의 근원적 자유」, 『전집 1』, 186쪽.

생명은 그 안에 절대적 의미에서의 창조성을 내장하게 된다. 생명과 물질은 서로 투쟁하며, 그 과정에서 잠재적 형상들이 구체화되어 개별자들이 생성한다. 이 과정이 진화이다. 이렇게 그에게서는 형상들, 조물주, 아페이론의 구도가 완전히 새로운 구도로 재편된다.

이렇게 역전된 구도에서 존재론의 과제도 달라지게 된다. '존재에서 생성으로' 나아간 생성존재론이 확립된 오늘날, 이제 존재론의 과제는 어떻게 '생성'에서 '존재자들'로의 이행을 설명할 것인가가 된 것이다. 니체와 베르그송에 의해 생성은 존재의 본질, 존재의 심층에 들어앉는다. 그래서 설명해야 할 것은 생성이라는 세계의 근저로부터 어떻게 동일성들(개체, 성질, 사건, 보편자, 규칙성 등)이 성립되어 나오는가 하는 것이다. 동일성들이 와해되어 차이생성의 바다로 녹아 들어가는 것이 아니라, 차이생성의 장으로부터 동일성들이 생성되어 나오는 것이다. 이런 구도에서 보면, 모든 x는 dx이다. 모든 존재자들의 이름 앞에는 "différentiation"이 생략되어 있다. 철수는 d(철수)이고, 서울은 d(서울)이며, 민주주의는 d(민주주의)이다. 그리고 설명해야 할 것은 오히려 이런 절대적 생성의 세계로부터 어떻게 철수, 서울, 민주주의 같은 존재자들이 성립할 수 있는가이다.[59]

이 문제는 우리를 이전에 원자론을 비판하면서 던져놓았던 문제로 돌아가게 만든다.(1권, 4장, 결론 부분) 원자론의 세계는 완벽한 동일자들의 세계

---

59) '생성에서 존재자들로'라는 현대 존재론의 구체적 예들을 우리는 도처에서 찾아낼 수 있다. 루돌프 쇤하이머의 연구는 그 생생한 경우를 제공한다. 한 생명체의 동선을 추적하기 위해 그에 추적기를 단다든가 표시를 해놓는다든가 하는 방식은 오늘날 흔히 발견된다. 쇤하이머는 이런 방식을 미시적인 층위에서 행했다. 그는 중질소(^{14}N가 아니라 ^{15}N)를 쥐 등에 투여해, 생명체에서의 물질의 흐름을 세밀하게 추적했다. 그러한 방법으로 그는 생명체의 구성 물질들이 놀랄 만큼 빠른 속도의 '흐름'임을 확인했고, 더 중요하게는 그 흐름 위에서 생명체의 동일성이 성립함을 보았다.(그 구체적 방식에 대해서는 후쿠오카 신이치의 『생물과 무생물 사이』(김소연 옮김, 은행나무, 2008)를 보라.) 물리과학에서의 흥미로운 예들은 필립 볼의 형태학 삼부작(『모양』, 『흐름』, 『가지』)에서 풍부하게 찾을 수 있다.(이 책은 '형태학 3부작'이 아니라 '형태발생학 3부작'으로 칭해야 할 것 같다. 'morphogenesis'는 '생성에서 존재자들로'를 표현하는 좋은 어휘이다.)

이다. 하나의 원자는 절대적 동일성을 갖추고 있으며, 그 어떤 생성에도 그 동일성은 와해되지 않는다. 우리는 이런 존재자들로부터 (역사와 문화의 차원까지는 가지 않더라도) 자연세계의 이 질적 다양성과 생성을 어떻게 이해할 수 있겠는가라는 물음을 던진 바 있다. 오히려 세계의 근저에 생성을 놓고서 그로부터 현실의 존재자들의 발생을 이해하려는 방향으로 물음이 선회하도록 해야 하는 것이다. 지난 몇십 년간 많이 연구되어온 들뢰즈의 존재론과 복잡계 과학이 답하고자 했던 물음이 바로 이 물음이었다.[60] 오늘날 생성존재론의 구도는 '존재'로부터 '생성'으로의 이행 과정이 아니라, 오히려 '차이생성'으로부터 '동일성들'의 발생 과정을 설명하는 데에 있는 것이다. 뒤에서(6장, 1절) 논할 들뢰즈의 '잠재성의 철학'은 이 과제에 답한 각별히 정교한 시도에 속한다.

생성존재론의 또 하나의 의의는 이 존재론에 이르러 마침내 서구적 사유와 동북아적 사유가 서로 통(通)하게 된 점에 있다. 동북아의 형이상학은 처음부터 생성존재론의 형태를 띠었다. 이 전통은 '氣'를 근본 실체로서 생각했고, 기는 반드시 '氣化'로서만 의미를 가지는 것으로 이해했기 때문이다. 서구에서 생성은 생성하지 않는 진실재의 '타락'한 모습이었으나, 동북아에서는 정확히 반대로 '物'의 고정된(고정된 듯이 보이는) 모습은 '氣'의 흐름이 일정한 형태로 굳어진 것일 뿐이었다. 세계에 대한 이런 직관은 '易'의 개념으로써도 표현되었다. 훗날 '理'의 개념에 큰 비중이 두어짐으로써 '기'를 그 아래에 복속시키기도 했으나, 결국 이런 흐름은 다시 기 위주의 사유에 자리를 내주게 된다.

지금까지의 논의 구도로 볼 때, 이 사유는 결국 아페이론에 새로운 뉘앙스를 부여해 그것을 최상의, 더 정확히는 유일의 원리로 삼은 철학에 다름

---

60) 베르그송에서 들뢰즈로 이행하는 과정에서 시몽동의 개체화론이 중요한 역할을 했다.(『형태와 정보 개념에 비추어본 개체화』, 황수영 옮김, 그린비, 1964/2017) 들뢰즈와 복잡계 과학에 대해서는 『접힘과 펼쳐짐』(그린비, 2000/2011)에서 다루었다.

아니다. 베르그송의 경우 아페이론의 어떤 성격을 변형해 생명 개념을 주조한 한편, 물질로서의 아페이론을 여전히 남겨놓음으로써 이원적 구도를 취했다. 그러나 최한기의 기학에는 물질과 생명의 이원성이 존재하지 않는다. 기는 물질성, 생명성, 정신성을 포괄하는 일원적 원리로 사유되었으며, 이는 아페이론에 새로운 뉘앙스를 부여함과 동시에 형상들과 조물주를 모두 그 안에 내장되도록 한 것이라고 할 수 있다. 기가 유일 실재가 되고, 물질성, 생명성, 정신성은 (스피노자 식으로 말해) 그것의 속성들로 자리 잡는다. 이 점에서 기학은 베르그송보다 들뢰즈에 더 가깝다. 들뢰즈의 사유에서 아페이론은 물질, 생명, 정신을 아우를 수 있는 위대한 잠재력을 품고 있는 무한한 질적 차생소(차이생성소, "différentiels")들의 무수히 누층적인 장으로 화한다. 이 차생소들이 이러저리 결을 이루면서 다양한 질서들이 배태되고, 차생소들의 무수히 누층적인 접힘과 펼쳐짐의 과정에 따라 세계의 다양한 층들이 다양한 관계를 맺으면서 현현한다. 생성존재론이 이해하는 세계는 바로 이런 세계이며, 그 끝에서 우리는 기학의 의미를 다시 음미할 수 있는 것이다.

생성존재론의 대두는 순수하게 철학의 테두리 내에서만 일어난 사건이 아니다. 또, 물론 그래서도 안 될 것이다. 철학이라는 행위의 가장 기본적인 임무들 중 하나는 바로 **시대를 정초**하는 것이기 때문이다. 지중해세계 중세의 철학자들은 '신 존재 증명'을 통해서 기독교세계를 정초하고자 했다. 조선의 성리학자들은 '사단칠정론', '인물성동이론' 등을 통해서 조선 사회의 철학적 기초를 탄탄히 하고자 했다. 서구 근대 철학자들은 '선험적 주체'와 '시민적 주체'의 정초를 통해서 새로운 근대적 세계를 정초하고자 했다. 모든 시대의 철학자들은 시대를 정초하고자 해온 것이다. 생성존재론은 바로 우리 시대를 정초 — 기존의 정초와는 상반된 뉘앙스에서의 역(逆)-정초 — 하고자 했으며, 현대라는 시대는 이 생성존재론을 통해서 과거와는 다른 새로운 문명/문화를 창조해낸 것이다. 우리는 이 점을 과학적 탐구, 예술적 창작, 윤리적 행위에서 구체적으로 확인할 수 있다.

2장 창조하는 삶

　'존재에서 생성으로'의 거대한 전환은 문명의 흐름 전반을 바꾸어놓게 된다. 세계의 과학적 탐구, 예술작품의 창작, 그리고 삶에서의 의미와 가치, 행위, 이 모두에 생성존재론이 깃들어가기에 이른 것이다. 이 모든 흐름을 주재한 근본 원리를 우리는 '창조'의 개념에서 찾을 수 있다.

　창조 개념이 삶의 여러 표현 형태들에 속속들이 스며들어간 것은 특히 서구 철학의 전통에서 볼 때 혁명적인 것이었다. 지중해세계의 전통에서 '창조'란 대개 신적인 차원에서 성립하는 것이었기 때문이다. 인간의 삶은 신의 창조를 '모방'하는 것을 목표로 했다. 플라톤 사유 전체가 '미메시스' 개념에 입각해 있음을 상기해보자. 그러나 이제 창조 개념은 인식, 창작, 행위의 모든 국면들에 내재화되기 시작한 것이다. 동북아세계의 전통에서 볼 때 창조란 세계에 내재해 있는 것이었다. 이 전통에서 세계의 본원은 기(氣)의 흐름이요 "生生之謂易"이었다. 동북아 사유는 처음부터 생성존재론이었다. 그러나 이 사유에서의 생성은 순환적 형이상학의 구도에 갇혀 있었다. "一闔一闢謂之道"의 구도에 갇혀 있었던 것이다. 이 점에서 현대적 맥락에서의 창조 개념은 동북아적 맥락에서 보아도 새로운 것이다.

이 장에서는 생성존재론의 세 갈래의 구체화, 즉 과학적 탐구에서의 생성하는 세계의 탐구, 현대 예술가들에 의한 생성의 표현, 그리고 의미·가치와 행위에서의 창조적 삶의 등장에 대해 논한다. 1장이 생성존재론의 원리들에 대한 논의였다면, 이번 장에서는 그 구체적 표현들에 대해 논한다.

1절 생명과 물질의 투쟁

서구의 현대 철학이 생성존재론을 그 근간으로 장착하면서 도래한, 현대 철학을 근대 철학과 구분해주는 주요한 한 문제는 곧 '생명'의 문제이다. 서구 근대 철학은 17세기의 철학자들, 고전 역학적 세계관을 창시한 철학자들의 연장선상에서 전개되었다. 콕 짚어 말한다면, 데카르트의 기계론에 대한 응답의 형태로 전개되었다고 할 수 있다. 그리고 우리는 데카르트를 정면에서 비판했던 철학자들에게서마저도 이 선구자의 그림자가 좀체 사라지지 않고 아른거리는 것을 볼 수 있다. 뉴턴과 라이프니츠의 힘의 과학에서이든, 양적 변항들이 아니라 차이나는 질들에 초점을 맞춘 질의 과학에서이든, 그리고 그를 이은 스피노자, 라이프니츠 등의 형이상학에서이든, 그의 그림자는 짙게 아른거렸다. 데카르트의 기계-세계, 영혼, 신을 하나로 응축한 스피노자의 신-즉-자연은 일상적인 '기계' 개념과는 비교할 수 없이 다르지만, 멀리 떨어져서 보면 하나의 위대하고 무한한 기계처럼 보인다. 언급했듯이, 데카르트의 기계론을 극복하고자 제시된 유심론적 사유인 모나드론은 오늘날로 보면 디지털 기계론처럼 보인다.[1]

1800년을 전후한 시기에, 특히 셸링 등 독일 이념론자들에 의해 제시된 자연철학은 데카르트의 그림자를 온전히 벗어나 새로운 자연상을 제시했다. 셸링이 제시한 자연철학은 19세기 과학 전체의 흐름을 예감케 한 것이었다. '에네르기', '파동', '진화' 같은 개념들이 이러한 흐름을 상징한다. 열역학, 파동역학, 진화론 등 새로운 과학들의 등장은 진정한 의미에서의 과학혁명을 이루었다. 혜강 최한기는 서구 근대 과학들(19세기의 과학이 아니라 데카르트 이래의 과학들)을 수용하면서도 그 한계를 기학으로써 돌파해 새

---

1) 나는 '디지털 모나돌로지(digital monadology)'의 사유를 제시함으로써, 라이프니츠 철학을 오늘날의 맥락에서 새롭게 읽은 바 있다. 『접힘과 펼쳐짐』의 3부를 보라.

로운 자연상을 제시했다. 그렇게 도달한 그의 기학적 세계관은 동시대에 서구에서 형성된 새로운 자연상과 친연성을 띤 것이었다. 19세기는 동과 서에서 공히 고전 역학적 자연철학을 극복하고서 새로운 역동적 자연관이 도래한 시대이다. 이런 흐름은 니체를 거쳐 베르그송으로 이어진다.

우리는 데카르트와 베르그송을 대조해 봄으로써 이런 변화를 선명하게 읽어낼 수 있다. 데카르트에서 베르그송으로, 여기에 근대성과 탈근대성을 가름하는 결정적인 한 규준이 있다.

생성존재론의 중심인물인 베르그송은 이 사유의 최대 화두들 중 하나인 생명에 대한 사유를 '열역학'과 '진화론'을 맞세움으로써 전개했다. 이는 19세기 물리과학과 생명과학이 접합되는 지점에서 파열한 생명철학이다. 19세기 초에 셸링이 19세기 과학의 전체적 그림을 제시했듯이, 20세기 초에 베르그송은 20세기 과학의 전체적 그림을 제시했다고 할 수 있다. 베르그송 이후 다시 한 세기 이상이 지난 오늘날 그의 사유가 어떻게 구체화되었는지 또 그 한계가 어떻게 극복되었는지를 가늠해보는 것은 흥미로운 일이다.

§1. 니체와 베르그송의 생명철학

니체는 생명에 대한 다윈의 이해가 어디까지나 '반동적 힘들'을 사유하는 데에 그쳤다고 보았다. 다시 말해 그의 사유는 어디까지나 생명체들의 '생존'에만 초점을 맞춘 이론이라고 본 것이다. 다윈에게 생명체의 '발달'은 자발적 변이에 의한 것이 아니라 우연적 변이의 결과들이 그 후 자연적으로 선택/도태된 결과일 뿐이다. 니체는 '적자생존'이란 결국 환경에의 '적응'이 적자의 여부를 결정한다는 이론에 다름 아니라고 보았다.[2] 그는

---

2) 그러나 다윈에게서도 생명체들이 환경이라는 주물에 의해 수동적으로 결정되는 것은 아

이 점에 반대하면서 생명의 본질은 자기 보존에 있는 것이 아니라 자기 극복에 있다고 보았다. 이는 곧 라마르크와 마찬가지로 생명체 안에는 **삶의 새로운 형식들**을 창조해내려는 의지, 즉 '힘에의 의지'(자신의 힘을 확장하려는 끝없는 의지)가 내장되어 있다고 보았음을 뜻한다. 이런 의지는 물론 인간에게서 특히 두드러지며, 인간에게서의 힘에의 의지는 삶의 새로운 형식들을 창조해내려는, 더 근본적으로는 새로운 가치들을 창조해내려는 의지이다. 니체는 강한 적응력을 가져 높은 번식력을 유지하는 하등 동물이 진화의 새로운 경지를 개척했기에 오히려 도태된 고등 동물보다 '우월한' 존재라는 생각을 거부한다. 여기에서 하등/고등의 기준은 물론 삶의 새로운 형식들을 창조할 수 있는 능력의 차이에 있다. 니체에게 생명 진화가 의미가 있다면, 그것은 생존, 보존이 아니라 자발성의 확장, '형태를 부여하는 힘들(gestaltenden Kräfte)'의 확대에 있는 것이다.(『도덕의 계보』, II, §12)[3]

니다. 게다가 다윈의 '환경' 개념은 매우 입체적인 것이었다. 오히려 다윈은 생명체에 지나친 주체성을 부여하는 것과 지나친 무-주체성을 부여하는 것 사이에서 균형을 잡으려 노력했다고 보아야 할 것이다. 다윈이 핵심적인 용어로서 "natural extermination"(월라스)이 아니라 "natural selection"을 쓴 것도 진화 과정에서의 "selection"이 띠는 뉘앙스를 강조하기 위해서였을 것이다. 선택하는 것은 자연이지만 선택되는 것도 그 생명체의 능력이기에 말이다. 그러나 이 '선택/선별' 개념의 적용이 특정한 상황들에 대해서만이 아니라, 계속 일정한 방향으로 누적된다고 생각하는 것은 상당한 이론적 부담을 낳게 된다.

3) 니체, 베르그송, 하이데거 ── 니체의 이런 관점은 베르그송의 지속 개념의 세 측면(연속성, 다질성, 창조성)의 관점에서 조명해볼 수 있다. 생명의 의의는 단지 연속성(생존)에만 있는 것이 아니라 다질성(새로운 질의 생성), 그리고 창조성(완전히 새로운 질의 탄생)에도 있는 것이다. 마지막 창조성에 대해서 니체와 베르그송의 개념화는 다소 다르다. 베르그송의 경우 이 창조성은 일차적으로는 순수한 차이생성, 절대적으로 새로운 질의 탄생이라는 뉘앙스를 띠지만, 니체의 경우 삶의 새로운 형식들의 창조라는 뉘앙스를 띤다.
하이데거는 니체의 생명철학이 생물학에 기반한 생물학주의로 독해할 수 있는 것이 아니며 어디까지나 '형이상학'으로서 이해되어야 함을 역설한다. 그에 따르면, 니체의 사유는 데카르트에서 시작된 근대적 주체중심주의 철학의 정점인 것이다. 그는 '힘에의 의지'에서 존재를 장악하려는 인간-주체의 극치를 보았다. 그러나 이는 심각한 오해이다. 니체의 '힘에의 의지'는 인간을 포함한 모든 생명체들의 본성으로서 제시된 것이기 때문이다. 니체에게는 인간의 고유한 특성들도 다만 이 의지에 관련한 인간 고유의 표현일 뿐이다. 오히려 하이데거 자신이 전개한 현상학적 생명철학이야말로 다분히 인간중심주의에 니체가 특히 혐오했던 것은 '자연선택'과 같은 생각이 인간사회에 적용되어, 인간의 삶을 생존을 위한 거대한 생물학적 투쟁의 과정으로 만드는 것이었다. 그는 서구 근대 문명이 바로 '적자생존'을 위한 무리본능에 사로잡혀 대중을 대지의 경제적 관리라는 산업으로 내모는 시대에 접어들었다고 보았다. 이런 흐름은 곧 삶의 최고의 가치로서 '유용성/효율성'을 제시한 공리주의적 흐름에 다름 아니다. 니체는 인간의 삶을 '생존'이라는 생물학적 가치로 환원하려는 서구 근대 문명을 극복하고자 했으며, 다윈, 스펜서, 밀 같은 "영국 신사들"에게서 이런 경향이 잘 나타난다고 타박했다. 이들에게 결여되어 있는 것은 바로 음악과 철학인 것이다.(『선악의 피안』, §252) 인생의 가치는 '거리의 파토스'에 있건만, 근대 문명은 이 파토스를 어떻게든 잠재우고 생존을 위한 효율성 관리로 사람들을 내몰고 있다는 것이다. 우리는 오늘날에도 대중매체와 대중문화에서 "진화"라는 말이 (본래의 생물학적 의미를 벗어나서) 바로 이런 뉘앙스에서 사용되고 있음을 목도하고 있으며, 벤야민이 폭주 기관차에 비유하면서 비판한 "진보"라는 이데올로기[4]도 사실은 바로 이런 뉘앙스에서의 "진화"였다. 니체의 이런 근대성 비판은 후에 푸코의 '생명정치'론으로 계승된다.[5]

19세기 과학의 성과들 전반을 조망할 수 있는 시점에서 활동했던 베르

물들어 있다고 해야 할 것이다.(『형이상학의 근본 개념들』, §45 이하) 자연주의/환원주의 못지않게 인간중심주의 또한 비판하면서, 다른 생명체들과 인간의 연속성과 불연속성을 공히 세심하게 사유할 필요가 있다.

4) Walter Benjamin, *Walter Benjamin Abhandlungen*, Gesammelte Schriften Bd. I-3, Suhrkamp, 1974, S. 1232.

5) 사회가 이렇게 생존과 효율성을 위한 폭주 기관차로 화하자, 그런 상황의 출구로서 등장한 것이 곧 '문화산업'이다. 노동에서의 긴장을 놀이에서의 휴식으로 보완하려 한 이런 흐름은 사실은 생명정치의 보완물, 그 반면(反面)이다. 삶의 힘겨움과 사회의 모순을 직접 인식하고 비판, 극복하려는 흐름을 차단하고 그러한 욕망을 각종 형태의 소비문화와 대중문화를 통해 해소하도록 유도하는 문화산업은 그 자체가 생명정치의 보조 장치일 뿐인 것이다. 이런 보조 장치들을 통해서 대중은 탈-의식화되며, 연예와 스포츠로 대변되는 작은 이야기들에 몰두하게 된다. 소비문화와 대중문화에 몰두하면서 비판적 사유로부터는 점차 단절되어가는 인간은 니체가 말한 "마지막 인간"의 모습을 적나라하게 보여준다.

그송은 이 성과들을 메타 수준에서 반성하고 종합해 현대 생명철학의 기초 형태를 만들어낸다. 베르그송이 그리는 생명의 전체적 모습은 '시원적 약동'과 계속되는 '분기(分岐)'이다. 마치 현대 우주론에서의 대폭발 이론에서처럼 베르그송의 생명철학 역시 시원적 약동에 근거하고 있다. 그리고 이 약동은 단 한 차례만 있었던 것이 아니라 (오늘날 논의되고 있는 '단속 평형' 이론에서처럼) 간헐적으로 새롭게 솟아오르면서 생명의 새로운 갈래들을 계속 분기시킨다. 이것이 유명한 '생명의 약동(élan vital)'이다. 이 과정은 곧 '창조적 진화'의 과정이다. 베르그송에게서 창조는 세계에 내재화되며, 시간 그 자체의 그리고 진화 자체의 원동력이 된다.[6] 그렇다면 이 시원적 약동은 무엇으로 구성되어 있을까? 생명 진화의 기본 단위는 무엇인가? 개체인가, 종인가, 그렇지 않으면 개체군인가, 유전자인가? 베르그송의 대답은 독창적이다. 기성의 대답들은 대개 공간적/외연적 크기를 기준으로 한 어떤 실체들로 제시되어왔다. 그러나 베르그송에게서 생명을 구성하는 기본 "요소들"은 이 "요소들"이라는 말이 전혀 어울리지 않는 것, 즉 '경향'들이다. 다시 말해, 요소들이 아니라 그것들이 시간의 흐름에서 드러내는 경향인 것이다.[7] 굳이 공간적으로 표현한다면, 점 또는 원이 아니라 선인 것이다. 베르그송에게 생명이란 경향들의 잠재적 다양체이다. 진화란 이 잠재적 경향들이 특정한 상황에서 분기해가는 과정에 다름 아니다.

베르그송이 이 생명 개념을 증명해가는 논거들 중 핵심적인 것은 신화의

---

6) 앞에서(1장, 각주 38) 존재론적 맥락에서 언급했던 구절 ─ "베르그송은 'ex nihilo nihil fit'라는 서구 존재론의 대전제를 파기한다. 베르그송은 이와 대비적으로 'creatio ex nihilo'를 제시한 것이다. 하지만 그에게 이 원리는 세계를 초월하는 것도 또 태초에 단 한 번 실행된 것도 아니다. 그에게서 이 원리는 세계에 내재화되며, 또 시간의 매 순간 작동하는 원리로 화한다. 언급했듯이, 시간이란 그 안에서 끊임없이 타자성이 도래하는 선험적 지평이다." ─ 을 지금의 생명철학적 맥락에서 다시 한 번 음미해볼 수 있다.

7) '경향' 개념은 생성과 존재를 화해시킨 개념이다. 경향이란 무엇인가가 시간 속에서 변해가면서도 그 가운데에 드러나는 어떤 본질이고, 역으로 어떤 본질이지만 고정적으로 주어진 무엇이 아니라 시간 속에서 변해가면서 그 핵심을 드러내는 무엇이다.

여러 갈래들에서 공통으로 나타나는 기관/기능의 존재이다. 특히 눈과 같은 정교한 기관의 형성은 진화가 특정 방향으로, 그것도 일정한 순서에 따라 누적되어야만 가능하다. 그런데 이렇게 순서까지 포함한 일정한 방향성이 매우 보편적 현상으로서 나타난다는 것을 어떻게 이해해야 하는가? 바로 시원적 약동과 계속되는 분기를 통해서 설명할 수 있다는 것이 베르그송의 생각이다. 다윈 등이 논하는 미소 변이들의 누적이라는 생각은 자연선택이 환경 적응에 유리한 개체들은 살리고 불리한 개체들은 도태시킨다는 생각에 근거한다.[8] 그러나 베르그송은 자연선택을 통해서 눈의 존재를 증명하기는 어렵다고 본다. 미소한 변이들이 왜 일정 방향으로, 그것도 순서까지 일정하게 누적되는가를 설명하기가 어렵다는 것이다. 아이머 등이 주장한, 외적 영향(빛의 작용)의 각인이라는 생각은 눈 진화가 시작되는 중요한 요인일 수는 있어도 눈의 진화 전체를 설명하기에는 역부족이다. 빛의 영향은 진화를 가능케 한 외적 여건들 중 결정적인 것이지만, 길고 복잡한 진화의 내적 요인은 되지 못한다. 그리고 의식적 추동("노력")의 유전이라는 라마르크의 생각은 획득 형질의 유전이라는 파기된 생각에 기반하고 있다. 기존 이론들에 대한 이런 비판을 토대로 베르그송은 진화의 원동력은 생명체들 자체에 내재해 있는 내적 경향성, 멀리 거슬러 가면 시원적 약동에 있으며, 이 원동력은 다양하게 분기하면서도 대부분의 갈래에서 여전히 약동하고 있다고 보았다. 상이한 갈래들에서의 눈 같은 기관의 보편적 존재가 이를 증명하고 있다고 본 것이다. 물론 그 구체화에는 우연한 상황들이 중요한 역할을 하며, 바로 이 때문에 우리는 기능('보다')의 통일성과 기관들('눈')의 다양성을 동시에 확인할 수 있는 것이다.

---

8) 게다가 결정적으로, 다윈은 이 과정이 진보의 방향성을 띤다고 보았다. 그는 자연선택을 "강자는 살리고 약자는 도태시켜 진보로 이끄는 일반적인 법칙"으로 파악함으로써(『종의 기원』, 송철용 옮김, 동서문화사, 2011, 253쪽), 생존의 오랜 축적이 진보를 가져온다는 생각을 유지했다.

진화의 선들에 분포되어 보존되는 이 약동은 변이들, 적어도 규칙적으로 이전되는, 순서대로 부가되는, 새로운 종들을 창조하는 변이들의 심층적인 원인이다. 일반적으로 종들은, 공통의 시조에서 출발해 분기하기 시작했을 때, 진화를 계속함에 따라 분기를 강화한다(accentuer). 그렇지만 공통의 약동이라는 가설을 전제할 경우, 그것들은 어떤 특정한 지점들에 이르러 동일하게 진화할 수 있고 또 그래야 한다.(EC, 88)

　생명 전체는 '살다'라는 기능의 전체이며, 진화란 '살다'라는 동사가 뜻할 수 있는 가능성들의 총체이다. 그러나 베르그송에게서 이 총체는 정해져 있는 것이 아니라 질적으로 계속 커진다는 것이 핵심이다. 시원적 약동에 모든 것이 저장되어 있다가 차례로 나타나는 것이 아니다. 약동해가는 과정에서 전혀 새로운 질들이 탄생하는 것이다. 그리고 이 과정이 다름 아닌 '진화'이다. 조류가 탄생하기 이전에는 '날다'라는 삶은 존재하지 않았던 것이다. 진화의 갈래들이 형성될 때마다 거기에는 잠재적 경향들이 내재된다. 그리고 주어진 상황에 따라, 더 이상 공존하기 힘든 경향들은 다른 갈래로 현실화하게 된다. 예컨대 땅을 기는 것과 뛰는 것은 그 이전 단계의 갈래에서는 잠재적으로 공존했으나, 특정 상황에서 갈라졌던 것이다. 이 특정 상황은 곧 환경, 물질성이라고 할 수 있다. 때문에 베르그송의 진화론은 '생명과 물질의 투쟁'으로 특징지어지며, 거시적으로 본다면 열역학 세2 법칙('엔트로피의 법칙')과 진화론을 통합한 사유라고 할 수 있다. 생명이란 "엔트로피의 비탈길을 거슬러 올라가려는 〔전개체적-무의식적〕 노력"이라는 그의 유명한 정의는 이 점을 잘 보여준다. 물론 베르그송에게서 생명과 물질은 실체적으로 구분되는 것이 아니라 형식적/개념적으로만 구분된다. 생명성과 물질성은 양극을 이루며 그 사이에서 응축과 이완의 상관적 정도(correlative degree)가 성립할 뿐이다. 생명의 연속적-다질적-창조적 극과 물질의 불연속적-등질적-총체적 극 사이의 상관적 정도이다. 결국 생명이란 불연속으로 끊어지면서 공간 속으로 타자화되지 않는 집요한 연속성이며,

끊임없이 새로운 형태들(넓은 의미)을 창조해낼 수 있는 질적 다양체의 원천이며, 이 우주에 절대적으로 새로운 어떤 것들을 도래시킬 수 있는 창조의 원천이다. 요컨대 생명이란 지속의 다른 이름이며, 역으로 지속은 생명의 다른 이름이다.

§2. '창조적 진화'에서 '창조적 절화'로

베르그송의 사유는 20세기 내내 계승되기도 하고 극복되기도 했다. 그중 진화론에 한정해서, 베르그송으로부터 들뢰즈와 가타리로 이행하는 과정만 살펴보자.

베르그송에게서 진화는 단선적인 것이 아니라 끝없는 우연적인 분기를 통해서 복잡화되는 과정이다. 그러나 그에게서도 시간의 방향성 자체는 일의적이다. 19세기 사유를 여러모로 극복했던 베르그송이지만, 그에게도 그 그림자는 여전히 남아 있었다. 『창조적 진화』의 3장 마지막 문장(4장은 별도의 논의이므로 사실상 저작의 대미)은 다음과 같다. "동물은 식물에 그 받침점을 두며, 인간은 동물성 위에 올라타 있다. 그리고 시간과 공간에 있어 인류 전체는 모든 저항을 무너뜨리고 모든 장애물 심지어 아마도 죽음까지도 극복할 수 있는 열광적인 돌격을 통해, 사방으로 질주하는 거대한 군대이다." (EC, 271) 19세기 사유의 이런 그림자를 걷어내면서 새로운 진화론을 제시한 것은 들뢰즈와 가타리이다. 이들은 진화론적 맥락에서의 생성을 '결연', '공생', '절화(折化)' 같은 개념들을 통해서 논한다.

이들의 개념화는 특히 진화를 어떤 동일자에 입각해, 일정한 방향성에 입각해 논하는 사유들과 대비된다. 이런 식의 진화론은 멀리로는 아우구스트 바이스만(1834~1914)에게까지 거슬러 올라간다. 그의 경우 문제가 되는 것은 생식세포뿐이며, 진화와 유전에서의 생명체 각각의 역할은 최소화된다. 이런 생각은 훗날 리처드 도킨스 등에게로 이어지거니와, 베르그송에게서도 이런 생각의 영향을 볼 수 있다. 바이스만이 생식세포를 하나의 동일성으로서 실체화한 것에 비해, 들뢰즈와 가타리는 그것을 '강도' 개념을 통해서 파악한다. 때문에 그들에게 핵심적인 것은 동일성이 아닌 **차이생성의 힘**이며, 이들은 바이스만적 동일성을 넘어 진화를 이해하고자 했다.[9] 특히 공생 개념에 입각할 경우, 체세포 유전은 얼마든지 가능하다. 여기에서의 공생은 (악어와 악어새의 경우와 같은) 현상적인 차원의 공생이 아니라 심층적인 차원에서의 공생을 뜻한다. 예컨대 A가 B를 먹었을 때 A가 B 안에서 소화＝용해되지 않고 살아남는다면, 그리고 양자가 불협화를 이루어 A가 죽거나 하지 않고 사이좋게 살아남는다면, A는 B의 유전자를 통째로 흡수한 셈이 된다.(우리 몸 안의 미토콘드리아는 이렇게 생겨난 것이다.) 이런 구도는 과거에는 그야말로 "말도 안 되는" 이야기로 치부되었지만, 공생적 유전이 어느 정도 실증의 단계에 접어든 오늘날 오히려 진화의 주요 원동력들 중 하나로 인정받고 있다.[10] 이 구도는 어떤 유전적 동일자가 개체들을 관류해서 이어진다는 진화론과는 판이하며, 개체들 사이에서 공생을 통해 새로운 개체가 탄생하는 진화론이다.

　　생성은 혈연에 의해서는 아무것도 생산하지 않으며, 모든 혈연은 상상적인 것일 뿐

---

9)　우리는 생명의 이 측면을 '싹트는 생명(germinal life)'이라 부를 수 있다. 키스 피어슨의 『싹트는 생명』(이정우 옮김, 산해, 2005)에서 상세히 설명되고 있다.

10)　마굴리스(1938~2011)는 세균의 차원에서는 이런 일이 일상사임을 역설한다. 이 차원에서는 유전자들이 그야말로 흘러 다니며, 고등 동물에서와 같은 '혈연' 개념은 완전히 무너진다. "어느 찻집에서 녹색 머리의 사내와 스쳐 지나갔다고 상상해보라. 그 과정에서 당신은 남자의 유전자 중 일부를 새로운 특성 및 가지와 함께 얻게 된다. 이제 당신은 녹색 머리 유전자를 자식에게 전달할 수 있게 되었을 뿐만 아니라 당신 자신도 녹색 머리가 되어 찻집을 나온다. 세균은 이런 식의 우발적이고 민첩한 유전자 습득에 항상 탐닉한다. 헤엄을 치면서도 자신의 유전자를 주변의 물에 흘린다."(린 마굴리스·도리언 세이건, 김영 옮김, 『생명이란 무엇인가』, 리수, 2016, 126쪽) 그러나 진핵세포만 해도 유전자가 핵에 싸이게 되기 때문에 이런 식의 진화는 어려워진다. 진화가 진행되면서 유전의 방식은 점점 까다로워졌다고 할 수 있다.

이다. 생성은 언제나 혈연과는 다른 질서에 속한다. 그것은 결연에 속한다. 만일 진화가 진정한 생성을 포함한다면, 그것은 매우 상이한 등급들, 계들의 생명체들을 엮는 각종 공생의 광대한 영역에 있어서이다. 말벌과 양란을 〔상관 항들로〕 취하는 생성의 블록이 존재하지만, 어떤 말벌-양란도 자손을 낳지는 못한다. 고양이와 비비를 취하는 생성의 블록이 존재하며, C-바이러스가 결연을 가능케 한다. 어린 뿌리들과 어떤 미생물들을 취하는 되기의 생성이 존재하며, 나뭇잎의 합성 유기물들이 결연을 가능케 한다.(MP, 291~292)[11]

"Evolution"이라는 말은 처음에는 옌푸(/엄복)에 의해 "천연(天演)"으로 번역되었다. 그러나 이후 일본에서 "進化"라는 번역어가 나왔고, 결과적으로 후자가 일반화된다. 하지만 후자의 번역은 'evolution'에 강한 목적론적 뉘앙스를 부여하는 결과를 낳았고, 이런 뉘앙스는 오늘날 대중매체가 사용하는 "진화"라는 말에서 분명하게 확인할 수 있다. 그래서 어떤 사람들은 아예 '천연'으로 돌아가자고까지 주장하기도 한다. 어쨌든 들뢰즈와 가타리는 이런 뉘앙스에서의 "evolution"을 거부한다.

이들에게 생명 진화의 진정한 동인은 수직적인 혈연의 이어짐이 아니라 오히려 횡단적인 결연에 있다. 양란과 말벌은 식물문과 동물문을 넘어서는 '물체적 문=퓔룸(machinic phylum)'의 지평에서 생성한다.[12] 결연에 의해 진화의 새로운 선(線)이 마련되는 것은 사실이지만, 이런 '공생적 복합체들'은 대개 자손을 남기지 못한다. 이 때문에 다윈은 이런 경우들을 주로 자연도태를 설명하기 위한 예들로서 다루었다. 반면 들뢰즈와 가타리는 이런 경우들이 '도태압'을 피해서 어떻게 새로운 길을 열 수 있는가에 주목한다. 이 새로운 길은 마굴리스가 탐구한 '공생적 발생'과 매우 흡사하다. 우리는

---

11) MP = Deleuze et Guattari, *Mille plateaux*, Éd. de Minuit, 1980.
12) 이 예는 다윈이 1962년에 발표한 논문에서도 다루었던 예이다. Charles Darwin, *The Portable Darwin*, Penguin Classics, 1993, pp. 224 ff.

공생이라는 개념을 세 차원에서 논할 수 있다. ① 악어와 악어새의 경우는 가장 간단한 경우이다. 두 생명체는 서로 독립적이며 다만 기능적으로 공생한다. ② 들뢰즈와 가타리가 언급한 양란과 말벌의 경우는 양자가 서로 독립적이지만 양자의 '되기'의 과정이 생식과 연관된다는 점에서 보다 심층적인 것이다. ③ 그러나 공생의 가장 심오한 예는 마굴리스가 연구한 '계서적(階序的) 내-공생' 이론의 경우일 것이다.[13] 오늘날 생명과학, 특히 진화론의 중요한 이론들 중 하나인 '계서적인 내생적 공생의 이론'은 들뢰즈와 가타리가 생각하는 공생의 보다 심화된 경우를 보여준다.

라마르크의 '획득 형질의 유전'은 오랫동안 부정되어왔으나, 사실 이 원리 없이 진화를 이해하기는 쉽지 않다. 아울러 '단속 평형' 가설의 경우, 왜 그렇게 갑작스러운 도약이 일어나는가가 잘 설명되지 않는다. 공생의 진화론은 이런 의문들에 해답을 준다. 이는 변이와 적응, 도태 등을 통해 진화를 설명하는 다윈주의, 그리고 분자생물학에 입각해 이 과정을 미시적으로 뒷받침하는 신다윈주의와 근본적으로 다른 패러다임이다. 이 이른바 "신라마르크주의" —— 획득 형질의 유전이 아니라 **획득 유전자의 유전**의 이론 —— 는 진화의 여러 의문점들에 대해 의미심장한 길을 열어주었다. 생식세포와 체세포 사이에 벽을 쌓아 올린 바이스만의 전통은 무너지고 '세포질 유전'을 보여주는 사례들이 밝혀지면서, 신라마르크주의로의 길이 열린 것이다. 멘델이 세운 불연속의 원리도 무너지게 된다.[14] 또, 공생 이론은 단속 평형이

---

13) "serial endosymbiosis"에서 "serial"이란 바둑에서의 "수순의 묘"처럼 공생이 이루어진 순서가 매우 중요하다는 뜻이다. 마굴리스의 『공생자 행성』(이한음 옮김, 사이언스북스, 2018)을 참조.

14) 멘델의 유전법칙에서 핵심적인 것은 '독립적 구분의 법칙'이다. 이는 유전형질들이 서로 섞이지 않으며 원자들처럼 행동한다는 법칙이다. (본래 물리학자인) 멘델의 사유 방식은 후기 자연철학자들의 그것과 하등의 차이가 없다.(1권, 4장 참조) 유전형질들은 자기동일적 실체들이며 그것들의 조합을 통해 가시적 형질들이 발현된다. 단지 그 조합의 비율에 입각해 우성 형질과 열성 형질이 갈라질 뿐이다. 세대가 계속 내려가도 동일자들의 조합과 그 비율에 의한 현상의 발현이라는 구도는 유지된다. 그러나 사실 멘델은 자신이 관찰한 15가지의 형질에서 이런 법칙에 비교적 부합하는 7가지 형질들에 대해

나타나는 이유가 무엇인지에 대해서도 일정한 설명력을 가지고 있다. 물론 공생 이론은 특정한 대상영역에 대한 과학적 연구의 산물이기에 그 적용의 범위와 맥락에 관련해 신중해야 할 것이다.

들뢰즈와 가타리는 '결연', '공생'의 개념과 나란히 또 하나의 중요한 개념인 '절화(折化)'를 논한다. 들뢰즈와 가타리의 절화는 '창조적 절화(involution créatrice)'이며, 이 점은 이들을 '창조적 진화'를 논한 베르그송과 구별해준다.

> 신진화론이 독창성을 확보할 수 있었던 것은 부분적으로는 이 현상들, 즉 진화가 덜 분화된 것으로부터 더 분화된 것으로 나아가는 것이 아니라는 점, 그리고 유전적-혈통적인 것이 아니라 소통적〔횡단적〕이거나 전염적이라는 점에 관련해서이다. 그래서 우리는 이질적인 것들 사이에서 성립하는 이러한 형태의 진화를〔진화가 아니라〕절화라고 부를 것이다. 이 절화를 퇴화와 혼동하지 않는다는 조건하에서. 생성은 절화의 방식으로 일어나며, 절화는 창조적이다. 퇴화란 "덜 분화된 것"으로 돌아가는 것일 뿐이다. 절화한다는 것은 그 고유의 선을 따라 이어지는 하나의 블록을 형성하는 것이다. 해당 항들 "사이에서", 그리고 할당 가능한 비율관계들하에서.(MP, 292)

들뢰즈와 가타리가 생각하는 생명은 리좀적이다. 이들에게서는 베르그송이 자주 언급했던(그러나 사실 그에 대한 분명한 설명은 하지 않았던) '시원적 약동'이라는 생각은 파기된다. 생명의 '기원'이라는 어떤 '점'에 대한 집착은 사라진다. 우리에게 익숙한 그림, 하나의 점에서 시작해 계속 갈라져나가는 나무 모양 그림은 사라진다. 리좀에서는 시작도 끝도 말할 수 없다. 창조적 절화에 의한 끝없는 창발이 있을 뿐이다.

서만 보고했을 뿐이다.(이는 오늘날의 '연구 윤리'의 측면에서도 심각한 잘못이다.) 게다가 그가 선택한 완두콩은 그나마 상대적으로 법칙적인 경우였다. 생명의 세계는 물리세계가 아니다. 생명의 세계는 멘델이 파악한(차라리 파악하고 싶었던) 세계에 비해 훨씬 더 역동적이며 잡종적이다.

들뢰즈와 가타리의 생명철학은 이렇게 결연, 공생, 절화 등의 개념들을 통해, '신-다윈주의'를 넘어서려는 노력을 통해 전개되었다. 생성에 대한 이들의 이런 개념화는 현대 사상 일반에 관련해 생명철학적 배경을 제공하고 있다.

19세기 이래 진화의 개념은 생명 이해, 나아가 인간적 삶의 이해에까지도 새로운 각도에서 접근하도록 만들었다. 진화론은 생성존재론의 필수 요소이며, 이는 기계론적 세계상과 고전 역학, 플라톤 철학과 에우클레이데스 기하학의 관계와도 같다. 그러나 진화론이 띠는 사상적 의미는 다소 과장되어왔다고도 할 수 있다.[15] 진화론은 추측성이 강한 과학이며, 더 본질적인 것은 어디까지나 과거에 대한 이야기이다. 진화론의 내용이 어떤 것이든 그것은 먼 과거의 이야기일 뿐이다. 그것을 현재에 심지어 미래에 투영해서 경솔한 이야기를 지어내는 것은 금물인 것이다. 현재는 어디까지나 현재의 맥락에서 이해되어야 하며, 더 핵심적인 것으로 우리에게 중요한 것은 미래를 어떻게 만들어갈 것인가이기 때문이다. 과거에 대한 'information'이 미래를 위한 'transformation'의 근거가 될 수는 없는 것이다. 그러나 현재의 인식과 미래의 창조는 과거에 대한 음미에 기반할 때 더 단단한 것이 된다는 것 또한 사실이다. 그 때문에 역사는 중요하며, 진화론 또한 역사의 일부인 것이 사실이다. 이 점에서, 진화론의 의의는 과상되어서는 곤란하지만, 그것이 생성존재론의 필수적인 한 요소라는 것 또한 분명하다.

---

15) 아울러 3권(12장, 3절)에서도 논했듯이, 지난 역사에서 사회진화론은 매우 큰 해악을 끼치기도 했다. 이런 과정에서 진화론은 그릇되고 위험한 목적론의 대명사가 되기도 했다. 예컨대 인류학적 맥락에서 진화론은 종교가 애니미즘 → 다신교 → 일신교로 "진화" 한다고 보았으나, 이는 아무런 근거도 없는 서구인들의 이데올로기였다.

2절 생성을 표현하다

생성존재론은 과학만이 아니라 예술과도 손을 잡고 전개되었다. 이 점은 철학사적으로 특히 중요한 의미를 띤다. 과학은 본래 철학의 한 부분이었고, 실증적 탐구와 메타적 탐구가 구분되기 시작한 19세기에 와서야 철학과 구분되기 시작했다. 그리고 그 이후에, 철학은 거대해진 학문의 세계에서 (수학과 더불어) 선험적 학문으로서 자리 잡게 된다. 그러나 철학은 어쨌든 일차적으로는 '학문'의 영역에 속하는 행위이다. 다른 한편 철학은 반드시 학문의 영역에 한정되지는 않았다. 철학은 정치, 종교 등과 밀접한 연관성을 맺으면서 사회 전체, 역사 전체와도 긴밀한 관계를 맺어왔으며, '학문'으로서의 철학과 '사상'으로서의 철학은 그 뉘앙스를 크게 달리해왔음에도 철학의 두 얼굴로서 지속되어왔다. 반면 철학과 예술 사이에는 이런 밀접한 관련성이 존재하지 않았으며, 양자는 매우 다른 형태의 행위들로 인식되어왔다. 그러나 현대에 이르러 철학과 예술은 급속도로 밀접하게 되며, 오늘날 양자는 떼려야 뗄 수 없는 사이로 화했다. 이는 곧 철학이라는 행위의 성격에 큰 변화가 도래했음을 뜻한다. 오늘날 과학적 철학과 정치적 철학 그리고 예술적 철학이 철학의 세 얼굴을 이루고 있다고까지 할 수 있을 것이다. 이런 변화를 가져온 핵심 동력은 바로 생성존재론(과 7장에서 논할 현상학)의 도래였다.[16] 생성존재론(과 현상학)은 철학의 성격을 바꾸어놓았으며, 그 과정에서 철학과 예술은 밀접한 연관성을 맺으면서 움직이게 된 것이다. 이제 여기에서는 (대략 19세기 중엽 이래의) 현대 예술의 전개를 생성존재론의 맥락에서 음미한다. 논의의 전개가 산만해지는 것을 막기 위해서

---

16) 넓게 보면, 19세기에 이르러 철학이 과학과 철학으로 분리되고 '테크네'는 예술과 테크놀로지로 분리된다. 그와 동시에 철학은 예술과 근접하게 되고, 과학은 기술과 근접하게 된다. 그로써 철학과 예술은 '인문학'을 형성하게 되고 과학과 기술은 '과학기술'을 형성하게 된다. 담론-장의 거대한 개편이 일어난 것이다.

주로 미술에 초점을 맞출 것이다.

§1. 예술이라는 가능성: 칸트에서 니체로

칸트는 인식능력과 소망능력 사이에 쾌/불쾌의 능력을, 물질과 정신 사이에 생명(과 미)을, 현상계와 본체계 사이에 양자를 이어주는 역사의 차원을 설정해 자신의 사유체계에 통일성을 부여하려 했다. 이런 사이 영역을 관장하는 것은 오성과 사변이성 사이에서 기능하는 '판단력'이다.(KU, III)[17] 판단력은 오성이 관장하는 물질세계의 인식과 사변이성이 관장하는 정신세계의 도덕적 실천 사이에서, 생명(과 미)의 차원을 향유할 수 있는 능력이다. 그리고 이 기능은 물질적인 규칙성을 넘어서는 생명 고유의 조화와 이치를 터득케 하고, 이런 터득의 기반 위에서 정신의 차원으로 나아갈 수 있는 능력을 함양케 해준다. 달리 말해 단순한 사실을 넘어서는 가치(와 의미)의 차원을 발견케 해줌으로써 당위의 차원으로까지 나아갈 수 있게 해주는 능력인 것이다. 이 판단력에 있어, 기존의 보편에 특정한 특수를 배정하는 능력인 '규정적 판단력'과 보편이 부재하는 상황에서 특정한 특수로부터 시작해 보편을 더듬어나가는 '반성적 판단력'의 구분은 중요하다. 『판단력 비판』에서 중요한 역할을 하는 것은 반성적 판단력이다. 반성적 판단력이 관장하는 것은 보편이 특수를 안전하고 정확하게 포괄하는 영역들이 아니라 특수의 특이성, '이-것'임이 그대로 살아 있는 영역이다. 반성적 판단은 이 영역에서 주어지는 낯선 것, 특이한 것을 새롭게 개념화하는(칸트의 용어로 한다면 이념화하는) 능력인 것이다. 반성적 판단력이 관장하는 이런 영역이 바로 생명과 미의 영역, 합목적성의 영역이다.

판단력이 오성과 사변이성 사이에서 기능한다는 것은 곧 '합목적성'이

---

17) KU = Immanuel Kant, *Kritik der Urteilskraft*, Suhrkamp, 2014.

자연과 자유 사이에서 발견된다는 것을 의미한다. 오성에 개념이 있고 사변이성에 이념이 있다면, 판단력에는 **합목적성**이 있다. 합목적성은 두 얼굴을 띤다. '생명'이라는 얼굴과 '미'라는 얼굴을. 그렇기 때문에 인식론과 도덕 형이상학 사이에서는 생명철학만이 아니라 미학이 성립한다. 생명철학과 미학은 단순한 물질이나 형이상학적인 정신이 아니라 그 중간에 위치하는, 특정한 목적과 관련 있는, 조직된 생명체들이나 조성된 예술작품들을 다룬다. '조직되어' 있다거나 '조성되어(composed)' 있다는 것은 해당 생명체나 예술작품이 부분들과 전체의 유기적인 연계성과 의미를 갖추고 있다는 것을 뜻한다. 다시 말해, 단순한 물체들처럼 역학적 메커니즘을 따르는 것이 아니라는 것이다. 그렇다고 이 차원이 정신의 왕국, 목적의 왕국에서처럼 도덕과 의무의 세계인 것도 아니다. 이 합목적성의 차원은 물질의 차원과 정신의 차원 중간에 있는 생명과 미의 차원인 것이다. 그리고 우리는 이런 연계성과 의미, 조화를 향유할 때 미적 쾌감, 감동을 얻게 된다.(KU, VI)

자연에 주어진 객관적 합목적성이 생명체들이라면, 인간이 주관적으로 부여하는 합목적성이 발견되는 대표적인 경우는 예술작품들이다. 이 주관적 합목적성에는 주어진 규칙이 존재하지 않으며, 때문에 예술작품들은 스스로 규칙을 창조해내는 '천재'들에 의해 창조된다. 천재는 객관적 규칙이 존재하지 않는 '문제적인' 차원에서 사유하지만, 그 성과를 어디까지나 감성적인 방식(색, 선, 소리, 몸짓 등)으로 표현한다. 이 점에서 칸트는 예술작품을 이념이 감성적으로 표현된 것으로 파악했다. 이 감성적/예술적 이념이 우리 마음속에 생기를 불어넣고, 미학적인 감동을 누릴 수 있게 해주는 것이다.(KU, §49) 잘 선별된 시어가 율동 있는 운문으로 표현된 한 편의 시나 선, 색 등이 조화롭게 배치되어 하나의 특이한 세계를 드러내는 그림, 선율과 음색 등이 매력 있게 흐르면서 듣는 이의 마음을 사로잡는 음악은 이념을 감성적으로 표현하고 있다는 점에서 개념의 차원을 넘어선다. 긍정적인 의미에서도 그렇고(이념은 개념의 차원 너머의 사유를 함축하므로), 부정적인 의미에서도 그렇다(이념의 차원은 어디까지나 '규제적인' 성격을 띠는 차원이며,

더구나 그 감성적 표현은 주관적인 것에 불과하기 때문에). 그러나 후자의 맥락에서도, 일단 어떤 감성적 이념이 창조되었을 경우 사람들은 그 예술적 표현을 함께 향유함으로써 도덕적 이념들의 세계로 향할 수 있는 교양을 닦을 수 있다. 그렇기 때문에 감성적 이념, 예술적 표현의 공동 향유는 '시민적 교양'의 함양라는 맥락에서도 중요하다.[18]

칸트는 아름다움과 숭고함을 구분하고, 숭고함에 고유의 미학적 가치를 부여했다.(KU, §23) 숭고함은 아름다움의 특징인 부분들과 전체의 조화, 일관성, 목적성 등이 무너지는 차원이다. 그래서 주체는 숭고한 것들(깎아지른 듯한 절벽, 끝없는 공간, 거대한 파도 등등) 앞에서 압도된다. 때문에 그 경험을 어떻게 표상해야 할지 당혹감에 휩싸이게 된다.[19] 미의 체험에서는 구상력과 오성이 자유롭게 일치하지만, 숭고의 체험에서는 구상력이 한계에 봉착한다. 하지만 칸트는 다른 한편 이런 숭고 체험이 구상력으로 하여금 오성의 감옥을 깨부수고 나와 사변이성의 문을 열 수 있도록 해준다고 보았다. 달리 말해, 공통감각이 탈구되어버려 흔들거리지만 그 과정을 통해서 오히

---

18) 이런 공동 향유는 '공통감각(sensus communis)'를 통해서 가능하다.(KU, §40) 이로써 칸트는 "취미에 대해서는 논쟁할 수가 없다"는 생각을 벗어나서, 개별자의 성취가 일반화될 수 있는 가능성을 사유한 것이다. 한나 아렌트는 이 생각을 '마음의 확장'으로 재개념화해 그의 정치철학의 기초로 삼았다. 아렌트는 『실천이성 비판』이 아니라 『판단력비판』에서 정치철학의 실마리를 발견한 것이다.(『칸트 정치철학 강의』, 김선욱 옮김, 푸른숲, 2002) 하시만 마음의 확장은 서구적 차원에서만이 아니라 다양한 문명/문화 전체를 포괄하는 방식으로 이루어져야 한다. 아울러 공간적 확장만으로 가능한 것이 아니라 시간적 확장에 의해 완성되어야 한다. 달리 말해, 세계사 전체를 지평에 놓고서 이루어져야 하는 것이다.

19) 이 점은 이미 에드먼드 버크(1729~1797)에 의해 지적되었다. "자연 속에 존재하는 거대하고 숭고한 사물이 불러일으키는 가장 강력한 감정은 경악(astonishment)이다. 경악은 우리 영혼의 모든 움직임이 일시적으로 정지된 상태를 말하는데, 거기에는 약간의 공포가 수반된다. 이 경우 우리의 마음은 그 대상에 완전히 사로잡혀 다른 어떤 대상도 생각하지 못하고, 우리 마음을 사로잡은 그 대상에 대해서 이성적으로 사고할 수도 없다. 여기에서 숭고의 엄청난 힘이 생겨난다. 숭고는 이성적 추론에 의해 생겨나는 것이 아니라 오히려 그것을 앞질러 저항할 수 없는 힘으로 우리를 몰아붙인다."(『숭고와 아름다움의 관념의 기원에 대한 철학적 탐구』, 김동훈 옮김, 마티, 2019, II, §1)

려 그것의 새로운 작동 방식을 찾아낼 수 있게 해준다는 것이다. 〈눈보라〉
(1842)를 비롯한 터너의 그림들은 이런 경지를 잘 보여준다. 칸트에게서 숭
고 체험의 의의는 크다. 그의 철학은 인식과 실천과 향유의 가능성의 조건
을 사유하는 선험철학이지만, 이제 이 대목에 이르면 문제가 되는 것은 바
로 이 가능성의 조건을 어떻게 바꾸어나가느냐가 되기 때문이다. 즉, 칸트
의 선험철학은 경험의 가능성이 아니라 가능성의 가능성에 대한 사유로 전
화되는 것이다. 칸트 철학의 부정적인 이미지, 즉 선험적 주체의 틀을 객관
에 폭력적으로/일방적으로 투영하는 철학이라는 이미지는 여기에서 극적
으로 극복된다. 위대한 철학자들의 사유가 종종 그렇듯이, 칸트 사유를 극
복한 사유, 칸트를 넘어선 칸트의 씨앗은 바로 칸트 자신에 의해 뿌려진 것
이다.

　칸트의 후계자들은 그의 철학을 절대자의 일원론으로 전화하고자 했지
만, 피히테의 방향과 셸링의 방향은 달랐다. 피히테는 물 자체를 제거하고
(따라서 세계는 인식 주체의 빛 안에 포섭된다), '선험적 주체=x'를 '사행'을
통해 존립하는 자유로서의 자아로 만듦으로써 주체적이고 실천적인 철학
을 전개했다. 그의 사유는 프랑스 대혁명의 정신을 역사철학화한 사유, 자
유로써 인간의 삶을 새롭게 정초하고자 한 사유였다. 이에 비해 셸링의 사
유는 주관의 극으로 치우친 피히테의 사유를 객관의 극으로 보완할 수 있
는 자연철학에서 출발한다. 그러나 그는 다시, 자연에서 정신으로 진행되는
'자연철학'을 보완해줄 '선험철학' 즉 정신에서 자연으로 진행하는 철학을
전개하게 된다. 그리고 이 양 과정이 동일한 것이라는 점에 입각해 동일철
학에 도달하게 된다. 자연과 자유라는 칸트적 이원성이 이원적 일원의 구
도로 전환된 것이다. 셸링은 이 동일철학을 예술철학으로써 구체화해나갔
다. 셸링에게서 예술이란 자연과 정신, 무-의식과 의식의 통일성을 미적으
로 표현하는 것이다. 이런 표현은 능산적 자연을 이어받은 '예술적 산출력'
을 통해 가능하며, 이 힘은 무엇보다도 우선 "대립하는 것들을 통일시키는
힘"이다. 최고도의 구상력을 발휘하는 예술을 통해서 자연과 정신의 동일

성이 표현되는 것이다.

셸링의 동일철학은 모든 것이 '하나'로 완벽하게 녹아 들어가는 철학
이 아니다. 여기에서 '동일성'이란 내용상의 즉자적 하나를 뜻하는 것이
아니라 어디까지나 자연과 정신의 동일성을 가리킬 뿐이며, 이 동일성의
실제 내용은 '포텐츠(포텐셜)'의 수직적 계서화, 'potentialisation'과 'dé-
potentialisation'의 누층적 생성이기 때문이다.(이 구도는 훗날 들뢰즈의 존재
론과 복잡계 과학에 의해 계승된다.) 셸링은 이 과정에 있어 정신-극에서의 최
고의 표현이 바로 예술에 의해 이루어진다고 보았다. 그렇기 때문에 그는
예컨대 조형예술에서 표면적인 형태미에 집착한다거나 고착된 본질의 표
현에 그치는 경향에 비판을 가했다.[20] 예술은 사물의 표면을 뚫고 들어가
그 포텐츠를 표현해야 하며, 고착된 본질이 아니라 생성하는 전체로서의
본질을 표현해야 하는 것이다. 3권(4장의 서론)에서 규정했듯이, 표현이란
하나의 존재면을 다른 존재면으로 번역하는 것이다. 셸링의 경우 자연＝정
신은 다양한 존재면들의 누층적 생성으로서 이해된다. 따라서 예술가는 사
물의 표층에서 출발해 이 존재면들을 뚫고 들어가 그 전체 즉 'Potenz'를 파
악하고, 그것을 자신의 존재면/언어로 번역해야 한다. 셸링은 이와 같은 예
술이야말로 철학을 완성할 수 있다고 보았다.[21]

---

[20] "우리는 형태 너머로 나아가야만 하는데, (…) 만일 작용 원리를 형태와 떼놓은 채 등한
시한다면, 가장 아름다운 형태들을 눈여겨본다 해도 무엇이 남아 있겠습니까? 오직 비
본질적인 성질들, 그러한 것의 연장과 공간적 관계만 남을 뿐입니다. (…) 크리스털 안
에서 작용하는 힘에서부터 인간의 문화 가운데서 부드럽게 사람을 끌어들이는 전류처
럼 질료의 부분들에 그러한 자리와 상황을 서로 부여해주는 힘들에 이르기까지, 바로
이 힘을 통해서 개념과 본질적인 통일, 아름다움이 가시화될 수 있는 것입니다."(셸링,
심철민 옮김, 『조형미술과 자연의 관계』, 책세상, 2014, 22~23쪽)

[21] 헤겔과 '예술의 종말' ── 헤겔은 예술을, 종교 및 철학과 더불어, 절대정신이 진리를 드
러내는 세 방식들 중 하나로 보았다. 그러나 그는 예술이 질료라는 제한성을 피할 수 없
는 한 (철학에 의해서만 도달될 수 있는) 순수 사유라는 최고의 경지에는 미치지 못한다
고 보았다. 게다가 '현동성(Wirklichkeit)'의 존재론에 입각해 역사 전체를 파악하는 그
의 구도에서 볼 때, "예술은 그 최고 규정의 측면에서 볼 때 우리에게 이미 지나간 과거
의 것이며 과거적인 것으로 머물러 있다." 왜냐하면 그가 볼 때 "예술은 우리에게 그 참

칸트가 숭고미의 개념을 통해서 기존 인식의 테두리를 열어젖혔고, 셸링이 '포텐츠'의 표현을 사유함으로써 예술을 역동적 존재론에 연관시켰지만, 생성존재론의 맥락에서 예술철학을 전개한 핵심 인물은 역시 니체이다. 니체는 헤겔에게서 완성된 독일 이념론에 각을 세우면서, 삶의 근저를 '고뇌'로 보고서 그것에 직면하는 최고의 예술로서 '비극'을 사유했다. 니체에게 삶이란 폭풍우가 몰아치는 바다에서 작은 조각배에 의존해 파도를 헤쳐나가는 상황과도 같은 것이다. 폭풍우가 몰아치는 바다는 '디오뉘소스적인 것'이다. 그리고 조각배는 '아폴론적인 것'이다. 인간은 강력하고 공포스러운 디오뉘소스적인 것의 힘과 싸우면서 안정된 보금자리로서의 아폴론적인 것을 만들어낸다. 〈사르다나팔루스의 죽음〉(1827~1828)이 잘 보여주듯이, 디오뉘소스적인 것에 직면해 고뇌하면서 아폴론적인 것을 창조해내는 행위, 그러한 작품이 곧 비극이다. 그러나 아폴론적인 것에 안주할 경우 삶은 동일성이라는 감옥에 갇힌 것이 되고 비극은 소멸한다. 참된 비극은 디오뉘소스적인 것으로 나아간다. 디오뉘소스적인 것의 카오스와 아폴론적인 것의 코스모스가 역동적으로 얽힌 카오스모스의 경지에서 비극이 태어

된 진리와 생동성을 상실했으며, 현실성 속에서 그 과거의 필연성을 주장하고 그 최고 지위를 지키기보다는 오히려 우리의 [이념이 아니라] 표상 속으로 옮겨 와버렸기" 때문이다.(『미학 강의』, 두행숙 옮김, 은행나무, 2015, 46쪽) 여기에서 '과거'란 물리적인 의미에서의 옛날을 뜻하는 것이 아니라 부정의 부정을 통한 현동성의 운동 과정에서 순수 사유로까지 나아가지 못하고 뒤처졌음을 뜻한다. 그는 예술의 여러 장르들에 관련해서도 이런 관점에서 각각을 평가하고 서열화했으며, 또 각 지역의 예술들에 관련해서도 그의 역사철학에 입각해 평가하고 서열화했다. 그러나 이질적인 사유들을 그것들에 외재적인 어떤 기준을 세워놓고서 평가하고 서열화하는 것, 역사를 목적론적으로 재단해놓고서 이질적인 것들을 평가하고 서열화하는 것은 좋은 철학이 아니다. 상이한 예술 장르들에 있어서나 그 역사적 전개에 있어서나, 이질적인 것들은 그 이질성을 그대로 살리면서 ('통합'하려 하기보다) 접합함으로써 그 전체적인 다양체의 모습을 드러내주는 것이 좋은 철학일 것이다. 돌이켜보면 예술은 오히려 헤겔의 시대 바로 이후부터 그 전성기를 맞이했다고 해야 할 것이다. 다만 얄궂은 것은 "예술의 종말"이라는 테제는, 적어도 그것의 어떤 측면에 있어서는, 오히려 오늘날에 이르러서야 뒤늦게 일정한 설득력을 얻게 되었다는 사실이다.

난다. 이런 비극을 창조해낼 수 있었던 이들이 그리스인들이었다.

> 사려 깊었던 그리고 유난히 예민하고 진지한 고뇌를 품을 수 있었던 그리스인들은
> 〔비극에서의〕 합창을 통해서 자신들의 마음을 어루만졌다. 그들은 날카로운 시선
> 으로 세계사라 일컬어지는 것의 끔찍함을 그리고 자연의 잔혹함을 직시했으며, 불
> 교적인 의지 부정으로 끌리는 위험에 처하게 된다. 예술이 그들을 구원하며, 예술을
> 통해 그들은 자신들을 구원한다 ─ 다름 아닌 삶(Leben)을.[22]

아폴론적인 것은 꿈의 세계이다. 디오뉘소스적인 것은 도취의 세계이다. 아폴론적인 것이 그 안에서 안락(安樂)할 수 있는 성채라면, 디오뉘소스적인 것은 그 바깥에서 일렁이는 폭풍우이다. 아폴론적인 것이 명료하고 분명한 개별화의 세계라면, 디오뉘소스적인 것은 그런 개별화들이 무너지는 유동의 세계이다. 비극은 바로 그 경계선상에 서서 디오뉘소스적인 것을 품에 안으면서 아폴론적인 것을 정련해내는 예술이다. 니체에게 이 비극은 예술의 한 장르에 그치는 것이 아니라 삶 자체의 의미이기도 하다. 그에게서 'Kunst'는 이런 비극적 삶을 살아가는 모든 형태의 행위들을 가리킨다. 니체는 비극이 쇠잔해간 시대에 비극을 꿈꾸었다.[23]

§2. 생명, 신체, 물질의 예술

베르그송에게서는 니체가 디오뉘소스적인 것에 부여했던 정조(情調)가

---

22) Nietzsche, *Die Geburt der Tragödie*, Bd. 1, 1999, §7.
23) 디오뉘소스적인 것에 부딪쳐 장렬히 산화하거나 아폴론적인 것을 만들어내지 못하고 집
행유예의 상황이 끝없이 계속될 때 '멜랑콜리'에 빠진다고 할 수 있다. 벤야민은 (그리스
비극과 변별되는) 독일 비애극에 있어 죽음과 욕망이 뒤얽힌 멜랑콜리(와 알레고리)에
대해 흥미진진하게 분석했다.(『독일 비애극의 원천』, 최성만·김유동 옮김, 한길사, 2009)

사라진 자리에 비-결정론적인 생기발랄한 파동이 등장한다. 이 파동은 또한 인상파 화가들이 추구했던 빛의 약동과도 공명했다. 이들은 생성의 산물들이 아니라 생성 자체를 지각하려는 각별한 노력을 기울였다. 베르그송에 따르면, 예술이 특히 빼어나게 수행하는 작업은 곧 지각의 확장이다. 근대 인식론자들을 논하면서, 이들에게 지각의 차원은 오성 나아가 사변이성에 의해 개념화되어야 할 어떤 질료에 불과하다는 것을 여러 차례 언급했다. 베르그송은 반대의 측면을 지적한다. 개념화는 우리의 지각이 불충분하기 때문에 그것을 보충하기 위해 생겨나는 것들일 뿐이다. 그래서 그는 지각으로부터 개념, 이념으로 나아가는 것과는 반대 방향의 노력을, 즉 사물들에 대한 우리의 지각을 넘어서려고 하는 대신, 그 안으로 들어가고 그것을 넓히기 위해 우리를 그것에 깊이 삼투시켜 볼 것을 권한다. 사물들의 지각은 누구에게나 똑같고 다만 그것을 개념화하고 이론화하는 점에서 갈라진다고 생각하는 것은 잘못이다. 지각의 차원 자체에서 숱한 다양성이 그리고 깊이에서의 차이가 나타나는 것이다. 바로 이런 다양성과 깊이를 구체적으로 보여주는 것이 예술이다.

> 예술의 목적이 자연에서 그리고 정신에서, 우리의 바깥에서 그리고 안에서, 〔둔해빠진〕 우리의 감각과 의식이 미처 마주치지 못한 것들을 드러내 보여주는 것이 아니라면, 다른 무엇일 수 있겠는가?(PM, 149)

본다고 다 보는 것이 아니고, 듣는다고 다 듣는 것이 아니다. 우리는 눈, 귀, 그리고 다른 감각기관들의 잠재성을 모두 소진해서 세계와 만나는 것이 아니다. 현실적 삶이 우리의 감각과 의식을 형편없이 둔하게 만들고, 사물들의 감각적인 진상(眞相)에서 눈을 돌리게 만드는 것이다. 베르그송이 볼 때, 예술의 본질은 바로 이 진상으로 우리의 감각을 되돌리게 해주는 데에 있다. 베르그송의 이런 예술철학은 당대의 인상파 미술과 특히 잘 조응하는 듯하다. 자체 내에 다양한 갈래들과 단계들을 내포하는 인상파의 역사란 곧 지각을 새로운 차원들로 계속 확장해간 역사가 아니겠는가. 인상파 화가들과 베르그송은 공히 지각의 확장을 통해 '지속의 직관', 생성의 표현으로 나아간 것이다.[24]

뒤뷔페 등의 앵포르멜 회화나 전후 일본에서의 구타이(具體) 미술 등은 이 베르그송적 맥락과 유사하면서도 차이를 내포한다. 앵포르멜과 구타이 역시 생성의 존재론에 입각해 있지만, 그 핵심에는 시간, 변화, 생명보다는 물질, 신체, 행위가 존재한다. 그것은 형상으로부터 해방된 질료로서의 물질의 물질성을 강렬하게 표현하거나, 이 물질과 투쟁하면서 내적 잠재력을 표현하는 신체의 몸부림을 구체적으로 표현하고자 했다. 여기에서 작동하는 것은 형상적/기하학적 상상력이 아니라 물질적 상상력이다.[25] 그러나 이들의 물질적 상상력은 바슐라르적 몽상만이 아니라 실존주의자들의 고뇌, 메를로-퐁티적 뉘앙스에서의 신체, '살'과도 연계된다. 이들의 작품에는 전쟁이 불러온 파괴와 고통, 그리고 그 후에 찾아온 경직된 현실에 대한 저항, 물질과 신체의 해방적 분출이 나타난다. 이들에게는 시각보다는 직접적인 촉각이, 정신보다는 물질, 신체가, 관조보다는 행위가, 필연성보다는

---

24) **베르그송에게서의 표층과 심층** — 베르그송은 전통 형이상학에서와는 달리 세계의 표층은 이미 지속이 석화(石化)된 차원, 사물과 우리 신체의 만남이 구조화됨으로써 고정된 차원이라고 보았다. 이 때문에 그의 사유는 전통 사유와는 정반대로, 생성을 넘어 본질을 찾아야 하는 것이 아니라 석화된 현실을 넘어 생성을 찾아야 하는 사유가 된다. 이렇게 보는 한에서 인상파 예술과 베르그송은 오히려 상반된 존재론에 입각해 있는 것으로 보인다. 이런 맥락에서 아렌트는 "베르그송 이후, 강조와 관심이 관조에서 언어로, 'nous'에서 'logos'로 완전히 이동했다"라고 쓸 수 있었다.(『정신의 삶』, 홍원표 옮김, 푸른숲, 2019, 203쪽) 그러나 베르그송의 사유에는 이중성이 있다. 그는 때로 심층에서의 생성을 표층과 연속적으로 파악하기도 한다. 이 경우 표층의 석화에 보다 많은 책임이 있는 것은 어디까지나 주체 쪽이다. 따라서 주체의 둔한 감각을 교정함으로써 표층으로 드러나 있는 심층, 즉 생성을 직관해갈 수 있게 된다. 예술가들의 역할은 이렇게 심층적 생성이 아니라 표층적 생성의 차원으로 우리를 데려가는 데에 있는 것이다. 인상파 화가들과 베르그송의 존재론은 바로 이 맥락에서 정확히 일치한다.

25) 바슐라르는 그의 과학철학과 상호 보완적 관계를 가지는 예술철학으로서 '사원소의 현상학'을 전개했다. 그의 저작들 중 물질적 상상력을 잘 보여주는 것으로서 『물과 꿈』(이가림 옮김, 문예출판사, 1980)을 들 수 있다.

우연성이 중요했다. 이런 직접성, 투쟁성, 역동성을 통해 이들은 전후 세계에서의 자유와 해방을 표현하고자 한 것이다.

아울러 추상표현주의 예컨대 폴록의 액션 페인팅이라든가 또는 해프닝 등과 같은 흐름 역시 생성의 표현을 그 핵심으로 하면서도 변화/지각과는 다른 원리를 핵으로 했다. 이 원리는 곧 행위(와 우연)로서, 앵포르멜 작업과 궤를 같이한다. 굳이 구분한다면 앵포르멜에서는 물질에 방점이 찍힌다면, 액션 페인팅 등에서는 신체와 행위라는 요소가 중심을 차지했다고 할 수 있다. 베르그송에게서는 주로 지속의 직관과 대비되는 현실적 삶의 대명사로 등장하는 행동이 여기에서는 오히려 예술적 창조의 핵으로 등장한다. 이런 행동적인 회화적 행위는 구체적인, 점점 심화되는 표현행위에서 예술의 기초를 찾았던 듀이의 예술철학에 조응하는 것이었다. 추상표현주의는 이후 색면화 등으로 전환하거니와, 고전들에 대한 취향을 가졌던 듀이가 미국적 행동파 예술의 철학적 토대를 제공한 데 비해 후기 추상표현주의를 이끌었던 그린버그가 오히려 다소 보수화된 미학을 전개한 것은 아이러니라 하겠다.[26] 이렇게 변화, 운동, 물질, 생명, 신체, 행동, 우연 등 무게중심에 차이가 있음에도, 현대 예술의 핵심적인 한 갈래는 생성존재론과 맥락을 같이하면서 전개되었다. 이런 흐름은 오늘날에도 계속 이어지고 있다.

§3. 사건과 배치의 예술

현대 예술과 생성존재론은 다양한 갈래들, 다양한 방식들에 따라 조응하지만, 우리는 이런 흐름들에서 특히 '사건'으로서의 예술을 변별해 독자적

---

26) 존 듀이, 박철홍 옮김, 『경험으로서의 예술』, 나남, 2016. 클레멘트 그린버그, 조주연 옮김, 『예술과 문화』, 경성대학출판부, 2019. 그러나 형이상학적 성격을 띤 색면화 이후의 추상표현주의, 예컨대 미니멀리즘 등은 다시 이전의 파격을 되찾아 아예 화면 바깥으로 나가는 실험을 감행하게 된다. 이로써 예술은 '사건'이 된다.

인 의미를 부여할 수 있다. 앵포르멜, 구타이, 액션 페인팅, 해프닝 등 20세기 중엽에 전개된 생성의 예술들은 모두 사건의 예술들이기도 하다. 그러나 우리는 이런 흐름들, 동적인 사건, 신체의 사건의 예술들과 구분되는, 정적 사건, 형이상학적 사건, 순수사건의 예술들을 변별해볼 수 있다.[27] 색면화, 모노하(物派), 단색화 등이 그 예들이다.

형이상학적 사건, 순수사건은 니시다 철학에서의 '영원의 지금' 개념에서 그 단초를 찾을 수 있다. 니시다의 예술철학은 베르그송, 현상학 등과 공명한다. 그에게서 예술이 표현하는 것은 베르그송에게서와 마찬가지로 궁극적으로는 생명이다. 예술가가 표현하는 것은 순수 생명이다. 그것은 일체의 타산적인 현실을 벗어난 것일 뿐만 아니라, 일체적 지적 개념화 이전의 것이기도 하다. 이런 표현을 통해서 색채, 소리 등등은 비로소 그 자체로서 드러나게 된다. 또, 이러한 표현에 있어서 신체는 현상학에서와 마찬가지로 중핵적인 위상을 점한다. 니시다는 창조 행위에 있어 예술가의 신체는 사물과 합일한다고 보았다. 그러나 니시다의 예술철학에서 베르그송이나 현상학과는 구분되는, 사건의 철학과 연계되는 측면을 읽어내는 것 또한 가능하다. 사건의 시간은 지속의 흐르는 시간이나 생생한 현재(와 과거 지향, 미래 지향)에 근거하는 현상학적 시간과는 다른 시간, 수직으로 솟아오르는 시간, 특정 시점에서 과거와 미래를 분할하는 시간이다. 뒤에 논하겠지만, 사건은 사물, 사실, 사태 등과 존재론적 위상을 달리한다. 사건 역시 생성존재론의 맥락에 들어가지만, 지금까지 논했던 생성의 사유들과는 결을 달리한다고 할 수 있다.[28]

---

27) 앵포르멜 등에서의 사건의 경우, 우리는 그 사건의 현전에 주목하며 그 현전의 물질성, 행동성 등에 주목한다. 이 점에서 여기에서의 사건은 오히려 '사태'에 가깝다. 반면 색면화 등에서의 사건은 현전하고 있는 작품 너머의 것을 드러내 비추고 있다는 점에서 사건, '순수사건'을 표현하고 있다고 할 수 있다. 이런 구분에 대해서 앞으로 '사건의 미학'을 구축해서 정교화해야 할 것이다.

28) 이 점은 바슐라르에게서도 발견된다. 바슐라르는 '지속의 직관'이 아니라 '순간의 직관'을 논함으로써, 베르그송의 미학과는 다른 미학을 전개한다. 바슐라르, 이가림 옮김, 『순

니시다의 철학을 관류하는 기본 성격들 중 하나는 생명과 논리를 공히 중시하는 점이다. 시간론의 맥락에서 본다면, 이는 베르그송의 지속과 바슐라르의 순간을 수평적 시간과 수직적 시간으로 화해시키는 구도라 할 수 있다. 흐르는 시간과 정지의 시간, 지속의 직관과 순간의 직관을 상보적으로 파악할 필요가 있는 것이다. 이것은 곧 시간의 비-한정적이고 일방적인 흐름에 자각의 순간을 도입하는 것이다.("자기가 자기 안에서 자기를 비춘다.") 이 자각의 시간은 곧 사건의 시간이며, 니시다에게 특히 핵심적인 것은 순간 속에 영원히 빛나는 사건, '영원의 지금(永遠の今)'이다. 우리가 시간에 있어 존재하는 것이 아니라 시간이 우리에게 있어 존재하는 이때, 우리는 한 순간의 생명-사건을 표현하고 있는 것이다. 이 '영원의 지금' 개념은 니시다의 사유가 '절대무의 자각' 수준에 도달했을 때 특히 중요한 의미를 띠게 된다. 니시다의 철학이 성숙해가면서, 절대무의 장소에 대한 사유는 실천철학(행위, 표현, '포이에시스'의 사유)으로 방향을 틀게 된다.[29] 그는 절대무를 실천의 맥락에 스며들게 만듦으로써, 그것을 지금·여기의 현장에 현전케 하고자 했다. 이는 곧 그의 평생의 주제인 자각의 또 다른 얼굴이기도 하다. 이 경지에서 죽음, 타자, 영원 등 초월적인 차원들은 단지 절대무의 장소에서 삶, 자기, 지금과 화해하는 데에 그치지 않는다. 그것들은 이제 현실의 차원에서 삶, 자기, 지금과 함께 논의된다.

시간론에 초점을 맞추어 다시 말한다면, 니시다의 중기 철학(장소론의 철학)에서 영원과 지금은 절대무의 장소에서 화해한다. 그러나 이제 후기의 실천적 철학에서 영원은 현실의 지금과 화해하기에 이른다. '영원의 지금'

간의 미학』, 영언문화사, 2002.
29) 니시다는 1930년에 『일반자의 자각적 체계』를 출간하고 다음 해에 『무의 자각적 한정』을 출간한다. 그는 전자가 "겉으로부터 속을 보아나간 것"이라면, 후자에서는 "속으로부터 겉을 보고자 애썼다"고 한다. 플라톤에 유비한다면, 『일반자의 자각적 체계』에서 아나바시스의 정점에 달한 것이며, 『무의 자각적 한정』으로부터 카타바시스가 시작되었다고 할 수 있다.

인 것이다. 영원의 지금은 절대적 현재이다. 이 절대적 현재에서 무한의 미래와 무한의 과거가 자각적으로 응축된다. 절대무의 장소는 한없이 펼쳐진 잠재성의 장이며, 거기에는 무한에서 무한으로 가는 수평적 시간이 함축되어 있다. 그러나 이제 시간은 수직으로 솟아올라 현재로 응축된다. 이 시간은 영원의 시간인 아이온과 현재라는 작은 크로노스-조각이 교차하는 사건의 시간이다. 모든 '사건의 시간'들은 영원의 지금의 자기한정인 것이다. 그 사건의 시간들에서 우리는 영원에 닿는다.

   뉴먼, 로스코 등 색면화가들은 우리를 바로 이런 사건의 시간으로 초대한다. 〈하나임 I〉(1948) 등이 잘 보여주듯이, 그것은 순수사건의 장인 무한에서 어떤 터짐이 사건으로서 파열하는 시간이다. 여기에는 또한 무의 장소로부터 사건의 장소가 형성되어 나오는 원초적 장면이 있다. 무한과 유한을 잇는 사건의 시간과 장소가 캔버스에 현현하고 있다. 여기에서 사물들 사이의 모든 연관성은 단절되고, 크로노스의 시간은 증발된다. 따라서 이 시간은 모든 구체적 연관성들이 제거된 부정법의 시간이다. 영원의 지금으로서의 아이온, 사건의 시간으로서의 아이온과 진리의 장소[30]로서의 "마콤"만이 존재한다. 그러나 색면화의 시간, 장소와 니시다의 시간, 장소는 다르다. 후자에서 이 시간과 장소가 비움과 한정의 때와 곳이라면, 전자에서는 강화(强化)와 고양(高揚)의 때와 곳이다. 이는 불교적 배경을 담고 있는 니시다 철학과 유대-기독교적 배경(아니면 차라리 그노시스적 배경)을 담고 있는 색면화가들 사이의 차이이기도 하다. 색면화가들의 세계가 '계시'의 세계라면, 니시다의 세계는 '자각'의 세계인 것이다.

   니시다와의 연계성을 더 잘 보여주는 것은 이우환 등의 '모노하'의 작품과 단색화이다. 모노하 작품과 단색화는 색면화에서의 숭고의 차원과는 다른 깨달음의 차원을 열어주기 때문이다. 모노하의 사물은 구타이의 사물처럼 원초적 물질성과 격렬한 행동성을 동반하지 않기 때문에, 오히려 사물

---

30)   '진리의 장소'에 대해서는 『진보의 새로운 조건들』(인간사랑, 2012), 3장에서 논했다.

자체에 주목하게 한다. 우리가 마주치게 되는 것은 사물＝존재자가 아니라 오히려 그 '존재'인 것이다. 이런 미학은 미니멀리즘에서도 확인된다. 그러나 서구의 미니멀리즘에서와는 달리 모노하의 '사물'은 그것과 장소, 주체의 관계를 포괄하는 '사건'에 가깝다. 도널드 저드 등의 미니멀리즘 작품들은 어디까지나 주체에 의해 구성된 것이지만, 모노하의 작품들은 주체의 최소한의 개입을 통해 이루어지는 사건들이기 때문이다.(그래서 이들은 '창조'라는 말을 선호하지 않는다.) 전자의 작품들에 비해 후자의 작품들이 많이 남아 있지 않고, 또 그대로 남아 있기도 힘든 것은 이 때문이다. 모노하는 "표상의 동일성을 파괴했다는 점"과 "작품의 내적인 구축성을 분해해서 외계를 들여 넣었다는 점"을 그 특징으로 한다.[31] 그래서 '모노하'라는 이름은 ('인상파'가 그랬듯이) 이 예술가들의 미학을 아이러니의 방식으로 드러내고 있다고 해야 할 것 같다. 모노하는 외부성과의 관계를 적극적으로 창출하고자 했고, 이 점에서 타자와의 마주침을 담고 있다. 모노하가 진정으로 사건을 다룬 화파이고, 그들의 작품이 원칙적으로 재현 불가능한 것은 이 타자와의 마주침은 재현 불가능한 것이기 때문이다. 그것이야말로 아이온의 시간에서 이루어지는 한순간의 생명-사건이다.[32] 이 생명-사건은 숭고의 장에서 이루어지는 계시와 구원의 사건이 아니라, 내재적 장에서 이루어지는 만남과 깨달음의 사건이다. 그러나 이 깨달음이 오로지 형이상학적 순간 — 숨이 멈추어지는 순간 — 이기만 한 것은 아니다. 때로 그것은 현대 문명의 노도에 정면으로 맞서는 저항과 해방의 순간이기도 하다.(이 점

31) 이우환, 김춘미 옮김,『여백의 예술』, 현대문학, 2002/2016, 289쪽. 후자의 측면은 건축 내부에 자연을 끌어들이려는 노력을 계속해온 안도 다다오에게서도 잘 나타난다.

32) "만남이란 미학적으로는 시적 순간의 경험이다. 그리고 이 시적 순간은 여백 현상으로 열리는 장소에서 일어난다. 만남은 자연이나 인간이나 사건을 포함한 타자와의 대면에서 일어나는, 극적인 열림의 장을 두고 말함이다. 작가는 만남을 일으키기 위해 일부러 작품을 만들어 장을 열어 보이는 것이다. 만남은 때때로 웃음이기도 하고 침묵이기도 하고, 언어와 대상을 넘어선 차원의 터뜨림이다."(이우환,『양의의 예술』, 심은록 엮음, 현대문학, 2014, 47쪽)

에서 구타이와 모노하를 단적인 불연속으로 볼 이유는 없다.) 때로는 가장 예술적인 것이 가장 정치적이다.

이와 뉘앙스를 달리하는 또 하나의 사건의 예술로서 우리는 한국의 단색화, 그 중에서도 김환기 등의 전면점화를 생각할 수 있다. 여기에서 화면은 단색의 저변과 수많은 알갱이들로 수놓여 있다. 우리는 이 화면에서 삶, 죽음, 인연을 둘러싸고서 생성하는 차이와 반복의 영원회귀를 만난다.("어디서 무엇이 되어 다시 만나랴.") 저 세상에서 이 세상으로 또 이 세상에서 저 세상으로 오고 가는 숱한 삶과 죽음, 그리고 중생이 수놓는 무수한 인연들이 화면 위에서 펼쳐진다. 이는 무수한 차이화, 개별화가 빚어내는 숱한 드라마들과 그 모두를 품는 만물제동의 경지를, 잠재성이 현실화되고 현실성이 잠재화되는 생성존재론을 함께 표현하고 있다. 그것은 성리학적 원융(圓融)의 세계이며, 더 낫게는 화엄적(華嚴的) 구원의 세계이다. 이는 생명의 맥동, 리듬, 춤, 파도를 그려온 베르그송적 예술과 아이온의 시간에서 펼쳐지는 영원의 지금의 예술이 지양된, 생명과 사건이 더 높은 경지로 지양된 예술의 절정이다.

같은 '사건'의 형상화이지만 이상의 흐름과는 구별되는, 말하자면 '형이하학적' 사건의 예술도 현대 예술의 큰 흐름을 형성하고 있다. 이 흐름의 근저에는 넓게 보면 '다양체' 개념, 구체적으로는 들뢰즈와 가타리가 『천의 고원』에서 정련했던 '배치(agencement)' 개념이 작동하고 있다. 배치란 선들과 속도들로 이루어진 다양체이며, (번역어가 오해를 일으킬 수 있거니와) 공간적 배열이 아니라 '사건'으로서의 다양체이다. 배치란 곧 배치-사건이다. 물론 조형예술에서 공간적 배치는 기초적인 작업이다. 그러나 배치는 또한 늘 사건이기도 하다.[33] 현대 예술에서 이런 배치('설치 예술')는 다양한 방식으로 시도되고 있으며, 이 흐름은 전시장 같은 어떤 제한된 공간에서가 아니라 삶의 곳곳에서, 〈스파이럴 제티〉가 잘 보여주듯이 다양한 열린

---

33) 3장, 1절, §7에서 상론된다.

공간들에서 시도되고 있다. 이 배치-사건의 예술에서는 예술과 비-예술의 경계가 흐려지며, 기술과 예술 사이의 경계도 흐려진다. 배치-사건으로서의 예술은 사회와 문화의 접면에서 생성해간다.

다양체/배치의 예술을 특히 잘 보여주는 것은 건축이다. 건축은 그 자체가 애초에 배치-사건의 성격을 띠고 있는 장르이다. 여기에서는 문자 그대로의 의미, 가장 즉물적인 의미에서의 물체들의 배치가 이루어져야 하며(여기에서 '물체'란 극히 넓은 의미, 스토아학파의 'sōma'를 가리킨다.), 이것과 언표적 배치가 특히 복잡한 방식으로(경제적, 법적, … 코드들까지 포함해서) 비-관계의 관계를 맺어야 한다. 여기에서 더 나아가 건축은 사회 전체, 자연 전체와 더불어 거대한 디아그람(물체적 배치와 언표적 배치의 비-관계의 관계)을 만드는 과정이기도 하다. 굵직하게 분절해서 건물(넓은 의미) 구축의 지평과 사회적 지평, 나아가 자연/환경이라는 지평이 혼효하는 극히 복잡한 배치-사건이 요청되는 것이다.[34] 그래서 건축은 어떤 장르보다 많은 '주름'들을 내포하는 매력적인 장르이지만, 바로 그 때문에 순수한 형태로 구현하기가 매우 어려운 장르이기도 하다. 집을 짓는다는 것은 집-사회-자연을 가로지르는 거대 다양체를 만들어가는 것이기에, 갖가지 비-예술적인 힘들이 개입하는 이런 복잡한 배치-사건을 긍정적인 방향으로 만들어나가는 것은 그만큼 지난한 일이 될 수밖에 없다.

---

34) 여기에서도 역시 일방향의 논리가 아니라 순환적인 논리가 중요하다. 외연적으로는 건축이 사회에, 사회가 자연/환경에 포함되지만, 다시 환경은 다름 아닌 건축을 통해서 변형되어가기 때문이다. 세 요소가 순환적인 관계를 맺는 거대 다양체를 사유해야 한다.

3절 가치를 창조하는 삶

생성존재론의 기본 구도, 그리고 그것의 과학적·예술적 맥락을 살펴보았거니와, 이제 이 사유가 지향하는 실천적 가치를 음미해볼 때가 되었다. 이는 곧 생성존재론과 윤리·정치의 관계에 관한 것이다.

§1. 영원회귀의 긍정

"아무것도 존재하지 않는다. 존재한다 해도 알 수가 없다. 알 수 있다 해도 전달할 수가 없다." 고르기아스가 정식화한 허무주의, 회의주의, 상대주의는 서구 철학사에 스며든 서늘한 울림이었고, 또 새로운 사유들을 추동한 원동력이기도 했다. 일찍이 플라톤에 의해 확립되었고, 그 후 "대중을 위한 플라톤주의"인 기독교에 의해 일반화된 고전적인 세계는 계몽주의에 의해 붕괴되었지만, 니체는 근대 철학 자체도 플라톤주의의 그림자를 벗어나지 못했노라고 선언한다. 그랬기 때문에 이 그림자가 희미해졌을 때, 유럽에는 허무주의의 냉기가 조용하지만 사무치게 흐르기 시작한다. '생성의 무죄'를 외친 니체는 이제 이 존재론 혁명의 바탕 위에서 허무주의 극복을 외친다.

시간은 모든 것을 침식시킨다. 미래에의 희망은 어느새 과거에 대한 회한으로 바뀌어 있다. 시간은 우리에게 "그랬다"라는 통고장을 수시로 날린다. 어느새 인간은 시간에 대해, 생성에 대해 앙심('르상티망')을 품고 있는 자신을 발견하게 된다. 이때 삶은 끔찍한 파편들과 수수께끼들과 우연들로 가득 차 있는 것, 어떤 절대적 존재도 인식도 가치도 없는 생성의 세계에서 끝도 없이 흘러가는 것으로서 다가오게 된다. 그래서 차라투스트라는 말한다.

일체의 '그랬다'는, 창조하는 의지가 '그러나 나는 그것을 원했노라'고

말하기 전에는, 그저 하나의 파편이요 끔찍한 우연일 뿐이다.

(「구원에 대하여」, Z, II)

이 말은 일체의 "그랬다"를 "그러나 나는 그것을 원했노라"를 통해 파편, 수수께끼, 우연으로부터 구원한다는 것을 뜻하지 않는다. 오히려 모든 사건들에 대해서 "그러나 나는 그것을 원했노라"고 말하게 됨으로써, 파편, 수수께끼, 우연을 해체해버리기에 이른다는 것을 뜻한다. 다시 말해, 파편들을 거두어들이는 '전체', 수수께끼에 답하는 '해', 그리고 우연을 설명해주는 '필연'을 해체해버림으로써, 파편이 더 이상 파편이 아니고, 수수께끼가 더 이상 수수께끼가 아니며, 우연이 더 이상 우연이 아닌 경지에 다다름을 말한다. 이때 생성은 유죄이기를 그치고, 시간은 긍정되기에 이른다.

니체에게 시간/생성의 긍정은 구체적으로는 영원회귀의 긍정이다. 영원회귀란 무엇인가. 니체의 사유는 열역학 제1 법칙, 즉 에네르기 보존의 법칙의 그림자를 드러낸다. 문제의 핵심은 에네르기는 유한하지만 시간은 무한하다는 것이다. 이럴 경우 가능한 모든 전변(轉變)은 이미 다 일어났음에 틀림없다. 그리고 우리가 겪고 있는 사건들은 이전의 사건들을 반복하고 있음에 틀림없다.[35] 그래서 니체는 "에네르기 보존에 대한 명제는 **영원회귀**를 요구한다"(XII, 205)라고 썼던 것이다. 이런 영원회귀론은 스토아학파에서와 같은 영겁회귀론에 근접한다. 그리고 이 경우 사건들의 순서가 문제의 핵심이 된다. 그러나 니체는 이런 구도에만 머무르지 않았다. 그는 동일

---

35) 니체는 열역학 제2 법칙에 대해서는 부정적으로 논했는데, 이는 이 법칙이 옳다면 지금 우리가 이렇게 살고 있다는 사실을 이해할 수 없게 되기 때문이다. "세계가 이런 상태('열사')에 도달하지 않았다는 바로 그 사실에 근거해, 우리는 기계론(열역학)을 불완전하고 단지 잠정적인 가설일 뿐인 것으로 간주해야 한다."(XIII, §376) 그러나 현대 우주론에서처럼 시초를 설정할 경우, 논의의 구도는 달라진다. 나아가, 다중우주론이 성립할 경우 구도는 또다시 달라진다.

성 사유의 세 버전인 논리학적 동일성, 수학적 등가성("="), 물리학적 평형 개념을 비판하고, 차이생성과 힘에의 의지를 역설하는 방향으로 나아갔다. 물론 여기에서는 물리세계만이 아니라 생명세계를 함께 고려해야 한다는 점이 중요하게 작용한다. 이제 니체에게 영원회귀는 스토아적 영겁회귀가 아니라 바로 차이생성, 보다 구체적으로는 힘에의 의지의 영원회귀이다. 모든 것은 힘에의 의지라는, 삶의 가장 본질적인 성격으로 되돌아온다.[36]

그렇다면 힘에의 의지에로의 영원회귀란 무엇인가? 그것은 곧 추상적으로는 차이생성으로의 회귀이며, 생명/삶의 구체적 맥락에서는 자기 극복을 요청하는 상황으로의 끝없는 회귀이다. 이 끝없는 회귀를 긍정하는 것이 곧 영원회귀의 긍정이다. 우리의 삶에서 이 상황들은 우연으로서 주어진다. "Zufall"이라는 말이 시사하듯이, 우연이란 어딘가에 던져지는 것이다. 따라서 영원회귀를 긍정하는 것은 우연을 긍정하는 것과도 같다. 니체에게 삶의 원리는 "신성한 우연의 춤을 위한 무도장"이며, "신성한 주사위와 주사위놀이 선수들을 위한 신성한 탁자"이다.(「해 뜨기 전에」, Z, III) 영원회귀를 긍정한다는 것은 삶의 우발성에 대한 신뢰와 우연적 사건들을 사는 것에 대한 강한 긍정에, 요컨대 생성의 긍정에 다름 아니다. 생성에 대해 앙심을 품고서 허구적인 초월성을 갈구하는 것이 아니라, 인생이란 "장기를 두면서 노는 아이"(헤라클레이토스)임을 깨닫는 것, 이미 일어난 "그랬다"에 대해 투덜대면서 따라가기보다는 "창조적 번개의 웃음"을 터뜨리는 것, 끝없이 회귀하는 자기 초극의 상황들을 긍정하는 것, 요컨대 진정으로 자신의 사건을 사는 것이다. 이것이 곧 영원회귀의 긍정이다. 그것은 스토아적 운명애의 새로운 버전이다. 니체는 이렇게 영원회귀를 긍정하는 존재를 '초인'이라고 부른다.

---

36) 이 '힘에의 의지' 개념은 인간적인 어떤 것이 아니라 어디까지나 세계의 객관적 본성에 대한 존재론적 개념이다. 그것은 단순한 주체철학의 발로가 아니라 당대 생물학 등에 대한 존재론적 성찰을 바탕으로 제시된 'meta-physica'로서의 주장인 것이다. 이 점은 하이데거의 독해(『니체』, 전2권, 박찬국 옮김, 도서출판 길, 2010~2012)가 놓치고 있는 점이다.

§2. 초인에의 길

초인은 누구인가? 초인은 허무주의를 극복한 존재이다. 세기말 유럽의 허무주의는 어디에서 도래했는가? 그것은 그때까지 서양의 형이상학이 배태해온 가치 체계들, 초월적 진리를 추구한 기독교를 포함해 플라톤주의의 각종 버전들의 파산 선고를 통해서이다. 그것은 생성의 목적을 찾아 헤매었으나 생성에는 목적이 없다는 사실을 깨달은 사람들이 느끼는 허무감에서 유래한다. 목적을 내재화해도 마찬가지이다. 생성의 우발성, 불연속성, 다원성, 모순 등을 극복할 수 있게 해주는 필연성, 총체성, 조화, 조직화 등도 허구임이 드러났다. 더 나쁘게는 이런 가치들은 부드럽게는 공리주의, 사회주의 등의 형태로, 강하게는 전체주의의 형태로 인류를 억압하기도 한다. 생성을 넘어서는 곳에 존재하는 진리, 생성의 조각들에 일정한 방향성과 의미를 부여하는 목적, 생성의 파편들을 기워 유기적인 조화를 부여하는 통일성이라는 세 종류의 신화가 사라진 폐허에서 허무주의의 연기만이 모락모락 피어오른다. 이 폐허 위에서 니체가 찾아낸 새로운 진리가 곧 힘에의 의지와 영원회귀이다. 그리고 초인이란 바로 기존의 저 가치들을 내버리고, 영원회귀를 긍정하면서 힘에의 의지에 충실한 그런 인간인 것이다.

니체가 볼 때 서구의 역사에서 허무주의의 씨앗을 뿌린 것은 기독교이다. 그에게서 역사의 구분선은 고중세와 근세 사이에 그어지는 것이 아니라, 기독교 출현 이전의 고대와 이후의 중세 사이에 그어진다. 근세는 중세의 세속화에 불과하다. 유대교는 "도덕에서의 노예 반란"의 시작이다. 그리스-로마의 귀족적 가치는 유대교에 의해 썩기 시작한다. 고귀하고 강하고 아름답고 행복한 삶이 저주의 대상이 되고, 비참하고 가난하고 무력하고 비루한 삶이야말로 구원을 약속받은 삶이 된다. 이로부터 양심, 가책, 금욕이라는 새로운 도덕이 탄생한다. 노예의 도덕은 반동적이다. 그것은 양심에 의해 지배된다. 고귀한 인간은 "나는 고귀하다, 따라서 (나와 많이 다른) 저 타자는 저열하다"라고 말하지만, 저열한 인간은 "저 타자는 악하다, 따라서

114

(저자와 다른) 나는 선하다"라고 말한다. 이렇게 말하면서 유대적 도덕은 현실을 부정하고 내세를 꿈꾼다. 여기에 다시 유대교를 이은 기독교는 가책의 논리를 발명한다. 유대교는 "저 타자는 악하다"라고 말하지만, 기독교는 "나는 악하다"라고 말한다. 기독교는 양심을 내면화해 가책으로 전환시킨다. 인간은 '죄인'이 되고, "죄 사함"을 받기 위해서는 교회에 돈을 바쳐야한다. 그리고 여기에 천재적인 발상이 덧붙여진다. 예수는 바로 이 죄 사함을 위해 내려온, '대속'을 위해 내려온 신의 아들이다. "너희들은 죄인이지만, 너희들을 만든 것은 나이므로, 내가 내 아들을 보내 너희들의 죄를 대신 갚아주마"라는 기묘한 논리인 것이다. 예수의 피, 죄책감, 회한의 눈물, 주기적 발작, 자발적 고행, 악마, 교회의 착취, 종교전쟁이 유럽의 역사를 휘감아왔다. 여기에 기독교는 다시 금욕주의를 발명했고, 이는 곧 힘에의 의지로부터의 도피를 추구한다. 양심이 세계를 고통으로 보고, 가책이 그 고통을 내면화한다면, 금욕은 그 고통으로부터 도망가고자 한다. 니체는 이렇게 기독교가 만들어낸 양심, 가책, 금욕의 허무주의를 맹렬하게 비판한다. 그가 볼 때 당대의 유럽은 이 도덕에서의 노예 반란의 후예인 것이다.

니체는 근대적 인간의 왜소화, 평균화가 근대 국민국가가 등장하면서 더욱 가속되었다고 본다. 유대-기독교적 허무주의가 니체의 시대까지도 이어져온 것이다. 그렇다면 묘한 문제가 생긴다. 만일 유대-기독교가 서구를 점령한 이래 이 반동적 사유가 이후 간간이 터져 나오는 능동적 사유(예컨대 르네상스 시대의 사유)를 계속 좌절시키면서 당대에 이르렀다면, 유대-기독교야말로 정말 강한 사유가 아니겠는가? 유대-기독교적 허무주의야말로 끝없이 자신의 힘을 증식해나가는 힘에의 의지에 충실한 사유가 아니겠는가? 이런 논리적 난관에 부딪쳐 니체가 호소할 곳은 결국 미래밖에는 없다. 지금까지의 역사는 초인으로 나아가기 위한 전초전에 불과한 것이다. 참으로 얄궂게도 이 지점에 이르러 니체는 유대-기독교의 논리와 너무나도 흡사한 논리를 구사하기에 이르는 것이다.

이런 논리적 난점에도 불구하고, 니체의 초인 개념은 생성존재론의 가치론으로서 중요한 의의를 갖는다. 초인은 부정적 허무주의(유대교에서 볼 수 있는 '초월에의 의지'), 반동적 허무주의(기독교에서 볼 수 있는 '무에의 의지'), 소극적 허무주의(불교에서 볼 수 있는 '의지의 소멸')를 모두 극복한 존재이다. 초인 개념은 영원회귀를 긍정하면서 허무주의를 극복해나가는 존재, 삶의 새로운 형태를 창조해나가는 존재인 것이다. 이런 개념화를 통해 니체는 서구 사유의 역사에 중요한 이정표를 새길 수 있었다.

§3. 닫힘과 열림

앞에서 우리는 여전히 19세기적 낙관론과 목적론/인간중심주의의 뉘앙스를 풍기는 『창조적 진화』(1907)의 마지막 문장을 보았다. 그러나 1차 세계대전(1914~1918)을 포함하는 사반세기의 세월이 지난 후에 출간된 『도덕과 종교의 두 원천』(1932)의 마지막 문장에서는 전혀 다른 음조를 들을 수 있다.

> 인류는 자신이 만들어낸 진보의 무게에 반쯤은 짓눌려 신음하고 있다. 인류는 자신의 미래가 자기 자신에게 달려 있는지 여부조차도 모른다. 인류는 우선 자신이 여전히 살기를 원하고 있는지부터 분명히 해야 할 것이다.(MR, 338)

세계사적 전쟁을 체험하면서 베르그송은 인간의 운명을 깊이 성찰했고, 그의 마지막 주저에서 윤리(도덕과 종교를 포함한 넓은 의미)의 문제를 천착하기에 이른다. 윤리의 문제란 결국 두 물음, "인간이란 어떤 존재인가?", "인간에게 좋은 삶이란 어떤 것인가?"의 물음에 답하는 것이라고 할 수 있다. 앞의 물음은 윤리학의 토대를 형성하는 인간존재론적 물음이고, 뒤의 물음은 윤리학 고유의 물음이다. 『창조적 진화』와 『두 원천』 사이에 존재하는 음조의 차이에도 불구하고, 후자의 이론적 기초는 전자에 있다. 다시 말해, 베르그송 실천철학의 토대는 그의 생명철학에 있다. 이 점이 기존의 이성주의적 실천철학들에 비해 그의 것이 띠고 있는 독특한 점이다.

이 점에 있어 문제의 핵심에 존재하는 것은 '지능'이다.『창조적 진화』와 『두 원천』 사이에서 드러나는 음조의 차이는 결국 양자에서 '지능'이 띠는 의미의 차이에서 유래한다.

베르그송 사유의 핵심적인 한 특징은 전통 철학이 '이성'에 부여했던 존재론적 위상을 격하하고, 그것을 생명 진화의 흐름에 위치시켜 '지능'으로서 분석했다는 점에 있다. 그리고 이성에서 지능을 뺀 부분에 직관을 놓았다는 점이다. 바로 이 때문에 기존 철학들과 베르그송 철학 사이에는 큰 간극이 생겨나게 된다. 예컨대 칸트에게서 이성은 여러 종류로 나뉘어 고찰되지만, 그 나뉜 부분들은 어쨌든 이성의 부분들이다. 그러나 이성에서의 인식적 맥락을 '지능'으로 새롭게 규정한 베르그송은 지능 외의 부분들(예컨대 도덕, 종교, 예술 등)에 대해서는 지능적 접근 즉 합리주의적 접근과는 다른 방식으로 접근한 것이다. 그에게서는 이성 내에서의 분절이라는 구도가 아니라 지능과 직관이라는 이원적인 구도(넓게는 본능, 지능, 직관이라는 삼원적 구도)가 나타난다. 결국 그에게서 실천철학은 좁은 의미에서의 합리주의의 틀 내에서가 아니라 지능과 그것의 한계의 극복이라는 구도로 진행된다.

전통적인 선험주의 인식론들에서와는 달리,[37] 베르그송에게서 지능은 논리적으로는 선험적이지만 발생적으로는 진화의 도정에서 형성된 것으로서 이해된다. 때문에 그의 인식론은 생명에 대한 논의에 기반한다. 베르그송에게서 생명이란 경향들의 잠재적 다양체(또는 잠재적 경향들의 다양체)이

---

37) 플라톤의 경우 로고스/누스의 선험적 인식론이 전개되며, 그 기원을 논할 경우 신화의 형식을 빌어 상기설이 제시된다. 데카르트의 경우, 본유관념들은 신이 인간의 영혼에 심어준 것들로 이해된다. 칸트의 경우 이런 형이상학적 구도는 비판에 부쳐지지만, 대신 그 기원/발생의 문제에는 괄호가 쳐진다. 헤겔의 경우, 인식의 과정, 매개가 강조되기는 하지만 결국 논의 전체는 절대정신의 형이상학으로써 정초되어 있다.

다. 그리고 이 다양체로부터의 분기를 통해서 생명의 구체적 형태들이 형성된다. 그것은 시간의 흐름에서 생명이 물질과 투쟁하면서 빚어낸 형태들이다. 이 과정은 생명체들에서의 차이가 생성하는 과정, 즉 '분화'의 과정이기도 하다. 따라서 생명계 전체에서 특정 종(개체군으로서의 종)이 차지하는 이름-자리는 곧 진화 전체에서 그것이 이룩한 분화의 방향과 정도에 의해 결정된다. '호랑이'라는 이름-자리는 바로 분화의 어떤 특정한 방향과 정도를 함축하는 것이다. 따라서 베르그송은 '고등'이 '하등'을 자체 안에 포괄하면서 그것을 넘어선다는 생각(고전적 예로는, 아리스토텔레스의 식물적 영혼, 동물적 영혼, 이성적 영혼의 관계)을 물리친다. 생명의 갈래들은 한때 잠재적으로 공존했으나 이후 공존이 불가능해져 다른 갈래로서 분기한 계열들인 것이다. 아래에서 보겠지만, 이 점은 그의 실천철학에서도 중요한 역할을 한다.

이런 분기의 갈래들 중 인간은 '동물', 그중에서도 '척추동물', 구체적으로는 '포유류'라는 갈래에 속한다. '포유류', 그 중에서도 '영장류'가 생명계 전체에서 인간이 부여받은 이름-자리이다. 베르그송은 동물과 식물을 잠재적 차원에서 공존했으나 공존 불가능한 경향성으로 인해 갈라진 두 계열로 본다. 때문에 양자에게는 상대방의 측면이 일정 정도 남아 있다. 아니, 시원적 약동에 기반하는 그의 생명철학의 관점에서 볼 때면 생명의 모든 계열에는 다른 계열들의 측면이 (아무리 적다 해도) 일정 정도는 남아 있다. 구도는 다르지만, 그의 사유는 아낙사고라스의 그것을 연상시킨다. 그럼에도 물론 먹이를 섭취하는 방식이나 생식·유전을 통해 생명을 이어가는 방식에서 양자는 판이하다. 그리고 영장류에 대한 여러 연구들이 잘 보여주듯이, 동물의 수준에 이르면 먹이 획득과 성생활 자체 내에 이미 어떤 형태로든 '권력'이라는 것이 깃들어 들어가게 된다.[38] 그러나 이 모든 측면들보

---

38) 최근에 발전해온 영장류 연구는 영장류에게서의 권력의 작동이 어떤 식으로 이루어지는가를 다각도로 밝혀주고 있다.(예컨대 야마기와 주이치, 한승동 옮김, 『인간 폭력의

다 존재론적으로 근본적인 것은 동물을 가능케 하는 선험적 조건으로서의 운동, 의식, 신경계의 발달이라고 할 수 있다. 이 세 가지는 굳게 맞물려 있으며, 사실 한 사태의 세 개념화라고도 할 수 있다. 신체 구조의 측면으로는 신경계의 발달(계의 구도로 볼 경우, 신경계는 감각계와 운동계를 연결해 '감각-운동계'를 가능케 한다), 객관적 현상으로 드러나는 것은 운동, 그리고 내적 경험의 차원에서 확인되는 것은 의식이다.

　동물은 의식과 운동을 내포함으로써 세계에서의 '비결정성의 중심'이 된다. 세계에서 어떤 작용과 그에 대한 반응 사이에 일정한 '간격'이 나타날 때, 즉 자연법칙의 연속성을 지연시키는 어떤 간격이 나타날 때, 거기에는 비결정성의 중심으로서의 동물성(넓게는 생명성)이 존재한다고 할 수 있다. 이 점에서 비결정성의 정도가 강화되는 방향이 동물성 진화의 기준이 되는 방향이라고 볼 수 있다. 베르그송은 극피동물, 연체동물, 절지동물, 척추동물 중 앞의 두 갈래가 어떤 한계에 도달한 갈래들이고, 뒤의 두 갈래가 진화의 추동력을 가장 멀리 밀고 나아간 갈래들이라고 본다. 그러나 절지동물이 고도화한 능력과 척추동물이 고도화한 능력은 대조적이다. 본능과 지능은 더 이상 공존하지 못한 두 경향이며, 전자의 경향이 절지동물에서 특히 만개했다면 후자의 경향은 척추동물에서 특히 만개했다. 이런 생명철학의 구도에서, 이제 베르그송에게는 척추동물 특히 인류에게서 절정에 달한 지능과 절지동물 특히 막시류(벌, 개미 등)에게서 질정에 달한 본능의 차이, 인류에게 미약하게나마 내포되어 있는 본능이 띠는 의의, 그리고 본능과 지능의 한계를 돌파할 수 있는 또 다른 인식 능력으로서의 직관에 대한 분석이 큰 비중을 차지하게 된다. 인식 능력들에 대한 분석은 인간의 조건에 대한 분석이고, 이는 곧 닫힘과 **열림**의 문제로 이어진다. 베르그송의 분석에

기원』, 곰출판, 2018) 그러나 묘하게도 이 분야의 대부분의 과학자들은 다른 영장류들과 인간 사이에는 별다른 차이가 없다는 것을 일방적으로 주장할 뿐, 양자 사이의 차이가 무엇이고 그 차이의 의미가 무엇인지에 대해서는 그다지 말하지 않는다. 특정한 전공이 그 전공자에게 특정한 관점을 무의식적으로 주입하는 예라고 할 수 있을 것이다.

기초해, 우리는 본능과 지능의 차이를 다음과 같이 정리할 수 있다.

첫째, 본능은 생명체와 생명체 사이에 존재하는 선천적인 관계에 입각해 있다. 개미는 진드기의 분비물을 핥아 먹고, 진드기는 개미를 통해서 분비물을 처리한다. 양자의 신체는 서로 딱 들어맞게 좌표화되어 있고, 마치 조직화의 도안이 개체에서가 아니라 해당 종들의 전체에 걸쳐 존재하는 듯하다.[39] 지능은 이런 선천적 관계를 가지고 있지 않다. 벌이 벌레의 급소를 정확히 찔러 마비시키는 것에서 볼 수 있듯이, 본능이 뛰어난 생명체들은 자신들의 신체를 도구로 사용한다. 하나의 종 내에서 이런 본능이 분화되어 있는 경우도 볼 수 있는데, 개미사회에서의 '동종이형(polymorphism)'이 그 좋은 예이다. 반면 지능은 대상과 이런 식의 꼭-들어맞음(coordination)을 가지지 못한다. 지능은 생명체에 관련해 매우 서투르며, 오히려 무기물들을 가공하는 데에 능숙하다. 이 **변형 능력**은 타자의 신체와 자신의 신체를 맞추는 능력이 아니라, 무기적인 타자에 자신이 원하는 형태를 각인할 수 있는 능력이다. 때문에 이 능력은 생명체와 생명체 사이의 좌표화가 아니라, 생명체가 무기물에 가하는 폭력에 기반한다. 지능은 대상과 합치하는 것이 아니라 그것으로부터 거리를 두고서 그것을 '표상'한다. 이 표상의 일차적인 작업은 바로 대상을 자신의 **추상공간**에 집어넣어, 물리적인 대상을 ('관계'를 포함해서) 비-물리적인 대상으로 전환시키는 것이다. "운동하지 않는 것〔들〕이 공존하는 연속성을 우리는 공간이라고 한다."(박홍규) 그리고 이 추상공간에서 대상을 자의적으로 조작한 후에, 그 결과를 다시 신체를 사용해서 그 대상에 투영한다. 지능은 바로 이런 기하학적 조작을 통해서 변

---

39) 다윈은 "본능은 매우 불가사의한 것이므로, 본능의 발달은 아마 독자들에게는 나의 학설 전체를 뒤집어도 될 만큼 어려운 것으로 생각될 것"이라 했다. 여기에서 "나의 학설"이란 물론 자연선택설이다. 그러나 그는 본능 또한 변한다는 점을 강조하면서, 자연선택의 개념에 입각해 뻐꾸기, 개미, 벌의 본능에 대한 분석을 시도한다.(『종의 기원』, 7장) 그러나 본능에 대한 그의 설명은 다른 대목들(예컨대 성선택에 대한 설명)에 비해 빈약해 보인다.

형된 무기물인 도구를 만들어내고, 그 도구를 휘둘러 사물들과 생명체들을 지배한다. 그리고 기하학적 조작이 무궁한 그만큼, 끝없는 학습을 통해 자신의 표상능력과 변형능력을 증강해간다.

둘째, 베르그송은 "생명체의 의식은 잠재적 활동과 실제 활동 사이의 산술적 차이로 정의될 수 있을 것이다. 그것은 표상과 행동 사이의 거리를 보여준다"라고 했다.(EC, 145) 본능에서는 이 표상과 행동 사이의 거리가 제로가 된다. 작용과 반응 사이의 간격이 비결정성/의식을 낳는다고 했거니와, 본능적 행위에서는 이 간격이 제로가 됨으로써 의식 또한 제로가 된다.(사라지는 것이 아니라 잠복한다.) 반면 지능의 핵심은 이 간격이 매우 커지는 점에 있으며, 이 간격에 바로 추상공간의 표상이 위치하고 그 공간에서의 조작이 위치한다. 이 간격은 바로 **가능성**의 공간, 사고의 공간이다. 여기에서 지능은 마음껏 대상들을 조작해보며, 다양한 가능성들을 저울질해본다. 이런 능력이 전제되지 않으면, 과거에 대한 기억도 미래에 대한 상상도 쉽지 않을 것이다. 지능은 처음에는 서투르지만 학습을 통해서 이 능력을 키워나간다. 이 과정은 인간이 '기계'를 만들어냄으로써 어떤 결정적인 문턱을 넘어서기에 이른다. 신체적으로 대상을 접하는 것과 대상과의 사이에 기계를 매개해서 대하는 것은 매우 다르다. 전자의 경우는 어떤 면에서 본능에 가까우며, '포정의 해우'에서처럼 신명(神明)에 들기 위해서는 오히려 지능이 전제하는 간격/거리를 점차 소멸시켜가는 것이 중요하다. 환자와의 사이에 기계를 매개시킴으로써 오히려 환자와의 합일 능력을 잃어버리고 있는 현대 한의사들에게서 볼 수 있듯이, 인간이 지능을 발전시켜가면 갈수록 그의 내부에 여전히 남아 있는 본능의 능력은 고갈되어간다.

셋째, 본능이 자연에 주어진 대로의 장소와 시각에 충실한 데 비해 지능은 등질적인 공간과 시간을 사물에 투영해 인식하고 조작한다. 본능에는 말하자면 일정한 장소와 시간이 입력되어 있어, 본능이 발달한 동물들은 저장되어 있는 이 장소 및 시각에 맞추어 자신의 본능을 발휘한다. 이른바 '회귀 본능'이 이 점을 특히 잘 보여준다. 지능은 자연에 주어진 대로의 장소와 시각이 아니라 자신이 추상화한, 등질적인 공간과 시간을 통해 사물들을 인식하고 조작한다. 모든 물체들을 에우클레이데스 공간의 점들로, 다만 질량을 갖춘 점들('질점'들)로 환원해 인식하는 고전 역학이 전자를 잘 보여준다면, 자연적으로 주어진 장소를 모두 밀어내버리고 그 위에 육면체의 기하학적 건물을 세우는 모더니즘 건축은 후자를 잘 보여준다.[40] 등질적인 시간과 공간을 애초에 신에 의해 장착된 우주의 틀로 파악한 뉴턴의 시공간론이나 인간 의식이 선험적으로 장착하고 있는 틀로 본 칸트의 시공간론은 바로 이런 지능의 특성이 근대 서구에서 유난히 두드러지게 나타났다는 사실의 징표로 볼 수 있다. 모든 사물을 등질적 수로 환원해 계산하는 화폐경제, 그리고 모든 가치를 대중의 머릿수로 계산해 측정하는 대중주의는 과학기술의 시공간과 더불어 등질적 시공간의 대표적인 형태를 보여준다. 근대 서구 문명이란 지능의 특성이 그 어느 때보다도 극에 달한 문명이라고 할 수 있고, 지금은 인류 문명 전체가 이런 성격을 띠고 있다고 할 수 있다.

§4. 차가운 지능, 맹목적 본능

앞에서도 지적했듯이, 베르그송은 인간의 이성에 선험적 지위를 부여하기보다는 그것을 생물학적 지능의 연장선상에서 이해한다. 이 경우 존재론

---

40) 그러나 베르그송처럼 지능을 '인류'의 특징으로 파악하는 것은 사태를 다소 추상화, 일반화하는 것일 수도 있다. 박홍규가 논했듯이, 이와 같은 인식이나 조작은 특히 서구 문명에서 유별나게 발달한 것이기도 하기 때문이다.(『동일성과 차이생성』, 1장을 보라.) 물론 다른 문명들에서는 이런 점이 존재하지 않았다고 한다면 과장이며, 확실히 지능적인 인식과 조작은 인류에 깃든 어떤 특징이라고 옳게 말할 수 있다. 그러나 이런 측면이 구체적으로 발휘된 정도에는 서구 문명과 다른 문명들 사이에 매우 큰 차이가 존재한다. 예컨대 동북아적 자연관과 예술관을 떠올려보자. 그럼에도 제국주의 시대에는 이런 서구 문명의 특징이 마치 보편성과 우월성의 증거인 양 (서구인에 의해서만이 아니라 다른 문명의 사람들에 의해서까지도) 떠받들어졌던 것이다. 따라서 지능에 대한 이 인식론적 분석은 실제 역사에 대한 구체적인 분석을 통해서 보완되어야 할 것이다.

과 인식론에서만이 아니라 윤리학에서도 큰 지각 변동이 일어난다. 윤리학적 맥락에서의 이성은 그 밑바닥을 캐 들어가 보면 바로 지능에 뿌리를 두고 있음을 발견할 수 있기 때문이다. 베르그송에게 합리주의는 어디까지나 지능에 뿌리 두고 있는 것으로 이해된다. 물론 앞에서 수학에 관련해 말했듯이, 베르그송의 이런 발생적 접근이 이성이 이후 획득한 위상을 폄하할 수는 없다. 과거의 발생적 맥락이 현재와 미래의 맥락까지 설명해주는 것은 아니고, '발생론적 오류'가 말해주듯이 그래서도 안 된다. 그러나 구체적인 삶의 맥락에서, 베르그송은 '획득 형질의 유전'에 대한 비판에 입각해 우리의 표면적 삶 근저에는 여전히 이런 자연적 맥락이 온존해 있다고 파악한다.[41] 이 때문에 그는 칸트의 윤리학처럼 위로의 추상화를 통한 사유가 아니라, 아래로의 천착을 통한 사유를 전개한다. 칸트는 사변이성의 역할을 인식으로부터 실천으로 전환해, '실천이성의 우위' 테제를 통해 그의 윤리학을 정초했다. 그리고 보편주의적 윤리학을 전개했다. 그러나 베르그송은 칸트가 전제하고 있는 도덕법칙을 새로운 눈길로 봄으로써 그와는 대조적인 윤리학을 전개한다. 칸트는 도덕법칙의 존재로부터 자유를 이끌어 냈다.("너는 할 수 있다, 왜냐하면 해야 하기 때문이다.") 그러나 베르그송은 이 도덕법칙이 어디에서 유래하는 것일까라고 묻는다. 그리고 칸트의 윤리학이 의무의 윤리학이라 할 때, 의무에의 존중이라는 이 생각은 어디에 기반하고 있는 것일까라고 묻는다. 아울러 베르그송의 이런 관점에서 볼 때면, 역사에 대한 목적론적 거대 서사를 제시하고 심지어 그것이 당대에 실현되고 있다고 했던 헤겔 식의 논변은 허망하게 무너지게 된다. 나아가 더 중요

---

41) 이는 인류학적 맥락에서도 분명히 해야 할 문제이다. 베르그송은 미개인과 문명인의 논리를 분명하게 구분하는 레비-브륄의 생각(『원시인의 정신세계』, 김종우 옮김, 나남, 2011)을 비판하면서, 미개인의 논리는 문명인의 논리와 그 근저에서 다르지 않으며 역으로 미개인이든 문명인이든 그 근저에는 여전히 본능이 남아 있음을 강조한다. 레비-브륄 역시 만년에는 베르그송의 비판을 받아들이게 되며, 베르그송적 관점은 훗날 구조주의 인류학자들에 의해 재론된다.

하게는, 문화로써 자연을 극복하고 또 문화를 통해서 유토피아로 향해 갈 수 있다는 식의 생각도 안이한 것이 되어버린다.

베르그송은 도덕법칙, 의무 같은 가치들이 그 밑바탕을 캘 경우 결국 인간이라는 생명체의 가능조건으로서 작동하는 본능에 근거한다고 본다. 만일 인간이 막시류와 같은 길을 걸었다면, 인간 사회도 막시류에서처럼 철저한 분업과 완벽에 가까운 유기적 사회로 나아갔을 것이다. 이런 사회는 어떤 면에서는 하나의 거대한 군체(群體) ─ 개체들의 불연속과 전체의 일정한 유연성에도 불구하고, 결국 그 전체로 볼 때 유기적 하나를 이루는 군체 ─ 와도 같을 것이다. 그리고 이런 사회에서 살아가는 사람들은 이 전체를 움직이는 거대한 힘/원리, 그들이 무조건 따라야 할 그것을 바로 '의무'라고 생각할 것이다. 이런 관점에서 본다면 도덕법칙/의무란 이 인류-군체를 지배하는 생물학적 원리와도 같다. 하지만 『레미제라블』의 자베르 경감에게서 잘 볼 수 있듯이, 그 안에서 살아가는 개체에게는 이 원리가 밤하늘의 조화로운 별들이 내비치는 섭리처럼 숭고한 것으로 다가올 것이다. 이렇게 한 인간의 행위를 지배하는 것은 이 인류-군체의 지배 원리인 의무에 무조건 따르는 것이다. 인류 전체가 군체가 아니라 종족, 도시, 국가 등으로 다양하게 쪼개진 경우는 어떻게 될까? 그 각각이 군체가 될 것이고, 그 각각에서의 의무가 지상명령이 될 것이다. 그래서 내부적으로는 각 군체에 충성하지만, 외부적으로는 적의 목에 칼을 겨누기를 망설이지 않을 것이다.

생명의 모든 갈래들에는 '시원적 약동'에서의 잠재적 경향들이 모두 공존한다는 것이 베르그송의 가정이다. 그리고 아낙사고라스의 논리에서처럼, 그 경향들의 비중이 각 갈래의 성격을 규정한다. 따라서 막시류에게도 지능은 존재하고, 인류에게도 본능은 존재한다.[42] 오로지 본능에만 따르

---

42) 칸트와는 대조적으로, 베르그송은 정언명법을 이런 맥락에서 해석한다. "절대적으로 정언적인 명법은 본능적인 또는 몽유병적인 본성을 띤다. (⋯) 이성적 존재에게 있어, 하나의 명법은 행해진 활동이 (그것이 설사 지능적인 것이라 해도) 본능적이 되면 될수록 그만큼 더 정언적 형태를 취한다는 것이 분명하지 않은가? 지능적으로 시작했다 해도

는 인간 사회는 하나의 군체이다. 그러나 척추동물, 특히 인간은 지능 쪽으로 진화의 가닥을 잡았다. 따라서 인간의 지능이 점차 발달할수록 인간 사회의 성격은 바뀌어간다. 윤리의 문제 역시 지능이라는 기능을 둘러싸고서 발생하게 된다. 인간의 지능이 개화할수록 각 개체의 개별성의 여백도 커진다. 각 개인은 결코 사회-군체의 한 톱니바퀴가 되기를 원치 않는다. 한 개인의 세포들은 군체를 이루어 그 개인을 위해 봉사하지만, 개인들의 분자적 차이생성은 가족, 마을, 지역, 국가, 세계의 목적 동일성에 결코 합치하지 않는 것이다. 지능은 본능과는 다른 방식으로 한 사회의 안전과 번영을 꾀한다. 지능이 발달한 인간은 자신이 따라야 하는 개개의 의무들에 대해서 회의하기도 하고 저항하기도 한다. 하지만 지능에 있어서도 사회 전체의 안전과 번영에 대한 의무는 거의 의심이 대상이 되지 않는다. 지능의 수준에서도 유기체의 모델은 여전히 작동하고 있는 것이다.[43] 그래서 각 개체

점점 본능의 모방 쪽으로 진행되는 하나의 행동은 바로 우리가 습관이라고 부르는 것이다. 그리고 가장 강력한 습관, 모든 기초적인 사회적 습관들[관습]의 힘이 축적됨으로써 그 힘을 얻게 되는 습관은 필연적으로 본능을 가장 잘 모방하는 습관인 것이다."(MR, 20) 개별 의무들에서 문제가 발생했을 때, 각 문제들은 이성적으로 풀어야 한다. 그러나 베르그송은 의무-전체는 이성적인가라고 묻고 있는 것이다. 개개의 의무가 지능에 입각해 있음에도, 역설적으로 의무-전체는 결국 "우리 사회를 보호해야 한다"라는 본능에 입각해 있는 것이다.

43) 이렇게 사회 전체를 강조하면서 사회의 조화 그리고 전체에 대한 개인의 의무를 역설하는 '전체주의'적인 생각이 즐겨 생물학적 유비를 사용하는 것은 우연이 아니다. 국가를 하나의 생명체로서, 하나의 유기체로서 사유함으로써, 그 안의 개체들을 그 전체의 한 세포로 만들려는 이런 생각은 20세기 정치철학의 도처에서 발견된다. 우리는 이 문제를 4부에서 다룰 것이다.
신비적 유기체설 — 박치우는 전체주의의 논리를 '신비적 유기체설'로 특징짓는다. "눈이 몸집을 배반하고 자기의 이익만을 위해서 달아났다는 소식을 들은 적이 없지만, 조국을 버리고 중경이나 연안으로 달아난 일병(日兵)이 한두 사람이 아니라는 사실을 알고 있는 것이며, (…) 유기체설은 전체의 우위를 설명하는 '비유'로서는 대단히 편리하지마는 '실지'와 부합하지 못한다는 결정적인 약점을 가지고 있는 것이다. 전체주의 철학(여기서는 파시즘의 전체주의 철학을 의미하는 것이지만)이 급하면 언제나 신비주의를 꺼내 드는 이유의 하나가 여기에 있다. (…) 파시스트는 그러므로 이론적으로 급해지기만 하면 전가의 보도[인] 피와 흙에다 호소하는 것이다. (…) 나치의 유기체설이 단순

가 자신이 그 당위를 따르고자 하는 '전체'의 단위를 무엇으로 잡는가가 그의 행위의 패턴을 결정한다. 그리고 이런 단위상의 문제가 있기 때문에, 지능이 추구하는 가치는 "修身齊家治國平天下"와 같이 점차 커지는 동심원의 형태를 그리게 되는 것이다.

본능과는 구분되는 지능을 갖추게 된 영장류 특히 인간은 (앞에서 언급한 지능의 세 특징에 입각해) 무기적인 도구를 만드는 능력을 갖춤으로써 '호모 파베르'로서 문명을 구축하게 된다.[44] 이 때문에 인류의 문명은 지능이 발달하면 할수록 그 근저에서 기계적인 성격, 공간적/등질적이고 추상적인 성격, 표상적이고 조작적인 성격을 띠게 된다. 그리고 인류의 밑바닥에 존재하는 본능("우리 사회를 보호해야 한다.")과 점차 발달하는 지능이 결합할 때, 가장 끔찍한 결과들이 배태되어 나온다. 의무에 대한 무반성적 복종과 극히 합리적이기 이를 데 없는 지능의 결합을 우리는 나치 장교들에게서 확인할 수 있다. 예컨대 1940~1943년에 아우슈비츠-비르케나우 수용소의 소장이었던 루돌프 회스는 부드러운 성격에 아내를 사랑하는 헌신적인 가장이었다. 그리고 가톨릭 신자인 부모에게서 의무에 복종하고 모든 일을 정확하고 세심하게 행할 것을 교육받았다. 그에게 수많은 유대인들을 가스실에 보내는 것은 그의 직업적 의무에 대한 '성실성'의 징표였으며, 그 일을 가장 '효율적'이고 '합리적'인 방식으로 수행한 것은 그에게 커다란 자부심을 주었다. 회스에게 중요한 것은 유대인 학살의 맥락과 이유, 의미가

한 유기체설, 가령 스펜서 류의 주지주의적 유기체설이 아니라 피와 흙을 토대로 한 신비주의적인 유기체설을 채택하게 된 이유는 여기에 있는 것이다."(「전체주의와 민주주의」(1945),『사상과 현실』, 인하대학교출판부, 2010, 199~200쪽)

44) 베르그송은 종교철학의 맥락에서는 도구 제작이 아니라 이야기-지어내기(作話, fabulation)를 논한다. 종교에서 문제가 되는 것은 물리적 도구들의 제작이 아니라 정신을 겨냥하는 이야기들의 지어냄이 중요하기 때문이다. 인간은 정태적 종교를 위해서 이야기들을 지어내는데, 이는 지능을 가짐으로써 필연적으로 맞닥뜨리게 되는 것들(믿어왔던 전통에 대한 회의, 죽음에 대한 의식이 불러오는 두려움, 미래의 시간이 내포하는 불안)에 대한 사회의 대처라고 할 수 있다.(MR, 124 이하) 이 또한 "우리 사회를 보호해야 한다"라는 본능에 닿아 있는 행위이다.

아니라 오로지 그 학살을 '어떻게 잘' 수행하는가 하는 것이었다. 죽어가는 유대인들은 그에게 처리해야 할 물건, 업무 이상도 이하도 아니었다. 여기에서 우리는 무반성적인 본능과 합리적인 지능의 가장 섬뜩한 조합을 목도하게 된다.[45] 지능이 발달할수록 문명 발달에 비례해 더욱더 강해지는 무기들이 여전히 생물학적인/무의식적인 본능과 결합됨으로써 끔직한 양상의 폭력들이 연출된다. 극히 차가운 지능과 거의 맹목적인 본능의 결합은 언제나 참혹한 비극을 낳는다.

§5. 열린 사회를 향해

베르그송은 이런 현실을 지배하는 핵심적인 문제를 닫힘과 열림의 문제로 파악한다. 지능이 인류에게 불행한 흉기로 둔갑하는 것은 그것이 닫힌 사회의 맹목적인 본능과 결합할 때이다. 때문에 베르그송에게서 윤리의 핵심은 결국 이 닫힘을 어떻게 열림으로 전환할 것인가에 있다. 앞에서 지능

---

45) 맹목적인 본능과 합리적인 지능의 섬뜩한 조합을 우리는 아렌트를 따라 '무-사유'로 이해할 수 있을 것이다. "그는 어리석지 않았다. 그로 하여금 그 시대의 엄청난 범죄자들 가운데 한 사람이 되게 한 것은 (결코 어리석음과 동일한 것이 아닌) 순전한 무-사유(thoughtlessness)였다."(아렌트, 김선욱 옮김, 『예루살렘의 아이히만』, 한길사, 2013, 391쪽) 어리석음은 사유를 했지만 올바른 판단을 하지 못하는 것이며(칸트는 "판단력은 가르칠 수가 없다"고 했다.), 무-사유는 사유 자체를 하지 않는 것이다.
이런 식의 본능은 때로 어떤 특정한 점(點)에 대한 맹목적 충성의 형태를 띠게 되며, 그 충성이 이런 자들의 모든 행동을, 그 행동들이 지능적이면 지능적일수록 오히려 더 잘 정당화하는 역할을 한다. "궁극적 실체(천황)에 대한 의존이 그런 주체적 책임의식의 성립을 어렵게 만들었다는 것은 부정할 수 없다. (…) 각자가 행동의 제약을 자신의 양심 속에 지니기보다는 보다 상급자(궁극적 가치(천황)에 가까운 사람)의 존재에 의해 규정됨으로써, 독재 관념 대신에 억압의 이양에 의한 정신적 균형의 유지라고 할 수 있는 현상이 발생하게 된다. 위로부터의 억압감을 아래로 자의적으로 발휘하여 순차적으로 이양되어감으로써 전체의 균형이 유지되고 있는 체계인 것이다."(마루야마 마사오, 김석근 옮김, 『현대 정치의 사상과 행동』, 한길사, 2003, 60~61쪽)

적 가치의 동심원적 확장을 언급했거니와, 베르그송은 닫힌 사회에서 만들어진 윤리를 단순히 양적으로 확장하는 것으로는 열린 사회에 도달할 수 없음을 역설한다. "사람들은 흔히 말한다. 시민적 덕의 함양은 가정에서 이루어지며, 마찬가지로 자신의 조국에 충성함으로써 인류를 사랑할 준비를 한다고. 그래서 우리의 공감은 계속 커져가되 변질되지 않으며 결국 인류 전체를 포용하게 된다고. 그러나 이것은 영혼에 대한 순수하게 주지주의적인 개념화에서 나온 비-경험적인 추론일 뿐이다."(MR, 27) 국가와 인류 사이에는 한정과 무한정 사이만큼이나 메우기 힘든 거리가 있는 것이다. 닫힌 것과 열린 것 사이에는 양적 차이가 아니라 질적 차이가 존재한다. 진화란 획득 형질의 유전을 통해 고등의 단계가 하등의 단계를 포용하면서 계속 나아가는 과정이 아니라 더 이상 공존하기 힘든 경향들의 분기를 통해서 진행된다고 했거니와, 베르그송은 콩트, 스펜서, 뒤르켐 등이 주장하는 이기주의로부터 이타주의로의 "進化" 같은 것은 불가능하다고 본다. 그것들은 정도상의 차이가 아니라 종류상의 차이를 내함하며, 같은 갈래의 다른 단계들이 아니라 전혀 다른 갈래들에 속하기 때문이다. 열린 사회로의 나아감은 오로지 질적인 도약을 통해서만 가능하다.

베르그송은 『창조적 진화』에서 본능, 지능을 넘어서는 직관에 대해 강조했다. 본능과 지능은 기 수련만 하는 사람과 기철학만 연구하는 사람의 관계와 유사하다. 전자는 기와 꼭 합치할 수 있지만 그것을 설명할 수는 없다. 후자는 기를 설명하지만 스스로는 그것과 합치하지 못한다. "지능만이 탐구할 수 있으나 정작 지능 자체는 발견할 수 없는 것들이 있다. 본능이야 말로 이것들을 발견할 수 있으나 본능 자체는 그것들을 결코 탐구할 수 없다."(EC, 152) 베르그송은 직관을 지능의 끝에서 이루어지는 본능으로 규정한다. 그것은 기 수련자의 경지와 같지만, 어디까지나 기에 대한 이해의 끝에서 이룰 수 있는 경지이다. 이렇게 보면 어쨌든 직관은 궁극적으로는 본능의 경지를 추구한다. 그러나 『두 원천』에서는 본능에 이런 위상이 부여되지 않는다. 왜일까? 본능은 어떤 것(생명)과 꼭 합치하는 능력이기 때문에 열린 것이 아니라 닫힌 것이기 때문이다. 열림을 핵심으로 하는 그의 윤리학에서 본능에의 호소는 나타나지 않으며, 본능은 닫힌 사회의 특징인 맹목적인 의무와 연계된다. 반면 지능의 위상은 『창조적 진화』에서보다는 다소 격상되는데, 생명의 인식에 초점을 맞춘 이 저작에 비해서 『두 원천』은 삶에 대한 인간의 '반성'에 큰 비중을 두기 때문이다. 베르그송은 윤리학에서 지능의 위상을 결코 폄하하지 않는다. 그러나 언급했듯이, 차가운 지능이 맹목적인 본능과 결합할 때 걷잡을 수 없는 나아가 섬뜩하도록 아이러니한 참극들이 발생해왔다. 그래서 베르그송에게 윤리의 추구는 지능의 한계를 넘어서는 것이되 본능과는 다른 비-합리적인 것에 있다. 지능의 좁은 울타리를 깨버릴 수 있게 해주는 비-합리적인 것이지만, 『창조적 진화』에서의 직관과는 다른 형태의 직관이 요청되는 것이다.

베르그송은 우선은 이 출구를 어떤 원리나 논리에서가 아니라 경험적인 사실들에서 발견한다. 즉, 이 세계에서 실제 이루어지는 경험들에서 발견한다. 이는 곧 '도덕적 영웅들', 천재적인 도덕 개혁가들의 존재이다. 그에게 중요한 것은 어떤 추상적인 원리가 아니라 구체적인 특정한 인격체들이다.

> 위대한 선행자(善行者)들 뒤에는 왜 늘 민중이 구름같이 따라다니는가? (…) 그들의 존재 자체가 호소력을 가지기 때문이다. 이런 것이 바로 다른 도덕(열린 도덕)의 특성이 아니겠는가? 자연적인(맹목적인 본능의) 의무는 억압일 뿐이지만, 완전한 (열린) 도덕에는 어떤 호소력이 존재한다.(MR, 30)

이런 도덕적 영웅들이 도시, 국가의 장벽을 허물고 인류 전체로, 나아가 생명 전체로 열린 도덕을 가져온다는 것이 베르그송의 생각이다.[46] 그렇다

---

46) 베르그송은 종교의 맥락에서는 '신비주의'를 언급한다. 베르그송의 신비주의는 신과의 직접적 일치 또는 접촉이라는 일반적인 의미가 아니라, 생명의 약동과 접함으로써 범인을 뛰어넘는 정신적 고양과 위대한 실천을, 요컨대 '사랑의 약동'을 실현하는 경지를 뜻한다. 신비주의에 대한 베르그송의 연구는 제임스의 『종교적 경험의 다양성』(김재영 옮

면 이런 인물들의 가능조건, 인식론에서 (본능과 지능을 넘어선) 직관에 해당하는 윤리학적 원리는 무엇일까? 사실/경험에 호소하는 것은 철학적 해명은 아니다. 그 가능근거를 개념적으로 밝혀주어야 하나의 윤리학/도덕철학이 될 수 있다. 베르그송이 인식론에서의 직관을 보완해서 윤리학/도덕철학의 원리로 제시하는 능력은 곧 '창조적 정서(émotion)'이다.

베르그송에게 창조적 정서는 단지 외부적 자극에 감응해서 일어나는 정서가 아니다. 즉, 이성에 의해 제어해야 할 감정으로서의 '정념'이 아니다. 그것은 향후 과학, 예술, 철학 등으로 구체화될 빼어난 직관, 영감으로서의 창조적 정서이다. 그것은 아직 악보로 그려지지 않았지만 작곡가의 마음속에서 장대하게 울려 퍼지는 잠재적 선율과도 같은 것이다. 그리고 이 창조적 정서의 가장 위대한 경지는 바로 살신성인(殺身成仁)해서 윤리의 새로운 경지를 여는 행위의 영웅들에게서 발견된다. 이러한 창조적 정서는 지능 이하의 정서가 아니라 지능 이상의 정서이다. 우리는 공자의 '인(仁)'이 왜 '정'이 아니라 '성'에 들어가는지, 그것도 가장 앞에 위치하는지(게다가 '지능'보다는 '지성'을 뜻함에도, '智'는 가장 끝에 위치한다) 이 대목에서 다시 한 번 음미해볼 필요가 있다. "새로운 도덕 이전에, 새로운 형이상학 이전에 정서가 먼저 있고, 이 정서가 의지의 편에서는 약동으로 지능의 편에서는 풀어 설명하는 표상으로 이어진다."(MR, 46) 따라서 베르그송에서의 열린 도덕의 근저에는 '생명의 약동'이, 새로운 뉘앙스를 띠게 되는 약동이 존재한다. 다른 종에서는 그리고 인간의 지능에서는 실현될 수 없는 어떤 새로운 경지가 지금껏 몰랐던 생명의 잠재성에 들어 있었고, 도덕적 영웅들을 통해서 이 잠재성을 실현한 새로운 종 ── 구성원이 딱 하나인 종 ── 이 탄생하는 것이다. 이 대목에서 베르그송의 사유는 동북아 사유 전통에서 기(氣) 자체에 형이상학적 차원을 부여하려 한 입장에 어느 정도까지 근접해간다.[47]

김, 한길사, 2000)의 영향을 받은 것으로 보인다.
47) 베르그송 자신의 논의는 유대-기독교 전통에 기대는 논법으로 전개되고 있지만, 들뢰

처음에는 낯설고 기이하기까지 했던 새로운 미술이나 음악이, 나아가 과학 이론까지도 일정한 시간이 지나면 많은 사람들에 의해 공유된다. 아니, 너무 넓게 공유되는 바람에 상투적이 되고 나아가 속화되고 희화화되기까지 한다. 이와 마찬가지로 도덕적 영웅들의 행위도 기성 관습으로 볼 때 낯설고 기이한 것이었으나, 이내 그들의 인격적 매력과 메시지의 호소력이 많은 사람들의 가슴과 머리에 자리를 잡으면서 일반화된다. 따라서 베르그송에게서 윤리적 발전의 추동력은 도덕적 영웅들의 외침/부름(appel)과 그들에 대한 대중의 동경(adoration)과 모방이다. 하지만 문제가 그리 간단한 것은 아니다. 이런 윤리 혁명들도 예술, 과학의 경우와 마찬가지로 속화와 희화화를 면치 못하는 것임은 물론, 과학과 예술만큼의 일반성도 얻지 못하기 때문이다. 지중해세계 일신교의 역사에서 잘 볼 수 있듯이, 도덕적 혁명은 어느새 닫힌 사회에 갇혀버리고("순간적으로 열렸던 원이 다시 닫힌다.") 오히려 갈등과 싸움 나아가 전쟁의 빌미가 되어버리곤 한다. 닫힌 사회를 열고자 했던 이들이 오히려 각각 닫힌 사회들의 상징이 되어버리는 얄궂은 결과를 낳게 되는 것이다. 그래서, 생명철학에서 '생명과 물질의 투쟁'을 논했거니와, 윤리학에서는 열린 사회를 가능케 하는 힘인 사랑의 약동과 닫힌 사회의 힘인 본능적 폐쇄성 사이의 투쟁이 핵심이 된다.

이 지점에서 베르그송은 '지능'에 새로운 임무를 부여하기에 이르며, 지능은 더 이상 본능의 짝으로서, 생물학적 근원을 가지는 능력으로서의 '지능'이 아니라, 가치와 의미의 차원을 사유하는 지성=이성의 차원으로 격상된다. 이성은 사랑의 약동을 이어받아 그것을 보다 일반적이고 규칙적인 틀로 바꾸어 현실화한다. 반대 방향에서, 이성은 닫힌 사회의 딱딱한 억

즈는 이 너울을 벗겨버리고 그의 사유를 보다 철학적인 방식으로 뒤틀어 해석한다. 그는 예외적 개인들과 그들의 창조적 정서의 뿌리를 "우주적 기억(Mémoire cosmique)"으로 개념화한다.(Deleuze, *Le bergsonisme*, PUF, 1966, p. 117) 이런 해석은 베르그송 자신의 경우보다는 오히려 기철학에 보다 근접하는 해석이며, 베르그송 사유에 보다 더 보편적인 가치를 부여하는 해석으로 볼 수 있다.

압적 의무에 사랑의 약동을 깃들게 해 새로운 법과 제도로 나아가게 한다. "억압의 도덕은 그 강제력의 어떤 점을 동경의 도덕에 전하고, 동경의 도덕은 그 향기의 어떤 점을 억압의 도덕에 뿌린다."(MR, 48) 이성은 이렇게 두 극단의 사이에 서서 사랑의 약동을 구체화-제도화하고 억압적 의무를 보다 큰 가치로 열어 이끈다. 사랑의 약동은 이성을 통해서 사회에 일반화되고 제도화되며, 억압적 의무는 이성을 통해서 그 단단한 껍질을 깨고 열린 사회로 조금이나마 나아가는 것이다.[48] 그래서 결국 인간사회는 막시류에서와 같은 본능적 삶과 사랑의 약동이 충만한 삶 사이에서 움직이게 된다. 그렇다면 이제 문제는 이것이다. 사랑의 약동과 억압적 의무가 이렇게 밀고 당기면서 이성에 의해 조절된다면, 그런 각각의 과정들의 이어짐은 과연 점차적으로 발전의 방향으로 나아가는가? 두 힘의 밀고 당김 때문에 역사가 지그재그를 그림에도 불구하고,[49] 그 지그재그가 나아가는 전반적 방향 자체는 발전한다고 말할 수 있는가? 이것이 베르그송 역사철학의 핵심 물음이다.

오늘날의 인류는 갈수록 비대해지는 정교한 지능 및 어디에서 튀어나올지 모르는 두려운 본능의 조합과 여전히 꺼지지 않고 있는 희망의 불씨인 창조적 정서 사이에 존재한다. 기계적인 것은 지능적인 것이며 이것이 맹

---

48) 베르그송의 이런 관점은 '정의'에 대한 보다 역동적인 개념화에서도 잘 나타난다. 사랑의 약동에 의해 움직이는 열린 정의는 단순한 동등성(equality) 개념에 입각해 있는 닫힌 정의와는 다르다. 맹자가 설파한 '의(義)'는 단순히 계산 가능한 공평성을 뜻하지 않는 것과 통한다. 물론 맥락에 따라 정의는 구체화되고 계산되어야 한다. 그러나 그런 닫힌 정의는 열린 정의의 한 정지면인 것이다. 이론적 배경은 다르지만, 이런 정의 개념은 데리다에게로 이어진다. "법은 정의가 아니다. 법은 계산의 요소이고 그것의 존재는 정당하지만, 정의는 계산 불가능한 것이며 우리로 하여금 계산 불가능한 것과 함께 계산할 것을 요구한다."(데리다, 진태원 옮김, 『법의 힘』, 문학과지성사, 2004, 37쪽)

49) 베르그송은 역사의 이런 진행을 "이중적 열광의 법칙"이라고 부른다. 상반되는 경향이 있을 때, 한 경향이 극에 달하면 다시 다른 경향이 시작되는 과정이다. 역사에서 이런 이중적 열광은 도처에서 발견되지만(예컨대 보수와 진보의 밀고 당김), 그 가장 궁극적인 형태가 바로 닫힌 사회와 열린 사회의 밀고 당김이다.

목적 본능과 결합해 낳는 섬뜩한 결과를 앞에서 언급했다. 이에 비해 사랑의 약동과 창조적 정서는 열린 사회를 향한 열망이다. 인류는 이 두 극 중 어디로 이끌릴 것인가? 베르그송은 "나는 역사에서의 정해진 운명이라는 것을 믿지 않는다"라고 말한다.(MR, 312) 베르그송 철학의 상항인 비-결정론은 『두 원천』에서도 견지된다. 헤겔적인 목적론은 단적으로 거부된다. 역사는 우행으로 점철되어왔으며, 핵심적인 것은 그런 우행들이 결코 사라지지 않는다는 사실이다.(베르그송 이후에도 우리는 2차 세계대전에서 오늘날 아프리카의 '인종 청소'에 이르기까지의 역사를 알고 있다.) 엄청난 참극 ― 지능이 발달할수록 그 규모와 강도는 더욱더 커진다 ― 이 일어나면 사람들은 역사가 "아직 덜 발전해서"라고 말하지만, 이는 참으로 위험천만한 생각이다. 역사가 발전해 '야 한다'는 당위라면 몰라도, 역사가 발전 '한다'는 생각은 본능의 항존을 망각한 안이한 목적론에 불과한 것이기 때문이다. 발전사관은 그것이 당위로 제시된 것이라면 싱거운 것이고(누가 반대하겠는가?), 존재로 제시된 것이라면 매우 안이하고 위험한 생각인 것이다.

그럼에도 불구하고 창조적 정서의 영감이 역사를 발전시키려는 어떤 사람들의 헌신과 함께해왔다는 것 또한 분명하다. 베르그송은 그 핵심을 민주주의의 발전에서 찾는다. 민주주의의 사상과 실천은, 마치 생명이 "엔트로피의 사면을 거슬러 올라가려는 노력"이듯이, 인류를 멸망으로 이끄는 맹목적 본능, 닫힌 사회의 비탈길을 거슬러 올라가려는 노력인 것이다. 이 노력이 우리를 열린 사회로 이끌어가는 원동력이다. 베르그송은 『시론』에서 자유 개념을 가부(可否)로써 판결할 수 있는 문제가 아니라 우리의 노력 여하에 따라 그 길이 갈라지는 문제로 보았다. 이는 역사철학에서도 마찬가지일 것이다. 역사의 발전 여부를 가부로써 판정할 수는 없다. 왜냐하면 그 여부는 우리의 노력 여하에 따라 달라지는 문제이기 때문이다. 그렇다면 베르그송의 시대로부터 한 세기가 지난 오늘날까지 이런 노력은 어떠했고, 지금의 현황은 어떠한가? 그리고 우리의 미래에 대한 가능한 추측은 어떤 것인가? 우리는 '타자-되기의 윤리학'과 '리좀적 연대'와 관련되는 이 문제를 뒤에서 다룰 것이다.

과학적 탐구, 예술적 창조에서나 또 윤리적 행위에서나 현대는 이전과는 판이한 세계를 열어젖혔다. 고대의 형이상학은 세계의 영원한 선험적 질서 또는 사람이 따라가야 할 올바른 길을 사유했고, 이때 쏟아져 나온 철학들은 이후 오래도록 지대한 영향을 끼치게 된다. 이른바 '중세'에 이르러서는 그중 몇몇 사유들이 거대 정치권력과 결부되고 종교가 됨으로써 삶의 모범적인 틀로서 기능하기에 이른다. 근대에 이르러 이런 전통들은 무너지게 되고, 주체로 거듭난 인간은 주어진 형이상학적인 영원한 질서가 아니라 자신이 세계에 부여하는 질서에 따라 사유하게 된다. 그럼에도 고전적인 형이상학의 그림자는 여전히 근대 철학의 근저에서 사라지지 않았다. 형이상학화된 주체와 역사는 많은 폐단을 낳았다. 현대의 철학은 전통 사유와도 근대 사유와도 다르다. 그것은 선험적 주체의 철학에서 다시 존재론적 전회의 방향으로 선회했지만, 이렇게 이루어진 형이상학의 귀환의 내용은 고전적 형이상학의 그것과는 상반되는 것이었다. 요컨대 현대 철학은 근대적인 주체주의와 실증주의를 벗어나 형이상학의 귀환을 추구했지만, 이 귀환은 단순히 전통의 부활이 아니라 새로운 형이상학의 창조를 뜻했다. 그핵심 내용이 생성존재론이다.

생성존재론에 입각할 때, 과학적 탐구는 더 이상 영원 속에 주어진 질서를 발견하는 행위가 아니라 질적 차생소들의 흐름을 따라가면서 그 흐름에서 나타나는 결들을 관찰, 실험과 논리, 수학을 통해 파악하는 행위로 전환된다. 이 점은 물리과학, 생명과학, 인간과학으로 가면서 보다 더 두드러지게 되는데, 물리과학이 상대적으로 등질적인 차원을 다룬다면, 생명과학은 그리고 인간과학은 더더욱 다질적인 차원들을 다루기 때문이다. 되돌아보면, 물리과학이 등질적인 질서들을 다루면서 거두었던 성공이 사람들로 하여금 그 질서를 선험적인 것으로서 존재론화하게 만들었다고 할 수 있다. 그러나 세계의 본질은 기화(氣化)이다. 이것은 두 가지를, ① 세계는 끊임없는 생성이며 생성하지 않는다는 것은 곧 죽은 것임을 뜻한다는 것, ② 세계는 등질적인 요소들이 결합해 다질적인 것들을 만들어내는 것이 아니라 처음부터 무수히 다질적인 차생소들로 되어 있다는 것을 뜻한다.[50] 과학이란 이 질적 차생소들의 생성을, 그 결들을 따라가면서 과학적 지능으로 포착하는 행위이다. 따라서 물리과학을 모델로 해서 생명과학, 인간과학이 성립해야 하는 것이 아니다. 거꾸로이다. 인간과학에서 무엇을 덜어낼 때 생명과학이 성립하고, 생명과학에서 무엇을 덜어냈을 때 물리과학이 성립하는가라고 물어야 하는 것이다. 우리는 근대적인 과학관으로부터의 대전환을 이루어야 한다.

현대의 예술적 창작은, 적어도 그 주요 갈래들 중 하나는 어떤 의미에서 보면 생성존재론의 탄생과 궤를 같이했다고 할 수 있다. 예술이 생성의 표현의 방향으로 나아가는 과정과 철학이 생성존재론으로 전환하는 과정은 손에 손을 잡고서 이루어졌으며, 이런 과정을 통해 철학과 예술은 서로 뗄 수 없는 친구가 된 것이다. 예술은 영원 속에 주어진 어떤 이념을 형상화하는 것이 아니다. 예술은 기(氣)의 흐름과 그 흐름의 과정에서 배태되어 나오는 결들을 그 자체 질적 차생소들이라 할 수 있는 이미지들(색, 형태, 소리, 몸짓 등등)로 표현한다. 동북아의 예술은 애초에 이런 미학을 바탕으로 전개되었으며, 서구 예술 역시 터너 이래 이런 생성의 표현을 심화해왔다. 그러나 과학과 예술의 본질적인 차이는, 과학은 (현실에서는 계속 다변화되고 있다 해도) 그 이념에서는 단일한 행위인 데 비해 예술은 그 이념 자체가 다원적

---

50) 2권에서 '기' 개념을 논하면서, 이 개념이 물질, 생명, 정신의 차원들을 모두 포괄한다고 했던 것도 이 때문이다. 이 점은 현대 철학에 와서 파기된 것이 아니라 오히려 더 분명하게 되었다고 할 수 있다.

이라는 점에 있다. 과학들이 아무리 다양해도 그것들이 지향하는 어떤 지점으로 어느 정도는 수렴한다고 해야 하지만(과학이 생성존재론을 바탕으로 하는 경우에도 그 궁극적인 지향은 생성 '의 질서'를 파악하는 것이 아닐 수 없다.), 예술의 맥락에서 그러한 수렴은 있을 수 없다. 예술이 과학처럼 단일한 이념 및 보편성을 추구한다면, 그것은 오히려 예술의 종말을 뜻할 것이다. 이 점에서 현대 예술을 생성존재론으로만 덮을 수는 없다. 오히려 플라톤주의적 예술을 비롯해 현대 예술은 다양한 갈래들로 발산해왔으며, 또 그 점에 매력이 있다고 해야 할 것이다.

생성존재론에 입각한 윤리적 행위는 어떤 것일까? 윤리나 정치, 법 등은 자칫 무질서로 빠질 수 있는 우리의 삶에 어떤 안정된 틀을 제공하는 것이 아닌가? 그러나 생성존재론의 시대에는 윤리마저도 바뀌어야 한다. 윤리는 흐르는 것을 어떤 틀을 가지고서 막는 것이 아니라, 오히려 막혀 있는 곳을 뚫어서 잘 흐르게 해주어야 한다. 이는 곧 닫힌 도덕, 닫힌 종교로부터 열린 도덕, 열린 종교로 이행해야 함을 뜻한다. 인간의 지능은 물질을 다루면서 획득한 딱딱한 합리성을 삶의 다양성과 가변성에 적용하려 함으로써 닫힌 사회를 유발한다. 그러나 정말 두려운 상황은 이 딱딱하고 차가운 지능에 어떤 맹목적인 본능이 가세할 때이다. 이때 맹목적 의지와 기계적인 지능이 결합한 괴물과도 같은 상황이 도래한다. 10장에서 다룰 파시즘은 그 대표적인 경우이며, 그러한 종류의 사상과 정치가 20세기라는 시대를 잔혹하기 이를 데 없는 시대로 만들었다. 차가운 지능과 맹목적 본능의 결합의 대척점에는 유연한 이성과 따뜻한 사랑이 결합된, 인간의 가능성과 희망이 존재한다. 오늘날 갈수록 거대해지고 정교해지는 지능의 압도적 힘을 인문적이고 철학적인 지성이 감당할 수 있을 것인가? 갈수록 차가워지고 날카로워지는 사람의 마음을 되돌릴 수 있는 길은 있는가? 그리고 무엇보다도, 이 두 가지가 결합함으로써 점점 가까워지고 있는 인류 멸망의 길을 막을 수가 있을까? 생성존재론에 입각한 현대의 윤리는 이 어려운 물음들에 직면해 있다.

생성존재론적인 정향은 과학적 탐구, 예술적 창작, 윤리적 행위의 방향에 거대한 전환을 가져왔다. 이제 영원 속에 주어진 어떤 모범을 따르는 것이 아니라, 어떻게 생성의 결들을 따라가면서 그것들을 인식, 표현, 실천하는 가가 중요해졌기 때문이다. 그러나 이것이 현대 철학이 전적으로 생성존재론의 흐름으로만 형성되었다는 것을 뜻하지는 않는다. 생성존재론과는 달리 플라톤 이래의 합리주의적 흐름을 이어간 사유 갈래 또한 존재한다. 사실 양자는 상보적이다. 생성존재론은 생성을 강조하지만, 그것이 이미 확립된 오늘날 그 핵심은 생성을 강조하는 것이 아니라 오히려 그것으로부터 어떻게 질서가 탄생하는가에 대한 설명이 되어야 한다. 반대로 현대의 합리주의는 이미 생성존재론의 흐름을 겪은 위에서 고전적인 합리성의 딱딱한 틀을 어떻게 극복해갈 것인가에 역점을 두어야 한다. 이 점에서 양자는 단순히 대립하기보다는 오히려 점점 가까워지고 있는 점에 의미가 있다 하겠다. 2부에서는 이 새로운 형태의 합리성들을 논의할 것이다.

그러나 이 사유 갈래에 대해 논하기 전에, 생성존재론의 한 갈래를 따로 특화해서 논의하는 것이 좋을 듯하다. 이 한 갈래란 바로 '사건의 철학'을 말한다. '생성'을 논하는 여러 사유들이 있거니와, 그중에서도 '사건'에 논의의 초점을 두는 사유는 각별한 위상을 띠기 때문이다. 생성이 기본적으로 "흐르는" 것이라면, 사건은 흐름에 매듭들이 주어져 분절된 무엇으로서 이해된다.(사실 사건 개념을 매우 미시적인 차원에끼지 확장할 경우, '흐름'이란 미시적 사건들의 연속 이외의 것이 아니다. 관건은 사건들 사이사이에 끼어드는 무의 크기라 할 것이다.) 특히 중요한 것은, 생성 개념에 자연주의적 뉘앙스가 배어 있다면 사건 개념은 '의미'의 차원을 그 심층에 품고 있다는 점이다. 생성존재론 중에서도 사건의 철학은 우리를 의미의 차원으로, 주체와 행위의 세계로, 역사, 문화, 정치의 맥락으로 이끌어간다. 이 점에서 사건의 철학은 생성존재론을 잇되 그 한계를 넘어서 나아간다.

3장 사건의 철학

생성존재론은 극히 다양한 맥락과 전개 과정을 포괄하거니와, 현시점에서 그중 두 갈래 핵심을 잡아낸다면 생명철학과 사건의 철학이라고 할 수 있다. 자연철학적인 차원을 접어두고 사건에 초점을 맞출 경우, 삶과 죽음 그리고 운명을 사유하는 사건의 철학(형이상학)이 성립한다. 반면 자연의 측면, 물질의 측면에 초점을 맞추어 논할 경우 진화론 이래의 생명철학(자연철학)이 성립한다. 후자가 철학 고유의 측면이기보다는 자연과학의 성과들에 대한 철학적 해석의 측면이 강하다면, 전자야말로 가장 고유한 의미에서의 철학적 사유라고 할 수 있을 것이다. 철학이란 결국 삶, 죽음, 운명에 대해서, "인생(人生)이란 무엇인가?"에 대해서 사유하는 것에 다름 아니기에 말이다. 이런 맥락에서 생성존재론이라는 일반적 장에서 사건의 철학을 따로 특화해 다룰 수 있다.

스토아학파가 '사건' 개념을 발명한 이래 사건의 철학이 꾸준히 전개되어왔지만, 본격적인 전기를 맞게 된 것은 현대에 들어와서이다. 지금까지 논했던 생성존재론자들(베르그송, 화이트헤드, 프래그머티즘 철학자들, 니시다 기타로와 구키 슈조, 박홍규 등)은 곧 사건의 철학자들이기도 하다. 진화론과 양자역학을 비롯한 여러 과학들도 사건의 존재론과 연계된다. 그러나 '사건'이라는 이 개념의 특히 고유한 차원들을 수준 높게 개념화함으로써 사건의 철학을 그 정점으로 이끈 두 거장은 들뢰즈와 바디우이다.

1절 사건, 의미, 행위

§1. 사건의 존재론

사건의 철학＝사건론의 기초는 사건 개념을 사물 개념과, 그리고 사실, 사태, 사고(事故) 같은 개념들과 존재론적으로 구분해 명료화하는 작업이다. 들뢰즈는 스토아학파를 재발굴해 사건의 존재론을 정교화했다. 스토아학파는 세계를 '물체적인 것들'과 '비-물체적인 것들'의 총체로 생각했다. 물체들＝실체들에는 기체, 성질, 배치, 상대적 배치가 있다. 스토아학파는 실체의 자격을 갖춘 아리스토텔레스의 네 후보(개체, 형상, 보편자, 기체＝질료)에서 네 번째 기체만을 실체(네 종류 실체들 중 하나)로 받아들였다. 물체(sōma)를 실체로 본 점에서 이들의 사유는 유물론의 성격을 띤다. 스토아학파에서는 기체, 성질, 배치, 상대적 배치가 모두 물체들이다. 아리스토텔레스에게서 성질은 기체의 부대물이지만, 스토아학파에서 양자는 단지 성격이 다소 다른 물체들이다. 배치는 물체와 물체가 맺는 관계이며, 상대적 배치는 다소 외재적인 배치이다. 장미와 그것의 붉음의 관계가 배치이고, 장미와 그것이 심겨 있는 마당 사이의 배치는 상대적 배치이다. 현대적 감각에서 볼 때 다소 생경하게 들리지만, 스토아학파에게서는 이 모두가 물체늘이다. 기체도 성질도 물체들이며, 기체와 성질로 형성되는 배치도 물체이고, 물체들의 외재적 관계를 통해 형성하는 상대적 배치 역시 물체이다. 그러나 스토아학파에게서도 비-물체적인 것들이 존재한다. 공허, 장소, 시간, 그리고 'lekton'(말로 표현되는 것) 네 가지가 비-물체적인 것들이다. 이 마지막의 것이 바로 사건이다.

사건은 물체＝사물의 운동에서 유래하는 '표면효과'이다. 깃발도 사물이고 공기도 사물이지만, 바람이 부는 것과 깃발의 흔들림은 사건이다. 사물은 지속하지만 사건은 지속하지 못한다. 바람이 붐과 깃발의 흔들림이 사라져도 깃발과 공기는 실체성을 그대로 유지한다. 그러나 바람이 붊과 깃발의 흔들림은 나타났다가 곧 사라진다. 사건이란 '돌이킬 수 없는 것'이다. 그러나 바람의 '붊'이나 깃발의 '흔들림' 같은 사건들은 깃발이나 공기처럼 지속되지 못하는 대신 **반복됨**으로써 그 고유의 존재를 주장한다. 사물들과 그것들의 배치인 사태들은 지속되지만, 사건은 반복된다. 사건은 '실존'하는 것이 아니라 '잠존/내존'한다(subsist/insist). 스토아학파에서는 물체와 물체 사이에 인과관계가 성립하는 것이 아니다. 물체들 사이에서는 능동과 수동의 관계만이 성립한다. 이들에게서 인과관계는 물체들 전체와 그 표면 효과들로서의 사건들 전체 사이에서 성립한다. 물체는 원인이고 사건은 결과이다. 비가 와서 땅이 젖었을 때, 비가 원인이고 젖은 땅이 결과인 것이 아니다. 비와 젖은 땅이 능동과 수동의 관계를 맺는 원인들이라면, '비가 내리다'와 '땅이 젖다'라는 사건들이 바로 이 물체들의 결과들인 것이다. 이 구도에서 플라톤주의는 전복된다. 이제 비-물체적인 것, 즉 '이데아적인/이념적인 것'은 물체들의 저 위가 아니라 바로 그 표면에 존재하게 된다. 스토아학파에게 형이상학이 있다면, 그것은 자연학의 하위 학문으로서 바로 물체들의 표면에서 발생하는 사건들에 대한 학문인 것이다. 형이상학과 자연학, 비-물체적인 것과 물체적인 것 사이의 관계는 극적으로 역전된다.[1]

　　그러나 이것이 사건은 오로지 물체의 표면효과로서만 존재할 수 있음을 뜻하지는 않는다. 한 사건은 다른 사건의 '준(準)-원인'이 될 수 있다. 전쟁터에서 얼굴에 칼을 맞은 사건은 훗날 얼굴에 금이 그어져 있게 되는 사건의 준-원인이다. 상처는 흉터의 준-원인인 것이다. 따라서 물체와 사건의 수직적 관계와 더불어, 사건들이 형성하는 수평적 관계 또한 별도의 차원

---

1) "이제 시뮬라크르들은 지하에서 형상(이데아)을 피해 은신하기를 그치고 자기 자리〔표면〕로 올라와 노는 효과들이 된다. (…) 형상을 비켜 갔던 것이 표면, 즉 비-물체적인 극한으로 올라오고, 이제 모든 가능한 탈-물질성/이념성(idéalité)을 나타낸다. (…)/ 스토아학파는 표면효과들〔사건들〕을 발견했다."(들뢰즈, 『의미의 논리』, 역설들의 계열 2, 56쪽) 이하 이 저작은 '계열 2'와 같이 인용한다.

을 형성한다. "사건들은 비물체적 효과들이며 때문에 그것들의 원인이 되는 물체적인 것들과 본성상 다르다는 것, 그것들과는 다른 법칙들을 가지며 오로지 비물체적인 준-원인과의 관계에 의해서만 결정된다는 점"(계열 20)이 중요하다. 서문경과 반금련의 독약은 무대를 죽게 했다. 무송의 칼은 서문경과 반금련의 목을 잘랐다. 이 각각은 물체-원인과 사건-표면효과의 관계를 보여준다. 그러나 형수가 간부(姦夫)와 작당해 형님을 죽였다는 사건과 동생인 무송이 복수의 칼을 휘둘러 이들을 죽였다는 사건 사이에는 준-인과가 성립하는 것이다. 사실 우리의 인간적 삶은 오히려 후자의 인과로 가득 차 있다. 물리적 맥락을 확실히 해야 할 때 비로소 전자에 주목하는 것이다. 무송이 형의 죽음에 대해 의문을 품게 되는 것은 어디까지나 이전에 있었던 사건들 때문이었다. 그리고 이후에 그의 심증을 확인해준 것이 의사가 보여준 형의 검게 탄 유골인 것이다. 그래서 형사들은 준-인과에 입각해 '심증'을 굳혀가고, 인과에 입각에 '물증'을 찾는 것이다. 큰 사건이 일어나면 형사와 의사가 달려온다. 전자는 준-원인의 망을 찾기 위해, 후자는 각 요소-사건들의 원인을 해명하기 위해.

그러나 늘 달려오는 또 한 사람이, 기자가 있다. 그렇다면 기자는 무엇을 찾는 것일까? 이는 스토아학파가 사건을 '말로 표현되는 것'이라고 한 것과 밀접한 관련을 가진다.[2] 사건들은 짧은 시간 나타났다가 사라지며 또한 되돌릴 수 없다. 그리고 반복된다. 그래시 이 사건이라는 존재는 사물을 지시하듯이("저 탑이 바로 남산타워입니다") 그렇게 지시할 수가 없다. 그것은 결국 말을 통해 지시되는 것, "말로 표현되는 것"이다. 현장에 있던 사람들을

---

2) '의미'의 이론 역시, 그리고 이와 연관되는 '명제논리학' 역시 스토아학파에 의해 창조되었다는 점을 기억하자. 일반화되어 있는 이미지, 즉 플라톤과 아리스토텔레스는 서구 철학의 위대한 원형을 만들어냈으나 스토아학파는 그저 "인생철학"을 전개했을 뿐이라는 이미지는 불식되어야 한다. 사건론, 의미 이론, 명제논리학 등 극히 중요한 사유들이 바로 스토아학파에 의해 창조되었기 때문이다. 20세기에 들어와서야 들뢰즈 등에 의해 스토아학파의 이론적 잠재력이 꽃을 피우게 된다.

제외하면 모든 사람들은 신문기사를 보고서 사건이 일어났음을 알게 되는 것이다. 그래서 사건은 사물과 언어 사이에서 발생한다. 언어와 사건의 관계는 무엇인가? 현대 사건론의 결정적인 발걸음은 사건을 의미와 연관시키는 대목에서 이루어졌다. 사건에 연계되는, 사건을 뜻하는 의미는 어떤 것인가?

§2. '의미'란 무엇인가

들뢰즈는 사건과 의미 사이의 연계성을 현대적 언어철학의 맥락에서 정교화하고자 한다. 의미의 한 종류는 '지시'대상(또는 지시작용 자체)이다. 한 말의 의미는 그것이 가리키는 것(또는 그 가리킴 자체)에 있다. 이런 의미론에서, 한 명제의 의미는 그것이 지시하는 사태이며 그 사태는 그 명제에 의해 '표상'된다. "눈은 희다"라는 명제는 눈이 흰 사태를 지시하며, 눈이 흰 사태는 "눈은 희다"라는 명제에 의해 표상된다. 아리스토텔레스로부터 전기 비트겐슈타인, 타르스키 등에 이르기까지 전개되어온 것은 바로 이 의미론('지시 이론')이다. 하지만 이런 지시관계는 그 관계를 현시하는(manifester) 주체를 전제한다. 예컨대 데카르트는 밀랍에 관련해 여러 명제들을 현시했다.(『성찰』, II) 여기에서 핵심적인 것은 그의 명제들과 밀랍의 상태들 사이의 지시관계에 있어 그 동일성을 확인해주는 것은 결국 '나'라는 사실이다. 지금, 여기 등의 '현시자들'은 결국 '나'라는 주(主)-현시자를 둘러싸고서 배치된다. 아울러 인칭적인 현시는 비-인칭적인 지시에서와 같은 '진과 위'의 문제가 아니라 '참과 거짓'의 문제에 상관적이다.(이는 또한 "눈은 희다"와 "나는 '눈은 희다'라고 말한다"에서 언표의 주체와 언표행위의 주체가 구분되는 것과 관련된다.) 이 의미론은 '파롤'에 입각한 의미론이며, 현상학적 의미론이기도 하다. 이 의미론은 지시 이론에 누락되어 있는 주체성/인칭성의 차원을 드러내었다. 그러나 주체가 말하기 위해서는 말이 성립할 수 있는 구조가 전제되어야 한다. 이 구조는 '랑그'에 입각한 의미론을 함축하며, 이것은 기표들의 변별적 체계에 의한 의미 성립을 뜻한다. 구조주의는 주체와 대상 사이에 선재하는 구조를 밝혀냄으로써 어떻게 지시와 현시 이전에 기호작용(/기표작용)의 장이 작동하는가를 드러냈다. 그러나 다시, 기호들의 변별적 체계는 그것 자체만으로는 무한히 진행하거나 대개는 유한한 기호들로 이루어진 원환(예컨대 일정한 수의 토템들로 이루어진 구조)을 그리면서 순환한다는 점이 지적되어야 한다. 그래서 이 구조가 구체적 의미를 띠기 위해서는 그 어디에선가는 지시작용을 끌고 들어와야 한다. 기호들의 미끄러짐이 어디에선가는 실재에 붙들어 매어져야 하는 것이다.

이렇게 논의하고서 보면, 우리는 지시작용과 현시작용 그리고 기호작용의 원환을 한 바퀴 빙 돈 셈이다. 그러나 이 세 의미론 중 어느 것도 사건에 상응하는 의미론을 제공하지는 못한다.

> 문제는 이것이다. 명제 또는 명제의 항들과도, 또 명제가 지시하는 대상 또는 사태와도, 또 체험된 것이나 표상 또는 명제 속에 표현된 것의 정신적 행위와도, 나아가 개념들 또는 기호화된 본질들과도 혼동되지 않는 어떤 것(aliquid)이 존재하는가? 바로 의미, 즉 명제에 있어 표현된 것은 개별적 사태로도 특수한 이미지로도 개인적인 믿음들로도 또 보편적이고 일반적인 개념들로도 환원될 수 없다.(계열 3)

의미란 바로 명제에 있어 표현된 것 즉 사건이다. 의미는 말과 사물/사태의 지시관계, 주체와 그 현시물 사이의 현시관계, 그리고 기호들의 변별적 차이들의 구조로 해소되지 않는다. 의미의 네 번째 차원, 사실상 이 세 의미론이 바로 그것을 둘러싸고서 성립하는 중심 지점이 존재한다. 의미란 정확히 주체와 사물과 기호 삼자의 한가운데에 존재하며, 주체와 대상 사이에서 발생해서 기호로 표현된다. 의미란 바로 사건에 다름 아니다.[3] 사건과

---

3) "사건은 물체들로부터, 물체들의 혼합물들로부터, 물체들의 능동들과 수동들로부터 결

의미가 정확히 동일한 것은 아니므로, 여기에서 우리가 발견하게 되는 것은 '사건-의미 이중체'라고 해야 할 것이다. 사물들의 표면에서 주체를 향해 개현(開現)하는 것, 그리고 동시에 무엇인가를 뜻함으로써 명제를 통해 표현되는 것, 그것이 사건-의미이다. 홈런이라는 사건-의미 이중체는 사물들(투수, 타자의 몸, 공, 배트, …)과 그것을 지켜보는 주체들 사이에서 개현하며, 스포츠신문의 기사로써 표현된다. 이 사건-의미 이중체는 지시작용, 현시작용, 기호작용의 한가운데에서 생성하면서 이 세 작용을 정초해주는 중심이다.[4] 그리고 앞에서 언급했듯이, 사물과 주체 그리고 기호는 지속하지만, 사건-의미는 반복한다. 그것들은 잠깐 나타났다가 사라지며 다시 나타난다. 언급했듯이 사건-의미는 실존하는 것이 아니라 잠존 또는 내존한다. 들뢰즈의 사건론은 스토아철학의 재음미를 통해 이 사건-의미 이중체를 드러내었다.

사건과 의미를 동일시할 수 있는 것, 또는 한 존재의 두 얼굴로 볼 수 있는 것은 일상적 의미에서의 사건(사실상 사태, 사고)과 사건 자체, 순수사건을 구분할 때이다. 구체적인 사태, 사고와 동일시된 사건(홈런의 상황, 현장)과 이 사건에서 다른 요소들을 솎아냈을 때 발견하게 되는 사건 자체는 다

과한다. 그러나 사건은 이 모든 것들과 본성을 달리한다. 또한 사건은 물체들, 사태들에 부대하지만 결코 물리적 성질의 것은 아니다. 다만 매우 특수한 변증법적인 아니면 차라리 노에마적인 비-물체적인 하나의 빈위(attribut)인 것이다. 이 빈위는 그것을 표현하는 명제의 바깥에서는 실존할 수 없다. 그러나 그것은 그것의 표현[명제]과는 본성을 달리한다. (…) 사태들에 부대하는 사건과 명제 안에 내속하는 의미는 동일한 존재이다."(계열 26)
들뢰즈는 이를 '일의성(univocité)' 개념을 통해 정식화하기도 한다. "일의성이란 일어나는 것(사건)과 언표되는 것[의미] — 모든 물체들이나 사태들에서의 부대할 수 있는 것(l'attribuable)과 모든 명제들의 표현될 수 있는 것(l'exprimable) — 이 동일한 것이라는 것을 의미한다. 일의성은 노에마적인 부대물과 언어적인 표현물, 즉 사건과 의미의 동일성을 뜻한다."(계열 25)
4) 들뢰즈는 이를 다음과 같이 표현한다. "사건들과 사태들 사이에서 바깥으로 이행하는 것, 명제들과 지시대상들 사이에서 표면으로 이행하는 것, 표현과 지시작용 사이에서 명제 내부로 이행하는 것은 하나의 동일한 이원성이다."(계열 6)

르다. A 선수가 지금 홈런을 쳐서 그라운드를 돌고 있다, B 선수가 어제 홈런을 쳤다, C 선수가 내일 홈런을 치고 싶어 한다, 이 경기를 역전시키려면 반드시 홈런이 나와야 한다 등등, 이 모든 구체적 사건들을 넘어서서 존재하는 '홈런을 치다'라는 (부정법으로 표현되는) 사건이 곧 순수사건이다. 그리고 의미와 이중체를 이루는 것은 바로 이 순수사건이다. 홈런이라는 사태가 아니라 그 안에 깃들어 있는 순수사건으로서의 '홈런을 치다'가 바로 그 사태의 의미인 것이다. '사랑하다'라는 의미는 두 연인의 포옹이나 그에 연관되는 모든 것으로서의 구체적 사태들이 아니라 그 모든 것이 바로 그것을 구현하고 있는 비-물체적 존재로서의 순수사건인 것이다. "사건의 파열, 빛남은 바로 의미이다. 사건은 발생하는 것, 즉 사고가 아니다. 사건은 발생하는 것에 있어 우리에게 신호하고 우리를 기다리는 순수 표현된 것이다."(계열 21) 현실의 사건=사태는 사물들의 실재성과 사건-의미의 이념성이 결합한 것으로서 발생한다.[5] 피어나는 장미는 '피어나다'라는 순수사건이 그것의 물질성에 구현된 것이며, 날아가는 야구공은 '홈런이 나오다'라는 순수사건이 구현된 것이며, 광화문에서의 시위는 '시위하다'라는 순수사건이 사람들, 깃발들, …의 실재성에 구현된 것이다. 순수사건-의미가 물질성에 구현되는 것 — '효과화' — 이 사실, 사태, 사고이다.

---

5) "사태와 성질로서의 죽음의 지각, 또는 기호작용적인 술어로서의 '죽을 운명의'라는 개념은 '죽다'라는 사건을 전자에게서 효과화되고 후자에게서 표현되는 것으로서 포함하지 않을 경우 외재적인〔의미가 없는〕 것으로 머문다. (…) 우리가 죽을 운명의 존재라는 것을 아는 것은 '죽다'라는 것을 언제나 열려 있는 문제적 구조(어디에서? 언제?)를 갖춘 비-인칭적 사건으로서 이해하지 않는 한 공허하고 추상적인 것으로 머물며, (…)"(계열 20)

§3. 사건들의 계열학

(순수)사건이라는 존재를 밝힌 들뢰즈는 이제 사건들이 형성하는 관계에 대해 논한다. 사건은 단독으로 발생하지 않는다. 단독적인 사건의 의미는 불확정적이다. 이런 맥락에서 사건들의 계열화, 계열들의 망으로서의 구조, 구조의 얼개를 결정하는 특이성들, 그리고 구조를 활성화하는 빈칸의 존재가 논의된다.[6]

사건은 의미와 이중체를 형성하지만, 실제 하나의 사건은 하나의 일관성을 갖춘 사건-계열의 특정한 위치에 자리 잡음으로써만 구체적인 의미를 띤다. 지하철 사고가 구현하는 사건의 의미는 기계적 결함의 계열이나 부정부패의 계열 또는 테러의 계열 등의 특정한 자리에 위치함으로써 구체화될 수 있다. 사건들은 계열을 형성하기에, 계열이 함축하는 선(線)의 존재론(이웃관계 등)에 따른다. 우리는 이 구도를 3권(5장, 4절)에서 논한 쿠르노의 사유와 연관지어 다듬을 수도 있을 것이다.[7] 들뢰즈의 경우 계열들 사이의 핵심적인 관계는 연접(/합언), 통접(/연언), 이접(/선언)의 관계이다. 시간적으로는 각각 현재의 종합, 과거의 종합, 미래의 종합과 연관된다. 연접은 두 계열의 이어짐이다. 집 안에서의 공부-계열과 집 바깥에서의 산책-계열의 이어짐. 통접은 여러 사건-계열들의 모임이다. 이 맥락에서 특이성으로서의 사건을 하위 사건들의 교차점에서 발생하는 상위 사건으로 규정할 수 있다. 때로 통접은 특정한 특이성으로서, 여러 사건-계열들의 우연한 교차라는 뉘앙스가 아니라 그것들이 하나의 특정한 목적-점으로 수렴한다는

---

6) 들뢰즈는 당대 프랑스 사상의 맥락에서 주로 기표-계열과 기의-계열의 관계에 초점을 맞추어 논하고 있으나(계열 6~8), 여기에서는 보다 일반적인 지평에 입각해 사건들의 계열화에 초점을 맞추어 논하고자 한다. 『사건의 철학』(그린비, 1999/2011)에서 논했던 '사건 개별화의 상대성 원리'를 논의의 기초로 삼을 것이다.

7) 군지는 이런 노선에 따라 시간론을 전개한다. 군지 페기오-유키오, 박철은 옮김, 『시간의 정체』, 그린비, 2019.

뉘앙스를 띤다. 이접적 종합은 한 특이성으로부터 상이한 계열들의 갈라짐을 뜻한다. 중요한 특이성, 시간의 지도리 앞에서 우리는 매번 상이한 잠재적 사건-계열들을 두고서 고민한다. 인생이란 시간의 지도리들을 통과하면서 끝없이 갈라지는 잠재적 사건-계열들 사이에서 선택해야 하는 과정의 연속이다.

사건-계열들이 서로 관계를 맺으면서 형성하는 장이 '구조'이며, 이 점에서 들뢰즈가 생각하는 구조는 초기 구조주의에서의 구조와 상당히 다르다. 일차적인 차이는 이 구조를 구성하는 요소들은 '~소(素)'들이 아니라 사건들이라는 점이다. '사건 성립의 상대성'으로써 논했듯이, 모든 사건들은 각 사건의 하위 사건-계열들이 교차하는 지점에서 성립한다. 지하철-사건은 그 이전에 일어난 다양한 사건-계열들이 교차함으로써 일어나는 일이다. 그래서 각 사건들은 하위 사건들에 상대적으로 '특이성'을 형성하며, 샤를 페기(1873~1914)가 '임계점'이라고 불렀던 것의 성격을 띤다. 예컨대 푸앵카레가 제시했던 네 특이점들(매듭, 고개, 초점, 중심)[8]이라든가 상전이에 관련되는 세 특이성(융점, 응결점, 비등점)을 들 수 있고, 마음과 몸의 특이성들(기쁨과 슬픔, 희망과 절망, 건강과 병약)을 들 수도 있을 것이다.(계열 9) 순수사건들이란 곧 전-개체적이고 비-인칭적인 그리고 비-개념적인 특이성들이다. 그것들은 (각각 지시작용, 현시작용, 기호작용에 상관적인) 개체들이나 인칭들 그리고 개념들에 구현되기 이전의 탈-물질적인=이념적인 사건들이다. 그리고 이미 말했듯이, 특이성들은 계열을 형성하며 계열들은 장을

---

8) 미분방정식을 통해서 물체들의 운동을 연구할 때, 방정식은 운동을 연속적으로 표상한다고 가정된다. 푸앵카레의 연구는 연속적 표상이 불가능한 맥락에서, 그 불연속적인 점들 ─ 특이점들 ─ 이 존재하는지, 존재한다면 어떻게 분포되는지를 연구한 '질적 해석학', 위상수학적 연구였다. 매듭=노드의 경우 무한의 해-곡선들이 이를 통과한다. 고개=말안장의 경우 오로지 두 개의 해-곡선만이 이를 통과한다. 초점의 경우 해-곡선들은 나선적 로가리듬의 방식으로 이에 근접한다. 중심의 경우 해-곡선들은 서로를 포괄하면서 이 주위에 갇힌다.(위키피디아의 푸앵카레 항목에서 그림들을 볼 수 있다.) 매듭, 고개, 초점이 자주 나타나는 반면, 중심은 예외적인 상황들에서만 나타난다.

형성한다.

사건의 철학에서 구조란 단번에 주어진 완결된 것이 아니라 계열들의 열린 장('디아그람')일 뿐이다. 게다가 구조를 역동화하는 결정적인 요소가 존재한다. 그것의 내용이 아니라 그 위치를 통해서 구조 전체를 바꾸어나가는 특이점이다. 이 빈칸을 들뢰즈는 '우발점(point aléatoire)'이라 부른다. "역설적인 심급이 계열들을 돌아다님에 따라, 특이성들이 서로 자리바꿈하고 재분배되고 서로 다른 것으로 변형됨과 동시에 총체적으로 변화된다." (계열 9) 이 우발점 개념을 특히 잘 보여주는 예를 『도둑맞은 편지』에 대한 라캉의 분석에서 찾을 수 있다. 그 내용이 무엇인지 끝까지 드러나지 않는 편지(빈칸, 우발점)가 어디에 위치해 있는가에 따라 특이성들(이 경우에는 주체들)의 관계가, 관계들의 장으로서의 구조 전체가 바뀌어가는 것이다.[9] 이 우발점이 앞에서 언급한 '이접적 종합'을 가능하게 한다는 점 또한 중요하다.

특이성들과 우발점은 '문제'와 '물음' 개념을 정교화하는 맥락에서도 중요하다. 문제는 사건들로, 전-개체적이고 비-인칭적인 특이성들로 조직되어 있는 잠재적인 장이다. 해란 잠재적 차원의 문제가 특정한 방식으로 현실화된 것이다. 실재는 해-없는 문제들을 포함하는 문제-장들의 총체이다. 우리는 문제의 어떤 해를 살아간다. 그리고 다른 해를 찾기 위해 문제를 파악한다는 것('반-효과화')은 잠재성의 차원을, 특이성들의 존재 여부와 분포를 파악해나감을 뜻한다. "특이성들은 문제-장 내에 분포되며, 어떤 방향도 가지지 않는 위상학적 사건들로서 이 장 안에서 발생한다. 그것들은 우리가 그 내용/실질은 알지 못하지만 어디에 있는가는 아는, 그 본성은 모르지만 그 특이점들(매듭, 고개, 초점, 중심)의 존재 여부와 분포는 아는 그런 화학적 원소들의 경우와 어느 정도 유사하다."(계열 15) '문제'는 우리 삶의 객관적 선험이라고 할 수 있다.[10] 이 문제-장은 고착되어 있지 않다. 우발점

---

9) 이 내용은 8장 2절에서 상론한다.

이 특이성의 계열들을 돌아다니면서 그것들을 공명하고 소통하고 분기할 수 있도록 해주기 때문이다. 이 우발점이 곧 '물음'의 장소를 결정짓는다. "문제는 계열들에 상응하는 특이점들에 의해 규정되지만, 물음은 빈칸이나 움직이는 요소에 상응하는 우발점에 의해 규정된다."(계열 9) 문제와 물음은 해가 나왔다고 해서, 응답이 나왔다고 해서 사라지는 것이 아니라, 오히려 해들과 응답들이 그것들의 한 현실화인 잠재성의 객관적 실재이다. 전-개체적이고 비-인칭적인 장은 이렇게 문제와 물음의 장이기도 하다.

§4. '발생'의 문제

이제 이 장으로부터 개체, 인칭 등이 어떻게 '발생'하는가를 논할 필요가 있다. 들뢰즈는 형이상학적 표면("실재하는 선험적 장")에서의 발생을 '정적 발생'으로, 형이상학적 표면 자체의 발생을 '동적 발생'으로 부른다.[11] 그리고 형이상학적 표면에서의 개체, 인칭, 개념(속성, 집합)의 발생을 '존재론적' 정적 발생으로, 사건-의미가 다른 의미작용들(지시작용, 현시작용, 기호작용)을 정초하는 과정을 '논리학적' 정적 발생으로 부른다.

존재론적 정적 발생은 라이프니츠의 사유를 토대로 논의되지만, 이 과정을 주도하는 것은 최적화를 계산하는 신이 아니라 노마드적 특이성들이다. 곧, 빈위들의 총체＝대(大)사건에서 노마드적 특이성들로서의 사건들이 어떻게 계열화되는가에 초점이 맞추어진다.[12]

----

10) 객관적 선험에 대해서는 이정우, 『객관적 선험철학 시론』(그린비, 2010)에서 논했다.

11) 『의미의 논리』의 관점에서 본다면, 『차이와 반복』이 바로 동적 발생을 다룬 것이라고 할 수 있다. 『차이와 반복』에 대해서는 6장 1절에서 다룰 것이다. 『의미의 논리』 자체 내에서 본다면, 계열 27 이하가 동적 발생을 다루고 있다. 들뢰즈는 이 대목에서 특히 정신분석학의 성과들을 활용해서 동적 발생에 대한 논의를 전개한다.

12) 빈위들의 총체로서의 대사건이란 플라톤의 이데아계에 해당하지만, 그 내용은 이데아들이 아니라 오히려 사건들 —— 플라톤의 맥락에서 보면 '시뮬라크르'들 —— 이라는 점

하나의 세계는 〔빈위들의〕계열들이 수렴하는 한에서 구성된다.('다른' 하나의 세계는 구성된 계열들이 발산하게 되는 점들의 이웃관계로부터 시작될 것이다.) 하나의 세계는 이미 수렴에 의해 선별된 특이성들의 체계를 내포한다. 그리고 이 세계 내에서 개체들이 구성된다. 체계의 얼마간의 특이성들을 선별하고 내포하는, 이 특이성들을 그들 자신의 신체가 구현하는 특이성들과 조합하는, 또 그것들을 보통 점들의 선분들 위에 펼치는, 나아가 그것들을 내부와 외부를 경계짓는 막들 위에서 다시 형성되도록 할 수 있는 개체들이.(계열 16)

특이성들은 이렇게 계열화됨으로써, 개체들에게서 효과화된다. 더 정확히 말해, 특이성들의 효과화를 통해서 개체들이 성립한다.(전-개체적 특이성들은 계열화와 수렴에 의해 특정한 개체의 술어들이 되지만, 물론 자체로서는 잠존한다.) 사건 성립의 상대성 원리에 따라, 상대적으로 크고 작은 특이성들의 계열화, 계열들의 수렴과 발산의 과정을 통해서 개체들이 성립한다. 가능세계론을 논하면서 강조했듯이, 이 과정을 주도하는 존재론적-논리학적 원

이 핵심이다. 중세 일신교에서는 이데아들이 조물주 마음속으로 들어가 '신의 관념들'이 되거니와, 라이프니츠에게서는 이 관념들이 곧 빈위들이다. 들뢰즈의 구도에서 이 라이프니츠의 개념이 활용되고 있기는 하지만, 신학적 구도가 파기되고, 빈위들이 사건들로 바뀌며, 사건들은 노마드적 특이성들이라는 성격을 띠게 된다. 이 대사건의 차원은 베르그송이 플라톤의 우주론을 변형해 제시한 '생명'에 해당한다. 그렇다면 여기에서 '물질'은 어디에 위치해야 하는가? 베르그송의 경우, 아페이론의 어떤 성격들은 오히려 생명으로 이전되며 잔여 성격은 물질로서의 아페이론에 남는다. 이로써 생명과 물질이라는 이원론의 구도가 성립한다. 그렇다면 들뢰즈의 경우 대사건의 차원과 대비되는 물질이라는 차원이 따로 존재하는가? 『차이와 반복』의 구도가 바로 물질=잠재성(그러나 그 함의가 매우 넓어져, 1장 결론 부분에서 언급했듯이 오히려 '氣'에 가깝다.)으로부터 현실적 존재들(외연, 질 등)의 생성을 다루었다는 점을 상기하면, 그의 구도는 오히려 물질/기의 생성을 전제한 위에서 그 표면에서의 사건들을 다루었다고 할 수 있다. 이 점에서 들뢰즈를 베르그송에 비해 보다 '유물론적'이라고 말할 수 있다. 그러나 스토아학파에서 '비-물체적인 것'들을 길어올린 그에게 이 '형이상학적 표면'은 물질/기의 차원에 단순 부대하는 차원이 아니라는 점이 중요하며, 그를 단순한 유물론자로 규정할 수 없는 이유도 여기에 있다. 우리 삶/인생의 차원은 어디까지나 순수사건=의미의 차원이다. 그러나 이 차원이 물질/기의 터 위에서 이루어진다는 것도 사실이다.

리는 (불)공가능성이다.[13] (불)공가능성은 계열학의 핵심 원리이며, 계열학은 일차적으로 연접, 통접, 이접의 원리에 따라 작동한다. 공가능한 특이성들=사건들은 연접의 원리에 따라 이어지고(유비의 특이성들은 연언에 의해 계열화되어 있다.) 통접의 원리에 따라 합쳐진다.(유비-연속체와 관우-연속체의 교차. 중요한 사건들일수록 여러 계열들이 교차한다.) 그리고 선언에 의해 두 계열이 갈라짐으로써 다른 가능세계들이 성립한다(유비가 제갈량을 만난 세계와 만나지 않은 세계).

개체들 중 두드러지는 개체들은 '주체'들을 형성한다. 주체들은 공가능하지 않은 세계들에서, 발산하는 계열들을 가로질러 어떤 것이 '동일화'될 때 나타난다. 관우라는 주체는 불-공가능한 세계들에서 연속적 변이를 겪으면서(청룡언월도가 아니라 방천화극을 휘두르는 관우, 미염공이 아니라 추염공인 관우 등등) 모호한-관우들로서 동일화된다. 그래서 세 층위가 성립한다. ① 특이성들의 수렴과 발산을 통해 성립하는 가능세계들, ② 특이성들의 계열화로 형성되는 개체-연속체들(사건들이 술어들이 된다.), ③ 가능세계들을 가로지르면서 성립하는 모호한 주체들(술어들-연속체에서의 변이체들). 이런 주체들의 성립이 곧 두 번째 발생으로서 비-인칭적 장으로부터의 인칭의 발생이다. 개체들이 특이성들의 특정한 계열화, 문제-장의 특정한 해들이라면, 인칭들은 곧 우발점의 이접적 종합을 통해 성립한다.

> 각각의 세계가 계열들 안에서 형성된 개체들의 분석적 술어인 것이 아니라, 이접적 종합에 관련해 정의된 인칭들의 종합적 술어들이 바로 공가능하지 않은 세계들인 것이다. 한 인칭의 가능성들을 효과화하는 변항들의 경우, 우리는 그것들을 필연적으로 집합들과 속성들을 의미하는 개념들로서, 다시 말해 범주적 바탕(fond) 위에

---

13) 자세한 논의로는 이정우, 「내재적 가능세계론을 향해」, 『무위인-되기』(그린비, 2023)를 보라. 계열학에 대해서는 『사유의 새로운 이념들』(한정헌·최승현 엮음, 그린비, 2022)의 대담을 보라.

서의 연속된 특화 내에서 증가하거나 감소하는 일반성에 의해 본질적으로 영향받는 개념들로서 다루어야 한다. 그래서 에덴동산은 붉은 장미를 포함할 수 있지만, 다른 세계들이나 다른 동산들에는 붉지 않은 장미들, 장미가 아닌 꽃들이 존재한다. 변항들은 집합들과 속성들이다. 이것들은 첫 번째 층위[개체 발생의 층위]에서의 개별적 복합체들과 완전히 구분된다. 즉, 속성들과 집합들은 인칭의 질서 내에서 정초되는 것이다.(계열 16)

결국 인칭이란 다양한 집합들과 속성들이 그것에 상관적으로 성립하는, 이것들이 그것을 둘러싸고서 존립하는 하나의 고유명이라 할 수 있다. 그러나 개체와 마찬가지로 이 인칭/고유명 역시 "비-인칭적인 선험적 장으로부터 산출되는 형식"이다. 이렇게 전-개체적이고 비-인칭적인 잠재적 장으로부터 개체들과 인칭들이 발생한다.

세 번째의 발생은 논리학적 정적 발생으로서, 이는 사건이란 "lekton"이라고 했던 것과 관련된다. 이는 곧 세계, 개체, 복합체, 개별 물체들에 관련해 성립하는 지시작용, 인칭에 관련해 성립하는 현시작용, 그리고 집합들과 속성들에 관련해 성립하는 기호작용의 발생을 뜻한다. 이것은 곧 앞에서 "의미란 정확히 주체와 사물과 기호 삼자의 한가운데에 존재"한다고 했던 것을 새롭게 음미하는 것이기도 하다. 물론 이 세 작용은 서로 순환적인 관계를 맺으며, 실제 양상은 복잡하다.

사건-의미(의 장)와 명제들은 앞에서 논했던 '문제'의 개념을 새롭게 음미할 수 있게 해준다. 양자의 관계는 곧 문제와 그 해들의 관계이기 때문이다.

문제가 명제들 —— 문제를 그것들의 의미로 표현하는 명제들 —— 의 바깥에서는 실존하지 않는다는 것은 그것이 현실적인 존재가 아니라는 점을 뜻한다. 문제는 명제들 안에서 내존하거나 잠존하거나 또는 존속하며(persiste), (…). 그러나 이 비-존재는 부정적인 것의 존재가 아니라 문제적인 것의 존재이다.(계열 17)

그러나 해들을 모델로 해서 문제를 역-추론하는 것은 금물이다. 현실이 1, -1로 되어 있다고 해서 문제가 $(x-1)(x+1) = 0$ 이라고 추론하는 것은 "조건지어진 것의 이미지에 따라서 조건을 생각하는 것"이다. 해들이 문제의 특정한 특이성들일 수는 있어도, 문제가 이 특이성들로부터 역-추론되는 구조는 아니다. 들뢰즈에게서 해 없는 문제의 개념이 중요한 것은 이 때문이다.[14] 반-효과화를 사는 것은 곧 해 없는 문제들을 사는 것이기도 하다.

§5. 스토아적 삶, 반(反)효과화

들뢰즈에게 사건의 철학을 추구하는 것은 형이상학적 표면에서의 삶을 추구하는 것이다. 그것은 위로 날아 올라가는 초월적 삶 그리고 아래로 파 내려가는 물리주의적 삶과 대조적이다. 초월적 삶은 플라톤적이다. 그것은 삶의 표면에 대한 부정적 평가에 입각해 물질성을 떨어버린 차원을 추구한다. 물리주의적 삶은 자연철학적이다. 그것은 물질적 실체를 본연으로 보고 표면에서의 삶을 그것으로 환원코자 한다. 예컨대 사랑은 전자의 경우 그 육체적 측면에서 벗어나 보다 승화되어야 할 것이며, 대조적으로 후자에서 그 핵심은 육체적 측면(호르몬 작용 등)에 있다. 그러나 형이상학적 표면에

---

14) **수학적 보론** — 수학적인 맥락에서, 문제는 미분적 비율관계들(rapports différentiels)의 장이다. 2+3=5에서 수들은 **규정되어** 있다. 모든 것은 현실화되어 있으며, 여기에는 잠재성이 없다. $x^2 + y^2 - R^2 = 0$의 경우, 변수들은 규정되어 있지 않다. 하지만 그것들은 규정 가능하다. 그리고 우리는 이 문제의 해들로부터 그 문제를 역-추론할 수 있다. 그러나 $\frac{dy}{dx} = -\frac{x}{y}$의 경우, dx와 dy는 특정한 값으로 **규정될 수 없다.** 오로지 그것들의 상호 관계만이 규정 가능하다. 문제들의 장은 규정될 수 없는 것들의 차이생성적/미분적 관계들의 장이며, 그것들이 상호적인 비율관계에 들어서는 특권적인 순간들에만 특정한 특이성들＝해들로서 규정된다. 특이성들＝해들로부터 그것들을 초과하는 그리고 더 본질적으로는 계속 생성하는 문제-장을 역-추론하는 것이 불가능한 것은 이 때문이다.

서의 삶이란 위로 날아오르는 삶이나 밑으로 파 내려가는 삶이 아니라 사건들 ─ 지금의 경우는 '사랑하다'라는 사건-의미 ─ 과 함께하는 삶, 더 정확히 표현해 사건들을 사는 삶이다. 표면에서의 삶은 스토아적 삶이다. "현자는 표면에서 무엇을 찾는가? 순수사건들을 찾는다. 그 영원한 진리에 있어, 즉 사태 내에서의 그 시공간적 효과화에 독립적으로 그것들을 받쳐주는 실체에 있어 포착된 순수사건들. 또는 같은 말이 되겠지만, 순수 특이성들 즉 그것들을 구현하거나 효과화하는 개체들과 인칭들에 독립적으로 그 우발적 요소에 있어 포착된 특이성들의 유출을 찾는다."(계열 19) 들뢰즈는 선불교에서도 이런 표면의 사유를 발견하고 있다.

형이상학적 표면은 물체들의 심층과 명제들의 상층 사이에 존재한다. 사건과 의미 그리고 행위의 드라마가 펼쳐지는 곳은 바로 이곳이다. 이 형이상학적 표면에서 스토아적 현자는 스스로를 준-원인과 동일시한다. 그는 형이상학적 표면에서의 우발점에 자리 잡는다. 현자는

> 순수사건을 그 영원한 진리에 있어, 그 시공간적 효과화에 독립적으로, 아이온의 선을 따라 영원히 올 것이며 동시에 언제나 이미 지나가버린 것으로서 이해한다.
>
> 그러나 또한 동시에 그는 구현을, 즉 비물체적인 순수사건이 사태 안에서, 적절한 물체 안에서, 적절한 살 안에서 효과화되기를 원한다. 다시 말해 현자는 스스로를 준원인과 동일시함으로써, 비물체적 효과를 '물체화화기를' 원한다. (…)
>
> 현자는 사건을 이해하고 원할 뿐만 아니라 표상하며, 그로써 그것을 선별한다. 그리고 무언극의 윤리학은 필연적으로 의미의 논리학을 확장시킨다. 한 순수사건에서 출발해 무언극은 효과화를 이끌고 이중화한다.(계열 20)

그래서 스토아적 삶, 사건과 함께하는 삶, 반-효과화의 삶은 "당신의 사건을 살아라"라고 말한다.

> 우리에게 일어나는 일을 받을 자격이 없는 자가 되지 말라. 자신에게 발생하는 일을

불공정하고 부적격한 것으로서 받아들이는 것(이 경우 일어난 일은 언제나 누군가의 잘못이 된다.), 바로 이것이 우리의 꺼림칙한 상처, 인칭적인 원한, 사건에 대한 원한을 가져온다.(계열 21)

이론적인 배경(형이상학)은 다르지만, 이것은 선불교의 사유와 통하는 경지를 가리킨다. 『약변대승입도사행(略辯大乘入道四行)』의 「보원행(報怨行)」에서는 이렇게 말한다.

> 수도자가 고통과 시련에 빠질 때, 그는 스스로에게 이렇게 말해야 한다. 지나간 헤아릴 수 없이 많은 시간에 나는 본질적인 것을 버리고 우연적인 것을 쫓았다. 인생이라는 파도에 흔들리면서 수많은 증오, 악의, 악행을 저질렀다. 그러니 지금 이 고통이 어찌 이 세상에서의 과오 때문이겠는가. 다만 전생의 업의 결과일 뿐, (…) 그러니 누구를 증오할 것인가. 다만 나 스스로 이 쓴 열매를 감내하리라.

사건을 원한다는 것은 무엇인가? 그것은 자신에게 일어나는 일을 받을 가치가 있는 존재가 되는 것이다. 그 사건의 자식이 되고, 그로써 다시 태어나는 것이다. 그것이 운명애(運命愛)이다. 이때 행위자의 시간은 크로노스가 아니라 아이온이다.[15] 그러나 이 아이온은 신적인 영원, 현재와 과거, 미

---

15) **아이온의 시간** —— 언급했듯이, (순수)사건은 잠재성의 양상을 띤다. 그렇다면 그것의 시간은 어떤 시간인가? 사건의 시간은 사물의 시간과 다르다. 사물의 시간은 현재를 준거점으로 수평으로 흐르는 시간이며, 사건의 시간은 과거와 미래를 가르면서 솟아오르는 수직의 시간이다. 들뢰즈는 전자를 크로노스로 후자를 아이온으로 부른다. 크로노스의 시간은 지속하며 아이온의 시간은 반복한다. 크로노스의 시간은 임의의 어떤 외연만큼 흘러 지속하며, 가장 큰 외연은 만일 우주가 영겁회귀한다면 그 과정에서 도달하는 극한이다. 반면 아이온의 시간은 형이상학적 표면(사건들의 장소)에 일정한 날짜들을 새기며, 크로노스에 매듭들을 주면서 반복한다.(앞에서 들었던 홈런의 예를 생각해보자.) "하나의 시간은 언제나 한정적이고 능동적이거나 수동적이며, 다른 하나의 시간은 영원한 부정법, 영원한 중성이다. 하나는 주기적이고 물체들의 운동을 측정하는, 그것을 한계짓고 채우는 물질에 의존하는 시간이며, 다른 하나는 표면에서의 순수한 직선인, 비물

래의 차이가 무화되는 크로노스의 영원이 아니다. 그것은 순간 속의 영원이며, '永遠의 今'이다. 이 카이로스의 시간은 수평으로 흐르는 것이 아니라 수직으로 솟아올라 과거와 미래를 갈라놓는다. 그리고 그 사이의 금에 날짜를 새긴다. 행위란 크로노스의 흐름을 날짜들로써 분절하면서 역사를 만들어가는 것이다.

신체에 구현된 사건과 순수사건의 구별, 사태, 개체, 인칭에 구현된 사건과 전개체적이고 비인칭적인 사건 자체의 구분은 인생의 사건들을 사유할 수 있는 새로운 관점을 제시한다. 많은 사건들이 비극적이다. 질병, 폭력, 죽음, 균열, 몰락, … . 그러나 이 사건들은 두 얼굴로 나타난다. 예컨대 죽음이란 현상적인 나, 신체적인 나의 죽음인 동시에 비-물체적인 죽음, 부정법적인 죽음이기도 하다. 인칭적 죽음과 비-인칭적 죽음이 구분되는 것이다. 하나는 효과화에 의해 완성되고, 다른 하나는 반효과화에 의해서 완성된다. 순수사건에서의 죽음이란 마치 "비가 온다(il pleut)"라고 할 때처럼 비-인칭적인 죽음, "죽는다(il meurt)"인 것이다. 자유인에게 죽음이란 비-인칭적 죽음이다. "자유인은 사건 자체를 포착하기 때문이며, 또 행위자로서 그것 〔사건〕의 반-효과화를 실행하지 않고서는 그렇게 효과화되도록 내버려두지 않기 때문이다."(계열 21) 순수사건으로서의 죽음은 스토아적인 죽음, 형이상학적인 죽음이다.

§6. 이접적 종합

어떤 사건을 산다는 것은 하나의 특이성에 자신을 놓는 것이다. 그것은

체적이고 한계지어져 있지 않으며 모든 물질에 독립적인, 시간의 텅 빈 형식이다."(계열 10) 반-효과화는 아이온의 시간에서 이루어진다. 우리는 생명체로서는 크로노스의 시간을 살아가지만, 사유와 실천의 시간은 아이온의 시간인 것이다.

스스로의 개체성과 인칭성을 넘어 전-개체적이고 비-인칭적인 특이성의 수준으로 나아가는 것, 반-효과화의 행위이다. 그러한 행위자는 전-개체적이고 비-인칭적인 역할로 스스로를 연다.

> 문제는 어떻게 개체가, 논리적 모순들만이 아니라 비논리적 양립 불가능성〔불-공가능성〕까지 뛰어넘어 사건들의 보편적인 소통에 즉 이접적 종합의 긍정에 도달하기 위해, 그의 형식을 그리고 세계와의 그 통사론적 연결을 넘어설 수 있는가를 아는 것이다. 개체는 스스로를 사건으로서 파악해야 할 것이다. 그리고 자신 안에서 효과화되는 사건을 또한 자신에게 접붙여진 다른 개체로서 파악해야 할 것이다. 그런데 개체는 개체들로서의 다른 모든 사건들을 이해하고 원하지 않고서는, 다른 모든 개체들을 사건들로서 표상하지 않고서는, 이 사건을 이해하지도 원하지도 표상하지도 않을 것이다. 각 개체는 특이성들의 응축을 위한 하나의 거울과 같은 것이고, 각 세계는 거울 안에서의 거리와 같을 것이다. 이것이 바로 반-효과화의 궁극적인 의미이다.(계열 25)

행위자는 아이온의 한 순간에 자신의 역할을 연기하지만, 그 역할은 하나의 사건을-살기로 그치는 것이 아니라 특이성들의 계열화라는 선을 활성화함으로써 하나의 테마, 인생의 테마를 만들어낸다. 이것은 곧 사건/행위가 물리적 생성의 결과/표면효과에 그치지 않고, 순수사건-의미의 차원을 열어나가는 것이기도 하다. 이로써 우리는 사유하고 창작할 수 있는 것이다. 우리는 자연적 인과의 총체, 스토아적 뉘앙스에서의 '운명' 속에서 살아간다. 사건들은 분명 운명에 종속된다. 그러나 사건들은 또한 자체의 장에서 준-인과의 관계를 맺는다. 현자가 된다는 것은 운명의 섭리를 인식하는 영혼을 갖추는 것인 동시에, 준-원인의 장을 이해하는 정신을 갖추는 것이기도 하다. 다시 말해, 그는 자연을 인식하는 존재인 동시에 (자연의 표현인 동시에 자체의 장을 형성하는) 인생을 이해하는 존재이기도 하다. 그렇기 때문에 현자에게는 사건들 상호간의 표현적 관계들을 파악하는 것이 긴요하다. 그것은 스스로를 특이성(자신의 역할)에 놓음으로써 특이성들의 계열화로 하여금 테마를 이룰 수 있도록 하고, 궁극적으로는 우주의 섭리와 합일하는 것이다.

특이성들은 어떻게 계열화되는가? 이것은 물리적인 인과관계가 아니라 사건들 사이의 계열학적 관계를 뜻한다. 여기에서도 연접, 통접, 이접의 계열학이 유효하다. 특히 수렴/통접과 발산/이접의 논리가 중요하며, 우리는 라이프니츠의 공가능성-불공가능성의 논리에서 계열들의 수렴과 발산에 대한 빼어난 개념화를 발견한다. 특이성의 이론은 새로운 라이프니츠주의이다.

들뢰즈의 사건론에서 가장 흥미로운 대목들 중 하나는 '이접적 종합'이다. 칸트는 선험적 변증론의 세 번째 부분에서 '사변이성의 이상'으로서의 신 개념을 비판했다. 칸트는 신에 대한 대안적 개념으로서 '선험적 기체' 개념을 제시하면서, 이를 가능한 모든 술어들의 장소 — 니시다 기타로의 '절대무의 장소'와 통한다 — 로 정의한다. 달리 말해, 신은 "모든 파생적 실재성들이 그것으로부터 분할에 의해 출현하는 실재성 전체(Omnitudo realitatis)"인 것이다.(AO, 19)[16] 사건론의 맥락에서 말한다면, 신은 가능한 모든 사건들의 총체로서의 대(大)사건(Eventum tantum)이다. 이 전체로부터의 분할을 통해, 구키 식으로 말해 '이접적 우연'을 통해 세계가 성립한다. 이 구도에 입각할 때 신은 곧 순수사건들의 총체로 이해된다. 이 경우 가능세계들은 이 총체에서 특정 빈위들이 정합적으로 즉 공가능적으로 계열화되어 나온 것들로 이해된다. 아니, 특정한 공가능성에 입각해서 술어들이 계열화된다고 해야 할 것이다. 이때 대립적인 술어들(편의상 이항적 예들만 든다면, 명랑하다와 우울하다, 남자이다와 여자이다 등등)은 둘 중 하나가 사라져야 하는 모순에 처하지 않고 공히 존재하지만 (같은 세계에서) 함께 가능하지는 않은 불-공가능성의 관계를 맺는다. 양자는 불연속적이다. 라이프

---

16) AO = Gilles Deleuze et Félix Guattari, *L'Anti-Oedipe*, Minuit, 1972.

니츠에게서 초월신이 제작한 불-공가능한 세계는 서로 발산한다. 들뢰즈의 이접적 종합은 이 불-공가능한 가능세계들을 배제적 이접이 아니라 포함적 이접으로 사유할 때 성립한다. "순수사건들 그리고 라이프니츠가 신학적 요구 때문에 그 원리를 파악할 수 없었던 이념적 놀이를 생각할 경우, 문제는 다르다. 왜냐하면 이 다른 관점에서 볼 때, 계열들의 발산 또는 구성요소들의 이접지들은 사건들을 양립 불가능하게, 불-공가능하게 만드는 배제의 부정적 규칙들이기를 그치기 때문이다. 이접은 이와 같이 긍정된다."(계열 24)[17]

이접적 종합에서는 "일련의 술어들이 한 사물로부터 그 개념적 동일성에 따라 배제되는 대신, 각각의 '사물'이 그것이 통과하는 무한한 술어들에로 스스로를 개방하며, 동시에 그 중심을 즉 개념으로서 또는 자아로서의 그 동일성을 상실한다." 이것은 곧 술어들의 배제(철수는 건축가이다. 따라서 비-건축가가 아니다.)가 사건들 사이의 소통(철수는 건축을 하거나 또는 음악을 하거나 또는 …)으로 대체됨을 뜻한다.(계열 24) 이는 배제적 이접이 아니라 종합적 이접의 논리이다. 이렇게 발산하는 계열들을 가로지르면서 그것들 사이의 거리를 긍정하는 것, 사건들 사이의 소통을 도래시키는 것은 곧 스스로를 우발점으로 만드는 것을 뜻한다. 이것은 곧 (내재적 가능세계론에서) 여러 가능세계들을 가로지르는 것을 뜻한다. 달리 말해, 이접적 종합을 위해서는 사태의 차원에서 순수사건의 차원으로 거슬러 올라가려는 노력, 즉

---

17) 가능세계론을 보다 내재적으로 사유한다면, 즉 상이한 세계들이 아니라 바로 이 단 하나의 세계 내에서 성립하는 세계들로 본다면, 불-공가능성의 의미는 바뀐다. 학교에 가는 나와 공원에 가는 나는 다른 사건-계열을 형성하지만, 어디까지나 이 '세계(World)' 내에서 다른 세계들(worlds)을 사는 것뿐이다. 이때 이 세계들은 불연속이지만 '세계' 전체에서 보면 연속적이다. 우리는 이 이접의 경우들을 종합할 수 있으며, 양자 사이의 거리 안에 위치하면서 양자를 종합해갈 수 있다. 물론 이것은 내가 물리적으로 두 곳 모두에 갈 수 있다는 상상적인 상황을 뜻하는 것이 아니라, 삶 전체에 대한 비전에 입각해 양자를 종합해갈 수 있다는 뜻이다. 이는 윤리적인 문제와도 관련되는데, 내가 학교로 가고 철수가 공원으로 갈 경우, 이접적 종합이란 곧 나의 세계와 철수의 세계를 종합하는 것이기 때문이다. 내재적 가능세계론은 타자-되기의 윤리학의 기초를 형성한다.

반-효과화가 필수적이다. 반-효과화는 사건들-전체의 세계, 탈-물질적인 이념의 세계에서 벌어지는 놀이이기도 하다. 사유(철학)와 예술은 이 반-효과화의, 이념적인 놀이의 대표적인 행위들이다. 그리고 이 놀이들, 신적인 놀이들이 때로는 현실을 뒤흔들기도 한다. 그래서 들뢰즈의 철학은 말한다. "당신의 사건을 살아라"라고.

§7. 사건으로서의 다양체/배치

『의미의 논리』(1969)를 쓴 후 들뢰즈는 펠릭스 가타리(1930~1992)를 만나 '자본주의와 분열증'을 다룬 『안티-오이디푸스』(1972)와 『천의 고원』(1980)을 펴낸다. 특히 후자는 사건의 철학을 실천철학적 맥락에서 재개념화함으로써 사유의 새로운 경지를 열었다. 여기에서 **다양체** 개념을 사건으로써 개념화하는 큰 개념적 진전이 이루어진다. '사건으로서의 다양체'는 리만의 수학적 다양체, 베르그송의 '질적 다양체', 들뢰즈의 '잠재적 다양체'를 이은 또 하나의 개념적 진전이었다. 수학적 맥락에서 주조되었던 다양체 개념이 베르그송과 들뢰즈의 다양체론을 거쳐, 이제는 사건의 철학과 반(反)자본주의적 실천철학이라는 맥락에서 다시 새로운 얼굴을 띠기에 이른 것이다. 이런 맥락에 있어 사건으로서의 다양체를 가리키는 개념이 바로 '배치'이다. 배치 개념은 다양체 개념의 또 하나의 독창적인 버전이다.

'배치'란 무엇인가? 우리는 배치를 '선들과 속도들로 이루어진 사건'으로 정의할 수 있다. 앞에서도 언급했듯이(2장, 2절, §3), 배치란 어디까지나 사건이다. 배치는 바람에 깃발이 흔들리는 것과 같은 단순한 사건이 아니라, 보다 복잡한 사건을 가리킨다. 그렇다고 그것이 반드시 나폴레옹의 머리에 황제의 관이 씌워지는 경우와 같은 중요한 역사적 사건들만을 가리키는 것은 아니다. 배치는 우리의 삶을 가득 채우고 있는 사건들(식사, 토론, 시위, 전시, 선거 등등)을 가리킨다.

배치는 선들과 속도들로 이루어진 사건이다. 들뢰즈와 가타리가 보는 세계는 선들로 이루어진 세계이다. 선들은 물체들의 계열화를 통해 성립한다.[18] 그리고 선들은 서로 교차하면서 일정한 장을 형성한다. 단상-마이크-문서-⋯의 선, 발표자와 질문자들의 선(이상 '물체들의 배치'), 해당일의 일정-선('언표들의 배치') 등이 하나의 장을 형성함으로써 '토론'이라는 사건이 성립한다. 들뢰즈와 가타리는 개체나 보편자, 물질적 실체, 관념 등 기존의 존재자들이 아니라 선들 즉 물체들의 계열과 언표들의 계열이 이루는 장을 사유하며, 이 장이 곧 사건으로서의 배치이다. 그러나 이 장은 실체적인 어떤 것이 아니라 생성하는 것이다. 그래서 배치-사건의 또 하나의 구성요소는 속도이다. 장은 연접, 통접, 이접의 구도를 통해서, 그리고 물체적 배치에서의 영토화, 탈영토화, 재영토화의 과정 및 언표적 배치에서의 코드화, 탈코드화, 재코드화의 과정을 통해서 계속 생성한다. 그래서 배치는 선들로 구성된 장인 동시에 속도들을 통해 생성하는 장, 궁극적으로는 하나의 사건이다. 들뢰즈와 가타리가 사유하고자 한 것은 바로 이 '선들과 속도들로 이루어진 사건'으로서의 배치-사건이다.

배치는 사건이기에 지속하는 것이 아니라 반복한다. 물체들과 언표들은 지속한다. 하지만 강의, 결혼식, 축구 경기, 대관식, 전쟁(가장 거대한 사건), 콘서트 등등 사건들은 반복한다. 사건들은 생겨났다가 사라지며 다시 생겨난다. 그것들은 실존하는 것이 아니라 잠존/내존한다. 그래서 앞에서 논했듯이, 사건의 시간은 크로노스가 아니라 아이온이다. 단상, 마이크, 문서 등등 그리고 토론회를 지배하는 규칙 등은 일정한 크로노스의 시간에 걸쳐 지속한다. 그러나 토론회 자체는 짧은 시간 나타났다가 사라지고 그 후 다시 나타난다.[19] 그래서 사건에는 긴 지속의 시간이 할당되는 것이 아니라

---

18) 여기에서 '물체(machine)'는 스토아학파의 'sōma'를 가리킨다. 극히 넓은 의미에서의 개별자이다.

19) 때로는 물체들과 언표들 자체가 사건의 성격을 띠기도 한다. 예컨대 토론회를 위한 장소가 일시적으로 지어졌다가 해체되는 것, 선거를 위한 가건물 등이 좋은 예이다. 이는

특정한 날짜가 할당된다. 당구 시합, 계약, 부부싸움, 소풍 등등에는 모두 날짜가 붙는 것이다. 아울러 각 사건에는 특정한 장소 ── 공간이 아니라 ── 가 할당된다. 모든 사건은 특정한 때와 곳에서 구현되는 것이다. 배치란 이렇게 (아이온의 시간에 기반한) 특정한 때와 곳에서 반복되는, 선들과 속도들로 이루어진 사건이다.

사실 사건으로서의 배치들은 우리 삶의 가장 기본적인 구성 요소들이다. 우리 삶이란 바로 식사, 토론, 시위, 전시, 선거, 강의, 결혼식, 축구 경기, 전쟁, 콘서트, 당구 시합, 계약, 부부싸움, 소풍 등등, 이런 배치-사건들로 가득 차 있지 않은가? 묘하게도 철학의 역사에서 이 배치-사건들을 본격적으로 개념화하고자 한 시도는 거의 발견되지 않는다. 철학자들은 개체들과 보편자들의 관계를 두고서 논쟁했고, '氣'와 '理'의 관계를 두고서 논쟁했다. 근대 과학이 발달하면서 개체 이하의 물질적 실체들(원자, 세포, …)을 탐구하기도 했고, 구조주의자들은 구조의 '소'들(음소, 신화소, …)을 밝혀내기도 했다. 베르그송 등 생성존재론자들은 이렇게 분별되는 것들이 아니라 유체적으로 흐르는 것들에서 보다 근본적인 실체를 발견하고자 했다. 학문의 역사는 다양한 형태의 "entities"를 발굴해내고 연구해왔다. 그러나 참으로 놀랍게도 식사, 시위, 전시, 강의, 결혼식, …같이 우리 삶을 가득 채우고 있는 사건들을 존재론적으로 정교화하려는 시도들은 발견하기 힘들다. 이는 거의 철학사의 수수께끼와도 같은 현상이라 하겠다.[20] 우리는 들뢰즈와

언표들의 경우도 마찬가지인데, 일정한 '이벤트'를 위한 언표들은 한번 만들어졌다가 폐기된다. 이런 경우들에서는 물체들, 언표들의 작은 사건들이 배치라는 크고 복잡한 사건들을 구성한다고 할 수 있다.

20) 어떤 면에서 보면 수수께끼가 아닐 수도 있는데, 기존 존재론들에서는 결국 이 사건들이 다른 어떤 존재들로 환원되어 이해되었기 때문이다. 그것들은 늘 어떤 실체의 구현, 어떤 입자들의 이합집산의 결과, 어떤 구조의 현실화 등으로 이해되어왔던 것이다. 오늘날에도 예컨대 어떤 과학자들은 이 사건들을 DNA니 시냅스니 하는 것들로 열심히 환원하고 있다. 우리 삶을 채우는 가장 기본적인 것들인 이 사건들은 늘 그 자체의 존재론에 입각해서가 아니라 다른 어떤 존재론에 입각해서 설명되곤 해왔던 것이다.

가타리의 『천의 고원』에 이르러서야 비로소 이런 사건들에 대한 본격적인 존재론적 개념화를 만나게 된다. 이제야 우리는 식사를 한다는 것, 시위를 한다는 것, 결혼식을 한다는 것 등등이 어떤 존재론에 입각해 성립하는지에 대해 참신하고 정교한 시각을 가지게 된 것이다.

그러나 들뢰즈와 가타리가 궁극적으로 지향하는 것은 배치의 존재론을 밝히는 데에 있는 것이 아니라, 새로운 배치들을 만들어나가는 데에 있다. 이들은 외친다: "다양체(배치)를 창조하라!" 우리는 뒤에서 이들의 이 실천적인 지향을 논할 것이다.

2절 사건, 진리, 주체

§1. 순수 다자와 하나로-세어진 다자

들뢰즈의 사건론이 의미와 행위에 대한 논의에서 정점에 달한다면, 바디우(1937~)의 그것은 진리와 주체에 대한 논의에서 정점에 달한다.[21]

들뢰즈와 달리 바디우의 사건론은 '역사적 사건'들을 사유하기 위한 사건론이다. 들뢰즈에게서 자연과 역사의 이분법은 최소화된다. 깃발이 흔들리는 것도 사건이고, 나폴레옹의 머리에 황제의 관이 씌워지는 것도 사건이다. 반면 바디우에게서 자연과 역사는 엄밀하게 구분된다. 자연은 정규적인 것, 안정적인 것이고, 역사는 비-정규적인 것, 불안정한 것이다. 사건은 역사적인 것이다.

더 근본적으로, 사건은 존재와 대비된다. 바디우의 철학은 '존재'를 다루는 존재론=집합론과 '존재'가 아닌 것 즉 '사건'을 다루는 메타존재론=철학으로 구성된다. 독특하게도 바디우는 존재론을 집합론과 동일시하며, 이 존재론=집합론의 구도로부터 일탈하는 지점에서 사건을 사유하기 시작한다.

바디우는 스스로를 여럿으로 표현하는 하나와 하나로 귀일(歸一)하는 여럿의 사유, "하나의 존재가 아닌 것은 하나의 존재가 아니다"(라이프니츠)라고 말하는 사유, "hen kai pan"의 사유를 극복하고자 한다. 바디우는 현상적인 여럿의 외피를 걷어내면 참된 '일자'를, 일자의 직접적인 현존을 만나게 되리라는 일자의 철학을 거부한다.[22] 그에게 일자란 존재하지 않으며,

---

21) 바디우의 사건론은 『존재와 사건』(1988), 『세계의 논리』(2006), 『진리들의 내재성』(2018)으로 이어지는 방대한 체계이다. 여기에서는 가장 기초적인 저작인 『존재와 사건』만을 다룰 것이다.

22) 서구 철학에서 일자의 또 다른 이름은 신(神)이다. 바디우는 종교적 신과 형이상학적 신

본래 존재하는 것은 오로지 순수 다자이다. 일자, 하나가 존재한다면, 그것은 순수 다자에서 어떤 것들을 하나로-셈하는 작용, 순수 다자의 어떤 것들을 하나로 묶는 작용을 통해서만 존재한다. 아니, 바디우가 생각하는 현실 세계, 현시된 세계는 바로 이런 작용을 통해서 성립하는 무수한 일자들=집합들로 구성되어 있다.[23) 순수 다자는 본래의 존재로서 이런 하나로-셈

이 죽은, 나아가 시적 신마저 죽은 시대의 사유를 추구한다. 알랭 바디우,『일시적 존재론』(박정태 옮김, 이학사, 2018),「프롤로그」를 보라.

23) 궁극의 최소 집합도 궁극의 최대 집합도 존재하지 않는, 오로지 중간에 무수한 층위의 집합들이 배치되는* 집합론의 구도를 염두에 둔다면, 여기에서의 '무수한'은 수평적인 무수함만이 아니라 수직적인 무수함도 뜻한다. 이는 멱집합 공리, 합집합 공리, 분리 공리 등에 의한 집합들의 증식에 기인한다. 이 공리들은 다음과 같다.(바디우의 기호법이 아니라 집합론에서 일반적으로 사용하는 기호법을 사용한다.)
① 멱집합 공리: z가 x의 부분집합일 때, 즉 $(z \subseteq x) \leftrightarrow [\forall q(q \in z \rightarrow q \in x)]$일 때, 멱집합은 다음과 같이 정의된다. $\forall x \exists y \forall z(z \subseteq x \rightarrow z \in y)$. 이는 다음과 같이 읽을 수 있다: 모든 x에 있어, 다음과 같은 y가, 즉 어떤 z든 그것이 x의 부분집합이면 곧 y의 원소가 되는 그런 y가 존재한다. ② 합집합 공리: 임의의 집합 F에 대해, F의 모든 원소들의 원소들을 포함하는 집합 A가 존재한다. 여기에서 "F의 모든 원소들의 원소들"이란 F는 합집합이고 그 원소들(즉, 포함되어 있는 집합들)의 원소들이라는 뜻이다. 바디우는 간단히 "모든 집합에 있어, 이 집합의 원소들의 원소들로 구성된 집합이 존재한다"고 규정한다. 어떤 집합이든 그 부분집합들을 가지는 한, 그 부분집합들의 원소들로 구성된 집합(합집합)이 존재한다는 뜻이다. $\forall F \exists A \forall Y \forall x[(x \in Y \wedge Y \in F) \rightarrow x \in A]$. 다음과 같이 읽을 수 있다. 집합들의 집합(합집합)인 F에 있어, x가 Y에 속하고 Y는 이 합집합에 속할 경우, x가 A에 속하게 되는 그런 A가 존재한다. ③ 분리 공리: 이 공리는 종별화의 공리, 또는 제한된 내포의 공리라고도 불린다. 어떤 집합에서 특정한 내포에 입각한 부분집합을 분리/종별화해내는 조작이 가능함을 뜻한다. $\forall x \exists y \forall z[z \in y \leftrightarrow (z \in x \wedge \varphi(z))]$. $\varphi(z)$는 특정한 내포를 가진 논리식. 바디우는 이 유형에 속하는 공리로서 치환 공리꼴을 덧붙인다. 우선 이미지(=상)를 정의하자. 정의역이 X, 공역이 Y인 함수 $f: X \rightarrow Y$가 있을 때, 정의역의 원소 $x \in X$가 함수 f에 있어 가지는 이미지는 공역의 원소 $f(x) \in Y$이다. 아울러 정의역의 부분집합 $A \subseteq X$가 함수 f에 있어 가지는 이미지는 공역의 부분집합 $f(A) = \{f(x) : x \in A\} \subseteq Y$이다. 이때, 치환 공리꼴은 다음과 같다. 어떤 정의 가능한 함수 하의 한 집합의 이미지는 그 함수에 속한다. ϕ가 ZFC 언어 내의 논리식이라면, $\forall A \forall w_1 \forall w_2 \cdots \forall w_n [\forall x(x \in A \rightarrow \exists! y \phi) \rightarrow \exists B \forall x(x \in A \rightarrow \exists y(y \in B \wedge \phi))]$
*간단히 말해, 한 집합의 부분집합들로 다시 다른 집합을 만들 수 있고(멱집합 공리), 부분집합들로 구성된 집합이 있을 때 그 부분집합들의 원소들로 다른 집합을 만들 수 있으며(합집합 공리), 하나의 집합에서 어떤 부분집합을 분리해낼 수 있다(분리 공리).

하기의 터이지만, 우리가 세계를 현시된 것들을 놓고서 인식해나갈 수밖에 없다고 할 때, 그 자체는 이렇게 형성되는 일자들 아래로 잠긴다. 그 자체는 '공제'되어버리는 것이다. 존재자들과 존재 사이의 '존재론적 차이'(하이데거)는 현시된 것들과 순수 다자 사이의 차이로 전환된다.

현시된 다자, '일관적인 다자', 일정한 이념들을 통해 구조화된 다자를 바디우는 '상황'이라고 부른다. 상황들의 맥락에서 순수 다자는 '무'("néant"이 아니라 "rien"), '아무-것도-아닌-것이다. 그것은 '공백(vide)'이다. 비-일관적인 다자로서의 이 공백은 현시의 관점 또는 일관적인 다자의 관점에서는 마치 유령과도 같은 것이다. 상황들이 현실성을 이룬다면, 무/공백은 잠재성을 이룬다. 잠재성이 두께를 형성하고 현실성('표면')이 한 겹을 이루는 들뢰즈의 구도와 대조적으로, 바디우에게서는 현실성이 두께를 형성하고 잠재성은 단지 한 겹만을 차지한다. 그러나 각자에게서 이 한 층이 중요하지 않은 것은 전혀 아니다. 들뢰즈에게서 현실성=표면은 사건의 철학이 펼쳐지는 장이라는 점에서 중요하며, 바디우의 경우에도 그의 사건론에서 이 무/공백의 역할은 결정적이다.[24]

칸트에게서 다자성은 '잡다'였다. 리만과 칸토어는 이 "Mannigfaltigkeit"의 의미를 극적으로 전환시켰다. 리만에게서 이 개념은 '다양체'로 변환된다. 칸토어에게서는 '집합'으로 변환된다. 흥미롭게도 리만의 다양체는 (베르그송의 '질적 다양체'를 경유해) 들뢰즈에게로 이어지고, 칸토어의 집합론은 바디우에게로 이어진다. 들뢰즈의 다자성은 다양체이고, 바디우의 다자성은 집합이다. 리만-들뢰즈의 사유와 칸토어-바디우의 사유는 오늘날 활

이런 방식들을 통해 집합들이 무수히 증식한다.

24) 공백은 집합론적으로는 곧 공집합 ∅이다.(고대 스칸디나비아 문자인 이 ∅가 "0이 아니다"라는 뜻임은 시사적이다.) 바디우가 제시하는 '공집합 공리'는 다음과 같다: 현시 불가능한 것은 현시의 현시로부터 공제되는 항으로서 현시된다. 따라서 무로서 (역설적인 의미에서) 현시된다는 뜻이다. 달리 말해 공집합의 존재는, 존재론적 상황에서, 그 존재가 존재하지 않는 것으로서 명명된다. $(\exists y)[\sim(\exists x)(x \in y)]$.

발하게 논의되고 있는 "multiplicité"의 철학의 두 핵심 갈래를 형성하게 된다. 아울러 바디우에게서 물 자체는 순수 다자로서의 무/공백으로 전환된다. 그리고 현시된 다자와 순수 다자는 칸트에게서의 현상계와 본체계와는 달리 서로 열려 있다. 이 점은 그의 사건론에서 특히 중요한 함축을 띤다.

바디우에게 현시된 다자 즉 집합은 다음과 같이 정의된다: 하나의 자유로운 변항을 가진, Px로 표시되는 어떤 속성이 있을 때, 해당 속성을 가진 모든 항들(또는 상수들, 또는 고유명사들). 여기에서 "해당 속성을 가지고 있다"는 것은 예컨대 a가 바로 그러한 항이라면, Pa는 참이라는(증명 가능하다는) 뜻이다. 요컨대 해당 속성을 만족시킨다는 것이다. 풀어 써보자. 어떤 속성 P가 있고 변항 x가 있을 때, P가 "자연수이다"라면 Px는 "x는 자연수이다"를 뜻한다. 이때 x에 들어가는 항들(/상수들/고유명사들) 중 참인 것들이 바로 Px에 대응하는 집합이다. 지금 든 예의 경우, 이 집합은 물론 {자연수}= {1, 2, 3, …}이다. 바디우는 집합이란 "한 공식을 타당하게 만드는 다자를 하나로 셈하는 것"이라고 말한다. 여기에서 한 공식이란 Px와 같은 명제함수를 뜻하고, 하나로 셈하는 것이란 곧 해당 다자를 하나의 집합으로 만드는 것을 뜻한다. 그래서 "x는 자연수이다"라는 명제함수를 타당하게 만드는 것은 1, 2, 3, …이고, 이것들을 하나로 셈함으로써 얻는 {1, 2, 3, …}이 바로 '일자'로서의 '집합'인 것이다.

중요한 것은 바디우가 집합론에서의 **역설들의 등장**[25]을 비로 **순수** 다자를 드러낸 사건, 다시 말해 모든 집합들이 정확히 동정되어야 할 집합론[26]에

---

25) 대표적인 것이 러셀의 역설이다. A = {x | x는 x의 원소가 아니다}, 간단히는 {x | x∉x} 또는 ~{x∈x}.

26) 이 점은 '외연성의 공리'(/ '확장 공리')를 통해서 표현된다. $(\forall x \forall y)\{\forall z(z \in x \leftrightarrow z \in y) \rightarrow (x = y)\}$ 모든 x, 모든 y에 있어, 모든 z가 x의 원소이면 곧 y의 원소이고 y의 원소이면 곧 x의 원소라면, x와 y는 같다는 뜻이다. 이는 곧 두 집합의 외연이 정확히 같으면, 그 두 집합은 사실은 같은 집합이라는 뜻이다. 라이프니츠의 '식별 불가능자 동일성의 원리'에 다름 아니다. 바디우는 이 정리에 대해, "동일자와 타자를 셈(compte)의 강한 엄밀함으로 이끌며, 현시의 현시를 구조화하는" 것으로 특징짓는다.(EE, V)

서 그렇게 하나로-셈하는 과정을 거부함으로써, 정확히 말하면 그러한 하나로-셈함으로부터 거부당함으로써('공제'됨으로써) 스스로의 존재를 증명한 사건이라고 해석한다는 점이다. 이렇게 순수 다자와 하나로-세어진 다자가 갈라지는 장면을 바디우는 '존재론적 상황'이라고 부른다.[27] 칸토어 자신이 역설들에 부딪쳐, 하나로 셈하기가 불가능한 순수 다자와 셈하기가 가능한 다자를 구분했다. 그리고 전자를 '비-일관적 다자'로 후자를 '일관적 다자'로 불렀다. 흥미로운 것은 이후의 집합론이 일관적 다자들에 대한 이론을 전개하면서 비-일관적 다자는 (역설을 불러일으키는 다자로서) 배제하고자 했다면, 칸토어 자신은 오히려 비-일관적 다자에 관심을 두면서 형이상학적 사유를 전개했다는 점이다. 그는 볼츠만과 같은 운명을 걷게 된다. 칸토어는 비-일관적 다자에 입각해 무한의 사유, 절대성의 사유를 펼친것이다. 칸토어가 초월적인 수학을 통해 신학으로 나아간 반면, 바디우는 "일자는 존재하지 않는다"는 입장에 서서 오로지 순수 다자만을 인정한다. "하나로 셈해진 일자들이 있다"는 참이지만, "그 아래에 진짜 하나=일자가 있다"는 것은 거짓이다. 그리고 "비-일관성은 아무-것도-아니다"는 참이지만, "비-일관성은 존재하지 않는다"는 거짓이다.(IV)

집합론적 사유에서 '속함'과 '포함'의 구분은 결정적으로 중요하다. 속함은 하나의 다자가 다른 한 다자의 원소로서 세어짐을 뜻하며, "∈"으로 표시된다. 포함은 하나의 다자가 다른 한 다자의 부분집합임을 뜻하며, "⊂"로 표시된다. 속함의 경우 다자는 하나로-셈함(다른 다자의 성립) 하에 들어

EE = Alain Badiou, *L'être et l'événement*, Édition de Seuil, 1988. 이하 'EE'는 생략함.

27) 아래에서 다시 논하게 되겠지만, 존재론적 상황에 있어 상황에는 현시되지 못하는 "폐제된(forclos)" 순수 다자가 상황에 모습을 보이는 것이 곧 사건이다. 상황 내에서 사건이 일어나는 위치가 되는 다자(특이존재. 다자들의 다자들이라는 구도에서 계속 분석했을 때 만나게 되는, 그 원소가 무엇인지 알 수 없고 다만 존재한다는 사실만을 알 수 있는 존재들)가 '사건의 자리(site événementiel)'를 형성한다.(XVI) 사건적 자리는 공백은 아니지만 공백과 가장 가까운 다자로서, 가장 독특한 다자이다. 이 다자가 '공백의 가장자리'이다. 복잡계 과학에서의 '혼돈의 가장자리'를 염두에 둔 표현이리라.

간다. 다시 말해, 하나로-셈하기가 일어날 때, 그 조작을 통해 성립되는 다자의 **원소**로 귀속된다. 포함의 경우, 한 다자에 의해 현시된 모든 원소는 또한 다른 다자에 의해 현시된다. 다시 말해, 후자의 다자는 전자의 다자를 그것의 **부분**으로 포함한다. 포함은 속함에 근거해서만 성립한다. $y \subset x$는 $(\forall z)[(z \in y) \rightarrow (z \in x)]$로 고쳐 쓸 수 있다. 뒤의 식에는 오로지 속함만 사용되고 있다. 멱집합은 속함과 포함의 관계를 잘 드러낸다. 집합 x가 있을 때, 그것에 **포함**된 집합들은 그것의 멱집합 $P(x)$에 속하게 된다. x에 '포함'되었던 그 똑같은 집합들이 x로부터 만들어지는 멱집합에는 '속'하게 된다는 점을 잘 음미해보자.[28] 바디우는 이 기초 위에서 초과점(point d'excès) 정리를 다음과 같이 정의한다: 한 집합의 부분집합들의 집합(멱집합)에는 원래의 집합에는 속하지 않는 적어도 하나의 집합이 반드시 포함되어 있다. 이 정의에서 중요한 표현은 "속하지 않는"이다. 예컨대 {a, b, c}에 {b, c}는 포함되어 있지만 속해 있지는 않다. $(y \subset x) \rightarrow (y \in x)$는 성립하지 않는다.[29] 포함은 불가피하게 속함을 초과한다. 한 집합에 포함된 부분집합은 초과점을 형성하며, 그 집합에 속하지 않는다(멱집합에 속한다).

공백은 그것이 속함과는 관계가 없다는 사실에 관련해, 포함과 두 가지의 본질적인 관계를 가진다. ① 공백은 모든 집합들의 부분집합이다. 그것은 모든 집합에 포함된다. ② 공백은 부분집합을 가지며, 공백 자체가 그것이다. 설명해보자. ① 앞에서 제시한 바디우의 공집합 공리를 떠올려보자. 공백은 공제됨으로써 역으로 현시된다. 무엇으로 현시되는가? 바로 공집합으로 현시된다. 순수 다자는 현실의 집합들에 속하지 않지만, 공집합으로서 포함된다. ② $\emptyset \in \emptyset$가 아니라 $\emptyset \subset \emptyset$임에 주의해야 한다. 이는 현시된 모든 것은 자기 자신의 '최대의 부분집합'을 이룬다는 것과 관련된다. 아울러

---

28) 집합 x가 존재하면, 그것의 부분집합들의 집합인 멱집합 $P(x)$도 존재한다는 사실은 바디우가 '진리'와 '주체'를 논할 때 중요한 역할을 하게 된다.

29) 멱집합을 만들 때 자기언급적이지 않은, 다시 말해 러셀의 역설에 빠지지 않는 다자를 '보통의 다자'로, 자기언급적인 다자를 사건적 다자로 부를 수 있다.

∅가 존재하므로 이것의 멱집합인 P(∅)도 존재한다.

§2. 상황, 상황상태/국가, 특이성

하나로 셈해진 것이 '상황'이라 했거니와 모든 상황은 공백의 위협에 노출되어 있다. 공백이 바로 그것의 터이기 때문이다. 상황은 하나로-셈하기라는 조작의 결과일 뿐이기 때문에, 그 아래에는 하나로 셈해지지 않은 차원, 상황 쪽에서 볼 때는 아무-것도-아닌-것인 순수 다자가 존재한다. 페라스 아래에는 언제라도 그것을 무너뜨릴 수 있는 "방황하는 원인"이, 아페이론이 으르렁거리고 있다. 상황 쪽에서는 이 아페이론이 솟아오르지 않게 하려면 상황들을 다시 구조화해야 한다. 다시 말해 메타구조가 요청된다. 그래서 모든 상황은 두 번 구조화된다. 현시된 것은 다시 현시된다. 메타구조를 통해 재현시된 것을 바디우는 '상황상태'라 부른다. 이때의 'état'는 상태이기도 하지만 또한 국가이기도 하다. 재현시하는 것, 상황들을 안정시켜주는 것은 존재론적인 '상태'인 동시에 정치철학적인 '국가'이다. 이렇게 본다면 상황들은 순수 다자 위에서 형성되어 있지만 또한 국가 아래에서 형성되어 있는 것이 된다. 상황들은 아페이론으로서의 순수 다자 위에서 흔들리지만, 국가라는 메타구조에 의해 안정화된다.[30]

일차적인 구조가 속함의 맥락에 속한다면, 메타구조는 포함의 맥락에 속한다. 초과점 정리를 떠올려보자. 상황의 구조가 일관적인 하나로-셈해진

---

30) 그렇다면 상황들 사이사이에는 무엇이 존재하는가? 바로 상황으로서 일자화되지 않은 것, 즉 공백이 존재한다. 바닷물이 육지의 아래에도 있지만 그 사이사이에도 있는 것을 떠올려보자. 공백은 하나의 원소도 아니고 전체도 아니다. 공백은 부분집합들, '부분들' 사이에 자리 잡고 있다. 다자성들의 구성 요소들로서 상황 내에 항상 포함되어 있으면서도 항들로서 세어질 수 없는 따라서 실존하지 않는 부분집합들이 늘 존재한다. 달리 말해, 상황 쪽에서는 실존하지 않는, 따라서 일자에서 공제되는 부분들이 항상 존재하는 것이다.

다자들을 제공한다면, 메타구조＝상황상태는 이 일관적 다자성들의 모든 구성 요소들을 하나로 셈한다. 상황에 포함되는 것은 상황상태에 속하게 되는 것이다. 상황상태는 부분들을 하나로 셈함으로써 얻어지는, 말하자면 공백에 대한 시위이다. 그것은 공백의 위협에 가하는 반격이다. 달리 말해, 상황상태는 상황들이 말하자면 무의식적으로 행하는 하나로-셈하기를 의식적으로 행함으로써 그것들의 전체 체계를 공고히 하기 위한 조작이라고 할 수 있다. 상황상태는 메타구조이기 때문에 초월적이지만, 반드시 상황들로부터만 구성될 수 있기 때문에 내재적이기도 하다. 상황상태를 통해서 구조화된 현시는 그것의 아래에 존재하기 때문에, 자체가 순수 다자를 공제하고서 조작된 것이라는 점을 망실하고 스스로를 '존재'라고 생각하게 된다. 이로써 일자들의 보편적인 안정이 지속되는 듯한 착각이 생겨난다.

다자는 상황 속에서 현시되고, 상황상태 속에서 재현시된다. 이 점에서 다자는 상황에 속하기도 하고 포함되기도 한다. 다자는 원소이기도 하고 부분이기도 하다. 그런데 초과점 정리는 속하지는 않되 포함되는 다자들의 존재를 말한다. 이 다자들은 부분집합들일 뿐 원소들은 아니다. 그리고 또한 상황의 부분이 아니라 오로지 원소이기만 한, 즉 현시되기만 할 뿐 재현시되지는 않는 항들도 존재한다. 이 세 종류의 항들을 바디우는 '정규적인' 것들, '돌출적인' 것들, '특이한' 것들이라 부른다. ① 현시되는 동시에 재현시되기도 하는 항들은 '정규적인(normal)' 것들이다. ② 재현시될 뿐 현시되지는 않는 항들은 '돌출(excroissance)'을 형성한다. 돌출은 상황에 포함되지만 그것에 속할 수는 없다. ③ 현시되지만 재현시되지는 않는 항들은 '특이한(singulier)' 것들이다. 특이한 것들은 상황에 속하지만 그것에 포함될 수는 없다. 상황상태는 이것을 그것의 일자로서 인식할 수가 없다. 특이한 것들은 사건, 진리, 주체의 성립에 핵심적이다.[31]

---

31) 그렇다면 현시되지도 않고 재현시되지도 않는 것은 무엇일까? 바로 공백이다. 단순화해서 말한다면, 현시, 하나로-셈하기, 구조, 속함, 원소는 상황과 관련되고 재현시, 셈하기

국가는 원소들(개인들)을 셈하는 것이 아니라 부분집합들(집단들)을 셈한다. 마르크스주의는 이 점을 잘 알았으며, 국가를 개인들을 셈하는 것이 아니라 계급들을 셈하는 것으로 파악했다. 국가는 개별자들에 관여하는 것이 아니다.(바디우의 이런 생각은 뒤에서 논할 푸코의 '사목적 권력' 개념과 대비된다.) 국가는 모든 역사적-사회적 상황의 필수적인 메타구조에 다름 아니다. 마르크스주의가 국가는 지배계급의 국가, 부르주아계급의 국가라고 말할 때, 국가는 항상 현시된 것만 재현시킨다는 것을 잘 이해한 것이다. 국가는 역사적-사회적 현시에 묶여 있는 동시에 그것과 분리되어 있다. 국가가 상관하는 것은 부분집합들이라는 사실이 중요하다. 국가가 개인을 "다루는" 경우, 그 개인은 원소가 아니라 하나의 부분집합('단집합')으로서 다루어진다. 개인은 사회에 속한 존재가 아니라 포함된 존재로서 다루어진다. 국가가 관심을 가지는 것은 개개인의 죽음이 아니라 그 죽음이 숫자로 환원되어 계산되는 통계치이다.(이 점은 푸코가 논한 '생명정치'와 통한다.) 국가가 돌출과 밀접한 관련을 가지는 것도 같은 맥락이다. 돌출은 재현시될 뿐 현시되지 않는 것으로서, 현시될 뿐 재현시되지 않는 특이성과 대척적인 관계를 가진다.[32]

정치는 공백과 초과 사이에서 국가가 수립하려는 관계와는 다른 관계를 수립하는 것과 관련된다. 정치를 국가적인 재-보정에 동원되는 일자로부터 빼내기가 중요한 것이다.

의-셈하기, 포함, 메타구조, 부분집합은 상황상태에 관련된다.

[32] 엥겔스는 돌출에 대해서 정확히 간파했지만(국가의 관료적, 기계적 메커니즘), 그 과정에서 국가 자체를 돌출로 보는 오류를 범했다고 바디우는 지적한다. 그래서 국가가 제거된 단순한 현시의 보편성("소비에트")에 경도되었다. 바디우에 따르면, 국가는 멱집합이 자연스럽게 형성되듯이 형성되며 쉽게 소멸하지 않는다.

§3. 공백의 가장자리와 사건의 자리

앞에서 언급했듯이, 바디우에게서 역사는 자연과 대비적이다. 자연은 정규적인 것, 안정적인 것이고, 역사는 비정규적인 것, 불안정한 것이다. 정규적인 것은 현시되는 동시에 재현시되는 것이지만, 비정규적인 것은 현시되지만 재현시되지는 않는 특이한 다자들이다. 특이한 것들은 상황에 속하지만 포함되지는 않는다. 바디우는 자연을 정규성의 관계로, 역사를 특이성의 관계로 사유한다. 중요한 것은 마치 상황의 성립에 있어 순수 다자가 공제되듯이, 상황상태/국가의 성립에 있어 특이존재들이 공제된다는 사실이다. 바디우는 비-정규적인 다자, 즉 그것의 어떤 원소도 상황에 현시되지 않는 다자를 '사건의 자리'라 부른다. 예컨대 한 가족이 비-정규적인 다자일 경우, 그것은 사건의 자리가 된다. 이때 그 가족의 자리 자체는 현시되지만, 그 성원들은 현시되지 않는다. 이 다자는 '공백의 가장자리'에 있다. 상황 쪽에서 사건의 자리 아래쪽은 "rien"이다. 사건의 자리에서는 일관적 다자의 구조가 깨어진다.[33]

사건의 자리에 대한 규정은 국소적인 것인 반면, 자연의 상황에 대한 규정은 대역적인 것이다. 부분적인 다자의 역사성은 사유할 수 있지만, 하나의 역사("Histoire")는 사유할 수 없다. 총체적인 전복이란 상상적인 것이다. 급진적 변혁은 사건의 자리인 한 점에서 시작된다. 바디우는 외부의 개입 없는 내적인 변화가 일어날 수 있는 상황을 '역사적 상황'이라 부른다. 역

---

33) 자연은 절대적이며 역사는 상대적이다. 역사에서 특이성은 언제든지 정규성으로 화할 수 있다. 사건의 자리는 상황상태의 정규화를 겪을 수 있다. 그러나 자연을 특이화할 수는 없으며, 여기에 비대칭성이 존재한다. 역사는 자연화될 수 있지만, 자연은 역사화될 수 없다.(XVI) 자연과 역사는 일원화될 수 없다. 자연에는 사실들이 있을 뿐 사건들은 없다. 바디우에게서는 사건의 존재 유무가 자연과 역사를 가른다. 들뢰즈에게서 사건과 사실/사태/사고는 영역에 의해서가 아니라 물체적임과 비-물체적임에 의해 갈린다. 반면 바디우의 경우 어디까지나 영역에 의해 갈리며, 그가 생각하는 사건은 이미 말했듯이 우리가 "역사적 사건"이라고 부르는 것들이다.

사적 상황이란 곧 사건이 일어날 수 있는 상황이다. 그리고 사건은 상황을 바꾼다. 사건은 정원-외의(surnuméraire) 것이다.[34] 하나의 사건은 항상 국소화될 수 있으며, 또 국소적으로만 상황과 관련한다. 사건은 역사적 상황 속에서 특이화되는 자리와 떼어서 생각될 수 없다.

공백의 가장자리에 최소한 하나의 다자가 현시되어야 사건이 존재할 수 있다. 이 경우, 사건의 자리가 사건을 일으키는 것은 아니다. 사건이 일어나면 소급적으로 사건의 자리를 알 수 있을 뿐이다. 공백의 가장자리에 있는 비정규적 다자가 사건의 실마리이다. 바디우는 사건 개념을, 그리고 사건의 수학소를 다음과 같이 규정한다.(XVII)

자리 X에서의 사건은 그 자리의 원소들과 사건 자신으로 구성되는 다자이다.

$$e_x = \{x \mid x \in X, e_x\}$$

여기에서 앞의 항은 자리의 현시된 하나-임의 비현시된 원소로서, 공백 속에 내포되어 있다. 뒤의 항은 공백으로부터 출현하는 사건의 (아래에서 설명할) 명명행위와 관련된다. 사건의 논리는 하나의 논리가 아니라 둘의 논리이다.(XX, a) 예컨대 '프랑스 대혁명'이라는 사건을 생각해보자. 이 사건

---

34) 하나의 사건 역시 하나의 집합/다자이다. 그러나 사건의 솟아오름은 다자들에 대한 핵심적인 공리인 '정초 공리'(/기초 공리/정칙성 공리)를 벗어난다. 정초 공리: 공집합이 아닌 모든 집합은 그것과 서로소인 — 공통원소를-가지지-않는(disjoint) — 어떤 원소를 포함한다. $x \neq \varnothing \rightarrow \exists y(y \in \wedge x \cap y = \varnothing)$ 또는 $\forall x[\exists y(y \in x) \rightarrow \exists y(y \in x \wedge \neg \exists z (z \in x \wedge z \in y))]$. 이 정리의 중요한 귀결로서, 스스로를 원소로 포함하는 집합이나 스스로를 원소의 원소로 포함하는 집합 등은 존재할 수 없다. 사건은 바로 이 정초 공리를 위반한다. 그래서 존재론의 차원에서 사건은 '정초되지 않은', '근거 없는' 다자이다. 정초 공리는 사건이란 그것이 일어나는 다자-상황에 우연이 더해지는 것임을 정확히 드러냄으로써, 존재론=집합론이 사건을 금지하고 있다는 것을 보여주고 있는 것이다.(상세한 논의는 XVIII 참조) 사건은 '초-일자'이고 '이상한 집합'이다. 정초 공리와 대비되는 그럼에도 결국에는 존재론-집합론의 테두리에 머무는 '선택 공리'에 관련해서는 XXII 참조.

은 수많은 인물들과 사건들로 구성되어 있다. 그러나 이들이 "프랑스 대혁명"이라는 하나의 사건으로 불릴 수 있으려면, 이 모두가 '프랑스 대혁명'이라고 명명될 사건의 비-현시적 다자여야 한다. 그래서 사건의 수학소는 사건의 자리에서의 원소들(수많은 인물들과 사건들)과 사건에 부여되는 사후적인 명명('프랑스 대혁명')을 잘 보여준다.

사건은 상황의 원소인가? 상황 쪽에서 볼 때 이는 결정 불가능한(indécidable) 것이다. 사건은 정원-외의 것이다. X는 상황에 현시되지만 x는 현시되지 않는다. 그래서 사건의 자리는 상황의 부분으로서 포함되어 있지만, 사건의 원소들은 상황에 속하지 않는다. 아래에서 보다 자세히 논하겠지만, 이렇게 한 상황/구조의 부분집합이면서도 그 원소는 아닌 것, 포함되어 있지만 속해 있지는 않은 것이 곧 '진리'이다. 그리고 이 진리는 상황에 속해 있지 않기 때문에, 상황의 언어로 언표될 수가 없다. 상황에게 사건은 ① 현시적인 구조의 초-일자이거나, ② 공백의 이름이다. 사건이 상황에 속한다면, 그것은 한번은 현시된 다자로 또 한 번은 자기 자신의 현시 속에서 현시된 다자로 셈해진다는 점에서 '초-일자'가 된다. 반면 속하지 않는다면 "rien"일 뿐이며 명명은 오직 공백에만 붙는 것이다. 사건은 상황으로 하여금 자신의 공백을 고백하도록 강제한다. 그로써 공백으로서의 비-존재가 섬광처럼 나타나게 한다.

§4. 사건과 진리, 개입과 충실성

그러나 사건은 단지 사건 자체로서는 섬광에 불과하다. 이 섬광이 촛불이 되고 다시 햇불이 되려면, 그것이 주체에 의해 '진리'로 화해야 한다. 바디우 사건론의 진면목은 오히려 이 지점에서 시작된다. 그의 사유는 존재론＝집합론, 자연에 대한 논의를 토대로 하지만, 이 토대는 어디까지나 그 위에서 사건론, 역사에 대한 논의가 펼쳐지는 기반일 뿐이다. 전자가 플라톤의 이데아론에 해당한다면, 후자는 정치철학에 해당한다. 그러나 플라톤에게서는 전자의 연속선상에서 후자가 성립하지만('미메시스'), 바디우의 경우 전자와 변별되면서 후자가 성립한다. 전자 없이는 후자가 들어설 이론적 기반이 결여된다. 그러나 전자를 도약대로 해서 펼쳐지는 바디우 사유의 핵심은 결국 후자이다.[35] 그래서 사건이 본격적인 역사적 사건으로 화하는 과정에서 중요한 역할을 하는 '개입'과 '충실성'의 개념은 바디우 사유의 주요 마디를 이룬다.

바디우는 하나의 다자가 '사건'으로서 인정받도록 만드는 모든 절차를 '개입'이라 부른다. 사건이 다자로서 인정받게 되는 것은 **명명을 통해서이다.**[36] 명명되었을 때 사건은 다자로 인정받게 된다. 사건의 명명행위는 사건이 상황에 속함에 관련해 결정 가능한 것으로 구성하는 것이다. 개입의

---

35) "수학적 존재론이 진리의 개념을 다루는 것은 불가능하다. 모든 진리는 후-사건적이며 (postévénementielle), 사건인 역설적 요소는 이 존재론에 의해(정초 공리에 의해) 금지되기 때문이다. 따라서 진리의 절차는 전적으로 존재론을 벗어난다. 이 점에서 존재('퓌지스'로서의)와 진리('알레테이아'로서의, 즉 탈은폐로서의)의 시원적인 서로에게-속함이라는 하이데거의 테제는 기각되어야 한다. 존재에 대해 말해질 수 있는 것은 진리에 대해 말해질 수 있는 것과 분리되어 있다. 바로 이 때문에 (존재론=집합론이 아니라) 오로지 철학만이 진리를 사유한다. 철학(메타존재론)이란 존재론으로부터의 공제에 있어 바로 그 공제되는 것들 ── 사건, 초-일자, 우연한(hasardeuse) 과정과 그 유적인 결과 ── 에 상관적인 것이기에."(XXXIII)

36) "과거에는 어떤 비밀스러운 지표(指標)가 깃들어 있다. 미래에게 구원을 요청하는 그러한 지표가. 옛사람들의 옆을 스치던 바람 한 줄기가 지금 우리 옆에서도 스치고 있지 않은가? 우리가 지금 귀 기울이고 있는 목소리들 속에는 이제는 말할 수 없는 옛 목소리들의 메아리가 울리고 있지 않은가? 우리가 구애하고 있는 여성들에게는 이제는 그들이 마주할 수 없는 자매들이 있지 않은가? 그러할진대 옛사람들과 우리 사이에는 은밀한 약속이 있다고 해야 하지 않겠나. 하니 우리는 이 지상에서 기다려졌던 사람들이다."(Walter Benjamin, "Über den Begriff der Geschichte", *Gesammelte Schriften*, Bd. I-2, Suhrkamp, 1974, S. 693~694)
"거기에 있지 않은 이들, 더 이상 현존하지도 살아 있지도 않거나 아직 현존하지도 살아 있지도 않은 사람들과 관련된 정의에 대한 존중 및 이러한 책임 없이는, '어디에?', '내일은 어디에?', '어디로?' 같은 질문을 던지는 것이 무슨 의미가 있겠는가?"(자크 데리다, 진태원 옮김, 『마르크스의 유령들』, 그린비, 1993/2021, 13쪽)

본질은 이 '~이/가 존재한다(il y a)'라고 명명하는 것에, 그리고 사건적 자리가 속하는 상황의 공간에서 이 명명행위의 귀결들을 펼치는 것에 있다. 사건이라는 역설적 다자를 명명할 수 있는 것은 상황이나 자리가 아니다. 사건이 내포하는 현시될 수 없는 것이 삭제되어서는 안 되는 것이다. 개입이 우선 실행해야 할 것은 사건을 형용하기(qualifier) 위해 사건적 자리의 현시되지 않은 원소의 이름을 짓는 것이다. 사건의 이름은 공백으로부터 이끌어내어져야 한다. 바로 그것의 가장자리에서 그 자리의 상황-내적 현시가 이루어지는 공백 말이다.

　앞에서 내렸던 사건의 정의를 상기하자: 자리 X에서의 사건은 그 자리의 원소들과 사건 자신으로 구성되는 다자이다. $e_x = \{x|x \in X, e_x\}$. 이 공식이 두 개의 항으로 되어 있다는 점에 주의해야 한다. 앞의 항은 자리의 현시된 하나-임의 비-현시된 원소로서, 공백 속에 내포되어 있다. 뒤의 항은 공백으로부터 출현하는 사건의 명명행위와 관련된다. 언급했듯이 이것은 하나의 논리가 아니라 둘(부재인 동시에 정원-외적인 이름)의 논리이다. x가 사건의 이름으로 역할할 수는 없다. x는 그 본성상 '무명 용사'이다. 상황 속에서 사건은 익명적이다. '구분할 수 없는 것'이다. 사건에 처음부터 이름이 있었다면, 그것은 애초에 상황에 속한 것이었다 해야 할 것이다. 그래서 사건의 명명은 본성상 비-합법적인 것이다. 상황상태/메타구조는 이 비-합법적인 것을 규정할 수 있는 틀을 가지고 있지 않다. 사건은 현시되지만 재현시되지는 않는 특이한 것이다. 사건은 항이라기보다는 간극으로서, 텅 빈 익명성과 이름의 추가 사이에 자리 잡는다. 이 역설적 다자의 명명을 통해서 개입자는 공백을 대변하는 항을 드러낸다. 그래서 이런 개입자들의 실천이 없다면 사건은 덧없이 사라질 운명에 처하게 된다. 새롭게 출현한 공백을 상황 속에 존재하는 것으로 선언하는 '해석적 개입'을 통해서 사건은 '진리'가 되는 것이다.

　사건의 귀결들은 상황 속에 있기 때문에 귀결들로서 식별이 불가능하다. 이 식별을 가능하게 하는 것은 곧 사건과 사건을 이어감으로써 역사적 사건을 만들어내는 행위이다. 이렇게 시간의 조직된 통어를 통해 역사를 만들어가는 행위를 바디우는 '충실성'이라고 부른다. 사건과 진리가 덧없이 사라지지 않도록 하는 것은 바로 이 충실성이다. 충실성에서 가장 중요한 것은 그것의 지속성이다. 바디우에게 시간은 두 사건 사이의 간극이다. 시간이란 사건들을 잇는 간극이고, 그 간극을 사는 것은 역사적 행위로서의 개입과 충실성이다.[37] 개입이란 한 공백의 가장자리에서 그 이전의 가장자리에의 충실함을 실천하는 것이다.

하지만 바디우는 이런 개입과 충실성이 사건들을 만들어내는 것은 아니라고 생각한다. 일어난 사건들을 상황 속에 존재케 하는 것(그로써 상황을 변화시키는 단초를 마련하는 것)이 개입이고, 이 실천을 지속하는 것이 충실성이다. 바디우의 이런 생각은 자발적 행위와 반성적 사유 사이의 간극을 신중하게 고려한 결과인 것으로 보인다.

> 모든 새로움들은 상대적이며, 질서의 우연으로서만 사후적으로 독해 가능하다. 오히려 사건의 독트린이 우리에게 가르쳐주는 것은 모든 노력을 사건 발발을 유발하는 것에가 아니라 그 귀결들(conséquences)을 따라가는 데에 쏟아야 한다는 것이다. 사건의 영웅이 존재하지 않듯이, 천사적인 전령 또한 존재하지 않는다.(XX, g)

바디우는 충실성에 관련해 세 가지 점을 지적한다. a. 충실성은 항상 특수하다. 여기에서 특수하다는 것은 충실성이 항상 하나의 특정한 사건에의 충실성임을 뜻한다. 충실성은 사건에 대해 함수적인 관계를 맺는다. 그것은 개인의 내적 성향과는 무관하다. 그래서 사건에 충실할 수 있는 여러 방식들이 존재한다. 스탈린주의자들과 트로츠키주의자들은 서로를 도륙했지

---

37) 개입을 통한 시간의 성립은 두 사건 사이의 간극이기에, 바디우는 절대적 시초, 즉 과거의 절대적 전복과 미래의 절대적 시작을 믿지 않는다. 바디우는 이런 절대적 시초에 기대는 모든 사유를 '사변적 극좌파'라 부른다.

만, 공히 1917년 10월의 사건에 충실했다고 할 수 있다. 그래서 충실성은 세 가지 사항의 통접에 의해 정의된다. 첫째, 상황: 개입의 효과들이 하나로-셈하기의 법칙에 따라 도출되는 곳이 곧 상황이다. 둘째, 특수한 다자: 명명됨으로서 상황 내에서 순환하게 되는 사건이 곧 특수한 다자이다. 셋째, 접속의 규칙: 어떤 실존하는 다자가 (개입의 결정을 통해 상황에 속하게 된) 사건에 얼마나 연관되는지를 판단하게 해주는 것이 접속의 규칙이다. 바디우는 한 항이 한 사건에 충실성으로써 접속되어 있는 것을 a □ e$_x$로 표기한다.

b. "충실성은 상황의 한 항으로서의 다자가 아니다. 그것은 하나로-셈하기가 그렇듯이 일종의 실행, 구조이다. 충실성을 평가할 수 있게 해주는 것은 그것의 결과, 즉 한 사건에 의해 조정된 효과들을 하나로-셈하기이다. 엄밀하게 말해, 충실성이란 존재하지 않는다. 실제 존재하는 것은 그것이 (사건적인 발생에 의해 여러 가지 방식으로 표식되는) 하나로-셈해진 다자들로부터 구성하는 재편성이다."(XXIII) 상황 편에서 사건이 존재하지 않는 것이듯이, 상황상태의 편에서 볼 때의 충실성 — 사건에 접속된 유한수의 다자들의 재편성 — 은 존재하지 않는 절차이다. 따라서 충실성이 그 존재에 있어 사유될 때, 그것은 상황상태의 유한한 원소, 재현시이다. 그리고 그 비-존재에 있어, 조작으로서 사유될 때, 그것은 현시에 부가되는 무한한 과정이다. 그것은 상황상태에 있어서는 거의-아무것도-아닌-것이며, 상황에 있어서는 거의-모든-것이다. 바디우는 충실성의 바로 이린 성격이 인터내서널이 노래했던 "우리는 아무-것도 아니기에, 바로 모든-것이지"의 정신과 통한다고 본다. 들뢰즈가 "당신의 사건을 살아라"라고 했다면, 바디우는 이렇게 말한다: "사건에, 바로 우리 자신인 사건에 충실하자."

c. 충실한 절차들의 결과는 상황에 포함된다. 그래서 충실성은 순수하게 상황상태의 바깥에 존재할 수 없다. 그러나 충실성의 결과가 상황상태의 그림자 아래 있을 때조차 그것은 모든 결과들을 넘쳐흐른다. 이 점에서 충실성 개념은 상황상태-화, 제도-화를 거스르는 성격을 띤다. 사건의 비-합법적인 이름은 그것을 상황 속에서 순환하게 만들고, 충실성은 이 사건에 현

시되는 다자들의 접속을 식별해낸다. 충실성은 상황상태의 일정한 기능에 할당할 수 없는 것이 될 때, 그리고 그것의 결과가 상황상태의 관점에서 특이하게 무-의미한 부분이 될 때 특히 분명하게 상황상태로부터 구분된다.

> 충실성이 상황상태/국가의 그림자로부터 가능한 한 멀리 떨어질 수 있는 것은 한편으로는 접속의 실행과 속함(또는 포함) 사이의 간극에 있어서이고, 다른 한편으로는 그것이 내포하는 참된 분리하는 능력에 있어서이다. 진정한 충실성은 상황상태로서는 개념적으로 파악할 길이 없는 의존성들을 수립하고, 이어지는 유한한 상황상태들을 따라가면서 상황을 둘로 자른다(사건의 무차이적인 다자들의 존재도 식별되기에).(XXIII)

바디우는 사건과 충실성의 절차, 다시 말해 개입과 (충실성에 의한) 접속의 실행 사이를 잇는 과정 자체를 '주체'라고 부른다. 요컨대 주체는 개입과 충실한 접속의 규칙 사이의 이음매(jointure)이다. 이제 바디우 사건론은 이 과정을 그리고 주체 개념을 해명해나간다.

§5. 유적 절차

우선 중요한 것은 충실성의 절차가 정원-외적인 점(사건의 이름)에서 출발해 체제-유지적인 '지식' 또는 '상황의 백과사전'[38]을 대각선으로 가로지르면서 식별 불가능한 유를 산출해내는 과정, 즉 '진리의 절차' 또는 '유적 절차'를 명료화하는 일이다.

---

38) 바디우가 지식 또는 상황의 백과사전이라 부르는 것은 라캉이 분석한 '대학의 담론', 푸코가 분석했던 '지식', 들뢰즈와 가타리가 분석했던 '정주과학', '기호체제' 등과 비교해볼 만하다. 그러나 '지식과 진리' 개념 쌍과 가장 직접적으로 비교해볼 만한 개념 쌍은 알튀세르가 대비시킨 '이데올로기와 과학'일 것이다.

바디우에게 '지식'이란 상황으로부터 어떤 다자들을, 랑그의 명시적인 구절(들)이 지시할 수 있는 이런저런 속성을 가진 다자들을 식별해낼 수 있는 능력이다. 지식은 그러한 다자들을 식별해내고 다시 그것들을 분류한다. 이렇게 해서 귀결되는 것이 '백과사전', 지식의 체계이다. 따라서 지식은 그것이 식별해낼 수 없는 것, 즉 사건을 빠트린다. 사건은 정원-외적인 것이며 따라서 백과사전에서 누락된다. 바디우는 이런 지식체계에 종사하는 사람들을 '학자'라고 부른다. 반면 학자와 대비되는 '투사' — 사랑의 투사, 과학의 투사, 예술의 투사, 정치의 투사[39] — 는 지시체계에 의해서는 **식별 불가능한 것, 분류 불가능한 것**에 접속한다. 투사는 학자와는 달리 식별 불가능한 것을 식별해내는 자이다. 그가 실천하는 이 다른 의미에서의 식별이란 "지식체계 바깥에서, 개입적인 명명의 효과들 내에서, 사건의 정원-외적인 이름에의 접속들을 탐구하는" 행위이다.(XXXI, 2) 이것이 곧 '충실성

---

39) 바디우는 진리를 창출하는 네 종류의 행위가 존재하며, 사랑, 과학, 예술, 정치가 그것이라고 생각한다. 그래서 그에게는 '진리(Vérité)'란 존재하지 않으며, 오로지 네 종류의 '진리들(vérités)'만이 존재한다. 이 네 가지 진리들은 공가능하다. 철학은 진리들 중의 하나가 아니라 이 네 진리들이 진리들이라는 것을 밝혀주는 '진리 절차'의 행위이다. 바디우의 철학 개념은 '메타과학'이 아니라 '메타 사랑·과학·예술·정치'라 하겠다. 바디우는 철학을 이 네 진리들 중 어느 하나에 배타적으로 복속시키려 하는 행위를 '봉합'이라 부른다. 영미에서 흔히 볼 수 있는 실증주의, 과학주의는 철학을 과학에 봉합하려는 행위이다. 마르크스주의는 철학을 정치에 봉합하려 하고, 니체, 하이데거 등은 예술에, 레비나스 등은 사랑에 봉합하려 하는 경우들이다. 다음을 보라. 바디우, 서용순 옮김, 『철학을 위한 선언』, 도서출판 길, 2010, 6장.
바디우에게서 투사가 네 가지 진리 모두와 관련되는 개념이라 해도, 그것이 정치와 각별한 관계에 놓인다는 것도 사실이다. "나는 '사유'라는 말로 <u>주체성으로 파악된 모든</u> 진리 절차를 지칭한다. '사유'는 어떤 진리 절차의 주체를 위한 이름이다. (…) 우리는 정치에 의해 주체로 구성되는 자를 그 절차의 <u>투사들</u>이라 부른다. 그러나 '투사'는 경계 없는 범주이며, 정체성이 없는 또는 개념이 없는 주체적 결단이다. 정치적 사건이 집단적이라는 것은 잠재적으로 모든 사람이 사건으로부터 유래하는 사유의 투사임을 규정한다. 이런 의미에서 정치는 그 결과에 있어서만이 아니라 정치적 주체의 국지적 구성에 있어서도 유적인 단 하나의 진리 절차인 것이다."(바디우, 김병욱 외 옮김, 『메타정치론』, 이학사, 2018, 180쪽)

의 절차'이다.

이러한 식별에서 핵심적인 것은 다자들에서 사건에 접속된 것들과 그렇지 않은 것들을 구분하는 일이다. 단순화해 말한다면, 충실성의 실행자는 상황에서 접속과 비-접속을 식별한다. 어떤 다자가 정원-외적인 이름의 순환을 불러오는 '효과들의 장' 내에 존재하는가의 여부가 접속과 비-접속을 판별케 해준다. 이러한 판별의 유한한 집합이 '조사(앙케트)'이다. 조사는 충실성 절차의 참된 기초이다. 물론 접속되어 있는 것으로 판별된 다자들도 상황 내의 다자들이고, 따라서 백과사전의 체제 내에 들어 있다. 지식은 이 접속된 다자들을 비-접속된 다자들로부터 구분해내지 못하지만, 여기에서 작동하고 있는 것은 결국 '지식'과 '진리'의 변증법이다. 지식에 의해 통제 가능한 언표는 '타당하다'. 반대로 충실성의 절차에 의해 통제 가능한 언표는 '참되다/진리이다'. 진리는 오로지 그것이 **무한할** 때에만 타당한 것으로부터 구분될 수 있는 기회를 가진다. 다시 말해, 진리는 상황의 무한한 부분이다. 유한한 부분들은 모두 지식에 의해 포획되어 있기 때문이다. 사건이 공백의 가장자리에서 생성하며, 그로써 '새로움'으로서의 진리가 도래한다는 점을 생각할 때, 진리는 무한한 것이어야 한다는 점이 이해된다. 그러나 무한성만으로는 부족한데, 왜냐하면 존재론=집합론 역시 무한성을 자체의 방식으로 소화하고 있기 때문이다. 때문에 바디우는 진리 절차를 완수할 수 있게 해주는 결정적인 절차로서 '유적 절차'를 제시한다.

"백과사전의 모든 결정자들에 관련해 그것을 <u>탈피하는 적어도 하나의 조사를 포함하는</u> 충실성 절차"가 유적 절차이다. 그리고 진리란 유적 절차에서 "긍정적인(사건과 접속해 있는) 것들로 판명된 다자들의 무한한 총체"이다.(XXXI, 4) 그래서 진리는 사건의 이름과 접속해 있는 다자들을 새롭게 배치한다. 이런 다자들이 곧 '후-사건적 다자들'이다.

지식에 의해 명명 가능하고, 식별되고 분류될 수 있는 모든 부분들은 상황-내에-있음 자체가 아니라 랑그가 지표화할 수 있는(repérables) 특수성들로써 상황에서 분할해내는 것들을 참조한다. 충실한 절차는 상황상태의 랑2에 의해 수립된 관계가 아니라 공백이 불러내어지는 사건에서 유래하기에, 그 무한한 [상황]상태들에 있어 상황의 존재를 주재한다. 지식의 결정자가 타당성들만을 특화한다면, 충실성의 절차는 상황의 한-진리이다.

식별 가능한 것은 타당하다. 그에 비해 식별 불가능한 것만이 진리이다/참되다. 또는 진리에는 유적인 진리만이 있을 뿐인데, 이는 유적인 충실한 절차만이 상황적인 존재의 하나를 목표하기 때문이다. 충실한 절차는 진리-임을 그것의 무한한 지평으로 삼는다.(XXXI, 5)

    바디우는 명명 불가능하고, 구성 불가능하고, 식별 불가능한 다자를 '유적 다자'(우)로 부른다.[40] 그런데 여기에서 '유적'이라는 용어는 수학자들이 식별 불가능한 것을 가리키는 G이다. 그렇다면 유적 다자는 존재론＝집합론과 절연된 것은 아니다. 하지만 지금까지 양자는 대비되는 것으로 논의되어오지 않았는가? 존재론＝집합론은 유적 다자의 '생성'을 사유할 수는 없다. 그러나 유적 다자로 귀결된 다자는 그 자체 '존재'이다. 그래서 존재론＝집합론은 사건과 진리의 생성을 식별해내지는 못하지만, 기존의 상황에 새롭게 첨가된 것으로서의 이 유적 다자를 사유할 수는 있다. 이런 사유를 가능케 한 것은 코언의 강제법이다.[41] 그래서 우리는 식별 불가능한

---

40) "진부분집합 우은 S에 속하는 모든 도메인 D에 대해 D∩우≠∅이 성립할 때 S에 대해서 유적이다."(XXXIII, 4)

41) **강제법**(forcing) — 칸토어는 "연속체는 비가산적"이라는 명제를 증명했다.(1873) 모든 정수의 집합 N으로부터 모든 실수의 집합 R로의 사상은 존재하지 않음을 증명한 것이다. R이 N을 포괄하므로, $2^{\aleph_0} > \aleph_0$이다. 이제 $2^{\aleph_0}$이 $\aleph_1$($\aleph_0$ 바로 다음의 기수)과 같은가라는 물음이 제기된다. 칸토어는 같다고 추측했고, 이것이 곧 연속체 가설이다. 1963년 코언은 그의 '강제법'을 통해서 칸토어의 문제에 대한 그의 해는 $2^{\aleph_0} = \aleph_1$을 증명하는 것도 아니고 $2^{\aleph_0} \neq \aleph_1$을 증명하는 것도 아님을 보여준다. 요컨대 연속체 가설은 **결정 불가능**한 것임을 증명한 것이다.* 이는 곧 ZFC가 완전하지 않으며 그렇다고 그것이 완전한 공리체계로 대체될 수 있는 것도 아니라는 것을 뜻한다. 코언은 ZFC의 다른 모델들을 구축할 수 있는 방법을 찾아냈다. 한 주어진 모델('기초 모델') M이 있을

것이 강제로 상황에 첨가될 때 어떤 일이 벌어질까에 주목할 수 있다. 이것은 다음과 같은 명백한 정치적 함축을 띤다: 사건에서 출발해 자리의 비-현시된 것을 명명함으로써, 이 명명에의 끈질긴 충실성을 통해 **상황을 재편성하는 것**. 요점은 상황에 식별 불가능한 것의 첨가를 강제하는 것이다. 이 첨가의 순간 생성 자체는 소멸된다. 생성/과정이 '존재'가 되기 때문이다. 그러나 바로 이 첨가를 통해서 존재/상황이 바뀐다는 것이 핵심이다.[42] 상황 S가 S(우)가 되는 이 과정이 '유적 확장'이다.(이 과정에서도 '명명'은 핵심적인 임무를 맡는다.)[43]

때, 우리는 일종의 상상적인 집합인 *G*를 첨가함으로써 M을 확장할 수 있다. 이렇게 얻은 M(*G*)는 ZFC를 만족시킨다. 코언은 M(*G*)에서 연속체 가설이 실패하게 되는 집합 *G*를 찾아내는 방법을 제시했다. 그 결과 연속체 가설은 ZFC에서 증명 불가능하다는 점이 분명해졌다. 하지만 연속체 가설은 (괴델이 증명했듯이) 일관적이기에,** 결국 그것은 결정 불가능하다는 결론이 나온다. 코언은 *G*에 대한 부분적 정보를 제공하는, 그래서 *G*가 유적 집합이라는 것을 가정하는 '강제하는 조건들'을 도입했다. 유적 집합은 어떤 강제하는 조건들이 참인지를 결정한다. 이런 식으로 강제법과 유적 집합의 개념들이 도입됨으로써, 유적 집합이 실제 존재한다고 가정할 수 있게 된다. 요컨대 강제법은 기존의 수학적 공리들로써는 결정 불가능한, 따라서 존재론=집합론으로써는 식별 불가능한 유적 집합의 존재를 증명했다.

  *여기에서 '결정 불가능하다'는 것은 괴델의 '불완전성 정리'(1931)의 의미에서이다. 괴델의 이 정리는 모든 재귀적이고 충분히 표현적인 공리체계는, ZFC도 이에 포함되거니와, 불완전한 것임을 말한다. 여기에서 '재귀적(recursive)'이란 하나의 컴퓨터 프로그램이 한 진술이 공리인지의 여부를 결정할 수 있다는 것을 뜻하며, '충분히 표현적'임은 해당 체계가 정수들에 관련한 자명한 진리들을 내포한다는 것을 뜻한다. 괴델의 정리는 결정 불가능한 진술들이 존재함을 말해준다.

  **괴델은 연속체 가설을 만족시키는, ZFC의 한 모델인 구축 가능한 우주 L을 구성했다. 모델 L은 기본적으로 ZFC의 공리들을 만족시키는 집합들의 최소의 가능한 모음이다. 연속체 가설은 L 내에서 참이므로 결과적으로 ZFC 내에서 기각될 수 없다. 달리 말해, 연속체 가설은 일관적이다.

42) 바디우 사유의 이런 구조는 구체적인 내용의 상이함을 접어둔다면 들뢰즈의 것과 흥미롭게 비교된다. 들뢰즈의 경우에도 잠재적 차원에서의 '강도적 과정'은 현실의 존재들(외연, 질, 관계 등)을 낳은 후 그 자체는 소멸해버리기 때문이다.(물론 잠재성으로서 계속 잠존하지만) 그래서 외연성을 추구하는 사람들은 존재(바디우)/현실성(들뢰즈)의 눈에 보이는 구조에만 주목할 뿐, 그 아래에서 벌어지고 있는 생성/과정의 두께는 싹둑 잘라버리고 사유하는 것이다.

§6. 주체(화)란 무엇인가

바디우는 진리가 유지될 수 있도록 해주는 유적 절차의 모든 국소적 얼개를 '주체'라고 부른다. 주체는 사건의 진리를 '존재'하게 한다. 다시 말해 사건의 진리를 상황 속에서 타당한 것으로서 강제한다. 그로써 상황을 변화시킨다. 그렇다고 주체가 진리를 가능케 하는 것은 아니다. 주체가 아니라면 진리는 헛되이 사라질 수 있지만, 진리 그 자체는 주체를 넘어서 존재한다. 주체는 진리를 만들어내는 것이 아니라 상황 속에서 타당한 것으로 전환될 수 있게 해주는 고리/배치이다.

바디우의 주체는 실체가 아니다. 그에게 '실체'란 다자들=집합들이다. 또, 주체는 텅 빈 점이 아니다. 바디우에게서의 존재와 무는 사르트르의 즉자와 대자를 연상시키는 면이 있지만, 바디우의 무는 주체성이 아니라 순수 다자로서의 공백이다. 바디우에게서 주체는 일종의 점이 아니라, 어디까지나 어떤 과정으로서, 주체화(subjectivation)로서 의미를 가진다. 바디우의 주체는 칸트적인 선험적 주체도 아니다. 바디우의 현시 개념은 이미 경험 개념을 내포하고 있으며, 그에게 주체는 경험을 종합하거나 근거짓는 존재가 아니라 현시의 체계를 변화시키는 존재이다. 나아가 주체는 현시에 포함되어 있는 어떤 상항이 아니다. 주체는 특이한 존재, 정확히 말해 존재의 변화 과정의 핵심적인 고리이다. 주체는 단일하지 않다. 신적인 대(大)주체 같은 것은 없다. 바디우에게 네 가지 진리 산출 과정이 있는 만큼, 주체 또한 적어도 네 종류가 있다고 해야 할 것이다. 마지막으로 주체는 시작도 아니고 끝도 아니다. 주체는 "절차의 국소적 구도(statut), 상황의 초과적인 한 배치"이다.(XXXV)

주체는 충실한 접속의 실행자이다. 그리고 주체화는 개입적 명명을 뒤따

---

43) S⊂S(우)는 확장을 나타내지만, 우∈S(우)은 엄격한(stricte) 확장을 나타낸다. ~(우∈S)이기 때문이다.(XXXIV, 6)

르는 어떤 실행자의 출현이다. 주체화는 양면적이다. 한 면에서는 공백의 가장자리에서 사건의 진리에 개입하며, 다른 한 면에서는 상황을 겨냥하면서 유적 절차를 실행한다.

> 주체화는 진리〔의 유적 절차〕를 가능케 하는 것이다. 주체화를 통해서 사건은 상황── 사건이란 곧 상황에 관련해서의 사건이다 ──의 진리를 향하게 된다. 주체화는 사건적인 초-일자가 이 식별 불가능한 다자성(즉, 진리)에 따라서 배열되도록 하는 것, 또는 지식적인 백과사전에서 공제되도록 하는 것에로 열어간다. 또한 고유명은, 한 진리의 유적 궤적인 한에서 초일자가 다자에게서 일어날 수 있게 해주는 것이 됨으로써, 둘 모두(초-일자와 다자)의 자취를 담아낸다. (사건적인 측면에서의) 10월 혁명인 동시에 반세기간 혁명적 정치의 참된-다자성이었던 레닌주의이기도 한 레닌. 마찬가지로, 순수 다자의 사유를 요청하고 존재로서의-존재의 무한한 증식을 그것〔순수 다자〕의 공백에 이은 광기인 동시에 (부르바키에 이르기까지 그리고 그 이후까지도 이어지고 있는) 수학적 담론성의 통합적인 재구축의 과정이기도 한 칸토어. 다시 말해, 고유명은 개입적인 명명과 충실한 접속의 규칙을 동시에 내포한다.(XXXV, 1)

충실성의 절차는 공백의 가장자리에서 시작되거니와, 여기에서 지배적인 것은 우연이다. 모든 진리 형성의 양상인 이 우연은 주체 성립의 터이다. 바디우의 사유는 목적론적인 틀에 사건들을 끼워 넣는 역사형이상학이 아니라 공백의 가장자리에서 우연히 솟아올라오는 '사건'이 후-사건적 절차를 통해서 기성의 '존재'를 바꾸어나가게 되는 내재적 역사생성론이다. 주체는 역사형이상학적인 목적을 담지하는 존재가 아니라 우연히 도래한 사건과 그것이 낳은 진리에 개입해 끈질긴 충실성의 절차를 통해 유적 절차를 이루어내고, 결국 유적 확장을 이루어 현실을 바꾸어나가는 존재이다. 주체의 역할은 진리를 낳는 것이 아니라, 태어난 진리를 살아남게 하고 의미 있게 하는 것이다.

주체는 [충실한] 절차의 국소적인 배치이기 때문에, "그에게"도 역시 진리는 식별 불가능하다는 것은 분명하다. (…) 주체는 유한하지만 진리는 무한하기 때문이다. (…) 주체는 진리를 안다고 또는 진리가 주체를 위해 존재한다고 가정하는 모든 형태의 주체 개념은 절대적으로 파기되어야 한다. 주체는 진리의 국소적인 계기이기 때문에 그것의 범역적인 첨가를 근거짓는 데에 실패한다. 모든 진리는 주체를 초월해 존재하는데, 왜냐하면 주체의 존재이유는 그것의 효과화를 밑받침하는 데에 있기 때문이다. 주체는 진리의 의식이 아니며, 또 무의식도 아니다.(XXXV, 3)

주체는 명명행위를 통해서 진리를 지식의 차원으로 전환시키며, 그로써 지식의 차원을 변화시킨다. '당', '혁명', '정치' 같은 레닌의 개념들, '집합', '서수', '기수' 같은 칸토어의 개념들이 그러하다. 이런 개념들이 첨가됨으로써 지식의 체계는 바뀌게 되는 것이다. 이런 명명행위는 당연히 기성 지식의 저항에 부딪치게 되며, 이때 주체는 진리의 전미래 시제를 끈질기게 지탱해나가는 역할을 하는 것이다("주체는 항상 전미래에서의 의미를 표명한다."). 그래서 주체의 본질은 바로 '진리사건'에의 충실성에 있다고 할 수 있다.[44]

주체의 핵심적인 역할은 식별 불가능한 것의 관점에서 결정 불가능한 것을 결정하는 것에 있다. 다시 말해, 하나의 진리를 걸고서 하나의 타당성을 강제하는 것이다. 그렇다면 주체는 정확히 어디를 공략해 이런 강제를 실행할 수 있는 것일까? 앞에서 초과점 정리가 진리와 주체에 대한 논의에 중

---

44) 들뢰즈와 가타리는 철학을 "개념들을 창조하는" 행위로서 이해한다.(Deleuze et Guattari, *Qu'est-ce que la philosophie?*, Minuit, 1991, "introduction") 그리고 이들에게서는 철학과 과학 그리고 예술이라는 3항의 관계가 핵심적이다. 그러나 바디우의 경우 개념들을 창조하는 것은 일차적으로는 사랑, 과학, 예술, 정치이다. 바디우 자신의 개념들은 메타적인 성격의 개념들이라 할 수 있을 것이다.
나는 『진보의 새로운 조건들』에서 '진리사건'을 중요한 개념으로서 사용했지만, 이는 바디우의 개념과는 맥락을 달리한다. 그것은 베르그송의 "dévoilement", 하이데거의 "Unverborgenheit"를 잇고 있되, 이들과는 달리 정치철학적 뉘앙스를 띠고 있는 개념이다.

요한 역할을 한다는 점을 언급했거니와(§1), 집합 x와 P(x) 사이의 간극은 '존재의 난국'이 자리하는 지점이다.(VII, 1) 이 지점은 곧 상황과 상황상태(/구조와 메타구조), 속함과 포함 사이의 간극이다. 바로 이 초과점에서의 방황(XXXVI, 4, 6)이 식별 불가능성이 결정 불가능성으로 전환되면서 결정 가능한 것으로 화하는, 그로써 상황을 변화시키게 되는 지점이다. 존재론적 난국의 지점이야말로 주체가 결정 가능성을 향해 스스로를 다그치게 되는 바로 그 지점인 것이다. "마침내 도래하는 식별 불가능한 것과 결정 불가능한 것 사이의 연결이야말로 존재론에서의 주체(Sujet)의 존재가 그리는 도정이다."(XXXVI, 7, 1)

들뢰즈와 바디우의 사건의 철학은 각각의 매력과 장단점을 내포하고 있다. 양자를 비교하는 것은 흥미로운 작업이고, 양자를 종합해 보다 진일보한 사건의 철학을 전개하는 것은 긴요한 작업이다.

2장의 결론에서 우리는 '생성' 개념과 '사건' 개념의 관련성에 대해 논했다. 들뢰즈는 '사건' 개념이 사태를 비롯한 다른 개념들과 어떻게 구분되어야 하는지를 명료화했다. 여기에서 핵심적인 점은 내가 '사건 성립의 상대성'이라고 부른 것에 있다. "어떤 것이 '사건'인가?", 이 물음은 상대적이다. 즉, 어떤 것이 '사건'이 되는 것은 그것이 하위의 사건들을 그것의 배경으로 밀어 누르면서 솟아오름으로써 성립한다. 따라서 '사건'의 성립은 존재론적 누층 구조에 따라 상대적으로 이루어진다. 그렇기 때문에 제2차 세계대전만이 아니라 깃발의 흔들림도 또 심지어는 한 세포, 한 전자에서의 변화도 각각의 맥락에서 사건인 것이다. 이런 구도에서 자연과 역사 사이에 굵은 구분선은 없다. 이에 비해 바디우의 사건 개념은 어디까지나 우리가 "역사적 사건"이라고 부르는 사건을 사유하기 위해 정련되었다. 바디우에게서는 자연과 역사가, 존재와 사건이 분명하게 구분된다. 역사적 사건은 자연적 존재의 타자로서 출현한다. 이 점에서 양자의 사건의 철학은 그 기본 구도에서 분명한 차이를 보인다. 우리는 사건의 철학 일반에서 들뢰즈의 구도를 따라야 한다. 왜냐하면 지금까지의 과학적 사유의 성과들 전반에 비추어볼 때, 자연 자체에서 어떤 본질적인 새로움이 생성해 나온다는 것은 분명해보이기 때문이다. 그러나 자연과 역사 사이에 존재하는 구분 또한 분명한 사실이며, 고유한/좁은 의미에서의 사건은 어디까지나 역사적/인간적 맥락에 속한다는 것도 사실이다.(자연적 사건은 인간이 그것을 인식의 대상으로 삼을 때 비로소 사건으로서 다가온다.) 사건의 철학의 넓은 구도와 좁은 구도를 동시에 사유할 필요가 있는 것이다.

들뢰즈와 바디우 사이의 또 하나의 중요한 차이는 '잠재성'과 '현실성'을 둘러싸고서 드러난다. 바디우가 제시하는 들뢰즈 비판의 한 요점은 그가 현실성이 아닌 잠재성에 역점을 둔 사유를 펼친다는 점에 있다. 바디우 사유에서는 현실성이 전경을 차지하며, 잠재성을 논한다면 집합론적 현실성의 아래에 공제되어 있는 공백뿐이다. 반면 들뢰즈에게서는 (6장 1절에서 다룰) 잠재성의 누층적 생성에 대한 파악이 중요하며, 현실성은 이 잠재성의 표면효과로서 존재한다. 언급했듯이, 들뢰즈에게 현실성은 한 겹이고 잠재성은 무수한 겹을 이루지만 바디우에게서는 현실성이 무수한 겹을 이루고 잠재성은 오로지 한 겹에 불과하다. 하지만 들뢰즈에게서 '표면'은 단지 심층의 효과에 불과한 것이 아니라, 바로 사건의 철학이 거기에서 펼쳐지는 '형이상학적 표면'이다. 또 바디우의 경우, 유일한 잠재성인 바로 그 공백이 현실성으로 침투해 들어오지 않는다면 사건도 진리도 주체도 성립하지 않는다. 양자에게서 바로 그 한 겹이 공히 중대한 의미를 담고 있는 것이다. 양자의 구도는 표면과 집합론적 두께로 비교되는 현실성에서 그리고 잠재력/역능이 생성하는 두께와 비일관적인 순수 다자로서의 공백으로 비교되는 잠재성에서 판이하다. 그러나 잠재성으로부터 현실성으로 사건이 솟아오르고, 그 사건이 현실성의 장에 변화를 가져온다는 기초적인 구도는 양자에 공통적이라고 할 수 있다. 그로써 의미와 행위가(들뢰즈의 경우), 진리와 주체가(바디우의 경우) 성립하게 되는 것이다.

양자 사이의 또 하나의 중요한 차이는 '다자성'을 둘러싼 차이이다. 바디우는 들뢰즈의 사유를 '일자'의 사유로서 해석하면서, 그것에 자신의 다자성의 사유를 대비시킨다.[45] 그러나 이는 심각한 오독이다. 바디우는 '일자성'과 '일의성'을 혼동하고 있다. 양자 모두는 다자성의 사유이며, 그 수학적 원천이 다를 뿐이다. 이들의 존재론적 다자성은 칸트의 "Mannigfaltigkeit"와 대조적이다. 칸트의 구성주의 인식론에서 다자성은 인식질료로서의 '잡다'에 불과하다. 리만과 칸토어는 이 "Mannigfaltigkeit"의 의미를 존재론적 맥락으로 전환시켰다. 이미 지적했듯이 리만에게서 이 개념은 '다양체'로 전환되는데 비해 칸토어에게서는 '집합'으로 변환되며, 리만의 다양체는 들뢰즈에게로 칸토어의 집합론은 바디우에게로 이어진다. 들뢰즈의 다자성은 다양체이고, 바디우의 다자성은 집합이다.[46] 리만-들뢰즈의 사유와 칸토어-바디우의 사유는 오늘날 활발하게 논의되고 있는 "multiplicité"의 철학의 두 핵심 갈래로서 이해될 수 있다.

이 밖에도 우리는 들뢰즈에게서의 사건들의 계열화와 바디우에게서의 사건에의 개입, "당신의 사건을 살아라"라는 가치와 "바로 우리 자신인 사건에 충실하자"라는 가치, 아이온의 시간과 충실성의 시간, 강도적인 사유와 외연적인 사유 등 다양한 각도에서 두 사건론을 비교해볼 수 있을 것이

---

45) 바디우, 박정태 옮김, 『들뢰즈, 존재의 함성』, 이학사, 2001.

46) 바디우는 들뢰즈의 수학을 "은유"에 불과한 것으로 폄하하는데, 이 역시 심각하게 오도하는 주장이다. 바디우와 들뢰즈 양자에게서 수학은 공히 중요하다. 다만 바디우가 집합론의 철학자라면, 들뢰즈는 해석학의 철학자라는 점이, 그리고 바디우의 수학이 공리론적인(axiomatic) 수학이라면 들뢰즈의 수학은 문제론적인(problematic) 수학이라는 점이 다를 뿐이다.(후자에 관련해서 다음을 보라. *Virtual Mathematics*, ed. by S. Duffy, Clinamen Press, 2006) 덧붙여 말한다면, 바디우에게서는 수학이 배타적인 중요성을 가지지만 들뢰즈의 경우는 그렇지 않다. 들뢰즈에게서 수학은 그가 '접속'하는 많은 분야들 중 하나 — 물론 상당히 중요한 하나 — 일 뿐이다.

다. 앞으로 어떤 사건의 철학이 전개된다 해도 이런 비교가 그 탄탄한 기초를 형성하게 될 것이다.

서구 사유에서 형이상학은 대체로 공간, 본질(영원한 것, 보편적인 것), 모방(/재현)을 중심으로 전개되어왔다. 철학의 탄생 자체가 생성을 넘어 아르케라는 동일성을 파악하려는 열망에서 이루어졌다는 점을 상기해보자. 이런 사유의 단순성은 플라톤에 의해 극복되면서 서구 사유의 원형이 마련되었으나, 플라톤의 사유 역시 자연철학자들의 열망을 그 중핵에 여전히 안고 있었다. 이후 전개된 서구 형이상학은 이런 경향을 이탈하지 않았다. 흔히 서구 근대 철학은 이런 전통과의 특히 중세적 전통과의 단절을 통해 이해되지만, 사실 보다 넓은 시각으로 보면 근대 과학적 사유, 특히 뉴턴을 모델로 하는 고전 역학적 사유란 오히려 이런 서구 전통의 적자(嫡子)이다. 그리고 '과학'이라는 개념의 뉘앙스가 많이 바뀐 오늘날에도 이 점은 마찬가지이다. 과학과 (서구적 전통의) 형이상학을 대립시키는 생각은 사태를 근저에서 보기보다 그 표면적 차이들에 주목하는 피상적인 생각이다.

서구 형이상학의 전통으로부터의 일탈은 과학에 의해서가 아니라 생성존재론에 의해서 이루어졌다. 생성존재론은 공간, 본질, 모방을 핵으로 한 전통 존재론으로부터 시간, 생명, 창조를 핵으로 하는 새로운 존재론으로의 대전환을 이룬 사유이다. 이제 형이상학은 영원한 본질을 찾는 것이 아니라 생동감 있게 흘러가는 생성을 사유하기 시작한 것이다. 물론 두 흐름을 단적으로 대비시키는 것에 그치는 것은 현대 형이상학을 곡해하는 것이다. 과학도 현대 형이상학도 서로의 영향을 받으면서 그 뉘앙스를 점차 달리하게 되었기 때문이다. 과학은 생성존재론과 대화하면서 에네르기, 파동, 진화, 흐름 등을 적극적으로 사유하기 시작했고, 생성존재론은 생성의 와중에서 드러나는 형식들에도 주목하기 시작했기 때문이다. 들뢰즈 철학과 복잡계 과학 이래 과학과 형이상학은 넓은 견지에서 볼 때 거대한 다양체를 형성해왔으며, '존재에서 생성으로'를 넘어 '생성에서 존재자들로'를 사유해온 것이다. 여기에서 더 나아가 생성존재론의 철학자들은 생성의 여러 방식들 중 특히 '사건' 개념을 특화해 사유하기에 이르렀으며, 그로써 일종의 자연주의의 뉘앙스를 짙게 띠었던 생성존재론을 의미, 행위, 주체의 차원으로 확장해 새로운 경지를 열 수 있었다. 사유의 이런 흐름은 제 과학의 발전과 보조를 맞추면서 앞으로도 계속되어야 할 것이다.

현대 생성존재론의 이런 발흥은 서구의 사유를 '易'과 '氣'에 근간을 두는 동북아 사유에 보다 근접하게 만들었다. 아울러 생성존재론의 한 원형이라고 할 수 있는 불교를 새로운 맥락에서 이해할 수 있는 관점도 마련되었다고 할 수 있다. 우리는 '역'을 사건, 의미, 행위 개념을 그 중핵에 놓는 사유로서 새롭게 의미 부여를 할 수 있다.(본 철학사 2권에서 이런 독해를 시도했다.) 아울러 불교의 연기론 역시 현대 생성존재론과의 대화를 통해서 새로운 생명을 얻을 수 있을 것이다. 특히 들뢰즈의 사유와 기학은 보다 직접적인 비교 나아가 종합(적어도 접합)을 성취할 수 있는 유사성을 보여준다. 동북아에서는 자연만이 아니라 인간, 역사까지도 '기'의 형이상학으로써 이해하고자 한 흐름이 이어져왔거니와, 들뢰즈의 사유를 매개할 경우 이런 이해는 한층 심화된 모습을 띨 수 있을 것이다. 21세기 형이상학의 핵심 갈래들 중 하나는 이런 연관성을 따라 사유하는 것이 될 것이다.

생성존재론의 발흥은 가치론적으로도 심대한 변화를 가져왔다. 동서를 막론하고 인류의 가치를 지배한 것은 어떤 기성의 패러다임이고, 좋은 삶이란 그 패러다임을 얼마나 잘 모방하는가, 얼마나 가깝게 실행하는가 하는 것이었다. 이런 가치가 곧 '전통(tra-ditio)'을 형성했다. 이런 패러다임들은 특히 이른바 '중세'로 불리는 시대에 서구에서는 세 일신교(실질적으로는 두 일신교)로, 인도에서는 힌두교로, 그리고 동북아에서는 유·불·도 삼교와 이를 통합한 성리학에 의해 대변된다. 이런 패러다임들의 힘은 대중적 차원에서는 지금도 여전히 남아 있다.

근대성이 도래함으로써 이런 전통에 일정한 변화가 일어나긴 했지만(이는 비-서구 지역에서 훨씬 큰 정도로 나타났는데, 서구의 경우 근대성이 자체 내의 변화를 통해 도래했지만 각 전통에서 보면 근대성은 상당 부분 외부에서 주입된 것이었기 때문이다.), 그 관성은 좀체로 약화되지 않았다. 그러나 근대성은 두 가지의 새로운 가치론적 방향을 만들어냈다. 긍정적인 맥락에서 그것은 '주체'(선험적 주체와 시민적 주체) 개념을 확립함으로써 인간을 삶의 새로운 단계로 나아가게 해주었다. 그러나 다른 한편 부정적인 맥락에서 그것은 '인간 개체군' 개념을 확립함으로써 생명정치라는 새로운 장을 열었다. 근대성은 이렇게 묘하게도 대조적인 인간의 두 얼굴을 새로이 드러낸 것이다. 근현대의 철학은 이렇게 주체로서의 인간과 인간 개체군의 한 요소로서의 인간이라는 양극의 인간상 사이에서 전개된 드라마이다.

생성존재론은 '창조' 개념을 가치론의 중심에 놓았다. 이제 (예술적 창작을 포함해서) 삶을 새롭게 창조해나가는 것에 가치가 두어지기 시작했다. 니체의 'Kunst' 개념은 이 점을 압축적으로 보여준다. 지중해세계와 인도양세계에서 창조란 신들의 소관이었고, 동북아세계에서는 성인들(과 신들)의 소관이었다. 생성존재론의 형성과 더불어 이제 창조는 인간 주체에게로 이전된다. 새로움의 창조에 큰 가치가 두어지게 된다. 이는 곧 근대 철학이 주조해낸 주체의 개념을 잇는 흐름이다. 이 흐름이 정치철학의 맥락에서는 곧 생명정치와의 투쟁이라는 얼굴로 나타난다.

그러나 때때로 생명정치는 인간-주체의 창조성까지도 그 안에 빨아들이며, 그래서 이 투쟁은 단순한 양자 대립의 형태를 띠지 않는다. 무엇보다 특히 새로움의 창조가 (2장 3절에서 언급한) '차가운 지능+맹목적 본능'과 결부될 경우 그 결과는 끔찍한 것일 수 있다. 새로움의 창조는 그 방향과 속도에 대한 성찰이 결여될 경우 치명적인 결과를 낳을 수 있는 것이다. 바로 이 때문에 현대가 생성존재론의 형태로 제시하는 창조적 주체의 존재만을 강조하는 것은 충분치 못하며 어떤 국면들에서는 위험하기까지 하다. 생성, 창조성 등과 같은 생성존재론의 가치들은 생명정치의 상황, 더 나아가 차가운 지능과 맹목적 본능이 결합되는 최악의 상황까지도 염두에 둔 것이어야 한다. 생성존재론은 존재론 자체로서는 현대의 탈-근대적 사유가 이룩한 위대한 성취이지만, 이는 사태의 반쪽일 뿐이며 그러한 성취는 반드시 윤리적-정치적 맥락과 함께 사유되어야 하는 것이다. 4부에서 이 점을 구체적으로 논할 것이다.

2부

새로운 합리성을 찾아서

4장 메타과학의 시대

19세기 후반에서 20세기 전반에 걸친 시대는 유난히 다양한 형태의 인식론들이 쏟아져 나온 시대이다. 이는 이 시대에 철학이 분열되어 철학, 자연과학(물리과학, 생명과학), 사회과학(/인간과학)으로 분화되었기 때문이다. 이런 분화 과정에서 철학은 보다 메타적인 문제들을 다루는 학문으로서 정체성을 분명히 하게 된다. 철학은 더 이상 세계에 대한 어떤 내용적인 탐구를 행하는 행위가 아니라, 전적으로 메타적인 사유를 행하는 행위로서 재개념화되기에 이른 것이다.[1]

아울러 각각의 과학들 또한 철학에서 분리되어 나와 별도의 분야로서 성립되는 과정에서 자체의 학문적 정체성을 수립해야 할 상황에 맞닥뜨린다. 그리고 이 작업 자체는 과학적 작업이 아니라 철학적 작업이었다. 때문에

---

1) '메타과학'이라는 용어를 좁게 쓸 경우, 과학들에 대한 과학으로서의 인식론을 뜻한다. 그러나 현대 철학은 인식론만이 아니라 형이상학 그리고 보다 실천적인 철학들(윤리학, 정치철학 등)을 포함한 여러 갈래를 띤다. 때문에 메타과학이라는 말을 사용할 때, 철학 전체를 뜻하는 맥락과 인식론을 뜻하는 맥락을 세심히 구분할 필요가 있다. 본 장에서 메타과학은 주로 인식론을 뜻한다.

각 과학의 선구자들은 대개 철학자들이기도 했고, 각 분야가 각자의 정체성을 뚜렷이 확보한 후에는 이제 현대적 성격의 과학자들이 각 분야를 이어가게 된다. 또, 이 과정에서 역사학을 비롯해 주로 문헌들을 통해서 작업하던 전통적인 분야들은 '인문학'으로서 자리매김된다. 결과적으로 학문세계 전체가 '과학과 인문학(humanities/arts and sciences)'으로 재편되기에 이른다. 철학과 수학은 각각 인문학과 자연과학에 속하게 된다. 하지만 철학과 수학은 사실 인문학도 자연과학도 아니며, 선험적 성격의 별도의 분야들이라 해야 할 것이다.

이렇게 19세기 후반에서 20세기 전반에 걸친 시기는 학문의 세계가 철학의 분화, 개별 과학들의 정립, '인문학'의 성립, '인문학과 과학'으로의 대별, 철학 개념의 재규정 등 거대한 재편을 겪은 시대이다. 이 과정에서 학문에 대한 학문, 과학들에 대한 과학으로서의 인식론/메타과학이 화려하게 꽃핀 것은 당연한 것이었다 하겠다.

1절 실증주의에서 현대 합리주의까지

인식론은 플라톤이 『테아이테토스』에서 그 기초를 마련한 이래 철학사를 관류하면서 이어져왔지만, 특히 근대 초에 새로운 자연철학(자연과학)이 탄생하면서 만개하게 된다. 이 시대에 전개된 합리주의와 경험주의, 실재론과 관념론, 비판철학 등과 같은 구도는 현대 인식론의 기초를 형성한다. 그러나 오늘날까지도 이어지고 있는 현대 인식론의 구체적인 형태는 19세기 후반에서 20세기 전반에 걸친, 현대적인 형태의 학문 체계가 형성되던 시기에 마련되었다.

§1. 실증주의의 시대

철학의 분화는 이미 17세기에 일어났지만, 본격적인 의미에서의 분화는 19세기에 시작되었다. 19세기 후반에 이르면 학문세계가 다변화되고, 그 결과 학문의 세계 전체를 분류하고 또 그 체계 전체를 종합하려는 아리스토텔레스-라이프니츠적 시도들이 나타나게 된다. 오귀스트 콩트(1798~1857)는 학문세계를 수학, 천문학, 물리학, 화학, 생물학(/생리학)으로 분류했다. 그리고 거기에 사회학을 창안해 첨가했다. 콩트는 이 구도의 뒤로 갈수록 더 복잡한 현상을 다루는 것으로 파악한 동시에, 뒤의 분야가 앞의 분야의 성과에 기반하면서도 그에 환원되지는 않는다는 점을 강조했다.[2] 이렇게 담론공간을 분류하고 체계화했다는 것은 그것의 다변화와 더불어 통일성이 요청되었음을 뜻한다. 이후 콩트의 분류는 다양한 방식으로 수정되었는데, 예컨대 스펜서는 물리학, 화학 다음에 천문학을 놓고, 생물학과 사

---

2) Auguste Comte, *Philosophie des sciences*, PUF, 1974, pp. 27 ff.

회학 사이에 심리학을 놓았다. 콩트 이래의 이런 구도는 20세기 말에 학문 세계가 크게 요동하기 전까지 지속적인 영향을 끼쳤다.

콩트의 체계는 아리스토텔레스의 학문 구도를 새롭게 개편해 재생한 것이기도 했다. 아리스토텔레스(와 라이프니츠)가 철학체계의 통일성에 입각해 구성했던 학문의 체계를 콩트는 철학이 제 과학으로 분화된 이후 다시 모든 분야들을 모아서 새롭게 체계화한 것이다. 그리고 실증주의에서 철학은 이 학문의 체계 전체를 종합하는 역할을 부여받는다.[3] 이렇게 학문세계 전체를 분류, 위계화하고 철학을 '통일과학'의 오르가논으로 삼았던 데에 실증주의의 특징이 있다.

실증주의는 이렇게 공간적인 거대 이론을 구축한 한편 시간적으로도 거대 이론을 구축해 이를 보완했다. 역사를 여러 '단계'를 거치면서 발전하는 "진화"의 과정으로 보고, 그 끝에 '실증적 단계'를 놓는 목적론적 진화론 또는 역사형이상학이 그것이다. 이것은 헤겔 철학의 보다 현실적인 버전이라고도 할 수 있을 것이다. 실증주의는 과학기술의 발달을 등에 업고, 더 넓게는 목적론적 진화론을 등에 업고, 인간의 합리적 이성에 대한 믿음을 토대로 모든 것의 실증적 인식을 추구했다. 그리고 그러한 인식을 토대로 사회를 적극적으로 개량해나가고자 했다는 점에서, 계몽사상의 후손이기도 했다.[4] 나아가 실증성(positivité)의 추구는 전문적인 인식론의 영역을 넘어 근대 문명의 성격을 특징짓는 하나의 '정신'이라고 할 수 있다.[5]

---

3) 이 종합에는 학문과 현실의 종합도 포함된다. 콩트는 철학을 ① 제 과학을 종합해 아리스토텔레스적인 체계를 복원하는 작업, 그리고 ② 이 종합의 성과를 현실에 적용해 사회를 개조해나가는 작업으로 보았다. 콩트의 『실증철학 강의』(6권, 1830~1842)가 자연에서 주체로 향하는 이론의 방향을 취하고 있다면, 『실증철학 체계』(4권, 1851~1854)는 주체에서 자연으로 향하는 실천의 방향을 띠고 있다.

4) 콩트는 진정한 실증정신이란 무엇보다도 미리 보기(prévoir) 위해서 본다는 데에, 미래의 사태를 파악하기 위해 현재의 사태를 연구한다는 점에 있다고 역설한다.(『실증철학 서설』, 김점석 옮김, 한길사, 1844/2005) "과학으로부터 예견이, 예견으로부터 행위가" 나온다는 그의 생각은 실증주의란 순수 인식론이 아니라 과학기술(과 자본주의)에 의한 세계 개량에 강하게 정향되어 있음을 잘 보여준다.

실증주의는 19세기 후반에서 20세기 초에 걸쳐 과학의 세계 전반을 주도했고, 이 과정에서 다양하게 변이해갔다. 실증주의를 극단화한 것이 과학주의(절대적 실증주의)와 논리실증주의이다. 과학주의자들은 형이상학으로 대변되는 전통 철학을 강퍅하게 공격하면서, 오로지 과학적 명제만이 참이라고 주장했다. 이런 분위기에서, 얄궂게도 현대 수학과 과학의 여러 창시자들은 "형이상학자들"이라고 비난받았다. 실증주의자들은 예컨대 윤리나 예술 같은 현상들도 어디까지나 과학적으로 분석되어야 한다고 보았다. 이런 입장은 역설적으로 그 자체 일정한 형이상학에 의해 뒷받침되었는데, 예컨대 정신이란 대뇌의 운동에 수반되는 현상에 불과하며 인간은 선천적 유전과 후천적 교육의 산물일 뿐이라는 형이상학이 그것이다. 논리실증주의자들은 칸트의 '경험 독립적인(아프리오리한) 종합판단'을 부정했다. 이들에게 경험 독립적인 명제는 분석명제이며, 이는 궁극적으로 동어반복으로 환원된다. 그리고 경험 의존적인 명제는 종합명제로서, 어디까지나 순수 경험적 명제들에만 해당한다. 따라서 '경험 독립적인 종합명제'는 경험 독립적 명제와 종합명제로 해체되어야 하며, 전자는 항진(恒眞)명제이지만 내용이 없고 후자는 경험에 기반하지만 필연적이고 보편적인 지식을 주지는 못한다는 점이 강조되었다. 이렇게 칸트가 형이상학의 가능성을 근거지어준다고 생각했던 '아프리오리한 종합명제'는 해체된다. 과학주의나 논리실증주의는 (콩트의 목적론적 진화론을 포함해) 일체의 형이상학적 언표들을 부정하고, 형이상학의 가능조건까지도 해체하고자 했다.

구체적인 과학적 탐구에서 실험이 차지하는 위상은 매우 크다. 이로부터 실증주의를 '실험주의'로 개념화하려는 경향도 나타났다. 근대적 생리학의 창시자인 클로드 베르나르(1813~1878)의 『실험의학 입문』(1865)[6]은 실험

5) 이 점은 실증주의를 강력하게 비판했던, 따라서 오늘날의 시점에서 보면 실증주의와 대조적으로 보이는 철학자들, 예컨대 현상학을 창시한 후설이나 생성존재론을 전개한 베르그송 등도 자신들의 사유를 "진정한 실증주의"라고 했던 점에서 잘 드러난다.

6) Claude Bernard, *Introduction à la médecine expériementale*, Flammarion, 1865/2008.

주의의 고전으로 손꼽힌다. 여기에서 베르나르는 실험이란 항상 가설에 의해 인도되는 것임을 강조한다. 베르나르는 생리학은 어디까지나 엄밀한 과학일 수 있지만, 그 법칙성은 물리-화학적 법칙성과는 다른 것이라고 보았다. 과학은 그 본성상 결정론에 의해 지배되지만, 그 구체적 내용은 각 과학마다 다르다는 점을 강조한 것이다. 또 그는 과학과 철학의 상보성을 역설하면서, 과학 없는 철학은 구름 위에 떠 있는 것이며 철학 없는 과학은 방향도 가치도 상실한 맹목적 행위일 뿐임을 역설하기도 했다. 실험주의는 특히 근대 심리학의 형성에 큰 역할을 했다. 테오뒬 리보(1839~1916) 이래의 심리학자들은 철저하게 실험적인 심리학을 추구했으며, 이런 흐름은 현대 심리학의 기초가 되었다. 그리고 실험주의의 흐름은 이후 '조작주의', '도구주의', '행동주의' 등으로 전개되었다. 논리실증주의는 이런 흐름을 뒷받침한 철학이었다. 뒤에서 다시 논하겠지만, 이런 관점은 경험적인 과학들과는 성격을 크게 달리하는 양자역학의 해석에서도 핵심적인 한 갈래를 형성했다.

　비록 실증주의자들도 실험은 이미 이론을 전제한다는 점을 언급하곤 했지만, 실증주의는 기본적으로 인식 주체와 그 대상이 부딪치는 접면에 무게중심을 둔다. 그러나 19세기 후반에 이루어진 과학적 발전을 실증주의에 입각해 이해하는 데에는 한계가 있었다. 과학은 오히려 점차 직접적 지각의 차원을 벗어나기 시작했기 때문이다. 실증주의자들이 거부했던 존재론적 두께가 다시금 조금씩 되살아나기 시작했다. 이때 사유의 방향은 두 갈래로 나뉜다. 하나는 인식에서의 주체의 개입을 강조하는 방향으로서, 이방향은 존재론적 두께를 어디까지나 인식론적인 방식으로 처리하는 방향이다. 이 흐름은 과학적 인식이 단지 실증성에 충실함으로써만 가능한 것은 아니며 주체에 의한 데이터의 '구성'이 중요하다고 보았다. 이 흐름은 여러 갈래로 전개되었고, 다양한 형태의 인식론들이 전개되었다. 언급했듯이, 19세기 후반과 20세기 전반은 현대 과학이 모양새를 갖추고 철학이 새롭게 개념화된 전환기였기에, 유난히 많은 인식론 사조들이 쏟아져 나왔다.

여기에서는 다만 푸앵카레와 뒤엠의 규약주의와 신칸트학파의 구성주의만을 살펴보고자 한다. 다른 하나의 방향은 합리주의로서, 실증주의가 내버린 존재의 두께, 세계 자체가 내포하는 합리성, 존재론적 합리성을 강조한 방향이다. 철학사적으로 볼 때, 실증주의가 경험주의를 잇는 사조라면, 구성주의는 칸트를 잇는다고 할 수 있고, 합리주의는 17세기 형이상학자들을, 더 멀리로는 플라톤을 잇는다고 할 수 있다.

§2. 실증주의에서 규약주의로

푸앵카레(1854~1912)는 과학이란 '원초적 사실들'과 그것들 사이의 관계를 공식화한 법칙들에 토대를 두고 있기 때문에 자의적인 것일 수 없지만, 그것들을 설명하기 위해 제시되는 이론은 어디까지나 가설 또는 규약임을 분명히 했다. 이 점에서 그는 과학에 존재론적 가치를 부여하려 한 실재론과 과학이 주관적인 틀에 의해 구성되는 것일 뿐임을 강조한 유명론 양자에 동시에 저항했다고 할 수 있다.

> 조금만 숙고해보면, 〔과학적 탐구에서〕 가설이 얼마나 중요한 위치를 점하는지 깨닫게 된다. 우리는 수학자는 가설 없이 나아갈 수 없으며 실험과학자는 더욱더 그렇다는 것을 보아왔다. 그래서 이 모든 건축물들이 견고한 것인지 자문했고, 미풍에조차 쓰러질 수 있다고 믿게 되었다. 하지만 이러한 회의적인 태도는 여전히 피상적인 차원에 머물러 있는 것이다. 모든 것을 의심하거나 모든 것을 믿는 것은 둘 다 손쉬운 해결책일지는 모르지만, 반성의 기회를 제거해버리기 때문이다.[7]

푸앵카레는 실증주의와 구성주의를 조화시키고자 했다. 규약주의와 칸

---

7) 앙리 푸앵카레, 이정우·이규원 옮김, 『과학과 가설』, 에피스테메, 1902/2014, 9~10쪽.

트적 구성주의의 차이점은 칸트에게서는 구성의 틀이 '의식 일반'의 차원으로서 보편적으로 존재하지만, 푸앵카레의 경우에는 얼마든지 많을 수 있다는 점이다. 그리고 이 틀들 — 원리들 또는 이론들 — 중 어느 것이 무조건 '맞는다/옳다'고는 말할 수가 없다. 그것은 재래식 측정법과 미터법 가운데 어느 것이 '맞는다/옳다'고 말할 수 없는 것과 같은 이치이다. 이 점에서 푸앵카레는 과학의 객관성, 심지어 절대성을 외치는 과학주의에 철퇴를 가한다. 그러나 동시에 푸앵카레는 과학은 **원초적 사실들** 및 그에 입각해 정식화되는 **법칙들**을 기반으로 하기에 결코 자의적인 행위가 아니라는 점도 강조한다. 급진적 유명론(원자, 유전자 등등 과학의 개념들은 철저히 관념적 구성물일 뿐이라는 입장)이나 회의주의에 대해서도 분명한 거리를 두고 있는 것이다. 게다가 푸앵카레는 절대적인 것은 아닐지라도 어떤 규약을 채택할 것인가에 관련된 두 가지 핵심적인 규준이 존재한다고 보았다. 그 하나는 '편의성'이고 다른 하나는 '간명함'이다. 생물학적 편의성과 논리학적 간명함이 특정한 규약의 채택을 인도하는 두 규준인 것이다. 여기에서 생물학적 편의성이란 사물들의 관계들의 질서를 정확히 파악하고 그것을 실생활에 응용해 성과를 내는 것을 뜻하며, 논리학적 간명함이란 이론의 정합성과 경제성을 뜻한다.

사실 푸앵카레는 '과학'에 대해 말한 것이 아니라 '과학들'에 대해 말했다. 수학 내에서도 기하학의 경우와 대수학의 경우는 다르다. 에우클레이데스 기하학은 다른 기하학들보다 옳은 것이 아니다. 기하학들은 각각의 정의들, 공리들에 입각한 정합적인 체계이다. 그럼에도 세계 파악에서 에우클레이데스의 공간이 채택되는 것은(당시는 아직 리만 텐서가 우주론에 적용되기 전이었다.) 그것이 생물학적으로 편리하고 논리학적으로 간명하기 때문인 것이다. 반면 푸앵카레는 그가 "순수 수학"이라고 불렀던 대수학의 경우에는 (그 자신이 발명한 '수학적 귀납법'이 잘 보여주듯이) 단순한 규약 이상의 것 즉 직관적 측면 — 특히 무한의 직관 — 을 간과할 수 없으며, 칸트가 역설했던 경험 독립적인 종합판단이 성립한다고 보았다.(대수학과 기하학 사이의

206

이런 구별 — 어떤 의미에서 보면 차별 — 은 논쟁의 여지가 있을 것이다.) 물리학으로 가면, 규약이나 직관을 넘어 반드시 경험(관찰과 실험)이 요청된다. "과학적 사실이란 편리한 언어로 번역된 원초적인 사실(fait brut) 이외의 것이 아니다."[8] 있는 그대로의 사실과 과학적 사실은 연속적이다. 그래서 법칙과 원리는 구분되어야 한다. 아울러 과학적 사실은 반복될 수 있어야 한다. 바로 그렇기 때문에 과학에서는 예측이 매우 중요한 위상을 차지하는 것이다.[9] 이는 바로 과학이 어디까지나 원초적 사실들과 법칙들을 원재료로 하기 때문이다. A라는 특정한 자동차 회사가 망했다 해서, 그 회사에 부품을 납품하던 회사들이 모두 망하는 것은 아니다. 마찬가지로 하나의 이론이 붕괴했다고 해서, 그것을 구성했던 개별 법칙들이 모두 와해되는 것은 아니다. 바로 그렇기 때문에 과학에서는 예측이 가능한 것이다. 이렇게 푸앵카레는 실증주의에서 규약주의에 이르는 인식론적 스펙트럼을 신중히 고려하면서 그의 과학철학을 전개했다.

뒤엠(1861~1916)은 푸앵카레의 규약주의를 잇고 있지만, 그에 비해 보다 유명론적인 인식론을 전개했다. 푸앵카레와 달리 뒤엠에게서는, 구체적 사실과 이론적 사실 — 푸앵카레의 원초적 사실과 과학적 사실 — 이 불연속적이다. 뒤엠은 예컨대 "온도가 일정할 때 일정량의 기체의 체적은 그것이 받는 압력에 반비례한다" 같은 매우 현상적이고 초보적인 과학 명제의 경우에도, 체적, 온도, 압력 같은 개념들은 어디까지나 관념적 구성물, "상징

---

8) Henri Poincaré, *La valeur de la science*, Flammarion, 1908, p. 231.
9) "무엇보다 과학자는 예견할 수 있어야 한다. 영국의 역사가인 칼라일은 어딘가에서 다음과 같은 글을 남겼다. '사실만이 중요하다. 무지왕(無地王) 존은 여기를 지나갔다. 바로여기에 경탄할 만한 것이 있다. 세상 모든 이론을 바쳐도 아깝지 않을 실재가 여기에 있다.' 하지만 칼라일과 같은 나라 사람인 베이컨이라면 이렇게 말했을 것이다. '무지왕 존은 여기를 지나갔다. 나와는 전혀 상관없는 일이다. 그가 다시 여기를 지나가지는 않을 테니까.' / (…) 좋은 실험이란 무엇인가? 그것은 고립된 사실이 아닌 어떤 다른 것을 가르쳐주고 예견할 수 있게 해주는, 즉 일반화할 수 있게 해주는 실험이다. / 일반화 없이는 예견도 불가능하다."(『과학과 가설』, 166~167쪽)

들"일 뿐이라고 생각했다. 그에게 이론적 존재들(theoretical entities)은 어디까지나 유명론적으로 이해된다. 따라서 푸앵카레에게서처럼 법칙과 원리가 명확히 구분되지 않는다. "물리학의 법칙은 상징의 관계이므로 엄밀히 말해 참도 거짓도 아니다."[10] 하나의 구체적 사실에 논리적으로 양립 불가능한 많은 이론적 가설들이 상응할 수 있다. 뒤엠에게서 실증주의는 파기되고 규약주의는 더욱 강화된다.

뒤엠은 이론적 사실은 구체적 사실의 '추상적 상징'에 불과하다고 보았거니와, 이는 후자가 전자를 지시하는 것은 소쉬르적 뉘앙스에서 '자의적'임을 뜻한다. 그래서 하나의 실험으로부터 그것을 적절히 표상해줄 이론이 구성되는 것이 아니다. 각각의 실험은 어디까지나 한 이론의 범위 내에서 의미를 가진다. 실험 기구들은 특정한 이론이 물질화되어 있는 것, '물질화된 이론'이다. 아주 간단한 온도계 하나도 이미 어떤 이론적 배경을, 원칙적으로는 물리학 전체를 전제하고 있는 것이다. 역으로 말해, 하나의 실험이 어떤 이론을 거부한다면 그 이론 전체를 고쳐야 한다. 개별 법칙들을 모아놓은 것이 이론이 아니므로, 이론은 오직 정합적일 때에만 이론일 수 있기 때문이다. "물리학 이론은 설명이 아니다. 그것은 소수의 원리로부터 연역된 수학적 명제들의 체계이다. 그것의 목표는 경험적 제 법칙의 전체를 얻을 수 있는 한에서 간단히 완전하게 엄밀하게 표상하는 것이다."[11] 물리학 이론의 본성은 현상의 직접적 설명에 있는 것이 아니라 제 법칙을 조직화하는 데 있다. 이 점에서 뒤엠이 생각한 이론은 칸트가 논한, 사변이성의 이념이 행하는 규제적 역할을 물리학 영역으로 좁혀서 이야기한 것으로 보아도 좋을 것이다.

세부적인 내용에서 여러 차이를 보이지만, 마흐(1838~1916)에서 신칸트주의(넓은 의미)로의 이행은 콩트로부터 규약주의로의 이행과 궤를 같이

---

10) 피에르 뒤엠, 이정우·이규원 옮김,『물리학 이론』, 에피스테메. 2024.
11) 뒤엠,『물리학 이론』, 24쪽.

한다. 이 흐름을 이해하기 위해, 우선 "Vorstellung"과 "Darstellung"의 차이를 음미해볼 필요가 있다. "Vorstellung" 개념은 영국 경험론의 '관념'에 해당하는 독일어이다. 실증주의적 맥락에서 본다면, '감각 자료들'이 바로 이 '표상(물)'에 해당한다. 3권에서 논했듯이(9장, 4절), 쇼펜하우어는 칸트 철학을 간략화하기 위해 이론 철학의 대상을 이 표상 개념으로 일원화하기도 했다. 반면 칸트에게서 "Darstellung"은 표상에 대비되는 '현시'를 뜻한다. 현시는 개념에 상응하는 직관을 세우는 것이다. 현시란 구상력의 활동이다. 구상력이란 소여 일반을 현시하는 능력이다. 따라서 '현시'는 주어진 잡다를 수용함으로써 성립하는 '표상'과 달리, 주체의 구성행위를 함축한다. 개념이 존재하고 그 개념과 상응하는 현상/이미지를 찾아-세우는 것이다.(그래서 '構想力'보다는 오히려 '構象力' 또는 '構像力'이 더 나은 번역일 수 있다) 결국 "Vorstellung"과 "Darstellung"은 영국 경험론과 칸트의 차이를 잘 보여주는 개념들이라 할 수 있다.

실증주의자인 마흐는 철저하게 '표상'에 입각한 인식론을 전개했다. 과학이란 감각 자료를 가장 경제적으로 서술하는 것이다. 내적 감각 자료들을 서술하는 것이 심리학이고, 외적 감각 자료들을 서술하는 것이 물리학이다. 따라서 형이상학이 설 자리는 없다. 뉴턴의 '절대 시간' 등의 개념들은 무익한 형이상학적 개념들일 뿐이다.[12] 수학은 감각 자료들을 서술할 때 유용한 형식적 과학일 뿐이며, '이론'은 참이나 거짓이 아니라 이런 서술에 더 유용하거나 덜 유용한 것일 뿐이다. 개념이니 이론이니 하는 것들은 궁극적으로는 생물학적 유용성을 위한 것들일 뿐이다.(우리는 앞에서, 이런 생각이 규약주의자인 푸앵카레에게서 나타남을 보았다.) 반면 하인리히 헤르츠(1857~1894)는, 역학의 맥락에서 과학적 인식의 핵심이 인식 주체의 마음이 만들어낸 "Bild" 즉 수학적 모델을 대상에 적용해 그것을 현시하는 데에

---

12) 에른스트 마흐, 고인석 옮김 『역학의 발달: 역사적-비판적 고찰』, 한길사, 1904/2014, 362쪽.

있다고 보았다. 마흐는 이 "Bild"를 자신의 '표상'과 혼동했지만, 이것은 어디까지나 이론적-수학적 모델을 뜻한다. 말을 배우면서 문법을 알게 되는 것이 아니라 문법을 가지고서 말을 배우게 되듯이, 헤르츠는 칸트적인 구성작용에서 과학의 핵심을 보았던 것이다.

앞에서 언급했듯이, 19세기 후반 이래 많은 빼어난 과학자들이 "형이상학자"라는 비난을 받곤 했다. 이렇게 '형이상학'이라는 말에 부정적 이미지를 씌운 사람들이 바로 콩트, 마흐 등이었다.(21세기인 지금도 '형이상학'이라는 말을 이런 뉘앙스로 쓰는 사람들이 있다!) 그러나 과학의 핵심은 현실에 나타난 감각 자료들을 정리하는 데 있는 것이 아니라 그것들을 어떤 특정한 경우, 현실화로서 포괄할 수 있는 가능적 공간 — 후대의 표현으로 '위상공간' — 을 수학적으로 구성하는 데에 있다.[13] 마흐적인 실증주의, 넓게 말해 경험주의의 문제점은 경험이라는 주관적 차원을 그대로 물리적 실재와 연속적인 것으로 간주한다는 점에 있다. 그러나 막스 플랑크 등도 강조했듯이, 마음에 들어온 대상과 물리적 대상 그 자체는 존재론적으로 명확히 구분되어야 한다. 이런 과학관은 사실 한 발짝만 더 가면 합리주의 인식론이 되지만, 헤르츠 등 당대 과학자-철학자들은 칸트적인 정향을 강하게 띠고 있었다. 카시러가 헤르츠를 칭송한 것도 이런 맥락에서였다.[14]

콩트로부터 푸앵카레, 뒤엠 등으로의 이행, 마흐로부터 헤르츠, 플랑크 등으로의 이행은 인간의 인식행위에 있어 주체의 역할을 드러내 보여주었다. 그러나 합리주의는 구성주의가 자칫 주관적, 상대주의적 성격을 띨 수

---

13) 구체적인 예로서 다음을 보라. Lawrence Bouquiaux, *L'Harmonie et le chaos*, Peeters, 1994, pp. 31∼35.

14) 〔헤르츠의 역학에서는〕 대상의 외적 모사의 자리에 그것의 '내적 허상', 수학적-물리학적 상징이 나타난다. 그리고 물리학에 있어 상징의 요구는 그것으로써 개별적이고 감각적으로 나타나는 존재를 모사하기 위한 것이 아니라, 연결의 힘으로, 형상의 가지적인 〔사유로써만 가능한〕 결합의 힘으로 경험 전체를 체계적으로 정리하고 지배할 수 있도록 결합하기 위해서였다."(카시러, 오향미 옮김, 『인문학의 구조 내에서 상징형식 개념 외』, 책세상, 2009, 37쪽) 여기에서 '허상'은 칸트의 '허초점'과 연계되는 표현이다.

있다고 비판한다. 그리고 과학에 보다 존재론적인 가치를 부여하고자 했다. 합리주의를 지배하는 것은 근대적인 주체철학, 선험철학이 아니라 플라톤주의이다. 합리주의는 스피노자가 말했던 제2종의 인식을 추구한다. 이 관점에서 볼 때 실증주의는 제1종의 인식에 그친다. 그렇다고 합리주의가 구성주의의 방향을 취하는 것은 아니다. 실증주의의 수동성을 극복하고 구성주의를 취할 경우, 한 이론에 대한 다른 이론의 승리를 푸앵카레처럼 생물학적 편리성과 논리적 간명성을 규준으로 해서만 판별할 수 있기 때문이다. 합리주의는 과학의 사유가 존재론적 성격을 띠고 있다고 보며, 과학이란 실재에 보다 가까이 다가가는 작업이라고 생각한다. 그렇기 때문에 경험 '으로부터' 인식이 나오는 것도, 또 주체가 경험 '을 구성'함으로써 인식이 성립하는 것도 아니다. 참된 인식은 경험을 넘어서 실재에 다가설 때에 성립하는 것이다. 이 점에서 합리주의는 플라톤 이래 가다듬어져온 합리주의 전통으로 회귀한다.[15]

---

15) 현대 합리주의로 나아가는 과정에서 메이에르송은 중요한 역할을 했다.(Meyerson, *Identié et réalité*, Félix Alcan, 1908) 메이에르송은 과학이란 단지 법칙성만을 추구하는 것이 아니라 인과성 또한 추구한다고 보았다. 이런 이유에서 그는 콩트, 마흐 등을 비판하면서 과학의 가치는 존재론적인 데에 있음을 역설했다. 과학은 단지 서술하는 것으로는 만족하지 못하며 설명하고자 한다는 것이다. 그에게 설명한다는 것은 곧 '합리화'한다는 것이다. 합리화한다는 것은 곧 다자 아래에서 일자를, 차이생성 아래에서 동일성을, 수학적인 '=(equal)'을 발견해낸다는 것을 뜻한다. 메이에르송이 보기에 과학의 이상은 엘레아적인 것이다. 그러나 실재는 동일성으로 온전히 환원되지 않는다. 합리화＝동일화는 측정을 기반으로 하기 때문에, 이는 곧 측정할 수 없는 것의 출현과 관련된다. 실재는 베르그송이 말했듯이 "절대적인 질적 풍요로움"이기 때문이다. 이 점에서 실재를 온전히 동일성으로 포착하려는 과학은 어떤 지점에서 한계에 봉착한다. 합리화의 과정은 어디에선가 '비-합리적인 것'에 부딪치게 되는 것이다. 그럼에도 더 심층적인 동일성을 발견해내려는 과학의 여정은 계속된다. 메이에르송의 이런 합리주의는 '비판적 합리주의'라 불리게 된다.

§3. 바슐라르와 현대 합리주의

콩트는 실증주의에 입각해 원자론을 비판했다. 또, 구성주의의 관점에서 볼 때 원자란 관념적 구성물일 뿐 존재론적 실재성을 갖추고 있는 것이 아니다. 그러나 예컨대 볼츠만(1844~1906)의 통계역학이 성립하기 위해서는 과감한 원자론적 가설이 필요했다.[16] 한 계의 열에 대한 현상적 서술에 만족하기보다 그 계 내의 입자들의 운동에 의해 열을 '설명'하고자 한 볼츠만의 가설이 빼어난 과학적 성과를 가져온 것이다. 볼츠만은 마흐의 실증주의에 눌려 어두운 말년을 보내야 했다. 거듭해서 말하게 되거니와, 근대 과학의 전개에서 확인되는 묘한 점들 중 하나는 위대한 성과를 거둔 과학적 가설들이 처음에는 대개 "형이상학적"이라는 비난을 받았다는 것이다. 그러나 과학사의 진정한 특이점들은 바로 이 "형이상학적" 가설들을 통해 도래했던 것이다. 과학의 발전은 현상에 충실함으로써가 아니라 오히려 현상을 뛰어넘어 과감한 형이상학적 가설을 던짐으로써 가능했다.

실증주의에서 경험과 이론은 연속적이어야 한다. 마흐는 과학법칙이란 현상들의 "경제적 서술"에 불과하다고 보았으며, 존 스튜어트 밀(1806~1873)은 수학조차도 어떻게든 경험주의적으로 설명하고자 했다. 이 점은 논리실증주의자들에 의해서도 강조되었다. 예컨대 에이어는 "우리는 한 문장이 누군가에게 사실적으로 유의미하다고 말한다. 그가 그 문장이 표현하고자 하는 명제를 검증할 방법을 알 때 그리고 오직 그때에만"이라고 강조했다.[17] 그러나 앞에서 보았던 푸앵카레, 뒤엠의 인식론에 비추어보아도

---

16) 루트비히 볼츠만, 이성열 옮김, 『기체론 강의』, 아카넷, 2017.

17) Alfred Ayer, *Language, Truth and Logic*, Dover Publications, 1936/2020, p. 35. 이 관점을 '유의미성의 검증 가능성 규준'이라 부른다. 에이어의 이런 규준은 전통 형이상학의 부정을 위해서 제시된 규준이다. 아래에서 다루겠지만, 문제는 이 규준에 따르면 현대 과학도 상당 부분 부정된다는 점이다. 그래서 형이상학과 과학을 싸잡아서 부정할 것인가, 아니면 이 규준을 수정할 것인가가 문제가 된다. 이 상황은 근세에 영국 경험론이 처한 상황, 경험에 충실하고자 했기 때문에 당대의 과학을 이해하지 못했던 상황을 거의 그

이미 그렇거니와, 특히 합리주의의 관점에서 본다면 이런 관점은 사실 과학에 대한 소박한 이해이다. 과학이란 경험에 충실함으로써, 실증성을 추구함으로써 성취되는 것이 아니라, 경험을 넘어섬으로써, 경험이 내포하는 '인식론적 장애물들'을 극복함으로써 성립하는 것이기 때문이다. 이 점은 특히 바슐라르의 '인식론적 단절' 개념에서 분명하게 나타난다.

바슐라르에 입각할 때, 현대 과학 ── 그가 특히 염두에 두고 있는 것은 양자역학이다 ── 은 고전적인 인식론으로 해명될 수 있는 사유가 아니며, 근대 과학의 범주들과는 전혀 다른 범주들을 통해 해명되어야 한다. 현대 물리학이 다루는 것은 "더 이상"(19세기 과학을 통해 익숙해진) "우리가 직접적으로 경험할 수 있는 **사물**(chose)이 아니다."[18] 바슐라르의 이런 테제는 예컨대 양자역학의 몇몇 주요 개념들을 생각해볼 때 분명해질 듯하다.

근대 과학의 이상은 어떤 물체(지금의 경우는 입자)를 '보존 법칙'에 입각해 그 핵심 속성들(위치, 운동량 등)을 정확히 동정해서 그 시공간적 움직임을 표상하는 것이었다. 즉, 시간과 공간에서의 물체의 운동을 수학적으로 정식화하는 것, 결과적으로 그 시공간상의 궤적을 그리고=표상하고 또 "어느 순간에서나"(베르그송) 그 움직임을 예측하는 것이었다. 그리고 근대 과학을 논하면서 언급했듯이, 이러한 작업의 수학적 핵심은 미분방정식이었다. 슈뢰딩거는 '양자 도약' 같은 묘한 개념을 거부하면서, 이런 고전적인 이상을 유지하고 있는 파동역학을 제시했다. 수학적인 면에서 본다면, 3차원 슈뢰딩거 방정식($-\frac{\hbar^2}{2m}\nabla^2\psi + V\psi = E\psi$)은 2차 미분방정식이므로, (불연속 함수는 2차 미분이 불가능하기에) 연속적이어야 한다.[19] 슈뢰딩거의 함수는 근대 과학의 고전적인 모델을 잇고 있었고 또 수소 원자에도 잘 적용

대로 반복하고 있다는 점에서 흥미롭다.

18) Gaston Bachelard, *Bachelard: épistémologie*, PUF, 1971, p. 10.

19) $\hbar = \frac{h}{2\pi}$. V는 포텐셜에너지, E는 총에너지. 이 방정식은 미분방정식이고, 또 에너지 보존 법칙을 새로운 버전으로 쓴 것이기 때문에 고전 역학과 연속적인 것으로서 받아들여졌다.

되었기 때문에 환영받았다. 그러나 입자(전자)를 각종 파동들이 중첩된 것으로 본 그의 '집적 파동(wave packet)' 개념[20]은 너무 불안정적이었고, 입자 운동의 궤적을 그린다는 고전적 이상을 충족시켜줄 수가 없었다. 슈뢰딩거 자신이 갈망한 근대적인 인과론과 결정론은 유지될 수가 없었다. 때문에 사람들은 이 함수를 확률론적으로 해석했던 것이다.[21]

슈뢰딩거와는 달리 하이젠베르크는 전자의 천이(遷移)를 이런 고전적인 이상에 따라 동정할 수 없다는 사실을 그대로 받아들이고, 관찰할 수 있는 사실들만을 통해서 행렬역학을 구성했다. 여기에서 천이의 궤적에 대한 시각적 표상은 온전히 포기된다.[22] 전자 궤도의 개념을 포기하고 불연속적인 서술로서 미시세계를 포착하려 한 것이다. 한 물체가 한 지점에서 다른 지점으로 운동할 경우 일정한 공간적 궤적과 시간적 지속을 필요로 한다는, 상식적으로 너무나도 당연하게 느껴지는 가정을 파기해버린 것이다.[23] 그는 "$pq - qp = 0$"(p는 운동량의 관점이고 q는 위치의 관점이다.)인 고전 역학에서와는 달리 행렬역학에서는 "$pq - qp = -i\hbar$"가 성립함을 지적하면서(여기에서 수학적으로는, 행렬에 있어 곱셈에서의 교환법칙이 성립하지 않는다

20) Erwin Schrödinger, *Collected Papers on Wave Mechanics*, Chelsea Publishing Company, 1927/1982, pp. 41~44.

21) 이 과정에 대한 간략한 논의로 다음을 보라. Max Born, *Physics in My Generation*, Springer-Verlag, 1969, pp. 89~99.

22) 이 점은 보어의 다음 글에 잘 서술되어 있다. Niels Bohr, "The Quantum Postulate and the Recent Development of Atomic Theory", *The Philosophical Writings of Niels Bohr*, vol. 1, Ox Bow Press, 1934/1987, pp. 52~91.

23) 슈뢰딩거의 관점과 보어-하이젠베르크의 관점 사이의 차이는 하이젠베르크의 『부분과 전체』(유영미 옮김, 서커스, 2016) 6장을 참조하라. 그러나 두 이론은 수학적으로는 정확히 일치한다.(Schrödinger, *Collected Papers on Wave Mechanics*, pp. 45~61)
베르그송은 양자역학이 성립하기 이전에 "공간에서는 오직 공간의 부분들만이 존재하며, 나아가 운동하는 대상을 생각하는 모든 지점에서 우리는 단지 위치만을 얻을 수 있을 뿐"임을 지적했거니와, 드브로이는 이를 "측정에 의해서건 관찰에 의해서건 운동하는 대상을 위치짓고자 할 때, 우리는 단지 위치만을 얻을 뿐이며 운동 상태는 달아나버리게 된다"라는 양자역학의 언어로 재정식화한다.(Louis de Broglie, *Physique et microphysique*, Albin Michel, 1947, p. 201)

는 사실이 중요한 역할을 한다.), 양자역학에서의 위치와 운동량이 전혀 새롭게 파악되어야 함을 역설했다. 그리고 디랙-요르단 변환을 사용해서 잘 알려진 불확정성의 원리(현대식으로 표기해, $\sigma_x \sigma_p \geq \frac{\hbar}{2}$)를 제시하기에 이른다. 고전 역학과 양자역학의 통약 불가능한 차이가 확연히 드러난 순간이다.

보어는 파동과 입자 사이에서 나타나는 이런 이중성을 '상보성'으로 파악했다.[24] 고전 역학에서는 인과적 서술과 시공간적 서술을 동시에 적용한다. 양자를 동시에 적용해 즉 하나가 가져오는 문제점을 다른 하나로 보완해가면서, 위상공간에서 상태들의 궤적을 그릴 수 있어야 하는 것이다. 그러나 보어는 관찰 자체가 바로 물리적 과정이라는 점을 직시했다. 『테아이테토스』이래 고전적인 인식론에서, 인식이란 대상의 동일성과 인식 주체의 동일성이 전제되고 양자 사이의 모종의 일치에 의해 이해되었다. 인식 과정과 물리적 과정을 혼동하는 것은 심각한 범주 오류이며, 이 사실을 깨달음으로써 비로소 확고한 인식론을 찾아간 과정을 박홍규는 "영혼이 자기 자신을 찾아낸 것"으로 파악한다.[25] 그러나 양자역학의 세계에서 이런 당연한 구도는 무너진다. 주체의 대상 관찰 그 자체가 대상을 변형해버린다면, 보다 구체적으로 말해 인과적 서술과 시공간적 서술을 동시에 적용할 수 없도록 변형해버린다면 어찌할 것인가? 보어는 이 양자를 파기하기보다는 그것들을 상보적으로 적용해야 한다고 보았다. 이런 논리는 파동과 입자의 경우에도 성립하며, 양자 역시 서로 상보적이어야 한다. 양자는 동

---

24) '상보성(Komplementarität)'이란 물질이 현실적으로 입자인 동시에 파동이라는 것을 뜻하지 않는다. 다시 말해 {입자∧not-입자}∧{파동∧not-파동)의 논리적 구조를 가지지만, 이때의 '그리고'(∧)는 현실적으로/동시적으로 성립하는 '그리고'가 아니다. 물질이 입자로서 나타나는 한에서(물리학적 방식으로 입자로서 동정될 때) 파동의 측면이 사라지고, 파동으로서 나타나는 한에서는 입자의 측면이 사라짐을 뜻한다. 물질이 입자로서 실존할 때 파동의 성격은 잠존하며(잠재적으로 존재하며), 파동으로서 실존할 때 입자의 성격은 잠존한다. 물질의 두 얼굴이 그때그때 실존의 역할과 잠존의 역할을 나누어 가지는 구도이다. 다음과 비교하라. 이정우, 『동일성과 차이생성』, 10장, 3절.
25) 박홍규, 『형이상학 강의 2』, 민음사, 2007, 91~92쪽.

시에 적용될 수가 없고, 다만 교호적으로 적용될 수 있는 것이다. 여기에서 상보적이라는 것은 물질은 실재하지만 우리가 그것을 파동과 입자 중 어느 틀을 가지고 보느냐에 따라 달리 보인다는 것을 뜻하지 않는다. 반대로 물질이 파동으로 볼 때는 파동이었다가 입자로 볼 때는 입자로 변한다는 것을 뜻하는 것도 아니다. 이것은 인식론적 상황을 아예 그대로 존재론화한 것에 불과하다. 상보성의 존재론은 단순한 구성주의도 기이한 실재론도 아니다. 나아가 상보성을 그 자체는 입자와 파동보다 더 심층적인 어떤 실체가 입자와 파동이라는 두 방식으로 표현되는 것으로 보는 것은 하나의 가능한 가설이지만, 보어는 이 해석을 취하지 않는다. 상보성의 철학은 스피노자주의의 구도를 연상시키지만, 양자가 정확히 같지는 않다. 상보성은 물질이란 입자-파동의 이중체이며, 입자로 보는 한 파동의 측면은 사라지며 파동으로 보는 한 입자의 측면은 사라진다는 것을 뜻한다.[26] 그것은 이전의 어떤 존재론과도 간단히 등치시키기 힘든 사유인 것이다.

양자역학 성립의 주요 국면에서 나타난 몇몇 개념들과 이론들만 살펴보았지만, 이상만으로도 (양자역학으로 대변되는) 현대 과학의 인식론(과 존재론)은 이전과 현격하게 다름을 확인하기에 부족하지 않을 것이다. 바슐라르는 과학이 형이상학과 연속적임을 강조한다.[27] 실증주의는 과학적 창조성을 가로막는다. 과학은 경험에서 이론으로 나아가는 것이 아니라, 과감한 이론적 사유를 전개하면서 그 결정적 대목들에서의 실험('결정적 실험')으로 그것을 뒷받침하는 행위이다. 과학적 성취를 이루려면 일단 경험의 차원에서 도약해서 실재로 나아가는 형이상학적 행위가 있어야 하는 것이다. 때문에 바슐라르는 현대 과학에는 이전의 인식론에서 정당하지 못한 것으로, 나아가 위험한 것으로 간주되었던 직관과 상상력이 중요하다고 역설한

---

26) 하이젠베르크는 보어보다 구성주의 쪽으로 다소 가까이 간 해석을 제시했고, 이를 '코펜하겐 해석'으로 규정했다. 하이젠베르크, 구승회 옮김, 『물리학과 철학』(온누리, 2011), 8장을 보라.

27) Bachelard, *La philosophie du non*, PUF, 1940, "avant-propos".

다. 과학의 근본 동력은 **형이상학적 직관과 상상력**인 것이다. 당연히 모든 도약이 과학적 성과를 가져오는 것은 아니다. 엄밀한 실험적 뒷받침을 받아야 하기 때문이다. 그러나 과학적 성취의 출발점은 도약이다. 스피노자주의자인 바슐라르는 1종 인식과 2종 인식을 엄밀하게 구분한다. 과학적 인식은 어디까지나 2종 인식이다.[28]

바슐라르는 이런 도약을 '인식론적 도약'이라 부른다.[29] 플로지스톤 이론으로부터의 벗어남은 이 점을 잘 보여준다. 물질이 연소될 때 플로지스톤이 줄어든다는 자연스러운 '이미지'는 라부아지에에 이르러서야 극복된다. 사실 슈탈 자신도 산소를 발견했었다. 그러나 그는 여전히 이전의 이론적 틀로 사태를 바라보았던 것이다. 산소의 발견은 기존의 이미지를 극복했던 라부아지에에 의해서만 가능했다. 과학자들의 인식론적 도약을 가로막는 '인식론적 장애물'은 실체화라는 장애물을 비롯해 여러 가지이다. 그 중에서도 일차적인 것은 바로 이미지가 개념을 가로막는 경우이다. 브렁슈비크가 지적했듯이, 이는 "직접적 경험으로 드러나는 세계는 과학에 의해 요구되는 것보다 <u>더 많은 것</u>을 포함하는 것이 아니라 <u>더 적은 것</u>을 포함하고 있기 때문이다. 다시 말해 그것은 피상적이고 부분적인, 스피노자의 말대로 <u>전제들을 은폐한 채 귀결들만</u>을 보여주는 세계이기 때문이다."[30] 이를 달리 말한다면, 전제 즉 원인을 찾기 위해서는 결론들의 세계 즉 경험의 세계로부터 과감하게 도약해 사물의 실재로 나아가야 한다는 것이다. 이것이 곧 '인식론적 도약'이다. 1종 인식과 2종 인식은 불연속적이다.

바로 이 때문에 바슐라르는 진정한 과학적 발전은 **불연속적임**을 강조한

---

28) 스피노자가 지적했듯이, 이것이 1종 인식의 무가치함을 뜻하는 것은 아니다. 태양에 대한 과학적 지식을 얻은 이후에도, 태양은 우리에게 조금만 걸어가면 닿을 듯한 거리에서 빛나는 노란 쟁반으로 보인다. 그래서 과학철학자로서 1종 인식을 비판했던 바슐라르가 예술철학에서는 오히려 현상학을 방법론으로 채택한 것이다. 바슐라르에게서 과학과 예술은 아니무스와 아니마로서 동등한 가치를 갖는다.

29) Bachelard, *La formation de l'esprit scientifique*, Vrin, 1938, p. 256.

30) Léon Brunschvicq, *L'Expérience humaine et la causalité physique*, Félix Alcan, 1922, p. 73.

다. 과학사의 특이점들은 과학계가 일종의 무의식으로서 가지고 있는 기존의 인식 틀 ─ 바슐라르는 이를 '정상 과학'이라고 부른다[31] ─ 을 벗어나는 과감한 인식론적 도약의 지점들(물론 실험을 통해 그런 도약이 뒷받침된 지점들)에 다름 아닌 것이다. 과학에서의 진정한 변화는 탐구 성과들이 계속 누적되는 경우가 아니라, 기존의 인식 틀로는 더 이상 해명하기 힘든 상황을 만났을 때 그 인식 틀을 완전히 극복한 새로운 틀이 등장한 경우를 뜻한다. 바슐라르는 과학사의 연속성에 대한 여러 믿음들을 물리치면서 과학사의 불연속을 확립하고자 했다.[32] 그러나 이것이 바슐라르가 과학사의 발전을 부정했음을 뜻하지는 않는다. 바슐라르는 과학사의 불연속과 발전을 동시에 긍정했다. 과학의 발전은 이후의 이론이 이전의 이론을 '포괄할(envelopper)' 때 이루어진다. 이 포괄은 곧 이전의 이론이 이후의 이론의 한 경우임을 보여주었을 때 확립된다. 에우클레이데스 기하학은 리만 기하학에서 곡률이 0인 경우에 성립한다. 뉴턴 물리학은 상대성 이론에서(질량의 경우, $m = \frac{m_o}{\sqrt{1 - \frac{v^2}{c^2}}}$) 물체의 속도가 빛의 속도에 비해서 매우 느릴 때 성립한다 ($m = m_o$). 또, 열역학의 여러 법칙들은 통계역학에서의 이상기체방정식 ($pV = NRT$)의 여러 경우들로서 파악될 수 있다. 이렇게 이후의 이론은 이전의 이론이 사실은 자신의 한 경우임을 보여줌으로써 '발전'을 증명할 수 있는 것이다.[33]

---

31) 이 용어는 쿤에게서도 나타난다. 토머스 쿤, 김명자·홍성욱 옮김, 『과학혁명의 구조』, 까치, 2020.

32) Bachelard, *Le matérialisme rationnel*, PUF, 1953, "conclusion".

33) **바슐라르, 캉길렘, 쿤** ─ 토머스 쿤(1922~1996)은 바슐라르와 마찬가지로 평소의 과학적 행위들은 '정상 과학'의 틀 내에서 이루어진다고 보았다. 그리고 이 정상 과학의 '패러다임'이 흔들릴 때, 경쟁하는 여러 새로운 패러다임들이 나타나고 이 과정을 통해서 '패러다임 전환'이 일어난다고 보았다. 패러다임은 한 정상 과학에 있어 "개념적, 이론적, 도구적, 방법론적 공약의 네트워크"이며, 어떤 '세계'란 사실 특정한 표상체계를 전제해서 성립하는 것이라고까지 말할 수 있다. 쿤에게 특히 중요한 것은 한 패러다임이 세계를 인식할 때 작동시키는 존재론적 분절 ─ 쿤 자신의 용어로는 어휘집(lexicon)과 계통학(taxonomy) ─ 이었다. 서로 존재론적 분절을 달리하는 두 패러다임은 '통약 불

바슐라르는 과학사의 불연속과 발전을 동시에 역설하면서, 현대 합리주의의 전형을 만들어냈다. 합리주의는 실증주의와도 대립하고 동시에 구성주의와도 대립한다. 어떤 면에서 합리주의는 실증주의와 가깝다. 구성주의가 인식에서의 주체의 구성의 측면을 강조하는 데 반해, 실증주의와 합리주의에서는 어디까지나 객관성이 중심에 놓이고, 존재론적 맥락을 띠기 때문이다. 그러나 실증주의가 과학 ── "실증과학" ── 의 정당한 범위를 사물들의 표면의 인식에 제한한다면, 합리주의는 과학의 목표를 보다 적극적인 존재론적 차원 즉 사물들의 심층으로 옮겨놓았다. 앞에서 언급했지만, 실증주의가 영국 경험론을 잇고 구성주의가 칸트의 사유를 잇고 있다면, 합리주의는 17세기 형이상학을 더 멀리로는 플라톤의 사유를 잇고 있는 것이다.

그러나 현대의 합리주의는 이전의 합리주의와 구분된다. 현대 합리주의는 과학적 인식에 구성적인 측면이 가미된다는 것을 부정하지 않는다. 다만 구성주의가 인식에서의 존재론적 무게중심에서 너무 멀어져 과학적 인식을 과하게 주관적인 것으로, 사회적-역사적인 것으로 "폄하"하는 것을 거부한다. 과학이라는 행위가 우선은 인식 주체가 자연에게 물어보는 행위인 것은 분명하다. 그리고 물음은 다양한 맥락에서의 구성주의를 내포한다. 그러나 결국 그 물음에 답하는 것은 자연이다. 인식에 답하는 것은 존재인 것이다. 게다가 자연은 "바로 이것입니까?"라는 인식 주체의 물음에 결코 "그렇다"라고 대답하지 않는다. 다만 자연은 그것은 "아니다"라고만 답할 뿐이다. 그래서 과학은 자연이 무엇인지는 알 수 없고, 무엇이 아닌지만 알

───

가능하다'고 해야 하는 것이다. 쿤의 이런 생각은 자연스럽게 과학사의 불연속을 함축하며, 실제 그가 관심을 가졌던 것은 여러 갈래의 '과학혁명'들이었다. 그러나 쿤은 이런 통약 불가능성 테제를 점차 완화하게 되며, 결과적으로 '부분 단절'을 논한 캉길렘의 생각에 근접하게 된다. 바슐라르가 수학적 맥락에 초점을 맞추어 과학사의 발전을 논했다면, 캉길렘과 쿤은 개념적-의미론적 맥락에 초점을 맞추어 부분적인 발전을 논했다고 할 수 있다. 사실 수학적 맥락이 아닌 한, 후대의 이론이 전대의 이론을 그 한 경우로서 깔끔하게 포함하는 경우는 극히 드물다.

수 있다. 과학은 항상 잠정적이며, 이전보다 더 나은 가설들로 나아갈 수 있을 뿐이다.

아울러 현대 합리주의는 보다 근본적인 존재론적 함축을 띤다. 이는 곧 실재가 플라톤적 형상들로 되어 있다는 가설을 더 이상 확신하지 않는다는 점이다. 비판적 합리주의에서의 '비판적'은 명시적이지는 않지만 암암리에 생성존재론을 함축한다. 세계의 근원은 생성인 것이다.[34] 당대에 베르그송과 더불어 프랑스 철학의 두 축(비-합리주의와 합리주의)을 형성했던 브렁슈비크에게 구키 슈조는 그와 베르그송의 관계를 대립적으로 언급했다. 그러나 브렁슈비크는 구키에게 이렇게 대답했다고 한다. "하지만 우리 모두는 베르그송의 제자입니다." 이는 여러 가지로 해석될 수 있겠지만, 지금의 맥락에서 볼 때 현대의 합리주의, 비판적 합리주의는 세계에 대한 베르그송적 생성존재론을 전제하고서, 그러나 그 생성의 수학적 결을 찾아가는 것임을 뜻했다고 볼 수 있다. 이는 곧 '理'의 틀을 전제하고서 '氣'가 그것을 채우는 구도가 아니라, 기의 생성을 따라가면서 리의 결들을 파악해내는 구도라고 할 수 있다. 메이에르송의 주저 제목인 '동일성과 실재'는 바로 이 점을, 즉 생성존재론에서의 차이생성과 과학적 인식에서의 동일성의 관련성을 강조하고 있는 것이다.

이 두 가지 측면에서 현대 합리주의는 전통적인 합리주의와 다르다. 현대 합리주의는 '비판적 합리주의'인 것이다. 비판적 합리주의는 과학적 탐

---

34) **실체론에서 관계론으로** — 이는 달리 말해서, 3권의 5장(결론 부분)에서 르누비에 등을 논하면서 언급했듯이 현대의 존재론/인식론은 실체주의를 벗어나 관계주의로 이행했음을 뜻한다. 바슐라르도 논했듯이(*La valeur inductive de la relativité*, Vrin, 1929/2014) 이 점은 물리학에서도 확인된다. 서구 근대 인식론자들은 '제1 성질들'과 '제2 성질들'을 구분했다. 그러나 관계론에 입각하면 모든 성질들은 제2 성질들, 즉 경향적 (dispositional) 성질들이다. 질량은 한 물체에 내재하는 어떤 실체가 아니라 다른 물체들과의 관계를 통해 성립하는 그것의 관성일 뿐이다. 특수 상대성 이론('로렌츠 변환') 에 입각하면, 한 물체의 형태 역시 그것의 운동 방식에 따라 변화한다. 오늘날의 맥락에서 일반화해 말한다면, 물체들의 "제1 성질들"은 중력장의 운동에 상대적으로 변화한다. 양자역학의 경우에도, '불확정성 원리'는 관계론적 사유를 단적으로 보여준다.

구에서의 주체적인 구성 과정을, 그리고 더 근본적으로는 실재에 대한 생성존재론적 직관을 깔고 들어간다. 이것은 곧 과학적 행위가 함축하는 존재론의 구도가 '플라톤에서 베르그송으로' 전환했음을 뜻하는 것이다. 그러나 이것이 과학적 행위의 플라톤적 함의를 부정하는 것은 아니다. 베르그송적 생성존재론을 암암리에 전제하되, 과학적 행위의 본질은 여전히 이 생성의 바다에서 플라톤적인 동일성들을 건져내는 데 있는 것이다.

2절 확장되는 합리성

그러나 '합리성'의 의미를 수학적인 구조 또는 '측정 가능한 것'의 맥락
에만 국한하는 것이 현명한 일일까? 만일 합리성을 이렇게 고착시킬 경우,
우리는 고전 역학을 모델로 하는 인식론에 정당한 인식을 국한해야 할 것이
다. 칸트와 헤르더의 대립을 논했거니와(3권, 9장, 3절), '인식'의 개념을
보다 유연하게 가지는 것이 중요하다. 어떤 틀을 미리 못 박아놓고서 모든
것을 그 기준으로 환원하려는 것은 다른 인식들을 독단으로 매도하는 또
하나의 독단이 된다. 합리성의 다변화가 필요한 것이다. 사실 바슐라르의
인식론에서 이미 볼 수 있듯이, 합리성의 이런 독단적인 개념은 물리과학
자체 내에서도 더 이상 통용되지 않는다.[35) 합리성의 다변화는, 과학의 세
계에 국한해 말한다면 물리과학의 논리만이 아니라 생명과학, 인간과학[36)

---

35) 이 점은 EPR 논문과 보어의 대결을 포함해 양자역학의 성립 과정에서 분명하게 드러났
다. 후커는 (EPR 논문에서도 전제되고 있는) 고전 역학적 과학 개념을 아홉 가지로 정
리해주었다.(이하 '~의 원리'를 표제로 붙여 정리함) 물리적 실재는 등질적인 요소들
로 분석된다.(동일성의 원리 또는 보편성의 원리) 복합적인 대상은 단순한 요소들의 합
으로 구성되어 있다.(부분-전체의 원리) 물리적 요소들 및 그 전체 구조는 정확히 동정
된다.(시공간 동정의 원리) 적합한 물리 이론은 세계와 상응한다.(상응의 원리 또는 표
상의 원리) 일정 시간 간격에서의 물리적 실재는 연속적으로 동정 가능하다.(연속적 동
정의 원리) 이후의 물리적 상태는 이전의 물리적 상태로부터 인과적으로 발생한다.(인
과적 결정론의 원리) 통계적 이론은 완전한 지식이 아니다.(완전성의 원리) 물리적 지
식은 객관적 측정에 입각해 성립해야 한다.(측정 가능성의 원리) 물리적 계와 관찰자는
독립적이다.(실재성의 원리) Clifford A. Hooker, "The Nature of Quantum Mechanical
Reality", *Paradigms and Paradoxes*, Univ. of Pittsburgh Press, 1972, pp. 69~73. 결국 고
전 역학에 모델을 두는 과학의 이념은 동일성, 상응성, 결정론, 객관성으로 정리된다. 자
세한 논변은 생략하지만, 이런 과학의 고전적 이념은 궁극적으로 동일성에 기반을 두고
있다.
36) 인간과학은 인문과학과도 또 인문학과도 구분된다. 인간과학은 (사회과학을 포함해) 인
간을 과학적으로 연구하려는 분야들을 총칭한다. 인문과학은 고증학에서 예를 보았듯
이(3권, 7장, 1절), '文'의 차원을 과학적으로 연구하는 분야를 뜻한다. 인문학은 과학과

의 논리도 중요하다는 것을 뜻한다. 우리는 예컨대 캉길렘의 생명(과학)철학, 의철학이나 신칸트학파의 정신과학(/문화과학/역사과학) 등에서 합리성을 다변화하려는 노력들을 볼 수 있다.[37]

특정한 질서 개념을 고착시킬 때, 그 틀에 들어맞지 않는 영역들은 '무질서'로 표상된다. 그러나 질서에 대한 독단적 이미지를 걷어내고 볼 때, 많은 경우 이 영역들은 단지 다른 질서를 내포하고 있을 뿐이다. 고전 역학을 모델로 하는 질서 개념을 고착시킬 때, 생명 차원의 현상들은 무질서, 우연으로서 나타날 수밖에 없다. 베르그송이 타파하고자 한 사유의 이미지가 바로 이 이미지이다. "실재는 정확히 우리의 사유를 만족시키는 한에서 질서 있는 것으로 받아들여진다. 따라서 질서란 주체와 대상 사이의 모종의 일치이다. 그것은 사물 속에서 스스로를 재발견하는 정신이다."(EC, 224) 중요한 것은 이러한 일치가 이루어지지 않을 때, 대상을 무질서로 간주할 수도 있고 (베르그송이 권했듯이) 그 대상을 포용할 수 있는 방식으로 우리의 정신을 넓힐 수도 있다는 점이다. 근대의 과학사가 물리과학에서 생명과학, 인간과학으로 나아갈 때 등장했던 것이 바로 이 두 방향이었다. 전자의 방향이 '환원주의'의 방향이고, 후자의 방향이 과학/합리성의 다변화의 방향이었다. 근대 이래의 학문세계는 이 두 방향의 투쟁이었고, 현대의 합리성은 그러한 과정을 통해 조야한 환원주의와 무책임한 상대주의라는 두 극단을

대비되는, 과학과 더불어 학문세계를 양분하는 별개의 영역이라고 할 수 있다. 물론 세 분야는 복잡하게 얽혀 있다.

37) 바슐라르의 인식론은 현대 과학, 특히 양자역학이 실증주의의 한계를 넘어서는 정초를 요청한다는 사실에 응답한 사유였다. 이 인식론에서 그는 인식론적 단절을 통해서 제2종 인식을 제1종 인식으로부터 설득력 있게 분리했다. 그러나 언급했듯이 그는 지각과 이미지의 세계에도 별도의 위상을 부여하고자 했으며(양자에서 '물질' 개념이 전혀 다르게 파악되고 있다는 점이 흥미롭다.), 이는 그의 현상학적-시학적 작품들로 나타났다.("아니무스와 아니마") 그러나 그의 사유의 문제점은 정작 이 양자 사이의 담론공간이 통째로 배제되어 있다는 점이다. 그의 사유에는 수학적 과학과 현상학적 시학 사이의 생명과학, 사회과학/인간과학, 인문학의 담론공간이 휑하게 비어 있는 것이다. 이 공간을 채우는 것이 이후 철학자들의 과제가 된다.

피해 갈 수 있는 길을 다듬어온 것이다.

§1. 생명과학의 논리

캉길렘은 베르그송의 이런 존재론적 통찰을 이어받되, 그것을 생명과학에 대한 인식론적 논의로 구체화한다. 생명의 세계는 만물이 그 물체적 본성("res extensa")에 따라 기계적으로 조직되고 운동하는 데카르트의 세계도, 또 단단한 물체들이 수학적 법칙에 따라 영원히 순환적으로 운동하는 뉴턴적 세계도 아니다. 그럼에도 이 이미지는 이후 생명과학을 여러모로 제약해왔다. 하지만 생명의 세계는 생·로·병·사의 세계, 호메오스타시스(항상성), 자기조절, 병과 치유의 세계, 변이, 편차, 진화의 세계이다. 이 생명세계는 그 자체의 논리, 형식논리와는 다른 논리를 통해 존립한다. 그러나 편협한 질서 개념으로 볼 때 이 세계는 무질서와 우연, 일탈의 세계일 뿐이다. 캉길렘은 생명과학이 이런 가변성을 자체의 차원으로서 포용함으로써 성립한다고 강조한다.[38]

다른 각도에서 볼 때, 이는 곧 생명과학에서 핵심적인 것은 각 생명체의 개체성이라는 점과 관련된다. 사실 '과학'이라는 관념과 '개체성'이라는 관념은 애초에 대립적이다. 아리스토텔레스가 합리적 인식의 범위를 '최하위종'에 국한한 이래, 개체성은 과학적 인식의 범위 바깥에 존재해왔기 때문이다.[39] 그렇다면 두 선택지, 즉 과학에서 개체성을 배제하는 선택지와 개

---

38) Georges Canguilhem, *La connaissance de la vie*, Vrin, 1965/2015, pp. 165~197.
39) 개체(개인)를 다루는 담론은 곧 인문학이다. 예컨대 생물학이 다루는 것은 인간이라는 영장류이지만, 역사가 다루는 것은 진시황이나 나폴레옹인 것이다. 따라서 생명과학이 개체성의 방향으로 합리성을 유연화한다는 것은 곧 과학의 축에서 인문학의 축으로 일정 정도 이동한다는 것을 뜻한다. 반대 방향의 이동들도 존재한다. 예컨대 현대의 아날 학파는 역사학에 인간과학적 탐구 방식들을 도입함으로써 인문학의 축에서 과학의 축으로 일정 정도 이동했다.

체성을 포용할 수 있도록 '과학'이라는 개념을 유연화하는 선택지가 있다. 캉길렘이 권하는 것은 후자이다. 개체들에게서 나타나는 변이성, 변칙성은 뭔가가 잘못된 것, 무질서가 아니라 바로 그 개체의 존재 자체인 것이다.[40]

이 문제는 우리가 앞에서 논했던 우연의 문제에 연계된다. 동일성의 사유에서는 그 동일성을 벗어나는 것을 우연으로서 이해한다. 예컨대 아리스토텔레스 존재론에서 한 개체의 다양한 면모들은 바로 "偶有"이다. 정언적 우연을 인정한다는 것은 곧 개체적 차이들을 존중한다는 것이다. 이 사유는 동일성의 사유가 아니라 차이생성의 사유이다. 동일성은 차이생성의 흐름 위에서 성립하는 잠정적인 것에 불과하다. 물론 다른 이원적 개념 쌍들에 있어서도 그렇듯이, 동일성은 차이생성 못지않게 중요하다. 그러나 차이생성 위에서 성립하는 다양한 개체성들은 추상적 동일성이 아니라 차이생성을 머금고 있는 역동적 동일성이다. 각각의 개별자들은 단지 어떤 보편자의 '예화'가 아니다. 오히려 보편자들, 일반성들이 차이생성 위에서 성립하는 평균치, '정상화'인 것이다. 그리고 덧붙이자면, 이때 중요한 것은 개별자들은 각각에 대해 타자들이며 따라서 어떻게 관계의 생성을 통해 그 사이에서 좋은 되기가 생성할 수 있는가 하는 것이다. 이 점에서 차이생성의 생명철학은 타자-되기의 윤리학과 뗄 수 없는 관계에 있다. 새로운 합리성의 사유는 인식론이기만 한 것이 아니라 윤리학이기도 한 것이다.

캉길렘은 이런 관점에 입각해 '정상성(normalité)' 개념을 개혁하고자 했다. 정상성 개념을 개체성을 무시하고서 '과학적'으로 이해할 때, 그것은 곧 '평균'을 뜻한다. 평균 개념은 생명체'들'을 생명정치의 맥락에서 다룰 때 매우 편리한 장치이며, 또 실제 의학적 실천에서도 분명 중요한 역할을 한

---

40) '정상'의 개념은 객관적인 측정치로서의 평균을 뜻하지 않는다. 양적 고정치로서의 정상이란 편의상의 개념일 뿐이며, 각 개체에서의 정상은 그 개체의 상태와 상황에 따라 변한다. "병리적인 것은 정상적인 것의 일종으로 이해되어야" 한다. "비정상은 정상이 아닌 것이 아니라 또 다른 정상이다."(조르주 캉길렘, 여인석 옮김, 『정상적인 것과 병리적인 것』(그린비, 2018), 230쪽.

다. 그러나 개체성을 중시할 때 '평균'이란 전체를 보는 편리한 장치일 뿐, 함부로 휘두를 경우 매우 위험한 무기가 될 수도 있다. 이 위험은, 상당히 변형되기는 했지만 오랜 세월 내려온 실체주의가 띨 수 있는 위험이다. 캉길렘은 정상성을 철저히 관계주의에 입각해 사유한다. 생명체는 외부적-내부적 환경과 관계 맺으면서 끊임없이 타자화된다.[41] 생명체는 차이생성과 동일성의 팽팽히 당겨진 줄 위에서 살아간다. 정상성은 생명이 죽음에 대처하는 역동적인 과정에 입각해 이해되어야 하는 것이다.

> 생명체들의 정상성은 그들이 환경과 맺는 관계가 띠는 성격이다. 환경은 생명체들에게 〔그들의 존속을〕 허락하지만, 역으로 생명체들은 후손들의 개별적인 변이를 통해 새로운 환경과의 새로운 관계형식들을 허락한다. 이런 과정은 계속된다. 생명체의 정상성은 그것 안에 존재하는 것이 아니라 그것을 통과해 간다. 정상성은 하나의 장소에서 그리고 어떤 주어진 순간에, 보편적 생명이 죽음과 맺는 관계를 표현한다.[42]

요컨대 생물학에서의 정상성은 단지 추상적인 수치로서의 평균이 아니라 개별 생명체들의 역동적 관계 맺음의 과정을 통해서, 생명과 죽음의 투쟁에서의 구체적인 상황들에서 이해되어야 한다. 물론 이 이해가 생명 '과학'의 인식이 되려면 마땅히 요청되는 합리성을 갖추어야 하지만, 그 합리

---

41) 외부 환경은 라마르크, 콩트 이래 특히 진화론, 생태학 등에 의해 정교화되어왔다. '내부환경'은 베르나르의 개념으로서, 베르나르는 이것을 신체의 부분들(장기, 조직, 세포 등)이 각 층위에서 맺는 수평적 관계망과 각 층위들이 맺는 수직적 관계망의 총체로 규정했다. 그러나 캉길렘과 달리 19세기를 살았던 베르나르는 19세기적 결정론의 지지자였다. "유기체란 경이로운 성질들을 부여받은, 극히 복잡하고 섬세한 메커니즘들에 입각해 활동하는 경탄할 만한 기계에 다름 아니다."(Claude Bernard, *Introduction à l'étude de la médecine expérimentale*, p. 127)

42) Canguilhem, *Idéologie et rationalité dans l'histoire des sciences de la vie*, Vrin, 1977/2009, pp. 167~168.

성은 그것의 고전적인 개념을 넘어서는 복잡성과 역동성에 입각해 새롭게 개념화되어야 하는 것이다.

나아가 정상성 개념은 규범성(normativité) 개념과 밀접하게 얽혀 있다. 정상성이 특정한 상태를 서술하는 개념이라면, 규범성은 지향해야 할 이상태라고 할 수 있다. 의학 같은 학문에서는 규범성이 특히 중요한 역할을 한다. 그러나 때때로 서술적 개념인 정상성이 규범성의 행세를 하게 되는데, 이 경우 결국 규범성이 특정 정상성에 묻혀 고착되어버린다. 그래서 비-정상이 비-규범이 되어 도덕적-법적 고발의 대상이 되기도 한다.[43] 그러나 생명의 차원에서는 차이생성이 우선이고 그 위에서 동일성들이 성립한다. 규범 역시 생명의 생성에 따라 변해가는 것이다.[44] 그래서 캉길렘은 생리학이 먼저 있고 그로부터의 일탈을 다루는 병리학이 있는 것이 아니라, 생명체의 변이(차이생성)를 다루는 병리학이 우선이고 그 위에서 정상성과 규범성(동일성)을 다루는 생리학이 존립한다고 보았던 것이다. 생명은 변이를 통해서 우리에게 드러나며, 우리는 그 변이의 굴곡(sinuosité)을 따라가면서 정상성과 규범성을 파악해가야 한다. 앞에서 우연론을 논했거니와, 이 점은 심대한 존재론적 의미를 띤다. "기형"은 "괴물"이 아니라 개체들에게서 나타나는 변이의 정도가 다소 심한 경우일 뿐이다. 생명의 모든 변이는 그 자

---

43) 푸코는 고전시대의 이성이 이상'이 아닌' 것들을, 그것들 자체는 다질적이지만 이성에 의해 등질화된 타자들을 어떻게 배제하고 감금했는가를 상세히 추적했다.(『광기의 역사』, 이규현 옮김, 나남, 1961/2017, 2장)

44) "소위 정상이란 사실은 규범의 표현이다. 어떤 사실이 더 이상 규범을 참조할 필요가 없을 때 그 규범의 권위는 박탈된다. 그 자체로 정상적이거나 병리적인 사실은 없다. 이상이나 돌연변이는 그 자체로 병리적인 것은 아니다. 이들은 가능한 생명의 또 다른 규범을 표현한다. 만약 이러한 규범들이 안정성, 번식성, 생명의 변이성에서 앞선 특정한 규범에 비해 열등하다면 이러한 규범들은 병리적이라고 말해질 것이다. 만약 이러한 규범들이 결국은 상응하는 동일한 환경이나 보다 우위의 환경에서 나타난다면 이들은 정상적인 것이라고 말해질 것이다. 그들의 정상성은 그들의 규범성에서 올 것이다. 병리적인 것이란 생물학적 규범의 결여가 아니라 생명에 의해 배척되는 또 다른 규범이다."(캉길렘, 『정상적인 것과 병리적인 것』, 167쪽)

체로서는 생명의 생성(말하자면 자기 실험)의 다양한 경우들일 뿐이다. 그 모든 변이들의 평균치로서만 그때그때의 "정상"이 성립하는 것이다. 박홍규가 정치하게 해명했듯이, 베르그송은 플라톤의 '자기운동자'('아우토 키눈')를 '자기차생자'로 전환해 진화를 이해했다. 이런 흐름이 캉길렘에 이르러 보다 급진화되고 있는 것이다.

캉길렘은 생명체가 가진 능동성을 역설했다. 생명체란 단지 환경에 '적응'하는 것이 아니라 스스로 규범을 창안해냄으로써 환경을 만들어가는 존재이다. 무엇이 진화하는가? 캉길렘에 입각해 말한다면, 바로 이렇게 스스로의 규범을 창안해내는 다양한 형태의 능력들이 진화한다고 해야 할 것이다. 그 자비에 비샤(1771~1802)는 "생명이란 죽음에 저항하는 모든 기능들의 총체"라고 했지만, 생명은 단지 죽음에 저항할 뿐만 아니라 그 스스로를 바꾸어나감으로써 삶과 죽음의 관계 자체를 개선해나가는 존재라 해야 할 것이다. 베르나르가 세운 실험의학은 생명체의 '상태'에 대한 합리적인 이해를 추구하지만, 여기에 상태들을 유지하고 개선해나가려는 생명체의 능동성을, 특히 의학의 경우에는 생명체(환자) 자신의 상황과 체험을 함께 고려해야 하는 것이다. 평균이 규범을 말해주는 것이 아니다. 규범이 결과적으로 드러내는 지표가 평균인 것이다. 병에 걸렸다는 것은 상태들이 나빠졌다는 것이지만, 더 근본적으로는 규범을 만들어가는 능력이 약화되었음을 뜻한다. 캉길렘의 생명(과학)철학 및 의철학은 이렇게 물리과학의 동일성의 논리와는 판이한 생명과학의 합리성을 개념화해주었다.

좁은 의미에서의 '과학'이라는 행위는 멀리로는 그리스의 후기 자연철학자들이 가까이로는 17세기 서구 철학자들이 만들어낸 사유 모델을 그 탄생 설화로 가진다. 전자가 과학이라는 행위의 핵심 존재론을 만들어냈다면, 후자는 실험과 수량화라는 구체적 방법을 만들어냈다. 대부분의 경우에 그렇듯이 이 탄생 설화 역시 과학이라는 행위에 긴 그림자를 드리웠지만, 오늘날 확장된 합리성에 입각한 새로운 사유 모델들은 이 설화로부터 벗어나 다양한 형태를 띠고서 전개되고 있다. 그 전형적인 예들 중 하나로서 생태학을 들 수 있다. 오늘날의 생명과학에서 분자생물학과 생태학은 그 양극에 위치한다. 전자가 요소 환원주의적 패러다임에 입각해 생명체의 메커니즘을 정밀하게 분석한다면, 후자는 관계주의적 입장에서 생명계의 구성원들 사이 나아가 생명계와 환경 사이의 **상호 생성**(상생과 상극)을 종합적으로 해명한다. 여기에서는 요소들 사이의 상생과 상극이 연구되지만, '요소들' 자체가 후기 자연철학 이래 상정되어온 실체들이 아니라(환원주의의 거부) 어디까지나 관계의 운동에 따라 생성해가는 항들로서만 이해된다. 부분들과 전체는 상호적으로 이해되기 때문에 공히 실체화되지 않는다. 이 사유는 상정된 실체들과 법칙들에 입각해 '대상'들을 재단하기보다는 실제 이루어지는 생성의 결을 따라가면서 사유한다는 점에서 생성존재론의 한 형태라고도 할 수 있다. 그러나 분자생물학은 그것이 생명과학의 나아가 학문 전체의 넓은 틀에 잘 자리 잡을 때에만 그 한계를 극복해갈 수 있고(실제 분자생물학 자체도 지금까지 계속 변화해왔다.), 역으로 생태학의 경우에도 그 부분에서의 연구 방식들은 결국 기존의 여러 과학들을 동원한 것일 수밖에 없다. 이 점에서 모든 논의는 항상 분자생물학과 생태학 사이에서 펼쳐지는 생명과학 전체를 염두에 둘 때 확장된 합리성을 담지할 수 있을 것이다.

합리성을 확장해갈 때, 또 하나 빼놓을 수 없는 사유 갈래는 비-서구에서 전개된 과학적 사유들의 현대적 재창조의 흐름이다. 서구 학문에 대한 자발적 경도이든 제국주의에 의한 일방적 강요이든 서구 근대성이라는 문명 패러다임은 그 전에 존속해왔던 다양한 인식 패러다임들을 "비합리적"이라는 이름 아래로 묻어버렸다. 그러나 종교는 물론이고 예술, 철학 나아가 과학까지도 이런 과정을 다시 신중히 재검토해 문명의 다원성과 균형을 재고해야 할 것이다. 예컨대 오늘날 양의학과 한의학은 의료의 내용 자체에서나 그 제도적 형태에서나 서로 상보적 역할을 할 수 있다. 한의학은 '다른 과학'의 가능성을 보여주는 중요한 예이다. 합리성의 확장 문제는 학문 자체에 국한되는 것이 아니라 문명의 향방과도 관련되는 중차대한 문제이다.

§2. 인간과학에서의 합리성

합리성을 다변화하려는 노력은 인간과학의 맥락에서도 이루어졌다. 19세기의 철학자들에게 다대한 영향을 준 대표적인 철학자는 칸트였다. 앞에서는 헤르츠, 볼츠만, 플랑크 등이 칸트적 영감에 따라 실증주의를 극복하려 한 노력들을 보았거니와, 인간과학의 영역에서도 딜타이, 리케르트, 카시러를 비롯한 많은 사람들이 칸트의 사유를 이어나갔다. 그러나 이들은 인식론적 사유를 자연과학에 국한했던 칸트와는 달리 그의 구성주의를 인간과학을 포용하는 방향으로 확장하고자 했다.

딜타이(1833~1911)는 칸트를 비롯해 근대 인식론을 정초한 인물들이 자연과학의 정초에만 진력했을 뿐이며, 때문에 그들에게서는 역사세계/정신세계에 대한 사유가 결여되어 있다고 보았다. 이 점에서 르네상스 휴머니즘의 장에서 배태된 비코(1668~1744)의 '새로운 학문'의 문제의식을 잇고 있다고 할 수 있다. 딜타이가 지향한 것은 이 정신세계를 다루는 학문을 정초하는 것이었다. 딜타이는 세계를 물질과 정신, 자연과 역사의 이중체라는 관점에서 보았으며, 그 전체를 '생(Leben)'으로서 포착했다. 자연의 측면에 초점을 맞추어 볼 때 자연과학이 성립하고, 역사의 측면에 초점을 맞추어 볼 때 역사과학/정신과학이 성립한다. 칸트의 『순수이성 비판』이 다루고 있는 '경험'은 자연세계에 대한 경험에만 배타적으로 초점을 맞추고 있다. 딜타이의 '역사이성 비판'이 겨냥하는 것은 이런 경험의 차원을 넘어서는 '체험(Erleben)'의 차원이며,[45] 칸트가 밝혀내고자 했던 경험의 범주들

---

45) 칸트에게서 '주어진 것'은 '잡다'로서의 'Mannigfaltigkeit'이다. 칸트 이후 철학자들은 이 'Mannigfaltigkeit'를 단지 주체의 구성을 기다리는 단순한 인식질료로서의 잡다가 아니라 그 자체로 이미 의미와 구조를 띤 차원으로서 재사유하고자 했다. 앞에서 리만과 칸토어를 언급했거니와, 딜타이에게서도 이 'Mannigfaltigkeit'와 구성하는 주체가 이원적인 주객을 이루는 것이 아니라 일원적인 '체험'의 장에서 혼효하는 것으로 이해된다. 체험에는 이미 체험하는 주체와 체험의 내용이 함께 혼효하고 있는 것이다. 이런 구도의 사유는 후설에게서의 노에시스-노에마의 혼효를 비롯해 현대 철학의 중요한 한

을 대체할 수 있는 체험의 범주들(시간, 의미, 가치, 목적 등)을 밝혀내는 것이었다. 체험이란 한 주체가 하는 것이기에, '의식 일반'이 하는 경험과는 판이한 것이다. 그래서 정신과학의 핵심적인 문제는 의식 일반의 경험으로부터가 아니라 한 주체의 체험에서 출발하되, 어떻게 그것을 보다 보편적인 지평에 있어서의 학문적 인식＝이해로 확장할 것인가 하는 것이 된다. 이 문제에 대한 해답을 딜타이는 슐라이어마허(1768~1834)에 의해 체계화된 사유인 '해석학'에서 찾았다.[46]

   해석학적 사유는 체험, 표현, 이해를 핵심 개념들로 한다. 우리의 생(生)은 체험으로 이루어지며, 체험은 극히 복잡한 양상들의 복합체이자 연속적인 흐름이다. 그러나 체험은 덩어리, 흐름이 아니다. 인간적인 체험은 혼란스러운 덩어리 또는 막연한 흐름이 아니라 (들뢰즈 식으로 말해) 사건-의미의 크고 작은 특이성들로 구성된 장이다. 딜타이는 우리의 체험이 의미를 갖춘 사건/행위의 조직체임을 역설한다. 그러나 이 전체는 '부분-외-부분'의 원리와 등질성을 그 핵심 성격으로 하는 자연과학적 전체가 아니다. 우리의 체험은 '국소화'되어 있으며, 그 각각이 고유한 질적 특성과 의미를 갖추고 있다. 정신과학에서는 예컨대 똑같은 하나의 사건도 그것이 어느 도시에서 일어났는가에 따라 그 의미가 판이하다. 자연과학이 다루는 것은

갈래를 형성하게 된다.

46) 『정신과학에서 역사적 세계의 건립』(김창래 옮김, 아카넷, 1910/2009)에서 해석학을 전개하기 이전에, 딜타이는 『정신적 세계 1』(1924. 1부: 『정신과학과 개별화』, 이기흥 옮김, 지만지, 2011. 2부: 『해석학의 탄생』, 손승남 옮김, 지만지, 2011)에서는 심리학을 통해서 체험을 논했다. 19세기 후반에 심리학은 자연과학적 방법을 따른 실험심리학과 철학적 성격을 띤 내성심리학으로 양분되어 진행되었거니와, 딜타이의 심리학 — '체험심리학'이라 부를 수 있을 것 같다 — 은 후설, 베르그송, 제임스 등으로까지 이어지는 후자의 흐름과 궤를 같이한다. 그는 표상적 연관(지각, 관념, 인식), 정서적 연관(충동, 느낌), 목적적 연관(의지적 행위) 같은 심리적 체험을 포괄적으로 사유해야 한다고 보았고, 이런 체험에 정신과학적 가치성을 부여하려고 노력했다. 『건립』에 이르러서는 표현된 것의 이해라는 보다 객관적인 사유 양식이 도래하지만, 심리학과 해석학 사이에 단적인 불연속이 존재한다고는 볼 수 없다.

추상적인 공간(에우클레이데스 공간 등)이지만, 정신과학이 다루는 것은 다양한 맥락과 가치, 의미, 역사를 띤 장소들인 것이다. 따라서 정신과학이 추구하는 것은 자연과학에서와 같이 등질적인 요소들을 지배하는 메커니즘/법칙의 발견이 아니라, '국소화'된 유의미한 체험들 사이의 의미연관성을 나아가 전체적인 구조연관성을 파악하는 일이다.

일반적으로 공유하기 힘든 개개인의 고유한 체험들을 넘어, 다양한 타인들의 체험들을 포용하는 이해가 가능한 것은 각 체험들이 객관적인 차원으로 표현되기 때문이다. 자연은 주어진 것이지만, 문화는 주체들에 의해 표현되는 것이다. 딜타이는 표현된 것을 "생의 객관화"로 보았으며, 헤겔의 용법보다 더 넓은 의미에서 "객관정신"으로 부르기도 했다. 따라서 표현된 것 안에는 어떤 생이, 어떤 체험이 깃들어 있고, 궁극적으로는 어떤 정신이 깃들어 있다. 이해한다는 것은 곧 객관적으로 주어진 표현물로부터 다시 그것을 표현한 정신으로 돌아가 보는 것이다. 이 점에서 이해란 어떤 체험을 추(追)-체험하는(nach-erleben) 것이다. 그러나 딜타이가 제시한 추체험 개념은 흔히 말하는 '감정이입'이 아니다. 그것은 누군가의 마음속에 들어가 그의 감정과 같은 감정을 느끼는 것이 아니라, 어떤 체험이 이루어진 '세계' 전반을 이해하는 객관적 행위이다. 그래서 적지 않은 경우, 추체험하는 사람이 체험한 사람보다 오히려 그 전체 맥락을 더 잘 이해하기도 한다. 어떤 체험의 장에서 실제 행위한 인물보다 시간이 흐른 후 그 장을 연구하는 역사학자가 그 맥락을 더 잘 포착할 수도 있는 것이다. 딜타이가 추구한 것은 개인적 공감이 아니라 어디까지나 고유의 합리성을 갖춘 '정신과학'인 것이다. 이렇게 체험-표현-이해는 해석학의 기본 패러다임을 형성하게 된다.

리케르트(1863~1936)는 딜타이의 사유가 심리주의에 연연하고 있음을 비판하면서, 그의 사유에서 '생'이라든가 '정신', '체험'과 '추체험' 등의 개념들을 사상하고 보다 객관주의적이고 인식론적인 정신과학으로서의 '문화과학'을 수립하고자 했다. 그는 스승 빈델반트가 구분했던 '법칙-정립적' 학문과 '개성-기술적' 학문의 이분법을 비판적으로 이어받아(리케르트는 이런 날카로운 이분법에 무리가 있음을 여러 각도에서 논한다.), 이런 구분의 선험철학적 정초를 더 단단히 하고자 했다. 딜타이가 사유의 출발점을 '생'에 두었다면, 리케르트는 칸트처럼 '잡다'에서 출발한다. 리케르트에게 현상은 "다질적 연속체"이다. 이런 개념은 베르그송의 질적 다양체를 연상시키지만, 양자의 맥락은 전혀 다르다. 리케르트는 다양체에 대한 존재론적 사유를 펼친 것이 아니라, 과학이 성립하기 위해서는 극복되어야 할 '주어진 것'으로서 다질적 연속체를 생각한 것이다. 이 다질적 연속체로서의 잡다에 접근해 과학이 성립하려면, 그것을 등질적 연속체로 또는 이질적 다자로 구성해야 한다. "이질성과 연속성을 개념에 따라 분리함으로써만 현실은 '합리적'인 것이 될 수 있다."[47] 등질적 연속체로 구성하는 대표적인 경우는 수학이며, 수학을 응용하는 학문들은 등질적 연속체의 존재론을 기반으로 한다. 반면 이질적 다자로의 구성은 특히 문화과학을 위한 존재론적 기초를 제공한다. 문화과학은 이질적인/개성적인 다자들을 등질화하지 않고, 그것들 사이의 의미연관성을 파악하고자 하는 과학이기 때문이다.

리케르트에게 특히 중요한 개념은 **가치연관성**이다. 자연과학과 문화과학을 변별해주는 것은 우선 등질적 연속체와 이질적 다자의 구분이지만, 문화과학 또는 역사과학에 무엇보다도 중요한 점은 그 가치연관성에 있기 때문이다. 이것은 예컨대 역사학이 역사적 사건들에 대해 가치평가를 한다는 것을 뜻하지는 않는다. 어디까지나 역사학의 대상들이 가치연관적이라는 것을 뜻한다.[48] 이것은 또한 중요한 점을 함축하는데, 역사에서의 개성적

---

47) 하인리히 리케르트, 이상엽 옮김, 『문화과학과 자연과학』, 책세상, 2007, 76쪽.
48) "예컨대 역사가가 역사가로서 프랑스혁명이 프랑스나 유럽에 이익을 주었는지 손해를 끼쳤는지를 결정할 수는 없다. 이것을 결정하는 것은 하나의 가치평가일 것이다. 이와 반대로 어떠한 역사가도 프랑스혁명이라는 명칭으로 총괄되는 사건들이 프랑스나 유럽의 문화 발전에서 의의 있고 중요한 일이었음을 의심하지 않을 것이다."(리케르트, 『문화과학과 자연과학』, 163쪽)

인 다자가 모두 과학적 탐구의 대상이 되지는 않는다는 점이다. 이 점에서 가치연관성 개념은 문화과학/역사과학의 대상을 규정하는 데에도 핵심적이다. 리케르트가 레오폴트 랑케(1795~1886)의 실증주의 역사철학을 비판적으로 논하는 것도 이 때문이다. 아울러 가치연관성의 관점에서 역사를 보는 것이 역사를 목적론적 관점에서 보는 것을 함축하는 것 역시 아니다. 역사적 사건들은 반복되는 자연적 사건들과 대조적으로 일회적이다. 이 일회적인 사건들을 목적론적으로 파악하려면 어마어마하게 긴 사변적 끈이 필요할 것이다. 물론 이것이 역사적 사건들은 모두 동떨어진 일회적 사건들의 병치일 뿐임을 뜻하지는 않는다. 어떤 역사적 사건들은 밀접히 연관되면서 일정한 의미연관성을 가지고서 이어지기 때문이다. 리케르트가 분명히 하지는 않았지만, 역사는 의미연관성을 가진 사건들의 계열들로 이루어지며, 그 계열들이 다시 서로 교차하면서 만들어내는 복잡한 의미연관성의 장으로 이루어진다. 역사과학/문화과학은 이 개성적인 의미연관성들을 다루면서도, 거시적으로는 복잡하면서도 역동적인 과정 전체를 인식해간다는 점에서 자연과학보다도 더 고차적인 합리성을 요구하는 과학인 것이다.

칸트의 사유를 이어가면서도 그것을 보다 넓은 지평으로 가져가려 한 이러한 시도들은 에른스트 카시러(1874~1945)에게서 절정에 달한다. 카시러는 칸트의 인식론이 경험의 가능조건을 일정한 범주들로 고착화했음을 비판하면서, 그 틀을 시간적으로 변해가는 것으로 재개념화하고자 했다. 예컨대 칸트의 범주들은 일정 정도 고전 역학을 염두에 두면서 만들어진 것이지만, 이렇게 고정된 틀은 다른 영역들은 말할 것도 없고 (앞에서 양자역학을 논했거니와) 물리학 자체 내에서조차도 낡은 것이 되어버린 것이다. 카시러는 칸트의 구성주의에 근본적인 변형을 가하고자 했으며, 그 결과 그가 전개한 선험철학의 대상 영역들도 상당히 포괄적인 것이 되었다. 카시러는 이런 그의 사유를 '상징형식'의 철학으로서 전개했다. 사유란 단지 경험적 자료들(센스-데이터) —— 이 개념 자체가 비판의 대상이거니와 —— 을 모음으로써 성립하는 것이 아니라, 그것에 어떤 형식을 부여함으로써 성립한다.

카시러는 고대 철학자들의 경우 이 형식을 형이상학적 방식으로 추구했으나(예컨대 아리스토텔레스의 '형상' 개념), 비판철학 이후의 시대에는 인간 주체가 창안해 세계에 투여하는 상징형식으로 파악해야 함을 강조한다.[49] 예컨대 근대 과학혁명은 고대적 실체 개념 대신 기능(수학적으로는 함수) 개념을 창안해 그것으로써 자연을 인식해나갔기 때문에 성공적일 수 있었다. 카시러의 상징형식은 칸트의 범주를, 또는 경험세계에의 투여의 맥락에서 보면 도식을 대체하고 있으며, 신화와 종교, 언어, 예술, 역사, 과학 등은 각각의 고유한 방식으로 이 상징형식을 작동하는 행위들로서 개념화된다.[50]

카시러가 자신의 선험철학으로써 행한 다양한 작업들 중 하나는 문화과학을 위한 새로운 합리성을, 문화과학의 '논리'를 수립하는 것이었다. 이 맥락에서 카시러는 리케르트의 작업을 잇고 있으나, 경험의 장에 바싹 다가서는 면이 있기에 오히려 딜타이, 후설 등의 사유와 통하며, 이원론의 구도가 아니라 전체로 보면 일원론, 부분들로 보면 다원론의 구도를 취하고 있다. 문화과학의 논리를 위해 카시러가 중시한 구분은 '사물지각'과 '표정지각'의 구분이다. 사물지각은 사물에게서 '감각자료'를 얻어내는 지각이며, 표정지각은 타인에게서 어떤 인격성의 표현을 알아보는 지각이다. 근대 과학의 방법에 세례를 받은 사람들은 표정지각을 감각적 성질들로 환원하고, 다시 이 질적 성질들을 양적 성질들로 환원한다.[51] 흔히 후자의 맥락을 논

---

49) 카시러는 헤겔의 『정신현상학』이 이러한 작업을 포괄적으로 수행했다고 보았다. 즉, 다양한 분야들로 표현된 객관정신을 총체적으로 개념화한 것이다. 그러나 그는 헤겔이 문화의 여러 분야들을 자신이 구성한 하나의 틀 속에 복속시켜버렸다고 보았다. 그가 추구하는 것은 문화의 다양성을 그대로 보존한 채, 그것들을 상호 연관시켜 정신의 표현 전반을 볼 수 있게 해주는 사유였다. 카시러는 이런 실마리를 (훔볼트를 따라서) 언어에서 잡았으며, 헤르츠의 '상징' 개념을 발전시켜 '상징형식의 철학'을 전개한다.(『상징형식의 철학 1』, 박찬국 옮김, 아카넷, 2016, 「서론과 문제 제기」) 괴테의 "생산적 구상력"의 사유도 큰 영향을 주었다.(『상징형식의 철학 3』, 2부, 2장을 보라)

50) 카시러, 최명관 옮김, 『인간이란 무엇인가』, 창, 2008.

51) 카시러, 박완규 옮김, 『문화과학의 논리』, 도서출판 길, 2007, 2장 및 『상징형식의 철학 3』, 1부를 보라.

하면서 "qualia"(감각질)를 구제해야 하는 듯이 말하지만, 사실 이 감각질 개념 자체가 이미 실제 삶에서의 표정지각과 그에 연관된 다양한 역사적-문화적 맥락들을 물리적 존재들(색, 경도, 촉감 등)로 환원한 것이다. 구체적 삶에서의 표정지각은 감각적 성질들이 아니며, 양화를 전제하는 '센스 데이터'는 더더욱 아니다. 그래서 카시러는 다양한 상징형식들을 자체로서 이해하려면, "과학의 언어, 예술의 언어, 종교의 언어 등 온갖 종류의 언어를 각기 그 고유성에서 이해해야" 함을 역설한다. 카시러는 '이념성'이 '물질성'과 독립해서 존재하지 않는다고 보았다. 문제의 핵심은 이념성의 다원성인 것이다. 물리주의 같은 철학은 상징형식의 철학처럼 이 다원성을 존중하면서 일원성/보편성을 추구하는 것이 아니라, 그 다원성 중의 하나일 뿐인 것을 독단적으로 보편화해버리는 철학인 것이다.

카시러는 문화과학은 법칙-정립적이지도 개성-기술적이지도 않다고 보았다. 언어학, 예술학, 종교학 등등 각각의 문화과학은 "나름대로의 일정한 형식 개념들 내지 표현양식(Stil) 개념들을 구성하고, 이것들을 이용해 각기 다루고 있는 현상들을 분류하고 구별하여 체계적으로 개관한다."[52] 문화과학의 상징형식들은 등질적 연속체도 아니고 이질적 개별성들도 아니다. 그것들 각각은 다질적이고 열린 다양체이다. 의미연관성을 띤 형식들의 다질적 다양체이며, 역사적 생성에 열려 있는 다양체인 것이다. 카시러는 여러 과학들을 구분할 수 있게 해주는 한 규준이 특수를 보편에 포섭시키는 방식과 정도에 있다고 보았다. 단순한 이분법, 예컨대 자연과학의 '보편적 개념'과 역사과학의 '개별적 개념'을 맞세우는 것으로는 부족하다. 앞에서 전체로 보면 일원론, 부분들로 보면 다원론이라고 했거니와, 카시러는 이런 이분법보다는 다양한 과학들이 각각의 방식으로 보편과 특수의 관계를 설정한다고 보면서 그 전체 구도를 상징형식의 개념을 통해서 해명하고자 했던 것이다.

---

52) 카시러, 『문화과학의 논리』, 179쪽.

§3. 통합에서 가로지르기로

지금까지 물리과학, 생명과학, 인간과학에서의 여러 인식론들을 살펴보았거니와, 이 예들은 보다 많은 인식론적 사유들의 일부일 뿐이다. 이미 지적했듯이, 19세기 후반에서 20세기 중반에 이르기까지 매우 다양한 형태의 인식론적 논의들이 전개된 것은 이때가 바로 철학이 다양한 형태의 개별 과학들로 분화되고 철학 자체는 보다 고유한 의미('메타-과학')로서 재정의된 시대이기 때문이다. 고대 이래 존속해오던 철학이라는 거대한 세계가다양한 과학들로 분화되면서, '철학' 자체는 메타과학으로서의 성격을 보다 분명히 하게 된 시대였던 것이다. 그리고 바로 이런 과정에서 각종 개별 과학들의 탄생을 배경으로 극히 다양한 형태의 인식론들이 전개되었던 것이다.

그러나 20세기 말에 우리는 새로운 형태의 형이상학적 열정이 도래했음을 확인할 수 있다. 물론 이미 베르그송, 화이트헤드 같은 위대한 형이상학자들을 비롯해, 형이상학적 사유는 근대성의 도전을 극복하고서 계속 진행되어왔다. 그러나 20세기 후반에 이르면 이런 흐름이 보다 광범위하게 또 새로운 방식으로 꽃피기에 이른다. 앞 장에서 논한 생성존재론, 그리고 들뢰즈와 바디우의 사건의 철학, 6장에서 논할 양상논리학에 입각한 가능세계론, 9장에서 논할 정신(마음)의 철학 등이 그 대표적인 예들이다. 오늘날은 새로운 형태의 여러 형이상학적 사유들이 꽃피어나고 있는 시대이다.

그러나 지금까지 논해온 비교적 순수한 형태의 인식론들과 지금 언급한 형이상학적 사유들 사이에 위치한다고 볼 수 있는 경향도 존재한다. 이 흐름은 본격적인 형이상학을 전개한다고 볼 수는 없지만 19세기 후반에서 20세기 중반까지 활발하게 전개된 인식론적 사유들과는 다소 다르다. 이 흐름은 개별 과학들이 이미 **충분히 분화된** 상태를 전제한 한에서, 그것들을 어떤 식으로든 **종합하려는** 흐름이다. 통일, 통섭, 융합, 연합(alliance) 등의 흐름이 이런 새로운 종합을 꿈꾸는 흐름이라고 할 수 있다. 이런 흐름은 곧 근세의 도래 이래 계속 '분화'되어온 학문세계를 이번에는 거꾸로 '종합'하려는 시도라는 점에서, 인식론적인 성격과 형이상학의 성격을 함께 가지고 있다. 다양한 개별 과학들의 원리들을 메타적으로 검토한다는 점에서 인식론적이지만, 그 목표가 단지 개별적인 인식론적 검토에 있는 것이 아니라 과학들 전체를 종합했을 때 도달하게 되는 어떤 '세계'를 지향한다는 점에서는 형이상학적이다.

이런 흐름에서 우리는 다시 두 갈래의 흐름을 나누어볼 수 있다. 하나는 다양한 과학들을 '통합'함으로써 다시 아리스토텔레스나 라이프니츠, 헤겔, 콩트 등이 이룩했던 것과 같은 학문체계를 복원하려는 흐름이고, 다른 하나는 이런 식의 통합이란 (포장은 화려하지만 내용물은 빈약한) 속 빈 강정 같은 것이 될 수 있다고 보고 보다 열린 방식을 추구하는 흐름이다. '통합'을 추구하는 흐름은 다시 두 가지로 나누어볼 수 있다. 하나는 모든 학문의 모범이 될 수 있다고 간주되는 특정 과학을 보다 일반화해 통합과학을 추구하는 환원주의적 흐름이고, 다른 하나는 개별 과학들 사이의 차이를 인정하면서 어떤 보다 추상적인 틀을 만들어 그 틀에 이 다양성을 포섭하는 흐름이다. 전자의 흐름은 자신의 학문에는 과도한 자긍심을 가지고 있으면서 타자들의 학문들에는 무지한 사람들 ── 묘하게도 보다 '엄밀하다'고 간주되는 분야들의 과학자들일수록 이런 사람들이 많다 ── 이 시도하는 흐름으로서 별다른 가치가 없다. 후자의 흐름은 추상적 틀과 개별 분야들의 구체성 사이의 간극이 너무 크기 때문에 허당이 되기 십상이다. 그래서 과학들을 '통합'하려는 시도들은 대개 알맹이 없는 것에 그쳐왔다.[53] 통합의 한계를 간파한 사람들은 개별 과학들의 다양성과 학문-장의 열려 있음을 충분히 인지한 채, 보다 유연한 형태로 종합적 사유를 전개하고자 해왔다. 이

---

53) 이런 형식적 통합을 내용상의 통합이 아니라 **선험철학적인 종합**의 방식으로 수행할 경우, 즉 다양한 분야들의 선험적 조건들을 종합적으로 해명하는 방식으로 수행할 경우에는 비교적 견실한 형태의 사유가 가능하다. 앞에서 논한 카시러의 철학이 그 하나의 예를 보여준다.

런 사유는 이질적인 것들 중 하나를 확대해서 다른 것들을 덮으려는 것도 아니고, 어떤 추상적 형식을 만들어 그것들을 그 안으로 밀어 넣으려는 것도 아니다. 이질성들을 그대로 두면서, 그것들 중 어떤 것들을 어떤 지점들에서 접합(接合)하려는 사유, 학문세계를 가로지르면서 분산되어 있는 개별 전공들 각각에서는 얻을 수 없는 참신한 담론을 창조하려는 사유이다. 이런 사유에서 제 담론은 어떤 다른 틀로 통합되는 것이 아니라, 자체의 고유성을 유지하면서 단지 어떤 의미심장한 장소들에서 마주칠 뿐이다. 이런 흐름은 보다 의미 있는 흐름이다. 이런 시도들에는 여러 형태들이 있다. 사실 이 흐름은 그 개념상 매우 다양할 수밖에 없다. 이런 열린 종합의 사유는 어떤 특정한 문제의식에 입각해 그리고 해당 관련 담론들의 특수성들에 입각해서 이루어질 수밖에 없기 때문이다. 따라서 이런 흐름은 각 철학자에게서마다 그 구체적 형태가 모두 다르게 나타난다.[54] 여기에서는 대표적인 예로서 미셸 세르(1930~2019)의 경우만을 살펴보자.

세르의 사유는 그 내용적인 성과들 이전에 이러한 접합의 사유가 어떻게 가능한지를, 열린 종합의 가능한 여러 방식들을 보여준다는 점에서 의의를 갖는다. 그가 출간한 '헤르메스 연작'은 '소통', '간섭', '번역', '분포', '이행'[55]이라는 여러 형태의 헤르메스적 사유를 보여준다. 헤르메스는 전언의 신, 교섭의 신, 교차로의 신이다. 그래서 헤르메스 세르는 다양한 담론들의 교차로에서 각각의 전언들을 나르고 그것들을 교섭할 수 있도록 한다. 각각의 '전공'들은 바다 위에 떠 있는 군도(群島)이다. 하나의 전공에 갇히는 것은 어떤 섬에 갇히는 것이다. 세르는 바다를 항해하면서 군도들 사이에 다리를 놓는다. 그의 사유는 구조주의적 장 이론에 가깝지만, 그 장은 다원

---

54) 저술 활동의 초기(1990년대)에 나는 학문의 장=면(面) 전체를 덮으려는 시도들을 비판하면서, 특정한 문제의식에 입각해 하나의 선(線)을 따라서 사유하는 '가로지르기'의 이념을 제시한 바 있다.(『객관적 선험철학 시론』, 그린비, 2011, 2부)

55) 이 다섯 개념은 '헤르메스 연작'의 제목들이다. 이 중 네 번째 권이 번역되어 있다. 미셸 세르, 이규현 옮김, 『헤르메스 4, 분포』, 민음사, 1999.

적이고 열려 있다. 세르는 이런 사유의 모델을 라이프니츠에게서 발견했다. 입구가 단 하나인 데카르트의 체계와 달리 무수한 입구를 가진 라이프니츠의 체계는 네오-바로크적인 세르 사유의 기초가 된다.[56]

세르에게는 바슐라르, 딜타이, 리케르트 등에게서 볼 수 있는 이분법이 없다. 바슐라르는 과학이라는 아니무스와 예술이라는 아니마를 분할했다. 양 영역 각각에 대해 바슐라르는 전혀 다른 사유문법을 사용한다. 딜타이, 리케르트 역시 자연과학과 정신과학/문화과학이라는 이분법을 견지했다. 반면 세르는 이런 식의 이분법을 거부하고, 과학과 예술을 비롯해 인간이 행하는 각종 행위들 사이의 벽을 허문다. 그러나 그는 카시러와도 다른데, 상징형식이라고 하는 일원적 방법을 통해 담론들을 일관되게 조망하려 하기보다는, 선험적 원리 자체를 다원화하고 있기 때문이다. 그것은 어떤 고정된 원리라기보다는 소통, 간섭, 번역, 분포, 이행, 더 나아가 다양한 것들이 될 수 있다. 게다가 세르에게는 유일한 하나의 과학이라는 것은 없고 단지 다양한 과학들만이 있을 뿐이다. 다른 분야들의 경우도 마찬가지이다. 그의 사유 영역은 방대하게 펼쳐져 있는 각종 담론들의 그물망이며, 헤르메스 세르는 그 그물망을 누비고 다니면서 다양한 형태의 특이한 담론들을 산출해낸다.

세르 사유의 이런 특징은 시간적으로도 마찬가지로 확인된다. 세르의 사유에 입각할 때 연속적으로 발전하는 과학사는 물론 바슐라르, 캉길렘, 나아가 쿤적인 과학사조차도 없다. 그에게서는 시간이 모두 일단 해체되어버리고, 그 후 다양한 방식으로 재조립된다. 벤야민의 "변증법적 이미지"나 "과거의 네 가지 역설"(베르그송)에서 네 번째 역설의 시간론과 통한다. 캉길렘은 '선구자의 신화'를 비판했지만, 세르는 보다 자유롭게 시간을 건너뛰어 다니면서 사상적-문화적 관념들을 연결한다. 그래서 루크레티우스의 자연철학과 복잡계 과학이 마주치게 되고, 졸라의 소설들과 19세기 생물학

---

56) Michel Serres, *Le système de Leibniz*, PUF, 1968.

이 마주치기도 한다. 결과적으로 세르의 사유는 뫼비우스의 띠 위에서처럼 전개된다. 인문학의 맥락에서 논의가 진행되는가 하면 어느새 흐름은 과학의 세계에 와 있고, 현대의 맥락에서 논의가 진행되는가 하면 어느새 흐름은 고대에 와 있다. 세르의 사유는 모든 칸막이들을 허물면서 그때마다 독특한 통찰들을 선사한다.[57]

그러나 아쉽게도 이렇게 시공을 뛰어넘어 다니는 세르에게서조차도 동과 서의 경계는 여전히 굳건하게 닫혀 있다. 그의 열린 사유도 어디까지나 서양이라는 한계를 벗어나지는 않는다. 20세기 후반은 몇백 년 동안 진행되어온 '분화'의 시대에 맞서 새로운 '종합'의 사유들이 전개된 시대이다. 많은 서구 철학자들이 이런 경계선 허물기를 시도해왔다. 그러나 아직까지도 동과 서의 경계를 충분히 허문 철학자는 없다. 20세기의 뛰어난 철학자들은 거의 서구에서 배출되어왔지만, 그 내용이 아무리 뛰어나다 해도 냉정하게 말해서 그들의 철학은 어디까지나 **국지적인 철학**에 불과하다. 반대로 비-서구의 철학자들은 열심히 서구 철학자들을 따라다니면서 그들을 '재현'해왔다. 그리고 이런 흐름을 '넘어서려/극복하려' 한 시도들은 종종 민족주의 담론으로 빠져들곤 했다. 동과 서의 분리는 여전하다. 이 견고한 마지막 벽까지 허무는 것이 21세기 철학의 과제일 것이며, 그때에만 진정한 의미에서의 종합, 진정한 '보편철학'을 논할 수 있을 것이다.

---

57) 세르는 이런 식의 사유를 '기식자'의 개념으로써 전개하기도 했다.(김웅권 옮김, 『기식자』, 동문선, 1980/2002) 세르는 평형/항상성의 존재론 위에서 교환의 인류학을 펼친 모스(『증여론』, 이상률 옮김, 한길사, 2002), 레비-스트로스 등과는 달리, 사회를 차이, 소음, 무질서가 지배하는 곳으로 파악한다. 그렇기에 사회는 'parasite'(기식자, 소음)로 가득 차 있다.(헤르메스가 도둑들의 신이라는 점을 기억하자.) 그리고 이런 기식자들의 장에서 어떻게 새로운 사회적 질서들이 창발되는가를 논한다. 이 구도를 그대로 인식론의 맥락에 응용할 수 있을 것이다.

§4. 철학적 합리성의 다변화

이러한 길로 나아가기 위해 필수적인 한 과정은 철학적 합리성을 다변화하는 것이다. 합리성의 확장이라는 요청은 제 과학에 대해서만이 아니라 철학 자체에 대해서도 제기되어야 하기 때문이다. 일정하게 테두리가 지어진 가로지르기는 진정한 가로지르기가 아닐 것이다. 이는 철학의 개념을 보다 포용적으로 이해하는 것과 관련된다.

철학이라는 행위는 동북아와 인도 그리고 지중해세계라는 세 지역에서 발아했고, 그 후에도 이 지역들에서 대부분의 철학적 사유들이 전개되어왔다. 때문에 철학은 대개 유라시아 대륙의 범위 내에서 이해되어왔다. 따라서 철학의 범위를 보다 포괄적으로 가져간다는 것은 곧 아메리카(호주는 여기에 포함시킬 수 있을 것이다.) 대륙과 아프리카 대륙의 사유들을 철학의 범위에 포용하는 것과 관련된다. 본 철학사의 구도에서 말한다면, '지중해세계의 철학(후에는 서양 철학[58])'과 '아시아세계의 철학' 외에 아메리카세계의 철학과 아프리카세계의 철학을 함께 논한다는 것을 뜻한다. 그런데 '아

---

[58] '지중해세계의 철학'은 후에 '서양 철학'으로 이어졌으나, 그 사이에서 어떤 어긋남이 발생했다. 전자의 개념은 지중해세계의 서방과 동방(아프리카 북부까지 포함해서)을 모두 포괄하는 것이었지만, 후자의 개념은 사실상 서방('유럽')만을 가리키기 때문이다. 이는 곧 유럽과 인도 사이의 지역은 과거에는 '지중해세계'에 함께 속했지만, 지금은 딱히 그 어느 곳의 철학에도 속하지 않기 때문에 생겨나는 어긋남이다. 그렇다면 ① '서양'이라는 말을 '지중해세계'를 잇는 말로서 이해해서, '서양 철학'을 유럽에 국한하지 않고 동방까지 포괄하는 개념으로서 사용하는 방법과 ② 이 지역의 철학을 지중해세계의 철학에 뿌리 두고 있긴 하지만 근대 이래 서양 철학과 변별되어 전개해온 철학 전통으로서 따로 개념화하는 것이 가능할 것이다. 만일 후자의 방식을 취한다면, 우리는 이 지역의 철학을 '오리엔트 철학'으로 또는 종교에 초점을 맞출 경우 '이슬람 철학'으로 부를 수 있을 것이다.(서양 철학을 '기독교 철학'으로 부르지는 않으므로, '오리엔트 철학'이 보다 적절한 용어로 보인다.) 오리엔트 철학은 페르시아-이란 전통, 아랍/아라비아 전통, 이집트(넓게는 북아프리카) 전통을 포괄하는 철학 전통을 뜻할 수 있다. 어떤 사람들은 동북아의 철학 전통을 "Oriental Philosophy"로 부르거니와, 이는 잘못된 용어법이다. 동북아의 전통은 "East-Asian Philosophy"로 불러야 한다.

메리카 철학'이라든가 '아프리카 철학'이란 정확히 무엇을 말하는 것일까? 고대에 철학적 행위를 시작해서 오늘날에 이르는 유라시아 대륙의 세 철학 전통과 달리, 아메리카 철학(북미, 호주의 철학을 서양 철학에 포함시킬 경우, 실질적으로는 중남미의 철학, 즉 라틴아메리카의 철학)과 아프리카 철학을 규정하는 것은 간단한 일이 아니다.

다음과 같은 규준들을 생각해볼 수 있다.(아프리카 철학을 예로 듦) ① 아프리카 철학은 아프리카 지역에서 행해지는 철학이다.[59] ② 아프리카 철학은 아프리카의 언어(사실상 매우 많지만)로 행해진 철학이다. ③ 아프리카 철학은 아프리카의 역사와 현재의 상황 및 미래를 의미론적 지평으로 놓고서 전개되는 철학이다. ④ 아프리카 철학은 아프리카에서 이어져온 전(前)철학적 수준의 세계관, 인간관, 가치관 등을 철학의 수준으로 승화시켜 개념화한 철학이다.

이 네 가지가 모두 아프리카 철학의 규정이 될 수 있을 것이다. 그러나 ①의 경우 너무 넓은 규정인 동시에 너무 좁은 규정이 된다. 아프리카의 어떤 곳에서 산출된 철학이지만 그 내용상 아프리카와 하등 관계가 없는 철학이 있을 수 있고(예컨대 이집트에서 연구되고 있는 현상학, 남아프리카 공화국에서 나오는 과학철학 연구 등), 역으로 아프리카 바깥에서 나온 작업이지만 아프리카와 떼어서 생각할 수 없는 내용을 다룬 철학(미국에서 나온 이집트 철학 연구서, 프랑스에서 나온 아프리카 영지주의 연구서 등)도 있을 수 있기

---

59) '아프리카'라고는 하지만 여기에는 매우 이질적인 많은 전통들이 포함된다. 특히 사하라 사막 이북 지역(원래 '아프리카'라는 말은 이 지역을 가리켰다.)과 이남 지역은 여러 모로 다르다. 여기에서 생겨나는 문제들 중 하나는 아프리카 북부의 철학은 오리엔트 철학인가 아프리카 철학인가 하는 문제이다. 아프리카 북부의 철학 전통은 고중세에는 '지중해세계의 철학'에 속했고(예컨대 교부철학자들의 상당수는 아프리카의 철학자들이었다.) 근대 이래에는 오리엔트 철학/이슬람 철학에 속했다고 해야 하기 때문이다. 때문에 이 지역은 오리엔트 철학의 얼굴과 아프리카 철학의 얼굴, 이렇게 두 얼굴을 띠고 있다고 할 수 있다. 그리고 사하라 이남의 아프리카 철학은 좁은 의미에서의 아프리카 철학이라고 말할 수도 있을 것이다.

때문이다. 따라서 이 규정은 부분적 규정은 될 수 있어도 정확한 규정이 되기는 어렵다. ②의 경우는 더 문제인데, 오늘날 아프리카와 연관된 철학서의 상당수는 비-아프리카 언어(특히 프랑스어와 영어)로 출간되고 있기 때문이다.[60] 이는 라틴아메리카 철학의 경우도 마찬가지이다. 따라서 이 두 규정은 아프리카 철학에 대한 보다 간접적인 규정이라고 할 수 있다. 보다 적극적인 규정은 어느 장소에서 이루어지든, 어떤 언어로 이루어지든, ③과 ④의 내용을 갖춘 철학들을 아프리카 철학으로 부르는 것이다. 사실 이 점은 다른 모든 철학 전통들에 대해서도 마찬가지로 말할 수 있다.[61]

이렇게 보다 적극적인 의미에서 '아프리카 철학'은 ③과 ④의 경우라고 할 수 있지만, 사실 ③과 ④는 중요한 점에서 구분된다. ③의 경우는 어떤 철학자가, 그가 현상학을 하든 형이상학을 하든 윤리학을 하든, 그것이 닿는 의미론적 지평이 어디까지나 아프리카의 과거, 현재, 미래인 경우이다. ④의 경우는 어떤 철학자가 (철학적 수준에서는 아니지만) 아프리카에서 줄곧 내려온 세계관, 인간관, 가치관 등을 현대 철학의 수준에서 새롭게 개념화해서 다른 곳의 철학들과는 변별되는 어떤 사유체계를 세웠을 경우이다. ③의 철학이 아프리카에 대한, 아프리카를 대상으로 한 철학이라면,[62]

---

60) 어떤 사람들은 카뮈, 알튀세르, 데리다, 바디우 등의 인물들을 '아프리카 철학자들'의 범주에 넣는데, 이는 무리한 생각이다. 이들은 아프리카 '출신'일지 몰라도 아프리카에서 활동한 것도 아니고 아프리카에 대한 철학 또는 아프리카적인 철학을 펼친 인물들도 아니기 때문이다.(이들의 사유에 '알게 모르게' 아프리카적인 면이 스며들었을 수는 있지만.) 반면 프랑스에서 프랑스어로 활동했지만, 프란츠 파농은 충분히 아프리카 철학자로 부를 수 있다.

61) 예컨대 한국에서 어떤 철학자가 한국의 역사나 철학 전통과 하등의 관련도 없는 현상학 연구나 과학철학 연구를 할 경우, 그는 형식적인 맥락에서는 한국 철학을 행하고 있지만(분명 한국에서 한국어로 사유한 철학이므로), 내용적인 맥락에서는 오히려 서양 철학을 하고 있다고 해야 할 것이다.

62) 이런 경우의 고전적인 예로서 플라시드 탕펠의 『반투 철학』(1945)을 들 수 있다. (Placide Tempels, *La philosophie bantoue*, *Presence Africaine*, 2013) 외부의 시선에서 보았기 때문에 많은 비판을 받았지만, 오히려 외부에서 봤기에 시사점이 많은 것도 사실이다. 보다 내부적인(그러나 비교적 정련된) 시선으로 본 경우로는 존 음비티, 정진홍 옮

④의 철학은 아프리카적인 철학, 아프리카를 철학화한 철학이라고 할 수 있다.[63] ③의 철학함은 '아프리카'라는 지역을 분명하게 어떤 대상으로 획정하고서 그에 관해 연구하는 경우라면, ④의 철학함은 아프리카의 사상과 문화를 철학의 수준으로 환골탈태시켜 현대의 보편적인 철학 지평에 속하게 만드는 경우이다. ③의 작업이 '철학 연구자'의 작업이라면, ④의 작업은 '철학자'의 작업이라고 할 수 있다. ④의 경우가 가장 뛰어나고 바람직한 철학함이며, 21세기에 추구해야 할 보편철학, 세계철학의 이상에 가까운 경우일 것이다. 그러나 ④의 작업이 보다 충실한 것이 되기 위해서도 ③의 작업이 바탕에 깔려야 할 것이다.

21세기의 철학은 얼핏 상반되어 보이는 두 방향의 사유가 동시에 진행되어야 한다. ③의 작업은 지금까지 세계철학사의 지평에서 충분히 주목하지 못한 특수한 철학적 자산들에 주목해 그것의 고유한 측면들을 연구하는 작업이다. ④의 작업은 보편적인 세계철학의 지평에 이런 자산들을 녹여 넣어 세계철학의 내용을 바꾸어나가는 작업이다. 두 작업은 표면적으로는 상반되는 작업이지만 사실상 상보적인 작업이다. ④의 작업이 전제되지 않은

김, 『아프리카의 종교와 철학』(현대사상사, 1979)이 있다.

63) 이런 흐름이 현대에 와서 형성되었다고 보는 것은 오해이다. 다만 그 내용들이 새롭게 끄집어내어져 개념화되고 논의의 대상이 된 것은 후대에 이르러서이다. 17세기의 제라 야콥, 왈다 헤이와트 등과 18세기의 안톤 아모 등이 선구적 인물들이다. 아프리카의 철학자들이 의식적으로 서구에 대(對)한 아프리카의 철학을 사유하기 시작한 것은 현대에 이르러서이다.(정치사상의 형태로는 이미 19세기에 에드워드 블라이든을 비롯한 여러 사상가들이 활약했다.) 이런 맥락에서 현대의 흐름은 대개 '탈식민주의'의 형태를 띤다. 고전적인 예로서 에메 세제르, 레오폴 상고르 등의 '네그리튀드(négritude)' 운동을 들 수 있다. 이 운동은 좁은 의미에서의 철학적 운동은 아니지만, 그 아래에 깔린 사상적 알맹이를 네그리튀드의 철학이라고 할 수 있을 것이다. 파농은 『검은 피부, 하얀 가면』(1952)에서 네그리튀드 운동의 한계를 비판했다.(노서경 옮김, 문학동네, 2022) 아메리카 철학의 경우, 최근에 전개된 '존재론적 전회'를 들 수 있다. 예컨대 에두아르두 까스뜨루의 『식인의 형이상학』(박이대승·박수경 옮김, 후마니타스, 2018)은 아메리카 원주민의 들뢰즈-되기만이 아니라 들뢰즈의 원주민-되기를 논하고 있는 흥미로운 저작이다.

③의 작업은 단지 일종의 지역학에 그칠 뿐이며, 그로부터는 특수성들의 병치만이 가능할 뿐이다. ③의 작업이 전제되지 않은 ④의 작업은 내용은 없고 포장만 화려한 허당으로 그치기 십상이며, 나아가 특수성들이 매개되지 않은 이런 보편성의 추구는 급기야 위험한 것이 될 수도 있다. ③의 작업에 기반해 ④의 작업을 행하는 것, 다양한 전통들의 다양체를 추구하는 것이 21세기 철학의 길일 것이다.

서구에서나 비-서구에서나 19세기 후반에서 20세기 전반에 이르기까지의 시기는 학문의 세계에서 거대한 변화가 도래한 시대였다. 서구에서 '철학'은 철학, 자연과학, 인간과학/사회과학으로 분화되었으며, 특정한 대상 영역에 대한 구체적 탐구는 여러 과학들(물리학, 화학, 생물학, 심리학, 사회학 등)이 분담하고, 철학은 메타적인 작업을 하는 학문으로 새롭게 규정된다. 비-서구 지역들은 제국주의적 강압을 통해서든 서구 문물에 대한 동경을 통해서든, 전통을 벗어나 서구를 모델로 한 근대화를 겪기에 이른다. 그리고 이런 거대한 변환을 통해서 현대적 맥락에서의 철학이 탄생하기에 이른다. 그러나 이 과정에서 철학 자체 내에서 다시 "그렇다면 '메타적인 작업'이란 정확히 어떤 것인가?"라는 물음을 둘러싼 생각의 분화가 일어난다. '철학이란 무엇인가?'를 둘러싼 논쟁이 발생한 것이다.

어떤 사람들은 철학을 '제 과학의 종합'으로 이해했다. 아리스토텔레스에게서 분명하게 나타났듯이, 철학은 지식의 총체였다. 그리고 철학의 이런 이상적인 모습은 중세의 아퀴나스, 근세의 라이프니츠와 헤겔에게서도 성취되었다. 철학을 만학의 종합으로 규정한 사람들은 이런 철학 개념을 이어받았고, 헤겔의 체계를 이어 나타난 콩트의 체계는 그 전형이라 할 수 있다. 콩트는 학문의 체계를 수학, 물리학, 화학, 생물학, 심리학, 사회학으로 분류하고 그것들을 총체적으로 종합했으며, 이런 이론적 성과를 바탕으로 사회 개혁이라는 실천적 사유로 나아갔다. 허버트 스펜서(1820~1903)를 비롯한 많은 인물들이 이런 콩트의 길을 따랐고, 만학을 종합해 아리스토텔레스적인 사유체계를 다시 재현하려는 시도는 오늘날까지도 일정한 영향력을 행사하고 있다.

이런 철학 개념은 사실 고전적인 철학 개념과 크게 다른 것은 아니라고 할 수 있다. 차이가 있다면, 고전적인 철학이 'philosophia'라는 하나의 이름으로 행한 작업을 이제는 여러 학문들이 나누어 시도하고 좁은 의미로 재규정된 철학은 최종적인 종합을 담당하게 된 것뿐이다. 아리스토텔레스 철학체계로 볼 때, 이제 철학은 바로 그 체계 자체를 다듬어내는 작업으로 이해되기 시작한 것이다. 그러나 이런 철학 개념이 이후 활발히 지속되었다고 보기는 힘들다. 확실히 철학이라는 행위가 가지는 한 성격은 부분적인 대상영역을 다루는 학문이 아니라 세계 전반을 다루는 학문이라는 점에 있다. 그러나 이것은 어떤 사유가 철학이기 위한 기초적인 조건이지 철학의 개념 자체는 아니다. 다시 말해서, 철학을 하기 위해서는 당연히 우선 제 과학 전반을 종합적으로 파악해야 하지만, 철학의 개념이 제 과학을 종합하는 것은 아닌 것이다. 오늘날 이런 작업은 철학이 아니라 제 학문이 협력해서 해야 하는 작업이고, 철학은 그러한 작업에서 '오르가논'의 역할을 한다고 볼 수 있다.

철학을 제 과학의 종합이 아니라 달리 규정하고자 했던 사람들은 크게 두 갈래로 갈린다. 첫째 갈래는 '메타과학'의 의미를 제 과학의 종합이 아니라 제 과학의 기초적인 원리들의 비판적 명료화로 가닥을 잡았다. 이것은 철학을 아리스토텔레스 체계에서의 '오르가논' 부분으로 좁혀서 재규정한 것이라고 할 수 있다. 이는 곧 철학을 논리학, 인식론, 비판철학, 과학철학, 언어철학, 방법론, 지식 이론, '과학에 대한 과학' 등으로 규정한 갈래이다. 이런 의미에서의 철학은 제 과학의 내용이 아니라 여러 과학들에 공통적이면서도 기초적으로 깔려 있는 원리들, 예컨대 방법의 문제, '과학'의 개념, 인식과 진리의 개념, 시공간의 규정, 물리과학·생명과학·인간과학의 관계, 학문과 사회의 관계 등과 같은 원리적인 문제들을 다루는 분야라 할 수 있다. 바로 이번 장에서 다룬 내용들이 이런 의미에서의 메타과학/인식론의 주요 사조들이었다. 철학에 대한 이런 개념화는 오늘날까지도 이어지고 있으며, 오늘날에는 19세기 후반~20세기 전반에 뜨겁게 타올랐던 이 흐름이 다소 수그러졌지만 '철학'이라는 개념의 가장 기본적인 의미들 중 하나로서 앞으로도 지속될 것으로 보인다.

그러나 다른 어떤 사람들은 철학을 제 과학을 전제하고서 그 체계에 대한 메타적인 반성을 시도하는 행위가 아니라, 자체의 어떤 고유한 사유를 전개하는 분야로서 재규정하고자 했다. 이런 갈래는 '형이상학' 또는 '존재론'이라고 불리지만, 이제 이 말의 의미는 판이하게 바뀐다. 과거에 형이상학은 바로 제 과학을 종합한 거대한 학문체계, 개념체계로 이해되었고, 좁게는 그러한 체계의 가장 원리적인 부분을 가리키기도 했다. 형이상학은 일반 존재론과 특수 존재론(신학, 우주론, 영혼론)을 아우르는 종합적인 학문이었다. 그러나 현대에 이르러 재규정된 형이상학은 이런 개념보다는 '지식', '과학/학문', '인식' 등의 작업을 넘어서는 문제들, '세계'의 존재(세계의 어떤 영역 — 우주, 생명계, 사회 등 — 이 아니라 '세계'라는 것 자체), 인간 실존의 의미, 삶·죽음·운명을 둘러싼 (단순히 지식/과학의 대상인 것이 아닌) 근원적인 문제들, 삶에서의 의미와 가치를 둘러싼, 행위/실천을 둘러싼 문제들[64]을 다루는 행위로 이해된다. 다시 말해, 이 갈래에서 '메타과학'이란 인식론으로서의 철학을 뜻하는 것이 아니라 과학/학문 너머의 문제들을 다

---

64) 우리가 4부에서 다룰, 삶에서의 의미와 가치를 둘러싼, 행위/실천을 둘러싼 문제들은 형이상학과 구분되는 윤리학적-정치철학적 문제들이라고도 할 수 있다. 이런 문제들을 따로 분리해서 볼 때, 현대 철학의 갈래는 셋이라고 할 수 있을 것이다. 그러나 이런 문제들은 결국 형이상학적 성찰(특히 인간에 대한 성찰)에 닿아 있기 마련이며, 또 형이상학적 사유는 어떤 방식으로든 의미, 가치, 행위/실천의 문제와 이어지기 마련이다. 그래서 실천철학은 넓게는 형이상학의 한 부분으로 볼 수도 있고, 좁게는 따로 떼어서 볼 수도 있다.

루는 형이상학을 뜻하는 것이다.(본 저작에서는 앞의 갈래를 '메타과학'으로 칭하고, 이 갈래를 '형이상학'으로 칭한다.) 이 갈래 역시 오늘날까지 이어지고 있으며, 우리가 1부에서 논했던 생성존재론이 바로 대표적인 현대의 형이상학이다. '인식론'에의 열정이 뜨거웠던 이전과는 달리, 오늘날에는 다시 형이상학적 관심이 철학의 전면을 차지하고 있다.

물론 이 두 갈래 사이의 경계가 뚜렷한 것도 아니고, 양자가 반드시 대립하기만 하는 것도 아니다. 사실 양자는 상보적이며, 전체로서의 철학의 두 얼굴이라고 해야 할 것이다. 몇 가지 예를 들어보자. 가령 개별자와 보편자의 문제는 인식론적으로 중요한 문제들 중 하나이다. 사회와 개인, 국가와 개인 또 그 사이의 시민사회 같은 구분들과 각 항들 사이의 관계를 둘러싼 논의는 사회과학 방법론 등에서 큰 위상을 차지한다. 언어에 있어 개별자들을 지시하는 말과 보편자들을 지시하는 말들을 둘러싼 논의도 중요한 인식론적 논의들을 함축한다. 그러나 개별자와 보편자의 문제는 또한 형이상학의 문제이기도 하다. 그것은 '실재'를 둘러싼 그리스 철학자들의 논의에서 이미 등장해 철학사 전체를 관류하면서 내려온 형이상학적 주제인 것이다. 보편자와 개별자 중 어느 것에 실재성을 부여하는가는 삶의 의미나 가치의 우선순위를 비롯한 여러 형이상학적 문제들과 연관된다. 결국 과학에 있어 또는 과학들의 체계에 있어 개별자와 보편자의 문제는 중요한 인식론적 문제이지만, 또한 그 내용상 핵심적인 형이상학의 문제이기도 한 것이다.

시공간의 문제도 마찬가지이다. 하나의 과학이 성립하기 위해서는 그 과학이 시공간을 어떻게 설정하는가의 문제가 중요하다. 같은 계통의 과학 내에서도 세부 분야들에 따라 그 설정은 적지 않게 달라진다. 예컨대 분자생물학의 시공간과 생태학의 시공간은 크게 다른 것이다. 아울러 좁은 세부 분야 자체 내에서도 시공간 설정은 달라질 수 있는데, 잘 알려진 예로서 뉴턴의 시공간과 양자역학의 시공간 사이에 나타나는 차이를 생각해볼 수 있다. 시공간은 이렇게 특정한 분야가 성립하기 위한 선험적 조건이기도 하지만, 그 자체가 형이상학의 핵심 주제이기도 하다. 형이상학의 역사 전체를 관류해 내려온 핵심 화두들 중 하나가 시공간인 것이다. '인과론' 문제도 대표적인 경우들 중 하나인데, 이 문제는 각 과학들이 설정하는 선험적 조건이기도 하지만(예컨대 의학에서의 인과와 역사학에서의 인과는 크게 다르다.) 그 자체로서 세계론, 양상론, 시공간론, 결정론과 자유 등과 밀접히 연계되어 있는 형이상학적 문제이기도 한 것이다. 이렇게 인식론적 맥락과 형이상학적 맥락은 간단히 분리하기가 힘들게 얽혀 있다.

결국 인식론/메타과학으로서의 철학과 형이상학(과 윤리학)으로서의 철학은 철학이라는 타원의 두 초점, 동전의 양면으로서 존재하며, 이 두 측면이 하나로 통일되어 있는 전체가 오늘날의 철학인 것이다. 현대 철학은 이렇게 새롭게 재정의되어 오늘날에 이르고 있다.

이렇게 19세기에 이르러 유럽에서의 철학 개념이 거대한 전환을 겪게 되거니와, 이 시기는 비-유럽 지역에서의 철학에 있어서도 거대한 변화의 시기였다. 이미 17~18세기에 유럽의 지식인들(주로 선교사들)이 비-유럽 지역들에 진출해 서양 철학을 전파했으나, 그 내용은 한정적인 것이었다. 예컨대 한국에는 '서학'의 이름으로, 일본에는 '난학', '영학'의 이름으로 이런 전파가 진행되었으나, 그런 흐름의 영향이 이 지역의 철학 전통을 크게 바꿀 정도는 아니었다. 그러나 19세기에 제국주의가 본격화되면서 '서세동점'의 흐름이 이어졌으며, 이 흐름은 한편으로 제국주의적 폭력의 흐름이었지만 다른 한편으로 유럽이 근대에 이룩한 과학적-철학적 성취와 정치적-제도적 힘을 동반한 것이었다. 양면성을 띠었던 이 압도적 힘 앞에서 비-유럽 지역들의 철학 전통은 근본적인 전환의 요구 앞에 처하게 된다. 이런 전환의 결과, 20세기에 이르면 비-유럽 지역의 철학들은 이전의 각각의 전통과는 현저하게 다른 것으로 변환된다.

이 과정을 보면 대략 세 가지 흐름을 확인할 수 있다. 그 하나는 서양 철학의 우수성을 인정하고 그것을 부지런히 따라잡으려 노력하는 갈래이다.

다른 하나는 서양 제국주의를 경계하면서 민족주의의 입장에서 전통을 지키기 위해 노력하는 갈래이다. 세 번째 갈래는 전통 철학을 유럽 철학과 대화/대결시키면서 각 지역에서의 새로운 현대 철학을 창조해내려는 갈래이다. 물론 이 세 갈래가 각각 순수한 형태로만 나타난 것은 아니며, 대부분의 경우 섞인 상태로 전개된 것이 사실이다. 그럼에도 우리는 19세기 이래 비-서양 철학들의 전개에서 이 세 갈래 흐름을 식별해내 볼 수 있다.

첫 번째 흐름에서 일차적으로 중요했던 것은 번역이었다. 여기에서 두 가지 흐름을 볼 수 있거니와, 그 하나는 서구어(대부분 영어, 프랑스어, 독일어)를 그대로 학술 언어로 받아들여 사용한 경우로서, 영어로 철학서들을 저술한 인도 철학자들이나 영어, 프랑스어로 저술한 아프리카 철학자들을 예로 들 수 있다. 여기에 스페인어(와 포르투갈어, 프랑스어)로 저술한 라틴아메리카의 철학자들도 있다. 다른 하나는 서구어를 각각의 자국어로 번역하고자 한 경우로서, 지금까지 전 세계의 매우 다양한 언어들로 서구어 문헌들이 번역되어왔다. 두드러진 예로서 일본의 경우를 들 수 있으며, 일본 철학자들은 서구 문헌들을 집요하게 번역했고 이들이 번역한 상당수의 용어들은 지금도 동북아세계의 철학 용어로서 통용되고 있다. 이런 과정을 통해서 근대 서양 철학은 전 지구적인 공통의 철학으로서 자리 잡게 되며, 비-서양 지역들의 철학은 이런 성과들을 그 주요 자산으로 삼기에 이른다.

서양 철학의 이런 번역과 연구가 비-서양 철학의 흐름을 모험직이고 풍요롭게 만들어준 것은 사실이지만, 그 과정에서 여러 가지 문제점들이 노정된다. 그중에서 특히 핵심적인 것은 각 지역의 철학이 서양 철학의 단순한 재현에 그친다는 점, 그리고 그럴 경우 각 지역의 전통 철학과 서양 철학 연구가 물과 기름처럼 괴리된다는 점, 더 심하게는 각 지역 철학자들의 학문적 정체성이 그들이 전공하는 서양 철학의 갈래들에 의해 결정되어버린다는 점("너는 독일 철학 전공, 나는 프랑스 철학 전공, 그는 영미 철학 전공" 같은 식으로) ── 심한 경우에는 이들 사이에서 일종의 '대리 전쟁'이 일어나기까지 한다는 점 ── 이다. 이런 문제점들은 지금도 각 해당 지역들에서 각각

상이한 방식으로 표출되고 있다. 이런 상황은 하루라도 빨리 극복되어야 할 것이다.

두 번째 흐름은 서양 철학의 이런 유입을 경계하면서 각 해당 지역의 철학 전통을 지키고자 하는 갈래이다. 이런 대립에는 흔히 순수 철학적 측면만이 아니라 제국주의에 대한 저항이라는 정치적 측면이 혼합되어 있다. 이런 흐름이 특히 강한 형태로 나타나는 전통은 오리엔트/이슬람 철학의 전통이다. 이 갈래에서는 서양이 제공한 '근대성'의 가치와 자신의 전통을 고수하려는 '근본주의/원리주의'의 가치가 격렬하게 충돌한다. 이는 물론 중세 이래 기독교와 이슬람의 관계를 생각해보면 충분히 짐작할 수 있는 대립이다. 아울러 아프리카의 철학 역시 서구적 근대화와의 날카로운 대결 의식으로 점철되어 있다. 사실 아프리카에서의 현대적 의미의 철학의 형성 자체가 탈식민주의의 흐름에서 탄생했다고 해야 할 것이다. 다만 아프리카의 경우 오리엔트의 경우처럼 선명한 종교적 대립의 형태를 띤 것은 아니며, 또한 철학 언어가 거의 서구어로 형성되어 있기에, 그 대립의 구체적인 양상은 오리엔트/이슬람의 경우와 다르다.[65] 이런 점은 구체적인 차이들을 접어둔다면 인도 철학의 경우에도 확인된다.

중국, 한국, 일본 같은 동북아 철학 전통들의 경우는 어떨까? 여기에서도 역시 수용의 측면과 대결의 측면이 이어졌다. 후자의 맥락에서, 일본에서 전개된 '근대의 초극' 논쟁이 유명하다.[66] 그러나 이 논쟁의 배면에는 서구

---

65) 라틴아메리카에서의 철학은 오리엔트, 아프리카에서와 달리 서양 전통과의 대립 의식이 약하다. 라틴아메리카의 철학은 대부분 식민지 2세('크레올'들)에 의해 수행되었으며, 이들은 '본토'의 철학들을 받아들이고 발전시키는 데 주력했기 때문이다. 그러나 최근에 이르러 등장한 '존재론적 전회'의 흐름은 본토의 철학과 원주민의 '철학'을 전복하는 흥미로운 사유 실험을 전개하고 있다.

66) 다음을 보라. 히로마쓰 와타루, 김항 옮김, 『근대의 초극』, 민음사, 2003. '근대의 초극'과 '포스트모더니즘', '탈근대 사유'를 혼동하는 것은 심각한 잘못이다. 근대의 초극은 "동양주의"의 가면을 쓴 민족주의적 사상이며, 포스트모더니즘은 후기 자본주의 시대, 세계화와 정보화 시대의 문화적 판본/반영이며, 탈근대 사유는 이 현실성에 대(對)한 철학적 반성/비판을 뜻한다.

제국주의를 비판하는 일본 제국주의라는 이중성이 가로놓여 있었다. 중국과 한국의 철학자들은 서양 제국주의, 일본 제국주의와 이중의 투쟁을 전개해야 했다. 그러나 이 지역의 경우 '중체서용(中體西用)', '동도서기(東道西器)', '화혼양재(和魂洋才)' 같은 표현들이 시사하듯이, 다른 지역들에 비해 전반적으로 서양의 철학을 수용해 각자의 전통을 보다 살찌우려는 시도들이 주를 이루었다. 사실 오늘날까지도 지금 언급한 이런 이상의 실현은 요원해 보이지만.[67]

바로 이런 이유 때문에 앞에서 언급한 세 번째의 흐름, 즉 서양 철학과 대화/대결하면서 새로운 현대적 철학들을 창조해낸 흐름이 이 지역에서 특히 두드러진다. 고대 유교, 성리학, 실학을 이어 유교를 새로운 차원에서 전개한 중국의 마르크스주의, 신유학 등의 전개, 민족 해방과 민주주의를 향한 가열한 투쟁과 맞물리면서 전개된 한국의 민족종교적 철학들 및 변증법적 철학들, 그리고 동양적 전통과 서구 철학의 수준 높은 습합을 이루어낸 일본 교토학파의 철학들 등이 그 대표적인 예이다. 이런 성취들의 의미는 앞으로 보다 적극적으로 연구되고 계승되어야 할 것이다.

19세기에 형성되어 20세기에 걸쳐 전개된 동서 철학의 거대한 변환은 아직 연구자들의 시야에 충분히 들어와 있지 않다. 21세기가 요청하는 보다 세계적인 철학, 보다 보편적인 철학은 이런 흐름들을 포용적으로 연구하고 계승할 수 있는 눈길을 요청하고 있다.

---

67) 이런 요원함은 중국의 경우와 한국, 일본의 경우에 다른 양상으로 나타난다. 중국의 경우 자체의 전통에 대한 집착이 오히려 현대 철학의 전개에 장애가 되는 모습을 띠고 있다. 너무나 위대했던 전통이 오히려 철학 현대화의 발목을 잡고 있는 형국이라고 할 수 있다. 반면 한국과 일본의 경우 서구 지향적인 경향이 여전히 강하며, 이는 두 지역에서 전통에 대한 집착이 중국만큼 강하지 않았기 때문이기도 하다. 그러나 이 지역들에서도 서양 철학 연구와 동양 철학 연구는 여전히 교차하지 못하고 별도의 장을 형성하고 있다. 그럼에도 21세기에 보다 세계적인 철학을 전개할 수 있는 잠재성 — 안타깝게도 여전히 잠재성일 뿐이지만 — 을 가진 곳은 한국과 일본 이 두 곳이라고 할 수 있다. 이 두 지역만큼 동서고금의 철학들을 포괄적으로 수용한 곳은 달리 없기 때문이다.

5장 의미, 진리, 가치

현대의 인식론/과학철학은 19세기 후반 이래 본격적으로 분화되고 발전되기 시작한 '과학'(또는 '과학기술')이라는 인간 행위를 어떻게 철학적으로 개념화할 것인가에 초점을 맞추었다. 이 시대에 전개된 인식론/과학철학은 지금도 이 분야의 기초로서 역할을 하고 있다. 이 흐름과 밀접히 연관되면서도 그 성격이 다른, 현대적 합리성의 또 하나의 갈래는 논리학과 언어철학 그리고 이 분야들에서의 성과에 기반하는 형이상학의 흐름이다. 이 흐름은 전자와는 달리, 과학적 탐구들을 전제하고 그것에 대한 메타적 논의를 행하는 흐름이 아니다. 그것은 논리학과 언어철학의 혁신을 통해 획득한 사유 기법들을 가지고서 철학의 주요 문제들을 탐구해 들어간 흐름이다. 논리적이고 언어적인 분석을 주로 하기에 '분석철학'이라고도 불리는 이 흐름은 생성존재론과 더불어 현대 형이상학의 두 갈래를 형성한다.

1절 형식화에의 의지

논리학을 기초로 하는 이 사유 갈래는 생성존재론과 대조적이다. 생성존재론이 기성의 고정된 틀의 한계를 비판하면서 차이생성을 강조한다면, 분석적 철학은 어떤 철학적 문제에서든 그것을 엄밀하게 형식화하고자 하는 동일성의 사유이다. 이 점에서 생성존재론과 분석적 철학의 관계는 형이상학(현대적 뉘앙스)과 과학의 관계와 유사하다. 그러나 분석철학은 과학이 아니라 어디까지나 철학이며, 다만 생성존재론과 대조적인 방식의 철학이다.

§1. 현대 논리학의 탄생

분석철학의 사유는 논리학과 언어철학에서의 새로운 도약을 바탕으로 철학의 문제들(인식론/과학철학, 형이상학, 윤리학 등)을 해결해나가는 과정을 드러내곤 했다. 프레게(1848~1925)의 작업은 그 선구의 역할을 했다. 수학자였던 프레게는 논리학을 수학적인 방식으로 개변해나가고자 했고, 그 첫 단추는 전통적인 '주-술' 구조를 벗어나는 것이었다. 이것은 곧 아리스토텔레스의 존재론을 큰 틀로 해서 성립한 전통 논리학을 그 존재론으로부터 해방시키는 일이었다. 이는 명제들을 독립변수와 종속변수로 구성된 함수로서 간주하는 작업이었다.[1] 이것은 곧 일상 언어를 형식화하려는 시도였

---

1) 고틀로프 프레게, 전응주 옮김, 『개념 표기』, 이제이북스, 2015. 프레게의 기호 사용은 지금 통용되는 것과 크게 다르다.
아울러 프레게는 '=(equal)'을, 동일성을 정의하는 과정에서, '뜻(Sinn/sense)' 즉 내포적 의미와 '지시체(Bedeutung/reference)' 즉 외연적 의미를 구분하게 된다. ① 샛별은 개밥바라기이다. ② 샛별은 샛별이다. 의미의 지시 이론에만 입각할 때 이 두 문장의 차이는 설명이 되지 않는다. 둘 다 동어반복이기 때문이다. '뜻'과 '지시체'를 구분해야만, 이 두 명제의 차이가 뚜렷이 드러난다. 두 명제 공히 한 별의 동일성을 말하고 있지만, 후자

고, 이런 '형식화'에의 의지는 이 흐름을 끌고 간 중요한 동력이었다.

근세 자연철학을 논하면서 '변항' 개념의 중요성을 언급했거니와, 프레게 이래의 형식화에서도 우선 '변항' 개념을 활용한 점이 중요했다. 'x의 수도'와 같이 변항을 사용함으로써 우리는 '한국의 수도', '일본의 수도', … 와 같은 모든 경우를 일반화할 수 있다. 수학적 사유에서 일반화란 극히 중요하다. 리만 기하학이 이전의 모든 기하학들을 일반화한 것은 그 인상 깊은 예들 중 하나이다. 아울러 우리는 'x의 수도'에서 x를 독립변수로 생각하고 그 결과를 종속변수로 생각해, 이를 함수 개념으로서 정립할 수 있다. 따라서 지금의 예에서는 'x의 수도=y'가 함수가 되며, 함숫값을 대입할 경우 '(이란)의 수도=(테헤란)', '(필리핀)의 수도=(마닐라)'와 같은 함수를 구성할 수 있는 것이다.

이제 논의를 확장해서 명제의 수준에서 말해보자. 그럴 경우 "x의 수도는 y이다"라든가 "x는 갈리아를 정복했다"와 같은 명제를 생각할 수 있다. 그렇다면 "x의 수도는 y이다=?", "x는 갈리아를 정복했다=?"와 같은 함수형식을 구성했을 때, ?에는 무엇이 들어가야 할까? 이에 대해 프레게는 바로 '진(T)' 또는 '위(F)' 즉 진릿값이 들어가야 한다고 보았다. 그래서 "(페루)의 수도는 (리스본)이다=F", "(카이사르)는 갈리아를 정복했다=T" 같은 함수가 성립하게 된다.(물론 실제로는 이렇게 간단하지 않으며, 특히 후자의 경우 다소 복잡한 역사학적 조건들이 첨가되어야 할 것이다.)

여기에서 논의를 다시 확장할 경우, 우리는 하나의 명제를 하나의 변수로 치환하고, 추론 과정을 함수화할 수 있다. 예컨대 "새들은 날 수 있다"를 p, "새들은 날개가 있다"는 q라 할 경우, "새들이 날 수 있다면, 새들은 날개가 있다. 그런데 새들은 날 수 있다. 그러므로 새들은 날개가 있다"는 "p이면

는 뜻과 지시체 모두에 있어서의 동일성을 말하고 있는 데 비해 전자는 지시체의 동일성과 뜻에서의 차이를 말하고 있다. 후자는 동어반복에 불과하지만, 전자는 중요한 천문학적 발견을 함축한다. Gottlob Frege, "On Sense and Reference", *Readings in the Philosophy of Language*, The MIT Press, 1997, pp. 563~583.

q이다. 그런데 p이다. 그러므로 q이다"라는 형식으로 파악할 수 있다. 이런 형식은 변항들과 ~(아니다), &/∧(그리고), ∨(또는), →(⋯라면) 같은 '논리적 연결사'들로 구성된다. 여기에 ∀(모든 ~), ∃(어떤 ~) 같은 '양화사'들이 추가된다. 이로써 명제논리학이 체계화되었다. 프레게는 명제논리학의 여러 공리들을 제시했고, 러셀과 화이트헤드는『수학 원리』(1910)에서 이 새로운 논리학의 거대한 체계를 세우기에 이른다.

비트겐슈타인(1889~1951)은 명제논리학의 진위를 '계산'할 수 있는 진리표를 만들었다.(TLP, 4.31~4.45)[2] 이는 한 복잡한 명제를 구성하는 각 명제가 띨 수 있는 진위(T와 F)의 가능성들("진리 가능성들")을 살살이 조사해, 명제 전체의 진위를 최종 확정하는 기법이다. 가장 간단한 예로서, p ∧ q의 경우 p, q 모두가 진이어야 진이고, p ∨ q는 p, q 둘 중 하나만 진이어도 진이 된다. 또, p → q는 p가 T일 때만 T가 된다. 그래서 기초적인 진리표는 다음과 같이 된다.[3]

p	∧	q
T	**T**	T
T	**F**	F
F	**F**	T
F	**F**	F

p	∨	q
T	**T**	T
T	**T**	F
F	**T**	T
F	**F**	F

p	→	q
T	**T**	T
T	**F**	F
F	**T**	T
F	**T**	F

2) TLP = Ludwig Wittgenstein, *Tractatus logico-philosophicus*, Routledge, 1922. 이하『논고』로 칭함.

3) 이런 식의 형식화는 후에 일상언어학파의 철학자들과 비트겐슈타인 자신에 의해 비판받았다. 예컨대 p∧q와 q∧p는 형식적으로 동치이지만 일상 언어에서는 그렇지 않다. 그중에서도 'p → q'의 진리표는 특히 강한 비판의 대상이 되었는데, 여기에서 p가 F이면 p → q는 무조건 T가 된다. 이것은 형식적으로는 필요하지만(체계의 정합성을 위해서) 직관적으로는 설득력이 없다. 언어를 논리학적으로 형식화하려는 경향과 일상의 사용 그대로에 있어 파악하려는 경향 사이의 대립은 프레게로부터 오늘날에 이르기까지 20세기 논리-언어철학의 전개 전체를 관류하는 문제-틀 중 하나이다.

아무리 복잡한 명제도 이런 식으로 진리-가능성들을 짚어나갈 경우 그 최종적인 진위를 결정할 수 있을 것이다. 다시 말해, 가장 간단한 사실들인 '원자 사실들'과 그것에 상응하는 '단위 명제들'을 출발점으로 삼아, 벽돌을 쌓듯이 차곡차곡 계산해서('명제 계산') 최종 진위를 밝힐 수 있는 것이다.[4] (뒤에서 논하겠지만, 이때 '상응하는'이라는 표현은 매우 민감한 문제를 숨기고 있다.) 이것은 세계에 대한 일종의 원자론, 그러나 물리적 원자들에 입각한 원자론이 아니라 논리적 원자들에 입각한 '논리적 원자론(logical atomism)'을 함축한다.[5] 『논고』가 "세계는 사물들의 총체가 아니라 사실들의 총체이다."(1.1) "논리공간에서의 사실들이 세계이다."(1.13) 같은 명제들로부터 시작하는 것도 이런 맥락에서 이해할 수 있다.

---

4) 한 명제의 진리표에서 모든 진리 가능성에 대해 진이 나올 때, 그것을 '동어반복 (tautology)'이라고 한다. 반면 모든 진리 가능성에 대해 위가 나올 때, 그것을 '모순'이라고 한다.(TLP, 4.46) 동어반복인 명제는 '항진(恒眞)명제'이고, 모순인 명제는 '항위(恒僞)명제'이다. "p∨~p"와 "~(p∧~p)"는 동어반복인데, 각각은 전통 논리학에서의 배중율과 모순율을 뜻한다.
비트겐슈타인은 모든 수학적 명제들은 동어반복/항진명제임을 주장했다. 이 생각은 종종 수학적 명제들이란 '경험 독립적인 종합명제'라고 한 칸트의 생각을 무너뜨린 것으로 받아들여진다. 그러나 수학적 명제들이 동어반복임은 수학이 "="의 학문이라는 점에서 사실 너무 당연한(trivial) 지적이 아닐까 싶다. 수학적 명제들이 항진명제의 형태로 정리된다는 것이 그것들이 '경험 독립적인 종합명제'가 아니라는 것을 가리키는 논증이 될 수 있는지는 의문이다.

5) 과학적 사유의 존재론적 기초가 후기 자연철학자들에 의해 마련되었고 오늘날까지도 이어지고 있거니와, 여기에서도 '원자론'이라는 사유 양식이 생생하게 살아 있음이 확인된다. 인간의 사유 양식들에서 원자론만큼 간명한 것도 없기 때문일 것이다. 그러나 다른 한편, 바로 그렇기 때문에 해당 담론이 어떤 형태의 원자론인지를 정확히 해야 할 필요가 있다. 문자 그대로의 즉물적 의미에서 원자들을 상정하는 원자론과 논리적 원자론은 사유의 성격이 크게 다르다. 또 아비달마 불교도 원자론의 형식을 띠고 있지만, 그것이 전제하고 있는 존재론은 다른 원자론들의 것과는 다른 고유한 존재론이다.

§2. 철학적 착각의 해체

프레게, 러셀과 화이트헤드, 비트겐슈타인 등이 이룩한 논리학의 개혁이
가져온 귀결은 논리학만이 아니라 철학 전반으로 확산되었다. 러셀(1872~
1970)은 이 새로운 논리학을 활용해서 한편으로 기존의 형이상학을 논박하
고자 했고, 다른 한편으로 자신의 새로운 형이상학을 세우고자 했다. 이런
흐름에서 결정적인 역할을 한 것으로서 러셀의 '한정 기술'의 분석을 들 수
있다.[6] 러셀은 우리의 사유가 명료해지려면 모든 명제들이 외연적인 성격
을 띤 명제들이 되어야 한다고 생각했다.[7] 그래서 그는 '뜻'과 '지시체'에
대한 프레게의 구분에도 만족하지 않았다. 이 구분만으로는 단순한 지시를
함축하는 명제인 '조지 워싱턴'[8]과 '미국의 초대 대통령'을 어떻게 구분해

---

6) Bertrand Russell, "On denoting", *Contemporary Readings in Logical Theory*, ed. by I. M.
Copi and J. A. Gould, Macmillan, 1967, pp. 93~105.

7) **러셀, 베르그송, 화이트헤드** —— 러셀에게서 전형적으로 나타나는 사유의 정향은 곧 '외연
성(extension)' 지향의 사유이다. 모든 언어를 정확한 외연을 갖춘 언어로 환원해 애매성
과 모호성을 완전히 제거하려는 시도라 할 수 있다. 무엇이든 기하학적 공간에 놓고서 분
석할 때 최고의 명료성을 획득할 수 있다. 베르그송 역시 과학적 지능의 핵심을 바로 이
기하학화에서 찾았다. 그러나 러셀과는 정확히 반대로 베르그송은 이런 외연성의 사유의
한계를 지적하기 위해 그것을 논했다. '시간의 공간화'에 대한 비판, 등질적 공간과 다질
적 시간의 대비, 양적 다양체와 질적 다양체의 엄격한 구분 등이 그의 사유의 초석을 이
루는 것도 이 때문이다. 현대 철학은 러셀의 길과 베르그송의 길로 분열되었다고도 할 수
있다. 러셀이 볼 때 베르그송 식의 사유는 애매모호하다. 베르그송이 볼 때 러셀 식의 사
유는 피상적이다. 이런 점에서 본다면, 화이트헤드의 경우는 흥미롭다. 사유의 전기에 그
는 러셀과 더불어 현대 논리학을 정초했지만, 사유의 후기에는 베르그송의 영향 하에서
유기체 형이상학을 전개했기에 말이다. 3장에서 비교하면서 논했던 바디우는 외연성을
중시한 사유이고, 들뢰즈의 사유는 이 두 극의 중간 정도에 위치한다.

8) 사실 이 경우도 단순하지는 않다. 조지 워싱턴은 현존하지 않기 때문이다. 여기에서 볼 수
있듯이, 명제의 명료한 의미란 무엇보다도 그 명제를 구성하는 요소들이 정확히 무엇을
지시하는가(refer)의 문제와 연관된다. 여기에서 왜 러셀 류의 사유가 외연성의 사유가 되
어야 하는지를 다시 한 번 확인할 수 있다. 한 명제의 지시관계가 명료해지려면 무엇보다
도 우선 그 명제의 요소 하나하나의 지시대상을 확인하기 위해, 그것을 할 수 있는 한 **펼
쳐놓아야** 하기 때문이다. 한 명제의 지시관계가 불투명해지는 이유들 중 하나는 그것을

처리할 것인가를 만족스럽게 분석할 수 없기 때문이다. 러셀은 이런 한정 기술을 논리적으로 최대한 펼쳐놓음으로써 의미를 명료화할 수 있다고 보았다. 예컨대 "『햄릿』의 저자는 천재였다"는 다음과 같이 분석된다.

1) 어떤 x에 있어, x는 『햄릿』을 썼다.
2) 그리고 모든 y에 있어, y가 『햄릿』을 썼다면 y는 x이다.
3) 그리고 x는 천재이다.

형식화하면 $\exists x[(Wx \wedge y(Wy \rightarrow x=y)) \wedge Gx]$가 된다(W는 『햄릿』을 쓰다, G는 천재이다). 이렇게 분석할 경우, "『햄릿』의 저자"라는 한정 기술이 내포하는 애매함이 사라진다. 이런 분석의 힘은 주어가 아예 성립하지 않는 문장, 예컨대 "현재 프랑스 왕은 대머리이다" 같은 문장의 분석('비-존재자 지시의 문제')에서 특히 힘을 발휘한다. 이는 다음과 같이 분석된다.

1) 어떤 x에 있어, x는 현재 프랑스의 왕이다.
2) 그리고 모든 y에 있어, y가 현재 프랑스의 왕이라면 그는 x이다.
3) 그리고 x는 대머리이다.

이 예는 "2020년 한국의 대통령은 여성이다" 같은 명제에서의 오류가 아니라, "2020년 한국의 수상은 남성이다" 같은 명제에서의 오류이다. 러셀의 분석은 이 두 종류의 오류가 성격이 전혀 다른 종류의 오류라는 것을 잘 보여준다. 비트겐슈타인이 지적했듯이, "러셀의 장점은 명제의 외관상의 논리적 형식이 그것의 실제(real) 형식은 아닐 수 있음을 보여주었다는 점에 있다."(4.0031)

구성하는 요소들이 접혀 있기 때문, 다시 말해 중의적(重義的)이기 때문인 것이다.

§3. 논리적 원자론

러셀의 존재론이 겨냥한 주적은 마이농 류의 존재론이었다.[9] 존재하는 '것'들을 한없이 늘려나가는 마이농의 존재론에 반론을 가하면서, 러셀은 세계를 경험적으로 확인되는 존재자들로 축소하려 한 것이다.[10] 그는 오컴의 면도날로 마이농의 수염을 깔끔이 밀어내고 싶어 했다. 이것은 앞에서 언급한, 경험적으로 승인할 수 있는 최소의 존재자들, 그러나 물리학적 맥락에서의 원자가 아니라 논리학적 맥락에서의 원자들에 기반해 세계를 재구성하려는 '논리적 원자론'이다. 그렇다면 러셀이 찾아낸 논리적 원자들, "원자적 사실들"은 어떤 것인가? 그것은 곧 어떤 특정한 사람이 어떤 특정한 상황에서 한 경험, 정확히는 그 경험을 통해 얻은 '감각 자료(센스-데이터)'이다. "색깔의 아주 작은 조각, 소리, 순간적인 것 같은 이런 것들"이다.[11] 아비달마 불교에서 말하는 '다르마=法'과 유사한 그러나 상당히 축소된 것들이라 하겠다. 그리고 러셀은 이런 기초적인 소여들에 입각해 세계 전체를 재구성해보고자 한 것이다.

---

9) 마이농에 대해서는 7장, 1절의 보론을 보라.

10) Russell, "Logical Atomism", *Logic and Knowledge*, Routledge, 1956, p. 326. 러셀과 대조적으로 들뢰즈는 마이농 사유에 일정한 의의를 부여한다. "불합리한 것의 역설, 즉 불가능한 대상들의 역설. 모순적 대상들을 지시하는 명제들은 나름의 의미를 가진다. 하지만 그것들의 지시작용은 효과화되지 못하며, 그러한 효과화 가능성의 장르를 정의할 기호작용도 가지지 못한다. (⋯) 불합리하다는 것과 무의미하다는 것을 혼동하면 곤란하다. (⋯) 불가능한 대상들 — 둥근 사각형, 외연이 없는 물질, "perpetuum mobile", 골짜기 없는 산 등등 — 은 사태로 효과화할 수 없는 이념적인 순수사건인 '열외-존재'에 속한다. 우리는 이 역설을 마이농의 역설이라고 불러야 한다. 이 역설로부터 가장 뛰어난 효과들을 이끌어낸 인물이 바로 마이농이기 때문이다. (⋯) 불가능한 것들은 (⋯) 명제 안에 내속하는 열외-존재자들이다."(『의미의 논리』, 계열 5)

11) Russell, "The Philosophy of Logical Atomism", *Logic and Knowledge*, p. 179. 반면 러셀은 플라톤주의자로서의 면모도 띠고 있었다. 뒤에서 보겠지만, 수학자이자 영국 경험주의의 전통을 이은 러셀에게서 로크에게서 보았던 문제가 유사하게 나타나는 것은 우연이 아니다.

이 존재론에 따르면 철수는 존재론적으로 기초적인 개별자가 아니다. 그는 특정한 센스-데이터의 총체일 뿐이다. 이 존재론은 직관적으로도 조잡하게 보이는 환원주의이지만,[12] 논리적으로도 문제가 있다. 철수와 같은 어떤 개체, 즉 우리가 어떤 "경험을 한다"고 생각할 수 있는 개체가 전제되어야 '경험'이라는 것이 성립하며, '센스-데이터'란 그런 경험의 주체가 고유한 경험을 통해 얻는 어떤 결과, 정확히 말해 결과들 중 어떤 작은 부분에 불과한 것이기 때문이다. 그렇지 않다면, 어떤 센스 데이터 덩어리가 다른 센스 데이터를 "경험"한다는 우스꽝스러운 결론이 나오게 된다. 나아가 이 존재론은 윤리적으로도 심각한 문제를 내포한다. 만일 상식적인 개별자들이, 특히 인간이 그저 센스-데이터의 총체에 불과하다면, 이들은 그 고유한 개체성을 존재론적으로 보장받지 못하게 된다. 그렇다면 타인을 주체로서, 인격체로서 대해야 할 존재론적 근거도 취약해질 수밖에 없다. 여기에서 한 발만 나가면 타인을 대상화하고 조작하는 것은 쉬운 일이 되어버린다. 프랑스 계몽주의자들에 관련해서도 지적했던, 서양 근대의 환원주의 학문이 내포하는 문제점들(물화, 환원주의, 비-인격성 등)은 러셀의 논리적 원자론에서도 고스란히 드러난다. 베르그송, 후설, 카시러를 비롯한 여러 철학자들이 서양 근대 철학을 근본적으로 극복하는 사유를 제시하던 시대에 러셀은 경험주의/실증주의의 사유를 반복하고 있었던 것이다.

---

12) 하이데거는 이런 생각을 다음과 같이 비판한다. "사물들이 나타날 때 (…) 우리가 처음부터 음향이나 소음 같은 감각적 요소들을 인지하는 것은 아니다. 우리가 듣는 것은 굴뚝에서 몰아치는 바람소리이고, 비행기가 날아가는 소음이고, 폭스바겐의 소리와 분명히 구분되는 벤츠의 소리인 것이다. 감각적 요소들보다도 오히려 사물들 자체가 우리에게 훨씬 가깝다. (…) 순수한 소음을 듣기 위해서는 사물들로부터 그것을 일부러 떼어내서 들어야 하는 것이다."(『예술작품의 근원에 관하여』) 감각-자료들은 우리에게 가장 가까운 원초적인 것이 아니다. 그것들에 주목하기 위해서는 일부러 사물들에서 그것들을 떼어내야 한다. '현상론'과 '현상학'의 차이를 잘 보여주는 구절이다. 베르그송이 지적했듯이(『물질과 기억』) '사물'을 감각적 성질들 너머에 존재하는 무엇으로 보는 것은 그것을 우리로부터 너무 멀리 떨어뜨리는 것이고, 감각적 성질들로 보는 것은 우리와 너무 가깝게 놓는 것이다.

프레게와 러셀의 논리학적-언어철학적 사유는 비트겐슈타인의 『논고』
에서 다듬어졌다. 비트겐슈타인은 이 저작에서 7가지 핵심 명제들을 제시
한다.

1. 세계는 경우(Fall)를 형성하는 모든 것이다.
2. 경우인 것, 즉 사실(Tatsache)은 사태들(Sachverhalten)의 존재이다.
3. 사실들에 대한 논리적 그림이 사유이다.
4. 사유는 유의미한(sinnvoll) 명제이다.
5. 명제들은 원자명제들의 진리함수들이다.
6. 진리함수의 일반적 형식은 $[\bar{p}, \bar{\xi}, N(\bar{\xi})]$이다.
7. 말할 수 없는 것에 대해서는 침묵을 지켜라.

1과 2는 『논고』의 사유를 떠받치는 존재론을 적시하고 있다. 비트겐슈타
인은 세계를 '경우'인 모든 것으로 보았고, "경우인 것 즉 사실"은 '사태'들
즉 원자적 사실들의 존재로 보았다. 그리고 사태(원자적 사실)는 대상들(존
재자들, 사물들)의 조합이다. 요컨대 우선 대상들이 있고, 그것들이 조합되어
사태가 되고, 사태들이 조합되어 하나의 경우/사실이 된다는 것이다. 러셀
의 '논리적 원자론'을 잇고 있음을 한눈에 알 수 있다.

이제 비트겐슈타인이 논하고자 하는 것은 언어에 의한 세계의 표상 문제
이다. 언어가 세계를 유의미하게 표상하려면, 양자는 서로 상응해야 한다.
이른바 '진리 상응론'으로서, 일찍이 아리스토텔레스가 이런 표상 이론의
원형을 제공한 바 있다. 비트겐슈타인은 언어가 세계의 그림일 수 있을 때
그것을 표상할 수 있다고 생각했다. 그러나 여기에서의 상응은 세계가 언
어에 반영됨으로써 성립하는 것이 아니라 언어가 세계를 표현함으로써 성
립한다고 해야 한다(앞에서 언급했던 "Vorstellung"과 "Darstellung"의 관계를 상
기). 비트겐슈타인의 이론("그림 이론")은 표상의 이론이라기보다는 표현의
이론이다.

비트겐슈타인의 논의를 이끄는 주요 개념들 중 하나는 '가능성'의 개념이다. 공간의 맥락을 취해본다면, 예컨대 한 화물차가 어떤 유모차를 치어버린 끔찍한 사고가 났을 때 그러한 사고는 그 두 차의 충돌을 가능하게 하는 공간을 전제한다. 만일 그 공간이 다른 것이었다면, 예컨대 유모차가 화물차에 치이기 직전 공간이 급하게 휘어져 유모차가 그 화물차 위로 솟아올랐다 내려올 수 있었다면 사고는 일어나지 않았을 것이다. 비트겐슈타인은 대상들, 사태(원자적 사실)들, 경우＝사실의 구조에 있어서와 존립 방식에 있어 그 가능성을 핵심적으로 고려한다. 이것은 그의 사유가 (앞에서 논했던) 헤르츠, 볼츠만 등에서의 '모델'의 구성, 현대식으로 말해 '위상공간'의 **구성**에 큰 영향을 받았기 때문이다.(비트겐슈타인이 볼츠만에게 배우기 위해 그에게 가려고 했던 바로 그 직전에 볼츠만은 안타까운 죽음을 맞이했다.)[13] ── "한 사물이 한 사태 내에서 일어날 <u>수 있다면</u>, 그 사태의 가능성이 그 사물 내에서 이미 미리 판단되어 있음에 틀림없다."(2.012) "사물들이 사태들 내에서 일어날 수 있다면, 이 가능성이 이미 그것들 내에 존재해야 한다."(2.0121) 요컨대 가능성의 공간이라는 조건 위에서 사물들이 일어난다. ── "만일 내가 하나의 대상을 알고 있다면, 나는 또한 사태들 내에서 그것들이 일어날 모든 가능성들을 알고 있다."(2.0123) 실제 모든 가능성들을 알고 있는지는 의문이지만, 어쨌든 나는 한 대상의 앎이 그것이 일어날 여러 가능성들 중 하나라는 점은 분명히 안다. ── 요컨대 "만일 모든 대상들이 주어서 있다면, 그로써 모든 가능한 사태들 역시 주어져 있는 셈이다." "모든 것은 말하자면 가능한 사태들의 공간에 존재한다."(2.0124) "나는 이 공간을 텅 빈 것으로 생각할 수 있지만, 그 공간 없이는 사물을 생각할 수 없다."(2.013) "대상들은 모든 사태들의 가능성을 내포한다."(2.014) ── 그리고 또 하나, "사

---

13) 다만 비트겐슈타인에게서 이 가능성의 공간은 물리적 가능공간이 아니라 논리적 가능공간이다. 이 가능공간은 앞에서 언급한 진리표와 밀접한 관련을 가진다. 이 맥락에서 보면, 진릿값들의 모든 가능한 조합으로 이루어진 공간이 곧 논리공간이다.

태들에서 그것이 일어날 수 있는 가능성이 그 대상의 형식이다."(2.0141) 한 대상의 '형식'이란 사태들에서 그것이 일어날 수 있는 가능성이라는 규정은 기억할 만하다.

그림 이론은 사태들과 명제들의 상응, 아리스토텔레스에 관련해 언급했던 "isomorphism"을, 명제란 사태의 '그림' ── '논리적 그림(logical picture)' ── 임을 주장한다. 이런 상응이 이루어지기 위해서는 우선 대상, 사태, 사실에 이름, 원자명제, 명제가 일-대-일 대응해야 한다. 이름은 대상을 지시한다. 원자명제는 이름들의 연쇄이다. 명제는 원자명제들의 진리함수이다.(5) 언어란 명제들의 총체이다. 언어가 세계의 그림이라는 것은 언어의 요소들이 세계의 요소들에 대한 그림의 역할, 그것들의 표현의 역할을 한다는 뜻이다. 화물차와 유모차 사이에서 일어난 사고를 법정에서 논할 때, 모형 화물차와 모형 유모차를 가지고 논한다. 그때 이 모형들은 실제 사태를 표현하는 그림의 역할을 한다. ── "그림은 사실들을 논리공간에서 나타낸다."(2.11) "그림은 실재의 모델이다."(2.12) 이것이 그림 이론이다. ── 비트겐슈타인은 '구조' 개념과 '표현 형식' 개념을 써서 이 내용을 부연한다. "그림의 요소들이 일정한 방식으로 서로 조합되어 있다는 것은 사물들이 바로 그렇게 서로 조합되어 있음을 나타낸다./ 그림 요소들의 이런 연결은 그것의 '구조'라 불리며, 이 구조의 가능성은 그림의 표현 형식이라 불린다."(2.15) 화물차 모형과 유모차 모형이 법정에서 배치되는 방식은 실제 화물차와 유모차가 배치되는 방식과 일치해야 한다. 이런 배치가 곧 그 그림의 '구조'이다.[14] 그리고 그런 배치의 가능성이 바로 그 그림의 표현 형식이다. '표현 형식'이란 지금의 예에서는 바로 앞에서 말했던 공간임을 알 수 있다. 실제 사고가 일어난 곳의 공간은 에우클레이데스 공간인데

---

14) 이 구조는 또한 '내적 관계'라고도 할 수 있다. 그리고 우리가 든 예보다 더 여러 겹의 구조들을 생각할 수도 있다. 예컨대 "레코드, 악상, 악보, 그리고 음파는 하나의 그림적인 내적 연관성(abbildenden interen Beziehung) 내에서 서로 관계 맺는다."(4.014)

모형들을 예컨대 보야이 공간에 배치해서는 안 된다는 것이다. 그리고 그림이 스스로의 표현 형식을 말할 수는 없다. 실제 표현 형식을 실행함으로써 보여줄 수 있을 뿐이다.(2.172)[15] 기호에서 표현되지 않는 것은 그것의 적용에 의해 보이게 된다. 기호들이 숨기는 것을 그것들의 적용이 명시한다.(3.262)

사실들에 대한 논리적 그림은 곧 '사고'이다. 그리고 참인 사고들의 총체가 바로 세계의 그림인 것이다.(3.01) 사고를 지각 가능한 형태로 표현해놓은 것이 명제이다. 결국 비트겐슈타인은 대상과 사고와 언어의 일-대-일 대응을 추구한 고전시대의 사유를 현대 논리학의 수단으로써 재개념화하고 있는 것이다.

§4. 말할 수 있는 것과 말할 수 없는 것

비트겐슈타인은 이 그림 이론을 정교하게 다듬어갔거니와,[16] 그러나 이 이론은 『논고』의 절반일 뿐이라는 사실이 중요하다. 『논고』는 『순수이성 비판』과 유사한 구도를 띠고 있으며, 그림 이론이 분석론에 해당한다면 6.3부터 전개되는 논의는 변증론에 해당한다. 칸트가 알 수 있는 것과 알 수 없는 것 사이에 선을 긋고자 했다면, 비트겐슈타인은 말할 수 있는 것과 말할 수

---

15) 타르스키가 행했던 중요한 구분을 가지고서 말한다면(Alfred Tarski, "The Semantic Conception of Truth", *Readings in the Philosophical Analysis*, ACC, 1949, pp. 60~61), 표현 형식은 대상언어가 아니라 메타언어로써만 말할 수 있다고 해석해볼 수도 있을 것이다.(비트겐슈타인이 이런 해석에 찬동할지 모르겠지만)

16) 비트겐슈타인의 논의들 중에는 인식론적인 내용들도 있다. 그의 입장이 칸트의 그것과 매우 유사하다는 사실은 다음 구절에서 분명히 드러난다. "세계가 뉴턴 역학에 의해 기술될 수 있다는 사실은 세계에 대해 아무것도 주장하지 않는다. 이 사실이 무엇인가를 주장한다면 그것은 세계가 그것이 실제 기술되고 있는 바로 그 특별한 방식으로 기술될 수 있다는 것이다."(6.342)

없는 것 사이에 선을 긋고자 했다. 그렇다면 비트겐슈타인은 무엇이 말할 수 없는 것이라고 생각했는가? 하나는 언어가 세계를 표상할 수 있다는 것 자체이고, 다른 하나는 그 표상할 수 없는 것의 의미이다. 『논고』는 언어에 의한 세계의 표상을 논했으나 도대체 그런 표상이 어떻게 가능한가 자체는 논할 수 없었고, 언어의 한계 바깥의 표상 불가능한 차원(존재의 의미)에 대해서도 논할 수 없었다.

> 논리적 연구는 모든 규칙성의 연구를 뜻한다. 그리고 논리학 바깥에서는 모든 것이 우연이다.(6.3)
>
> 사람들은 자연법칙들 앞에서는, 결코 만질 수 없는 것 앞에서처럼 갑자기 멈추어 선다. 마치 고대인들이 '신'이나 '운명' 앞에서 그랬듯이.(6.372)
>
> 세계는 나의 의지에 독립적이다.(6.373)
>
> (…) 왜냐하면 의지와 세계 사이에는 어떤 논리적 연결도 존재하지 않기 때문이다.(6.374)
>
> 세계의 의미는 세계 바깥에 존재해야 한다. 세계 내에서, 모든 것은 그것들이 존재하는 바대로 존재하고, 일어나는 바대로 일어난다. 세계 내에는 어떤 가치도 없다.(6.41)
>
> 어떤 윤리적 명제들도 있을 수 없다. 명제들은 더 높은 것(형이상학적인 것)은 결코 표현할 수 없다.(6.42)
>
> 죽음은 삶의 사건이 아니다. 죽음은 체험될 수 없다.(6.4311)
>
> 신비한 것은 세계가 <u>어떻게</u> 존재하는가가 아니라 그것이 존재한다는 것이다.(6.432)
>
> 표현할 수 없는 답이 있다면, 그 물음 역시 표현될 수 없다. 수수께끼는 존재하지 않는다. 물음이 어떤 식으로든 제시될 수 있다면, 또한 대답될 수도 있다.
>
> 진정으로 표현 불가능한 것이 존재한다. 그것은 스스로를 내보인다. 그것은 신비한 것이다.(6.522)
>
> 철학의 올바른 방법은 이것이다. 말해질 수 있는 것(자연과학의 명제들, 철학과는

아무 상관없는 것) 외에는 어떤 것도 말하지 않는 것. 그리고 항상, 누군가가 형이상
학적인 것을 말하고 싶어 했을 경우, 그의 명제들이 포함하는 기호들에는 아무 의미
도 없다는 것을 그에게 증명해주는 것.(6.53)

말할 수 없는 것에 대해서는 침묵을 지켜라.(7)

우리가 눈으로 무엇을 볼 때, 그 봄을 행하는 눈의 행위 자체는 표상되지
않는다. 다만 눈이 표상의 행위를 하고 있음이 나타날 뿐이다. 비트겐슈타
인은 세계에 대한 언어의 표상 자체는 표상되지 않는다고 본 것이다. 더 중
요하게는, 세계에 대한 논리적/과학적 표상의 바깥에 대해서는 표상할 수
없다. 세계의 의미와 가치는 세계 바깥에 존재한다. 비트겐슈타인은 이로써
이 "더 높은 것"을 폄하하고자 한 것이 아니다. 오히려 그 차원에 대해 함부
로 말하는 사변들을 비판하고, 그것을 사이비 철학들로부터 보호하고자 한
것이다. 그는 이 영역을 쇼펜하우어처럼 의지의 영역으로 보았다. 칸트는
순수이성 비판에서 물 자체로 남겨놓았던 이 차원을 실천이성 비판을 통
해 도덕형이상학으로, 쇼펜하우어와 비트겐슈타인은 의지와 감정의 영역
으로 남겨놓고자 한 것이다. 요컨대 과학적 명제들이 유의미하다면, 논리학
적 명제들은 비-의미적인(sinnlos) 것들이고, 형이상학적 명제들은 무-의미
한(unsinnig) 것이다. 그러나 이것이 형이상학적 차원이 가치 없음을 뜻하는
것은 아니다. 오히려 비트겐슈타인의 삶이 지향한 것은 바로 이 신비한 차
원이었다.

논리실증주의자들은 『논고』의 분석론의 영향을 크게 받았지만, 변증론
의 문제의식은 이해하지 못했다. 사실 분석론에 대한 이해도 결여되었다고
해야 하는데, 비록 프레게, 러셀, 비트겐슈타인의 논리학에 의해 보완되었
다고는 하지만, 이들의 사유는 기본적으로 (19세기 말 이래 많은 철학자들이
그 극복을 위해 노력했던) 흄 식의 경험주의나 마흐 식의 실증주의를 벗어나
지 못한 것이었기 때문이다.[17] 앞에서 우리는 19세기 후반 이래 창조적인
사유들이 "형이상학적"이라는 조롱을 달고 살았다는 것을 지적했거니와,

논리실증주의는 이런 흐름의 때늦은 판본에 불과했다. 이들은 철지난 실증주의에 입각해 전통 철학자들이나 당대의 다른 철학자들을 비판했다. 그러나 이들 중 그들이 매도하는 그 철학자들에 대한 진정한 비판 —— 상대의 텍스트를 구체적으로 분석해서 성실한 논변을 통해 행하는 비판(이런 비판만이 진정한 비판이다.) —— 을 행한 사람은 거의 없었다. 그들은 어떤 자의적인 기준을 만들어놓은 후, 그것을 근거로 다른 철학자들을 그 기준에 맞추어 재단했을 뿐이다.[18] 모든 진정한 비판은 이런 외재적 비판이 아니라, 비판의 대상 자체에 준거한 내재적 비판이다.

---

17) 논리실증주의자들은 특히 '검증 가능성'의 규준을 역설했으나, 이 규준은 이내 한계를 드러냈다. 포퍼는 검증 가능성의 규준을 '반증 가능성'의 규준으로 바꾸고, '추측과 논박'에 의한 과학적 탐구의 논리를 정교화했다.(Karl Popper, *Conjectures and Refutations*, Routledge, 1963/2002, p. 309~322)

18) 예컨대 카르납은 다음과 같이 말한다. "논리학의 모든 문장은 동어반복적이며, 아무런 내용이 없다. 그래서 우리는 그것들로부터 실재에서의 필연적이거나 불가능한 것에 관한 어떤 추론도 이끌어낼 수 없다. 따라서 순수 논리학에 기반해 형이상학을 펼치려는 시도 —— 주로 헤겔의 체계와 같은 체계들에서 발견되는 시도 —— 는 받아들여질 수 없다."(Rudolf Carnap, "The Old and the New Logic", *Logical Positivism*, The Free Press, 1959, pp. 133~145) 헤겔에 대한 입문적 지식을 가지고 있는 사람이라면, 이 구절에 찬동하기 힘들 것이다. 헤겔이 극복하려고 한 사유가 바로 이런 사유("순수 논리학에 기반해 형이상학을 펼치려는 시도")였기에 말이다.

2절 언어철학과 프래그머티즘의 세련화

§1. 언어놀이와 삶의 형식

비트겐슈타인은 『논고』의 출간 이후, 자신이 철학의 모든 문제를 해결했다고 믿었다. 말할 수 있는 것을 어떻게 명료하게 말할 수 있는가를 밝혔고, 말할 수 없는 것은 왜 말할 수 없는지를 밝혔기 때문이다. 이런 믿음으로 철학에서 은퇴했던 그는 차차 『논고』의 테제들에 회의를 느끼게 되었으며, 자신의 이전 저작의 한계를 뛰어넘으려는 열망을 가지게 된다. 그리고 그 성과는 후에 『철학 논구』로 출간되기에 이른다.[19) 『논고』로부터 『논구』로의 이행은 단순화해 말한다면 통사론에서 화용론으로의 이행, 단순화된 의미론에서 보다 유연해진 의미론으로의 이행이라고 할 수 있다. 달리 말해, 이제 문제가 되는 것은 언어와 세계가 맺는 관계에 대한 새로운 성찰 그리고 언어의 본질을 인간의 행위/실천에서 찾는 관점 전환이다. 그리고 이런 전환은 언어 사용의 맥락에 대한 새로운 고찰들로 그를 이끌었다. 이는 『논고』가 파기됨을 뜻하지는 않는다. 다만 이 저작에서 그가 분석한 것은 언어 사용의 수많은 맥락들 중 어느 한 맥락일 뿐임이 분명하게 된 것이다. 『논고』로부터 『논구』로의 이행을 잘 보여주는 예로서 다음과 같은 단락들을 들 수 있다.

> 우리는 탐구에서 특별하고 심오하고 본질적인 것은 언어의 탁월한 본질을, 즉 명제, 단어, 증명, 진리, 경험 등의 개념들 사이에 존재하는 질서를 파악하는 데 있다고 하는 착각에 사로잡혀 있다. 이 질서는 말하자면 초-개념들 사이의 초-질서이다. 하

---

19) Wittgenstein, *Philosophische Untersuchungen*, Suhrkamp, 1953/2003. 이 저작은 I부와 II부로 구성되어 있으며, 이하 II로 적시되지 않은 인용들은 모두 I부에서의 인용이다.

지만 분명히, '언어', '경험', '세계' 같은 말들에 어떤 용법이 존재한다면, 그것은 '책상', '램프', '문' 같은 말들의 용법과 같은 비근한 용법이어야 할 것이다.(§97) 한편으로 우리 언어의 모든 문장들이 "지금 그 상태 그대로도 질서를 갖추고 있다"는 점은 분명하다. (…) 의미가 있는 곳에 틀림없이 완전한 질서가 있으리라는 것은 분명해 보인다. ── 그래서 가장 모호한 문장에서조차도 완전한 질서가 존재함에 틀림없다.(§98)

이런 생각은 비트겐슈타인 자신의 사유를 포함해 프레게 이래 진행되어 온 사유의 흐름과 정면으로 맞서는 생각이다. 이런 전환에 있어 언어철학 적으로, 언어와 세계의 관계에 대한 논의에 있어 특히 중요한 것은 '지시'의 문제이다. 앞에서 지적했듯이 '분석적'인 사유에서 일차적으로 중요한 것은 언어를 펼쳐서 그 구성 성분들 하나하나가 정확히 세계의 어떤 외연을 지시하도록 하는 것이다. 철학의 형식화를 추동해온 힘은 바로 이런 외연화에의 의지였다. 다른 하나는 이런 지시작용의 끝에서 발견하게 되는, 발견하기를 기대하게 되는 것이 바로 언어의 최소 단위에 상응할 존재의 최소 단위의 존재라는 점이다. 러셀 등은 이에 대해 '센스-데이터'를 제시했다. 비트겐슈타인은 그 자신이 동의했던 이런 지시작용 개념을 최소한 세 가지 측면에서 비판한다.

첫째, 비트겐슈타인은 우리가 일상적으로 사용하는 말들에 명확한 외연 적인 지시가 전제된다는 가정에 이의를 제기한다. 예컨대 '게임' 같은 말을 보라. 게임이 가리키는 지시대상들 전체를 관류하는 '본질' 같은 것을 찾기 는 어렵다. 거기에는 다만 '가족 유사성'이 존재할 뿐이다. 지시대상에는 명 확한 외연이 없으며, 말하자면 퍼지 집합 ── 후대의 표현으로는 '클러스 터' ── 일 뿐이다. 둘째, 원자적인 말이 원자적인 대상을 지시하고, 그것들 이 벽돌처럼 쌓여 상위 언어들과 대상들이 된다는 것은 사실일까? 그러나 부분적인 지시란 사실은 전체적인 맥락에 의존한다. 센스-데이터로부터의 구축이라는 생각은 신화에 불과하다. 셋째, 우리가 무엇인가를 가리키며 그것을 어떤 것으로 부를 때, 문제가 되는 것은 바로 그 어떤 것이 정확히 무엇인가 하는 것이다. 이 점은 인류학적인 상황에서 두드러진다. 그 나라 말을 전혀 모르는 곳에 갔을 때, 누군가가 (우리가 '나무'라고 알고 있는 것을 가리키면서) "무나!"라고 외쳤다면, 그는 나무를 가리킨 것일까? 그 나무의 색을 언급한 것일까? 아니면 그 나무 밑으로 가라고 권하는 것일까? … 맥락을 달리해서, 하나의 기하학적 도형(예컨대 직육면체)의 지시대상은 무엇일까?(II, §11) 여러 가지 대답이 나올 것이다. 스피노자를 논하면서 제시했던 (3권 4장), 유명한 오리-토끼 그림은 이런 다의성이 그림 자체 내에 내장되어 있는 경우이다.

그러나 비트겐슈타인이 지시의 이런 불확정성, 다의성을 통해서 말하려는 것은 일상 언어가 혼란스럽다는 것이 아니다. 일상 언어가 혼란스럽게 보이는 것은 형식화된 언어의 눈길로 그것을 보기 때문이다. 형식화된 언어는 인공 도시이다. 이 도시는 우선 해당 장소를 깨끗하게 밀어내 텅 빈 공간으로 만든 후, 그 위에 직사각형의 건물들을 구축함으로써 성립한다. 이 도시의 관점에서 본다면 자연스럽게 조성된 도시는 엉망진창으로 보일 것이다. 그러나 관점을 바꾸어보자. 후자의 도시는 자연 그대로의 환경(울퉁불퉁한 바위들, 여기저기 서 있는 나무들 등등)을 보존하면서 그 상황에 잘 맞는 건물들이 하나하나 만들어지면서 형성된 도시이다. 이 도시의 관점에서 본다면 오히려 인공 도시는 삭막하게 보일 것이다. 비트겐슈타인은 당대의 언어적 상황을 이렇게 비유한다. "우리의 언어는 고대의 도시와도 같다. 좁은 골목들과 교차로들의 미로, 서로 뒤섞여 있는 낡은 건물들과 신축 건물들, 세월의 이끼가 켜켜이 쌓인 집들. 그리고 이 옛 도시는 쭉 뻗은 길들과 모던한 건물들로 이루어진 여러 교외 도시들에 의해 둘러싸여 있다."(§18) 후자의 도시에서는 "그 근처에서 기다려"라는 말이 매우 혼란스러운 말로 느껴지겠지만, 전자의 도시들에서 이 말을 경도와 위도까지 동원해 "정확히" 말한다면 그 말은 전혀 "정확한" 말로 느껴지지 않을 것이다.

비트겐슈타인은 언어를 통해서 영위되는 우리의 삶을 '언어놀이(Sprachspiel)'라고 부른다. 하나의 언어놀이가 존재하는 것이 아니라 다양한 맥락 — '삶의 형식(Lebensform)' — 에서 다양한 언어놀이들이 존재한다. 언어의 본질은 그 '사용'에 있다.(§43) 그리고 우리는 배움을 통해서 언어의 사용을 익혀나가므로, '참된 언어'가 어딘가에 주어져 있는 것이 아니라 여러 사회적-역사적 전통에 입각한 배움의 과정을 통해서 얻게 되는 다양한 사용법이 존재하는 것이다.[20] 누군가가 어떤 말의 의미를 안다는 것은 그가 그 말을 사용할 줄 안다는 것이다. 올바르게 말할 수 있는 영역과 감히 말할 수 없는 영역을 날카롭게 나누던 비트겐슈타인이 언어의 다양한 사용의 맥락을 밝히는 새로운 사유를 전개한 것이다. 명제의 논리학적 구조를 분석했던 그는 이제 "문장을 (그때그때의 도구상자에서 꺼내어 쓰는) 도구로 이해하라. 그리고 의미를 그것의 사용으로 이해하라"라고 말한다.(§421) 그래서 어떤 말이 '의미가 없다'는 것은 거기에 실체적인 그 무엇이 결여되었다는 뜻이 아니라, 그 말이 유의미하게 사용될 수 있는 언어놀이, 삶의 형식이 존재하지 않는다는 것을 뜻한다. 비트겐슈타인에게서 언어란 철저하게 사회적인 것이 된다(그에게서 역사적인 차원은 누락되어 있지만).

그는 이런 이유에서 '사적 언어'의 불가능성을 역설한다. 아픔은 그가 자주 드는 예이다. 병원에 갔을 때 가끔 경험하는 바이지만, 나는 내가 느끼는 고통을 의사에게 무엇이라고 말해야 할지 모를 때가 있다. 그래서 내가 나만의 말을 만들어서 내 아픔을 '지시'했을 때, 그 지시가 과연 성립할까? 내가 고통에 찬 얼굴로 내 뺨을 가리키면서 "아브라카다브라!"라고 외치면, 의사가 내 고통을 간파해낼 수 있을까?(§665) 우리는 아픔을 전달하는 언어놀이의 장에서 비로소 내 아픔을 표현할 수 있는 것이다. 내 아픔은 나밖에

---

20) 그래서 의미의 본질적인 성격들 중 하나는 '규범성'이다. 브랜덤은 다음과 같이 말한다. "명제적이거나 그 밖의 다른 종류의 개념적인 내용을 제시하는 실행들은 표현들을 어떻게 사용하는 것이 올바른가, 다양한 발화 행위들을 어떤 상황들에서 수행하는 것이 적절한가, 그리고 그러한 수행들의 적절한 귀결은 무엇인가에 관한 규범들을 함축한다." (Robert Brandom, *Making it Explicit*, Harvard Univ. Press, 1998, Preface xiii.)

모르기에 내 언어만으로 표현할 수 있다고 생각하는 것은 "나야말로 내 키가 얼마인지 안다"라고 하면서 자기 손을 자기 머리 위에 의기양양하게 얹어 보이는 것과도 같다.(§297) 사적 언어에 대한 이런 비판은 근대 철학의 한 아포리아인 '유아론' 및 이것에 결부되어 있는 '센스-데이터'에의 강박에 대한 한 답변이라고 할 수 있다. 이제 언어철학의 모든 문제들은 행위/실천, 사회적 언어활동, 삶의 양식들에 입각해 논의되어야 하는 것이다.[21]

§2. 일상 언어에 깃든 철학

『논고』가 논리실증주의자들에게 큰 영향을 끼쳤다면, 『논구』는 이른바 "옥스퍼드 일상 언어 철학자들"에게 큰 영향을 끼쳤다. 일상 언어 철학자들은 프레게 이래의 철학의 형식화 경향을 정면으로 비판했다. 스트로슨(1919~2006)은 예컨대 러셀의 한정 기술 이론이 유의미한 언표는 반드시 지시대상을 가져야 한다든가 유의미한 명제는 반드시 진이거나 위이다 등의 전제 위에 서 있다는 점을 지적한다. 그러나 "현재 프랑스 왕은 대머리이다"라는 문장이 반드시 존재 주장을 전제하고 있는 것은 아니며, 러셀 식의 분석이 필수적인 것도 아니다. 이 문장은 진도 위도 아닌 것이다. 누군가가 "현재 프랑스 왕은 대머리이다"라고 주장했다고 해서 그의 친구가 "맞는다" 또는 "틀리다"라고 진지하게 반론을 가한다면, 그것은 우스꽝스러운 상황일 것이다. 친구가 "틀리다"라고 말했다면, 그것은 그 주장이 위(僞)라는 뜻이 아니라 "그게 도대체 뭔 얘기야?"라는 뜻일 뿐인 것이다.[22] 철학

---

21) 비트겐슈타인은 사적 언어에 관한 논의를 비롯해 여러 맥락들에 있어 인간의 '마음'의 문제를 다루었다. 그가 체계적인 심리철학을 전개한 것은 아니지만, 『심리철학적 소견』(전 2권, 이기홍 옮김, 아카넷, 2013)에 그의 논의들이 편집되어 있다. 편집자인 엘리자베스 앤즈컴은 비트겐슈타인의 작업을 이은 주요 저작들 중 하나인 『의도』(1957)의 저자이다.

의 길은 무리한 형식화에 있는 것이 아니라 삶의 맥락 속에서 우리의 언어 사용을 섬세하게 분석해 그 다종다양한 의미맥락을 밝혀주는 데 있는 것이다. 유사하게 라일(1900~1976)도 카르납의 『의미와 필연성』(1947)에 경멸조의 논평을 가했다. 그러나 철학이 형식화를 시도하면 안 된다는 법은 어디에도 없다.[23] 그 형식화가 구체적으로 어떤 성과를 거두었느냐가 중요할 것이다. 러셀처럼 형식화를 근거로 일상 언어를 폄하하는 것은 모더니즘 건축관에 입각해 옛 도시들을 폄하하는 태도이고, 스트로슨처럼 일상 언어 분석에 입각해 형식화를 매도하는 것은 그 반대의 태도일 것이다. 옛 도시들에는 겉으로 잘 보이지 않는 그 고유의 문법들이 있다. 그리고 새 도시들은 그것대로 우리에게 새로운 가능성을 열어줄 수 있는 것이다.

오스틴(1911~1960)은 일상 언어에서의 미묘한 표현 차이들을 세심하게 분석해가면서, 언어철학의 토대 위에서 심리철학 등 형이상학적 문제들을 탐구했다. 특히 '언어행위(speech act)'에 대한 그의 분석은 유명하다. 오스틴은 전통적인 철학자들은 대개 언어의 서술적인 기능에 배타적으로 초점을 맞추어왔으나, 인간이 영위하는 언어행위의 상당수는 '수행적인' 기능을 행한다는 점을 역설한다. 이것은 언어의 의미를 행위/실천에서 찾으려 한 비트겐슈타인의 생각과 통한다. 언어는 항상 맞거나 틀리기만 한 것이 아니다. 적절하거나 적절하지 못하고, 정당하거나 정당하지 못하는 등, 다양한 맥락을 띠면서 영위되는 것이다. 오스틴은 이 점을 정교화하기 위해 '발화행위', '발화수반행위', '발화효과행위'를 구분했다. 발화수반행위는 발화행위에 수행적으로 수반되는 행위이고, 발화효과행위는 발화행위

---

22) 다음 논문을 보라. Peter Strawson, "On Referring", *Readings in the Philosophy of Language*, The MIT Press, 1997, pp. 335~359.

23) 스트로슨에 대해 반론하면서 러셀은 이렇게 말한다. "누구나 물리학과 화학과 의학이 일상 언어가 아닌 언어를 요구한다는 점을 인정한다. 나는 왜 철학에 있어서만 정확성과 엄밀성을 지향하는 그런 식의 접근 방식이 금지되어야 하는지 모르겠다."(Russell, *My Philosophical Development*, Simon and Schuster, 1959, p. 242)

의 수행이 실제 효과를 미치도록 한 행위이다.[24] 예컨대 누군가가 "너는 그것을 먹으면 안 된다"라고 했다면, 이것은 발화행위이다. 그런데 이 발화행위는 사실 그가 "너는 그것을 먹으면 안 된다"라고 나에게 '경고'했다는 것을 뜻한다. 그리고 그가 그 말을 통해서 나로 하여금 그것을 먹지 않게 만들었다면, 그는 발화효과행위를 한 것이다. 한마디로 오스틴은 항상 '명제'에만 집착하는 표상주의로부터 언어철학을 해방시킨 것이다. 그의 작업은 존 서얼(1932~) 등에 의해 계승되었다.

일상 언어의 철학자들은 또 심리철학에도 큰 비중을 두고 사유했다. 라일의 『마음의 개념』(1949)이나 스트로슨의 『개별자들』(1959) 같은 저작들이 대표적이다. 라일은 데카르트에서 연원하는 이원론을 논파하는 데 많은 공을 세웠다. 그것은 마음이라는 것을 어떤 실체로 보는 것, 설사 고전적인 실체가 아니더라도 어떤 개별화된 존재로 보는 것을 논파한다. 이런 생각은 마음을 "기계 속의 유령"과 같은 것으로 보는 것이며, '범주 오류'에 기반하고 있다. 한 대학을 방문한 누군가가 대학의 여기저기를 돌아본 후 "그런데 대학은 어디 있죠?"라고 물었다면, 그는 대학이라는 개념에 대해 범주 오류를 범한 것이다.[25] 마찬가지로 사람의 정신적인 활동을 보면서 "그런데 저 사람의 정신은 어디에 있죠?"라고 묻는 것은 범주 오류인 것이다. 정신은 어떤 '것'이 아니다. 그것은 구체적인 정신적 행동들, 행동의 성향들일 뿐이다. 게다가 이런 식의 마음 개념은 유아론과 (타인의 마음에 대한) 회의주의에 빠진다.

정신적인 어휘가 정신의 어떤 상태를 가리킨다고 생각하는 것은 오해이다.[26] 누군가가 '명민하다'는 말이 그 사람의 마음속의 어떤 특정한 상태를 가리킨다고 생각할 수 없다는 뜻이다. 명민하다는 것은 곧 그 사람이 실제

---

24) 존 오스틴, 김영진 옮김, 『말과 행위』, 서광사, 1992, 8강.

25) 길버트 라일, 이한우 옮김, 『마음의 개념』, 문예출판사, 1994, 20쪽.

26) 라일, 『마음의 개념』, 258쪽 이하.

보여주는 행동들, 그리고 평소의 성향들을 가리키는 말로 이해되어야 한다. 이것은 어떤 면에서, 비트겐슈타인이 세계와 언어의 관계에 관련해 표상 이론에서 사용 이론으로 전회한 것과 상통한다. 정신적 용어들이 그에 상응하는 어떤 심적 상태를 가리킨다는 것은 곧 표상 이론이다. 라일은 바로 이 표상 이론을 거부하고, '마음'이라는 존재를 의식이라는 어떤 방으로부터, 만일 의식이 뇌 안에 들어 있다고 한다면 머리라는 공간으로부터 해방시키고자 했다. 이것은 오스틴이 언어철학에서 꾀했던 해방과 통한다.

스트로슨은 일원론의 구도에 입각해 그것에 이원론을, 그러나 새로운 형태의 이원론을 통합하고자 했다. 스트로슨은 동일론(내용상 유물론)과 고전적 이원론을 비판한다. 스트로슨은 라일처럼 마음의 내면을 비판적으로 기각하지 않는다. "속이 더부룩하다"는 것은 엄연히 우리가 내면에서 느끼는 고통을 가리킨다. 우리 뇌를 아무리 해부해도 거기에서 속이 더부룩한 느낌을 발견할 수는 없다. 다만 그 느낌에 상응하는 어떤 뇌의 상태를 발견할 수 있을 뿐이다. 요컨대 스트로슨은 1인칭 술어들("나는 ~하다")의 역할을 기각할 수 없다고 본 것이다. 그러나 고전적 이원론은 이미 라일이 비판했듯이 1인칭 의식을 실체화 적어도 개별화한다는 점에서, 그리고 정신과 신체를 갈라놓는다는 점에서, 또 그 연결고리를 설명할 수 없다는 점에서 기각되어야 한다. 인간은 1인칭 술어들과 3인칭 술어들이 공히 서술되는 이원적 일원의 존재, 어떤 물체도 아니고 순수 정신도 아니고, 또 그 둘의 결합체도 아닌 존재, 그저 한 '사람(person)'이다. '사람'은 물리적 술어들("그의 키는 ~cm이다")과 정신적 술어들("그는 명민하다")이 공히 귀속될 수 있는 존재, 다른 어떤 것으로 분석될 수 없는 존재인 것이다.[27] 그리고 이 독특한 존재들이 모여 사회생활을 하고 있다는 것은 곧 우리가 타인에게 그 행동

---

27) Peter Strawson, *Individuals*, Routledge, 1990, p. 103~110. 러셀은 '소크라테스' 같은 이름은 가장된 말에 불과하며, 오히려 "플라톤의 스승", … 같은 한정 술어들의 집합으로, 궁극적으로는 센스 데이터들의 집합으로 봐야 한다고 했는데, 스트로슨의 관점에서 보면 이는 조악하기 그지없는 생각이다.

적 술어들만이 아니라 정신적 술어들도 귀속시킬 수 있음을 뜻한다. 스트로슨의 심리철학은 일상 언어의 분석을 통해 형이상학의 문제에 접근한 인상 깊은 예이다.

§3. 존재론적 상대성과 프래그머티즘

　논리실증주의의 극복은 영국 경험주의의 맥락에서만이 아니라 미국 프래그머티즘의 맥락에서도 이루어졌다. 논리실증주의의 핵심적인 테제들 중 하나는 '아프리오리한 종합명제'의 거부였다. 이들은 논리학, 수학에서 볼 수 있는 분석명제들과 경험적인 과학들에서 볼 수 있는 종합명제들만이 존재할 뿐, 경험독립적인 종합명제 같은 것은 없다고 본 것이다. 칸트가 경험독립적인 종합명제가 형이상학의 가능성을 정초한다고 보았다는 점에서, 이런 이분법은 곧 형이상학에 대한 부정을 함축한다. 콰인(1908~2000)은 이 이분법을 '독단'으로서 비판한다. "총각은 결혼하지 않은 남자이다" 같은 명제는 분석명제로 간주되지만, 콰인은 다각도의 분석을 통해서 이 명제의 분석성을 논증하려면 (그 자체 만만치 않은 설명을 필요로 하는) 다른 개념들을 요청해야 하고 또 그런 개념들을 설명하다 보면 오히려 다시 분석성 개념으로 돌아오게 된다는 점을 역설한다.[28] 콰인이 제시한 논변의 세부 사항들에 대해서는 몇 가지 논쟁들이 있거니와, 그가 강조하고

---

28) Willard Quine, "Two Dogmas of Empiricism", *From a Logical Point of View*, Harvard Univ. Press, 1953/1980, pp. 0~46. 굿맨은 그의 유명한 "grue"의 예를 통해서 콰인과 유사한 작업을 행한다.(Nelson Goodman, *Fact, Fiction and Forecast*, Harvard Univ. Press, 1979, passim) 콰인과 굿맨이 분석/종합의 구분을 무너뜨렸다면, 퍼트넘(1926~2016)은 객관성/주관성의 이분법 및 사실/가치의 이분법을 무너뜨렸다.(힐러리 퍼트넘, 김효명 옮김, 『이성, 진리, 역사』, 민음사, 2018. 노양진 옮김, 『사실과 가치의 이분법을 넘어서』, 서광사, 2010) 철학사적으로 본다면 후자가 더 중요한 사건일 수 있다. 이 문제는 언어철학, 윤리학 등의 영역에서 지속적으로 논의되고 있다.

자 한 것은 하나의 명제는(하나의 담론, 이론은 더더욱) 분석적인 것과 종합적인 것이 뒤범벅된 총체라는 것이다. 순수하게 분석적인 것도 순수하게 종합적인 것(환원주의자들이 말하는 '센스-데이터')도 없다는 뜻이다. 콰인의 이 테제는 그의 전체론에 비추어 보았을 때 그 의미가 뚜렷이 드러난다.

뒤엠의 과학철학을 논하면서 보았듯이(4장, 1절), 하나의 이론을 구성하는 명제들 하나하나에 대해서 진/위를 결정해야 하는 것이 아니다. 이론은 항상 그 전체로써 작동하며, 그 전체로써 경험차원에 접한다. 이론을 구성하는 명제들에는 분석적인 측면과 종합적인 측면이 혼효되어 있으며, 그 어떤 명제도 수정 불가능한 것이 아니다. 콰인에게 하나의 이론은 '믿음의 그물망'이다. 각 이론은 그 가장자리에서 경험과 접하며, 그 가장자리의 명제들은 따로 기능하는 것이 아니라 이론 전체를 적재하고 있는("theory-laden") 것들이다. 그래서 경험과의 마주침이 배태하는 문제는 그 개별 명제가 아니라 이론 전체가 스스로를 재조정해 처리해야 할 문제인 것이다. 콰인의 이런 생각은 앞에서 언급했던 쿤의 과학철학과도 공명한다. 쿤의 경우는 순수 이론만이 문제가 아니다. 그 이론에 결부되어 있는 보다 넓은 역사적-문화적 맥락 전체가 문제가 된다.

콰인은 이 전체론 테제를 '존재론적 상대성'이라는 보다 근본적인 테제를 통해 뒷받침한다. 이 테제는 ① 이론과 경험 사이에서의 지시의 상대성과 ② 이론과 이론 사이에서의 개념의 상대성으로 나누어볼 수 있다.

전통적으로 철학자들은 "무엇이 존재하는가?"를 논해왔다. 곧 '실재/실체'의 물음이다. 콰인은 이 물음에 대해, 말하자면 존재론적 아나키즘을 주장한다. 어떤 담론도 그 나름대로의 존재자들을 설정할 수 있다.[29] 다만 이 주장을 어디까지나 현대 논리학의 맥락에서 개진하고 있다는 점은 주의해야 한다. 즉, 콰인에게 '존재한다'는 것은 존재 양화사의 변항에 들어가는 값이 된다는 뜻이다. "존재한다는 것은 변항의 값이 되는 것이다." 단적으

---

29) Quine, "On what there is", *From a Logical Point of View*, pp. 1~19.

로 말해서 제우스는 호메로스의 세계에서 '존재하는' 것이며, 양자는 양자역학의 세계에서 '존재하는' 것이다. 프레게 이래의 철학 전통에서 지시의 문제는 핵심이었다. 지시 가능한 존재자와 지시 불가능한 존재자는 바슐라르 식으로 말해 '인식론적 지위'를 전혀 달리하는 것이다. 그러나, 비트겐슈타인이 이미 지시의 불확정성을 강조했거니와, 콰인은 지시의 비-절대성(inscrutability)을 역설한다. 지시란 결국 해당 담론 전체에 있어 성립하는 것이다. 비트겐슈타인에게서 이미 보았듯이, 한 지시작용은 항상 어떤 맥락 전체를 전제해서만 성립한다. 어떤 종족의 한 사람이 뛰어가는 토끼를 가리켜 "가바가이!"라고 했다면, 그 종족의 언어를 전혀 모르는 사람은 그것을 어떻게 이해해야 할 것인가? 토끼 전체를 가리키는 것일까? 토끼가 깡충깡충 뛰어나는 동작을 가리킨 것일까? 그 토끼의 귀를 가리킨 것일까? 지시의 상대성은 인식론적으로 매우 근본적인 테제라 할 수 있다.

이런 상대성은 이론과 이론 사이에서도 성립한다. 한 이론, 넓게는 담론을 구성하는 요소들이 오로지 그 이론 전체의 맥락에서만 의미를 갖는다면, 이론과 이론은 오로지 그 전체로서만 비교될 수 있다. 그래서 설사 두 이론에서 똑같은 개념이 등장한다 해도, 그것이 같은 의미를 갖는다고 생각하는 것은 착각이다. 바슐라르가 지적했듯이, "mass"라는 하나의 개념만 해도 아리스토텔레스 자연철학, 뉴턴 역학, 상대성 이론을 비롯한 상이한 패러다임늘/ '인식론석 상'들에서 선혀 상이한 의미를 부여빋아온 깃이다. 이로부터 콰인은 이론과 이론이 서로 번역될 수 없다는 '번역의 불확정성' 테제를 전개한다.[30] 콰인의 '존재론적 상대성' 테제는 프레게 이래의 사유 전통 전반을 파탄시키는 테제라 아니할 수 없다.

하지만 콰인처럼 이렇게 존재론적 상대성을 밀어붙일 경우 "그렇다면 진리의 규준은 도대체 무엇인가?"라는 물음이 자연스럽게 생겨난다. 바로 이 지점에서 콰인은 자신이 프래그머티스트들의 후예라는 점을 분명히 한

---

30) Quine, *Word and Object*, The MIT Press, 1960, §§7~16.

다. 여러 이론들 사이에서의 선택의 규준은 실용적 가치에 따를 수밖에 없다. 과학의 이론 또는 개념적 도식이 겨냥하는 것은 과거 경험에 비추어 미래를 예측하는 데에 있다. 과학은 상식과 단절된 사유가 아니다.[31] 이론들 사이에서의 선택은 유용성이 기준이 되어야 하며, 거기에 논리적 간명성도 중요하다고 할 수 있다.

로티(1931~2007)는 프래그머티즘적 흐름의 한 극단을 대표한다. 로티는 철학의 목적이 자연을 거울처럼 반사해내는 데 있다는 표상주의를 비판함으로써, (후기 구조주의자들에게서 두드러지게 나타나는) 반(反)-표상주의의 흐름에 동참한다. 이것은 비트겐슈타인의 '그림 이론'을 비롯한 다양한 형태의 진리 상응설에 대한 비판이기도 하다.[32] 이런 관점이 함축하는 하나의 중요한 포인트는 인식의 차원을 과학의 차원에 국한하려는 시도들에 대한 거부이다. 퍼트넘은 다음과 같이 말한다. "지식의 영역이 '과학'의 영역보다 더 넓다는 것을 인정하는 지식관은, 우리가 우리 자신 또는 과학에 대해 건전하고 인간적인 관점에 도달하고자 하는 한, 문화적 필수품인 것으로 보인다."[33] 역으로 말하면, 과학만이 진리를 가져다준다고 주장하는 사람들은 제정신이 아니거나 문화적 필수품을 결여한 사람들이라는 이야기가 되니, 상당히 강한 비판이라 하겠다. 철학은 더 이상 거울이어서는 안 되며, 비트겐슈타인과 푸코의 비유를 따르면 '도구 상자'가 되어야 하는 것이다. 물론 이것은 과학을 폄하하는 것과는 전혀 다른 문제이다. 퍼트넘은 빼어난 과학적 소양을 갖춘 철학자였다. 그가 비판하고자 한 것은 과학이라는 행위에 붙어 있는 그릇된 독단적 이미지였다.

---

31) **베르그송, 바슐라르, 콰인** — 베르그송이 과학과 상식을 연속선상에서 보았고, 양자를 비판하면서 그의 형이상학을 전개했음을 보았다. 반면 바슐라르는 상식과 과학이 불연속적임을 역설하면서 과학에 입각한 철학을 전개했다. 콰인은 과학과 상식을 연속선상에서 보았으나, 과학과 철학 또한 연속선상에서 보았다.(예컨대 그는 인식론에서도 '자연(주의)화된 인식론'을 주장했다.) 삼자의 입장을 비교해볼 만하다.

32) 리처드 로티, 박지수 옮김, 『철학 그리고 자연의 거울』, 까치, 1998.

33) Hilary Putnam, *Meaning and Moral Sciences*, Routledge, 1978/2010, p. 5.

상대주의적 뉘앙스가 강한 언어철학이나 진리의 규준을 유용성에 두는 프래그머티즘을 추구할 경우 문제가 되는 것은 이 철학들이 오랜 세월 철학이 추구해온 실재에 대한 객관적 탐구의 이상을 무너뜨린다는 점에 있다. 그러나 과학적 인식에 대한 독단적 이미지를 비판하는 것이 안이한 상대주의로 가야 하는 것은 아니다. 사실 과학의 독단적 이미지는 그 자체 내에서 무너질 수밖에 없다. 과학 그 자체가 거대하고 다양한 세계이며, 엄밀히 말해 '과학'이 아니라 '과학들'이 존재할 뿐이기 때문이다. 여기에 인문학적 성격의 담론들과 기타의 담론들까지 감안하면, 우리가 세계를 표상하는 방식이 극히 다양하다는 것은 분명한 사실이다.[34] 조악한 환원주의자들만이 이 사실을 부정할 것이다. 그러나 중요한 것은 이 사실로부터 일방적인 구성주의나 안이한 상대주의로 가버리는 것은 곤란하다는 점이다. 적어도 진지한 성격의 과학들과 인문학들은 공히 실재의 어떤 측면을 어떤 특정한 방식으로 사유하는 행위이기 때문이다. 우리는 담론들/관점들의 다양성과 실재 탐구라는 객관적-보편적 맥락을 동시에 인정해야 한다.

이 객관적-보편적 맥락에는 두 측면이 얽혀 있다. 한 측면은 존재의 측면으로서 우리의 인식은 어떤 형태가 되었든 세계(또는 존재, 자연, 우주,…)에 대한, 또는 세계에 관련된 인식이라는 점이다. 다른 한 측면은 우리의 인식은 항상 일정한 인식 조건에 입각해 이루어진다는 점이다. 중요한 것은, 본 저작에서 여러 번 상조했듯이, 존재와 인식은 순환적이라는 사실이다. 인식의 조건을 반성하지 않고 존재를 직접적으로 인식한다고 생각할 때 소박한 실재론, 객관주의, 독단주의가 나타난다. 존재구속성을 음미하지 않고서 인식의 조건만을 강조할 때, 관념론, 구성주의, 표상주의, 상대주의가 나타난다. 존재와 인식의 순환성은 근본적인 것이다. — 다시 인식의 조건에서

---

34) 특히 과학적 사유와 인문학적 사유 사이에는 매우 분명한 구분이 존재하는데, 전자가 대상의 메커니즘을 파악하려는 행위라면 후자는 대상의(더 정확히는 그것에 대한 경험의) 의미를 파악하려는 행위이기 때문이다. 예컨대 생물학은 늙음이라는 자연적 현상의 메커니즘을 탐구하고, 철학은 우리 인생에서 늙어감이 뜻하는 의미를 읽어낸다.

는 두 측면이, 즉 경험의 측면과 사유의 측면이 구분된다. 경험의 측면만을 강조할 때 경험"으로부터" 인식이 성립한다는 소박한 형태의 경험주의, 실증주의가 나타나며, 사유의 측면만을 강조할 때 세계와 신체의 얽힘이라는 경험적-현상학적 차원을 방기한 추상적 사유들이 나타난다. 경험과 사유는 인식의 두 측면인 것이며, 존재와 인식이 순환하는 그 안에서 다시 작은 순환을 이룬다. 우리는 인식이라는 행위를 이런 입체적 구도에 입각해 이해해야 한다. 우리가 독단론, 환원주의, 단순한 객관주의를 거부하되 상대주의에 안주하지 않으려면, 모든 인식행위가 존재구속성을 전제함을 인정해야 하고, 인식의 조건에는 늘 경험과 사유가 얽혀 있음도 인정해야 한다. 인식의 객관성과 보편성은 실제 인식행위들에서 구현되지는 못하지만, 적어도 이런 전체적 구도에 있어 전제되어야 하는 것이다.

이런 전체적 구도에 있어, 개별 인식들을 정초하는, 각각 일정한 정합성을 띤 개별 구도들(존재론적-인식론적 토대)을 파악할 수 있다. 그리고 우리는 이 각 구도를 '존재면'이라고 부를 수 있다. 그런데 원칙상 한 존재면은 다른 존재면으로 번역될 수 있다. 이런 번역을 우리는 '표현'이라고 불렀다.(3권, 2부) 뒤에서 논의할 '내재적 가능세계론'에 입각할 때, 한 존재면은 다른 존재면의 가능세계이다. 따라서 표현이란 한 가능세계가 다른 가능세계로 번역되는 것을 뜻한다. 사유한다는 것은 표현하는 것이다. 인식 자체가 표현이고, 다양한 인식들 사이의 번역이 표현이다. 우리는 인식/담론의 다원성을 존중하면서도 '세계'에의 존재구속성 및 인식들/담론들 사이의 번역에 입각해 그것의 진상에 다가서려고 하는 이런 표현주의를 내재적 표현주의로 부를 수 있다. 우리는 다양한 존재면들을 가로지르면서 존재론적 번역을 향유할 수 있고, 그 과정에서 철학적 개념들을 창조해낼 수 있다. 철학이란 '세계의 모든 얼굴'을 살고 싶은 불가능한 욕망이다.

3절 고전적 테마들의 새로운 정식화

　분석적 철학 전통은 프레게 이후 새로운 논리학과 언어철학을 통한 철학의 형식화와 전통 형이상학의 거부 그리고 경험주의/실증주의의 세련화의 길을 걸었다. 그러나 옥스퍼드를 중심으로 한 일상언어학파의 경험주의와 콰인, 퍼트넘 등을 중심으로 하는 미국의 프래그머티즘을 통해 이 흐름은 완전히 개변된다. 형식적 언어의 추구는 일상적 언어에 대한 섬세한 분석으로, 형이상학의 거부는 새로운 방식에 입각한 형이상학적 사유로, 표상주의에 입각한 실증주의적 인식론은 전체론의 수립으로 전환되었다. 그러나 이후 분석적 철학 전통은 이 두 번째 단계의 사유들에서 귀결된 상대주의, 프래그머티즘, 불확정성 등에 만족하지 못하고, 다시 보다 엄밀한 형태의 개념적 정식화를 추구하게 된다. 물론 이는 첫 번째 단계의 성과와 실패, 두 번째 단계의 계몽과 한계를 모두 경험한 이후에 등장한 사유이기에, 두 단계가 보인 모순과 대립을 새로운 수준에서 극복하려 한 사유 흐름이었다. 이 점에서 분석적 철학의 역사는 얄궂게도 이 전통의 철학자들이 그토록 혐오했던 헤겔의 변증법을 연상시킨다.

　이렇게 성숙한 수준에 오른 분석철학의 사유들이 드러낸 가장 핵심적인 특징은 진리, 정신, 본질, 정의 같은 고전적인 테마들의 복권과 새로운 정식화였다. 철학사 전체에 걸쳐 꾸준히 논구되어온 이런 테마들이 새로운 방식으로 하나씩 재개념화되기 시작한 것이다. 이로써 분석적 철학 전통은 철학적 사유의 고전적인 품격을 갖추고서 성숙한 사유들을 전개하게 된다.

§1. 진리란 무엇인가

　'진리' 개념을 새롭게 사유한 인물들 중 데이비드슨(1917~2003)의 경우를 살펴보자. 여기에서 진리 개념을 새롭게 사유한다는 것은 곧 언어철학에서 지시 이론, 진리 상응론을 재고하는 것을 뜻한다. 이것은 곧 한 문장의 의미는 그 문장의 진리조건이라는 것, 달리 말해 어떤 문장이 참이 되는 조건을 밝히는 것이 곧 그 문장의 의미를 밝히는 것이라는 생각이다. 이것은 낡은 것으로 치부되었던 표상주의가 새로운 방식으로 부활해야 함을 함축한다. 『논구』의 정신에서 『논고』의 정신으로, 물론 『논구』의 정신을 껴안아야 한다는 이론적 부담을 안고서, 되돌아가는 것을 뜻하는 것이다.[35] 데이비드슨은 적절한 의미 이론이라면 탐구의 대상이 되는 언어의 무의미하지 않은 모든 표현들에 의미를 제공하는 일종의 정리들을 체계적인 방식으로 산출해낼 수 있어야 한다고 보았기 때문이다.[36]

그런데 데이비드슨은 진리로써 의미를 정초하고자 하면서도, 원자론적 표상주의를 거부한다. 러셀과 초기 비트겐슈타인의 사유를 떠받친 정신들 중 핵심적인 것들 중 하나는 '논리적 원자론'이었다. 명제는 그 부분들로 분해되며, 그 부분들의 진릿값에 의해 명제 전체의 진릿값이 결정된다는 이 생각은 이후 '조합성(compositionality)'이라 불리게 된다. 이 조합성에

---

35) 비트겐슈타인 이래 언어철학은 두 갈래, 정확히는 두 방향으로 나뉘어 전개된다 한 방향은 『논고』에서 출발해 『논구』의 정신을 포용하는 방향이고, 다른 하나의 방향은 『논구』에서 출발해 『논고』의 정신을 포용하는 방향이다. 전자의 방향은 곧 논리학적인 형식화에서 출발해 그 형식 언어로 일상 언어의 복잡미묘함을 정복해나가는 방향이고, 후자는 일상 언어의 맥락적 이해에서 출발하되 그 안에 숨겨져 있는 언어적 메커니즘을 발견해나가는 방향이다. 데이비드슨의 사유는 바로 전자의 전형적인 경우이다. 후자의 예로서는 브랜덤 등을 들 수 있을 것이다.

36) 도식-T를 "s는 p일 때 그리고 오직 그때에만 T이다(s is T iff p)"라 하자.(타르스키의 "convention T") "한 언어 L을 위한 의미 이론에 대해서 우리가 요구하는 것은 (⋯) "s"가 L의 한 문장의 구조 기술로 대체되고 "p"는 그 문장으로 대체될 때, 의미 이론이 도식-T에서 얻어지는 모든 문장들을 필연적으로 함축하도록 술어 "T이다"에 필요한 만큼 제한을 가한다는 것이다. (⋯) 한 언어 L을 위한 의미 이론은 만일 그것이 L-내에서 의-참이라는 회귀적[재귀적] 정의를 포함한다면, '어떻게 문장의 의미가 낱말의 의미에 의존하는가'를 보여준다." 도널드 데이비드슨, 이윤일 옮김, 『진리와 해석에 관한 탐구』(이하 『탐구』), 나남, 2011, 67쪽.

기반해, 단어 하나하나에 일정한 지시체가 있다는 점을 확립한다면 이후의 과정은 벽돌 쌓기 식의 수월한 과정이 된다. 문장은 어디까지나 단어들로 구성되며, 또 문장의 맥락은 나중에 고려해도 된다는— 맥락에 의해 의미가 결정되는 것이 아니라, 결정된 의미에 맥락이 부가된다는— 관점인 것이다.[37] 이는 곧 그야말로 고전적인 표상주의로 돌아가는 것이다. 데이비드슨은 상대주의, 맥락주의, 반-실재론을 거부하고 의미의 객관성과 보편성을 추구했지만, 이런 식의 고전적 표상주의로 회귀하는 것도 마찬가지로 거부한다. 이는 그가 콰인의 전체론의 영향을 받았기 때문이기도 하지만, 특히 그의 의미 이론이 자연언어"의 작동"을 설명하고자 하는 것이기 때문이다.[38]

데이비드슨은 원자론적 지시 이론을 통해 진리를 설명하는 것이 아니라 진리 개념을 기초로 놓고서 지시를 설명한다. 이를 위해 그는 타르스키의 진리 개념에서 출발한다.[39] 타르스키의 의미론적 진리 개념과 명제논리학

---

37) 『논구』의 도입부에서 비트겐슈타인은 유명한 "벽돌!"의 예를 든다. 그가 주장했듯이, 분명 이때의 "벽돌!"은 단순한 지시가 아니라 "벽돌 좀 건네줘!" 등과 같은 사용의 맥락에 입각해 이해되어야 한다. 하지만 이 말이 "벽돌을 가져와!"를 뜻하든 "벽돌 조심해!"를, "벽돌은 버려!"를, … 뜻하든, 두 사람은 우선 '벽돌'이 무엇인지를 알고 있어야, 즉 그 단어의 지시대상이 무엇인지를 공동적으로 알고 있어야 한다. 이런 지시관계가 우선이고, 이에 입각해 문장이 구성되고, 거기에 맥락들이 부가된다는 것이 원자론적 표상주의의 입장이다.

38) "전체론적 접근 방법을 옹호하자는 것이다. 그리고 경험적 언어 이론에 기본이 되는 지시체 개념을 우리가 포기해야 한다는 것이다."(『탐구』, 351~352쪽)

39) 타르스키는 다음과 같이 '진리 조건'을 제시한다: 눈이 희다면 그리고 오직 그때에만 "눈은 희다"는 참이다. 또는, "눈은 희다"는 눈이 흴 때 그리고 오직 그때에만 참이다. 이 정식화의 장점들 중 하나는 (괴델적인 의미에서) 재귀적인 정식화를 제시함으로써 자기언급을 통해 나타나는 역설들을 배제했다는 점에 있다. 아울러 타르스키는 '충족' 개념을 도입했거니와, 이는 열린 적형식(open well-formed formula)의 경우에도 구성 요소들과 명제(들) 전체 사이에 함수관계가 수립될 수 있게 하기 위함이었다.
   데이비드슨이 타르스키의 진리론을 그의 언어철학('의미 이론')의 토대로 삼은 것이 사실이지만, 그의 목적은 형식언어의 구축에 있는 것이 아니라 "자연언어의 작동을 설명하는 데"에 있다.(『탐구』, 69쪽) 그가 타르스키와 일정한 거리를 두려고 하는 것도 이 때

의 형식체계를 결합할 경우, 우리는 수직으로 진리 개념을 기반으로 하면서도 수평으로는 적형식을 갖춘 형식언어의 체계를 구축할 수 있기 때문이다. 그리고 핵심적인 것은 데이비드슨이 이 형식언어를 자연언어에 적용해 자연언어까지도 진리 개념 기반으로 이해할 수 있다고 보았다는 점이다. 그러나 데이비드슨이 이 과정이 단순한 적용, 도출, 연역과 같은 과정이라고 본 것은 아니다. 그는 『논구』와 그것을 이은 사유들을 이미 거친 이후에 사유한 사람으로서, 타르스키에서 출발한 형식언어의 체계만 가지고서 저 방대하고도 복잡한 언어라는 존재를 해명할 수 있다고는 믿지 않았다. 그래서 그에게는 '진리' 개념 외에도 또 하나 '해석'의 개념이 필요했다. 자연언어는 형식언어를 단지 적용함으로써 해명될 수 있는 것이 아니라 '해석'이라는 또 하나의 핵심 작업을 요청한다. 다시 말해, "자연언어에 적용되도록 수정된 진리 이론이 해석 이론으로 사용될 수 있다"는 것이다. 이는 다음과 같은 물음들에 답해야 함을 뜻한다. "형식언어〔규약 T〕의 진리 이론이 자연언어에도 적용될 수 있는가?" "해석자가 해석될 언어에 대한 아무 선행 지식 없이 이용할 수 있는 증거에 기초하여, 진리 이론이 옳았다고 말할 수 있을 것인가?" "이론이 참이라고 판명될 경우 그것이 그 언어의 화자의 발언을 해석할 수 있을 것인가?"(『탐구』, 221)

데이비드슨의 언어철학을 다음과 같이 비유할 수 있을 것 같다. 자동차(명제, 명제들의 집합)의 의미(사람이 타고 다니는 것)는 어디까지나 그것의 진리 조건(땅 위를 굴러간다는 것)에 의해 결정된다. 그러나 이 진리 조건은 단순히 원자론적으로 이해될 수 있는 것이 아니다. 자동차가 그 부품들(명제의 구성 요소들)에 의해 형성된다는 것은 사실이다. 그러나 우리가 카뷰레터를 타고 다닌다거나, 바퀴를 타고 다닌다든가, 휠을 타고 다니는 것은 불가능하며, 나아가 타고-다님의 진리 조건이 카뷰레터, 바퀴, 휠 등의 진리 조건들을 합한 것도 아니다.(원자론적 표상주의 비판. 진리 조건은 명제(들)의 전체

문이다.

로써 이루어지고, 이 진리 조건 전체가 명제(들)의 의미를 결정하는 것이다.) 아울러 그것이 단순히 외적인 방식으로 이해될 수 있는 것 또한 아니다. 자동차가 굴러가는 것이 오로지 그 자동차 자체로써만 가능한 것이 아님은 사실이다. 도로도 깔려야 하고, 자동차 법규도 제정되어야 하고, 사고가 났을 때의 보험 처리 관행 등등, 많은 자동차 사용의 맥락들이 깔려 있어야 자동차의 굴러감도 의미를 가질 수 있기에 말이다. 그러나 도로나 자동차 법규나 보험 관행 등등이 자동차의 굴러감 그 자체를 결정하는 것은 아니다.(맥락주의 비판) 분명 그런 것들이 보완되어야지 자동차가 자동차답게 운행될 수 있는 것이 사실이다. 이 모든 것들을 제외하고 자동차만 덩그러니 굴러가는 것은 우리 삶의 실제 상황이 아니다.('해석'의 필요) 그러나 자동차의 굴러감을 통해 우리의 타고-다님이 가능하게 되는 이치는 핵심적으로는 자동차 그 자체에 있는 것이다. 데이비드슨은 자동차의 의미(타고-다님)를 어디까지나 그 진리(굴러감)로써 정초하면서도, 한편으로 그 부품들의 역할도 또 자동차 운행의 여러 맥락들도 자동차에 비판적으로 흡수해 이해했다고 할 수 있다.

§2. 마음이란 무엇인가?

많은 철학자들이 몰두했던 또 하나의 전통적인 주제는 '정신/마음'에 관한 것이었다. 데카르트의 이원론 그리고 동일론(유물론)[40]은 이미 여러 측

---

40) 흔히 '동일론'으로 불리지만, 사실 내용상으로는 유물론을 뜻한다. 이 가설의 뜻은 정신현상과 물리현상이 똑같다는 것이 아니라, 전자는 후자의 부대효과라는 뜻이기 때문이다. 동일론이라는 용어는 적절한 용어가 아니며, 이 용어를 쓴다면 그 용어에 가장 부합하는 인물은 스피노자일 것이다. 스피노자에게서는 정신현상과 물리현상이 한 실체의 두 표현이기 때문이다. 그러나 이 경우에도 정신속성과 물질속성은 '같은' 것이 아니라는 점, 그리고 앞에서도 강조했지만 스피노자에게서 속성들이 무한하다는 점을 잊지 말아야 한다.

면에서 논파된 이론들이며, 이 이론들을 대체하면서 등장한 것은 행동주의였다. 라일, 스트로슨, 후기 비트겐슈타인 등의 심리철학도 넓은 의미에서의 행동주의에 속한다. 행동주의자들이 한 사람의 행동만을 가지고서 논의를 진행하는 데 비해, 기능주의자들은 그 행동에서의 입력과 출력을 납득이 가도록 연결하려면 그 사이를 '블랙박스'로만 남겨놓을 수는 없다고 본다. 입력과 출력을 이어서 그 행동을 해석하려면, 어떤 형태로든 그 블랙박스 ── 그 사람(넓게는 유기체)의 '내적 상태' ── 에 내용을 채워 넣어야 하는 것이다. 단순한 예로, 우리는 똑같은 입력을 받은 두 사람이 서로 다른 출력을 내는 것을 빈번히 본다. 어떤 사람들은 이 내적 상태를 컴퓨터 프로그램에 비유한다. 컴퓨터가 입력을 받아 출력을 낼 때 그 사이에서 복잡한 프로그램들의 작동이 매개되듯이, 인간/유기체의 행동 역시 그런 방식으로 진행된다. 그리고 이 이론은 유물론과도 접합할 수 있는데, 뇌는 바로 이런 프로그램들을 장착한 하드웨어로 이해될 수 있기 때문이다. "정신"/"마음"이란 뇌가 장착하고 있는 소프트웨어이다. 이런 생각에 따르면, 인공지능이 계속 발달하면 언젠가는 인간의 정신을, 적어도 그 '지능'의 측면을 인위적으로 만들어낼 수도 있을 것이다.[41]

그러나 이 기능주의는 정신을 어떤 계산 장치 ── 그것이 아무리 정교한 것일지라도 ── 로 환원하는 생각이다. 존 서얼은 '중국어 방 논변'을 통해 이 기능주의의 한계를 지적한다. 기능주의에 입각할 경우, '튜링 테스트'를 통과한 존재는 인간이라고 할 수 있다. 더 정확히 말한다면, 인간의 사고를 갖춘 존재로 인정할 수 있다.[42] 서얼은 튜링 테스트를 통과한 존재라 해도

---

41) 이런 논지를 전개하고 있는 저작으로 잭 코플랜드, 박영대 옮김, 『계산하는 기계는 생각하는 기계가 될 수 있을 것인가?』(메디토리얼, 2020)를 보라.

42) 앨런 튜링, 노승영 옮김, 『지능에 관하여』, 에이치비프레스, 2019, 67~112쪽. 튜링 테스트가 그것을 통과하는 존재라면 틀림없이 인간일 것이라는 주장인지, 실제 기계이든 인간이든 인간의 지능/사고를 갖춘 존재로 간주해야 한다는 주장인지를 둘러싼 해석의 여지가 있다. 튜링의 논지는 후자인 것으로 보인다.

사실은 그 테스트가 목표하는 바(테스트를 통과한 존재라면 인간적 지능을 갖추고 있으리라는 것)를 충족하지 못하는 존재를 생각할 수 있다는 논변을 펼쳤다.[43] 중국어 방의 사람이 중국어를 전혀 모른다 해도 프로그램을 활용해 중국어를 완벽히 번역할 수 있는 상황을 상정할 경우, 이 중국어 방이 중국어 번역의 프로그램을 잘 수행한다고 할 수는 있어도 중국어를 잘 이해한다고는 할 수 없다는 것이다. 알파고가 이세돌을 4:1로 눌렀지만, 알파고가 이세돌이 자신의 바둑 둠을 이해하듯이 그렇게 이해하고 있다고는 할 수 없는 것과 같은 이치이다. 튜링 테스트는 어떤 기능에 대한 테스트이지 그 기능에 대한 이해의 테스트가 아닌 것이다. 기능주의와 서얼의 대립은 외연, 지시에 기반하는 언어철학과 사용, 맥락에 기반하는 언어철학 사이의 대립에 유비적이다. 서얼이 정신의 '지향성' 등을 강조했다면, 네이글은 정신의 세계는 '감각질'들의 세계임을 역설한다.[44] 우리가 박쥐 바깥에서 그것에 대해 아무리 정교한 인식을 쌓는다 해도, 박쥐의 '마음'에서 일어나는 일들은 결코 알 수 없다. 마찬가지로 뇌를 아무리 샅샅이 살펴도 거기에서 우리가 자신의 마음속에서 발견하는 감각질들을 발견할 수는 없는 것이다. 이는 파동방정식을 제아무리 정교하게 분석해도 거기에서 색들을 볼 수는 없는 것과 어느 정도까지 유비적이다.

물론 이런 정도의 논의만으로는 (다른 철학 전통들이 논해온) 정신의 풍부한 차원들을 충분히 드러낼 수는 없다. 카시러를 논하면서 지적했듯이, '감각질'이라는 개념 자체가 어디까지나 정신의 어떤 추상화된 차원일 뿐이다. 감각질들은 인간 정신의 넓고 깊은 세계를 구성하는 주요 요소들 중 하나일 뿐인 것이다. 그러나 동일론과 기능주의에 비해 '정신적인 것'의 차원이 가지는 고유한 측면을 밝혀내려 했다는 점에 서얼과 네이글의 논변들이

---

43) 존 설, 강신욱 옮김, 『신경생물학과 인간의 자유』, 궁리, 2010.
44) 네이글의 이 주장이 함축하는 보다 넓은 맥락에 대해서는 다음을 보라. Thomas Nagel, *Mind & Cosmos*, Oxford Univ. Press, 2012.

가지는 의미가 있다. 이런 심리철학적 논의들은 9장에서 다시 논할 것이다.

§3. 본질 개념의 새로운 이해

진리, 정신과 더불어 또 하나 새로운 차원에서 논의되어온 개념은 '본질' 개념이다.(정의에 대해서는 10장, 1절에서 논한다.) 니체 이래 생성존재론이 현대 철학의 기본 흐름으로 자리 잡으면서, '본질' 개념은 낡아빠졌을 뿐만 아니라 위험하기까지 한 개념의 이미지를 띠게 되었다. 퍼트넘, 크립키 (1940~) 등은 본질 개념을 새롭게 사유함으로써 철학사의 또 하나의 지도리를 만들어냈다.

논리-언어철학에서 집요하게 다루어온 한 주제는 '지시'의 문제이다. 지시에 대한 전형적인 이론은 한 단어의 의미를 그 술어들의 합언으로 이해하는 것이다. 예컨대 호랑이는 "고양이처럼 생겼으나 꽤 크고, 이빨과 발톱이 날카롭고, 몸에는 검은 줄들이 둘러져 있고, …한 동물"로 이해된다. 역으로 "과일치고는 상당히 크고, 녹색에 검은 줄이 둘러져 있고, 여름에 먹으면 시원하고, …"라는 말을 들으면 누구나 '수박'을 생각할 것이다. 이는 고유명사의 경우도 마찬가지이다. 관우는 "유비의 의형제로서, 청룡언월도를 휘둘렀으며, …한 무장"이며, 역으로 "철학자이고, 알렉산드로스의 스승이며, …인" 사람은 아리스토텔레스인 것이다. 어떤 사람들은 이런 합언은 명확한 집합을 형성하지 않기 때문에 이름과 술어들의 집합을 간단히 등치시킬 수 없다고 본다. 이 경우는 술어들의 열린 성격을 감안해(비트겐슈타인이 강조했던 '가족유사성'을 떠올리자.) 술어들의 "클러스터"를 말하기도 한다. 전통 본질주의에서 어떤 속성들/술어들은 본질에 수반되는 것들("본질적 속성들")로 간주되었고, 각 사물은 그것을 바로 그것으로 만들어주는 것("to ti ēn einai")을 통해 그것이 된다고 생각되었다. 그러나 로크 등에게서 보았듯이, 경험주의 전통에서 이런 본질은 부정되기에 이른다. 그래서 러셀은 고유명사는 위장된 서술이라고까지 했던 것이다.

크립키는 고유명사는 그 속성들로 환원되지 않으며, 그 고유명은 바로 그 사람의 본질을 지시한다고 주장함으로써 새로운 형태의 본질주의를 제시했다. 이름은 그 이름의 주인공에게 명명식을 통해서 직접 부여된다. '아리스토텔레스'라는 이름은 직접 부여된 이름이며, 그의 술어들이 바뀐다고 해도 항상 그를 직접 지시한다. 이름은 '고정 지시어(rigid designator)'이다. 아리스토텔레스는 모든 가능세계에서 아리스토텔레스인 것이다. 예컨대 아리스토텔레스가 알렉산드로스의 스승이 아니었고, 심지어 그가 철학자가 아니었을 수도 있다. 개연성이 매우 낮은 일이지만, 이런 일은 어쨌든 가능하다. 그럼에도 우리가 '아리스토텔레스'라는 이름으로 가리키는 것은 우리가 그때까지 철학자였고 알렉산드로스의 스승이었던 인물로 잘못 알고 있던 바로 그 사람인 것이다.[45] 가능세계론을 기반으로 등장한 이런 새로운 본질주의는 현대 철학의 한 흥미로운 성과이며, 앞에서 논한 개체와 인칭의 발생에 대한 들뢰즈의 논의와 비교해보는 것은 흥미진진한 일일 것이다.[46]

크립키와 퍼트넘은 이 논의를 일반 명사, 자연종의 수준으로 확대할 수 있다고 보았다. '금'이라든가 '호랑이' 같은 자연종의 이름은 어떤 본질을 가리킨다. 이는 곧 금이 노랗다거나 호랑이의 몸에 줄무늬가 있다는 것이 '금', '호랑이'의 본질이 될 수 없음을 가리킨다. 사람들은 눈부시게 흰 특정 종의 새를 '백조'라 불러왔다. 하지만 호주에서 검은 백조가 발견되었다

---

45) 솔 크립키, 정대현·김영주 옮김, 『이름과 필연』, 필로소피, 2014, 74쪽 이하.

46) 크립키 본질주의의 인상 깊은 결과들 중 하나는 필연적인 종합명제가 가능하다는 것의 발견이다. 이름이 고정 지시어라면, "샛별은 개밥바라기이다"는 인식론적으로는 새로운 발견이고 언어적으로는 종합명제이지만 존재론적으로는 필연적인 것이다. 다시 말해 크립키는 필연적인 종합명제가 가능하다고 보는 것이다. 크립키는 지금까지 철학자들이 '아프리오리-아포스테리오리'(경험 독립적-경험 의존적)라는 인식론적 구분과 '분석적-종합적'이라는 언어철학적 구분으로부터 '우연-필연'이라는 존재론적/형이상학적 구분을 구분해내지 못했다고 선언한다.

고 한다. 그런데 이상하지 않은가. 백조는 흰 새인데, 검은 백조는 검은 흰 새라는 이야기인가? 우리가 "검은 백조가 발견되었다"라고 말하는 것은 이 새의 본질이 있고, 이 새의 색이 검은 것은 그것의 본질을 해치지 않는다는 것을 전제하고 있는 것이다. 더 극적인 예로서, 고래는 "어류가 아님"이 발견된 경우가 있다. 백조의 경우는 표면적인 색의 경우에 불과하다 해도, 고래가 '어류'라는 것은 그것의 틀림없는 본질로 이해되어왔다. 그래서 "고래는 어류가 아니다"라는 언표 자체가 고래의 어떤 본질을 전제하고 있는 것이다. 어떤 행성에서 아무리 물과 똑같은 성질들을 보여주는 액체를 발견했다 해도, 그것의 화학식이 H_2O가 아닌 한 우리는 그것이 물이 아니라고 해야 하는 것이다.[47] 물론 우리는 미래에 물이 H_2O가 아니라는 것을, 백조의 DNA를 잘못 알고 있었다는 것을 깨달을 수 있다. 그럴 경우 H_2O 등은 새롭게 발견된 어떤 본질의 성질로 전락할 것이다. 이전의 물의 성질들이 H_2O의 표면적 효과들로 전락했듯이. 더 극적으로, 어떤 자연종의 본질을 화학적으로 동정하는 것이 잘못된 것이라는 충격적인 사실을 깨닫게 될 수도 있다. 하지만 그런 경우들에조차도 '금', '호랑이', '백조', '고래', '물' 같은 자연종의 이름이 해당 종의 본질을 지시한다는 점에는 변함이 없는 것이다. 이렇게 본질주의는 극적으로 소생하기에 이른다.

진리, 정신, 본질 같은 고전적인 철학적 개념들을 재사유함으로써 프레게 이후 전개된 논리-언어철학은 정점을 맞이하게 된다.

분석적 철학 전통은 일상 언어를 형식화해 논리학화하려는 의지, 깔끔

47) Hilary Putnam, "Meaning and Reference", *Naming, Necessity, and Natural Kinds*, Cornell Univ. Press, 1977, pp. 119~132.

한 외연성의 사유로 환원하려는 의지로 점철되었다. 이것은 곧 일상 언어와는 상이한 성격을 띤 수학적인 언어를 구축하려는 시도이며, 또한 사유를 공간화함으로써 말하자면 논리적으로 범-기하학화하려 한 시도라고 할 수 있다. 이런 경향은 컴퓨터의 발명 이래, 형식언어를 구축하려는 오늘날의 각종 시도로 이어져오고 있다. 그러나 다른 한편, 이런 흐름과 각을 세우면서 추상적인 형식화보다는 일상 언어가 내포하는 역사성, 다양한 맥락들, 미묘한 뉘앙스들, 화자와 화자 사이의 구체적인 관계, 사회-정치적 함의들 등을 있는 그대로 살리면서 이해하려는 노력들 또한 지속적으로 이어졌다. 일상 언어는 그 자체 복잡하고 미묘한 논리를 내장하고 있으며, 형식언어의 '정확성'과는 다른 형태의 '정확성'을 갖추고 있는 것이다. 현대의 언어철학은 이렇게 논리학을 기초로 단단한 형식언어를 구축하려는 경향과 일상 언어의 비-형식적인 구체성과 미묘한 정확성을 살려 이해하려는 경향이 길항해왔다.

양자의 관계는 어떤 면에서 보면 로봇과 인간의 관계에 유비적이라고 할 수 있다. 로봇은 기계공학 및 컴퓨터공학 그리고 형식언어를 동원해 만들어지며, 인간은 자연적 생명체이다. 로봇의 강점과 약점 그리고 인간의 강점과 약점은, '강점'과 '약점'이라는 개념 쌍을 어떻게 이해해야 하느냐가 쉽지 않은 문제이지만, 서로 상이하다. 그리고 이 강점과 약점은 형식언어와 일상 언어의 강점 및 약점과 유비적이라고 할 수 있다. 이렇게 보면 분석적 철학 전통에서 논해온 심리철학에 있어서도, 이 양 관점이 부딪치게 되는 맥락을 이해할 수 있다. 형식언어의 관점은 사람의 마음을 이해하는 데에 있어서도 역시 형식적으로 접근하지만, 일상 언어의 관점은 인간이 살아가는 모습 그대로에서 마음을 이해하려고 노력한다. 구도가 다소 다르기는 하지만, 이는 윤리학적 맥락에서도 마찬가지로 발견된다. 전자의 관점은 윤리적 문제에서도 일정한 형식적 틀로써 삶을 구성해가야 한다고 믿지만, 후자의 관점에서 보면 이는 삶의 역사성과 구체성을 놓치고 있다는 점에서 적절치 않은 나아가 위험하기까지 한 관점이다. 형식언어는 그 자체 특정한 관점에서 구성된 틀일 뿐이며 그것을 현실에 강요하는 것은 폭력적일 수 있기 때문이다.

사실 이런 문제들은 얼핏 '사실'이나 학문적 '진리'를 둘러싼 논쟁인 듯 보이지만, 그 알맹이를 들여다보면 순수 학문적 논쟁이 아니라 우리의 삶, 현대 사회를 전체적으로 어떤 방향으로 이끌어가야 하느냐를 둘러싼 논쟁이라고 할 수 있다. 이 점을 냉철하게 인식하지 못하면, "학문"의 이름으로 현실의 이데올로기들을 정당화하고 뒷받침하는 심각한 악업(惡業)을 쌓게 되어버린다. 형식언어를 추구한다는 것은 삶의 역사성, 문화의 다양성, 인간의 실존적 차원 등등을 모두 거세하고 어떤 논리학적-수학적 언어를 구축한다는 것을 뜻한다.[48] 이러한 작업은 어떤 맥락에서는 분명 우리에게 사유의 명료성과 실용상의 효율성을 줄 수 있다. 그러나 이런 식의 작업은 다른 한편 컴퓨터 기술이나 기업의 비즈니스, 국가의 군사 작전 등과 얽혀 있다. 이런 흐름은 우리가 앞에서(2장, 3절) 언급했던 인류 문명의 가장 끔찍한 상태, 즉 차가운 지능과 맹목적인 본능이 결합된 흐름에 합류할 위험성을 내포하고 있는 것이다. 또, 역사에서 이런 일은 실제 종종 발생해왔다. 원자폭탄은 그 가시적 예일 뿐이다. 이런 흐름은 본래의 철학적-수학적 사유와 무관하며, 철학자들과 수학자들의 이미지와도 거리가 멀어 보인다. 그럼에도 철학과 수학에서의 형식화 경향은 이와 같은 흐름과 엮일 위험성을 상당 정도로 내포하고 있는 것이다. 오늘날의 '인공지능'은 이 점을 본격적으로 가시화하고 있다. 가장 비-이데올로기적인 것처럼 보이는 것이 가장 이데올로기적인 것으로 둔갑할 위험성이 상존하고 있는 것이다.

오늘날 인문학과 인간과학/사회과학이 문명의 이런 흐름에 맞서 인간의

---

48) 이런 생각은 얼핏 그것과 대조적으로 보이는 종교적 독단과 사실상 유사한 것이다. 어떤 특정한 인식/존재면을 기준으로 모든 것을 거기에 맞추어야 한다는 폭력적 사고인 것이다. 이런 경향이 오늘날 특히 강한 힘을 가지는 것은 자체의 강점 때문이기도 하겠지만, 사실은 그것을 뒷받침하는 것이 곧 자본-기술 그리고 국가, 게다가 대중문화까지 가세한 거대한 힘이기 때문이다.

존엄성과 문화의 역사성, 다원성을 지키기 위한 교두보의 역할을 해야 하는 것은 이 때문이다. 그러나 현실은 차갑고 맹목적인 **지능**이 따뜻하고 자기반성적인 인문학적 **사유**를 압도하는 형국이다. 이 점은 물질적인 변형을 통해 그야말로 소소하기 이를 데 없는 편리함을 추구하는 과학기술 연구에 들어가는 지원금과 역사와 문화, 사상의 연구를 통해 사람들의 정신세계와 문화의 풍요로움을 추구하는 연구에 들어가는 지원금 사이의 엄청난 차이를 볼 때에도 단적으로 드러난다. 오늘날의 현실은 과학기술, 자본주의, 국가권력이 인문학적 지성과 사회과학적 비판의식을 압도해버리는 형국이다. 그리고 사람들은 이 살풍경한 시대의 공허함을 역사의식과 철학적 지성을 통해서가 아니라 맹목적인 종교적 신앙과 말초신경을 자극하는 찰나적 대중문화에의 탐닉으로 극복하려 하고 있다. 어찌 보면 이야기가 너무 다른 곳으로 흘러간 듯이 보일 수도 있겠지만, 형식언어의 추구와 그에 맞선 일상 언어적 사유의 노력에는 넓게는 이런 상황이 깃들어 있는 것이다.

하나의 도시를 생각해보자. 이 도시를 형식언어적인 수학과 철학, 과학기술에 의해 개조할 경우, 낡은 건물들은 허물고 비뚤비뚤한 길들(르코르뷔지에가 말한 "당나귀의 길들")은 모두 기하학적인 대로로 개조될 것이다. 도시에는 각종 전기회로와 인터넷 망이 깔리고, 기계들은 모두 자동화될 것이다. 이런 여러 가지 방식들을 동원해 도시를 개조할 경우, 그 도시는 깔끔하고 효율적인 도시로 탈바꿈할 것이다. 하지만 그 과정에서 그 노시에 들어 있던 역사적 기억들, 각 지역들의 고유한 성격들, 사람들 사이의 오랜 관계 등등은 모두 흔적도 없이 사라질 것이다. 반면 그 도시 건물과 길들 곳곳에 남아 있는 역사적 기억들을 고이 보존하고, 각각이 고유한 성격과 추억을 담고 있는 장소들을 잘 가꾸고, 사람들 사이에 있었던 숱한 추억들과 인정(人情)을 소중히 이어간다면, 그 도시는 비록 번듯하고 효율적이지는 못하겠지만, 사람 사는 맛이 나는 고유한 장소로서 존속할 것이다. 도시를 어떻게 가꾸어나갈 것인가라는 이 문제는 문명 전체를 어떤 흐름으로 만들어갈 것인가라는 큰 문제의 한 축도라 할 수 있다. 그러나 오늘날 문명의 흐름은 편의성과 효율성의 이름으로 인간적 가치를 짓밟는 쪽으로 폭주하고 있다. 들뢰즈는 "정말 중요한 것은 무엇이 중요하고 무엇이 중요하지 않은지를 아는 것"이라고 했거니와, 지금 우리가 직면하고 있는 세계는 덜 중요한 것을 위해서 더 중요한 것을 초개처럼 버리는 세계인 것이다.

이렇게 보면 분석철학의 흐름에서 지속적으로 대립해온 형식언어의 추구와 그에 저항하는 흐름은 얼핏 생각되는 것보다 훨씬 더 큰 함의를 내포하고 있다고 할 수 있다. 사유와 언어를 철저히 외연화하고, 기하학적 정확성을 추구하며, 기호를 사용한 연역체계를 구축하려는 시도는 (개별 학자들의 의도와는 상관없이) 과학기술 및 국가, 자본주의와 연루되어 있으며, 이런 형식주의를 거부하고 일상 언어를 삶의 구체적인 맥락에서 이해하려는 시도는 대체적으로 인문학적 지향과 연루되어 있는 것이다. 당연한 것이겠지만, 양자의 흐름은 각각의 의미와 가치를 띤다. 그러나 형식주의의 흐름은 국가와 자본에 연계되어 있다는 점에서 "과학"의 이름으로 현실에 폭력을 가할 위험성을 내포하며 또 이런 흐름이 오늘날 점점 압도적인 것이 되어가고 있다는 점에서, 21세기 철학은 이런 폭주를 통어할 수 있는 사유를 전개해야만 한다는 것은 지금 시점에서는 분명해 보인다. 특정한 사유가 삶 일반에 포용되어야 하는 것이지, 삶 일반이 특정한 사유에 구겨 넣어져야 하는 것이 아니다.

6장 현실성, 잠재성, 가능성

20세기 후반에는 논리-언어철학의 맥락에서만이 아니라 형이상학 전반에서 큰 성과들이 쏟아져 나왔다. 앞의 장에서 논했던 생성존재론이 그렇고, 3부에서 논할 인간존재에 대한 이론들이 그렇다. 그러나 여기에 '세계'에 대한 새로운 형이상학적 성찰들 또한 빼놓을 수 없다. 형이상학은 현실성의 경험적 인식에 만족하지 않고, 현실성 저편의 '실재'에 관심을 가진다. 즉, '실존'하는 것들만이 아니라 '잠존/내존'하는 것들을 탐사한다. 물론 성숙한 형이상학은 현실성에 머물지도 않지만 또한 '실재'를 내세우면서 현실성을 폄하하거나 심지어 부정하지도 않는다. 완숙한 형이상학은 현실성에서 출발해 실재로 나아가며, 다시 실재로부터 현실성으로 돌아와 그 전체 그림을 보여주는 사유이다. 현실성과 형이상학적 실재 사이에는 과학적 사유의 성과들이 있다. 그래서 보다 구체적으로 말한다면, 형이상학은 현실성에서 출발해 다양한 과학들의 성과를 점검하면서 실재로 나아가 그 실재에 대한 존재론적 가설을 확립한 후 다시 다른 분야들과의 교통을 거치면서 현실성으로 돌아온다. 그리고 이 왕복운동을 통해 얻어낸 '세계'에 대한 새로운 그림은 윤리, 정치, 종교, 예술 등 삶의 여러 분야들에 철학적 기초를 제공한다. 철학의 역사는 수많은 사유의 갈래들을 산출해왔지만, 그 척추를 이루는 것은 역시 위대한 형이상학적 체계들이다.

형이상학/존재론의 사유는 어떤 문제의식과 개념적 구도 그리고 철학 전통에 입각해 이루어지는가에 따라 그 형태를 달리한다. 여기에서는 20세기 후반에 이루어진 가장 중요한 존재론적 혁신, 적어도 혁신들 중 하나인 양상론에 초점을 맞추어 논하고자 한다. 이하에서는 들뢰즈의 잠재성의 철학과 양상논리학의 발달에 의해 촉발된 가능세계론을 집중적으로 다룰 것이다.

1절 현실성과 잠재성

들뢰즈는 걸작으로 꼽히는 그의 『차이와 반복』(1968)에서 잠재성의 존재론을 전개했다. 이 저작은 여러 의미 있는 주제들을 다루고 있으나, 여기에서는 '잠재성의 현실화'에만 초점을 맞출 것이다.[1] 그러나 이 주제에 한정해 보는 한에서도, 우리는 거기에서 다양한 테마-갈래들에 마주치게 된다. 때문에 우리의 논의를 다시 두 가지 측면, 생명과학적 맥락과 수학적 맥락에 상관적인 논의들에만 배타적으로 집중할 것이다.

§1. 잠재성의 탐구: '이념'과 '문제'

들뢰즈의 잠재성 이론은 맥락에 따라, 보는 각도에 따라 여러 얼굴로 나타나거니와, 우선 칸트의 이념과의 관련하에서 논할 수 있다. 칸트에게서 오성과 사변이성이 날카롭게 대립하기만 하는 것은 아니다. 이념의 차원은 우선은 주로 도덕철학의 기초로서 제시되지만("도덕적 완전성을 향하는 모든 접근에는 그 근저에 이념이 놓여 있다."), 오성의 한계를 넘어서는 인식 가능성의 차원으로서도 제시되기 때문이다. 물론 칸트에게서 오성의 한계를 넘어선 인식의 추구는 '선험적 가상'을 만들어낸다. 이 가상(영혼, 우주, 신에 관한 세 가지 가상)에 대한 비판이 '순수이성 비판'이다. 그러나 칸트는 이념적 차

---

1) 들뢰즈의 사건의 철학을 다루면서 정적 발생을 언급했다. 정적 발생은 사건들의 장소인 형이상학적 표면을 탐사한다. 동적 발생은 표면에서의 발생이 아니라 심층에서 표면으로의 발생을 다룬다. 『의미의 논리』에서는 이를 정신분석학에 근거해 다루고 있거니와, 이는 곧 『차이와 반복』에서의 '심층 → 표층'의 논의를 『의미의 논리』의 맥락에 맞추어 새로이 논한 것이다. 지금 다루는 잠재성의 철학이 곧 동적 발생의 일반적 구도에 해당한다고 볼 수 있다.

원을 적극적으로 사유할 수 있는 길 또한 열어주었다. 우리는 그 실마리를 "사변이성이 오성에 관계하는 것은 오성에 어떤 일정한 통일성을 부여하기 위한 것"(B359)이라는 말에서 찾을 수 있다. 이것은 사변이성의 의미 있는 사용 즉 '규제적' 사용이다. 들뢰즈의 이념은 칸트의 이념에서 출발하지만, 그의 주체 중심적 인식론에서 플라톤의 객체 중심적 존재론으로 향한다. 그것은 플라톤의 'hypothesis' 개념(『국가』, 511b)에 근접한다. 이는 곧 현실성 일반을 가능케 하는 잠재성 일반이다. 그러나 **구도상** 플라톤의 이데아에 근접하는 들뢰즈의 이념은 **내용상** 그것과는 다른, 아니 정확히 대조되는 개념이다. 그것은 영원부동의 실재가 아니라 차이생성의 장이다. 다만 이 장은 생성의 장이면서도 일정한 논리를 내포하는 장이다. 그것은 구조이지만 어디까지나 차이생성의 구조이고, 차이생성이지만 어디까지나 일정한 구조를 동반하는 생성이다. 편리하게 말해서, 들뢰즈의 이념은 플라톤의 이데아와 베르그송의 지속을 지양하고 있다.

이념으로서의 잠재성의 차원은 '문제적'이다. 이념을 규제적으로 사용한다는 것은 곧 문제 구축을 위해 사용한다는 것을 뜻한다. 칸트에게 이성의 사용은 대상에 근거하는 것이 아니며 다만 "오성의 저장물을 경제적으로 처리하는 '주관적 법칙'일 뿐"이다.(B362) 그러나 이념 ─ 오성의 순수 개념인 범주들과 대조되는 사변이성의 순수 개념인 선험적 이념들 ─ 의 역할은 중요하다. 그것이 없다면 오성의 인식들은 여기저기 흩어져 있는 파편들로 그칠 것이기 때문이다. 이념의 작동을 통해서 이 인식들은 비로소 어떤 문제의 '해(解)'들로서 자리를 잡게 된다. 이것은 달리 말해 그러한 인식들이 그것들을 해들로서 포괄하는 어떤 문제의 틀로 통합됨을 뜻한다. 사변이성의 이러한 사용은 "내재적" 사용이며, 이를 통해 오성의 흩어진 성과들이 "허초점으로서의 이념"(B672)에 비추어 정돈된다. 현대식으로 표현해 '내삽'된다. 칸트의 이런 생각은 오늘날의 맥락에서는 제반 과학들과 형이상학의 관계에 해당한다. 이 허초점＝이념은 경험의 한계 바깥에 있는 것이지만, 그것의 도움을 받아 오성은 통일과 확장을 꾀할 수 있다. 이럴 때 오성의 성과들은 비로소 어떤 근본적인 문제(들)의 해들로서 재조명될 수 있다. 문제 구축을 위해 이념을 사유한다는 것은 이런 뜻이다.

들뢰즈에게 '문제'는 사변이성의 규제적 사용이라는 인식론적 맥락을 넘어, 그러한 사용을 통해 밝혀낸 존재론적 심층이라는 의미로 전환된다. "'문제-장/문제적인 것(le problématique)'은 주체적 행위들의 특히 중요한 한 종류를 뜻할 뿐만 아니라 이 행위들이 겨냥하는 객체성 자체의 한 차원을 뜻하기도 한다"(DR, 219)[2]라는 말은 이 존재론적 전환의 선언과도 같은 구절이다. 이념들은 현실을 낳는 잠재성의 차원이다. 잠재성의 차원이 '문제'의 차원인 것은 이런 의미에서이다. 난(卵)의 개념이 이 점을 잘 보여준다. 난의 잠재성은 그것이 온축하고 있는 문제이다. 난에서 배아로, 배아에서 유아로의 현실화는 그 문제의 해들이 도출되는 과정이다. 그러나 해가 도출되었다고 해서 문제가 사라지지는 않는다. 잠재성이 사라진다면 세계에 더 이상 새로운 변화는 도래하지 않을 것이다. 잠재성은 미리 결정되어 쟁여져 있다가 하나씩 현실화되는 프로그램이 아니다. 그것은 현실의 생성을 가능케 하는 생명 그 자체이다. 그래서 들뢰즈에게 주어진 문제를 푸는 것은 의미가 없다. 그 문제는 이미 현실화된 문제이기 때문이다. 들뢰즈가 찾는 문제는 현실을 낳으면서 계속 작동하는 운동성(이자 동시에 어떤 구조)이다. 들뢰즈에게 문제-장의 발견, 선험적 지평으로서의 물음의 발견이 중요한 것은 이런 맥락에서다.[3] 그것은 문제를 푸는 것도 또 제기하는 것도 아

---

2) DR=Deleuze, *Différence et répétition*, PUF, 1968.

3) 문제-장으로의 진입은 '상-식(sens commun)'이나 '양-식(bon sens)'을 통해서 즉 'doxa'를 통해서가 아니라 '역-식(para-sens)'을 통해서 가능하다. 문제-장으로의 진입은 근대적 사유들을 지배했던 반-형이상학을 넘어 이념의 차원으로 육박해 들어가는 존재론적 전회를 뜻한다. 따라서 여기에서 등장하는 물음들은 현실성에서의 해를 전제하는 상투적 물음이 아니라 현실을 가능케 하는 잠재성의 차원에서 제기되는 물음들(불합리, 수수께끼, 역설과 무의미 등을 내포하는 물음들)이다. "글쓰기란 무엇인가?", "느낀다는 것은 무엇인가?", "사유한다는 것은 무엇인가?"(DR, 252) 같은 물음들이 그것이다. 이러한 물음들을 통한 사유는 '제일 원리'를 찾아내는 사유들과는 판이하다. 불확실한 것에서 출발해 어떤 확고한 것들("플라톤의 일자-선, 데카르트적 코기토의 속이지 않는 신, 라이

니며 발견하는 것조차 아니다. 그것은 문제를 사는 것, "해 없는 문제를 사는 것"이다.[4]

§2. '질적 차생소'들과 동일성의 탄생

들뢰즈에게 개체, 성질, 사건, 보편자는 어떤 심층적인 생성의 결과물들이다. 서구의 전통 철학은 성질과 사건을 사물에 귀속시켰으며, 개체들과 보편자 사이의 관계를 화두로 삼았다. 들뢰즈에게서 존재론적 화두는 자리를 옮긴다. 그에게서 설명해야 할 것은 세계의 심층적인 생성과 그 결과/효과로서의 개체, 성질, 사건, 보편자의 관계이다. 현실성 또는 동일성을 중심으로 사유할 때 생성은 파괴와 연결된다. 생성한다는 것은 어떤 것이 와해되거나 최소한 그 동일성을 상실하는 것이다. 우리는 왜 그리스 철학자들이 질료 속에 떨어지지 않는 순수한 형상들을 애호했는지를, 왜 중세의 철학자들이 생성의 세계를 '타락'으로 받아들였는지를 이해할 수 있다. 반면

프니츠의 최선의 원리, 칸트의 정언명법, 헤겔의 '학'", DR 254)을 찾아가는 전통 철학의 이미지는 여기에서 전복된다. 역-식을 통해서 찾아가는 물음-문제 복합체에서 우리가 발견하는 것은 이와 판이한 세계이다.

4) **가능적인 것(상상적인 것)과 잠재적인 것**—"해 없는 문제를 사는 것"은 상상적인 것과 잠재적인 것의 구분과도 관련된다. 상상적인 것은 실재하지 않지만 실재할 경우(잠재적인 것은 '현실화'하지만, 가능적인 것은 '실재화'한다＝실현된다.) 존재할 규정성들이 이미 결정되어 있다. 하나의 인형을 세세히 상상한 후에 그것을 구현하는 경우라든가 하나의 건물을 세세히 상상한 후에 그것을 구현하는 경우들처럼. 이 경우 해들은 이미 정해져 있다. 라이프니츠의 가능세계들 역시 이런 성격을 띤다. 그러나 잠재적인 것은 이렇게 결정되어 있지 않다. 잠재적인 것은 오로지 **특이성**들과 **강도**들로만 되어 있으며, 그로부터 어떤 현실화가 도래할지는 결정되어 있지 않다. "가능한 것과 잠재적인 것은 (…) 전자는 개념에서의 동일성의 형식에 기반하는데 비해 후자는 순수 다양체를 지시한다는 사실에 의해 구분된다. (…) 이런 의미에서 현실화 즉 분화는 언제나 진정으로 어떤 창조(의 과정)이다.(DR, 273) 이 점에서 분화의 과정은 마치 위상기하학에 일정한 조건들이 주어지면서 점차 더 많은 규정성을 띤 기하학들(미분기하학, 사영기하학, 아핀기하학)이 탄생하고, 마침내 현실성의 기하학인 에우클레이데스 기하학이 성립하는 과정과 유비적이다.

차이생성을 중심으로 생각할 때 다름 아닌 생성이 바로 현실성 또는 동일성을 낳는 것으로 이해된다. 모든 동일성은 차이생성의 결과이다.[5] "동일성 없이 존재자도 없다"고 했던 콰인과는 대조적으로, 들뢰즈에게서는 "차이생성 없이 존재자도 없다"고 해야 할 것이다. 모든 x는 dx이다. 무엇인가를 '동일화'한다는 것은 단지 그것의 현실적인 동일성을 확인하는 것이 아니라, 어떤 **생성의 과정**을 통해서, 어떤 차이생성의 바탕 위에서 그것이 존립하고 있는가를 드러내는 것이다. 그래서 들뢰즈 존재론의 화두는 이것이다: 어떻게 생성으로부터 존재자들이 발생하는가? 영원한 존재들이 물질에 떨어져 '타락'하는 것이 아니라, 차이의 생성이 어떻게 (영원하지는 않지만 적어도 안정된) 존재자들을 낳는가?[6]

생성이 오로지 카오스일 뿐이라면, 그로부터 각종 동일성들이 나올 수 없다. 카오스에 어떤 복잡한 길들이 깃들어 있을 때 그러한 탄생이 가능하다. 그러나 그 길들을 기존의 의미에서의 형식/구조로 파악하는 순간 그것은 생성존재론이기를 그친다. 생성에서의 형상들이라는 사유는 이미 아리스토텔레스나 성리학 등에 의해 실험되었다. 중요한 것은 생성 속에 깃들어 있는 형상들이 아니라 생성을 통해서, 오로지 생성의 과정에서 태어나는 형상들을 찾는 것이다. 들뢰즈는 이 논리를 세 국면을 거쳐 이루어지는 과성으로서 정리한다.

1. **질적 차생소들**(différentiels qualitatives)**의 생성** ── 세 가지가 중요하다. 첫째, 들뢰즈에게 잠재성은 양적 차생소(差生素)들(예컨대 원자들)이 아니라

---

5) 1장의 결론 부분에서 지적했듯이, '존재에서 생성으로'의 존재론적 전환이 이루어진 후에 도래하는 문제는 이제 '생성에서 존재자들로'가 된다. 차이생성으로부터 동일성을 설명해내려는 들뢰즈의 사유는 바로 이런 시도의 전형이다.

6) 이 물음을 잘 음미해보면 그것이 앞에서 세르의 기식자를 논하면서 언급했던 구도와 상통한다는 점을 알 수 있다. 차이생성으로부터 동일자들의 탄생을 해명하는 이런 구도는 데리다 등 다른 여러 철학자들에게서도 발견되며, 현대 철학에서의 베르그송적 흐름이라고 할 수 있다.

질적 차생소들이다. dx, dy 등은 질적으로 상이한 차생소들이다.[7] 둘째, 들 뢰즈에게 차생소들은 어떤 고정된 실체가 아니다. 그것들은 어떤 x, y 등이 아니라 어디까지나 dx, dy 등이다.[8] 셋째, 특히 주의할 것으로, 아래의 3에서 분명해지겠지만, 그것은 임의의 어떤 층위에 있어 현실성에 대한 잠재성일 뿐이다. 궁극의 차생소들 같은 것은 없다. 들뢰즈가 철학은 시작('아르케')에서 시작하는 것도 아니고 끝('텔로스')에서 시작하는 것도 아니며, 항상 "중간에서(au milieu)" 시작한다고 한 것은 이런 의미에서이다. 아울러 해당 맥락에 상관적인 $d{\sim}$의 수가 그 맥락의 포텐셜을 형성한다.(따라서 들뢰즈의 포텐셜 개념은 질적 포텐셜이다)

2. 비율관계(rapports)에 의한 규정성들의 탄생 — dx, dy 등은 미규정성들이다. 차이생성하는 요소들이다. 그러나 이 차생소들의 관계 — A와 B의 관계(relation)가 아닌 dx, dy 사이의 비율관계 — 는 일정한 규정성을 낳는다. dx, dy, …는 미규정성들이지만, $\frac{dy}{dx}$ 는 일정한 규정성을 낳는다.[9] 해당 맥락에서, 이렇게 비율관계를 통한 규정성의 탄생이 일어나는 요처(要處)들이 '특이성'들이다. 들뢰즈의 존재론은 복잡계 과학과 많은 부분 상통한다.

---

7) 1권에서(4장, 3절, §2의 각주 18), 원자론의 근본적인 난점을 지적하면서 두 가지 대안, 즉 들뢰즈의 길과 복잡계 과학의 길을 언급했던 것을 상기하자.

8) 들뢰즈 존재론의 수학적 짝은 해석학이다. 그래서 차생소(차이생성소)는 수학적으로는 '미분소'들이다. dx, dy, …라는 기호는 들뢰즈 존재론을 상징하는 기호들이지만, 수학적 맥락에서는 문자 그대로의 수학적 기호들인 dx, dy, …이다. 그러나 미분소가 어디까지나 양적인, 등질화된 개념이라면, 차생소들은 각각이 질적으로 다른 것들을 뜻함을 잊으면 곤란하다. 앞에서도 언급했지만, 바디우의 존재론이 문자 그대로의 의미에서 수학에 근거하는 것이라면 들뢰즈에게서 수학은 그의 존재론을 구성하는 여러 분야들 중 하나일 뿐이다.

9) 이 과정은 사태를 반대의 방향으로 봄으로써 보다 분명해진다. 우리가 동일성을 갖추고 있다고 생각하는 A는 그 아래의 질적 차생소들의 비율관계를 통해 형성된(형성되고 있는) 것이다. 배고픔은 하나의 동일성이 아니라 d(단백질), d(지방), d(탄수화물), …의 비율관계의 결과이며, 그 자체 d(어지러움), d(떨림), d(식은땀이 남), …과 더불어 그 상위의 동일성(몸의 특정한 상태)을 형성하는 것이다. 이는 무한한 누층적 과정이고, 또 상태만이 아니라 개체, 보편자 등 다른 존재단위들에 관련해서도 똑같이 말할 수 있다. 들뢰즈에게 모든 x는 dx이고, 이상과 같은 과정은 세계를 주재하는 근본 존재론이다.

『차이와 반복』에는 이미 복잡계 과학의 기본 얼개가 그려져 있다.

3. 존재론적 층위들(ontological layers)**의 누층적 생성** ── 미규정성으로부터 규정성으로의 이행은 누층적으로 이루어진다. 극미에서 극대에 이르기까지 무한한 층위들 사이에서 이루어진다. 우리가 경험하는 현실성은 이 누층적 생성의 결과이지만, 이 현실성은 다시 상위 층위의 dx, dy, …인 것이다. 그러나 극미도 극대도 실체화되어서는 안 된다. "중간에서" 시작한다고 했던 것을 다시 한 번 음미해보자.

이렇게 차생소들과 (특이성들에 있어서의) 비율관계들로 이루어진 다양체＝이념을 사유하는 것이 들뢰즈 잠재성 철학의 기본 구도이다. 이념이란 "정의되어 있고 연속적인 n차원의 다양체"에 다름 아니다. 여기에서 정의되어 있는 차원이란 바로 차생소들의 수를, 연속성이란 이 차생소들 사이에서 성립하는 비율관계들의 전체 망을 가리킨다.[10] 한 대상의 잠재성을 파악한다는 것은 바로 이 이념＝다양체를 파악하는 것이다.

§3. 특이성과 강도

잠재성의 파아에서 특이성(/특이점) 개념과 강도 개념은 주요한 역할을 한다.[11] 앞에서 언급했듯이, 잠재성의 차원은 특이성들과 강도들의 차원

---

10) 수학적인 맥락에서 본다면, 이 다양체가 리만이 규정했던 '연속적 다양체'를 잇고 있음을 알 수 있다. 차생소들의 '이념적 연결들(liaisons idéales)'에 의해 연속적 다양체가 성립한다.

11) "잠재적인 것은 실재적인 것에 대립하는 것이 아니라 현실적인 것에 대립한다. 잠재적인 것은 그것이 잠재적인 한에서 충분히 실재적이다. (…) 잠재적인 것의 실재성은 차생소들과 비율관계들로 구성되어 있으며, 그와 나란히 그것들에 상응하는 특이점들로 구성되어 있다. 우리는 하나의 구조(다양체)를 형성하는 요소들(차생소들)과 관계들(비율관계들)에 현실성을 부여하는 우를 범해서는 안 된다. 역으로 그것들이 갖추고 있는 실재성을 박탈해버리는 우를 범해서도 안 된다."(DR, 269~270)

이다. 잠재성의 규명에서 특이성들의 존재 여부와 분포는 핵심적이다. 질적 차생소들이 있어도 그것들이 비율관계에 들어설 수 있는 특이성들이 존재하지 않는다면 창발은 일어나지 않는다. 그리고 창발의 구조를 결정하는 것은 특이성들의 수와 분포이다. 다소 단순화된 예로서, 난의 예에서 특이성들은 난이 계속 접혀가는 공간적-시간적 매듭들에 해당한다. 한 생명체(또는 종)의 "본질"이 있다면, 그것은 바로 그것의 잠재성이 내포하는 특이성들의 수와 분포라고 할 수 있다. 수학적 맥락에서, 난의 점진적인 분화는 대칭-파괴적 과정들의 복잡한 연쇄를 통해 이루어진다. 이는 곧 특이성들의 분포가 대칭-파괴적 과정을 통해서 다른 분포로 전환하는 과정을 뜻한다. 다시 말해, 질적 차생소들이 비율관계를 맺게 되는 매듭들의 분포 그리고 이런 과정의 누충성의 정도가 잠재성의 복잡성을 결정한다. 그리고 이 복잡성(과 강도)이 한 존재자의 '역능'을 형성한다고 할 수 있다. 수평적으로는 비율관계를 통해 새로운 질적 규정성들이 탄생하는 매듭들=특이성들의 분포, 그리고 수직적으로는 그런 탄생이 대칭-파괴적 과정을 통해 누충적으로 이루어지는 정도가 한 존재자의 잠재성의 크기인 것이다.

공간적으로 특이점들은 보통 점들의 연속성에 불연속성을 만들어내면서 분포한다. 이 불연속성은 끊어짐이 아니라 구부러짐이나 꺾어짐을 뜻한다. 하나의 특이점은 보통 점들을 통해 뻗어가다가 다른 특이점으로 이행한다. 보통 점들의 길이는 큰 의미를 가지지 않으며, 특이성들의 존재 여부와 분포가 핵심적이다. 이 점에서 특이성들의 장은 위상학적 장이다. 때문에 이 분포는 애매하지만(상호 거리가 명료하지 않으므로) 분명하다(분포는 명확하므로). 그래서 들뢰즈는 이 분포가 "비-정확하지만(anexact) 엄밀한" 것이라고 말한다. 이런 특이점들의 분포가 해당 대상의 성격을 규정하게 된다.[12] 푸

---

12) 특히 특이성들이 어떤 계열을 형성하느냐가 핵심적이다. 수학적인 맥락에서는 특이성들을 급수들로 전개하는 것이 중요하며, 들뢰즈는 이를 '특이성들의 응축'이라고 표현한다. 그리고 물론 급수들에서 가장 중요한 것은 수렴과 발산이다.

앵카레에 관련해 언급했던 네 종류 특이점들의 분포(매듭, 고개, 초점, 중심)도 예가 될 수 있다. 아울러 시간에 따른 특이점들의 분포에서의 변환이 중요하다. 이 맥락에서 특이점이란 곧 사건의 성격을 띤다. 이는 앞에서 논했던 표면에서의 사건이 아니라, 심층에서의 사건을 뜻한다. 누층성의 크기가 크다는 것은 곧 한 존재자의 잠재성에서 일어나는 사건들의 주름이 그만큼 더 많다는 것을 뜻한다. 이 지점에서, 앞에서 언급한 '역능', '포텐셜'의 뉘앙스를 재음미할 수 있다. 이렇게 한 존재자의 잠재성은 특이성들의 수평적-수직적 분포를 통해 특성화된다. 그리고 이 잠재성＝이념이 해당 존재자의 '본질' 개념을 대체한다.[13]

그런데 이런 누층적 전환의 과정은 특이성들에서의 전환이기도 하지만, 동시에 강도에서의 전환이기도 하다. 들뢰즈에게서 '강도적인 것'은 한편으로는 '외연도적인 것'과 구분되며, 다른 한편으로는 '질적인 것'과 구분된다. 강도적인 것과 외연도적인 것의 구분은 칸트 이래 일반화되어 있다. 외연도적인 것은 부분들을 더하거나 잘라도 오로지 그 외연에서만 달라진다. 두부를 두 개 붙이거나 반으로 자를 경우, 오로지 외연도(부피)에 있어서만 두 배 또는 절반이 된다. 이런 성격이 가장 분명하게 성립하는 것이 기하학에서이며, 물리과학이 사물들을 등질화해 기하학으로 포착하려는 것은 바로 외연도의 이런 성격에 기반한다. 반면 앞에서 이미 예를 든 바 있지만, 압력, 온도, 밀도 등에서 볼 수 있는 강도적인 것은 이런 외연도적인 성격을 벗어난다. 색이나 질감 등은 분할 자체가 불가능하다. 외연도적인 것

---

13) 이렇게 볼 때, 들뢰즈가 왜 한 존재자의 가능성의 장을 다양체 ── **잠재적 다양체** ── 로 파악하는지가 분명해진다. 들뢰즈의 다양체는 리만의 기하학적 다양체, 베르그송의 '질적 다양체'를 이어받아 형성된 개념이지만, 이들과는 구별되는 잠재적 성격을 띤다. 여기에서 '잠재적'이라는 수식어는 특이성만이 아니라 강도도 함의한다. 기하학적 다양체는 특이성들만을 개념화하고 있지만, 질적 다양체는 질적/본성적 차이들에 대한 개념화를 포함한다. 그리고 들뢰즈의 잠재적 다양체는 여기에 '강도' 개념을 핵심적인 것으로서 포함한다. 이후 이 개념은 가타리와의 만남을 통해 탄생한 『천의 고원』에서 '매끄러운 공간' 개념으로 전환된다.

과 강도적인 것은 서로 다른 존재론을 함축한다. 중요한 것은 강도적인 것과 외연도적인 것이 대립관계를 형성하는 것이 아니라는 점이다. 양자는 수평적 대립의 관계가 아니라, 수직적인 발생의 관계를 맺는다. 다시 말해, 강도적인 것이 그 강도를 차례로 잃어버리면서 귀착하는 것이 곧 외연도적인 것이다. 들뢰즈 사유의 핵심은 바로 강도적인 것으로부터 외연도적인 것으로의 분화 과정이다.[14]

중요한 것은 들뢰즈가 강도적인 것을 외연도적인 것으로부터만이 아니라 질적인 것으로부터도 구분한다는 점이다. 베르그송은 강도를 양을 가장한 질, 억지스럽게 양화된 '사생아적 개념'으로 비판했다.(E, I) 그러나 들뢰즈에게 강도는 본질적인 개념이다. 앞에서 들뢰즈의 잠재성 = 이념을 "구

---

14) **데데킨트와 러셀/바디우 그리고 들뢰즈** — 앞 절에서 러셀의 사유가 강고하게 외연적인 사유임을 보았다. 반면 외연적인 것은 분화의 결과일 뿐이며 중요한 것은 그 아래의 강도적인 것이라고 생각하는 들뢰즈의 관점에서 보면, 외연적인 사유의 "명료함"은 피상적인 것에 불과하다. 강도적인 것은 분화의 끝에서 외연도적인 것을 만들어내고 그 자신은 그 아래로 숨어버리기 때문에, 사람들은 그렇게 결과로서 나타난 외연도적인 것에만 주목하는 것이다. 이 점은 '데데킨트 절단'에 대한 해석에서의 차이에서도 잘 드러난다. 러셀은 무리수 절단을 거부하고 무리수들이란 절단에 의해 산출되는 유리수들의 집합들 중 하나인 것으로 처리함으로써, 어디까지나 집합이라는 외연적 개념으로써 다룬다.(Russell, *Principles of Mathematics*, Routledge, 1903/2010, §265 ff.) 반면 들뢰즈는 이를 강도적인 비-수적 연속체들로부터 수적 양의 탄생을 표현하는 것으로서 읽어낸다.(DR, 222~224) 펼쳐진 것들에 주목하는 철학과 그 아래에 접혀 있는 것들에 주목하는 철학은 사뭇 다르다.

외연적 사유에 대한 이런 비판은 들뢰즈와 바디우의 대립에 관련해서도 중요하다. 어디까지나 현시된 차원에 대한 집합론적 사유에 근간을 두는 바디우는 들뢰즈가 현실성을 잠재성에 예속시킨다고 비판한다. 그리고 그는 잠재성을 일자로 해석함으로써, 들뢰즈가 순수 다자의 차원을 (그가 거부하는) 일자로 보았다고 비판한다. 특히 그는 들뢰즈가 현실성을 잠재성의 효과 정도로 격하함으로써, 주체를 사유할 수 있는 가능성을 막아버렸다고 본 것이다.(바디우, 박정태 옮김, 『들뢰즈, 존재의 함성』, 이학사, 106~127쪽 및 172~198쪽) 반면 들뢰즈가 볼 때 집합론적 여럿은 외연도적인 차원에서 성립하는 외연이며, 이는 곧 그 아래에서 일어나고 있는 본질적인 과정 즉 강도적인 것의 생성을 송두리째 잘라내버린 것에 불과하다. 들뢰즈(와 가타리)가 바디우의 철학에 대해 "공허한 초월성 안에서 떠다니게" 만든다고 비판한 것은 이 때문이다.(Deleuze et Guattari, *Qu'est-ce que la philosophie?*, Éd. de Minuit, 1991, pp. 143~144)

조이지만 어디까지나 차이생성의 구조이고, 차이생성이지만 어디까지나 일정한 구조를 동반하는 생성"이라고 했거니와, 구조의 측면을 담당하는 것이 특이성이라면 생성의 측면을 담당하는 것은 강도이기 때문이다. 강도는 때로 한 사물의 '역능/잠재력(puissance)'과 동일시된다. 질적인 것은 현실의 질들 사이에 본성상의 차이(A와 B의 차이)가 나타나도록 만드는 것이다. 그러나 강도적인 것은 차이들'의 생성'을 주재하는 힘이다. 강도적 차이들(différences intensives) — 차이들의 차이들의 차이들…인 강도적 차이생성 — 이 앞에서 논했던 누층적인 현실화를 가능케 하는 힘인 것이다. 다시 말해 이 강도적 차이들이 현실화 과정을 주재한다. 예컨대 소금 결정체는 내적인 강도적 차이들이 최소화되는 과정을 통해서 형성된다. 외적 차이들은 다양성을 낳는다. 반면 내적 차이들은 현실화의 과정을 이끌어간다.

> 차이는 잡다가 아니다. 잡다는 주어진 것이다. 그러나 차이[15]는 그 주어진 것이 주어질 수 있도록 하는 것이다. 주어진 것이 잡다로서 주어질 수 있도록 하는 것이다. 차이는 현상이 아니라 현상의 가장 근접한 본체이다. (…) 모든 현상은 그것을 조건짓는 비등가성에 기반한다. 모든 다양성은, 모든 변화는 그것들의 충족이유인 차이에 기반한다. 소멸하고 탄생하는 모든 것은 차이의 질서들(준위의 차이, 온도, 압력, 장력, 포텐셜의 차이, 요컨대 강도의 차이)에 상관적이다. (…) '강도의 차이'라는 표현은 동어반복이다. 강도는 감각적인 것의 이유인 차이의 형식이다. 모든 강도는 차이생성적이며, 차이 자체이다. 우리는 무한한 울림을 형성하는, 무한히 배가되는 차이의 이 상태를 [무한히 누층적인] 누차성(累差性, disparité)이라 부른다. 누차성 즉 차이 또는 강도(강도차)는 현상의 충족이유율이며, 나타나는 것의 조건이다.(DR, 286~287)

---

15) 들뢰즈가 '차이'라고 하는 것은 많은 경우 '차이생성'을 뜻한다. 차이들은 차이생성의 최종적인 결과로서 우리에게 나타난 'relation'들이지만, 차이생성은 그러한 과정에서 작동하는 'rapports'의 생성 과정이다.

칸트에게서 감성의 아프리오리한 형식은 공간과 시간이다. 들뢰즈에게서 감각적인 것의 이유, 나타나는 것의 조건은 비-등가적인 것(l'Inégal) 자체, 강도의 차이에, 차이로서의 강도에 포함되어 있고 규정되어 있는 무한히 접혀 있는 누차화(累差化, disparition)이다. 동일성으로부터 차이들이 생성해 나오는 것이 아니라, 차이생성의 과정의 끝에서 동일성들이 성립한다는 점을 여기에서 재음미해볼 수 있다.

들뢰즈의 이런 사유 구도는 기학의 구도와 상당히 가깝다. 이는 곧 '氣化'의 현실화된 존재들로서 '物'들을 논의하는 구도이다. 여기에서도 '物'로서 개별화된 존재들 내부에 여전히 '氣'가 생성하기를 멈추지 않고 있다는 점이 음미되어야 한다. 이런 맥락에서 혜강 최한기의 사유를 들뢰즈의 그것과 비교해보는 것은 흥미로운 작업일 것이다.

들뢰즈의 잠재성의 철학은 생성존재론을 바탕에 깔고 있으면서도 그로부터 어떻게 질서가 창출되는지를 설명한다. 이 점에서 그의 철학은 앞에서 언급한 '생성의 결들'이라는 표현에 구체적인 내용을 부여한 사유라 할 수 있다. 들뢰즈의 사유는 생성과 질서를 단순 대립시키는 것을 넘어 생성의 결들을 포착할 수 있는 논리를 제공했고, 이 점에서 그의 사유는 생성존재론과 현대적 합리성을 지양한, 현대 철학의 한 정점을 이루었다.

2절 현실세계와 가능세계

프레게, 러셀 이후 전개된 분석철학은 항상 논리학(과 언어철학)에서 이루어진 혁신을 토대로 사유의 새로운 경지를 열어가곤 했다. 20세기 후반에 펼쳐진 분석적 형이상학의 대표적인 흐름인 가능세계론(이하 '가능세계 형이상학'이라 칭함) 역시 논리학에서의 혁명, 즉 양상논리학의 출현을 통해 촉발되었다. 양상논리학은 현실성, 가능성, 필연성에 대한 형식언어의 개발을 통해서 성립했고, 이 언어에 의미론적 해석이 부여되면서 가능세계론이 활성화되었다. 라이프니츠적 사유의 새로운 시대가 열린 것이다. 가능세계 형이상학은 다양한 형이상학적 문제들에 대한 새로운 방식의 접근을 가능케 했다.

들뢰즈의 형이상학이 여러 과학적 성과들을 종합해가면서 '실재'를 탐구하는 고전적인 형태의 형이상학이라면, 가능세계 형이상학은 보다 자유분방한 형이상학적 상상력을 발휘하면서 논의를 전개한다. 들뢰즈의 관점에서 본다면, 이런 가능세계론은 '상상적인' 것이지 '실재적인' 것이 아니다. 들뢰즈의 잠재성은 "현실적이지는 않지만 실재적인" 차원인 데 비해, 가능세계 형이상학에서의 '가능성'은 상상적인 차원을 포함하기 때문이다.[16] 그러나 현대 가능세계론은 양상논리학을 토대로 전개된다는 점에서, 말하

---

16) 레셔는 가능세계의 마음-의존적 성격을 논하면서, "가능성들은 가능성의 개념화 자체의 본질적 취지가 마음을-포함하기 때문에 마음-의존적이다. 실재하면서 '객관적인' 세계 어딘가에 있는(lying about) 실현되지 않은 가능성들 같은 것은 단적으로 있을 수 없다. 비실재적 가능성들은 오로지 사유될 수 있고, 가정될 수 있고, ... 수 있는 것들일 뿐이다"라고 말하고 있거니와(Nicholas Rescher, "The Ontology of the Possible", *Logic and Ontology*, N. Y. Univ. Press, 1973, p. 217), 이런 서술은 들뢰즈와 가능세계론자들 사이의 차이를 잘 보여준다. 들뢰즈에게 이런 마음-의존적인 존재들은 상상적인 것들이며, 그의 탐구는 어디까지나 "현실적이지는 않지만 실재적인" 차원에 두어지기 때문이다. 레셔와 같은 식으로 생각할 경우, 현실성과 순수 가능성들 사이의 잠재성의 영역을 놓치게 된다. 우리는 현실성, 잠재성, 그리고 순수 가능성을 구분해야 한다.

자면 '상상적이지만 엄밀한' 사유라 할 수 있을 것이다. 형이상학적 상상력의 나래를 펴면서도 논리학적 엄밀성을 겸비하고 있다는 점에 가능세계 형이상학의 매력이 있다 하겠다.

§1. 양상논리학의 탄생

양상논리학은 C. I. 루이스, 카르납 등의 선구적인 작업도 있었지만, 20세기 후반에 본격적으로 흥륭하기에 이른다. 양상논리학의 체계는 하나가 아니라 여러 상이한 체계들로서 등장했다. 4개의 대표적인 체계가 등장했고, 그중 가장 기초적인 체계는 M-체계라 불린다. 이 체계는 기존의 명제논리학에 다음 두 양상논리학의 공식을 부가한다.

(1) $\Box(p \to q) \to (\Box p \to \Box q)$
(2) $\Box p \to p$[17]

이 M-체계는 다음과 같은 양상론적 명제들을 기초로 한다.[18]

1. 한 명제가 참이면, 그 명제는 가능적으로 참이다. $p \to \Diamond p$.
2. 한 명제가 필연적으로 참이면, 그 명제는 참이다. $\Box p \to p$.
3. 명제논리학과 술어논리학에서의 모든 논리적 참들(logical truths)은 필

---

17) $\Box p$는 "필연적으로 p이다" 또는 "p임은 필연적이다"로 읽을 수 있다. $\Diamond p$는 "가능적으로 p이다" 또는 "p임은 가능적이다/가능하다"로 읽을 수 있다. 여기에서는 다루지 않지만, $\triangledown p$는 "우연적으로 p이다" 또는 "p임은 우연적이다"로 읽을 수 있다. $\triangledown p \equiv \Diamond p \wedge \Diamond {\sim}p$로 또는 $\triangledown p \equiv \Diamond p \wedge {\sim}\Box p$로 정의된다.
  (1)은 다음과 같이 읽을 수 있다: 필연적으로 'p이면 q이다'라면, '필연적으로 p'이면 '필연적으로 q이다'. (2)는 다음과 같다: 필연적으로 p이면, 현실적으로 p이다.
18) 손병홍,『가능세계의 철학』, 소피아, 2004, 142쪽.

연적으로 참이다.

4. 필연적으로 참인 명제들이 엄밀하게 함축하는(strictly imply) 명제들은
또한 필연적으로 참이다.

브라우어르(1881~1966)에 의해 완성된 B-체계는 M-체계에 (3)을 부가
한다.

(3) p → □ ◇ p

이 브라우어르 체계는 M-체계의 네 기초에 다음 기초가 부가된 것이다:
한 양상명제가 참이면, 그 명제는 가능적으로 참일 뿐만 아니라 필연적으
로 가능적으로 참이다.

또 하나의 체계인 S-4는 (3) 대신 다음을 부가한다.

(4) □p → □ □p

이 S-4 체계는 M-체계의 네 기초에 다음 기초가 부가된 것이다: 한 양상
명제가 필연적으로 참이면, 그 명제는 또한 필연적으로 필연적으로 참이다.

마지막으로 S-5는 M-체계에 (3), (4)를 포함하며, 부가적으로 나음 공
식을 포함한다.

(5) ◇p → □ ◇p

이 S-5 체계는 앞의 모든 기초에 다음 기초가 부가된 것이다: 한 양상명
제 p가 참이면, 그 명제는 우연적으로 참이 아니라 필연적으로 참이다. 현
재는 S-5 체계가 표준으로 사용되고 있다.

이런 여러 양상논리학 체계가 전개되었지만, 많은 사람들이 이 논리학

에 의구심을 가졌다. 그 이유는 기본적으로 다음 두 가지이다. 이 체계들 사이의 관계가 무엇인지가 해명되지 않는다면 체계들의 단순한 병치 이상의 발전은 불가능할 것이다. 그리고 양상논리학의 통사론이 정비된다 해도 그 의미론이 수립되지 않는다면, 이 모두가 도대체 무엇을 뜻하는 것일까? 이 두 문제가 상당 수준으로 해결됨으로써 양상논리학은 본 궤도에 오르게 된다.

가장 기본적인 것은 □와 ◇의 의미를 확정하는 일이다. 고전에 길이 있다. 라이프니츠는 이미 이 의미를 분명히 한 바 있다. "필연적으로 p이다"는 곧 "p는 모든 가능세계에서 참이다"를 뜻한다. "가능적으로 p이다"는 곧 "p는 최소한 하나의 가능세계에서 참이다"를 뜻한다. □P는 ∀wPw를 ◇P는 ∃wPw를 뜻하는 것이다. 이 점이 분명하게 되면서 양상논리학은 탄력을 받게 된다.

이 체계들 사이의 관계가 도대체 무엇인지를 명료화하는 일은 크립키, 야코 힌티카(1929~2015)를 비롯한 여러 학자들의 노력에 의해 진전을 이룬다. 크립키는 M-체계의 의미론을 제공하기 위해, "M-모델 구조"를 (G, K, R)로 정의한다.[19] 여기에서 K는 모든 가능세계들의 집합을, G는 우리가 살고 있는 현실세계를, 그리고 R은 '상대적 가능성' — 보다 일반화된 용어로는 '접근 가능성(accessibility)' — 을 뜻한다. 한 가능세계 W_1은 그것에서 발견되는 모든 상황들이 W_2에서도 가능하다면 W_2에 접근 가능하다. 가능세계들 사이의 이 접근 가능성 개념을 기초로 그것들 사이의 관계가 해명되어갔다. 그 과정에서 반사관계, 대칭관계, 이행관계의 개념이 중요한 역할을 맡게 된다.

체계 M에서의 타당성(validity)을 정의함에 있어, 접근 가능성은 재귀적이어야 한다. 즉, 이 체계에서 모든 가능세계들은 스스로에게 접근 가능해야

19) Saul Kripke, "Semantical Considerations on Modal Logic", *Reference and Modality*, ed. by
L. Linsky, Oxford Univ. Press, 1971, pp. 63~72.

한다. (2)가, 즉 □p → p가 성립하지 않는 경우는 그것이 재귀적이지 않을 때뿐이다. 이는 w_1Rw_1의 관계이다. 브라우어르 체계의 경우, 반사관계만이 아니라 대칭관계가 성립해야 한다. (3)이 즉 p → □◇p이 성립하려면 두 세계가 상호적으로 도달 가능해야 하기 때문이다. 즉, w_1Rw_2 → w_2Rw_1의 관계이다. S-4의 경우, 반사관계만이 아니라 이행관계가 성립해야 한다. (4)가 즉 □p → □□p가 성립하려면 이행관계가 성립해야 하기 때문이다. 이는 $w_1Rw_2 \wedge w_2Rw_3$ → w_1Rw_3의 관계이다. 그리고 물론 S-5에서는 이 모두가 동시에 성립해야 한다.

위에서 라이프니츠의 고전적인 정식을 언급했거니와, 크립키는 M-체계에서, 각각의 원자적 공식에는 각 세계에서의 진릿값이 부여된다고 간주했다. 달리 말해, 하나의 모델은 M에서의 원자적 문장들과 다양한 가능세계들로부터 진릿값들로의 함수인 것이다. 프레게 이래의 사유 유산이 여기에 생생히 살아 있음을 확인할 수 있다. 이렇게 정의할 때 우리는 어떤 가능세계에서든 어떤 비-원자적 문장의 경우이든 그 진릿값을 결정할 수 있다. 필요한 규칙들을 정립해서 체계에 정합성을 부여하면 될 것이다. 크립키는 다음을 기초적인 규칙들을 제시했다.

(a) W에서 ~A는 A가 W에서 거짓일 때 그리고 오직 그때에만 참이다.

(b) W에서 (A∨B)는 A가 W에서 참이거나 B가 W에서 참일 때 그리고 오직 그때에만 참이다.

(c) W에서 ◇A는 적어도 하나의 가능세계 W′가 존재하고, W′가 W에 접근 가능하며 A가 W′에서 참일 때 그리고 오직 그때에만 참이다.

(d) W에서 □A는 W에 접근 가능한 모든 세계 W′에서 A가 참일 때 그리고 오직 그때에만 참이다.[20]

---

20) 힌티카는 크립키와 다소 다른 방식으로 규칙들을 제시했다. Jaakko Hintikka, "The Modes of Modality", *The Possible and the Actual*, Cornell Univ. Press, 1979, pp. 65~79.

6장 현실성, 잠재성, 가능성 | 317

(a)와 (b)는 진리함수 연결사들의 기초를 형성한다. 그리고 (c)와 (d)는 앞에서 언급했던, 필연과 가능에 대한 라이프니츠적 개념화(진릿값에 의한 개념화)를 '접근 가능성' 개념을 써서 새롭게 정식화한 것이다.

아울러 명제, 성질, 관계, 본질 같은 기성 개념들도 가능세계론의 맥락에서 새롭게 이해할 수 있게 되었다. 그 기본은 명제 p를 p가 참인 가능세계들의 집합으로 보는 것이다. 그래서 "카이사르는 루비콘 강을 건넜다"라는 명제는 카이사르가 루비콘 강을 건넌 모든 가능세계들의 집합으로 이해될 수 있다. 또, 성질 F는 F인 개체들의 집합이다. '붉다'라는 성질은 곧 붉은 개체들(을 포함하는 가능세계들)의 집합으로 이해될 수 있다. 이렇게 정의할 경우 '페가소스'는 공집합($\emptyset$)이 된다. 그리고 관계 R은 관계 R을 가지는 개체 쌍(을 포함하는 가능세계들)의 집합이다. 여기에서 쌍은 순서쌍이다. "아폴론은 파에톤의 아버지이다"($\langle a, p \rangle$)와 "파에톤은 아폴론의 아버지이다"($\langle p, a \rangle$)는 전혀 다른 명제이기 때문이다. 이렇게 기초적인 개념들이 가능세계론의 맥락에서 재정의됨으로써 가능세계론은 탄탄한 기초를 가지게 된다.

본질 개념의 재개념화는 '데 딕토(de dicto) 양상'과 '데 레(de re) 양상'(명제양상과 사물양상)의 구분과 관련된다. 데 딕토 양상이 "필연적으로, 인간은 언어를 사용한다"의 형식을 띤다면, 데 레 양상은 "인간은 필연적으로 언어를 사용한다"의 형식을 띤다. 전자가 "필연적으로, 모든 인간에게 있어, 인간은 언어를 사용한다"($\Box (\forall x) Fx$)의 뜻이라면, 후자는 "모든 인간에게 있어, 필연적으로 인간은 언어를 사용한다"($\forall x \Box Fx$)를 뜻한다. 후자의 경우, x가 필연적으로 F의 성질을 가지므로 F는 x의 본질이다. 다시 말해, x는 모든 가능세계들에서 속성 F를 가진다.(뒤에서 논하겠지만, 이 데 레 양상에서는 모든 가능세계들에 동일한 개체 x가 존재한다는 것이 전제되어 있고, 그래서 이 양상은 '통-세계적 동일성'의 문제를 야기한다.)[21] 데 딕토와 데 레의 구분은 일

---

21) 데 딕토 양상을 확인하기 위해서는 모든 가능세계들을 확인해봐야 하지만, 데 레 양상을 확인하기 위해서는 그럴 필요가 없다. "필연적으로, 2+2=4이다"는 모든 가능세계

상어가 자칫 불러일으킬 수 있는 혼동을 명료화하는 데에 도움을 준다. 일상어에서는 "필연적으로, p이면 p이다"(□(p → p))와 "p이면 필연적으로 p이다"(p → □p)가 구분되지 않지만, 엄밀히는 전자와 후자가 데 딕토와 데 레로서 구분되는 것이다.

그리고 반-사실적 조건문 역시 새로운 해석이 가능하다. 반-사실적 조건문은 "만일 P라면, …"의 형태를 취하고 있기 때문에, $\forall wPw$, $\exists wPw$에서처럼 모든 세계를 값으로서 취하는 것이 아니라 p가 성립하는 세계들만을 값으로 취한다. 이는 강한 형태인 "P라면 Q일 것이다"와 약한 형태인 "P라면 Q일지 모른다"로 구분된다. "브루투스가 필리피에서 승리했다면, 그는 로마로 돌아왔을 것이다(would)"가 전자의 예라면, "카이사르가 살해당하지 않았다면, 로마는 제정이 되었을지도 모른다(might)"가 후자의 예이다. 물론 여기에는 "다른 조건들에 큰 변화가 없다면"이라는 암묵적인 전제가 깔린다. 전자 $P \square \rightarrow Q$는 P가 성립하는 가능세계들 중 현실세계와 가장 유사한 세계들을 취하면(다른 조건들에 큰 변화가 없다면) 그 세계들에서는 Q가 성립함을 뜻하며, 후자 $P \diamond \rightarrow Q$는 P가 성립하는 가능세계들 중 현실세계와 가장 유사한 세계들을 취하면 그 세계들 중 적어도 하나에서는 Q가 성립함을 뜻한다. 이때 양자 사이에는 다음 관계가 성립한다. $P \square \rightarrow Q \equiv \sim (P \diamond \rightarrow \sim Q)$, $P \diamond \rightarrow Q \equiv \sim (P \square \rightarrow \sim Q)$.

§2. 양상논리학의 체계

양상논리학과 가능세계론의 기초에 대해 살펴보았거니와, 이제 이렇게 정비된 양상논리학의 체계는 다음과 같은 양상명제들을 토대로 한다.[22]

에서 성립해야 하지만, "카이사르는 필연적으로 인간이다"는 카이사르가 존재하는 가능세계들에서만 성립하기 때문이다.

(1) $\Box p \equiv \sim \Diamond \sim p$

(2) $\Diamond p \equiv \sim \Box \sim p$

(3) $\sim \Box p \equiv \Diamond \sim p$

(4) $\sim \Diamond p \equiv \Box \sim p$

(5) $\Box p \to p$

(6) $p \to \Diamond p$

(7) $\sim p \to \sim \Box p$

(8) $\sim \Diamond p \to \sim p$

(1)과 (2)는 가장 기본적인 명제들로서, 상호 대칭적임에 주목할 수 있다. 각각 다음과 같이 읽을 수 있다. (1) p가 필연적임은 곧 not-p가 가능하지 않다는 것이다. (2) p가 가능하다는 것은 곧 not-p가 필연적인 것은 아니라는 것이다. 요컨대 $\Diamond$는 $\sim \Box \sim$, $\Box$는 $\sim \Diamond \sim$ 으로 다시 쓸 수 있다. (3)은 p가 필연적이지 않다는 것은 곧 not-p가 가능하다는 것이고, (4)는 p가 가능하지 않다는 것은 곧 not-p가 필연적이라는 것을 뜻한다. (3)과 (4)도 상호 대칭적임에 주의하자.

(5)는 p가 필연이라면 현실적으로 p라는 것, 즉 p가 현실에서 당연히 성립해 있어야 한다는 뜻이다. '필연'이란 어떤 사태/명제가 모든 시간에서 성립함을 뜻하기 때문이다. (6)은 현실에 p가 성립해 있다면, p는 가능해야 함을 뜻한다. 현실에 p가 성립해 있는데, p가 가능하지 않다면 이상한 일일 것이다. '가능'이란 어떤 사태/명제가 시간의 그 어떤 간격에서는 현실로서 성립함을 뜻하기 때문이다.[23] (7)은 p가 현실에서 성립해 있지 않다면, p는

---

22) 미우라 도시히코, 『가능세계의 철학』, 박철은 옮김, 그린비, 2011.

23) 베르그송의 급진적 생성존재론에 입각할 경우, 이 명제는 확실한 것이 아니다. 무엇인가의 가능성이 주어져 있고 그래서 어느 시간엔가는 그것이 현실화된다고 생각하지 않을 수 있기 때문이다. 가능성이란 미리 주어진 것이 아니라, 무엇인가가 무로부터 탄생할 때 그것의 가능성의 양상도 함께 탄생한다고 볼 수도 있다.

필연적인 것은 아님을 뜻한다. (8)은 p가 가능하지 않다면, p가 현실적으로 성립해 있는 상황은 있을 수 없음을 뜻한다.

흥미롭게도 양상논리학의 이런 체계는 양화된 명제논리학의 체계와 정확히 호응한다.

(1) $\forall x F x \equiv \sim \exists x \sim F x$

(2) $\exists x F x \equiv \sim \forall x \sim F x$

(3) $\sim \forall x F x \equiv \exists x \sim F x$

(4) $\sim \exists x F x \equiv \forall x \sim F x$

(5) $\forall x F x \rightarrow F a$

(6) $F a \rightarrow \exists x F x$

(7) $\sim F a \rightarrow \sim \forall x F x$

(8) $\sim \exists x F x \rightarrow \sim F a$

이런 흥미로운 호응은 '모든'이 필연과 통하고 '어떤'이 가능과 통한다는 사실을 생각해보면, 그다지 놀랄 일은 아님을 알 수 있다. 이렇게 양상과 양화를 관련지을 경우, 앞에서 언급했듯이 필연과 가능의 개념도 $\square p \equiv \forall w P w$, $\Diamond p \equiv \exists w P w$로 정식화할 수 있다.

이제 양상의 여덟 공식과 양화의 여덟 공식을 통합해보자. ⓐ는 현실세계를 가리킨다.

(1) $\forall w P w \equiv \sim \exists w \sim P w$

(2) $\exists w P w \equiv \sim \forall w \sim P w$

(3) $\sim \forall w P w \equiv \exists w \sim P w$

(4) $\sim \exists w P w \equiv \forall w \sim P w$

(5) $\forall w P w \rightarrow P ⓐ$

(6) $P ⓐ \rightarrow \exists w P w$

(7) $\sim P\text{ⓐ} \rightarrow \sim \forall wPw$

(8) $\sim \exists wPw \rightarrow \sim P\text{ⓐ}$

(1)은 모든 세계에서 p가 성립한다는 것은 p가 성립하지 않는 어떤 세계
도 (있을 수) 없다는 것을 뜻한다로 읽을 수 있다. 나머지 항들도 마찬가지
방식으로 읽을 수 있다.

이상과 같은 공식화는 양상논리학의 체계 그리고 가능세계론의 체계가
전체적으로 어떤 모습을 띠고 있는지를 잘 보여준다.

§3. 가능세계 실재론

기하학의 철학이 발달해서 기하학이 발달하게 된 것은 아니다. 기하학이
발달해가는 과정에서 어느 순간 기하학의 철학이 탄생하게 된 것이다. 마
찬가지로 양상논리학과 그것의 의미론으로서 가능세계 형이상학이 상당
정도 전개되었을 때, 도대체 가능세계라는 이것을 어떻게 이해해야 할까라
는 메타적인 물음이 생겨나게 된다. 이런 문제의식은 콰인을 비롯해 양상
논리학과 가능세계 형이상학을 비판한 인물들도 적지 않았기 때문에 추동
되었다고도 할 수 있다. 그래서 이제 가능세계란 무엇인가? 그리고 현실세
계와 가능세계들의 관계는 무엇인가? 라는 물음들에 대한 탐구가 이어지게
된다.

데이비드 루이스(1941~2001)는 가능세계에 대한 급진적인 이론을 전개
했다. '가능세계 실재론'이라 불리는 그의 이론은 가능세계들이 우리가 사
는 현실세계 못지않은 실재성을 가지고서 실존한다고 주장한다. 루이스의
생각은 다음 구절에 잘 나타나 있다.

우리의 현실세계는 단지 다른 세계들(무수한 가능세계들) 가운데 한 세계일 뿐이

다. 우리가 이 세계만을 현실적이라고 하는 것은 그것이 다른 세계들과 종류가 달라서가 아니라, 단지 우리가 살고 있는 세계가 바로 이 세계이기 때문일 뿐이다. 다른 세계들에 사는 거주자들은 분명 자신들의 세계를 현실적이라고 부를 것이다. 그들이 우리와 같은 의미에서 "현실적"이라는 말을 사용한다면 말이다. (…) "현실적"은 "나" 또는 "여기", "지금"처럼 지표적(indexical)이다. 그 지시(reference)에 있어 그것은 발화의 상황에, 즉 그 발화가 일어나는 세계에 의존한다.[24]

　루이스의 가능세계 실재론을 라이프니츠의 본래 생각과 비교한다면, 이는 신이 설계한 모든 세계들이 실재하는 세계들로서 구현된 경우이다. 라이프니츠의 경우, 현실세계를 제외한 가능세계들은 신의 마음속에만 존재한다. 루이스의 경우, 신은 논외가 된 채, 가능한 모든 세계들이 실재한다고 보는 것이다. 카이사르가 폼페이우스에게 패한 세계, 오스만 투르크에 의해 유럽이 조각조각 난도질당한 세계, 조선의 철학자들이 가능세계 실재론을 놓고서 논전을 벌이는 세계도 지금 우리가 사는 이 세계 못지않은 실재성 위에서 존립하고 있는 것이다. 이 '가능'에는 공간적인 면만이 아니라 시간적인 면도 포함된다. 그래서 조선왕조 이후 고려왕조가 들어선 세계, 다케다 신겐보다 도쿠가와 이에야스가 더 연상인 세계, 남성의 평균 연령이 여성의 그것보다 더 긴 세계도 존재한다. 루이스의 세계는 가능한 모든 것은 실재하는 세계, 최대한의 세계들이다. 이런 생각은 우리의 직관에 크게 어긋나며, 그저 일어나지 않은 일들, 나아가 일어나지 않을 법한 일들 즉 "상상에 불과할 뿐인" 것들을 모두 실재로 간주하는 생각으로 느껴진다. 그것은 일종의 마이농주의, 개별 존재자들이 아니라 '세계'들의 차원으로 확대된 마이농주의가 아닌가.

　그러나 현대의 어떤 이론에 제기되는 "믿기 힘들다"라는 반론은 그것에 대한 강력한 비판이 되지 못한다. 20세기에 특히 최근에 전개된 학문적 성

---

24) David Lewis, "Possible Worlds", *The Possible and the Actual*, p. 184.

과들에는 "믿기 힘든" 것들이 적지 않기 때문이다. 루이스는 자신의 이론이 직관적으로는 믿기 힘든 것일지 몰라도, 그것이 그 직관적 의구심을 상쇄하고도 남을 만큼의 장점들을 가진다고 확신한다.

루이스의 가능세계 실재론에서도 공가능성과 불공가능성이 역시 중요한 역할을 한다. 가능세계들 사이에는 교집합이 없다. 각 가능세계의 원소들은 오직 그 가능세계에만 속한다. 이것은 라이프니츠의 불-공가능성 개념을 새롭게 정식화한 것이다. 가능세계들 간의 **독립성**의 원리라고 할 수 있다. 각 세계들은 모순되는 것이 아니라(서로가 모순된다면 어떤 것이 실재하면 다른 것들은 사라져야 한다.) 서로 불-공가능하다. 이 원리에 입각할 경우, 상이한 세계에 존재하는 개체들이 아무리 유사하더라도 그것들 사이에 '통-세계적 동일성'은 성립하지 않는다. 데 레 양상에서의 필연과 가능을 논할 수가 없는 것이다.[25]

반면, 각 가능세계의 개체들은 시공적으로 그리고 인과적으로 연속되어 있다. 이것은 라이프니츠의 연속성의 원리를 잇고 있다. 여기에 덧붙인다면, 한 세계에는 공가능한 것들이 모두 포함되어 있어야 한다. 한 세계 내에서 어떤 것들이 다른 것들과 공가능함에도 불구하고 포함되어 있지 않다는 것은 이상한 일이다. 어떤 것들이 포함되어 있지 않다면 그것들은 그 세계와 불연속적인, 그것으로부터 발산하는 불-공가능한 것들이어야 한다. 한 가능세계에서의 **충전성**(充塡性) 또는 완전성의 원리라고 할 수 있다. 이 원리를 숙고해볼 경우, 하나의 가능세계는 하나의 집합이라기보다는 하나의 개체에 더 가깝다고까지 할 수 있을 것이다.

루이스는 자신의 가능세계 실재론이 양상명제들을 1차 술어논리학에 의거해 분석할 수 있는 장점을 갖추고 있다고 말한다. 독립성의 원리와 충전성의 원리가 이를 가능하게 한다고 할 수 있다. 그의 이론에서는 양상 개념

---

25) 이 때문에 루이스는 상대역 이론을 전개하게 된다. '통(通)-세계적 동일성' 문제와 '상대역 이론'에 대해서는 §5에서 논한다.

들이 단지 가능개체들의 존재로 설명되기 때문에, 별도의 양상 개념들이 필요하지 않다. 그러나 루이스의 가능세계론은 그 장점을 상회하는 여러 가지 문제를 야기한다. 많은 논의들이 있지만, 역시 핵심은 인식론적 문제점이라 할 수 있다. 우리가 사는 세계와 전혀 별개의 어떤 세계가 있다는 것을 어떤 경험적 근거에서 주장할 수 있는가?[26] 물론 형이상학은 경험을 넘어 실재를 찾는 행위이다. 그러나 이렇게 찾아낸 실재로부터 다시 **경험적 현실로 돌아와** 그 연결선을 보여주지 못한다면, 이 실재가 아무리 그럴듯해도 그것은 허구로서의 매력을 가진 것이지 학문으로서의 매력을 가진 것은 될 수 없다. 그런데 루이스의 가능세계들은 시공적-인과적으로 단절되어 있다. 때문에 '신의 눈길'을 통해서만 그것들을 통관할 수 있는 것이다. 지금 여기 현실세계에 살고 있는 우리가 우리와 철저히 절연된 세계들을 상상적으로 논할 수야 있겠지만, 그것들의 실재성을 주장하는 것은 가능하지 않아 보인다.

　루이스의 가능세계론에서 주의할 점은 현실세계와 대등한 존재론적 위상을 띤 무수한 가능세계들이 존재한다고 해도, 그 세계들 역시 결국 현실세계의 구성 성분들과 같은 성분들로 구성된다는 점이다. 다시 말해, 가능세계들은 현실세계의 성분들과 같은 재료로 되어 있으나 그것들이 다른 방

---

26)　루이스의 가능세계론을 현대 우주론에서 논하고 있는 '다중우주(multiverse)'론과 구분해야 한다. 전자는 논리학적 구성을 통해 제시된 세계들에 대한 이론이며, 가능세계들이 물리적 법칙들의 제약을 벗어나 구성될 뿐만 아니라 그것들 사이에 인과관계가 존재하지 않는다. 반면 다중우주론은, 아직 생성 중인 이론이고 또 여러 형태들이 존재하지만, 어디까지나 물리학적 인과관계/법칙의 해명을 통해서 밝혀져야 할 이론이다.
다중우주론을 추동한 맥락들 중 하나는 우주론에서의 수학적 해들 중 단 하나만이 우리의 우주에 들어맞는다는 사실이다. 때문에 다른 해들에 상응하는 우주들에 대한 탐구가 관심의 대상이 되었다.(브라이언 그린, 박병철 옮김, 『멀티유니버스』, 김영사, 2014, 1장) 이 점에서 다중우주론은 들뢰즈 존재론과도 다른데, 후자 역시 해의 차원에서 '문제'의 차원으로 거슬러 올라가지만 그 목적은 (펼쳐져 있는, 있으리라 짐작되는) 다른 해들을 찾는 것이 아니라 해들을 접고 있는 나아가 해 없는 문제들을 어떻게 살 것인가 하는 것이기 때문이다.

식으로 배치된 세계들이다.

이때 이 '성분'들의 존재론적 분절을 어떻게 상정할 것인가가 문제가 된다. 예컨대 현실세계의 개별자들은 그대로이고 그들 사이의 관계만 재배치되는 경우들만을 생각하는 경우(적벽대전에서 조조가 승리한 세계)와 생명체들의 세포들의 재배치까지 생각하는 경우(몸은 제갈량이지만 뇌는 장비의 뇌인 사람이 존재하는 세계)는 전혀 다른 이야기가 된다. 시간의 맥락에서도 마찬가지로 이야기할 수 있다. 루이스는 그의 이론이 오컴의 면도날에 충실하지 못하며 존재론적으로 너무 낭비적이라는 비판에 대해, 자신의 이론은 양적으로는 낭비적일지 몰라도 질적으로 낭비적인 것은 아니라고 변호한다. "나는 당신에게 (현실세계의 사물들과는) 다른 새로운 종류의 사물들을 믿으라는 것이 아니라 (현실세계의 것들과) 같은 종류의 (그러나 양적으로는) 더 많은 사물들을 믿으라고 요청하고 있다."[27] 그리고 이 점에 입각해 그가 "우리가 지금 이 세계를 현실적이라고 부르는 것은 그것이 다른 세계들과 종류상 달라서가 아니라 단지 우리가 바로 세계에서 살고 있기 때문일 따름이다"라고 할 때, 그는 후자의 맥락을 채택하고 있는 것으로 보인다. 하지만 그가 양적 비-낭비(절제)의 예로서 들고 있는 경우들("1,037개의 전자들이 아니라 1,029개의 전자들, 또는 모든 동물들이 아닌 인간에게만 존재하는 영혼(spirits)")은 그가 여기에서 존재론적 분절의 문제가 얼마나 결정적인가를 간과하고 있지 못함을 보여준다. 전자의 수가 이렇게 달라진다면, 또 영혼들의 외연이 이렇게 달라진다면, 그로부터 귀결하는 세계는 질적으로 아주 다른 세계일 수밖에 없기 때문이다. 루이스는 이 문제에 관련해 각각의 세계는 그 안에 존재하는 모든 것들의 분절학적(mereological) 총체라고 밝히고 있지만, 문제는 바로 이 분절을 어떻게 이해할 것이냐에 있는 것이다.

이 문제는 곧 가능성의 폭, 재배치의 폭을 어디까지 잡을 것인가의 문제이다. 그런데 이런 재배치가 점점 '비-현실적'이 될수록(현실세계에의 접근

27) Lewis, "Possible Worlds", p. 85.

가능성이 점점 희박해질수록), 가능세계 실재론 역시 그만큼 비-현실적이 된다. 그래서 이하 여러 형태의 가능세계 형이상학을 논할 것이거니와, 사실 현실세계의 재배치를 사유할 때 존재론적 분절에 있어 현실세계로부터의 일탈을 어디까지 허용할 것인가가 문제의 핵심이라고 해야 한다. 가능세계 형이상학의 핵심은 결국 존재론적 분절의 문제에 있으며, 이 문제를 분명히 하지 않을 경우 논의는 모호해질 수밖에 없다.[28]

§4. 가능세계 구성론

루이스와 달리 가능세계들은 실재가 아니며 오로지 현실세계만이 실재한다고 보는 가능세계론은 '가능세계 현실론' 또는 '가능세계 구성론'[29]이라고 부를 수 있을 것이다. 이 생각은 상식적인 것이고 또 많은 철학자들도 이에 찬동한다. 이에 따르면, 가능세계들은 실재가 아니라 현실세계에 기반해 논리적으로 구성된 것들이다. 앞에서 언급한, 실존하지-않는 존재자들을 '마음-의존적인' 것으로 파악한 레셔의 입장도 전형적인 구성론에 속한

---

28) 이것은 **자연과 역사의 구분**의 문제와도 관련된다. 이것은 그 자체로 하나의 거대한 문제이지만, 어떤 방식이 되었든 이 구분을 배제할 수는 없다. 자연에 있어 "지구가 사각형이었더라면, …"이라든가 "인간이 원숭이들보다 먼저 생겨났더라면, …"이라고 말하는 것과(이 두 예에서 볼 수 있듯이, 물리세계와 생명세계 역시 구분되어야 한다.), "나폴레옹이 워털루에서 승리했더라면, …"이라든가 "어제 그냥 집에 있었더라면, …"(매우 다양한 예들을 들 수 있을 것이다.)이라고 말하는 것은 상당히 다른 종류의 언표들인 것이다.

29) 가능세계 **구성론**과 가능세계 **허구론**을 구분하는 것이 좋을 것 같다. 구성론이 어디까지나 현실세계를 전제로 하고 그것으로부터 일정한 구성을 통해서 논해가는 것이라면, 허구론은 가능세계들이 허구적 존재라는 것을 주장하는 생각으로 이해할 수 있다. 현실세계를 더 잘 이해하기 위해 학문적 구성을 행하는 것과 어떤 다른 세계를 창작하기 위해 허구를 만들어내는 것은 (날카롭게 구분하는 것이 간단하지는 않아 보이지만) 구분해야 할 것이다. 또, '가능세계 허구론'과 '허구의 가능세계론'도 구분해야 할 것이다. 전자가 가능세계에 대한 하나의 이론이라면, 후자는 허구적 작품들에 대한 가능세계론의 적용을 뜻한다고 할 수 있다.

다. 가능세계 실재론이 루이스의 이론을 중심으로 한다면, 구성론에는 여러 형태들이 있다.

애덤스(1937~)는 루이스의 실재론을 떠받치고 있는 주축들 중 하나인 '지표적 이론'을 두 가지 각도에서 비판한다.[30] a) 그는 이 이론이 현실세계와 다른 가능세계들 사이의 존재론적 위상에서의 엄연한 차이를 무시한다는 점에서 성립할 수 없다고 본다. 우리는 전쟁영화의 전투 신을 보면서 쾌감을 느낀다. 그러나 우리의 세계에서 전쟁이 일어나는 것은 대부분의 사람들이 두려워한다. 이는 루이스의 실재론에 대한 비판이다. 애덤스는 루이스가 '실제로 현실적인' 세계와 '가능적으로 현실적인' 세계를 구분하지 않았다고 본다. b) 애덤스는 또한 실재론은 우리가 미래에 대해 예측할 때 성립하는 상황을 무의미하게 만들어버린다는 점을 지적한다. 우리는 철수가 걸어갈 수 있을 여러 미래를 생각한다. 이 여러 가능세계들에서 철수가 바로 그 동일한 철수라는 점을 전제하지 않는다면 이런 예상은 의미를 상실한다. 다시 말해 이때 우리가 전제하는 것은 각 가능세계의 서로 무관한 (그러나 비슷한) 철수들이 아니라 바로 그 철수인 것이다. 이는 (아래에서 논할) 루이스의 상대역 이론에 대한 비판이다.

애덤스는 가능세계들을 전제하고서 그중의 하나를 현실세계로 파악하는 (루이스의 이론을 포함한) '가능주의적' 현실성의 이론들을 거부하면서, 어디까지나 현실세계에서 출발해 가능세계들을 이해하는 '현실주의적' 현실성의 이론을 펼친다. 가능세계들은 어디까지나 현실세계의 어떤 또 다른 차원이며, 그것들에 대한 언표들은 현실세계에 대한 언표들로 환원되어 이해되어야 한다. 애덤스는 가능세계들을 양상론적 논의에 유용한 '픽션'으로 간주하는 입장을 '강한 현실론'으로, 가능세계들은 자체로서 존재하지만 어디까지나 현실세계에서 출발해 논리적으로 구성된 것으로 간주하는 입장을 '부드러운 현실론'으로 지칭한다. 전자의 경우는 '진리'와 무관할 수

---

30) Robert M. Adams, "Theories of Actuality", *The Possible and the Actual*, p. 193~199.

있지만, 후자의 경우는 어디까지나 현실세계를 기준으로 진리와 관계를 맺는다. 다시 말해 부드러운 현실론은 객관적이지 않지만 객관성과 연계되어 있다고 할 수 있다.

애덤스에 따르면, 가능세계들에 대한 모든 이야기는 명제들 — 언어-독립적인 추상적 대상들, 담화 행위들이나 명제적 태도들의 잠재적 대상들 — 의 집합에 관한 이야기로 환원될 수 있다. 가능한 모든 명제들의 총체를 '세계-이야기'라고 할 때, 여기에는 상호 모순되는(정확히 말한다면, '불-공가능한'이라 해야 할 것이다.) 명제들이 존재한다고 할 수 있다. 그리고 그것들 중 어떤 것이 참일 경우, 그것은 현실세계에서 성립하는 명제라고 할 수 있다. 그 외의 다른 명제들은 거짓이 된다. 이런 의미에서 애덤스는 이 현실성 이론을 '현실성의 참된-이야기 이론'이라 부른다. 따라서 이 이론에서의 현실성은 다른 가능세계들에 상대적으로 성립하는 현실성이 아니라 절대적인 현실성이다. "손권-유비 연합군은 적벽대전에서 대패했다"라는 명제도 '세계-이야기'에 포함되지만 이는 거짓 명제이며, 오로지 "손권-유비 연합군은 적벽대전에서 대승했다"라는 명제만이 참인 명제이다. 그렇기 때문에 후자의 명제가 성립하는 세계만이 현실세계라 할 수 있다.[31] 애덤스는 이렇게 현실세계와 가능세계들을 명제들의 참/거짓을 통해서 이해하고 가능세계들을 현실세계로부터 논리적으로 구성되는 것으로 봄으로써, 확고한 형태의 가능세계 현실론/구성론을 제시했다.

---

31) 그런데 새로운 사료들이 대량 발굴되면서 적벽대전에 대한 진실이 뒤집히는 경우는 어떻게 될까? 애덤스 이론의 구도로 본다면, 어떤 명제의 진리치가 변하게 되면 '현실세계'의 규정 자체가 바뀌어야 한다. 다시 말해, 어떤 사실에서의 변화가 단지 이 세계 내에서의 어떤 수정을 요구하는 것이 아니라 '이 세계'의 개념 자체에서의 수정을 요구하게 되는 상황이 벌어지는 것이다. 달리 말해, 현실세계와 가능세계들의 경계가 유동적이 되어버린다. 이는 어떤 한 사실(史實)에 너무 무거운 존재론적 짐을 지우는 것이 아닐까? 이런 결과를 방지하려면, 틀린 명제들 즉 일이 달리 되어버릴 가능성들을 현실세계 내에, 현실세계의 보이지 않은 어떤 차원으로서 포함시키는 것이 낫지 않을까? 아래에서 논할 스톨네이커의 입장이 이런 구도에 가까우며, 들뢰즈의 가능세계론도 이런 구도에 가깝다.

또 한 사람의 구성론자인 스톨네이커(1940~)는 루이스의 이론을 '극단적 실재론'으로 간주하면서 그것을 비판적으로 변형해 구성론(또는 완화된 형태의 실재론)을 제시한다. 그는 루이스가 "일이 그렇게 되었을 수도 있었던 방식들(ways things might have been)"에 대해 사유한 것을 긍정하면서, 가능세계론을 비웃는 사람들에 맞서 그것을 옹호한다. 그러나 그는 그렇다고 가능세계들의 실체성/실재성으로 넘어가는 것은 곤란하다는 점을 논한다. 그는 루이스의 이론을 네 성분으로 정리한다.[32] ① "일이 그렇게 되었을 수도 있었던 방식들"로서의 가능세계들은 존재한다. ② 다른 가능세계들은 이 현실세계와 같은 종류의 사물들이다. "나 그리고 나를 둘러싼 모든 것들"이다. ③ '현실적'이라는 형용사에 대한 지표적 분석은 올바른 분석이다. ④ 가능세계들을 그리로 환원할 수 있는 더 기본적인 어떤 것은 존재하지 않는다.

①의 경우, 일이 그렇게 되었을 수도 있었던 방식들이 존재한다는 것은 부정할 수 없다. 이런 의미에서의 가능세계라면, 철학적 논의 이전에 우리의 일상 언어 자체 내에도 이와 관련된 숱한 표현들이 존재한다. "내가 남자가 아니라 여자라면, …", "6·25 전쟁이 일어나지 않았더라면, …", "지구가 달 주위를 … 돈다면" 등등, 우리는 철수가 남자가 아니라 여자인 세계, 6·25 전쟁이 일어나지 않은 세계, 천문학적인 법칙이 바뀐 세계 등등에 대해 말하고 있지 않은가. 그러나 이런 사실로부터 가능세계들이 지금 이 현실세계와 똑같은 자격으로 실재한다는 결론이 나오지는 않는다. 우리는 한 번도 그런 세계에 가본 적이 없다.[33] 이 세계와 다른 가능세계들이 공히

---

32) Robert Stalnaker, *Inquiry*, MIT Press, 1984, p. 45.
33) 스톨네이커 식의 비판을 우리는 신적 조망의 불가능성 또는 **총체성 조감의 불가능성**이라는 테제로써 달리 개념화할 수 있다. 어떤 맥락에서도 총체적 조감은 불가능한데, 이런 조감이 가능하려면 인식 주체가 그 총체의 바깥으로 나가야 하기 때문이다.(물론 이때의 나감이 물리적인 나감을 뜻하는 것은 아니다.) 인식 주체인, 가능세계들에 대해 논하는 우리 자신은 엄연히 지금 이 세계에서 논하고 있는 것이며, 우리가 모든 가능세계들 바깥에 서지 않는 이상 그것들의 상대성을 확인할 도리는 없다. 물론 우리가 어디까

"나 그리고 나를 둘러싼 모든 것들"로 개념적으로 규정될 수 있겠지만(따라서 ③은 받아들일 수 있다.), 이런 개념적 규정이 현실세계와 가능세계들의 차이를 무화시키지는 않는다. "일이 그렇게 되었을 수도 있었던 방식들"과 "일이 실제 그렇게 된 방식들"은 이 방식들이 전제하는 실체들이 똑같다 해도 엄연히 다른 것이고, 지금 핵심적인 것이 다름 아니라 바로 이 다름이기 때문이다. 결국 스톨네이커의 가능세계론은 ①과 ③은 긍정하지만 ②는 부정하는 가능세계론이다.[34]

④의 경우는 어떨까? 스톨네이커는 애덤스가 가능세계들을 명제들로 환원해 이해한 바와 달리, 자신은 명제들을 가능세계들로 환원해 이해한다고 말한다. 애덤스에게 일차적인 것은 명제들이고 가능세계들은 명제들의 상관항이다. 그리고 그런 명제들 중 참인 명제들만이 현실세계와 상관적이다. 가능세계들은 명제로 환원된다. 반면 스톨네이커는 가능세계들에 일차적인 존재론적 위상을 부여하며, 그것에 입각해 명제들이 성립한다고 본다. 이 점에서 그는 루이스적 실재론을 거부하면서도 실재론에 일정 정도 접근한다고 할 수 있다. 그는 가능세계의 개념을, 명제적 행위들과 태도들로 세계를 표상하는 방식을 참되게 설명하고자 할 때 필요한 기초적인 개념으로 간주한다. 그는 극단적 실재론을 거부하면서도 가능세계들을 환원 불가능한 존재들로서 진지하게 받아들이고 있는 것이다. 그의 관점은 가능세계들을 "단지 편리한 신화나 기호 표기법상의 편리한 도구 이상의 것으로, 그리

지나 논리적 구성을 통해서 그런 조감적 입장에 설 수 있다고 주장할 수 있겠지만, 문제는 그런 논리적 구성으로부터 존재론적 실재성에 대한 주장으로 나아갈 수 있는가 하는 점이다.

34) 지표적 이론을 긍정할 경우에도, 현실세계에서의 지표작용과 가능세계들에서의 지표작용은 구분되어야 한다. 가능세계들에서의 지표작용은 참에서의 논리적 정합성만을 필요로 할 뿐 존재론적 상응성은 필요로 하지 않는다. 예컨대 어떤 가능세계를 그린 소설에 대해 우리는 그것이 "실재가 아니다"라고 비판하지는 않지만 "앞뒤가 맞지 않는다"라고는 비판하는 것이다. 현실세계에 대한 언표들이 참이 되기 위해서는 논리적 정합성과 존재론적 상응성이 동시에 필요하다.

고 우리의 세계와 유사한 우주들 이하의 것으로" 다루는 관점이다.

§5. 통세계적 동일성의 문제

레셔, 애덤스, 스톨네이커 외에도 여러 철학자들이 가능세계 구성론을 개진했거니와, 그 과정에서 불거져 나온 문제가 '통세계적(trans-world) 동일성'의 문제이다.

만일 가능세계들이 현실세계로부터 논리적으로 구성된 것이라면, 가능세계들에는 현실세계의 개체와 동일한 가능개체들이 존재할 것이다. 그리고 가능세계들에는 현실세계의 x가 Fx가 아닌 Gx로 존재하는 경우들이 있을 것이다. W_1에서 청룡언월도가 아닌 방천화극을 휘두르는 관우, W_2에서 학우선이 아닌 공작선으로 지휘하는 제갈량 같은 존재들 말이다. 그런데 이런 차이에도 불구하고 우리가 그들을 '관우', '제갈량'이라고 부른다는 사실은 이 하나의 개체가 수많은 가능세계들에서 현실세계의 바로 그 관우, 제갈량과 동일한 개체들로서 존재함을 뜻한다. 라이프니츠를 따라 이들을 '모호한 관우', '모호한 제갈량' 식으로 부를 수 있을 것이다. 모호한 관우는 우리가 아는 관우와 살짝이나마 다른 존재이기 때문에, 라이프니츠의 동일성 원리를 고수할 경우 양자는 같은 존재가 아니다. 그러나 이들이 같은 관우의 다른 모습이 아니라고 한다면, 애초에 가능세계들을 현실세계로부터 구성된 것으로 보는, 그래서 현실세계와 가능세계들을 연속적으로 보려는 구성론 자체의 구도가 의미를 상실하게 된다.

이 경우 라이프니츠의 원리를 완화해[35] '모호한 관우'는 우리가 아는 관

---

35) 사실 생성존재론의 관점에서 본다면, 라이프니츠의 동일성 원리는 논리적 세계에서나 성립하는 원리이다. 모든 x는 dx라는 생성존재론의 원리에 입각할 경우 동일성은 차이 생성의 흐름에서 정신이 인위적으로 떠낸 것에 불과하다.

우이며 단지 살짝 달라진 관우일 뿐이라고 생각할 수 있다. 문제가 심각해지는 경우는 이 모호함의 정도 — 라이프니츠의 연속성의 원리에 입각할 때 모호함은 '정도'를 형성한다 — 가 매우 큰 경우이다. 유비에게 의리를 지키지 않고 조조에게 충성한 관우, "기생량 하생유(旣生亮 何生瑜)!"를 외치면서 죽은 제갈량, 이들은 과연 관우, 제갈량일까 아닐까? 이와 같이 어떻게 동일한 존재가 수많은 가능세계들에서 통-세계적으로 존재할 수 있는가 하는 의문이 통세계적 동일성의 문제를 낳았다.

루이스는 이런 통세계적 동일성의 문제를 회피할 수 있는 이론으로서 '상대역(counterpart) 이론'을 제시했다. 이에 따르면 현실세계의 관우와 W_1의 관우는 아무 상관이 없다. 각 가능세계가 ('충전성의 원리'에 따라) 가능한 최대의 존재자들을 포함하기에, 각 가능세계들에는 관우와 가장 가까운 개체들이 분명 존재할 것이다. 하지만 가능세계들은 서로 분리되어 있기에('독립성의 원리') 이들 사이에는 어떤 관계도 없다. 이들은 서로의 '상대역'들이다. 루이스는 네 가지 기초 술어들을 규정한 후, 여덟 가지 가정들에 입각해 상대역 이론을 정식화했다.[36]

Wx: x는 가능세계이다.

Ixy: x는 가능세계 y에 존재한다.

Ax: x는 현실적이다.

Cxy: x는 y의 상대역이다.

P1: $\forall x \forall y (Ixy \rightarrow Wy)$ 세계가 아니라면, 어떤 것도 어떤 것 안에 있지 않다.[37]

---

36) Lewis, "Counterpart Theory and Quantified Modal Logic", *The Possible and the Actual*, p. 111.

37) 원문은 "Nothing is in anything except a world"로서, 달리 번역하면 "무엇인가가 어떤 것 안에 있는 경우는 모두 세계라 할 수 있다"라는 뜻이다. '세계' 개념을 존재자들의 포

P2: $\forall x \forall y \forall z[(Ixy \wedge Ixz) \rightarrow (y=z)]$ 어떤 것도 두 세계에 존재하지 않는다.

P3: $\forall x \forall y[Cxy \rightarrow (\exists z)(Ixz)]$ 어떤 상대역이든 그것은 어떤 세계 내에 존재한다.

P4: $\forall x \forall y[Cxy \rightarrow (\exists z)(Iyz)]$ 상대역을 가진 어떤 것이든 한 세계 내에 존재한다.

P5: $\forall x \forall y \forall z[(Ixy \wedge Izy \wedge Cxz) \rightarrow (x=z)]$ 한 세계 내에서는 어떤 것도 다른 것의 상대역이 아니다.

P6: $\forall x \forall y(Ixy \rightarrow Cxx)$ 한 세계 내의 어떤 것도 자기 자신의 상대역이다.

P7: $\exists x[Wx \wedge \forall y(Iyx \equiv Ay)]$ 어떤 세계는 모든 현실적 존재들만을 그리고 오직 그것들만을 포함한다.

P8: $\exists xAx$ 어떤 것은 현실적이다.

상대역 이론은 세계들의 실재성은 물론, 세계들 사이의 불연속을 전제한다. 때문에 상대역들이 아무리 흡사하다 해도, 그 각각은 오로지 자신의 세계 내에서만 존재하며 다른 상대역들과 어떤 관계도 갖지 않는다.(P2~P4) 그리고 상대역은 한 세계 내에서가 아니라 가능세계들 사이에서 성립하는 개념이다.(P5~P6) 그리고 P7~P8은 실재론의 맥락에서는 철저히 상대적인 명제들로서 이해되어야 할 것이다.

통세계적 동일성의 관점에서는 방천화극을 휘두르는 관우는 물론 유비에게 의리를 지키지 않은 관우조차도 일단 우리가 그를 "관우"라고 부르는 한 동일한 그 관우이다. 동일성의 관계는 반사적이고 대칭적이고 이행적인 관계이다. 철수는 철수와 동일하기에 반사적이며, 철수$_1$과 철수$_2$가 동일하다면 그들은 대칭적이어야 하며, 또 철수$_1$과 철수$_2$가 같고 철수$_2$와 철수$_3$이 같으면 철수$_1$과 철수$_3$도 같아야 한다. 그러나 상대역들은 반사적일 뿐(P6) 대칭적이거나 이행적이지 않다. 그렇다면 상대역들은 어떻게 상대역들일 수 있는가? 그것들 사이의 질적 유사성에 의해서이다. 모나드들을 가지고 서 생각한다면, 각 세계에서 빈위들이 가장 가까운 것들이 상대역이 된다. 따라서 "旣生亮 何生瑜!"를 외치면서 피를 토하는 제갈량만이 아니라 학우 선이 아닌 공작선으로 지휘하는 제갈량조차도 (우리가 알고 있는)[38] 제갈량 과는 아무런 연속성도 갖지 않는다. 각 상대역들은 단지 질적인 유사성을 통해서 서로 상대역이 될 뿐이다.

그런데, 앞에서도 지적했듯이, 원칙적으로 무한한 가능세계들에서의 이 런 유사성들의 확인은 오로지 신적 조감의 관점에서만 가능하다. 현실세계 로부터 사유해야 하는 우리에게는 이런 능력이 없다. 다만 우리는 그런 세 계들을 논리적으로 구성해볼 수 있을 뿐이다. 그런데 바로 이 사실이 실재 론을 부정한다. 실재론이 성립하기 어렵다면, 상대역 이론 역시 성립하기 어렵다고 해야 할 것이다. 사실 통세계적 동일성이 보다 심각한 문제를 일 으키는 것은 오히려 가능세계 실재론에 있어서이다. 실재론이 아니라면 문 제는 더 완화된다. 그렇다면 상대역 이론은 구성론자보다는 실재론자에게 더욱 필요한 것이라 할 것이다. 상대역 이론은 구성론에서 통세계적 동일 성이 일으키는 문제를 해결한다는 목적으로 등장했지만, 얄궂게도 상대역 이론이 더욱 필요한 곳은 실재론에 있어서인 것이다. 구성론의 입장에서 본다면, 애초에 상대역 이론 같은 것은 필요치 않다고 해야 할 것이다.

물론 구성론적 맥락에서도 통세계적 동일성 개념은 여러 흥미로운 문제 들을 낳는다. 구성론에서 가능개체들은 현실의 개체에서 출발해 구성된 것이므로 거기에 어떤 차이가 가미되었다고 해서 문제가 되는 것은 아니 다. 사실 우리는 일상에서 수시로 이런 가능세계들을 생각한다. "그때 이사 를 갔더라면"(이사 가지 않은 세계와 이사 간 세계), "내게 10억 원이 있다면" (10억 원이 없는 세계와 있는 세계), "내일 비가 온다면"(비가 올 세계와 오지 않

---

38) 『삼국 연의』를 통해 일반화된 이런 이미지들에는 허구적인 것들이나 시대착오적인 것 들이 많다. 우리의 논의 맥락에서는 이런 문제는 접어두어도 문제가 없을 것이다.

을 세계)을 비롯해서 수많은 종류의 가능세계들을 수시로 언급하면서 살고 있는 것이다. "내가 만일 구름이라면, …" 같은 불가능한 가능세계들에 대해서까지 생각한다.

가능세계를 이런 구성적인 것으로 볼 경우, 앞에서 언급했던 '모호한 관우', 나아가 "유비에게 의리를 지키지 않은 관우" 같은 가능개체들을 존재론적으로 어떻게 이해해야 할까라는 문제가 생긴다. 여기에서 '연속성의 원리'를 감안한다면, 한 개체가 여러 가능세계들을 거치면서 그야말로 미세하게 계속 달라지는 경우를 생각할 수 있다. W_1의 관우는 ⓐ의 관우와 식성이 약간 다르다. W_2의 관우는 모자가 다른 모자이다. W_3의 관우는 수염이 거칠거칠하고 몹시 못생겼다. W_4에서의 관우는 적토마가 아니라 오추마를 타고 다닌다. W_5에서의 관우는 문추에게 패배해서 상처를 입는다 등등. 우리는 이런 구성을 얼마든지 할 수 있다. 그렇다면 이 가능한 관우는 실재하는 관우와 같다고 할 수 있을까? 식성이 약간 다른 관우는 큰 문제가 될 것 같지 않고, 모자가 다른 관우까지도 봐줄 수 있다. 하지만 유난히 길고 아름다운 수염 때문에 '미염공(美髯公)'이라고까지 불렸던 관우가 너무 못생긴 수염 때문에 '추염공(醜髯公)'이라고 불린다면? 보기만 해도 우스꽝스러운 수염을 단 관우가 청룡언월도를 휘두르는 장면, 상상이 가는가? 이는 곧 한 개체의 동일성을 그것의 성질들의 총화로 볼 것인가, 개체의 동일성 자체는 성질에 무관하게 존재하며 성질은 그것에 부대하는 것으로 볼 것인가의 문제이다.

전자를 취할 경우 한 개체는 그 개체에 붙는 술어들의 총화이다. 철수는 곱슬머리이고, 눈이 작고, … , 음악을 좋아하고 스포츠에 관심이 없으며, … , A 대학을 나와 B 회사에서 근무하고 있으며, … 이런 술어들의 총화가 곧 '철수'가 아니라면 무엇이겠는가? 후자를 취할 경우, 철수는 우선은 철수 자체이다. 철수가 결심한 바가 있어 머리를 깎아 대머리가 되어도, 어떤 계기로 스포츠에 관심을 가지게 되어도, B 회사를 나와 C 회사로 옮겨도, … 철수는 철수인 것이다. 철수는 술어들의 총화가 아니라 그것에 그 술어들이 붙는 바의 '기체(基體)'가 아닐까? 이른바 '벌거숭이 특수자(bare particular)' 개념이 이런 생각을 대변하며, 이는 아리스토텔레스의 'hypokeimenon'과 로크의 "something-I-know-not-what"을 잇고 있는 개념이라 하겠다. 이 생각에 입각하면, 무수한 가능세계들에 존재하는 관우는 동일한 그 '벌거숭이 특수자'로서의 관우이며, 모호한 관우에서 유비에게 의리를 지키지 않은 관우에 이르기까지 그 관우에 이런저런 성질들이 상이한 방식으로 부대하는 것일 뿐이다.

그러나 이런 경우는 어떨까? 그 벌거숭이 특수자 관우에게 장비가 갖는 모든 속성들, 라이프니츠 식으로 말해 빈위들이 붙을 경우, 더 나아가 벌거숭이 특수자 장비에게 모든 관우의 속성들이 붙을 경우,[39] 우리가 아는 관우가 장비가 되고 장비가 관우가 된 이 희한한 경우에도, 어쨌든 이 관우의 기체는 여전히 장비이고 이 장비의 기체는 여전히 관우라고 말하는 것이 의미가 있는 것일까? 아니 이런 극단적인 경우로 갈 것도 없이, 언급했듯이 보기에도 민망할 정도의 추한 수염을 달고서 청룡언월도를 휘두르는 관우, 길고 아름다운 수염을 휘날리며 장팔사모(丈八蛇矛)를 휘두르는 장비가 잘 상상이 되는가? 이렇게 생각할 경우, 한 개체의 그 개체-임은 결국 그 개체의 속성들의 총화 — 적어도 주요 속성들, 빈위들에서의 특이점들의 총화 — 라는 생각이 성립한다. 그러나 이런 생각도 난관에 부딪칠 때가 있다. 한 개체에게서 우리가 너무나도 익숙하게 알고 있는 속성이 사실은 허상이었음을 알게 되는 경우가 그렇다. 마를렌 디트리히가 알고 보니 독일 스파이였다든가, 더 충격적인 것으로 지바고(파스테르나크)의 연인 라라가 소련 정부에서 파견한 지바고 감시자였다든가 하는 이야기들이 그렇다.(이런 이야기들이 사실인지와는 별개의 문제로.) 그러나 이런 경우들에도 우리는 마를렌은 마를렌이고, 라라는 라라라고 생각하지 않는가? 아리스토텔레스

---

39) 이는 너무 장난 같은 설정으로 생각될 수도 있겠지만, 가능세계들이 무수하다는 것 그리고 빈위들이 연속적으로 계속 변이한다는 것에 근거해 충분히 생각해볼 수 있다.

가 사실은 철학자가 아니었고 어떤 평범한 농부였다는 놀라운 사실이 드러
난다면, "아리스토텔레스"라는 이름은 그 농부를 가리키는 것일까 아니면
(아리스토텔레스가 아닌 어떤 다른 이름의) 그 철학자를 가리키는 것일까? 이
렇게 본다면 한 개체를 그의 속성들로 온전히 환원할 수 있을까라는 물음
이 제기될 수밖에 없는 것이다.

　앞의 벌거숭이 특수자의 관점이 가지는 문제점보다는 이 술어들의 총화
로서의 개체라는 관점이 가지는 문제점이 적은 것 같다. 하나의 개체는 긴
술어들의 총화가 고유명사에 붙은 것으로 이해할 수 있다. 예컨대 소크라
테스는 "기원전 479년경 아테네에서 태어났으며, … , 크산티페와 결혼했
고, … , 델포이의 신탁을 통해 자각을 이루었고, … , 플라톤 등의 제자들을
길러냈으며, … , 399년에 독약을 먹고 죽은 소크라테스"이다. 이때 고유명
사 소크라테스는 이 모든 술어들을 보듬는 존재이고, 따라서 이 존재와 이
술어들은 따로 떼어서 생각할 수 없다. '소크라테스' 없이 이 술어들이 의
미를 가질 수는 없으며, 이 술어들 없이 '소크라테스'는 그저 어떤 x가 되
어버릴 것이다. 그리고 이 술어들 중 소크라테스를 소크라테스이게 해주는
주요 술어들이 있고, 그것이 없어도 소크라테스가 소크라테스인 것들도 있
을 것이다. 물론 그 경계를 날카롭게 긋는 것이 간단한 문제는 아니겠지만.
　이런 해결책이 비교적 평범하고 상식적인 해결책이거니와, 어쨌든 통세
계적 동일성의 문제는 많은 존재론적-윤리학적 난제들을 담고 있는 현대
철학의 주요 화두들 중 하나이다.

　양상논리학이라는 새로운 논리학과 가능세계 형이상학이라는 일반 존
재론에서의 새로운 경지는 여러 분야에 응용되면서 다양한 성과를 내고 있
다. 전통적인 특수 존재론의 세 분야(신학, 우주론, 영혼론)에서는 물론이고,
현대 문화의 주요 요소들인 가상세계, 허구 등의 영역에서도 활발한 논의
가 전개되고 있다.[40]

---

40)　우주론적인 맥락에서는 와다 스미오의 『양자역학이 말하는 세계상』(和田純夫, 『量子力

　사유의 역사가 시작된 이래 철학자들은 늘 현실성을 넘어서는 차원(들)에 대해 사유해왔다. 경험으로 직접 확인되는 실존의 차원을 넘어 이성으로 포착할 수 있는 잠존의 차원을 사유해온 것이다. 이 차원은 '실재'라고 불리었다. 급진적인 경험론적 철학은 이 실재를 부정하거나 괄호치고, 지각의 차원에서 출발해 현실적인 철학을 구성하고자 했다. '근대성'을 특징짓는 핵심적인 한 측면은 실재의 거부와 경험의 탐구라는 이 정향에 있었다. 현대 철학은 실재 탐구를, 전-근대의 그것과는 판이한 방식으로 부활시킴으로써 사유의 새로운 국면을 열었다. 형이상학이 새로운 모습으로 귀환한 것이다.

　들뢰즈의 『차이와 반복』(과 『의미의 논리』)은 이런 실재 탐구를 그 가장 고전적인 형태로 보여주는 작품이다. 여기에서 실재는 가시적인 현실성 아래에서 생성하는 비가시적인 잠재성의 차원이며, 두 차원 사이에는 단절이 없다. 이는 가장 좁은 의미에서의 가능성으로서의 잠재성이다. 잠재성은 논리적 가능성을 뜻하지 않을 뿐만 아니라, 아리스토텔레스적인 잠재성=가능태 개념보다 좁은 개념이다. 노래 부르지 않는 가수도 가능태로서 여전히 가수라고 생각할 때, 현재 노래 부르는 가수와 현재 노래 부르지 않고 있는 가수 사이에는 불연속이 있다. 이와 달리 들뢰즈의 잠재싱은 인제나 현실성과 더불어 생성하는 '실재'이다. 들뢰즈에게 현실적으로 나타나는 '외연' 및 '질'에 입각한 사유는 (문자 그대로의 의미에서) 피상적인=표면적인 것이다. 외연들과 질들은 그 아래에서 생성하고 있는 '강도적인 과정'의 끝에서 나타난 결과일 뿐이다. 강도적인 과정은 이 과정의 끝에서 사라지기 때문에(물론 소멸되는 것이 아니다.), 피상적인 눈길에는 당연히 보이지 않는

学が語る世界像』, 講談社, 1994)을, 허구에 관련해서는 미우라 토시히코, 『허구세계의 존재론』(박철은 옮김, 그린비, 2013)을 보라.

다. 그러나 모든 x는 누층적인 dx들의 비율관계의 생성이 낳은 결과일 뿐이다.

이 사유는 본질과 현상을 가르고 본질을 현상을 가능케 하는 것으로 파악한 전통 형이상학의 구도와는 판이하다. 영원한 본질과 생성하는 현실이라는 구도와 정확히 반대로, 들뢰즈의 세계는 생성하는 잠재성과 그 생성의 결과로서의 현실성이라는 구도에 입각해 전개된다. 또, 이 구도는 영원불변의 아니면 적어도 규칙적인 법칙이 현상들을 결정론적으로 생성하게 만드는 과학의 구도와도 다르다. 생성하는 잠재성의 차원은 결정론적인 법칙의 차원이 아니라 새로움이 창발하는 차원이다. ① 과학적 탐구는 양화 가능한, 그리고 현실로서 주어진 변항들에서 출발한다. 설사 심층의 요소들에서 출발한다 해도, 그것들은 늘 등질적으로 양화된 요소들로서 상정된다. 반면 들뢰즈의 사유는 잠재성을 구성하는 질적 차생소들에서 출발한다. ② 들뢰즈의 사유는 일정한 질서를 표현하는 법칙이 아니라 차생소들의 매듭에서 이루어지는 비율관계, 이 비율관계들의 분포로서의 특이성들을 탐구한다. ③ 과학적 사유가 어떤 식으로든 대상의 동일성을 포착하고자 한다면, 들뢰즈는 끊임없이 차이생성하는, 누층적 생성 또는 강도적 과정을 통해 새로움을 낳는 잠재성을 탐구한다. 동일성들은 이런 차이생성의 결과들일 뿐이다. 이렇게 들뢰즈는 전통 형이상학은 물론 근대 과학을 극복할 수 있는 새로운 실재 탐구의 구도를 제시했다.

그러나 들뢰즈에게 현실성은 단지 잠재성의 결과/표면효과인 것만은 아니다. 현실성은 자체로서 의미를 내포한다. 『차이와 반복』이 잠재성의 형이상학을 전개했다면, 『의미의 논리』는 현실성('표면')에서의 사건의 철학을 전개한다. 달리 말해, 양자에게서 '잠재성'의 의미는 다르다. 전자에서 잠재성이 심층을 뜻한다면, 후자에서는 바로 표면-장 자체를 가리키기 때문이다. 이 표면-장은 때로 '형이상학적 표면'이라 불리기도 하는데(여기에서 '형이상학적'이라는 수식어는 기존의 의미와는 대척적인 뉘앙스를, 플라톤 사유가 역전된 것으로서의 스토아적 사유를 함축한다.), 때문에 '이념적인 것'은 놀랍게도 이 표면에 스며들게 된다. 삶의 표면 자체가 이념성을 내포하는 형이상학적 표면인 것이다.

이 점에서 들뢰즈의 양상론은 (양상논리학을 기반으로 전개된) 가능세계 형이상학과 판이하다. 후자에게서의 '현실세계'는 곧 들뢰즈에게서의 현실성과 잠재성(심층)을 포괄하는 '실재'를 가리킨다. 그리고 가능세계들은, 라이프니츠의 신학적 가능세계론이나 루이스의 가능세계 실재론과 같은 구별되는 경우들을 접어둔다면, 이 현실세계=실재에서 출발해 논리적으로 구성된 세계들이다.[41] 들뢰즈의 경우 후자의 맥락에서의 가능세계들은 어디까지나 '상상적인' 것들로서 이해된다. 그리고 가능세계 형이상학의 논의 구도에서는 들뢰즈에게서와 같은 현실성과 잠재성의 구분은 분명하게 개념화되고 있지 않다. 이들의 사유를 종합할 경우, 현실성과 잠재성, 이들을 합한 현실세계(실재세계), 그리고 가능세계들로 정리할 수 있다.

그러나 우리는 들뢰즈의 경우보다도 더 내재적인 방식의 가능세계론, 내가 '내재적 가능세계론'이라 부른 가능세계론도 생각할 수 있다.[42] 이는 현실성 자체를 현실세계와 가능세계들로 나누어 파악한다. 한 주체가 실제

---

41) **시뮬레이션/시뮬라시옹의 존재론**—가능세계 형이상학이 논리적으로 구성되는 가능세계를 다룬다면, 컴퓨터 공학과 대중문화는 기술을 통해 이미지로서 구현된 가상세계(virtual world)를 만들어낸다. 여기에서의 "virtual"은 들뢰즈의 '잠재적'이 아니라 상상적으로 구성되는 것으로서의 '가능한'을 가리킨다. 하나의 단어이시만("simulation") 기술적으로는 '시뮬레이션'으로 문화적으로는 '시뮬라시옹'으로 불리는 이런 조작은 플라톤이 '허상'으로서 개념화한 '시뮬라크르'의 조작이다. 이 가상세계는 가능세계론의 기술적-대중문화적 짝이라고 할 수 있다. 시뮬라시옹에 대해서는 장 보드리야르, 하태환 옮김, 『시뮬라시옹』(민음사, 2012)을 참조하라.

42) 들뢰즈 자신이 『의미의 논리』에 수록된 보론인 「미셸 투르니에와 타인 없는 세계」에서 이런 형태의 가능세계론의 씨앗을 뿌린 바 있다. 또, 들뢰즈가 마이농에 대해 한 언급을 인용했거니와 『의미의 논리』에서의 가능세계론은 『차이와 반복』에서의 잠재성 이론보다는 가능세계 형이상학의 가능세계론과 같은 맥락을 띤다. 이렇게 보면 들뢰즈에게는 내재적 가능세계론에서부터 잠재성 이론을 거쳐 가능세계 형이상학에 이르기까지의 논의 구도가 모두 존재한다고 볼 수 있다. 또, 『시네마』 등에 이르러서는 '상상적인 것'에 긍정적인 의미를 부여하면서 논의를 전개하고 있기 때문에, 그의 양상론은 매우 넓은 범위에 걸쳐 있다고 할 수 있다.

경험해가는 세계가 곧 하나의 현실세계이다. 그리고 가능세계들이란 그 주체가 아닌 타인들이 각각 경험해가는 세계들이다. 이 구도는 가능세계 형이상학은 물론 들뢰즈의 경우보다도 훨씬 경험론적인데, 기존의 두 이론은 '누구?'라는 물음이 빠진 추상적 구도에서 전개되지만 이 구도는 기본적으로는 특정한 '한 주체'(개인 또는 넓은 맥락에서는 어떤 타동물)를 논의 단위로 잡고 있기 때문이다. 이렇게 생각할 경우, 현실세계와 가능세계는 실체적으로 구분되어 있는 것이 아니라 주체들에게 상대적이다. 현실성은 그때그때 주체들의 관계에 따라 무수한[43] 현실세계/가능세계로 분절되며, 관계의 변화에 따라 계속 그 분절이 바뀌어간다고 할 수 있다. 세 친한 친구가 살아간 인생은 세 개의 현실세계와 그때그때의 두 가능세계가 계속 상관적으로 바뀌어가는 입체적이고 동적인 전체라 할 수 있다. 그리고 다른 사람들의 삶과의 교차를 생각해보면, 현실성이란 가늠하기 어려운 현실세계들과 가능세계들의 착종·변이의 과정이라 할 수 있다. 이 가능세계론은 주체와 타자들 사이에서의 현실세계/가능세계의 관련성을 탐구한다는 점에서, 존재론적일 뿐만 아니라 윤리학적인 성격을 띤 가능세계론이라 할 수 있다.[44]

내재적 가능세계론에서 현실세계는 한 주체가 경험해가는 세계이다. 그리고 가능세계들은 타인들의 세계들이다. 들뢰즈의 사유에서 현실세계＝현실성은 내재적 가능세계론에서의 현실세계들과 가능세계들 전체라고 할 수 있다. 가능세계 형이상학에서 현실세계는 들뢰즈의 현실성과 잠재성을

---

43) 지구에 존재하는 주체들의 수만큼이라고 할 수 있다. 주체의 범위를 어디까지 잡느냐는 그 자체로 하나의 문제이다. 일차적으로는 인간-주체로 잡을 수 있을 것이다. 그러나 이 경우에도 한 개인-주체만이 아니라 집단-주체도 생각할 수 있다. 예컨대 한 마을이, 즉 마을 사람들 대부분이 함께 경험했던 세계, 공동-경험의 세계는 하나의 현실세계로 볼 수 있다. 내재적 가능세계론은 일차적으로는 개인-주체를 중심으로 구성될 수 있지만, 주체의 범위는 유동적이다. 또한 언급했듯이, 반드시 주체를 인간에 국한할 이유도 없다. 한 사람과 그의 말[馬]이 모험에 찬 여정을 겪었다면, 이때 '그 사람＋그 말'(이라는 하이케이타스)의 경험이 하나의 현실세계를 구성한다고 할 수 있다.
44) 다음을 보라. 이정우, 「내재적 가능세계론을 향해」, 『무위인-되기』, 그린비, 2023.

합한 전체라고 할 수 있다. 그리고 두 경우 모두에서, 가능세계들은 이 현실세계로부터 구성된 세계들이다. 라이프니츠, 루이스 등 다른 경우들도 있지만, 우리는 가능세계론을 이상과 같이 일차 정리해볼 수 있다.

내재적 가능세계론: 현실세계 = (그 외연이 다양하게 상대적으로 규정되는) 한 주체의 경험세계, 가능세계들 = 타 주체들의 경험세계들

들뢰즈의 가능세계론: 현실세계 = 현실성(내재적 현실세계 및 가능세계들 전체), 가능세계 = ① 잠재성 또는 ② 형이상학적 표면 또는 ③ 가능세계들

가능세계 형이상학: 현실세계 = 현실성 + 잠재성 전체, 가능세계들 = 논리적으로 구성된 세계들

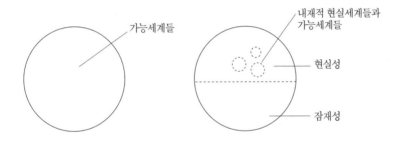

이상은 현실세계(와 가능세계들)의 외연을 어떻게 잡을 것이냐의 문제이거니와, 덧붙여 내용적으로 어떤 규준에 따라 현실세계와 가능세계들을 사유할 수 있을까를 생각해볼 수 있다.

앞에서 루이스에 대해 논하면서 언급했듯이, 가능세계들을 역사의 차원에 국한해서 논하는 것과 자연까지 포함해 논하는 것은 매우 다르다. 오장원에서 사마의가 죽은 세계, 안토니우스와 클레오파트라가 옥타비아누스를 무찌른 세계, 철수가 영희가 아닌 다른 여자와 결혼한 세계 등등을 생각하는 것과 인간의 평균 키가 100m인 세계, 인간의 뉴런의 수가 지금의 절반인 세계, 목성에 생명체들이 번성하고 있는 세계 등등을 생각하는 것은 매우 다른 것이다. 이 점을 분명히 하지 않은 가능세계론은 모호한 것이 될

수밖에 없다. 양자를 마구 섞어서 논하는 경우들이 적지 않거니와, 이런 논의 방식은 의식적이건 무의식적이건 조잡한 물리주의적 환원주의를 함축하고 있는 것이다.

또 하나, 가능세계들을 논한다 해도 그것들을 현재에 있어 논하는 경우와 과거에 있어 그리고 미래에 있어 논하는 경우는 매우 다르다. 이는 곧 가능세계론을 논리적-공간적으로 논하는 것과 생성존재론을 전제하고서 논하는 것 사이에는 큰 차이가 있음을 뜻한다. 생성존재론의 맥락에서 볼 때 세계의 근본 성격은 생성이고 그 원리는 시간이다. 어떤 것도 시간과 생성의 바깥에 놓이지 못한다. 때문에 이런 관점에서는 논리적-공간적 조작은 때로 인위적인 것으로서 간주된다. 반면 논리적-공간적 사유를 위주로 하는 가능세계론에서 시간과 생성은 2차적인 고려의 대상이다. 생성을 염두에 두고 논할 때, 현재에서의 현실세계는 현존하는 세계이며[45] 가능세계들은 이 현존하는 세계 이외의 세계들이다. 과거에서의 현실세계는 각각의 해당 과거에서의 현존하는 세계이며, 가능세계들은 현존하지 못했던 세계들(적벽대전에서 손권-유비 연합군이 패한 세계 등등)이다. 미래에서의 현실세계는 존재하지 않는다. 미래는 현실성이 아니기 때문이다. 가능세계들만이 존재한다. 가능세계들의 현실화 가능성의 정도가 다를 뿐이다. 이 점에서도 가능세계론에서 현재, 과거, 미래의 구분은 중요함을 알 수 있다.

이 외에도 예컨대 '환상/환각/환영' 같은 것은 현실적인 것인가 가능적인 것인가의 문제를 비롯해 가능세계를 논할 수 있는 다른 여러 구도가 가능하다. 가능세계론은 매우 많은 논의 가능성들에로 열려 있다. 이러한 논의들은 기본적으로 현실성에서 출발해 내재적인 가능세계론을 사유하고, 나아가 잠재성을 파악함으로써 세계의 보다 넓은 차원을 확보하고, 더 나

---

45) '현존하는 세계'는 현실성 전체를 가리킬 수도 있고, 내재적 가능세계론에서처럼 어떤 특정한 주체에게서의 현존하는 세계를 뜻할 수도 있다. 또, '현존하는'의 시간적 범위를 어떻게 설정하느냐도 문제가 된다.

아가 상상적인(논리적으로 구성된) 가능세계들까지 사유하되, 궁극에는 다시 현실성으로 돌아와 윤리/정치, 예술을 비롯한 삶의 문제들의 해결에 도움이 될 때, 아나바시스와 카타바시스의 전통에 충실할 때 견실하고 의미 있는 담론이 될 수 있을 것이다.

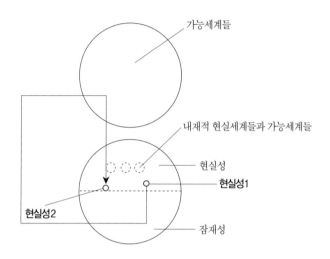

현대 철학은 한편으로 새로운 형이상학으로서 생성존재론을 전개했지만, 다른 한편 이전과는 다른 형태의 새로운 합리성들을 창출해내기도 했다.

한편으로 현대 철학은 기성의 합리주의, 즉 공간적 사유, 분석적 사유, 논리학적-수학적 사유를 비판하면서, 특히 근대 과학의 등질화, 합리주의, 일방향적 인과론 등을 극복하면서 생명철학, 사건의 철학을 비롯한 생기발랄한 존재론을 전개해왔다.

생성존재론의 이런 전개는 합리주의를 기각하는 것일까? 그러나 우리는 합리주의 역시 현대에 들어와 상당 부분 변모해왔다는 점을 잊지 말아야 한다. 현대 합리주의는 더는 근대 초에 형성되어 오랜 시간 학문의 세계를 지배해온 근대적 합리주의가 아니다. 유연하고 참신한 합리성의 개념들이 다수 발굴되어온 것이다.

현대 철학의 이 거대한 두 흐름을 수렴시켜가는 곳에 21세기 철학의 길이 있을 것이다. 생성존재론은 다양한 형태의 새로운 합리성들을 흡수하려는 노력을 통해서 막연한 '생성'으로만 가는 것이 아니라 생성의 결, 마디, 율동＝리듬을 잡아내는 합리적 생성존재론으로 갈 수 있다. '사건의 철학'은 그 정수라 할 것이다. 반대로 합리주의는 생성존재론의 가르침에 귀 기울임으로써 편협한 합리주의를 넘어, 캉길렘 등 여러 철학자들에게서 보았듯이 보다 유연한 형태의 합리성들을 사유해나가야 할 것이다.

생성존재론의 바탕 위에 다양한 형태의 합리주의적 사유들이 상감(象嵌)될 때 21세기 형이상학의 높은 경지는 가능해질 것이다.

— 3부 —

인간존재의 결들

7장 경험, 주체, 의미

전통적으로 철학은 크게 예비적인 철학과 이론 철학 그리고 실천 철학으로 대별되어왔다. 학문/사유의 기초를 이루는 논리학, 인식론, 언어철학이 철학의 나아가 모든 학문의 기초를 형성한다. 그리고 세계의 보편적이고 근본적인 해명을 목표로 하는 형이상학, 존재론, 자연철학, 우주론 등이 이론 철학을 형성했다면, 삶의 가치와 정향, 좋음과 싫음, 옳음과 그름을 논하는 윤리학, 가치론 등, 사회의 기초적인 운영 원리를 다루는 정치철학, 법철학, 교육철학 등이 실천 철학을 형성했다. 그러나 이 세 영역이 서로 무관한 세 분야가 아니라 하나의 전체를 이룰 수 있는 것은 세 원이 겹치는 교집합 부분이 있기 때문이다. 이 교집합 부분은 물론 '인간'이다. 바로 이렇게 사유하고 있는 존재 자신이 인간이며, 세계/우주에서 어떤 특별한 위치를 점하고 있는 존재가 인간이고, 윤리와 정치의 근간을 이루는 것이 또한 인간이다. '인간'은 바로 이런 교집합에 위치해 있고, 그래서 인간존재에 대한 사유는 모든 철학적 사유의 한가운데에 존재한다. 근대성의 도래 이래 인간의 자기 탐구는 '주체'의 개념을 중심으로 전개되었으며, 이는 탈-근대적 사유들의 도래 이후에도 마찬가지이다. 그러나 주체 개념에 접근하는 관점들은 다양하며, 우리는 현대 주체론의 흐름에서 여러 사유의 결들을 구분해낼 수 있다. 여기에서는 이 결들을 세 갈래로 파악해 논할 것이다. 논의의 흐름은 뒤의 갈래가 앞의 갈래를 극복해가는 과정을 이루지만, 그 끝에서 우리는 하나의 원환을 돌아 지나온 자신을 발견하게 될 것이다.

'경험적 주체와 선험적 주체'라는 근대 철학의 화두를 가장 직접적으로 물려받은 결은 현상학과 그에 관련되는 사유들이다. 이 사유들에서 경험적 주체와 선험적 주체를 둘러싼 논의들은 새로운 국면을 맞게 된다.

1절 인간: 세계의 주름

현상학의 창시자인 에드문트 후설(1859~1938)이 가졌던 문제의식은 우리가 앞에서 보았던 베르그송, 제임스, 니시다 등의 그것과 흡사한 것이었다. 이들처럼 후설 역시 19세기 서구 학문을 지배한 수량화, 결정론, 자연주의 같은 흐름들에 맞서 비-기계론적이고 탈-환원주의적인 사유를 전개하고자 했다. 그러나 후설은 베르그송 등처럼 생성존재론을 구축하기보다는, 오히려 '이념적인 것', '본질적인 것'을 사유하려 했다. 베르그송이 19세기 과학으로부터 시간과 생명, 창조를 구원하고자 했다면, 후설은 이념과 본질, 의미를 구원하고자 했다.[1] 다른 한편, 베르그송 등이 근대의 선험적 주체를 비판하면서 존재론적 전환을 이룬 것에 반해, 후설은 칸트의 선험적 주체 개념을 이어받아 새로운 형태의 주체철학을 건립하고자 했다. 이 점에서 후설의 길은 베르그송 등의 길과 출발점을 함께하지만, 생성존재론과는 판이한 길을 닦아나가게 된다.

---

1) 이는 요컨대 후설이 당대에 무너져내리고 있다고 판단했던 '유럽적 이성'의 구원을 뜻한다. "소크라테스가 윤리적 삶을 개혁한 것은 그가 참으로 만족한 삶을 순수한 이성에 입각한 삶으로 설명한 사실로 특징지을 수 있다."(『제일 철학 1』, 이종훈 옮김, 한길사, 1923~1924/2020, 63쪽) "르네상스 시대의 인간성은 무엇을 고대인의 본질로 파악했는가? (…) 그것은 철학의 형태를 띤 양식, 즉 순수 이성 — 철학에 기초한 자신의 원칙을 그의 삶 전체에 스스로 자유롭게 부여하는 것 — 이다. 여기서는 이론적 철학이 가장 근본이다. (…) 이것은 궁극적으로 세계 자체에서 세계에 내재하는 이성과 목적론 그리고 그 최상의 원리인 신을 인식하는 작업이다."(『유럽 학문의 위기와 선험적 현상학』, 이종훈 옮김, 한길사, 1936/2016, §3) "학문이 지혜로 나아간다는 신념, 실제적인 이성적 자기 인식, 세계 인식, 신에 대한 인식을 형성하고 이러한 인식을 바탕으로 '행복', 만족, 복지 등으로 항상 더 완전하게 형성할 수 있고 진정으로 살 만한 가치가 있는 삶으로 나아간다는 신념, 예전의 종교적 신앙을 대체할 이 위대한 신념은 그 힘을 대부분 잃어버렸다."(후설, 『형식논리학과 선험논리학』, 이종훈 옮김, 한길사, 1929/2019, 63쪽)

§1. 지향적 체험의 사유

인문학적 사유의 결정적인 핵은 '의미' 개념에 있다. 과학은 현상의 메커니즘을 밝혀내고 인문학은 현상의 의미를 읽어낸다. 이 점에서 현상학은 현대 인문학의 중요한 기초가 된다. 이런 맥락에서 볼 때 후설의 사유는 또한 19세기의 자연과학주의에 맞서면서 인간과학/정신과학을 새롭게 정초하고자 한 신-칸트학파의 사유와도 맥을 같이한다. 그러나 후설은 정신 '과학'의 논리를 수립하기 이전에, 과학이 성립하는 근본 전제인 경험의 차원을 파고들고자 했다. 경험은 경험하는 주체와 경험되는 대상/사태를 동시에 함축하지만, 경험하는 것은 어디까지나 주체이기에 무게중심은 주체에 걸린다. 여기에서 핵심은 이 주체를 경험적 주체가 아니라 선험적 주체의 차원에서 사유하는 것이다. 경험적 주체의 사유라면 그것은 심리학이 될 터이고, 리케르트가 딜타이를 비판했듯이 심리주의의 성격을 띠게 되기 때문이다. 후설이 사유하려 한 주체는 심리적 이치에 따라 경험하는 경험적 주체가 아니라, 자신의 경험을 근원적으로 정초하는 선험적 주체이다. 이 점에서 후설의 사유는 데카르트와 칸트의 길을 따른다.

> 실증적 과학들은 그 근본 토대를 새롭게 형성하려고 추구하는 경우에도, 데카르트의 성찰로 되돌아가서 파악하려는 것은 전혀 생각조차 하지 않는다. (…)『제1철학에 관한 성찰』이 순수한 사유하는 자아(ego cogito)로 되돌아감으로써 신기원을 이루었다는 것은 중요한 일이다. (…) 소박한 객관주의로부터 선험적 주관주의로 철저하게 전환하는 것 (…)[2]

이는 곧 기성의 모든 선입견들에 괄호를 치고, 바로 사유하고 있는 자아 자신으로 돌아가 철학을 새로이 하는 것이다. 그러나 데카르트의 "res

---

2) 후설·오이겐 핑크, 이종훈 옮김,『데카르트적 성찰』, 한길사, 1950/2002, 43쪽.

cogitans"는 "res extensa"와 마찬가지로 "res"이며, '선험적 주관주의' 같은 개념은 여전히 중세적 틀에서 사유했던 데카르트적 사유에서는 낯선 것이라 해야 할 것이다. 보다 직접적인 참조점은 칸트의 선험철학이다.

칸트는 현상을 단순한 외관이 아니라 물(物) 자체'의 현상'으로 만들었다. 그러나 이 현상은 어디까지나 인식 주체에 인식론적으로 종속되며, 인식 질료로서의 잡다에 그친다. 현상이 의미를 띠게 되는 것은 선험적 주체의 인식 틀에 의해 구성되었을 때이다. 현상과 주체의 마주침은 일방적이고 무미건조하다. 반면 후설에게서 현상의 나타남은 세계와 인간의 빛나는 마주침이며, 존재의 경이로움이고, 의미의 장소의 탄생이다.[3] 후설은 칸트의 물 자체를 제거하고, 물 자체가 띤 실재성, 존재론적 무게를 오히려 현상에 부여한다. 그에게서 현상은 더 이상 주체의 구성을 기다리는 잡다가 아니다. 후설은 본질을 현상 너머에서가 아니라 현상에서 찾는다. 장미의 물 자체와 현상이라는 이분법은 없다. 장미는 현상이지만, 그 현상 내에서 본질을 머금는다.[4] 그러나 핵심은 이 본질이 더 이상 고대적인 존재론적 본질

---

3) 현상학에서의 '현상'은 사물의 본질을 가리는 차폐막이 아니라, 오히려 사물의 본질이 스스로를 드러내는 모습이다. 이 점은 하이데거의『존재와 시간』, §7에서 인상 깊게 해명되고 있다.

4) **베르그송과 후설** ── 이 예에서 볼 수 있듯이, 후설은 개체 이상의 보편자로 나아가거나 이하의 미시적인 존재들로 나아가지 않는다. 그에게는 개체들이 일차적이다. 개체 이상의 보편자를 실체로 보는 사람들에게 개체들은 한 보편자의 예화들이다. 반대로 개체 이하의 물질들을 실체로 보는 사람들에게 개체는 그 물질들이 조합된 효과이다. 그러나 개체의 존재론적 위상을 존중하는 사람들에게는 개체 이상의 보편자들도 개체 이하의 물질들도 어디까지나 추상물들이다. 그 추상물들을 통해 개체들을 보다 넓고 깊은 맥락에서 이해할 수 있다는 것은 분명하다. 그러나 개체들은 그 추상물들로 환원될 수 있는 것은 아니며, 그 추상물들의 효과들인 것도 아니다. 베르그송의 사유는 어떤 측면에서는 생명의 생성 전체를 사유하는 거대한 사유이고, 또 어떤 측면에서는 극히 미시적인 질들을 위주로 한 사유이기도 하다. 그렇기 때문에 그의 사유는 그 중간의 차원에는 그다지 많은 눈길을 주지 않는다. 그에게는 개체-화가 개체들보다 더 근본적인 것이기 때문이다. 현상학이 베르그송으로부터 떨어져 나오는 것은 바로 이 지점에서이다. 후설에게서는 "모든 원본적으로(originär) 부여하는 직관이 인식의 권리원천"이라는 원리가 모든 원리들 중의 원리이다.(Ideen, §24) 사태를 있는 그대로 드러내주는 직관이 모든 인식의 권리원천이다.

이 아니라 어디까지나 '의미본질'이라는 점에 있다. 어떤 현상의 본질은 그것의 의미본질=노에마이다. "Phänomenologie"는 "phainomenon" 자체 내에서 "logos"를 찾는다. 후설은 현상을 탐구했지만, 현상을 두 겹으로 만들었다고 할 수 있다. 후설에게서 고대적인 본질주의와 근대적인 경험주의는 독창적인 방식을 통해 화해한다.

이렇게 현상 가운데에서 본질을 직관하는 것은 곧 '현실적인 것'에서 '이념적인 것'을 구분해낸다는 것을 뜻한다. 참된 인식이란 이 이념적인 것을 인식하는 것이다. 이 점에 관련해 후설이 행한 초기의 작업은 논리학을 심리학으로써 설명하고자 한 심리주의를 비판한 것이었다. 특히 후설은 심리학주의가 회의주의로 귀착함을 강조했는데, 이는 곧 흄 이래의 경험론 전통에 대한 비판이라 하겠다.[5] 논리학적 진리는 심리적인 것으로 환원되지 않으며, 어디까지나 객관적인 '이념적인 것'에 있다. 본질을 파악하는 것은 무엇보다도 "오직 충전적(充塡的, adäquat) 이념화 속에서 본질을 직관적으로 현전화함으로써만"[6] 가능하다. 이념화=이념작용(Ideation)은 현실적인 것에서 이념적인 것을 분리해 직관하는 것을 뜻한다. 그리고 이념화는 충전적일 때에만 의미를 가진다. 충전적 이념화로써 본질을 직관해서 그것을 명석·판명하게 표상하는 것이 곧 본질의 인식이다.

그러나 후설에게서의 이념적인 것은 플라톤적인 이데아와 성격을 달리한다. 플라톤의 이데아는 대상의 표면(외관)과 주체의 표면(감성)이 형성하는 '감각 가능한 것'의 차원을 솎아내고 주체의 본질('노에시스'를 행하는 영혼)과 대상의 본질 즉 이데아가 조응(照應)함으로써 성립한다. 반면 현상학

베르그송의 '직관'과 후설의 '직관'이 비교된다. Ideen＝Edmund Husserl, *Ideen zu einer reinen Phänomenologie und phänomenologischen Philosophie*, Felix Meiner, 1913/2009.

5) 후설, 이종훈 옮김, 『논리 연구 I』, 민음사, 1900/2018, 7절.

6) 후설, 『논리 연구 I』, 333쪽. "선험적 현상학은 사실의 학이 아닌 본질의 학('形相'의 학)으로서 정초될 것이다. 그것은 결코 '사실'이 아닌 오로지 '본질 인식'만을 확립하려는 데 목적을 둔 학문이다."(Ideen, "Einleitung")

자인 후설에게서 이념적인 것은 대상과 주체의 현존의 장에서 성립한다. 그렇다면 이제 해명되어야 할 것은 이 현존의 장에서의 대상의 본질 — 'to ti ēn einai'가 아니라 '의미본질'로서의 노에마 — 에 조응하는, 경험하는 주체에서의 본질 즉 노에시스로서의 주체를 해명하는 일이다.[7] 이는 다른 것이 아니라 현상학적 맥락에서의 선험적 주체를 해명하는 일이다. 다만 이는 경험적 주체의 알맹이를 찾는 것이지 경험적 주체를 부정하는 것이 아니라는 점에 주의하자.

여기에서 경험적 주체의 알맹이란 일반적 경험의 흐름에서 대상들의 의미본질을 인식할 수 있게 해주는 의식의 핵을 뜻한다. 후설은 '의식'이라는 존재를 세 방향에서 파악한다. ① 경험적 자아의 실질적인(reell) 현상학적 존립 요소 전체로서, 체험의 흐름이 통일되는 가운데 심리적 체험이 짜인 것으로서의 의식. ② 자신의 심리적 체험에 대한 내적 깨달음(Gewahrwerden)으로서의 의식. ③ 모든 종류의 '심리적 작용'이나 '지향적 체험'을 통합하는 명칭으로서의 의식.[8] 여기에서 핵심은 **지향적 체험**이다. 후설에게서 선험적 주체의 실마리가 드러나는 곳은 '지향성'의 개념이다. 지향성은 지향적 체험으로서의 의식의 활동이 띠는 성격이다.

의식은 사물이 아니다. 그것은 단지 어떤 공간을 차지하고 있는 것이 아니다. 그리고 단지 다른 사물들과 물리적 인과관계를 맺고 있는 것도 아니다. 의식은 어떤 고정된 무엇이 아니라 순수 활동성이며, 항상 스스로를 초월해 바깥으로 향한다. 의식이란 항상 무엇인가에 대한 의식이다. 의식은 끊임없이 스스로를 초월하며, 항상 타자를 향하고 타자에 대해서 존재한

---

7) 노에마와 노에시스의 맞물림은 흄과 칸트 이래 끊어져버린/막혀버린 존재와 사유의 끈이 다시 이어졌음을 뜻한다. 후설에게서 '존재와 사유의 일치'는 새로운 형태로 소생하게 되는 것이다. 이 점은 칸트와 후설 사이의 본질적 차이이며, 후설이 한편에서는 선험적 주체에 무게중심을 두는 유럽 근세 철학을 잇고 있지만 다른 한편으로는 '존재'와 '주체'를 다시 서로 맞물린 관계로 복원함으로써 고대 철학을 잇고 있다는 점을 드러낸다.

8) 후설, 이종훈 옮김, 『논리 연구 II-1』, 한길사, 1901/2018, 421쪽.

다. 의식에게서 존재한다는 것은 곧 활동한다는 것이다. 의식은 항상 '지향적 대상'을 가지지만 이는 이 대상의 실재성 여부와는 상관없다. 유피테르 신을 상상할 때 의식은 유피테르 신을 향한다. 물론 유피테르 신이 객관적으로 실재하지는 않는다. 그럼에도 의식이 유피테르 신을 지향하고 있다는 사실에는 변함이 없다.[9] 유피테르 신은 지향하는 의식 안에 있는 것이 아니라 지향적 대상으로서 그 의식 바깥에 있는 것이다. 이 점은 지향성 개념을 통해 밝혀진 주목할 만한 점이다.

또 하나 핵심적인 것은 의식이 지향하고 있는 것은 대상 자체이지 대상의 표상물이 아니라는 점이다. 표상주의/간접지각론에 따르면, 우리는 장미 자체를 지각하는 것이 아니라 물리적-생리적 메커니즘을 통해 우리 내부에 맺힌 그것의 표상물＝상(像)을 지각하는 것이다.(9장, 2절에서 논함) 그러나 후설은 말한다. "나는 사물을, 자연의 대상을, 정원 한가운데 있는 나무를 지각한다. 다른 어떤 것이 아닌 바로 그것이 지각작용의 '지향'의 실제 대상이라는 것을."(Ideen, §90) 사물과 그것의 모상, 존재론적으로 전혀 다른 이 두 존재들 사이의 상응은 무엇으로 보장되는가? 그 상응을 보장하려면 그것들 사이의 유사성을 보장해주는 제3의 존재가 필요할 것이고, 이런 식의 논리는 무한소급으로 귀착되지 않을 수가 없다.[10] 후설은 선험적 관념론의 사유를 전개했지만, 이는 버클리의 경우에서와 같이 대상의 즉자성을 부정하는 관념론과는 다르다. 의식과 그 대상은 직접적인 현존의 장에서 상

---

9) "나는 유피테르를 비스마르크와 똑같이, 바빌론 탑을 쾰른 대성당과 똑같이, 정천각형을 정천면체와 똑같이 표상한다."(후설, 『논리 연구 II-1』, 452쪽)

10) 이 점은 다소 다른 맥락에서 군지도 지적하고 있다. "(마음속의) 색 견본(모상)을 참조해서 사과의 색에 일치시킨다면 그 색 견본은 어떻게 해서 붉음일 수 있는가? 색 견본과 시각 이미지(사과의 붉음) 사이의 이른바 기호로서의 일치는 정의되었다 해도, 그것이 붉음이라고 간주될 이유는 어디에도 없다. 붉음의 이유는 또한 색 견본을 붉음이라 부르기 위한 두 번째 색 견본을 요구한다. 따라서 이러한 문제 설정 방식은 항상 무한퇴행으로 귀착한다. (…) 이렇게 '외관'을 일방적으로 인간 내부로 귀속시킴으로써 생기는 모순을 회피하기 위해 깁슨은 '어포던스' 개념을 제창했던 것이다."(『생명 이론』, 168~169쪽) 우리는 9장, 1절, §5에서 이 개념을 다룰 것이다.

대에게 스스로를 밝게 드러내고 있으며,[11] 또한 노에마와 노에시스로서 서로 굳게 맞물려 있다.

지향적 체험의 알맹이는 의미이다. 지향적 체험으로써 대상을 경험하는 것은 곧 그것을 무언가로서, 어떤 의미로서 경험하는 것이다. 경험적 주체는 대상을 지각하지만, 선험적 주체는 대상의 의미본질을 직관한다. 초기에 후설은 의미본질과 그것을 지향적으로 체험하는 주체를 다소 플라톤적으로 사유했다. 한 의미본질을 지향적으로 체험하는 여러 주체들의 경험에서, 그것은 각각의 예화들로서 나타난다고 이해한 것이다. 그러나 사유가 진전

---

11) 이 점을 사물들은 표상=재현되는(re-presented) 것이 아니라 현시되는(presented) 것이라고 할 수 있다. 다만 이것이 단적으로 대상의 전모가 주체에게 드러난다는 것을 뜻하는 것은 아니다. 대상들은 대개 음영(Abschattung)을 동반하고서 나타난다.(후설, 김태희 옮김, 『사물과 공간』, 아카넷, 1907/2018, §30) 그러나 '음영' 개념이 지각에서의 회의주의를 함축하는 것은 아니다. 현상학은 합리주의처럼 지각을 벗어나 실재를 찾지도 않지만, 경험주의처럼 지각을 어떤 질들('감각자료', 앞에서 보았듯이 러셀은 "색깔의 아주 작은 조각, 소리, 순간적인 것 같은 이런 것들"이라 했다)에 국한하지도 않는다. 이 경우 (인상과 그림들에서처럼) 표면적 질들만이 출렁대고 '사물'은 사라져버린다. 우리가 재떨이를 볼 때 우리가 보는 것은 이런 바탕 없는 질들이 아니라 '바로 그 재떨이'일 뿐이다. "Abschattung"은 단순한 음영 구조가 아니라 음영의 부분성을 극복하면서 대상 자체의 지각으로 나아가는 과정이다. 후설은 대상들을 그 위(그것을 한 예화로 가지는 보편자)로 환원하는 것도, 그 아래(예컨대 원자들)로 환원하는 것도, 또 그 표면(예컨대 센스-데이터)으로 환원하는 것도 거부했다. 이것이 "사태 자체로!"라는 표어의 핵심이다.

칸트, 후설과 의식철학/주체철학 —— 그러나 후설의 선험적 관념론에는 의식철학/주체철학의 그림자가 분명하게 남아 있다. "의식과 실재 사이에는 진정한 의미의 심연이 놓여 있다. 한쪽은 음영지어진 존재, 결코 절대적으로 주어지는 존재가 아닌 우연적이고 상대적인 존재이며, 다른 한쪽은 원리상으로 음영짐과 나타남을 통해 주어지지 않는 필연적이고 절대적인 존재인 것이다."(Ideen, §49) "세계의 정립은 '우연적인' 정립인 데 반해, 나의 순수 자아와 자아로서의-삶의 정립은 '필연적이고' 단적으로 의심 불가능한 정립이다. 사물적인 것은 생생하게 주어지는 경우라 해도 역시 존재하지 않을 수 있지만, 생생하게 주어지는 체험은 존재하지 않을 수 없다. 이것이 후자의 필연성과 전자의 우연성을 정의하는 본질적인 법칙이다."(Ideen, §46) 단적으로 말해 세계 없는 의식은 상상할 수 있어도, 의식 없는 세계는 상상할 수 없다. 유사한 생각을, 그러나 존재론적/우주론적 방식으로 펼치고 있는 경우로는 이돈화, 『신인철학』(한국사상연구회, 1930/1963)을 보라.

되면서 후설은 의미본질을 어디까지나 그것을 지향적으로 체험하는 각 주체에 상관적인 것으로 보기 시작한다. 무게중심이 선험적 주체 쪽으로 이동한 것이다. 그러자 초기에는 플라톤주의자로서 비판받았던 후설이 이번에는 유아론자로 비판받기에 이른다. 그러나 (상호주관성 문제는 뒤에서 논하겠지만) 의미본질이 선험적 주체에 상관적이라 해도, 그것의 대상으로서의 객관성이 부정되는 것은 아니다. 이런 맥락에서 '의미지향'과 '의미충족'의 구분은 중요하다. 의미지향은 대상의 객관성에 상관없이(예컨대 그 대상이 환상이어도 무방하다.) 성립하며, 따라서 모든 의미지향은 의미본질을 지향한다. 그중에서 대상으로서의 객관성이 존재하는 경우에, 그 의미지향은 충족된다.[12] 이 구분은 그의 사유가 선험적 주체에 무게를 둔다고 해서, 그것이 버클리 식의 관념론이 아님을 분명하게 보여준다.[13] 노에마=의미본질은 객관적인 대상들의 노에마와 비-객관적인 대상들의 노에마를 포괄하는 것이다.

후설은 기호 차원에서의 의미지향, 이미지 차원에서의 의미지향, 그리고 직접적인 지각에서의 의미지향을 구분하기도 한다. 이 중에서 핵심적인 것은 물론 마지막의 것이다. '현재화(Gegenwärtigung)'를 통해, "개체적 대상들의 명증성"을 통해 대상이 원본적으로 소여되는 의미지향이야말로 충족된 의미지향인 것이다. 아울러 이런 맥락에서 후설이 언어의 차원에 중점을

---

12) "한편으로는 (…) '의미를 부여하는 작용' 또는 '의미지향'이라 한다. 다른 한편으로 (…) 그 의미지향을 다소 적절하게 충족시키는, (…) 표현의 대상적 관계를 현실화하기 위해 표현의 논리적 근본에 관계된 작용이다. (…) 이 작용을 '의미를 충족시키는 작용' [의미충족]이라 한다."(『논리 연구 II-1』, 60쪽)

13) 메를로-퐁티에게서는 실재론적 경향이 보다 분명하게 나타난다. "진정한 '코기토'는 주관의 존재를 그가 존재해야만 한다는 생각에 입각해 정의하지 않으며, 세계의 확실성을 세계에 대한 사유의 확실성으로 바꾸어버리지도 않으며, 또한 세계 자체를 세계의 기호작용으로 대체하지도 않는다. 오히려 그것은 내 사유 바로 그것이 하나의 양도할 수 없는 사실임을 깨닫고, 나를 '세계-에로의-존재(être-au-monde)'로서 발견함으로써 모든 형태의 관념론을 제거한다."(PP, 13) PP=Maurice Merleau-Ponty, *Phénoménologie de la perception*, Gallimard, 1945.

두는 사유들을 비판했다는 점도 음미해볼 만하다. 그는 언어적 차원의 인식은 반드시 선(先)술어적 경험에 뿌리 두어야 한다고 본 점에서 철저한 경험주의자였다.[14) 이것은 언어적 차원을 폄하하는 것과는 상관이 없다. 후설에게서도 인식/지식은 언어적 차원에서, 판단에서 성립한다. 핵심은 어떤 판단이든 그것이 진리를 담보하려면, 의미지향과 의미충족이라는 선-술어적 차원에서의 지향적 체험에 의해 밑받침되어야 한다는 점에 있다.

§2. 노에시스와 노에마

이제 의미본질의 직관이 어떻게 가능한지 그 구체적인 방식을 제시할 필요가 있다. 플라톤 이래 철학자들은 인식의 길을 제시하기 전에 우선 '카타르시스'를 강조했다. 염색을 잘하려면 우선 표백을 해야 하는 것이다. 이런 과정은 후설에게서도 발견된다. 현상학적 인식의 출발점은 '자연적 태도'에 괄호를 치는 것이다. 자연적 태도는 상식의 태도이다. 후에 하이데거가 '일상성'으로서 분석하게 될, "언제나 나에 대해서 '거기 주어져 있는' 것이며, 나 자신 거기 동참하고 있는"(Ideen, §27) 이 '세계/세상'을 자연스럽게 받아들이는 태도이다. 자연적 태도란 곧 '주위세계'에 대해 내가 취하는, 상호주관적인 방식으로 우리가 취하는 소박실재론의 태도이다.

지향적 체험을 통해 의미본질을 직관하기 위해서는 이 자연적 태도를 벗어나야 한다. '태도 변경'이 필요한 것이다. 후설은 데카르트의 방법적 회의를, 더 멀리로는 퓌론의 회의주의를 비판적으로 계승해 '에포케(판단 중지)'를 역설한다.

설사 내가 마치 순전히 나의 자유인 듯이 이것[판단중지]을 수행한다 할지라도, 소

---

14) 후설, 이종훈 옮김, 『경험과 판단』, 민음사, 1939/2016, 83쪽 이하를 보라.

피스트인 양이 '세계'를 부인하는 것이 아니며 회의론자인 양이 세계의 거기-있음(Dasein)을 의심하는 것이 아니다. 다만 시공간적인 거기-있음에 관한 모든 판단을 완전히 닫아버린 '현상학적' epoché를 수행하고 있는 것이다.(Ideen, §32)

중요한 것은 판단 중지가 상식에 대해서만이 아니라 우리가 세계에 대해 가지고 있는 이런저런 지식들에 대해서도 역설된다는 점이다.[15] 일체의 선입견을 배제하고 대상과 주체의 순수한 만남을 추구하는 것이다.

데카르트가 방법적 회의의 끝에서 사유하는 자아("ego cogito"), 사유활동(cogitatio)을 발견했다면, 후설은 판단 중지를 통해서 "현상학적 잔여로서의 순수의식"(선험적 의식, 순수 자아, 선험적 주체)을 발견했다. 바로 지향적 체험을 실행하는 의식/주체이다.

세계를 그 상관자로 하는 자연적인 이론적 태도에 대립하여 어떤 새로운 태도가 (…) 가능함이 틀림없다. (…) 경험된 것, 초월적인(객관적인) 자연을 이론적으로 탐구하는 것이 아니라 이제 '현상학적 환원'을 수행한다. (…) 모든 정립태들(자연적 태도의 일반적 정립)을 "무력화시키며" 그 정립태와 함께하지 않는 것이다. 그리고 우리의 파악하는, 이론적으로 탐구하는 시선을 그 절대적인 고유성에서의 순수 의식에로 돌리는 것이다. 바로 이 순수 의식이 우리가 추구했던 '현상학적 잔여'로서 남는 그것이며, 이는 우리가 모든 사물들과 생명체들, 인간들, 우리 자신까지

15) "이 자연적 세계와 관련 맺고 있는 모든 과학에 대해서도, 비록 그것들이 내게 그토록 확고하며 그토록 놀랍게 다가오며 또 내가 그것들에 반대한다고는 추호도 생각하지 않지만, 나는 그 모든 과학들과 관계를 끊으며 그것들의 타당성을 결코 끌어들이지 않을 것이다."(Ideen, §32) 2장, 4절에서는 여러 영역들에 있어서의 '현상학적 환원'(각종 형태의 모든 초월에 괄호를 치고, 지향적 체험을 순수하게 받아들이는 것)을 논하고 있다. 아울러『제일 철학 2』, 134쪽 이하를 보라. 그러나 앞에서 바슐라르의 인식론에서 확인했듯이, 상식과 과학(특히 고도의 과학) 사이에는 큰 인식론적 단절이 존재한다. 따라서 상식과 과학을 연속적으로 파악해 함께 다루는 이 대목에서 현상학의 약한 고리가 생성된다.

통틀어 세계 전체를 "배제하고서라도" 남아 있는 자연인 것이다.(Ideen, §50)

선험적 자아는 경험적 자아와 별개인 어떤 자아가 아니다. 앞에서 후설이 현상을 두 겹으로 만들었다고 했거니와, 자아 역시 두 겹이 된다. 하나의 동일한 자아가 경험적 자아로서 또 선험적 자아로서 활동한다. 앞에서(1장, 1절, §5) 니시다가 의식을 두 겹(직관과 반성)으로 분화시켰음을 논했거니와, 후설은 다른 방식으로 자아를 이중화한 것이다. 경험적 자아의 껍질을 벗겨내고 선험적 자아를 찾으려는 후설의 노력은 현실적 자아의 덮개를 걷어내고 참자아= '아트만'을 찾으려는 힌두교를 연상시키지만, 선험적 자아는 어디까지나 인식론적 맥락에서 성립하는 개념이며 또 아트만과 같은 실체성을 가지지 않는 순수 활동성으로 이해되는 개념이라 해야 할 것이다.[16]

환원을 통해 의식에 나타나는 것은 '감성적인 질료'와 '지향적인 노에마'이다. 지향적 체험을 통해 의식은 대상에 의미를 부여한다. 후설에게서 의미는 발견되는 것이 아니라 부여되는 것이다. 그러나 이 부여는 주관이 객관에 자의적으로 행하는 부여와는 거리가 멀다. 현상학적 환원을 통해 대상의 지향적 노에마가 드러나는 과정 자체가 지향적 체험을 통해 의식이 의미를 부여하는 과정이기 때문이다. 물론 이 과정에서 능동적 위치를 점하는 것은 역시 선험적 의식이며, 후설이 구성(칸트의 "Konstruktion"을 이은 "Konstitution") 개념을 사용하는 것도 이러한 맥락에서이다. 그러나 후설의 구성은 질료적인 잡다에 형상적인 틀을 부여하는 칸트의 구성과는 달리 노에시스의 지향적 체험과 그 체험에 드러나는 노에마= 의미본질이 서로 맞물리면서 이루어지는 지향적 체험 과정에 다름 아니다.[17] 구성의 주체는

---

16) "체험하고 있는 자아는 그 자신 스스로 취할 수 없는 그리고 고유한 탐구 대상으로 될 수 없는 그러한 것이다. 자아의 '관계 방식' 또는 '태도 방식'을 접어둔다면, 그것은 본질적인 구성 성분이라고는 전혀 없는, 텅 비어 있고 해명되어야 할 것이라곤 전혀 없는 그 자체 서술 불가능한 것이다. 그것은 순수 자아일 뿐이며 그 이외의 어떤 것도 아니다."(Ideen, §80)

역시 노에시스이며 노에마를 우선 접어둔 노에시스는 생각할 수 있어도 노에시스를 전제하지 않는 노에마는 있을 수 없는 것이 사실이지만, 그럼에도 현상학이 드러내고자 하는 것은 결국 노에마이다. 노에마는 감성적인 질료와 함께 드러나므로, 중요한 것은 '노에마적 핵'을 찾는 일이다.

> 우리는 본질적으로 주어진 것에 순수하게 내맡김으로써 우리가 기다리는 대답을 얻을 수 있다. 우리는 그때 '나타나는 것 자체'를 완전한 명증성 속에서 충실하게 기술할 수 있을 것이다. 이에 대한 또 다른 표현은 "노에마적 관점에서 지각을 기술한다"는 것이다. (…) 단적인 나무는 불에 탈 수도 있고, 화학적인 원소들로서 분해될 수도 있다. 그러나 의미 ── 이 지각의 의미, 지각의 본질에 필연적으로 속해 있는 것 ── 는 불에 탈 수 없으며, 어떠한 화학적 원소도 어떠한 힘도 어떠한 실재하는 속성도 갖고 있지 않다. (…) 지각은 지각의 노에마적 의미, 즉 '지각된 것 자체'를 갖고 있으며, 공간 속 거기 꽃이 피어 있는 이 (인용 부호와 함께 이해된) 나무를 그리고 바로 현상학적으로 환원된 지각의 본질에 속하는 상관자를 갖고 있다는 사실 (…)(Ideen, §§88~90)

이 노에마적 핵은 그때그때마다 노에시스의 맥락에 따라 다른 방식으로

---

17) 이 점에서 후설에게서의 의미 '부여'는 조심스럽게 이해되어야 하며, 주체에 의한 일방향적인 구성을 뜻하지 않는다. 이 점은 메를로-퐁티에게서 더욱 분명해지는데, 그에게 의미는 세계 ── 주체에 대비되는 세계가 아니라 세계-전체 ── 에 내재해 있는 '로고스'이며, 현상학의 목표는 이 로고스를 발견해내는 것에 있다. 다만 이 '로고스' 역시 조심스럽게 이해되어야 한다. "문제는 우리에게서 그리고 세계 내에서 의미와 무의미의 관계가 무엇인지를 이해하는 것이다. 세계에 의미가 존재한다는 것이 상호 무관한 사실들의 모임이나 마주침에 의해 생겨나는 것인가, 아니면 반대로 절대이성의 표현인 것인가? (…) 우리는 의미작용들의 요람으로서의 세계와 더불어 모든 의미들의 의미, 모든 사유들의 토대를, 실재론 아니면 관념론, 우연 아니면 절대이성, 무의미 아니면 의미라는 양자택일을 넘어설 수 있는 길을 발견할 것이다."(PP, 491~493) 의미는 세계 내에 즉자적으로 존재하는 것도 아니고 주체에 의해 만들어지는 것도 아니며, 세계와 주체가 접혀 있는('주름') 현상학적 경험의 장에서 생성해 나오는 것이다.

나타나지만, 그 핵 자체는 항상 동일하다. 그것을 의미 '본질'로 이해할 수 있는 것은 이 때문이다. 노에마는 이념적인 것이다. 이는 곧 노에시스는 늘 시간 속에서 이루어지지만 노에마(의 핵)는 시간을 넘어서 존재함을 뜻한다.[18] 노에시스의 생성과 노에마의 존속의 관계를 해명하는 것은 후설 사유의 오저(奧底)이며 충분히 해명되지 못한 대목이기도 하다.

후설 사유의 귀결은 노에마이지만, 정작 그의 논의에서 노에마는 뚜렷이 제시되지 않는다. 노에마에 대한 그 많은 언급에도 불구하고 그것이 도대체 무엇인지를 알 수 없다. 그의 저작들은 나무의 노에마를 찾는 많은 논의들로 채워져 있지만, 그 나무의 노에마가 무엇인지는 끝내 알 수가 없다. 마치 무수한 논의들이 노에마 주위를 빙빙 도는 듯하다. 결국 후설은 우리를 노에마의 문 앞으로 데려갈 뿐 그 문을 열어주지는 않는다. 생각해보면 이는 당연한 것이다. 지향적 체험은 '체험'이다. 체험은 각자가 하는 것이다. 체험의 문 앞에 데려다줄 수는 있어도, 체험의 주체는 결국 각 개인인 것이다. 후설은 안내자이고 지향적 체험 자체를 하는 것은 우리 각자이다. 후설의 저작들을 읽으면서 얼핏 "도 닦는" 듯한 느낌을 받는 것도 아마 이 때문일 것이다. 누가 깨달음을 대신 해줄 수 있을 것인가?[19]

---

18) 그래서 노에마의 구성 이전에 노에시스 자체 내에서의 구성을 논할 필요가 대두된다. 이는 곧 (들뢰즈 식으로 표현해서) '시간의 세 가지 종합'에 대한 논의이다. 후설은 『시간의식』(이종훈 옮김, 한길사, 1905/2018)에서 이 작업을 수행한다. 후설의 시간론은 이른바 후기 생활세계 현상학의 맥락에서 등장한 것이 아니라, 오히려 선험적 현상학의 필수 전제라 해야 할 것이다.

19) 후설 사유를 이은 철학자들에게서 예술이 유난히 중요한 역할을 하는 것도 바로 이 점과 관련되는 것이리라. 어떤 예술작품들은 바로 지향적 체험을 일반 언어보다 더 생생하게 보여주는 예들이기에 말이다.

§3. 의식의 현상학에서 신체의 현상학으로

후설의 현상학에서 대상의 의미는 오로지 그것이 노에시스의 지향적 체험의 대상이 될 때에 드러난다. 단적으로 말해 의식의 지향적 체험 바깥의 차원은 의미를 가지지 못한다. 이 때문에 그의 사유는 '유아론'이라는 비판을 받기도 했다.[20] 그러나 후설 스스로가 이런 점을 의식하고 있었다. 사실 후설이 대상에서의 노에마 바깥의 차원을 제거했다고 말할 수는 없다. 그랬다면 굳이 감성적인 질료와 노에마를 함께 언급할 이유도 없었고, 노에마'적 핵'이라는 표현을 쓸 필요도 없었을 것이다. 그러나 선험적 현상학이 순수의식과 순수대상을 마주 세우고, 비-순수를 그저 순수가 드러날 수 있게 해주는 배경으로만 간주한 한에서, 그것은 유-아-론은 아니라 해도 유-'순수의식-순수대상'-론이라고 할 수 있다. 이것은 '주체와 객체', '의식과 대상'이라는 구도를 취했던 근대 철학의 한 극단적 형태라고 할 수 있다.

어떤 면에서 이는 플라톤 철학의 독특한 변형이라고도 할 수 있다. 플라톤은 순수사유와 그 상관자인 순수대상 — '노에시스', '노에마'는 다름 아닌 이런 맥락에서 탄생한 개념 쌍이었다 — 을 만나게 하기 위해 그 사이를 가로막고 있는 감성적 차원을 솎아내고자 했다.[21] 후설은 정확히 반대로, 순수의식과 그 상관자인 순수대상(달라진 의미에서의 노에시스와 노에마)이

---

20) 다음과 같은 구절이 이런 분위기를 짙게 풍기는 예이다. "'순수성' 그 자체에서 고찰된 의식은 스스로 닫혀 있는 존재연관으로서 간주해야 하며, 아무것도 그 안으로 꿰뚫고 들어갈 수 없고 아무것도 그로부터 벗어나 달아날 수 없는 절대적인 존재의 연관으로서 그리고 어떠한 시공간적인 외부도 갖지 않으며 어떠한 시공간적인 연관 그 내부에서 존재할 수도 없는, 절대적인 존재로서 어떠한 무엇으로부터도 인과성을 경험할 수 없고 어떠한 무엇에 대해서도 인과성을 행사할 수 없는 (…) 절대적 존재로서 간주해야 한다는 것이 명백하다."(Ideen, §49)

21) 물론 흔히 말하는 것처럼 플라톤이 이 차원을 제거한 것은 아니다. 오히려 사물의 진상은 감성적 차원에 그 실마리를 드러내고 있기 때문이다. 진상과의 만남은 감성적 차원을 거쳐서만 이루어질 수 있다. 특히 사물들 중에는 우리로 하여금 사유하지 않을 수 없도록 강제하는 것들이 있는 것이다.

맞물려 있는 현상학적 차원 바깥을 솎아내고자 했다. 그때에만 사물의 진상(의미본질)을 확보할 수 있기 때문이다. 후설의 '현상학'은 반(反)플라톤적 성격을 띠지만, 이렇게 보면 사실 인식론적으로는 뒤집어진 플라톤주의이기도 하다. 그러나 어떤 형태가 되었든 '순수'의 추구는 그 초점에 들어오지 않는 많은 것들을 배제함을 뜻한다. 하지만 철학은 삶의 다양한 면모들을 포용적으로 사유해야 한다. 후설은 이런 문제점을 극복하기 위해 경험적 자아에서 분리되는 선험적 자아가 아니라 경험적 자아 안에서 활동하는 선험적 자아를 탐구한다.[22] 세속을 탈피함으로써만 가능한 깨달음이 아니라 세속적 삶 안에서의 깨달음이야말로 진정한 깨달음이라고 생각하는 것에 유비할 수 있을 것이다.

구체적 경험의 모래를 털어내고 순수사유와 순수대상의 금을 찾아내기보다, 문자 그대로 '具體的'인 경험을 사유한다는 것은 곧 사유의 축을 의식으로부터 신체로 이행시킴을 뜻한다. 근세 인식론을 논하면서 대개의 경우 신체란 '감각 자료들'을 마음에 전달해주는 감광판/수용기에 불과했다는 점을 여러 번 언급했다. 후설에게서 신체는 감광판/수용기이기를 그친다. 그것은 그 고유의 두께를 가지게 된다. 순수사유와 순수대상은, 이 개념들을 굳이 유지하고자 한다면, 이 두께를 솎아냄으로써가 아니라 이 두께 안에서 이루어지는 생성을 따라가면서 논할 수 있다. 말하자면 양자는 흔들리는 두 초점이 어느 순간 일치하게 되는 그런 국면들에서나 성립한다고 하겠다. 신체의 현상학은 이 국면들을 포함하는, 그러나 그 흔들림의 과

---

22) 이는 선험적 현상학이 띠는 정관적(靜觀的)인 성격을 탈피하는 문제이기도 하다. "지금까지 우리는 의식과 대상 즉 노에시스와 노에마의 지향적 관계에 몰두했기 때문에, 가능적인 의식의 다양체들[노에시스들]이 동일한 대상[노에마]에 관해 극화(極化)되는 (…) 종합만 나타났다. 이제 우리의 두 번째 극화인 (…) 이 종합은 노에시스의 특수한 다양체들 모두를 남김없이 그리고 고유한 방식으로, 즉 동일한 자아의 다양체들로서 포괄한다. 또 이 동일한 자아는 의식이 활동한 것과 촉발된 것인 모든 의식체험 속에 살고 있고, 이 의식체험들을 통해 모든 대상-극에 관계되어 있다."(『데카르트적 성찰』, 120쪽)

정들 전체를 포용하는 현상학으로서 성립한다. 아니, 신체는 바로 이 현상학의 중심-장이다.[23] 이 때문에 신체의 현상학은 시공간에 대한 보다 역동적인 개념화를 요청한다. 칸트의 감성론에서 시간과 공간은 인식 주체 내에 장착되어 있고, 인식질료는 이 아프리오리한 형식에 의해 주형에 찍히듯이 좌표화된다. 반면 후설의 감성론은 신체의 두께에서 이루어지는 세계와 주체의 얽힘을 개념화한다. 이는 공간론적으로는 신체의 운동-감각(Kinästhese)이 사물 구성의 가능성의 조건이라는 논의로 나타난다.[24] 운동-감각적 신체-주체를 통해서 음영이 함축하는 비-충전성이 극복되어가면서 '사물'이, 더 나아가 지각-장 전체가 밝아지는 것이다. 이는 시간에 대해서도 마찬가지로 이야기할 수 있다.[25] 신체의 현상학은 신체-주체와 그것이 경험하면서 밝혀주는 지각-장을 논의의 중심에 놓는다.

세계와 신체-주체가 얽혀 있는 차원에서 사유한다는 것은 곧 사유의 축을 순수 자아로부터 공히 세계-내-존재인 주체들이 타인들과의 상호-주체적 관계로써 살아가는 생활세계로 옮아감을 뜻하기도 한다. 주관성은 상호주관성에 있어서만 구성행위를 수행할 수 있는 자아이다. 그래서 이제 의미의 구성은 후설이 '세계의 상호주관적 구성'이라고 부른 것으로서 이해된다.[26] 이는 곧 생활세계 내에서 상호주관적으로 의미를 찾아나가는 과

---

23) 이는 데카르트로 대변되는 근대적 공간 개념과 극적으로 대조적이다. 아리스토텔레스적인 주관인 공간 개념을 솎아냄으로써 등질적 우주의 개념을 확립했던 근대 공간론이 다시 전복되어 각인의 신체가 중심에 놓이는 주관적 공간에 대한 새로운 사유가 펼쳐지고 있는 것이다. 데카르트의 '원점'에 바로 각인의 신체가 놓인다.

24) 후설, 『사물과 공간』, §44 이하. "나타남의 결과는 신체가 연출하는 운동과 제휴해간다는 사실이 언제든 언급되어야 한다."(후설, 이종훈 옮김, 『수동적 종합』(1918~1926), 한길사, 2018, 72쪽) 후설에게서는 이 역동적이고 수동적인 과정('선-술어적 명증성') 위에서 능동적이고 추상적인/개념적인 존재자들이 성립한다.(『경험과 판단』, §14) 후설의 논의는 제임스, 베르그송 등 생성존재론자들의 논의와 상통한다.

25) 시간 역시 등질적이고 익명적인 시간이 아니라 누군가의 현재 그리고 이 현재와 입체적 통일을 이루고 있는 과거 지향(Retention)과 미래 지향(Protention)이 지각-장을 밝혀준다.(후설, 『시간의식』, §10 이하) 공간에 대해 시간을 우위에 놓았던 베르그송, 하이데거 등과는 달리 후설에게서 공간과 시간은 서로 뗄 수 없이 얽혀 있다.

정이다.

> 우리는 세계에로 존재하기에, 의미를 떠나서는 존재할 수 없다. 그리고 역사에서 한 이름을 취하지 않고서는 [역사의 바깥에서는] 어떤 것도 행할 수 없고 어떤 것도 말할 수 없다.
>
> (…)
>
> 현상학적 세계란 순수 존재에 속하는 것이 아니라, 내 경험들의 교차 그리고 내 경험들과 타인들의 경험들이 서로 맞물림으로써 만들어지는 교차에서 드러나는 의미 [의 세계]이다. 그래서 그것은 내 지나간 경험들을 지금의 경험들 안에서, 타인의 경험을 내 경험 안에서 다시 취함으로써 통일성을 이루게 되는 주체성과 상호주체성으로부터 분리될 수 없는 것이다.(PP, 20)

메를로-퐁티(1908~1961)는 경험주의와 주지주의(합리주의)는 공히 이 현상학적 세계를 만족스럽게 파악하지 못함을 지적한다. 경험주의 예컨대 행동주의는 행동에서의 주체성을 제거해버리고 그것을 오로지 기계적인 자극-반응의 과정으로 파악한다. 행동을 단순한 요소들로 분석하고 그것들을 연합해서 설명한다. 그러나 인간의(넓게는 유기체의) 행동은 대상의 속성과 주체의 의도가 섞여 있는 곳, 즉 세계와 주체가 겹쳐져 주름을 형성하는 곳인 신체-주체에서 성립한다.[27] 주지주의는 이 현상학적 장을 어떤 순

---

26) 후설, 『유럽 학문의 위기와 선험적 현상학』, §49. 유사한 문제를 다루면서도, 후설 사유에 결여되어 있는 역사적-정치적 맥락이 보완된 시도로 広松渉, 『世界の共同主観的存在構造』(岩波文庫, 1972/2017)를 보라.

27) 이 점은 병자의 행동에서도 분명히 드러난다. 실독증 환자의 병은 (행동주의자들이 파악하는 것과 같은) 행동의 내용이 아니라 그 전체적인 구조와 관련이 있다. 그것은 관찰되어야 하는 것이 아니라 이해되어야 하는 것이다. 이는 곧 환자의 행동은 어떤 기계적인 메커니즘을 통해서가 아니라 오히려 '의미작용'을 통해서 이해되어야 함을 뜻한다.(메를로-퐁티, 김웅권 옮김, 『행동의 구조』, 동문선, 2008, 119~120쪽) 거미는 사람이 거미줄에 의도적으로 먹이를 붙여놓아도 그것을 먹지 않는다. 먹잇감이 거미줄에 걸려들어 거미줄이 진동을 일으킬 때에만 그것을 먹이로 취급하는 것이다. 이런 행동 역

수한 개념들로 환원하고자 한다. 그러나 메를로-퐁티는 이런 주지주의의 사유는 인간의 삶이 철저하게 육화된(incarné) 것임을 망각하고 있음을 지적한다.[28] 추상적인 개념들로의 이런 환원은 인식과 실존 사이에 깊은 골을 드리운다. 물론 인간은 상징 수준의 의미작용을 살아간다. 그러나 메를로-퐁티는 일반적인 언어의 의미작용은 어디까지나 육화된 차원에서의 의미작용으로부터, 몸의 파롤로부터 변형되어 나온 것임을 역설한다.[29] 신체의 지각은 언어로 추상화되기 이전에 이미 그 자체가 하나의 '표현'인 것이다. 현상학적 차원은 경험주의적 환원주의로도 주지주의적 환원주의로도 해소되지 않는, 세계와 주체가 주름-잡혀 있는 양의성의 차원이며,[30] 이 차원의 생생함과 의미작용적 풍부함은 현상학적 서술을 통해서만 드러날 수 있다.

시 거미에 원래부터 장착되어 있는 능동성(이 경우는 본능)과 관련된다. 이 사실은 행동주의자들에 의해 발견되었지만, 메를로-퐁티는 이것이 의미하는 것은 "학습은 서로 외재적인 신경 사건들의 연합으로 해석될 수 없다"라는 것임을 역설한다.(164~178쪽) '신호' 수준의 일반 동물의 차원을 뛰어넘어 '상징' 수준의 의미작용을 살아가는 인간의 경우에는 더욱더 그렇다고 할 수 있다.

28) 때문에 메를로-퐁티는 게슈탈트 심리학이 경험주의의 한계를 넘어선 점을 긍정적으로 평가하면서도, 이론적으로 구성된 것을 실재로 고착시키는 것에 대해서는 비판적이었다.(『행동의 구조』, 3장)

29) "사람들은 몸짓이나 파롤이 신체를 변형시킨다고 지적하곤 했지만, 단지 그것들이 사유나 영혼의 잠재력을 전개한다고 또는 현시한다고 말하는 것에 만족했다. 그들은 신체가 몸짓이나 파롤을 표현하려면 결국 사유나 의도가 되어야만 한다는 것을 보지 못한 것이다."(PP, 239) 그러나 메를로-퐁티는 소쉬르 언어학(넓게는 구조주의 사유)의 공헌도 인정했으며, "언어에 대한 객관적 과학"과 "언어의 현상학" 사이의 변증법을 추구했다.(S, 140) S = Merleau-Ponty, *Signes*, Gallimard, 1960.

30) "우리는 데카르트적 전통에 따라 우리를 대상으로부터 떼어놓는 데 익숙해 있다. (…) 대상은 전적으로 대상이고, 의식은 전적으로 의식이다. (…) 그러나 신체-자체(corps propre)의 경험은 우리에게 모호한/양의적인 실존의 양태를 드러낸다. (…) 내 신체는 자연적인 주체와도 같고, 내 존재 전체의 잠정적인 스케치와도 같다."(PP, 249) "내 몸이 보고 있으면서 동시에 보일 수 있다는 것, 여기에 수수께끼가 있다. 모든 것을 응시하는 내 몸이 또한 동시에 응시될 수 있고, 그래서 보고 있는 것에게서 그 보고 있는 잠재력의 '다른 면'을 알아본다. 내 몸은 보고 있는 스스로를 보며, 만지고 있는 스스로를 만지며, 스스로에 대해서(pour soi-même) 볼 수 있고 느낄 수 있다."(OE, 18~19) OE = Merleau-Ponty, *L'Oeil et l'esprit*, Gallimard, 1964.

§4. 신체의 공간과 시간

"나는 '존재 안의 구멍'(헤겔)이라기보다는 차라리 형성되기도 하고 또 와해될 수도 있는 패임, 주름이다."(PP, 260) 이제 신체-주체와 지각-장이 접혀 있는 이 차원의 구체적 모습을 공간(과 시간)이라는 주제에 초점을 맞추어 음미해보자.

우선 방향 잡기의 문제를 생각해볼 수 있다. 여기에서도 경험주의는 실험 결과를 연합주의적 방식으로 설명하며, 주지주의는 몸 없는 추상공간에서의 정향에 대해 논한다. 그러나 특별히 고안된 안경 —— 이 안경을 쓰면 세상의 방향이 역전된다고 한다 —— 을 사용한 실험이 보여주듯이, 신체는 단순히 객관적인 대상인 것이 아니라 변화하는 상황들에 자신의 본연의 정향을 가지고서 맞선다. 또, 신체의 정향은 고전 역학에서의 공간과 같은 등방적(等方的)인 공간이 아니라 어디까지나 신체-주체적인 공간에서의 정향이다. 세계는 언제나-이미 내 신체에 의해 파악되어 있고, 동시에 내 신체는 언제나-이미 세계에 육화되어 있다. 우리의 신체는 물체들처럼 세계에 들어 있는 것이 아니라 세계를 '살고' 있다. 신체의 공간은 이미 '구성된' 공간이며, 우리가 흔히 다루는 기하학적인 공간은 신체의 이런 주관성이 배제된 공간이다. 우리의 실제 삶에서 '존재한다'는 것은 몸으로써 존재하는 것이며, 또한 '상황지어져 존재한다(être situé)'는 것이다. 다소 다른 뉘앙스에서 니시다가 역설했듯이, 존재한다는 것은 항상 '~에 있어서' 존재하는 것이다. 그래서 추상공간에서 한 사물의 방향을 반대로 하는 것은 아무것도 의미하지 않지만, 실제 지각의 장에서, 신체-주체에게서 무엇인가의 방향을 반대로 하는 것은 그것의 의미작용을 박탈하는 것이 되어버린다.(PP, 301) 우리는 아리스토텔레스의 장소론을 극복하고 데카르트적 공간 위에서 사유와 문명을 구축해온 수백 년 서구 사유의 끝에서, 이제 흥미로운 역전이 도래했음을 목도하고 있다.

체험된 공간의 성격은 깊이의 경우에 더 두드러지게 드러난다. 추상적인 공간에서 깊이는 너비, 높이와 동등한 자격을 갖추고 있으며, 등질공간에서 삼자의 구분은 전적으로 임의적이다. 그러나 체험된 공간에서 깊이는 너비, 높이와는 다른 성격을 띤다. 너비와 높이는 주체의 눈앞에 거의 등거리로 펼쳐져 있는 외연들이다. 너비, 높이가 극히 클 경우 주체의 시선에서 멀어지는 것이 사실이지만, 이 둘은 일차적으로는 주체의 눈앞에서 펼쳐진다. 그러나 깊이는 주체가 정면에서 볼 수가 없어 기하학적 조망이 어려우며 (세잔은 이런 상황을 자주 그렸다.[31]), 가로수 길을 따라 차가 멀어져갈 경우처럼 운동이 동반될 경우 주체의 시선에서 계속 벗어난다. 주체는 깊이를 조망할 수 없으며 따라가기도 힘들다. 깊이를 따라가기 위해 우리는 눈을 가느다랗게 해 긴장시켜야 하고, 아득함을 느껴야 한다. 깊이는 "사물들과 나 사이의 분리할 수 없는 맞물림"을 증험해준다.(PP, 305) 그리고 깊이가 동반하는 속도에 따라서도 이 맞물림은 달라진다. 멀어져가는 차의 지각에서

---

31) **세잔과 메를로-퐁티** —— 메를로-퐁티에게 세잔은 감각과 지성, 보는 화가와 생각하는 화가, 자연과 구성 사이의 이분법을 극복하고자 한 화가이다. 그는 감각을 통해서 사유함으로써 전통 회화를 넘어서고자 했고, 사유로써 감각에 주목했기에 인상파의 '흐름'을 넘어 사물들의 사물성을 회복시키고자 했다. 공간에 대해서도 그는 '생생한 원근법'을 추구했다. 세잔에게서 자연과 정신은 신체의 현상학적 장, 지각의 현상학을 통해 그 이원성을 탈각하게 된다. "정신은 응시들에 있어 보이고 읽히는 것이지만, 이 응시들이란 결국 채색된 양상블들에 다름 아니다. 타인들의 마음은 그 얼굴과 몸짓에 깃들어 육화된 것으로서만 우리에게 주어진다. 여기에서 영혼과 신체, 사유와 시각을 대립시키는 것은 의미를 잃는다."(Merleau-Ponty, *Sens et non-sens*, Gallimard, 1966/1996, p. 21)

눈과 귀 —— 시각을 통해 진리의 드러남과의 마주침을 사유한 메를로-퐁티와 대조적으로 사르트르는 시각이란 지능의 도구이며, 사물들의 실재성을 그 안에 녹여버림으로써 세계를 소화해버리는 선험적 주체의 인식론(브렁슈비크 등의 칸트적 인식론. 사르트르는 후설도 그 그림자 안에 들어 있다고 보았다.)과 짝을 이룬다고 비판했다. "나는 그 검은 것(마로니에 뿌리)을 보고만 있었던 것이 아니다. 시각은 추상적 발명품, 정화되고 단순화된 관념, 인간의 관념일 뿐이다. 형태 없이 힘없이 현존하는 그 검은 것은 멀리에서 시각과 후각 그리고 미각을 넘쳐흘렀다."(Jean Paul Sartre, *La Nausée*, Gallimard, 1938, p. 186) 시각에 뿌리 두는 관념은 실재를 소화할 수 없어 구토를 일으킨다. 반면 노래는 구토를 사라지게 한다.(p. 41) 주체와 세계가 겹쳐진 주름인 신체적 장에서 현상학적 진리가 현현하지만, 이 현현에서 활동하는 감각적인 통로는 양자에게서 다르다.

우리는 공간과 시간과 신체가 함께 엮여 변화해가는 과정을 체험한다. 깊이의 체험은 우리가 몸으로서 존재한다는 것, 세계의 시공에 언제나-이미 참여되어(engagé) 있는 주체라는 것을 드러낸다.

이 점은 운동의 문제에서도 잘 드러난다. 체험적인 공간에서 운동은 추상공간에서의 기하학적 파악의 대상이 아니다. 베르그송과 마찬가지로 메를로-퐁티 역시 "운동은 그것이 객관적 사유가 그것에 제공한 정의에 가장 부합하는 바로 그 순간 사라져버린다"고 보았다.(PP, 320) 운동 지각의 토대가 되는 것은 물론 신체이다. 운동은 세계와 신체가 맞물려 변화해가는 과정에서 실재성을 가진다.

> 구름은 종탑 위를 떠 가고 강물은 다리 아래를 흘러갈 것이다. 우리가 응시하고 있는 것이 구름과 강이라면, 종탑은 하늘을 가로질러 떨어질 것이고 다리는 멈추어버린 강물 아래로 미끄러질 것이다. (…) 응시의 행위에 있어, 장(場)의 어떤 부분에 운동체의 가치를 주고 어떤 부분에 바탕의 가치를 주는가는 그것들과의 관계를 수립하는 우리의 방식에 따라서이다.(PP, 329)

이렇게 운동은 공간 속의 한 대상이 아니라 주체가 세계와 더불어 자신을 신체적으로 표현하는 한 방식이다. 예컨대 주체의 감정은 단지 내면적인 것이 아니라 체험적 공간을 통해서 표현된다. 몹시 기쁜 상황에서 우리의 몸은 날아오를 듯하고, 매우 슬픈 상황에서는 땅바닥으로 꺼질 듯이 무너져 내린다. 운동은 주체와 세계의 공(共)-표현, 라이프니츠와는 다른 뉘앙스에서의 '상호 표현(entr'expression)', 즉 신체적 표현을 떠나서는 생각할 수 없는 것이다.

체험된 공간의 사유는 데카르트 이래 상식화된 등질적이고 등방적인 공간이 아닌 신체-주체의 공간임을 이상과 같이 방향성, 깊이, 운동에 대한 현상학적 검토에서 확인할 수 있다. 이런 이해는 우리를 기하학적 추상화 이전의 경험 — 그 자체 원자론 등 추상적 사유에 물들어 있는 근세 경험주의의 경험이 아니라 현상학적으로 다시 이해된 경험 — 의 차원으로 데려간다. 나아가 이 공간현상학은 우리에게 근대적인 공간 개념으로부터 배제되었던 타자들의 공간을 이해할 수 있는 시야를 열어준다. 현상학적 환원을 통해서 우리는 밤의 공간, 성적 공간, 신화적 공간, 꿈의 공간, 미개인·어린이·정신병자 등의 공간이 우리가 상투적으로 이해하는 공간과는 다른 형태의 공간들임을 확인할 수 있다.[32) 물론 이것이 이 공간들이 서로 아무 상관 없는 주관적이고 파편화된 공간들임을 주장하는 것은 아니다. 어떤 경우에도 인간은 '세계-에로의-존재'이기 때문이다. 이 공간들은 오히려 현상학적 공간이 얼마나 풍부하고 다원적인지를 알려준다. 그래서 지각의 현상학을 상식의 복권이나 새로운 버클리주의 또는 심리학주의로 단순화해서는 곤란하다. 상식이 오히려 지각의 현상학을 가로막을 수 있다. 지각현상학은 세계를 지각된 것으로 환원하는 것이 아니라 오히려 지각이 세계-에로의-존재에게서만 충실히 성립함을 역설한다.[33) 현상학은 단순한 심리주의, 주관주의가 아닌 것이다.[34) 메를로-퐁티의 경우 노에마=순수

---

32) 당대에 '미개인들의 심성'에 대한 레비-브륄의 연구(『원시인의 정신세계』)는 현상학자들의 관심을 불러왔다. 후설이 레비-브륄과의 교신을 통해 교감을 나눈 바 있으며, 하이데거는 『존재와 시간』, §17에서, 메를로-퐁티는 논문 「철학과 심리학」(S, 159~183)에서 이에 관련해 논한다. 레비나스는 "il y a"에 대한 그의 독창적인 분석에서 레비-브륄의 "융화(participation)" 개념을 활용한다.(『존재에서 존재자로』)

33) 그러나 버클리와 메를로-퐁티 사이에는 중요한 연결고리가 존재한다. 그것은 이들이 근세 서구 철학의 핵심적인 아포리아인 '제1 성질들'과 '제2 성질들' 사이의 구분을 파기한다는 점이다. '지향성' 개념은 근세 철학의 표상 모델 — 감각기관들과 감각 가능한 것들의 일치, 그리고 지성과 인식 가능한 것들의 일치 — 에서 벗어나, 언제나-이미세계 안으로 스며들어 있는 주체성과 언제나-이미 주체 안에 스며들어와 있는 세계의 주름에서 사유할 수 있도록 해주었다. 근세 철학적인 표상 모델의 그림자를 여전히 간직했던 후설과 달리 메를로-퐁티에게서는 이 점이 보다 분명해진다.

34) "경험의 체계는 내가 신이기라도 한 것처럼 내 앞에 펼쳐지지는 않는다. 나는 어떤 관점에 입각해서만 그것을 체험할 수 있다. 나는 그것을 조감하는 존재가 아니라 그것의 한 부분이며, 나의 지각이 유한하면서도 또한 동시에 (모든 지각의 지평으로서의) 세계 전체에로 열린 것이 될 수 있도록 해주는 것은 내가 어떤 관점에 내속되어 있다는 (inhérent) 사실이다."(PP, 357) 라이프니츠와 니체에게서처럼 메를로-퐁티에게서도

372

대상과 노에시스=순수사유가 마주보는 것이 아니라 세계와 주체가 신체의 장, 지각의 장에서 혼효하고 있다.

공간에 관한 이상의 논의는 기본적으로는 시간에 관한 논의에도 적용될 수 있다. 시간은 인생의 "sens"(의미, 방향, 감각)이다. 시간은 "강물처럼 흘러간다"고 표현되고 또 시계라는 기계를 통해서 측정되지만, 메를로-퐁티에게 시간은 우리가 그것의 바깥에서 관찰할 수 있는 대상이 아니다. 현재, 과거, 미래는 주체의 삶의 세 차원들로서 공존하고 있으며, 주체성이 탈각된다면 이 개념들은 의미를 상실한다. 시간은 '외연'을 가진 대상이 아니며, 베르그송이 지적했듯이 그것은 공간화된 시간일 뿐이다. 과거는 계속 살아서 현재와 함께하며, 미래는 이미 현재에 와 있어 나는 그것을 감지할 수 있다. 역으로 현재는 어떤 동일성으로서 존재하기보다 늘 과거, 미래로 향하면서 탈자적(脫自的)으로 생성한다. 시간의 주체성의 차원이라는 것이 의식이 시간을 구성한다는 것을 뜻하지는 않는다.("내가 내 심장 박동의 저자가 아니듯이, 나는 시간의 저자가 아니다.") 주체성이 주체성이려면 그것은 늘 타자에게로 자신을 열어야 하며, 탈자적으로 존재해야 하기 때문이다. 이 점은 이미 지향성 개념에 함축되어 있는 바이다. 시간은 우리가 그 안에 들어 있는 외연도 또 우리가 능동적으로 구성하는 대상도 아니다. 시간이란 우리의 삶의, 우리의 존재의 (칸트적 뉘앙스가 아니라 현상학적 뉘앙스에서의) 선험적 조건이다. 그것은 "선(線)이 아니라 지향성들의 그물"이다.(PP, 479)

§5. 타인의 문제

현상학적 사유가 이룩한 가장 빼어난 공헌들 중 하나는 '타인'에 대한 사유에 있다. 타인의 존재, 자아와 타인들의 상대적-상호적인 관계, 함께 이

관점은 주관적인 것이 아니라 존재론적인 것이다.

루어지는 상호-타인들의 삶은 너무나도 당연한 것이어서 수천 년을 헤아리는 철학사이건만 본격적으로 주제화되지 못했다. 현상학자들은 타인이라는 존재에 대해 묻기 시작했다.

타인은 단순한 '대상'이 아니다. 타인들과 나는 그 외의 다른 존재자들과 구분되는 하나의 장('인간세')을 구성한다.

> 두 종류의 그리고 오직 두 종류만의 존재양태가 있다. 공간에 펼쳐져 있는 대상들의 존재양태인 '즉자존재'와 의식이라는 존재양태인 '대자존재'가. 타인은 내 앞의 한 즉자일 것이지만, 그러나 또한 대자로서 존재한다. 타인은 나로 하여금 어떤 모순된 대면에 직면할 수밖에 없도록 만든다. 내가 그를 나 자신으로부터 구분해야 하는 (다시 말해 그를 대상들의 세계에 위치지어야 하는) 동시에, 그를 의식으로서(다시 말해 바깥도 없고 부분들도 없는 그런 존재로서) 받아들여야 하기 때문이다. 의식인 한에서의 타인은 그가 바로 나 자신이기 때문에 내가 그에게 접근할 수 있고, 그의 안에서 대면하는 이와 대면되는 이는 잘 구분되지가 않는다.(PP, 407)

인간과 인간은 다른 대상들을 만날 때처럼 만나는 것이 아니라 '상호주관적 의미작용'의 장에서 만난다. 이 점은 어른과 아기 사이에서조차도 확인된다. 겨우 15개월 된 아기는 아빠가 장난으로 그의 손가락을 하나 입에 넣으면 자신도 입을 벌린다. 거울을 본 적도 없고 또 이도 나지 않은 아기가 말이다. 아빠 안에 이미 아기가 들어 있듯이 아기의 안에도 또한 아빠가, 그가 '아빠'인지도 모른 채 들어 있는 것이다. 의식의 지향성은 주체 — 아무리 어린 주체라 해도 — 로 하여금 언제나-이미 탈자적으로 존재하도록, 스스로를 타자들 안에 넣고 타자들을 자신의 안에 넣도록 만든다. 지향성을 가진 존재들 사이에서의 상호 지향성은 애초에 개별자들의 닫힌 동일성이라는 것을 허락하지 않는다. 우리는 상호적 주관성을 통해서 언제나-이미 서로에게 깃들어 있는 것이다. 주관성들이 모여 상호주관성을 이루는 것이 아니다. 주관성들보다 상호주관성이 먼저 존재하며, 개별 주관성은 이

상호주관성의 장으로부터 추상된 존재이다.

그러나 이런 구조는 주체들의 행이자 불행이다. 개별 주관성을 명확하게 의식한다는 것은 어른이 되었다는 것이다. 어른이란 무구한 상호주관성의 장에서 추락한 타락천사이다. "'코기토'와 더불어 헤겔의 말처럼 타자의 죽음을 추구하는 의식들의 투쟁이 시작된다."(PP, 413) 타락천사들은 천상에서의 기억을 가슴속에 간직하고 있기에, 메를로-퐁티에게서 인정투쟁은 코제브의 그것을 순화한 형태로서 전개된다. 타인들은 닫힌 개별성이 불가능할 정도로 상호-주관적이지만, 동시에 그들 사이의 온전한 '통(通)'은 불가능하다. 온전한 통이 가능하다면 사실 '상호성' 자체가 불필요하게 될 것이며, 오히려 개별성이 사라져버릴 것이다. 개개인은 각자의 주체성을 벗어날 수 없다. 이는 사랑하는 사람들에서조차도 마찬가지이다. 한쪽은 자신의 전부를 바쳐 사랑하지만 다른 한쪽은 오히려 그런 사랑이 자유의 구속으로 느껴진다. 어떤 면에서 유아론은 피할 길 없는 진리일지도 모른다. 그러나 고독과 소통은 양자택일적인 두 항이 아니라 한 현상의 두 계기일 뿐이다. 타인 없이는 고독에 대해서 말할 수도 없고, 타인에게 다가서기 힘들다고 푸념할 수도 없기 때문이다.

지각하는 나, 그렇기에 스스로를 보편적 주체로서 놓는 나, 이 나는 어떻게 곧장 이 보편성을 빼앗아버리는 타자를 지각할 수 있는가? 나의 주체성 그리고 타인에게로의 나의 초월을 동시에 정초해주는 핵심 현상은 내가 나 자신에게 주어져 있다는 이 점이다. 나는 주어져 있다. 다시 말해 나는 이미 물리적이고 사회적인 한 세계 내에서 처(處)해 있고 참여해 있는 나 자신을 발견한다. ── 나는 나 자신에게 주어져 있다. 다시 말해 이 상황은 결코 나로부터 감추어질 수 없으며, 내 주위에 낯선 필연성으로서 존재할 수가 없으며, 나는 결코 상자 속의 물건처럼 거기에 조용히 갇혀 있을 수가 없다. 나의 자유, 내가 내 모든 경험의 주체일 수 있다는 나의 근본적인 역능은 내가 세계 내에 삽입되어 있다는 사실과 별도로 성립할 수 없는 것이다. (PP, 417~418)

결국 누군가가 유아론을 구성할 수는 있겠지만, 그런 시도 자체가 사회와 언어를 전제하고 있고, 그 구성 과정에서 그는 타인들과 끝없이 대화하고 있는 것이다.

사회란 자연처럼 대상들의 총화로서 파악할 수 있는 차원이 아니다. 사회란 실존의 항구적인 장/차원으로서 이해되어야 한다. 주류 사회과학은 사회를 자연과학자들이 다루는 대상들과 다를 바 없는 대상들로서 다룬다. 그러나 사회는 단순한 대상들의 집합이 아니라 현상학적 차원이며, 주체들의 체험의 장이다. 사회를 대상화해 바깥에서 분석하는 것과 현상학적 장으로서 안에서 체험하는 것은 전혀 다른 문제이다. 환원주의적 시각에서 사람들은 각각 하나의 개체들일 뿐이지만, 현상학적으로 보면 언제나-이미 상호 지향성을 통해서 함께-존재하며 상호주관적 의미작용을 영위하면서 함께 살아가는 주체들인 것이다.

§6. 현상학과 인간존재

현상학은 추상적인 개념으로 인간을 파악한 후 그 파악 결과를 실체화하는 것을 비판한다. 추상적인 개념들은 인간 인식을 위한 한 방법/패러다임일 뿐이며, 그것을 존재론화하는 것은 인간을 현상학적 장으로부터 절연시켜버리는 것이기 때문이다. 그러나 두 가지 점에 주의할 필요가 있다. 현상학적 장을 합리화 이전의 비-합리적 장으로만 이해할 수 없다. 이 장은 '코기토' 이전의 장이지만, 우리가 그 장에서 발견해야 할 것은 오히려 객관적 사유의 합리성보다 더 근본적인 '로고스'이기 때문이다. 현상학이 강조하는 것은 '코기토'의 부정이 아니라 '암묵적 코기토(cogito tacite)'의 존재에 대한 강조이다. 또 하나, 객관주의적/추상적 사유에 대한 비판은 합리성에 대한 거부를 뜻하는 것이 아니다. 오히려 현상학의 목적은 현상학적 장의 로고스를 끄집어내어 그것을 합리적 언어로 해명하는 것이기 때문이다. 바로 메를로-퐁티의 사유가 그런 사유가 어떤 것인지를 보여준다. 현상학적 장, 지각의 차원을 존재론적으로 강조하는 것과 합리적 사유를 거부하는 것은 전혀 다른 문제이다. 현상학은 암묵적이고 애매한/양의적인[35] 현상학적 장의 로고스를 발견하고 그것을 명시적 코기토로써 해명하는 작업이다. 그러나 무수한 현상학적 체험들이 "침전되어 있는" 역사의 장을 명시화하는 것은 불가능하며, 따라서 현상학적 작업에도 끝은 없다.

데카르트의 '코기토'에서 지각과 사유는 단절적이다. "같은 것이 같은 것을 알아본다"는 그리스 인식론의 원리는 플라톤 인식론의 기초를 이루고 ('아이스테시스'와 '노에시스'의 구분과 그 각각의 상관물로서의 '아이스테톤'과 '노에톤'의 구분), 감각 및 가감적 대상들과 이성 및 가지적 대상들이라는 이 이분법은 데카르트에게로 계승된다. 물론 이는 심신 이원론과 맞물려 있다. 메를로-퐁티에게서 이런 '코기토'는 불가능하다. 그런 코기토는 '타인'과 '세계'의 존재를 희석해버리기 때문이다. "Cogito, ergo sum"이 사유의 절대적인 출발점이라면, 주체들의 수만큼이나 많은 절대적 출발점이 존재할 것이다. 여기에서 타인이란 부차적인 것이 되어버린다. 의식들의 복수성은 불가능한 것이 되어버리는 것이다.

> 내 사유가 스스로에 접촉하는 것은, 그것이 완벽하다면, 나를 나 자신에 닫아버릴
> 것이고, (…) 타자를 향한 열림이나 "갈망"(라시에즈-레이)이란 존재하지 않게
> 된다.(PP. 431~432)

주체는 타인에게로, 세계로 열려 있다. 그래서 진리를 찾기 위해서 이 연속성을 잘라내야 하는 것이 아니다. 진리('로고스')는 이 연속성 속에 잠

---

35) 때때로 메를로-퐁티의 존재론을 특징짓기 위해 사용되는 "ambigu(ë)"는 현상학적 장이 합리주의적 실재론(플라톤주의)이 상정하는 것과 같은 로고스의 장이 아니라는 점에서 '애매한' 장이며, 세계와 주체가 접혀-있는 장이라는 점에서 '양의적인' 장임을 뜻한다.

재적으로 들어 있다. 그래서 지각과 사유는 연속적이다. 환각 등과 같은 경우들에 있어서조차도, 사유를 그것에서 빼내야 하는 것이 아니라 오히려 (현상학적 진리를 찾기 위해서) 그리로 집어넣어야 하는 것이다.

> 내가 '코기토'에 의해 발견하고 재인해야 하는 것, 그것은 심리학적 내재성, 다시 말해 '사적 의식상태들'에로의 모든 현상의 내속, 감각작용의 맹목적인 자기 접촉이 아니다. 나아가 선험적인 내재성, 다시 말해 구성하는 의식에로의 모든 현상의 귀속, 명료한 사유의 자기 귀속조차도 아니다. 그것은 나의 존재 자체인 초월성의 심오한 운동, 내 존재와 세계의 존재와의 동시적인 접촉인 것이다.(PP, 436)

그래서 '코기토'를 둘러싼 핵심 문제는 단지 인식론적인 것이 아니라 인간존재 그 자체의 문제이다. 나의 사유가 나의 존재를 함축하는 것이 아니다. 나는 내 의식으로 환원되지 않는다. 나의 사유가 내 존재에, 내 존재의 초월성의 운동에 재통합되는 것이며, 내 의식이 내 실존에 재통합되는 것이다. 인간은 우선은 존재하고/살고 사후적으로 사유한다. 현상학은 인식론에서 출발했지만 그 궁극은 인간존재론이다.

'코기토'를 절대적인 출발점으로 삼는 것은 곧 그것에서 시간의 두께를 솎아내어버리는 것이다. 인간의 삶은 시간 속에서 흘러가며, 시간은 삶의 선험적 조건이다.[36] 그렇기에 인간은 탈존적 존재이다. 그러나 이제 "*ex-*(s)istence"는 더 이상 신의 바깥이 아니라 인간 자신의 바깥을 뜻한다. 인간

---

36) 따라서, 베르그송의 시간 개념을 염두에 둔다면, 삶에는 우연성이 깃들어 있다고 할 수 있다. "세계의 우연성은 최소한의 존재로서 이해되어서는 안 되며, 필연적 존재의 조직에 들어 있는 빈틈들로서도 또 합리성에 대한 위협으로서도 이해되어서는 안 된다. 나아가 보다 심층적인 어떤 필연성의 발견에 의해 가능한 한 빨리 해결해야 할 문제로서 이해되어서도 안 된다. 그런 우연성은 세계의 내부에 존재하는 존재적 우연성일 뿐이다. 반면 존재론적 우연성 즉 세계 자체의 우연성은 근본적인 것이며, 진리에 대한 우리의 관념을 단번에 정초해주는 것이다. 세계는 필연적인 것과 가능한 것을 그 측면으로 포함하는 실재적인 것이다."(PP, 459)

은 "피조물"이 아니라 자신이 자신을 끊임없이 초극해(dépasser)가는 탈-존적 존재인 것이다. 그렇기에 대자존재로서의 인간은 자유를 그 본성으로 가진다. 생명 자체가 자기차이화의 운동이거니와 인간에게서 이 자기차이화는 의식적이고 의지적인 자기차이화로서의 자유의 성격을 띠게 된다.

그러나 물론 우리의 자유는 무조건적인 것이 아니다. 메를로-퐁티의 자유는 사르트르의 그것에 비해 조건지어져 있는 자유이다. 자유란 주어진 것이 아니다. 신체-주체의 표현 과정을 통한 자유로운 행위를 통해 자유가 성립하는 것이지, 자유가 주어져 있어 그것이 표현되는 것이 아니다. 선택의 시간은 단절적인 최초의 시간이 아니다. 그것은 그 선택이 이루어지는 '장'을 전제한다. "시간을 앞선 시간은 없다." 그래서 메를로-퐁티에게는 실존적 표현의 원심적 방향("나는 할 수 있다")과 구심적 방향('상황의 무게/중력')이 동시에 중요하다.

> 자유란 무엇인가? 태어난다는 것, 그것은 세계로부터 태어나는 것인 동시에 세계에로 태어나는 것이기도 하다. 세계는 이미 구성되어 있지만, 그러나 또한 결코 완전히 구성되지는 못한다. 세계가 구성되어 있는 한 우리는 외부의 힘을 받을 수밖에 없지만, 그 구성이 완성될 수 없는 한 우리는 무한한 가능한 것들에로 열려 있다. 그러나 이러한 분석은 여전히 추상적인데, 우리는 동시에 두 관계 하에서 실존하기 때문이다. 그래서 결정론도 절대적 선택도 결코 존재하지 않으며, 나는 결코 사물도 아니고 결코 순수한 의식도 아니다. (PP, 517~518)

현상학적 사유에서 중요한 것은 세계로부터 구심적으로 태어나는 인간과 세계에로 원심적으로 태어나는 인간, 이 두 얼굴의 인간의 체험을 현상학적으로 서술하는 것, 결코 소진될 수 없는 인간의 표현, 그 의미를 현상학적으로 포착해나가는 것이다.

보론: 후설과 마이농 —— 알렉시우스 마이농(1853~1920)은 후설과 더불어

프란츠 브렌타노(1838~1917) 아래에서 수학했으며, 두 사람은 공히 스승의 '지향성' 개념을 사유의 출발점으로 삼았다. 그러나 후설이 본원적이고 충전적인 지향적 체험에 무게중심을 두고서 의미본질=노에마를 발견하고자 했다면, 마이농은 지향성 개념을 달리 발전시켜 특유의 '대상 이론'을 전개했다.

마이농은 '대상' 개념을 가장 넓은 의미로서 이해했다. 그에게 대상이란 우리의 '심적 활동'이 지향할 수 있는 모든 것이다. 마이농의 특징은 전통적으로 내려온 '실존'과 '잠존' 외에 '여존(餘存, Außersein/absistence)'까지도 '존재'에 포함시킨 점에 있다. 이 여존에는 허구적 존재들만이 아니라 "네모난 원" 같은 (일반적인 관점에서 볼 때) 비-존재의 차원(이른바 "마이농의 정글")까지도 들어간다. 아울러 그는 일반적인 의미에서의 '대상'과 '대상적인 것(das Objectiv)'을 구분하기도 했는데, 이 개념은 흔히 말하는 '사태' 개념과 유사하다. 앞에서(6장, 2절, §1) 논했던 러셀의 논의는 이 마이농의 대상 이론을 겨냥한 것이다.

마이농의 존재론적 입장을 잘 보여주는 두 원리가 '독립성 원리'와 '무관(無關)의 원리'이다. 독립성의 원리는 'Dasein'(거기에-있음)과 'Sosein'(그렇게-있음)을 명확히 구분한다. 한 대상의 그렇게-있음은 그것의 실존 유무와 독립적이다. 황금산은 실존하지 않지만, 그것이 우리가 황금산이 황금으로만 되어 있는 산이라는 것을 이해하는 것을 방해하지는 않는다. 요다, 오비원 커노비, 아나킨 스카이워커 등등은 전혀 실존하지 않는 허구적 존재들일 뿐이지만, 때로 사람들은 이들의 '캐릭터'에 대해 진지하게 토론하기도 한다. 이 생각은 무관의 원리로서도 표현되며, 이는 곧 한 대상의 본성/본질은 그것의 존재 유무에 무관하다는 것을 뜻한다. 결국 마이농에게서는 의미 있는 판단의 주어로 주어질 수 있는 모든 것이 대상이 된다. "황금산은 캘리포니아에 있다"는 틀린 명제이지만, "황금산은 황금빛을 띤다"는 의미 있는 명제인 것이다.

마이농의 존재론은 19세기 실증주의의 공세로부터 '이념적 존재들/대상들'을 구출하는 것을 그 한 동력으로 했다. 예컨대 서로 다른 음들로 연주되는 같은 음악(C장조로 연주된 〈탄호이저 서곡〉과 F#장조로 연주된 〈탄호이저 서곡〉)은 실증적으로(지각에 있어) 다른 것이지만, 어떤 공통의 이념을 표현하고 있는 것이다. 그의 이런 존재론은 실증과학들의 이론적 기초는 오히려 '형상적(eidetische) 존재들'이라고 했던 후설의 인식론과도 공명한다. 아울러 이 이념적인 것들에는 논리실증주의자들이 의미 있는 사유에서 배제하려 했던 가치와 규범 또한 큰 위상을 차지한다. 마이농은 이 영역들에 대해서도 많은 업적을 남기고 있다. 또한 그의 작업은 19세기 말 이래 전개된, "형이상학자"라고 비난받았던 천재들(리만, 칸토어, 볼츠만 등)이 밝혀낸 새로운 존재들/차원들을 철학적으로 포용하는 것과도 연계된다. 이 과정에서 그는 오히려 더 멀리 나아가 비-존재 대상들의 존재까지도 포용하는 존재론을 전개한 것이다. 이 점에서 그의 사유는 논리실증주의 등 초기 분석철학의 사유와 대조적이다.

후설의 사유가 마이농의 것과 구분되는 점은 그에게 핵심적인 것은 포용적인 존재론, 확장된 대상 이론을 전개하는 것이 아니라, 인식 대상의 존재를 본원적이고 충전적인 지향적 체험을 통해서 인식론적으로 정초하려는 것이라는 점이다.

2절 존재가 열리는 '환한 빈 터'로서의 현존재

§1. 존재와 현존재

후설과 메를로-퐁티가 세계와 주체가 맞물린 주름의 차원, 그 차원에서 이루어지는 표현, 의미생성을 충실하게 서술하는 사유를 펼쳤다면, 하이데거(1889~1976) 사유의 초점은 처음부터 '존재' 개념에 맞추어진다. 서구 사유가 시작된 이래 형이상학은 처음부터 '존재'에 관심을 쏟았다. 그러나 하이데거는 철학사에서 형이상학이 내내 추구해온 것은 사실 존재가 아니라 '존재자'일 뿐임을 지적한다. 각각의 형이상학이 제시한 것은 총체로서의 존재자에 대한 설명으로서 어떤 존재자의 제시였고(하이데거에게서는 '神'도 하나의 존재자이다.), 그런 과정에서 존재자의 현시는 다름 아닌 존재자의 존재에 근거하고 있음은 망각되었다는 것이다. 존재는 존재자를 존재자로서 존재케 하지만, 존재자가 드러나는 그 순간 스스로는 그 드러남 아래로 숨는다. 나무는 있음에 의해서 나무로서 존재하지만, 나무가 있는 것으로서 스스로를 드러내는 순간 즉 우리가 그것을 '나무'라는 있는 것으로서 받아들이는 순간 그것의 '있음' 자체는 그 아래로 잠긴다. 형이상학적 사유들에 있어서조차도 매번 존재자로서의 존재자는 존재의 빛 안에서 현현했건만, 결국 '존재 망각'의 역사는 극복되지 못했다. 하이데거에게 "인간은 존재의 목동"이다. 존재의 진리, 있음의 의미는 오로지 인간을 통해서만 밝게 드러날 수 있고, 인간은 존재 사유를 통해서만 존재의 목동으로서의 자신의 본질을 실현할 수 있기 때문이다. 때문에 그에게는 '존재'와 '인간'＝현존재 사이의 통(通)이 특히 소중하다. 그러나 형이상학의 존재 망각은 이 '통'을 막아버리곤 했다. 그리고 존재자에 시선을 고착당한 채 존재를 망각해버리는 상황은 오늘날과 같은 기술 지배의 시대, '완물상심(玩物喪心)'의 시대에 이르러 극에 달한 것이다.

형이상학은 마치 자신을 통해서 존재에의 물음이 제기되고 또 그 답변이 도래하는 듯한 인상을 스스로 일으키고 공고히 한다. 하지만 형이상학은 존재의 진리에 대한 물음에는 결코 답하지 않는데, 이 물음을 애초에 던지지도 않기 때문이다. 이는 존재를 오로지 그것이 존재자로서의 존재자를 표상하는 한에서만 사유하기 때문이다. (…) 존재자를 사유하는 그 방식으로 인해, 분명 다름 아닌 형이상학이 자기도 모르게 인간 본질에 대한 존재의 시원적인 관련성을 인간 자신이 보지 못하도록 막아버리는 차단기가 되는 것으로 보인다.(WM, 12)[37]

그래서 하이데거 사유의 목표는 존재자에 눈길을 고착시키고 있는 현시대의 흐름을 거슬러, 존재를 사유하고 그로써 존재와 인간의 시원적인 관련성을 회복시키는 것에 있다.[38]

---

37) WM = Martin Heidegger, *Was ist Metaphysik?*, Vittorio Klostermann, 1943.

38) **불안과 무** ── 존재는 역설적으로 우리가 '무'에 직면했을 때에라야 홀연히 모습을 드러낸다. 기계가 기계의 역할을 제대로 못 할 때, 특히 여러 기계들이 (마치 그것들이 인간에게 저항이라도 하듯이) 잘 작동하지 않을 때, 우리는 "기계란 무엇일까?" 하고 생각하게 된다. 마찬가지로 우리는 '없음' ── 어떤 것의 없음이 아니라 세계 자체의 없음, '부정'의 작동을 통해 성립하는 '타자로서의 무'(플라톤)가 아니라 절대적 무 ── 이라는 상황에 맞닥뜨리게 되었을 때, 비로소 '있음'에 대해 곰곰이 생각하게 된다. 그런데 하이데거는 우리가 '불안'에 처할 때 무에 직면하게 된다고 말한다. "불안이 우리에게 무를 드러낸다. (…) 불안이라는 근본 기분*과 더불어 우리는 현존재라는 사건에 도달하게 된다. 거기에서 무가 도래하며, 바로 거기에서 누가 물음에 부쳐져야 한다."(WM, 35) 불안은 우리 현존재의 근본 사건이다. 현존재는 '무'의 자리지기이며, 현-존재(거기에-있음)란 무 안으로 들어가-견디고-있음(Hineingehaltenheit)이다.**
    * 하이데거에게 '기분'은 주요 용어로서 "현존재가 현존재로서 존재하는 근본 방식"이다.(GM, §17) 하이데거는 『형이상학의 근본 개념들』(1929~1930년의 강의록)에서 또 하나의 근본 기분인 '권태'를 상세히 분석하고 있다. 하이데거에게서 불안, 권태 등이 "근본" 기분들로서 논의된 것은 당시가 '전간기(entre guerres)'였던 것과도 무관하지 않을 것이다. GM = Heidegger, *Die Grundbegriffe der Metaphysik*, Klostermann, 1983.
    ** 불안은 또한 죽음과도 연관된다. "죽음에 내던져져-있음이 현존재에게 더 근원적이고 절실하게 드러나는 것은 불안이라는 처해-있음에서이다." "불안 속에서 현존재는 그의 실존의 가능한 불가능성이라는 무 앞에 처해-있게 된다."(SZ, §§50, 53) SZ = Heidegger, *Sein und Zeit*, Max Niemeyer, 1927/2006.

하이데거는 당대의 제 학문이 정초상의 위기를 맞이하고 스스로의 근저를 다시 들여다보고 있는 것은 사실이라고 말한다. 현대에 들어와 수학 기초론을 비롯해서 각 분야는 스스로의 정초에 대해서 근본적인 성찰을 하고 있다. 그러나 하이데거는 제 학문이 존재자의 차원에만 시선을 고정한 채 존재 이해를 소홀히 한다면 학문의 근본적인 정초는 달성될 수 없다고 일갈한다. 그럼에도 예나 지금이나 학자들은 '존재' 개념은 그 위가 없는 가장 보편적인 것이고, 정의될 수 없으며, 자명한 것이라는 이유를 들어 사유의 바깥으로 제쳐버리기에, 존재 망각의 긴 역사는 지금까지도 이어져오고 있다는 것이다.

존재의 사유는 현존재의 사유와 맞물려 있다. 존재는 "존재의 목동"인 인간＝현존재에 의해서만 사유될 수 있기 때문이다.[39] 존재의 진리가 인간 본질과 맺는 관계를 파악하는 것을 '이해'라 할 수 있다. 따라서 여기에서 요청되는 것은 설명이 아니라 '이해'이다. 이 이해를 위해서 필요한 것은 인간을 어떤 '대상'으로 간주하고서 그것을 '설명'하고자 하는 과학이 아니다. 우리는 인간의 뇌를 들여다본다거나, 한 인간의 심리를 분석한다거나, 그의 언어, 문화, 계급 등을 파악함으로써는 인간을 '이해'할 수 없다. 현존재로서의 인간을 이해하는 것은 우선 그를 '실존'으로 이해함으로써 시작된다. 실존(Existenz)은 존재의 열려-있음에 대해 열린 채 서 있는 존재자의 존재이다.[40] 현존재의 자기 이해가 실존적 이해이며, 대상화된 인간에 대

---

39) 오해 없이 번역한다면 '현존재자'라 해야 할 것이다. 하이데거가 인간을 'Dasein'이라 부른 것은 "존재와 인간 본질 사이의 관계만이 아니라 인간이 존재 자체의 열려-있음(現＝Da')과 맺는 본질적 관계까지도 동시에 그리고 하나의 말로 가리키기 위해서"이다.(WM, 14) 존재는 인간에게 열려-있음으로써 인간에게 스스로를 드러내기도 하고 또 스스로를 숨기기도 한다.

40) 존재의 열려-있음 안에 탈자적으로(ek-statisch) 서 있는 것이 '들어서-있음(Inständigkeit)'이다. 이 들어서-있음을 견디는 것이 (뒤에서 논의할) '심려(Sorge)'이다. 실존의 '탈자성과 심려'는 맞물려 있다. 탈자적인 들어서-있음은 존재의 탈은폐성의 'Aus'와 'Da'에 서 있음을 뜻한다.

한 설명이 아니라 이런 존재론적 연관성에서의 인간에 대한 이해가 '실존성'을 형성한다. 이 실존성에 대한 실존론적 분석이 존재론 이전에 수행해야 할 기초 존재론이다.

인간의 설명이 아닌 이해는 현상학(과 해석학)을 핵심 방법으로 한다. 후설과 메를로-퐁티는, '구성'이라는 칸트적 사유를 일방향적인 것이 아니라 쌍방향적인 것으로 새롭게 사유함으로써, '현상'의 존재론적 위상을 높이고 '사물 자체', '사태 자체'를 인간을 향해 열리게 했다. 하이데거는 현상학의 흐름을 이으면서도, 인간＝현존재를 존재 쪽으로 더 나아가게 함으로써 현상 개념의 존재론적 위상을 재사유한다. '현상(phainomenon)' 개념을 가상(Schein)과는 물론 단순한 나타남(Erscheinung)과도 구분하는 것이 일차적이다.[41] 현상은 '자신을-자신으로서-드러내-보이는-것'이다.(SZ, §7) 역(易)의 사유에서와 마찬가지로, 하이데거에게서도 '現象'은 단순한 외관, 나타남이 아닌 것이다. 현상은 존재가 존재자들을 통해 스스로를 드러내는 바이다. 그러나 존재자들과 존재는 같지 않기 때문에('존재론적 차이'), 여기에는 드러냄과 동시에 숨음도 함께 생기하고 있다. "존재는 스스로 존재자 내로 탈-은폐함으로써 자신을 숨긴다."(H, 337)[42] 현상은 이렇게 존재와 현존재 사이에서 마주침의 탁월한 가능성을 열어준다.

이 탁월한 의미에서의 현상은 '현존(Anwesen)'이다. 그리스 사람들은 "ta onta"를 사유하면서 일찍부터 존재자의 존재를 현존하는 것들의 현존성으로 사유할 수 있었다. 현존에는 '현재'와 '지속', 곧 시간이 사유되지 않고 숨겨진 채 주재하고 있다. 존재 자체는 **시간에서부터** 현성한다/탈은폐된다. 시간은 탈은폐성을 즉 존재의 진리를 가리키고 있다. 존재의 진리는 탈은폐성이며, 역으로 표현해 드러남이야말로 존재의 진리이다. 이 존재의 진리

---

41) 'phainomenon'은 빛을 뜻하는 'phōs'와 마찬가지로 'pha-' 어근에 속하며, '밝게 드러내다', '환히 밝히다'를 뜻하는 'phainesthai'의 중동태이다. 존재자를 뜻하는 'ta onta'의 다른 표현이라고 할 수 있다.

42) H＝Heidegger, *Holzwege*, Klostermann, 1950/2015.

즉 드러남을 가리켜주는 것이 시간이다. 시간이 우리에게 존재의 진리를, 즉 무엇인가가 계속 드러남이 존재의 진리임을 가리켜준다. 정적인 드러나-있음이 아니라 동적인 드러나고-있음 즉 현현(顯現)이 존재의 진리이다.[43] 이 점에서 하이데거의 사유는 생성존재론에 속한다. 하이데거에게서 현존재의 시간은 역사적 운명이라는 뉘앙스를 띤다. 인간의 본질은 역운적(歷運的)으로 드러난다. 따라서 존재가 드러나는 생기의 과정으로서의 현상/현존에 대한 사유는 그것을 실재를 숨기는 외관으로서, 또는 과학적 설명을 통해 해소해버려야 할 센스-데이터로서, 또는 주체의 틀에 의해 구성되어야 할 잡다로서 다루는 것과는 차원이 다른 것이다. 현상에 대한 사유는 존재의 드러남과 현존재의 역운을 시간의 지평에서 사유하는 것을 뜻한다.

현상학은 말 그대로 현상의 로고스를 탐구한다. 로고스의 많은 의미들 중 하이데거는 '보이게 하다', '드러내주다'를 뜻하는 'apophainesthai'를 중시한다. 그에게 진리는 명제와 사태의 일치가 아니라 그리스인들이 이해했듯이 '탈-은폐(alētheia)'이며, 로고스는 바로 진리를 드러내는 것에 다름 아니다.[44] 따라서 하이데거가 생각하는 현상학은 "apophainesthai ta phainomena"에 다름 아니다. 이런 맥락에서 하이데거에게서 현상학은 존재론과 직결된다. 현상학이란 스스로를 드러내는 존재, 즉 존재자의 존재의

---

43) "존재의 진리, 바로 그 안에서 그리고 바로 그것으로서 그 본질생성(Wesung)이 열리면서 감추어지는 이 진리가 곧 현현(Ereignis)이다. 그리고 이 현현이 곧 진리 자체의 본질생성이다. 현현의 전향에서 진리의 본질생성은 곧 본질생성의 진리이다. 그리고 이러한 다루기 어려움 자체가 바로 존재(Seyn) 그것에 속한다.(Heidegger, *Beiträge zur Philosophie*, Vittorio Klostermann, 1989, §137)

44) 로고스는 존재자 전체의 아르케(das Walten)를 그 은폐되어-있음으로부터 끌어내는 것, 탈은폐성('알레테이아')에 대해 말하는 것이다. 이런 개념화는 헤라클레이토스에게서 유래한다. "sōphronein aretē megistē, kai sophiē alētheia legein kai poiein kata physin epaiontas.(가장 고귀한 아레테는 지혜로움이며, 지혜란 진리를 말하고 또 자연에 귀 기울여 행위하는 것이다.)" 하이데거는 다음과 같이 풀어서 번역한다. "인간이 이룰 수 있는 가장 고귀한 것은 [전체에 대해] 숙고하는 일이며, 지혜[숙고]란 탈은폐된 것을 탈은폐된 것으로서 말하고 또 사물들의 원리에 따라서, 그것들에 귀 기울이면서 행위하는 것이다."(GM, §8)

의미를 사유하는 것이다.

§2. 세계-내-존재

존재자의 존재의 의미는 존재의 목동으로서의 현존재에게 열려 있다. 현존재는 단지 존재자들 중 하나가 아니라 존재자들의 존재를 이해할 수 있는, 존재가 그에게 열려 있고 그가 그 열려 있는 그곳(Da)에 존재할 수 있는 유일한 존재자이다. 그래서 하이데거의 사유는 우선 이 현존재에 대한 개념화에서 출발한다. 이는 곧 존재자들의 인식을 위한 범주가 아니라 인간=현존재의 이해를 위한 실존 범주를 개념화하는 작업이다.

현존재는 세계-내-존재 ── 오해를 피해 번역한다면 '세계-내-존재자' ── 이다. 현존재의 '現'은 '世界-內'를 뜻하기에, 현-존재는 세계-내-존재이다. 현존재가 세계-내-존재라 함은 그가 공간적으로 세계 '안에서' 살고 있음을 뜻하지 않는다. 그것은 그가 세계 내에서 '살고-있음'을 뜻한다. 사물의 범주와 실존 범주의 구분이 중요하다. 책상은 걸상 '옆'에 놓여 있지만, 철수는 영희의 '곁'에서 살아간다. 책상은 걸상 '곁'에서 살아가는 것이 아니다. 오로지 현존재만이 누군가의(때로는 무언가의) '곁에' 있을 수 있다. 현존재는 세계 내에서 사물들이나 사태들, 사건들처럼 어떤 '사실'로서 존재하는 것이 아니라, 그 고유의 실존 범주를 통해서 '현사실성(Faktizität)'으로서 존재한다. 세계-내-존재로서의 인간은 "자신의 '역운'에 있어, 스스로를 (자신의 고유한 세계 안에서 만나게 되는) 존재자의 존재에 결속되어 있는 것으로서 이해할 수 있다."(SZ, §12) 존재 이해에로 열려 있는 이 탁월한 존재자를 우선적으로 해명해야 한다. 이런 해명은 세계-내-존재를 ① '세계'와 ② '존재(존재자)'=현존재 그리고 양자를 이어주는 ③ '내'로 분해해서 시도할 수 있다.

첫째, '세계'의 해명. 하이데거에게 세계는 인간이 그 안에서 살고 있는 전체가 아니며, 그 전체를 설명하기 위해 제시된 어떤 이론적 존재도 아니다. 하이데거적 맥락에서의 '세계'는 어디까지나 현존재의 세계이다. 현존재는 세계-내부적인 존재자가 아니라 '세계적'인 존재자이다. 세계는 현사실적인 현존재가 현존재로서 바로 '그 안'에서 살아가는 그곳이다. 이런 의미에서의 세계는 어떤 과학 이론으로 파악된 세계가 아니다. 오히려 그런 세계 개념은 현존재 고유의 맥락에서의 '그곳'을 탈각시켜버린다. 무지개를 과학적으로 설명하면 그 '세계'에서는 현존재의 '세계'에서의 무지개들(예컨대 철수가 낙산사 해수욕장에서 아들과 함께 수영하면서 보았던 그 쌍무지개)은 사라져버린다. 현존재의 '세계'는 평균적인 일상성의 지평에서 실존범주를 통해 파악된 세계이며, 현존재에게 일상적으로 가장 가까운 세계는 주위세계(Umwelt)이다. 분석되어야 할 것은 이런 의미에서의 '세계성', 특히 주위세계성이다.

그런데 주위세계를 채우고 있는 그 수많은 요소들 중 도대체 어디에서 논의를 시작할 것인가? 무엇으로부터 실존 범주를 작성해나갈 것인가? 플라톤이 그랬듯이 하이데거는 '에르곤(활동)'에서 시작한다. 현존재는 세계 내부적 존재자들과 끊임없이 상호 작용하면서 활동하며, 그것들을 자신의 '고려'의 대상으로 삼는다. 이 점에서 우선 부각되어오는 것은 이론적 관상('테오리아')의 대상으로서의 세계가 아니라, 에르곤/프락시스 즉 '생활'에서 만나는 손에-잡히는-존재자들(손-닿는-데-있는-존재자들)이다. 아침에 일어나서부터 밤에 잠들기까지 우리가 일차적으로 만나는 것은 '물질'이나 '사물' 같은 이론적 존재들이 아니라 생활 도구들이다. 이런 도구들은 상호적인 목적연관성을 통해 하나의 장을, '도구전체성'을 형성한다.[45] 이 도구

---

45) 달리 말해 도구들은 서로가 서로를 '지시'한다. 기호들(이정표, 경계석, 항해용 폭풍 경고구(警告球), 신호, 깃발, 장례 표지 등등)은 이런 지시의 기능을 탁월하게 드러내준다. "기호는 다른 사물에 관련해 지시의 연관성을 가지는 하나의 사물이 아니다. 그것은 둘러봄에 있어 도구 전체를 두드러지게 부각시킴으로써, 손에-잡히는-것들의 세계-내부적 성격(Weltmäßigkeit)이 도드라지도록 해주는 그런 도구이다."(SZ, §17) 기호는 손

전체성이 현존재의 일차적인 세계 즉 주위세계이다. 우리는 늘 주위를 둘러보면서 도구들을 찾고 그것들을 (인식하면서가 아니라) 사용하면서 살아간다. 자동차의 구조를 거의 알지 못하면서도 그것을 운전하면서 살아가며, 휴대폰의 기술적 내용을 잘 모르지만 그것을 한시도 손에서 놓지 않으면서 살아간다. 현존재의 주위세계는 눈앞에-펼쳐져-있는 '사물들'이라기보다는 늘-손에-잡히는 생활 '도구들'이라 하겠다.

손에-잡히는-존재들과 더불어 생활의 맥락에서 살아가는 현존재가 눈앞에-펼쳐져-있는-존재들에 그리고 그것들의 존재함 그 자체에 즉 '세계'에 맞닥뜨리게 되는 것은 이 손에-잡히는-존재들에게서 어떤 문제가 발생할 때이다. 아무 생각 없이 사용하던 도구가 망가져서 도구라는 것 자체에 대해서 생각하게 될 때, 필요한 도구가 옆에 없어 유심히 주위를 둘러보게 될 때, 도구가 옆에 있긴 하지만 그것이 지금 필요한 것이 아니라 다른 어떤 것일 때가 그런 경우들이다. 이때 "도구들의 전체적인 연관성이 (이전에 한 번도 본 적이 없는 전체로서가 아니라) 둘러봄을 통해서 이전부터 늘 보아온 전체로서 두드러져 나온다. 바로 이 전체와 더불어 세계가 자신을 알려 온다." (SZ, §16) 일상의 평온이 깨지는 불안과 더불어 무(존재)가 알려져 오듯이, 일상의 생활이 깨지면서 비로소 (세계 내부의 존재자들이 아니라) '세계'가 열려-밝혀지는 것이다. 세계는 현존재가 언제나-이미 거기에서 살고 있던 곳이었으나, 현존재가 그것을 "발견"하게 되는 것은 세계 내부적 존재자들과의 이런 연관성을 통해서이다. 현존재는 세계 내부적 존재자들이 아니라 그것들의 가능성의 지평, 그것들을 '세계 내부적' 존재자일 수 있게 해주는 지평으로서의 세계를, 그것의 열려-밝혀져-있음을 발견하게 됨으로써 존재와의 끈을 마련하게 된다.[46)]

에-잡힘, 지시전체성, '세계'적임 = 세계성(Weltlichkeit)의 구조를 드러내준다. '세계성'은 일차적으로 유의미성의 지시전체성인 것이다.

46) 세계는 어떤 '것'이 아니라 어떤 '것'들이 그곳에서 생기는 곳이다. 세계는 고정된 공간이 아니라 모든 존재자들을 내보내고 다시 품는 생성하는 곳이다. 그래서 하이데거는

'세계의 세계성'이란 무엇을 뜻하는가? 손에-잡히는-존재들을 통해서 우리가 발견하게 되는 것은 '사용의 맥락'이다. 여기에는 무언가를 가지고 서 무언가를 위해서 어떤 일을 완수한다는 목적성, '지시연관성'이 깔려 있 다. '~에서', '~을 가지고서', '~을 향해', '~을 위하여' 같은 표현들이 이 런 지시연관성을 함축하고 있다. 이런 사용의 맥락 전체는 어떤 특정한 존 재자에게로 수렴하는데, 이 존재자는 곧 인간＝현존재이다. 역으로 현존 재는 도구들의 사용 맥락 전체라는 장 안에서 그것들을 사용하면서 살아간 다. 현존재는 그런 사용의 맥락 전체라는 장에서 존재자들을 향해 나아가 게 되고, 바로 그곳에서 그 장을 '이해'하게 된다. 바로 이런 장이 '세계'이 며, 그 장의 구조/성격이 '세계성'이다. 현존재는 바로 이 '세계'와의 친숙 성 속에서 살아가며, 자신의 세계-내-존재자임을 이해한다. 이런 이해를 통해서 드러나는 것이 바로 장에서의 의미생성이며, 이 의미생성의 전체적 인 연관성을 '유의미성'이라 부를 수 있다. 현존재는 바로 이런 유의미성과 친숙하게 살아간다. 이 세계는 과학에 의해 대상화되는 세계가 아니라 현상 학적인 생활세계이다. 이 세계(의 세계성)는 우리가 언제나-이미 그곳에서 친숙하게 살아가고 있지만 철학(학문)이 발전함에 비례해 오히려 서서히 망각하게 된 그런 세계이다.

이 세계는 데카르트에게서 전형적으로 나타나는 기하학화된 세계 개념 과는 판이하다. "res extensa"를 실체로 삼아 파악된 이 세계는 현상학적 시 각에서 본다면 손에-잡히는-존재들을 "건너뛰어" 눈앞에-펼쳐진-존재자 들을 파악한 것이다. 사실 전통 철학의 대개가 현상적 차원('제2 성질들')은 실재가 이미지 수준에서 드러난 피상적인 것이며, 그 차원을 넘어서야 실 재를 파악할 수 있다고 생각했다.(SZ, §43)[47] 현상학은 이렇게 건너뛰어지

"세계는 세계화한다(Die Welt weltet)"고 표현한다. 돌멩이에게는 세계가 없다. 동식물 에게는 세계가 빈곤하다. 인간은 세계라는 그 터에-존재하는(da-sein) 존재자이며, 그 터의 열림과 물러감을 통해서 존재와 연결된다.(GM, 2부)

47) 여기에서 두 갈래의 생각이 갈라지는 것이 결정적이다. 현상 차원이 질적인 차원이라면

는 현상 차원을 복구하려는 작업이다.[48] 이는 데카르트적인 세계에서의 공간과 주위세계와 현존재에서의 공간을 비교해봄으로써 특히 두드러지게 밝혀진다. 전자의 경우 텅 비어 있고 등질적-등방적인 공간에 일정한 외연을 가진 물질-쪼가리들이 배치된다. 그러나 후자의 경우 공간이란 무엇보다도 우선 손에-잡히는-존재자들이 목적론적으로 배치되어 있는 '장소'이다. 양자는 판이하다. 전자에서의 '거리'는 기하학적으로 측정되지만, 후자의 경우 그런 양화된 거리는 이차적인 것에 불과하다. 전자는 등방적이고 상대적인 공간이지만(예컨대 고전 역학적인 공간), 후자에서의 방향성은 질적이고 가치론적이다(예컨대 건축적인 배치).

이는 곧 이런 공간성이 세계-내-존재자의 공간성임을 뜻한다. 이 공간은 추상공간이 아니라 주위공간이다.[49] 이 주위공간에서는 물리적인 위치

이 실재의 차원은 가지적 차원이라고 생각할 때 플라톤주의가 성립한다. 현상 차원이 합리적인 차원이며 그 너머는 합리화가 불가능한 생성의 차원이라고 생각할 때 베르그송주의가 성립한다. 두 경우 합리성(언어, 논리, 수학)의 위치는 달라지는데, 전자에서는 실재에 놓이고 후자에서는 현상에 놓인다.

하이데거는 이런 건너뜀에 관련해서 구상한(실제 집필되지는 못한) 내용을 다음과 같이 제시한다. ① 우리에게 결정적이라고 할 수 있는 존재론적 전통의 시원 ─ 분명 파르메니데스라 해야 할 것이다 ─ 에서, 세계라는 현상은 왜 건너뛰어졌는가? 이런 건너뜀의 계속되는 반복은 어디에서 유래하는가? ② 왜 건너뛰어진 현상의 자리를 존재론적 테마로서 세계-내부적 존재자가 대체하는가? ③ 왜 이 존재자가 우선은 '자연'에서 발견되는가? ④ 필연적인 것으로서 경험된 그러한 세계존재론의 복원은 왜 가치경험의 도움 하에서 수행되는가?(§21)

48) 이런 관점은 앞에서 논했던 합리주의 철학, 예컨대 바슐라르 철학과 대조적이다. 흥미롭게도 바슐라르는 이 건너뛴 차원을 방기하지는 않는다. 하지만 그에게 이 차원은 어디까지나 '미학'(/'감성학')의 대상이다. 바슐라르의 '4원소의 현상학'은 그의 합리주의 인식론을 보완하며, 양자는 '아니무스와 아니마'를 이룬다.

49) 현존재는 자신의 주관으로 자신만의 장소를 구축한다. 가령 "내 방", "내 정원" 등. 주위공간(Gegend. 'Umwelt'에 조응해 조어한다면 'Umraum')은 주체가 마음대로 할 수 없는, 그가 그 안에서 자신의 장소를 만들어갈 수밖에 없도록 주어져 있는 보다 넓은 공간이다.

이 주위공간은 추상공간과 대비된다. 박홍규는 서구적 맥락에서 추상공간은 군대에서, 즉 개인의 고유성이 탈각되고 국가(집단)가 우선시되는 맥락에서 유래했다고 진단한

지정(예컨대 '좌표')이라든가 거리 지정(예컨대 ~km)이 아니라 '거리 없애기'가, 그리고 방위의 지정이 아니라 '방향 잡기'가 일차적이다. 거리 없애기는 둘러봄으로써 사물들을 눈으로-당기기, 사물들을 가져와서 가까이에 놓기, 손에 잡기 등을 통해서 현존재와 그것들 사이의 거리를 없애는 것을 뜻한다. 이런 현존재의 공간에서 가깝고 멂은 추상공간에서의 그것과는 판이하다. "주위세계에 있어, 우선적으로 손에-닿는 존재자들에서의 멀고 가까움은 둘러보는 고려를 통해 구분된다. 이 둘러보는 고려(/관심)가 미리 그곁에 깃드는 바로 그것이 가장 가까운 것으로서, 거리 줄이기를 주도한다." (SZ, §23) 이런 거리 없애기는 물론 방향 잡기와 함께 이루어진다. 둘러보는 고려가 이미 그 안에 방향 잡기를 함축하고 있다. 현존재에게 오른쪽과 왼쪽은 추상공간에서처럼 상대적인 것이 아니다. 그의 신체가 언제나-이미 오른쪽과 왼쪽을, 앞과 뒤를, 위와 아래를 방향 잡고 있다. 이는 대칭에 관련해서도 마찬가지이다. 칸트가 오른손과 왼손에서 '불일치 대칭물'을 발견한 것은 시사적이다. 우리는 오른쪽 장갑과 왼쪽 장갑을 바꿔 낄 수가 없다. 그러나 이것이 현존재의 공간성은 단적으로 '주관적'임을 뜻하는 것은 아니다. 현상학적 사유에서 주관과 객관은 언제나-이미 맞물려 있다는 것을 상기하자. 세계-내-존재의 이런 공간성은 주위세계의 공간성과 얽혀 있다.[50]

근대적 사유는 데카르트의 깔끔한 기계론이나 뉴턴의 우주에 대한 기하학적 해명 등에서 깊은 인상을 받아 추진력을 얻었다. 이렇게 세계를 등질

다.(「희랍 철학의 이면」, III, 374~375) 추상공간은 에우클레이데스 기하학에서 그 결정적인 형태를 띠게 되며, 데카르트의 'res extensa'를 비롯한 근대 수학적-과학적 공간 개념이 그 연장선상에서 성립하게 된다.

50) 깜깜한 방 안에서 우리는, 설사 그 방이 자기 방이라 해도, 어느 쪽이 동쪽이고 어느 쪽이 서쪽인지를 알 수가 없다. 친숙한 가구에 손이 닿아야 알 수 있을 것이다. 만일 가구의 배치를 다 바꾸어놓을 경우, 나는 내 방에서도 동서남북 —— 추상좌표에서의 동서남북이 아니라 다른 장소들, 주위세계와의 관계로서의 동서남북 —— 을 착각할 것이다. "한 세계에서의 도구들의 전체적인 연관성이 현존재에게 미리 주어져 있어야 한다. 방향 잡기의 가능성을 위해, 내가 이미 하나의 세계 안에 존재한다는 것이 오른쪽과 왼쪽의 느낌 못지않게 필수적이다."(§23)

화하고 기하학화하고 양화하는 작업은 이후 근대 사상과 문명에 깊숙이 스며들게 된다. 하이데거가 현상학을 통해 파악한 세계는 이와는 판이한, 하지만 새로운 그 무엇이라기보다는 우리가 근대적 세계 분석의 위력 때문에 잊어버린 삶의 세계를 복원한 것이라고 할 수 있다. 그러나 그것은 단순한 복원이 아니라, "山是水, 水是山"을 거쳐 다시 새로운 차원에서 발견한 "山是山 水是水"이다. 하이데거의 관점에서 본다면, 등질공간 등과 같은 개념들은 이 세계를 '탈세계화'했을 때에나 성립한다. 그러나 이 세계는 단순히 '주관적인' 세계가 아니며, 존재가 현존재에게 열리고 현존재가 존재의 목동이 되는 바로 그곳인 것이다.

둘째, '세계'-내-존재를 해명했거니와 이제 세계-내-'존재(자)'의 해명이 필요하다. 이는 곧 과학적으로 대상화되어 파악된 인간이 아니라 '실존'으로서의 인간의 해명이다. '세계-내'-존재자인 한에서의 현존재의 핵심 실존 범주는 더불어-살아감, 더불어-거기에서-살아감이다. 추상적으로 대상화된 세계가 아니라 손에-잡히는-존재자들이라는 '무엇'과 더불어 살아가는 현존재자는 또한 그것들에 항상 결부되어 있는 '누구'와 함께 살아가는 존재자이기도 하다. 집은 누군가가 거주하는 곳이고, 신발은 누군가가 신고 다니는 것이며, 책은 누군가가 읽고 있는 것이다. 낯선 해안일지라도 거기에 보트가 정박되어 있다면 우리는 거기에서 잠재적으로나마 누군가를 만나고 있다. 이 '누구'는 '무엇'과 전혀 다른 존재자이며, 현존재는 '누구'와 더불어 존재한다.

> 현존재와 더불어 함께-거기에서-살아가는 이 존재자는 어떤 세계 내부의 '나란히'-눈앞에-존재하는-것의 존재론적 성격을 띠지 않는다. '더불어(Mit)'는 현존재 고유의 성격을 특성화하며, '함께'는 둘러보며-고려하는 세계-내-존재자로서 동류로서-존재함을 뜻한다. '함께'와 '같이'는 범주가 아니라 실존 범주로서 이해되어야 한다. 세계-내-존재의 이 '더불어'-살아감이라는 토대 위에서 세계는 언제나-이미 내-존재자는 타인들과 더불어-살아감이다. 타인들의 세계내부적인 삶의

고유성은 더불어-거기에서-살아감(Mitdasein)에 있다.(SZ, §26)

　한 주체가 타인들을 발견하거나, 주체들이 모여 더불어-살아감이 성립하는 것이 아니다. 더불어-살아감은 세계-내-존재자로서의 존재자에 본질적인 실존 범주로서 깃들어 있다.

　더불어-살아가는 현존재들 각자는 각자에게 고려의 대상이 아니라 '배려'의 대상이다. 우리는 사물들을 고려하고 타인들을 배려하면서 살아간다. 둘러보는 고려를 통해 손에-닿는 존재자들과 관련 맺듯이, 되돌아보고 돌보는 배려를 통해 타인들과 관계 맺는다. 서로를 배려하지 않는 것 역시 배려라는 세계-내-존재자의 핵심 실존 범주가 띠는 한 양태이다. 둘러보면서 고려하는 맥락에서는 특정 현존재가 그 과정의 최종 목적이 된다. 하지만 현존재는 타인들 역시 그 자신과 마찬가지로 그런 현존재임을 깨닫게 된다. 정확히 말해, 둘러보는 고려 자체가 '언제나-이미' 되돌아보고 돌보는 배려의 맥락 속에서 이루어지고 있었음을 깨닫게 된다. 되돌아보지도 않고 돌보지도 않는 상황에서조차, 아니 로빈슨 크루소의 경우처럼 타인이 아예 존재하지 않는 상황에서조차 현존재는 타인-현존재들과 더불어-살아가고 있는 것이다.

　더불어-살아가는 현존재들을 가장 일상적이고 평균적인 방식으로 고찰할 때, 현존재는 '대중'으로서 나타난다. 대중은 특정되지 않은 '사람들'이며, 일상적 평균성에서 포착된 현존재이다. 현존재들은 대중의 일원으로서 대중에 "묻어서" 살아간다. 대중 속에서 현존재는 존재와의 끈을 상실한 채 대중적 삶 ── 대중매체와 대중문화가 형성하는 장 ── 에 묻혀버린다. 대중성은 현존재의 근본적인 실존 범주이다. 대중적 존재로서의 자기, 대중적 자기는 본래적 자기와 구분된다. 현존재는 자기를 우선 발견하고 자기와 대비되는 대중적 자기를 발견하는 것이 아니다. 오히려 현존재는 언제나-이미 대중적 자기로서 살아가며, 어떤 계기로 이 대중적 자기로부터 벗어나 본래적 자기를 발견하게 된다. 본래적인 자기존재가 대중적 존재방식에서 분리된 주체들의 예외적 상태에 근거하는 것은 아니다. 그것은 본질적인 실존 범주들 중 하나인 대중적 존재방식의 실존적인 변양태들 중 하나이다. 대중적 자기와 본래적 자기는 단순한 대립 항들이 아니라 현존재의 두 얼굴인 것이다.

이제 마지막으로 해야 할 일은 '세계'와 '존재(자)'를 이어주는 '내'의 해명이다. 현존재가 세계-'내'-존재자임은 무엇을 뜻하는가? 이는 곧 '현'존재가 어떤 의미에서 '세계-내'-존재인지에 대한 해명이다. 이 '거기 = 세계-내'에 존재한다는 것은 현사실성으로서 인간이 벗어날 수 있는 것이 아니며, 이는 '현'존재란 항상 어떤 방식으로든 거기에 처(處)해-있는 존재자임을 뜻한다. "나는 사랑에/절망에 빠져 있는 나 자신을 발견했다(habe mich gefunden)" 같은 표현은 하이데거적인 관점에서 볼 때 처해-있음의 예로서 이해될 수 있을 것이다. 어떤 특별한 기분도 없이 "멍 때리는" 것도 기분의 한 종류이다. 현존재는 눈앞에-펼쳐진-존재자들에 대한 인식으로부터가 아니라 늘 어떤 기분을-느끼면서 살아가는 자신의 현사실성으로부터 자신의 처해-있음을 발견하게 된다. 이는 곧 현존재가 자신이 원함/원하지 않음에 무관하게 〔세계-내에-〕내던져져-있다는-것'과 '〔인생을-〕떠맡고-있다는-것'을 발견하는 것에 다름 아니다. 처해-있음은 현존재로 하여금 자신이 세계-내-존재자임을 깨닫게 해준다.

그러나 현존재는 이 진실을 회피하려는 성향을 내보인다. 현존재는 존재를 사유하는 '환한 빈 터'로서 존재할 수 있지만,[51] 자신의 내던져져-있음을 자각하지 못하는 현존재는 세계 ── 차라리 세상 ── 에 빠져-있다. 일상적인 잡담에, 쏟아져 나오는 신상품에, 소문, 거짓말, 가짜 뉴스에, … 빠져 현존재는 대중적 자기로서 살아간다. 이렇게 빠져-있는 삶에서 현존재는

---

51) "존재자 전체의 한가운데에서 하나의 열린 장소가 현성한다. 하나의 환한 빈 터(Lichtung)가 존재한다. 존재자로부터 본다면, 그것은 존재자보다도 더 존재한다. (…) 존재자는 이 환한 빈 터에 의해 밝혀진 곳과 통(通)할(herein- und hinaussteht) 때에만 존재자로서 존재할 수 있다."(H, 39~40)

자신의 본래적인 존재가능(존재가 열리는 환한 빈 터일 수 있는 가능성)을 망각하게 된다. 그러나 이런 빠져-있음이 현존재가 세계-'내'-존재임을 증험하는 사실이기도 하다.[52] 현존재의 존재가능은 어떤 초월을 통해서가 아니라 오히려 이 안에-있음에 대한 자각에서 시작된다고 하겠다. 존재의 열린 터로 들어가-서-있을 수 있는 가능성은 현존재가 빠져-있는 바로 그 터에 대해 사유함으로써 시작되기 때문이다.

처해-있음과 더불어 이해(와 언어)는 세계-내-존재의 '내'를 구성하는 또 하나의 핵심 요소이다. 하이데거의 이해는 앞에서 논한 정신과학적인 이해가 아니라 현존재의 실존 범주들 중 하나로서의 이해이다. 이미 언급했듯이, 존재의 진리가 인간 본질과 맺는 관계를 파악하는 것 또는 이런 파악 가능성이 곧 '이해'이다. 이해는 현존재 자신의 고유한 존재가능에 관련된다. 이해는 그 안에 '기투(企投, Entwurf)'를 실존 범주로서 함축하고 있다. 현존재는 이해를 통해서 자신의 가능성에로 기투한다. "기투로서의 이해는 현존재의 존재양식이며, 이 양식에서 현존재는 그의 가능성들로서의 가능성들이다." "이해의 기투 안에서 현존재는 그 가능성에서 열려-밝혀진다." (SZ, §§31~32) 가능성은 현존재의 존재에 덧붙여지는 것이 아니라, 현존재의 현사실성 자체 내에 함축되어 있는 것이다. 현존재는 한편으로 내던져져-있는 존재이지만 다른 한편으로는 자신을 기투하는 존재이다. 내던져져 있음이 현사실성과 궤를 같이한다면, 기투는 실존과 궤를 같이한다. 세계-내-존재로서의 현존재는 바로 이런 이중체이다. 하이데거는 이해 개념을 해석, 의미, 언표, 말/언어 등과 연계시켜 구체화한다.[53]

---

52) 빠져-있음은 불안에 근거하고 있다. 불안의 "그것-앞에서"는 곧 인간이 세계-내-존재자라는 바로 그 현사실성이다. 불안은 세계-내-존재자의 내던져진 처해-있음의 한 근본 양식이다. 그러나 불안은 또한 현존재를 그의 존재가능으로 이끈다. 그로써 앞에서 논했듯이 그를 세계 전체, 무, 존재로 인도한다.(SZ, §40)

53) 하이데거는 말(Rede)을 처해-있음, 이해와 실존론적으로 동근원적이라고 본다. 해석, 발언(Aussage) 등은 말에 근거한다. 의미는 말에서 분절 가능한 것이다. "세계-내-존재의 처해-있는 이해 가능성은 <u>말로서 드러난다</u>. (…) 말이 바깥으로 발(發)해졌을 때 언

지금까지 우리는 세계-내-존재자를 '세계', '존재자,' '내'로 분절해 풀이했다. 이제 이 논의들을 종합해서 갈무리해보자. 현존재는 존재의 목동이며 무의 자리지기이다. 존재의 '말 건넴'은 그 열려-있음 안에 들어서-있는 현존재에게만 들린다. 그러나 일상성에서의 현존재는 이 말-건넴에 등을 돌리고 세상에 빠져-있다. 불안은 이 현존재를 그의 세계-내-존재자-임으로 끌어당긴다.[54] 불안 속에서 현존재의 존재가능도 분명해진다. 현존재의 존재가능은 곧 '자기를-앞질러-감', 다시 말해 (허공을 향해 앞질러-가는 것은 아니므로) 언제나-이미-세계-내에-존재하면서-자기를-앞질러-감이다.[55] 이러한 현존재의 존재를 하이데거는 '심려(心慮)'로 파악한다. 현존재 특유의 모든 행위는 결국 이 심려에 근거한다는 것이 하이데거의 생각이다.

어(Sprache)가 된다."(SZ, §34)
하이데거의 존재론은 현상학적 존재론인 것 못지않게 해석학적 존재론이기도 하다. 처해-있음, 이해, 말이 동근원적이라 했던 것을 음미해보자. '이해'에 대해서는 가다머의 『진리와 방법』(임홍배 옮김, 문학동네, 2020), 120~134쪽을 보라.

54) "불안해함은 처해-있음으로서 세계-내-존재의 한 방식이다. 불안은 바로 내던져진 세계-내-존재로부터 온다. 불안이 향하는 곳은 세계-내-존재가능이다. 따라서 불안이라는 가득 찬 현상은 현사실적으로 실존하는 세계-내-존재를 드러낸다. 기초 존재론에서의 이 존재자의 성격은 실존성, 현사실성, 그리고 빠져-있음에 있다."(SZ, 41)

55) 시간성은 현존재의 본래적 전체존재에서, 앞질러-달려가-보는 결단성이라는 현상에서 경험된다. ① 앞질러-가는 것은 양심과 관련된다. 하이데거에게 '양심'이란 대중적 자기를 본래적 자기로 일깨워 불러내는 것으로서, 일상적 현존재가 섬뜩함 속에 처해-있을 때 도래한다. 양심은 현존재를 그의 존재가능에로 불러-세운다. 현존재가 섬뜩함을 직시하고 양심을 맞이함으로써 본래적 자기에로 기투하는 것이 '결단성'이다.(SZ, §60) ② 아울러 앞질러-가는 것은 죽음과도 관련된다. "〔현존재의〕 앞질러-달려감은 그가 대중-자신 속에서 상실되어-있음을 드러내 보여주며, 그를 고려하는 배려에 의존하지 않은 채 자기 자신일 수 있는 가능성 앞으로 데려간다. 그러나 이 자기 자신은 고뇌하는, 대중의 환영으로부터 해방된, 현사실적인, 자기 자신을 확신하는, 그리고 불안해하는 죽음에로의 자유-〔존재가능〕이다."(§53) "양심의 부름에 대한 이해가 대중 속에서의 상실을 드러내준다. 결단성은 현존재를 그의 가장 고유한 자기존재가능(Selbstseinkönnen)에로 데려간다. 〔현존재의〕 고유한 존재가능은 〔그의〕 가장 고유한 가능성인 이해하는-죽음에로의-존재에 있어 본래적으로 또 전적으로 분명하게 된다."(§62)

§3. 현존재의 시간성과 역사성

세계-내-존재의 해명은 지금까지 해온 구조적 분석만으로는 충분하지 않다. 분석의 끝에서 우리는 언제나-이미 세계-내에-존재하면서 자기를-앞질러-감으로서의 심려를 발견했다. 현존재가 이렇게 자기를 앞질러 가는 존재라는 점에서, 시간은 현존재에게 본질적이다. 베르그송에게 과거가, 후설에게 현재가 중요한 만큼이나 하이데거에게는 미래가 중요하다.

하이데거에게 시간은 존재의 진리이다. 시간은 존재가 현성(現成)하는 것(das Wesende), 더 정확히는 그 현성의 지평이다. 따라서 존재가 열어-밝혀지는 그곳에 존재하는 현존재는 바로 시간이라는 지평에서 존재의 현성과 마주친다. 이 때문에 하이데거는 현존재의 존재의 의미가 곧 '시간성'임을 강조한다. 그래서 "존재를 이해하는 현존재의 존재인 시간성으로부터 존재 이해의 지평으로서의 시간을 근원적으로 해명하는 것"이 필요하다.(SZ, §5) 현존재의 존재는 다름 아닌 심려이며, 따라서 심려의 존재론적 의미가 바로 시간성이라고 할 수 있다. 그래서 시간성을 토대로 심려의 존재론적 의미를, 즉 현존재의 존재를 밝히는 것이 필요하다. 시간(성)이 존재의 진리, 존재가 현성하는 것이라면, 이는 곧 존재의 현성을 토대로 현존재의 존재를 밝히는 것이 된다.

심려는 언제나-이미 세계-내에-존재하면서 자기를-앞질러-감으로 이해되었다. 그리고 이 심려의 의미(심려 전체를 하나의 통일성으로써 이해 가능하도록 해주는 것)는 시간성으로 파악되었다. 이는 곧 자기를-앞질러-감에 상관적인 미래와 '언제나-이미'에 상관적인 과거 그리고 세계-내에-존재함에 상관적인 현재가 통일성을 이룸으로써 심려를 하나의 전체로서 이해 가능하게 해준다는 뜻이다. 다시 말해 실존에 상관적인 미래, 현사실성에 상관적인 과거, 빠져-있음에 상관적인 현재의 통일성으로서의 시간성으로써 심려의 전체를 이해 가능하게 해준다는 뜻이다. 하이데거는 일반적으로 사용되는 현재, 과거, 미래 대신 실존 범주로서의 현행, 기존, 도래를 사용한다.

심려는 무엇보다 우선 자기를-앞질러-감이기에 시간성에 있어서도 도
래가 우선적이다. 자기를-앞질러-감은 현존재를 본래적으로 도래적인 존
재로 만든다. 현존재는 도래적인 존재인 한에서 자신의 가장 고유한 존재
가능에 닿을 수 있다. 이것이 현존재의 실존의 의미이다. 그러나 현존재는
언제나-이미 내던져진 존재로서 도래적인 존재이다. 그래서 현존재는 본
래적으로 도래적일 뿐만 아니라 본래적으로 기존적(旣存的)이기도 하다. 아
울러 언제나-이미 자기를-앞질러-감은 어디까지나 언제나-이미 세계-내
에-존재하면서 자기를-앞질러-감이다. 세계- '내'-존재는 세계에 빠져-있
는 존재이기에 말이다. 도래와 기존은 현행에서 모인다.

> 도래하면서 스스로에게로 귀환하면서(기존하면서), 결단성은 상황 속에서 현행하
> 면서 자신을 데려온다. 기존은 도래로부터 나오고, 그래서 기존의(더 낫게는 기존
> 해온) 도래가 현행을 자신으로부터 보낸다. 이렇게 기존해오면서-현행하는 도래
> (gewesend-gegenwärtigende Zukunft)로서 통일적으로 현상하는 것을 우리는 시
> 간성(Zeitlichkeit)이라 이름 짓는다. 현존재가 시간성으로서 규정되는 한에서만,
> 그는 앞질러-가는 결단성의 특징적인 본래적 전체존재가능(Ganzseinkönnen)이
> 자신에게 가능케 한다. 시간성은 본래적 심려의 의미로서 밝혀진다.(SZ, §65)

이렇게 시간성은 심려 구조의 근원적인 통일성을 가능케 한다. 다시 말해
실존, 현사실성, 빠져-있음의 통일성을 가능케 한다. 하이데거의 시간 개념
은 아리스토텔레스적인 객관화된＝수량화된 시간도 아우구스티누스적인
내면적인 시간도 아니다. 나아가 칸트, 후설, 베르그송 등의 시간론과도 다
르다. 그것은 세계-내-존재로서의 현존재를 이해하는 데에 적합한 것으로
서 구성된 시간론이며, 현존재의 존재인 심려의 근원적인 통일성을 개념화
하기 위해 주조된 시간론이라 할 수 있다.

현존재는 도래하면서 기존하면서 현행하는 삶을 살아가며,[56] 이 삶은 태

어남과 죽음의 사이에서 펼쳐진다. 심려로서의 현존재는 이 '사이'를 산다. 하이데거는 이렇게 "펼쳐져-있으면서-스스로를-펼쳐-나가는" 현존재 고유의 운동성을 '생기(生起, Geschichte)'로 규정한다. 현존재가 엮어나가는 삶의 각종 연관들을 해명하는 것은 바로 이 생기의 존재론적 문제이다. "생기 구조 및 그것의 실존적-시간적 가능조건을 드러내는 것은 역사성의 존재론적 이해의 획득을 의미한다."(SZ, §72) 현존재의 시간성으로부터 그 역사성을 이끌어내는 것이 하이데거 역사철학의 과제이다. 이는 곧 일상성에서 발견되는 현존재의 비본래적 역사성을 넘어 본래적인 역사성을 해명하는 것이기도 하다. 현존재의 생기는 열어-밝힘과 해석을 내포한다. 이 열어-밝힘과 해석을 기반으로 현존재의 역사성을 실존적으로 기투하는 것이 문제이다.

역사는 시간 속에서 생겨나는, 실존하는 현존재의 독특한 생기이다. 현존재의 존재는 심려이고, 심려는 철저하게 시간적이다. 현존재의 시간성은 거기에서-기존해-왔다는 의미에서만이 아니라 현행하면서 도래한다는 의미에서도 본질적이다. 현존재의 역사성은 통상적인 의미에서의 '시간 속에서' 성립하는 것이 아니라 도래-기존-현행의 '시간성'을 근거로 해서 성립한다. 요점은 시간성에 입각해 현존재의 본래적 역사성을 밝히는 것이다. 빠져-있음에서 벗어남으로써 현존재의 전체가능존재로 실존적으로 기투했듯이, 비-본래적 역사성에서 벗어나 본래적 역사성으로 기투하는 것이 중요하다.[57] 그러한 기투를 통해서 우리는 본래적인 역사성의 가능조건을

---

56) 하이데거는 이 구조를 개인으로서의 현존재만이 아니라 인류 집단에도 적용한다. "역사학은 그 출발점을 '현재'에서 또는 그저 당대의 '현실적인 것'에서 취해 그로부터 과거로 거슬러 올라가는 것이 아니다. 오히려 역사학적 열어-밝힘은 도래로부터 시간화된다(zeitigt sich)."(SZ, §76) 그러나 이런 구도는 자칫 역사학에, 더욱 심각하게는 역사 자체에 위험한 것이 될 수도 있지 않을까? 그리고 실제 하이데거 자신이 그런 위험에 빠졌다는 것을 상기하자.
57) 대중은 '세계-역사'에 빠져-있으며, 이는 죽음-앞에서의-도피와 연계되어 있다. 앞질러-가보는 결단성을 통해 드러나는, 심려의 근본 규정성의 하나가 죽음을-향한-존재자

발견하게 된다.

> "진정으로 자신의 도래하는 존재 속에 있는, 그래서 〔장렬히〕 산화(散華)함으로써 자신의 죽음으로부터 자유로워져, 자신의 현사실적인 '현(現)'으로 스스로를 되던져지도록 할 수 있는 그런 존재자만이, 다시 말해 도래적인 그리고 또 동근원적으로 기존적인 그런 존재자만이, 상속받은 가능성을 스스로 전수(傳受)하면서, 그 고유한 내던져짐을 떠맡고 '자신의 시간'을 위해서 현행적일 수 있다. 본래적인 그리고 동시에 유한한 그러한 본래적 시간성만이 운명과도 같은 어떤 것을 만든다. 다시 말해, 본래적 역사성을 가능케 한다."(SZ, §74)

훗날의 나치 참여를 예감케 하는 음조로,[58] 하이데거는 역사성을 시간성으로써 기초 짓고 있다. 도래가 기존, 현행보다 앞서기에, 현존재가 상속받은 가능성을 스스로 전수하는 것은 앞질러-달려가-보는 결단성에 근거한다. 죽음을-향한 본래적인 존재, 즉 시간성의 유한성은 현존재의 역사성의 숨은 근거이다. 이 결단성에 입각해 실존가능성을 본래적으로 반복하는 것은 곧 "자신을 자신의 영웅으로 선택하는 것"이다. "반복 가능한 것에 대한 투쟁하는 추종과 충성을 자유롭게 해주는" 방향이 선택되는 것은 바로 결

라는 깨달음이 현존재를 본래적인 실존으로 데려온다. 하이데거는 이런 "결단성이 현존재의 고유한 자신에로의 충성을 구성한다"고 본다.(SZ, §75) 하이데거가 생각하는 '충성'은 바로 이런 결단성에 근거한다. 이런 충성을 통해 현존재는 빠져-있음에서 벗어난다. 즉, 대중적 삶을 벗어나 탈-현행(Entgegenwärtigung)을 행한다.

58) 흥미롭게도 이 음조는 일본 파시즘에 참여한 교토학파의 '세계사의 철학'의 음조와 무척 유사하다. 森哲郎 解説, 『世界史の理論』, 燈影舎, 2000.
하이데거의 사유에서 우리는 본 철학사에서 종종 만난 바 있던 사유 양식, 내면과 초월 사이에서의 도약을 다시 만나게 된다. 하이데거에게서도 존재와 현존재는 직접 연결되고 그 사이에서 역사와 자연이라는 두 실재가 누락되어버림을 확인할 수 있다. 물론 하이데거의 현존재는 단순한 내면이 아니고 또 그의 존재는 단순한 초월이 아니기에, 그에게서의 도약을 이전의 단순한 형태의(종교적인) 도약들과 동일시할 수는 없다. 그럼에도 그의 사유는 이 함정을 피할 수 없었다. 하이데거는 자연과 역사에 대해 많은 말을 했으면서도 진정으로 자연과 역사를 인식하지는 못했다.

단성을 통해서이기 때문이다. 상속받은 가능성을 스스로 전수하는 결단성의 양태를 통해 현존재는 '운명'으로서 실존한다. 하이데거에게서 이 운명(또는 '역운')은 항상 집단적이다. 그래서 현존재의 생기는 항상 '공동생기'이며, 역운은 곧 어떤 민족의 생기인 것이다. 하이데거에게는 이런 운명/역운이야말로 본래적 역사성이다.

　현존재의 시간성과 역사성을 이렇게 이해할 때, 이제 실제 역사 자체를 어떻게 사유할 것인가? 그러나 하이데거는 현존재의 실제 역사를 사유하기보다는 '형이상학의 역사'를 사유한다. 왜일까? 바로 그에게 형이상학이란 "현존재에게서 일어나는 근본 생기"이고 "현존재 자체"이기 때문이다.(WM, 45) 본래적 역사가 현존재의 운명/역운의 문제라면, 그가 초점을 맞추어야 할 역사는 바로 현존재의 근본 생기에 다름 아닌 것이다. 그런데 이 근본 생기란 무엇인가? 그것은 현존재가 세계에 빠져-있음을 넘어서 무의 자리지기이자 존재의 목동이 되는 사건이다. 따라서 하이데거가 생각하는 역사 즉 형이상학의 역사는 존재와 진리에 관련되는 역사, 존재의 망각과 탈-망각/탈-은폐와 관련된 역사인 것이다.

§4. 존재가 열리는 '환한 빈 터'로

　하이데거에게 중요한 것은 존재 망각의 역사를 추적하고 존재의 탈은폐로서의 진리에의 길을 마련하는 것이다. 왜냐하면 그가 볼 때 현대는 존재가 철저히 망각된 시대이기 때문이다. 그렇다면 현대는 어떤 의미에서 존재 망각의 시대인가? 이 존재 망각은 도대체 어떻게 시작되었는가? 그리고 그러한 망각으로부터 벗어날 길은 어디에 있는가?

　하이데거는 존재가 저 멀리 망각되어 사라지고 있는 시대인 현대를 '세계상(Weltbild)의 시대'라 부른다. 세계상이란 존재자 전체에 대한 하나의 그림이다. 근대에 이르러 세계는 하나의 '상'이 된다. 이는 곧 세계가 존재의 탈은폐성으로서가 아니라 인간에 의해 표상된 것으로서 이해됨을 뜻한다. 인간은 세계를 자기 앞에-불러-세운다(vor-stellen). 나아가 이런 표상 가능성이 곧 어떤 것의 존재함의 기준이 된다. "이제 존재자 전체는 그것이 인간, 즉 존재자 전체를 불러-세우고 또 만들어-세우는(her-stellen)=제작하는 인간에 의해 세워지는 한에서만 존재하는 것으로서 간주된다."(H, 89) 존재한다는 것은 곧 인간에 의해 표상되고 조작된다는 뜻이다. 이와 맞물려 인간은 'subjectum'(주체)이 되는데, 이 개념은 본래 현상들을 보듬는 기체('휘포케이메논')였지만 이제 현상들을 보듬는 것은 인간-주체가 된다. 세계는 상이 되고 인간은 주체가 된 것이 근대이다.[59] 모든 것은 '대상화'되고, 사유하는 것은 곧 표상하는 것, 나아가 계산하는 것이 된다. 하이데거는 계몽시대의 이성적 존재자로서의 인간이 스스로를 "국민으로 파악하고, 민족으로 의지하고, 인종으로 사육하는" 주체로 만들었으며, 이런 흐름은 테크놀로지로써 조직화된 인류의 전지구적 제국주의에서 절정에 달한다고 보았다.(H, 111)[60] 하이데거에게 근대/현대는 세계가 상이 되고 인간이 주체가 된 전대미문의 세계이다.

하이데거에게 형이상학은 "현존재에게서 일어나는 근본 생기"이며, 따라서 이런 역사적 상황은 곧 형이상학의 역사로부터 해명된다. 그렇다면 세계상의 시대는 어떤 형이상학적 맥락에서 도래했는가? 하이데거에게 데카르트와 니체의 사유는 세계상의 시대를 도래시킨 주요 특이점들이다. 즉, 세계상의 시대는 데카르트에게서 본격적으로 시작해 니체에게서 완성된다. 넓게 본다면, 세계상의 시대는 존재 망각 ─ 존재와 존재자 사이의 '존

---

59) 그러나 다른 한편, 'subjectum'은 '신민(臣民)'에서 '주체'로 그 뜻이 바뀌는 과정도 밟았다. 이 맥락에서 주체가-됨은 정치철학적으로 긍정적인 변화가 아닐 수 없다. 하이데거는 이런 맥락은 건너뛰고 있다.

60) 그러나 일찍이 헤겔이 날카롭게 지적했듯이, 국민, 민족, 인종의 범위에서 전-지구적 제국주의로의 이행은 단순한 양적 팽창의 문제가 아니라 상당히 복잡한 주제들이 착종되어 있는 문제이다. 하이데거의 사유에는 이런 맥락 역시 부재한다.

재론적 차이'의 망각 — 이다. 역사의 정점에 위치한다. 그렇다면 이런 존재 망각이 아직 발생하지 않았던 시대는 언제인가? 하이데거는 중세를 건너뛰어 그리스로 거슬러 올라간다.(이렇게 보면 중세는 존재 망각의 시대이지만 아직 세계상의 시대는 아닌 셈이다.)[61] 많은 서구 지식인들에게서 발견되듯이, 하이데거 역시 그리스라는 세계에서 어떤 안도감을 느끼는 것 같다. 그러나 그의 관점에서 존재 망각은 사실 그리스에서 이미 시작되었다. 그에게 그 본격적인 분기점은 플라톤이다. 결국 그의 관점에 따르면 플라톤에게서 사실상 존재 망각이 시작되었으며, 플라톤 이전으로 특히 자연철학자들에게까지 가야만 거기에서 비로소 존재 망각에 들어서기 이전의 사유들을 만나게 되는 것이다. 존재 망각의 양끝인 니체와 플라톤만을 살펴보자.[62]

하이데거에게 니체는 최후의 형이상학자이다. 니체는 "신은 죽었다"라고 선포했으며, 여기에서 신은 초-감성적인(meta-physisch) = '형이상'의 세계이기 때문이다. 이로써 현대는 니힐리즘의 시대가 된다. "최고의 가치들이 그 가치를 잃어버린" 시대가 도래한 것이다. 니체는 니힐리즘을 극복할 길을 찾는다. 이는 곧 가치의 전환을 시도함으로써, 새로운 가치를 제시하기보다 가치 평가의 양상 그 자체를 전복함으로써, 불완전한 니힐리즘을 완성하는 길이다. 가치란 곧 관점이며, 관점이란 삶을 향상시키는 조건이다.(단순한 유지는 이미 몰락이다. 니체가 스피노자의 '코나투스' 개념을 비판한 이

---

61) 이 점에서 그의 사유는 종말론적 역사 이해를 포함하면서도 그것을 넘어서려는 사유이다. "존재의 종말론으로부터 사유할 경우, 우리는 저 먼 과거의 날이 저 먼 미래의 날로 이어질 그런 날을 기다려야 하며, 오늘날에는 바로 그런 날을 바라보면서 먼 과거의 날을 깨워 사유하는 법을 배워야 한다."(H, 327) 오늘날은 존재 망각의 시대이기에 우리는 저 먼 옛날의 사유를 다시 깨워야 하며, 그것을 언젠가 존재 망각으로부터 깨어날 미래의 날을 위해서 사유해야 한다는 것이다. 현재는 끝이지만 절대적 끝은 아니며, 과거에서 존재 망각 이전의 사유를 불러와 사유하고 그것을 미래로 이어주어야 한다는 생각이다.

62) 『신족과 거인족의 투쟁』(그린비, 2008/2022)에서는 『니체』(*Nietzsche*, I, II)에 입각해 논했지만, 여기에서는 『숲길(*Holzwege*)』에서 논의된 「"신은 죽었다"는 니체의 말」에 입각해 논의한다.

유.) 니체에게 삶의 의미는 가치를 정립하는 것, 관점을 창조하는 것이다. 니체에게 삶의 근저, 세계의 본질은 곧 힘에의 의지이며(세계의 본질, "존재의 가장 내밀한 본질"이 힘에의 의지라면, 그리고 힘에의 의지가 어떤 동일성이 아니라 자기 극복의 존재라면, 세계는 결국 힘에의 의지의 반복과 차이일 수밖에 없다. 그래서 세계의 현상은 영원회귀로서 나타난다.), 따라서 관점의 창조란 곧 힘에의 의지가 그 한계를 극복해 나아가도록 만드는 행위이다. 하이데거는 이 맥락을 존재의 사유에서 주체의 사유에로의 전환이라는 각도에서 이해한다.[63] 힘에의 '의지' 개념에는 "우시아로부터 주체성으로의 전환"(앞에서 언급한 'subjectum' 개념의 전환과 같은 맥락)이 함축되어 있다. 삶이란 의지를 의지하는 것이고, '살아 있다'는 것은 곧 어떤 관점을 창조함으로써 힘에의 의지를 확장해나가는 것이다. 하이데거는 이런 개념화를 바로 세계상의 시대를 특징짓는, 세계를 대상화해 앞에-불러-세우고 만들어-세우는 인간-주체의 철학으로 이해한다.(H, 239) 존재자로서의 존재자가 힘에의 의지로 파악됨으로써 존재자의 지배권, 지상의 지배권을 쟁취하려는 시도가 그 형이상학적 기초를 얻게 된 것이다.

하이데거는 이런 존재 망각이 사실상 플라톤에게서 시작되었다고 생각한다. 그리스인들에게 진리는 'alētheia'(탈은폐)였으며, 존재자는 존재의 탈은폐로서 이해되었다. 그러나 플라톤 이래 진리는 '명제와 사태의 일치'로서 규정되기 시작했으며(앞에서 보았던 타르스키의 진리 개념은 이러한 규정의

---

63) "존재는 가치가 되어버린다. (…) 존재가 가치로서 간주됨으로써, 존재는 이미 힘에의 의지 자체에 의해 정립되는 한 조건으로 평가절하된다. 존재가 일반적으로 평가되고 그렇게 [가치로서] 간주되는 한, 존재 자체는 이미 그것의 본질에서 그 존엄함을 박탈당한다."(H, 258) 이는 곧 앞에서 "표상 가능성이 곧 어떤 것의 존재함의 기준이 된다"고 했던 것과 통한다. 이 지점에서 하이데거의 니체론과 들뢰즈의 니체론이 갈라진다. 하이데거가 니체를 근대적 주체철학의 완성자로 본다면(이는 'Wille zur Macht'를 '권력에의 의지'로 번역할 경우 더욱 두드러진다. 그러나 권력에의 의지는 힘에의 의지의, 말하자면 저질화된 판본이라 해야 할 것이다.), 들뢰즈는 힘에의 의지를 보다 존재론적으로 해석함으로써 하이데거와는 상반된 결론으로 나아간다.(『니체와 철학』, 이경신 옮김, 민음사, 2001)

현대적 판본이다.), 하이데거는 이를 '세계상의 시대'를 특징짓는 표상적 사유, 존재자들을 존재의 탈은폐로서가 아니라 주체 앞에 소환되어 제작되는 것으로서 간주하는 사유의 근간이라고 보았다. 헤라클레이토스는 "델포이에 있는 신탁의 주재자(아폴론)는 말하지도 않고 숨기지도 않으며, 다만 징표를 보일(sēmainei) 뿐"이라고 했다.(DK, B-93) 사유란 곧 인간에게 말 건네기도 하고 숨기도 하는 존재/자연과의 숨바꼭질 같은 것이었다. 그러나 이런 '알레테이아'로서의 진리는 점차 명제와 사태의 '일치(homoiōsis)'로 전환되어버렸으며, 바로 이로부터 존재 망각의 긴 역사가 시작되었다는 것이다. 물론 플라톤에게서는 여전히 탈은폐성으로서의 진리 개념이 살아 움직이고 있었으나, 하이데거는 그가 은폐성 자체에 대한 물음을 던지지 않았다는 이유로 이미 이 진리 개념의 쇠락은 시작되었다고 진단한다.(WW, §17)[64] 진리는 본래 진리사건 = 존재사건이다. 진리는 오로지 끊이지 않는 해방의 생기(/역사) 속에서만 일어나는 탈은폐성이다. '알레테이아'로부터 '호모이오시스'로의 전환이 사건으로서의 진리가 일치로서의 진리로 전환됨으로써 이후 길게 이어지는 존재 망각을 가져온 것이다.

하이데거는 이런 맥락에서 플라톤 이전의 철학자들에게서 '알레테이아'로서의 진리 개념에 입각한 존재 사유를 읽어낸다. 그가 말년에 그리스 자연철학자들('퓌지스'의 철학자들)에 몰두했던 것은 이 때문이다.[65] 그러나 그에게 존재 사유를 보여주는 장소가 또 하나 있는데, 그것은 곧 예술의 영역이다. 하이데거에게 예술작품은 존재자의 존재를 열어-밝혀주는 장소, 진리 = 알레테이아가 생기하는 장소이다. 예술작품 안에서 존재자는 자신의 존재의 빛 아래에 서게 된다. 그래서 하이데거는 예술의 본질은 존재자의 진리가 "작품-안에서-스스로를-정립함"에 있다고 생각한다.(H, 21)

---

64) WW = Heidegger, *Vom Wesen der Wahrheit*, Klostermann, 1988.
65) 고형곤은 하이데거적인 진리('알레테이아')를 선불교에서의 '본지풍광(本地風光)'과 관련시켜 독창적으로 해명한다.『선의 연구』, 동국대학교 출판부, 2005.

하이데거는 예술작품이 세계의 정립과 대지의 건립을 본질적 특성으로 한다고 보았다. '정립＝Aufstellen'과 '건립＝Herstellen'은 앞에서 언급한 '표상＝Vorstellen'과 대비된다. 세계는 대지 위에 터-잡음으로써 정립될 수 있으며, 대지는 세계에로 일깨워져 건립된다. 파르테논 신전은 스스로를 하나의 세계로서 열어 정립하고 있으며, 그 열림은 대지로부터 육중한 돌들을 일깨워 건립함으로써 가능하게 된다. 작품 안에서는 세계와 대지가 (헤라클레이토스적 뉘앙스에서) 투쟁하고 있다. 작품은 이 투쟁을 품으면서 자기-내에 고요히 머무른다. "세계를 정립하고 대지를 건립하는 작품은 그러한 투쟁들의 격돌이며, 그 격돌의 장에서 존재자 전체의 탈은폐성이, 진리가 쟁취된다."(H, 42) 그런데 이런 진리의 생기, 세계가 대지를 일으켜 세우고 대지가 세계의 터가 되는 이런 창조적 투쟁은 환히-드러남과 물러나-숨음[66] 사이의 근원적 투쟁을 근거로 한다. 은폐성과 탈은폐성의 투쟁이 숨으려는 대지와 일으켜-세우려는 세계 사이의 투쟁의 근거이다. 작품에서는 세계와 대지의, 탈은폐성과 은폐성의 이런 투쟁을 통해서 진리가 현성하고 있다. 예술작품은 존재의 환한 빈 터를 연다.

하이데거의 사유는 은폐성과 탈-은폐성의 사유이다. 존재는 현존재에게 드러나기도 하고 숨기도 한다. 현존재는 존재가 드러나는 환한 빈 터에 서기도 하고 빠져-있음으로서 세계 내에 처하기도 한다. 그가 추구한 것은 현존재가 존재의 환한 빈 터에 서서 사유함으로써, 존재 망각의 극치인 현세계를 극복하는 것이었다. 후설과 메를로-퐁티가 사유했던 주름의 차원을 존재의 환한 빈 터이자 바로-거기에 서 있는 인간의 장소로서 다시 사유하고자 한 것이다.

---

66) 환히 드러남으로 번역한 'Lichtung'은 (각주 51에서 언급했듯이) 그렇게 드러난 곳, '환한 빈 터'이기도 하다. 물러나-숨음(Verbergung)은 '은폐성'을 뜻한다. 결국 환히-드러남 또는 환한 빈 터는 '탈은폐성'과 같은 개념이다.

3절 "당신은 당신이 행(行)하는 것 바로 그것이다."

사르트르(1905~1980)는 인간을 어떤 한 규정성에 가두는 것을 강하게 비판했거니와, 사실 그 자신이 이런 생각을 특히 잘 구현한 인물이었다. 그를 굳이 규정한다면 프랑스적 뉘앙스에서의 '지식인'이었다 해야 할 것이다. 그 누구도 그만큼 이 개념에 부합하는 삶을 살지는 못했다. 그는 20세기의 지식인 그 자체였다. 그러나 지금의 맥락에서는 그의 철학에, 인간존재론에 초점을 맞추어보자.

§1. '선험적 의식'과 '존재' 사이에서

사르트르의 인간존재론은 후설의 현상학과 하이데거의 존재론을 자신만의 방식으로 극복하면서 형성되었다. 사르트르가 후설의 사유에 제기한 의문점은 선험적 자아의 존재에 관련된다. 논의의 출발점은 유아론 극복이다. 의식 속에 들어앉은 자아에게 의식은 인식론적 감옥이다. 세계는 오로지 이 감옥의 창살에 비친 이미지/관념으로서만 성립한다. 인식은 개별 자아의 의식의 테두리에 갇혀버린다. 후설은 딜타이도 강조했던 '감정이입'이라든가 '근원적 짝짓기'[67]를 비롯한 여러 개념들을 동원해서 유아론의 극복을 시도했다. 그러나 사르트르는 후설의 이런 시도는 타인의 존재를 어디까지나 '추론되는' 무엇으로서 파악하는 한계를 품고 있다고 보았다. 우리가 타인의 마음을 그의 여러 외현(外現)들을 보고서 추론한다는 관점은 결국 타인이란 선험적 자아 앞에 주어지는 어떤 '대상' — 그것이 아무리 특별한 대상이라 할지라도 — 이라는 생각을 담고 있기 때문이다. 이는 결

---
67) 후설·핑크, 이종훈 옮김,『데카르트적 성찰』, 한길사, 2002, V, §51.

국 '주체와 대상'이라는 근대 철학의 이원적 구도를 온전히 극복한 것이라고는 할 수 없다. 사르트르는 선험적 자아 개념을 파기함으로써 이 구도를 넘어서고자 했다. 그에게 선험적 자아란 의식이 반성할 때 그 반성의 대상으로서만 출현하는 것이다.[68] 활동하는 내 의식에 '별도로' 선험적 자아가 존재하는 것이 아니다. 선험적 자아란 활동하는 의식이 스스로를 반성할 때 그리고 오직 그때에만 그 반성의 대상으로서 성립한다. 의식 안에 '거주하고 있는' 자아 같은 것은 따로 없다. 사르트르에게서 선험적 자아의 부정은 곧 유아론의 극복을 함축한다.

하지만 이 경우 한 인간의 주체성은 증발하지 않겠는가? 주체의 활동들을 통일해주는 자아의 존재를 부정한다면, 그 활동들은 파편화된 조각들로서 그저 잠깐 나타났다가 사라지는 것이 되지 않겠는가? 사르트르는 활동들의 통일성을 의식의 내부 깊은 곳에 들어앉아 있는 어떤 실체적인 자아가 아니라 그 활동성과 동(同)외연적인, 그것들을 내재적으로 통일해주는 주체성으로서 제시한다.[69] 실체적인 자아가 존재한다면, 의식이 어떤

---

68) 사르트르는 대상을 지향하면서 활동하는 의식 즉 정립적인('positionel' 또는 'thétique') 의식과 그렇게 활동하고 있는 스스로를 반성하는 의식 즉 비-정립적인 의식을 구분했는데, 그에게 선험적 자아란 바로 반성하는 비-정립적인 의식으로서만 출현한다.

그러나 사실 이런 구도 자체가 인식론적 성격을 띤 구도이기에, 사르트르는 『존재와 무』(3부, 1장)에서 타인을 경유해 자아가 성립하는 헤겔의 구도에 입각해 타인 개념을 사유한다. "타인의 문제는 코기토에서 출발해 정립되는 것이 아니다. 오히려 코기토를 자아가 스스로를 대상으로서 파악하게 되는 추상적 계기로서 가능하게 해주는 것이 타인의 실존이다."(EN, 331) EN = Jean Paul Sartre, *L'être et le néant*, Gallimard, 1943. 물론 현상학자로서 사르트르는 헤겔의 절대적 이념론과는 거리를 둔다.

69) "자아는 반성된 의식들의 직접적인 통일이 아니다. 이 의식들에는 '내재적' 통일이 존재하는데, 그것은 그 자신의 통일로 그 자신을 구성하는 <u>의식의 흐름</u>이다."(장 폴 사르트르, 현대유럽사상연구회 옮김, 『자아의 초월성』, 민음사, 1936/2017, 68쪽) 베르그송의 용어를 쓴다면, 의식들은 '수축'되어 하나의 장을 이루며 '질적 다양체'로서 활동한다. 메를로-퐁티에게 시각은 주체를 그 내면성에서 끄집어내는 역할을 하며, 주체를 보는 것과 보이는 것이 얽히는 장에 자리 잡게 해준다. 지금의 논의 맥락과 연계해서 생각해본다면, 사르트르에게도 시각은 중요한 역할을 할 것으로 예상된다. 그러나 묘하게도 사르

활동성을 띤 그것은 불변할 것이다. 사르트르에게 중요한 것은 활동하는 주체성이며, 그것은 어떤 '무엇'이 아니다. 그것은 '피조물'도, '모나드'도, DNA 등을 통해 생물학적으로 규정될 수 있는 것도, …, 다른 어떤 것도 아니다. 주체성은 활동성의 내용 그 자체일 뿐이다. 한 인간의 '본질' 같은 것은 없으며, 오로지 그가 실제 행하는 것들, 그것들이 그를 말해준다. 당신은 무엇인가'이고', 그리고 어떤 것들을 '행하는' 것이 아니다. 당신은 당신이 행하는 것 바로 그것이다. "인간존재(réalité humaine)에게 있어 그의 존재는 그 행함에 귀착한다."(EN, 632) 사르트르는 기존 현상학에 남아 있던 전통 형이상학의 잔재를 깔끔히 일소하고, 인간을 데카르트 이래의 그 '내면성'에서 끄집어내 그 외면적 활동성에서 이해하고자 했다.

그러나 이런 작업이 완수되려면 또 하나의 대칭적인 작업이 요청된다. 사르트르는 후설에게 남아 있는 한쪽 극인 전통적 '주체' 개념을 일소한 후, 이번에는 반대쪽 극으로 가서 하이데거에게 남아 있는 '존재' 개념을 일소하고자 한다. 이렇게 주체와 존재라는 양쪽 극을 모두 제거해야만, 사유의 무게중심을 그 사이의 구체적인 활동성/행위의 장에 둘 수 있기 때문이다.[70] 사르트르에게 "존재자의 존재는 그것의 나타남 바로 그것이다."(EN, 12) 사르트르는 "당신은 당신이 〔실제〕 행하는 것 바로 그것이다"라는 명제로써 선험적 자아 개념을 기각하고, "존재자의 존재는 그것의 나타남 바로 그것이다"라는 명제로써 하이데거적인 '존재' 개념을 기각한다. 나타남이란 곧 누군가의 앞에 현전함을 뜻하며, 따라서 이 테제는 곧 '존재'를 주체

트르는 시각을 과도할 정도로 비판하는 사유를 전개했다. 이 점에 관련해 마틴 제이, 전영백 외 옮김, 『눈의 폄하』, 서광사, 2019, 5장을 보라.

70) 이렇게 보면 사르트르의 사유 구도는 무척 흥미롭다. 본 철학사에서 자주 반복해서 만났던 구도들 중 하나는 바로 저편의 초월과 이편의 내면을 상정하고 양자를 곧바로 이어버리는 사유들이었기에 말이다. 사르트르는 이 구도와 정확히 대척적인 구도를 제시한다. 그는 초월과 내면을 공히 제거하고, 바로 양자를 직접 이으려 한 사유들이 건너뛴 영역, 그 사이의 영역에 모든 관심을 집중한 것이다. 그에게는 현동적인(actuel) 것이 모든 것이다.

의 활동성/행위의 장 안에 내재화하는 것에 다름 아니다. 하이데거는 '존재'가 마치 그것 자체로서 존재하는 듯이 논했지만, 사르트르 식으로 생각할 때 "존재가 …"라는 식의 명제는 그저 하나의 어법으로서만 성립할 뿐이다. 존재가 사과라는 존재자를 존재케 하는 것이 아니다. 사과라는 사물이 나타났을 때 그때 그 사과는 존재한다고 말할 수 있을 뿐이다.[71]

그렇다면 사르트르는 버클리주의자인가? 의식＝주체성의 활동에 주안점을 두는 사르트르의 철학은 일견 근대적인 관념론(주체의 어떤 조건들로부터 인식을, 나아가 존재까지도 이해하려는 사유)으로 보일 수 있다. 그러나 사르트르는 '사물'의 실재성을, 존재론적 두께를 부정하지 않는다. 하나의 탁자는 그것의 성질들의 총합일 뿐인 것이 아니다. 탁자를 인식 주체가 그것에 대해 가지는 인상들로 환원할 경우, 탁자로서의 그것의 존재는 사라져버리고 말 것이다. 존재는 존재 방식들로 소진되지 않는다. "무엇인가에 대한 의식은 의식이 아닌 어떤 구체적이고 묵직한(pleine) 현존에 직면하는 것이다. (…) 의식은 그것이 아닌 어떤 존재에 닿으면서(portée sur) 탄생한다."(EN, 30~31) 사물은 의식으로 흡수되지 않는다. 달리 말해, 존재는 인식으로 흡수되지 않는다. 인식이 존재를 다 먹어 치우려 한다면, 그것은 반드시 구

---

71) 마찬가지로 사르트르는 잠재성을 어떤 실체로서 상정하는 철학도 거부한다. 프루스트가 천재성이라는 어떤 잠재성을 품고 있었기 때문에 그의 작품들이 가능했던 것이 아니다. 그의 작품들이 현존하게 되었을 때, 그 작품들에 대해 우리가 '천재적이다'라는 술어를 붙인 것일 뿐이다. 천재성이 선재해서 작품들이 나온 것이 아니라 작품들이 나왔을 때 천재성이라는 술어가 거기에 붙는 것이다.
  사르트르의 이런 생각은 베르그송의 생각과 흥미롭게 비교된다. 한편으로 양자는 중요한 한 가지를 공유한다. 양자 모두에게서 현실성은 단순히 잠재성/가능성의 현실화가 아니다. 어떤 잠재성이 선재했기에 그것의 현실화가 가능했던 것이 아니다. 어떤 것이 현실적인 것으로서 나타날 때 그것의 가능성도 함께 태어난 것이다. 그러나 양자의 존재론은 다르다. 사르트르가 잠재성이라는 차원을 싹뚝 잘라내버리려 한 것에 비해, 베르그송에게서는 잠재성이 엄존한다. 그러나 이 잠재성은 창고에 저장되었다가 때에 맞춰 꺼내지는 어떤 물품들이 아니다.(게다가 이 차원에서는 어떤 분명한 개별화도 존재하지 않으며, 모든 것은 점선들로만 존재한다.) 잠재성 자체가 그 안에 '약동'을 내장한다. 잠재성 자체가 생성하며, 따라서 그 현실화도 항상 약동과 더불어 생성한다.

토를 일으킬 것이다. 사르트르는 사물들이 자체로써(en soi) 존재한다고 말한다. 사물들은 '즉자(卽自)'들이다. 즉자들은 '현상'들이 아니라 '사물'들이다.

후설 비판에서 보았듯이 사르트르에게 의식은 어떤 '것'이 아니라 순수 **활동성**이다. 그것은 무엇 '임'이 아니라 오로지 무엇인가를 '행함'이다. 일반적인 의미에서의 '존재' 개념을 기준으로 본다면 그것은 '무'이다. 그것에는 어떤 실체성도 없다. 그래서 '무'로서의 의식은 반드시 '존재'로서의 즉자/사물을 전제한다. 의식은 '무'이기에, 그것에는 어떤 내용물도 없기에, 의식은 그것 홀로는 허깨비 같은 것에 불과하다. 음식이 없는 먹기, 옷이 없는 입기, 집이 없는 거주하기 같은 것들에 불과하다. 의식은 즉 모든 행함은 반드시 그것과는 대조적인 '존재'와, 객관적으로 존재하는 사물들과 닿아서 어떤 구체적인 것이 된다. 어떤 면에서 이 구도는 칸트와 유사하다. 자체로서는 어떤 내용도 없는 선험적 형식에 현상으로서의 객관적 세계가 질료로서 채워지는 구도, 그리고 내용 없는 형식은 공허하고 형식 없는 내용은 맹목적이라는 말은 사르트르에게서도 그대로 확인된다. 그러나 양자의 사유는 판이하다. 사르트르의 즉자들은 물 자체도 아니고 그렇다고 현상도 아니다. 그것은 사물들이다. 또 사르트르의 의식에는 어떤 선험적 형식도 장착되어 있지 않으며, 따라서 '대상'들을 구성해낼 수도 없다. 그에게는 **그저-존재하는** 사물들과 순수 활동성인 의식들이 존재할 뿐이다. 의식의 활동은 반드시 사물들에 맞닿아서야 어떤 구체적인 모양새를 띨 수 있다. 역으로, 의식이 존재하지 않는다면 사물들에는 어떤 의미도 없다. 사르트르의 철학은 의식에 구체성을 주는 사물들과 사물들을 의미 있는 그 무엇인가로 만들어주는 의식들의 이원론이다.[72]

---

72) 앞에서 사르트르가 후설을 비판하면서 의식에서 실체성의 마지막 잔여까지도 깔끔히 비우는 것을 보았다. 그렇다면 의미는 어디에서 오는 것일까? 즉자들에게서 오는 것은 물론 아니다. 사르트르는 즉자들에 대한 그 어떤 '설명'도 거부한다. 사르트르의 철학은 자연주의, 환원주의의 대극에 위치한다. 그에게 세계의 근본 양상은 우연이다. 그래

412

즉자는 그것이 "~인 바 그대로의 것이다(est ce qu'il est)." 즉자는 그것이 존재하는 바 그대로 존재한다. 순수 활동성으로서의 의식은 반대로 그것이 "~이 아닌 바의 것이며, ~인 바가 아닌 것이다(est ce qu'il n'est pas et n'est ce qu'il est)." 정확히 말하면 ~이다/아니다가 아니라 ~일 수 있다/아닐 수 있다고 해야 할 것이다. 의식은 그것이 존재하는 바가 아닌 것으로 존재할 수 있고, 그것이 존재하지 않는 바로서 존재할 수 있다. 의식은 가능성, 자유이다. 의식은 자체 내에 가능성, 자유의 양상을 담고 있으며, 이 가능성, 자유의 폭을 통해 스스로를 대할 수 있다. 그래서 사르트르는 의식＝주체성을 '대자(對自, pour-soi)'라고 부른다. 그의 사유는 즉자와 대자의 사유이다. 즉자는 불투명하며 실체적이지만(massif), 대자는 투명하며 무-실체적이다. 즉자는 '부정'(헤겔적 뉘앙스)이라는 것이 없는 긍정성이며, '타자성(altérité)'을, 시간을 모르는 동일성이며, 가능성도 필연성도 없는 순수 우연성일 뿐이다.[73] 즉자는 그저-존재할 뿐이다. 역으로 말해, 부정, 타자성, 시간, 가능성, 자유 등은 대자의 주요 범주들이다.

서 즉자에 기대어 활동하는 의식도 결국 우연일 수밖에 없다. 의식이 텅 빈 무이고 즉자는 우연일 뿐이라면, 의미는 도대체 어디에서 나오는 것일까? 우리는 의미란 즉자들과 더불어 의식이 빚어내는 활동성 자체로부터 나온다고, 의식에 의해 그 활동성에 부여된다고 생각할 수밖에 없다. 바로 이 활동성을 반성적으로 분석한 작업이 『상상력』(지영래 옮김, 기파랑, 2008)과 『상상계』(윤정임 옮김, 기파랑, 2010)이다. 『자아의 초월성』이 선험적 자아 바깥으로 나와 사물들을 향하는 비-반성적 의식을 다루었다면, 『상상력』과 『상상계』는 의식의 활동 자체를 반성하는 의식을 다룬 저작들이다. 전자가 즉자를 향하는 의식을 논한 것이라면, 후자는 그런 의식의 활동을 반성해 'imagination'(이미지작용, 상상작용)을 행하는 대자를 논한 것이다.

73) 앞에서 언급했듯이, 사르트르는 즉자에 대한 어떤 설명도 거부한다. 사르트르에게 '객관적인 것'이란 단지 사물들의 우연한 존재 그것뿐이다. 대자 역시 우연적이다. 한편으로 대자의 존재가 우연이고, 다른 한편으로 그가 바로 그런 식으로 존재하는 것이 우연이다. 다만 이 두 우연 사이에는 필연이, 즉 '그런 식으로 존재하는' 구체적인 방식들의 필연이 존재한다.(EN, 420)

§2. '무'로서의 대자존재

대자의 성격을 즉자의 '존재'와 대비되는 '무'로서 특성화했거니와,[74] 이제 사르트르는 대자의 이 무라는 성격을 '부정' 개념과 '자기기만' 개념에 연계해 존재론적으로 분석한다.

부정과 무는 철학의 탄생 이래 끊임없이 논의되어왔지만, 특히 헤겔, 베르그송, 하이데거 등에 의해 그 현대적 논의 구도가 형성되었다. 사르트르는 이런 지적 배경을 깔고서, 부정 개념의 분석을 매개해서 무로서의 대자존재를 해명한다.

베르그송은 부정에는 긍정보다 더 적은 것이 아니라 더 많은 것이 존재한다고 말한다. 부정은 긍정의 '마이너스', 반대 방향이라는 논리학적/수학

---

74) **신체, 언어, 타인** — 존재와 무는 절대 타자성을 형성하며, 오로지 그 경계가 무너질 때에만 관계가 성립한다. 그렇다면 존재로서의 즉자와 무로서의 대자 사이에는 어떤 관계도 성립할 수 없다. 그렇다면 어떻게 의식과 사물이 관계 맺을 수 있을까? 의식은 무이기 때문에, '의식의 존재'는 결국 '존재의 의식'이다. 그런데 이 '의'는 어떻게 성립할 수 있을까? 사르트르는 대자가 몸을 통해서, 아니 몸으로서 즉자와 관계한다고 본다. 대자는 순수의식이 아니라 몸으로서 살아가기에, 즉자와 관계할 수 있다. 신체는 이중체이다. 대상화된 몸은 즉자일 뿐이다. 대자로서의 몸은 의식의 구체적 상황과 다르지 않다. 대자에게, 실존하는 것과 상황에 처해-있는 것은 다른 것이 아니다. 몸으로써 대자는 비로소 어떤 허깨비 같은 무가 아니라 세계-내에서 어떤 관점으로서 존재할 수 있다. 물론 이 관점은 주관적/인식론적 관점이 아니라 라이프니츠적 뉘앙스에서의 관점이다. 나는 어떤 관점을 가지는 것이 아니라, 어떤 관점으로서 존재한다. 내 몸은 (내가 그것 자체에 대해서는 어떤 관점도 취할 수 없는) 하나의 관점이다.(EN, 460) 그런데 신체에 대해 성립하는 것은 언어에 대해서도 성립한다. 언어는 내가 가지고 있는 것, 사용하는 것이 아니다. 나는 언어로서 존재한다.(EN, 501) 나는 내 관점을 언어로써 표현하는 것이 아니다. 어떤 언어로서의 내가 곧 어떤 관점으로서의 나이다.

아울러, 내가 어떤 관점을 가지는 것이 아니라 어떤 관점으로서 존재한다는 것은 곧 내 신체와 언어가 드러나는 것은 나에게보다는 오히려 타인에게라는 점을 함축한다. 내가 어떤 존재인지를 보고 말해줄 수 있는 것은 그 어떤 즉자도 아닌 대자존재로서의 타인, **오로지 타인뿐**이다. 사르트르에게는 이 점이 더불어-존재함의 일차적인 의미이다. "타인은 하나의 비밀을 쥐고 있다. 내가 어떤 존재인지(ce que je suis)에 대한 비밀을."(EN, 489)

적 이미지(A와 비-A, p와 −p)는 인간의 부정이라는 행위에 깃들어 있는 중요한 철학적 함축을 놓치고 있다. 아주 "엄밀해" 보이는 형식화가 때로 매우 중요한 진리/진실들을 은폐하는 행위일 수 있음을 보여주는 예이다. 부정은 특정한 긍정을 골라서 그것이 아님을 주장한다. 누군가가 "이 옷은 빨간색이 아니다"라 할 때, 그것은 단지 "이 옷은 빨간색이다"의 반대 명제인 것만은 아니다. 여기에서 작동하는 것은 데콩브가 '무의 인간화'라 부른 과정,[75] 즉 빨간색에 대한 관심 때문에 "이 옷은 ~색(빨간색이 아닌 그 어떤 색)이다"가 아니라 "이 옷은 빨간색이 아니다"(여기에는 빨간색의 옷이 없다)라고 말하게 되는 과정이다. 주체는 그의 관심/욕망 때문에 눈앞에 엄존하는 존재자를 부정하면서 그것을 '무화'하고(néantiser) 있다.[76]

사르트르에게도 무화는 중요한 개념이다. 나는 카페에서 만나기로 약속한 피에르를 찾는다. 그때 나는 카페에서 피에르가 아닌 다른 사람들을 부정을 통해서 하나하나씩 무화한다. "저 사람도 아니고, 저 사람도 아니고, ⋯." 내게는 누군가의 현존이 피에르의 부재로서 다가온다. 이런 무화를 사르트르는 일차적인 무화라고 말한다.[77] 그리고 그렇게 부정하는 매 순간 피에르의 부재, 피에르의 무가 스쳐 지나간다. 이것은 이차적인 무화이다. 바로 이런 이중의 무화를 통해서 나는 "피에르가 여기 없다"라고 말하게 되는 것이다. 요컨대 "인간[대자존재]은 세계에 무가 도래토록 하는 존재이

---

75) 벵상 데콩브, 박성창 옮김, 『동일자와 타자』, 인간사랑, 1990.
76) 상세한 논의로 EC, 281 이하의 논변을 보라. 물론 주체는, 그가 마법사가 아닌 한, 사물을 없앨 수는(éliminer) 없다. 이때의 무는 객관적인 무가 아니라 인간이 객관세계에 투영하는 주관적인 무(néant 또는 rien)이다.
77) 흔히 지각이라는 행위를 ① A라는 어떤 사물이 존재하고, ② 주체가 그 사물을 표상한다는 식으로 생각한다. 베르그송은 이와 달리, 지각이란 무엇인가를 더하는 것이 아니라 오히려 그 무엇인가를 남겨두고 다른 것들을 빼는 행위임을 지적한다.(MM, 31~35) ①에서 다른 것이 아니라 하필이면 A라는 사물을 개별화한 것 자체가 이미 그것 이외의 것들을 빼는 행위를, 그것들을 배경으로 밀어내는 행위를 전제하고 있는 것이다. 카페에서 내가 피에르를 지각하는 것은, 피에르가 있고 내가 그를 지각하기 그 이전에, 내가 피에르가 아닌 다른 사람들을 빼는/무화하는 행위를 전제하고 있다.

다."(EN, 67) 사르트르에게 대자존재의 '자유'는 이 무화하는 능력과 뗄 수 없이 연관되어 있다. 대자존재는 자유롭기에 무화하는 능력을 가진다.

대자존재가 부정을 매개해서 무화하는 활동을 한다는 것은 이 존재가 스스로와-거리-둠을 통해 내적으로(외부적인 인과에 의해서가 아니라 자체적으로) 타자화해 감을 뜻한다. 대자존재는 시간적 존재이며, 시간 속에서 자기차이화해간다. 이 점에서 사르트르의 대자의 현상학은 심리학적 결정론의 대척점에 존재한다. 그것은 그 어떤 형태의 물화(物化)도 단적으로 물리치는 사유이다. 인과적 연속성에는 타자화가 끼어들 틈이 없다. 그러나 대자존재는 타자화해가며, 시간의 흐름 사이사이에 무가 개입해 이전의 대자와 이후의 대자가 자체적으로 차이를 만들어갈 수 있도록 해준다.[78] 대자의 심장부에는 무가 존재하며, 이 무가 부정의 운동과 무화의 활동을 가능케한다. 이로써 대자존재는 스스로를 '초극해'가는 것이다.

그런데 인간이 이런 스스로의 자유를 의식하게 되는 것은 불안에 있어서이다. 하이데거에게 불안은 우리에게 무를 드러내고 그로써 존재의 사유에로 나아가게 하는 추동력이다. 반면 사르트르에게 불안은 자유의 존재 방식이다. 스스로에 대한 불안은 어떤 대상에 대한 공포와 대비된다. "현기증은 내가 절벽 아래로 떨어질까 두려워할 때가 아니라 내가 절벽 아래로 스스로 몸을 던질까 두려워할 때 불안이 된다. (…) 총공격에 앞서 퍼부어지는 포탄 세례는 그것을 받는 병사에게 공포를 불러일으키지만, 그에게서 불안이 시작되는 것은 그가 폭격에 맞서 어떻게 행동할지를 고민할 때, 과연 자신이 그것을 '견딜 수' 있을지를 자문할 때이다."(EN, 74) 불안은 외부 대상

---

78) 존재의 사이사이에 또는 시간의 사이사이에 무들이 끼어들어야 차이생성이, '흐름'이 가능함을 논했었다.(1장, 각주 21) 그러나 여기에서의 무들의 틈입은 대자존재/의식의 내부에서 일어나는 일이라는 점이 일반적인 형이상학 또는 자연철학의 맥락과는 다르다. 이 차이생성은 곧 자기차이화이다. 그런데 우리는 생명의 문제를 다루면서 자기차이화를 논했다.(『동일성과 차이생성』) 기회가 된다면, 생명에서의 자기차이화와 의식/대자존재에서의 자기차이화는 어떻게 다른지도 논해야 할 것이다.

에게서 어떤 위협을 느낄 때가 아니라 자신의 무에 맞닥뜨릴 때, 자신의 자유, 가능성에 직면할 때 시작된다. 가능성의 양상은 시간과 맞물려 있다. 무는 현재의 현실성과 미래의 가능성 사이에 틈입한다. 나는 현재-현실성에서 '~이'지만 미래-가능성에서 '~이 아닐' 수 있으며, 현재-현실성에서 '~이 아니'지만 미래-가능성에서 '~일' 수 있다. 부정과 무가 깃듦으로써 자기차이화가 생성한다. 존재와 무의 이런 동거가 곧 불안을 낳는다. 자기를 무화해가면서 자기를 초극해가는 존재가 대자존재이다. 불안은 미래 앞에서만 생성하는 것이 아니라 과거 앞에서도 생성한다. 다시는 도박을 하지 않겠다고 결심한 (파산 직전의) 노름꾼이 도박대 앞에서 처하게 되는 불안이다. 그는 어제의 결심을 무화하고 포커의 카드들을 집어 들려는 오늘의 자신으로 인해 불안을 느끼게 된다. 심리학적 결정론은 어떤 동기에 입각해 불안을 '설명'하려 한다. 이때 동기와 행위는 연속적이다. 그러나 불안 그리고 그것을 통해 드러나는 자유는 동기와 행위 사이에 틈입하는 무(/아무것도-아님)에 근거한다.[79] 이런 '시간성의 무화하는 구조'가 대자존재를 특징짓는다.

이런 불안과 자유 앞에서 대자존재는 도피하고 싶어 한다. 선택과 책임을 두려워하기 때문이다. 자명종은 외부적 장치를 통해 불안을 잠재우는 좋은 예이다. 자명종은 다른 원인들에 의해 내가 일어나지 못할 것을 염려해서가 아니라 얼마든지 일어날 수 있는데도 나 자신이 일어나지 않을 것을 염

---

79) 이런 차이는 선형적인 인과론과 헤겔적인 '부정의 부정' 사이의 차이와도 같다. 선형적인 인과론에서 원인과 결과는 연속적이며, 메이에르송이 역설했듯이 인과에서 원인과 결과는 궁극적으로 동일한 것이다. 반면 사르트르의 논리에서는 이전의 '나'가 무화되고(부정) 다시 그 무화를 무화하면서 새로운 '나'가 생성한다(부정의 부정). 이 생성은 객관적으로는 부재하지만 나에게는 존재하는 어떤 가치를 향한다. 인간존재는 세계에 가치(/의미)를 도래케 한다.(EN, 154) 보부아르가 여성에 대한 생물학적, 정신분석학적, 마르크스주의적 '설명'들의 한계를 지적하는 것도 유사한 맥락에서이다. "완력, 음경, 도구의 가치는 하나의 가치체계에서만 정의될 수 있다. 즉, 가치는 실존하는 인간이 존재를 향해 자기를 초극하는, 근본적 기투 현상에 의해 결정된다."(시몬 드 보부아르, 이희영 옮김, 『제2의 성 I』, 삼성문화사, 1949/2020, 90쪽)

려해서 마련하는 장치인 것이다.[80] 사르트르가 볼 때, 결정론은 하나의 이론이기 이전에 이런 도피에 대한 일종의 변명이다. 불안과 자유로부터 도피하기 위해서는 '그럴 수밖에 없는 원인이 있었음'을 들어 누군가의 행위를 '설명'해야 한다.

> 심리학적 결정론은 우리가 언제까지나 우리의 우리-임(ce que nous sommes)이도록 환원함으로써, 우리 안으로 즉자-임의 절대적 실증성을 재도입하고 그로써 〔우리를〕 존재의 한가운데로 재통합한다.(EN, 88)

요컨대 심리학적 결정론은 대자존재를 즉자존재로, 현재-현실성에서 '~이'지만 미래-가능성에서 '~이 아닐' 수 있으며, 현재-현실성에서 '~이 아니'지만 미래-가능성에서 '~일' 수 있는 존재를 오로지 언제까지나 ~일 뿐인 존재로 환원하며, 그로써 대자존재의 본질(본질 아닌 본질)인 부정, 무, 자유를 탈락시키고 그를 세계의 등질성 안으로 흡수시켜버린다는 것이다. 우리는 심리학적 결정론보다도 더 강한 결정론인 생명과학적 결정론과의 관련성에 있어 이 지적을 다시 음미해볼 수 있다.

자기가 스스로 자기의 불안을 가리려 할 때, 즉 자기가 자기를 결정된 존재로서 스스로를 설득하려 할 때 '자기기만(자기 속이기)'이 성립한다. 그런데 이 경우 자기가 자기의 불안을 잠재우려면 자기의 불안을 명확히 직시해야 한다. 이 점에서 자기 속이기는 타인 속이기와 다르다. 타인 속이기('거짓말')는 스스로는 진실을 알면서 타인에게는 거짓을 말해야만 성립한

---

80) 사르트르는 일상생활의 도덕성 역시 이런 역할을 한다고 보았다. "우리가 '일상생활의 도덕성'이라 부를 수 있을 것은 윤리적 불안을 배제한다. 내가 가치들과의 본래적 관계에 있어 나 자신을 생각할 때 윤리적 불안이 존재한다. 가치들은 결국 어떤 정초를 필요로 하는 요구들이다. 그러나 이 정초는 결코 존재일 수는 없는데, 왜냐하면 그 이상적인 본성을 자체의 존재 위에서 정초하려는 모든 가치는 바로 그로써 가치이기를 그칠 것이며, 내 의지의 타율성을 실현할 것이기 때문이다." 사르트르의 이런 지적을 베르그송의 '닫힌 도덕'과 비교해볼 수 있을 것이다.

다. 그러나 자기 속이기에서는 진실과 거짓이 하나의 통일된 의식 안에서 혼효한다. 자기기만은 의식의 '반투명성'에서만 나타난다.[81] 자기기만에서 대자존재의 '초극'은 자신의 대자존재-임에 충실하게 즉 자유의 긍정과 실현의 방향으로가 아니라 오히려 스스로를 즉자존재-화하는 방향으로, 스스로의 자유를 부정해 '사실성'으로 만드는 방향으로 진행된다. 여기에서 대자의 무화하는 능력(초극성)은 역설적으로 스스로의 부정, 무, 자유를 무화하는 방식으로, 스스로를 물화해 사실성으로 전락시키는 방식으로 발휘된다. 무엇인가를 할 수 있는 사람이 자신은 이러저러한 이유에서 할 수 없음을 자기 자신에게 강변할 때, 그는 대자존재의 초극성을 오히려 스스로를 사실성으로 전락시키는 데 사용하고 있는 것이다. 자기기만에서 의식은 이전의 나를 무화하면서 초극해가는 것이 아니라, 미래의 나를 무화함으로써 현재를 정당화하는 것이다.

자기기만은 의식을 가진 대자존재에서만 성립하는 사건이며, '자유에의 길'이냐 '자유로부터의 도피'에의 길이냐가 판가름 나는 결정적인 사건이다. 이 점에서 사르트르 사유의 중핵에 위치한다. 정약용에게서도 그렇듯이 사르트르에게서도 의식에 내포되어 있는 두 방향은 끝없이 투쟁한다. 스스로에게 결정론, 사실성, 물화를 부여해 자유로부터 도피하려는 자기를 극복하면서, 의식적 존재의 본질인 불안과 무를 끌어안고서 자유에의 길을 가는 것이 사르트르 철학의 요체이다.

---

81) 타인 속이기와 자신 속이기 사이에 위치하는 것이 정신분석학에서의 속기-속이기이다. 이 경우 속이는 자는 무의식이고 속는 자는 의식이지만, 이 무의식과 의식은 하나의 자기에 속하기 때문이다. 그러나 사르트르는 자기 속이기는 오로지 하나의 의식 안에서만 성립하는 개념임을 역설하면서 이 관점의 한계를 지적한다.(EN, 99~105)

§3. 시간적 존재로서의 대자존재

지금까지 의식으로서 존재하는 인간을 대자존재로서 특징지어 분석했다. 대자존재의 본성은 '무'에 있으며, 이 무로부터 불안과 자유라는 대자존재의 근본 성격이 유래한다. 그리고 대자존재는 부정을 통해서 스스로를 초극해가는 면과 자기기만을 통해서 스스로를 사실성으로 전락시키는 면, 이 양면을 띠고서 살아가는 존재로서 포착되었다. 대자존재＝인간은 결코 즉자존재들의 평탄한 제일성(齊一性)으로 환원되는 존재가 아니라 의식의 이런 역동적인 갈등 구조를 떠안고서 존재하는＝살아가는 존재＝무이다. 이제 이 인간존재가 띠는 시간성의 양상을 짚어보자.

앞에서 후설은 현재에, 베르그송은 과거에, 하이데거는 미래에 방점을 찍은 시간론을 전개했음을 보았다. 물론 후설은 과거 지향과 미래 지향을 통해, 베르그송은 과거와 현재(와 미래)의 순환적 구조를 통해, 하이데거는 심려 구조의 근원적인 통일성(도래, 기존, 현행)을 통해 현재, 과거, 미래를 종합적으로 파악했다. 사르트르는 현재에 중점을 두면서 이런 종합적 파악을 시도한다.

사르트르는 과거의 존재를 부정하거나 약화시키는 시간론을 비판한다. 그는 과거가 단지 이미 흘러 가버린 것이 아니라, 현재에 힘을 가하는 실재성을 가진다고 생각한다. 이 점에서 베르그송을 잇고 있다. 그러나 그는 베르그송이 과거를 어떤 정적인 것으로 그리고 현재와 분리된 것으로 만들어버렸다고 비판한다. 과거의 사건들은 이미 지나가 고정되어버린 것이고, 또 '무의식'으로서 자체로써 존재하는 것으로 만들어버렸다는 것이다. 그러나 앞의 비판은 오히려 오모리 쇼조에 대해 할 수 있는 비판이고,[82] 뒤의 비판은 베르그송의 무의식보다는 (굳이 말한다면) 프로이트의 무의식에 더 밀접한 비판이다. 베르그송에게서 현재와 과거 — 그때그때 현재와 상관적인

---

[82] 大森莊藏, 『時間は流れず』, 靑土社, 1996.

과거의 해당 결들 — 는 서로 맞물리면서 순환적 관계를 맺는다. 사르트르 자신이 역설하는 과거와 현재의 밀접한 연관성은 오히려 베르그송을 잇고 있다고 해야 한다. 그러나 사르트르의 시간론은 베르그송의 것과 달리 과거보다 현재에 방점을 찍는다. "'나의' 과거는 우선 나의 것이다. 다시 말해, 그것은 지금의 나의 어떤 존재함(un certain être que je suis)과 관련해서 존재한다. (…) 내 과거가 그 '과거성'에 고립되어 나타날 수는 없다. 과거가 그런 식으로 존재할 수 있다고 생각하는 것은 부조리하기까지 하다. 과거는 본래 의 현재의 과거인 것이다."(EN, 174) 과거가 어딘가에 그 자체로써 존재할 수는 없다. 과거란 항상 지금 이 현재에 상관적인 어떤 것으로서만 존재한다.

그러나 과거가 현재를 통해서만 의미를 가지는 것은 아니다. 사실 현재의 누군가는 일단 그가 ~이었던(était) 것으로서만 ~이다(est). 철수는 과거에 ~이었기 때문에 현재에 ~이다. 현재는 과거를 '가지는' 것이 아니라 과거였던(~이었던) 것으로서만 현재(~인)이다. 현재의 대자존재는 과거로부터 초극한다. 그러나 과거의 대자존재가 없다면 현재의 대자존재에게는 애초에 초극을 위한 받침대가 주어지지 않을 것이다. 하지만 그 과거를 만드는 것은 현재의 나이다. 현재의 초극도 어느덧 과거의 일부가 되기 때문이다. 그래서 나의 과거야말로 바로 나이다. "나는 나의 과거를 이 세계에 도래하게 하는 자이다."(EN, 181) 과거의 나-전체 위에서만 현재의 내가 있지만, 이 과거는 결국 내가 만든 것 이외의 것이 아닌 것이다. 그리고 과거는 대자적인 현재에 의해 초극되지만, 이 초극의 가능조건은 바로 초극되는 즉자로서의 과거이다. 이렇게 초극하는 현재와 초극되는 과거('사실성')는 맞물려 있다.

과거가 사실성이라면, 현재는 대자의 성격을 띤다. 현재가 과거와 결정적으로 구분되는 것은 그것이 '현전(現前)' 개념을 내포한다는 점에 있다. 즉자들은 그것들이 아무리 가까이 있어도 서로에게 현전해 있는 것이 아니다. 과거가 대자에게서만 성립하는 개념이었듯이, 현재 역시 대자에게서만 성립한다. 대자에게서만 무엇인가가 자신 앞에 또는 자신이 무엇인가의 앞에 현전해 있음이 성립한다. 현전은 대자의 한 속성이 아니다. 대자는 지향성으로서, 즉자에 대(對)해 현존하는 존재로서 정의된다.[83] 사실 즉자존재들 사이에서는 옆에 있는 것도 동시에 있는 것도 성립하지 않는다. 공간적 인접이나 시간적 동시성은 그것을 확인하는 대자가 있음으로써 가능하기 때문이다. 대자는 즉자와 자신을 구분하면서 즉자인 한에서의 자신의 과거와도 스스로를 구분한다. 이런 구분은 대자가 대자인 한 계속되며, 이 지속적인 운동이 대자의 현재로 하여금 계속 흘러가게 만든다. 사르트르에게서 "현재는 존재하지 않는다"는 것은 현재가 과거와 미래로 계속 분할됨으로써 결국 무한소로 축소해간다는 의미라기보다는,[84] 이렇게 대자가 외부적 즉자이든 즉자인 한에서의 자기이든, 즉자상태 즉 존재로부터 끊임없이 벗어나 흘러간다는 것, 자기차이화한다는 것을 뜻한다. 이 '흐름'은 현재가 과거와 미래에 굳게 결부된 것임을 함축한다. "대자인 한에서 현재는 자신의 바깥에 즉 자신의 앞과 뒤에 자신의 존재를 둔다. 뒤로 현재는 자신의 과거로 존재했으며, 앞으로는 자신의 미래로 존재할 것이다. 현재란 〔자체와〕 공현존하는 존재로부터의 흘러나감(fuite)이며, 그것이 ~이었던 존재로부터 ~일 존재로의 흘러나감이다. 현재인 한에서의 현재는 그것이 ~인 바(과거)가 아니며, 그것이 ~이 아닌 바(미래)이다."(EN, 190~191) 이것이 현재가 대자라는 것의 의미이다.

과거가 사실성이고 현재가 대자라면 미래는 가능성이다. 과거와 마찬가지로 미래도 자체로써는 존재하지 않는다. 미래는 스스로를 (현존하지 않는)

---

83) 후설과 사르트르에게 인식이란 곧 직관이다. 그래서 의식이란 사상(事象, Sache)과의 직접 만남('현전')에 다름 아니다. 다만 후설이 직관을 사물이 의식에 직접 현전하는 것이라고 한 데 반해, 현전이란 대자에게서만 성립한다고 보는 사르트르에게 직관은 반대로 의식이 사물에 직접 현전한다.(EN, 251)

84) 사르트르에게 '순간'은 대자를 즉자화하고 사물화한 것에 불과하다. "대자에 관련해 지금은 아홉 시라고 말한다면 부조리하다고 해야 할 것이다. 차라리 대자는 아홉 시를 가리키는 시계바늘 앞에 현전해 있을 수 있다고 해야 할 것이다."(EN, 190)

미래의 어떤 가능성으로 기투하면서 현존하는 존재인 대자존재에게만 존재한다. 대자는 늘 스스로를 초월해가는 존재이기에, 대자의 의식은 늘 미래와 관련해서 움직인다. 나의 미래는 내가 아직 그것이 아닌 한에서 그것이고자 하는 바이다. 대자/현재가 자족적이지 않고 그것이 아닌 것과의 관련하에서만 스스로를 초극해가기에, 현재는 결여의 성격을 띠고 미래는 가능성의 성격을 띤다. 나는 ~이지 않을 수 있는 가능성의 일정한 관점에 있어 나의 미래이다. 앞에서 논한 불안과 자유는 바로 이런 시간적 구조에서 유래한다. 역설적으로, 대자에게는 자유롭지 않을 자유가 없다. 미래는 자유를 품고 살아야 하는 이 대자의 의미, 가능성으로서의 의미이다.

인간존재는 각별히 시간적인 존재이다. 이는 그가 과거의 터 위에서 미래의 어떤 곳을 바라보면서 현재 스스로를 넘어서 가는 대자존재이기 때문이다.

그러나 지금까지의 논의는 인간을 무인도에서 즉자들과 더불어서만 살아가는 로빈슨 크루소처럼 다룬 것에 불과하다. 인간존재의 본질적인 측면은 그가 타인들과 더불어 살아가는 대타(對他)존재라는 점에 있다. 사르트르의 인간 개념은 그가 대타존재로서의 인간을 다룰 때 더욱 뚜렷한 모양새를 띠게 된다.

§4. 타인의 존재

헤겔과 같은 몇몇 선구자들이 있었음에도, 서구 철학사에서 '타인'의 존재는 본격적으로 사유되지 못했다. 타인에 대한 정치한 개념화를 이룩한 것은 현상학적 사유의 결정적인 성취들 중 하나이다. 사르트르의 논의는 대타존재의 해명에 큰 비중을 둔다.

사르트르는 타인이란 하나의 대상으로서 추론을 통해 자기와 동일시될 수 있는 존재라고 생각하지 않았다. 타인의 존재는 인식의 맥락에서 이해할 수 있는 것이 아니다. 사르트르는 후설이 기존의 논의들을 넘어 이 문제에 접근했지만, 그의 논의 역시 끝내 '인식'의 관점에 제한되었음을 지적한다. 이 문제에 결정적인 돌파구를 마련한 것은 헤겔이다. 헤겔은 자기의 인식으로부터 타인의 인식으로 나아갈 수 있는 것이 아니라, 타인의 존재로부터 비로소 자기의 존재가 구체적으로 성립함을 통찰했다. 그러나 헤겔은 그의 '주인과 노예의 변증법'에도 불구하고 자기와 타인 사이에 존재하는 긴장을 결국 '동일성과 차이의 동일성'의 논리를 통해서 목적론적 낙관론에 흡수시켜 해소해버린다. 자기와 주체는 거대한 목적론적 진화론의 '계기'들로 화해버린다. 사르트르는 타인의 문제를 사유하기 위해서는 나와 남을 통합하는 어떤 상위 존재도 전제하지 않고서 나와 남 사이를 치열하게 사유해야 한다고 보았다. 나아가 하이데거처럼 자기와 타인을 애초에 뗄 수 없이 '함께-존재한다(mit-sein)'고 단언하는 것이나, 나 안에 이미 남이 있노라고, 타인은 자기의 순수 타자가 아니라 타아(他我, alter ego)라고 설파하는 것 역시, 직관적으로는 호소력이 있지만 난해한 이 문제에 너무 빨리 해결책을 던져버리는 것에 불과하다고 보았다. 사르트르는 오히려 우리가 자기와 타인 사이에 존재하는, 결코 그렇게 간단히 해소될 수 없는 간극을 직시함으로써 타인의 문제를 사유할 수 있다고 본다. "갈등은 대타-존재의 본원적인 의미이다."(EN, 489)

> 타인이란 내가 보고 있는 자일 뿐만 아니라 <u>나를 보고 있는</u> 자이기도 하다. 나는 타인이 내 마음대로 할 수 없는 경험들의 망 ── 그 안에서 나는 다른 대상들 사이의 한 대상으로서 존재한다 ── 인 한에서 그를 지향한다(vise). (…) 타인은 어떤 의미에서는 내 경험의 단적인 부정으로서 나타난다. 왜냐하면 타인은 내가 그에 주체가 아니라 대상인 그런 존재이기 때문이다. 그래서 인식의 주체로서 나는 주체라는 나의 특성을 부정하면서 대상으로서 규정하려는 주체를 대상으로서 규정하려고 한다."(EN, 320~321)

타인이라는 존재는 즉자가 아닌 존재, 즉자와 대자의 경우에서처럼 내가 주체이고 그것은 대상인 그런 존재가 아닌 존재이다. 나는 타인을 대상화하려 하며(즉자처럼 대하려 하며) 타인도 나를 대상화하려 한다. 나와 남은 즉자-대자 관계가 아니라 대자-대자 관계이다. 대자와 대자 사이에는 '함께-존재함'이나 '他我' 같은 생각으로써 두루뭉술 넘어갈 수 없는 어떤 날카로운 긴장이 존재한다는 사실을 직시해야 한다. 사르트르의 타인론은 이 점에 요체가 있다. "나 자신의 깊은 곳에서 내가 찾아야 할 것은 <u>타인의 존재를 믿어야 할 이유들</u>이 아니라, 내가 아닌 존재로서의 타인 자체이다."[85]

즉자가 아닌 대자로서의 타인, 내가 그를 대상화하려 하는 만큼이나 나를 대상화하려 하는 존재로서의 타인, 내가 아닌 어떤 **주체**로서의 타인이라는 존재가 두드러지게 부각되는 것은 곧 '시선'[86]을 둘러싼 인정투쟁의 맥락에서이다.[87] 『존재와 무』의 사르트르는 어떤 상위의 포괄적인 차원을 마련

---

85) **대상화와 주체화** — 그런데 타인이라는 존재가 나를 대상화하는 존재로서 다가오는 것은 사실 내가 타인을 주체로서 인정했기 때문이다. 타인을 주체로 인정하지 않을 경우 나는 스스로 대상화된다고 여길 이유가 없다. 따라서 나의 대상화라는 상황은 반드시 타인의 주체성을 전제할 때에만 성립한다. 그런데 방향을 뒤집어 생각한다면, 이는 내가 타인을 대상화할 때 바로 그 타인은 나를 주체로서 인정한다는 것을 뜻한다. 따라서 서로를 대상화하는 상황은 동시에 서로를 주체로서 인정하는 상황이기도 한 것이다. 그런데 사르트르는 이런 쌍방향의 구도가 아니라 일방향을 구도로 보기 때문에, 주체로서 인정하는 측면보다는 대상화하는 측면을 강조하고 있는 것이다. 하지만 우리의 삶은 사실 언제나-이미 쌍방향적으로 이루어진다. 논의의 구도를 '나의 경험'에서 시작하는 현상학적 구도가 얄궂게도 언제나-이미 상호적이라는 이 현상학적 진실을 가리고 있는 것이다.

86) 사르트르에게서 시선은 반드시 두 눈에서 보이는 것만을 뜻하는 것이 아니다. 적군이 어떤 건물에 숨어 아군을 총으로 겨냥하고 있을 때, 대치하고 있는 자들은 그 집에서 어떤 시선을 느낀다. 으슥한 골목을 불안한 마음으로 걷고 있을 때, 뒤에서 들리는 발자국 소리는 일종의 시선이다. 시선이란 결국 타인의 의식에서 발해 나를 모종의 대상으로 삼고 있는 어떤 지향성이다.

87) "나의 감각기관(눈)이 도체(전도체)가 되어 나의 의식(시선, 眼識)이 흐르고 이 의식이 사물의 세계에 의미를 부여하면서 나의 시계(視界)를 구성하는 작업을 지향성(자기성)의 회로(circuit de ipséité)라고 부르거니와, 이제 타자(타인)의 시선이 유출공(流出孔)이 되어 나의 세계에 구멍이 생기고 이 구멍을 통하여 사물에 침투되어 있던 나의 의식

해 그것으로써 이 인정투쟁을 해소할 수는 없다고 보았다. 대자존재가 취할 수 있는 길은 두 가지이다. 하나는 타인의 초월을 초월하는 것이고, 다른 하나는 그것을 자기 안으로 삼키는 것이다. 타인의 초월을 자기 안에 삼킨다는 것은 내가 아니라 타인이 바라보는 나 ― 나 자신은 볼 수 없는 나 ― 를 나 안으로 받아들인다는 것을 뜻한다. 대자존재로서의 타인을 자기 안으로 삼키는 것은 사랑, 언어, 마조히즘과 관련되며, 타인의 초월을 초월하는 것은 무관심, 욕망, 증오, 사디즘과 관련된다.

타인의 초월을 초월하는 것은 나를 대상화하는 타인을 대상화함으로써, 나를 응시하는 타인의 주체성을 무화하는 방법이다. 그 극한은 사디즘의 경우이다. 그러나 이때 타인은 즉자로 화해버리며, 대타관계는 사라져버린다. 그것은 타인의 응시를 극복하는 것이 아니라 대타관계 자체를 포기하는 것이다. 대타관계는 오로지 타인이 대자존재일 때에만 성립하며, 이런 대상화는 결국 대타관계의 실패를 의미할 뿐이다. 대자와 대자의 긍정적인 관계는 사랑이다. 사랑은 오로지 대자존재로서의 타인과 더불어, '타인의 자유'와 더불어서만 가능하다. 권력의 맥락에서, 강요의 맥락에서, 필요나 의무의 맥락에서, … 이루어지는 사랑은 진정한 사랑이 아니다. 사랑이란 즉자로서의 나의 비밀(나의 '존재')을 쥐고 있는 대자를 자신 안으로 삼킴으로서, 나의 존재를 타인에게 드러난 그것과 동일시하는 것이다. 그러나 이 또한 온전히 성공할 수는 없다. 타인의 시선을 내 안으로 온전히 삼키려면, 나는 나를 타인의 시선에 포착된 즉자와 단적으로 합일시켜야 하기 때문이다. 이는 곧 내가 나의 대자성을 포기하는 것을 뜻한다. 그 극한은 마조히즘의 경우이다. 그러나 나는 대자존재이기에 나의 대자성을 포기할 수 없다. 나는 즉자-대자일 수 없는 것이다.[88] 게다가 그 즉자성은 타인의 자의성에

의 흐름(일종의 정신적 전류)이 흘러 나가버린 다음 사물만이 적나라하게 남는다."(신오현, 『자유와 비극』, 문학과지성사, 1979, 227쪽)

88) "의식이 '자기 초극을 지향하는 존재'로서 파악하는 것, 이것이 순수 즉자라면 이는 곧 의식의 소멸을 뜻할 것이다. 그러나 의식은 결코 자신의 소멸을 향해 자기 초극해 가지

내맡겨진 즉자성이다. 결국 사르트르에게서 온전한 사랑은 불가능하다. 더 넓게 말해, '우리'는 어떤 형태로든 선험적으로 가정할 수 없는 것이다. "타자들 한가운데에서의 대자의 존재는 본래 형이상학적이고 우연한 하나의 사실이다."(EN, 551)

§5. 상황과 참여

사르트르가 『존재와 무』에서 그린 인간은 존재성/즉자성을 결여한 대신 자유를 부여받은 대자존재이며, 다른 대자존재들과 기본적으로 긴장의 관계를 맺을 수밖에 없는 개별 의식이다. 그러나 이후 그의 사유는 변모를 겪게 된다. 한편으로 대자의 활동의 배경 정도로만 역할을 하던 즉자의 비중이 커지면서 주체성만이 아니라 객체성도 중시되는 경향이, 다른 한편으로 대자들이 사회적 실천을 매개로 결합할 수 있는 가능성을 찾으려는 경향이 등장하게 된다.[89] 실존주의에 대한 강령적인 저작인 『실존주의는 휴머니즘이다』(1946)에서 이미 이런 문제의식이 등장한다.

는 않는다. 자기 초극의 극한에서 즉자적 동일성 속에서 스스로를 상실하고 싶어 하지 않는 것이다. 대자가 즉자이기를 지향하는 것은 대자인 한에서의 대자를 위해서이다." (EN, 150) 대자와 즉자의 합치는 '모순된 욕망'이다.(박이문, 『인식과 실존』, 미디어북스, 2016, 208쪽 이하)

[89] 앞에서(각주 70) 사르트르의 사유는 저편의 초월과 이편의 내면을 상정하고 양자를 곧바로 이어버리는 사유들과는 대척적인 구도를 띰을 지적했거니와, 그의 사유의 이런 변모는 그가 부정했던 후설, 하이데거에서의 저편과 이편의 두께를 회복한 것으로 볼 수 있다. 그러나 이러한 회복은 예전의 구도로 돌아간 것도 아니고, 또 양방향의 회복이 대칭적인 것도 아니다. 즉자의 비중이 커진 것은 존재론적 두께의 회복으로 볼 수 있지만, 그가 회복시킨 것은 어디까지나 현실의 사물들이며 예전의 초월이 아닌 것은 물론 하이데거의 존재 또한 아니다. 또, 주체 쪽에서 그가 회복(차라리 보완)한 것은 내면이라는 수직의 방향이 아니라 오히려 타인들과의 연대라는 수평의 방향이다. 그가 보완한 것은 인식론적 두께가 아니라 사회적/정치적 두께인 것이다.

인간은 그 자신이 참여해 있는(engagé) 어떤 조직된 상황에 처해-있는 자신을 발견한다. 그는 자신의 선택에 따라 인류 전체에 참여하고 있으며, 선택을 회피할 수 없다.[90)]

이제 사르트르 철학의 화두는 상황, 참여, 자유, 선택, 책임이 된다. 물론 이 주제들은 『존재와 무』에서도 상세히 다루어졌다. 그러나 후기로 갈수록 논의의 무게중심은 달라진다. 다만 그의 철학이 어떤 단절을 드러내는 것은 아니며, 『존재와 무』에서의 약한 고리였던 객체성의 인식[91)]과 집단적인 실천의 맥락이 보완된 것으로 보아야 할 것이다.

이런 맥락에서 객체성의 인식과 집단적 실천을 강조한 마르크스주의는 그의 집중적 관심사가 된다. 『존재와 무』에서 유물론과 마르크스는 "근엄한 정신"의 예로서만 등장한다.[92)] 역사적 결정론을 주장하는 마르크스(주의)는 심리학적 결정론과 마찬가지로 자기기만의 성격을 띤 사상, 자신의 선택에 대한 책임을 회피하려는 사상에 불과한 것으로 다루어지고 있다. 그러나 『변증법적 이성 비판』(1960. 1985년에 2부가 유고의 형태로 출간됨)에

90) Sartre, *L'existentialisme est un humanisme*, Gallimard, 1996, p. 64.

91) 사르트르는 객체성을 '필연성'이라고도 부른다. "우리의 실천이 소외를 경험하는 그 순간에 객체화의 내적-외적 구조가 발견되는데, 이것이 바로 필연성이다."(『변증법적 이성 비판』, 박정자 외 옮김, 나남, 2009, 396쪽) 『존재와 무』에서 즉자는 대자의 활동 배경일 뿐이지만, 이제 그 활동의 결과가 대자에게 힘을 가하는 존재로서 파악된다. 인간이 산의 나무를 베어내면, 그 활동의 결과가 홍수로써 인간에게 되돌아와 힘을 가하는 것이다. 그러나 사르트르의 객체성/필연성은 인간 주체 이전에 존재하는 객관성이 아니다. 그것은 인간 주체의 활동이 그로부터 소외된 것으로서의 객체성이다.

92) '근엄한 정신'이란 행위의 근거를 자신의 의식이 아니라 외부에서 찾는 사람을 뜻한다. 따라서 심리학적 결정론에 대한 비판에서 보았듯이, 이 정신은 자기기만과 연관된다. "유물론이 근엄한 것은 우연이 아니며, 마찬가지로 그것이 언제나 또 도처에서 혁명가의 종교적 교설로서 나타나는 것도 우연이 아니다. (…) 모든 근엄한 사유는 인간존재를 세계(객체성)에 복속시킨다. (…) 근엄한 인간은 스스로의 근저에서 자유의 의식을 덮어버리며, 그 점에서 자기기만에 속해 있고, (…) 마르크스가 주체에 대한 객체의 우선성을 강조했을 때, 그는 근엄한 자들을 위한 최초의 도그마를 세운 것이다."(EN, 760)

서는 크게 달라진 논조를 확인할 수 있다. 여기에서 사르트르는 마르크스주의를, 그것을 도래시킨 상황들이 극복되지 않는 한, "우리 시대의 뛰어넘을 수 없는 철학"이라고 단정한다. 객체성의 인식과 집단적 실천을 추구한 철학으로서 마르크스주의를 넘어서는 철학은 없다는 판단이다. 그렇다면 『존재와 무』의 실존주의와 『변증법적 이성 비판』의 마르크스주의는 어떤 관계에 놓이는가?

사르트르는 마르크스에 공감하면서도 당대의 마르크스주의가 이미 경직되어버렸다는 점, 그리고 마르크스주의 인식론에는 근본적인 결함이 존재한다는 점을 지적한다. 마르크스주의는 이미 교조화되었으며, 아도르노 식으로 표현해서 비동일자들을 억압하는 동일자로 화해버렸다. 특히 소련의 헝가리 침공은 현실 사회주의의 진상을 적나라하게 드러냈으며, 이 사태에 대한 사회주의 이론가들의 분석은 당을 옹호하는 데에만 급급했다. 사르트르는 마르크스주의의 이런 현실은 곧 이 이론과 실천이 인간 실존에 대한 이해를 결하고 있기 때문이라고 진단한다. 아울러 주체를 떠난 순수 객관성으로서의 자연을 역설한다든가 인식이란 객관이 주관에 그대로 반영된 것임을 주장하는 마르크스주의 인식론 역시 주체성을 제거해버리는 단순한 객관주의에 불과하다.

> 마르크스주의는 세계의 합리성을 아프리오리하게 수긍하는 구성적 의식이 있다 (그리고 바로 이 같은 사실로 인해 그것은 관념론으로 추락한다). 이 구성적 의식이 개개 인간들 안에 형성된 의식을 단순한 반영으로 규정한다(이것은 회의적 관념론으로 귀착한다). 왜냐하면 첫째 경우의 인식은 자리 잡지 못한[관점이 없는] 시선으로서의 순수 이론이고, 두 번째 경우는 인식이 단순한 수동성이 되기 때문이다. (…) 이 두 개념은 본질적으로 반(反)변증법적이다.[93]

---

93) 사르트르, 『변증법적 이성 비판』, 60쪽.

마르크스주의가 실존주의에 의해 보완되어야 할 이유가 여기에 있다. 객체성의 인식과 집단적 실천에 강점을 가지고 있는 마르크스주의가 교조화되지 않으려면, 주체성의 사유와 실존적 차원의 확보에 강점을 가지고 있는 실존주의로 보완되어야 하는 것이다. 이는 곧 개인과 사회의 화해를 지향하는 것이기도 하다.

그러나 결국 사르트르에게서 무게중심은 계급보다는 실존에 걸린다. 그의 사유는 타원이 아니라 달걀 모양을 띤다.(그런데 이 달걀은 내가 여러 곳에서 논했던 존재론적 달걀과는 대조적이다. 달걀의 큰 원에 실존이 들어가고 작은 원에 객체성이 들어가기 때문이다.) 그는 마르크스주의의 목적론을 믿지 않았다. 자유로운 개인은 집단적 실천에 참여해 그 고립적 대자성을 초극하지만, 결코 그 안으로 용해되어 들어가지는 않는다. 그래서 집단적 존재자들은 항구적이지 못하며 또 항구적이어서도 안 된다.

인간의 생존 조건은 늘 가혹하다. 생존의 본질은 시련을 겪음에 있다. 게다가 일찍이 홉스가 간파했듯이, 인간과 인간의 관계는 이보다 더 가혹하다. 그러나 타인이 곧 지옥임에도, 가혹하기 이를 데 없는 생존 조건에서 살아가기 위해 사회적 삶은 불가피하다. 그래서 인간은 어디에서나 항상 '줄을 서야' 한다. 사회적 삶을 산다는 것은 곧 줄을 서는 것이다. 이질적인 개인들이 줄을 서서 이루어지는 이런 일시적 모임으로서의 집단을 사르트르는 '집렬체(集列體, série)'라 부른다. 그러나 어떤 상황에서, 특히 위기의 상황에서 대자존재들은 보다 강한 동질성을 토대로 단순한 집렬체가 아닌 더 큰 응집력을 가진 집단으로, 하나의 '집합체(groupe)'로 화할 수 있다. 그러나 이런 집합체로의 화함을 가능하게 해준 상황이 사라지면, 집합체는 다시 느슨해지며 응집력은 풀려버린다. 영속적이고 총체적인 집합체를 향한 목적론적 과정 같은 것은 환상에 불과하다. 사람들은 분명 어떤 상황에서, 예컨대 독재를 타도하는 혁명이라는 상황에서 뜨거운 일체감을 느낄 수 있다. 그러나 그런 상태는 지속되지 못한다.[94] 물론 이런 풀림을 방지하기 위해 집합체를 제도화할 수는 있다. 그러나 이 경우 집합체는 이제 억압적 성격을 띠게 되며, 더 이상 자유로운 대자들의 모임이 아니라 그들을 외부에서 얽어매는 틀로 화해버린다. 제도화된 집합체로 가는 과정은 목적론적 해방의 과정이 아니라 오히려 억압적 상황으로의 전락의 과정인 것이다. 그래서 대자존재들이 진정한 동질감을 느낄 수 있는 것은 오히려 단순한 집렬체와 제도화된 집합체 사이에서 집합체를 이루어가는 과정에 있어서이다. 그런 짧지만 위대한 시간에 대자존재들은 잠시나마 통일체가 된다.

사르트르에게는 어떤 경우에도 대자존재의 자유가 일차적이다. 자유로운 대자는 어떤 특정한 상황에서 지옥으로서의 타인들이 아니라 동지(적어도 동료)로서의 타인들과 뜨거운 일체감을 가질 수 있으며, 역사의 위대한 순간들에 참여할 수 있다. 그러나 어떤 의미 있는 집합체도 그것이 대자들의 자유를 억압하는 즉자적 존재로 화하는 순간 대자존재의 본성과 양립할 수 없다. 그럴 때 대자는 자신의 활동이 아니라 주어진 즉자의 명법에 따르는 것일 뿐이기 때문이다. 대자들은 자신들의 자유가 집합체의 목적과 합치하는 한 참여할 수 있지만, 그 합치가 깨지는 순간 참여 역시 깨지는 것이다. 실존주의가 사회적 참여에의 길을 찾을 때 그에 부응하는 것은 마르크스주의이지만, 마르크스주의가 교조화되지 않으려면, 제도화된 집합체가 되지 않으려면 항상 실존주의와 함께해야 하는 이유가 여기에 있다.

---

94) **진보와 진화** —— 이는 한국 현대사에서도 확인된다. 군사정권 시절 '의식 있는' 사람들은 독재와 싸우면서 '좋은 세상'을 꿈꾸었다. 그때 사람들의 뇌리를 지배했던 것은 마르크스주의적인 목적론이었다. 그러나 독재라는 상황이 사라지자 얄궂게도 '좋은 세상'에의 꿈도 함께 사라졌다. 사람들이 맞이한 것은 매우 낯선 어떤 새로운 세상이었고, '진보의 시대'를 대체한 '진화의 시대'였던 것이다. 더욱 얄궂은 것은 기업, 대중매체, 과학기술 등에서는 진보라는 뜻으로 '진화'라는 말을 사용한다는 점이다. 그래서 진보에서 진화로 이행해버린/전락해버린 현실은, (진보와 잘못 동일시된) "진화"라는 말의 오용을 통해서, 지금도 진보는 계속되고 있다는 착각에 의해 덮여버리고 있다.

❖ ❖ ❖

현상학적 사유가 이룩한 일차적인 철학적 성취는 현상이라는 차원을
존재론적으로 구원한 점에 있다. 칸트는 현상을 사물의 본질과 우리 사
이에 놓인 일종의 차폐막으로서의 '외관'이 아니라 사물 자체의 나타남
으로 봄으로써, 그것의 존재론적 위상을 새로이 했다. 그러나 그에게 현
상은 여전히 주체의 구성을 기다리는 인식질료=잡다일 뿐이었다. 이
'Mannigfaltigkeit'는 리만과 칸토어에 의해 결정적인 개념적 변환을 겪게
되거니와, 현상학은 이들의 사유 방향과는 또 다른 방향에서 이 개념을 혁
신하기에 이른다. 현상학을 통해 '나타남'이라는 개념은 전에 없던 심오한
존재론적 뉘앙스를 띠기에 이른다. 이 점은 특히 하이데거에게서 분명하
게 볼 수 있다. 하이데거에게 나타남/드러남은 '탈은폐성'으로서의 존재의
진리이다. 이 탈은폐성의 장소가 존재가 드러나는(동시에 숨는) 그리고 인
간=현존재가 존재의 열려-있음 안에 탈자적으로 들어서-있게 되는 곳으
로서의 'Da/Lichtung'이다. 이로써 '현상'은 그 존재론적 위상에 있어 그야
말로 환골탈태를 겪기에 이른다.

이런 의미에서의 현상에서 현상학은 무엇을 파악하고자 하는가?
'Phänomenologie'라는 말이 시사하듯이, 그것은 곧 로고스이다. 이 로고스
는 고대적 뉘앙스에서의 본질과는 다르다. 이 로고스는 곧 '의미'이다. 그것
을 본질이라고 한다면 '의미본질'이라 해야 할 것이다. 현상학은 무엇보다
도 우선 사상(事象)들의 의미를 읽어내고자 한다. 경험적 주체가 아닌 선험
적 주체의 구성행위와 사상의 의미본질 사이에서 지향적 체험의 끈이 이어
진다. '존재와 사유의 일치'라는 고대적 가치를 함축하는 노에시스-노에마
라는 개념 쌍이 부활하지만, 이제 이들은 그 사이를 가로막고 있는 현상을
건너뛰어 만나는 것이 아니라 바로 현상 그 안에서 만난다. 여기에는 주체
도 대상도 두 겹으로 갈라지는 플라톤적 구도가 놓여 있지만, 두 겹 모두 현
상을 넘어서가 아니라 현상 내에서 성립하며 다만 노에마와 노에시스가 현

상과 경험의 알맹이로서 성립하는 것이다. 그러나 매우 새로운 형태이지만 여기에 여전히 남아 있는 본질주의가 포기되면서, 그 후 현상학의 성격도 적지 않게 변하기에 이른다. 메를로-퐁티, 하이데거, 사르트르 등에게서 본질적 의미와 비본질적 의미 사이의 날카로운 구분은 흐려진다. 그러나 본질의 현상학이 물러났다고 해서 현상학의 본질이 물러난 것은 아니다. 지향적 체험을 통해서 사상의 의미를 읽어낸다는 현상학의 근본 성격에는 변함이 없는 것이다.

주체의 알맹이와 대상의 알맹이가 조응하는 구도에서 알맹이의 날카로운 분절을 완화할 때, 현상학적 사유의 축은 선험적 주체의 관조에서 신체의 활동으로 옮아간다. 대상/세계는 바라봄의 대상('눈앞에-펼쳐진-존재들')이 아니라 주체의 신체와 엮이면서 생성하는, 활동하는 것들('손에-잡히는-존재들')로 바뀐다. 사유의 출발점은 다시 플라톤에서와 같은 '에르곤'으로 이행한다. 주체가 대상을 관조하는 구도에서 그 사이에서의 구체적 활동에로 사유의 축이 옮아가면서, 이제 신체는 'res extensa'로 환원되는 물체가 아님은 물론 감각-자료를 받아서 정신에 넘겨주는 감광판이기를 그친다. 신체는 고유의 두께를 품게 된다. 신체는 신체-주체이고, 세계와 주체가 겹쳐지는 곳에서 존재를 표현하며, 바로 거기에서 의미가 생성되어 나온다. 현상학은 주관적 내면으로 들어가지도 않고 추상적 객관성으로 나아가지도 않는다. 현상학은 그 사이의 접혀-있는 장, 의미생성의 장에서 사유한다. 인간이란 존재의 구멍이라기보다는 존재의 주름이다. 이 주름에서 세계와 인간이 상호-표현한다.

현상학이 주체와 대상, 현존재와 존재라는 인식론-존재론의 구도를 넘어 보다 광범위한 의미맥락을 띠게 되는 핵심 결절점은 곧 타인의 문제이다. 인간은 개인으로 태어나 타인들과 관계 맺는 것이 아니라, 언제나-이미 사회라는 장에서 '더불어-존재하는'(우애의 형태로든 적대의 형태로든) 존재자로서 살아가며 추상화를 통해서만 개인으로서 성립함을 현상학자들은 정치하게 밝혀주었다. 유아론은 현상학에 이르러서야 명료하게 논파되기에 이른다. 근대 초에 형성된 이른바 '원자적 개인들'이라는 존재론은 일찍이 독일 고전 철학에서 다양한 방식으로 극복되었으나, 20세기의 현상학은 또 다른 철학적 관점으로써 새로운 인간 개념을 제시하기에 이른다. 현상학적 인간은 어떤 실체로써 규정된 존재가 아니다. 그 실체가 영혼이든 모나드이든 DNA이든 또는 다른 어떤 것이든, 인간이란 그런 어떤 규정들로서 '존재'하는 것이 아니라 세계-내-존재로서의 스스로를 표현하는 주체로서 존재한다. 더 정확히는 더불어-살고 있는 것이다. 이런 토대 위에서 현상학은 삶의 여러 맥락들에 대해 사유한다.

이런 사유는 하이데거와 사르트르에게서 어떤 전형을 이루지만, 양자가 도달한 곳은 상반된 지점들이었다. 하이데거와 사르트르는 공히 현상학자들로서 '현존재'를, '인간존재'를 사유했지만, 하이데거 사유가 존재에 닻을 내린다면 대조적으로 사르트르는 의식/주체성에 닻을 내린다. 하이데거의 사유가 존재와 현존재의 사유라면, 사르트르의 그것은 의식=대자와 즉자의 사유이다. 하이데거에게 현세계는 존재가 드러나고 숨는 장으로서, 인간은 이 장에서 철학과 시를 통해 존재를 향할 수 있다. 사르트르에게 현세계는 대자적 주체가 무로부터 스스로의 삶을 창조해나가야 할 장이며, 인간은 이 장에의 앙가주망을 통해 그것을 바꾸어나갈 수 있다. 하이데거가 존재에로 경사된 그의 사유를 통해 현실에 어떤 영향력을 행사하려 했을 때 그것은 매우 위험한 것이 될 수밖에 없었다. 그것은 그가 존재의 빛을 특정한 민족에 결부시켰을 때 필연적으로 나타나게 된 위험이다. 이런 경사를 품지 않았던 사르트르의 정치철학은 보다 의미 있는 것이 될 수 있었다. 그러나 그의 철저한 주체철학에서는 존재에로 나아갈 수 있는 다리가 끊겨버린다.

현상학은 삶의 구체적 면면들을 지향적 체험을 통해 음미하려는 사유이다. 때문에 하이데거, 사르트르를 비롯한 각 현상학자들에게는 고유한 개성들이 깃들어 있다. 그럼에도 이들은 공통적으로 서구 근대 사유가 배태한 물화와 자연주의, 환원주의 그리고 실용주의[95]에 저항했다. 물화

(Verdinglichung)를 통해 모든 것을 사물로 만들어버리는, 물리적 존재자들의 파악을 위해 주조된 개념들을 마구잡이로 확장하려 하는 부박(浮薄)한 논리, 아울러 어떤 실체, 본질, 중심 등을 내세우면서 모든 것을 그리로 쓸어 담으려는 각종 형태의 환원주의(사이비 형이상학이고자 하는 개별 과학들/담론들), 또한 모든 존재자들의 의미와 가치를 그것이 창출하는 자본주의적 부가가치/효율성으로 그리고 사회의 부속품으로서 가지는 '用'으로서의 역할에 두는 속된 실용주의에 대한 저항이다. 이 점에서 현상학은 온갖 외물적(外物的) 장치들로써 인간의 개인성, 주체성, 활동성을 지배하려 하는 근대 문명의 성격에 정면으로 도전하면서 휴머니즘의 전통을 새롭게 되살린 사유라고 할 수 있다.

그러나 현상학은 이런 휴머니즘의 측면과 더불어 다른 한편으로 오히려 근대적 인간중심주의에 대한 강렬한 비판의 얼굴도 내포하고 있다. 이는 곧 인간의 틀로써 사물들을 재단하고 그것들을 '유용(有用)'하게 만들려는 근대적 주체철학에의 저항이다. 그러나 현상학의 이 두 얼굴은 모순되지 않는다. 현상학은 인간 실존을 지배하려는 갖가지 형태의 외적 장치들에 저항하는 사유이지만, 이런 외적 장치들로써 주체들을 제압하려는 힘은 사실상 일방적 형태의 인간중심주의에서 나온 것이기 때문이다. 물화, 환원주의, 실용주의 등은 한편으로 인간을 사물화/객관화하려는 경향이지만, 이런 경향의 근저에는 오히려 각박한 형태의 인간중심주의가 깔려 있는 것이다. 이 점을 간파해내면, 왜 현상학이 한편으로 현존재/인간존재에 사유의 축을 두면서도 다른 한편으로 "사태 자체로!"를 강조하는지, 왜 현상학이라는 동일한 테두리 내에서 하이데거와 사르트르의 경우처럼 대조되는 사유들이 성립할 수 있었는지를 이해할 수 있다. 현상학의 궁극적인 의지처는

---

95) 여기에서 실용주의는 '프래그머티즘'과 구분되는, 장자적 뉘앙스에서의 '용(用)'을 역설하는 경향, 사조 ─ 차라리 풍토 ─ 를 뜻한다. '실용주의'라는 말이 이미 속화되었기 때문에, '프래그머티즘'과는 구분하는 것이 좋을 것이다.

물화되지 않은 주체와 인간중심주의에 의해 각색되지 않는 세계가 맞물려 있는 차원에서 이루어지는 표현의 차원인 것이다.

인간은 존재 안의 '구멍'이라기보다는 생기기도 하고 또 사라지기도 하는 '주름'이라고 했다. 그래서 존재로 기운 하이데거나 의식에 축을 둔 사르트르보다는, 그 사이에서 이 주름을 깊고 넓게 천착한 메를로-퐁티야말로 가장 현상학자다운 현상학자가 아니었을까 싶다. 이 주름에서 세계와 주체는 상호 교직(交織)되면서 존재와 인생을 표현한다. 이 점에서 현상학은 내재적 표현주의의 성격을 띠며, 표현의 중심은 바로 구체적 존재로서의 인간이다. 이 표현주의는 스피노자, 라이프니츠, 왕부지에게서 보았던 형이상학적 표현주의와 비교된다. 선험적 주체를 축으로 하는(물론 이 개념의 실제 내용은 많이 달라졌지만) 현상학은 표현의 중심에 인간을 놓으며 주체의 지향적 체험을 표현의 결절점으로 삼은 것이다. 지향적 체험에서 생성하는 '의미'가 현상학적 사유의 핵심에 놓여 있다.

그러나 이런 현상학의 입장은 역상(譯相)[96]을 지향적 체험에서의 의미로 제한되게 만드는 문제점을 내포한다. 역상의 다원성이 인간 주체의 지향적 체험의 차원에 고정되어버리는 것이다. 하이데거의 경우 이 점을 간파했기에, 존재론/해석학의 방향으로 사유를 이끌어갔다고 할 수 있지만, 그의 사유의 핵심 장소 역시 'Lichtung'에 있다고 해야 할 것이다. 현상학의 이런 문제점은 형이상학적 표현주의가 형이상학적 실체에 무게중심을 둠으로써 인간의 자유/주체성을 제한했던 것과 비교된다. 이런 문제점은 예컨대 메를로-퐁티 인식론의 한계에서 뚜렷이 나타난다. 현상학의 맥락에서 인식/진리는 신체-주체의 장에 뿌리 두며, 이는 과학이라고 해서 예외가 아니다. 그러나 바슐라르의 '인식론적 단절'에 관련된 논의에서 분명히 했듯이, 현대 과학의 인식/진리는 오히려 이 차원과의 단절을 통해서 비로소 가능하게 되었다. 스피노자 식으로 말해 현상학적 인식은 '제1종 인식'에 불과

---

96) '역상'에 대해서는 3권의 5장에서 논했다.

한 것이다. 물론 현상학의 공헌은 다름 아니라 바로 이 제1종 인식이 기존 철학자들이 미처 생각하지 못했던 존재론적 깊이를 담고 있음을 밝힌 데에 있다. 현상학적 인식론이 제1종의 인식론으로 회귀했다고 할 수는 없는 것이다. 그럼에도 이 차원이 모든 인식들의 뿌리라고 생각하는 것은 고도의 과학적 인식과 이 차원 사이에 존재하는 의미론적 거리를 간과하는 것이다.[97]

이런 문제점은 인식론을 넘어 인간존재론에서 보다 민감한 방식으로 드러난다. 현상학적 사유의 초점은 '나타남'의 차원에 있다. 현상학적 인간 이해 및 존재론, 인식론, 정치철학, 미학 등은 이 나타남의 차원을 출발점으로 한다. 그러나 인간의 진상(眞相)은 이 나타남의 차원이 아니라 그것의 바깥에서 볼 때 비로소 드러난다고 한다면 어찌할 것인가? 주체란 설명하는 것이 아니라 오히려 설명되는 것이라고 한다면 어찌할 것인가? 이런 식의 관점에서 본다면, 인간은 표현의 중심에 있기보다는 어떤 구조, 어떤 과정의 '효과'일 뿐이다. 이제 우리는 현상학과는 달리 인간존재를 바깥에서 보고자 한 사유로 이행한다.

---

97) 그러나 바슐라르의 인식론이 단적으로 설득력 있다고 할 수는 없다. 바슐라르는 양자역학을 모델로 한 현대 과학의 인식론과 사원소의 시학/현상학이라는 '아니무스와 아니마'를 사유했지만, 이는 인식의 복합적인 장을 서로 대척적인 양극으로 환원한 것이다. 2부 4장에서 논했듯이 학문/과학의 장은 매우 다원적인 장이며, 현대의 합리성은 바슐라르에 있어서와 같이 양극으로 단순화되어서는 곤란하다.
아울러 나는 다른 여러 곳에서 인식론적 단절만이 아니라 인식론적 회귀를 동시에 사유해야 함을 역설했다. 그러나 물론 이 회귀는 단절을 경유해서 이루어지는 것이지 단절이전의 수준에 머묾을 뜻하는 것은 아니다.

8장 안, 바깥, 바깥의 바깥

이 바깥은 어디인가? 우선 그것을 하나의 '장(場)'으로 표현할 수 있다. 의식에 의해 구성되는 장이 아니라 그 안에서 의식이 성립하는 장. 이 장은 때로 '구조'라고도 불리며, 이 점에서 이 장의 탐구에 초점을 맞추는 과학은 '구조주의 인간과학'이라 불린다. 후기 구조주의 철학들은 이 인간과학적 성과 위에서 주체의 문제를 사유했다. (후기)구조주의 사유는 인간과학과 철학, 문화예술의 복합체로서 전개되었다.

서구 근대 철학이 수립된 이래 그것의 흐름을 관류한 사유 구도는 주체와 대상, 인간과 세계/자연, 관념적인(/이념적인) 것과 현실적/실재적인 것(또는 물질적인 것)이라는 이원 구도였다.[1] 데카르트는 이런 이원성을 단적인 형태로 제시했고, 이후의 사유들은 다양한 형태로 그를 극복해갔음에도 이 구도의 영향을 온전히 떨쳐버릴 수는 없었다. 구조주의 사유는 이 이원 구도를 삼원 구도로 변환했다. 그러나 이 세 번째 차원은 단지 이전의 주체·

---

1) 때로 삼원 구도를 띠기도 했는데, 주체와 대상의 관계가 일차적인 구도라면 그 관계 — 표상 — 의 결과로서 성립하는 언어/기호가 제3의 차원을 형성한다.

대상과 병치되는 제3의 차원이 아니다. 그것은 주체와 대상이 공히 그에 속해 있는, 그것에 입각해 주체와 대상으로서 성립하게 되는 하나의 장이다.

이원 구도에서 늘 문제가 되었던 것은 현상 차원과 물 자체의 관계였다. 현상 차원은 구조주의의 용어로 '이미지적인 것(l'imaginaire)' ── 오해를 유발할 수 있는 번역으로는 '상상계' ── 이다.[2] 거칠게 말해, 합리주의 철학자들은 이 이미지적인 것의 차원을 넘어서는 사물 자체, '실재적인 것(le réel)'을 찾은 데 반해 경험주의자들은 이 이미지적인 것의 차원에 인식을 국한하고자 했다. 신 개념을 접어둔다면, 데카르트와 버클리는 양 사유를 특히 순수한 형태로써 대변한다. 구조는 객관적으로 존재하는 사물도 아니고 의식에 나타나 있는 현상도 아니다. 구조는 구체적인 사물이 아니라 (박홍규가 분석한 의미에서) 하나의 추상공간이다. 그러나 이 공간이 사물들의 본체를 규명하려는 공간은 아니다. 구조는 자연법칙이 자연에 대해 가지는 위상을 문화에 대해 가진다. 그것은 문화의 심층적 법칙, 차라리 문법이다. 또, 구조는 현상이 아니다. 구조는 비-가시적인 차원으로서, 현상과 의식의 차원이 아니라 무의식적 추상공간이다. 이 추상공간에 입각해 인간의 다양한 문화적 삶이 이루어진다. 구조주의 인간과학은 이 심층적 문법, 구조 ── '상징적인 것(le symbolique)' ── 를 파헤치려는 과학이다.[3]

---

2) 현상 차원 즉 나타난 차원은 다름 아니라 주체에게 나타난 차원이므로, 현상 개념 자체가 주체(/의식/마음)를 전제하고 있다는 점에 유의하자. 현상은 '객관적인 것'이 아니라 '주관적인 것'이다.

3) 인간과학은 (전통적인 의미에서의) 형이상학과 현상학 사이에서 중요한 역할을 한다. 그것은 형상철학이든 유물론이든 어떤 본질로 인간적 삶을 환원하려는 시도도 아니고, 현상과 경험의 차원에서 인간적 삶을 해명하려는 시도도 아니다. 인간과학에서 인간은 주체도 자연도 아니다. 또, 인간과학은 인문학과 자연과학 사이에서 중요한 역할을 한다. 그것은 인문학과 달리 인간을 객관적 구조에 입각해 이해하려 하지만, 그것이 탐구하는 구조는 자연과학적인 법칙이 아니다. 그것은 전혀 다른 종류의 법칙이다.

1절 바깥의 사유: 주체와 구조

구조를 '상징적인 것'이라 칭하는 것은 그것이 언어적인 성격의 것임을 암시한다. 이 언어적인 것은 앞에서(각주 1) 언급했던 제3의 차원으로서의 언어가 아니다. 이런 맥락에서의 언어는 주체와 대상의 존재 및 양자 사이의 표상관계를 전제한 채, 표상의 결과인 주체의 관념을 구상화한 것에 다름 아니기 때문이다.[4] '상징적인 것'은 오히려 이 관계를 가능케 하는 선험적 수준에 위치하는 장이다. 문법은 이런 차원을 범례적으로 보여준다. 문법은 말, 글, 그림 등의 기표가 아니고, 또 주체가 떠올리는 뜻＝기의도 아니다. 그렇다고 주체가 말 등으로써 가리키는 지시대상도 아니다. 그것은 이 모두가 일정한 형태를 취할 수 있도록 해주는 선험적 조건이다. 이 조건은 우리가 의식적으로 만든 것이 아니다. 모국어의 문법은 잠재적으로는 그것을 사용하는 사람들에게 이미 장착되어 있다. 이것이 구조가 '무의식적'이라고 말하는 이유이다. 별들이 천문학적 법칙에 따라 돌아가듯이, 우리는 자국어의 문법에 따라 말하고 사물들을 표상하고 그것을 여러 기표들로 표현한다. 상징적인 것은 이 문법과도 같은 것이다. 상징적인 것＝구조는 우리가 사물들을 표상하고 표현하는 온갖 방식들, 한마디로 문화를 가능케 하는 객관적 선험이다. 자연과 문화의 분절선, 문화의 가장 일차적인 조건이 언어라는 점을 감안하면, 인간과학의 선험적 조건이 상징적인 것이라는 점은 사실 당연한 것이리라.

---

4) 이 언어/기호는 주체의 관념(기의)을 특정한 물질적 매체(기표)에 담은 것이다. '강아지'라는 기표(말, 글, 그림 등)는 물질적인 것이지만, 그것의 기의＝뜻은 정신적인 것이고 따라서 주체에 속한다. 이 점에서 기의가 일차적인 것이고 기표는 그것을 구상화한 것일 뿐이다. 아울러 말과 글의 위상은 다른데, 말은 주체와 직접 연결되어 있지만, 글이나 그림 등은 그것을 외화(外化)해서 객관적으로 구상화한 것이기 때문이다. 말은 신체에서의 눈과 같이 정신을 직접 드러낸다. 제3의 차원으로서의 언어/기호는 이런 위상을 가진다.

구조주의는 일차적으로 과학적 탐구의 성격을 띤 사유이지만, 그 근저에 데카르트의 코기토 이래 질주해온 서구적 '주체'의 철학에 대한 반성의 뉘앙스를 품고 있는 사상이기도 했다. 제2차 세계대전의 폐허 위에서 사상가들은 인간존재와 문명/역사에 대한 깊은 반성의 염을 가지지 않을 수 없었다. 의식적이건 무의식적이건 서구적 근대성에 대한 총체적 반성이 20세기 후반 사유의 근저에 흐르고 있다. 구조주의 사유가 처음으로 분명한 사상사적 함의를 띠게 된 것이 인류학, 즉 서구가 타 지역들을 대상화하고 지배하고자 한 제국주의 프로젝트와 연계되어 있던 담론에서였던 것은 우연이 아니다. 서구적 잣대로 비-서구를 재단하던 인류학이 스스로의 역사를 반성하면서, 문명과 비-문명의 구분을 넘어선 심층적 구조를 찾기 시작했을 때 구조주의 사유는 철학적 의의를 띠게 되었던 것이다.[5] (후기)구조주의 사유는 근대적 주체를 해체하고 새로운 주체(들)를 구축해간, 인간의 자기이해를 둘러싼 지적 여정이다.

§1. 차이들의 체계

토테미즘에 대한 레비-스트로스(1908~2009)의 분석은 구조의 개념을 매우 명료하게 예시해준다.[6] 미개 사회를 독특하게 특징짓는 징표로서 토

---

5) "만약 서구가 민족학자들을 만들어내었다면, 그것은 서구가 양심의 가책을 몹시 받았기 때문에 자신의 이미지를 다른 사회의 이미지와 비교해보지 않을 수 없었기 때문이다. 그리고 서구는 민족학자들로 하여금 이와 같은 결점들이 어떻게 존재하게 되었는가를 설명하게 하여 서구를 돕기를 희망하였던 것이다."(클로드 레비-스트로스, 박옥줄 옮김, 『슬픈 열대』, 한길사, 1955/2020, 698쪽) 그러나 레비-스트로스는 서구를 비난하면서 미개 사회를 예찬하는 것은 이 후자의 사회에도 엄연히 존재하는 악들을 긍정하는 것이 되어버린다고 보았다. 결국 인류 보편적인 관점에서 **심층적인 동일성**을 읽어내는 것이 구조주의 사유의 핵심이 된다.

6) Claude Lévi-Strauss, *Le totémisme aujourd'hui*, PUF, 1962/2017.

템 현상이 지적되어왔다.[7] 인류학적 연구가 일천했을 때, 토템 현상은 미개인들의 이해하기 힘든 어리석음으로 치부되었다. 이후 보다 진지하게 이 현상을 들여다본 인류학자들은 그것을 미개인들이 자신들을 특정 동물(때로는 식물)과 '동일시'하는 독특한 습성으로 이해하거나, 레비-브륄이 그랬듯이 특정 동물과의 '신비적 융합'을 꾀하는 것으로 이해했다. 그러나 언급했듯이(2장, 3절, 각주 41) 베르그송은 미개인과 문명인 사이의 이런 날카로운 구분을 비판했고, 이 시각은 구조주의 인류학으로 이어진다. 프로이트는 토템을 자신들의 조상과 동일시하는 것과 식색(食色)에 관련해 그것을 금기시하는 것을 관련시킴으로써, 그것을 특정 동물에 오이디푸스 콤플렉스를 가지는 것으로 해석했다. 토템은 신(神)으로서의 아버지이며, 오이디푸스 콤플렉스에 따라 해당 부족은 그것을 금기시하기도 하고 또 때로는 살해하기도 한다.[8] 그러나 오이디푸스 콤플렉스 같은 것이 있는가가 문제일 뿐만 아니라, 프로이트의 해석은 단지 정신분석학적인 틀을 탈맥락화해 토테미즘 현상에 그대로 투사한 것일 뿐이다. 그리고 여기에는 미개인과 유아를 유비해서 보는 진화론적 시각이 깃들어 있기도 하다.

인류학이 본궤도에 접어들고 현지 조사가 속속 이루어지면서, 토템에 대한 본격적인 이론들이 제시되기에 이른다. 그 가장 대표적인 경우가 '기능주의'이다. 기능주의는 토템을 해당 부족의 생존에 어떤 실질적인 기능을 하는 것으로서 이해했다. 생물학적인 면에서 토템은 각 부족의 핵심적인 먹거리이거나 또는 먹을 수 없는/먹으면 안 되는 반(反)먹거리이다. 각 부

---

7) 사실 문명 사회에도 토템은 존재한다. 귀족 가문의 문장이라든가 한 마을이 경배하는 동물 등이 문명 사회의 토템들이다. 이는 현대에서도 마찬가지이다. 시카고 불스, LA 다저스 등과 같이 스포츠팀들에 붙어 있는 상징들이나 고려대의 호랑이, 경희대의 목련 등과 같이 대학교에 붙어 있는 상징들은 현대적 형태의 토템들이라고 할 수 있다. 물론 현대의 토템들은 미개 사회에서의 그것들만큼의 중요성을 띠지는 않는다. 하지만 구조주의적 토템 분석을 이해할 경우 두 사회의 토템들이 사실상 유사한 성격을 띤다는 점을 알 수 있다.
8) 지그문트 프로이트, 강영계 옮김, 『토템과 터부』, 지만지, 2013.

족이 해당 토템을 보호하고 숭상하다가 또 어떨 때는 먹는 것, 아니면 그것을 금기시하는 것 등은 모두 이 때문이다. 하지만 때로 바람, 나무, 바위 등 먹거리와 관계 없는 토템들도 있다. 이런 경우들을 이해하려면 '기능' 개념을 단순한 생물학적인 것으로 국한해서는 곤란하다. 이 토템들은 생물학적 기능이 아니라 사회적 기능을 하는 토템들이다. 뒤르켐에 따르면, 생물학적인 것으로 보이는 경우들도 궁극적으로는 사회적인 것들이다. 예컨대 제사를 지내고서 토템을 먹는 것은 단순히 먹거리로서 먹는 것이 아니라 조상과의 연속성을 확보하는 종교적인 행위인 것이다.[9] 기능 개념을 보다 유연하게 이해함으로써, 기능주의 인류학은 상당 수준의 토템 이해에 도달했다. 하지만 모기 같은, 아무리 봐도 먹거리도 숭배 대상도 아닐 듯한, 그렇다고 심리적으로 친화감을 느낄 듯하지도 않은 토템들도 있다. 이 경우 이것들의 기능이 무엇인지를 알기는 힘들다.

구조주의는 기능주의와 달리 토템 현상을 어떤 **실질적인** 기능, 유용성, 필요에 입각해서 해석하지 않는다. 오히려 그것을 어떤 **상징적인** 것으로서, 문화를 떠받치는 틀, 구조, 객관적 선험으로서 해석한다. 따라서 토템은 해당 부족과 사실상 어떤 실질적인 연관성도 가지지 않는다. 기존의 모든 해석이 토템과 해당 부족의 실질적 연관성을 당연한 것으로 전제했다는 점에서, 이런 시각은 획기적이다. 토템이란 그 부족을 상징하는, 특정한 기의를 가지지 않는 순수 기표일 뿐이다. 이 기표에 '의미'가 있다면, 그것은 그 기표에 들어 있는 것이 아니라 그 기표가 다른 기표에 대해 가지는 **차이**, 달리 말해 특정한 기표들의 체계에서 그것이 점하고 있는 위치에 있다. 이는 곧 하나의 토템은 그 자체가 특정한 의미를 가지는 것이 아니라 그것이 다른 토템들과 맺는 관계, 토템들의 체계에서 그것이 다른 것들에 대해 가지는 차이, 그 체계에서 점하는 위치에 따라 의미를 가짐을 뜻한다. 이는 곧 토템의 역할이란 그것과 해당 부족 사이에 존재한다기보다는 해당 부족이 전체

9) 에밀 뒤르켐, 민혜숙·노치준 옮김, 『종교생활의 원초적 형태』, 한길사, 1912/2020.

적으로 하나의 체계를 형성하는 다른 부족들과 맺는 관계를 표상하는 데에 있음을 뜻한다. 토템 현상은 상징체계로서 부족들 사이의 관계를 표상하는 기표들 사이의 차이들의 체계이다.

곰, 거북, 독수리를 각각의 토템으로 하는 세 부족의 세계를 생각해보자. A 부족과 곰 사이, B 부족과 거북 사이, C 부족과 독수리 사이에는 아무런 실질적인 관계가 없다. 중요한 것은 곰과 거북, 거북과 독수리, 독수리와 곰 사이에 존재하는 차이들의 체계이며, 이 차이들을 통해 부족들은 서로를 서로로부터 **변별(辨別)**하는 것이다.(그림 1-a) 만일 곰 부족이 삼분될 경우, 결과적으로 생겨나는 세 부족은 예컨대 흑곰 부족과 백곰 부족, 적곰 부족으로 나뉠 것이다. 이 경우 토템의 체계는 보다 복잡한 형태를 띠게 될 것이다.(그림 1-b)

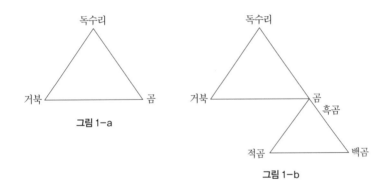

그림 1-a

그림 1-b

이 체계에는 어떤 '전-논리적인' 것도 없으며, 전체가 하나의 논리적 체계를 형성한다.[10) 세 부족에게 이 체계는 그들이 그 안에서 살고 있는 우주

10) "동물 토템 내지 그 종은 어떠한 경우에도 생물학적 실체로서 파악될 수가 없다. 생명체가 갖는 이중성 ─ 하나의 체계이면서 체계 속의 한 요소인 종에 속하는 하나의 개체라는 것 ─ 에 의하여 동물은 개념적 도구가 되며, 그 도구를 사용함으로써 공시성과 통시성, 구체와 추상, 자연과 문화 사이에 위치하는 어떠한 분야도 해체하든가 재통합하는 것 등이 가능해진다. (…) 사고의 대상이 되며 또 개념적 도구가 되는 것은 동물 그 자체

이다.[11] 부족들에게 이런 삼원 구조는 그들의 우주를 표상해주는 존재론적/논리적 분류체계인 것이다.[12]

구조주의는 주체, 현상, 경험 등의 개념을 주축으로 하는 현상학적 사유에 비해 이것들의 바깥에 존재하는 무의식적 구조를 선험적 원리로서 내세운다. 이 점은 레비-스트로스가 모스를 비판적으로 계승하는 장면에서 분명하게 볼 수 있다.

모스는 증여를 통해 사회의 성립을 설명했지만, 그 설명은 사회를 이미 전제하고 있다. 모스는 사회를 설명하기 위한 이론적 핵으로서 증여를 다루었지만, 증여를 설명하는 그의 방식 자체가 교환과 상호성을 핵심으로 하는 사회라는 존재를 전제했던 것이다.[13]

레비-스트로스는 이런 역설이 경험적인 것과 선험적인 것을 같은 선상에 놓고서 본 데에서 생겨났다고 보았다.[14] 그래서 그는 교환과 상호성을

가 아니고 동물을 수단으로 해서 만든 이 체계인 것이다."(레비-스트로스, 안정남 옮김, 『야생의 사고』, 한길사, 1962/1996, 228쪽)

11) 토템과 해당 부족 사이에는 어떤 실질적 관계도 없다고 했지만, 체계 전체, 부족들의 우주에서 토템들이 이렇게 할당되는 데에는 이유가 있을 수 있다. 예컨대 곰 부족은 숲에, 거북 부족은 물가에, 독수리 부족은 높은 지대에 살기 때문에 이렇게 할당되었을 수 있는 것이다. 부족들의 체계와 (장소들의 체계로서의) 토템들의 체계는 하나의 **전체로써** 관련 맺으며, 부족들의 문화와 그들의 자연(장소들)은 함께 삶의 대위법을 형성하는 것이다.

12) 이렇게 이해할 때, 현대인들의 토템이 하는 역할도 분명하게 이해된다. 두산 베어스 선수들이 곰처럼 굼뜬 것도 아니고, 한화 이글스 선수들이 독수리처럼 날아다니는 것도 아니다. 주니치 드래곤스처럼 현실에 존재하지 않는 토템이어도 상관이 없다. 중요한 것은 n개의 프로야구 팀들이 하나의 '변별적 체계(système différentiel)'를 형성하는 것이며, 각 팀들의 토템은 이 체계를 형성하는 하나의 순수 기표인 것이다. 다만 이 경우는 사람들이 의식적으로 만들어낸 체계이지만(그래서 여기에서 각 토템은 각 집단과 실질적인 ― 주로 이미지적인 ― 관계를 가질 수 있다.), 구조주의가 연구하는 체계는 무의식적으로 주어진, 그래서 발견해야 할 구조라는 점이 다르다.

13) 마르셀 모스, 이상률 옮김, 『증여론』, 한길사, 1925/2002. 모스는 말리노프스키의 '마풀라(순수 증여)'라든가 희생제의같이 상호성을 벗어나는 현상들에 대해서는 주의를 주지 않았다. 이런 점은 레비-스트로스에게로 그대로 이어지며, 훗날 구조주의 사유에 균열을 가져오는 문젯거리가 된다.

그 현상에서가 아니라 무의식적 구조의 층위에서 파악하고, 그로써 모스의 역설을 해소하고자 했다. 레비-스트로스는 이 구조를 친족 체계 연구, 특히 근친상간 금지[15]와 족외혼 연구에서 면밀히 밝혀냄으로써(『친족의 기본 구조』, 1949) 구조주의 사유의 기초를 닦았다. 평형을 이루는 심층적인 교환의 문법에 입각해 현실의 문화가 어떻게 그렇게 존재하게 되었는가를 설득력 있게 설명한 것이다. 이것은 증여, 결혼 등 여러 사회 현상들을 안에서 즉 주체의 경험에 입각해서 본 것이 아니라, 바깥에서 즉 보이지 않는 무의식적 구조에서 본 것이다.

그러나 사회의 무의식적 체계와 그것의 평형을 강조한 구조주의는 사실 그런 평형/항상성을 벗어나는 경우들을 체계적으로 배제하거나 폄하함으로서 성립했다고 할 수 있다. 예컨대 레비-스트로스는 구조주의의 문법에 어긋나는 결혼을 단순히 "실패한 결혼"으로 치부함으로써 '떠다니는 기표'를 진지하게 대하지 않았던 것이다. 교환, 상호성을 선험적 수준에 위치시키는 그의 체계에서 선물은 처음부터 목적지에 도달해야 하는 것으로서 상정되어 있는 것이다.[16] 데리다가 볼 때 선물은 하나의 '사건'이다. 모스는 진정한 의미에서의 증여를 논한 것이 아니라 오히려 증여가 더 이상 본래

---

14) Lévi-Strauss, *Introduction to the Works of Marcel Mauss*, Routledge, 1987.

15) 근친상간 금지 연구에서도 레비-스트로스는 그것이 실질적인 것이 아니라 구조적인 것임을 밝혀내고자 했다. 근본적인 것은 자연과 문화의 분절이다. 근친상간은 자연의 세계이며, 그것으로부터의 분리가 인간사회/문화를 가능케 하는 원초적인 선험적 조건인 것이다. 프로이트와 라캉은 오이디푸스 콤플렉스, 특히 상징적 거세 개념을 통해서 유사한 결론을 도출한다.

16) 이런 식의 평형/항상성의 관점에서는 미개 사회에 존재하는 상시적인 폭력 — 전쟁 — 의 의미가 무엇인지를 알 수 없다. 레비-스트로스는 전쟁을 실패한 교환으로서만 다루지만, 피에르 클라스트르는 미개 사회의 성립에서 교환과 폭력은 상호 배제적인 것이 아님을 지적한다. "홉스는 교환을 빠트리고, 레비-스트로스는 전쟁을 빠트린다." (『폭력의 고고학』, 변지현·이종영 옮김, 울력, 1980/2002, 269쪽) 교환과 전쟁의 교직이 어떻게 미개 사회의 성립 조건으로서 기능하는가에 대한 클라스트르의 분석은 흥미롭다.

의 증여가 되지 못하는 상황을, 즉 증여가 교환이 되어버리는 상황을 분석한 것에 불과하다. 그리고 레비-스트로스는 이 교환/상호성을 아예 선험적 원리의 위상으로 승격시킨 것이다. 선물은 사회의 조건이 아니라 사회의 변화의 조건이다. 선물이 평형/항상성을 유지하는 사회에서 순환한다면 그것은 교환일 뿐이다. 모스는 선물/증여를 다룬다고 했지만, 사실 그가 다룬 것은 교환이다.

선물은 교환/상호성의 형상이 아니라 그것을 좌초시키는 '불가능한 것(l'impossible)'의 형상이다.[17] 교환/상호성은 선험적 조건이 아니라 오히려, 코스모스가 사실은 카오스를 간신히 누르고 그 위에서 존립할 수 있듯이, 이 불가능한 것을 누르고서 비로소 형성되는 것이다. 구조는 선험적 원리가 아니라 탈-구조의 장에서 형성되고 와해되는 잠정적 질서일 뿐이다.

구조주의는 의식적 주체의 바깥으로 나아가 사유했지만, 이제 그 바깥의 바깥에 주목함으로써 후기 구조주의 사유들이 도래하게 된다. 구조주의에서 주체는 구조 내에 용해되어버리지만, 구조의 바깥은 주체에게 구조로부터 탈주하고 나아가 그것을 변화시켜나갈 수 있는 가능성의 장을 제공한다. 그러나 주체가 탈주해서 나아갈 바깥은 구조의 바깥이 아니다. 그 바깥은 구조로서의 바깥과 마치 웜홀에서처럼 통해 있는 구조 내의 바깥, 바깥의 바깥이다. 그러나 바깥의 바깥은 바깥 너머로 뻗어가기보다 구부러져 안으로 이어진다. 주체가 찾아내야 할 바깥은 구조의 바깥이지만, 그 바깥은 오히려 그 자신과 닿아 있는 가능성이다. 주체는 이 가능성의 지점에서 솟아오르는 사건을 자신의 주름으로 바꾸면서 주체-화해간다. 후기 구조주의

---

17) "만약 〔교환/상호성이 그리는〕 원환의 형태가 경제에 본질적이라면, 선물은 비-경제적인 것으로 남아야 한다. 그것이 원환에 낯선 것으로 남는다는 뜻에서가 아니라, 원환에 대해 낯섦의 관계 — 친숙한 낯섦이라는 비-관계의 관계 — 를 유지해야 한다는 뜻에서. 선물이 '불가능한 것'이라는 것은 이런 의미에서일 것이다./ 〔선물이〕 불가능하다는 것이 아니라, 〔선물이란〕 불가능한-것이라는 이야기이다. 〔선물은〕 불가능한-것의 형상(figure)이다. 선물은 불가능한-것으로서 사유되도록 스스로를 고지하고 제공한다." (Jacques Derrida, *Given Time*, I, The Univ. of Chicago Press, 1992, p. 7)

사유들은 이 바깥과 바깥의 바깥을 오가면서 주체의 주름을 사유함으로써, 주체성과 객체성의 변증법을 둘러싼 철학사상 무비의 사유-드라마를 전개한다.

§2. 상징적인 것으로서의 구조

토테미즘을 예시로서 보았거니와, 이제 구조주의의 기초 원리들을 개념적-논리적으로 정리해보자.

구조주의의 첫 번째 원리는 '구조'라는 것이 존재한다는 것이다. 구조란 하나의 추상공간이다. 토테미즘의 예에서, 토템과 해당 부족 사이의 실질적 관련성을 설정하는 것은 곧 토템을 '실재적인 것'으로 보는 것이다. 철학적으로 이것은 (넓은 의미에서의) 자연주의에 해당한다. 이와 달리 토템의 의미를 실질적인 것으로서가 아니라 하나의 이미지로서 설명하는 것도 가능한데, 이 경우 토템은 '이미지적인 것/상상적인 것'으로서 이해된다. 이 경우는 토템과 해당 부족의 심리/정신세계 사이에 모종의 관계가 있다고 보는 것이다. 이와 달리 토템을 구조주의적으로 본다는 것은 하나의 토템이, 아니 차라리 그것을 포함한 토템들의 체계가 부족들의 삶을 지배하는 어떤 추상공간, 객관적 선험, 무의식적인 틀이라고 생각하는 것이다. 이는 곧 토템의 체계를 실재적인 것이나 이미지적인 것이 아니라 '상징적인 것'으로 봄을 뜻한다.

토템과 해당 부족 사이의 무연성(無緣性)은 기호와 사물 사이에는 '임의적인/자의적인' 관계만이 존재한다는 구조주의 언어학의 테제와 상관적이다. 나무와 'tree'라는 기호 사이에 어떤 실재적 인과관계가 존재하는 것이 아니다. 언어란 순전히 약정 체계일 뿐이다. 지금의 '탁자'를 '의자'라 부르고 '의자'를 '탁자'로 불러도 우리의 언어 사용에 본질적 변화는 없다. 『임꺽정』의 우락부락한 호걸들이 임꺽정을 "언니"라고 불렀던 것을 상기하자.

그래서 소쉬르(1857~1913)는 단적으로 "언어에는 차이만이 존재한다"라고 말한다.[18] 의미는 기표와 지시대상의 의미론적 필연성에 의해서가 아니라 기표들 사이의 변별적인 관계를 통해서 생성한다. '차이들의 관계망'이 중요한 것이다.[19] '상징적인 것'이란 무의식 층위에 가로놓여 있는 이런 변

---

18) 페르디낭 드 소쉬르, 최승언 옮김, 『일반 언어학 강의』, 민음사, 1915/2020, 166쪽. 기표를 수직으로 즉 기의를 거쳐 지시대상으로 내려가는 선이 아니라 수평으로 즉 다른 기표들과의 변별적 차이들로 뻗어가는 선으로 사유한 것은 기표를 중심에 놓는 구조주의 사유의 초석을 놓은 것이다. 앞에서 지적했듯이(각주 4), 기존의 기호 개념에서 기표는 기의를 구상화한 것일 뿐이다. 데리다는 이런 생각, 즉 정신과 연계된 뜻=기의가 일차적인 것이고 기표는 그 후에 그것을 구상화한 것일 뿐이라는 생각 ― 이는 일찍이 플라톤에 의해 제시되었다(『파이드로스』, 277e~278a) ― 을 '현전의 형이상학'으로서 내재적으로 탈구축한다.(Derrida, *La dissémination*, Seuil, 1972.)

기호의 자의성과 객관성의 부정 ― 마루야마 게이자부로는 그의 『존재와 언어』(고동호 옮김, 민음사, 2002)에서 소쉬르적 자의성에 입각한 인식론/문화론을 펼친다. 기호가 자의적인 것이라면 세계'에 대해서' 이야기하는 모든 담론은 결국 그 자체로서는 알 수 없는 세계에 던지는 규약 체계들일 뿐이다. 또 그렇기 때문에 그 규약 체계들 사이에서 '진리'를 확정하려는 모든 노력들은 도로(徒勞)에 그칠 수밖에 없다. 따라서 남는 것은 "모든 현상이 말의 산물에 지나지 않는다는 것을 알고 이것을 철저하게 상대화하기 위해 일단은 '유언론(唯言論)'에 선 다음 모든 억견의 근원인 원(原)억견으로서의 말도 상대화하기 위해서 그 근거를 차례차례 박탈한다는 우로보로스적인 행위를 영속적으로 반복함으로써, 삶(Leben)의 무목적성 및 맹목적인 힘과 계속하여 대치하는 것뿐"이다.(58쪽) 이런 식의 생각은 인식론적 반성을 해보지 않은 과학자들의 생각, 즉 세계에 객관적 법칙들/진리가 내재해 있고 자신들은 그것을 '발견'하고자 한다는 생각과 정확히 대척적이다. 이 양극 사이에서 사유해나가는 것이 현대 인식론의 과제라 할 것이다. 아울러 말하면, 라캉, 푸코, 들뢰즈 등의 사유에 내포되어 있는 실재론적 측면들은 바로 이런 식의 극단화된 칸트주의에 대한 극복으로서 등장한 논의들이다.

19) 그러나 한국어나 일본어 등에서처럼 의성어와 의태어가 매우 발달해 있는 언어들의 경우 기표와 지시대상의 관계를 단적으로 임의적인 것으로만 보기 힘들지 않을까.(물론 일본 고양이는 '냐'라고 울지만 한국 고양이는 '야옹'이라고, 미국 고양이는 '미아우'라고 우는 것에서 볼 수 있듯이, 의성어, 의태어에서도 언어의 자의성은 작동한다.) 또, 한자 같은 상형문자는 어떻게 이해되어야 하는가? 소쉬르의 언어관은 다분히 서구어를 중심에 놓고 형성된 것이라고 할 수 있다. 하지만 알파벳 ― 자체로서는 무의미한 음소들이 순수하게 조합에 의해서만 의미를 창출하는 것으로 이해되는(그런데 다름 아니라 이런 의미 개념이 바로 구조주의적 의미 개념이다.) ― 도 원래는 상형문자였던 것으로 알려져 있다. A는 황소의 머리를, B는 2층 집을, … 상형한 것이다. 소쉬르도 이런 점을 감안해 기호와 상징을 구분하며, 이때의 상징은 퍼스의 도상('아이콘')에 해당하는 것으로

별적 체계이다.

둘째, 그렇다면 이 구조는 무엇으로 이루어져 있는가? 구조는 위치들로 구성되어 있다. 구조는 추상공간이기에, 이 위치들은 현실공간에서의 위치들이 아니라 구조 내의 상징적 요소들을 가리킨다. 그것은 개체, 입자 같은 실재적 요소들도 아니고, 관념, 색깔 같은 이미지적 요소들도 아니다. 이 요소들＝위치들은 서로의 차이를 통해서만 일정한 의미를 가진다는 점에서 변별적 요소들이라고도 할 수 있다. 앞에서 논한 세 토템은 실제 동물들이나 어떤 기능들이 아니라, 결국 세 곳의 위치였다. 이런 요소들은 음소, 형태소, 친족소, 요리소, 신화소 등 '～소(素)'로 불리기는 하지만 어떤 '것'들이 아니라 어느 '곳'들이다. 구조주의 사유는 "who are you?"의 사유가 아니라 "où are you?"의 사유이다.

소쉬르는 랑그와 파롤, 공시태와 통시태를 명확히 구분하고, 언어란 하나의 '체계'라는 것, 그리고 그 부분들은 어디까지나 그것들의 '공시적 연대성〔총체성〕'에서 다룰 수 있고 또 그래야 한다는 관점을 역설했다. 아울러 기표와 기의, 통합체와 계열체 등을 구분함으로써, 구조주의 언어학의 초석을 놓았다. 로만 야콥슨(1896~1982)은 언어학의 이런 정향에 '구조주의'라는 이름을 붙였다. 그는 특히 언어학적 맥락에서의 변별적 차이라 할, 음운론에서의 변별적 자질들을 면밀히 연구했고, 음소들을 구분해주는 자질들을 모음/비모음, 자음/비자음 등 12개의 이항대립적 체계로서 분석해냈다. 핵심적인 것은 모든 변별적 차이들은 하나의 구조 내에서 상징적 요소들의 위치에 입각해 성립한다는 점이다. 레비-스트로스는 이 원리에 입각해 친족 체계를 세밀하게 분석할 수 있었다.[20] 앞에서 보았던 토템 현상의 경우,

---

볼 수 있다. 그러나 기표와 사물 사이는 단적으로 벌어져 있는 것이 아니라 무수한 형태의 '상징'들로 차 있다고 해야 할 것이다. 이는 내가 이전 저작들에서 제시한 '의미론적 거리' 개념과도 연계된다.

20) 이항대립은 예컨대 남자형제/여자형제, 남편/아내, 아버지/아들, 외삼촌/조카 같은 식으로 나타난다. 그리고 위치들(상징적 요소들) 사이의 변별적 관계(예컨대 친숙한 관계

세 동물은 실재하는 곰, 거북, 독수리도 또 그것과 상관적인 어떤 이미지들, 관념들 등도 아니다. 세 동물은 세 부족이 형성하는 사회적 체계의 선험적 조건인 추상공간을 구성하는 세 위치, 세 개의 상징적 요소들인 것이다. 구조는 이렇게 변별적인 상징적 요소들/위치들로 구성되어 있다.[21)]

셋째, 구조가 상징적 요소들의 위치들로 구성되어 있다면 그것은 구체적으로 어떻게 작동하는가? 위치는 점이고 구조는 면이다. 그러나 실질적으로 구조가 기능하는 핵심적인 방식은 선의 방식이다. 상징적 요소들은 계열화함으로써 작동한다. 요소들은 자체로서는 의미를 가지지 않으며, 계열화됨으로써만, '이웃관계', '사이관계'를 가짐으로써만 의미가 생성한다.

상징적 요소들이 계열화된다는 것은 곧 그것들 사이의 차이가 계열화됨을 뜻한다. 즉, 요소들 사이에서의 차이가 생성하면서 이어져야 하는 것이다. 이런 맥락에서 구조주의자들에게서 왜 '놀이'가 중요한 철학적 의미를 띠는지 이해할 수 있다. 구조는 차이들의 놀이를 통해 작동한다. 배구를 할 때 누군가가 공을 꽉 쥐고 있다면 배구 놀이가 성립하지 않는다. 선수들 사이에서 공이 돌아다녀야, 차이가 생성하면서 이어져야 의미도 생성한다. 구조 개념의 핵심은 단지 차이들의 체계, 변별적 체계에 있기보다 오히려 차이들의 놀이에 있는 것이다.[22)] 이 놀이에서 은유와 환유는 중요한 역할을

와 소원한 관계)를 비롯한 관계들의 전체적 체계가 구조를 형성한다. 상세한 내용은 다음을 보라. 김형효, 『구조주의: 사유체계와 사상』, 인간사랑, 1989, 3장.

21) **잠재성으로서의 구조** ── 들뢰즈는 구조를 '잠재성'으로 파악한다. 구조는 현실적이지 않지만 실재적이며, 추상적이지 않으면서도 이념적이라고 할 수 있다. "레비-스트로스는 종종 구조를 그 안에서 모든 것(상징적 요소들, 변별적 차이들 등)이 잠재적으로 공존하는, 그러나 부분적인 조합체계들과 무의식적인 선택들을 함축함으로써 현실화가 배제적인(발산적인) 방향들을 따라 필연적으로 이루어지는 일종의 저장소 또는 이념적인 총람(synopsis)으로 보았다."(『의미의 논리』, 특별보론) 앞에서(6장, 1절) 논한 이념/다양체 개념은 또한 구조 개념이기도 하다. 들뢰즈가 생각하는 구조는 이미 **생성존재론을** 매개한 동적인 구조로서, 본래 형태의 구조보다는 다양체를 가리킨다.(역으로 말해 그의 다양체 개념은 리만-베르그송과의 관련하에서만이 아니라 구조주의와의 관련하에서도 이해될 수 있다.) 원래의 구조주의는 보다 정적인 방식으로 이해되어야 한다.

22) 구조주의의 계열적 사유 방식은 현대 생물학에도 큰 영향을 미쳤다. DNA 등에서 나타

수행한다. 은유는 한 계열로부터 다른 계열로의 자리-옮김(meta-phora)을, 환유는 한 계열에서의 이웃관계를 사유할 수 있도록, 정신분석학의 맥락에서 본다면 '가장(假裝)'과 '전치(轉置)'를 사유할 수 있도록 해준다. 구조주의 사유는 계열학을 통해서 구조 전체의 파악으로 나아간다.

롤랑 바르트(1915~1980)는 구조주의의 관점에 입각해 문화의 다양한 양상들을 분석했다. 예컨대 그는 통합체와 계열체라는 구조주의 언어학을 여러 종류의 유행들에 적용해 문화의 심층적 구조들을 드러내주었다.[23] 옷이나 요리 그리고 가구 등은 하나의 통합체를 형성한다. 간단히 설명해서, 옷에서의 모자-상의-속옷-하의-양말-구두라는 통합체, 요리에서의 에피타이저-주요리-디저트라는 통합체, 가구에서의 침대-옷장-식탁-의자-책장이라는 통합체 등등. 이런 통합체에서 각각의 항은 다양한 계열체들로 치환된다. 상의는 저고리/점퍼/스웨터 등, 디저트는 커피/아이스크림/과일 등, 옷장은 행거/서랍장/선반 등. 바르트는 문화를 구성하는 실재로서의 각종 물품들이나 그것들의 이미지, 느낌, 평판 등이 아니라 그 모두를 일정한 방식으로 구조화하고 있는 심층적인 문화적 문법을 밝혀낸 것이다.

라캉의 유명한 「『도둑맞은 편지』에 관한 세미나」 역시, 허구 작품을 대상으로 한 분석이지만 계열적 사유를 잘 보여준다.[24] 두 계열이 절묘하게 구성되어 이야기 전체의 심층 구조를 형성한다. 편지의 존재를 놓치는 왕, 편지를 잘 숨기는 왕비, 그러나 그것을 교묘하게 가로채는 대신(大臣)이 이루는 첫 번째 계열과 편지를 이번에는 교묘하게 숨기는 대신, 편지 찾기에 계속 허탕 치는 경시청감, 재치 있게 편지를 빼내는 뒤팽이 이루는 두 번째 계열이 엮여 전체 구조를 형성한다.

나는 선적인(linear) 성격들이라든가, A, G, C, T의 특정한 계열화가 얼마나 의미심장한 결과를 낳는가 등을 생각해보자. 다음을 보라. 池田淸彦, 『構造主義生物学とは何か』, 海鳴社, 1988. 柴谷篤弘, 『構造主義生物学』, 東京大学出版会, 1999. 구조주의 생물학으로 본 진화론에 대해서는 다음을 보라. 池田淸彦, 『構造主義と生物学』, 海鳴社, 1989.

23) Roland Barthes, *Système de la mode*, Points, 1967/2014.

24) Jacques Lacan, *Écrits*, Éd. de Minuit, 1966. 이하 이 저작은 'É'로 표기한다.

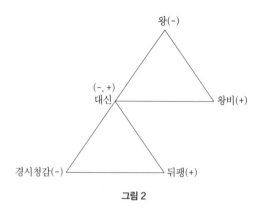

그림 2

　두 계열이 형성하는 두 삼각형의 한가운데에 대신이 위치한다. 그는 첫 번째 계열에서는 빼앗는 주체였지만 두 번째 계열에서는 빼앗기는 주체이기 때문이다. 대신은 '사라지는 매개자'이다.

　아날학파의 역사학은 '역사학'임에도 기존의 역사학과는 달리 구조주의 사유와 공명한다. 푸코는 이 '일반사'를 기존의 '전체사'와 구분하면서, 특히 이 사유에서의 계열적 논리를 강조한다. "일반사의 과제를 정의해주는 문제는 이 상이한〔역사적〕계열들 사이에서 어떤 형태의 관계가 정당하게 기술될 수 있는가를, (…) 일련의 요소들이 어떤 구분적인/변별적인 집합들 내에서 동시적으로 모양지어질 수 있는가를 결정하는 것이다. 간단히 말해 어떤 계열들이, 나아가 어떤 '계열들의 계열들'이, 즉 어떤 '표'가 구성될 수 있는가를 결정하는 것이다."[25] 이때의 '표'는 앞에서 언급한 레비-스트로스의 '총람'과 통한다.

　구조주의 사유를 더욱 흥미롭게 해주는 것으로서, 계열들의 망으로 구성되는 구조에는 대개 그 장을 돌아다니면서 그때그때 구조로부터의 의미생성을 역동적으로 만들어주는 요소(들)가 존재한다는 점이다. 「도둑맞은 편지」에서 이것은 물론 편지이다. 이 소설에서 이 편지의 내용은 끝까지 나오

25) 푸코, 이정우 옮김, 『지식의 고고학』, 민음사, 2000, 31쪽.

지 않는다는 점이 핵심적이다. 그것은 순수 기표이며, 그것의 의미는 그 안의 내용이 아니라 전체 구조에서 그것이 어디에 위치하는가에 의해 결정된다. 반대로 말해, 그 편지는 계열들을 돌아다니면서 그때그때의 위치에 따라 구조 전체의 의미/상황을 만들어내는 것이다. 이 대상-x는 스나크처럼 그것이 존재하는 곳에 부재하고 그것이 부재하는 곳에 존재한다. 그것은 깍두기나 조커처럼 놀이 전체를 활성화한다. 야콥슨의 '제로 음소', 레비-스트로스의 '떠다니는 기표', 라캉의 '팔루스'[26] 등 이 대상-x는 존재의 장에 뚫린 구멍으로서의 무(無)이며, 이 무의 생성을 통해 구조 전체가 생성한다.[27] 사르트르적 무와 구조주의적 무 사이의 저 흥미로운 대조를 보라!

넷째, 구조와 현실의 관계는 무엇인가? 지금까지는 현실에서 구조로 나아갔으나, 이제 구조에서 현실로 오는 과정에 주의를 맞추어보자. 바깥의 사유로서 구조주의는 주체로부터가 아니라 주체가 그 안에서 자리 잡음으로써 특정한 주체로서 존재하게 되는 장에서 출발한다. 그래서 주체는 그

---

26) 팔루스는 실재하는 남성 생식기도 아니고 그것의 여러 이미지들도 아니다. 그것은 상징적 요소들 중 특별히 중요한 중심 기표이다. '오이디푸스 콤플렉스'는 구조주의적으로 이해할 때만 이론적 가치를 가질 수 있다. 그것은 아이가 상상계로부터 상징계로 건너갈 때 통과하게 되는 구조, 엄마-아빠-아이라는 상징적 요소들의 삼각 구조로서, 이 구조에서 팔루스의 존재와 부재의 변증법이 성립한다. 상징적 거세는 아이가 상상계에서 자신에게 존재한다고 생각했던 팔루스를 아버지의 이름/'안 돼!'(nom/non du père)라는 금지를 매개로 떼어내는 과정이며, 이 '상실된 것'으로서의 팔루스는 이후 아이가 기표계에서 살아갈 때 대상-x로서 기능하면서 그의 욕망을 전체적으로 조직해가는 부재/무로서의 중심으로 기능한다.

27) 이는 역학에서의 무의 역할과 통한다. "저 적은 것은 많은 것이 귀히 여기는 바요, 과(寡)는 중(衆)이 귀향하는(혹은 존숭하는) 곳이다. 한 괘에 양효가 다섯이고 음효가 하나이면 음 하나가 그 주가 되고, 음효가 다섯이고 양효가 하나이면 양 하나가 주가 된다. 저 음이 구하는 바는 양이고 양이 구하는 바는 음이다. 양이 하나일 뿐이라면 다섯 음이 어찌 함께 돌아가지 않을 것이며, 음이 진실로 외짝이라면 다섯 양이 어찌 같이 따르지 않을 것인가? 그러므로 음효가 비록 천하나 한 괘의 주가 되는 것은 그 적은 곳에 처했기 때문이다."(왕필, 임채우 옮김, 『주역 왕필주』, 도서출판 길, 1998, 621쪽) 이 구절은 정태적인 구조만을 논하고 있지만, 하나의 음효/양효가 64괘 전체에서 어떻게 자리(爻)를 옮겨 다니면서 64괘 전체의 구조를 생성하게 만드는지에 주목할 수 있을 것이다.

의 '누구'를 통해서가 아니라 '어디'를 통해서, 구조에서의 그의 자리를 통해서 구성된다. 구조주의의 주체는 구성하는 주체이기보다 구성되는 주체이며, 문제가 되는 것은 근대적 주체철학의 뉘앙스를 띤 'Subjekt'가 아니라 구조주의적 뉘앙스에서의 'subjectivation'이다. 보다 동적인 맥락에서, 대상-x를 감안해 말한다면 주체는 구조의 동적인 생성에 따라 변해간다. 알튀세르 학파는 자본주의를 구성하는 요소들(상품, 화폐, 노동, 자본 등등)과 그 현실적 담지자들이 대상-x로서의 '가치'의 운동에 의해 어떻게 구성되어가는가를 보여주었다.[28] 정적인 경우이든 동적인 경우이든, 주체 바깥의 구조가 주체를 규정한다.[29]

이 점에서 구조주의는 몽테뉴 이래 근대성을 관류하면서 줄기차게 이어져온 서구 휴머니즘의 전통과 정면으로 부딪친다. 나아가 그것은 자연과학과 인문학의 양분법에 심각한 도전을 던지는데, 이는 이 사조가 인간과학의 이름으로 오히려 인간에게서 주체성이라는 환상을 박탈해버리기 때문이다. 근대성, 특히 서구의 근대성이 인간-주체를 전면에 내세우면서 근대 문명을 구축해왔다면, 구조주의는 (제국주의와 파시즘을 배경으로 해서) 이렇게 인간이 주인공이 되어 전개되어온 역사에 회의의 눈길을 던진다. 레비-스트로스의 말처럼 인간과학의 목표는 곧 인간 —— 실제 삶을 살아가는 개개인이 아니라 근대적 뉘앙스에서의 '선험적 주체' —— 을 해체하는 것이다. 푸코는 "인간은 바닷가 모래사장에 그려놓은 얼굴처럼 사라지리라"고 말한다.[30] 이것은 염세주의나 냉소주의, 인간 부정 등과는 아무 관계가 없다. 핵심은 서구 근대성이 과도하게 숭배해온 선험적 주체 개념의 해체에 있다.

---

28) 루이 알튀세르 외, 김진엽 옮김, 『자본론을 읽는다』, 두레, 1965/1991, 3부, 1~2장.

29) 초기 구조주의에서 'subjectivation'은 주체의 수동적 구성됨을 뜻했으나, 후기 구조주의로 이행하면서 주체의 수동성과 능동성을 함께 뜻하는 이중적 뉘앙스를 띠게 된다. 주체는 한편으로 구조에 의해 구성되지만, 다른 한편으로 그것을 고유한 방식으로 자기화한다. 이 과정에서 수동성을 강조할 경우 'assujetissement'(예속주체화)이 사용되게 된다.

30) 푸코, 이규현 옮김, 『말과 사물』, 민음사, 2012, 526쪽.

이 계열의 사상가들 중 여럿이 불교에 친화감을 표현한 것은 우연이 아니다. 구조주의는 인간의 주체성과 그가 주인공이 되어 만들어낸 문명의 찬란함을 내세우기보다는, 자신의 주관으로부터 거리를 두고서 인간의 삶을 구성하는 심층적인 문법을 들여다봄으로써 객관적 차원에로 녹아들고자 하는 것이다.

그러나 동북아에서 불교와 유교가 줄곧 공존해온 점에서도 알 수 있듯이, 인간이란 자연에서 홀로 떨어져 나올 수도 없지만 그렇다고 자연으로 온전히 녹아 없어질 수도 없는 존재이다. 인간을 포함한 세계 전체는 존재론적 달걀의 모양을 띤다. 구조주의는 인간을 해체해 자연으로 환원함으로써 세계를 둥글게 만들고자 했다. 달걀의 튀어나온 부분을 해체해버리려 한 것이다. 그런 시도가 자신의 자율성과 성취에 도취해 너무 기고만장해진 근대적 주체에게 한 방 먹이는 데에 유효한 것은 분명하다. 그러나 달걀은 결코 원으로 환원되지 않는다. 일찍이 장자가 가르쳐주었듯이, 우리는 자아도취와 물화에 동시에 저항해야 하는 것이다.

이는 또한 존재와 인식의 순환성을 생각할 때도 분명하게 드러난다.(존재-인식 순환성의 원리) 구조를 인식할 때 그 인식하는 주체는 사실 이미 그 구조 바깥에 서 있다. 필연의 인식은 곧 자유의 출발점이다. 구조를 인식하는 주체도 그 구조에 흡수된다면, 구조에 대한 인식 자체가 의미를 상실하기에, 구조에 대한 주장은 자가당착에 빠진다. 우리가 본 철학사 연구에서 줄곧 확인해왔듯이, 모든 형태의 강한 결정론이나 일방향적 인과론은 항상 자가당착에 빠지기 마련이다. 인식에 과도한 비중을 둘 때 달걀의 튀어나온 부분은 자아도취에 빠진다. 존재에 과도한 비중을 둘 때 달걀은 구로 환원되어버린다. 존재와 인식을 순환적으로 사유해야 한다는 것, 이것은 철학적 사유의 기초 원리들 중 하나이다.

이런 이유들과 더불어, 초기 구조주의는 그 정치적 보수성을 지적받기도 했다. 68혁명 때 소르본의 한 교실의 칠판에는 누군가가 "구조주의는 거리로 내려오지 않는다"라고 써놓았다고 한다. 이렇게 초기 구조주의는 여러 측면에서 한계를 지적받기에 이른다. 이제 사유는 바깥이 아니라 바깥의 바깥을 찾기 시작한다. 생성, 신체, 욕망, 권력, 주체, … 같은 주제들을 중심으로 후기 구조주의 — 하나의 사조가 아니라 구조주의를 이으면서도 또 그것을 극복하고자 한 여러 갈래의 사유들 — 가 펼쳐지게 된다.

안에서 바깥으로 그리고 바깥에서 바깥의 바깥으로 나아가는 과정을 일방향적 과정으로 파악할 경우 심각한 오해에 빠지게 된다. 바깥의 바깥은 안과 통한다. 안은 바깥으로 온전히 해소되는 것이 아니라 그 바깥의 바깥을 스스로의 내부에 접으면서 주름으로서 재탄생한다.[31] 이로써 이제 구조주의 이후의 주체론이 펼쳐지기에 이른다.

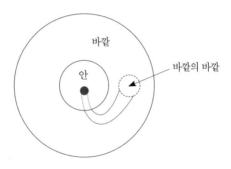

§3. 대타자로서의 상징적인 것

이런 흐름에서 인간존재론의 맥락에 각별한 기여를 한 것은 정신분석학, 특히 자크 라캉(1901~1981)의 정신분석학이다. 라캉은 철학에 정신분석학

31) 그래서 이 다시 찾은 주체는 이전의 주체가 아니다. "푸코가 집요하게 붙들고 있는 주체는 이중체(double)라는 주제이다. 그러나 이중체는 결코 내부성의 투사가 아니다. 반대로 그것은 바깥의 내부화이다. 그것은 (…) 어떤 '나'의 발현이 아니라 언제나 타자인 어떤 것 혹은 내가 아닌 어떤 것의 내면화이다. (…) 나는 외부에서 나를 만나는 것이 아니라 나의 내부에서 타자를 발견하는 것이다."(Deleuze, *Foucault*, Minuit, 1986, p. 105)

적 인간 이해를 도입함으로써 인간존재론에 큰 영향을 주었으며, 정신분석학에 철학을 도입함으로써 이 분야에 사상적 의의를 부여했다. '현상학/실존주의 → 구조주의 → 후기 구조주의'로 이어진 현대 프랑스 철학의 인간존재론/주체론의 흐름에 발맞추어, 라캉의 사유 역시 이미지에 초점을 맞추는 현상학적 서술로부터 상징적인 것을 밝혀내는 구조주의적 연구로, 그리고 다시 이 상징적인 것＝기표계를 넘어서는 차원에 대한 사변으로 사유를 전개해나갔다.

라캉은 '자아심리학'도 또 '생물학적 환원주의'도 거부한다. 자아심리학은 어떤 이상적 주체 개념을 목적론적으로 전제하며, 생물학적 환원주의에는 아예 주체의 사유가 결여되어 있다. 라캉은 '주체'를 전적으로 새로운 방식으로 사유하고자 했고, 철학적으로 그의 사유는 주체의 이론으로서 심대한 가치를 띤다. 그의 사유는 스스로도 말하듯이 사르트르의 주체론보다 메를로-퐁티의 그것에 더 가깝지만, 메를로-퐁티보다 더 바깥으로 나아간다. 그러나 그가 다시 바깥의 바깥으로 나아가 새롭게 발견한 차원은 주체를 그것에로 녹여 소멸해야 할 곳이 아니라[32] 방향을 다시 구부려 주체 안의 그 어떤 차원에로 다시 와 접히는 곳이다. 그래서 이 주체론은 현상학으로의 회귀가 아니라 바깥의 사유를 매개한 새로운 주체론인 것이다.

정신분석학은 인생 이야기이다. 라캉의 사유 전체 역시 하나의 인생 이야기이다. 우선 라캉은 생후 6~18개월의 아이에 대한 논의를 이미지계(/상상계)에 초점을 맞추어 그 '자아 형성'의 측면에서 고찰한다.(É, 93~100) 이 시기는 특히 '동일시'가 핵심적인 역할을 하는 시기이다. 라캉이 이 시기를 '거울 단계'라 부르는 것은 이때 아이가 거울(매우 넓은 의미)에서 자신의 이

---

[32] 그렇게 한다면 그것은 어떤 형이상학적/과학적 환원주의로 귀착할 것이며, 주체론 자체가 소멸해버릴 것이다. 달걀의 큰 구인 바깥에서 다시 바깥으로 나아갈 때, 우리가 발견하는 것은 주체를 소멸시켜버릴 큰 구가 아니라 바로 달걀이다. 달걀은 작은 구가 사라진 (본래 큰 구보다 더 큰) 구가 아니라 오히려 작은 구와 큰 구(안과 바깥)를 포용하는 차원이며, 여기에서 작은 원으로서의 주체는 비로소 자신의 진실재를 발견한다.

미지를 발견하고 그것의 수용 과정에서 자아 형성을 겪기 때문이다. 이 점에서 이 주체는 데카르트적 주체가 아니라 헤겔적 주체이다. 아이는 자신의 모습을 보고서 날아오를 듯이 기뻐하며, 여기에는 이미지의 매혹, 인식과 쾌락의 혼효, 아울러 나르시시즘을 통한 동일시와 거기에 스며드는 불일치가 불러오는 공격성 같은 여러 측면들이 복합되어 있다. 침팬지는 거울 속의 이미지에서 자기를 깨닫지 못하지만(어떤 연구들에서는 침팬지 등 몇몇 동물들이 거울에서 자기를 알아본다는 결론을 내린다.), 아이는 그 이미지에서 스스로를 알아보고 처음으로 '나'라는 것을 발견한다. 그러나 아이는 아직 생물학적 통일성을 갖추지 못하고서 비틀비틀한다. 아직 짜 맞추어지지 못한 신체 그리고 그와 대조적인 거울 속의 통일된 이미지, 감각-운동계의 불완전성과 조화로운 형상(形狀)으로서의 게슈탈트, 이 묘한 비대칭의 순간에 자아가 형성되며, 이로써 자아에 스며드는 불일치, 간극, 존재 결여(manque-à-l'être)는 인간이 마음속에 품게 되는 근원적인 소외의 원천이 된다.[33] 거울 속 이미지에서 아이는 어떤 동일성, 이상적 자아를 발견하고 그것과의 동일시를 통해 자아를 가지게 되지만, 거기에는 어떤 근본적인 '오인' ― 실제 통일성과 이미지의 통일성의 어긋남이 초래하는 오인 ― 이 스며들어가게 되는 것이다.

이 오인과 더불어 아이가 가지게 되는 것은 곧 자기 안의 타자성이다. 오인이 도래시키는 통일된 자아에게 자신의 신체는 어떤 공격적인 타자로서 다가오는 것이다. 조각난 몸과 이미지적 동일시 사이에서의 소외감을 동반하는 이런 자아 형성 과정은 아이가 세상을 대하는 방식, 타인들과의 변증법에도 영향을 끼친다. 주체는 이때의 상상적 총체성과 통일성, 조화에 대한 오인을 평생 간직하게 되며, 역으로 말해 주체가 갈망하는 총체성은 시

---

33) 나중에 다시 확인하겠지만, 이 존재 결여는 기억되는 것이 아니라 반복된다. 프로이트는 의식에 의해 소화될 수 있는 기억과 달리 어떤 경험은 무의식으로 숨어버리는데 이 억압된 것들은 기억되는 것이 아니라 반복된다는 점을 강조했다('억압된 것의 회귀'). 간단히 말해 "기억될 수 없는 것은 행동을 통해 반복된다."

원적으로는 오인에 기인한다고 할 수 있다. 이렇게 라캉이 논구한 주체는 근대적 주체와는 다른, 그 안에 원초적인 균열을 안고 살아가는 주체이다.

한 사람의 인생에서 가장 결정적인 사건은, 아니 그 사건을 통해서 그가 비로소 본격적인 의미에서의 '인생'을 살게 되는 사건은 곧 아이가 언어의 세계로 진입하는 사건이다. 거울 단계가 '이미지작용'의 단계라면, 이 단계에서 아이는 '의미작용/기호작용(signification)'의 차원에 들어선다. 이제 아이는 어떤 이미지에 스스로를 동일시하는 것이 아니라, 특정한 기호에(정확히는 기표에) 스스로를 동일화한다.[34] 여기에서 무의식이 탄생한다. 개별자로서의 자기/의식 아래에는 기표들의 장으로 구성된 무의식이 자리-잡게 된다. 라캉은 이 사건에서 아이는 '소외'와 '분리'를 경험한다고 말한다. 소외란 이제부터 아이는 자기 자신의 욕망이 아니라 기표계가 띠고 있는 욕망의 체계 속에서 살아가야 함을 뜻한다. 인간은 타인들의 욕망을 욕망한다는 헤겔의 통찰은 인간은 기표들의 체계에서 다른 기표를 욕망한다는 통찰로 변형된다. 그러나 '주체'라는 운명의 존재인 인간은 온전히 기표계로 흡수되기보다 그것으로부터 스스로를 분리한다. 즉, 스스로를 위해 다른 욕망의 가능성을 준비해둔다. 뒤에서 보겠지만, 주체의 이 분리/준비는 바깥의 바깥이 주체에로 다시 접히는 실마리가 된다.[35]

---

34) 라캉은 기호와 기표를 분명하게 구분한다. 기호는 누군가를 향해 무엇인가를 대리(재현/표상)하는 것이고, 기표는 무엇인가를 향해 누군가를 대리하는 것이다. 철수가 영희에게 "우리 저 사과 먹을까?"라고 물었을 때, '사과'라는 기호는 영희를 향해 사과를 대리한다. 영희가 철수에게 "저분 우리 외삼촌인데 중령이야"라고 말했을 때, '중령'이라는 기표는 소령, 대령 등의 기표들을 향해 영희의 외삼촌을 대리한다. 요컨대 기호는 사람을 향해 사물을 대리하는 것이고, 기표는 다른 기표를 향해 사람을 대리하는 것이다. 여기에서 "다른 기표를 향해"라는 표현은 중요한데, 기표들은 단독으로 존재하는 것이 아니라 서로가 서로를 향해 존재한다는 것, 어떤 장/망 — 기표계 — 을 형성한다는 것이다. 라캉에게 아이가 언어의 세계에 진입한다는 것은 일차적으로 바로 이 기표계에 진입함을 뜻한다.

35) 프로이트는 손자의 '포르트-다' 놀이를 현존과 부재의 경험을 통한 주체의 탄생으로 해석했다.(Sigmund Freud, *Das Ich und das Es*, Fischer, 1923/1992, S. 199~203. 이하 IE로 약함) 라캉은 현존과 부재의 이런 구별이 이미 언어의 변별적인 특징을 드러낸다고

앞에서 언급했던 『도둑맞은 편지』의 구조는 기표계('상징계'/'상징적인 것')의 성격을 특히 잘 보여준다. 그림 2에서 우리는 구조의 존재, 상징적 요소들의 위치, 계열들의 망, 그리고 순수 기표로서의 대상-x를 더할 나위 없이 잘 식별할 수 있다. 궁극적으로 이 그림은 구조와 주체의 관계를 표현하고 있다. 주체가 구조 내에서 어떻게 구성되는가를 보여주고 있는 것이다. 여기에서 볼 수 있는 것은 현상학적인 상호주관성이 아니라 구조주의적인 '상호주관적 복합체'이다. 여기서는 '기표화 연쇄의 강박'이 지배한다.[36] 주체들의 'ex-istence'가 기표화 연쇄의 'in-sistence'에 의해서, 끈질기게 자신의 존재를 관철하고 있는 구조에 의해서 지배되고 있다. 라캉은 말한다: "무의식은 대타자의 담론이다." 대타자는 곧 구조, 지금의 경우는 '상호주체적 반복의 구조'이다. 라캉은 이 구조에 대해 다시 보다 메타적인/이론적인 구조인 'L-도식'을 제시한다.(É, 53)

해석한다. 즉, (의미심장하게도 18개월이었던) 아이는 상징의 세계, 언어의 세계로 들어서고 있었던 것이다. 라캉의 핵심 물음은 "일단 무의식 속에서 언어의 구조를 읽어낼 수 있다면, 우리가 어떤 종류의 주체를 생각할 수 있을까?", "문제가 되는 것이 무의식의 주체일 때 누가 말하는 것일까?" 하는 것이다.(É, 800) 그러나 이 과정은 또한 분리의 과정이다. 아이의 실패꾸러미는 "주체로부터 떨어져 나왔지만 여전히 보존되어 그에게 속해 있는 작은 그 무엇"이며, 주체의 주름을 형성하는 이 바깥의 바깥이 바로 (뒤에서 설명할) '대상 a'이다.(Lacan, *Les quatres concepts fondamentaux de la psychanalyse*, Seuil, 1973, p. 73) 이하 QC로 약함.

36) 프로이트에게서의 강박은 내면에서 치솟아 오르는 힘으로서, 그것을 반복하지 않으면 불안이 상승해 견딜 수 없는 어두운 힘이다. 앞에서(각주 33) 기억과 반복을 대비했거니와, 강박은 '반복강박'의 형태를 띠게 된다. 인간의 심리적 삶을 지배하는 것은 '쾌락원칙'(과 '현실원칙')이지만, 이 원칙을 벗어나 반복강박이 집요하게 계속되는 경우가 있다. 전쟁에서 돌아온 병사들이 꿈속에서 전쟁의 고통스러운 상황을 해소하는 것이 아니라 오히려 (마치 그가 그 고통의 재현을 원하기라도 하듯이) 끝도 없이 계속 반복하는 경우가 이런 경우이다. 그래서 프로이트는 반복강박을 쾌락원칙보다도 더 "근원적이고 기초적이고 본능적인" 것이라고 생각한다.(IE, 209) 이에 비해 지금 맥락에서 라캉의 '기표화 연쇄의 강박'은 바로 그림 2가 보여주는 구조의 반복이다. '힘'으로서의 강박과 '구조'로서의 강박 사이의 이런 차이는 구조주의적 무의식 이해("무의식은 언어적으로 구조화되어 있다")가 갖는 성격을 잘 보여주는 대목이다.

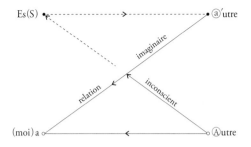

　S는 주체(Sujet)이자 이드(=Es)이다. 오른쪽의 'autre'는 소타자이다. 그리고 아래 오른쪽의 'Autre'는 대타자이다. 마지막으로 왼쪽 아래에는 자아가 있다. 주체는 소타자(거울 이미지)로 가지만, 오인이 스며들어 있기에 실선이 아니라 점선이다. 그리고 소타자를 경유해서 자아가 형성된다. 자아와 소타자의 관계는 상상적(이미지적) 관계이다. 그래서 여기에서 소타자는 자아의 거울 이미지이다. 화살표는 소타자로부터 자아에로 향하고 있다. 이는 곧 거울 이미지가 자아에게 각인되어 자아를 형성시킴을 뜻한다. 그래서 자아에는 a가 들어 있다. 이에 비해 S는 대타자에 연결된다. 그래서 대각선에는 '무의식'이라 쓰여 있다. 소타자가 자아에게로 향했듯이 대타자는 주체에게로 향한다. 그러나 주체를 향해 가던 화살표는 소타자로부터 자아에로 향하는 화살표에 막히고 있다. 무의식은 주체와 대타자의 선 전체에 대해서가 아니라 상상적 관계에 막히기 이전에만 성립한다. 의미화 연쇄의 강박이 주체를 지배하지만 단적인 지배가 아니다. 왜일까? 자아와 소타자 사이에서 이루어졌던 자아 형성 과정이 언제나 주체 내에 그 분리의 흔적을 남기고 있기 때문이다. 그래서 대타자가 주체를 지배하는 것은 이 흔적에 막히곤 한다. 물론 대타자의 화살은 이를 뚫고서 주체에로 향한다. 그러나 그 과정에서 실선은 점선이 되어버림을 볼 수 있다. 이는 곧 기표화 연쇄의 강박이 구조 전체를 지배하지만, 각 주체에 내재해 있는 상상계의 흔적에 막혀 희석될 수밖에 없음을 가리킨다. 여기에서 단순한 구조주의자가 아닌, 어디까지나 주체를 사유의 중심에 두는 라캉의 면모가 두드러진다.

라캉 사유의 이런 성격은 그가 상징계에 들어서는 주체가 그때 이미 소외와 분리를 동시에 경험한다고 했던 점에 함축되어 있던 것이다. 주체는 이중체이다. 스피노자가 간파했듯이 인간의 본질이 욕망이라면, 이는 곧 욕망이 이중적이라는 것을 뜻한다. 때문에 라캉은 욕망을 단순히 상징계에 흡수시키는 것이 아니라 변증법적으로 파악한다. 주체는 타인의 욕망을 욕망하며 상징계/대타자의 어떤 기표/자리를 욕망한다. 그래서 그는 기표적 연쇄의 네트워크 안에서 자리를 옮겨 다닌다. 다른 한편 주체는 이 대타자로부터 벗어나려는 욕망을 가지며, 그것으로부터 탈주하고자 한다. 이렇게 주체와 욕망은 이중체이고 이 이중체 사이에서 '욕망의 변증법'이 펼쳐진다.

§4. 욕망의 변증법

대타자/상징계와 주체의 관계를 라캉은 다음과 같은 도식으로써 나타낸다.(É, 805, 808)

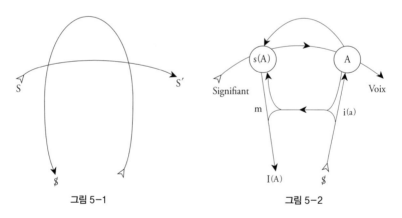

그림 5-1   그림 5-2

이 그래프(5-1)는 주체(균열된 주체)란 반드시 상징계라는 구조(S → S′)를 통과해야 하는 존재라는 점, 그러나 상징계에 온전히 포획되는 존재는 아니라는 점(주체는 S → S′의 위로 뚫고 나아간다. 비록 상징계 바깥의 어딘가로 초월할 수 없어 다시 내려오지만)을 나타낸다. 그러나 우선은 이 그림(5-2)은 주체 $와 상징계라는 언어의 세계, 대타자 A로 진입해서 그 상징계의 의미작용/기표작용 s(A)를 내면화해 상징적 동일시 I(A)를 겪음으로써 욕망의 주체가 되는 과정을 그리고 있다.[37] 그림에서 볼 수 있듯이, 상징적인 것이 상상적인 것을 덮고 있다. 소타자에의 상상적 동일시(또는 이상적 자아)인 i(a)와 그것을 통과하면서 생겨난 자아 m이 결국 상징적인 것에 흡수되고 있는 것이다. 그러나 이 차원, 상상계의 차원이 사라지지 않고 상징계에 힘을 가하고 있다는 점을 놓치지 말자. 소타자는 대타자에게 힘을 가해 기표계에 (라캉에게서 대상 a의 한 예인) 목소리를 상감하고 있고, 오인을 품고 있는 자아는 기표계에서의 의미작용에 힘을 가하고 있다. 이로 인해 상징계는 완전할 수 없으며, 이 불완전한 틈새로 상상계는 실재계로서 귀환한다.[38]

기표의 선은 s(A)로부터 A로 움직이지만, $에서 I(A)로 움직이는 주체의 선은 이와 반대 방향으로 돌아 나가고 있다. 그림이 잘 보여주듯이, 주체의 선은 말하자면 기표의 선에 의해 꿰매어진다. 물론 주체의 선 끝에도 화살표 표시가 있으므로, 반대로 주체의 선이 기표의 선을 꿰매고 있다고 볼 수도 있다. 이 과정에서 주체의 선은 기표의 선과 두 점에서 누벼지게 되는데(기표와 기의가 맺어지는 두 '누빔땀'), 이 두 점은 주체가 대타자 안으로 들어갈 때의 점인 A와 돌아 나가서 다시 기표의 선과 만나면서 기표계 내에서 확정된 의미작용(기의)을 부여받는 s(A)이다. 때문에 기표의 선과 두 번 만

---

37) I를 'Identification'이 아니라 'Idéal'로 읽을 경우, I(A)는 상징적 동일시가 아니라 주체가 기표의 세계에서 가지게 된 욕망 즉 자아-이상이 된다. 내용상으로는 큰 차이가 없다.

38) 이로써 상상계, 상징계, 실재계는 '보로메오 매듭'을 형성한다. 말년에 라캉은 젊은 수학자들의 도움을 받아, 위상수학의 매듭(/고리) 이론을 활용해 이에 대한 연구를 펼쳤다.(세미나 XX, XXII) 이 보로메오 매듭은 상상계에서의 a가 실재계에서의 a로 이어진다는 점에서 분명하게 확인된다. 하지만 상상계에서의 a가 이상적 자아였다면, 실재계에서의 a는 이상적 자아라는 너울(이미지)이 벗겨진, 실재의 성격을 띤 것으로서의 대상 a이다.

나는 주체의 선은 A → s(A)의 순서를 밟는다. 기표의 의미작용은 기표들의 체계 자체에 이미 내장되어 있지만, 이 구조에서의 차이들의 놀이는 기표들과 기의들이 환유적으로 미끄러지게 만든다. 이때 의미론(기표와 기의의 맺어짐)을 확정해주는 것이 누빔땀이거니와, A → s(A)라는 순서는 그러한 확장이 사후적으로 이루어짐을 보여주고 있다. 주체는 A에서 기표의 선으로 들어갔으나 그곳에서의 기의는 거꾸로 거슬러 올라가 s(A)에서 결정된다. 철수가 영희에게 "나는 너를 사랑 …"이라고까지 말했을 때, 두 사람의 사랑/이별은 아직 결정되어 있지 않다. 철수의 말이 끝나 마침표가 찍혀야 의미가 확정된다. 그때 의미작용은 처음으로 돌아가 비로소 확인된다. 마찬가지로 주체는 대타자의 장으로 들어간 후에 그것과의 동일시 — I(A) 즉 상징적 동일시 — 를 거치는 과정에서 그 기의인 s(A)를 사후적으로 부여받게 되는 것이다.

　라캉에게서 욕망은 이중적이다. 한편으로 욕망은 기표화 연쇄의 어떤 자리로써 표현된다. 이 자리-기표는 그것에 자리 잡는 사람의 욕망을 대리한다. 그러나 다른 한편 욕망은 이런 기표화 연쇄로부터 탈주하고자 하며,[39] 그래서 새로 그린 그림에서 d가 기표화 연쇄로부터 솟아오르고 있음을 볼 수 있다.(É, 815)

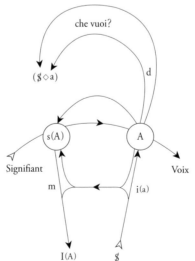

욕망이 뻗어가는 길에서 등장하는 물음은 "Che vuoi?"라는 물음이다. 상징적 동일시에 만족하지 못하고 그것을 벗어나('분리') 다른 벡터를 그리려 하는 주체는 상징계에서의 동일시('호명')에 반문한다. "너는 무엇을 원하는가?" 주체는 이 대타자의 물음을 "나는 무엇을 원하는가?"라는 물음으로 전환한다.[40] 이렇게 탈주하는 주체의 벡터가 향하는 곳은 말할 필요도 없이 그가 상상계로부터 상징계로 넘어갈 때 상실한 것, 그럼에도 소멸되지 않고 남아 이제는 바깥의 바깥으로서, 실재적인 것으로서 주체와 운명적으로 재회하게 되는 대상 a('욕망의 대상-원인')이다. 바로 너였구나! 주체는 대상 a와 관계 맺음으로써($◇a) 욕망의 다른 차원을 만족시키고자 한다.[41]

이 과정은 어디까지나 실재계를 거쳐 돌아 나옴으로써 성립한다. 이 점을 반영해 완성한 그래프는 다음과 같다.(É, 817)

---

39) 인간은 자신의 욕구를 사회라는 장 안에서, 언어를 통해서 표현해야 한다. 이때 욕구는 '요구'가 된다. 그러나 사회적으로 정제된 요구 ─ s(A) ─ 는 개인의 욕구를 소진해주지 못한다. 이 욕구의 잉여가 대타자 위로 솟아오르는 욕망 d이다. '욕망=욕구-요구(만족의 욕구-사랑의 요구)'라는 라캉의 등식은 이 점을 표현하고 있다.(É, 691)

40) 이런 욕망의 변증법은 언표와 언표행위 ─ 오스틴의 개념으로 발화행위와 발화수반행위 ─ 의 구분과 더불어 도래한다. "대타자의 담론의 간극들 안에서, 그것들에 대한 아이의 경험 한가운데에서 이런 물음이 솟아오른다: '그는 나에게 그것을 말한다(언표), 하지만 그가 원하는 것은 무엇일까?(언표행위)'/ (…) 대타자의 욕망이 주체에 의해 파악되는 것은 (…) 그것의 담론이 내포하는 결여들에 있어서이다. 아이의 모든 '왜?'는 사물들의 이유를 알고 싶은 갈망 때문이 아니다. 그것들은 어른들을 시험하기 위한 것들이다. 어른들의 욕망에서 나온 수수께끼에 대해서 '내게 왜 그것을 말하는 건가요?'라는 물음이 늘 다시 던져지는 것이다."(QC, 239)

41) 결국 욕망의 벡터는 "너는 무엇을 원하는가?"와 "나는 무엇을 원하는가?"라는 두 물음으로 이중화되고(욕망 d가 이 두 선 사이에 있음에 주목하자. 그리고 그림 자체에서 두 개의 물음표를 식별할 수 있다.), 이 이중의 물음이 하나의 답으로써 봉합되면서 주체가 대상 a와 맺는 관계가 성립한다. 이 관계는 욕망의 분열을 봉합함으로써 만족을 가져다주는 '환상'이며, 때문에 라캉은 이 공식을 '환상 공식'이라 부른다. 환상이 욕망을 지탱해준다. 환상 공식은 실재계와 상징계의 공유를 뜻하지 않는다. 상징계 내에서 실재(무의미)는 도려내어진 채 보이지 않는다. 실재계 내에서 주체는 소멸해버린다. 주체는 대상 a와 더불어 환상 공식을 만들어냄으로써 양자 사이에 선다.

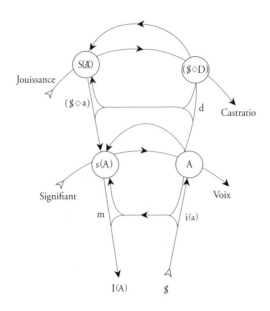

이제 기표의 벡터 위에 하나의 새로운 벡터, 향유('주이상스')의 선이 그려진다. 아래쪽의 선은 기표에서 목소리로 가는 상징계의 선이다. 위쪽의 선은 향유에서 거세로 가는 실재계의 선이다.

실재계는 전통적으로 철학자들이 찾아왔던 '실재'/'실체'의 라캉적 버전이다. 그것은 이미지로도 상징으로도 포착되지 않는 그 이전의 무엇이다. 이미지는 그것의 표면일 뿐이고, 기표는 그것을 인간의 세계, 문화의 세계로 구성한 결과일 뿐이다.[42] 실재는 이미지의 심층이고, 기표에 의해 구성되지만 온전히 구성되지는 않는 존재이다. 라캉의 실재는 전통 형이상학에서처럼 존재론적으로 우선하는 것이 아니라 상징계 이후에 온다. 인간은 상상계에서 상징계로 이행하고, 그 후에 상실된 것의 회귀로서 실재계와 만난다. 라캉의 사유는 실재를 제시하고 그로부터 연역해나가는 합리주의 전통과도 또 지각에서 출발해 실재의 언저리까지만 나아가는 경험주의

---

42) 칸트와 비교해서, 이미지는 감성이 수용하는 잡다에 그리고 기호/기표는 판단(의 범주들)에 해당한다. 이렇게 볼 때, 라캉의 실재계는 칸트의 물 자체에 해당한다. 그러나 물 자체가 경험론적 사유의 저편에 상정된 사물 자체인 데 비해, 라캉의 실재적인 것은 언어의 차원에 들어오면서 상실되었으나 상징계의 빈틈으로 대상 a로서 다시 회귀하는 것이다.

와도 구별된다. 그것은 '불가능한 것'[43]으로서의 '비-합리적인 것'이다.[44] 실재계는 '어포던스'의 뉘앙스에서(9장, 1절, §5) 상징계로 하여금 자신을 끝없이 상징화하도록 유도하지만, 그러면서도 온전히 상징화되지는 않는다. 그럼에도 상징계는 이 실재를 계속해서 상징화하려 한다. 모비 딕은 결코 정복되지 않는다. 그러나 에이허브들은 무엇엔가에 홀린 듯 놈을 집요하게 추적한다. "때로는 저 뒤에 아무것도 없는 것은 아닐까 하고 생각하면서도" 끝내 포기하지 못하고 모비 딕을 쫓는다. 그러나 모비 딕과 접하는 순간 그들이 얻게 되는 것은 죽음뿐이다. 실재는 모비 딕과 같은 놈(das Ding)이다.

실재가 상징계로 침투해 들어올 때 그것은 대상 a로서 주체와 함께 환상 공식의 형태를 띠게 된다. 예컨대 늑대인간이 본 잘린 손가락의 환상은 바로 실재계가 출현한 것에 다름 아니다. 실재는 상징화를 거부한 차원이기 때문에 그것이 상징계에 출몰할 때면 흔히 기괴한(ungeheuer) 성격을 띤다. 때문에 이 차원에로의 경사 즉 '향유(주이상스)'[45]는 쾌락원칙을 넘어서는

43) 모스와 데리다에 관해 논하면서 언급했던 "선물은 교환/상호성의 형상이 아니라 그것을 좌초시키는 '불가능한 것(l'impossible)'의 형상(形狀)"이라 했던 것과 비교된다.

44) '비합리적인 것(l'irrationnel)'의 존재 —— 실재는 프랑스 철학 전통에서 오랫동안 논의되어 온 '비-합리적인 것'과 관련된다. 데카르트를 이어 합리주의 전통을 이어온 프랑스 철학이지만, 베르그송의 '지속'의 사유 이래 합리화를 계속 심화해도 끝내 남는 잔여, 합리화에 끝내 굴복하지 않는 실재라는 개념은 20세기 내내 이어져왔다. 라캉에게서의 실재는 사르트르의 실재(합리적 이성에게 구토를 일으키는), 들뢰즈, 데리다 등의 차이생성, 바디우의 '공백' 등과 유사한 이론적 역할을 맡고 있다. 박홍규의 '아페이론'이나 김상일의 '여분'도 유사한 맥락에서 이해할 수 있다.

45) 우리는 이미지를 지각하고, 기호/기표를 말하며, 실재('物', 대상 a)를 향유한다(jouir). 일상어에서 '주이상스'는 극단적 쾌락, 고통을 동반하는 쾌락을 뜻한다. 성, 죽음 등과 같은 욕동과 상관적이다. 욕동은 인간 속에 들어와 있는 어두운 자연으로서, 주이상스는 욕동을 지향하며 욕동은 주이상스를 통해 드러난다. 라캉에게서 주이상스는 쾌락과 구분된다. 쾌락원칙은 긴장의 해소를 말한다. 주이상스는 실재를 향한 긴장의 강화이다. 그래서 주이상스는 '쾌락원칙을 넘어서'를 지향한다. 프로이트가 논했듯이, 쾌락원칙을 넘어서 존재하는 것은 죽음욕동('타나토스')이다.(IE, 223) 주이상스는 죽음욕동을 지향한다. 쾌락원칙은 주이상스를 제한한다.

전복적인 욕동과 관련된다. 이 욕동은 곧 죽음욕동이다. 주이상스는 죽음욕동을 지향한다. 바이스만에게서 영향받은 프로이트의 가설과 달리, 라캉은 죽음욕동이 무기물을 지향하는 것이 아니라 대상 a를 지향한다고 본다.[46] 주체로서는 잉여 주이상스(상징계에서 온전히 제압되지 않고서 남은 주이상스)로서의 이 대상 a와 더불어 환상을 만들어내는 것이, 즉 실재계의 구멍을 자기화하는 것('죽음을 주체화하기')이 중요하다. 실재가 주체에게 보내는 메시지는 증상이며, 이 점에서 라캉에게 증상은 존재론적인 것이다. 때문에 주체에게 중요한 것은 증상을 제거하는 것이 아니라 증상을 가리키는 대상 a와 더불어 환상 공식을 만드는 것이다. 라캉에게 이것은 곧 그의 고유의 의미에서의 윤리적인 문제이기도 하다.

그래프를 읽어보자. 주체는 욕망을 통해 상징계 너머로 나아가 주이상스의 벡터와 만난다. 여기에서 주체는 상징계의 요구와 함께 '욕동 공식'($\$\lozenge D$)을 만들어낸다. 균열된 주체는 상징계의 요구[47]와 타협해 거세를 남기고 그 잔여인 욕동을 안고서 나아간다. 그 과정의 의미가 확정되는 것은 곧 균열된 대타자 $S(\text{\not{A}})$에서이다. 균열된 대타자에서 실재계가 출몰한다. 그러나 내재성의 사상가인 라캉에게 "대타자의 대타자는 없다." 실재계는 어디까지나 상징계의 터진 틈들에 존재한다. '실존하는(exist)' 것이 아니라 외존하는(ex-ist) 것으로서. 현상학/실존주의에서의 'ex-ist'는 주체의 탈존으로서 주체가 바깥으로 향함이다. 라캉에게서의 'ex-ist'는 실재의 외존으로서 실재가 상징계 안으로 들어옴이다. 흥미롭게 비교된다. 이 출몰하는 실재계에서 아른거리는 것은 죽음욕동이다. 주체는 대상 a와 환상 공식을 만들어

---

46) 다시 말해, 주이상스는 무생물로의 회귀 경향 너머에 위치한다. 그것은 결코 도달할 수 없는 죽음욕동의 '충족'을 추구하는 것이다. 그렇지만 주체는 주이상스에 닿을 수 없다. 주이상스는 "순수하고 단순하게 욕구의 충족으로서가 아니라 욕동의 충족으로서 나타나기 때문"이다.

47) 그러나 욕동 공식이 주이상스의 벡터에 속해 있는 한, 이 요구는 순수한 상징계에서의 요구가 아니라 그 아래에 욕동이 숨어 있는 한에서의 요구이다. 그래서 라캉은 욕동을 "기표들의 보물", 즉 기표들 아래에 숨겨져 있는 것이라 말한다.(É, 817)

내며, 따라서 환상이란 죽음욕동과 마주치면서도 그것을 길들여 상징계의 구멍을 메우는 것이기도 하다. 이때 주체는 상징계에서 길들여지는 주체가 아니라 실재계를 길들이는 주체, 역으로 말해 실재계와 타협하고서 다시 상징계로 회귀하는 주체이다. 정신분석학 고유의 맥락에서 본다면, 실재계에 직면해 자신의 대상 a를 찾아내고 사회생활로 다시 복귀하는 과정에 해당한다.

욕망이 인간적인 것이라면 욕동은 인간 너머의 것이다.[48] 그러나 욕망이 욕동과의 관계에서 환상 공식을 만들지 못한다면, 주체는 상징계 내에서의 욕망 바깥으로는 결코 나가지 못한다. 이 점에서 인간의 욕망은 기표들의 세계와 욕동/주이상스의 세계 사이에서, 간단히 말해서 상징계적 욕망과 실재계적 욕망 사이에서 움직인다고 할 수 있다. 주체와 욕망의 이런 이중성은 라캉 인간존재론의 중요한 통찰을 담고 있다.

언어학, 인류학, 정신분석학을 비롯한 인간과학은 현상학적 사유들이 전개한 인간 이해와는 다른 관점을 인상 깊게 전개했다. 라캉의 사유는 이런 흐름을 철학적 경지까지 밀고 나갔거니와, 이후 이런 흐름은 알튀세르, 들뢰즈와 가타리, 데리다 등에 의해 비판적으로 계승된다. 아울러 3장 2절에서 논했던 바디우의 주체론, 그리고 11장 2절, 3절에서 논할 푸코, 레비나스의 타자의 사유 등도 같은 흐름에서 이해할 수 있다. 사르트르에서 바디우에 이르는 인간존재론/주체론의 깊이 있는 전개는 현대 철학의 가장 위대한 성취들 중 하나로 꼽을 수 있으며, 21세기 사유의 필수적인 기초이기도 하다.

---

48) 물론 욕동은 이미 인간 안에 들어온 자연이다. 욕동이 인간 바깥의 독립적인 어떤 대상이라면 애초에 정신분석학적 함의를 띠지 못할 것이다. 인간의 무의식의 밑바닥에는 욕동 자체라기보다 그것의 '표상적 대리자(Vorstellungsrepräsentanz)'가 깔려 있다고 해야할 것이다. 그것은 이미 인간의 세계로 '등록된' 자연이다. 그러나 반대 방향으로 말하면, 욕동은 인간이 인간 바깥의 심연으로 들어가는 입구라고 할 수 있다.

2절 바깥의 바깥: 구조와 주체

구조주의적 인간 이해/주체론은 현대 사유에 깊은 영향을 각인했다. 이 주체론은 현상학과 대비를 이루면서 하나의 묵직한 문제-장을 형성했다. 여기에서는 이 대비를 넘어 탈-구조주의적 주체론 ── 라캉이 이미 그 빼어난 사례를 보여주었거니와 ── 을 전개한 철학자들 중 알튀세르, 들뢰즈와 가타리, 그리고 데리다를 논한다. 이들의 사유는 구조주의 이후 전개된 주체론의 주요 갈래들을 창조해냈다.

§1. 이데올로기와 저항

알튀세르(1918~1990) 사유의 핵심적인 한 실마리는 '재생산' 개념에 있다. 이 점에서 그의 사유는 레비-스트로스와 다른 정향에서 시작된다. 레비-스트로스가 현상(상품경제, 교환가치, 노동과 자본의 '교환' 등)을 넘어 사회의 본질적 구조(잉여가치, 착취 등)를 파악하려 한 마르크스만을 잇고 있다면, 알튀세르는 그러한 사유를 어디까지나 역사와 생산 개념을 통해 동적인 방식으로 전개한 마르크스를 잇고 있다.

재생산 개념은 구조주의적이면서도 탈-구조주의적, 생성존재론적이다. 그것은 재'생산'이기에 마르크스의 사적 유물론의 문제의식을 계승한다. 그러나 그것은 '재'생산이기에 역사의 흐름보다는 역사에서 반복되는 것에 초점을 맞춘다. 이 점에서 알튀세르의 사유는 아날학파의 역사학과도 공명한다. 마르크스 자신이 재생산, 특히 생산관계의 재생산(생산수단의 재생산, 노동력의 재생산)의 해명에 큰 노력을 기울였다.[49] 따라서 알튀세르 사유

---

49) "생산의 여러 조건은 곧 재생산의 조건들이기도 하다. (…) 자본주의적 생산 과정을 연

의 주요 공헌은 재생산 개념의 새로운 개념화, 즉 그의 이데올로기론에 있다.[50] 그러나 재생산만을 논한다면, 그것은 '평형'을 강조한 레비-스트로스의 것과 유사한 사유로 귀착한다. 마르크스주의자로서 알튀세르의 또 하나의 주안점은 자본주의적 재생산 시스템에 어떻게 저항할 것인가에 있다. 그래서 그의 사유의 궤적/핵심은 이데올로기론에서 저항론으로의 이행, 이데올로기에 예속된 주체로부터 저항하는 주체로의 이행에 있다.

알튀세르는 생산관계의 재생산을 분석하기 위해서는 생산수단 및 노동력의 재생산을 분석하는 것만으로는 불충분하다고 생각했다. 그에게는 이데올로기의 재생산이야말로 자본주의적 사회구성체의 핵심 메커니즘이다. 그러나 이것이 사람들의 '허위의식'의 재생산, 즉 그들의 실재와 자신들에 대한 관념 사이의 불일치[51]의 재생산만을 뜻하는 것은 아니다. 안토니오 그람시(1891~1937)의 연장선상에서 주조된 알튀세르의 이데올로기 개념은 새로운 함의를 띠고 있기 때문이다.

알튀세르에게 이데올로기는 우선 "개인들이 자신들의 실제 〔존재〕조건

속되는 과정〔재생산 과정〕으로 고찰하면, 그것은 단지 상품이나 잉여가치만을 생산하는 것이 아니라 자본관계〔생산관계〕 그 자체를 생산하고 재생산한다."(『자본 1』, 21장) 『자본 2』의 20, 21장은 단순 재생산과 확대 재생산의 경제학적 메커니즘을 분석한다.

50) 알튀세르는 그의 초기 저작들(『마르크스를 위하여』와 『『자본』을 읽다』, 1965)에서 '문제-장(/문제 설정)', '인식론적 절단(coupure)', '대(大)이론'을 비롯한 여러 개념들을 통해 마르크스주의가 이데올로기와 대비되는 "과학"임을 논하는 인식론적 논의를 펼쳤다.(그러나 그의 말년에 이 이분법은 포기된다.) 아울러 구조주의에 대한 그의 거리두기에도 불구하고, '과잉결정', '구조적 인과성', '최종심급(에서의 결정)'을 비롯한 여러 개념들을 통해 구조주의적이라고 할 수 있는 사유를 전개했다. 지금의 맥락에서는 곧장 그의 이데올로기론에서 논의를 시작하고자 한다.

51) 마르크스는 이데올로기를 'camera obscura'에서처럼 실재/현실을 전도시키는, "인간의 머릿속에서 형성된 유령들"(『독일 이데올로기』), 상품에 대한 물신숭배를 불러일으키는 환영(『자본 1』)으로 보았고, 엥겔스는 이를 '허위의식'이라 불렀다. 마르크스주의적 시각에서 볼 때, 이런 환영, 허위의식이 지배계급의 지배를 용이하게 해주며 따라서 지배계급은 피지배계급이 이런 이데올로기를 내면화하게 만들려 한다. 알튀세르는 마르크스의 이데올로기 개념을 "인간과 사회집단의 정신을 지배하는 사고들과 표상들의 체계"로 이해한다.

에 대해 상상적으로 맺는 관계를 표현한다." 개인들이 자신들의 실제 삶에 대해 상상적으로 표상하는 것이 이데올로기이다. 따라서 이데올로기 안에서 그들의 앎은 그것이 표상하는 그것의 삶＝생산관계의 진실을 반영하고 있지 않다. 그들은 자신들이 자신들의 삶＝생산관계와 맺는 상상적 관계를 표상하고 있는 것이다. 그런데 이 이데올로기는 물질적인 방식으로 작동한다. 여기에서 '물질적'이란 이데올로기가 누군가의 머릿속에 들어 있는 관념/표상이기만 한 것이 아니라, 그의 신체와 행동의 차원에서 작동한다는 것을 말한다. 이는 곧 이데올로기가 어떤 장치들의 작동, 그리고 그 장치들을 내면화한 주체들(예속주체들)의 실천(행동)을 통해 작동함을 말한다. 한마디로 이데올로기는 순수 표상의 차원이 아니라 신체적 차원에서 작동한다. 이데올로기를 라캉의 대타자와 관련시킬 경우, 라캉의 대타자가 기표계라면 알튀세르의 대타자는 "물질적" 성격을 띤다고 할 수 있다. 이데올로기가 상상적이라는 것과 물질적이라는 것을 연관해서 생각해보면, 이데올로기의 상상적 관계는 곧 물질적 방식으로 표현된다고 할 수 있다. 예컨대 종교-이데올로기는 단지 '믿음'을 통해서만이 아니라 그것을 구성하는 장치들 및 그 장치들 내에서의 예속주체들의 관습적 행동을 통해서 작동한다. 파스칼이 "믿어라. 그러면 너는 무릎을 꿇고, 기도의 말을 읊조릴 것이다"라 하지 않고, "무릎을 꿇어라. 기도의 말을 읊조려라. 그러면 너는 믿게 될 것이다"라고 한 것은 이 점을 잘 보여준다.[52] 알튀세르의 생각을 간단히 표

---

52) 알튀세르는 그의 이데올로기론을 '담론 이론'으로서 전개하기도 했는데(Louis Althusser, *Écrits sur la psychanalyse*, STOCK/IMEC, 1993, pp. 111 ff), 여기에서 이데올로기의 물질성은 푸코가 분석한 담론의 물질성과 통한다.(푸코, 『지식의 고고학』, 147~154쪽) 푸코 자신은 이데올로기 개념을 낡은 것으로서 거부했다. 그는 이데올로기 아래로 내려가 신체의 차원에서 권력을 분석하고자 했기 때문이다. 그러나 푸코는 '이데올로기'라는 말에 붙어 있는 예전의(알튀세르 이전의) 이미지를 염두에 두고 있는 것이며, 사실 양자의 사유는 가깝다고 해야 할 것이다.
이데올로기론은 오늘날에도 여전히 유효하다고 생각되지만, 그것은 '국가장치'로서가 아니라 국가(국제관계를 포함), 글로벌 자본주의, 과학기술, 대중매체와 대중문화를 가로지르면서 작동되는 지배적 표상들 및 장치들로서 재규정되어 논의되어야 할 것이다.

현한다면, 사람들은 이데올로기적인 '관념을 가지는 것'이 아니라 이데올로기적인 삶을 사는 것이라고 할 수 있다.

알튀세르는 이데올로기와 (예속)주체의 관계를 '호명' 개념을 통해 해명한다. 사람들은 언제나—이미 (예속)주체들이다. 그리고 그들이 (예속)주체들임을 보증하는 이데올로기적 인지/재인(再認)의 관습들을 끊임없이 실천하고 있다. 우리가 누군가를 누군가로서 알아보는=재인하는 것은 이데올로기적 장치들 내에서의 물질적 실천, 즉 행동에 의해서이다. 역으로 말해, 이데올로기적 장치야말로 한 사회구성체에서의 한 주체를 동일화한다. 때문에 우리는 이데올로기적 재인의 관습들에 입각해 행동함으로써 언제나—이미(이 용어의 현상학적 뉘앙스와 비교해보자.) 특정한 주체로서 살고 있는 것이다. 여기에서 "당신이 '행하는' 것, 그것이 바로 당신 '이다'"라는 명제는 사르트르의 것과 완벽히 상반된 뉘앙스를 띠게 된다. 라캉에게 주체란 곧 상징계 내에서의 주체이지만, 알튀세르에게 주체란 곧 이데올로기적 장치들 내에서의 주체이다. 그래서 기표가 호명이라는 **행동으로** 대체된다.

레비-스트로스는 미개 사회에서의 무의식적 구조를 연구했고, 그것을 일반화했다. 바르트는 문화적 양식들에서 무의식적 구조를 읽어냈다. 라캉은 대타자 개념을 다소 추상적인 방식으로 개진했으나, 내용상 사회라는 대타자를 뜻했다고 볼 수 있다. 이에 비해서 알튀세르에게 대타자는 국가로서의 대타자이다. 이로써 구조주의적 사유는 알튀세르에게서 명시적인 정치철학의 맥락을 띠게 된다. 알튀세르는 국가를 국가권력과 국가장치의 결합체로 정의하거니와, 국가장치에는 억압적 국가장치(정부, 내각, 군대, 경찰, 재판소, 감옥 등)만이 아니라 이데올로기적 국가장치들이 존재한다는 점이 핵심이다. 지배층은 억압적 국가장치들만이 아니라 이데올로기적 국가장치들을 재생산해야만 지배력을 유지할 수 있다. 알튀세르는 이 이데올로기

핵심은 여기에서 억압되는 것은 정확히 무엇이고 그것에 대한 가능한 저항은 무엇일 수 있는가의 문제이다.

적 국가장치들로서 종교, 교육, 가족, 법률, 정치, 조합, 커뮤니케이션(대중매체), 문화의 장치들을 들고 있다. 단수로 표시되는 억압적 장치들과는 달리 이데올로기적 장치들은 복수성으로써 작동하며,[53] 정부로부터 구분되는 시민사회로서가 아니라 억압적 장치들과 마찬가지로 국가장치들로서 개념화되고 있다. 이는 곧 국가장치(지배층의 전략)가 이데올로기의 방식으로 시민사회 자체를 재생산하고자 함을 뜻한다. 다만 억압적 장치들이 크건 작건 폭력에 기반을 두고 있다면, 이데올로기적 장치들은 크건 작건 헤게모니에 기반을 둔다.[54]

알튀세르는 각각의 시대에는 지배적인 이데올로기적 국가장치가 존재한다고 보며, 중세의 경우에는 가족과 교회였던 이 장치가 근대에 와서는 가족과 학교로 대체되었다고 본다. 이는 곧 다른 모든 장치들이 중세에는 가족과 교회에 의해, 근대 이래에는 가족과 학교에 의해 근저에서 밑받침되고 재생산된다고 보기 때문이다. 가정과 학교를 이데올로기적 국가장치들

---

53) 이데올로기적 국가장치'들'이 복수적이라는 점은 마르크스와 엥겔스가 부르주아지와 프롤레타리아트라는 두 계급이 날카롭게 대립하게 된 상황을 선언한(『공산당 선언』) 시대와는 다른 시대를 함축한다. 이 점은 알튀세르가 "사회구성체의 다양한 수준들과 다양한 심급들('중심 없는 심급들의 체계')"에 의한 모순의 '과잉결정'을 논하던 시절부터 분명하게 나타났던 구도이다.(알튀세르, 서관모 옮김, 『마르크스를 위하여』, 후마니타스, 2018, III) 이는 이제는 노동자 계급이 완전히 통합되고 동질적인 행위자라는 관념을 버릴 때가 왔다는 생각과 비교해볼 만하다. 아울러 중요한 점은 이런 복수성이 계급투쟁과 의미심장한 연관을 가진다는 사실이다.

54) "어떠한 계급도 이데올로기적 국가장치들 위에서 그리고 동시에 그 안에서 그들의 헤게모니를 행사하지 않고서는 지속적으로 국가권력을 보유할 수 없다."(『아미엥에서의 주장』, 김동수 옮김, 솔, 1993, 92쪽) 알튀세르는 기술=테크놀로지를 이데올로기적 국가장치의 예들에 포함시키고 있지 않으나, 오늘날 가장 강력한 이데올로기적 장치들 중 하나는 기술이라고 해야 할 것이다. 그러나 기술 그 자체에서는 이데올로기를 볼 수 없다. 이데올로기는 어떤 형태가 되었든 언어로 표현되기에. 이 점에서 우리는 기술을 물질화된 이데올로기적 장치들이라 부를 수 있다. 여기에서 '물질'은 물론 마르크스주의적 의미에서가 아니라 상식적인 의미에서의 물질이다. 그리고 '국가장치들'이 아닌 '장치들'이라 한 것은 오늘날의 이데올로기적 장치들이 국가에 의해서만이 아니라 글로벌 기업들에 의해서 만들어지고 유포되고 있기 때문이다.

로, 그것도 대표적인 장치들로 본 것은 곧 인간이란 처음부터 이데올로기적 국가장치들에 의해 (예속)주체로서 형성됨을 강조한 것이다. 각 지역에 따라 또 시대에 따라 지배적 이데올로기 장치들은 다르다고 해야 하겠지만, 가족과 학교가 삶의 가장 보편적이고 시초적인 곳들이라는 점을 감안하면 이데올로기에 대한 알튀세르의 생각은 극히 강고한 것이라고 할 수 있다.

알튀세르가 초기 저작들에서 던진 물음은 "사회주의 혁명은 어떻게 가능한가?"라는 물음이었고, 이에 대해 그는 '과잉결정' 등의 개념들을 동원해 답하고자 했다. 이에 비해 그의 이데올로기론은 오히려 "사회주의 혁명이 왜 일어나지 않는가?"라는 물음이었고, 이에 대한 그의 해답이 곧 이데올로기의 재생산(지배적 이데올로기에 의한 사회관계의 고착화)이었다고 할 수 있다. 그렇다면 알튀세르는 어떤 라캉주의자들의 주장처럼 대타자에 예속된 주체를 개념화한 것에 그쳤는가? 그렇지 않다. 라캉이 상징계에 그치지 않고 실재계로 나아갔다면, 알튀세르는 예속적 주체의 개념화로부터 저항적 주체의 개념화로 나아갔다. 라캉의 사유가 개인적 욕망에서의 새로운 차원을 개념화하고자 했다면, 알튀세르는 정치적 저항에서의 새로운 차원을 개념화하고자 한 것이다.[55]

앞에서 이데올로기적 국가장치들이 복수적이라는 점에 계급투쟁의 실마리가 있다고 했거니와, 알튀세르는 장치들의 한복판에서 그것들 자체에 의해 산출되는 또 다른 이데올로기들("2차적이고 종속적인 이데올로기들")의 존재를 언급한다. 지배적 이데올로기가 복수성으로써 작동하기 때문에, 그 사이에서 새로운 이데올로기들이 생성한다는 것이다. 이런 생성은 곧 지배적

---

[55] 지젝은 라캉이 상징계의 불완전성을 간파하고서 실재의 사유로 나아간 데에 비해 즉 소외를 넘어 분리를 사유한 데에 비해 알튀세르는 주체를 이데올로기에 흡수시켜 소외를 사유한 데에 그쳤다고 비판하지만(슬라보예 지젝, 『이데올로기라는 숭고한 대상』, 이수련 옮김, 인간사랑, 1989/2001), 알튀세르 역시 이데올로기의 불완전성을 간파하고서 마르크스주의자답게 계급투쟁에 대한 사유로 나아갔다고 보아야 한다. 오히려 중요한 것은 라캉의 '실재'의 정신분석학과 알튀세르의 '우발성'의 유물론 사이의 비교일 것이다.

이데올로기에 의해 온전히 호명되지 않는 주체들의 생성과 맞물려 진행된다. 지배 이데올로기들의 여백에서 어떤 계제(階梯, conjoncture)/기회/상황이 생성하고, 이 계제는 곧 저항적 주체들과 계급투쟁의 가능성의 조건을 마련해준다.[56] 이 점에서 알튀세르의 사유는 라캉의 것보다 더 내재적이다. 라캉의 실재도 물론 내재적 맥락에서 이해되어야 하지만(ℛ), 알튀세르에게서의 새로운 상황, 주체, 저항은 어디까지나 이데올로기적 장치들의 장내에서 생성하는 것이기 때문이다. 이데올로기 내에 반(反)이데올로기의 가능성도 내재되어 있다. 바깥의 바깥은 "아주 멀리 있지만 실제로는 아주 가까운" 곳에 존재하는 것이다.

그러나 이렇게 생각할 경우, 결국 저항이란 이데올로기에서 수동적으로 파생되는 것이 되어버리지 않을까? 알튀세르 자신 이 점을 의식해 "지배적 이데올로기와 이데올로기적 국가장치들에 대한 계급투쟁의 우위"라는 테제를 제시한다. 이 맥락에서는 모순들의 '과소결정'에 입각해 잠재하는 저항이 선재하고("자본주의의 틈새") 그것을 누르기 위해서 이데올로기적 국가장치들이 작동하는 것이라고 말하기도 한다. 그리고 이 저항은 투쟁에서 유래하며, 이 투쟁의 핵은 곧 계급투쟁이다. 그리고 그는 68년 5월 사건이 이 점을 분명하게 해주었다고 말한다.[57] 이렇게 본다면, 68년 5월 사건이

---

56) **우발성의 유물론** — 이 계제의 양상은 곧 '우발성'이다. 알튀세르는 우발성의 유물론을 통해서 헤겔적 목적론과 마르크스주의의 경제결정론을 벗어나고자 했다. 그의 우발성 개념은 계열학적 존재론과 쿠르노적 인과론으로써 발전시켜나갈 수 있는 잠재력을 담고 있다. '심급'이나 '요소', '결합(Verbindung)' 등과 같은 원자론적, 집합론적 개념들은 계열학적 개념들로 변환해 이해할 때 의미가 보다 분명해질 것이며, 우발성이란 여러 계열들이 교차할 때 발생하는 것으로 이해할 수 있다. 알튀세르 자신 '마주침'이라든가 '사건들의 결합', '생기(surgisssement)' 등 이런 방향으로 전개되어갈 수 있는 개념들을 사유했다. 말년의 알튀세르는 루크레티우스의 '클리나멘'의 중요성도 강조했으나(『철학과 맑스주의』, 서관모·백승욱 옮김, 새길, 1996), 1권(8장, 3절)에서 논했듯이 클리나멘이 인간의 자유를 위한 존재론적 기초가 될 수 있는지는 좀더 논해보아야 한다. 문제의 핵심은 현존하는 지배 이데올로기와 우발성이 제공하는 계제 사이에서 주체적 저항의 방향과 속도를 구성해내는 일일 것이다.

57) "때문에 우리는 지배적 이데올로기와 이데올로기적 국가장치들에 대한 계급투쟁의 우

과연 '계급투쟁'이었는지의 문제는 접어둘 때, 알튀세르에게는 두 방향의 사유가 공존해 있는 것으로 보인다. 하나는 '지배 이데올로기(의 여백) → 어떤 계제의 생성(우발성) → 저항적 이데올로기의 생성'의 방향이고, 다른 하나는 '계급투쟁(의 잠존)과 투쟁 일반 → 저항 → 지배 이데올로기의 반작용'의 방향이다. 전자는 저항이 이데올로기로부터 파생되는 수동적 방향이고, 후자는 저항(계급투쟁을 핵으로 하는)이 이데올로기를 변형하는 방향이다.

알튀세르는, 개인적으로 비극을 겪기도 했거니와, 지배적 이데올로기의 장과 그것에 저항해 그 장을 변형하는 주체들을 사유하면서 두 방향의 관계를 구체화하지는 못했다. 우리는 저항하는 주체들이 항상 잠존하지만, 그 저항이 지배적 이데올로기의 장을 변형하기에 이르게 되는 것은 어떤 계제/우발성과 더불어서라고 생각할 수 있다. 핵심적인 것은 계제/우발성이라는 바깥의 바깥을 저항하는 주체의 안으로 되-구부려 주름-접는 것이다. 다만 ① 지배 이데올로기를 국가장치들로 이해하기보다 앞에서 언급한 방식으로 새롭게 규정할 필요가 있으며, ② 또한 저항 개념을 '계급투쟁'보다 더 복합적인 방식으로 변형해야 할 것이다(또는 '계급' 개념을 변형해야 할 것이다). 알튀세르를 이어 지배 이데올로기와 주체적 저항의 문제를 더 개진해나가는 것은 현대 정치철학의 핵심적인 과제들 중 하나이다.

선성이라는 이 테제로부터 그것의 직접적 결과인 다른 하나의 테제를 이끌어낼 수 있다. 이데올로기적 국가장치들은 필연적으로 계급투쟁의 장소이자 관건이며, 계급투쟁은 사회구성체를 지배하는 일반적인 계급투쟁을 지배적 이데올로기의 내부로 침투시킨다. 이데올로기적 국가장치들의 기능이 지배적 이데올로기를 주입하는 것이라면 그것은 저항이 존재하기 때문이며, 저항이 존재한다면 그것은 투쟁이 존재하기 때문이다. 그리고 이 투쟁은 결국 계급투쟁의 직접적인 또는 간접적인, 때로는 가깝지만 대개는 먼 메아리인 것이다. 68년 5월의 사건들은 이 사실에 눈부신 빛을 비추어주었으며, 억눌려 있어 들리지 않던 투쟁을 남김없이 드러내주었다."(Althusser, *Sur la reproduction*, PUF, 1995, p. 255)

§2. 탈-구축의 사유

알튀세르가 일관되게 마르크스주의 정치철학이라는 맥락에서 사유한 것에 비해, 데리다(1930~2004) 사유의 맥락은 매우 넓다. 그는 모든 형태의 동일자를 비판하는 데에 노력을 기울였으며, 그것이 억압하는 타자들의 얼굴을 드러내려 했다. 그러나 데리다에게 타자란 동일자 바깥에 존재하는 것이 아니라 그것의 내부에 존재하는 것으로 파악된다. 그에게서도 대타자의 대타자는 존재하지 않으며, 지배 이데올로기의 극복은 그것의 내부에서 실마리를 찾아야 한다. 그는 동일자 바깥에서 그것을 해체하고자 한 것이 아니라, 그것의 내부에서 타자의 의미를 새롭게 읽어냄으로써 동일자를 탈-구축하고자 한 것이다. 플라톤 사유에서 '코라' 개념에 조명을 비추어 그의 사유를 탈-구축한 것은 데리다적 사유의 성격을 범형적으로 보여준다.[58]

당대의 주요한 두 철학 사조였던 현상학과 구조주의도 그의 붓끝을 피하지는 못했다. 데리다는 표면상 대조되어 보이는 후설의 현상학과 소쉬르의 구조주의 언어학을 공히 '현존의 형이상학'으로 비판함으로써, 서구 학문의 근저에서 작동하고 있는 동일자의 논리를 드러내주었다. 구조주의의 탈-구축에 관련해, 앞 절(§1)에서 언급했던 모스, 레비-스트로스 인류학에 대한 탈-구축, 그 과정에서 이끌어낸 교환과 선물의 차이, 즉 불가능한 것의 형상으로서의 선물 개념을 상기하자. 데리다는 교환이라는 동일자의 내부에서 그 동일자에 통합되지 않는 (진정한 의미에서의) 선물이라는 타자를 이끌어내었다. 이 인류학적 맥락에서의 논의에는 선물이 목적지에 도달하

---

58) 데리다의 '코라'론("La pharmacie de Platon", *La dissémination*, Seuil, 1993)을 박홍규의 '아페이론'론 및 구키 슈조의 '우연'론과 비교해보는 것은 흥미로운 작업일 것이다. 박홍규와 구키 슈조의 비교로는 이정우의 『무위인-되기』(그린비, 2023)를 보라.
동일자와 타자의 구도는 동일성과 차이생성의 구도와 연계되어 있다. 차이생성의 터 위에서 동일성들의 생성을 논하는 맥락은 차이(différance) 개념을 중심으로 전개된다. 후자는 데리다 존재론의 구도를, 전자는 윤리학의 구도를 논하는 데 보다 중심적이다.

지 않을 수 있음이 함축되어 있다. 마찬가지로 라캉에 대한 탈-구축에서도 데리다는 편지가 목적지에 도달하지 않을 수 있음을 강조한다.

앞에서(1절, §2) 언급했듯이, '상실된 대상'으로서의 팔루스는 기표계에서의 대상-x이다. 그것은 주체의 욕망을 전체적으로 조직해가는 부재/무로서의 중심, 선험적 기표로서 기능한다. 그래서 라캉은 "편지는 항상 수신자에게 도착한다"고 말한다.(É, 41) 이 테제의 근거는 '무'='결여'로서의 기표, 그러나 중심기표, 선험적 기표인 팔루스의 동일성에 있다. 데리다는 이 동일성을 일종의 이념성으로 파악한다.[59] 그 존재론적 위상에서나 생성론적 기능에서나 매우 역동적인 개념임에도 불구하고, 이념적인 것이기에 그것은 분할 불가능한 하나의 동일자로서 존재한다. 반면 데리다는 편지가 분할 가능하며 복수적임을 역설한다. 선물에 대해서도 말했듯이, 핵심은 편지가 수신자에게 도착하지 못한다는 것이 아니라 도착하지 못하는 일이 생길 수 있다는 점이다. 편지의 수신은 그것의 잔류나 일탈의 가능성 — 우연 (tychē) — 을 극복하고서 성공을 이루는 것이다. 편지의 순환/닫힘은 바로 이런 열림의 가능성 위에서, 그 열림의 위협을 극복하기 위해서 시도되는 것이다. 편지-회로의 동일성은 산종이라는 차이생성 위에서 성립하며, 언제라도 수신자를 비켜 갈 위험을 내장하고 있다. 기표들의 산종이 기표의 통일성, 즉 팔루스의 통일성을 파기하는 것이다.[60]

데리다가 볼 때 편지의 동일성에 입각해 전개되는 라캉의 논의 구도 전

---

59) "하지만 내가 우선적으로 강조한 것이 기표의 물질성에 대해서였다 해도, 이 물질성은 무엇보다 우선 분할되지 않는다는 점에서 특이하다. 편지를 산산조각 내 보라. 그래도 편지는 원래 그대로 남아 있을 것이다."(É, 24) "이 '물질성'은 (⋯) 사실상 일종의 이념화에 상응한다. 오로지 편지의 이념성만이 파괴적인 분할에 저항한다. (⋯) 따라서 이 선험적 기표(팔루스)는 또한 모든 기의들의 기의이며, 편지(쓰인 것이든 말해진 것이든)의 분할불가성의 보호하에 있음이 드러난다."(Derrida, *La carte postale*, Flammarion, 2014, pp. 475~476)

60) 데리다의 논의는 죽음욕동에 대한 라캉과는 다른 방식의 해석과도 연관된다. 데리다에게서 환대, 증여, 용서 등이 '잔혹성 없는 죽음욕동'과 연관된다는 점은 사토 요시유키의 『권력과 저항』(김상운 옮김, 난장, 2012) 4장에서 상세하게 분석되었다.

체가 하나의 동일자, 원환의 구조를 형성한다. 편지가 수신자에게 도착하지 않을 수 있다는 그의 지적은 곧 이 원환을 열고자 하는 조치이다. 이는 곧 논의의 구도를 한 개인의 차원에서 그 바깥의 타자의 차원으로 열어나가려 하는 것이다. 라캉에게서도 바깥의 바깥은 결정적인 의미를 가지지만, 그것은 결국 개인사의 차원, 상실된 것의 되찾음의 차원에 그치고 있다. 알튀세르가 유물론을 통해서 라캉을 벗어나고자 한 것도 이런 테두리를 깨고자 했기 때문이다. 편지의 이탈과 산종에 대한 데리다의 강조는 라캉 사유의 탈-구축을 통해서 보다 저항적인 주체의 개념화를 지향한다. 라캉적 주체는 편지를 수신함으로써 자신의 욕망을 갈무리해나간다. 반면 데리다적 주체는 편지의 이탈과 산종의 과정에서 타자들과 마주치고, 그런 우발성을 상징계 전체와의 대결을 위한 계기들로 삼는다. 라캉적 주체가 대변하는 '불가능한 것'은 어디까지나 그 주체 자신에게서 유래하는 것이고 언제나 되돌아오는 편지에 상관적인 것이지만, 데리다적 주체가 마주치는 '불가능한 것'은 갖가지 형태의 타자성들이다. 라캉에게서 실재는 어떤 면에서는 상징계를 유지하고 보수하게 해주는 것이고, 주체는 환상 공식을 통해 상징계에서의 삶을 그럭저럭 이어갈 수 있게 된다. 반면 데리다에게서의 차연의 운동은 그러한 유지와 보수를 끝없이 뒤흔들면서 탈-구축하는 주체를 타자성들에 직면하게 만든다.[61] 데리다는 이런 주체론에 토대한 타자의 윤리학을 (앞에서 그 이론적 맥락만을 언급했던) 증여의 문제를 비롯해 정의,

---

61) 어떤 면에서는 이는 양자의 이론의 차이라기보다는 양자의 존재의 차이라고 해야 할 것이다. 의사로서의 라캉은 고통받는 환자를 '정상적인' 상태로 인도하는 존재이다. 의사란 근본적으로 보수적인 존재일 수밖에 없는데, 왜냐하면 그의 존재이유는 바로 '원상복구'에 있기 때문이다.(라캉이 데리다에게 '고통'이라는 문제를 던진 것도 이 때문이다.) 반면 철학자로서의 데리다는 '정상적인' 상태에서 쳇바퀴를 돌리는 대중에게 바깥을, 꿈을, 미래(정확히는 장래)를 열어주려는 존재이다. 철학자는, 예술가와 더불어, 끝없이 열어가는 존재, 꿈꾸는 존재이며, 그래서 그 말의 근원적인 의미에서 정치적인 존재이다. 라캉이 환자들을 고통으로부터 해방시키고자 했다면, 데리다는 대중('도래할 민중')을 탈-구축의 존재론과 타자의 윤리학으로 인도하고자 했다.

유령, 환대, 용서, 애도 등 여러 주제들에 걸쳐 개진한다.

§3. 다양체와 타자-되기

들뢰즈의 주체 개념은 우선 앞에서(3장, 1절, §5) 논했던 '반-효과화'의 개념에서 특히 잘 드러난다. 주체는 단지 잠재성의 효과이기만 한 것이 아니라 방향을 구부려 잠재성으로 향한다. 이는 곧 아이온의 시간에서 순수사건에 스스로를 일치시키는 것, 자신의 사건을 사는 것, 운명애이다. 죽음에 관해서조차도 비-인칭적 죽음, 순수사건으로서의 죽음을 사는 것이다. 어떤 사건을 산다는 것은 스스로의 개체성과 인칭성을 넘어 전-개체적이고 비-인칭적인 특이성의 수준으로 나아가는 것이다. 사건/행위가 물리적 생성의 결과/표면효과에 그치지 않고, 순수사건-의미의 차원을 열어나갈 때, 사유하고 창작할 수 있는 주체가 성립한다. 이렇게 반-효과화를 논하고 있는 『의미의 논리』에서의 주체는 스토아적-선불교적(/도가철학적) 주체이다. 이 주체는 근대적인 행위자보다는 고대적인 현자에 가깝다.

이에 비해 들뢰즈가 펠릭스 가타리(1930~1992)와 만나서 공동 저작한 『안티-오이디푸스』의 주체는 보다 능동적인 주체이다. 그러나 이 주체 역시 근대적인 주체, 의식적이고 대자적인 주체와는 다른 주체이다. 『안티-오이디푸스』는 『의미의 논리』에서의 정적 발생 ── '형이상학적 표면'에서의 발생 ── 이 아니라 표면 아래의 심층을 다룬 동적 발생을 잇고 있다. 이들에게 무의식은 구조의 차원이 아니라 생성의 차원이다. 이 사유의 이론적 근저는 『차이와 반복』에서 전개된 잠재성의 존재론이다. 그러나 이제 이 심층 즉 잠재성에는 새로운 이름이, '욕망'이라는 이름이 부여된다. 다만 이 욕망은 주체의 한 성격이 아니다. 오히려 욕망이라는 터 위에서 주체들이 성립한다. 이 점에서 『안티-오이디푸스』에서의 주체와 욕망의 관계는 생명체와 생명의 관계에 유비적이다. 들뢰즈와 가타리는 이 욕망의 존재론에 입각해 라캉의 기표중심주의를 비판한다. 라캉에게서는 하나의 '특권적 기표'(É, 692)가 욕망을 조직하며, 주체는 이 결여의 기표를 실재(대상 a)로서 되찾음으로써 자신의 욕망의 그래프를 완성한다.[62] 반면 들뢰즈와 가타리의 욕망은 차이생성의 역능으로서, 최한기 식으로 말해 끝없이 활/동/운/화하면서 기화하는 기와도 같은 것이다. 주체는 이런 욕망의 흐름이라는 터 위에서 성립하며, 이들은 이런 주체를 '욕망하는 물체'라 부른다.[63] 차이생성의 역능을 내장한 물체로서의 욕망하는 물체들은 연접, 통접, 이접의 방식에 따라 끝없는 '생산의 생산' 과정에 참여한다. 그래서 이들의 주체는 욕망하는 물체이며, 주체 내에는 바깥의 바깥으로서 욕망이 내장되어 있다.

들뢰즈와 가타리의 주체론은 후기 구조주의 사유에 결여되어 있는 자연철학을 토대로 한다는 점에서 특이하다. 그리고 베르그송적 성격을 띤 이들의 자연은 프로이트의 자연과, 그리고 라캉의 실재와 대비적이다. 아울러 이들에게서 주체들은 자연과 연속적으로 이해된다. 주체들은 욕망하는 물체들의 한 부류일 뿐이다. 그래서 주체들은 물체들의 거대한 흐름에 엮여 흘러간다. 욕망하는 물체들은 서로 연접, 통접, 이접의 운동을 통해 끊임없이 생성하며, 주체들 역시 이 생성의 와류를 타고서 흘러간다.[64] 그러나 주

---

62) 들뢰즈와 가타리는 라캉의 욕망론을 결여의 체계로 이해한다. "라캉은 기표 연쇄들을 하나의 군주적인 기표에 투사하기를 고수하며, 모든 것이 하나의 결여의 항에 내맡겨진다."(AO, 99)

63) 여기에서 '물체'란 스토아학파의 'sōma'에 해당하며, 현대어 중에는 가장 넓은 뜻에서의 'body'에 가깝다. 욕망하는 물체들과 욕망 자체는 '물(物)'과 '기(氣)'의 관계와 유비적이다. 기의 차원은 때로 '탈기관체'로 불리기도 하는데, 욕망하는 물체들이 유기화된(/조직된) 존재들이라면 탈기관체는 탈-유기화의 장이다. 그러나 이 장은 프로이트의 경우처럼 죽음의 차원, 무기물의 차원으로서만 이해되는 것이 아니라, 또한 생명의 차원으로서도 이해된다. 물체들이 탈기관체로 향하는 것은 개체들의 소멸이라는 점에서 죽음이지만, 이 장은 단순한 무기화의 차원이 아니라 '기(氣)'의 차원이기 때문이다. '물'이 '기'로 해체되는 것은 죽음이지만, 또한 동시에 생명의 거대한 장으로의 회귀이기도 하다. 그리고 그 장에서 다시 '물'들이 분화되어 나온다. 이런 이유에서 프로이트의 '죽음욕동'과 들뢰즈와 가타리의 '죽음본능'은 분명하게 구분된다. 프로이트-라캉의 실재와 들뢰즈-가타리의 실재는 이 점에서 핵심적인 차이를 드러낸다.

체들은 이런 흐름을 '소비'함으로써("소비의 생산". AO, 22~29) 물체적 흐름의 독자적 결을 만들어간다. 이 점에서 들뢰즈와 가타리의 주체는 자체 내에 능동적 자발성을 갖춘 주체가 아니라 자신의 무의식 ──『의미의 논리』에 입각한다면, '전-개체적이고 비-인칭적인 장, 특이성과 강도의 장 ──에서 생성하는 무의식적 욕망/생명의 차이생성을 갈무리하면서 스스로의 질서를 만들어가는 주체이다. 끝없는 차이생성을 갈무리해야 하기에, 주체의 동일성은 고정된 것이 아니라 계속 생성해가는 동일성이다. 들뢰즈와 가타리의 주체는 '자기차이화'를 행하는(행해야 하는) 주체인 것이다.

　이런 이유에서 들뢰즈와 가타리는 어떤 형태의 전체주의(전체주의적 사회주의도 포함해서)에도 공감하지 않으며, 오히려 욕망의 끝없는 탈코드화를 기초로 하는 자본주의를 정치적 대안의 출발점으로 삼는다. 비-자본주의적 사회들은 욕망의 탈코드화를 억압해왔으며[65] 어떤 형태로든 동일자의 틀을 유지하려 애썼다. 자본주의에 이르러 비로소 욕망의 탈코드화가 시작되기에 이른다. 그러나 자본주의의 탈코드화는 어디까지나 자본을 위한 탈코드화이다. 반(反)자본적 탈코드화라면 무슨 수단을 쓰더라도 억압하고자 한다. 이렇게 자본주의는 일정한 한계에 이르거나 반-자본적 흐름을 만나면 그 체제에 새로운 공리를 도입하는 '공리계'를 구축해왔다. 들뢰즈와 가

---

64) "분열분석(schizo-analyse)의 테제는 간단하다. 욕망이란 물체, 물체들의 종합, 물체적 배치, 요컨대 욕망하는 물체들이라는 것이다."(AO, 352)

65) 이들은 현대에 이르러 이 억압이 정신분석학적인 방식의 억압 ─ '오이디푸스 삼각형' ─ 과 결부되기에 이르렀다고 본다. 오이디푸스 콤플렉스를 통해 '작은 자아'를 만들어내는 정신분석학의 욕망 억압이 사회적인 욕망 억압을 대행한다는 것이다. 이들의 비판은 앞에서 언급했던 언표의 주체와 언표행위의 주체와도 관련된다.(AO, 314~317) 라캉에게서 언표적 주체는 의식에, 언표행위적 주체는 무의식에 할당된다. 그리고 이 무의식은 대타자/기표계의 무의식이다. 그렇기 때문에 주체는 근본적인 층위에서 대타자-무의식의 지배를 받는 존재일 수밖에 없다.(É, 800) 반면 들뢰즈와 가타리는 이 무의식 층위에 욕망을 놓는다. 욕망의 흐름 위에 탄 주체 역시 근대적인 능동적 주체는 아니다. 그러나 그것은 언제나-이미 대타자 안에서 구성되어 있는 주체가 아니라 자신의 '하부구조'인 욕망/생명을 스스로 갈무리해가는 주체이다.

타리는 이 자본주의적 억압이 욕망의 오이디푸스화를 활용하며, 역으로 오이디푸스화는 자본주의라는 체제를 배경으로 활성화된다고 본다. 때문에 이들은 자본주의의 바깥에 그것의 대립항을 세우려는 시도 대신, 욕망을 제한하는 또 다른 방식을 모색하는 대신, 오히려 그것을 내재적으로 극복해 나아갈 방법을 즉 욕망을 진정으로, 절대적으로 탈코드화할 방식을 모색한다. 이는 곧 '욕망하는 생산', '과정으로서의 분열증'을 밀어붙이는 방식이다. 이 방식은 정신분석이 아니라 '분열분석'이며, 이는 곧 욕망의 탈코드화 즉 "자아들이 감금하고 억제하는 전-인칭적 특이성들을 해방하는 것"이다.(AO, 434)

『안티-오이디푸스』가 자본주의와 정신분석학의 억압·억제를 공격하는데 주안점을 두었다면, 그 속편인 『천의 고원』은 보다 구체적이고 정련된 대안들을 풍부하게 제시한다. 여기에서 이론적 핵심은 다양체/배치이다.[66] 배치는 욕망의 탈코드화와는 달리 그 안에 생성과 구조를 포용하고 있는 개념이다. 차이생성, 흐름, 탈코드화, 해방, 분열증 등의 개념들은 기존의 억압적 틀들을 해체하는 데에는 유용하지만, 자칫 들뜨고 막연한, 구체적 얼굴이 없는 개념들로 그칠 수 있다. 반면 배치는 생성과 구조를 동시에 내포하는 개념으로서, 무의식적 생성의 차원 자체가 아니라 그것이 구체화된 차원이다. 그러나 배치는 그 내부에 여전히 생성을 담고 있다. 그것은 생성하는 구조이고 구조화된 생성, 하나의 사건이다. 배치란 바로 전시, 시위, 식사, 결혼, … 등, 우리 삶을 가득 메우고 있는 사건들인 것이다.[67] 그리고 이 생성의 핵심적인 작인이 주체이다. 주체는 독립된 실체가 아니라 언제나-

---

66) 들뢰즈는 초기의 베르그송 연구 시절부터 만년의 작업들에 이르기까지 일관되게 다양체의 사유를 펼쳤다. 들뢰즈 사유의 이해에 다양체 개념의 이해는 결정적이다. 『천의 고원』에서 다양체의 분신 역할을 하는 개념이 배치이다. '배치'라는 번역어가 자칫 가릴 수 있는 핵심적인 점은 'agencement'은 어디까지나 사건이라는 점이다. 배치는 공간적 배열이 아니다. 배치는 항상 배치-사건이다.

67) 자세한 논의로 이정우, 『타자-되기의 에티카』(그린비, 근간)를 보라.

이미 배치들을 살아가는 존재이며, 배치들의 배치 내에서만 존재할 수 있는 존재이다. 하지만 배치가 특정한 방향과 속도로 생성해가는 것은 바로 그것이 내포하는 주체라는 항 때문이다. 주체는 배치 안에서의 주체이지만, 배치는 바로 그 주체를 통해서 바로 그런 배치로서 생성해간다.[68] 『천의 고원』은 다양체/배치와 주체가 만들어가는 이 생성의 여러 양태들을 풍부하게 그려주고 있다. 이 저작의 내용은 아직도 생생하게 살아 있으며, 지금의 우리 삶을 그리고 새로운 길들을 개념적으로 그려준 철학적 카르토그라피라고 할 수 있다.

현상학은 나타남의 사유이다. 현상학에 이르러 나타남의 차원은 극복의 대상이 아니라 음미의 대상이 된다. 현상학에서 현전은 특권적인 존재론적 위상을 띤다. 구조주의 사유는 철학의 이런 경험주의적 정향을 '탈-현존화'하고자 했다. 이 사유는 현존이 아니라 현존을 비-가시적으로 규정하고 있는 추상공간에 초점을 맞춘다. 달리 말해 의식의 지평이 아니라 무의식의 지평에 초점을 맞춘다. 물론 하이데거 등의 사유에서도 탈-존의 사유는 중요하며, 존재에로의 열림은 핵심적이다. 그러나 이 경우 존재와 현존재는 직접적으로 맞물려 있으며, 양자는 존재의 열려-있음, 나타남의 차원에서 직접 관계 맺는다. 구조주의 사유는 단락(短絡)으로서 처리되고 있는 이 관계의 공간이 사실은 존재론적으로(아니면 적어도 인식론적으로) 선행하는 추

---

68) 이 때문에 주체는 항상 타자화를 겪고 또 타자-되기를 행하는 존재이다. 다양체/배치의 생성을 함께하는 주체이기에 그는 반드시 타자-되기의 장 속에 들어 있으며, 능동적인 측면에서는 그 타자-되기를 일정한 결로 만들어간다. 『의미의 논리』→『안티-오이디푸스』→『천의 고원』으로 가면서 주체 개념이 조금씩 더 능동적으로 되어감을 확인할 수 있다.

상공간, 언어적 성격의 어떤 법칙들의 공간임을 역설한다. 칸트의 경우와는 달리, 현상학에서도 의식 바깥의 실재는 자체의 군건한 실재성을 갖추고 있다. 더 정확히 말해 칸트가 실재를 현상의 뒤편으로 물린 데 반해, 현상학은 그 뒤편을 접어두고 현상 자체의 실재성에 충실하고자 했다. 그것을 관념들로써 먹어치우고자 한다면 주체는 구토를 하게 될 것이다. 그러나 현상학에서의 이 실재성은 어디까지나 의식의 지향적 대상으로서의 객관이며, 의식에 의해서만 그 의미가 드러날 차원이다. 반면 구조주의에서 의식과 대상은 공히 그 근저의 추상공간＝구조에 입각해 바로 그런 관계를 맺는 것으로 이해된다.

때문에 양자에게서 '의미'는 전혀 다른 방식으로 이해된다. 현상학에서 의미 ── 노에마 ── 는 주체와 객체가 겹쳐진 곳에서 생성되어 나온다. 이 겹쳐진 곳, 주름은 신체의 차원인 동시에 지각된 것의 차원이다. 신체는 이 양자가 겹쳐진 생생한 경험의 장에서 성립한다. 현상학이 이룩한 큰 개념적 혁신은 근대적 신체 개념의 한계를 타파하고 완전히 새로운 신체론을 정립한 점에 있다. 그러나 구조주의 사유에서 신체는 다시 증발되어버린다. 합리주의적 사유인 구조주의에서 신체는 언어에 자리를 내준다. 신체의 차원은 '이미지계'이며, 이미지계는 그것보다 더 심층적인 차원인 '기표계'의 법칙에 종속되기 때문이다. 20세기 전반에 장 발은 당대의 철학 정신을 '구체적인 것을 향하여'라 칭했다.[69] 그렇다면 20세기 후반에 대해 우리는 '추상적인 것을 향하여'라는 제목을 붙여줄 수 있을 것이다. 토템의 예에서 보았듯이, 이 사유에서 의미는 추상공간의 요소들이 계열화됨으로써 성립한다. 의미란 그 자체로서는 의미가 없는 '상징적 요소들'의 계열화, 변별적 차이(생성), 이웃관계 등에 의해 생성된다.[70] 계열들이 형성하는 장은 대상

---

69) Jean Wahl, *Vers le concret*, Vrin, 1932/2004.
70) 앞에서(각주 22) 분자생물학의 경우에 대해 언급했거니와, 이런 식의 의미생성을 가장 극단적으로 보여주는 것은 0과 1의 계열화만으로 모든 의미가 생성되는 디지털 언어의 경우이다. 물론 구조주의 인간과학과 분자생물학, 정보공학은 서로 다른 성격의 담론들

과 주체에 선행하며, 양자의 관계 맺음을 조건 짓는다.

구조주의 사유에서 중발하게 되는 또 하나의 핵심적 항은 타인의 존재이다. 현상학에서의 인식 주체는 '의식 일반'으로서의 칸트적 주체나 원자론적 자연철학을 암암리에 전제하는 영국 경험론에서의 주체 개념보다는 '나'의 사유활동('코기토')에서 출발하는 데카르트의 그것에 가깝다. 이는 현상학이 본래부터 한 주체의 가장 구체적인 경험에 육박해 들어가려 한 사유였기 때문이다. 이로부터 필연적으로 한 개인-주체로부터 어떻게 보편적인 인간 주체로 나아갈 것인가라는 문제가 생겨난 것이다. 이런 과정을 통해 현상학에서 '타인'의 문제가 결정적인 문제들 중 하나로 부각되기에 이른다. 반면 구조주의 인식론은 바슐라르의 인식론적 단절 개념에 근간을 둔다. 이 인식론에서 구체적인 것들은 오히려 존재의 심층을 읽어낼 수 없게 방해하는 '인식론적 장애물'들이다. 토테미즘에 대한 레비-스트로스의 분석은 이 점을 인상 깊게 보여준다. 토템과 해당 부족 사이의 관계에 관한 인식에서 이미지의 차원, 행동의 차원, 기능의 차원 등을 모두 건너뛸 때에만 비로소 그 심층적 구조를 발견할 수 있는 것이다. 이런 사유에서는 타인의 문제가 제기될 이론적 공간이 생겨나지 않는다. 그러나 자연과학이 아닌 인간과학에서 타인의 문제가 배제될 수는 없으며, 이 문제는 후기 구조주의 사유가 해결해야 할 중차대한 주제로서 재등장하게 된다.

어떤 면에서 보면, 현상학과 구조주의는 인간중심주의 비판이라는 시각을 공유한다. 현상학은 그 한편에서는 분명 주체의 철학이다. 그것은 서구 근대 사유가 배태한 사물화의 흐름에 저항하면서 인간의 고유성과 주체성을, 인간적 체험과 의미의 차원을 역설한 휴머니즘이었다. 그러나 다른 한편 현상학이 타파하려 한 이런 근대적 흐름은 그 자체가 독선으로 흐른 휴머니즘이 만들어낸 인간중심주의의 폐해들에 다름 아니었다. 때문에 현상

이다. 인간과학에서의 '의미'가 생명과학에서는 (분자들의 특정한 계열화에 상응하는) '기능'이 되고, 정보공학에서는 (0과 1의 특정한 계열화에 상응하는) '정보'가 된다.

학은 다른 한 측면에서 근대적 인간중심주의의 극복이라는 얼굴을 띠는 것이다. 반면 구조주의는 경험의 차원이 아니라 선험적 주체가 그 안에서 해체되어버리는 무의식적 심층을 탐사함으로써 근대적 인간중심주의를 타파하려 했다. 주체가 오랜 기간 보유했던 '선험적'이라는 지위는 이제 구조에 위임된다. 언급했듯이, 구조주의 사유가 특히 인류학에서 그 사상사적 의의를 본격적으로 드러낸 것은 우연이 아니다. 현상학적 탈근대성이 빗나간 휴머니즘을 바로잡는 것이었다면, 구조주의적 탈근대성은 휴머니즘 자체의 해체를 통한 것이었다.

구조주의의 관점에서 볼 때, 현상학은 그것이 어떤 형태를 취하든 모든 것은 주체에 상관적으로 이해된다고 보는 사유이다. 그것은 '나타남'의 사유이다. 반면 구조주의는 인간에게 나타나지 않는 차원에 초점을 맞춘다. 그러나 구조주의자들이 발견한 그 차원은, 현상학적 차원과는 다른 차원이라 해도, 결국 인간에게 나타난 차원이 아닌가? 우리는 여기에서 뉴턴에 관련해 말했던 것을 다시 떠올리게 된다. 우주의 법칙성을 발견했을 때, 그 발견의 주체는 그 우주의 어디에 있는 것일까? 그 역시 고전 역학의 법칙에 따라 움직이는가? 그러면 고전 역학이 고전 역학을 발견한 것인가? 전체는 우주와 그 발견자를 포함하는 무엇일 것이다. 만일 구조가 주체를 지배한다면, 그 구조를 발견한 주체 역시 그 구조에 의해 지배되는 것일까? 구조에 의해 지배되는 존재가 구조를 발견한 것인가? 매트릭스에 의해 완전히 지배되는 자가 어떻게 그것이 매트릭스인 줄 알 수 있겠는가? 이런 문제점은 구조주의 사유가, 사실 그 어떤 결정론적인 사유에서도 마찬가지이거니와 '일방향적 사유'인 데에서 발생하는 문제점이다. 우리가 본 철학사 연구 전체에 걸쳐 길어낼 수 있었던 가장 핵심적인 사유 원리들 중 하나는 존재-인식의 순환성이다. 철학적 사유에 있어, 이 순환성 원리는 사유를 오류와 독단으로부터 지켜주는 핵심적인 원리이다.

이런 이유로 인해 후기 구조주의의 길을 밟은 철학자들에게 주어진 과제는 이런 일방향적 사유를 극복하는 것이었다. 그 단초는 구조 자체가 드러내 보여주는 불완전성이었다. 초기 구조주의자들도 때로 이런 불완전성을 발견했으나, 선물의 예를 들어 논했듯이 그들은 이를 그저 과학적 작업에서 나타나는 예외나 오차 정도로 생각했다. 그러나 후기 구조주의의 시각에서 볼 때 그러한 불완전성은 본질적인 것이었고, '구조'란 (특정 방송국들의 주파수란 사실 연속적인 주파수 계열의 어떤 특수한 경우들이듯이) 늘 그런 불완전성의 토대 위에서 성립하는 것으로서 이해되기 시작했다. 여기에서 두 갈래의 길이 열린다. 그 하나는 차이생성을 그 근저에 놓는 길이고, 다른 하나는 그 불완전성의 원인이 다름 아닌 주체 자신과 상관적임을 깨닫는 길이다. 전자의 흐름은 생성존재론의 길이고, 지금의 맥락에서 중요한 것은 후자의 길이다. 구조의 불완전성은 곧 바깥의 바깥을 함축하지만, 이 바깥의 바깥은 바깥의 또 다른 어떤 바깥이 아니라 주체 자신에게로 이어지는 바깥의 바깥, 주체의 주름인 것이다. 세계는 달걀과도 같다. 주체는 구조의 지배를 받지만, 구조는 주체가 그 안에 존재함으로써 그렇지 않았다면 구였을 것이 달걀의 형태를 띠게 되는 것이다. 주체는 구조라는 구 안에 존재하고 그것의 지배를 받지만, 그 구는 바로 (다른 것이 아니라) 주체가, 대자가 그 안에 존재함으로써 더 이상 구가 아니게 되는 것이다. 존재(지금의 맥락에서는 구조)가 인식(지금의 맥락에서는 주체)에 의해 일방적으로 구성/의미부여되는 것도 아니고, 인식/주체가 존재 속으로 일방적으로 흡수되는 것도 아니다. 주체중심주의도 자연주의도 사태를 단순화하는 논리이다. 우리는 이런 '존재론적 달걀'의 관점에서 구조주의 이후 사유들을 일관되게 이해할 수 있다.

그러나 이러한 일관된 이해가 구조주의 이후 사상가들의 사유를 등질화하는 것이면 곤란하다. '후기 구조주의'라는 어떤 특정한 사조는 존재하지 않는다. 이 말은 구조주의 이후의 여러 사유들을 함께 부르는 말일 뿐이다. 그러나 이 사유들이 공히 구조주의를 이미 거친 시점에서 (실존주의 등으로 다시 회귀하지 않으면서) 주체를 그리고 (구조주의가 대체로 방기했던) 윤리적-정치적 차원을 사유하려 한 것은 분명하다. 라캉의 사유는 이런 흐름에 있어 한 범례를 제시해주었다. 라캉에게 바깥은 기표계로서의 대타자이다. 그것은 인간이 그 안에 들어섬으로써 비로소 주체가 되는 언어적 장이다. 이 장에서 한 개인은 특정한 기표에 의해 대리되며, 이 기표는 다른 기표들과 변별적 차이를 형성한다. 라캉은 이 구도에서 욕망을 개념화했다. 그러나 라캉 사유에서 주체의 이중성, 욕망의 이중성은 핵심적이다. 기표계 바깥으로 탈주한 욕망의 또 다른 갈래가 잃어버린 상상계의 한 조각을 대상 a로서 재회하는 대목은 무척 극적이다. 바깥의 바깥이 접히면서 안의 주름이 드러난다. 이 지점에서 주체는 "너는 무엇을 원하는가?"에서 "나는 무엇을 원하는가?"로 이행하면서 자신의 주름을 그 나름의 방식으로 갈무리할 수 있다. 바깥의 바깥으로부터 안으로 접히는 주름에서 갖가지 유형들의 주체가 모습을 드러낸다.

우리는 이 구도가 구조주의 이후의 사유를 펼친 여러 철학자들에게서 상이한 맥락과 상이한 언어로써 드러남을 볼 수 있다. 시민사회를 재생산해내려는 이데올로기적 국가장치들의 바깥에서 우발적 계제를, "자본주의의 틈새"를 발견하고 그것을 저항적 주체성으로 구부려 계급투쟁을 재개념화하려 할 때의 알튀세르, 동일자로서의 구조를 탈-구축함으로써 그것의 바깥에서 주체가 마주치는 '불가능한 것'을 주제화하고 그로부터 타자들과의 윤리학과 정치철학을 개진할 때의 데리다, 주체 내에 내장되어 있는 바깥의 바깥으로서의 욕망을 발견하고 (그 차이생성의 흐름에 떠내려 가면서도) 무의식적 욕망/생명의 생성을 갈무리하면서 다양체/배치를 창조해나가는 주체를 그릴 때의 들뢰즈와 가타리, 상황에는 현시되지 못하는, 폐제된 순수 다자가 상황에 다시 모습을 보이는 것을 사건으로 파악하고 그것을 상황으로 향하게 하는('진리의 유적 절차') 주체화를 사유할 때의 바디우를 비롯한 여러 후기 구조주의 철학자들이 이 구도에 입각한 사유들을 고유한 맥락과 개념들을 통해 펼쳤다. 바깥의 바깥을 안으로 이어 주체를 새로이 이해하고 그 위에서 윤리학, 정치철학을 전개한 이 흐름은 20세기 철학이 이룩한 무비의 사유-드라마였다.

9장 몸과 마음

후기 구조주의 사유의 큰 성취에도 불구하고, 이들이 사유한 '바깥'은 온전한 것이 아니었다. 이 바깥은 인간과학적인 바깥에 제한되었기 때문이다. 들뢰즈와 가타리를 예외로 한다면, 후기 구조주의 사유에서 자연은 바깥의 바깥에 존재하는 어둡고 등질적이고 무의미한 차원에 불과했다. 그러나 '바깥'을 온전하게 사유하려면 이 자연의 차원까지도, 담론공간으로 말해 자연과학(특히 생명과학)까지도 포괄해야 한다. 이렇게 확장된 바깥, 인간과학만이 아니라 자연과학의 성과들까지도 포괄하는 바깥을 인식하고서, 그 바깥의 바깥을 찾아 안으로 주름-접을 때 비로소 보다 온전한 형태의 주체의 모습이 파악될 수 있다. 객체성을 보다 온전히 파악할수록 그만큼 진정한 의미에서의 주체성이 드러날 수 있는 것이다. 스피노자는 "자유는 필연의 인식"이라고 했거니와, 우리는 자유란 필연의 끝에서 드러난다고 말할 수 있다.

사실 철학사를 돌이켜보면, 주체의 문제 — 원래의 용어로 하면 '영혼'의 문제 — 는 자연철학과 형이상학의 문제였다. 동북아의 '心, 性, 情'의 문제라든가, 인도의 '아트만'의 문제라든가, 그리스에서의 'psychē, anima/

animus'의 문제 등은 모두 자연철학/형이상학의 문제였다. 오히려 현대에 들어와 이런 관점에서 탈피해 현상학적 관점이나 (후기)구조주의적 관점이 전개되었던 것이다. 이 현대적 관점에서 본다면, 전통적인 영혼론은 주체를 아직 사물화된 수준에서 다룬 것에 불과했다. 근대의 일부 철학자들이 주체를 더 이상 사물, 대상, 실체로 다루기보다 기능, 활동, 주체성으로 다루기 시작했지만, 본격적으로는 현상학의 도래를 통해서 비로소 주체를 주체답게 인식하기 시작했던 것이다. 그 후 구조주의는 현상학적 안을 바깥으로써 해체하고자 했고, 후기 구조주의 철학자들은 이 바깥의 바깥을 발견하고 그 차원을 안과 연결해 수준 높은 주체론을 전개했다. 이렇게 본다면 이 장에서 다룰, 생명과학을 토대로 형이상학적 논변을 펼치는 사유들은 어떤 면에서는 고대적인 철학함으로 돌아간 것이라고도 할 수 있다. 그러나 철학사에서 액면 그대로의 돌아감이란 있을 수 없다. 여기에서 다룰 심리철학(마음의 철학, 심신론)은 현대의 생명과학을 매개로 해서 새로운 차원에서 전개되고 있는 형이상학이다. 이 점에서 과거로의 단순 회귀는 아니다. 이 논의들까지 포괄해야 우리는 '바깥'을 보다 온전하게 그 전(全) 범위에서 파악할 수 있는 것이다.

그러나 보다 본질적인 것은 이 바깥의 바깥을 접어서 다시 주체에로 연결해 주체의 진정한 모습을 파악해야 한다는 것이다. 바깥의 바깥으로 일방향으로 나아가기만 할 경우 그 귀결점은 오늘날 도처에서 볼 수 있는 조악한 환원주의에 다름 아니다. 바깥의 바깥으로 끝까지 나아가서 다시 안으로 회귀해 그 여정 전체('존재론적 달걀')를 조망해보는 오뒤세이아를 통해서만, 우리는 보다 온전한 주체론에 닿을 수 있다.

1절 이원적 일원의 사유

몸과 마음이 서로 구분되는 두 실재라는 것은 가장 상식적인 생각이다. 마음은 단숨에 지구 저편에도 닿지만, 몸은 일정한 속도 이상으로 이동할 수 없다. 몸에 대해서는 몇 킬로그램인지 말할 수 있지만, 마음에 관련해서 길이나 무게, 색 등을 물어보는 것은 우스꽝스럽다. 몸은 피곤해도 마음은 행복할 때도 있고, 마음은 비참하지만 몸은 멀쩡할 때도 있다. 몸과 마음은 모든 면에서 구분된다. 하지만 몸과 마음이 밀접한 관련을 가진다는 것, 아니 거의 하나로 움직인다는 것 또한 분명한 사실이다. 누군가의 기분이 나쁘면 얼굴이 어두워지고, 기분이 좋아지면 얼굴이 밝아진다. 몸이 아프면 당연히 마음도 힘들지만, 마음이 아프면 몸도 상한다. 몸과 마음이 서로 구분되지만 그렇다고 서로 분리되지는 않는다는 것은 분명한 사실로 보인다. 몸과 마음은 이원적 일원, 일원적 이원의 관계를 맺는다.

전통적인 심리철학은 대개 이원론의 형태를 띠었다. 심리철학이 종교적 성격을 띨 경우 이른바 '영(靈)과 육(肉)'의 이원론이라는 형태를 띠었고, 인간은 '영'을 통해 하늘에 닿고 '육'으로 인해 짐승의 성격을 띠는 이중체로 이해되었다. 서구의 경우 보다 근대적인 이원론의 확고한 형태는 데카르트에 의해 제시되었고, 실체적으로 구분되는 'res extensa'와 'res cogitans'라는 그의 생각은 근대적 심리철학의 출발점이 된다.[1] 이후 여러 심리철학들이 등장하게 되거니와, 서구 철학사에서 데카르트를 극복한 현대적인 형태의 이원론, 궁극적으로는 이원적 일원의 심리철학을 제시한 것은 베르그송의 심리철학이다. 그의 『물질과 기억』은 현대 심리철학의 출발

---

1) 데카르트의 이원론, 그리고 그를 일원론으로써 극복하고자 한 스피노자와 다원론으로 극복하고자 한 라이프니츠의 심리철학은 현대 심리철학의 원형들로 자리 잡게 된다. 동북아의 경우, 리기 이원론에서 기 일원론으로 옮아가는 추세 속에서 심, 성, 정에 대한 보다 일원론적인 고찰이 근대적 심리철학의 흐름을 이루게 된다.

점에 놓여 있다.[2]

§1. 유물론 비판

베르그송은 기존 심리철학을 실재론과 관념론으로 대별하고 양자를 공히 비판한다. 실재론의 관점에서 현상계는 사물들의 피상적 모습이다. 실재는 수학적으로 파악되는 사물의 심층이다. 그런데 실재를 이렇게 정의할 때 우리 삶의 구체적 차원들 그리고 이 차원들의 가능조건으로 이해되는 정신/마음을 어떻게 이해할 것인가라는 물음이 제기된다. 이 점에 관련해 실재론은 두 가지 갈래로 나뉘는데, 그 하나는 정신의 차원을 별도로 설정하는 **이원론**(물질/신체와 정신의 이원론)이고, 다른 하나는 정신을 물질적 실체의 부대현상으로 파악하는 **유물론**이다. 또 하나, 물질/신체와 정신을 근본적인 실체의 두 표현으로 보는 **평행론**이 가능하다. 데카르트, 홉스, 스피노자에게서 각각 그 원형을 볼 수 있다. 다른 한편 **관념론**은 우리가 경험하는 차원을 실재로 본다. 이 관점에 대해서는 물질이 우리 경험을 떠나 자체로서 질서를 드러낸다는 사실을 어떻게 이해할 것인가, 달리 말해 어째서 물질 차원에 대한 과학적 탐구들이 성공을 거두는가라는 물음이 제기된다. 이에 대해 관념론자들은 그러한 질서에 대한 설정은 독단에 불과하며, 과학적 설명들은 우리 경험을 상징들을 사용해 간략화/추상화하는 것에 불과하다고 답한다. 영국 경험론자들이 이런 입장의 원형을 보여준다.

베르그송은 데카르트의 이원론에 대한 체계적인 논변을 개진하지는 않

---

2) 이상하게도 현대 심리철학 논의들의 상당수가 이원론을 때로는 아예 논윗거리조차도 되지 않는다는 듯이 기각하곤 한다. 이런 논의들은 대개 데카르트의 이원론을 거부하는 것으로 시작된다. 그러나 오늘날 이원론을 비판한다면 그것은 응당 베르그송의 이원론이어야 할 것이다. 3세기 전의 이원론을 극복한 현대 이원론을 놔두고 그것이 극복한 과거의 이원론을 들어서 그것을 간단히 기각하는 것은 철학사적으로 큰 오류를 범하는 것이다.

았다. 우리는 오히려 베르그송 자신의 이원론을 데카르트 이원론을 극복한 사유로서 음미할 수 있다. 이런 연유로, 데카르트의 한계는 베르그송 논의를 정리한 후라면 자연스럽게 드러날 것이다.

베르그송이 집중적으로 비판의 대상으로 삼은 것은 유물론(뇌중심주의/뇌환원주의)이다.[3] 특히 뇌에 표상의 역할을 부여하는 입장이다. 이 입장을 편의상 '표상주의'라고 부르자.[4] 표상주의를 다음과 같이 이해할 수 있다: 우리가 세계에 대해 가지는 표상은 대상들에 접한 우리의 감각기관이 모은 정보가 뇌에 전기신호의 형태로 전달되고, 뇌가 이 정보를 어떤 관념들(정신적 존재들)로 번역한 것이다. 따라서 우리는 사물들 자체를 인식하는 것이 아니다. 단지 뇌에 주어진 정보에 대한 뇌의 '해석'이 바로 우리의 관념들인 것이다. '정신'이란 이 관념들의 총체에 다름 아니다. '표상주의'란 이 과정 전체를 표상의 과정으로 보고, 그것을 (분자생물학의 용어를 쓴다면) '센트럴 도그마'로 채택한 이론을 가리킨다.

베르그송은 우주와 (뇌를 포함한) 우리의 신체는 연속적이며 그 전체가 물질('이미지들의 총체')이라고 생각한다. 이는 객체/객관과 주체/주관을 맞세우는 근대 인식론의 구도와 다르다. 우주, 신체, 뇌가 모두 연속적이고 그

---

3) 베르그송은 버클리에게서 그 전형을 볼 수 있는 관념론에 대해서는 그것이 객관세계(물질세계)에 대해 과학이 발견해내는 질서들을 설명할 수 없다는 점에서 비판한다. 유물론이 정신을 물질로 환원한다면, 관념론은 물질을 정신으로 환원한다. 베르그송은 이 두 환원주의를 공히 비판한다. 그는 물질의 실재성과 정신의 실재성을 동시에 인정하는 이원론을 펼친다. 그러나 뒤에서 논하겠지만, 이 이원론은 **연속적 이원론**이지 불연속적 이원론이 아니다.

4) '표상'이라는 용어에 세심한 주의가 필요하다. 심리철학에서 표상은 매우 넓고 기초적인 의미로 사용되며, 대개 한 차원이 다른 차원에 전사(傳寫)되는 과정을 표상이라 한다. 이 때문에 "뇌는 행동의 기관일 뿐 표상의 기관이 아니다"라는 베르그송의 테제는 심각하게 오해될 수 있다. 여기에서 베르그송이 말하는 표상은 일반적인 의미에서의 표상이 아니라 우리가 '정신적인 것'이라고 부르는 차원, 이념적인 차원을 가리키기 때문이다. 게다가 베르그송 자신이 이 용어를 이런 의미로 엄격하게 한정해서 쓰고 있지 않기 때문에 혼동이 가중된 면도 있다. 여기에서는 '표상'이라는 용어를 일반적으로 사용되는 방식으로 쓴다.

전체가 물질이라는 베르그송의 구도는 다음 세 가지를 함축한다. ① 세계가 뇌 안에 있는 것이 아니라, 뇌가 세계 안에 있다.("이미지들이 뇌 속에 있는 것이 아니다. 오히려 뇌가 이미지들 안에 있다." MM, 168) 뇌는 세계＝물질 전체의 흩어져 있는 부분들일 뿐이며, 뇌 안에 세계를 담아서 생각하는 것은 잘못이다. ② 뇌, 몸, 세계는 연속적이기 때문에 우리가 사물을 지각할 때면 바로 사물 그것을 지각하는 것이다. 사물은 우리 감각을 그저 촉발할 뿐이고, 우리가 본격적으로 지각하는 것은 그 촉발이 남긴 감각자료일 뿐이라는 생각은 거부된다. ③ 감각자료를 뇌 '가', 그 자체 물질일 뿐인 뇌가 관념들로 번역한다는 생각은 과학이라기보다는 차라리 마술에 가까운 것이다. 베르그송에게서 우주, 신체, 뇌는 우선은 **행동**의 맥락에서 파악된다. 베르그송에게서 지각은 행동을 위한 것이지 인식을 위한 것이 아니다.[5] 지각은 잠재적으로 이미 행동이다. 그러나 물질(좁은 의미), 신체, 뇌 사이에는 물론 차이가 있다. 신체는 물리적 법칙들에 따라 움직이는 물질 차원과는 달리 '비결정성의 중심'을 형성한다. 그리고 뇌는 선택의 기관으로서 신체가 수용한 모든 운동들을 분석하고 각 상황에서 필요한 운동들을 선별해 내보낸다. 신경계가 발달할수록 분석·선별의 폭과 복잡성은 점점 증가한다. 베르그송은 뇌를 중앙전화국에 비유했는데, 오늘날의 감각으로는 중앙컴퓨터에 비유할 수 있을 것 같다. 요컨대 베르그송은 물질 차원, 신체, 뇌가 각기 구분되기는 하지만 그 전체가 넓은 의미에서의 '물질'의 차원을 형성하며, 인간의 차원, 넓게는 유기체의 차원에서 이 차원을 지배하는 맥락은 어디까지나 행동의 맥락임을 강조한다.

유물론자들, 유물론적 실재론자들이 뇌를 중심으로 하는 환원주의를 취하는 것은 어떤 이유에서일까? 유물론적 실재론을 취할 경우 '비결정성의

---

5) 여기에서도 '인식'이라는 말에 세심한 주의가 필요하다. 베르그송에게서 흔히 말하는 '인지'는 표상의 맥락이 아니라 행동의 맥락에서 이해되어야 한다. 베르그송이 뇌가 인식의 기관이 아니라고 말할 때, 그것은 뇌가 인지의 기관임을 부정하는 것이 아니다. 베르그송에게 '인지'는 인식이 아니라 행동이다.

중심'인 신체에 의한 지각을, 자발성에 입각한 주체적 행위를 설명하기 곤란하다. 때문에 이들은 "(지각이 없는 세계에서) 지각을 만들어내기 위해, 의식-부대현상이라는 유물론적 가설 같은 궁여지책을 끌고 들어와야" 한다. (MM, 23) 뇌라는 물질에 정신을 포함시킴으로써 원래 그들의 존재론에는 없던 차원 전체를 뇌에다가 전가할 수밖에 없는 것이다. 이 점은 '知覺' 개념을 동북아적 맥락에서 이해할 경우 더 명확히 다가온다. 물질에 대한 자연과학적 연구에 기반하는 유물론적 실재론에서는 이런 차원이 들어설 여지가 없기에, 유물론자들은 이 차원 전체를 뇌에다가 온전히 전가하는 것이다.(역으로 관념론은 지각의 차원을 중심에 놓기 때문에, 물질에 대한 자연과학의 객관적 탐구 성과를 설명하지 못한다.)[6] 그런데 이런 가설이 종종 옳아 보

---

6) 정신과 물질 — 베르그송의 이런 지적에 유물론자들이 답하기 위해서는 우리가 '정신'에 전가하는 활동들을 신경과학에 의해 설명해나가야 한다. 이것은 오늘날 활발하게 전개되고 있는 신경과학에서의 환원주의이다. 반면, 흔히 잘 지적되고 있지 않지만, 오히려 정신(예컨대 버클리적인 '마음'이나 동북아적인 '精神'/'神氣')에서 출발해 물질세계를 경험적으로 알아가는 방향이 있을 수 있다. 동북아의 기 수련이 대표적인 예이다. 묘한 것은 유물론/실재론은 정신에서 출발하며, 관념론(또는 이원론)은 오히려 물질에서 출발한다는 사실이다. 우리가 물질에 대해 알아가는 것은 사실은 **정신에서 출발해**(존재론적 분절, 기호화, 실험의 설계, 수학적 공식들의 투영 등) 물질을 정신적인 차원으로 파악해가는 것이기 때문이다.(3권 9장에서의 셸링에 대해 논했던 것을 상기)* 반대로 정신이 물질세계를 경험적으로 하나하나 알아나가는 과정 — 한의학 등 동북아적인 뉘앙스에서의 과학이 그 전형적인 예이다 — 은 바로 우리의 **신체를 통해서** 가능하다. 기 수련 등은 모두 신체를 중심으로 가능한 방법들이다. 그래서 유물론은 정신에서 출발하고 관념론/이원론은 신체에서 출발한다는 묘한 역전이 일어난다. 그리고 이 사실 자체가 단순한 일원론, 단순한 일방향적 인과/환원주의 등은 곤란하다는 점, 우리가 이 철학사 전체에 걸쳐 강조했듯이 존재와 인식은 항상 순환적이라는 점을 다시 한 번 확인해준다.

*물론 극단적 유물론자는 이때의 '정신'이라는 것도 사실은 우리 뇌의 뉴런들의 운동일 뿐이라고 강변할 것이다. 그러나 시냅스들의 연결-생성 등이 어떤 생각을 해서 특정 대상에 관심을 가지고, 그것을 존재론적으로 분절하고, 대상들에 이름을 붙이고, 실험을 설계하고 또 수학적으로 파악하는가 하면, 현상들의 의미를 읽어내고, 타인들과 소통하고, 참과 거짓 사이에서 번뇌하고, …한다는 것은 그야말로 난센스이다. 차라리 철수의 뉴런들에는 각각 미니-철수가 살고 있어서, 이 미니-철수들이 이런 일들을 한다고 말하는 것이 논리적으로는 더 정합적일 것이다. 3권 2장에서 캔델과 스콰이어가 어떻게 데카르트를 오해했는지 지적했거니와, 이 지점에서 그때 던져놓은 두 번째 문제, 즉 "정신의 모든

이기도 한다. 왜냐하면 정신적 활동들은 뇌를 통해 구현되며(우리는 이 점을 이렇게 말할 수 있다: 정신은 뇌로부터 사유하는 것이 아니라 뇌와 더불어 사유한다.), 따라서 마치 모든 것이 뇌에서 흘러나오는 것처럼 보이기 때문이다. 그러나 수도꼭지가 망가져서 물이 나오지 않는다고 해서 그 뒤에 물이 존재하지 않는 것은 아니듯이, 정신적 활동들은 뇌를 훨씬 넘쳐흐르는 무엇이다.

> 만일 뇌 메커니즘에 대한 우리의 과학이 완벽하다면, 나아가 심리학까지도 완벽하다면, 우리는 영혼의 특정한 상태에 있을 때 뇌에서 무슨 일이 벌어지는가를 예측할 수 있을 것이다. 그러나 그 역은 불가능하다. 왜냐하면 똑같은 뇌 상태에 대해서 (동등하게 적합한) 많은 상이한 영혼의 상태들 사이에서 선택을 해야 할 것이기 때문이다.(ÉS, 42~43)[7]

철수가 어떤 특정한 영혼의 상태에 있을 때, 예컨대『맹자』를 읽거나, 베토벤 음악을 듣거나, 김환기의 그림을 볼 때, 우리는 철수의 뇌가 어떤 상태일지를 (신경과학, 심리과학 등이 고도로 발달했을 경우) 거의 알아맞힐 수 있을 것이다. 하지만 철수의 뇌가 바로 그런 상태임을 확인했다 해서, 철수가『논어』를 읽고 있는지『파이드로스』를 읽고 있는지 알아맞힐 수 있을까? 베토벤을 듣고 있는지 카를 오르프를 듣고 있는지 알아맞힐 수 있을까? 김환기의 그림을 보고 있는지 이우환의 그림을 보고 있는지 알아맞힐 수 있을까?

활동이 우리 몸의 특화된 한 부분, 곧 뇌에서 비롯된다고 믿는다", "나는 뇌를 가졌다, 고로 생각한다"라는 주장이 얼마나 무리한 것인지를 음미해볼 수 있다. "뇌가 …" 하는 식의 표현들이 얼마나 우스꽝스러운 결과를 가져오는가는 다음 저작에서도 상세하게 분석되어 있다. 베넷·해커, 이을상 외 옮김,『신경과학의 철학』, 사이언스북스, 2013. 물론 우리는 이런 식의 표현들을 그저 표현들일 뿐인 것으로 간주할 수 있다. 문제는 이런 표현들을 존재론화해서 무리한 철학적 결론들을 이끌어내는 데에 있으며, 더 나쁘게는 실제 많은 과학서들이 그런 식으로 속류 유물론을 펼치고 있다는 점에 있다.

7) ÉS = Bergson, *L'Énergie spirituelle*, PUF, 1919/2017.

게다가 세상에 존재하는 모든 책들, 음악들, 그림들로 생각을 확장해보면, 더 나아가 다른 숱한 활동들로, 각 활동들의 수많은 경우들로, 게다가 각 경우들에 관여하는 외적 관계들로 확장해보면, … 사태는 분명해진다. 한 사람의 정신은 그의 뇌를 훨씬 흘러넘친다. 우리는 누군가의 뇌를 탐사함으로써 그의 정신활동의 물질적 조건을 인식할 수 있다. 나아가 그의 뇌가 움직이는 패턴들을 파악함으로써 그의 정신세계에 대해 적지 않게 짐작해낼 수 있다. 그렇다고 뇌의 탐사가 그의 정신세계 전체를 밝혀낼 수 있으리라고 생각하는 것은 과대망상이며, 뇌와 정신의 외연을 등가적으로 보는 것은 커다란 착각이다. 뇌와 정신은 등가적이지 않다. 뇌는 정신이 물질세계에 접하고 또 그것에 구현될 수 있게 해주는 결정적 통로/매개체, 중앙컴퓨터이며, 물질세계, 신체, 뇌, 정신은 서로 분리되지는 않지만(궁극적으로는 연속적이지만) 명백히 구분되는 차원들인 것이다.[8]

---

8) 어떤 사람들은 베르그송 이후 발전되어온 뇌과학의 예를 들어 베르그송의 심리철학이 유효하지 않음을 지적한다.(예컨대『ベルクソン『物質と記憶』を診断する』, 書肆心水, 2017, 263~283頁) 이런 지적은 ① 베르그송이 물질, 신체, 뇌를 다소 지나치게 연속적으로 보고 있는 대목들에 대해서는 적절한 지적이다. 예컨대 뇌에서의 '인지 지도'에 의한 공간 지각에 대한 연구는 뇌'가' 얼마나 능동적이고 정교하게 작동하는지를 잘 보여준다. ② 그러나 이런 사실이 베르그송 논의의 근본 내용을 훼손하는 것은 아니다. 인지 지도에 의한 공간 지각의 연구는 행동에 있어 인간의 뇌가 어떻게 작동하는가에 대해 일반적인 메커니즘을 알려주는 것일 뿐 한 인간이 공간 지각에 관련해 가지고 있는 기억 — 예컨대 내 철수가 어릴 적 놀던 골목에 관해 가지고 있는 기억들(과 그 숱한 뉘앙스들) — 의 풍부함을 알 수 있게 해주는 것은 아니기 때문이다.
한 가지 시사적인 것은 뇌과학 연구에서는 베르그송에게서 습관-기억으로 이해되는 차원이 그 안에서 습관-기억(비서술 기억)과 이미지-기억(서술 기억)으로 나뉘어 지칭된다는 점이다. 따라서 베르그송의 관점에서 보면 약간 복잡한 습관-기억일 뿐인 것이 뇌과학에서는 서술 기억으로서 취급되고 있는 것이다. 역으로 말해, (삶의 어떤 특정한 영역에 초점을 맞추어 연구하는 개별 과학인) 뇌과학에서는 비서술 기억과 서술 기억으로 구분되어 연구되고 있는 영역 전체가 (삶 전체를 사유하는 형이상학자인) 베르그송의 눈길로 보면 다만 여러 층위의 습관-기억들에 대한 연구일 뿐인 것이다. 앞에서 논한, '표상' 개념을 둘러싼 표상주의자들과 베르그송의 차이와 같은 맥락에서 이해할 수 있다.
삶에로의 주의 — 베르그송이 뇌에 부여하는 가장 중요한 역할은 정신과 세계를 연결해주는 것이다. 이런 연결이 끊어진다면, 정신은 허깨비 같은 것이 되어버릴 것이다. "뇌는,

베르그송이 비판하는 또 하나의 심리철학은 '평행론'이다. 평행론은 유물론처럼 정신을 물질로 거칠게 환원하기보다는 양자의 존재론적 실재성을 공히 인정한다. 베르그송은 평행론을 "정신(/영혼)이 신체의 특정 상태들을 표현하거나 신체가 정신(의 어떤 상태들)을 표현한다고, 또는 정신과 신체가 정신도 신체도 아닌 어떤 본원적인 것을 상이한 언어로 번역한다"고 생각하는 이론으로 규정한다.(ÉS, 39)[9] 이는 신체와 정신을 실체-속성 관계로 또는 속성-실체 관계로 보거나, 양자는 본원적인 실체의 두 속성이라고 생각하는 입장이다. 첫 번째 형태는 완화된 유물론이다. 두 번째 형태는 라이프니츠에게서 발견된다. 세 번째 형태는 스피노자에게서 발견된다. 어느 경우를 취하든 핵심은 "뇌는 정신과 정확히 **등가적**"이라는 점이다.[10]

정신의 삶에서 그것(정신적 삶)이 운동화할 수 있고 물질화할 수 있는 모든 것을 뽑아내고 그로써 물질에 정신이 삽입될(구현될) 수 있는 지점을 구성함으로써, 매 순간 정신이 환경/상황에 잘 적응하도록 하고 실재들과 지속적으로 접할 수 있도록 해준다. 따라서 엄밀히 말해 뇌는 사유의 기관도 또 감정, 의식의 기관도 아니다. 그러나 뇌는 의식, 감정, 사유가 실재하는 삶에로 계속 향해 있을 수 있도록 해주고 그 결과 유효한 행동을 할 수 있도록 해준다. 원한다면 뇌를 삶에로의 주의(attention à la vie)의 기관이라고 부르자." (ÉS, 47) 베르그송은 꿈, '데자뷔' 등의 현상들에 대해서도 역시 이런 관점에서 접근한다.

9) 첫 번째 평행론은 사실상 완화된 유물론, 즉 정신에 일정한 존재론적 위상을 부여하되 그것을 물질/뇌에 종속시키는 입장이다.(이 입장은 2절, §2에서 논할 '속성 이원론'에 가깝다.) 두 번째 평행론은 정신이 실재이고 그것이 물질적 형태들로 나타난다고 보는 관점이다. 세 번째 평행론은 스피노자의 심신 이론에서 전형을 볼 수 있다. 사실 이 세 관점은 매우 다른 것임에도, 베르그송은 세 관점 모두 정신과 물질/뇌를 등가적으로 본다는 점에서 하나로 묶고 있다.

10) 베르그송이 뇌와 정신의 등가성이라고 했을 때 이는 신체와 정신의 등가성을 뜻하기도 한다. 그러나 뇌와 신체는 간단히 등치시킬 수 없다. 신체는 단지 뇌의 명령을 받아 정신의 뜻을 실행하는 병졸이 아니다. 메를로-퐁티에게서 보았던 신체-주체 개념을 상기할 필요가 있다. 생명과학의 맥락에서도 예컨대 뇌과학 중심의 논의는 생태학 중심의 논의 등과는 물론이고 면역학 중심의 논의 등과도 온전히 정합적이지 않다. 아울러 베르그송이 물질, 신체, 뇌를 연속적으로 본 것은 (뇌중심주의나 표상주의 등의 극복이라는 맥락에서) 의미가 있지만, 신체 외부의 세계를 간단히 등질화하고 있음에도 주목할 필요가 있다. 이는 이 차원을 간단히 '환경'이라는 말 하나로 등질화하는 이론들의 경우에도 마찬가지이다. 과학자들은 물론이고 베르그송을 포함해 많은 철학자들이 '외부세계'가 자연만이 아니라 사회-역사의 장이라는 점 ─ 우리의 마음이 활동하는 곳은 오히려 일차

그러나 정신은 뇌"로부터" 산출되는 차원이 아니며, 언급했듯이 뇌와 등가적인 차원도 아니다. 뇌로부터 정신이 나오는 것이 아니라 정신이 뇌를 통해서 스스로를 물질 차원에 구현하는 것이다. 다소 과하게 비유하면, 정신이 물이라면 뇌는 수도꼭지이다. 물은 수도꼭지의 모양새에 따라서 나오며, 수도꼭지가 망가지면 아예 물이 나오지 않을 수도 있다. 그렇다고 물이 꼭 그런 모양새도 아니고, 물 자체가 소멸되는 것도 아니다. 뇌는 "정신으로 하여금 사물들의 작용에 운동적 반응을 통해서 응답하도록 해주는 장치들의 총체"이다. 뇌에 상해를 입은 사람이 정신활동을 상실하기보다는 오히려 과잉된 정신활동을 보이기도 하는 현상, 신체와 뇌의 활동이 감소하게 되는 잠 상태에서 꿈-이미지들이 자유분방하게 흘러나오는 현상, 기억상실증에 걸렸던 환자가 신기하게도 기억을 되찾는 현상,[11] 점진적 실어증의 경우 대개(상해의 종류에 무관하게) 고유명사, 일반명사, 형용사, 동사 순으로 사라진다는 사실 등이 이 점을 잘 보여준다. 뇌가 정신을 산출하는 것이 아니다. 오히려 뇌는 자신을 훨씬 넘치는 정신이 세계에 잘 삽입되도록 그것을 억제해 한정하고 (문자 그대로의 의미에서) '구체화'해주는 기관이라고 해

적으로는 오히려 후자라는 점 — 을 거의 고려에 넣지 않고 있다.

11) 만일 레코드판에 음악이 보존되듯이 기억이 뇌에 보존된다면, 레코드판이 깨질 때 그 안에 저장된 음악도 사라지듯이 뇌에 상해가 생기면 그곳의 기억도 영원히 사라져야 한다. 그러나 기억은 쉽게 사라지지 않는다. 한 환자는 내측 관자엽이 거의 다 망가졌음에도, 50년 전에 자신이 살았던 마을을 아주 잘 기억했다. 레코드판은 그 안에 음악을 보존하고 있는 것이 아니라 음악이 그것을 통해서 바깥으로 나오게 되는 장치라고 생각하는 베르그송의 심리철학에서는 이 사실이 이해하기 어렵지 않다. 레코드판이 깨져도 음악 자체는 사라지지 않는 것이다. 현대 뇌과학에서도 기억이 그 자체로서 뇌에 보존된다고 보지는 않는다.(사실 "기억이 뇌에 보존된다"는 표현이 무슨 뜻인지 자체가 분명치 않다.) 뇌의 이곳저곳에 흩어져 저장된 정보들이 맥락에 따라 재구성되어 기억이 재현되어 나온다고 생각한다. 그러나 이렇게 생각할 때, 이렇게 맥락에 맞게 정보들을 재구성하는 힘이 무엇인가라는 문제가 남게 된다. 이 힘이 바로 정신/주체성이라고 생각하는 한에서, 베르그송 사유와 뇌과학은 일정 정도 접근하게 된다. 그러나 설사 이런 구도를 취한다 해도, 뇌과학(에 근거한 형이상학)에서의 정신이 순수하게 정보들을 재구성하는 어떤 추상적인/메타적인 힘이라면 베르그송의 정신은 기억의 내용들 전체라는 점에서 양자는 다르다.

야 할 것이다.[12) 뇌와 정신은 결코 등가적이지 않다.

§2. 두 종류의 기억

그렇다면 베르그송 자신은 신체와 정신을, 그리고 양자 사이의 관계를 어떻게 파악하는가? 그 실마리는 두 종류의 기억을 구분하는 데에 있다. "과거는 서로 구분되는 두 가지 방식으로 존속한다."(MM, 82) 이 두 가지 기억은 곧 '습관-기억'과 '이미지-기억'이다. 어떤 글의 내용에는 관심이 없지만 그것을 계속 반복해서 외움으로써 마침내 아무 생각 없이 그것을 반복하는 경우, 그리고 그것을 반드시 기억하겠다는 어떤 의지도 개입하지 않았는데도 한순간 "뇌리(腦裏)에 꽂혀" 단번에 기억 속에 자리 잡는 경우(이런 경우는 대개 그 장소와 날짜까지 함께 기억되곤 한다.), 이 두 경우가 두 가지 기억을 예시해준다. 전자가 반복에 의한 기억이라면, 후자는 사건에 의한 기억이다. 현실에 있어 양자는 대개 섞여서 나타나지만, 개념상 분명하게 구분된다.

습관-기억은 학습되는 기억이며, 대개 우리 삶에서 유용성을 띠는 기억이다. 이 기억은 현실적 삶에 긴박하게 연동되어 있으며, 행동에 있어 상황, 신체(감각과 운동), 뇌가 긴밀하게 연속성을 이룬다. 그리고 이 기억이 실행될 때 불필요한 이미지-기억들은 억제된다. 병리학적 상황에 처한 사람들에게서, 이 기억이 때로 놀라운 보존력을 보여줌을 확인할 수 있다. 예컨대 실어증에 걸린 사람이 어떤 노래의 한 부분을 완벽하게 재현해내기도 한다. 반면 이미지-기억은 삶의 유용성과 관련이 없는 경우가 많으며(그래서

---

12) 베르그송은 이런 논변들 외에 평행론이 그 안에 오류추리를 내포하고 있음을 논증했다. 평행론자들은 자기도 모르게 (자신들이 상반된 이론이라고 생각하는) 실재론에서 관념론으로 또 관념론에서 실재론으로 미끌어지면서 오류추리를 범한다는 논변이다.(ÉS, ch. 7)

언급했듯이 행동의 상황에서 습관-기억은 이 기억이 나오지 못하도록 억제한다.),
단순한 생물학적 차원을 넘어서는 기억이다. 이미지-기억이 너무 풍부한
사람, 몽상가는 현실에 '적응'하지 못할 것이다.[13] 그러나 이 무용(無用)함
이 이미지-기억을 보다 인간적인 것으로 만든다. 동물들도 아마 이미지-
기억을 가지겠지만, 그들이 이 차원을 풍부하게 만들지 못하는 것은 행동
에 보다 밀착해 살아가기 때문일 것이다. 반면 인간은 행동의 차원에서 물
러나 정신적 차원에 몰두할 수 있다.[14] 보다 인간적인 기억은 이미지-기억
이다. 인간은 이미지-기억의 차원에서 살아가기를 원하기에 시를 쓰고 철
학을 하고 수학 문제를 푸는 것이다. 돈이 되지 않는 것, 현실에서는 쓸모가
없는 것을 향유할 수 있다는 것, 이것이 인간의 특권이다. 그러나 향유의 차
원을 만끽하던 사람도 이내 배고픔을 느끼게 되고, 돈을 벌러 나가야 한다.
그래서 습관-기억과 이미지-기억은 우리 삶 전체에 걸쳐 갈마든다.[15]

---

13) 이것은 상상에 관련해서도 마찬가지로 이야기할 수 있다. 인간은 왜 현실을 오해하게
만듦으로써 자신에게 해를 끼칠 수 있는 상상 활동을 발전시켜온 것일까? 기억과 상상
은 대개 혼효되어 활동하지만(과거의 기억에는 상상이 혼효하고, 미래의 상상에는 기
억이 혼효한다.), 기억이 과거에 무게중심을 둔다면 상상은 미래에 무게중심을 둔다. 앞
으로의 생명과학과 심리철학은 상상력을 탐구/사유해야 할 것이다. 아울러 언급한다면,
대개의 심리철학이 지각과 기억에 중점을 두고서 논의하지만, 그 사이에 감정을 삽입해
서 논의해야만 인간 심리의 전체적인 윤곽을 잡을 수 있다. 이런 경향은 결국 사람의 마
음을 지나치게 인식/인지에 초점을 맞추어 바라보고 있음을 뜻한다. 현대 심리철학은
전통적인 (앞으로는 형이상학과 뒤로는 윤리학과 유기적으로 연계되어 있는) 인성론과
별개로 진행되어야 하는 것이 아니라, 그것을 보완/정교화하는 것이어야 하는 것이다.
14) 꿈은 그 두 가지 의미의 모두에 있어 이미지-기억의 성격을 잘 보여준다. 자연적 맥락에
서, 우리가 행동을 멈추고 잠을 잘 때면 행동에 묶여 있던 이미지-기억들이 자유로이 떠
다닌다. 인문적 맥락에서, 우리는 행동을 멈추고 가능성의 차원을 꿈꿀 수 있다. 우리는
꿈이 왜 이 두 가지 의미로 사용되는지 이 대목에서 깨달을 수 있다. 꿈에 대한 베르그송
의 설명으로는 ÉS, 4장을 보라.
15) 정보로서의 기억 — 베르그송은 습관-기억과 이미지-기억을 구분했지만, 우리는 이에
더해서 정보로서의 기억을 생각해볼 수 있다. 기억을 유기체에서 무기체로 확장해 생
각할 경우, 그것은 정보의 형태로 레코드판이나 지하철표, 필름 등등 다양한 방식을 통
해 '메모리'로서 저장된다. 흥미로운 것은 뇌과학에서 말하는 기억은 바로 이런 의미에
서의 정보-메모리 개념에 기반해 이해된다는 점이다. 뇌과학자들이 한 기억의 프로토

이 두 가지 기억의 구분에 입각해 기억 문제의 알맹이인 '재인'의 두 방식을 구분하는 대목에서 베르그송 심리철학의 윤곽이 드러난다. 이 구분의 실증적 증거들 중 하나는 정신맹에서 찾을 수 있다. 우리는 정신맹에서 과거 이미지를 떠올리는 것이 불가능한 경우와 지각과 그에 수반되는 습관적 운동의 연결이 끊어지는 경우가 분명히 구분됨을 확인할 수 있다. 후자에 있어 시각적 방향을 잡지 못하는 경우라든가, 선을 계속 이어서 그리지 못하는 경우, 글씨를 원활하게 쓰지 못하는 경우 등을 잘 살펴볼 때, 우리가 거기에서 발견하게 되는 것은 습관-기억의 퇴행, 즉 시각적 인상에 인체의 운동을 맞추어 적절하게 방향 잡는 능력, 그림의 도식을 파악해 연속적으로 선을 그리는 능력, 지각한 대상의 마디들과 갈래들을 파악하는 능력 등의 퇴행이다. 그러나 다른 형태의 정신맹들의 경우, 문제가 되는 것은 이미지-기억들이 외견상 소멸하는 현상이다. 때로는 시각적 기억들이 그대로 남아 있음에도 그것들을 재인하지 못하는 경우도 확인된다. 우리는 정신맹의 여러 경우들을 살펴봄으로써 기억이 두 형태로 갈리는 것을 확인할 수 있다. 아울러 우리는 부주의 상태에서의 재인과 주의적(attentive) 상태에서의 재인, 즉 신체적 운동에 의한 자동적 재인과 이미지-기억들의 개입을 요구하는 재인을 구분할 수 있다. 습관-기억의 경우 대상에게서 어떤 용(用)을 취하고 나면 그 대상은 더 이상 관심의 대상이 아니다. 반면 이미지-기억의 경우 오히려 무용의 상황에서 그 대상에 더욱더 깊이 주목하게 되는

콜들을 '기억흔적(engram)'이라 부르면서, 이것의 "코드화(encoding)", "저장", "인출", "복사", "삭제" 등을 논하는 것은 이런 관점을 전제하고 있는 것이다.* 뇌과학의 기억과 베르그송적 기억 사이의 괴리는 바로 정보로서의 기억과 이미지로서의 기억 사이의 괴리라고도 할 수 있다. 아울러 뒤에서 논하겠지만, 기억을 '정보'로써 설명하는 관점은 뇌를 일종의 컴퓨터로 보는 생각을 뒷받침하는 관점이다.

* 흥미로운 점은 영어 사용권에서는 인간의 기억도 정보의 '메모리'도 모두 'memory' 이므로, 이런 등질화된 생각이 말 자체에 함축되어 있다는 점이다. 반면 동북아인들에게는 이런 등질화가 어색하게 느껴지기 때문에 정보-기억을 '메모리'로 음역해 사용한다. 언어 사용 자체가 특정한 존재론적 설정(commitment)을 함축하고 있음을 보여주는 좋은 예이다.

것이다.

이런 확인에 토대해 베르그송은 이제 중요한 질문을 던진다. "재인이 주의적일 경우, 즉 이미지-기억들이 현존하는 지각에로 규칙적으로 합류할 경우, 지각이 기억들의 출현을 규칙적으로 결정하는가, 아니면 기억들이 지각에로 자발적으로 이행하는가?"(MM, 107~108) 전자가 사실이라면 지각이 기억-총체의 어떤 부분을 기계적으로 활성화함을 뜻하지만, 후자가 사실이라면 기억-총체의 어떤 결이 상황에 맞게 지각으로 나아가는 것이다. 전자를 취할 경우 뇌가 상해를 입는다면 (뇌와 연속을 이루는) 지각은 끄집어낼 기억을 상실하게 된다는 결론이 나온다. 반면 후자를 취할 경우, 뇌의 상해가 기억이 지각으로 향하는 경로를 망가뜨려 현상적으로는 전자의 경우와 마찬가지로 보이겠지만 기억 자체가 상실되는 것은 아니라는 결론을 내려야 한다. 짐작할 수 있듯이, 베르그송은 후자를 강조한다. 중요한 한 근거로서, 실험에 의하면 우리는 글을 읽을 때 문자들을 하나하나씩 읽는 것이 아니라 미리 앞으로 나아가면서 거기에 이미지-기억들을 쏟아낸다. 표상주의는 지각을 대상이 우리 감관들을 촉발하고 그로써 생겨난 정보들이 뇌로 전달되어 거기에서 관념들로 화하는 과정으로 설명한다. 그러나 베르그송은 이런 일방향적 설명을 비판한다.

이 경우[표상주의식의 설명에서] 정신은 대상으로부터 점점 멀어져 다시는 되돌아올 수 없을 것이다. 이와 달리 나는 지각이 이 회로에서 지각된 대상 자체를 포함해 모든 요소들이 마치 전기 회로에서와도 같이 상호 긴장 상태를 유지하는 순환적 회로를 형성한다고 주장한다.[MM, 115의 그림 참조][16] 그래서 대상에서 유래하는

---

16) 이 순환적 회로의 한쪽 끝이 대상이라면 다른 한쪽 끝은 순수기억이다. 대상으로부터 순수기억으로 향하는 방향이 구심적 흐름이라면, 순수기억에서 대상으로 향하는 방향이 원심적 흐름이다.(MM, 142) 베르그송 사유에서 무게중심은 기억이 스스로를 '具體化'하는(se matérialiser) 후자에 놓인다. 베르그송의 유명한 거꾸로 선 원뿔 그림(MM, 169)을 상기하자.

어떤 진동도 정신의 심층 그 어딘가에서 멈출 수는 없다. 그것은 항상 대상 자체로 되돌아가야 하는 것이다.(MM, 114)

사실 "대상이 우리의 감관들을 촉발한다"라는 명제 자체가 이미 ① 어떤 특정한 대상의 '개별화'를 전제한다. 그리고 ② 왜 한 주체가 "하필이면 그 대상에로 향했는가?"라는 물음을 남긴다. 실제로는 ②가 먼저 일어나고, 그 맥락에서 ①이 일어난다. 생각해보면, 우리가 어떤 대상으로 향하는 것 자체가 우리 기억의 능동적인 작용을 전제하는 것이 아닐까? 그리고 이 작용과 상관적으로 어떤 '하나의' 대상이 개별화되는 것이다. 지각이란 더하기의 과정이 아니라 빼기의 과정이라는 베르그송의 유명한 테제(MM, 35 이하)도 이런 구도에서 이해할 수 있다. 막연히 어떤 대상이라는 것을 전제하고, 그로부터 일방향적 전달이 진행되고(감관들의 촉발→ '정보'의 형성→ 뇌로의 이동), 마지막으로 (베르그송이 마법과도 같다고 한) 뇌에 의한 관념으로의 전환이 일어난다는 표상주의적 설명은 결국 세 가지의 문제(대상 성립이라는 맥락의 누락, 일방향적 인과론, 뇌의 마법과도 같은 능력)를 내포한다고 할 수 있다. 이에 대해 베르그송은 지각 자체가 (특정한 행동을 잠재적으로 내포하는) 빼기와 개별화의 과정이라는 것, 인지란 일방향적 인과의 방식이 아니라 주체/정신과 대상이 여러 겹의 수준들을 오르내리면서 상호적으로 관계 맺음으로써 이루어진다는 것, 그리고 정신이 뇌의 파생물이 아니라 오히려 뇌가 정신이 현실로 내려와 스스로를 구현하는 본부라는 것을 역설한다.[17]

베르그송은 『물질과 기억』의 대부분의 페이지들에서 재인에 관련된 질

---

17) 물론 표상주의의 일방향적 인과를 비판했다고 해서, 반대 방향의 일방향적 구현을 주장하는 것도 곤란하다. "때로 사람들은 정신에 절대적인 자율성을 부여한다. 정신이 현존하는 또는 부재하는 대상들을 마음대로 부릴 능력을 인정하는 것이다. 그렇게 함으로써 사람들은 감각-운동적 평형의 아주 작은 요동만으로도 야기되는 주의와 기억에서의 심각한 오작동들을 이해하지 못하는 것이다."(MM, 117)

병인 실어증의 네 형태들(정신맹과 정신적 난청, 실독증과 어농)에 대한 실증적 연구를 기반으로, ① 우선 습관-기억에 관련된 질병과 이미지-기억에 관련된 질병이 확연히 다름을 확인하고, ② 전자의 경우든 후자의 경우든 문제는 정신이 신체에 구현될 수 있는지의 여부에 있다는 것을 확인한다. 다만 전자의 경우 문제는 신체가 이미지-기억을 불러와 상황에 맞게 선택하는 메커니즘에 문제가 생기는 것이지만, 후자는 정신이 신체에게서 착지점을 찾지 못하는 데에 문제가 생긴 것이다. 전체적인 그림을 그린다면, ① 베르그송은 표상주의와 달리 지각을 대상과 순수기억을 양 끝으로 하는 장 전체에서 이루어지는 (여러 겹의 층위들로 구성되는) 순환적 과정으로 본다. 그리고 '구심적', '원심적'이라는 용어 쌍의 선택이 함축하듯이, 무게중심은 정신/주체성에 두어진다. ② 습관-기억과 이미지-기억이 명확하게 구분되며, 전자가 신체-뇌가 해당 이미지-기억과 연결되어 성립하는 메커니즘이라면, 후자는 순수기억을 그 궁극의 심층으로 하는 정신적 차원을 형성한다. ③ 이 모든 내용은 거꾸로 선 원뿔의 이미지가 잘 보여주며, 결국 베르그송은 정신을 주인공으로 해서 물질과 정신의 이원론을 정립했다고 할 수 있다.[18]

---

18) **사물기억과 사건기억** ── 베르그송의 습관-기억과 이미지-기억을 사물기억과 사건기억으로 재개념화해볼 수 있다. 사물기억은 사물들로 구성된 특정 상황(예컨대 밥 먹기, 물건 찾기 등)과 우리의 신체(신경계, 운동계 등) ── 넓은 의미에서의 사물 ── 가 습관을 통해 하나의 계열/장을 형성함으로써 성립한다. 반면 사건기억은 그 자체로서는 비-물질적인 사건을 또한 그 자체로서는 비-물질적인 우리의 마음이 파악하는 경우이다. 선수들, 관중, 배트, 공, …은 모두 사물들이지만 홈런이라는 것 자체는 사건이다. 이 사건 ── 한 타자가 공을 쳐서 펜스를 넘어간 상황의 의미 ── 은 곧 마음이 파악하는 것이다. 사건, 의미, 마음/정신은 운명을 함께한다. 그래서 흔들리는 것은 바람도 깃발도 아니고 우리의 마음일 뿐이라는 것은 곧 흔들리는 주체가 바람, 깃발이 아니라 마음이라는 뜻보다는, 흔들림이라는 사건/의미 자체는 곧 우리의 마음으로써만 잡아낼 수 있는 것이라는 뜻으로 재해석될 수 있다.

§3. 정신의 존재론

이제 베르그송이 보완해야 할 문제는 "도대체 정신은 어떤 방식으로 존재하는가?"라는 물음에 답하는 것이다. 이미지-기억 특히 순수기억[19]을 정신과 거의 동일시하는 베르그송에게, 이것은 곧 "과거라는 차원은 도대체 어떤 방식으로 존재하는가?"라는 물음에 답하는 것이기도 하다.

현재와 과거가, 지각과 기억이 어떤 방식으로 구분되는가에 대한 몇 가지 규준이 있다. 베르그송에게서 이 두 차원은 무엇보다 우선 **양상론적으로** 구분된다. 기억/과거의 양상은 '잠재성'이다. 그것은 실존하는 것이 아니라 잠존/내존한다. 그것은 실재하는 것이지만 실존하는 것은 아니다. 어떤 면에서 과거-전체는 현재와 더불어 현존한다. 한 달 전의 기억을 상기하기 위해 사흘 전 기억의 상기에 비해 열 배의 시간을 들여야 하는 것은 아니다. 과거와 현재는 역설적으로 동시에 공존한다. 그러나 과거는 현재와 동시적으로 공존하면서도 현재와 뚜렷이 구분된다. 그 구분이 곧 양상적 구분이다. 현재는 현실로서 존재하지만, 실재하되 현실은 아닌 과거가 현실이 되기 위해서는 현실화라는 과정이 매개되어야 한다. "과거는 그 본질에 있어 잠재적이어서, 그것이 어두움에서 밝음으로 드러나 현재의 이미지로 빛나게 되는 운동을 우리가 따르고 받아들일 때에만 과거로서 파악된다."(MM, 150) 현재는 감각-운동적이고, 우리 실존의 물질성 — 감각과 운동의 총체 — 으로써 구성된다. 대조적으로 과거는 잠재적인 순수기억으로서 존재하며, 실재하지만 실존하지는 않는다. 그러나 사람들은 기억을 단지 희미해진 지각 정도로 생각한다. 그래서 기억을 물질성과 연속적으로 보고, 역으로 지각에 비물질적인/비연장적인 성격을 부여한다. 그러나 물질적이고 연

---

19) 순수기억을 어떤 신비한 실체처럼, 실체적 성격을 가진 선험적 조건처럼 묘사하는 것은 잘못이다. 실제에 있어 지각과 기억은 서로 섞여 있으며, 어디까지가 지각이고 어디까지가 기억인지 알기 힘들게 연속성을 이룬다. 순수지각과 순수기억은 그 연속체의 양 끝을 추상했을 때 성립하는 개념들/차원들일 뿐이다.

장적인 지각과 정신적이고 비연장적인 기억 사이에는 정도상의 차이가 아니라 본성상의 차이가 존재한다.

베르그송에게서 잠재성의 차원, 순수기억의 차원은 '무의식'으로 특징지어진다. 베르그송은 프로이트와 더불어 무의식 개념을 정초했다. 프로이트에게서 무의식이 "억압된" 것이라면, 베르그송에게서 무의식은 잠재적인 것이다. 양자 모두에게서 무의식이란 숨어 있다가 어떤 계기로 인해 드러나는 것이다. 그러나 그 방식은 다르다. 프로이트에게서 무의식은 기억되지 못하며 때문에 징후로서 반복된다. 베르그송에게서 반복되는 것은 습관-기억이며, 무의식은 기억될 '수 있는' 차원으로서 잠존한다. 과거란 바로 이런 무의식적인 차원이다. 우리의 지각에 나타난 물질이 물질 전체가 아닌 것처럼, 우리의 의식에 나타난 정신은 정신 전체가 아니다. 공간에 있어, 우리는 자신에게 나타난 장면 뒤에 다른 사물들, 장면들이 펼쳐져 있음을 의심하지 않는다. 그렇다면 시간에 있어, 우리에게 나타난 장면 뒤에 과거(와 미래)의 무수한 장면들이 존속해 있음을 의심할 까닭이 무엇이란 말인가?[20] 그러나 앞에서 말했듯이, 이 차원은 행동의 차원이 아니라 (그 말의 두 맥락 모두에 있어) 꿈의 차원이다.

과거의 이런 잠재적 양상은 베르그송 이전에는 잘 이해되지 못했다. '시간의 공간화'는 베르그송의 기본 테제이거니와, 사람들이 과거/정신이 "어디에" 존재하느냐고 물을 때 그들은 또한 과거/정신을 공간화하고 있는 것이다. 그리고 이런 사이비 물음이 제기될 때면, 대개는 뇌를 그 답으로서 내

---

20) **순수미래에 관하여** — 베르그송은 과거의 장면들을 '잠재적인' 것들로 규정했다. 우리는 미래의 장면들을 '가능한' 것들로서 규정할 수 있다. 전자가 한때 현실화되었으나 지금은 잠재성으로 화한 장면들이라면, 후자는 아직 어떻게 현실화될지 모르는 가능한 장면들이다. 그렇다면 불가능한 장면들은 어떤 시간에 있을까? 그것들은 흐르는 미래 바깥의 흐르지 않는 미래에 있다고 생각해볼 수 있다. 우리는 이런 미래를 '순수미래'라 부를 수 있을 것이다. 물론 가능성과 불가능성을 가르는 선은 분명하지 않다. 순수미래는 '도무지 가능할 것 같지 않은 미래'라 할 수 있다. 현대 우주론이 가능한 세계들을 다룬다면, 가능세계 형이상학은 순수미래까지 포괄하는 세계들을 다룬다.

놓는다. 그러나 과거가 뇌 "안에" 포함되어 있다는 생각은 이해하기 힘든 생각이다.[21] 나아가, 과거란 어떤 일정한 실체가 아니라 끊임없이 생성하는 것이다. 다만 우리 의식은 실용적인 상황에 시선을 맞추기에 이러한 생성은 그것을 비켜나 잠존한다. 현실성이 습관-기억과 그것에 연루되는 이미지-기억의 특정한 결로 이루어진다면, 광대하기 이를 데 없는 순수기억은 잠재성의 어두운(다른 각도에서 본다면 오히려 극히 밝은) 지대에 머물러 있다. 그러나 우리가 "잃어버린 시간을 찾아서" 이 지대로 깊숙이 들어갈 때, 이미지-기억들은 천년의 세월을 뚫고서 새롭게 싹을 틔우는 씨앗들처럼 환히 발아하기 시작하는 것이다. 그러나 과거는 현재와 연속적이다. 잠재성

---

21) 그러나 앞에서도 언급했듯이, 뇌 안에 과거/정신의 토대가 되는 '정보'*가 포함되어 있다고는 할 수 있다. 그래서 정보의 관점 ── 뇌를 컴퓨터에 비유할 때 이 관점은 필수적이다 ── 에서 보면, '어디에?'라는 물음은 본질적이다. 컴퓨터에서의 '메모리'는 그것의 주소를 떠나서는 의미를 상실하기 때문이다. 컴퓨터의 내부에서는 주소가 없으면 메모리도 없다. 이런 관점에서 뇌를 볼 경우, 과거/정신의 공간화는 아주 자연스러운 것이다. 베르그송의 사유에는 아직 정보 개념이 활용되고 있지 않지만, 오늘날에 이 개념은 결정적이다. 문제는 뇌에 여러 정보들(전기 신호들, 화학 신호들 등)이 포함되어 있다 해도, 또 이것들이 조합/구성되어 기억 등 심리작용이 가능해진다고 해도, 이것들과 우리가 체험하는 과거/정신의 차원 사이의 간극이 너무나도 커 보인다는 점이다. 이 간극을 사유하는 것이 현대 심리철학의 주요 과제이다.

* 정보와 의미 ── 베르그송 시대에는 아직 '정보' 개념이 형성되어 있지 않았고, 『물질과 기억』에도 이 개념은 등장하지 않는다. 이 저작에는 '진동/파동'이라는 개념이 자주 등장하거니와, 베르그송은 물질의 진동이 뇌에 전달된다고 보았다. 따라서 그의 진동은 지금의 정보에 해당한다. 그러나 진동이 순수 물리적 존재라면, 정보에는 '의미'가 깃들어 있다는 점에 결정적인 차이가 있다. 원자와 비트의 차이인 것이다. 그러나 이때의 비트는 의미의 원초적인 씨앗일 뿐이며, 결국 환원주의(뒤에서 논하겠지만, 뇌 환원주의와 정보 환원주의로 구분할 수 있다)와 베르그송주의의 대결에 있어 문제의 핵심은 정보와 본격적인 의미(가장 수준 높게는 형이상학적 맥락에서의 의미) 사이의 간극을 메울 수 있는가 하는 점에 있다.

아울러 말한다면 현대 인지과학에서는 디지털 모델만이 아니라 아날로그 모델도 시도되고 있다. 전자를 대수학에 비유한다면, 후자는 기하학에 비유할 수 있을 것이다. 아날로그 모델은 뇌가 실제 기하학적 방식의 표상을 수행한다고 본다.(실제 건축물과 그것의 추상적인 모형을 생각하면 될 것 같다.) 이 설명은 얼핏 단순하고 무리해 보이지만, 프레임 문제 등 몇몇 측면에서 디지털 모델보다 나은 점을 보여주기도 한다.

과 현실성은 연속적인 것이다.(그림 8-a) 원뿔의 꼭짓점은 과거가 현재 상황에 삽입되는 점이고, 밑변은 순수과거의 차원이다. 우리의 삶은 꼭짓점과 원뿔 사이를 오간다. 그래서 현재만을 사는 사람은 충동인이고 과거만을 사는 사람은 몽상가이다. 현재와 과거를 순환적으로 사는 사람만이 잘 균형 잡힌 정신이라 할 수 있다.

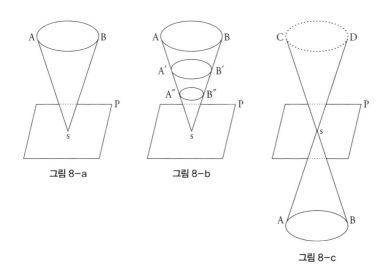

그림 8-a   그림 8-b

그림 8-c

베르그송에게서 순수기억의 광대한 영역은 곧 정신의 차원을 형성한다. 신체는 이 차원의 어떤 결 ── 베르그송의 용어로는 '면(plan)' ── 이 외부 세계의 어떤 상황에 삽입되는 첨점의 역할을 한다. 정신의 세계가 심적 이미지들의 무수한 뉘앙스들의 차이가 지배하는 차원이라면, 객관세계는 일정한 자연적 질서(그리고 베르그송은 주목하지 않았지만 사회적 질서)에 따라 전개되는 반복의 차원이다. 신체는 이 차원에 차이의 생성을 도입하는 '비결정성의 중심'의 역할을 한다. 우리의 심리적 삶은 이 양극단을 오가면서 기억의 특수한 결들(그림 8-b의 동심원들)을 살아간다.[22] 그리고 결들이 선

---

22) 베르그송은 과거에 무게중심을 두고서 논하지만, 하이데거가 분석했듯이 우리의 심리

택될 때마다 기억-전체가 반복적으로 활성화됨으로써 우리 정신은 (밋밋하게 지속되는 것이 아니라) 계속 자기차이화하면서 깨어 있게 된다. 원뿔이 좁아진다는 것은 우리의 광대한 기억에서 보다 특화된 결이 현실에 삽입된다는 것을 말하며, 이것이 앞에서 언급한 '삶에로의 주의'이다. 원뿔의 꼭짓점 쪽에서만 살아가는 사람에게는 꿈/사유가 없고, 밑변 쪽에서만 살아가는 사람에게는 현실/행동이 없다.[23)]

§4. 신체와 정신의 연속성

베르그송은 신체와 정신을 분명하게 구분하는 이원론자이다. 그러나 원뿔 그림이 이미 함축하듯이 그에게서 신체와 정신은 연속적이다. 그래서 그의 심리철학은 이원적 일원의 사유이다.

여럿을 하나로 환원할 경우 환원을 통해 제거되는/폄하되는 여럿 사이의 구체적 차이들을 어떻게 처리할 것인가가 문제가 되며, 여럿을 여럿으로서 이해할 때 그것들 사이의 관계를 어떻게 해명할 것인가가 문제가 된다. 몸

적 삶은 미래하고도 상관적으로 진행된다. 사실 과거의 기억을 끄집어내오는 힘은 현재의 상황도 있지만 많은 경우 미래의 가능성이다. 그래서 우리는 베르그송의 그림을 미래를 포함한 것으로 변형할 수 있다.(그림 8-c) 앞에서 언급했듯이, 과거는 잠재성의 차원이고 미래는 가능성의 차원이므로 양자는 비대칭적이다. 그래서 순수미래의 차원은 점선으로 그렸다.

23) 이미지-기억들의 꿈이라는 카오스의 장에 일정한 논리를 가미해 그것을 사유의 차원으로 만드는 것이 우리의 이성이고, 이성이라는 주선율이 굳어지지 않도록 활기를 불어넣어 변주해주는 것이 상상력이다. 반면 이미지-기억들을 특정한 방식으로만 조직해 그것에 집착할 때 다양한 형태의 고착/아집이 생겨나고, 반대로 빠른 속도의 말초적 쾌락을 불어넣어 감각적 반복에 휘둘리게 하는 것이 각종 게임들(특히 컴퓨터 게임)이다. 우리의 정신은 여러 양태를 띨 수 있다. 이성은 사유가 될 수도 있지만 강박이 될 수도 있으며, 상상력은 생기를 줄 수도 있지만 무의미한 쾌락에 빠지게 할 수도 있다. 우리의 삶은 정신의 양태를 사유와 건강한 상상력으로써 이끌어나가고 또한 동시에 정신과 행동이 순환을 형성할 때 건강할 수 있다.

과 마음을 몸으로 환원하거나(유물론) 마음으로 환원할 경우(유심론)가 전자에 해당하며, 몸과 마음을 분명하게 구분하는 경우가 후자에 해당한다. 후자의 대표적인 이론이 곧 평행론이며, 이는 몸과 마음을 양자보다 더 심층적인 제3의 차원에 근거해서 이해하려는 입장이다. 언급했듯이 베르그송이 평행론을 비판하는 논거는 몸과 마음이 공외연적일 수는 없다는 점에 있다. 정신의 세계는 신체의 세계를 훨씬 넘쳐흐른다. 결국 베르그송의 심리철학은 환원주의와는 대척에 있으며,[24] 평행론과도 구분되는 독자적인 이원적 일원의 사유라 할 수 있다.[25] 그렇다면 신체와 정신 사이의 연속성은 어떻게 개념화될 수 있는가?

베르그송은 이 문제를 오성이 연장과 비연장 사이에, 그리고 양과 질 사이에 파놓은 간극을 메우는 우회적인 작업을 통해서 해결해나간다. 데카르트적 실재론은 비연장과 질을 연장과 양으로 환원하려 했고, 버클리적 관념론은 비연장과 질 너머의 실재를 부정했다. 그러나 경험의 세계는 합리적으로 구성된 세계로 온전히 환원되지 않으며, 반대로 우리의 경험은 세계를 소진시키지 못한다. 베르그송은 한편으로 순수지각을 분석하면서 연장과 비연장 사이의 경계를 허문다. 그 실마리는 합리주의적 실재들이 사실은 현상을 넘어서는 실재가 아니라 인간-주체가 실용적 맥락에서 세계에 가설(假設)한 공간적 구성물일 뿐임을 지적하는 점에 있다. 다른 한편 그는 순수기억을 분석하면서 양과 질 사이의 경계를 허문다. 그 실마리는 전

---

24) 베르그송의 심리철학은 18세기에 흥기했던 유물론의 반대편에 있다는 점에서 이 유물론을 논박하면서 나온 유심론/정신주의(spiritualisme)의 연장선상에 있다고 할 수 있다. 그러나 그는 물질에 대한 당대 과학의 광범위한 연구와 성찰을 매개해 유심론의 약점을 벗어났다. 그로써 유물론과 유심론을 벗어난 이원론으로 향한 것이다.

25) 베르그송이 평행론을 벗어난 것은 곧 그와 스피노자 사이의 차이를 말해주는 것이며, 이는 베르그송이 스피노자와 자신의 친연성을 역설하면서도 그의 결정론에서 멀리 벗어나고자 했던 사실과도 연계된다. 베르그송의 사유는 라이프니츠의 것과도 밀접한 연관성을 가지지만(모나드의 내용과 이미지-기억 사이의 유사성, 미분적 사유 등) 역시 물질의 실재성, 결정론의 거부 등에서 큰 차이가 난다.

적인 등질성이란 다질성이 이완된 끝에서 성립하는 것임을 지적하는 점에 있다.

일찍이 아리스토텔레스는 양자택일로서의 대립자와 정도를 형성하는 대립자를 구분한 바 있다.(1권, 7장, 1절) 이 문제는 생각보다 복잡해서 예컨대 오늘날 여성과 남성이 택일의 관계인가 정도의 관계인가가 논쟁거리가 되고 있다. 베르그송이 몸과 마음의 '不一而不二'를 논증하는 구도 역시 이와 연관된다. 그의 구도는 곧 양과 질, 연장과 비연장을 택일의 대립자들이 아니라 정도를 형성하는 대립자들로 보는 것이다. 양, 연장과 연계되는 몸과 질, 비연장과 연계되는 마음은 흑색과 백색처럼 대립자를 형성하지만, 양자는 회색의 정도차가 형성하는 계열의 양 끝일 뿐이다.(다시 한 번 원뿔을 상기하자.) 정도를 형성하는 대립관계에서는 그 정도를 결정하는 원리를 잘 설정하는 것이 핵심적이다. 예컨대 어린이와 늙은이 사이의 정도를 지배하는 원리는 '나이(의 많고 적음)'이다.(이견이 있을 수 있다.) 베르그송은 응축과 이완의 원리로써 양과 질의 골을 메우고, 그에 유비적인 방식으로 연장과 비연장의 골도 메운다.

양과 질의 문제를 짚어보자. 고전 역학 및 그것에 의해 추동된 사유들과 생생한 질들로 가득 찬 우리의 경험세계 사이에 드리운 깊은 골은 서구 근대 철학이 도래시킨 인식론적 분열증이다. 한편에는 등질적이고 가분적이며 계산 가능한 양으로 되어 있는 물리세계가 있고, 다른 한편으로 다질적이고 상호침투적이며 계산 불가능한 질로 되어 있는 지각세계가 있다. 그리고 지각은 전자로부터 후자로 "번역"되는 어떤 신비한 과정으로서 이해된다. 데카르트가 그의 'res extensa'들을 가지고서 감각적 질들을, 제1 성질들로부터 제2 성질들을 마치 마법을 부리듯이 설명하고자 했듯이 말이다. 그러나 베르그송은 이 두 차원이 연속적임을 강조한다. 물리세계는 기하학적 세계가 아니다. 진정한 물리적 운동은 오히려 "말하자면 내적으로 진동하는, 때로는 그 고유의 존재를 (때로는 계산이 불가능할 정도의) 순간들로 분절하는 질"이 아니겠는가.

〔고전〕역학이 연구하는 운동이란 사실 하나의 추상화 또는 상징, 공통의 측도, 모든 실재 운동들을 그것들을 비교할 수 있게 해주는 공통의 분모[26])일 뿐이다. 그러나 이 운동들은 사실은 지속을 점하는, 전과 후를 가정하는, 그리고 (우리 의식의 연속성과의 어떤 유비 없이는 존재할 수 없는) 가변적인 질의 끈에 의해 시간의 계기하는 순간들을 연결하는 불가분의 존재들인 것이다. 지각된 두 색깔의 환원 불가능성이란 실은 우리 의식의 한 순간에 실행되는 수조의 진동들이 응축되어 있는 짧은 지속을 뜻하는 것이 아닐까? 만일 우리가 이 지속을 잡아 늘일 수 있다면, 매우 긴 리듬 속에서 그것을 체험할 수 있다면, 이 리듬이 점차 길어짐에 따라 색깔들이 흐려지고 또 계기하는 인상들로 늘어서는 것을, 여전히 색깔이 있긴 하겠지만 점차 순수 진동들과 섞여 들어가는 것을 볼 수 있게 되지 않을까?(MM, 227~228)[27])

물리세계와 지각세계는 절연되어 있지 않다. 두 세계는 응축과 이완이라는 원리로 이어져 있다. 물질은 더 다질적이고 역동적인 것으로 이해되어야 하며, 지각세계는 물질세계와 연속적인 것으로 이해되어야 한다. 양자는 마법적으로 번역되는 것이 아니다. 물질세계가 접힌 것이 지각세계이고 지각세계가 펼쳐진 것이 물질세계이다. 이렇게 보지 않고 양자를 불연속적으로 보기 때문에, 존재론적으로는 원자들의 세계와 질들의 세계가 대립하고

---

26) 이상은 모두 고전 역학이 상정하는 등질공간(homogeneous space), 기하학적 공간으로 환원된 운동을 말한다. 베르그송에게 이런 공간은 실재하는 것이 아니라 세계를 마음껏 질할 수 있는 대상들로 다루기 위해 인간이 거기에 투영하는 '행동의 도식'일 뿐이다. 방법일 뿐인, 게다가 (인식의 방법이 아니라) 행동의 방법일 뿐인 이 차원을 실재화/존재론화하면서 근대 과학과 철학의 문제가 형성된다. 유사한 문제의식을 과학철학적으로 풀어낸 논의로 다음을 보라. Nancy Cartwright, *How the Laws of Physics Lie*, Oxford Univ. Press, 1983. *The Dappled World*, Cambridge Univ. Press, 1999.

27) 이 순수 진동들을 수학적으로 파악한 것이 파동을 함수화한 해석학적 방정식들이다. 3권의 9장에서 셸링과 관련해 논했던 내용들을 상기하자. 베르그송 존재론의 수학적 짝은 해석학이다. 그러나 여기에서도 해석학적 방정식이 물리적 실재인 파동 자체인 것은 아니다. 이 맥락에 대한 분석으로 박홍규, 『베르그송 『창조적 진화』 강의』, 107쪽 이하를 보라.

인식론적으로는 마법과도 같은 번역이 요청되는 것이다. 물리세계도 지각세계도 공히 기(氣)의 세계이다. 기의 존재 양태가 현저히 다를 뿐, 양자는 응축과 이완의 원리 — 기학적으로 말해 '취산(聚散)'의 원리 — 에 따라 이어져 있는 것이다. 양은 펼쳐진 질이고 질은 접힌 양이다.[28) 29)]

이상의 논의는 몸과 마음에 대한 베르그송의 그림을 뒷받침해준다. 순수지각의 면과 순수기억의 면, 즉 물질-신체의 면과 정신의 면 사이의 관계는 양/연장/필연의 차원과 질/비연장/자유의 차원 사이의 이원적 일원의 구도에 대한 분석을 통해 해명된다. 몸과 마음이 둘이면서 하나라는 것, 하나도 아니고 둘도 아니라는 것, '不一而不二'의 관계라는 직관은 오래도록 내려왔으며, 일단은 진상에 가장 근접하는 듯하다. 베르그송의 심리철학은 이 고전적인 생각을 가장 현대적인 방식으로 표현해주고 있다.

---

28) 이 접힘의 양태는 **생명체**들마다 다르다. "지속의 유일한 리듬은 없다." 그래서 곤충의 시간, 새의 시간, 인간의 시간은 다르며, 시간-전체란 이 모든 지속들의 다양체인 것이다. 우리는 폰 윅스퀼이 주로 공간에 관련해 제시한 통찰을 베르그송의 이 통찰과 엮어서 세계를 시공간 다양체로서 개념화해나갈 수 있다. 또, 이 다양체는 개인에 따라서도(보통 사람들이 말의 움직임의 어떤 단면들만을 무심히 보는 데 비해, 화가는 그 무수한 단면들을 응시하고 그것들을 단 하나의 그림으로 응축한다.), 집단에 따라서도(유목민과 정주민, 도시 사람들과 시골 사람들 등) 달리 나타난다. 이 문제는 곧 내재적 가능세계론과 연계된다. 예컨대 윅스퀼이 강조한 종마다 다른 '세계'들의 경우, 우리는 한 종에게는 다른 종의 현실세계가 가능세계라고 생각할 수 있다. 내재적 가능세계론에서는 세계들이 단적으로 불연속적이지 않다. 지금의 맥락에서, 종들 사이에는 상호 열림이 가능할 수 있다.

29) 베르그송은 연장과 비연장에 관련해서도 유비적인 논의를 전개한다. 여기에서도 운동을 등질공간과 등질시간에 넣어 환원하는 실재론과 감각적 질들을 의식 안에 넣어 주관화하는 관념론의 양 극단을 파기하고, 전자를 등질적 시공간에서 끄집어내고 후자를 세계로 돌려주는 것이 핵심이다. 그로써 연장과 비연장 사이를 정도차로 메워 연속성을 회복시키는 것이 관건인 것이다. "감각은 연장성을 회복하게 되고, 구체적 연장(등질공간과 구분되는 실재하는 구체공간)은 그것의 본래적인 연속성과 불가분성을 회복하게 된다."(MM, 247) 이 절의 §1에서 데카르트에 관한 논의를 유보했었다. 이제 지금까지의 논의로써 두 이원론의 차이를 확인할 수 있다. 아울러 베르그송은 양, 연장과 필연을 질, 비연장과 자유와 대비하면서, 이상의 논의를 필연과 자유의 이원적 일원의 구도와 연계시킨다.

§5. 깁슨과 '어포던스'의 논리

생태학적 심리학자 제임스 깁슨(1904~1979)의 사유는 베르그송의 그것과 많은 공통점을 보여준다. 기본적으로 그것은 생명체들과 환경 사이에 서서 사유한다는 점에서, 따라서 마음을 뇌에서, 나아가 신체에서 끄집어내 세계-내에 위치시킨다는 점에서 중요하다. 게다가 깁슨이 말하는 '환경'은 자연환경에 국한되지 않는다는 점 또한 중요하다. 예컨대 도시 또한 중요한 환경인 것이다. 깁슨에게서 생명체와 세계/환경의 관계는 베르그송의 경우보다 더 세심히 탐구된다.

잠시 서구 인식론의 흐름을 상기해보자. 플라톤 이래의 선험주의적 인식론은 감각과 감각적인 것들의, 그리고 이성과 가지적인 것들의 이중적 일치의 구도로써 인식을 설명했다. 그러나 경험주의는 이성과 가지적인 것들의 일치라는 구도를 파기하고, 감각과 감각물의 차원에 인식을 국한했다. 그러나 이렇게 되자 인식 주체가 받아들인 감각적인 것들 즉 센스-데이터와 실제 근대 과학이 이룩한 "보편적이고 필연적인" 성과(자연법칙) 사이에 괴리가 생겨나게 된다. 자연법칙을 세계 자체 내에 존재론적인 실재로서 정위할 수가 없었던 인식론이 취할 수 있는 길은 인식 주체가 센스-데이터를 어떤 식으로든 요리해, 법칙적인 틀로써 구성한다는 생각이었다. 경험주의와 선험주의를 절충한 칸트의 구성주의는 이런 논리의 흐름에 따라서 탄생했다. 오늘날의 표상주의는 칸트가 '의식 일반'의 구조로써 해명한 것을 뇌의 활동으로써 또는 그 활동을 물질적 조건으로 한 논리적인 연산작용으로써 전환한 것이라고 할 수 있다. 어느 형태를 취하든 표상주의에서 ① 세계는 인식 주체를 '촉발'한 이후에는 별다른 역할을 하지 않으며, ② 신체는 뇌/정신에 센스-데이터를 전달해주는 수용기/감광판일 뿐이며, ③ 우리가 인지하는 '세계'는 세계 자체가 아니라 그것의 표상물일 뿐이다.

이런 생각에 따르면 우리는 세계 안에서 살고 있기보다는 세계의 어떤 영상물의 감옥 안에서 살아간다는 이야기가 된다. 깁슨은 이 인식론적 감옥을 폭파하고 우리를 세계-내에서 살게 만들고자 한다. 그의 지각론은 간접지각론이 아니라 직접지각론이다. 우리는 대상의 센스-데이터를 지각하는 것이 아니라 대상 자체를 지각하는 것이다.[30] 대상은 실재하며 우리는 그것을 그대로 지각한다. 예컨대 깊이의 지각은 표상주의적 설명에서와는 달리 주변의 면들(지형, 수평선, 건물, 바위, 나무 등등)이 형성하는 그래디언트에 입각해 이루어진다.[31] 이 문제는 광학과도 관련된다. 시각에서의 빛은 표상주의에서와 같이 하나의 선으로써 망막에 작용하는 것이 아니라(망막이 없는 동물들도 많다.), 환경의 다양한 면(面)들 —— 구체적 상황들에 따라 달라지는 면들 —— 에 가득 찬 빛의 물결들로써 작용한다.(EA, 5장의 그림들을 참조) 게다가 동물들(과 환경)은 늘 움직이기 때문에, 이 빛의 결들은 역동적으로 물결친다. 그래서 시지각의 과정은 표상주의에서 말하는 것과 같은 사진을 찍는 과정과는 다르다.[32] 그것은 환경과 신체 —— 신경계가 아니라 이

---

30) 앞에서 후설을 논하면서(7장, 1절, 각주 11) "사물들은 표상=재현되는(re-presented) 것이 아니라 현시되는(presented) 것"이라고 했던 것을 기억하자. 베르그송과 하이데거가 지적했듯이, 센스-데이터가 먼저이고 그것을 통해 대상이 구성되는 것이 아니다. 우리가 지각하는 것은 대상이며, 센스-데이터를 지각하려면 오히려 대상에 일정한 조작을 가해야 한다. 우리는 우선 말(馬)을 보는 것일 뿐이며, "말의 크기, 모양새, 색깔, …"을 지각하려면 오히려 말로부터 이런 센스-데이터들을 일부러 추상해내야 하는 것이다. **행동과 지각** —— 깁슨이 직접지각론을 제시한 것은 간접지각론을 취할 경우 우리 삶에서 행동과 지각이 유리되어버린다고 생각했기 때문이다. 우리의 행동은 삶/죽음에 직결된다. 그리고 행동은 지각을 토대로 이루어진다. 지각을 표상주의처럼 생각할 경우 행동이 세계/환경과 맺는 직접성과 세계/환경 지각의 간접성 사이에 괴리가 발생한다. 베르그송이 역설했듯이, 우리의 지각은 이미 잠재적 행동이고 행동은 현실화된 지각이다. 이런 맞물림을 망각하고 양자 사이에 깊은 골을 파면 곤란한 것이다. 우리는 행동과 지각 사이에 감정을 삽입해 이 삼자가 맞물린 장에서 사유해야 할 것이다.

31) 깁슨은 전쟁 때 파일럿으로 활동한 바 있으며, 자신의 실제 비행 경험에서 이 사실을 발견했다고 한다. 깁슨은 이 점에 입각해 버클리를 비판한다.(EA, 109~110) EA = James Gibson, *The Ecological Approach to Visual Perception*, Psychology Press, 1986/2015.

32) "우리를 사로잡고 있는 문제의 모든 어려움은 사람들이 지각을 사물들에 대한 사진 찍기와도 같은 것으로 생각한다는 점에 있다. 지각기관에 해당하는 특정한 기구에 의해 일정한 점에서 찍히고, (나로서는 도대체 어떤 화학적이고 심리학적인 과정을 통한 것인지를 알 도리가 없지만) 뇌 안에서 인화되는 그런 사진 찍기 말이다." 하지만 굳이 사

것을 포함한 신체 전체 ── 의 입체적이고 역동적인 관계적 생성을 통해 이루어지며, 특정한 대상을 이런 역동적 장 전체에서 추출해냄으로써('빼기로서의 지각') 이루어진다. "대상들이 지각 안에 있는 것이 아니라 지각이 대상들 안에 있다."(MM, 257)

'어포던스' 개념은 깁슨의 이런 지각론을 뒷받침하는 중요한 역할을 맡는다. 어포던스란 환경이 동물에게 제공하는 것이다. 환경이 동물들의 행동과 관련해 드러내는, 어떤 면에서는 동물들에게 강제하는 특성이 어포던스이다. 일반적인 생각과는 달리, 깁슨에게 의미와 가치란 (인간을 포함해) 동물들이 환경에 부여하는 것이 아니다. 의미와 가치는 환경 자체에 내재해 있고, 오히려 환경이 그것들을 동물들에게 현시한다. "환경은 동물이 행할 수 있는 것을 제약한다. 생태학에서 말하는 적소('니치')가 이러한 사실을 반영한다."(EA, 135) 어포던스에는 여러 종류가 있다. 절벽은 동물들로 하여금 죽지 않기 위해 그 앞에서 멈추게 만든다. 물은 동물들을 빠지게 만들지만, 소금쟁이 같은 동물은 그 위를 자유롭게 다닐 수 있게 해준다.[33] 불은 인간이 그것을 이용할 수 있게 해주지만, 다른 동물들은 두려워 피하게 만든다. 이렇게 어포던스란 환경의 어떤 성격이 동물들로 하여금 특정한 방식으로 행동하도록 만드는 것이다.(그렇다고 어포던스가 인과적으로 동물에게 작용을 가하는 것은 아니다.) 의미와 가치는 환경에 내재해 있고, 그것들은 동물들을 일정하게 행동하도록 만든다 이 어포던스를 통해 형성되는 환경외

진 찍기와 같은 것이 있다고 한다면, 그것(사진)은 바로 **사물들** 자체에 있어, 공간의 모든 점들에서 이미 찍히고 인화되고 있다는 것을 왜 모르는가?"(MM, 35~36)

＊이와 같은 표상주의에 대한 정교한 설명으로 다음을 보라. 폴 처칠랜드, 박제윤 옮김, 『플라톤의 카메라』, 철학과현실사, 2016. 이런 표상주의는 근대 인식론이 대상과 마음 사이에, 전기 비트겐슈타인이 대상과 언어 사이에 설정했던 '그림 이론'을 대상과 뇌 사이에 설정하고 있다고 할 수 있다.

33) 이렇게 똑같은 어포던스라 해도 동물들은 그것을 상이하게 지각할 수 있다. 이는 곧 어포던스가 어떤 고정된 성질로서 작용하는 것이 아니라 어디까지나 환경과 동물 사이의 관계, 동물들의 **행동**의 맥락에서 작용한다는 것을 뜻한다.

특성은 빛의 물결들이 만들어내는 구조를 통해 드러난다. 깁슨이 탐구한 것은 시지각뿐이므로 실상은 더욱 입체적이고 역동적일 것이다. 동물들은 이 어포던스를 직접 지각하지만, 그것을 (자신을 위해서) 항상 '옳게' 지각하지는 않는다. 얇은 얼음을 두꺼운 것으로 착각해 물에 빠지기도 하는 것이다. 요컨대 동물들은 옳게건 그르게건 환경에 실재하는 의미와 가치를 직접적으로 지각한다.[34]

베르그송과 깁슨의 사유는 마음의 활동을 뇌 내부가 아니라 뇌 바깥의 장소, 환경과 인간-주체(넓게는 동물들) 사이에, 행동의 장에, 실체가 아니라 관계, 경향, 생성의 장에 놓고서 해명했다는 점을 비롯한 많은 공통점을 보여준다. 생명과학과 정보과학의 발달에 경도되어 표상주의 심리철학이 한참 진행된 후에, 이런 흐름이 비판받기 시작하면서 재발견된 것은 바로 이런 베르그송-깁슨적 심리철학이었다.

---

34) 고노 테츠야(川野哲也)는『エコロジカルな心の哲学』(勁草書房, 2008)의 2장에서 어포던스 개념에 대한 세 가지 비판── ① 어포던스 같은 '고차적인' 특성이 직접 지각될 수가 있는가? ② 어포던스는 환경과 동물의 관계에 입각한 관계적 특성이거니와, 그것이 실재한다는 것을 어떻게 이해할 수 있는가? ③ 깁슨은 인공물에도 어포던스가 있다고 보았거니와, 이 점을 어떻게 이해할 수 있는가? ──에 대해 논하고 그것들에 대한 재비판을 가하고 있다.

2절 표상주의를 넘어

베르그송-깁슨 사유의 전개와 독립적으로, 20세기 중엽 이래 당대에 새롭게 도약한 생명과학(뇌과학, 분자생물학, 면역학, 진화론 등)과 정보과학(컴퓨터공학, 로봇학, 인공지능 등)을 배경으로 마음에 대한 새로운 연구들이 전개되었다. 이 흐름은 20세기 중엽 활발히 전개된 행동주의와는 달리, 이 사조가 '블랙박스'로 남겨놓은 곳을 '설명'하고자 했다. 그 대표적인 경우가 마음을 뇌의 산물로서 설명하고자 한 뇌과학과 마음을 일종의 컴퓨터로 간주하고 설명하고자 한 정보과학이다. 유물론의 일종으로서의 뇌과학 중심주의와 하드웨어와 소프트웨어를 구분해 설명하는 기능주의는 지금까지 우리가 표상주의라 불렀던 사유의 전형을 보여준다. 그러나 이런 표상주의의 한계를 지적하면서 20세기 말 이래 지금까지 뇌과학적-정보과학적 패러다임을 극복하려는 여러 대안적인 사유들이 전개되고 있다. 이 과정은 뇌라는 테두리에서 빠져나와 몸으로 그리고 몸과 맞물려 있는 세계/환경 전체로 나아가는 과정이었다. 그리고 이 대안적 사유들은 앞에서 논했던 베르그송-깁슨의 사유, 그리고 7장에서 논했던 현상학적 사유의 의미를 새로운 각도에서 부활시키는 것이기도 했다. 그래서 이제 우리의 논의는 과학적으로는 베르그송-깁슨의 시대보다 더 발전한 내용을 참조하지만, 철학적으로는 오히려 전(前)베르그송-깁슨 사유의 수준으로 되돌아간다.

§1. 뇌과학적 환원주의

표상주의는 마음이 몸을 통해 전달되는 외부의 대상(의 등가물[35])을 '표

---
35) 이미 여러 번 말했듯이, 이런 구도에서 신체는 단지 뇌/마음에 외부 대상의 정보(센스

상'한다고 생각한다. 그래서 논의의 초점을 이 표상작용에 맞춘다. 그런데 이러한 표상은 결국 뇌에서, 넓게 말해 신경계에서 이루어지는 어떤 신경적 과정이다. '마음'이란 바로 이런 과정에 부대해서 나타나는 현상이다. 그래서 이 구도에서 모든 논의의 초점은 뇌에 맞추어진다. 이하 이 구도를 신경중심주의라 부르자.

신경중심주의는 19세기 이래의 뇌과학 발전에 의해 추동되었다. 뇌과학은 특히 20세기 후반 이래 뇌의 구조와 기능에 대한 연구에서 많은 성과를 거두었다. 이는 특히 f-MRI, EEG, 유전자 녹아웃 등 여러 장치들, 기법들의 발달에 힘입은 바 컸다.[36] 아울러 뇌의 상해에 대한 임상 경험의 누적 및 뇌 해부 기술의 발달도 중요한 역할을 했다. 이런 과정을 통해 라몬 이 카할(1852~1934)의 가설(특히 기본적인 것으로, 뇌의 세포는 뉴런이며, 뉴런들 사이의 연결부인 시냅스를 통해 신호가 전달된다는 것. 최한기 식으로 말해 '通'이 핵심이라는 것)을 비롯한 고전적인 가설들이 보다 실증적인 방식으로 연구되기에 이르렀다. 현대 신경과학은 여기에서 이 흐르는 것을 '정보'로 파악하며 (분자생물학에서 유전자는 물질이지만 그것이 실어 나르는 것은 정보이듯이, 뇌과학에서도 전기적 신호와 화학적 신호는 물질적 운동이지만 그것들이 실어나르는 것은 정보이다.), 정보의 활동이 우리의 내적 표상들을 만들어낸다는 생각 —— 지금까지 우리가 논했던 '표상주의' —— 에 입각해 뇌의 인지적 기능을 연구한다. 앞에서 지적했듯이 정보, 이미지, 의미, 관념, 개념, 이념 등의 개념적 연계 고리가 중요한 철학적 문제가 된다.

이런 패러다임에 입각할 때 기억은 어떻게 이해되는가? 기억 문제에서의 '센트럴 도그마'라 부를 만한 메커니즘이 연구되고 있다. 기억의 기초는 정

데이터)를 전달해주는 수용기/감광판 같은 것에 불과하게 된다. 또, 뇌/마음이 인식하는 것은 대상 자체가 아니라 몸이 전달해준 그것의 등가물일 뿐이다.

36) 기능성 자기공명 기법(f-MRI), 뇌전도 촬영 기법(EEG) 등의 기법/장치는 뇌를 자세히 들여다볼 수 있게 해주었다. 유전자 녹아웃 기법 등은 유전자를 임의적으로 조작함으로써 유전자와 그것의 표현 사이의 상세한 연관성을 알게 해주었다.

보가 뉴런에서 뉴런 사이로 흐르면서 반복 가능한 특정 경로를 이루고, 장기 기억의 경우에는 일정한 물질적 변화까지도 담지(擔持)해 정보를 고착화한다는 점에 있다. 정보의 흐름이 하나의 뉴런에서 다른 뉴런으로 이어질 때, 시냅스 틈새에서는 신경전달물질(아미노산 또는 아미노산 유도체들)이 매개의 역할을 한다. 이들이 곧 전달자들이다. 중요한 점은 한 뉴런으로부터 다른 뉴런으로의 정보의 흐름 ── 기초적인 활동의 경우, 감각뉴런과 운동뉴런, 그리고 중간뉴런 사이에서의 흐름 ── 이 활성화하는가 억제되는가이다. 이 열림과 닫힘을 통해서 정보의 경로가 통하기도 하고 불통하기도 하며, 이 닫힘/열림의 여부가 곧 정보의 '흐름'을 좌우한다.[37] 그리고 이 '通'의 여부 및 구체적 양태가 바로 표상 성립의 기초이다. 뇌에서의 어떤 **생리적-화학적 변화가**(물리적 존재들의 생성과 소멸, 모양 변화, 결합과 분리, 강도 변화, 흐름 등이) 정보의 특정한 존재방식을 함축하며, 그러한 변화의 전반이 그 자체로써 곧 어떤 **표상**(정신적 관념)을 의미한다는 생각이 이론 전체를 뒷받침하고 있다. 그리고 이 정보 흐름의 양태들은 고착되어 있는 것이 아니라 '가소적'이며, 주체의 노력을 통해서 상당 정도 변화시킬 수 있다는 점이 (DNA 등과 구별되는) 뇌의 핵심적인 특성이다.

기억에 관련해 몇몇 기초적인 사항들이 확인되어 있다. 단기 기억과 장기 기억의 구분은 이미 상식이 되었다.[38] 그리고 특히 베르그송의 습관-기억

---

37) 진화론에서 진화의 과정이 '브리콜라주(땜장이)'와 유사한 방식으로 진행되어왔다는 점은 잘 알려져 있다. 이는 뇌과학의 경우에서도 확인되는 사실이다. 뇌의 활동은 고유의 물질들과 메커니즘들로 특화되어 있기보다는(일부 그런 경우들도 있지만), 해당 생명체의 여러 과정에서 활용되는 것들을 동원해서 진행된다.

38) 이 구분은 특히 윌리엄 제임스에 의해 개념화되었다.(『심리학의 원리』, 정양은 옮김, 아카넷, 1890/2005, 16장) 오늘날에는 단기 기억 ── 제임스의 표현으로는 '1차 기억' ── 을 '즉각(immediate) 기억'과 '작업(working) 기억'으로 나누어 논한다. 신경과학과 분자생물학이 만나 단기 기억과 장기 기억의 차이 ── 전자와 달리 후자는 시냅스 연결에서의 구조적 변화를 요청한다 ── 를 밝혀내고, 장기 기억의 물질적 메커니즘 ── 각 유형의 세포들이 핵에서 유전자들을 선택적으로 발현시켜, CREB-1/CREB-2 단백질을 통해 장기기억의 형성에 필요한 유전자 스위치들을 켜는/끄는 과정

('비-서술기억', '근육 기억')과 이미지-기억('서술기억', '에피소드 기억', '자서전적 기억')의 구분은 오늘날의 기억론에서도 근본적인 구도를 형성한다. 결정적인 것으로서, 베르그송이 역설했듯이 문서들이 서랍에 저장되듯이 기억들이 뇌에 저장되는 것은 아니라는 점이다. 언급했듯이, 뇌과학에서의 기억이란 한 동일성으로서의 기억내용이 아니라, 기억 프로토콜 조각들('기억흔적')의 재구성을 통해 재현되는 것으로 이해된다. 이 조각들은 하나의 완성된 그림으로서 저장되는 것이 아니라, 파편화된 것들로서 여러 곳에 흩어져 저장되었다가 때가 되면 모자이크처럼 재구성된다. 그리고 이 재구성은 모자이크 알갱이 하나하나의 완벽한 재생을 목표로 하는 것이 아니라, 전체 그림의 요령 있는 재현을 목표로 한다.[39] 관자엽 주변은 기억에 보다 큰 기여를 하기 때문에(앞에서 언급한 '인지 지도'는 해마, 후각뇌고랑 내피질 등에 의해 구성되는 것으로 알려져 있다.), 이 부위에 이상이 생기면 기억에 특히 문제가 생긴다. 다양한 형태의 기억 상실에 대한 연구는 뇌의 구조 및 기능을 밝히는 데 큰 역할을 하며, 역으로 이러한 성과들은 알츠하이머 등 기억에 관련된 질병들의 치료에 큰 기여를 하고 있다.

고전 역학의 발달 이래 사유의 역사에서 반복적으로 등장해온 한 경향은 어느 한 과학이 발달할 경우 그것을 등에 업고 과도한 철학적 주장들, 심지

을 중심으로 하는 메커니즘 —— 을 상당 수준으로 해명한 것은 현대 기억 연구에서 특히 큰 성과로 평가할 수 있다. CREB = c-AMP Response Element-Binding.

39) 그런데 앞에서 언급했던 '미니-철수'의 가설을 취하지 않는 한, 어째서 모자이크의 알갱이들이 그렇게 모여서 유의미한 그림을 그리는지를 이해하기 힘들다. 주체 개념을 전제하지 않을 때 가능한 한 대답은 이 알갱이들이 가능한 여러 그림들을 놓고서 말하자면 일종의 선거를 해서, 또는 다원적인 뉘앙스에서 경쟁을 벌여 주도적인 그림을 만들어낸다고 보는 것이다. 이런 생각은 제럴드 에델만의 『신경과학과 마음의 세계』(황희숙 옮김, 범양사, 2006) 9장에서 '신경 다원주의'로서 소개되고 있다. 그리고 대니얼 데닛의 『의식의 수수께끼를 풀다』(유자화 옮김, 옥당, 2013), 승현준의 『커넥톰』(신상규 옮김, 김영사, 2014) 등에서도 이런 비유를 발견할 수 있다. 이런 식의 설명은 미니-철수를 상정할 경우 신비한 이론이 되어버리고, 그런 주체성을 일절 상정하지 않을 경우 그런 활동의 합목적성을 이해하는 것이 쉽지 않다는 난점을 내포한다.

어 정치적 주장들이 양산되는 것이었다. 뇌과학의 경우도 예외가 아니어서 지난 반세기에 걸쳐 뇌과학을 철학적 성격을 띤 담론으로 둔갑시키려는 시도들이 숱하게 등장했다. 이른바 "뇌과학의 폭주"라 하겠다.[40] 그런데 특정한 영역을 연구하는 개별 과학이 (스스로는 "형이상학"을 비난하면서도 얄궂게도) 일종의 사이비 형이상학을 강변한다는 것은 곧 어떤 형태가 되었든 학문/사상의 세계 전체, 또는 일부를 해당 과학으로 환원하려는 의지를 담고 있음을 뜻한다. 신경중심주의, 표상주의에 대한 베르그송적 관점에서의 비판을 여러 각도에서 보았거니와, 여기에서는 이에 덧붙여 환원주의의 문제로써 논해보자.

유물론적 환원주의[41]에 따르면 우리 마음의 상태는 곧 뇌 상태와 별개의 것이 아니며, 양자는 동일한 것일 뿐이다. 열역학에서의 '열'은 통계역학에서의 '분자들의 평균 운동에너지'일 뿐이다. 어떤 물질이 '불에 탐'은 그것의 '산소와 결합함'일 뿐이다. 마찬가지로 의식의 상태 C는 뇌의 상태 b의 결과일 뿐이다.[42] 그러나 환원주의의 실제 내용은 C와 b가 상응한다는 것

---

40) 고노 테츠야는 뇌과학의 폭주를 여러 각도에서 분석해주었다.(川野哲也, 『暴走する腦科学』, 光文社, 2008)

41) **유물론, 환원주의, 동일론** — 유물론적 환원주의는 때로 '동일론(identity theory)'이라고 불린다. 그러나 이 용어는 그리 적절한 용어로 보이지는 않는다. 이 이론이 강조하는 것은 의식의 상태 C는 뇌의 상태 b일 뿐이라는 점이기 때문이다. 강조점은 '같음'에 있는 것이 아니라 전자가 후자로 환원된다는 점에 있다. 진짜 동일론의 입장을 취한다면, 뇌의 b 상태는 의식의 C 상태"일 뿐"이라고도 말해야 할 것이다. 엄밀한 의미에서의 동일론은 평행론과 거의 같은 것이 되어야 한다.* 따라서 유물론 또는 환원주의가 더 적절한 용어이다. 아울러, 환원주의가 곧 유물론인 것은 아니다. 오히려 예컨대 불교 — 특히 유식불교 — 에서처럼 모든 것을 마음으로 환원하는 유심론도 가능하다. 유물론, 유심론은 하나의 형이상학적 이론이지만, 환원주의는 사유의 양태를 가리키는 개념이라고 할 수 있다.

* "동일론"은 애초에 논리적 모순을 범하고 있는데, C와 b가 '동일하다'고 말하면서 C의 실재성을 부정하는 것은 모순된 것이기 때문이다.

42) 이런 형태의 환원주의를 역설하고 있는 저작으로 패트리샤 처칠랜드의 『뇌과학과 철학』(박제윤 옮김, 철학과현실사, 2006)을 보라. 처칠랜드는 이념적 차원도 뇌의 활동일 뿐이라는 논지를 편다. 하지만 이를 받아들일 경우, 처칠랜드의 주장도 그의 뇌 안 시냅

일 뿐이다. 우리는 C_1과 b_1이, C_2와 b_2가, … 상응한다는 것을 말할 수 있을 뿐, 전자의 차원을 후자의 차원으로 환원할 수 있을지, 다시 말해 후자로부터 전자를 연역할 수 있을지는 알 수 없다. 정신적 차원과 물질적 차원은 전혀 다른 언어/존재론으로 서술되기 때문이다. '반지름이 R인 원'과 '$x^2+y^2=R^2$'은 서로 상응하지만, 하나가 다른 하나로 환원된다고 할 수는 없는 것이다. 두 차원은 독자의 차원이다. 에우클레이데스 기하학이 리만 기하학에 '포괄'되고, 고전 역학이 상대성 이론에, 열역학이 통계역학에 포괄될 수 있었던 것은 전자의 담론들과 후자의 담론들이 어디까지나 **동질적**인 것들이기 때문이다.(사실 이 경우들에서도 온전한 포괄은 성립하지 않는다.) 그러나 담론들이 더 이질적이면 이질적일수록 당연히 이런 식의 포괄은 더욱더 어려워진다. 또 하나 더욱 근본적인 것은 앞 절(§1)에서 역설했듯이, 정신과 뇌의 동외연성이 받아들이기 힘든 생각이라는 점에 있다. 양자 사이의 비대칭성은 정신과 뇌 사이의 동외연성을 전제하는 환원주의를 거부하게 만든다.[43]

스들의 활동 이외의 것이 아니므로, 그것이 '맞는다'라든가 '틀리다'라는 것이 도대체 무슨 의미인지 알기 어렵다는 문제점이 생긴다. 뇌 활동은 물리적 차원에서의 변화일 터인데, 그의 뇌 활동이 다른 사람들의 뇌 활동보다 '더 옳다'는 것이 도대체 무슨 뜻일까? 조지프 르두의 『시냅스와 자아』(강봉균 옮김, 동녘, 2005)는 뇌를 인지의 관점으로만이 아니라 감정과 동기를 부가해 설명함으로써 더 나은 환원주의를 전개한다.

43) **베르그송과 데이비드슨** ─ 데이비드슨의 심리철학은 베르그송의 그것과 흥미롭게 대비된다. 전자가 정신의 외연이 뇌의 외연을 훨씬 초과한다는 점을 역설한다면, 후자는 정확히 반대의 주장을 펼치기 때문이다. 데이비드슨의 심리철학은 '유형(type) 동일론'이 아니라 '개별자(token) 동일론'이다. 그에 따르면, 의식 상태 C는 어떤 일정한 뇌 상태 b인 것이 아니라, 철수의 경우에는 b_1이고, 영희의 경우는 b_2이다. 의식 상태와 뇌 상태 사이의 어떤 보편적인 관계가 존재하는 것이 아니다. 한 의식 상태는 각인의 뇌 상태인 것이다. 이른바 '무법칙적 일원론'이다.* 의식 상태는 곧 뇌 상태에 다름 아니지만, 한 의식 상태에 대응하는 각인의 뇌 상태는 모두 다르다. 여러 사람들이 상이한 뇌 상태임에도 결과적으로 어떤 동일한 의식 상태를 가질 수 있는 것이다. 이 점에서 베르그송과 정확히 대비된다. 베르그송의 경우는 하나의 도구로써 여러 가지 일을 하는 것에 해당한다면, 데이비드슨의 경우는 하나의 일을 여러 가지 도구로써 행하는 것에 해당한다.
   * 데이비드슨은 다음 세 원리가 (얼핏 ①②와 ③이 모순되어 보임에도) 모순되지 않는

§2. 비환원적 유물론

그러나 유물론을 주장하되 비-환원주의를 취하는 관점들도 있다. 이 유물론은 마음을 몸과 실체적으로 구분되는 실재로 보는 이원론과 몸(특히 뇌)의 부대현상일 뿐인 것으로 보는 신경중심주의의 사이에 존재한다. 이 비환원적 유물론은 마음이 독립적 실체는 아니지만 독립적 속성임을 주장한다. 마음은 일반적인 물리적 속성과는 독립적인, 물리적 속성으로 환원되지 않는 별개의 속성이다. 무지개는 물리적으로는 파동방정식으로 설명되고, 그것의 지각에 대해서는 뇌과학적으로 설명할 수 있다. 그러나 무지개에 대한 역사적-문화적 경험들과 담론들에서의 차이는 접어둔다 해도, 그것에 대한 각 사람의 경험들은 모두 다르다. 이 경험들(심리적 내용들)은 어떤 일반적 법칙성으로도 환원될 수 없다. 뇌에 대한 일반성은, 나아가 다른 여러 과학이 동원된 어떤 일반성도 이런 독특성들을 포괄할 수 없는 것이다. 그래서 비환원적 유물론은 마음을 하나의 실체로서 인정하지는 않지만, 마음이라는 차원, 속성은 별개의 속성임을 강조한다. 그래서 이 심리철학은 '속성 이원론'이라고도 불린다.

차머스(1966~)는 이른바 '좀비 논증'을 통해 속성 이원론을 논변했다. 차머스가 상정한 "철학적 좀비"는 모든 점에서 인간 일반과 같지만 다만 감각질이 결여된 존재이다. 다시 말해, 이 좀비는 다른 모든 면에서는 인간이

다고 논변함으로써 무법칙적 일원론을 주장한다. ① 적어도 어떤 심적 사건들은 물리적 사건들과 인과적으로 상호 작용한다.('인과적 상호작용의 원리') ② 인과성이 존재하는 곳에서는 법칙이 존재해야 한다. 즉, 원인과 결과로서 기술되는 사건은 엄밀한 결정론적 법칙에 의해 관계 맺고 있다.('인과성의 법칙론적 성격의 원리') ③ 심적 사건을 예측하거나 설명하기 위한 근거가 되는 엄밀한 결정론적 법칙은 존재하지 않는다.('심적인 것의 무법칙성의 원리') 이 주장을 통해 그는 자유와 필연(결정론)은 양립 가능함을 주장한다.(Donald Davidson, *Essays on Actions and Events*, Clarendon Press, 2001, pp. 207~227) 뇌에서의 '축중' 현상은 부분적으로 데이비드슨의 관점을 지지해준다. 데이비드슨 논변에 대한 사이토 요시미치의 비판은 齊藤慶典, 『生命と自由』(東京大學出版會, 2014)에서 볼 수 있다.

지만, 인간의 마음을 채우는 감각질들은 가지고 있지 않다.[44] 철수와 모든 점에서 똑같지만, 철수의 마음의 속성들은 결여한 좀비-철수가 철학적 좀비이다. 환원주의에 입각할 경우, 철수의 신체에 일어난 사건 E_1과 그것이 야기한 그의 뇌 변화 b_1, 그리고 그것에 상응하는 의식 상태 C_1은 일치해야 한다. 따라서 이 상응은 그대로 좀비-철수에게서도 성립해야 한다. 그에게 의식 상태 C_1이 결여된 채로. 심지어 좀비-철수는 이〔齒〕가 상했을 때 그것에 해당하는 뇌 변화를 겪고서 "이가 시리다"라고 말할 수도 있다. 그러나 그는 철수가 이가 시릴 때 느끼는 그 아픈 감각질은 가지지 않는다. 알파고가 이세돌에게 패했을 때, 모든 것은 그의 인간형인 알파고(關波高)와 똑같지만, 이 후자가 가지게 될 '패배감'만은 가지지 못하는 것과 유사하다 하겠다.[45]

차머스의 논변에서 중요한 점은 이런 철학적 좀비를 상상해보는 것이 충분히 가능하다는 점이다. 이는 곧 이것의 존재가 형이상학적으로 유의미하다는 것을 뜻한다. 이를 양상론적으로 말하면, 위와 같은 철학적 좀비들이 사는 가능세계가 존재한다는 뜻이다. 그러나 내재적 가능세계론의 입장에서 보면, 그러한 세계는 단순히 '상상 가능한' 것이 아니라 '잠재적인' 것이어야 한다.[46] 상상 가능한 그런 세계는 각 현실세계가 그것에 접근 불가능

---

44) David Chalmers, *The Conscious Mind*, Oxford Univ. Press, 1996, p. 94. 차머스의 이런 사고실험은 데카르트의 경우와 흥미롭게 대비된다. 데카르트는 몸이 없는 마음의 가능성을 논했지만, 차머스는 마음이 없는 몸의 가능성을 논하고 있기에 말이다.

45) 차머스의 좀비 논변과 유사한 논변들이 잭슨과 네이글에 의해서도 제시되었다. *The Nature of Consciousness*, The MIT Press, 1997, pp 519~527, 567~570. 아울러, 앞에서 언급한 데이비드슨의 심리철학도 비환원적 유물론의 한 유형으로 볼 수 있다.

46) 앞에서 논했듯이(6장, 결론 부분), 현실세계와 가능세계의 양분법이 아니라 현실성, 잠재성, 가능성(상상 가능성)이라는 삼분법이 보다 유효하다. 내재적 가능세계론에서 볼 경우, 가능성은 '허구'로서의 의미를 띨 뿐 형이상학적 가치를 가지지 못한다. 형이상학적 가치를 가지는 것은 어디까지나 잠재성이다. 단순히 상상 가능한 좀비-철수는 어디까지나 허구이며, 그것이 형이상학적 가치를 가지려면 현실세계와의 관계를 구체적으로 해명할 수 있어야 한다. 즉, 그것이 현실성은 아니지만 실재성이라는 것을 분명하게 논변해야 하는 것이다.

하다는 점에서 '허구'로서의 가치만을 가지기 때문이다. 좀비-철수 논변은 그것이 과연 유의미하게 상정될 수 있는가라는 문제를 낳는다.

그러나 이 문제와 무관하게, 감각질의 존재는 심리철학적으로 중요하다. 차머스 자신은 의식에 관련해 '쉬운 문제'와 '어려운 문제'를 구분하고, 생생한 의식적 경험은 신경과학적인 인과관계로써 설명하기 어려운 문제임을 강조한다. 사실 우리의 생생한 의식적 체험의 존재를 부정하는 것은 무리한 주장인 듯하다. 평생을 파동방정식만을 가지고서 무지개에 대한 빼어난 논문을 여러 편 쓴 과학자가 난생처음 '진짜로' 무지개를 보았을 때 느끼는 것, 그런 것이 감각질일 터이다. 문화적 차이 등은 접어놓는다 해도(예컨대 동북아에서 무지개는 흉조였고, 서구에서 보름달은 불길한 것이었다.), 종이 위에 쓴 파동방정식과 우리가 무지개를 볼 때 느끼는 것 사이에는 결코 환원이 불가능한 어떤 차이가 존재한다는 것을 부정할 이유는 없다.

차머스의 논의는 3인칭 관점과 1인칭 관점의 대립에 입각해 있다. 3인칭 관점을 취할 경우, 철수와 좀비-철수 사이에서 어떤 차이도 발견할 수가 없다. 철수와 좀비-철수가 나타내는 외형적 모습들에는 아무 차이가 없기 때문이다. 반면 1인칭 관점에서는 자신의 의식보다 더 확실하게 느껴지는 것은 없을 것이다. 문제는 철수와 좀비-철수 사이에는 아무런 객관적 차이도 없기 때문에, 둘이 다르다고 주장할 수 있는 것은 (좀비-철수와 똑같이 행동하는) 철수 자신밖에 없다는 점에 있다. 사실 이런 주장은 성립할 수 없다. 그렇다면 애초에 철수와 좀비-철수가 감각질의 측면에서 다르다고 상정하는 것은 누구일까? 허구의 차원에서는 차머스이겠지만, 실재성의 차원에서는 누구도 그런 가정을 할 수가 없는 것이다. 만일 그런 가정을 하는 존재가 가능하다면, 그는 바로 나인 철수와 그인 좀비-철수가 공히 '너'라고 부를 수 있는 어떤 2인칭 인물이다. 2인칭 존재가 철수를 좀비-철수로부터 구분할 수 있을 때에만, "마음과 마음이 통해서" 철수가 좀비-철수가 아님을 알아볼 때에만 둘은 분명하게 구분된다. 하지만 철수의 '너'가 겉으로 똑같이 행동하는 철수와 좀비-철수의 외형을 넘어 철수의 마음과 '통'할 수 있을까? 역으로 이 '너'는 좀비-철수가 좀비임을 어떻게 알아보는 것일까? 이는 어려운 문제이다. 철수와 좀비-철수가 똑같은데 또한 결정적으로 다르다고 했던 최초의 가정에 무리가 있는 것이 아닐까? 결국 결정적인 측면이 다르다면 양자는 똑같을 수가 없을 것이다. 그 똑같지 않은 어떤 면에서 철수의 '너'는 철수를 알아볼 것이다.

비환원적 유물론은 결국 유물론이다. '유(唯)~' 형태의 사상인 한에서 그것은 결국 물리적인 것만이 진정한 실재라는 가정을 깔고 들어간다. 그런 가정 위에서 '감각질'의 독자성을 애써서 구해내고자 하는 시도라 할 수 있다.

§3. 기능주의

기능주의는 비환원적 유물론과 유사하게, 단순히 물질적 차원으로 환원하기 힘든 정신의 — 더 정확히 말해, 정신적인 어떤 기능/활동의 — 독자성을 강조한다. 그러나 차머스 등이 정신을 채우고 있는 감각질들의 독자성을 역설한다면, 기능주의는 정신의 또 다른 차원, 어떤 존재자들이 아니라 그것의 기능을 역설한다. 이 사상은 컴퓨터 은유를 통해서 마음에 접근한다. 마음/정신은 하드웨어가 아니라 소프트웨어이다. 양자는 엄연히 다르다. 뇌라는 물질적 차원 자체보다는 그것과 분리되지는 않지만 구분되는 차원에 기능적 관점에서 접근하는 것이다.

이 관점에서 접근할 때, 인간의 마음이란 몸이라는 하드웨어의 기반 위에서 작동하는 정보처리장치이다. 그래서 설사 하드웨어가 달라진다 해도 소프트웨어가 같은 식으로 작동하기만 하면, 그것이 마음으로서 이해되는 데에는 문제가 없다. 이른바 '복수 실현'의 논리이다. 퍼트넘은 이 복수 실현의 논리에 입각해, 그리고 튜링 머신을 토대로 기능주의를 제시했다.[47] 튜링 머신은 '연산(알고리즘)'이란 무엇인가를 분명하게 개념화했으며, 보편

적 튜링 머신은 모든 계산은 튜링 머신으로 표현 가능하다는 믿음을 일반
화했다. 퍼트넘은 마음을 튜링 머신으로 간주할 수 있다고, 달리 말해 우리
가 "통속 심리학"의 용어들로 서술하는 심적 현상들은 원칙적으로 튜링 머
신의 디지털 언어로 환원될 수 있다고 보았다. 마음이란 정보처리장치인
것이다. 마음의 작동은 그 본질에 있어 연산/계산이다. 튜링 머신은 복수 실
현이 가능하므로, 마음을 받쳐주는 물리적 바탕은 다양할 수 있다. 한 컴퓨
터의 하드웨어를 접어두고서 소프트웨어를 자체로서 구명할 수 있듯이, 마
음의 기능은 그 자체로서 기술될 수 있다. 상이한 하드웨어 위에서 성립하
는 동일한 소프트웨어는 "기능적으로 동형"이다. 요컨대 컴퓨터와 인간은
기능적으로 동형이다.

컴퓨터와 인간이 기능적으로 동형이라면, 그리고 마음의 기능을 생각이
라고 규정한다면, 기계도 생각한다고 말할 수 있다. 다시 말해, 마음의 본질
이 알고리즘에 있다면 알고리즘을 핵으로 하는 기계 역시 생각할 수 있다
고 할 수 있다.[48] 그러나 생각(데카르트적인 의미에서의 '코기토')과 연산이
동일시될 수 있을지는 의문이다. 연산이란 순수 통사론적인 과정이지만, 생

---

47) Hilary Putnam, *Philosophical Papers*, II, Cambridge Univ. Press, 1979, pp. 291~303,
362~385. 그러나 복수 실현 가능성을 너무 단순하게 생각하면 곤란하다. 기능과 그것
의 물질적 터를 쉽게 분리해서 생각할 수 있을지는 의문이기 때문이다. '병렬분산처리
(PDP) 모형'에 기반한 인공신경망(ANN)의 발달은 무기물과 유기물 사이에서의 이런
간극을 얼마나 극복할 수 있을지를 둘러싼 실험이라고 할 수 있다.

48) 이런 생각은 코플랜드의 『계산하는 기계는 생각하는 기계가 될 수 있을까?』에서 개진되
었다. 앞에서 언급했듯이 코플랜드의 생각('기호체계 가설')은 존 서얼의 '중국어 방 논
증'과 대척을 이루는데, 서얼에 대해서는 이 책의 6장 전체를 할애해 비판하고 있다. 기
호체계 가설은 다음과 같다. "충분한 메모리를 담고 있는 보편적 기호체계는 추가적인
내부 구조를 통해서 대규모의 적응성을 가질 수 있다." 이 가설이 맞다면, "특정 로봇의
행동은 적절하게 조직된 보편적 기호체계 내부에서 발생하는 기호 조작의 결과이며, 이
로봇은 인간과 같은 수준의 유연성, 독창성 및 목적성을 갖추고 세계와 상호 작용할 수
있을 것이다.(혹은 심지어 인간보다 더 높은 수준에서)"(176쪽) 이른바 '강한 기호체계
가설'은 오직 보편적 기호체계만이 '생각'할 수 있다는 가설이다. 역으로 말해, 어떤 것
이 생각하는 존재라면 그것은 곧 보편적 기호체계를 장착하고 있다고 할 수 있다.

각이란 의미론적 과정과 화용론적 과정을 포괄하는 것이기 때문이다. 어떤 연산장치가 인간을 능가하는 연산을 행할 수 있다 해도, 그것은 그 연산의 의미론적 맥락에 대해서는 맹목이다. 알파고가 이세돌을 이겼지만, 사실 이긴 것은 알파고의 제작자이지 알파고가 아닌 것이다. 순수한 연산장치에는 '세계'라는 것이 결여되어 있다. 또, 그것에는 '인간적 삶'이라는 것도 결여되어 있다. 철수가 "내가 도대체 왜 이러지, 누가 내 머리 좀 쳐줬으면 좋겠네"라고 푸념하면, 옆에 있던 R-철수가 "제가 해드릴게요!"하면서 그의 쇠주먹으로 철수의 머리를 내리칠지도 모른다. 인간의 생각은 세계-내에서, 삶의 맥락에서 이루어지지만, 연산장치는 계산 —— 그것이 아무리 고도의 계산일지라도 —— 만을 할 뿐이다.

이런 한계에 직면한 심리철학자들은 이른바 '체화된 인지'의 방향으로 사유를 진행하기에 이른다. 지금까지 논한 유물론적 심리철학과 기능주의적 심리철학은 마음을 뇌에, 몸 안에 가두어놓고서 사유한 흐름들이다. 그리고 이런 사유들을 관류하는 것은 여러 형태의 표상주의이다. 그러나 이흐름들의 한계를 넘어서기 위해서는 마음을 뇌는 물론 몸 바깥으로 끄집어낼 필요가 있다. 그로써 마음을 주체와 세계가 관계 맺으면서 살아가는 삶의 장에서 사유해야 하는 것이다.

이 점은 곧 현상학의 의의를 다시금 음미해볼 것을 요청한다. 기능주의적 사유는 존재자들을 모두 지표화하고 그 지표들을 계산해서 판단을 내린다. 그러나 지표들은 지표들일 뿐이다. 앞에서(1장, 1절, §2) 예를 들었듯이, 연결망 이론에서 노드 A가 노드 B와 링크되어 있다는 기준은 무엇일까? 환자의 고통은 수치화될 수 있는 것일까? 빅 데이터를 분석하면 과연 해당 사태가 구체적으로 이해되는 것일까? 기능주의는 몸으로부터 분리된 정신이라는 데카르트 이원론의 그림자 안에 들어 있다. 서브프라임 모기지 사태때 아이스만이 사태를 정확히 파악할 수 있었던 것은 그가 데이터 분석만 잘했기 때문이 아니라 여러 군데를 발로 뛰면서 말하자면 현상학적 관찰을 세심하게 수행했기 때문이었다.[49] 미나레트 구축은 머리가 아닌 몸으로 배운다는 것이 무엇인지를 잘 보여준다. 도제들은 이론을 먼저 배우고 그것을 구현하는 것이 아니라, 가장 밑바닥 작업부터 철저하게 몸으로(관찰과 흉내 내기만을 통해서) 배워나가는 과정을 잘 보여준다. '인식'이란 지표들의 추상적인 연산을 통해서만은 얻을 수 없는 것이며, 세계-내에서 몸을 통해 이루어지는 경험이 뒷받침되어야만 성립하는 것이다. '체화된(embodied) 인지'가 중요한 것이다.[50)]

§4. '체화된 마음'의 심리철학

체화된 인지를 기반으로 전개되는 체화된 마음의 심리철학은 용어가 시사하듯이 마음을 몸에서 추상된 어떤 것으로서가 아니라 몸에 구현되어 있는, 따라서 세계와 맞물려 있는 존재로서 사유하고자 한다. 이 입장을 취할 경우 뇌 안에 마음이 있는 것이 아니라 마음 안에 뇌가 있다고도 할 수 있다. 마음은 어떤 실체나 부수물로서가 아니라 어디까지나 주체성으로서, 그러나 몸에 구현되어 활동하는 주체성으로서 이해된다. 억지로 마음이 어디에 있느냐고 묻는다면, 마음은 몸과 세계 사이에서 이루어지는 여러 주체적 활동들에 내재해 있다고 해야 할 것이다. 그래서 (기능주의에서 벗어난) 퍼트넘은 "의미는 머릿속에 있지 않다"라고 말한다.

'후기 구조주의' 같은 개념이 그렇듯이 '체화된 마음의 심리철학'도 표상주의를 극복하고자 한 여러 형태의 사유들을 부르는 편의상의 이름일 뿐이

---

49) 이 예 그리고 이어지는 미나레트의 예는 사이먼 로버츠의 『뇌가 아니라 몸이다』(조은경 옮김, 소소의 책, 2022), 84~91, 98~105쪽에 나온다.

50) 이 점은 심대한 교육학적 의미를 갖는다. 아직 세계와 충분한 현상학적 대화를 나누기도 전에, 타인들과 더불어 살아가는 법을 배우기도 전에, 자연과 문화를 향유하는 것을 익히기도 전에, 아이들의 머리에 온갖 인위적 상징들과 디지털 이미지들을 주입하는 교육은 아이들의 영혼을 일찍부터 망쳐버리는 심각한 잘못인 것이다.

다. 표상주의를 벗어나면서 전개된 심리철학은 여러 갈래를 형성한다. 그러나 어떤 형태가 되었든 체화된 마음의 심리철학은 마음을 물질/뇌의 부수물로 볼 수 없으며, 또 기능주의와 달리 마음을 몸과 분리해 논할 수는 없다고 본다. 몸과 세계가 상호 작용하는 장에 구현되는 마음을 논해야 한다고 보는 것이다. 그러나 이 기본 테제를 개념화하는 방식은 다양하다.

그 한 형태인 앤디 클락(1957~)의 경우를 보자. 클락은 마음을 뇌 안에는 물론 몸 안에 가두기를 거부하고, 오히려 뇌, 몸을 마음이라는 장을 구성하는 요소들로 간주한다. 특히 그의 사유에서 두드러진 점은 하이-테크 시대를 배경으로 확장된 몸 개념을 개념화하고 다시 그것을 보다 넓게 확장된 마음 개념에 포함시켜 논한다는 점에 있다. 우리 몸은 존재론적으로도 가소적이지만(예컨대 우리는 운동을 통해 "몸을 만들 수" 있다.), 인식론적인 맥락에서도 가소적이다. 어떤 실험들이 드러내주듯이(예컨대 모조 손을 적절히 배치함으로서, 피험자는 자기 팔이 아닌 모조 팔에서 감각을 느낀다.), 인지적 측면에서도 우리 몸은 가소적인 것이다. 여기에 클락은 현대인의 몸은 사실상 하이-테크 기계들에 의해 확장된 몸이며, 마음은 이 확장된 몸에 구현되어 활동한다고 본다. 우리의 마음은 몸은 물론 기기들에까지 확장되어 활동한다. 375×793 같은 연산은 (라마누잔 같은 인물에게야 일도 아니겠지만) 종이와 펜 등이 없이 수행하기가 힘들다. 그리고 그 근저에는 수학적 표기법 등 눈에 보이지 않는 문화-장, 사유-장이 깔려 있다. 이 경우 마음은 몸은 물론 실질적으로는 종이와 펜까지 확장된 장으로서 활동하고 있는 것이다. 화가에게 스케치북은 단순한 도구가 아니며, 화가의 몸(눈, 손, 뇌 등)과 결합한 하나의 이-것(하이케이타스)을 형성한다. 그리고 이 하이케이타스의 활동이 화가의 '확장된 마음'인 것이다. 많은 경우 우리는 중요한 기억들을 우리 머리에서가 아니라 오히려 그것을 저장해둔 장소에서 꺼낸다. 물론 그 장소 자체는 스스로 기억해야 하며, 결국 뇌, 몸 및 확장된 몸이 이루는 전체 장이 사실상의 몸을 역할을 하는 것이다. 만일 사이보그를 생체와 기계를 해부학적으로 결합하는 것이 아니라 이런 의미에서의 결합으로 이해

한다면, 인간은 애초에 사이보그라고 해야 한다.[51]

> 인간의 인지적 변화에서 〔그를 다른 동물들과 질적으로 분리한〕 한 번의 커다란 비약이나 불연속이 있었으며, 인간의 두뇌가 다양한 종류의 인지적 기술을 반복적으로 창안하고 활용하여 결과적으로 인간 이성의 공간을 확장하고 개조하는 독특한 방식은 이것과 관련된 것처럼 보인다. 우리는 지구상의 그 어떤 존재보다도 비생물학적 요소(도구, 매체, 표기법)을 더 많이 활용하여 우리의 기본적인 생물학적 처리 방식을 보완한다. 그 결과 계산이나 문제 해결의 방식이 벌거벗은 두뇌의 그것과는 매우 다른 확장된 인지시스템을 만들어낸다.[52]

클락의 논의는 기술론이나 인식론의 맥락에 머무는 것이 아니라 인간존재론으로까지 나아간다. '내추럴-본 사이보그'로서의 인간의 잠재성이 개현되면 될수록 인간의 존재 자체도 계속 달라져가기 때문이다. 예컨대 확장된 인지시스템이 발달하면 우리의 '현전'에 대한 이해도 현격하게 달

---

51) 이렇게 본다면, 오늘날 '개체성'은 자연적으로 주어진 개체성만을 뜻하지 않는다. 확장된 신체와 확장된 마음은 고유한 형태의 그리고 계속 생성하는 개체성이라고 할 수 있다. 손목시계를 늘 차고서 살아가는 한 인간은 이제는 더 이상 벌거벗은 생물학적 유기체가 아니라, 손목시계를 자신의 일부분으로 포함하는 혼종적 생명-기계 (biotechnological) 시스템이라고 할 수 있다. 이런 의미에서의 개체성은 '하이케이타스'를 형성한다. 들뢰즈와 가타리도 유사한 방식으로 하이케이타스를 논했다.(『천의 고원』, 「~되기」) 나는 『무위인-되기』(그린비, 2023)에서 이 개념을 주체론의 맥락에서 논했다.
   이런 의미에서의 개체성의 경계는 '투명성'에 의해 규정된다. 베르그송이 지적했듯이, 우리는 도구가 고장 났을 때에야 그것에 대해 생각하게 된다. 그 전에 그것은 투명하게 작동했다고 할 수 있다. 사이보그적 맥락에서 개인의 신체와 더불어 하이케이타스를 이루는 기계-장은 투명하게 작동하며, 말하자면 그 개인의 무의식과도 같이 작동한다고 할 수 있다.
52) 클락, 신상규 옮김, 『내추럴-본 사이보그』, 아카넷, 2003/2015, 125쪽. 외적 장치들(과 그 근저에 깔린 넓은 문화-장/사유-장)과 몸, 뇌는 서로가 서로를 확대해/심화해주고, 그로써 마음은 더욱더 확장해간다. 이로써 뇌 안에 마음이 있는 것이 아니라 마음 안에 뇌가 있다는 테제가 분명해진다.

라진다. 확장된 마음의 심리철학은 현상학 ─ 특히 메를로-퐁티의 현상학 ─ 으로의 회귀를 그 하나의 계기로 품고 있지만, 클락적인 심리철학은 현상학적 '현존'으로의 회귀가 아니라 오히려 그 현전의 생명-기계 시스템적 확장과 변형에 주안점을 둔다. 원격로봇공학은 다양한 장치들을 통해서 우리의 현전을 '원격현전(telepresence)'으로 바꾸어놓을 수 있다. 이를 통해서 자신의 신체 부분들이 현재 공간에서 어디에 위치해 있는지에 대한 감각인 '자기수용감각' 또한 변화를 겪게 된다. 클락과 차머스는 "우리가 어떤 과제에 직면할 때, 세계의 일부가 만약 그것이 머릿속에서 진행되었다면 인지 과정의 일부로 받아들이는 데 주저하지 않았을 과정으로서 기능한다면, (그 시간 동안은) 인지 과정의 일부이다"라는 원리를 '동등성 원리'로서 제시했거니와,[53] 이에 입각하면 우리의 현전 즉 몸과 마음의 넓이는 계속 달라진다고 해야 할 것이다.[54] 클락은 이렇게 인간의 마음을 뇌, 신체, 세계를 포괄하는 양방향의 사유로써 재개념화하고자 한다.

클락이 그리는 세계는 〈공각기동대〉(1995)의 세계에 근접한다. 그것은 혼종적인 생명-기술적 자아로서의 인간을 가리킨다. 이 세계는 데닛이 '내러티브 자아'라고 부른 측면을 배제하지 않는다. 다만 클락은 이 자아를 생명-기술적 혼종체로 확장하고자 하는 것이다. 특정의 장소나 소프트웨어

─────

53) 클락, 윤초희·정현천 옮김, 『수퍼사이징 더 마인드』, 교육과학사, 2018, 166쪽.
54) 그러나 본래적 현존과 이 확장된 현존 사이에는 분명 차이가 있고, 그래서 드레퓌스는 타인의 현전 속에 존재한다는 감각 즉 '상호 신체성의 감각'(메를로-퐁티)을 강조하면서 "가장 복잡한 형태의 원격현전조차도 그것들이 살과 피로 이루어진 인간의 따뜻하고 신체화된 가까움의 감각과 어떤 방식으로든 연결되어 있지 않으면 멀고 추상적으로 보인다"고 지적한다.(Hurbert Drefus, "Telepistemology: Descartes's Last Stand", *The Robot in the Garden*, The MIT Press, 2000, p. 62) 클락 역시 자신이 그리는 세계의 문제점들에 둔감하지 않지만, 그 모든 것에도 불구하고 그 세계에 긍정적인 방식으로 접근해간다. 클락과 드레퓌스의 대립을 기술주의와 휴머니즘의 대립으로 개념화한다면, 이 대립은 우리 시대의 가치를 둘러싼, 문명의 향방을 둘러싼 핵심적인 문제-틀 중 하나라고 할 수 있다. 이는 앞에서 논했던(5장 결론 부분) 자연언어와 인공언어를 둘러싼 문제와 유비적이다.

패키지를 사용하는 능력이 나의 생물학적인 신체를 움직이는 능력만큼이나 자연스럽고 직접적인 세계에서는 이 내러티브 자아 역시 생명-기술적 혼종체 내에서 변해갈 것이다. '나'의 경계는 계속 변해갈 것이다. 현대 철학의 한 측면이 전통적 의식적 자아/주체성 아래의 무의식적 차원을 발견하고 그로써 마음의 외연을 훌쩍 넓힌 점에 있다면, 이제 클락은 이 무의식적 차원을 생명-기술 혼종의 장으로까지 넓히고 있다.[55] 그리고 이 장은 당연히 사회 전체의 장 속에 들어 있기에, 이런 인간-기계 공생의 장은 어디까지나 사회적인 장이다. 혼종적인 생명-기술적 자아는 본질적으로 사회적인 자아이기도 한 것이다. 그러나 클락은 이런 장이 어떻게 자본과 국가의 전략(나아가 폭력)을 통해 주조되며, 그 장에서 어떤 (때로는 극악한) 일들이 벌어지고 있는지에 대해 충분히 자각하고 있는 것으로 보이지는 않는다.

체화된 인지와 확장된 마음을 역설하면서도 클락과는 다른 방향의 사유를 전개한 예로서 바렐라(1946~2001)의 경우를 살펴보자. 바렐라 역시 표상주의를 비판적으로 바라보며, 그 핵심적인 이유는 이런 관점이 세계-내-존재로서 살아가는 인간을, 삶의 생생한 경험을 어떤 동일성으로 위축시키기 때문이다. 인간은 신체로써 행위하고 역사-문화적 의미-장에서 살아가는 존재이다. 바렐라는 현상학과 해석학에 공감하는 이런 입장을 그러나 인지과학을 통해서 발전시켜나가고자 한다. 역으로 말해 인지과학을 뇌에서 끄집어내 몸의 생생한 경험-장으로 확장하고자 한다. 인지란 주어진 객체의 동일성을 표상하는 것도 아니고, 주어진 주체의 동일성을 투사하는 것도 아니다. 인지는 주체의 행동과 환경이 맞물려-생성하는 체험의 장에

---

55) "이 복잡한 도구 상자 안에 있는 그 어떤 단일 도구도 내재적으로 사유하거나, 궁극적인 통제권을 갖거나, '자아의 자리'는 아니다. 우리 개별적 인간들은 단지 이 도구들이 변화해가는 연합이다. 우리는 변화에 계속 노출되어 있으며, 보다 더 많은 비생물학적 요소들을 마음이라는 기제 자체의 일면으로 추가함으로써 피부와 두개골의 경계를 넘어서려는 충동을 가진 '부드러운 자아들'이다."(클락, 『내추럴-본 사이보그』, 219쪽)

서 이루어지는 것, '행인(行認)적인(enactive)' 것이다.[56] 클락과 마찬가지로 바렐라 역시 이런 논의로부터 세계는 물론 우리의 마음은 동일성이 아니라는 결론을 내리며, 양자가 맞물려-생성하는 체험의 장을 생성존재론적으로 역설한다. 그러나 그가 전개하는 사유는 클락의 경우와 대조적으로 불교적인 지향을 담고 있다.

서구 철학은 긴 세월 동안 '아르케'를 찾았고 그것으로써 삼라만상을 '정초'하고자 했다. 이런 긴 노력이 좌초했을 때, 더 정확히 말해 그러한 노력 즉 동일성의 사유 자체에 대한 회의가 찾아왔을 때, 고르기아스적인 허무주의, 회의주의, 상대주의가 유럽을 휘감았다. 그러나 바렐라는 정초의 부정, 무근거성의 긍정에 기반해 사유를 전개한 비-서구 사유가 있음을 역설한다. 바로 불교의 사유이다.[57] 여기에서 무근거성이란 객관적 동일성의 부재만을 뜻하지 않는다. 주관적 동일성의 부재('無我')를 동시에 뜻한다. 객관적 절대주의 못지않게 주관적 동일성을 객관에 투영하는 회의론/주관론 또한 거부의 대상이기 때문이다. 그러나 무근거성에 대한 긍정을 넘어 그가 찾아낸 길은 클락의 경우와는 대조적으로 나가르주나에서 연원한 중관철학이다.[58] 연기(緣起)의 깨달음은 우리로 하여금 회의론을 극복할 수

---

56) 프랜시스코 바렐라 외, 석봉래 옮김, 『몸의 인지과학』, 김영사, 1991/2013. 마크 존슨은 체화된 인지를 '프래그머티즘의 관점'에서 다음 다섯 가지로 특징짓는다.(『몸의 의미』, 김동환·최영호 옮김, 동문선, 2007/2012, 196쪽) ① 체화된 인지는 변이와 선택의 진화 과정에 따른 결과이다. ② 동적인 과정으로서, 지속적인 유기체-환경 관계 내에 위치한다. ③ 문제중심적인 인지로서, 유기체의 욕구, 관심, 가치와 관련해 작용한다.④ 문제에 대한 완벽한 해결책이 아니라, 처한 상황과 관련해 충분히 잘 작동하는 해결책을 찾는 데 관여한다. ⑤ 종종 사회적인 과정으로서, 둘 이상의 개별 유기체들의 협동하에서 수행된다.

57) 사실 서구 철학 자체가 이런 상황에 대한 극복으로서 (우리가 1부 전체를 할애한) 생성존재론으로의 거대한 전환을 이룩했고, 지난 세기에 사유의 또 다른 위대한 여정을 걸어왔다. 그러나 바렐라는 이런 흐름을 건너뛰고서 (그 자체 생성존재론의 사유인) 불교에 역점을 두면서 현상학과 인지과학을 매개한 불교철학을 강조한다. 그러나 현대 생성존재론에 불교가 포괄될 수 있는 것이지 그 역은 아닐 듯하다.

58) "나가르주나의 주장의 핵심은 절대적인 의미에서 대상들이 존재한다거나 같은 의미에

540

있게 해주고, 공(空)의 깨달음은 절대론을 극복할 수 있게 해준다. 아울러 상대적 진리와 궁극의 진리('속제'와 '진제')의 구분은 공의 차원과 현실적 삶의 차원을 아우르는 삶의 가능성을 제시해준다. 바렐라는 나가르주나의 사유에서 절대론과 회의론을 동시에 극복할 수 있게 해주는 '중도'("세계에 대한 생생한 경험이 실제로는 우리가 생각하는 세계와 생각하는 마음의 중간에 존재하는 것이라는 사실")를 찾은 것이다.

무아에 대한 깨달음은 생활세계를 진정한 깨달음의 장소로 살아갈 수 있는 길을 열어준다.[59] 바렐라는 이런 깨달음이 집착, 불안, 갈등으로 얼룩져 있는 현대인의 삶을 치유해줄 수 있다고 생각한다. 이런 생각이 보다 현실적인 것으로서 현대인의 삶에 퍼져나가려면 홉스 이래 전개된 인간관 — 대표적인 것으로서 '호모 에코노미쿠스' — 이 지관(止觀)에 바탕을 두는 자비의 인간관으로 변모해야 한다.[60] 바렐라는 무근거성에 직면해 소외감, 절망감, 상심, 허무주의에 빠진 서구 사회를 구할 수 있는 길로서 '자비의 윤리학'을 제시한다. 이는 테크놀로지를 통해 자아를 바꾸어나가려는 클락의 길과는 대조적인, 무아의 깨달음에 근거해 자비로운 삶으로 나아가는 길이다. 그러나 윤리의식의 고양만으로 사회의 심층적인 문제들이 해결되지는 않는다는 점을 우리는 역사 전반에 걸쳐 확인할 수 있다. 바렐라의 경우에도 요청되는 것은 역사와 정치에 대한 보다 구체적인 사유이다.

서 존재하지 않는다고 말하는 것이 아니다. 오히려 그것은 대상들은 상호의존적으로 발생하며('연기') 독립적인 근거를 가지고 있지 않다는 것('공')이다."(『몸의 인지과학』, 357쪽)

59) "윤회를 열반으로부터 구분하는 것은 어디에도 없다. 열반을 윤회로부터 구분하는 것 또한 어디에도 없다.(『중론』, XXV, 19)

60) 원효에 따르면(『대승기신론소』), 지(止)는 진여(眞如)에 대한 깨달음에 입각해 번뇌를 소멸시키는 수행을 뜻하고, 관(觀)은 생멸(生滅)의 이치에 대한 즉 연기법에 대한 깨달음에 입각해 무지를 소멸시키는 수행을 뜻한다. 진여와 생멸 두 문(門)이 분리될 수 없다고 했으니, 두 수행을 마땅히 함께 실천해야 한다.

❖ ❖ ❖

　근대적인 사유, 특히 서구적인 사유는 표상주의를 그 하나의 상항으로서 전개해왔다. 이 사유에서 세계는 마음(/의식)에 나타나는 '센스-데이터'로서 이해된다. 그리고 몸은 이 센스-데이터를 의식에 전해주는 막, 일종의 수용기로서 이해된다. 표상의 주인공은 마음이며, 마음이 자신에게 주어진 표상물들을 '관념'이라는 정신적인 것으로 주조하고 그것들로써 사유한다. 현대 심리철학의 한 흐름은 이 마음을 뇌로 대체하고(마음은 뇌의 부대현상이 된다.), 근대 철학자들의 인식론을 뇌 중심의 인지과학으로 둔갑시키려는 것이었다. 이런 과정을 통해 과학적으로는 뇌에 관해서 그리고 관련된 영역들에 관해서 많은 점들이 밝혀지기에 이르렀으나, 철학적인 면에서는 이런 '뇌과학의 폭주'가 또한 많은 단순한 논리들이나 사이비 형이상학들을 낳기에 이른다.

　현대 철학의 전개에서 생명과학의 매개는 현대 인간존재론에 중요하다. 실존주의의 바깥을 사유함으로써 인간 이해를 심화한 구조주의는 그 바깥의 바깥을 일종의 카오스로서 접어두었다. 현대 생명과학의 발달은 이 영역을 구체적으로 탐사함으로써 바깥의 바깥이 어떤 곳인지를 그려주었다. 이 끝에서 우리는 다시 철학적 반성을 시작하게 된다. 그러나 여기에서 상반된 두 길이 나타난다. 한 길은 일방향의 길이다. 이 길은 생명과학의 결론들로 이전의 것들을 환원해버리는 길이다. 그러나 이는 바로 그 결론들이 다름 아니라 인간 정신의 구성물이라는 점을 망각하는 길이다. 우리가 생명에 대한 '인식'이라고 하는 것은 인간의 정신적 구성물이다. 옷이나 건물처럼 그것 또한 구성물, 다만 비-물질적인 구성물이다. 환원주의의 일방향적 사고는 이 점('존재와 인식의 순환성')을 망각하고 있다. 물론 이 구성물은 자의적인 것이 아니라, 관찰, 실험, 비교 등 자연에 준한 구성물이다. 그래서 그 결론들로의 환원도 구성주의도 일방향적 사고에 그치고 있는 것은 마찬가지이다. 이 철학사 전체에 걸쳐 확인해왔듯이, 인식과 존재는 순환적인 것이지 일방향적인 것이 아니다. 그래서 우리는 다른 길을, 바깥의 바깥에서 다시 안으로 되구부려 바깥의 바깥의 끝을 안으로 잇는 주름의 사유 방향을 택해야 한다. 일방향적인 환원주의가 아니라 인식을 통해 존재/객체성 이해를 확장하되 그 이해는 다시 인식/주체성으로 회귀하는 원환적 사유를 택해야 하는 것이다. 이런 존재론적 달걀의 사유에 입각해 우리는 신경중심주의를 벗어나야 한다.

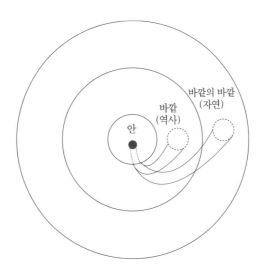

'퀄리아(감각질)'의 존재를 강조하는 속성 이원론은 환원주의의 이런 일방적 사유에 제동을 걸고, 주체 쪽으로 사유를 구부려 인간 의식을 가득 채우고 있는 심상(心象)들의 차원을 확보하고자 했다는 점에서 일정한 의의를 띤다. 퀄리아는 베르그송에게서의 이미지-기억의 차원에 해당하며, 베르그송 자신 신경중심주의를 비판하면서 이 기억의 잠존을 증명하고자 했다. 그러나 양 사유는 두 가지 점에서 크게 다르다. 우선 퀄리아/이미지-기억의 존재론적 위상의 문제가 있다. 속성 이원론의 경우 이 차원은 어디까지나 뇌의 속성에 불과하다. 그러나 베르그송은 이미지-기억의 존재론적 독립성, 그 잠존의 증명에 『물질과 기억』의 3장 전체를 할애했다. 또 하나의 문제는 이 차원이 양 사유의 논의 전체에서 차지하는 장소의 문제가 있다. 베르그송에 관련해 논했듯이(1절, §3), 이미지-기억들은 잠재적으로 존재하며 기억의 원뿔 전체를 오르내리면서 현실세계와 접한다. 반면 속성 이원론은 퀄리아를 뇌라는 실체의 속성으로 볼 뿐이기 때문에 이런 구도가 불가능하며, 퀄리아를 긍정하기 위해 뇌 환원주의에 맞서 의식의 공간을 확보하는 것에 그치고 있다. 그러나 이는 마음 개념을 너무 좁게 잡는 것이다. 의식의 차원, 퀄리아의 차원은 '마음'이라는 보다 넓은 차원의 한 부분일 뿐이다. 마음이라는 개념은 뇌는 물론 의식 바깥으로 나와 보다 넓은 지평에서 이해되어야 하는 것이다.

이 점은 기능주의에 대해서도 마찬가지로 말할 수 있다. 기능주의는 인간이 가진 합리적 지능을 모델로 마음을 해명하고자 했고, 이는 몸의 역할과 몸을 통한 세계와 마음의 맞물림을 송두리째 무시한 구도라 할 수 있다. 그러한 기능이 인간에게 특히 고유한 한 면이라 해도, 그것은 마음이 작동하는 하나의 결에 불과한 것이다. 아울러 분석철학을 논하면서 언급했듯이, 이 문제는 합리적 지능을 기준으로 세계를 재편하려는 세력과 역사성과 인문적 가치로써 그에 대항하려는 세력 간의, '문명의 향방'을 두고서 벌이는 문화적-정치적 대립과도 무관하지 않다.

이상의 심리철학들이 근본적인 한계를 가지는 이유는 그것들이 어떤 형태로든 마음을 자연주의적인(넓은 의미) 방식으로 파악하는 이론들이기 때문이다. 이 논의들은 마음 개념이 함축하고 있는 가장 본질적인 측면 즉 '의미'의 차원을 간과하거나 소극적으로만 사유하고 있다.[61] 우리가 '정신적인 것'이라고 생각하는 차원은 곧 자연적 메커니즘을 넘어서는 차원, 의

---

61) 물론 기능주의는 마음을 하드웨어가 아닌 소프트웨어 중심으로 보고, 명제 연산 등의 논리학적 방식으로 접근한다. 이는 얼핏 마음에 그 고유한 측면에서 접근하는 것처럼 보인다. 그러나 논리적 연산은 기계적인 것 ── 물론 여기에서 기계는 **추상기계**라 해야 하지만 ── 이며, 이런 시각은 마음을 일종의 추상기계로서 다룰 뿐이라는 점에서 그것의 보다 풍부한 맥락들을 배제하고 있다. 아닌 게 아니라 이 모델이 장벽에 부딪치는 국면들은 다름 아니라 이 풍부한 맥락들에서이다.

미/뜻의 차원이기 때문이다. 이 점에서 현대 심리철학, 적어도 그 한 결이 현상학을 지향하게 된 것은 의미 있는 일이다. 표상주의에 대한 이런 비판적 검토는 마음을 뇌에 가두는 관점을 벗어나서 확장된 마음의 사유들을 도래시켰다. 이 흐름은 여러 상이한 유형의 심리철학들을 포괄하거니와, 전체적으로 현대 심리철학의 큰 성과로 평가받을 수 있을 것이다.

이런 흐름은 우리를 표상주의의 발흥 이전에 전개되었던 베르그송-깁슨의 사유를 재음미할 수 있도록 해준다. 베르그송의 경우 세계, 몸, 뇌까지가 모두 '물질'(이미지들의 총체)로서 취급된다. 그리고 거기에 정신이 별개의 차원을 형성한다. 그러나 그의 이원론은 일원론으로 수렴한다. 물질과 정신은 궁극적으로 연속적이다. 이런 이원적 일원의 구도는 깁슨의 생태학적 관점에 의해 보충될 수 있다. 베르그송-깁슨적인 심리철학은 표상주의를 극복한(시대적으로는 오히려 표상주의 이전에 제시된 사유들이지만) 대표적인 한 유형으로서 의미를 띤다. 아울러 이 흐름은 우리가 성리학적 맥락에서 언급했던 '知覺'의 의미를 다시 한 번 일깨워 준다. "객관세계는 이미 큰 마음 속에 들어와 있는 것"(2권, 10장, 3절)이라 했던 것을 지금의 맥락에서 재음미해볼 수 있을 것이다. 이런 성리학적 전통과 베르그송-깁슨적 사유 그리고 현상학을 종합하는 것은 남겨진 과제이다.

지금까지 전개된 3부의 논의는 현상학/인문학에서 (후기)구조주의/인간과학으로 그리고 다시 심리철학/자연과학으로 진행되었다. 그러나 심리철학의 끝에서 우리는 다시 현상학의 의의를 재발견할 수 있게 된다. 세계에 대한 표상을 뇌=정신 안에 가두는 구도가 아니라 뇌를 포함한 신체가 세계-내-존재로서 살아가는 양식 전체를 마음으로 파악함으로써, 심리철학은 멀찌감치 떠나왔던 현상학을 다시 만나게 된 것이다. 이렇게 보면 우리의 논의는 하나의 원환을 빙 돈 셈이다. 심리철학은 표상주의와 환원주의를 겪은 후 지향적 체험의 장으로 되돌아온 것이다.

그러나 오늘날 인간존재론의 장이 형성하는 이 원환은 불완전하다. 심리철학에서 베르그송-깁슨/현상학으로 다시 돌아가 이어진 원환은 사실 그 중간이 누락되어 있기 때문이다. 그것은 바로 인간과학 부분이다. 인간과학 부분은 특히 중요하다. 그것은, 다소 도식적으로 표현해서, 현상학 등의 주관주의와 생물학주의 등의 객관주의 사이에 위치해, 인간을 과학적으로 탐구하되 자연과학이 말하는 법칙들과는 성격이 전혀 **다른 법칙들**에 입각해 해명해주기 때문이다. 현대 인간존재론은 현상학과 자연주의의 대립을 거쳐 다시 양자의 화해를 향하고 있으나, 그 사이의 인간과학과의 대화는 아직 제대로 시작도 하지 않은 상황이라고 할 수 있다. 현상학이 내면의 사유는 아니고 생명과학이 전통적인 초월은 아니지만, 여기에서도 줄곧 언급해온 내면-초월의 직접적 연결과 그 사이의 부재라는 구도가 다시 한 번 나타나고 있다. '마음'의 철학은 사회-역사적 장을 건너뛰어서는 안 되는 것이다. 이 점은 곧 현대 인간존재론이 1인칭 시점과 3인칭 시점의 대립과 화해의 과정을 거쳤을 뿐, 막상 2인칭 시점은 결여하고 있다는 점과도 연관된다. 달리 말해, 이는 주류 심리철학의 흐름에서는 타자의 문제가 아직 충분히 문제화되고 있지 않다는 것을 뜻한다. 이런 점들을 염두에 두고 인간을 보는 다양한 구도를, 크게는 본 3부에서 논한 세 구도를 포용하면서 사유를 전개해야 할 것이다. 인간에 대한 인간의 탐구에는 끝이 없다.

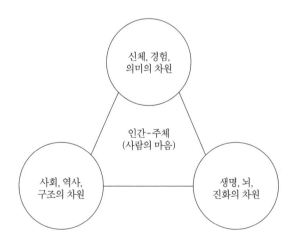

4부

고난의 시대, 희망의 사유

10장 세 이념의 시대

   철학의 역사를 연구하는 가운데 우리는 사유의 수천 년의 흐름을 관류하는 개념들을, 의미에서의 차이생성에도 불구하고 소멸되기보다는 그것을 소화해내면서 계속 변해온 그런 개념들을 발견하게 된다. 이런 개념들의 상당수는 개념-뿌리를 형성하거니와, 그런 것들 중 하나로 'idea'(이데아)를 들 수 있다. '이데아'로부터 '관념(idée/idea)', '이념(Idee)', '아이디어' 등으로 변모하면서, 이 개념은 서구 철학의 역사를 관류해왔다.

   'ideal'과 'real'(지금 맥락에서는 오히려 'actual')은 철학의 가장 중요한 개념 쌍들 중 하나이다. 우리는 양자의 관계에서 현실적인 것에서 이념적인 것으로의 이행 방향과 이념적인 것에서 현실적인 것으로의 이행 방향을 대비할 수 있다. 현실에서 이념으로 향할 경우, 이는 개별적이고 구체적인 현실의 차원을 넘어 그 차원에 질서와 의미를 부여하는 더 고차적인 차원으로 나아감을 뜻한다. 이 나아감을 가능하게 하는 것은 '念'이며, 나아감이 향하는 그곳은 '理'이다. 그로써 얻게 되는 것이 '理念'이다. 반면 이념에서 현실로 나아갈 경우, 이는 어떤 이념이 현실에 구현되어 그 현실을 그 이념에 보다 부합하는 방식으로 바꾸어 나감을 뜻한다. 전자가 형이상학과 인

549

식론의 맥락이라면 후자는 윤리학과 정치철학의 맥락이다.[1]

'이념'이 가지는 하나의 뉘앙스는 칸트의 '이념'을 다소 탈맥락화해 개념화할 때 파악할 수 있다. 칸트는 순수이성＝사변이성을 날카롭게 비판했지만, 동시에 오성의 개념들이 향하는 허초점으로서의 이념들의 역할을 역설했다.(3권, 9장, 2절) 우리는 이 구도를 이론적인 맥락만이 아니라 사회적 삶 전체의 맥락에서 새롭게 음미해볼 수 있다. 이념이란 사회의 제 활동이 수렴되어야 할 어떤 곳으로서 제시된 가치체계로 이해할 수 있는 것이다.

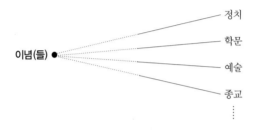

그러나 실제 사회의 제 활동은 위의 그림처럼 한곳으로 수렴하지 않는다. 그래서 사회적 맥락에서의 이념은 그와 같이 수렴되어"야 한다"는 어떤 가치 주장의 형태를 띠게 된다. '이념'이라는 말이 한편으로 고도의 철학적 개념인 동시에, 다른 한편 일반적으로 사회적 가치라는 의미를 띠게 되는 것이 이런 이유에서이다. 한 사회는 그것의 제 활동이 자신에게로 수렴되어야 한다고 주장하는 이념들의 각축장인 것이다. 이런 이념들은 '철학자', 보다 넓게는 '사상가'라는 사람들에 의해 주장되며, 여러 가지 방식으로 실천되지만 그 가장 결정적인 형태는 역시 '정치'라는 장이다. 이런 이념의 가장 본격적인 개념화는 곧 정치철학에 의해 이루어진다. 이제 우리가 논

---

1) TV 등 대중매체에서 자주 듣는 말들 중 하나가 "이념을 떠나 …"라는 말이다. 그러나 이 말은 사실상 "현재 우리의 삶을 주도하고 있는 이념에 문제를 제기하지 않고서 …"라는 말과 같은 말이다. 우리의 삶은 언제나-이미 특정한 이념을 전제하고서 전개되기 때문이다. 그래서 이와 같은 표현은 기만적이다.

할 것은 유난히 복잡하고 역동적이었던 20세기의 이념들, 정치철학들의 역사이다.[2]

이렇게 정치철학에 초점을 맞출 경우, 지난 세기에 크게는 세 갈래의 이념들이 역사를 움직여왔다고 할 수 있다. '자유주의'는 개인의 자유에 초점을 맞추고 자본주의와 시장을 근간으로 해서 경제적 욕구의 충족을 지향했다. 사회주의(특히 공산주의)는 계급투쟁에 초점을 맞추고 부르주아계급 타도와 프롤레타리아트 독재를 지향했다. 양 이념은 지난 세기 전체에 걸쳐 치열한 대립을 형성했다. 이 구도를 보다 복잡하게 만든 것은 자유주의-사회주의가 형성하는 축과는 다른 또 하나의 축, 보편주의-민족주의라는 축이었다. 자유주의도 사회주의도 적어도 원칙적으로는 보편주의/국제주의를 함축했으나, 민족주의는 이념의 결 자체를 달리하면서 현대사를 착잡하게 만들었다. 이제 이 장에서는 이 세 이념을 중심으로 한 현대 정치철학사를 다룬다.

---

2) 여기에서 내가 말하는 '정치철학'은 제도권 학문에서 말하는 분과학문으로서의 정치철학이 아니라, 매우 넓은 의미에서의 정치철학이다. 그것은 이념들, 사상들 중 일정 수준 이상의 '철학화의 높이'를 갖춘 담론들을 가리킨다.

1절 자유주의와 자본주의

§1. 자유주의의 변모

'자유주의' 정치철학을 벼려낸 서구에서, 이 개념의 본래 뉘앙스는 종교로부터의 자유를 지향하는 것이었다. 그것은 중세적 질서로부터의 탈피를, 종교권력으로부터 정치권력의 분리를 꿈꾼 생각이었다. 중세의 철학은 흔히 신학-형이상학 중심으로 이해되지만, 일부 중세 철학자들은 이런 노력을 꾸준히 기울였다. 아마도 서양 철학사에서 최초의 '정치철학자'라고 할 수 있을 마르실리우스(1270~1342)는 종교에 대한 정치의 우선성, 교회에 대한 국가의 우선성, 교회권력의 제한, 교회 특권의 축소, 교황권의 폐지 같은 주장들을 통해 중세 해체를 앞당겼다.(1권, 11장, 4절) 중세의 종교권력으로부터 벗어나려는 이런 노력이 자유주의 정치철학의 씨앗이 된다.

종교권력과의 이런 투쟁은 이후로도 오랜 기간 지속되지만, '성(聖)'에 대한 '속(俗)'의 승리가 점차 분명해지면서 이제 르네상스 이래 자유주의 ― 물론 늘 그렇듯이 이 개념 자체는 한참 후에야 사용되기 시작하지만 ― 의 주적은 왕의 권력이 된다. '왕조'라는 형태가 일찍이 자리 잡아 장구한 세월 동안 지속된 다른 지역들과는 달리, 서구의 경우 "왕"이라는 존재는 16세기에서 18세기에 걸친 3세기 동안 군림한 존재였다. '왕'이라는 말 자체는 이전부터 사용되었지만 국민국가라는 중앙집권적 체제의 성립을 전제하는 왕 개념은 바로 이 3세기 동안 지속되었다. 따라서 이 3세기 동안의 정치철학의 핵심은 곧 왕권을 어떻게 제한할 것인가에 있었다. 이 시기 정치사상의 구도를 극단적으로 단순화한다면 결국 '왕당파'와 '공화파'의 대결로 압축할 수 있을 것이다. 이미 알고 있듯이, 시대의 흐름은 전자에서 후자로 이행하는 것이었다.

이런 이행을 일찍부터 보여준 경우는 이탈리아의 도시국가들이었다. 이 도시국가들은 공화정 로마를 부활시키고자 했고, 자유(독립과 자치)와 평화 개념을 중심으로 한 정치철학을 전개했다. 15세기에 강력한 군주들의 시대가 도래하고 이들을 위한 귀감용 저서들이 정치철학의 역할을 하게 되었을 때도 공화정에의 꿈은 꺼지지 않았다. 『군주론』만이 아니라 『로마사 논고』도 쓴 마키아벨리(1469~1527)에게서 이 두 결의 공존을 확인할 수 있다. 그러나 르네상스 시대의 이런 흐름은 점차 둔화되고 서구에서는 왕조들이 하나둘 들어서게 된다. 왕의 권력을 중심에 놓으면서도 법의 역능으로써 그것을 제어하려고 한 정치철학은 이 시대의 여러 철학자들에게서 볼 수 있다. 장 보댕(1530~1596)은 왕권신수설을 주장하면서도 자연법 사상을 토대로 그것을 제한할 수 있는 다각도의 사상적-법적 장치들을 마련코자 했다. 프란시스코 수아레즈(1548~1617), 후고 흐로티위스(/그로티우스, 1583~1645) 등은 자연법 사상을 더 멀리 밀고 나갔고, 그로써 사회계약론으로 대표되는 근대 정치철학으로의 길을 마련했다. 아울러 이들은 국민국가들이 형성되기 시작한 당대 상황을 예리하게 포착하고서, 국제법을 고안해냄으로서 평화에의 길을 닦고자 했다.[3]

본격적인 의미에서의 자유주의, 오늘날까지 이어지는 자유주의 개념의 결정적인 토대를 놓은 인물은 토머스 홉스(1588~1679)이다. 그러나 이는 홉스의 정치철학이 명확한 자유주의 정치철학을 개념화했기 때문이 아니다. 비교적 분명한 형태의 자유주의 정치철학은 존 로크(1632~1704)에 의해 개념화된다. 홉스가 결정적인 인물인 이유는 그가 처음으로 '개인주의' 사상을 명확히 제시했기 때문이다. 더 중요하게는 그가 제시한 개인은 바

---

[3] 이는 당대에 형성된 유럽의 왕조적 국민국가들이 어떻게 서로 '세력 균형'을 이룰 것인가의 문제와 관련된 것이기도 했다. 이때의 '국제법'은 오늘날의 의미보다는 이렇게 유럽 자체 내에서의 평화 유지라는 맥락에서 구성된 것이었다. 이 시대는 '국가이성'이라는 이념이 지배하던 시대이며, 각 국민국가가 가톨릭적인 보편성도 아니고 국가 이하의 단위들도 아닌 오로지 국가라는 단위에 초점을 맞춘 국가이성을 추구하면서 서로 세력 균형을 유지해나가는 시대였다.

로 '합리적으로 계산해서 자신의 이익을 추구하는 개인'이라는 점이다. 홉스에게 합리성이란 철저하게 개인의 이익을 목적으로 사태를 면밀히 계산할 수 있는 능력을 뜻한다. 이는 전통적인 '이성(로고스)' 개념과는 매우 판이한, 예전의 눈으로 보면 매우 낯선 개념이었다. 이후 전개될 자유주의 정치철학에는 바로 이 홉스적 개인주의라는 초석이 깔리게 된다.[4] 이런 개인주의를 초석에 놓을 때 공동체, 사회, 국가는 주어진 것이 아니라 개인들의 '계약'을 통해 만들어가야 할 것으로 이해되어야 한다. 정치철학의 새로운 시대가 도래한 것이다. 그러나 실제의 유럽은 왕들에 의해 지배되는 곳이었다. 따라서 향후 유럽 정치철학의 근본 구도가 왕정이라는 현실과 이 새롭게 도래한 개인주의적 정치철학 사이의 밀고 당기는 투쟁이 된 것은 필연적인 과정이었다. 개인들 ── 실질적으로는 힘이 있는 개인들 ── 이 모여 만들어낸, 왕을 견제할 수 있는 정치적 단위가 곧 의회였다. 그래서 전투의 장은 곧 왕과 의회가 맞부딪치는 장이 된다.

자유주의 정치철학은 천부인권 사상, 사회계약론, 개인주의 등의 탄생과 더불어 고전시대에 정립되었으나, 보다 현실적인 맥락에서 이 사조가 견지한 것은 바로 소유권이었다. 개인의 가장 고유한 권한을 그의 'property'로 보았던 것이다. 이런 맥락에서 개인의 소유권, 이것과 왕권과의 관계, 귀족 계층, 사제 계층, 그리고 신흥 시민(부르주아) 계층 사이의 소유권 분쟁, 넓게는 한 국민국가의 국부와 국민국가들 사이의 관계 등이 복잡한 문제-장을 형성하게 된다. 아울러 전통적으로 정치철학과 법학이 실천적 학문을 이끌어왔지만, 이런 맥락에서 이제 경제학/경제사상이 중요한 분야로서

---

4) 이런 인간관을 가장 직접적으로 잇고 있는 것은 공리주의적 인간관, '호모 에코노미쿠스'의 인간관 등이다. 그러나 이후 홉스의 이런 인간관은 로크, 스피노자, 루소 등에 의해 수정된다. 그리고 독일 이념론에 이르면 선험적 주체에 대한 형이상학적 의미 부여가 정점에 달하게 된다. 홉이 지적했듯이, 역사, 정치, 법, 교육 등 인간 삶의 영역들에 대한 모든 논의는 특정 인간관을 그 근간으로 한다. 정치철학과 사회과학의 모든 영역에서, 홉스적 인간으로부터 독일 이념론의 인간에 이르기까지 인간에 대한 여러 상이한 파악이 해당 담론의 성격을 상당 정도 좌우하게 된다.

출현하게 된다. 이 과정을 통해서 자유주의는 다시 새롭게 변모하게 된다. 18세기 말에서 19세기 초에 걸쳐, 인간의 물질적 삶에 있어 큰 이론적 변화(정치경제학)와 실제적 변화(산업혁명)가 일어나면서 자유주의의 성격 또한 큰 변화를 겪게 되는 것이다.

전통 사회로부터의 자유주의적인 변모는 비서구 지역들에서도 진행되었다. 특히 동북아에서는 16세기 이래 여러 사회적 변화와 사상적 혁신이 전개되었다. 양명학의 전개라든가 호락논쟁, 소설의 유행 같은 여러 현상들이 이를 잘 보여준다. 예컨대 이지(/이탁오, 1527~1602)의 사유에서 이런 변화를 뚜렷이 확인할 수 있다. 사실 성리학 자체가 근대적 인권사상으로 중요한 한 발을 내디뎠다고 할 수 있다. 불교의 '성불' 개념을 자체 내에 내장함으로써, 만인이 성인이 될 수 있는 가능성을 열었기 때문이다. 그러나 성리학은 인간존재가 걸어가야 할 길을 너무 좁게 제한했다. 실질적으로는 일정한 틀 ─ 철학적이기만 한 것이 아니라 제도적이기도 한 ─ 을 통과한 사람들만이 성인-되기를 추구할 수 있었다. 양명학이 부수고자 했던 것은 이 틀이었다. 동북아의 근대 철학이 보편적인 '인정(人情)'을, 성인-되기를 긍정하고 사유하기 시작한 것이다. 그러나 이지는 양명학조차 전제했던 성인-되기의 길(공자를 이상으로 하는 유교적 가치)까지도 버리고자 했다. 그는 보통 사람들을 성인으로 고양하고자 한 것이 아니라, 거꾸로 성인을 보통 사람으로 격하하고자 했다. 보통-사람들의 성인-되기가 아니라 성인의 보통-사람-되기를 역설한 것이다. 이는 곧 삶의 다양성, 가치의 다양성, '道'의 다양성을 인정한 것으로서, 사회적으로는 다양한 새로운 집단들의 출현을 그대로 긍정한 것이다.

이런 변화는 호락논쟁이라든가 소설의 유행 등에서도 확인되거니와, 이후 근대적 주체를 지향한 여러 흐름들로 이어졌다.(3권, 7장) 그러나 이런 흐름이 본격화되려면 두 개의 문턱을 넘어서야 했는데, 하나는 '왕조'라는 체제의 해체이고 다른 하나는 (새로운 근대적 주체들과 상관적인) 물질적 삶에서의 큰 변혁이다. 이런 흐름이 과연 역사적 당위성을 가지느냐에 대해서는 역사철학적 논쟁의 여지가 있지만(특히 후자의 경우), 실제 역사의 흐름에서는 이 두 문턱의 극복이 중요했다.

이 두 문턱을 먼저 넘어선 쪽은 서구였고, 이제 이후의 역사는 서구에서 일어난 이 거대한 변혁의 흐름에 휩싸여 전개된다.

§2. 산업자본주의와 자유주의

자유주의의 흐름은 '계몽의 시대'를 거치면서 결국 귀족 계층을 무너뜨리고 사제 계층을 사회-문화적 층위로 밀어내기에 이른다. 그리고 자본주의의 흐름은 산업혁명을 거치면서 인간의 물질적 삶을 현격하게 바꾸어놓았고, 그 과정에서 부르주아 계층[5]을 시대의 주인공으로 부상시킨다. 물론 이 과정은 매우 긴 시간에 걸쳐, 편리하게 표현하면 19세기 전체에 걸쳐 서서히 진행된 것이었다.

이런 흐름은 '호모 에코노미쿠스'의 인간관, 공리주의 윤리학, 진화론적 세계관, 그리고 시장을 중심에 놓는 경제사상을 특징으로 한다. 자유주의의 근저에 깔려 있는 인간관은 홉스적 인간관이다. 합리적이고 이기적으로 부를 추구하는 호모 에코노미쿠스는 자유주의가 전제하는 인간형이다. 이런 맥락에서 인간이 삶에서 추구하는 것은 '쾌락', '유용성'이라고 할 수 있고, 벤담 등의 공리주의는 이런 근거에서 "최대 다수의 최대 행복"의 윤리학을 전개했다. 더 넓은 맥락에서 자유주의 정치철학은 다윈, 스펜서 등에 의해 주조된 진화론적 세계관을 배경에 깔고 있다. 삶의 근저에서 '적자생존'이라는 원리가 작동한다는 생각이 널리 퍼진다. (사회)진화론, 공리주의, 경제적 인간이라는 사상적 구도는 오늘날까지도 자유주의의 기본 원리를 형

---

5) 시간이 지나면서, 특히 산업혁명을 거치면서 '부르주아지'라는 말의 외연은 근대적 시민 계층 전체가 아니라 "생산수단을 소유한 집단"으로 좁혀진다.

성하고 있다.[6) 아울러 자유주의 정치철학은 소유권을 중시하고 경제적 인간을 가정하기 때문에, 경제사상(/경제학)을 그 필수적인 측면으로서 전제한다. 때문에 19세기 이래 자유주의 정치철학의 역사는 경제사상의 역사와 맞물려 전개되어왔다.

왕정의 시대에 경제사상은 왕정을 떠받치는 '국가이성'의 체계 내에서만 의미를 가질 수 있었다. 경제는 기본적으로 정치와 법의 한 요소에 불과했다. 그러나 시민사회의 발달과 나란히 진행된 자본주의의 발달은 자유주의자들로 하여금 경제라는 것을 어떤 독립된 심급으로서 사유하도록 만들었다. 이런 변화는 다음과 같은 사건에서 상징적으로 드러난다. 한 모임에서(1681년으로 추정) 콜베르가 상인들에게 "당신들을 위해 내가 무엇을 해주었으면 좋겠소?"라고 묻자, 상인 대표였던 르 장드르가 이렇게 답했다고 한다. "우리를 그냥 내버려두시면 됩니다(laissez-nous faire)." 이런 생각은 18세기에 조금씩 이론적 형태를 갖추기 시작했고, 19세기부터는 자본주의의 기본 원리로서 본격적으로 작동하게 된다.

"우리를 그냥 내버려두시면 됩니다"라는 대답은 무엇을 뜻할까? 그것은 부르주아지가 기존의 두 권력(귀족권력과 사제권력)의 것과 변별되는 자신들만의 장소, 자신들만의 심급을 확보하고자 하면서 그것의 독립성을 요구한 것이다. 이 장소는 말할 필요도 없이 '시장'이다. 그래서 르 장드르의 말은 곧 "시장에 간섭하지 않으시면 됩니다"를 뜻한다. 이들이 원한 자유는 정치적 맥락에서의 철학적 자유가 아니라, 시장이라는 맥락에서의 경제학적 자유였다. 중세에 시장은 '정의' 개념에 의해 움직였고, 그 이론적 기초는 스

---

6) 그러나 자유주의 내에도 여러 결의 사상들이 존재한다는 점을 잊으면 곤란하다. '호모 에코노미쿠스' 개념도 본래 밀이 비판적 맥락에서 도입한 개념이다. 흄, 밀 등은 홉스, 벤담 등의 인간관을 날카롭게 비판했다. 또, 자유주의자들 중에서도 진화론, 특히 사회진화론을 비판하는 사람들은 많다. 호모 에코노미쿠스, 벤담적 공리주의, 사회진화론은 말하자면 자유주의의 가장 적나라한 버전을 형성한다고 할 수 있다. 그러나 사유의 결에서의 여러 차이들에도 불구하고 이 세 개념/원리는 지금까지도 자유주의의 철학적 기초로서 작동하고 있다.

콜라 철학자들이 다듬은 아리스토텔레스의 '분배적 정의' 개념이었다.(『니코마코스 윤리학』, 5권) 그리고 그 구체적 핵심은 '공정가격' 즉 정의로운 가격의 유지였다. 그러나 철학사의 중요한 지도리들에서 종종 확인되듯이, 여기에서도 우리는 'kata physin'에서의 의미 변화를 확인하게 된다. 이제 '자연스러운' 가격은 **자연법**에 따른 가격이 아니라 **자연법칙**에 따른 가격이 된다.[7] 역학계가 자체의 법칙에 의해 돌아가듯이, 시장 역시 자체의 '메커니즘'에 의해 돌아가는 것으로 이해되기 시작한 것이다.[8] 이제 문제가 되는 것은 자연법적인 시장이 아니라 자연법칙적인 시장이다. 이는 미시적 차원에서의 이기적 행동들이 거시적 차원에서는 일정한 결과/질서를 창출할 수 있다는 원리에 기반한다. "우리가 만찬을 기대할 수 있는 것은 푸줏간 주인, 양조장 주인, 빵집 주인의 호의 덕분이 아니라, 그들이 각자의 이익에 충실한 덕분이다."(애덤 스미스)

계약론적인 정치철학을 갖춘 자유주의를 확립한, 게다가 산업혁명에 과학기술이라는 엔진을 단 자본주의는 19세기 중엽에 절정을 이루면서 만개했다.[9] 19세기 후반에 이르면 의회민주주의가 자리를 잡게 되고, 개개인의

---

7) 3권(10장, 2절)에서 논했듯이, 이 과정에서 중농주의는 중요한 과도적 역할을 했다. 중농주의자들은 '인구(population)' 즉 인간 개체군을 분석의 대상으로 삼았으며, 국가이성에 의한 규율과 통제가 아니라 인구 자체의 변화 메커니즘에 입각한 경영을 주장했다. 이는 훗날 본격화되는 생명정치의 선구였다. 다만 중농주의에는 여전히 '국가이성'과 주권자의 그림자가 남아 있었으며, 이를 온전히 제거한 것이 훗날 스미스의 '보이지 않는 손'이다.

8) 이에 따라 이 메커니즘을 연구하는 별도의 학문이 요청되었다. 언급했듯이 전통적으로 실천적 문제들을 사유했던 철학(윤리학과 정치철학)과 법학 외에 또 하나의 학문이 요청되었고, 이렇게 정치경제학이 등장하게 된다. 이후 사회학, 인류학, 경영학, … 같은 사회과학들이 등장하게 되거니와, 새로운 사회과학이 하나씩 출현하게 되는 과정은 곧 근현대 역사에서 주요 특이점들이 출현한 과정에 상응한다.

9) 1851년 런던에서, 그리고 1855년, 1867년, 1889년, 1900년 파리에서 열린 만국박람회는 자본주의가 자신의 성과를 과시하는 거대한 '환등상'(벤야민)이었다. 박람회의 개최자들은 이런 환등상을 통해서 계급투쟁과 혁명이 사라지기를 원했으며, 그래서 이 환등상은 사실 정치적인 환등상이기도 했다. 그러나 자본주의가 불안정해지면 불안정해질수록 이런 박람회들은 그만큼 환각적인 분위기를 띠게 된다. 또, 박람회는 각 국가가 힘을 과시하는 장이었기에 (제국주의로 치달아가는) 유럽의 정세를 반영하는 일종의 외교-군사적

인권과 부가 어느 정도 향상된다. 유럽에서의 세력 균형이 잘 유지되면서 비교적 평화로운 한 세기가 이어지고, 세계 무역의 체제가 잡히면서 바다도 안정된다.(해적들의 시대가 점차 막을 내리게 된다.) 막후의 '오트 피낭스'도 포함해, 금융자본주의가 이런 흐름의 윤활유가 되어주었다. 이 시대는 유럽 문명의 전성기였다.

그러나 사실상 이런 성공은 세 가지 심각한 문제점을 동반한 것이었다. 자유주의와 자본주의 자체 내에서 볼 때, 주기적으로 찾아오는 경제적 불안정(불황)이야말로 심각한 문제였다. 왕조적 국민국가 시대에만 해도 국가이성이 시장을 통제했지만, 자유방임 시대가 도래하고 시장이 자율적으로 굴러가면서 이 시장의 메커니즘이란 호황과 불황이 주기적으로 반복되는 것이라는 점이 분명해졌다. 마르크스는 '이윤율의 경향적 저하'를 논하면서 공황을 예견했고, 실제 19세기 말에는 큰 공황이 찾아오기도 했다. 자본주의는 이렇게 지속적인 불안정성을 피할 수가 없다. 아래에서 논하겠지만, 오늘날의 신자유주의 시대는 이런 불안정성이 더더욱 커진 시대이다.

더 심각한 것으로서, 설사 자유주의적 자본주의가 경제적 측면에서 잘 굴러갈 때라 해도 그것은 사실상 '경제적인 것'이 '사회적인 것'(넓은 의미)을 망가뜨림으로써만 가능했다는 점이다. 위풍당당하게 지어진 건물을 오직 눈에 보이는 면에만 초점을 맞추어 보는 것은 그 건물 때문에 헐린 집들, 쫓겨난 사람들, 사라진 역사적-문화적 기억들, 그 막후에서 진행된 작당들 등 눈에 보이지 않는 것들을 모두 놓쳐버리는 것이다. 왕정 시대에는 그나마 왕이 마치 한 가족의 아버지처럼 식구들을 책임져야 한다는 관념이 지배적이었지만, 이런 보호막이 벗겨진 19세기는 그야말로 진화론적인 시대였고 하층민의 고통은 극에 달하게 된다.[10] 시장자본주의의 본질은 '이익'과

전시장이기도 했다.

10) 다음을 보라. 칼 폴라니, 홍기빈 옮김, 『거대한 전환』, 도서출판 길, 1944/2009. 1권 (12장, 2절)에서 논했던 토지, 노동, 화폐의 탈영토화는 꾸준히 진행되었지만, 본격적으로는 자유주의적 자본주의의 흥기와 더불어 새로운 국면에 접어들게 된다. 이 과정은

'경쟁'이다. 경쟁은 인간의 모험심과 창조욕을 자극해 계속 새로운 경지로 나아갈 수 있는 '창조적 파괴'의 힘을 준다.[11] 그래서 자본주의는 역동적이고 창조적이다. 그러나 이 과정은 사회에 크나큰 '리스크'를 가져오고 '사회적인 것'을 처참하게 망가뜨리곤 한다. 그래서 시장자본주의는 이런 위험을 국가에 전가하면서 시장이 배태하는 문제들의 철저한 관리를 요구한다. 정치가 경제의 관리인으로 전락한다. 그 결과 역설적인 현상이 도래하는데, 근대성이 발달하면서 자유와 인권이 강조되고 성장하는 한편으로 동시에 '지식-권력'에 의한 철저한 규율, 통제, 관리가 행해진다는 점이다. 우리는 이를 근대적 주체의 모순이라고 할 수 있다. 근대적 주체란 한편으로는 자유, 평등, 개성, 인권 등의 담지자로 인정받지만, 다른 한편으로는 갈수록 정교해지는 생명정치의 지배를 받는 이중적 존재인 것이다.

여기에 또 하나 결정적인 것은 시장자본주의의 발달이 **제국주의**를 흥기시켰다는 점이다. 왕조 시대에 유럽은 세력 균형을 중요시했고, 전체적으로 평형과 안전을 위주로 관계 맺었다. 그러나 경쟁을 제1 원리로 하는 자유방임 시대에 이르러 이런 평형은 깨지고, 이제 이런 상태에서 어떻게 유럽의 조화와 평화를 유지할 것인가의 문제가 대두한다. 방법은 유럽 바깥에서 찾아야 했다. 이윤율의 경향적 저하를 막기 위해서든, 판로, 원자재, 노동력 확보를 위해서든, 독점의 맥락에서든, 중심부-주변부 관계 때문이든, 제국주의는 유럽 국가들 사이에서의 세력 균형 강화가 아니라 유럽 전체의 부를 키우려 한 흐름이었다. 이로부터 세계시장이 형성되고, 여기에서 '근대

'자기조절적 시장' 및 그것의 '자연발생적 진화'라는 사상으로 밑받침되었다. 폴라니의 저작은 이 과정이 사회적으로 착근된(embedded) 경제를 뿌리째 흔들었고, 그 결과가 전쟁, 공황, 기근 같은 파탄으로 나타났음을 집요하게 실증하고 있다.

11) "자본주의 엔진을 가동하고 그 가동을 지속시키는 기본적 추진력은 자본주의 기업이 창조하는 새로운 소비재, 새로운 생산 방법 또는 새로운 운송 방법, 새로운 시장들, 산업조직의 새로운 형태들에서 유래한다."(조지프 슘페터, 변상진 옮김, 『자본주의, 사회주의, 민주주의』, 한길사, 1942/2021, 198쪽) 기업이 정신에 의한 혁신('이노베이션')이 이윤율의 경향적 저하를 극복할 수 있게 해준다는 것이 슘페터의 주요 논리이다.

화'를 빙자한 각종 끔찍한 착취가 자행되었다. 유럽 국가들은 탐험가, 지리학자, 인류학자 등을 파견해서 식민지를 탐사하고, 선교사들을 보내 원주민들의 정신을 세뇌하고, 각종 '문명의 이기들'을 동원해 경제를 잠식하고, 그것도 안 되면 군함을 보내 정복하곤 했다. 헤겔의 고압적인 역사철학은 이런 흐름을 배경으로 성립할 수 있었다.

당연히 이런 문제점들에 대한 다양한 형태의 대응이 나타났다. 유럽 자체 내에서는 각종 사회주의 사상들과 운동들이 전개되었고, 유럽 바깥에서는 유럽의 공세에 대한 각종 저항들이 전개되었다. 자본주의적 자유주의에 반(反)하는 이런 흐름들에 맞서, 자유주의는 자체적으로 자본주의 개선을 시도하게 된다.

§3. 복지국가론에서 신자유주의로

자본주의의 폭주가 불러온 폐해들 중 자본주의적 자유주의자들이 일차적으로 눈길을 준 것은 물론 첫 번째 폐해, 경제의 불안정성이었다.[12] 제국주의적 착취를 통해 유지되던 세력 균형이 무너지면서 1차 세계대전이 벌어졌고, 19세기 경제를 떠받치던 금본위제도 혼란에 빠지게 된다. 1929년에는 '대공황'이 몰아닥쳤다. 이런 거듭되는 불안정성을 겪고 나서야 자유주의자들은 어떤 근본적인 해결책을 모색해야 한다는 위기감을 느끼게 된다.

이런 시대의 요청에 부응한 것은 페이비언 사회주의자들을 비롯해, 존 스튜어트 밀의 인본주의적이고 사회주의적인 자유주의의 전통을 이어받은 인물들이었다. 자본주의를 위기에서 구한 인물로 평가받는 케인스

---

12) 두 번째 폐해에 저항해 나타난 것이 사회주의 운동이고, 세 번째 폐해에 저항한 흐름이 식민지 국가들에서의 반(反)제국주의 운동이었다.

(1883~1946)는 단순한 경제학자(경제학의 테두리에 갇힌 경제학자)가 아니라 애덤 스미스에 비견될 수 있는, 인문·사회 전반의 교양을 갖춘 계몽사상가의 풍모를 띤 인물이었다. 그래서 그는, 비록 서구적 시선에 머무르긴 했지만, 자본주의의 불안정성만이 아니라 경제적인 것에 의한 사회적인 것의 파괴까지도 시야에 둔 경제사상을 전개할 수 있었다.

대공황은 "공급은 자체로써 수요를 창출한다"(세이의 법칙)라는 명제가 거짓임을 보여주면서, 과잉 공급이 공황을 야기한다는 마르크스의 통찰을 역사적으로 실증했다. 그러나 마르크스의 예언과는 달리 자본주의는 무너지지 않았다. 이는 자본주의가, 사회주의를 일정한 방식으로 받아들여 '혼합 경제'의 길을 제시한 케인스의 사상을 받아들였기 때문이다. 케인스는 대공황이라는 동일한 사태를 마르크스와는 반대 방향에서 보았다. 즉, 그 원인을 과잉 공급에서 찾은 것이 아니라 '유효 수요의 부족'에서 찾았다. 이전에도 지적했듯이, 자본주의의 핵은 투자에 있다. 케인스는 미래에 대한 기업들의 기대가 위축되면서 투자가 일제히 하락세를 보일 때 공황이 시작된다고 보았다. 기업 측에서의 이 수요 부족에 가계 측에서의 수요(소비) 부족이 겹치면서(공황이 시작되면 소비자들은 지갑을 닫는다.) 공황은 더욱더 깊어진다.[13] 보수적인 경제학자들은 임금이 하락하지 않아 공황이 왔다면서 노동조합을 공격했지만, 케인스의 논리에 따르면 임금 하락은 불황을 더욱더 심화시킬 것이다. 문제의 핵심은 소비의 진작에 있는 것이다.

이렇게 꽉 막힌 상황에 출구를 만들 수 있는 것이 국가이다. 케인스는 국가가 시장에 적극 개입함으로써 유효 수요를 창출해내야 한다고 역설했다.

---

13) 소비가 줄면 기업들이 가격을 내려 다시 소비를 끌어 올리는 것이 기존의 경제 원리이다. 그러나 공황 때에는 사람들이 가격이 더 떨어지기를 기다리기 때문에 가격이 인하되어도 좀체 소비가 진작되지 않는다. 또, 저축이 늘어날 경우 금리가 하락해 다시 소비와 투자가 진작될 것이라는 경제 원리도 무너진다. 불안한 미래를 염려해 저축을 우선시하는 사람들의 심리 때문에, 은행으로서도 금리를 낮춰 이자를 줄이느니 차라리 올려 돈을 더 유치하려고 하기 때문이다.

정부가 국공채 발행을 통해 투자를 진작하고, 금리 인하를 통해 소비를 이끌어내야 하며, 다양한 공공사업을 통해 실업자들을 구제해서 경제에 핏기를 돌게 해야 한다는 것이다. 케인스는 전체주의적 성격을 띤 공산주의에 대해 적대적이었다. 그러나 개인의 자유를 절대시한 시장 불간섭주의에도 찬성하지 않았다.[14] 애초에 사람들은 (부의 세습에서 유래하는) 크게 차이 나는 경제력을 가지고서 세상에 진입하기 때문에, 시장에서의 게임은 결코 공정한 게임이 아니기 때문이다. 그가 누진세라든가 최저임금제 등 사회주의적 제도들을 도입해야 한다고 역설한 것도 이 때문이다. 케인스는 경제를 위한 경제가 아니라 사회를 위한 경제를 사유했다. 얼핏 기이하게 들리겠지만, 그의 목표는 "자본가들로부터 자본주의를 지키는 것"이었다. 자본주의는 경제적으로는 높은 효율성과 생산성을 내포한 역동적인 체계이지만, 동시에 윤리적으로는 사회적인 것을 파괴하는 비윤리적인 체계인 것이다.[15]

20세기 중엽은 케인스주의가 현실화된 시대였고, 자본주의 특히 미국 자본주의의 전성기였다. 고용이 안정되고, 경기 변동의 진폭이 완만해졌으며, 주거·의료·교육이라는 삶의 세 기본 인프라가 견고해졌다. 포드주의 체제

14) 시장자유주의를 떠받쳐온 원리들 중 다음 두 가지는 중요하다. 하나는 시장이 '가격'을 통해서 자기조절한다는 생각이다. 시장에 분명 불안정성이 존재하지만 결국 가격이 다시 평형을 도래시키리라는 믿음이다. 그리고 이 생각은 합리적이고 이기적인 개인이라는 홉스직 인간관을 전제한다. 케인스는 인간이라는 존재가 합리적이라고 보시 않았다. 설사 합리적이라 해도 각 개인은 한정된 정보를 가지고서 이해타산을 추구하기 때문에 그 지식은 완전할 수가 없다. 때문에 시장에는 항상 불안정성이 존재하며, 인간(의 비합리성, 불완전성)이라는 변수를 제외하고 마치 그것이 물리학적 체계인 것처럼 다루려는 생각 자체가 환상에 불과한 것이다. 경제학은 경제학 자체 내에 갇혀서도 안 되지만, 자연과학적 모델을 가지고서 접근하려는 환상도 버려야 한다. 경제학의 기초는 인간과 역사에 대한 탄탄한 인식, 사회적인 것에 대한 종합적인 안목에 있는 것이다.
15) 케인스는 이런 비윤리성의 전형을 이자생활자에서 찾았다. "이자생활자의 안락사, 아무런 기능 없는 투자자의 안락사는 갑작스러운 것이 아니고, 최근 우리가 영국에서 보고 있는 바와 같은 점진적인, 그러나 장기적으로 계속되는 사태에 불과하며, 그 어떤 혁명도 필요로 하지 않는다는 것은 내가 제창하고 있는 사태의 질서의 큰 이점이라 할 것이다."(『고용, 이자 및 화폐의 일반 이론』, 조순 옮김, 비봉출판사, 1936/2020, 453쪽)

에서 전형을 볼 수 있듯이, 기업은 높은 노동생산성을 요구할 수 있었고, 노동자들로서는 그 대가로 높은 임금을 요구할 수 있었다.(그러나 사실 이런 호황도 테일러 시스템 같은 비인간적인 노동체계를 기반으로 한 것이었다.) 2차 세계대전으로 큰 타격을 받기는 했지만, 서구에서도 사회민주주의가 주도하는 복지국가(완전고용과 사회보장을 목표로 하는 국가)로의 길이 닦였다. 이 시대는 윤리와 정치가 경제를 이끌었던 시대였다. 또한 이 시대는 자유주의와 공산주의가 각을 세우면서 '냉전'을 이어간 시대이며, 종전 이래 개발도상국들이 노동집약형 개발독재를 이어간 시대이기도 하다.

그러나 케인스식 자유주의 및 자본주의는 노동생산성 둔화, 급속한 금융 팽창이 야기한 문제들을 비롯한 여러 요인으로 1960년대 말부터 금이 가기 시작하고, 1973년의 '오일 쇼크'가 겹치면서 흔들리게 된다. 이런 변화를 맞이해 자유주의는 '신자유주의'로 방향을 틀게 되고, 오늘날 우리는 여전히 이 흐름 속에 들어 있다. 그러나 이론의 시간과 현실의 시간은 대개의 경우 어긋난다. 사실 신자유주의의 이론은 케인스식 자유주의가 전성기를 누릴 바로 그때에 형성·전개되었다.[16] 신자유주의의 이론은 1939년 열린 '월터 리프만 콜로키움'에서 주조되었다. 신자유주의는 계획경제를 단적으로 반대했다.[17] 그러나 이 자유주의는 자유방임주의와 달리 국가의 개입을 주장한다. 왜일까? 이들은 시장은 그냥 내버려두면 잘 굴러간다는 사실을 더 이상 긍정할 수가 없었다. 시장은 불안정하다. 그래서 국가가 개입해야

---

16) 푸코는 말년에 근대 자유주의의 통치술인 생명정치에 대한 분석에 몰두했다. 1978~1979년에는 '독일 질서자유주의'라 불린 흐름에 대해 강의했는데(이는 그가 동시대의 사상을 다룬 유일한 경우이다.), 이는 사실상 신자유주의를 다룬 것이다. 푸코, 오트르망 옮김, 『생명관리정치의 탄생』, 난장, 2004/2012, 4~7강.

17) 프리드리히 하이에크, 김이석 옮김, 『노예의 길』, 자유기업원, 1944/2021. 여기에서 하이에크는 공산주의와 사회주의를 구분하지 못하고 있고(게다가 사회주의라는 말 자체가 매우 큰 폭을 가지는 말이다.), 심지어는 사회주의를 파시즘과 묶어서 '전체주의'로 다루는 오류를 범하고 있다. 여러 곳에서 그의 논리는 우리가 냉전 시대에 '국민윤리' 같은 과목을 통해 주입받곤 했던 '반공 이데올로기'를 떠올리게 만든다. 그러나 이 책은 계획경제의 위험성을 여러 각도에서 잘 분석하고 있다.

하는 것이다. 그러나 중요한 것은 이 개입은 더 이상 시장에 대한 개입이 아니라 시장의 조건에 대한 개입이어야 한다는 것이다. 국가는 시장이라는 이 아레나가 잘 작동하도록 그것의 조건들을 치밀하게 관리해야 한다. 신자유주의는 국가가 경제에 개입하지 말아야 하는 것이 아니라, 메타적인 수준에서 개입해야 한다고 말한다. 요컨대 정치는 경제에 복무해야 한다는 것이다. 기업의 임금 부담을 줄여주기 위해 고용을 "유연화"하고, 복지에 들어가는 예산을 대폭 삭감하고, 공공기관들을 민영화하는 것은 신자유주의의 대표적인 전략이다. 이런 신자유주의는 독일에서 연원해 프랑스 등 서구 전반으로 퍼지고, 1970년대에 영미에서 본격화됨으로써 '세계화'를 가져오게 된다.[18]

　신자유주의적 개입은 사회를 위한 것이 아니라 시장을 위한 것이고, 노동자들을 위한 것이 아니라 기업을 위한 것이다. 요컨대 사회적인 것을 위한 것이 아니라 경제적인 것을 위한 것이다. 신자유주의는 사회보장을 통해서 개인들을 보호해주는 것이 아니라, 시장＝아레나를 보호하면서 개인들을 "더 열심히 싸워!"라면서 그 속으로 밀어 넣는다. 그래서 사람들은 모두가 다 작은 장사꾼들이 되고, 모든 조직이 기업의 형태를 띠게 되고, 삶의 모든 관심이 경제에 집중된다. 인생의 의미는 곧 경쟁과 이익이 되고, "돈이 안 되는" 모든 것, 모든 가치가 무관심의 나락으로 밀려난다. 경영학이 학문의 여왕이 되고, 과학기술은 자본의 무기가 되고, 대중문화가 예술을 눌러버린다. 사회 자체가 기업화된다. 이런 신자유주의 하에서는 법률에서도 큰 변화가 온다. 국가가 아레나에 개입하지 않고 그것의 조건에만 개입해야 한다는 것은 곧 시장에의 구체적인 행정적 개입을 차단하고, 그곳에서 벌어

---

18) 신자유주의가 세계화(globalization)를 가져오게 된 이유는 그것이 자본 수출을 주요 테제로 포함하고 있기 때문이다.(레닌은 자본 수출이 제국주의의 핵심적 요인이라는 점을 역설한 바 있다.) 이로써 세계 전체가 이른바 "무한 경쟁"에 돌입하게 된다. 20세기 말 등장한 인터넷과 IT 산업의 흥기, 즉 정보화가 이런 세계화와 결합해 이른바 "포스트모던" 사회가 도래하기에 이른다.

지는 사건들이 법적 판단의 대상이 될 때에만 사법적으로 개입해야 한다는 뜻이다.[19] 사법은 시장 바깥에서 '게임의 룰'만을 보호해야지 시장 내부로 들어가서는 안 되는 것이다. 신자유주의 사회는 '무한 경쟁'의 사회이며, 시장의 가치가 다른 모든 가치들을 압도하는 사회이며, 사회적인 것, 정치적/사법적인 것, 나아가 문화적인 것조차도 경제적인 것에 복속되는 사회이다.

§4. 신자유주의 시대의 정의론

신자유주의가 야기한 여파는 컸다. 사회의 많은 것들이 경제 논리에 의해 파괴되었다. 양극화가 점차 심각해져갔다. 세계화와 정보화가 전 세계를 바꾸어놓았다. "카지노 자본주의"라는 말까지 나왔다. 심지어 그 자신이 투기꾼인 조지 소로스마저도 이런 상황을 개탄하면서, 시장근본주의가 세계자본주의 체제의 붕괴를 가져오리라고 '예언'하기에 이른다. 이런 맥락에서 지금까지 자유주의 윤리학을 대변해온 공리주의를 극복하려는 여러 시도가 등장했다. 존 롤스(1921~2002)의 정의론은 이런 흐름을 대변한다.[20]

롤스는 자유방임 시대를 견인해온 공리주의적 자유주의를 거슬러 올라가 그 이전의 고전적 자유주의 전통, '사회계약론'의 전통으로 회귀한다. 그가 볼 때 공리주의는 자유주의의 핵심 문제인 개인 차원의 분배 문제를 소홀히 했다. 공리주의처럼 사회 전체의 복지에만 초점을 맞춘다면, 각 개인의 입장에서 분배적 정의에 참여할 소지가 희박해진다. 공리주의는 인간의

---

19) 신자유주의에서 유래한 이런 경향은 곧 사회에 있어 윤리와 정치가 개입해야 할 많은 영역들이 사법의 영역으로 이전된다는 것을 뜻한다. 미국에서 특히 두드러지는 이런 경향은 인간을 윤리적이고 정치적인 '행위자'가 아니라 대부분의 일을 사법에 호소하는 '원고/피고'로 만든다.

20) 5장 3절에서 분석철학의 흐름에 있어 '고전적 테마들의 정식화'에 대해 논했거니와, 롤스의 정의론은 바로 이런 흐름에 있어 윤리학, 정치철학의 맥락에서 이루어진 것으로서 이해될 수 있다.

존재를 형편없는 모형으로 축소하고, 그런 빈약한 인간존재론 위에서 '유용성'/'효율성'의 가치를 휘두르는 면이 있다. 이런 측면이 강화되면 공리주의는 의외로 전체주의로 수렴할 수 있는 철학이다. 벤담의 파놉티콘이 이를 가시적으로 보여준다.[21] 롤스는 이런 맥락에서 사회계약론을 현대적인 형태로 재구성해, 자유주의적 정의론을 새롭게 정초하고자 했다. 그는 어떤 자연상태='원초적 입장', 즉 모든 사람들이 참여해서 함께 '공정으로서의 정의'를 구축해가는 상황에 대한 집단 사유실험을 제안한다. 이는 갈릴레오와 홉스가 행했던 사유 방식을 정치철학의 맥락에서 개작한 것이다.

롤스의 정의 개념은 어디까지나 **분배적 정의** 개념이며, 이는 그의 정의론이 어디까지나 경제에 초점을 맞춘 정의론에 한정됨을 함축한다. 이 정의론은 자유주의 사회를 전제했을 때 이 사회가 이룩할 수 있는 평등의 최대치가 어디까지인가를 가늠하고자 한다. 이를 위해 그가 제시한 '원초적 입장'의 상황은 다음 몇 가지를 가정한다. 우선, 롤스에게 정의의 이론은 무엇보다 우선 '합리적 개인의 선택'의 문제이다. 합리적인 사람들이 평등한 원초적 입장에서 정의로운 분배를 위해 선택 행위를 하는 상황인 것이다. 또, 이들은 반드시 "무지의 베일"을 쓰고 있어야 한다. 채점자가 시험지의 이름을 가린 채 채점해야 하듯이, 누구도 이 합의에 관련해 이해관계를 미리 알아서는 안 된다.(TJ, §24)[22] 구체적으로 이들은 ① 타인들의 이해관계에 대

---

21) 이 점에서 전체주의적 생명정치가 파시즘이나 공산주의에 의해서만이 아니라 자유주의/공리주의에 의해서도 저질러졌음은 단지 후자의 실책이나 일탈이 아니라 그 철학 자체에 내재해 있는 위험이라 해야 할 것이다.(아니, 파시즘이나 공산주의가 자유주의/공리주의가 벌인 짓들을 '벤치마킹'한 것이다.) 예컨대 미국은 특히 남북전쟁 이후에 중국인 이민 금지법(1882), 혼인법(1895), 코네티컷 단종법(1918) 등등 다양한 법들의 제정을 통해 '비정상인들'을 걸러내려 했고, 그 반대급부로서 상위 접합도(fitter) 가정 캠페인이니 우량아 운동이니 인종 개선 대회니 같은 것들을 열어 '훌륭한 유전자들'을 가려내려 했다.(이 시대에 태어난 아이들에게는 유독 '유진(Eugene)'이라는 이름이 많은데, 이 말은 '좋은 유전자'라는 뜻이다.) "최대 다수의 최대 행복"을 위해서는 이런 짓들을 자행할 수 있다는 것이다.
22) TJ=John Rawls, *A Theory of Justice*, Harvard Univ. Press, 1971. 여러 비판가들이 이런

해 무관심한 채 자신의 입장에서만 선택해야 하며, ② 선택에 있어 자신의 주관적 조건들(신체적 조건, 지적 조건 등등) 및 객관적 조건들(역사, 경제 등등에 대한 지식)에 무지해야 한다. 그리고 ③ 그럼에도 가장 기본적인 상식, 특히 기초적인 정의감은 갖추고 있어야 한다.(§25) 이런 전제 위에서 롤스는 다음과 같이 기초 원리들을 제시했다.(§11)

제1 원리는 기본적인 각종 자유에 대한 권리에서의 **평등**을 말한다. "각인은 동등한 기본적 자유들의 최대한의 총체(scheme)에 대한 평등한 권리를 가져야 한다. 다만, 이 총체는 타인들을 위한 자유들의 유사한 총체와 양립 가능해야 한다."

여기에서 롤스가 말하는 기본적 자유들이란 자유주의 국가들의 헌법에 흔히 등장하는 자유들(선거의 자유, 직업의 자유, 언론과 집회의 자유, 양심과 사상의 자유, 인신의 자유, 재산의 자유, 체포와 구금으로부터의 자유 등등)을 생각하면 된다. 각인은 이런 기본적 자유들의 가능한 최대한의 총체를 구성할 평등한 권리를 가진다는 것이다. 여기에서 "최대한의"라는 형용어는 중요한데, 이는 곧 각인이 선택하는 기본적 자유들의 총체들 사이에서 양립 가능성이 확보되어야 함을 뜻한다. 각인은 각자에게 소중한 최대한의 자유들을 선택하고자 하겠지만, 이 선택된 각 총체 사이에는 양립 불가능한 것들이 있을 터이다. 그런 것들을 배제했을 때 만인에게서 양립 가능한 기본적 자유들의 목록이 한정될 수 있을 것이다. "평등한 권리를 가져야 한다"라는 말은 바로 이런 뜻이다.

설정이, 아무리 그것이 자연상태에 대한 이론적 가정이라 해도, 여러 가지 무리를 포함하고 있음을 지적했다. 가장 근본적인 것으로 롤스가 가정하고 있는 인간존재의 모습이 과연 인간에 대한 철학적 수준의 개념화일 수 있는가 하는 점이다. 앞에서 공리주의적 인간이 형해화된 인간 개념임을 지적했거니와, 롤스의 인간존재론도 그로부터 충분히 벗어났다고는 할 수 없다. 그러나 롤스의 입장에서 말한다면, 여기에서 그의 목표는 (예컨대 실존주의 철학자들에게서와 같은) 심오한 인간존재론을 전개하려 한 것이 아니며 어디까지나 분배적 정의를 논하기 위해 필요한 사전 조치로서의 인간 모형을 구성한 것일 뿐이라고 할 수 있을 것이다.

제2 원리는 일단 제1 원리를 전제한 위에서 **용인 가능한 차등(불균등)의 원리**를 제시한다. 달리 말해, 경제적 불평등이 어떤 조건 하에서만 용인될 수 있는지를 정식화한다. 사회적이고 경제적인 차등은 다음 두 경우에만, 즉 ⓐ 그러한 차등이 모든 이들에게 이익이 되리라고 기대할 수 있는 근거가 있을 때, 그리고 ⓑ 그것이 모든 이들에게 열린 자리(positions and offices)에 결부될 때에만 용인되어야 한다.

롤스의 이런 정의론은 태생적 불리함을 그대로 방치하는 사회는 부정의한 사회라는 생각을 깔고 있다. 다시 말해, 그는 모든 자원이 평등하게 분배되어야 한다고 보기보다 최소 수혜자들에게 최대한의 이익을 보장해줄 수 있는 방식으로 분배되어야 한다고 본 것이다. 이때 최소 수혜자를 어떻게 정의해야 하는가가 문제이다. 롤스는 계급적인 면에서 불리한 사람들, 타고난 재능 면에서 불리한 사람들, 우연/운에 있어 불리한 사람들을 들고 있으나, 정확한 규정이 어려운 문제라 하겠다.

롤스의 정의론은 시장에서의 분배를 민주화하려는 시도이며, 사회계약론에 입각해 사회적 불평등을 최소화하려는 시도이다. 그러한 시도를 통해 롤스는 신자유주의에 의해 무너져가는 사회적인 것을 구원할 수 있는 사회적이고 논리적인 근거를 찾았던 것이다. 여기에서 "사회적"이란 (그리스의 폴리스에서처럼) 사람들이 모여 합리적 토론과 선택을 통해 정의로운 사회의 그림을 그려가는 사유실험을 제시했음을 뜻하며, "논리적"이란 이 그림에서의 원리들이 가지는 논리적 선차성을 명확히 했음을 뜻한다.

그러나 그의 사유는 인간이라는 존재를 빈약하게 모형화하고 있는 것이 사실이다. 이론적 사유에서는 모형화가 필요하긴 하지만, 그가 그린 인간은 도무지 현실의 인간으로 생각되지가 않는다. 아울러 그의 사유는 실제 역사에 대한 고려를 거의 차단하고 논리적 구성으로써만 전개되기 때문에, 이미 여러 철학자들이 지적했던 많은 문제들을 머금고 있다. 그의 사유는 분석철학적 방식으로, 또 미국적인 맥락에서 행해진 정치철학의 의의와 한계를 동시에 담고 있다.

2절 사회주의의 이상과 현실

자유주의가 그렇듯이, 사회주의 역시 긴 형성과 변환의 시간을 내포한다. 그러나 후자의 시간은 전자의 시간보다 훨씬 길다. 자유주의는 '근대적 개인'이라는 존재가 발견된 계몽시대의 산물이지만, 공동체주의(근대 이전의 사회주의)는 인류의 역사 그 자체와 함께해온 사상이기 때문이다. 아니 이것은 사상이라기보다 차라리 본능이라고 해야 옳을 것이다. 행복한 공동체로서의 아르카디아/이상향에의 꿈은 '폴리스적 동물'로서의 인간에게 내장된 본능이며, 어떤 맥락에서는 고귀한 가치였지만 어떤 맥락에서는 오히려 억압적 기제이기도 했다. 상고 시대에 거대권력이 등장해 신분제 사회가 도래한 이후에도, 이런 꿈은 꺼지지 않고 지속되어왔다. 그러나 우리가 논하려는 근대적인 형태의 사회주의는 사실 자유주의와 거의 동시대에 태어났다. 자유주의가 본격적인 근대적 형태를 취할 그때에 사회주의도 근대적인 형태를 취하기 시작한 것이다. 계몽주의 시대에 함께 탄생한 이 근대적 형태의 자유주의와 사회주의는 이후 운명적인 대결을 펼치면서 오늘날까지 이어져오고 있다.

§1. 사회주의의 변모

계몽시대에 특히 영국과 프랑스에서 많은 사회주의자들이 등장해 사상과 실천을 전개했다. 위촉오 시대에 관련해 '특이존재들'에 대해 논했거니와(2권, 6장, 2절), 근현대의 역사는 '혁명가'들이라는 특이존재들을 창조해냈다. 근현대 역사의 가장 중요하고 극적인 결들 중 하나는 사회주의 혁명가들의 역사이다. 그러나 '자유주의' 개념이 그렇듯이, 아니 그 이상으로 '사회주의'라는 개념의 폭은 매우 넓다. 그래서 어떤 사회주의인가를 분명히 하지 않을 경우, 논의는 매우 혼란스러워진다. 마르크스(1818~1883)는 그 이전의 사회주의자들을 "공상적 사회주의자들"로 매도했다. 물론 이는 일방적인 규정에 불과하지만, 마르크스 자신이 사회주의의 역사에 한 획을 그은 것은 분명하다. 마르크스의 사회주의는 '산업혁명'을 겪은 이후에 나온 사회주의이며, 이전의 사회주의들과는 다른 역사적 체험을 매개로 형성된 사상이다. 마르크스의 사유가 새로운 출발점이 될 수 있었던 것은 그가 바로 이 새로운 역사적 체험을 철학적으로 또 정치경제학적으로 개념화할 수 있었기 때문이다. 그의 사유는 이후 백 년이 넘는 세월 동안 많은 사람들의 사상과 실천을 이끈 원동력이 된다.

마르크스의 시대는 보수 세력과 진보 세력이 밀고 당기기를 반복하던 시대이다. 특히 프랑스에서는 1789년의 대혁명과 1794년 이래의 반동, 1830년 7월 혁명과 루이 필리프 시대의 반동, 1848년 2월 혁명과 루이 나폴레옹 시대의 반동이 이어졌다. 그리고 이 시대는 한편으로 산업혁명의 성과가 본격화되면서 자본주의가 욱일승천하던 때였던 동시에, 다른 한편으로는 사회주의자들의 사상과 실천 역시 발전해가던 시대이다. 그리고 이런 발전은 프롤레타리아 계급의 성장과 보조를 맞춘 것이었다. 마르크스와 엥겔스가 1848년 혁명의 전야에 쓴 「공산당 선언」은 부르주아지와 프롤레타리아트라는 계급적 이원성이 첨예화하던 시기에 나온, 마르크스·엥겔스 사유의 압축판이다. 이 문헌은 이후 전개될 마르크스주의 사상의 출발점이 된다.

사회주의 사상의 역사에서 가장 중요했던 주제는 물론 이 사상을 어떻게 정련할 것인가, 그리고 사회주의적 세상을 어떻게 실현할 수 있을까였다. 이때 예민하게 문제가 되었던 것은 국가라는 존재였다. 권력 배분에 있어 결정적인 장치는 곧 국가이기 때문이다. 마르크스(와 마르크스주의자들)는 1864년에 결성된 국제노동자연맹('제1 인터내셔널')에서 국가의 문제를 두고서 프루동주의자들 및 라살레주의자들과 대립했다. 아나키스트들은 모든 형태의 아르케를 거부했고, 아르케들 중에서도 특히 막강한 아르케인

국가는 일차적인 거부 대상이었다. 때문에 이들은 프롤레타리아트에 의한 국가 장악 및 프롤레타리아트 독재를 주장하는 마르크스주의와 대립했다. 아울러 이들은 의회민주주의의 활용을 잠정적으로 긍정한 점을 두고서도 마르크스주의에 반대했다. 마르크스주의자들은 자유주의 세계에서도 노동자, 여성 등이 투쟁을 통해 조금씩 참정권을 얻어나가는 현실에서 이를 무조건 반대할 이유가 없다고 보았던 것이다.[23] 아나키스트들은 국가의 내재적 정복이라는 이런 시나리오를 부정하고, 국가와 부르주아 의회의 잠정적인 활용이 아니라 단적인 전복을 주장했다. 이런 흐름은 특히 아나키즘이 프루동주의에서 바쿠닌주의로 이행하면서 더 격화되었고, 과격한 바쿠닌주의자들과 마르크스주의자들은 결국 결별에 이른다. 반공 이데올로기를 통해 익숙해진 이미지와는 달리, 마르크스와 그 동조자들은 단계적인 역사 변화를, 그리고 적어도 잠정적으로는 부르주아 사회의 내재적인 극복을 옹

---

23) 마르크스가 견지했던 입장들 중 하나는 사회주의 운동은 실제 현실 특히 노동자들의 현실과 혁명 지도자들(사상가들, 정치가들 등)의 실천이 함께 가야 한다는 것이었다. 현실은 빨리 나아가는데 실천은 뒤처진다거나 현실이 아직 무르익지 않았는데 실천이 급하게 뛰쳐나가면 실패할 수밖에 없다는 것이다. 실천이 현실을 앞에서 이끌어야 하겠지만, 그 거리/속도에 있어 괴리가 있으면 안 되는 것이다.(이 점은 훗날 레닌에 의해 보다 분명하게 천명된다.) 때문에 그는 현실과의 안이한 타협도 또 감정에 사로잡힌 군사모험주의도 경계했다. 이런 생각은 프롤레타리아트가 직접 혁명의 주체가 되어야 한다는 생각이 점차 굳어지면서 더욱 분명해진다.(마르크스는 파리 코뮌에 대한 경험을 통해 '프롤레타리아 독재'론*을 확립한다.「프랑스 내전」,『칼 맑스·프리드리히 엥겔스 저작 선집 4』(이하『선집 4』), 박종철출판사, 1871/2005)

아울러 마르크스는 역사에는 단계가 있고 그것을 잘 파악해서 실천해나가야 한다고 보았다. 역사가 사회주의 단계에 진입했을 때조차도 "능력에 따라 일하고, 일한 만큼 분배받는다"는 원칙에 따르는 낮은 단계의 사회주의와 "각자 능력에 따라 일하고, 필요에 따라 분배받는다"는 원칙에 따르는 높은 단계의 사회주의 즉 공산주의를 구분했다. 그러나 이런 생각이 교조화되면 역사를 결정론적으로, 경직된 단계설에 입각해 인식하려는 폐단이 나타나게 된다. 실제 마르크스주의 역사에서 이 단계설은 여러 국면에서 크게 문제가 된다.

*여기에서 '독재'란 현대적인 뉘앙스가 아니라, 그리스에서의 'stratēgos', 로마에서의 'dictator'를 잇는, 유사시의 권력 위임을 말하는 것이다. 마르크스는 이 권력 위임을 프롤레타리아트라는 집단의 맥락에서 말하고 있는 것이다.

호했던 것이다.

그러나 마르크스는 아나키즘의 반대편에 있던 라살레파의 내재적 개혁에도 반대했다. 라살레파는 현존하는 국가를 단적으로든(아나키스트들) 잠정적으로든(마르크스주의자들) 부정할 필요는 없다고 보았다. 노동자들의 협동조합이 생산수단을 구입할 경우 자본주의의 모순은 부드럽게 해소된다는 것이다. 그리고 이 구입은 국가가 나섬으로써 가능할 것이다. 노동자들, (비교적 우호적인) 일부 자본가들, 그리고 국가가 협력할 경우 사회주의를 이룰 수 있다고 본 것이다. 이는 융커가 중심이 된 독일 정부의 개혁 프로그램을 수용해서 '코포라티즘'으로 나아가려 했던 생각이다. 라살레는 노동자 계급의 임금 인상에 역점을 두었으며, 이를 위해 국가의 역할을 강조했다. 그러나 마르크스는 생산 과정에서의 착취가 분배에서의 빈곤을 낳는 것이지 그 역은 아니라는 점을 역설했다.[24] 국가는 중립적인 존재가 아니며, 자본주의적 착취에 동원되는 수단일 뿐이라고 본 것이다. 국가를 장악해 프롤레타리아 독재를 실시하는 일을 중차대한 과제로 보았던 마르크스는 국가에 기대어 노동계급의 임금을 확보해나가려는 시도를 매우 안이한 것으로 생각했다.

그러나 마르크스의 소망과는 달리 이후 역사는 국가주의의 강화라는 방향으로 움직였다. 얄궂은 것은 라살레 식의 코포라티즘이 유럽의 사회민주주의로 계승되어 이어졌다는 점보다는, 오히려 마르크스의 생각을 직접 이은 공산주의(를 내세운) 국가들이 더 강고한 국가주의, 관료주의로 빠져들었다는 점이다.

사회주의 실현을 둘러싼 이런 대립은 '제2 인터내셔널'(1889)을 전후해

---

24) 이는 곧 결과적인 분배적 불평등이 문제가 아니라 생산에서의 착취와 계급적 모순이 본질이라는 점을 강조한 것이다. 아울러 그는 "노동 수익"이란 단순한 평등한 분배가 아니며, '사회적 총생산물'로서의 노동 수익에서 많은 것들이 공제되어야 한다는 점, 또 다양한 상황을 고려해서 "권리는 평등하지 않고 오히려 불평등해야 한다"는 점을 강조했다.(마르크스,「고타 강령 초안 비판」,『선집 4』, 1875/2005)

총파업 문제를 둘러싸고서도 유사한 방식으로 이어졌다. 자본주의를 극복하고 사회주의로 나아가는 길에 있어 총파업이라는 방법을 둘러싼 입장들이 갈라진 것이다. 라살레의 노선을 이은 사회민주당은 자본주의 경제가 성장하면서 노동자들의 처우도 달라지고, 인권 신장을 통해 정치적 권한도 점차 일반화되는 역사적 추세에서, 총파업이라는 리스크가 큰 일을 벌일 이유가 없다고 보았다. 마르크스주의에서의 '수정주의' 노선[25] 역시 이런 흐름을 같이했다. 이는 독일을 비롯한 서유럽의 사민주의자들의 입장이었다. 반면 아나키스트들은 '아나코-생디칼리즘'에 입각해 총파업을 지지했다. 이들은 국가를 무너뜨린 후 노동조합들의 연합체로 구성할 새로운 세계를 꿈꾸었다. 때문에 이들에게 폭력혁명은 중요했고 총파업은 그 주요한 일환이었다. 마르크스주의자들은 총파업이 조직을 통한 질서 있는 실천으로써 이루어져야 하며, 또 역사의 단계에 대한 신중한 판단을 전제한다고 보았고, 아나키스트들 식의 총파업에 반대했다. 그러나 1905년 러시아 혁명을 직접 경험한 룩셈부르크는 총파업이 마르크스주의자들이 생각하는 것처럼 조직('아방가르드'=전위당)이 매개되어야 가능한 것도 아니고, 일정한 단계를 따라서만 일어나는 것도 아니라는 점을 깨닫게 된다. 민중의 자발성과 프롤레타리아 독재의 가능성이 '소비에트'를 통해서 드러난 것이다. 룩셈부르크의 논의를 통해 마르크스주의는 총파업을 주요한 실천으로서 받아들이게 된다.

이렇게 1, 2차 인터내셔널을 통해서 사회주의자들의 세 갈래 노선이 가닥이 잡히게 된다. 이후 사민당의 노선은 서유럽 사회주의의 전통으로, 룩

---

25) 수정주의자들은 노동자들의 권력이 신장되었을 뿐만 아니라 자본주의가 이미 스스로 위기를 조정할 수 있는 단계로 접어들었기 때문에 혁명은 불필요하다고 보았다. 자유주의와 자본주의를 내적으로 수정해나감으로써 사회주의를 이룰 수 있다고 본 것이다. 다음을 보라. 에두아르트 베른슈타인, 강신준 옮김, 『사회주의의 전제와 사민당의 과제』, 한길사, 1999. 마르크스주의적 시각에서 보면, 이는 수정된 마르크스주의가 아니라 변질된 마르크스주의라 할 것이다.

셈부르크의 사유를 흡수한 마르크스주의는 공산주의로 이어지게 된다. 사민당은 자유주의적 유럽 내에서의 사회주의적 흐름으로서 전개되었다. 그리고 '정통'의 지위를 얻은 마르크스주의 즉 공산주의는 러시아, 중국을 비롯한 상당히 많은 곳에서 실제 공산주의 국가들을 수립하게 된다.[26] 아나키즘은 얼핏 사라진 것으로 보이며, 마르크스주의로 가기 위한 과도기 정도의 역할만을 한 것으로 보일 수 있다. 그러나 아나키즘은 사라진 것이 아니라 말하자면 **흩뿌려진** 것이다. 자유주의나 사회주의가 각각 큰 덩어리를 형성한 이념들이었다면, 아나키즘은 애초에 그런 큰 덩어리를 부정한다. 오히려 아나키즘은 어떤 덩어리이든 다 부스러져야 한다고 본다. 그런데 작은 부스러기들이 큰 덩어리를 이길 수는 없으며, 때문에 이들의 이런 꿈은 역사의 어떤 특정한 국면들에서만 빛을 발할 수 있었다. 그럼에도 아나키즘은 우리 삶의 곳곳에 흩뿌려져 있으며, 지금도 소규모 대안 공동체들, 사상가들, 예술가들에게서 생생히 살아 있다. 사회주의를 표방했다가 갈라진 세 갈래의 이념들은 각각의 역사적 결을 형성해온 것이다.

§2. 최초의 공산주의 혁명: 러시아혁명

제2 인터내셔널이 열린 1889년 즈음은 제국주의가 첨예화되고 있던 시기이다. 이때부터 사회주의자들은 제국주의에 대한, 제국주의가 일으킨 전쟁에 대한 대응을 둘러싸고서 논전에 들어간다.

다른 문제에 있어서와 마찬가지로 이 문제에 관련해서도 사회민주당은 국가주의적 관점에서 제국주의를 긍정하거나 묵인하는 입장을 취했다. 이

---

26) 이후 독일 사민당은 바이마르 공화국(1918~1933)을 일으키고, 러시아 공산당은 소련(1922~1991)을 수립하게 된다. 이 과정에서 사민당은 (룩셈부르크를 포함한) 공산주의자들을 잔혹하게 탄압했고, 이로써 한 뿌리에서 나온 사회민주당과 공산당은 원수지간이 된다. 이런 흐름은 오늘날까지도 지속되고 있다.

는 뚜렷한 정치철학적 이유에서라기보다는 사회민주당이 이미 기득권 세력화하고 있던 서구 사회주의의 입장을 대변했기 때문이다. 제국주의를 통해 유럽으로 흘러 들어온 돈은 부르주아만이 아니라 프롤레타리아에게까지도 혜택을 주었기 때문에, 사회민주당은 고통받는 식민지 민중의 편에 서는 것이 아니라 서구중심주의의 편에 섰다. 이들은 오늘날까지도 문제가 되는 '식민지 근대화론'의 논리를 내세워 제국주의를 지지 내지 묵인했다. 반면 아나코-생디칼리즘 계열은 총파업 등의 방법을 통해 제국주의적 전쟁을 적극 저지하고자 노력했다. 마르크스주의자들은 이 문제에 관련해 '방어 전쟁'과 '공격 전쟁'을 구분했던 마르크스를 이어받아, 공격을 받는 국가의 프롤레타리아트는 전쟁에 참가해야 한다는 입장을 견지했다. 그런데 이 논리 자체가 각 국가 사이의 입장 차를 전제하고 있는 것이었기에, 이들은 전 세계적인 차원에서 벌어진 제국주의 전쟁에 대해서 어떻게 대처해야 할지를 모르고 우왕좌왕했다. 제국주의라는 새로운 현상을 명확히 분석하지 못하고, 단계설에 입각해 자본주의가 곧 붕괴하리라고 생각하면서 기다린 것이다.[27]

레닌(1870~1924)은 이런 상황을 타개할 수 있는 제국주의론을 세운다. 레닌이 볼 때 제국주의는 자본주의 전개의 한 양상이 아니라 그 성격의 큰 변환을 뜻한다. 제국주의는 자본주의의 새로운 단계인 것이다. 그에 따르면, 제국주의 시대(1870년대 이래)에 자본주의는 '경쟁'에 입각했던 자본주의(자유방임주의)에서 독점자본주의, 금융자본주의로 이행했다. 자본주의의 이런 변환이 불러온 결과가 제국주의이며, 그로부터 필연적으로 제국주의 전쟁이 발발한 것이다.[28] 레닌은 제국주의 열강들의 상호 조정을 논하면서

---

27) 이들은 제국주의적 전쟁들이 자본주의 멸망의 전조라고 생각했다. 그러나 앞 절(§2)에서 지적했듯이 제국주의는 유럽의 세력 균형과 풍요를 유지하기 위해 식민지들을 두고서 벌어진 쟁탈전이었고, 이 점에서 이는 잘못된 판단이었다. 물론 후에 1차 세계대전을 통해서 결국 유럽 자체 내에서 전쟁이 벌어지지만, 이때에도 영국, 프랑스 등이 독일, 이탈리아 등에 승전한 것일 뿐, 자본주의 자체의 붕괴는 일어나지 않는다.

(이 역시 유럽 집단이기주의에 입각한 '세력 균형'론의 한 형태이다.) 안이한 논의를 편 카우츠키를 논박하면서, 제국주의에 의한 전쟁의 필연성을 역설했다. 실제 제국주의는 결국 1차 세계대전이라는 파국을 불러왔고, (레닌의 예상과 달리) 유럽 자본주의는 유지되었지만 유럽이 아닌 러시아에서 활동한 레닌에게 이 전쟁은 어떤 면에서는 기회였다. 바깥으로 향하던 시선을 안으로 돌려 러시아혁명(1917)을 일으킬 수 있었기 때문이다. 레닌은 제국주의의 여파는 유럽이 아니라 후진 러시아에서 나타날 수 있다고 보았고, 이런 생각에 입각해 전쟁의 흐름을 러시아 내부로 돌려 혁명에 성공한 것이다.[29]

레닌은 혁명을 이루기 위해서는 "정치경찰에 맞선 투쟁기술 면에서 전문적인 준비를 하고 직접적으로 혁명 활동에 종사하는" 전위대＝아방가르드

---

28) "제국주의란 독점과 금융자본의 지배가 형성되고, 자본 수출이 중요한 의미를 획득하며, 국제 트러스트들에 의한 세계 분할이 시작되고, 가장 큰 자본주의 국가들에 의해 지구의 모든 영토 분할이 완료된, 발전 단계에 도달한 자본주의이다."(블라디미르 레닌, 이정민 옮김, 『제국주의』, 아고라, 1917/2018, 145쪽)

29) 레닌의 이런 성과는 이후 공산주의 역사에 큰 영향을 끼치게 된다. 혁명의 가능성을 유럽 바깥의 후진국들에 놓음으로써,* 향후 중국을 비롯한 많은 후진국들에게 혁명의 패러다임을 제공했기 때문이다. 마르크스-레닌주의는 이후 공산주의 운동의 기초로 자리 잡게 된다. 그러나 역으로 이런 흐름은 각 지역에서 마르크스-레닌주의와 해당 지역의 특수성 사이에 불협화음을 일으키게 된다.

* 그러나 단계설에 입각할 경우, 프롤레타리아 혁명은 반드시 부르주아 혁명을 거쳐야 하다. 그렇다면 후진국들이 이루어야 할 우선적인 과제는 사실상 부르주아 혁명이어야 한다는 결론이 나온다. 레닌 자신은 러시아가 이미 상당 정도 자본주의화되었다는 논리를 펴면서 다소 어물쩍 넘어가지만, "일단 자본주의화가 되어야 사회주의화가 가능하다"는 이 논리는 이후 공산주의 운동에서 예민한 문제가 된다. 트로츠키의 경우 러시아는 자본주의화를 잠깐 거치기는 하겠지만 곧바로 사회주의화로 넘어갈 것으로 판단했다.(이른바 '연속혁명론') 자본주의화를 잠깐의 과도기 역할로서만 인정했던 것이다. 혁명 전야의 레닌은 트로츠키와 마찬가지로 연속혁명을 주장한다.(「4월 테제」) 단계설을 단적으로 부정하지는 않으면서도, 러시아의 경우 곧바로 프롤레타리아 혁명으로 나아갈 수 있다고 본 것이다. 다만 이들은 마르크스를 따라 러시아의 프롤레타리아 혁명이 성공하려면 서구의 도움을 받으면서 흐름을 함께해야만 한다고 생각했다. 그러나 이후 역사는 이들의 기대와 달리 흘러가게 되고, 이런 상황이 러시아혁명 및 그 후의 러시아 역사에 긴 그림자를 던지게 된다.

가 필수적으로 요청된다고 보았다.[30] 이것은 당대의 사회주의적 흐름이 단순히 임금 인상 등 대중적 투쟁 수준에 머물러 있었기 때문이고, 대부분의 러시아인들이 차르를 "인민의 아버지"로 여기는 수준이었기 때문이다. 그리고 군대식 훈련을 받지 않은 사람들이 사회주의 운동에 뛰어들기에는 탄압이 극히 가혹했기 때문이다. 레닌은 이런 수준 및 상황을 넘어 혁명으로 나아가려면, 아방가르드로 구성된 '당'이 중심이 되어 역사를 이끌어가야 한다고 보았다. 이는 레닌이 노동자·농민의 자발성을 무시한 것이 아니라 (레닌은 물론 프롤레타리아 독재를 주장했고, 또 다른 사회주의자들과는 달리 러시아의 경우 농민의 존재가 매우 중요하다고 판단했다.), 당대의 상황이 이런 아방가르드/당을 요청한다고 판단했기 때문이다. 그러나 러시아혁명이 성공하고 공산주의 국가로서의 러시아가 확립된 이후, 이 구도는 예기치 않은 후유증을 남기게 된다. '당'이 중심이 되는 이런 구도는 우리가 오늘날 익히아는 공산주의 국가의 강고하고 가혹한 관료제로 굳어지게 되기 때문이다. 공산주의 국가들은 민주제적인 국가들이 아니라 오히려 귀족제적인 국가들로 화해버리게 된다.

레닌은 혁명을 통해 국가권력을 장악하는 것이 일차적이지만, 보다 근본

---

30) 레닌, 최호정 옮김, 『무엇을 할 것인가』, 박종철출판사, 2001, 161쪽. 이 문제는 멘셰비키와 볼셰비키 사이의 중요한 차이와도 관련된다. 레닌은 당원의 자격을 목숨을 걸고서 싸울 각오가 되어 있는 직업 혁명가들로 엄격히 제한하고자 한 것이다.
레닌이 생각한 전위대에는 지식인 집단도 포함된다. 마르크스주의를 확고한 방식으로 터득한 지식인 집단이 '자발성(자연발생성)'은 품고 있지만 아직 '의식'이 없는 노동대중을 '의식화'해야 하는 것이다. 그러나 그 역도 사실이다. "대중이 자생적으로 고양되면 될수록, 운동이 더욱 널리 퍼져나가면 나갈수록, 사회민주주의(공산주의)의 이론적, 정치적, 조직적 활동에서의 더 많은 의식성에 대한 요구는 그와 비교할 수 없을 만큼 급속히 커진다."(레닌, 『무엇을 할 것인가』, 68쪽) 당은 프롤레타리아트의 의식이고, (농민을 포함한) 프롤레타리아트는 당의 자발성인 것이다.
그러나 정치적 맥락을 접어놓고 철학적으로만 볼 때, 레닌이 '지식'이라고 생각했던 것은 사실은 교조화된 마르크스주의 철학에 불과했다. 예컨대 그는 마흐, 멘넬 등을 "부르주아 철학자들/과학자들"로 엉뚱하게 게다가 감정적으로 매도했다. 이런 교조화의 여파는 훗날의 '뤼센코 사건'에까지 이르게 된다.

적인 의미에서의 혁명은 기존의 국가권력을 파괴하고 프롤레타리아트 독재를 실현하는 것이라고 보았다. 완전히 새로운 정치체제가 구축되어야 한다는 것이다. 이는 사회민주당과 아나키스트들 사이에 위치했던 마르크스의 국가론을 전개한 것이다. 그는 혁명 전야에 "프롤레타리아 국가에 의한 부르주아 국가의 대체는 폭력혁명 없이 이루어질 수 없다. 반면에 프롤레타리아 국가의 폐지, 다시 말해 모든 국가의 폐지는 '사멸' 이외의 방식으로는 이루어질 수 없다"는 점을 분명히 하고자 했다.[31] 이는 곧 프롤레타리아 독재에 의한 생산수단의 국유화라는 사회주의적 단계와 국가 자체의 소멸이라는 공산주의적 단계를 분명히 한 것이다. 그러나 국가가 언제 사멸할 것인가는 알기 힘들다. 때문에 그는 프롤레타리아 독재가 이루어진 후에도 이런 궁극의 경지로 나아가기 위한 길고 힘든 과정이 기다리고 있다고 보았다. 이 때문에 레닌은 혁명 이후의 국가를 중앙권력에 의해 통제되는 소비에트공화국이라는 형태로 구성했다. 그러나 사실 '중앙권력'과 '소비에트공화국'은 모순된 것이다. 진정한 소비에트공화국에는 중앙권력 같은 것이 존재하지 않아야 하기 때문이다. 물론 레닌은 이런 형태의 정체를 과도기적인 것으로 생각했다. 문제는 이 구도가 현재까지도 이어지고 있으며, 오히려 중앙권력=당이 소비에트공화국을 무색하게 만들어버렸다는 점이다.[32] 이로써 탄생한 것은 또 하나의 코뮌이 아니라 새로운 형태의 귀족국가였다.

레닌은 10월 혁명 이후 벌어진 내전 시기에 '국가자본주의'를 실시한다. 그는 이 국가자본주의를 매개로 공산주의로 나아갈 수 있다고 보았다. 그리고 이를 변형한 것이 1921년부터 실시된 중앙집권화된 계획경제인 '신

---

31) 레닌, 문성원·안규남 옮김, 『국가와 혁명』, 돌베개, 2015, 50쪽.
32) 이는 특히 스탈린의 정책에서 연유한다. 레닌은 러시아 여러 민족들의 입장을 존중했고, 때문에 러시아를 '소비에트 연맹'(소비에트 사회주의 공화국 연방 또는 소비에트 사회주의 공화국 연맹)으로 구성했다. 그러나 스탈린은 이 연맹을 강력한 중앙집권 구조로 만들어버린다. 그 여파는 오늘날까지도 이어지고 있다.

경제정책(NEP)'이다. 이 정책은 사람들이 1970년대 정도에 와서야 분명하게 느끼게 되는 사실, 즉 공산주의와 자본주의는 말에 있어서 적대적일 뿐 사실에 있어서는 상당 부분 통한다는 사실을 드러내준다. 이 점을 특히 상징적으로 드러내는 사건은 이 정책이 생산력 강화를 위해서 테일러 시스템 — 찰리 채플린이 〈모던 타임스〉(1936)에서 풍자했던 그 시스템 — 을 도입한 일이다. 자본주의 자체 내에서도 억압적이기 이를 데 없는 것으로 평가받는 시스템을 공산주의를 지향하는 국가가 도입한 것이다.(!) 차이가 있다면 그나마 자본주의에서는 포드 시스템이 잘 돌아가 풍요로운 사회가 도래했다면, 공산주의에서는 그렇지 못했다는 점이다. 게다가 산업 구조를 억지로 바꾸려 했기 때문에, 농민들은 수동적으로 (그때까지의 자신들의 삶과는 전혀 이질적인) 노동자가 되어야 했다. 러시아 인구의 80퍼센트가 넘는 농민들의 수난은 레닌과 상이한 성품의 소유자였고 레닌이 농민과 가졌던 일정한 공감[33]조차 결여한 인물이었던 스탈린의 공업화 정책으로 인해 더욱 커질 수밖에 없었다. 스탈린의 밀어붙이기식 경제정책[34]은 소련을 강국으로 만들었을지는 몰라도 소련의 인민을 행복하게 만든 것은 아니었다.

33) 이 공감은 러시아혁명에서의 농민의 역할에 대한 것이지, 농민들 자체에 대한 것은 아니었다. 레닌은 서구 문화 지향이 몸에 밴 사람이고, 때문에 거칠고 교양 없는 농민들을 기질적으로는 매우 싫어했다. 반면 스탈린은 교육 수준이 낮았고 농민/촌놈의 분위기를 풍기는 인물이었으나, 무자비한 공업화 정책을 추진했고 그 과정에서 무수한 농민들이 죽어 나갔다. 개인적/문화적 맥락과 집단적/역사적 맥락이 묘하게 엇갈리면서 교차한 흥미로운 예이다.

34) 이 정책은 스탈린의 '일국 사회주의'론에 의해 뒷받침되었다. 트로츠키는 서구에서의 혁명과 러시아에서의 혁명이 연속적으로 일어나면서, 전 세계에서 혁명이 발발할 것으로 보았다('세계혁명론'). 반면 스탈린은 서구에서의 혁명이라는 오랜 전제를 잘라버리고, 러시아의 독자적인 사회주의 건설 즉 '일국 사회주의'의 가능성을 역설했다.

§3. 중국의 공산주의 혁명

러시아의 공산주의화는 이후 많은 국가/지역들에서 전개될 공산주의화를 알리는 신호탄이었다. 그리고 여러 도시들에서 개최되었던 이전의 두 인터내셔널과는 달리 모스크바에서만 개최된 코민테른(제3 인터내셔널, 1919~1943)은 '식민지 해방운동'을 주요 의제로 설정함으로써 이후 전개될 공산주의 운동을 지도하는 입장이 되었다. 따라서 마오쩌둥(/모택동, 1893~1976)을 비롯한 이후의 공산주의 지도자들은 마르크스-레닌주의와 어떤 관련을 맺을 것인가를 두고서 고민해야 했다. 레닌은 서구 지향적이었고, 스탈린도 기질적-문화적으로는 그와 대조적이었지만 결국 같은 노선을 취했다. 그러나 유라시아 대륙의 반대편에서 서구와는 전혀 다른 문화적 전통, 그것도 수천 년에 달하는 위대한 문화적 전통을 이루어온 중국의 공산주의자인 마오쩌둥은 이런 흐름에 쉽게 동화될 수 없었다.

무엇보다 그는 중국이 농업국가라는 사실을 레닌보다 더 절박하게 인식했고, 또 젊은 시절의 항일투쟁 과정에서 농민들의 의지와 잠재력에 대한 충분한 경험을 얻기도 했다. "가난한 농민들 없이는 혁명이 존재할 수 없다"는 깨달음을 얻은 것이다. 농민들에 대한 이런 인식은 레닌에게서조차도 볼 수 없었던 것이다. "농촌으로 도시를 포위하는" 그의 농촌혁명 전략도 이런 경험에서 나온 것이었다. 때문에 그는, 권력투쟁이라는 양상도 있었지만, 이른바 '소련 유학파'와 끝없이 충돌하면서 자신의 입지를 키워가야 했다. 이는 곧, 공산주의를 지향했기에 표면으로 내세워지지는 않았지만 중국의 공산화(와 이후에 이어진 여러 지역들에서의 공산화)가 민족주의적인 얼굴을 띠고 있었음을 뜻한다.[35] 이는 일제와 싸워야 했던 반-식민지 상태의 중국 같은 경우에는 더욱 두드러질 수밖에 없었던 측면이다. 초기에 코

---

35) 이 점은 1937년 공산당과 국민당이 사이좋게 황제(黃帝) 헌원(軒轅)의 묘에 제사를 지낸 사건에서 상징적으로 드러난다. 이때의 축문은 마오쩌둥이 썼다.

민테른과 마르크스-레닌주의의 지도를 받던 중국 공산당은 결국 이 흐름과 갈라서게 된다.

농민들과 마오쩌둥 군대의 유대감은 특히 저 유명한 '대장정' 과정을 통해 견고해진다. 마오는 이 과정을 통해서 인간의 '의지'와 '실천'을 강조하는 입장을 가지게 된다.[36] 이는 마오쩌둥이 하부구조와 상부구조 사이에 설정된 일방향적인 인과성을 거부하는 것과 관계되며, 그가 러시아 마르크스주의자들을 괴롭히던 단계설을 어느 정도는 뛰어넘게 되는 계기가 된다. 그는 중국 자본주의가 아직 일천하지만 인민의 자발적 혁명의지를 통해 이를 극복할 수 있다고 보았으며, 중국의 특수성을 고려하지 않고 소련식 발전모델을 추구하는 것을 비판했다. 물론 중국 공산당도 공업화를 지향했지만('공업화'는 좌와 우를 떠나, 동과 서를 떠나 이 시대를 지배한 이념이었다.), 소련의 경험을 거울 삼아 농업과 공업이 조화롭게 발전할 수 있는 길을 찾았던 것이다. 그러나 인민의 의지, 자발성, 실천이 있다면 어떤 일도 이룰 수 있다는 주의주의는 거대한 실패를 맛본다. 대약진 운동에서 아사한 농민이 수십만 명에 달했다고 한다. 농민을 믿고 농민을 위한다던 마오쩌둥의 밀어붙이기식 정책이 오히려 농민들을 기아와 아사로 밀어 넣은 것이다. 여러 곳에서 '주체성과 객체성의 영원한 투쟁'을 논했거니와, 객체성에 대한 '인식'을 결한 주체성의 '실천'이 거대한 정치적 권력과 결부될 때 어떤 비극이 초래되는가를 여실히 보여준 경우이다.

마오쩌둥의 사상에서 철학적으로 특히 흥미로운 곳은 그의 모순론이다. 그의 모순론에는 음양론을 비롯한 동북아적 생성존재론과 헤겔에게서 유

---

36) 실천에 대한 강조는 인식론적으로 말해 사유와 실천의 상생(相生)을 의미한다. "실천을 통해 진리를 발견하고, 실천을 통해 진리를 검증하고 진리를 발전시킨다. (…) 실천, 인식, 다시 실천, 인식이라는 형식이 끝없이 순환·반복되고 이렇게 순환할 때마다 실천과 인식의 내용은 한층 높은 수준으로 심화된다. 이것이 바로 변증법적 유물론의 인식론 전체이며, 변증법적 유물론의 앎과 함의 통일론(知行合一)이다."(마오쩌둥, 이등연 옮김, 『마오쩌둥 주요 문선』, 학고방, 1937/2018, 34쪽)

래한 변증법적 사유가 종합되어 있다. 그에게 모순은 보편적이다. 모순이 완전히 종결된, 스탈린 등이 강변했던 그런 상황은 존재하지 않는다. 모순은 보편적이고 영원하다. 그의 영구혁명론=‘부단(不斷)혁명론’도 이런 철학적 근거에서 나온 것이다. 아울러 모순은 사물과 사물 사이에서만이 아니라 사물의 내부에서도 작동한다. 때문에 세계는 끝없이 운동한다.[37] 그는 이런 형이상학을 “형이상학적 또는 통속적 진화론의 세계관”과 대비했다.[38] 이 운동은 무엇보다도 우선 ‘대립통일의 법칙’에 의해 이루어진다. 대립물들은 투쟁하고 그 투쟁을 통해서 세계는 더 높은 단계로 발전한다. 마오쩌둥은 모순에 있어 주요 모순과 부차 모순을 구분했다. “두 가지 이상의 모순이 존재하는 복잡한 과정을 연구할 때에는 주요 모순을 찾는 데 전력을 기울여야 한다. 그 주요 모순을 파악하면 모든 문제를 쉽게 해결할 수 있다.”[39] 중국의 경우 일제의 침탈이라는 민족모순이 있고 봉건제에서 유

---

37) **차이, 대립, 모순과 차이생성** —— 마오의 이런 생각은 철학사의 맥락에서 본다면 생성존재론의 흐름을 잇고 있다고 할 수 있다. 특히 모순을 사물 내부에 위치시킨 것은 마오쩌둥의 중요한 공헌이다. 그러나 엄밀하게 말하면, 마오쩌둥이 말하는 모순(contradiction)은 많은 경우 대립(대립 내에서도 ‘contrariness’와 ‘opposition’이 구분된다)을 뜻한다. 모순일 경우 두 사물 중 하나는 성립할 수 없으며, 또 사물 내부에 모순은 존재할 수 없다. 대립물들의 투쟁을 통한 생성과 발전이라고 해야 할 것이다. 또, 대립은 차이생성의 어떤 매듭들에서 성립한다. 사물 내부에서, 또 사물들 사이에서 나타나는 것은 차이생성이며, 이 생성의 어떤 매듭들에서 차이가 성립하고 또 어떤 양 끝에서 대립이 성립하는 것이다. 미세한 차이생성이 근본적인 것이며, 치이, 대립, 모순은 차이생싱의 결과틀이나. 마오에게서는 차이, 대립, 모순의 구분이 분명하지 않으며, 많은 것들이 모순 개념을 통해서만 논의되기 때문에 논의가 얽히는 대목들이 많다.

38) 마르크스주의자들에게 ‘형이상학’이란 세계를 고정적으로, ‘Being’의 관점에서 인식하는 사유를 뜻한다. 그러나 형이상학이란 어떤 인식 내용을 뜻하는 말이 아니라 철학의 어떤 분야라는 점에서, 이는 매우 이상한 용어법이라 하겠다. 철학사 자체가 ‘Being’의 형이상학과 ‘Becoming’의 형이상학의 길항을 겪었고, 특히 19세기 말 이래 니체와 베르그송, 화이트헤드 등에 의해 생성존재론이 전개되었다. 자연과학과 관련해서 ‘형이상학’이라는 말의 묘한 역사를 여러 번 언급했거니와, 이런 식의 사용법은 마르크스주의에서도 나타난다. ‘유물론’은 형이상학이라는 한 분야에서의 어떤 한 입장/가설인 것이다.

39) 마오쩌둥, 『마오쩌둥 주요 문선』, 65쪽.

래하는 계급모순이 있다. 마오쩌둥은 주요 모순과 부차 모순을 실체적으로 고정하기보다 역사적 상황에 따라 배치해야 한다고 보았다. 마오는 초기에는 민족모순을, 공산당을 창당한 이후에는 계급모순을, 중일전쟁 시기에는 다시 민족모순을, 1949년 이후에는 다시 계급모순을 주요 모순으로 간주했다.

1966년 이래 중화인민공화국은 '문화대혁명'의 열병을 앓는다. 대약진운동의 실패로 실각한 마오쩌둥은 인민(특히 '홍위병', 나중에는 '인민해방군')을 부추겨 자신과 이들 사이에 있는 반대파를 숙청하고자 했다. 자고로 왕이 소-귀족층과 연계해 대-귀족층을 몰아낸 경우는 있어도, 기층 민중과 직접 연계해 기득권층을 몰아낸 경우는 드물었다.(작은 규모의 집단이라면 몰라도) 이 점에서 문화대혁명은 매우 흥미로운 현상이었다. 그러나 마오쩌둥의 공포정치는 스탈린의 그것과 여러모로 성격이 달랐다. 수십만 명을 죽였다고 하는 스탈린의 숙청은 기층민과의 공감을 통해서 이루어진 것이 아니었다. 반면 마오쩌둥은 평생 인민의 의지/자발성, 잠재력, 주체성을 역설해왔기에, 그의 행동을 단순한 기회주의로만 폄하할 수는 없다. 그러나 이런 점을 감안한다 해도, 문화대혁명은 마오쩌둥의 권력의지와 그에 대한 개인 숭배, 그리고 걷잡을 수 없이 번져가는 대중(특히 군대)의 광기로 물든 엄청난 비극이었다. 마오쩌둥은 평생에 걸쳐 3대 격차(도시와 농촌의 격차, 노동자와 농민의 격차, 정신노동과 육체노동의 격차)의 해소를 목표로 했지만, 그의 이런 꿈은 실현되지 못하고 덩샤오핑 이래 중화인민공화국은 자본주의화된다.

3절 파시즘 시대의 철학자들

자유주의와 사회주의는 이렇게 각을 세우면서 대조적인 두 이념 사이의 전쟁을 이어갔거니와, 이 구도를 보다 복잡하게 만든 것은 민족주의이다. 자유주의와 사회주의는 적어도 원칙적으로 보편주의/국제주의를 취했지만, 그 전개 과정에서 민족/국민국가라는 또 하나의 변수가 갈수록 큰 힘을 발휘하기에 이른다. 세계화가 진행되면서 한때 국가 소멸론까지 운위되었으나, 오늘날 국가는 건재하다. 나아가 탈-국가, 탈-민족적일 듯한 사이버 세계에서까지도 오히려 '사이버 민족주의', '팬덤 민족주의' 등이 나타나고 있다. 민족/국가의 힘은 강하다.

민족주의가 긍정적인 역할을 하는 경우는 그것이 제국주의에 저항하는 이념으로서 작동할 때, 식민지의 여러 집단들로 하여금 제국주의에 저항하도록 하는 이념이 될 때이다. 비교적 중성적인 민족주의로는 문화적인 형태의 민족주의가 있다. 스포츠 경기에서 자신의 민족/국가를 응원하는 경우가 이런 경우이다. 가장 위험한 민족주의는 군국주의(軍國主義)가 권력의 집중을 꾀하고 타 국가에의 적개심을 획책하기 위해 휘두르는 민족주의이다. 우리는 이런 경우를 파시즘(넓은 의미)에서 확인할 수 있다. 파시즘은 인류가 겪은 최악의 역사적 경험에 속한다.

§1. 파시즘의 준동

파시즘은 자유주의적 개인주의와 자본주의적 불평등 해소를 목적으로 내세운다는 점에서 사회주의와 출발점을 같이한다. '나치'는 'National-sozialismus'(민족사회주의/국가사회주의)의 준말이다. 그러나 여기에서 방점은 '사회주의'가 아니라 '민족/국가'에 찍힌다. 파시즘은 개인주의의 극복을 사회주의의 방향이 아니라 국가주의의 방향으로 밀고 나가며, 자본주의적 불평등을 해소한다고 하지만 국가권력 강화를 위해 대기업들을 이용한다. 냉전 시대에 사회주의와 군국주의를 묶어 '전체주의'로 다루곤 했지만, 그리고 이는 어떤 부분에서는 의미가 있을 수 있지만, 이런 동일시는 크게 잘못된 것이다. 괴벨스는 파시즘이야말로 "진정한 사회주의"라는 궤변을 늘어놓았지만, 사실 그것은 가짜 사회주의이다.[40]

　사회주의 운동에 있어 한 가지 의미 있는 점은 위대한 혁명가들이 또한 동시에 일정한 수준을 갖춘 사상가들이었다는 점이다. 레닌, 마오쩌둥 같은 인물들이 대표적이다. 이들은 마르크스·엥겔스의 철학과 끝없이 대화하면서 사유하고 행동했던 것이다. 이들의 공과가 무엇이든, 정치가가 사상가이고 사상가가 정치가인 점은 이 흐름의 두드러지는 한 성격이다. 이런 성격은 갈수록 퇴화해 오늘날에는 거의 사라져버렸지만, 정치가/혁명가가 사상가 나아가 철학자이기도 한 이 현상은 역사적으로 매우 흥미로운 사실이 아닐 수 없다. 반면 파시즘은 사회주의에 값하는 사상/철학을 전적으로 결여한 흐름이다. 파시즘을 떠받친 것은 사유가 아니었다. 파시스트 이론가들은 애꿎은 철학자들을 끌어다 대면서 자신들의 행동을 억지스럽게 정당화하고자 했을 뿐이다. 이들에게 "철학"은 그저 장식용에 불과했고, 이들이 추구한 것은 모든 철학, 사상, 이론을 "넘어선" 행동, 감정, 의지, 용기, 신념 같은 것들이었다. 이들은 자본주의의 자유와 사회주의의 평등을 동시에 비난하면서, 국가에 대한 봉사/헌신과 엄격한 복종, 희생, 규율(/자기규율)을 강조했다. 이 모든 가치는 궁극적으로 하나의 '민족', 그 민족의 "얼", 그 민족을 대변하는 '지도자', 그리고 이 모두에 대한 '애국심'으로 수렴해야 했다. 이들에게 그들의 사상을 실현하는 주요한 방법은 논리, 검증, 토론 등이

---

40) 사회주의라는 말의 의미론적 장이 매우 넓다는 점을 지적한 바 있거니와, 20세기 초에 이르면 대부분의 사람들이 자본주의의 모순에 눈뜨게 된다. 그래서 여기저기에서 너도 나도 사회주의를 외치게 된다. 하이에크조차도 젊은 시절에는 사회주의에 끌렸다. 때문에 여러 종류의 사회주의를 변별하는 것은 정치철학적 사유에서 특히 중요하다.

아니라 군중심리의 이용과 폭력의 행사였다.

독일의 경우만을 보자. 독일, 이탈리아, 일본은 공히 '2등' 국가들이었다. 또, 뒤늦게 통일국가를, 국민국가를 이루었다. 그리고 프로이센(/프러시아)은 강력한 규율 — 훗날 아이히만이 "나는 내 의무를 다했을 뿐이다"라고 강변했을 때 그의 뇌리를 지배했던 그 규율 — 이 지배한 국가였다. 이 규율은 독일 제국의 신민들에게 내면화되어 있었다. 아울러 독일의 마르크스주의는 수정주의, 즉 국가가 자본가와 노동자를 화해시켜야 한다고 본 사회민주주의였다. 나치가 등장하기 전에도 '국가사회주의'가 지배했던 것이다. 정신적/사상적으로 이런 분위기는 예컨대 오스발트 슈펭글러의 『유럽의 몰락』(1918~1922), 아르투르 반덴부르크의 『제3 제국』(1923), 아돌프 히틀러의 『나의 투쟁』(1925~1927), 알프레도 로젠베르크의 『20세기의 신화』(1930) 같은 저작들에서 발견된다. 여기에서 우리가 발견하는 것은 '유색인종'으로부터 유럽/백인종을 보호해야 한다는 인종주의, 다른 인종들/민족들의 정복을 부추기는 제국주의, 프롤레타리아트에 대한, 마르크스주의에 대한 멸시와 적개심, 국가가 모든 것을 지배해야 한다는 국가주의, 영국을 누르고 독일을 일으켜 세우라고 부추기는 민족주의, (국가이성이 아닌) 국가의지를 표현할 수 있는 '영도자'에 대한 요청, 합리주의를 거부하고 부정하는 반합리주의 등이다.

이들은 권위 있는 철학자들을 끌어다 대면서 파시즘의 "철학"을 만들어내려고 애썼는데, 특히 그들은 반합리주의를 정당화하기 위해 니체를 왜곡해서 사용했다.[41] 이들은 모험주의와 영웅주의, 주의주의, 신비주의,[42] 반

---

41) 그러나 니체의 사유에 이런 위험성이 전혀 없었다고 할 수 있을는지는 모르겠다. 그의 사유 스타일도 이런 왜곡의 제물이 될 수 있는 빌미를 주었다.

42) 20세기 초 유럽 철학에서는 '구체성'의 추구가 하나의 조류로 자리 잡게 되며, 후설, 하이데거, 야스퍼스, 가브리엘 마르셀, 마틴 부버 등 많은 철학자들이 이런 흐름에 동참한다. 장 발의 『구체적인 것을 향하여』(1932)는 이런 흐름을 집약하고 있다. 1930년대 초에 레비나스는 이런 철학적 흐름과 "구체적인 것의 신비주의"를 구분했다. 이것은 전간기에 나타난 위험한 형태의 구체적인 것(흙, 피, …)을 암시하고 있다. 레비나스는 당대

(反)민주주의 등을 구축하기 위해 니체를 짜깁기해서 활용했다. 조르주 소렐은 베르그송을 왜곡해서 폭력론에 기반한 생디칼리즘을 전개했는데, 이런 생각은 무솔리니 같은 자에 의해 이용되기에 안성맞춤이었다. 파시스트들은 또한 국가를 강조하기 위해 유기체주의 철학을 생물학적 은유로써 써먹었다. 이들은 유기체주의적 민족주의를 역설하기 위해 "흙과 피"라는 표현을 애용했다. 여기에서 '피'란

신비적인 감격, 영감의 도발체로서의 피를 의미하는 것이다. 따라서 그것은 과학을 초월한 이 의미에서 한 개의 '신화'다. (…) 전체주의에서 말하는 '피'는 어디까지든지 신비적인 영감의 매개자로서의 피, 이 의미에서 '신비적'인 의미를 가진 어떤 것이 아니면 안 된다는 것(…) 숭고한 조국애, 순정 무구한 동족애, 이 같은 현상은 이 '피의 영감'을 가져오지 않고서는 설명해낼 도리가 없는 것이다. (…) 인간은 '개인'이기 전에 이를테면 본질적으로 '국민'이며, 피를 통해서 직접적으로 국가라는 전체와 연결되어 있는 것이다.[43]

중요한 것은 특정한 상황에서 대중이 이 사상 및 행동에 열광했다는 사실이다. 두려운 것은 파시즘과 대중 사이에는 뭔가 궁합이 맞는 어떤 점이 존재한다는 이 사실이다. 따라서 파시즘을 과거 언젠가 인류를 불행으로 몰아넣었던 어떤 이상한 사건으로, 다시는 생각하고 싶지 않은 사건으로 생

의 정신분석학, 생의 철학(니체, 짐멜, 딜타이, 셸러 등) 및 실존주의(하이데거)의 흐름과 이 위험한 형태의 사상을 구분하고자 했다. 이 사상 역시 '정신성'을 강조했지만, 이는 '이성'과는 대비된다. 그것은 이성보다는 생명력, 고통, 투쟁, 실존의 두려움, 불안, 절규, "영혼의 오저(奧底)에서 울려 오는 신비로운 목소리" 등을 강조했다. 레비나스는 나치가 도래할 즈음의 분위기에서 이런 구체적인 것의 신비주의를 읽어내었다. 어떤 의미에서 본다면, 당대의 철학적 흐름과 나치의 흐름은 공통의 맥락과 문제의식을 공유하고 있었지만 그 문제를 다른 방식으로 풀어냈다고 할 수 있다. 1933년 두 흐름이 교차하는 곳에 하이데거의 나치 참여가 있다.

43) 박치우, 『사상과 현실』, 인하대학교출판부, 1946/2010, 190~191쪽.

각하는 것은 크나큰 오류라는 것이다. 파시즘은 인류가 "자유를 향한 여정"(헤겔)에서 잠시 길을 잃어 생겨난 에피소드 — "막간극"(베네데토 크로체) — 가 결코 아니다. 그것은 특정한 상황 — 민족주의/국가주의가 그 최악의 얼굴을 처드는 상황 — 이 도래하면 언제라도 반복될 수 있는, 그리고 실제 지금도 반복되고 있는 사건인 것이다.

§2. 상처받은 시대의 철학자들

20세기 중엽에 파시즘의 발호와 그것이 일으킨 비극은 많은 사람들에게 어떤 식으로든 깊은 상흔을 남겼다. 여러 철학자들이 이 역사에 관한 성찰을 남겼다. 여기에서는 '계몽'에 대한 호르크하이머(1895~1973)와 아도르노(1903~1969)의 분석과 '전체주의'에 대한 아렌트(1906~1975)의 분석만을 살펴본다.

파시즘의 참혹한 비극은 근대 문명이 내장하고 있는 어떤 어두운 측면이 그 극단적인 얼굴을 드러낸 사건이었다. 때문에 여러 철학자들이 근대성의 근저를 들여다보고 거기에서 이 사건의 의미를 읽어내고자 했다. 서구 근대성의 근저, 그 철학적 토대는 '계몽사상'이다.[44] 계몽사상은 '이성의 빛'으로써 이전의 몽매함을 깨뜨리고 근대 문명의 초석을 깔고자 했다. 그러나 그 결과는 파멸이었다. 그렇다면 이것은 철학적 사유에게 근대적 이성에 대한 근본적 비판을 요청하는 사건이다. 이런 철학적 작업은 "이성을 부정한다"든가 "이성을 파괴한다"는 것하고는 아무런 상관이 없다. 이성을 긍정하느냐 부정하느냐 식의 논의는 방향을 잘못 잡은 것이다. 이성의 특

---

44) 계몽사상은 좁게는 18세기 프랑스의 계몽사상을 가리키지만, 넓게 보면 영국 경험론, 프랑스 계몽사상, 독일 이념론을 포괄하며, 사실상 이후의 19세기 철학들(실증주의, 공리주의, 그리고 어떤 면에서는 마르크스주의)까지도 그 연장선상에 있다고 할 수 있다. 이렇게 넓게 볼 경우, 계몽이란 곧 서구 근대성과 거의 동의어라고 할 수 있다.

징은 그것이 여러 긍정적·부정적 측면들을 담고 있다는 점, 역사의 과정에서 계속 변해간다는 점, 또 결정적으로 중요한 것으로 스스로가 스스로의 문제를 진단하고 교정해나갈 수 있는 능력이라는 점에 있다. '이성 비판'은 이성의 부정, 파괴와 상관이 없다. 현대의 이성 비판을 "포스트모더니즘"이라는 정체불명의 표제로 부르면서, 이성을 부정, 파괴했다는 식으로 이야기하는 것은 과녁을 전혀 잘못 맞춘 것이다. 이성의 비판은 이성의 자기교정 작업이다.

문제의 핵심은 이성 안에 들어 있는 어떤 면이 이런 파멸을 불러오기에 이르렀으며, 그 측면이 얼마나 어둡고 강한 것이기에 이성의 자기교정 능력마저 상실하게 만들었는가를 밝히는 것이다. 이는 곧 근대적 이성의 대변자라고도 할 수 있는 계몽(사상)을 그 결과가 아니라 원리에 있어 급진적으로 비판하는 일이다. 그러나 아도르노와 호르크하이머는 "신화는 이미 계몽이었다. 그리고 계몽은 신화로 돌아간다"고 말한다.[45] 계몽은 전(前)이성적 사유인 신화를 극복하고 이성의 빛으로써 수립된 사유가 아닌가. 그렇다면 이 명제는 무슨 뜻인지 이해하기 곤란하다. 열쇠는 이들의 '변증법' 개념에 있다. 이들에게 변증법은 헤겔적 변증법이 아니라 개념의 동일성이 억압한 비개념적인 것을, 보편적인 것이 억압한 개별적인 것을 드러내는 작업이다.[46] 그래서 계몽의 변증법은 계몽 아래의 모순된 것들을 계몽으로 통일해가는 것이 아니라 오히려 계몽이라는 개념이 억압하고 있는 그 아래

---

45) 테오도르 아도르노·막스 호르크하이머, 김유동 옮김, 『계몽의 변증법』, 문학과지성사, 1944/2001, 18쪽. 이하 쪽수만 표시.

46) "그 고유의 형식화에서의 의식이 통일성을 추구할 수밖에 없는 한, 다시 말해 그 자신과 동일하지 않은 것을 (자신이 요구하는) 총체성에 대한 요구에 입각해 가늠하는 한, 차이 나는 것은 발산하는 것, 조화롭지 못한 것, 부정적인 것으로 보이게 된다. 그러한 것을 변증법은 의식에다가 모순(동일성의 관점에서 본 비-동일자)으로서 제시한다. 의식 자체의 본성으로 인해 모순성은 불가피하고 숙명적인 법칙성의 성격을 띠게 된다. 사유의 동일성과 모순은 서로 접합되어 있다. 모순의 총체성은 (…) 총체적 동일화의 거짓일 뿐이다. 모순은 비-동일자에도 적용되는 마력에 사로잡힌 비-동일성이다."(Theodor Adorno, *Negative Dialektik*, Suhrkamp, 1966/1970, S. 17~18)

의 모순을 드러내는 일이다. 이때 우리는 계몽 아래에서 이제까지 그것의 대립항으로 여긴 신화를 발견하게 된다. 반대로 신화에서는 계몽을 발견하게 된다. 그러나 이것이 '계몽＝신화'라는 등식을 뜻하는 것은 아니다. 계몽과 신화는 동일한 것도 아니고, 어떤 동일한 것으로 '지양'되는 것도 아니다. 양자는 (양 속의 음, 음 속의 양처럼) 서로 대립하면서도 상대 안에 뿌리를 틀고 있으며, 서로 적대적 공모(共謀)의 관계를 형성한다.[47]

"신화는 이미 계몽이었다"라는 명제는 곧 "계몽의 제물이 된 '신화' 자체도 이미 계몽의 산물"이었음을 뜻한다. 신화는 낭만주의의 도피처가 될 수 없다. 계몽이 드러낸 어두운 면은 이미 신화에서도 발견된다. "계몽은 신화로 돌아간다"라는 명제는 계몽이 진행될수록 "매 단계마다 더욱더 깊이 신화학으로 빠져들어간다"는 것을 뜻한다. 계몽은 진보사관을 핵으로 하지만, 계몽이 진보를 주장하면 할수록 그것은 점점 더 신화에서 이미 형성된 이성의 어두운 질곡으로 퇴보해버린다. 결국 신화와 계몽의 변증법은 신화시대에 이미 형성되어 계몽에까지 이어지고 계몽이 그리로 다시 퇴화하는 이성의 어두운 면을 드러내는 작업이다. 그렇다면 현대의 야만을 불러온 이 이성의 어두운 면은 구체적으로 어떤 것인가?

우선 이들은 계몽이 자연에 대한 인간의 완전한 '지배'를 꿈꾸었다고 본다. 이는 곧 자연에서 인간의 합리적 이성을 벗어나는 측면들을 제거하고 ('탈주술화'), 그것을 온전히 인간의 내부로 옮겨 소화해버리려 했음을 뜻한

---

47) 이 점은 자연과 역사의 관계에 대해서도 성립한다. 이들은 '변증법적 유물론' 같은 일원론/체계로서의 자연-역사 변증법을 전개한 것이 아니라,* 자연 속의 역사와 역사 속의 자연이 어떤 부정변증법적 관계를 맺어왔는지를 논한다. 자연이 인간을 지배해왔지만, 인간은 이 관계를 역전시켜 자연을 지배한다.(이는 인간에 대한 인간의 지배로 이어진다. "자연의 폭력으로부터 빠져나오는 매 걸음마다 인간에 대한 체계의 폭력이 점점 커져가는 부조리한 상황은 '이성적 사회'의 이성을 쓸데없는 사족으로 거부한다."(74) 그러나 오늘날 자연은 다시 인간에게 무심하게 복수하고 있다.
* 이 점은 마르크스주의 내에서도 문제가 된 주제이다. 마르크스 자신은 이런 식의 '체계'를 구축하지 않았다. 아도르노는 체계의 철학을 극복하고자 했다. "전체는 비진리이다(Das Ganze ist das Unwahre)."

다. 이 합리성이란 어떤 것인가? "계산 가능성과 유용성의 척도에 들어맞지 않는 것은 계몽에게는 의심스러운 것으로 여겨진다."(25) 계산 가능성과 유용성, 그리고 체계성/통일성, 수리화, 등가화('='), 등질화, 획일화, 추상화 같은 것들이 바로 그것이다. 그리고 이들은 이런 합리성은 바로 계몽이 제거하고자 한 신화에서 이미 그 모습을 드러냈음을 지적한다. 그로써 신화는 그 이전의 애니미즘, 미메시스, 유사성, (세계를 가득 채우고 있는) 충만한 질들, 흩어져 있는 다자, 고유한 것, 통약 불가능한 것 등, 요컨대 본래의 자연을 지배의 대상으로 만들고자 한 것이다. 계몽은 '자아'라는 난공불락의 탈을 쓰고서 '특수한 대신(代身)의 가능성'을 '보편적인 대체 가능성'으로 바꿔버린다. 고유한 개별성들을 대체 가능한 것들로, 보편자의 예화들로 바꾸어 자아의 자기보존의 도구로 만들어버리는 것이다.

> 자연을 파괴함으로써 자연의 강압을 분쇄하려는 모든 시도는 단지 더욱 깊이 자연의 강압 속으로 빠져들어간다. 이것이 유럽 문명이 달려온 궤도이다. (…) 자연 속에 있는 모든 것을 '반복될 수 있는 것'으로 만들어 평준화하는 '추상화', 그리고 추상화가 봉사하는 '산업'의 지배 아래 마침내 '해방된 자'들은 헤겔이 계몽의 결과라고 지칭한 '군중'이 되었다.(37)

아도르노와 호르크하이머는 이 점을 언어의 문제와 연관시킨다. 계몽은 언어를 지시 기능을 핵심으로 하는 기호로 형해화했다.[48] 이로써 자연과 유사해지려는 경향은 파기되며, 이런 '형상(形狀)'으로서의 언어는 더 이상 인식론적 가치를 가지지 못하는 분야로서의 예술에만 남아 있게 된다. 과학과 예술은 갈라져버린다. "기호와 형상의 분리는 돌이킬 수 없는 것이

---

48) 3권(3장, 1절)에서 '질의 과학'과 표상이라는 에피스테메를 논하면서 고전시대의 언어는 순수 기호였다는 점을 논했다. 아도르노는 과학의 언어는 기호라는 점을 보다 일반적인 구도에서 역설하고 있다.

다."(44) 철학은 이 분리를 메우려고 노력했지만(예컨대 칸트의 '구상력') 실패하고 말았다. 인간의 영혼이 여러 분야로 찢기고, 이렇게 '도구화된 이성'("다른 모든 도구를 제작하는 데 소용되는 보편적인 도구")은 결국 지배에 봉사하게 된다.[49] 계몽의 언어의 이런 특성은 그것이 수학이라는 언어를 진리와 동일시한다는 사실에서 분명하게 나타난다. 이들에게 참된 사유의 언어는 '규정적 부정'에 입각한 사유이며, 이런 관점에서 볼 때 수학적 형식주의는 사유를 직접성과 사실성의 수준에 묶어둘 뿐이다.[50] 그리고 수학에 기초한 현대 문명의 폭주는 현대인의 삶을 멸망 직전으로 몰아가고 있다. "인간이 전체로서의 자연을 갑자기 온몸으로 느끼게 되는 대낮의 공포와 전율은 오늘날 어느 순간에라도 덮칠 것 같은 공포 속에서 그 상대를 발견한다. 인간은 어떠한 출구도 없는 이 세계가 인간 자신을 의미하지만 인

---

49) 아도르노와 호르크하이머의 논의에서는 이 지배의 주체가 누구이고 객체가 누구인지가 분명치가 않다. 이들은 현대의 전체적인 이미지/분위기만을 그려낼 뿐, 행위자들에 대한 구체적인 분석은 결여하고 있어 막연한/총체적인 환멸로 치닫고 있는 듯하다. 이 시점이 1944년임을 감안한다 해도, 이런 식의 분석은 행위자와 책임의 문제를 방기해버리게 된다.

50) 이 생각은 수학적 사유와 역사적 사유에 관한 헤겔의 구분을 이어받고 있다. 3권(9장, 5절)에서 논했듯이, 헤겔에게서 사유는 의식이 대상과의 관련하에서 행하는 부정의 운동을 통해서 전개된다. 이때 부정은 일상적 의미에서와 같은 부정, 비규정적 부정이 아니라 더 높은 진리를 향해 나아가는 사유의 목적론적 운동의 매 계기를 형성하는 규정적 부정이다. 규정적 부정은 하위 대상/사유의 부정과 상위 대상/사유의 긍정/출현 사이의 매듭을 형성한다.

헤겔 식의 이런 구분은 오늘날에도 일정한 의미를 띤다고 할 수 있지만, 수학에 대한 아도르노와 호르크하이머의 생각은 다소 단순한 것이다. 수학이야말로 인간의 사유를 직접성과 사실성의 수준을 넘어, 즉 실증주의의 수준을 넘어 자연(때로는 역사까지도)의 오저를 들여다볼 수 있게 해주는 언어이기 때문이다. 해석학이라는 수학적 언어가 자연에서의 파동이라는 심오한 현상을 어떻게 인상 깊게 서술할 수 있게 해주었는가를 상기해보라. 이들은 셸링의 예술철학을 긍정적으로 언급하고 있거니와, 바로 셸링 자신이 이런 길로 나아가는 자연철학을 소묘한 인물이라는 점은 잊고 있는 듯하다. 물론 수학의 언어를 진리와 동일시하는 것은 과학주의적 독단일 뿐이며, 수학을 자연과학에 그릇되게 응용해 현대인에게 말할 수 없는 고통을 준 과학자들, 정치가들 등에 대해서는 엄혹하게 비판해야 할 것이다.

간이 아무런 통제력도 갖지 못하고 있는 전체성(Allheit)에 의해 불바다가 될지도 모른다는 예감을 갖고 있는 것이다."(60)[51] 이들은 이런 참극이 멀리로는 언어를 기호로 형해화한 계몽적 이성의 소산이라고 보고 있는 것이다.

계몽은 자유, 평등, 박애를 외쳤지만 그 핵심은 지배를 통한 자기보존이었다. 호르크하이머와 아도르노는 이 점에서 "자기를 유지하려는 노력은 덕(德)의 유일한, 또는 제1의 기초이다"라는 스피노자의 명제는 "모든 서구 문명의 진정한 격언으로서, 이 격언 속에서 시민계급의 종교적·철학적 차이들은 평화로운 휴식을 얻게 된다"고 말한다.(60~61)[52] 이런 지배와 자기보존에 봉사하는 이성은 도구적 이성으로서, 이 이성은 의미를 방기하고 기능에만 몰두한다. 지식인들은 기능적 지식인들로 화한다. 기계의 발달은 이 지배와 자기유지를 점점 기계화/자동화한다. 모든 것이 이 기계화/자동화에 점점 더 복속되어가며, 세계 전체가, 삶 전체가 하나의 거대한 기계로 화해간다. 이런 과정은 인간에게서 참된 의미에서의 '경험'의 차원을 앗아 간다. 그리고 이런 상황에 대한 대중의 불안과 저항감을 달래기 위해 각종 형태의 대중문화가 발전한다. "문화산업은 하자 없는 규격품을 만들듯이 인간들을 재생산하려 든다."(193) 이런 억압적 장을 벗어나려고 하는 특이존재들/'하이케이타스'들은 각종 형태로 배제된다. 계몽은 '자유'를 외쳤지만, 그것을 자기보존의 추구와 혼동했다. 그러한 혼동이 결국 계몽을 해방으로 나아가게 한 것이 아니라 지배로 나아가게 한 것이다. 그 귀결은

---

51) "인간이 전체로서의 자연을 갑자기 온몸으로 느끼게 되는 대낮의 공포와 전율"이라는 대목은 현존재가 불안을 통해서 세계의 어떤 부분들이 아니라 세계 전체를 의식하게 된다는 하이데거의 테제를 패러디한 것이다. 아도르노의 『부정변증법』에서는 하이데거에 대한 체계적인 비판이 개진된다. "불바다"는 20세기 중엽에 만연해 있던 원자폭탄에 대한 공포를 암시한다. 『계몽의 변증법』 출간 1년 후에 이 공포는 현실이 된다.

52) 그러나 3권(4장)에서 강조했듯이, 스피노자가 말하는 '코나투스'는 이들이 말하는 뉘앙스에서의 자기보존을 뜻하는 것이 아니며, 또한 스피노자의 '덕' 개념도 신중하게 이해되어야 한다.

'대중의 총체적 기만'이다.

아도르노와 호르크하이머는 이렇게 계몽, 근대적 이성을 음울할 정도로 철저하게 비판했다. 이는 나치즘이 불러온 세계의 종말 시대에 인류 문명 전체를 극도로 비관적으로 파악한 묵시록이라 할 수 있다. 이들에 비해 아렌트는 파시즘과 스탈린 시대의 공산주의를 '전체주의'로서 해명하고, 역시 이 현상/사건을 급진적으로 비판했다.

아렌트가 생각한 전체주의는 전제정치나 참주정치, 독재정치와는 다른 전혀 새로운 정치체제이다.(OT, 460)[53] 이전의 정치철학적 범주로는 해명하기 어려운 별종인 것이다. 그것은 법적 정부와 무법적 정부, 자의적 권력과 합법적 권력이라는 구도 자체를 벗어난다. 전체주의의 일차적 특징은 법이 아니라 법칙을 따른다는 점에 있다. 본 철학사에서 '법'과 '법칙'의 관계를 여러 장면에서 만났거니와, 여기에서도 확인할 수 있는 것은 '법에서 법칙으로'의 이행이다. 파시즘은 그들이 규정한 자연법칙에 따라서, 스탈린적 공산주의[54]는 그들이 규정한 역사법칙에 따라서 새로운 인류를 주조해내고자 한다. 따라서 개인의 고유한 개인성이나 각 집단의 고유한 집단성은 짓밟힌다. 여기에서 문제가 되는 것은 법적 합의(consensus juris)가 아니라 그들이 올바로 파악했다고 자임하는 바의 자연법칙, 역사법칙의 실현이다. 법이 자연법('자연의 빛'), 신성, 양심 등 형이상학적 원리에 근거해 성립한다면, 법칙은 세계의 운행을 실증적으로 파악한 과학적 원리에 근거해

---

53) OT=Hannah Arendt, *The Origins of Totalitarianism*, Harcourt, 1951/1973. 사실 아렌트 자신의 정치 개념에 입각한다면, 전체주의는 정치체제라 불릴 자격이 없다고 해야 할 것이다. 정치의 핵심적인 성립 조건들 중 하나가 사람들의 복수성이기 때문이다. "이 혹성에는 인간(Man)이 아닌 개별적인 사람들이 거주할 뿐이다. 다원성은 지구의 법칙이다."(『정신의 삶』, 66쪽) '총체적 지배'를 추구하는 전체주의는 말 자체가 함축하듯이 정치의 이 기본 요건 자체와 대립적이다.

54) 아렌트는 소련에 대해 논할 경우 어디까지나 스탈린 시대의 소련을 언급한다. 그리고 중화인민공화국에 대해서는 자료 부족으로 제대로 논하기 힘듦을 인정한다. 이 점에서 그의 논의를 냉전 시대의 반공 이데올로그들의 그것과 같은 선상에서 이해할 수는 없다.

성립한다. 파시즘은 다윈이 파악한 진화의 법칙에 입각해 있으며, 스탈린적 공산주의는 마르크스가 파악한 역사법칙에 입각해 있다. 전체주의는 다윈과 마르크스의 자연법칙 및 역사법칙에 입각해 인류를 '개량'하고자 한 것이다. 이 개량을 위해서 그들이 못할 짓은 없었다.[55]

전체주의가 이런 개량을 위해 동원하는 방식은 곧 '총체적 테러'이다. 총체적 테러는 "인류의 적"——파시즘의 경우 "살기에 부적절한 인종", 스탈린적 공산주의의 경우 "쇠퇴해가는 계급"——을 골라내며, 이들을 제거함으로써 자연법칙과 역사법칙을 실현하고자 한다. 여기에는 논리적 모순이 있다. 이들이 "근거"하고 있는 것이 객관적 법칙이라면 그것을 실현하기 위해 그토록 엄청난 폭력을 가할 이유가 없겠기에 말이다. 그래서 이들은 스스로를 '대행자'로서 자임한다. 그들이 총체적 테러를 실천하는 것 또한 자연/역사의 법칙인 것이고, 법칙이 자신들에게서 '구현'되고 있다는 것이다.

---

55) 이 논의에서 다윈과 마르크스에 대한 아렌트의 이해는 다소 거칠다. 그가 생각하고 있는 다윈과 마르크스는 사실상 사회 다위니즘과 스탈린이 도식화한 마르크스주의에 불과하다. 다윈과 마르크스가 19세기 서구를 지배한 에피스테메('목적론적 진화론')의 그림자를 온전히 떨쳐버리지 못한 것은 사실이라 해도, 이들의 사유를 그들을 곡해한 말류 사상들과 동일시하는 것은 큰 오류이다.

게다가 '법'에 대한 아렌트의 이해는 상당히 보수적이다. "합법적 정부란 불변의 자연법이나 神의 영원한 계명들을 옳음과 그름의 표준들로 번역하고 실현하기 위해 실정법을 요구하는 정치체(a body of politic)이다. 이런 표준들에 입각해서만, 각 국가의 일련의 실정법들에 입각해서만, 자연법 또는 신의 계명들은 그 정치적 실재성을 얻을 수 있다." (OT, 464) 아렌트는 내재적 법칙들을 기각하고서는 단지 그 이전의 초월적 법 개념으로 회귀하고 있다. 게다가 두 번째 언급된 계명들은 대문자로 되어 있기 때문에("the Commendments of God"), 이것은 곧 유대교의 율법을 뜻한다.(!) 파시즘과 스탈린적 공산주의가 내재적 법칙들을 잘못 파악했다고 해서, 이전의 초월적 법 개념으로 돌아가야 하는 것은 아니다. 하물며 유대교의 율법으로는 말이다.

관련해서 말한다면, 아렌트가 시오니즘을 비판한 논리에는 유대/이스라엘은 어디까지나 유럽에 속한다는 인식이 포함되어 있다. 아렌트의 헬레니즘 찬양은 잘 알려져 있거니와, 그렇다면 결국 그에게 진정한 정치와 문화는 '헬레니즘과 헤브라이즘'으로 대변된다고 해야 하지 않을까. 아프리카에 대한 그리고 흑인 인권운동에 대한 그의 심각한 곡해도 이런 서구중심주의(얄궂게도 유대/이스라엘 민족주의를 포함하는)의 결과가 아닐까. 다음을 보라. 다카하시 데쓰야, 고은미 옮김, 『기억의 에티카』, 소명출판, 2021.

총체적 테러는 무법천지를 만드는 것이 아니다. 오히려 무법천지 같은 것이 성립할 수 없도록 만드는 것이 총체적 테러이다. 이 앞에서 인류의 적은 가장 효율적인 방식으로 소각해버려야 할 한 묶음의 쓰레기일 뿐이다. 이때 제거하는 자들과 제거당하는 자들은 어디까지나 법칙적으로/"객관적으로" 선별된다. 힘러는 오직 사진만을 보고서 나치 친위대를 뽑았다고 한다. 여기에서 'kata physin'은 그 가장 얄궂은 뉘앙스를 띠게 된다. 이 점에서 총체적 테러는 인간의 살해 행위가 아니라 로봇의 살해 '행위'와도 같다.

그러나 총체적 테러는 전체주의의 실현 방식일 뿐이며, 이 방식은 전체주의의 근본 목적에 복속된다. 아렌트는 이 목적을 바로 '인간성의 말살'로 파악한다. 전체주의는 이데올로기적 세뇌와 강제수용소에서의 '절대적 테러'를 통해 인간성을 말살하고자 했다.

> 전체주의는 인간 위에 군림하는 전제적 지배를 향해서가 아니라 인간이 잉여적[대체 가능한] 존재가 되는 체계를 향해 분투한다. 총체적 권력은 자발성의 최소한의 흔적조차 박탈당한 마리오네트들의, 조건 반사들의 세계에서만 얻어질 수 있고 지켜질 수 있다. (…) 모든 인간이 똑같이 잉여적인 존재가 되기 전에는(바로 이것이 강제수용소에서만 이루어질 수 있었던 일이다.), 전체주의적 지배의 이상은 실현된 것이 아니다.(OT, 457)

총체적 지배는 우선 인간의 법적 인격을 소멸시킨다. 어떤 사람들을 '호모 사케르'로 만듦으로써 그 외의 사람들에게 법적 인격을 부여하는 것이다. 다음으로는 인간 내면의 도덕적 인격을 짓밟는다. 그로써 수용된 사람들을 "인간의 얼굴을 한 창백한 마리오네트들"로, "파블로프의 실험에 쓰이는 개들"로 만든다. 유대인 수용자들이 자신들보다 훨씬 적은 수의 적들에게 저항하지 않고 가스실로 말없이 걸어 들어간, 이런 이해하기 힘든 행동은 총체적 지배가 이미 이들을 이런 존재들로 만들었기 때문인 것이다.

여기에 두 가지 사항이 추가적으로 언급되어야 한다. 전체주의의 총체적 지배는 강제수용소 내부에서의 이런 절대적 테러를 통해서만이 아니라 그 외부에 대한 이데올로기적 세뇌를 통해서도 진행되었다는 점이다. 전체주의자들은 우선 사회의 엘리트들을 이데올로기적으로 세뇌한다. 그로써 그들 — 앞에서(2장, 3절, §4) 언급했던 루돌프 회스 같은 자들 — 이 자신들의 명령을 아무 생각 없이 따르도록 만든다. 이들은 또 수용소 바깥의 보통 사람들의 인간성도 말살하고자 했다. 갖가지 심리적-물리적 장치들을 통해서 가족이라는 가장 원초적인 공간에서조차도 인간성이 말살되도록 획책한 것이다. 따라서 인간성 말살은 강제수용소 내부에서만 실행된 것이 아니었다. 수용소 바깥에서도 다른 방식으로 실행되었다는 사실이 중요하다. 그리고 바로 이런 말살 때문에 전체주의에 대한 저항은 무력화된 것이다. 수용소 바깥의 사람들은 그 안의 사람들과 스스로를 구분함으로써 스스로의 '정당성'을 확인하게 된다. 그래서 '대숙청' 시대의 소련인들은 자신들의 나라가 나름 괜찮은 곳이라고 생각했고, '문화혁명' 시대에 활동한 많은 홍위병들이 그때를 "좋았던 시절"로 기억한다.

또 하나 중요한 문제는 기억의 문제이다. 전체주의자들이 행한 궁극의 폭력은 그들이 가한 폭력의 흔적을 깔끔하게 지워 없애는 것이었다. 희생자들의 흔적을 나아가 그 흔적과 관련이 있는 흔적들까지도 깡그리 지움으로써 그들의 흔적조차 없는 소멸을 꾀했던 것이다. 아렌트는 이렇게 생겨나는 기억의 부재를 "망각의 구멍"이라고 부른다. 전체주의자들의 이상은 바로 희생자들이 "애초부터 이 세계에 존재한 적이 없었다는 듯이" 소멸되는 것이었다. 사람들의 기억으로부터 그들을 완전히 씻어냄으로써 그들의 존재 자체를 태워버리고자 한 것이다. 베우제츠 수용소에서는 9개월간 적어도 70만 명의 희생자가 발생했다고 알려져 있거니와, 그곳에서 살아남은 사람은 단 한 명이었다. 그조차도 살아남지 못했다면 사람들은 베우제츠라는 강제수용소의 존재 자체를 알 수가 없었을 것이다. 전체주의자들의 폭력들 중에서도 특히 끔찍하게 느껴지는 것은 바로 이렇게 희생자들의 흔적조차 남기지 않고자 했던 시도이다.

호르크하이머와 아도르노의 계몽 분석과 아렌트의 전체주의 분석만을 보았거니와, 20세기 중엽 인류가 겪은 경험은 앞으로도 지속적으로 분석되어야 한다. 그 경험은 결코 '막간극'이 아니며, 앞으로도 반복될 수 있는 몹시 두려운 그 무엇이기 때문이다. 그것이 반복되면서 거기에 더 정교한 과학기술이 덧붙여진다면, 그때의 악몽은 그 누구도 감당하기 힘들게 될 것이다.

§3. 교토학파의 경우

3권에서 논했듯이(12장, 3절), 일본이 동아시아 세계를 정복하려 나선 것은 근대화에 성공한 메이지 유신의 주역들이 성공에 취해 방향을 잘못 잡았음을 뜻하지 않는다. 동아시아 정복 프로그램은 메이지 유신의 사상적 뿌리 자체 내에 애초에 존재했던 것이다. 그 사상은 일찍이 도요토미 히데요시가 꾸었던 꿈이고, 근대에 이르러 요시다 쇼인에 의해 다시 주조된 꿈이었다. 그리고 바로 그의 제자들에 의해 메이지 유신이 현실화된다. 청일전쟁(1894)에서 시작된 이런 흐름은 러일전쟁(1905)을 거쳐, 급기야는 만주사변(1931) → 중일전쟁(1937) → 태평양전쟁(1941)으로 이어졌고, 반세기에 걸쳐 이어진 이 야욕은 결국 일본의 1945년 패망으로 귀결된다. 태평양전쟁 시기에 활동했던 일본 철학자들은 특히 교토학파에 이르러 수준 높은 철학적 성취를 이루었으나, 이 성취는 태평양전쟁과 얽힘으로써 매우 착잡한 것이 되어버렸다. 이 시기에 같은 교토학파에 속하면서도 시대에 대해 상이한 입장을 취했던 철학자들(니시다 기타로, 미키 기요시, 도사카 준)의 삶과 사상을 비교해보는 것은 많은 점을 시사해준다.

니시다의 철학은 '절대무의 장소' 개념에서 절정에 달한다.(1장, 1절, §4) 이제 니시다는 이 절대무의 장소가 어떻게 '한정'되어 하위의 존재론적 층위들을 낳는지를 논한다. 플로티노스의 유출설을 연상하게 만드는 이 구도를 통해, 최상위의 순수 노에시스 차원 — 니시다의 사유가 유심론적 성격을 띤다는 점을 상기하자[56] — 에서 최하위의 순수 노에마 차원으로 떨어지는 존재론적 폭포수가 그려진다. 상위 차원이 하위 차원을 비추고, 하위 차원은 상위 차원에 비추어진다. 이 폭포수는 절대무의 자각에서 시작해 자유의지 → 역사적 행위 → 의(意)적/양심적 예지적 직관 → 정(情)적/예술적 예지적 직관 → 지(知)적 /의식 일반적 예지적 직관 → 지각적 직관 → 의미 요해의 과정을 밟아 쏟아진다. 모든 것을 환히 비추는 노에시스, 내적 생명에서 출발해 비춤과 비추어짐의 위계가 전개되는 것이다. 니시다의 철학은 '一切唯心造'의 사유가 아니라 '一切唯心照'의 사유이다. 그것은 모든 것을 지각에서 출발해 사유하는 메를로-퐁티의 철학과 대조적이다.

니시다 철학에서의 결정적 전회는 그가 이 '내적 생명'의 철학을 포기하고 외적 행위의 철학으로 나아간 지점에서 성립한다. 그는 만주사변 → 중일전쟁 → 태평양전쟁으로 세계사적 상황이 갈수록 치열해지는 과정과 발을 맞추어, 내적 생명, 개인적 깨달음을 출발점으로 하는 철학에 회의를 느끼게 되고, 점차 존재론적 위계를 포기하게 된다. 이는 곧 사유의 중심을 노에시스의 빛으로부터 노에시스와 노에마가 일치하는, 자각과 행위와 그 표현이 통합되는 구체적 장으로 옮기는 것을 뜻한다. 이것은 곧 역사라는 장이 논의의 초점에 들어옴을 뜻한다. 니시다는 "각 시대는 神과 닿아 있다"라는 랑케의 말을 즐겨 인용하게 된다. 이제 자각은 내면에서가 아니라 역사 속에서 이루어져야 한다는 점이 역설된다.[57] 나아가 니시다는 "역사의

---

56) 이런 입장은 니시다의 선(禪) 체험에 그 뿌리를 두고 있다고 생각된다. 니시다는 선 체험을 통해서 절대적으로 밝은 빛을 보았고, 그 차원을 실재로 삼고서 바깥으로 나아가면서 노에시스 → 노에마의 과정을 그렸다고 할 수 있다. 니시다가 본 이 차원은 곧 '절대무의 자각'의 차원 또는 '내적 생명'의 차원이다.

57) 전회 이전의 니시다는 개별자와 보편자의 통일을 역설했고, 타나베 하지메는 그의 '종의 논리'에 입각해 이를 비판했었다.(田辺元,「社會存在の論理」, 全集 6巻, 筑摩書房) 양자는 (3권, 10장에서 논했던) 칸트와 헤겔의 관계와 유비적이다. 그러나 전회 이래 니시다는 바로 이 종 — 내용상으로는 국가/민족 — 의 논리로 향하게 된 것이다.

근저에는 개인까지도 부정하는 차원이 있어야만 한다"고까지 말하게 된다. 이제 니시다 사유의 주인공은 내적 생명이 아니라 **역사적 생명**이다. 인간이란 역사-내-존재로서, '세계'에 내던져지는 것이 아니라 특정한 시대, 특정한 장소에 내던져진다. 이로써 '일본'이라는 장소와 "15년 전쟁"이라는 시대는 역사의 우연성에 불과한 것이 아니라 그의 사유의 어떤 상항으로서 근저에 들러붙게 된다.[58] 그러나 이런 과정에서도 니시다의 사유에는 그 통저음 즉 '자각'의 계기가 소멸되지 않고 지속된다. 행위-즉-표현이 다시 자각과 '즉(卽)'의 관계를 맺음으로써, 내면은 기각되는 것이 아니라 외면과 합일을 이루게 되는 것이다. 니시다 사유의 이런 발전은 '행위적 직관'이라는 핵심 개념으로 압축된다.

사유의 초기에 니시다는 직관과 반성을 통합하는 자각의 철학을 펼쳤다. 이제 유사한 방식으로 행위와 직관이 통합되어 행위적 직관의 철학이 성립하게 된다.[59] "행(行)하는 것이 관(觀)하는 것이며, 관하는 것이 행하는 것"이 되는 경지가 행위적 직관이다. 즉, 행위적 직관이란 행하면서 관하는 것이고 관하면서 행하는 것이다. 이 행위적 직관을 실천할 때 개인은 역사적 생명을 구현하게 된다. "절대모순의 자기동일로서 우리의 역사적 생명은 신체적이고 형성적인 차원으로부터 사회적이고 제작적인 차원으로 나아간다. 역사적 실재라는 세계는 만들어진 것으로부터 만드는 것으로 제작적으로('포이에시스'를 통해) 움직여가는 것으로, 개성적으로 자기 자신을 구

---

58) 그러나 우리가 본 철학사에서 수차례 만났던 구도, 내면으로부터 초월 — 니시다의 경우에는 단적인 초월은 거부되지만 — 로의 비약을 여기에서도 만나게 된다. 니시다는 내면의 빛의 추구에서 일본이라는 국가/민족으로 단번에 도약한다. 그 사이에 존재하는 사회라는 차원을 건너뛰고서. 개인과 국가/민족 사이에는 사회가 존재한다. 이 중간항을 뛰어넘었을 때 개인과 국가/민족을 직접적으로 '합일'시키려는 위험한 논리가 작동하기 시작한다. 아울러, 니시다 사유의 이런 한계는 당시 일본에는 ('다이쇼 데모크라시'를 거치긴 했지만) 아직 성숙한 시민사회가 형성되어 있지 않았다는 현실이 반영되고 있다고도 할 수 있다.

59) 앞의 직관은 '지각'의 뜻이지만, 뒤의 직관은 '생명의 직관'(베르그송)의 뉘앙스에 가까운 봄('觀')을 뜻하는 직관임에 주의해야 한다.

성해가는 것으로 생각된다."[60] 니시다는 한평생 자각의 사유를 전개해왔거니와, 이제 자각은 보다 역사적이고 실천적인 것이 된다. 자각은 역사-속의-자각이다. 역으로 말해, "역사적 세계는 우리 자기의 자각의 세계이지 않으면 안 된다."[61] 그런데 이 시기에 '종('역사적 종')의 논리'로 기울어진 니시다에게, 이 역사적 생명이란 바로 국가/민족의 맥락을 띤다. 그리고 이는 구체적으로는 일본의 '국체'와 '천황'이 되는 것이다.

니시다는 국민 개인과 국가/민족 사이에 '절대모순적 자기동일'의 관계를 부여한다. 국가/민족이야말로 행위적 직관의 실천이 이루어지는 자각의 장소인 것이다. 이는 곧 신민 개인과 천황 사이의 관계이기도 하다. 개인에게 일본과 천황이야말로 '절대 타자'인 것이다.(뒤에서 논할 레비나스의 경우와 대조적이다.) 니시다에게는 이렇게 황실 — 절대모순적 자기동일자이자 '영원의 지금' — 을 중심으로 이런 관계를 맺어온 전통이 바로 '일본정신'이고 또 '국체(國體)'이다.[62] 그리고 일본만이 이런 전통을 이어온 국가인 것이다.[63] 여기에는 두 가지 심각한 문제점이 있다. 각 '국민'과 일본/천황 사이에 이런 일즉다 다즉일의 관계를 부여함으로써, 니시다는 국가와 각 국민 사이에 존재하는 불연속과 갈등을 소거해버리고 있는 것이다. 각 개인에게는 국가 — 실질적으로는 정부 — 에 맞설 힘이 없다. 그리고 니시다에게는 시민사회 개념이나 저항권 개념도 희박하다. 결국 이론상 각 국민과 국가가 합치하는 것으로 이해되지만, 실질상 각 국민에게는 스스로를 국가에 합치시키는 길밖에 없다. 또 하나, 니시다에게는 각 국가의 전통이 대등한 것이 아니며, 그래서 그는 일본의 전통을 특별한 것으로서 내세운

---

60) 西田幾多郎, 「行爲的直觀」(1937), 論集 2, 310頁. 여기에서 "개성적으로"라는 말은 개인의 개성 발휘를 뜻하는 것이 아니라 특수자/종의 개성 즉 특정 국가/민족의 개성 발휘를 뜻한다.

61) 西田幾多郎, 「自覺について」(1943), 論集 3, 195頁.

62) 西田幾多郎, 「國體」(1944)), 全集 12.

63) 西田幾多郎, 「日本文化の問題」(1940), 全集 12.

다. 모든 진리의 출발점은 상대성이다. 절대성, 보편성, 객관성 등은 상대성에서 출발해 형성되어가는 것이지 주어지는 것이 아니다. 니시다의 사유에는 이런 상대성이 결여되어 있으며, 결국 그에게서 타자(타 국가/민족들)는 자기(일본)의 그림자 안에 들어가버리게 되는 것이다. 니시다의 사유는 자체적으로나 타자와의 관계에 있어서나 심각한 문제점을 노출하고 있다.

그의 이런 사유는 결국 '대동아공영권'을 옹호하는 길로 치닫는다.[64] 여기에서 '대(大) ~ 권(圈)'이라는 표현은 이 사상이 각 국가 단위의 사상도 또 세계 전체의 사상도 아닌, 광역권을 단위로 하는 사상임을 나타낸다. 이는 곧 영미의 아시아 침략을 제국주의로 선언하면서, 그에 맞서 '대동아 단결'을 통한 항전을 역설하는 구도이다. 그러나 핵심은 이 단결에서 주도권을 일본이 쥐어야 한다는 점에 있다. 보편성도 아니고 개별성도 아닌 광역권을 단위로 삼음으로써, 한편으로는 영미의 제국주의와 맞서면서 다른 한편으로는 아시아 제국(諸國)을 정복하려는 제국주의를 은폐하는 논리라고 할 수 있다. 이 구도를 정당화하기 위해 니시다와 그의 제자들은 "八紘一宇", "Moralische Energie"를 비롯한 갖가지 미사여구를 동원해 궤변을 늘어놓는다.[65] 그러나 그것은 반(反)제국주의를 내세우면서 제국주의를 행하려는 일본 군부의 전략을 철학적으로 추인한 것에 불과하다.

현대 일본의 비극은 천황제와 파시즘이라는 강력한 힘에 억눌려 시민사회의 형성이 막히고, 시민적 주체의 탄생이 억압되었다는 사실에 있다. 마루야마 마사오는 이 때문에 일본에서는 "정치적 책임의 주체적인 담당자로서의 근대적 공민(公民＝citoyen) 대신에 모든 것을 '위쪽'에 맡겨서 선택의

---

64) 西田幾多郎, 「世界新秩序の原理」(1943), 全集 12.

65) 다음을 보라. 니시타니 게이지 외, 이경훈 외 옮김, 『태평양전쟁의 사상』, 이매진, 2007, 2부. 고야마 이와오의 '세계사의 철학'에 대해서는 다카하시의 『기억의 에티카』, 5장을 보라. 이자들은 한때 미 군정(GHQ)에 의해 자리에서 물러나게 되었으나, 이내 복귀해 전후 일본에서 새로운 형태의 일본주의 창도를 위해 '맹활약'한다. 일본의 경우든 한국의 경우든, 전전과 전중 시기의 역사적 범죄자들이 전후에 오히려 국민국가 개발의 주역들로 활약했다는 사실이 동북아 현대사의 커다란 비극이다.

방향을 오로지 권위의 결단에 기대는 충실하지만 비열한 종복을 대량으로 생산하는 결과가 되었다"고 개탄한다.[66] 이런 상황에서 니시다는 '위쪽'에 저항하면서 근대적 시민사회의 형성을 위해 분투하는 것이 아니라, 오히려 위쪽이 벌이는 전대미문의 악업을 화려한 철학적 수사로 장식해주었던 것이다. 니시다의 무의 파시즘과 하이데거의 존재의 파시즘 그리고 박종홍의 창조의 파시즘[67]은 우리에게 왜 각 언어권의 대표적인 철학자들이 공히 파시즘으로 빠져들었는가 하는 무거운 물음을 던진다.

그러나 이 시대에 니시다와 대조적으로 바로 일본에서의 근대적 시민사회, 근대적 주체(시민적 주체)의 형성을 위해 분투한 철학자도 존재했다. 미키 기요시(1892~1945)는 다이쇼 시대를 거쳤음에도 일본에서 시민사회가 성숙해 있지 못함을, 게다가 파시즘의 도래가 이런 상황을 더욱 악화시켰음을 통감하고, 시민적 주체의 형성을 위한 자유주의적 휴머니즘의 철학을 펼쳤다. 그는 마르크스주의의 영향을 크게 받았으면서도(사실 그는 일본에서 마르크스주의 연구, 특히 '유물사관' 연구를 시작한 장본인이다.) 자유주의자, 휴머니스트의 면모를 유지했는데, 이는 그가 마르크스주의 못지않게 해석학적 현상학, 니시다 기타로 철학의 영향 역시 줄곧 간직했기 때문이다. 니시다와 달리 미키의 사유는 처음부터 끝까지 사회와 역사의 지평에 입각해

---

66) 마루야마 마사오, 김석근 옮김, 『현대 정치의 사상과 행동』, 한길사, 1964/2003, 208~209쪽.

67) 전후에 기존 가해자 국가는 약간이나마 반성의 분위기를 띠게 되는 반면, 피해자 국가는 이전에 당했던 일들에 대한 원한을 가슴에 품고 가해자 국가의 힘(근대화)을 열심히 따라가게 된다. 이 피해자 국가가 혼란을 틈타 등장한 군벌에 의해 장악될 때 '전후 파시즘'이 형성된다. 전후 파시즘에 영합한 철학자들 — 예컨대 박종홍 같은 철학자들 — 은 '민족 주체성'을 다시 세워서 '근대화에 일로매진'하는 철학을 전개하게 된다. 박종홍은 이런 맥락에서 그의 '창조' — 내용상으로는 개발 — 의 철학을 전개했다. 그는 창조의 철학을 통해 '국민'들을 민족적 주체들로 '개조'하고자 했고, 그와 같은 바탕에 입각해 박정희의 근대화/개발 밀어붙이기("하면 된다")를 보좌했다. "인간 개조와 경제[개발] 5개년 계획이 서로 떼일 수 없는 연관성을 가지고 상호 침투함으로써 하나의 민족적인 주체성을 확립시켜준다고 하겠다."(박종홍, 「민족적 주체성」(1962), 전집 3)

전개되었으나, 그는 어떤 경우에도 개개의 시민적 주체가 어떤 전체성에 복속되어서는 안 된다는 생각을 견지했다.

미키 사유의 출발점은 니시다의 '순수 경험'과 비교되는 '기초 경험'이다. 기초 경험이란 주체가 세계와 마주쳐 "처음으로 세계의 존재성이 드러나는" 경험이다.[68] 여기에서 '기초'라는 형용어는 경험이 '로고스'에 의해 미리 강제되고 있지 않음을 뜻한다. 오히려 기초 경험이 로고스를 산출한다. 이 로고스는 일차적으로 인간의 '자기 해석'(인간학)이고 이차적으로는 인간의 '자기 이해'(이데올로기)이다. 그래서 이데올로기(각 시대의 주도 지식/담론)의 구조는 인간학의 구조에 의해 규정되며, 인간학의 구조는 기초 경험에 의해 규정된다. 이것은 인간이 인간을 논한 결과물들인 이데올로기의 기초가 인간이 스스로의 존재를 해석한 인간학에 기초하며, 다시 이 인간학은 인간의 기초 경험에 기초한다는 점을 말하는 것이다. 이렇게 미키는 사상을 자기 이해에 그리고 다시 자기 이해를 기초 경험에 접지(接地)시키고자 했다.

이것은 곧 마르크스주의에 일정하게 공감하면서도 그것을 인간학으로써 그리고 다시 기초 경험으로써 정초하고자 한 것으로 이해할 수 있다. 다시 말해, 이것은 (자칫 교조화될 수 있는) 담론 체계로서의 마르크스주의 아래에는 그 인간학적 기초가 놓여 있으며, 다시 그 아래에는 "무산자의 기초 경험"이 놓여 있다는 것을 말한다.[69] 이 기초 경험이란 곧 노동의 경험이며, 이 경험 위에 마르크스주의의 인간학이 서고 그 위에 이데올로기로서의 유

---

68) 三木淸, 『唯物史觀と現代の意識』(1928), 全集 3, 岩波書店, 1966, 7頁. 기초 경험에 대한 이런 규정에서 하이데거의 영향을 엿볼 수 있다. 기초 경험의 개념은 이미 그의 첫 저서에서부터 나타난다. "개념이 부여되고 있는 곳에서는 기초 경험을, 기초 경험이 제공되어 있는 곳에서는 개념을 밝히는 것이 해석의 방식이다. (…) 경험을 개념으로, 개념을 경험으로 이해하는 것이 내 해석의 방침인 것이다."(三木淸, 『パスカルにおける人間の研究』, 岩波文庫, 1926/2017, 5-6頁.

69) 三木淸, 『唯物史觀と現代の意識』, 29頁. 이 기초 경험의 차원은 운명, 파토스의 차원이고, 역사의 차원이다.

물사관이 서는 것이다.[70] 그래서 유물사관에서의 '物'은 물리학의 물질을 가리키기보다 노동하는 인간에 대한 마르크스주의의 인간학적 이해에 근거하는 개념이며, 더 근본적으로는 노동자들이 노동("감성적 실천")을 통해서 기초적으로 경험하는 그 '物'로 이해되어야 한다. 미키는 마르크스주의가 이론적으로 교조화될 가능성을, 더 나쁘게는 개인들을 위에서 내리누르는 동일자가 될 가능성을 휴머니스트다운 직감을 통해 날카롭게 파악했다. 그는 마르크스주의가 당대인들의 삶을 사회적-역사적으로 뛰어나게 포착해 개념화한 것을 인정하면서도 어디까지나 그것을 인간학에 의해 나아가 기초 경험에 의해 정초하고자 했던 것이다.

미키가 평생 노력했던 것은 일본에 '시민적 주체'를 도래케 하는 것이었다. 그리고 그에게 이는 무엇보다도 우선 역사에 대한 사유를 통해서 가능한 것이었다. 그의 주요 저작 『역사철학』(1932)에서 미키는 대략 기초 경험에 '사실로서의 역사'를, 인간학에 '존재로서의 역사'를, 그리고 이데올로기에 '로고스로서의 역사'를 할당하고 있다. 사실로서의 역사는 현재, 신체, 행위와 연계되고, 존재로서의 역사는 과거, 만들어진 역사와 연계되며, 로고스로서의 역사는 사건의 서술과 연계된다. 그리고 사실로서의 역사와 로고스로서의 역사가 이어지면서 역사의 변화, 미래의 역사가 사유된다. 이 구도는 결국 마르크스주의와 현상학적 해석학을 통합하고 있는 구도이며, 후대의 맥락을 당겨 쓴다면 구조와 주체를 포용하는 구도라고 할 수 있다. 미키는 사회와 역사에 대한 마르크스주의적 인식의 의의를 인정하면서도 그것을 어디까지나 현재, 신체, 행위 차원에서 살아가는 주체의 역사 — 원

---

70) 미키는 과학과 이데올로기를 구분한다. 과학은 '본질존재'와 상관적이지만, 이데올로기는 '현실존재'와 상관적이다. 과학은 순수 이론을 지향하지만, 이데올로기는 이론과 실천을 함께 사유하고자 한다. 과학과 달리 이데올로기는 세상을 바꾸려는 실천적 지향을 내포한다. 그래서 미키에게 마르크스주의는 과학이 아니라 이데올로기이다. 미키가 말하는 이데올로기는 마르크스주의에서의 이데올로기와 뜻을 달리하며, 오해 없는 용어를 쓴다면 '사상(思想)'이라는 용어가 가장 적절할 듯하다.

시역사(Urgeschichte) ─ 에 뿌리 두도록 만들고자 했다.[71] 여기에서 '주체'
는 실천적 주체이며, '사실'은 미키 고유의 용어로서 곧 "행위하는 것(もの)"
을 뜻한다. 이 '사실'에서 주체와 객체는 상호 작용하면서 결부된다. 그래서
사실은 'Tat-Sache'(行為-事象)로서의 사실이다. 이것은 현상학적 노에시
스-노에마 구도의 실천철학적 버전이라 할 수 있으며, 여기에 자각의 뉘앙
스를 부여할 경우 니시다의 '행위적 직관'에 근접한다. 이런 구도로써 미키
는 사실로서의 역사를 살아가는 실천적 주체를 개념화하고자 한 것이다.

　미키는 이와 같은 논의를 전개하는 과정에서 특히 '구상력'을 새롭게 개
념화했다.[72] 일찍이 칸트가 감성과 오성의 종합이라는 맥락에서 구상력 개
념을 사유했거니와, 이를 이어 미키는 파토스와 로고스, 객관적인 것과 주
관적인 것, 물질적인 것과 이념적인 것의 통일로서 그것을 사유하고자 했
다. 'Einbilungskraft'는 주체성과 객체성의 통일 즉 '기술'을 가능케 하며,
그 결과로 얻게 되는 것은 곧 'Bild＝形'이다. 기술은 "物의 객관적인 인과
관계를 인간의 주관적인 목적에 결합하는 것"이며,[73] 생명체들이 자연이
만들어낸 '形'이라면 기술은 인공적인 '形'을 창조해낸다. 생명의 형태들
이 진화해왔듯이 기술의 형태들도 진화해왔으며, 결국 자연과 역사는 '變
形'의 과정에 다름 아니다. 구상력은 주체가 객체를 지배하는 능력이기도
하지만, 또한 주체가 객체에 적응하는 방식이기도 하다. 그래서 그것은 기
술을 통해서 자연과 인간을 투쟁케 하면서 또한 화해시킨다. 구상력의 논
리는 사연과 문화/역사라는 이분법을 극복하고("자연과 역사를 잇는 것이 구

---

71) "역사적 의식은 오로지 일정한 역사적 시대에 있어, 오로지 일정한 관계에 근거해서만
　　주어진다. 때문에 사실로서의 역사에 관련해, 특히 역사적 의식을 부여하는 사실 자체가
　　구별될 수 있고, 또 구별되어야 한다. 나는 이런 우월한 의미에서의 사실을, 물론 오로지
　　역사적 의식과의 관계에 있어서만, 역사의 기초 경험이라고 부른다."(三木淸,『歷史哲
　　學』, 全集 6. 岩波書店, 1967, 48頁)
72) 만년의 걸작인『구상력의 논리』(전집 8)는 1939년에 신화, 제도, 기술을 다룬 1권이 출
　　간되었고, 경험을 다룬 2권은 그의 사후인 1948년에 출간되었다.
73) 三木淸,『構想力の論理』, 全集 8, 岩波書店, 1968, 228頁.

상력이다."), 그로써 객관[物]에 치우친 서구 문명과 주관[心]에 치우친 동양 문명의 간극을 뛰어넘고자 했다. 미키의 이런 구상력 개념은 칸트의 그것에 비해 보다 실천적인 뉘앙스를 띤다. 이는 곧 경험을 의식의 맥락에서가 아니라 신체와 행위의 맥락에서 이해하는 것, 동적이고 행위적인 관계로서의 사건으로 이해하는 것, 요컨대 역사적인 의미를 가진 것으로서 이해하는 것을 뜻한다. 그래서 "역사적 세계의 근저에는 구상력의 논리가 존재한다."[74] 역사는 헤겔적인 이성에 따라서가 아니라 구상력에 따라서 만들어져간다. 미키는 일본인들을 포함한 현대인 각각이 이런 구상력을 발휘해 시민적 주체가 되고, 이들이 이루는 시민적 사회가 궁극적으로는 (칸트가 말했던) '세계시민적 전체'를 형성해가기를 염원했다.

그의 이런 구도에 입각할 경우, 시민적 주체는 필히 어떤 식으로든 역사에 참여해야 그의 구상력을 발휘할 수 있다.("철학은 현실에 대해서 사유하는 것이 아니라 현실 속에서 사유한다.") 그렇다면 미키 자신은 당대의 역사에 어떻게 참여했을까?[75] 미키의 활동 중에서는 특히 '전시(戰時) 평론'의 전개와 '쇼와연구회'에의 참여가 두드러진다.

미키는 '전시 평론'에 속하는 글들에서 자신의 시대를 '위기의 시대'로 파악하고, '진보적 휴머니스트'로서 이 시대를 돌파하고자 했다. 당시 대거

---

74) 三木清, 『構想力の論理』, 419~420頁.

75) 미키는 1930년에 일본 공산당에 자금을 제공했다는 혐의로 투옥되고 결국 호세이대학교의 교수직에서 물러나게 된다. 1931년 만주사변으로 정세가 험악해지기 시작하자 '전시 평론'을 비롯한 반(反)파시즘적 사회활동을 활발하게 전개하기 시작한다. 1933년에 나치의 분서에 항의하는 성명을 발표했으며, '교토대 사건'에 저항하면서 '학예자유동맹'을 결성하기도 한다. 아울러 사상적-문화적 활동도 전방위적으로 전개한다. 한 전언에 의하면, 미키는 "정치적으로는 매우 서투른 타입이었으나 지식인들을 조직하는 데에는 뛰어난 능력이 있었다"고 한다. 이 시기에 미키는 마르크스주의로부터 거리를 두게 되는데, 그는 특히 마르크스주의의 종교 부정에 대해 비판적이었으며(그의 유작은 『親鸞』이다.), 또 자연변증법은 실제 과학과 동떨어진 것임을 지적했다. 어떤 사람들은 이를 '전향'이라고 비난했고 코민테른에서도 그를 실격시켰지만, 사실 미키는 마르크스주의에 친화적이고 그것을 포용하긴 했어도 전적으로 마르크스주의인 적은 없었다고 해야 할 것이다. 그는 파시즘 못지않게 소련에 대해서도 비판적이었다.

일본주의(민족주의, 파시즘)로 쏠리는 시대의 흐름 속에서 자유주의와 친연성이 높은 휴머니즘은 일본주의와 그것의 대척점을 이룬 마르크스주의 사이에서 어정쩡한 위치에 설 수밖에 없었다. 그러나 미키가 생각한 '진보적 휴머니스트'란 진리성을 추구하는 데 그치지 않고 진실성을 추구하는 '실천적 주체'이다.[76] 실천적 주체는 니시다 식의 주체와 교조화된 마르크스주의 식의 객체를 넘어 객체와 주체의 변증법적 통일을 지향하지만, 어디까지나 주체에 무게중심을 둔다. 주체는 위기 — 구체적으로는 파시즘 시대의 위기 — 를 '특정의 정세'로서, '모순의, 비연속의 절대성'으로서 포착하고, 그것을 실천적으로 돌파하고자 한다. 르네상스 시대의 휴머니즘이 중세 봉건질서라는 질곡을 뚫고서 새로운 인간을 지향했듯이, 미키 역시 자본주의, 소련 공산주의, 파시즘/일본주의를 돌파해갈 수 있는 '새로운 인간'을 지향한 것이다. 미키는 일본에 남아 있는 봉건성 그리고 개인주의의 미발달이 일본 파시즘을 특징짓고 있다고 보았지만, 더 근본적인 문제로서 일본적인 것에는 "형태가 없다"는 점을 들었다. 즉, "무형식의 형식"이 일본적 성격이라는 것이다.[77] 니시다의 무 개념은 이런 성격의 한 정식화라 할 수 있을 것이다. 이 때문에 일본 문화는 유연함과 포용성을 갖추게 되었지만, 결과적으로 온갖 것들이 병존하는 상황을 빚어내기도 한다.[78] 그리고 일본 사상/문화의 이런 성격은 오히려 당시 파시즘에 유리한 환경을 제공했던 것이다. 그래서 미키는 객관성의 결여라는 이런 한계를 객관적 형

---

76) 실천적 주체에게 더 중요한 것은 사상의 가치가 아니라 그 성격이다. "사상의 성격은 대상적인 의미에서의 진리성(Wahrheit)에 의해 규정된다기보다는 오히려 주체적인 의미에서의 진실성(Wahrhaftigkeit)에 의해서 모양지어진다."(三木清, 「危機意識の哲學的解明」, 全集 5, 1967, 8頁)

77) 三木清, 「日本的性格とフアッシズム」, 全集 13, 1967, 253頁.

78) 그러나 미키는 쇼와연구회에서의 연구 결과로 발표한 「신일본의 사상원리」에서는 오히려 이 점에 "일본인의 마음의 넓이와 깊이가 있다"고 상찬한다.(「新日本の思想原理」 (1939), 全集 17, 岩波書店, 1968, 530~531頁) 이 연구가 '국책 연구'였기 때문에 논조가 바뀌었을 것이다.

식을 존중하는 휴머니즘으로써 극복해야 한다고 보았다. 이는 곧 일본인이 구상력을 발휘해 구체적인 '形'을 만들어가는 실천적 주체가 되어야 하고, 그로써 파시즘의 질곡을 뚫고 나가야 한다는 그의 염원을 담고 있는 생각이라고 할 수 있다.

미키의 공생애에서 특히 두드러지는 것이 쇼와연구회에의 참여이다. 고노에 후미마로의 브레인 집단이라고 할 수 있는 이 연구회는 ① 현행 헌법의 범위 내에서 국내 개혁을 단행하기, ② 기성 정당/정책을 배격하기, ③ 파시즘에 반대하기를 기치로 내걸면서 출범했다. 성격은 자유주의 집단이라고 할 수 있지만, 우파에서 좌파까지 넓은 스펙트럼의 인물 약 200명이 참가한 연구회였다. 이 모임(1935~1940)은 일본 파시즘이 1937년 중일전쟁의 발발로부터 1941년 태평양전쟁의 개전을 향해 극단으로 치닫는 상황을 배경으로 하고 있다는 점을 염두에 두어야 한다. 여기에서 미키가 한 주요 활동은 폭주하는 군부(특히 육군)를 견제하고, 우왕좌왕하는 고노에 내각에 명확한 방향성을 제시하면서, 제국주의, 파시즘/일본주의, 자본주의를 비판하는 것이었다. 이 연구회는 소기의 목적을 달성하지는 못했으나, 미키가 주도한 글인 「신일본의 사상원리」와 그 속편인 「협동주의의 철학적 기초」[79)에서 그 논지를 읽어낼 수 있다.

「신일본의 사상원리」에서 미키는 중일전쟁을 서구 특히 영미 제국주의를 타도하고 중국을 근대화/해방하려는 전쟁으로 규정한다. 이 점에서 고노에 내각의 입장 나아가 니시다 계열 학자들과 관점을 같이한다. 그러나 그는 일본의 이런 개입이 그 자체 제국주의로 치달아서는 안 된다는 점, 그리고 이런 치달음은 일본 자체 내의 자본주의적 영리주의에서 비롯된다는 점을 지적한다. 또 일본-만주-중국〔日滿支〕을 포용하는 '동아협동체(東亞協同體)'를 제시하면서, 그 정신적 기반으로서 동양적인 '게마인샤프트(공동사회)'의 휴머니즘과 서구적 '게젤샤프트(이익사회)'의 과학적 정신을 통

---

79) 三木淸 外, 「協同主義の哲學的基礎」(1939), 全集 17, 岩波書店, 1968.

합해서 보다 보편적인 가치를 추구할 것을 촉구하고 있다. 미키는 이 논의 과정에서 일본의 독선적 측면을 비판하고 있고, 또 다른 곳에서는 일본과 중국이 대등한 관계를 맺어나가야 함을 역설하기도 했다. 그러나 본래 중국 땅인 만주를 따로 떼어내 언급한 것은 괴뢰정부인 만주국을 당연시하는 것이며, 그 사이의 조선, 대만은 아예 누락시킴으로써 이 땅들의 정복 또한 당연한 것으로 보고 있음(또는 아예 안중에도 없음)을 알 수 있다. 아울러 미키는 당대의 여덟 갈래의 사조들을 비판적으로 검토하면서 협동주의의 입장을 정리해나간다. 미키는 공산주의에 대해서 ① (보편적인 입장에 서지 못하고) 계급투쟁의 입장을 고집한다는 점, ② (세계가 '블록화'되고 있는 상황에서) 추상적인 '세계주의'에 빠져 있다는 점, ③ 관료주의에 빠져 개인의 자발성과 독자성을 억누른다는 점을 지적한다. 그리고 자유주의에 대해서는 ① 추상적인 자유 개념에 빠져 있다는 점, ② 자본주의적인 영리주의에 결부되어 있다는 점을 지적한다. 그러나 이 논의의 전개에서 그는 그 자신이 역설했던 '기초 경험' 개념을 까맣게 잊어버리고 있는 듯이 보인다. 마지막으로 미키는 이전 글들에서의 논조와 달리, 동아협동체 건설에서 일본이 주역이 되어야 함을 역설한다. 다만 그에게서 고야마 이와오의 'Moralische Energie'는 '도덕적 책임'으로 바뀌어 논조의 차이를 볼 수 있다. 전체적으로 볼 때, 미키의 주장은 고노에 내각의 테두리를 벗어나지 않으면서, 그 제국주의적 논조를 누그러뜨리고 철학적 절제를 부여하려 했다고 볼 수 있다.

　미키의 동아협동체론은 이후 여러 각도에서 비판의 대상이 된다. 그로서는 "그래도 할 만큼 했다"고 생각했겠지만, 당대 역사에 거리를 두고서 본다면 비판받을 만한 점들이 많은 것이 사실이다. 사실 이런 문제점은 그가 쇼와연구회에 참가한 행위 자체에 이미 함축되어 있었다고 해야 할 것이다. 당대와 같은 상황에서 국책연구소에 들어간다는 것이 무엇을 의미했는지를 몰랐다면, 그것은 정치적으로 너무 순진한 것이었다고 해야 할 것이다.(그는 이 점을 알고 있으면서도 그것을 강인한 의지로써 돌파하고자 했을 것이다.) 하지만 이런 비판은 제국주의에 영합한 니시다 계열의 학자들은 물론이고, 당대의 역사를 방관한 학자들도 결코 할 수 없는 비판이다. 진흙탕에 들어가 그것을 치우려고 하다가 진흙을 묻혔다고, 그곳에 아예 들어가지도 않은 사람들이 비난할 자격이 있겠는가. 나아가 당시와 같은 상황에서 살고 있지 않은 후대의 학자들이 그렇게 쉽게 비판을 발할 수 있다고도 생각되지 않는다. 자신이라면 그런 상황에서 어떻게 했을까에 대해 진지하게 고민하고서 말해야 할 것이다. 오로지 당대 권력의 바깥에서 **신변의 위협을 무릅쓰고서** 제국주의와 파시즘에 정면으로 마주친 사람만이 그런 비난을 발할 자격이 있을 것이다. 바로 도사카 준 같은 인물들만이.

도사카 준(1900~1945)은 미키 기요시로부터 마르크스주의를 배웠고, 휴머니즘을 견지한 미키와 달리 마르크스주의적 유물론을 견지했다. 그는 니시다, 타나베, 미키 등의 교토학파를 계승했으나 또한 그것을 극복하고자 했다. 아울러 역사적/실천적으로 그 역시 미키와 마찬가지로 일본에 근대적인 주체가 형성되기를 갈구했다. 니시다의 주체가 '국민'이고 미키의 주체가 '시민'이었다면, 도사카의 주체는 '대중' —— 그가 생각한 '대중'은 단순히 수적으로 많은 사람들이 아니라 의식화된/조직된 대중, 혁명성을 담지하고 있는 주체들을 말한다 —— 이었다. 그는 '과학의 대중성' 테제를 통해서 대중을 마르크스주의화하고 마르크스주의를 대중화하고자 했으며, 이로써 파시즘의 시대를 돌파하고자 했다.

철학적인 구도에서, 도사카 역시 니시다, 미키와 마찬가지로 주객 이분법을 넘어서 주객 대립을 극복할 수 있는 변증법적 계기를 찾아내고자 했다. 이는 곧 니시다의 순수 경험, 미키의 기초 경험에 해당하는 계기를 찾아내는 작업을 뜻한다. 사적 유물론에 입각해 있는 도사카에게서 이런 계기는 니시다, 미키에 비해 보다 '존재구속적'이거니와, 그는 이런 계기로서 '성격'과 '문제'를 든다. 성격이란 사물과 인식주체가 맞물려 경험이 이루어질 때 주체가 사물에게서 발견하는, 또는 사물이 주체에게 드러내는 주요 성질, 즉 특성이다. 이 특성은 사물 '그 자체'의 본질이 아니라 그것이 '우리에게' 드러나는 방식이며, 따라서 사물과 주체를 이어주는 "통로"의 역할을 한다.[80] 도사카가 생각한 사물의 성격＝특성은 아리스토텔레스에게서와 달리 정태적으로 파악되기보다 동태적으로, 즉 역사적으로 파악된다. 그것은 인간의 역사적 실천과 맞물려 드러난다. 도사카는 이 성격 개념을 '문제' 개념으로 잇는다. 도사카의 문제론은 미키의 그것을 이으면서도 유물론의 방향을 취한다. 미키는 그의 기초 경험 개념과 연관해 '관심'의 역할을 강조했다. 주체의 관심에 따라서 그의 '입장'이 서고, 이 입장에 입각해 그의 물음이 성립한다. 그리고 이 물음이 보다 분명해진 것이 문제이다. 도사카는 미키의 이런 문제 개념에 이의를 제기하면서, 물음은 개인적인 것일 수 있지만 문제는 어디까지나 사회적이고 역사적인 것임을 강조한다. 물음은 주관적일 수 있지만, 문제는 어디까지나 객관적인 것이다. 문제는 역사적인 것이기에 늘 '시대의 문제'이며,[81] 따라서 각각의 시대에는 각각의 '현대의 문제'가 있기 마련이다. 도사카에게 실천의 일차적인 형태는 정치이며, 따라서 시대의 문제는 정치적 실천을 통해서 해결해나가야 한다.

도사카가 생각한 당대의 문제는 파시즘이었고, 따라서 파시즘의 극복이야말로 시대가 요청하는 정치적 실천이었다. 도사카는 이를 위해서는 무엇보다도 과학(유물론 철학)의 대중화(더 정확히는 대중의 과학화), 상식화가 급선무라고 생각했다. 그러나 현실에 있어 일본인들의 상식을 이루고 있는 것은 자유주의 이데올로기(사상)였다. 그는 이 자유주의가 '해석의 철학'(니시다 철학 등), '문학주의', '문헌학주의' 같은 사상들과 연계되어 있으며, 실제 사물이 아니라 언어와 의미에 천착하는 이런 사상들이 결국 일본

---

80) 戸坂潤, 『イデオロギーの論理學』(1930), 全集 2, 勁草書房, 1966, 9頁.
81) 도사카에게 시간은 물리적 시간도 현상학적 시간도 아닌, 역사적 시간이다. 역사의 어떤 시간대가 드러내는 성격이 곧 '시대'이다. 각 시대는 고유의 문제를 내포하고 있으며, 그 문제는 정치를 떠나서는 생각할 수 없다. 각 시대를 살아가는 사람들은 그 시대를 현재성, 현실성, 사실성으로서 살아가는 것이며, 이 차원은 곧 일상성과 상식의 개념에 연관된다.

주의/파시즘에 직간접적으로 종사하게 된다는 점을 지적한다. 도사카는 자유주의가 극우 반동인 일본주의에 비해서 일정한 상식을 갖추고 있고 어느 정도는 진보적 성격을 띠고 있다고 보았지만, 그 어중간한 성격으로써는 파시즘을 뚫고 나갈 수 없다고 보았다. 파시즘의 극복은 유물론 철학이 의식화된 대중의 상식으로 자리 잡을 때 가능하다. 도사카에게 상식은 단지 현실적인 대중의 평균적인 인식을 뜻하지 않는다. 그것은 의식화된/조직된 대중이 가져야 할 인식의 수준을 가리킨다. 그래서 도사카는 "상식에서 발견되는 일상성(Wirklichkeit)의 원리 및 실제성(Realität)의 원리야말로 대중의 사상을 해석철학으로부터, 그런 뜻에서의 형이상학으로부터, 또 그런 뜻에서의 관념론으로부터 방위하기 위한 원리에 다름 아닌 것"임을 지적한다.[82]

당대 일본을 휩쓴 이데올로기는 일본주의('닛폰 이데올로기')였다. 도사카는 닛폰 이데올로기가 당대에 새롭게 등장한 이데올로기가 아니라 막부 말기의 국학운동에 연원을 두고 있음, 그리고 메이지 초기에는 유럽화에 대한 반대 운동으로, 청일전쟁 후에는 무산자 운동에 대한 반동으로, 그리고 당대에는 민주주의 운동에 대한 적대로 계속 이어져온 것임을 날카롭게 지적한다. 그는 닛폰 이데올로기를 일본의 '정신'을 미화하는 일본정신주의, 일본적 향토성과 토착성을 역설하는 일본 농본주의(도사카는 '쵸닌 근성', '일본 정신사', '국민도덕', '일본 윤리학' 등을 전개한 와츠지 테츠로(1889~1960)를 이런 범주에서 파악한다.), 그리고 니시다와 그의 제자들에게서 보았던 일본주의를 일본 아시아주의로 분류하고서, 그 각각을 비판한다. 그가 보기에 이 모든 이데올로기들은 궁극적으로 '일본정신'으로 귀착하거니와, 문제는 "일본정신(이것이 일본의 본질이었던 셈이다.)이 무엇인지는 합리적으로 또 과학적으로 끝내 설명되고 있지 않다"는 점이다. 일본주의는 결국 "그 어떤 내용도 갖지 않은 것이라고 할 수 있는 동시에, 반대로 그 어떤 내용 속으로

---

82) 도사카 준, 윤인로 옮김, 『일본 이데올로기론』(산지니, 1935/2020), 108~109쪽.

도 제멋대로 밀어 넣어질 수 있는 것이기도 하다"라고 결론 내린다.[83] 도사카는 당대의 제국주의와 파시즘에 봉사하는 여러 형태의 일본 이데올로기가 속 빈 강정에 불과하다는 점을 역설함으로써, 일본주의의 광풍에 감연히 맞선 것이다.

묘하게도 니시다, 미키, 도사카는 일본이 패망한 바로 그해(1945)에 나란히 세상을 떠났다. 본인까지 포함해 일가족이 각종 병마에 시달렸던 니시다는 결국 병으로 세상을 뜬다. 미키는 당국에 쫓기던 마르크스주의 활동가를 숨겨주었다가 발각되어 체포된 후 옥사한다. 과연 휴머니스트다운 최후였다. 도사카는 체포되어 역시 옥사했으며, 그가 죽고 일주일 후에 일본이 패망한다. 휘몰아치는 역사의 한가운데에서 각자 다른 길을 간 세 철학자의 삶과 사상은 우리에게 많은 생각할 거리를 준다.

지난 몇백 년의 시간을 거치면서 '자유주의'도 '사회주의'도 여러 차례 의미의 변환을 겪어왔다. 게다가 이 넓은 범주들 아래에는 다양한 유형의 소범주들이 생성해왔다. 때문에 오늘날 '자유주의', '사회주의'라는 말을 이해하려면 이 소범주들을 끝까지 분석해서 각각의 최하위 범주("mia idea")에까지 도달해야 한다. 그러나 현실에서는 그저 '자유주의', '사회주의'라고만 말해질 뿐이기 때문에 논의는 늘 혼란에 휩싸이게 된다. 지금의 시점에서 이런 용어들을 사용할 때면 각별한 주의가 필요하다.

자유주의와 자본주의는 인류의 기본 인권 신장과 물질적 풍요의 증진에 큰 공헌을 했고, 스스로의 위기를 도전정신과 창의력으로 돌파해나가는 힘을 보여주었다. 그러나 이런 흐름은 주기적으로 찾아오는 불안정성, 경제적

83) 도사카 준, 『일본 이데올로기론』, 179~180쪽.

인 것에 의한 사회적인 것의 파괴, 그리고 제국주의적 정복과 전쟁이라는 문제점들을 노정하곤 했다. 이런 폐해를 극복하고자 한 사회주의 특히 공산주의는 개인의 자유보다는 공동체의 평등을 지향하고, 추상적 개인이 아니라 실제 착취당하는 무산계급을 중심으로 하는 사회를 꿈꾸었다. 그러나 이런 시도들은 곳곳에서 심각한 참극을 야기했고, 무엇보다 권력의 집중에 의한 각종 폐해를 낳기에 이른다. 두 이념 공히 그 성과 못지않게 또한 한계를 노정해왔다. 오늘날 양 이념의 전형적인 예를 보여주는 미국과 중국은 이 점을 극명하게 드러내준다.

자유주의와 사회주의는 각각 하나의 이념이다. 이념이란 칸트가 (인식론적 맥락에서 논했던) 말했던 허초점처럼 사회의 여러 심급들이 그리로 수렴하는 곳이다. 그러나 양 주의(主義)가 함축하는 '이념'으로서의 성격은 달리 나타난다. 자유주의는 분화된 세계이며, 다양성과 욕망이 지배하는 다원적 세계이다. 이는 곧 자유주의 사회에서의 시민사회의 엄존을 뜻한다. 때문에 자유주의는 사회주의(특히 공산주의)만은 안 된다고 말할 뿐이다. 사실 이런 다원화된 세계에서 '~주의' 같은 것은 별로 관심의 대상도 되지 못한다. 대부분의 사람들은 다른 것들(스포츠, 영화, TV 드라마, 패션, …)에 관심이 있다. 반면 사회주의는 원칙적으로는 통합된 세계이며, 시민사회가 허약한 세계이다. 사회주의는 자유주의'만은' 안 된다고 말하기보다 오로지 사회주의여야만 한다고 말한다. 여기에서는 시민사회의 다양성과 욕망이 긍정되지 않는다. '일로매진(一路邁進)'의 사회인 것이다. 이렇게 본다면 양이념에 있어 '이념'의 성격은 판이하다고 할 수 있다. 어떤 면에서 자유주의에서의 이념은 이미 이념의 성격을 잃어버렸다고도 할 수 있다. 앞에서 TV 등 대중매체에서 자주 듣는 말들 중 하나가 "이념을 떠나 …"라는 말이라 했던 것도 바로 이런 맥락에서 이해할 수 있다. 자유주의 사회에서 이념이란, 종교 등과 더불어, (공적인 맥락에서는) 접어놓아야 할 문제인 것이다. 다시 말해 이 세계에서 이념이란 이미 사적인 영역에 속한다.(!) '반공 이데올로기'의 엄존만 제외하면 말이다. 사회주의에서는 원칙적으로 이런 일이 있을 수 없으며, 사회의 모든 심급들은 사회주의 이념에 입각해 영위되어야 한다. 사회주의 사회가 자유-자본주의 사회 이후의 세계를 지향한다고 함에도, 얄궂게도 종종 그 이전의 왕조 세계나 종교적 일원성이 지배하던 세계와 유사한 이미지로 나타나는 것도 바로 이 때문이다. 이렇게 자유주의와 사회주의는 서로를 적대하지만, 그 적대는 정확히 대칭적인 적대라기보다는 비대칭적 적대라고 할 수 있다.

다른 각도에서 볼 때, 자유주의와 사회주의의 대립은 기만적인 것이기도 하다. 이 대립은 사실상 양측의 권력관계, 계급관계를 은폐하고 있기 때문이다. '~주의'라는 추상적인 이념 아래에서, 각 측의 지배자들은 서로 상대방의 이념을 활용해서 각자의 지배를 공고히 할 수 있다. 냉전 시대의 남한과 북한의 관계에서 잘 예시되듯이, 양쪽의 지배계급은 서로 상대방을 평계로 삼아 자신들의 지배를 정당화했던 것이다. 이념은 이런 적대적 공모관계의 차폐막으로 작동했다고 할 수 있다. 아울러 이런 구도는 사람들을 맹목적으로 '~편'으로 가르는 효과를 가져오기도 했다. 지식인들도 예외가 아니었다. 미셸 푸코를 비롯한 어떤 철학자들은 일찍이 이런 구도에서 탈피해 권력과 주체를 새롭게 사유하기 시작했고, 이분법적인 사고를 벗어나 '타자들'을 사유하기 시작했다. 다음 절에서 다룰 타자의 철학들은 이런 맥락에서 전개된 흐름이다.

다른 한편 자유주의와 사회주의의 대립 아래에서는 민족주의라는, 문제-축 자체를 달리하는 이념이 작동해왔다. 민족주의는 다른 주의들보다 가시적이고 '자연적'/'본능적'인 성격을 띠기에 일반 대중에게는 더 가까이 다가온 이념이었다. 근대 국민국가가 상당수 민족국가였기에(사실 이때 각 민족의 '순수성'은 조작된 것이기 일쑤였지만), 자유주의와 사회주의의 대립 아래에서 실제 움직였던 것은 민족주의였다. 그리고 이 민족주의는 또한 국가주의였다는 점이 핵심이다. 민족주의가 문화적 차원에 그치지 않고 국가권력, 더 노골적으로는 군사적 권력에 의해 장악될 때 파시즘이 등장한다. 파시즘의 경험은 유난히 극악했던 20세기의 경험들 중에서도 특히 극악한 경험이었다. 그러나 때로 민족주의가 긍정적 힘을 발휘하기도 했는데, 이는 제국주의에의 저항이라는 상황에서 피지배 민족에게 힘을 불어넣어준 민족주의이다. 현대사에서 민족주의는 여러 얼굴로 나타났다.

자유주의, 사회주의, 민족주의는 이미 흘러간 과거의 이념들이 아니라 오늘날까지도 작동하고 있는 이념들이다. 그러나 각 이념에는 지난 수백 년에 걸쳐 일어난 역사적 경험과 개념적 변환이 축적되어 있으며, 또 세 이념이 맺는 관계에도 각종 변화가 켜켜이 들어앉아 있다. 오늘날 이런 이념들에 대한 논의는 마땅히 이 역사적 두께와 철학적 두께를 소화한 위에서 이루어져야 한다. 그렇지 못할 때, 우리가 늘 목도하듯이 개념적 혼동과 정치적 혼란을 면치 못할 것이다.

20세기 중엽에 이르기까지 이렇게 세 이념이 역사를 관류해왔다면, 근대 정치철학의 또 하나의 성취였던 아나키즘은 어떤 과정을 겪었을까? 표면상 아나키즘은 대체적으로 쇠퇴의 길을 겪었다.

아나키즘은 노동조합주의/집산주의와 상호부조론의 이념, 자주적 관리에 의한 운영, 평의회에 입각한 정치, 총파업이라는 직접 행동, "일하면서 공부하는" 삶 같은 원리들을 고수하고자 한 흐름이었다. 그리고 이런 원리들은 특히 파리 코뮌과 러시아의 소비에트에서 그 구체적/역사적 모습을 드러냈다. 그러나 러시아 혁명 이후 공산주의(/마르크스주의)와 아나키즘은 갈등하기 시작했고(이러한 갈등은 동북아의 지식인들 사이에서도 논의가 되었고, 이른바 '아나-볼 논쟁'으로서 전개되었다.), 결국 러시아에서의 아나키즘 운동은 점차 고갈되기에 이른다. 사회주의와 아나키즘은 공히 자본주의의 소유적 자유를 비판하고 소유로부터의 자유를 추구했다. 양자는 반(反)자본주의-자유주의의 이념을 공유했다. 그러나 아나키스트들은 공산주의자들의 당 중심주의와 프롤레타리아 독재(국가의 잠정적인 쟁취)라는 생각을 받아들일 수가 없었다. 양자는 곧 충돌하기 시작할 수밖에 없었다. 아르카디아를 꿈꾸는 아나키스트들은 의미 있는 실험들에서 일정한 성과를 거두기도 했지만, 결국 이 강력한 조직력과 무력을 갖춘 공산주의자들을 이길 수는 없었다. 게다가 공산당은 본래 아나키즘의 정신에 입각한 곳이었던 소비에트의 영광마저 자신들의 것으로서 전유했다. 공산당은 아나키스트들을 몽상가들로 매도하면서 철저하게 탄압했다. 이런 폭력을 통해서 러시아 아나키즘은 결국 쇠잔한다.

이런 흐름은 다른 지역의 아나키즘들에 관련해서도 확인된다. 이탈리아, 프랑스, 스페인 같은 서구 국가들(그리고 동구의 유고슬라비아, 아프리카의 알제리 등)에서도 아나키즘 운동은 활발히 전개되었다. 특히 프랑스에서는 아나코-생디칼리즘의 총파업이 타올랐고, 스페인에서는 프루동이 꿈꾸었던 집산주의, 자주관리, 평의회 같은 강령들이 상당 정도로 실현되기에 이른다. 그러나 이런 여러 흐름들 역시 각 지역마다 상황이 다르긴 했지만 러시아의 경우와 유사한 방식으로 좌초하기에 이른다. 특히 아나키즘이 상당 정도로 실현되어가던 스페인이 내전으로 빠져들면서 이런 기운이 점차 고갈된 것은 아나키즘의 역사에서 안타까운 국면이다. 정부, 기업, 교회, 은행 등등이 더 거대해질수록 아르카디아적 성격이 강한 아나키즘의 힘은 더 부칠 수밖에 없다. 전쟁 같은 상황이 벌어질 경우에는 더욱 그렇다.

동북아 아나키즘의 경우 러시아나 서구 등에서와는 다소 다른 성격을 띠었다. 러시아, 서구 등에서도 아나키즘 운동을 경제적 맥락에 국한하기보다 정치 등 다른 맥락들로 확장하려는 시도들이 이어졌지만, 그 기본 축은 어디까지나 집산주의라는 경제적 맥락이었다. 그러나 동북아 아나키즘은, 자본주의와의 투쟁과 집산주의의 시도도 있긴 했지만, 전반적으로 정치적 성격이 강했다. 일본의 경우 천황제와의 투쟁이, 한국의 경우 민족 해방이, 중국의 경우 청 제국 해체가 주요 사안이었다. 여기에 보다 일반적으로는 제국주의와 파시즘에 대한 저항이 중요했다. 아울러 갖가지 형태의 '문화혁명' 또한 동북아 아나키즘의 특징을 이룬다. 그리고 동아시아의 아나키스트들은 서로 연대해서 세상을 바꾸어나가려 노력하기도 했다. 그러나 동북아 아나키즘 역시 각 정부의 강력한 탄압, 각 국가/민족이 처한 상황들의 차이, 정세의 변화로 인한 개별 아나키스트들의 노선 변경, 2차 세계대전이라는 대규모 전쟁의 발발 등으로 인해 쇠퇴의 길을 걷게 된다.

이렇게 20세기 초에 활발하게 전개되던 각지의 아나키즘 운동이 모두 쇠퇴의 길을 걷게 되지만, 아나키즘의 사유와 실천이 사라졌다고는 말할 수 없다. 어떤 면에서 아나키즘은 응집력을 가지거나 사회 전면에 부상할 때보다 오히려 사회의 저변에 흩뿌려져 움직일 때 그 본연의 모습과 힘을 보여준다고도 할 수 있다. 아나키즘은 이후에도 줄곧 많은 사람들의 사유와 실천을 통해 오늘날까지도 이어지고 있다. 들뢰즈와 가타리의 노마디즘, 넓게는 후기 구조주의 사상 일반도 그 저변에 아나키즘 정신을 깔고 있다고 할 수 있다.

오늘날 아나키즘 정신은 세 국면에서 두드러진다. 그 하나는 비록 대부분 소규모이고 때로 단순한 '웰 빙' 수준에 그치기는 하지만, 곳곳에서 여전히 실험되고 있는 집산주의 운동이다. 또 하나는 사회의 근저에 잠복하고 있다가 때가 되면 활활 타오르는 아나키즘 특유의 저항정신이다. 그리고 다른 하나는 사상가들과 예술가들에 의해 알게 모르게 실천되는 아나키즘적 철학과 예술의 전개이다. 이 세 흐름이 따로 또 같이 세계의 근저에서 살아 움직인다면, 아나키즘은 21세기에도 여전히 약한 듯 강한 사유와 실천으로서 이어져갈 것이다.

11장 타자의 사유

8장에서 '바깥의 바깥'의 사유에 대해서 논했거니와, 타자의 사유는 그 연장선상에서 성립한 윤리학적-정치철학적 흐름이다. 아울러 이 흐름은 기존의 이념적 양분법을 벗어나 타자들에 대한 사유로의 전회를 이룬 새로운 철학이기도 하다. 타자의 사유에는 '후기 구조주의'라는 이론적 맥락과 이데올로기적 이분법을 극복한 새로운 윤리학이자 정치철학이라는 맥락이 함께 존재한다. 타자의 사유는 20세기 후반의 철학이 일구어낸 가장 중요한 흐름들 중 하나이다.

『파르메니데스』, 『소피스트』 등에서 타자(to heteron) 개념이 논의된 이래 헤겔의 '타자존재(Anderssein)' 등에 이르기까지 타자 개념은 철학의 개념-뿌리들로서 이어져왔으나, 현대에 이르러 이 개념은 각별히 윤리적이고 정치적인 뉘앙스를 띠고서 새롭게 논의되기 시작했다. 푸코, 레비나스, 데리다, 들뢰즈·가타리 등은 타자의 사유를 전개함으로써, 철학적 사유를 변혁했을 뿐만 아니라 어떤 면에서는 '철학'이라는 개념 자체를 일신했다.

1절 타자들의 역사

　미셸 푸코(1926~1984)의 사유는 철학의 역사에 굵은 획을 그었다. 푸코는 철학의 개념 그 자체를 크게 바꾸어놓았으며, 오늘날의 철학이 유래한 발원처를 찾을 경우 우리는 푸코의 『광기의 역사』(1961)를 들 수 있을 것이다. 우리는 이 저작(과 푸코의 다른 저작들)에서 서구의 근대성을 바라보는 완전히 새로운 시각을 얻을 수 있고, 타자들의 역사를 이해하는 범례적 논의들을 읽어낼 수 있다.

　세계의 다자성을 어떻게 파악할 것인가? 우리가 사용하는 존재론적 분절들은 얼마만큼 객관적인가? 『말과 사물』(1966)의 머리말이 인상 깊게 서술하고 있듯이, 푸코는 각종 나눔, 분절 체계에 깃들어 있는 자의성, 말과 사물 사이에 설정된 모호한 의미론적 끈에 대해 심각한 물음을 던진다. 우리의 삶은 동일자와 타자를 나누는 보이지 않는 선들에 의해 분절되어 있다. 푸코는 이 선 위에서, 동일자와 타자를 가르는 경계 위에서 사유한다. 푸코의 타자의 사유는 사회를 가로지르는 배제의 역학을 읽어내고자 한다. 그는 이 배제를 뒷받침하는 '지식'들을 세밀하게 분석하고, 그 위에서 그러한 지식들을 관류하는 권력의 미시물리학과 그에 상관적인 주체화의 과정을 읽어내고자 한다. 이는 곧 담론의 형성과 변환을 분석하는 것이며, 그로써 지식, 권력, 주체의 역사를 읽어내는 것이다. 푸코는 "정신과 의사의 언어는 광기에 대한 이성의 독백일 뿐, 그런 침묵 위에서 진정한 언어는 형성될 수 없다"고 말한다. 그래서 그는 "나는 이 언어의 역사를 쓰려는 것이 아니라, 그 '침묵의 고고학'을 쓰려는 것"임을 분명히 한다. 여기에는 푸코 사유의 성격과 지향이 명확하게 드러나 있다.

§1. 고전시대의 이성 이전의 타자들

서구적 근대성을 해부해나가는 푸코는 대략 르네상스 시대, 고전시대, 근대라는 시대 분절에 입각해 타자들, 배제,[1] 감금, 훈육/규율, 이미지, 장소, 지식-권력, 주체화 등의 주제들을 다룬다.

푸코는 중세와 르네상스 시대가 갈라지는 곳에서 일어나는 장소론적 변화를 논한다. 중세에 끈질기게 이어져오던 나병의 기이한 소멸은 의료행위의 결과가 아니라 오히려 격리의 결과였다. 중세에 나병의 배제는 역설적인 뉘앙스에서의 "신성불가침의 원"을 통해 이루어졌다. 그러나 이런 축출을 통해서 오히려 그 강력한 이미지가 보존된다. "나환자라는 인물에 달라붙은 가치와 이미지"는 존속한 것이다. 특정한 상황이 도래하면 이 이미지와 가치가 부활하게 되고, 일종의 격세유전에 따라서 다시 그 자리에 들어선 존재에게 들러붙는다. 나환자가 맡은 역할을 가난한 자, 부랑자, 경범죄자, 그리고 '머리가 돈 사람'이 다시 맡게 된다. 특정한 이미지와 가치가 특정한 장소와 결부되면서, 배제의 의식(儀式)이 반복되는 것이다.

푸코는 르네상스 시대 서구인들에게 광기의 경험이 어떤 것이었는지를 추적한다. 광기의 경험은 죽음의 경험과 관련된다. 중세 말 이래 인간의 종말, 시간의 종말은 흑사병과 전쟁의 모습으로 나타난다. 광기는 이미 와 있는 죽음이다. 종말론적으로 다가가야 할 미래의 죽음이 이미 현재에 들어와 있는 광기로 전환된다. "문제는 여전히 삶의 허무[와 불안]이지만, 이 허무는 이제 위협과 동시에 귀결이라고 말할 수 있는 외적이고 최종적인 종

---

1) 기존 사회과학은 사회가 어떤 연합을 통해서 성립하는가를 다룬 데 반해, 『광기의 역사』는 오히려 어떤 배제를 통해서 사회가 성립하는가를 다루었다. 배제가 한 사회의 가능성의 조건인 것이다. 그러나 푸코는 1972년 유명한 감옥인 아티카를 방문하고서, 그 입구가 마치 디즈니랜드처럼 꾸며져 있는 점에 주목한다. 감옥이라는 헤테로토피아야말로 바로 배제를 통한 사회 구성의 전형적인 경우로 생각되지만, 푸코는 이 경험을 통해서 오히려 감옥이 구성적 기능을 통해서 기능한다고 보게 된다. 이익을 추구하는 자본주의 사회인 현대 사회에서 감옥은 오히려 권력의 구성작용을 보여주는 곳이 아닐까.

말로 인정되지 않는다. 그것은 내부로부터 [광기라고 하는] 실존의 지속적이고 항구적인 형태로 체험된다."(『광기의 역사』, 64쪽) 미래의 죽음에서 현재의 광기로의 이행. 그러나 다른 한편, 15세기 말에는 죽음의 엄숙성이 광기의 냉소성으로 대체되는 현상도 나타난다. 종말론적 위기의식이 현재에 대한 냉소와 풍자로 전환된 것이다. 이 때문에 르네상스 시기에 광기는 두 얼굴로서 나타나게 되는데, 곧 우주적-비극적 광기라는 얼굴과 도덕적-비판적 광기라는 얼굴이 그것이다.

어둡고 두려운 광기의 이미지는 우주적-비극적 광기이다. 이 광기는 인간 깊숙이 존재하는 어두운 비밀을 드러낸다. 야수성, 광란의 상상작용 등. 인간이 길들여 지배한다고 보았던 동물성이 반격을 가하면서 솟아올랐다. 인간 바깥의 타자성으로서 밀쳐내어졌던 동물성이 인간 내면에서 발견되는 경험이야말로 광기가 드러내는 두려운 형이상학적 진리였다. 그러나 다른 각도에서 볼 때, 광기는 또한 금지된 앎, 비밀스러운 앎을 드러내주는 통로이기도 했다. 순진한 어리석음 덕분으로, 광인은 그토록 접근하기 어렵고 그토록 무서운 이 앎을 보유한다. 이 금지된 앎이란 무엇인가? 그것은 곧 "사탄의 지배"와 동시에 "세계의 종말"이고, "마지막 행복"과 동시에 "최후의 징벌"이며, "이승에서의 전능"과 동시에 "지옥에서의 전락"이다. 이 광기와 대조되는 도덕적-비판적 광기는 세계 저편이 아니라 인간 자신의 내면에 악덕으로서 존재한다. 에라스뮈스는 자만심을 비롯한 모든 악덕들의 선두에 광기를 놓는다. 이 경우 광기에서의 앎이 중요한 것은 비밀이 아니라 터무니없음이고,[2] 광기는 그 터무니없음에 대한 징벌이다. 무지한 자만에 대한 희극적 처벌인 것이다. 이 광기는 프랑스 모럴리스트들의 주요 관심사가 된다.(1권, 12장, 4절) 광기의 이 두 얼굴은 서구 역사의 전개 과정에

---

[2] "이 사람은 원숭이보다도 더 추한데도 자기 자신을 니레우스처럼 아름답다고 생각하고, 저 사람은 선 세 개를 정확히 그렸다고 해서 에우클레이데스로 자처하며, 또 어떤 사람은 리라 앞의 당나귀이고 목소리가 암탉을 물어뜯는 수탉의 목소리만큼이나 시끄럽게 울리는데도 헤르모게네스처럼 노래한다고 믿는다."(에라스뮈스, 『우신 예찬』, §42)

서 갈수록 사이가 벌어지게 된다.

하지만 전자의 광기는 사드, 고야 등 가끔씩 등장한 예외들을 제외한다면 점차 유럽 문화사의 수면 아래로 가라앉았던 반면, 후자의 광기는 오랜 동안 서구를 지배하게 된다. 전자는 20세기에 들어와서야 니체, 반 고흐, 아르토 등과 더불어 새로운 생명을 얻게 된다.[3] 이런 과정을 통해 이제 16세기에 광기는 이성의 테두리 안에 들어간다. 광기는 이성의 진정한 타자가 아니라 이성의 한 국면이 된다. 광기는 이성의 뒤집힌 형태가 되고, 심지어 이성을 활성화하고 그것의 가능성을 극에 달하게 하는 촉매가 되기도 한다.

> 이성은 광기를 이성 자체의 형상들 가운데 하나로, 이를테면 외부의 영향력, 완강한 적의, 초월성의 표시일 수 있는 모든 것을 내쫓는 방식으로 간주할 뿐만 아니라, 동시에 이성 자체의 본질을 이루는 기본적 계기로 지칭하면서, 그것을 이성 자체의 작업 한가운데에 자리 잡게 한다.(『광기의 역사』, 96쪽)

하지만 에라스뮈스 이래 모럴리스트들의 사유에서 이 광기는 다시 두 갈래로 갈라진다. 한편에는 인간을 어리석은 존재로 만드는 광기가 있는가 하면(그러나 이 어리석음을 통해 또한 인간은 교훈을 얻는다.), 다른 한편에는 이

---

3) 『광기의 역사』에서는 우주적-비극적 광기에 초점을 맞추어 이런 구도를 펼치지만, 범위를 넓혀 예술적 창조를 동반하는 정신분열증＝조현병에 초점을 맞출 경우 횔덜린이 현대적 광기의 출발점을 이룬다고 할 수 있다. 횔덜린의 시들은 어떤 면에서는 플라톤적인 'enthousiasmos'의 모습을 드러낸다. 하지만 이것은 뒤집힌 의미에서 그러한데, 횔덜린이 드러내고 있는 것은 플라톤적인 저 위의 신성이 아니라 오히려 작품과 광기가 공히 뿌리 두고 있는 저 아래의 심연이기 때문이다.(푸코, 「아버지의 부정」, 김현 편역, 『미셸 푸코의 문학 비평』, 문학과지성사, 1994) 헤겔과 횔덜린이 친우였다는 점은 무척이나 묘하다. 헤겔이 사유를 이념철학의 극한까지 끌어올려 근대적 이성의 정점을 구가하고 있을 때, 그의 친우 횔덜린에게서는 최초의 근대적 형태의 조현병이 나타난다. 마치 횔덜린이 "정신의 상처는 흔적을 남기지 않고 치유된다"고 한 그의 정신적 기둥을 스스로가 무너뜨리려 하기라도 했던 것처럼. 마치 빌런으로서의 악신에게 승리하도록 이성에게 주연 역할을 보장해주던 데카르트의 신(3권, 2장의 보론)이 사라진 시대에, '억압된 것의 회귀'로서의 악신이 조현병의 가면을 쓰고 귀환하기라도 한 것처럼.

성에 활기를 불어넣어주는 광기가 있다(이를 통해 이성의 가능성은 더 높이 비상한다.). "어리석은 광기"와 "현명한 광기"라는 이 구분은 인간에 내재해 있는 광기의 두 측면으로서 오늘날까지도 이어지고 있다.

§2. 고전시대의 비이성과 타자들

푸코는 1656년을 이정표로 해서 유럽에서 일어난 '대(大)감호'와 이를 통한 수용소 건립 붐이라는 사건을 추적한다. 구빈원에서 출발한 수용소들(살페트리에르, 비세트르 등)은 점차 혼재공간으로 화하고, 여기에 비-이성의 존재들이 감금된다.[4] 이 공간에 수용된 사람들의 동일성은 '~이라는' 점에서가 아니라 '~이 아니라는' 점에서 성립했다. 그들은 '~이기' 때문이 아니라 '~이 아니기' 때문에, 요컨대 "소외의 고고학"에 따라서, x이기 때문이 아니라 비-y여서 담론적으로 분류되었고 물리적으로 수용된 것이다.[5] 푸코에게서 담론적 구성체와 비-담론적(신체적) 구성체는 늘 비-관계의 관계를 맺으면서 역사를 만들어가는 것으로서 이해된다. 대감호의 일차적 대

---

4) 보다 넓은 시각에서 볼 때, 대감호는 고전시대에 새롭게 등장한 '통치(술)'의 한 귀결이기도 했다. "고전주의 시대는 이른바 '통치술'을 고안했습니다. 당시에는 아동의 '통치', 광인의 '통치', 빈민의 '통치', 그리고 곧 노동자의 '통치'로 이해되고 있었는데, 바로 그런 의미에서의 '통치술'이 고안되었죠."(Foucault, *Les anormaux*, cours au collège de France 1974~1975, Seuil/Gallimard, 1999, II) 이 통치술의 핵심은 신체의 규율에 있었다. 즉, 그것은 군대의 작동 방식에 기초해서 만들어진 '해부정치(anatomo-politique)'였다. 푸코가 고전시대에 할당했던 이 신체 규율, 해부정치는 사실 자본주의를 통해 현대의 공장 등으로 이어졌다고 할 수 있다. 테일러주의가 이를 전형적으로 보여준다.

5) 이와 같은 "논리"는 늘 등질화를 동반한다. 이런 등질화는 예컨대 죄의 종류에 상관없는 단일한 방식(감옥에의 수감 및 특정한 수감 시간의 부여)에 입각한 처벌 개념의 등장에서도 선명하게 확인된다. 한 보고서가 토로했듯이, "그래서 조국을 배반했을 경우에도 감금되고, 아버지를 살해했을 경우에도 감금되는 것이다. 상상할 수 있는 일체의 범죄는 완전히 획일적인 방식으로 처벌된다. 마치 어떤 병일지라도 똑같이 치료하는 의사를 보는 것 같은 생각이 든다."(푸코, 오생근 옮김, 『감시와 처벌』, 나남, 1975/2003, 188쪽)

상은 극빈자, 부랑자, 걸인 등이었다. 이들은 절대주의 왕정과 상업자본주의의 타자들이었다. 그리고 비-이성이라는 뒤틀린 논리는 갖가지 종류의 타자들을 이 가난한 자들과 섞어 혼재공간을 만들어내기에 이른다. 광인도 이 타자화와 등질화의 과정에 휩쓸려 들어간다.

어떤 현상, 사건, 사물, 인물이 과연 어떤 '심급'에 속해야 하는가는 늘 문젯거리이다. 이것은 존재론적 분절을 문제 삼는 푸코의 사유에 직결된다. 그리고 방금 언급했듯이, 푸코의 사유는 늘 담론공간과 신체공간의 비-관계의 관계에 입각해 전개된다. 동물학과 동물원(또는 밀림 등), 범죄학과 감옥, 의학과 병원 등등. 그렇다면 미쳤다는 것은 과연 '병'인가 '죄'인가? 게다가 서구에서 죄는 'crime'일 수도 있었고 'sin'일 수도 있었다. 광인은 어디로 가야 하는가? 병원인가, 감옥인가, 교회인가? 고전시대의 수용소는 병원도 아니고 감옥도 아니고 교회도 아닌, 그 사이에 위치하는 묘한 공간이었고, 그것은 곧 담론공간에서의 '비'이성이라는 (부정의 방식으로 규정된) 묘한 공간의 상응물이었다. 광기는 19세기가 되어서야 비-이성의 혼재공간으로부터 특화되어 의학적으로 분류되고(역의 방향으로 말해, 의학에서는 정신의학, 정신병리학, 후에는 정신분석학 등이 성립하고) 병원에 수용된다.

이 혼재공간에서 성병 환자들은 도덕적 타락을 예시하는 존재들로서 수용되었다. 그 결과 "만약 사도를 본받아 육체에 고통을 가하고 고행, 금식, 기도를 통해 육체를 속박하지 않는다면 건강이 어떤 결과를 초래할 것인지"를 알아야 한다는 기독교 문화의 경향은 광인들에게 전이되고, 여기에서 '치료'와 '처벌'과 '회개'는 한 덩어리를 이루게 된다. 그리고 동성애자 등 반(反)가족적 인물들은 고전시대 "부르주아 도덕혁명" — 이는 곧 "진정한 기독교 정신"의 역설이기도 했다 — 을 거스른 존재들로서 수용되었다. 마법사들[6] 특히 여성 마법사들 그리고 자살자들 등 "신성 모독"을 범한 인

---

6) 어떤 분야/집단에 대해서도 그것의 라이벌 내지 적이 존재한다. 예컨대 유학자들의 라이벌/적은 승려들 또는 도사들이었다. 서구 문화에서는 신학자들/사제들의 반대편에 존재

물들 역시 수용되었다. 아울러 계몽사상가들과 구분되는 자유사상가들(사드 등)은 이성이 아니라 비-이성으로 미끄러져 들어갔기에 역시 수용된다. 광인들은 이 이질적인 존재들과 함께 등질화되어 비-이성의 장소로서의 수용소라는 혼재공간에 들어가게 된다.

이제 몇 가지 철학적 문제들을 음미해보자. 우선 가시성과 비가시성의 문제가 있다. 비-이성의 공간에서 등질화되었음에도, 이 혼재공간에서 광인들은 그 유별남 때문에 특별한 존재이기도 했다. 르네상스 시대까지 광기는 가시성을 통해 드러나 있었다. 그러나 대감호는 그것을 비가시성의 차폐막 안에 가두게 된다. 이 논의는 얼핏 『감시와 처벌』(1975)의 논의와 모순되는 듯하다. 이 저작의 도입부에서 푸코는 저잣거리에서 이루어지는 구경거리로서의 처벌에 대해 현란한 묘사를 선보인 바 있다. 일반적으로 고전시대는 가시성의 시대였다.(3권의 3장에서 논한 '질의 과학'도 이 점과 연관된다.) 그리고 고전시대 통치술의 한 요소가 바로 국가의 '장려(壯麗)함'의 현시였다. 그러나 수용소라는 헤테로토피아는 곧 이 가시성의 시대에 만들어진 비가시성의 섬이었다고 본다면 모순이 해소된다. 가시적 처벌과 비가시적 감금이 공존했던 것이다. 그러나 흥미로운 것은 수용소들이 때때로 광인들을 구경거리로 삼았다는 사실이다. 가시성의 시대임에도 비-이성만큼은 드러내지 않으려 했던, 아니 비-이성을 가둠으로써 이성의 시대를 영위했떤 고전시대 서구 문명이 왜 하필이면 그런 구도를 위협할 수 있는 존재인 광인들을 주기적으로 '전시'했을까? 바로 광인들은 이성의 승리를 현시하는 전리품이었기 때문이다. 가시성의 시대에 내려진 차폐막의 작은 구멍들에서 비-이성의 모습이 빼꼼히 얼굴을 내밀었던 것이다. 그 제한된 가시성에 자신의 타자 — 내면의 타자 — 를 가두어놓았다고 안심함으로써 사

___

했던 적이 바로 마법사들이었다. 신학자들이 야훼를 신봉한다면, 마법사들은 자연을 신봉한다. 신학자들이 "성경"을 외운다면, 마법사들은 주문을 외운다. 신학자들이 수도원에 산다면, 마법사들은 숲에서 산다. 신학자들이 미사를 드린다면, 마법사들은 자신들 고유의 의식을 행한다. 신학자들이 형이상학자들이라면, 마법사들은 자연철학자들이다.

람들은 자신 속의 어떤 이물질을 솎아냈다고 착각했던 것이 아닐까?

기독교와 광기의 관계 또한 흥미롭다. 르네상스 시대의 기독교 체험에 밀접하게 연결되어 있던 '십자가의 광기'라는 주제는 17세기에 사라지기 시작한다. 예수는 일종의 광인이었다. 하지만 그 광기의 다른 얼굴은 또한 이성을 능가하는 가장 높은 수준의 지혜이기도 했다. 그러나 고전시대의 기독교도들은 이제 기독교의 비-이성을 이성의 주변부로 밀어낸다. 강생한 신인 예수의 지혜는 이성과 동일시된다. 고전시대에 기독교적 지혜와 그것에 결부되어 있던 광기가 분리되면서, 그 광기는 어디로 갔을까? 신과 인간 사이에 존재했던 그것은 이제 인간과 **동물** 사이로 이전된다. 그리고 광기는 '동물성'과 밀접한 관련을 맺는 무엇으로 재규정된다. 그렇다면 비-이성의 시대에 광기가 전시된 이유를 다시 한 번 음미해볼 수 있다. 바로 광기는 인간이 타락으로 인해 어느 정도까지 동물성으로 이끌릴 수 있는가를 확인해보는 시험대였다. 은폐의 장막 위로 광인들만이, 두들겨 맞아 가면서 빼꼼히 얼굴을 내밀어야 했던 이유는 바로 그것이 "가장 낮은 곳에 임하는" 신의 증거였기 때문이다.[7]

철학적인 면에서 볼 때, 르네상스 시대와는 달리 고전시대를 지배한 것은 합리주의에 입각한 광기 개념으로서, 광기의 기준은 이성의 착란이 아니라 도덕에 있었다. 고전시대 광기에서 특히 주목되는 현상은 광기가 "정상참작"의 대상이 아니라 오히려 도덕적 비난을 배가시키는 것이었다는 점이다. 데카르트가 두 번째 성찰에서 전개했던 '방법적 회의'는 광기를 배제하

---

7) "르네상스 시대의 기독교에서 비-이성 및 그것에 관한 추문으로부터 얻을 수 있는 교훈의 가치 전체는 인간으로 강생한 신(예수)의 광기에 있었던 반면에, 고전주의 시대의 강생은 더 이상 광기로 여겨지지는 않는다. 광기라 해야 할 것은 이제 인간이 짐승으로 강생하는 사태인데, 타락의 마지막 단계인 이 사태는 인간의 유죄-임을 가장 분명하게 나타내는 것이었다. 그리고 신이 베푸는 호의의 최종적 대상으로서, 그것은 보편적인 용서와 복권된 무구의 상태를 상징했다."(푸코, 『광기의 역사』, 282쪽) 다른 각도에서 볼 때, 고전주의 시대는 뒤에서(§3) 이야기할 기독교적인 **사목권력**에 의한 '영혼의 관리'가 지배했던 시대였다.

려는 고전시대의 경향을 일종의 엠블럼처럼 보여준다. 니체처럼 미친 철학자가 될 가능성은 사전에 배제되었다. 고전주의 시대에 이성은 도덕의 공간에서 탄생했고, 도덕적 분할을 기초로 그것이 탄생했던 것이다.

광기는 이렇게 합리주의적 이성의 도덕적 타자로 동정되었기에 —— 정확히 말해 역-동정되었기에[8] —— 인식론적으로 분류하기가 매우 어려웠다. 동일자와 타자의 문제는 분류의 문제와 직결되며, 푸코의 논의도 분류의 문제를 중심에 놓고서 전개된다. 두 가지 패러다임이 대조를 이루었다. 지각의 차원에서 광인은 즉각적으로 식별되었으나, 이론적 차원에서 광기는 쉽게 해명되지 않았다. 때문에 두 차원은 단순 병치되었다. 광기의 과학적 인식은 걸음마에 머물렀고, 대신 광인들이 드러내는 기호들을 분류하는 방식은 발달한다. 고전시대가 가시성에 입각한 계통학의 시대였다는 점을 기억하자. 이 때문에 광기의 비-가시성과 광인들의 식별 가능성이 묘한 대조를 이루었다. 광기가 덜 분명해질수록 광인은 더 잘 식별된다. 결과적으로 18세기 질병분류학[9]에서 광기는 너무나도 혼란스럽게 분류된다. 분류는 식물학에서 상당한 성공을 거둔 계통학을 지향했지만, 그 아래에서는 예전부터 내려오던 상상작용과 정념이 일종의 선험적인 것으로서 계속 작동했다. 그래서 결국 계통학적 분류라는 계열과 상상, 정념을 통한 광인 식별이라는 계열이 만나는 그 중간 지대가 바로 비-이성의 지대가 된다. 이 때문에 엉성한 기존 분류법은 일소될 수가 없었다. 고전시대의 이성은 광기라는 이물질을 분류표에 억지로 구겨 넣으려고 했지만, 오히려 광기는 그 분류표를 엉망으로 만들어버린 것이다. 동일성과 차이의 체계인 분류공간에

---

8) 자체의 동일성을 통해서 동정되는 것이 아니라 다른 동일성에 대한 '비(非)'로서 동정되는 경우를 '역-동정(counter-identification)'이라고 부르자.

9) 18세기는 질의 과학으로서의 계통학의 시대였고, 그 의학적 버전이 질병분류학이었다. "'공간을 확보하지 않고서는 결코 병을 다룰 수 없다'고 질베르는 말했다. (⋯) 문제가 되는 것은 바로 하나의 '표', 병으로 가득 찬 영역이 실습과 논문 작성에 잘 드러나도록 만들어주는 표이다."(Michel Foucault, *Naissance de la clinique*, PUF, 1963, p. 21) 여기에서의 '표'란 물론 고전시대의 계통학적 표를 말한다.

광기는 수용되지 않았고, 때문에 가능한 것은 광인들을 도덕적으로 분류하고 물리적으로 감금하는 것밖에 없었던 것이다.

존재론적인 차원에서, 고전시대의 대감호는 진정 무엇이었던가? 광기란 결국 인간이 비존재와 맺는 어떤 기구한 관계이다. "미쳤다"는 것은 비존재＝무와의 어떤 관련성을 내포한다. 감금이란 그저 광기를 소멸시키고 사회질서 안에서 자리를 찾지 못하는 인물들을 그로부터 몰아내는 것이었던가? 의술의 발전에서나 인도주의 사상의 진보에 있어 정체된 시기를 드러내주는 것이었던가? 아니다. 그것은 광기가 본질적으로 무엇인가를 보여주고자 했을 뿐이다. 다시 말해, 그것은 비존재의 현존화(mise à jour)였고, 무의 진실의 드러냄이었다. 다시 말해, 수용이란 곧 광기의 본질인 비존재를 백일하에 공개적으로 드러내는 것이었고, 광기의 진실 즉 무의 진실을 현시하는 행위였던 것이다.

§3. 근대적 통치성과 타자들

19세기가 되어서야 광기는 대상화된다. 즉, 의학화된다. 이때에 이르러서야 비로소 사람들은 고전시대의 수용소에 대해 휴머니즘적 분노를 느끼게 되고, 이 시대의 "의학"이 광기를 다룬 방식에 대해 당혹감을 느끼게 된다. 이것은 곧 인간이 광기를 자신에게서 일어나는 어떤 우연, 사고로서, 질병으로서 인식하기 시작했음을 뜻한다. 광기가 도덕의 심급에서 의학의 심급으로 옮아가게 되는 것이다. 이것은 곧 비-이성이라는 혼재공간으로 휩쓸려 들어갔던 광인들이 이제 특화되어 '환자들'로서 재분류되기에 이르렀음을, 새롭게 역-동정되기에 이르렀음을 뜻한다. 푸코는 『라모의 조카』에서 광기와 비이성이 분리되는 실마리가 나타났다고 본다. "광기와 비이성을 겸비하고 있는 마지막 인물인 라모의 조카는 또한 광기와 비이성의 분리의 계기를 미리 나타내는 인물이기도 하다."(푸코, 『광기의 역사』, 547쪽)

이런 이행은 근대적 통치성의 탄생이라는 보다 넓은 범위의 변화를 배경으로 가능했다. 푸코는 서구 권력의 역사에서 '사목(司牧)적 권력'이라는 특유의 형태를 읽어낸다. 사목적 권력은 정치적-법적 권력이 아니면서도 서구 사회를 지배해온 강력한 권력이다. 이것은 곧 기독교적 권력이며, 서구에서의 권력이 황제와 교황으로 양분되었음에도 그 공통의 근저에서 지속되어온 권력이었다. 사목적 권력의 특징은 ① 그것이 사회의 구조라든가 개별 집단들을 관리하는 것이 아니라 하나하나의 개인을 관리한다는 점에 있다. "목자"라는 말이 함축하듯이, 그것은 개개의 양들을 관리하는 권력이다. ② 또 사목적 권력은 한 인간의 법적 위치라든가 그의 재산 등을 관리하는 것이 아니라 그의 주체성/내면을 관리한다는 점에 있다. 한 개인이 자기 자신과 가지는 관계를 관리하는 이 권력은 특히 '고해'라는 방식을 통해 각인의 주체성/내면을 관리한다. 이것이 사목적 권력이 특히 기독교 권력을 통해서 형성된 이유 중 하나이다. 고전시대 광기에 관련해 확인할 수 있었던 권력들 중 하나도 이런 사목적 권력이었다. 근대 사회가 도래하면서 사목적 권력은 쇠퇴하지만, 중요한 것은 근대 국민국가가 바로 이런 권력장치의 어떤 면들을 이어받게 된다는 점이다.[10] 일반적인 근대성 이해가 파묻어버린 것은 바로 이 점이다.

이 사목적 권력은 16세기를 맞이하면서 흔들리기 시작하는데, 이때가 곧 여러 국민국가가 형성된 시대이고 또 신흥 부르주아지가 등장한 시대이다.

---

10) "어떤 한 종교(기독교)가 교회로 제도화됨으로써 다른 어디에서도 발견되지 않는 권력장치가 형성된 것입니다. 기원후 2~3세기경부터 18세기에 이르기까지 1천 5백 년 동안 발전되고 무르익은 권력장치가 말입니다. (…) 저는 이런 사목의 시대가 18세기에 끝났다고 보는데, 제가 또다시 잘못을 저지르고 있는 것일지도 모릅니다. 왜냐하면 우리는 사실상 여전히 그 유형, 조직, 기능의 양태 면에서의 사목권력으로부터, 그러니까 권력으로서 작동하는 사목권력으로부터 결코 자유롭지 못하기 때문입니다. (…) 봉건제에 반대하는 혁명은 존재했습니다. 그러나 사목에 반대하는 혁명은 결코 일어나지 않았습니다. 사목은 역사로부터 자기 자신을 결정적으로 추방해버리는 심원한 혁명의 과정을 아직 경험하지 않았던 것입니다."(푸코, 오트르망 옮김, 『안전, 영토, 인구』, 난장, 1977~1978/2011, 213~216쪽)

고전시대는 이런 세 권력의 트로이카가 지배한 시대였고, 이때 사목을 대신해서, 그러나 여전히 그 영향 하에서 등장한 것이 곧 '통치(술)'의 개념이다. 앞에서(§2) 언급했듯이, 고전시대에는 통치술과 사목제도가 병존했다.(신체의 규율과 영혼의 관리)[11] 새로운 통치술의 발견은 국가이성/통치이성의 등장과 더불어 성립했다. 이때의 '이성'(이유/근거)은 곧 (자연 '법'이 아닌) 자연 '법칙'의 발견이라는 인식론적 맥락과 궤를 함께하는, 국가를 근거짓는 법, 규칙, 관습의 총체이다. 국가는 더 이상 (아퀴나스가 말했던 것과 같은) 영원한 지복, 신의 향유 등에 도달하기 위해서라면 해방되어야 할 곳이 아니라, 자체의 근거를 자체 내에 갖추고 있는 자기목적적인 것으로 화한다. 종말론 같은 것은 없으며 국가의 유지와 발전만이 문제가 되는 것이다. 이 통치술에는 외교-군사적인 것(앞에서 언급한 '유럽의 세력 균형'과 연계된다.)과 '내치(폴리스)'가 있었다.[12] 내치는 주로 인구(주민들의 수), 생활필수품, 보건, 사람들의 품행, 그리고 생산물과 상품의 순환을 통치했다.(『안전, 인구, 영토』, 439~444쪽)

푸코는 18세기 말 이래 고전시대의 이런 통치술과 성격을 달리하는 근대적 통치술이 생겨나시 시작했다고 논한다. 고전시대 통치술이 정치, 법의 영역에 주안점을 두었다면, 이 새로운 통치술은 이제 경제에 초점을 맞춘다. 여기에서 국가이성이 추방하다시피 했던 자연이 귀환한다. 그러나 이 자연은 더 이상 우주론적-신학적 자연이 아니라 인공성과 대립하는 자연, 중농주의자 등의 자연이다. 법칙이 법을 대신하고, 이제 통치술은 이성/이유가 아니라 법칙, 메커니즘에 주안점을 둔다. 이로부터 근대적 통치술의

---

11) 16세기 말~17세기 초 고전시대 통치술의 등장과 짝이 되는 인식론적 변화가 곧 르네상스 에피스테메로부터 고전시대 에피스테메로의 변환이다. 이 내용은 3권의 3장에서 '질의 과학'을 다룰 때 논했다.

12) 내치를 위해 발명해낸 통치술 중 하나가 '통계학'이었다. 그리고 통계학은 내치와 유럽의 세력 균형 사이에서 양자의 공통의 도구가 된다. 그러나 통계학이 본격적인 국가장치가 되는 것은 19세기 말 이래의 새로운 근대적 통치술 즉 생명정치가 도래했을 때부터이다.

핵심 구도가, 즉 **지식-권력**이라는 구도가 성립한다. 그 초기의 형태는 곧 정치경제학이었다. 이제부터 지식은 국가가 담당해야 할 새로운 차원, 더 이상 신민이 아닌 차원 즉 시민사회라는 대상을 분석하고, 이 분석은 근대적 통치술과 결합하게 된다. 이렇게 새롭게 형성된 근대적 통치술이 앞에서도 여러 번 언급했던 '생명정치'이다.

근대적 **생명권력**은 고전시대의 **규율권력**과 대비된다. 후자가 "죽게 만들거나 살게 내버려두는" 권력이라면, 전자는 "살게 만들거나 죽게 내버려 두는" 권력이다. 규율권력은 개별 신체에 집중하는 권력이고 '노동의 규율적 테크놀로지'와 관련된다. 반면 생명권력은 개별 신체가 아니라 인구 즉 인간 개체군에 집중하는 권력이고 그 대상은 "신체로 파악된 인간이 아니라 정반대로 생명에 고유한 과정 전체, 그리고 탄생, 죽음, 출산, 질병 등으로서의 과정에 영향을 받는 거대한 대중을 형성하는 인간 [개체군]"이다.[13] 이 변화는 계통학으로부터 진화론으로의 변환과 관련되며,[14] 언급했듯이 통계학의 본격적인 활용(출생률, 사망률, 평균 수명 등)과도 연계되며(다윈이 개체군을 통계적으로 다룬 것을 상기하자.), 또 사회의 의학화와도 연계된다. 그 근저에는 스피노자가 정식화하고 스미스, 칸트, 쥐스밀히 등이 구체화했던 원리, 즉 개별자들 차원에서의 우연이 집단적 차원에서는 상쇄되어 일정한 결정성, 예측 가능성을 보여준다는 원리가 깔려 있다. 각종 형태의 '리스크 관리' 개념도 서서히 생겨난다. 이때부터 권력의 법, 규율보다 오히려 생명, 인구에 주안점이 두어지게 된다. 이때 중요한 것은 생명의 상태를 거시적으로 최적화하는 것이고, 규율이 아니라 조절을 중시하는 것이다. 이렇게

---

13) 푸코, 김상운 옮김, 『"사회를 보호해야 한다"』, 난장, 1975~1976/2015, 291쪽.

14) "생물의 영역에서 역사성의 성립은 유럽의 사유에 폭넓은 영향, 아마 경제의 영역에서 역사성의 형성이 초래한 것만큼 폭넓은 영향을 끼쳤다. (…) 그러므로 생명의 경험은 생물의 가장 일반적인 법칙, 생물이 존재하는 기반인 근본적인 힘의 계시로 제시되고, 모든 생물의 분리할 수 없는 존재와 비존재를 말하려고 애쓸 야생의 존재론으로 구실한다."(푸코, 『말과 사물』, 384~387쪽)

권력은 죽음이 아니라 생명을 조절하고자 하게 되고, 그 결과 죽음은 사적인 것이 되어버린다. 권력이 조절코자 하는 것은 죽음이 아니라 사망률인 것이다. 이것이 "살게 만들거나 죽게 내버려두는" 권력의 의미이다.[15]

규율적인 것과 조절적인 것 사이를 순환하는 요소도 존재하게 되는데, 이는 곧 "신체의 규율적 차원을 통제하는 동시에 생물학적 다양체의 우발적 사건을 통제할 수 있게 해주는 요소"로서의 '규범'이다. 규범화 사회와 규율적인 사회는 다르다. 규범화 사회는 "규율의 규범과 조절의 규범이 직각으로 절합되듯이 서로 교차된 사회"이다.(『"사회를 보호해야 한다"』, 302~303쪽) 규율 시대와 달리 생명권력 시대에는 (칼에 근거했던) 법이 규범처럼 작동하고, "사법제도가 특히 조절 기능을 갖는 기관(의료, 행정 등)의 연속체에 갈수록 통합된다."(『성의 역사 1』, 164쪽) 그래서 근대적 통치술은 규범을 바탕으로 하는 규범화 사회를 지향한다.

바로 이렇게 변한 세상에서 이제 광인들은 새로운 규정을 부여받게 된다. 대감호를 통해 구축되었던 수용소의 문이 열리고 광인들이 '해방'된 것은 흔히 근대적 휴머니즘과 근대적 과학(정신의학)의 등장으로 인한 것으로서 이해된다. 그러나 푸코는 역사의 하층부를 파고들어 이와는 상당히 다른 과정을 읽어낸다. 우선 수용소가 열린 것은 휴머니즘의 발로가 아니라 수용소에서 진행된 몇 가지 변화에서 유래했다. 그 근저에 깔린 것은 물론 규율정치로부터 생명정치로의 이행이다. 다른 한편, 실재공간과 담론공간의 비-관계의 관계에 대해 언급했거니와, 담론공간에서의 변화 또한 시작

---

15) 신체를 겨냥하는 규율 메커니즘과 인구를 겨냥하는 조절 메커니즘의 경계선에 위치하는 것이 곧 성(性)의 차원이다. "한편으로 성은 육체의 규율 즉 훈련, 체력의 강화와 배분, 에너지의 조절 및 경제적 사용과 관계가 있다. 다른 한편으로 성은 인구 조절의 영역과 관련하여 모든 총괄적 결과를 유도한다. (…) 성은 육체의 생명과 동시에 종의 생명으로 접근하는 수단이다."(푸코, 이규현 옮김, 『성의 역사 1』, 나남, 1976/2017, 166쪽) 물론 규율 메커니즘과 조절 메커니즘은 대개의 경우 섞여 있기 마련인데, 예컨대 에밀 졸라가 『목로주점』(1877)에서 인상 깊게 묘사한 노동자 주택단지는 두 메커니즘의 혼효를 잘 보여준다.

된다. 푸코가 초점을 맞추는 곳은 정신의학에 의한 광기의 '해방'이 아니라, 그런 범주화가 일어나기 이전에 존재했던 범주적 혼란의 공간, 동일성 및 분류의 문제가 첨예하게 대두했던 담론공간이다. 요컨대 휴머니즘과 과학이 아니라 배제의 공간에서의 변화와 담론공간에서의 변화에 초점을 맞추어 보아야 하는 것이다.

배제, 감금, 수용의 문제에 있어 광인들의 '해방'은 1789년 이전에 발생한 여러 변화에 기인한다. 우선 위생의 문제가 있다. 생명정치의 주요 항목들 중 하나가 공공위생이거니와, 1780년에 발생한 전염병은 그때까지 존속해오던 혼재공간이 주목받도록 만들었고 그 해체가 논의되도록 만들었다. 닫혀 있던 비-이성의 세계가 사회의 위협으로서 부각되기 시작한 것이다. 초보적인 형태로 형성되기 시작한 '환경' 개념도 일조하게 된다. 아울러 수용소는 혼재공간이었기 때문에 광인들의 특이성은 수용소 자체 내에서도 항상 문제가 되었다. 이 때문에 18세기 중엽에는 정신이상자들만 받아들일 목적으로 세워진 일련의 시설들이 문을 열게 된다. 대혁명 이전에 이미 이런 특화가 진행된 것이다. "마치 광기가 마침내 거처를 발견하고 합당한 층위에 놓이려면 새로운 추방이 필요하기라도 한 듯이. 옛 배제의 내부에 새로운 배제가 자리 잡는 듯하다. 광기는 고유한 장소를 발견했다."(『광기의 역사』, 605쪽) 비-이성과 광기의 세계에서 일어난 새로운 분할은 근대적 휴머니즘을 통해서가 아니라 수용소 자체에서 일어난 이런 변화들에서 기인했다. 이런 변화에는 외적인 여러 상황도 작용했는데, 특히 중요한 것은 앞에서(10장, 1절, §2) 논했던 '호모 에코노미쿠스'의 탄생이었다. 모든 것을 경제적 관점에서 판단하는 시대에 수용소의 해체와 수용자들의 경제적 활용이라는 흐름은 결국 혼재공간에 광인들과 범죄자들만을 남기게 된다. 이로부터 정신병원과 감옥이라는 새로운 근대적 감금 방식의 두 형식이 탄생하게 되는 것이다.[16] 광기의 본질은 늘 x일 뿐이었다. 광기가 새롭게 분류된

---

16) 물론 감옥은 고대에서부터 존재했다. 그러나 감옥은 그 자체가 처벌의 장소였던 것이

것은 그것에 대한 새로운 인식이 도래해서가 아니었다. 다만 그것을 둘러싼 혼재공간, 비-이성의 공간, 더 넓게는 시대 전반의 변화가 그것이 수용되어야 할 장소를 새롭게 규정한 것일 뿐이다.

이와 더불어 우리는 정신의학의 등장 이전에 이미 광기의 동일성/분류를 둘러싼 담론공간에서의 지각 변동을 확인할 수 있다.[17] 비-이성이라는 혼재범주로부터 광기가 특화되기 시작하면서 도대체 광기를 분류표의 어디에 위치시켜야 할지가 문제가 된 것이다. 광기를 어느 공간에 넣을 것인가의 문제는 물리공간의 문제인 동시에 담론공간의 문제였다. 광기가 의학/치료의 공간으로 들어가기 전까지 이런 혼란은 지속되었다. 이 시대에 광포함과 저능은 광기 분류의 양극단을 형성했다. 미치광이와 정신병자의 구분은 독특하다. 정신병자가 진실을 완전히 상실한 사람이라면, 미치광이는 변질된 이성을 드러낸다. 정신병자의 세계는 무의미의 세계이고 미치광이의 세계는 전도된 의미의 세계인 것이다. 아울러 여러 혼란스러운 논의들이 오갔다. 수용소의 현실과 근대적 의학의 화해 불가능성이 열어놓은 그 사이-공간에서 광기가 담론공간의 혼란스러운 변화 과정을 통해 침묵의 목소리를 냈다고 할 수 있다.

푸코는 광기가 마침내 의학이라는 담론공간과 정신병원이라는 물리공간으로 귀착한 것은 휴머니즘과 과학에 의해서가 아니라 '수용'이라는 사회

아니라, 처벌의 기다림을 위해 마련한 일종의 대기소였다. 감옥에의 감금 그 자체가 처벌이 되고, 그 감금의 시간이 처벌의 정도로 자리 잡게 되는 것(각주 5에서 언급한 등질화)은 19세기부터이다. 자세한 논의로『감시와 처벌』, 2부, 2장을 보라.

17) "고고학은 또한 언설적 형성들(담론 구성체들)과 비언설적인(비담론적인) 영역들(제도, 정치적 사건, 경제학적 실천 및 과정) 사이의 관계를 드러낸다. (…) 고고학은 그 집합(언표적 사실들의 집합)을 지배하는 (…) 형성의 규칙들이 어떻게 비언설적 체계들에 연결될 수 있는가를 규정하고자 한다."(푸코,『지식의 고고학』, 226쪽) "사법 조치보다 약간 아래에서, 제도의 밑바닥 가까이에서, 그리고 마침내 광인과 비광인이 대립하고 분할될 뿐만 아니라 서로 연루되고 서로를 알아보는 그러한 일상적 논쟁 속에서 (…) 앎이 아직도 행위, 일상적 언행, 최초의 발언에 아주 가까운 그러한 지점에서 (…)"(『광기의 역사』, 662쪽)

적 과정에서 일어난 변모였음을 강조한다. 이는 결국 규율정치에서 생명정 치로의 이행이라는 맥락에서 이해되어야 할 현상인 것이다. 유명한 파놉티 콘도 이런 흐름의 한 측면이었다. 이제 수용은 배제가 아니라 '치료'의 의 미를 부여받게 된다.[18) 문제의 핵심은 '해방'이라기보다 수용의 새로운 형 태의 발명에 있는 것이다. 그 핵심은 두 가지였다. 하나는 광기를 낯설고 두 려운 타자가 아니라 이성의 미성숙한 상태, 불완전한 상태, 아이나 동물에 준하는 수준에 비정하는 것이다. 바깥으로 배제하는 대신 안에서 차이 배 분을 행하는 것이다. 다른 하나는 광인들에게 자신들이 광인'이다'라는 의 식 ─ '죄의식' ─ 을 가지도록 "자각"시키는 것, 즉 그들의 존재/동일성을 비존재가 아니라 하위 존재로서 이성의 아래에 복속시키는 것이다. 여기에 하나를 덧붙인다면 '부르주아적 질서'의 확립이라는 맥락이다. 생명정치가 자유주의의 통치술이라는 점을 생각해볼 때 쉽게 파악할 수 있는 맥락이 다. 푸코는 휴머니즘과 실증주의로 포장된 투크와 피넬의 위업 아래를 파 헤쳐 정신병원이라는 장소의 탄생 과정을 상세하게 드러내 보여준다.

사무엘 투크(1784~1857)는 수용소를 '은거처'로 바꾸기 위한 여러 가지 조치를 취했다. 그는 무엇보다 이 은거처를 '가족'의 형태로 만들고자 했다. 그것은 부르주아 가부장제를 모델로 한 형태로서, 여기에서 광인은 미성년 의 자리를 부여받는다. 이 과정을 통해서 소외의 내면화가 일어난다.[19) 광

---

18) "이제는 의료의 기능과 배제의 기능이 하나의 조직 내에서 차례로 작용할 그러한 감호 의 형태가 계획된다. 광기를 돌이킬 수 없는 정신이상으로 지정하는 추방의 공간에 의 해 사회를 광인으로부터 보호하기. 그리고 광기가 적어도 합법적으로는 일시적인 것으 로 간주되는 회복의 공간 안에서 질병을 예방하기. 여태까지 이질적이던 두 가지 경험 형태를 포괄하는 이 두 가지 유형의 조치는 서로 뒤섞이지 않고 겹치게 된다."(『광기의 역사』, 673쪽)

19) "고전주의 시대의 수용은 소외 상태를 야기했는데, 그 상태는 수용을 실행하고 피수용 자를 국외자나 짐승으로만 인정할 뿐인 사람들에게만, 즉 바깥에만 실재할 뿐이었던 반 면에, 역설적이게도 실증 정신의학의 기원으로 인정된 그런 단순한 행위를 통해 피넬과 투크는 소외를 내면화했고 수용 시설에 정착시켰으며, 광인의 내적 거리로 규정했을 뿐 만 아니라 그렇게 함으로써 신화로 구성해내었다."(『광기의 역사』, 736쪽)

인들은 '은거처'에서 보호받기는커녕, 끝없는 불안 속에서 자기동일성 확인과 죄의식에 시달리게 된다. 광인을 바라보는 시선은 더 이상 표피적이 아니라 그의 내면을 파고들기에 이르며, 더 중요하게는 광인 자신에 의해 내면화된다. 시선은 더 깊어질수록 덜 상호적이게 된다. 이 시선은 광인의 내면에 "나는 광인, 덜 이성적인 존재야"라는 '자의식'을 심는다.[20] 이제 광인은 바깥으로부터가 아니라 안으로부터 스스로를 '비-이성'으로 인식하게 되는 것이다. 광인에게는 여전히 동물성의 이미지가 들러붙어 있지만, 이제 이 동물은 두려운 야수가 아니라 잘 길러야 할 애완동물이 된다. 이성은 이 미성년, 동물에 대한 아버지가 된다. 푸코는 투크가 만들어내고자 한 은거처는 바로 이렇게 광인을 사회의 바깥이 아니라 안으로 끌어들여 차이 배분을 통해 그에게 적절한 자리를 부여하고자 한 시도였음을 파헤친다.

피넬의 경우 그가 만들고자 한 곳은 가족의 모델이 아니라 법정의 모델에 따른 장소였다. 그러나 여기에서도 문제의 핵심은 광인에게 광인으로서의 '자의식'을 가지게 하는 것, 일종의 사회적 연극이었다. 자신이 그리스도라고 생각하면서 자신에게 닥친 온갖 "수난"을 감내하던 한 성직자는 그를 "박해"하던 사람들이 일제히 침묵하면서 그를 철저히 무시하자, 그제서야 잠에서 깬 듯 광기에서 벗어났다. "광기는 스스로를 보게 되고 스스로에 의해 보여지게 된다. 이를테면 바라봄의 순수한 대상임과 동시에 바라봄의 절대적 주체이게 된다."(『광기의 역사』, 759쪽) 이는 거울 놀이에서도 잘 드러난다. 스스로를 왕이라고 생각하던 사람은 그에게 자신처럼 스스로를 왕이라고 생각하는 사람들을 거울로 만들어주면, 그 거울에 나타나는 우스꽝스러운 모습을 보면서 스스로의 우스꽝스러움을 깨닫게 된다. 그 거울 속에서 광인은 스스로의 치욕적인 이미지를 보게 되고 결국 그것을 자신의

---

20) "수감자의 영혼에 영향을 미치는 작업은 가능한 한 빈번히 이루어져야 한다. 행정기관인 감옥은 동시에 정신을 개조하는 기구가 될 것이다. (⋯) 감독관들은 그가 따를 도덕적 의무를 그의 마음속에 굳건히 주입하려고 노력한다."(『감시와 처벌』, 201쪽)

안에서 확인하게 된다. 그로써 그는 광기에서 깨어난다. 피넬의 정신병원은 일종의 법정이다. 거기에서는 영원한 '심판'이 벌어진다. 거기에서 광인들은 사법 심급을 내면화함으로써 마침내 자신의 '유죄-임'을 깨닫게 된다. 특히 "종교적 광신으로 인한 불순종, 노동에 대한 저항, 절도"는 부르주아 사회에 대한 정면 도전으로서 탄핵의 대상이 된다. (〈뻐꾸기 둥지 위로 날아간 새〉가 잘 묘사한 바 있는) 이 사법적 소우주에서는 (티토렐리가 설파했던 것과 같은) 무한한 소송이 진행되고, 영속적 심판이 이루어진다. 이 공간에서 의사는 치유의 인물이 아니라 심판의 인물이다. 아버지이자 재판관으로서의 그는 광기를 인식한다기보다 제압한다. 정신병원은 침묵, 거울 놀이, 법정 놀이 같은 이런 사회적 연극들을 통해서 광인들의 '자기의식'이 형성되고 그로써 "치유되는" 극장인 것이다.

푸코는 권력이라는 것에 실마리를 두고서 타자들의 사유를 전개했다. 그래서 그의 일차적인 관심사는 배제, 감금, 수용 등에 관한 고고학적 진실들이었다. 그러나 그의 사유를 보다 고유하게 해준 측면은 그가 권력을 담론/지식과 연계해서, 담론 구성체와 비-담론(/신체) 구성체 사이의 비관계의 관계에 주목해서 분석한 점에 있었다. 그리고 이로써 인식론도 정치철학과 전에 없던 관계를 맺으면서 일신되기에 이른다.

그러나 그의 이런 사유의 근저에 깔린 궁극의 관심사는 주체의 문제였다고 생각된다. 푸코는 말년에 이르러 스스로 이 점을 분명히 한다.

> 인간이 스스로를 광인으로 인지할 때, 그가 스스로를 병자라 생각할 때, 그가 스스로를 말하고 일하는 살아 있는 존재로 생각할 때, 그가 스스로를 심판하여 죄인으로 처벌할 때, 어떤 진리(/진실) 놀이를 통해 인간은 자신의 고유한 존재를 생각하는 데 몰두하는 것일까? 어떤 진리 놀이를 통해 인간이란 존재는 스스로를 욕망인으로 인식했던 것일까?21)

"인간이 … 스스로를 …"이라는 구도로써 푸코는 지금까지 행해온 자신의 작업이 곧 'subjectivation'의 문제였음을 분명히 하고 있는 것이다.

푸코의 문제는 이제 "인간존재가 자신의 존재, 자신이 행하는 것, 그리고 그가 살고 있는 순간을 '문제화'하게 되는 상황을 정의하는 것"이다. 이런 문제는 앞에서 투크와 피넬에 대해 논하면서 지적했던 것, 즉 정신병원에서 광인들이 어떻게 '주체화'되었던가를 분석하는 것과 정확히 대척적이다. 두 경우 모두 주체화의 문제를 다루고 있지만, 후자에서의 주체화가 실은 객체화에 불과한 데 비해 전자에서의 주체화는 인간존재가 자신의 존재를 문제화하는 진정한 주체화이기 때문이다. 푸코는 이를 '실존/자기의 기예'라고 부른다.

> 이 말은 인간들이 그것을 통해 스스로 행동 규칙을 정할 뿐 아니라 스스로를 변화시키고 그들의 특이한 존재 속에서 스스로를 변형시키며, 그들의 삶을, 어떤 미학적 가치를 지닌, 그리고 어떤 양식의 기준에 부합하는 하나의 작품으로 만들고자 하는 신중하고도 자발적인 실천('실존의 미학')으로 이해해야만 한다.(『성의 역사 2』, 25쪽)

푸코는 근대적 삶에 대해서는 지식-권력에 대한 분석을 통해 수동적 주체화를 논했고, 고대적 삶에 관련해 비로소 능동적 주체화의 실마리들을 찾아내었다. 그렇다면 후자는 고대에만 존재했고 근대에는 사라져버린 것일까? 그래서 푸코의 사유에서 연대기적 어긋남이 나타난 것일까? 아마 그렇지는 않을 것이다.[22] 그렇다면 우리가 푸코의 사유를 어떻게 이어야 할

---

21) 푸코, 문경자·신은영 옮김, 『성의 역사 2: 쾌락의 활용』, 나남, 1984/1990, 21쪽. 푸코는 이 진실 놀이의 예로서 그리스인들의 '진실 말하기(parrhēsia)'를 상세히 해명한다.(푸코, 심세광 옮김, 『주체의 해석학』, 동문선, 1981~1982/2007)

22) 푸코 자신 고대의 이런 '실존/자기의 기예'는 기독교의 사목적 권력이 등장하면서 쇠잔해졌지만 결코 사라지지는 않았음을 분명히 한다. "부르크하르트 이래로 이 존재의 기

지는 분명하다. 한편으로 그의 지식-권력 분석을 (푸코 사유의 테두리를 넘어) 더욱 발전시켜나가되, 더욱 중요한 것은 근대성의 도래 이래 어떻게 사람들은 실존/자기의 기예를 위해 투쟁해왔는지, 어떻게 자신의 존재, 자신이 행하는 것, 그리고 그가 살고 있는 순간을 '문제화'해왔는지를 밝히는 것이다. 그런 사유를 토대로 이제 우리는 지금 이 시대에 우리에게 가능한 주체화를 찾아내고 또 그것을 실현해나가야 할 것이다.

술〔실존의 기예〕과 미학의 연구가 완전히 등한시되어왔다고 생각하는 것은 틀린 말일 것이다."(『성의 역사 2』, 25쪽)

2절 타자의 윤리학

푸코의 사유가 타자들의 역사를 드러내는 침묵의 고고학을 기반으로 권력, 지식, 주체의 문제를 사유한 것이었다면, 레비나스와 데리다는 보다 직접적으로 윤리의 문제를 다루었다. 이들의 타자의 윤리학은 우리 시대 사유의 중요한 한 원천이다.

전쟁의 포화 속에서 가족을 잃고 그 자신도 포로수용소 생활을 거쳐 간신히 생환한 레비나스(1906~1995)에게 "나치의 공포에 대한 예감과 기억"은 평생을 따라다닌 두려움이었다. 그는 이런 참혹한 비극의 근원이 무엇인가를 철학적으로 곱씹어 사유했고, 서구 주류 철학 전체를 도마 위에 올리는 급진적인 사유를 전개했다. 그런 과정을 통해 그는 타자의 사유, 바깥의 사유, 비-장소의 사유를 전개했다.

§1. 존재에서 존재자로

그의 사유는 특히 하이데거와의 (철학적이기만 한 것이 아니라 역사적이기도 한) 대결을 통해서 전개되었다. 레비나스 사유의 실마리는 그가 '현존재'로서의 인간을 새로운 방식으로 개념화한 점에 있다. 그가 파악한 현존재의 존재는 하이데거의 그것('심려')보다 훨씬 절박한 것이었다. 레비나스가볼 때 하이데거가 현존재의 세계를 눈앞에-펼쳐져-있는 '사물들'의 총체가 아니라 늘-손에-잡히는 생활 '도구들'의 총체로 본 것은 현상학적 맥락에서 탁견이었다. 그러나 그가 볼 때 현존재에게 근본적인 것은 도구들이 아니라 '먹거리'이다. "분명 우리는 먹기 위해 살지는 않지만, 살기 위해 먹는다고 말하는 것은 엄밀한 것이 아니다. 우리는 배고프기 때문에 먹는다." (EE, 50)[23] 레비나스는 '심려'가 아니라 '욕구'를 이야기한다. 『존재에서 존재자로』(1947)에서 레비나스의 욕구 개념은 먹거리에 대한 즉물적인 갈망이다. 그는 현존재를 하이데거보다 훨씬 더 밑바닥의 차원에서 파악하고자한 것이다. 그가 볼 때 하이데거의 현존재는 "굶어본 적이 없는 현존재"이다. 하이데거의 『존재와 시간』은 기존 철학의 시각에서 볼 때 충격적일 정도로 구체적이고 일상적인 차원에서의 인간에게 초점을 맞춘 저작이었다. 그러나 레비나스의 관점에서 보면 그의 일상성 분석은 오히려 상당히 많은 것들이 갖추어진 상황에서 살아가는 현존재의 분석이다. 하이데거에게 일상성은 '내던져짐', '퇴락', '비본래성' 등으로 특징지어지지만, 레비나스에게 그러한 일상성은 꽤나 안정적이고 나름 행복한 상황이다.

하이데거와 레비나스의 이런 차이는 특히 하이데거의 'Es gibt'에서 레비나스의 'il y a'로의 이행에서, 즉 '존재(함)'에 대한 양자의 상이한 개념화에서 선명하게 드러난다. 양자의 사유에서 '존재' 개념이 차지하는 위치는 대척적이다. 하이데거의 'Sein'이 따사로운 햇살로 환히 빛나는 에게해와 같은 곳이라면, 레비나스의 'être'는 메마르고 광막한 시나이반도와도 같은 곳이다. 하이데거의 불안은 '무'에 대한 것이지만, 레비나스의 불안은 '존재'에 관한 것이다. 그래서 하이데거가 존재의 빛 아래에 서기를 노래했다면, 레비나스는 존재로부터의 탈주를 외친다. 레비나스는 하이데거가 존재와 존재자 사이의 존재론적 차이를 사유했음에도, 존재자를 존재로부터 '분리'해내지 못했기 때문에 진정한 실존을, 진정한 윤리를 사유하지 못했다고 보았다.(TA, 24~30) 'il y a'는 어떤 '것'도 존재하지 않지만 절대무는 아닌, 순수 존재(함)의 상태, 존재와 무를 가르는 선이다. 그것은 칠흑 같은

---

23) EE＝Emmanuel Levinas, *De l'existence à l'existant*, Vrin, 1947/2013. "먹기 위해 산다고 하는 것은 옳지 않으리라. 하나 살기 위해 먹는다고 해서 더 나은 것은 아니다. 먹는 행위가 결국 겨냥하는 것은 바로 음식이다. 꽃의 냄새를 맡을 때, 그 행위의 목적은 바로 향기에 있다. 산책한다는 것은 공기를 마시는 것이며, 공기를 향한 것이지 건강을 향한 것이 아니다. 우리의 세계 내 존재를 특징짓는 것은 바로 먹거리들이다. 황홀한 'existence', 자신의 바깥에 나가-있음, 하지만 대상에 의해 제한된 실존."(TA, 45~46) TA＝Levinas, *Le temps et l'autre*, PUF, 1948/1983.

밤,[24] 모든 규정성들이 벗겨내어진 물질, (파스칼을 두렵게 한) 무한공간의 침묵과도 같은 곳이다. 레비나스는 이 il y a로부터의 탈주를 논한다. il y a를 극단의 상황 ─ 이것도 상황이라고 말할 수 있다면 ─ 으로 상정하고서, 그것으로부터의 탈주를 통해 어떻게 주체성/동일자가 성립하는지를 논하는 것이다. 이 탈주란 곧 깜깜한 밤에 의식의 불이 켜지는 순간을 뜻한다. 이 의식이 허깨비 같은 것이 되지 않으려면, 그것은 신체와 장소에 뿌리내려야 한다. 의식은 신체에 터 잡을 때 의식이 될 수 있고, 신체는 장소에 터 잡을 때 신체가 될 수 있기 때문이다. il y a로부터의 탈주는 이런 정위(자리-잡기)를 통해 이루어지며, 이 과정을 레비나스는 '뿌리내리기'라고 부른다.[25]

　'il y a'로부터의 탈주에서, 하이데거의 'Da'는 레비나스의 'ici'(여기)로 바뀐다. "의식은 하나의 터를 '가지며', 하나의 장소를 '가진다'. 가로막음이 아니라 <u>조건</u>인 유일한 소유, 즉 의식은 곧 여기<u>이다</u>."(EE, 120) 하이데거에게서 '여기'는 현존재의 '현'이 내포하는 여러 내용들('실존 범주들')을 전제한 위에서 성립한다. 반면 레비나스에게서 '여기'란 모든 것의 출발점이다. 아울러 하이데거에게 현존재는 어디까지나 정신적인 존재로서 파악되지만, 레비나스에게 현존재란 신체와 장소에 뿌리 두지 않고서는 성립할 수 없는 존재이다. 하이데거에게서 신체는 <u>정신</u>으로 인해 물체와 구분된다.

---

24) "밤 한가운데에서, 모든 것은 사라진다. (…)/ 그러나 모든 것이 밤 한가운데에서 사라졌을 때, '모든 것이 사라졌다'(라는 사건)가 나타난다. 이것이 <u>또 다른</u> 밤이다. 밤은 '모든 것이 사라졌다'의 나타남이다."(모리스 블랑쇼, 이달승 옮김, 『문학의 공간』, 그린비, 1955/2019, 236쪽) 전체적으로 볼 때, 레비나스의 사유는 삶의 최저 경계선 ─ 존재와 무의 경계선 ─ 으로 내려가 il y a를 발견하고, 그 위에 동일자를 구축한 후 다시 타자로 나아가는 과정을 밟는다.

25) 물론 뿌리내리기(hypostase), 즉 존재와 무의 경계선에서, 불면의 밤에서 벗어나는 것은 시간에 터-잡기도 포함한다. 이미 존재하는 시간의 어떤 곳이 아니라 시간 자체의 단초에. "'존재하는 어떤 것'의 출현은 익명의 존재 한가운데에서 진정한 전복을 가져온다. (…) 뿌리내리기의 사건, 그것은 현재(라는 사건)이다. 현재는 자아로부터 출발한다. 더 낫게는, 그것은 자아로부터의 출발이다."(TA, 31~32)

그러나 레비나스에게는 신체가 정신의 존재조건이다. "장소는 하나의 기하학적 공간이기 이전에, 하이데거적인 의미에서의 구체적인 환경세계이기 이전에, 하나의 터이다. 그래서 [장소에 터 잡는] 신체란 의식의 도래 자체인 것이다. 어떤 의미에서도 그것은 사물[물체]이 아니다. 그 안에 영혼이 살고 있기 때문만이 아니라, 그것의 존재가 실체의 질서가 아니라 사건의 질서에 속하기 때문이다. 그것은 스스로를 정립하지 않는데, 왜냐하면 그것 자체가 정립이기 때문이다."(EE, 122)

신체는 하나의 사건이며, il y a로부터의 탈주는 바로 이 신체(와 장소)라는 정립에 의해 가능하다. 이 맥락에서 il y a로부터 탈주한 (신체와 장소에 터 잡은) 주체는 아직 어떤 타자와도 관계 맺지 않은 동일자일 뿐이다.

§2. 동일자와 장소의 사유

이렇게 레비나스는 현존재론을 그 바닥까지 파 내려가 il y a에 닿음으로써 그것을 재개념화한다. 이제 반대 방향으로 향함으로써, 동일자의 정립에서 더 나아가 동일자의 구체적인 삶의 방식들을 생각해볼 차례다. 레비나스는 동일자, 개인, 주체에게 존재론적 우선성을 부여한다. 한 동일자를 그의 타자들과 묶어 어떤 큰 동일성을 폭력적으로 만들어내는 것에, 즉 전체성/전체주의에 그는 단호하게 대립한다. 레비나스는 이런 전체주의를 '존재론'이라 부른다.[26] 그리고 그는 플라톤에서 하이데거에 이르는 서구

---

26) 레비나스의 '존재론'이라는 용어의 사용은 매우 이상하다. ① 존재론은 철학의 어떤 분야이건만, 레비나스는 그것을 어떤 특정한 내용을 갖춘 사상으로서 이해한다. ② 레비나스는 서구 존재론의 '전체화'를 강하게 비판하지만, '서구 존재론'에 대한 그의 논의 자체가 상당히 전체화하는 논의이다. 생각해보면, ①과 ②는 서로 연계되어 있다. ③ 형이상학과 존재론은 거의 동의어임에도(형이상학에 일반 존재론과 특수 존재론 ─ 자연철학, 심리철학, 역사철학 등 ─ 이 포함된다.), 레비나스는 전자는 긍정적 맥락에서 후자는 부정적 맥락에서 사용한다.

철학의 주류를 바로 이런 전체화하는 존재론으로 해석한다. 그리고 이런 전체성으로부터 동일자/개별자의 '분리'를 역설한다. 동일자를 동일자일 수 있게 해주는 과정이 분리이다. 이미 'il y a'로부터의 탈주부터가 분리이거니와, 레비나스는 동일자 성립의 여러 특이점들에서 이 분리를 사유한다.

il y a로부터 탈주한 동일자, 신체와 장소를 통해 '여기'를 확보한 자아/의식은 이제 환경세계와 구체적인 관계를 맺는다.(레비나스가 생각하는 환경세계는 자연만이 아니라 인공적인 것까지도 포괄하는 세계이다.) 인간은 환경세계로부터 스스로를 분리함으로써 동일자로서 성립한다. 타 동물들은 환경과 연속적으로 살아가며, 그것과 하나의 총체를 이룬다. 인간만이 스스로를 '세계'로부터 분리하고(분리함으로써 '세계'라는 것을 알게 되고) '세계'를 살아간다. 그러나 물론 이 분리는 동일자 성립의 존재론적 과정으로서의 분리이지, 즉물적 의미에서의 분리를 뜻하지는 않는다. 오히려 레비나스는 환경세계와 동일자의 관계가 얼마나 상호적인가를 강조한다. 인간은 환경세계와 이중의 관계에 선다. "한 세계에 대한 의식은 이미 그 세계를 통한(à travers) 의식이다."(TI, 163)[27] 앞에서 먹거리에 관해 언급했거니와, 동일자가 환경세계와 맺는 일차적인 관계는 향유('주이상스')의 관계이다. 라캉에게서와 달리 레비나스의 향유는 동일자가 누리는 감각적 질들과의 접촉이다. 레비나스에게서 감각적 질들은 과학철학에서 등장하는 '센스 데이터'가 아니다. 이때의 동일자는 표상의 동일자가 아니라 향유의 동일자이다. 또, 그것들은 심리철학에서 등장하는 감각질들과도 다소 다르다. 감각질들은 의식을 채우는 내부적 질들이지만, 감각적 질들은 동일자의 외부에서 동일자에게 부딪쳐 오는 것들이기 때문이다. 감각적 질들은 바람, 빛, 광경, 물, …이 아니다. 그것들은 바람이 뺨에 스치는 부드러움, 빛의 눈부심, 광경의 아늑함, 물의 미끈함 등이다. 그래서 레비나스는 이것들을 '실사 없는 형용사'라 부르기도 한다. 감각적인 것들은 '사물'들이 아니며, 손에-잡히는-

---

27) TI = Levinas, *Totalité et infini*, Martinus Nijhoff, 1961/1971.

것들 이전의 것들이다. 그것들이 고통스러운 것들일 수도 있지만 그럴 경우에도 역시 향유의 대상 — '대(對)'상이 아닌 대상 — 이며, 인간은 자신의 향유를 향유하면서 살아간다.[28]

향유는 신체에서 이루어진다. 신체는 감각적인 것들에 의해 접촉되며 또 그것들을 만끽한다. 신체는 다른 것들을 먹지만 그 자체 다른 것들 안으로 먹힌다. 신체는 자기의 자리(lieu)를 잡지만 그것은 또한 환경(milieu) 안에 들어가는 것이다. 동일자와 환경은 '노에시스와 노에마'의 운명적인 맞물림 이전에 '아이스테시스와 아이스테톤'의 운명적인 맞물림이다. 신체의 이런 이중성은 동일자가 향유의 차원을 벗어날 수 있게 해주는, 대지를 벗어나 하늘을 향해 형이상학적 욕망을 가질 수 있게 해주는 조건이다. 언급했듯이, 동물들은 환경과 연속적으로 살아가지만 인간만은 '자연'이 아닌 '세계'를 살아간다. 그래서 인간은 향유에만 머물지 못한다. 동일자를 향유에서 벗어나게 하는, 감각적 질들이 아닌 사물들을 표상하게 만드는 계기는 '내일에의 걱정'이다. 불안정한 현실이 현재에 몰입해 있는("카르페 디엠!") 그를 끄집어내 미래를 향하게 한다. 더 이상 향유에 젖어 있지 않게 된 동일자는 집, 소유, 노동의 차원으로 향한다.

'il y a'로부터의 동일자의 성립은 신체가 '여기'에 정위함으로써 가능했다. 이 장소적 정위의 구체적인 형태가 곧 집이다. 레비나스에게 집은 거주를 위한 도구가 아니라 'chez moi'(내 집에, 내 장소에 있음)라는 내부성을 위한 조건이다. 이 내부성을 통해 동일자는 향유의 불확실성과 미래에의 걱정을 극복하게 되고, 집 안으로 스스로를 거두어들여 스스로에 대해 사유할 수 있게 된다. 이 '탈-대지성'은 향유를 대신하는 노동과 소유의 차원을

---

28) 후설은 칸트보다도 더 실재론적인 사유를 전개했지만, 근대적인 표상중심주의의 그림자 아래에 있었다고 할 수 있다. 레비나스에게 표상이란 "동일자가 타자에 의해 규정되지 않고서 타자를 정의하는 것"(TI, 131)이며, 동일자가 다른 것에 의해 규정되면서도 다른 것을 규정하는 향유와는 구분된다. 향유는 '구성'과 대비된다. 그래서 표상의 지향성과 대비되는 향유의 지향성이 논의된다고 할 수 있다.

열어준다.[29] 집은 내부성과 외부성의 경계이며, 동일자는 노동을 통해서 감각적 질들, 자연으로부터 사물들, 세계로 나아간다. 사물이 사물이기 위해서는 둘러싸고 있는 환경이나 접하고 있는 다른 사물들에 관련해 일정하게 개별화되어야 한다. 그때 사물은 감각적 질들로부터 분리되어, 가지고서 이동할 수 있는 동산(動産)이 된다. 동산들은 집 안에 설치되고, 그로써 누구의 소유도 아닌 것들이 소유의 대상이 된다. 이렇게 집은 '내밀성'을 형성하고, 하나의 '우주'가 된다.[30] 인간이란 내던져지는 존재가 아니라 집을 요람으로 해서 태어나는 존재이다. 집에 대한, 노동과 소유에 대한 논의로써 동일자와 내부성에 관한 이야기는 정점에 달한다.

§3. 타자와 비-장소의 사유

그러나 이로써 분리 이야기가 끝나는 것은 아니다. 이제 또 다른 의미에서의 분리, 동일자 자신의 자신으로부터의 분리가 논의된다. 동일자는 스스로로부터 분리되어 타자성을 향한다. 이제 타자에 대한 형이상학적 욕망이 논의의 중심이 된다.

현상학은 한 개인의 구성적 주체성에 사유의 단초를 놓고 있으며, 때문에 유아론의 문제에 부딪친다. 이 유아론의 질곡을 뚫고 나오면서 제시된 것이 '상호주체성'의 개념이었다. 이때 상호주체성의 항들을 이루는 주체들

---

29) 레비나스의 '탈-대지성(extra-territorialité)'은 들뢰즈와 가타리의 '탈영토화 (déterritorialisation)' 개념과 통하지만, 전자가 향유로부터 분리되어 노동과 소유로 향하는 구체적인 과정을 가리킨다면, 후자는 영토화되어 있던 배치/다양체로부터 어떤 항 (들)이 분리되는 과정 일반을 가리킨다.

30) "집은 (…) 인간존재의 최초의 세계이다. 인간은 (하이데거 같은) 성급한 형이상학자들이 가르치듯 '세계에 내던져'지기에 앞서, 집이라는 요람에 놓여지는('처해-있는') 것이다. 그리고 우리의 몽상에서 집은 언제나 커다란 요람이다."(바슐라르, 곽광수 옮김, 『공간의 시학』, 동문선, 1957/2003, 80~81쪽)

은 어디까지나 동등한 주체들이다. 사르트르는 이들이 동등한 '주체들'이라는 사실로부터 이들 사이의 갈등적 관계를 이끌어내기도 했다. 각 주체들은 주체성으로서 그리고 자유로서 이해되며, 이 주체성과 자유가 동등한 지평에서 부딪친다. 반면 레비나스는 동일자와 타자의 관계를 동등성의 관점에서 보지 않는다. 그에게 타인은 절대적 타자이다. 타자는 동일자와 무한히 다른 자이다. 타인은 주체의 표상, 구성을 비켜 가는 무한이다. 레비나스에게서 동일자와 타자는 비대칭적이다. 동일자와 타자가 동등한 지평에 놓인다는 것은 양자를 포괄하는 어떤 전체성이 형성된다는 것을 뜻한다. 레비나스로서는 이를 용납하기 어렵기 때문에, 타자는 동일자의 진정한 의미에서의 '바깥'에 있어야, '분리'되어야 한다. 동일자는 타자를 동일화하려는 경향을 띠지만, 진정한 타자는 형이상학적으로 욕망할 수 있을 뿐이다.

푸코와 유사하게, 레비나스에게 타자는 소수자들을 가리킨다. 소수자들은 그들의 타자들에게 권력을 가지지 못하며 벌거벗음, 무력함, 비천함으로 특징지어진다. 그래서 윤리적으로는 오히려 높은 곳에 위치한다. 동일자는 타자의 높음에 직면해 윤리적인 존재가 된다. 타자는 이런 비대칭성을 통해 주체의 자기중심성/동일성을 무너뜨린다. 타자에로의 욕망이 '분리'의 또 하나의 계기임을 알 수 있다.

레비나스에게서 타인은 얼굴을 통해서 현시한다. "타자가 내 안에 있는 타자의 관념을 넘어서면서 자신을 제시하는 방식을 우리는 얼굴이라고 부른다."(TI, 43) 타인의 얼굴은 '에피파니'(유한에서의 무한의 나타남)의 장소이다. 타인의 얼굴은 윤리적 성격을 통해 초월성을 띤다. 얼굴은 현상한다기보다 타인을 표현한다.[31] 타인의 얼굴은 표상을 거부하지만 보이지 않

---

31) **라캉, 레비나스와 흔적** ─ 라캉 욕망론의 첫 번째 핵심 매듭은 상상계로부터 상징계로의 이행 과정이다. 이 과정에는 흔적이 남는다. 그리고 그 흔적은 두 번째의 핵심 매듭인 상징계로부터 실재계로의 이행 과정에서 '대상 a'로서 다시 출현한다. 레비나스의 사유에서도 흔적은 중요하다.* 하이데거에게서 기호는 도구연관성과 관련되며, 삶에서의 유기적인 합목적성과 관련된다. 탐정, 사냥꾼, 역사가는 공히 흔적을 쫓으며, 그것들 사이의

는 것은 아니다. 타인은 얼굴을 통해 나타난다.[32] 얼굴은 동일자에게 윤리와 초월성을 개현한다. 동일자는 타자의 부름과 호소/간청 앞에 서는 것이다. 이때 동일자의 자유는 "자기 자신을 부끄럽게 여길 수 있는 자유"가 된다. 타인이 현시되는 또 하나의 차원은 언어이다. 사르트르적 갈등이 시선에 초점을 맞춘다면, 레비나스적 윤리성은 언어에 초점을 맞춘다. 이때 언어는 공통성보다는 이질성을 통해서 역할한다. 레비나스에게서 대화는 상호 이해에 기반한다기보다 오히려 외부성과 분리("전체성의 재구성을 방해하는 근본적인 분리"), 초월성을 통해서 이루어진다. 그것은 말 건넴으로서의 사건이다. 언어는 의식의 내면에서 작동하는 것이 아니다. 언어는 타인에게서 시작되며, 타인이 절대적 타자로 머물 수 있는 것은 이 때문이다. 레비나스에게 타자의 말은 일차적으로 'appel'(부름)이다.[33]

이런 식의 연관성을 전제하고서 작업한다. 각각의 기호/흔적은 다른 것들 사이에서 적절한 '자리'를 가진다. 그러나 레비나스는 흔적을 기호와는 달리 이런 유기적 합목적성을 흐트러뜨리는 것으로서 이해한다. 흔적은 존재자와 사물의 자연스러운/본래적인 일치를 불가능하게 만드는 것이다. 흔적을 지우고자 하는 행위가 흔적을 남긴다. 흔적이 기호의 역할을 하는 데 그치지 않고 이렇게 교란을 일으키며 나타나는 것을 레비나스는 ('phainomena'와 대비되는) 'enigma'라고 부른다.** 수수께끼로서의 타자는 "현현하지 않으면서도 현현하는" 존재이다.

* 이는 폭력과 상처의 문제와도 관련된다. "그 행위를 무효화할 수 있는 희생자가 겪는 폭력은 정확히 말해 폭력이 아니다."(레비나스, 김성호 옮김, 『우리 사이』, 그린비, 1991/2019, 40쪽)

** 에니그마의 출현은 시간에 단층을 만들어낸다. 이 단층들은 곧 아이온의 시간이다. 크로노스의 흐름에 아이온의 매듭이 새겨진다. 레비나스는 'diachronie'를 '통시적인' 것으로서가 아니라 이런 식의 '절시적(節時的)인' 것으로서 이해한다.

32) 이 점을 특히 잘 드러내는 경우는 '증언'의 경우이다. 합리성과 제도에 의해 주관되는 증언은 실제 역사를 체험한 개별자들의 고통을 드러내면서도 또한 은폐한다. 진정으로 가시적이어야 할 것은 비가시성으로서 억눌린다. "역사의 재판은 언제나 궐석재판이다."(TI, 271) 타인의 얼굴이야말로 이 궐석재판을 얼굴이 있는 재판으로 만들 수 있다. 진리는 탈은폐성이지만, 레비나스의 맥락에서 이것은 곧 "무한으로부터 도달한 증언"이다. 이 증언을 끊어지지 않도록 계속하는 것은 레비나스의 메시아 개념 및 (뒤에서 논할) 대신함의 개념과 연관된다.

33) "(해석학적) '이해'보다 더 나은 방식으로, 대화(discours)는 본질적으로 초월적인 것

레비나스에게서 문제 되는 것은 동등한 타자들 사이의 자유의 부딪침이 아니라,[34] 타자에로의 열림과 약자에 대한 존중이다. 타인의 현전 — 특권화된 이질성 /이타성 — 은 자유와 충돌하는 것이 아니라 자유를 구성한다. 레비나스의 사유에서, 동일자는 그 근저에서 타자에 대한 폭력성을 담고 있다. 동일자의 자유는 제국주의적이다. 동일자의 정립은 타자의 전유, 자기화를 함축한다. 그 인식론적 토대가 표상이다. 이런 과정에서 타자의 초월성, 외부성은 무시된다. '대상화'란 이미 소유인 것이다. 레비나스의 이런 관점은 서구 근대 철학에서 전개된 자유론에 대한 비판적 시선을 함축한다. 각각의 개인에게 주체성과 자유를 동등하게 할당하고자 하는 근대적 자유론은 결과적으로 사르트르적인 주체 개념으로 귀착하고, 사회적으로는 갈등으로 귀착하게 된다는 것이다. 레비나스에게서 진정한 자유란 타자와의 관계에 있어서만 성립한다. 그는 주체성이나 자유의 이념이 아니라 타자의 타자성을 존중하는 사유, 비대칭성의 사유를 강조한다. 타자는 동일자에게 '정의'를 요구한다. 정의는 평형의 가치가 아니라 비대칭의 가치이다. 정의가 자유에 우선한다.[35]

으로 머무는 존재(他者)와 관계를 맺는다. (…) 언어의 형식적 구조는 他者의 윤리적인 침범 불가능성을, 어떤 '신비로움'의 기미도 없이 '그(他者)의' 성스러움을 고지한다." (TI, 212~213)

34) 이는 현상학적 맥락에서는 사르트르와 연계되지만, 사회-역사적 지평에서 본다면 푸코가 분석한 자유주의적 생명정치와 연계된다. "살게 만들거나 죽게 내버려두는" 권력에 대해 논했거니와, 살게 만들기, 시장적인 주체로 만들기의 중요한 한 조건은 바로 개개인들에게 자유 — 경쟁할 수 있는 자유 — 를 부여하는 것이기 때문이다. 자유주의적 생명정치에서 중요한 것은 곧 개개인들에게 말하자면 시장-내-자유(in-the-market-freedom)를 확보해주는 것이다. 레비나스의 정의는 이 시장-내-자유에서 성립하는 평형으로서의 정의가 아니다.

35) 레비나스의 이런 생각은 논리적으로 묘한 문제들을 낳는다. ① 만일 윤리가 주체와 타자의 비대칭적 관계에 입각해 성립한다면, 타자는 윤리적 주체가 될 수 없는 것일까? 타자는 윤리적 주체가 측은하게 여길 상대일 수밖에 없는가? ② 나아가 정확히 누가 타자인가? 어린이라든가 병자 등 어떤 면에서 보아도 타자라고 할 수밖에 없는 경우들도 있지만, 예컨대 가난하다고 해서 과연 타자인가? 과부가 꼭 타자인가? 레비나스의 논의는 2차 세계대전이 남긴 폐허와 상처라는 맥락에서 이해해야 하지만, 어쨌든 그의 윤리학

레비나스의 동일자 비판은 그의 '떠돎' 개념에서도 잘 드러난다. 그는 정주에 대한 떠돎의 우선성을 역설한다. 이는 곧 모든 형태의 고착적 특수성(지역성, 민족성, 특정 '역사', 각종 '~연' 등등)은 떠돎이라는 근저 위에서 형성된 잠정적인 것들일 뿐이라는 지적이다. 이 지점에서 레비나스의 사유는 후기 구조주의 사유와 합류한다. 이런 맥락에서 레비나스는 하이데거의 사유를 "이교적인"(전-일신교적인) '대지에-뿌리내리기'로 평가한다. 이런 "이교적인" 사유는 필히 '토착민과 이방인'(우리와 그들)이라는 이분법을 낳는다는 것이다. 물론 우리는 하이데거에게서도 레비나스와 유사한 측면을 발견할 수 있다.[36] 그렇지만 레비나스는, 현존재론을 더 절박한 지평으로 끌고 내려갔듯이 이 점에 대해서도 하이데거의 불충분성을 지적한다. 하이데거의 떠돎 개념은 여전히 진리와 빛에 결부되어 있다는 것이다. 다시 말해, 하이데거가 생각한 '비밀'은 타자라는 차원을 의미하기는커녕 현존재의 유한성의 지표에 불과하다는 것이다. 레비나스에게서는 떠돎이 집을 가능하게 한다. 집은 동일자의 칩거를 위한 것이 아니라 타자의 환대를 위한 것이다. 여성 — 생물학적 여성이 아니라 '여성적인 것' — 의 맞아들임을 통해서 집은 열리고, 장소는 비-장소로 화한다.

은 논리적으로 이런 난점을 드러낸다.

36) 하이데거가 떠돎에 대해 직접적으로 논한 곳은 1930~1932년의 강의에 기초한 『진리의 본질에 관하여』(1943)이다. 여기에서 하이데거는 진리 상응설을 비판적으로 분석하고서 진리의 본질을 알레테이아로 보는 생각을 전개하고 있다. 말 자체가 시사하듯이 알레테이아로서의 진리는 은폐와 개현이라는 이중의 운동을 포함하고 있으며, 전체로서의 존재자의 은폐, "본래적인 비-진리"는 "이런저런 존재자 일체의 개방 가능성"에 앞선다. 전체로서의 존재자의 이 은폐를 하이데거는 '비밀(Geheimnis)'이라고 부르거니와, 일상성 가운데에 고착적으로 존재하는(insistieren) 현존재는 바로 '떠돎(Irre)'의 방식으로 이 '비밀'로부터 도피한다고 한다. 일상성 속의 현존재는 비-진리에 속해 있다.

11장 타자의 사유 | 653

§4. 자기타자화의 윤리학

레비나스의 타자론에서 타자는 절대적이고 무한하고 초월적인 존재로서 이해된다. 이 술어들에 주목할 경우, 레비나스는 타자에게 신적인 지위를 부여하고 있는 것이다. 그러나 이런 숭고한 윤리학은, 얼굴과 대화라는 연결고리가 있음에도 불구하고, 오히려 타자를 동일자에게서 너무 멀리 떨어뜨려놓고 있지 않은가? 그래서 결국 실제 윤리와는 동떨어진 것으로 보이지 않는가? 레비나스의 구도를 반대 방향으로 보면, 오히려 동일자 또한 절대적이고 무한하고 초월적인 존재가 되어버린다. 결과적으로 레비나스의 사유는 얄궂게도 지독한 자아중심주의가 되어버리는 것이다. 레비나스 자신 이런 점을 의식했던 듯, 그의 후기 사상에서는 동일자와 타자 사이의 보다 밀접한 관련성이 논의된다. 그 실마리가 되는 것은 '이웃'과 '가까움'이다.

이제 타자는 이웃이라고 불린다. 이웃은 가까운 존재이다. 그러나 물론 이 가까움이 물리적 거리에서의 가까움은 아니다. 하이데거는 "현존재 내에는 가까움에의 본질적인 경향이 있다"고 생각했다. 여기에서 문제가 되는 것은 '거리-없애기'와 관계되는 가까움이다. 기하학적 공간론과 대립하는 하이데거의 공간론에서는 주거와 관련되는 '장소'가 우선적이다. 레비나스 또한 하이데거와 마찬가지로 공간적인 의미에서의 '인접함'과 자신이 말하는 '가까움'을 구별한다. 그러나 그는 이미 「존재론은 근본적인가?」에서 인간존재의 탁월함을 자기의 존재에 대한 자기의 관계 맺음에서 찾는 하이데거를 비판하면서, "존재자는 인간이고 인간은 이웃으로서 접근할 수 있다. 얼굴로서"라고 했다.[37] 그러나 이웃 개념과 가까움 개념은 이후 별다른 역할을 하지 못하는데, 이는 레비나스의 사유에서 타자의 초월성이 중심적인 주제로 자리 잡게 되기 때문이다. 만년의 레비나스는 책갈피에 묻

---

37) 레비나스, 『우리 사이』, 26쪽.

어두었던 개념-잎사귀들을 문득 발견한 듯이 이 두 개념을 새롭게 끄집어내 전개한다. 이제 인간은 가까움 없이는 이해할 수 없는 존재로서 파악된다.

주체가 항상 가까움 내에 있다고, 즉 이웃과 항상 맺어지고 있다고 한다면, 가까움을 떨어져 있는 두 항의 접근으로 이해할 수는 없다. 이웃과의 가까움은 '관계의 뿌리-내림'이고 '무관심하지-않음(non-indifférence)'이다. 그러나 레비나스는 이 이웃과의 가까움을 하이데거의 '더불어-살아감'과 같은 방식으로, 평균적이고 일상적인 맥락에서 규정하지는 않는다. 그렇게 할 경우 그가 이전에 전개한 타자론은 헛되이 기각될 것이다. 이웃의 가까움이 타자의 초월성을 없던 일처럼 기각하고 안이한 더불어-살아감으로 퇴보하는 것은 물론 아니다. 가까움을 정태적으로 사유하는 것은 곤란하다. "가까움은 한 상태, 한 휴지(休止)가 아니라, 바로 불안정, 비-장소이며, 일정한 장소에서 휴지를 확보하는 존재의 비-편재성이 누리는 평온함을 뒤흔드는 바깥(휴지의 장소의 바깥)이다."(AE, 131)[38] 가까움은 가깝게-되기이다. 가까움은 오히려 주체를 불안정, 비-장소, 바깥으로써 동요시킨다.[39]

레비나스의 이런 후기 사유는 하이데거의 장소의 윤리와 대비되는 비-장소의 윤리이다. 그리고 양자의 이런 차이는 언어의 문제와 연결된다. 하이데거는 "인간은 인간인 한에서 신의 가까움 가운데에서 살고 있다"고 말한다.[40] '열어-밝혀짐'으로서의 자신의 '現=Da'를 살아가는 현존재가

---

38) AE = Levinas, *Autrement qu'être ou au-delà de l'essence*, Martinus Nijhoff, 1974/1978.

39) 이 점은 그의 애무 개념에서 잘 드러난다. "애무는 아무 내용이 없는 순수미래의 기다림이다. 애무는 잡을-수-없는-것으로의 새로운 갈망을 여는 이 더욱더 커지는 배고픔으로, 더욱더 멀어지는 약속으로 되어 있다. 애무는 끝도 없는 배고픔들을 먹고 산다." (TA, 82~83) 레비나스에게서 사랑은 두 사람의 하나-됨이 아니다. 존재자들 사이의 극복할 수 없는 이원성이 사랑을 사랑답게 만든다.

40) 하이데거는 "성격(ēthos)은 그 〔성격을 가진〕 사람에게 다이몬이다(Seine Eigenart ist dem Menschen sein Dämon)"라는 헤라클레이토스의 단편 119를 언급하면서, 이렇게 주석한다. "ēthos는 체재지(Aufenthalt), 사는 곳(Ort des Wohnens)을 의미한다. 이 말은 인간이 그곳에서 사는 열린 영역을 이름 짓고 있다. 인간의 체재지라고 하는 열림

이 열어-밝혀짐과 더불어 대저 '진리 안에 있음'이라고 한다면, 윤리학이란 인간이 거주하는 장소인 '존재의 진리'를 탐구하는 사유에 다름 아니다. 하이데거는 이런 생각을 토대로 "존재의 집"인 언어와 인간이 (특히 사유함을 통해) '거주'하는 그 방식의 해명을 펼친다. 그래서 하이데거에게서 해명 (die Erörterung)은 말 그대로 장소의 밝힘이다. 이에 반해 레비나스의 비-장소의 윤리는 언어의 본질을 타자와의 관계에서 해명하고자 하며, '윤리적 언어'를 사유하고자 했다. 하이데거의 장소의 윤리가 장소라는 특수성/토착성, 그리고 그것과 결부되어 있는 언어에 입각한 (급기야 파시즘으로 치달았던) 민족주의적인 사유라면, 토착성/동일성을 거부하면서 타자로 향하는 레비나스의 비-장소의 윤리는 비-동일성의 사유, 타자에로 향하는 반(反)민족주의적인 사유라 할 수 있다.[41]

그의 이런 사유는 '말함/말하는 것(le Dire)'과 '말해진 것(le Dit)'의 구분에서 특히 잘 드러난다. 이 구분이 하이데거의 존재와 존재자의 구분을 대체하며, 레비나스의 '윤리적 언어'론을 정초한다. 말해진 것들, 장소들은 말하는 것, 비-장소 위에서 성립하는 잠정적인 것들이다. 그것들을 실체화할 때 하이데거적인 장소의 윤리가 성립한다. 그래서 말해진 것들은 늘 '바꾸어-말하지(se dédire)' 않으면 안 된다. "존재와 달리는 말해진 것에서 그것

(das Offene)이 인간의 본질로 향해 와서 이렇게 도래하면서 인간의 가까움 가운데에 체재하는 것을 출현시킨다. 인간의 체재지는 인간이 스스로의 본질에 있어 귀속해 있는 것의 도착을 함축하며 보존하고 있다. 바로 그러한 것이 헤라클레이토스의 언어에 따르면 다이몬 즉 신인 것이다. 따라서 헤라클레이토스의 잠언이 말하는 것은 다음과 같은 것이다: 인간은 인간인 한에서 신의 가까움 가운데에서 살고 있다."(Heidegger, *Wegmarken*, Klostermann, 2013, S. 354~355)

41) 그러나 다른 한편 레비나스의 철학은 매우 민족주의적인 철학이기도 하다. 그의 저작들에는 "이 사람을 '철학자'의 범주에 넣는 게 과연 적절한 일일까?" 하는 의구심이 들 정도로 유대 근본주의적인 사유가 넘쳐난다. 그의 비-장소의 사유는 분명 반민족주의적인 사유이지만, 거기에는 유대 민족주의가 곳곳에 스며들어 있는 것이다.(물론 이것은 단지 그가 『구약』을 자주 인용한다든가 하는 그런 외형적인 면을 지적하는 것이 아니다.) 레비나스 사유에는 이런 이중성이 존재하거니와, 여기에서는 그를 어디까지나 철학자로서 논한다.

(존재와 달리)을 빼내기 위해 바꾸어-말해야 하는 '말함'에서 언표된다. 말해진 것에서는 <u>존재와 달리</u>가 어느새 달리 존재함을 뜻할 뿐이기 때문이다."(AE, 19) 대화는 전체성 내에서, 공시성 내에서가 아니라 이런 바꾸어 말함에서, 절시성에서 이루어져야 하는 것이다. "말함에 있어 주체는 스스로를 표-현하면서 이웃에게 다가간다. 문자 그대로 모든 장소로부터 스스로를 추방하면서, 어디에도 <u>거주하지</u> 않으면서, 어떤 땅도 밟지 않으면서." (AE, 83) 이때 말함의 주체는 기호를 제시하는 것이 아니라 스스로가 기호가 된다. 진정한 대화에서 대화자들은 비-장소들이다. 주체가 타자의 장소에서 기호가 될 때, 그는 스스로가 전언이 된다. 주체와 이웃의 윤리적인 맺어짐이 이루어지는 것은 말해지는 것이 응고되고 있는 눈앞의 말함의 순간, 말해지는 것을 바꾸어-말하기의 그 순간에서일 것이다. 이 절시적인 어긋남의 장소야말로 비-장소의 윤리가 생기하는 장소이다. 이 점에서 순간이란 타자성이 개입하는 탁월한 장소이다. 이 장소는 어떤 시간에도 속하지 않는 '시간-틈'이고 '반(反)-시간'이다.

　타자를 향한 형이상학적 욕망을 지향하는 레비나스 윤리학의 이런 흐름은 '대신함'의 개념에서 절정에 달한다. 서구 철학, 특히 근대 철학은 자아/의식의 동일성에 대한 사랑으로 뒷받침된다. 레비나스에 따르면, 헤겔은 그 대표자이며 사르트르는 그 후계자이다. 이들의 사유는 대자(für-sich/pour-soi)의 사유, 즉 '자아를 위하여'의 사유이다. 헤겔의 변증법은 자아가 자신을 부정하는 타자를 소화해내고 다시 부정을 통해 스스로에게로-되돌아옴의 사유이다. 이 과정을 통해 정신은 <u>스스로의</u> 소외를 <u>스스로</u> 극복하면서 그 본연의 순수함을 회복한다. "정신의 상처는 흔적을 남기지 않고 치유된다." 대조적으로 레비나스의 사유는 (사르트르와는 대비되는 형태의) '대타(pour-l'autre)'의 사유이다. 타자를-위한-일자의 사유이다. 그것은 스스로를 부풀려가는 능동적 정복의 사유가 아니라 수동적 겪음의 사유이며, 시원을 가지지 않는 흔적들의 사유이다. 정신의 상처는 흔적을 남기지 않고 치유될 수 없다. 타자를-위함은 곧 타자를-대신함이다. 대신함이란 자신의 장소를 비워내고 스스로를 비-장소로 만드는 윤리적 주체성의 행위이다.

'존재와 달리/본질을 넘어' 사유하는 것은 곧 자기의식의 자기에로의 회귀와는 달리 사유하는 것, 그리고 체계 전체를 넘어, 존재와 무 사이의 '비-존재'=타자를 위하여 사유하는 것이다. 이 사유는 회귀(retour)의 사유가 아니라 재귀(récurrence)의 사유이다. 그래서 레비나스는 스스로를 목적격으로 만드는 재귀대명사 'se'의 역할을 즐겨 강조한다. 대신함의 사유는 동일자의 중심을 유지하면서 부풀려지는 자기의식의 사유, 회귀의 사유가 아니라, 자기의 중심을 비워내 비-장소로 만들고 타자를-위한-일자가 되기 위해 재귀하는 사유이다. "자기-자신은 자기의식의, 동일자의 팽창과 귀환의 박동으로 환원 불가능한 비틀림이다. (…) 자기-자신은 스스로와 같지 않음이며, 존재에서의 결핍이며, 수동성 또는 인내이다."(AE, 169) 레비나스의 윤리적 사유는 자기타자화의 사유이다. 윤리적 주체성이란 곧 '같은-것 안의 다른-것'이다. 박해받는 타자에 대해 책임을 져야 할 볼모인 것이다. 그는 자신이 행한 것 때문이 아니라 타인들이 겪은 것 때문에 피고인이 된다. 레비나스의 윤리학은 궁극적으로 이러한 타자를-위한 대신함, 책임짐을 위한 자기타자화의 윤리학이다.[42]

우리는 레비나스의 언어들을 2차 세계대전이라는 인류 초유의 극한적인 경험의 맥락에 놓고서 이해해야 한다. 그와 같은 상황에서 그는 서구 사유가 띤 '전체성'이라는 성격을 발본적으로 비판하고, '무한'으로서의 타자를 사유했다. 그럼에도 그의 철학사상은 '헬레니즘과 헤브라이즘'이라는 구도 자체를 넘어선 것은 아니다. 이 테두리 이외의 지역들은 그의 안중에 들어오지도 않는 듯하다. 서구라는 테두리를 넘어서려고 했던 그의 시도 자체도 지중해세계라는 테두리를 넘어서지는 못한 것이다.(그나마 이슬람세계

---

42) 이전의 저작들에서(특히 『동일성과 차이생성』) 생명을 '자기차이화'로 규정했다. 생명의 근본 원리가 자기차이화라면 윤리의 근본 원리는 자기타자화이다. 윤리는 자기타자화를 통해 자기차이화인 생명을 넘어선다. 자기타자화의 사유는 곧 타자-되기의 사유이다.

나 아프리카는 배제된다.) 그는 서구 "존재론"의 테두리를 벗어나고자 했지만, 그의 사유 형태와 언어 자체가 (헤브라이즘을 강조했다는 점을 접어둔다면) "존재론"적인 너무나도 "존재론"적인 형태, 언어인 것이다. 그는 비-장소의 사유를 전개했고 실제 기존의 장소적인 것을 넘어섰지만, 장소를 한 차원 높여서 볼 때 그것은 장소적인 너무나도 장소적인 것에 머문 사유일 뿐이다. 그럼에도 그가 윤리의 근거를 근본적으로 새롭게 사유하고, 인류 경험의 극한에서 배어 나오는 처절한 언어로 윤리학의 새로운 경지를 열었다는 점은 분명하다.

3절 타자윤리학의 문제들

레비나스와 달리 데리다(1930~2004)는 자신의 유대인-임에 집착하지 않았다. 소수자들 —— 정확히 누가 소수자인지가 문제이지만 —— 은 각각의 소수자 경험, 그 경험이 남긴 상처를 안고 살아간다. 데리다는 유대인으로서 상처를 받았고 그러한 폭력에 대해 사유하고 저항했지만, 동시에 그 경험이 자신의 내부에 또 하나의 배타적 동일성을 만들어낼 수 있음을 깨닫는다. 그래서 상처를 통해 형성되는 내면적인 이 역의 동일성에 대해서도 또한 저항해야 한다고 생각했다. 이것은 유대인의 경험을 보편화하기보다는 반대로 인류의 보편적인 경험이 다만 유대인의 경험으로서 나타난 것으로 생각해야 함을 뜻한다. 그래서 취해야 할 것은 이 보편적인 지평에서 여러 형태로 나타나는 배제와 폭력에 대해 사유하고 그것에 저항하는 활동인 것이다.

데리다의 사유는 '불가능한 것'의 사유이다. 그것은 바깥의 바깥이다. 그러나 불가능한 것이 동일자의 바깥에만 존재한다면, 동일자를 초월해 있다면, 그것이 우리와 무슨 상관이란 말인가? 우리는 각종 동일자 안에서 살아갈 수밖에 없다. 그래서 구체적으로 문제가 되는 것은 동일자 내부의 불가능한 것이다. 내부의 내부는 웜홀을 통해 외부에 이어져 있다. 내부의 내부로서의 불가능한 것을 사유하고 그것을 통해서 동일자를 변화시켜나가는 것, 여기에 탈-구축의 철학이 있다. 데리다는 불가능한 것을 사유함으로써 다른 가능성을 추구한다. 불가능한 것의 철학을 통해 다른 가능한 것의 역사를 만들어가기.

§1. 메시아주의 없는 메시아적인 것

불가능한 것의 한 판본은 유령이다. 데리다는 존재론이 '존재'의 목록에서 유령을 배제해왔음을 지적한다. 그러나 유령은 무가 아니다. 유령은 (좁게 이해된) 존재와 무 사이에 존재하는 비-존재로서의 존재이다. 그래서 그는 존재론에 대한 '유령론'의 필요성을 역설한다. 사실 존재론의 역사는 실존하지는 않지만 잠존하는 존재들을 발견하고 사유해온 역사였다. 따라서 존재론과 유령론을 대립시킬 필요는 없다. 그러나 존재론이 발견하고 사유해온 존재들의 긴 목록에 유령은 없었던 것, 있어도 희미했던 것은 사실이다.[43] 그래서 존재론은 앞에서(6장) 보았던 잠재성의 차원이나 가능세계들만이 아니라 유령 또한 포함할 수 있도록 확대되어야 한다.

> 삶 속에서만도, 죽음 속에서만도 아니다. 둘 사이에서, 그리고 삶과 죽음 사이에서와 같이 우리가 좋아하는 모든 "둘" 사이에서 발생하는 것은 어떤 환영과 함께함으로써만 그 자신을 유지할 수 있다./어떤 환영에 대해서, 어떤 환영과 함께 서로 이야

---

[43] 그러나 이는 서구의 경우이고 동북아에서는 그렇지 않았다. 동북아에서는 귀신론이 철학의 한 분야로서 지속되어왔다. 방대한 『주자어류』에서 1권은 리를, 2권은 기를 논하고 있으며, 바로 이어서 3권에서는 귀신에 대한 논의가 전개된다.

애도의 문제 — 프로이트는 「슬픔과 우울증」(1917)에서 애도를 사랑하는 이에게 쏟았던 "리비도를 조금씩 조금씩 분리"하는 것으로 파악한다.(Freud, "Trauer und Melancholie", IE, 186) 이런 분리가 제대로 이루어지지 못할 때 우울증이 생기고, 때로는 이 우울증이 조증으로 전환되기도 한다. 우울증이 타자를 제대로 보내지 못하는 데에서 온다면, 조증은 너무 쉽게 보내는 데에서 온다고 할 수 있다. 그러나 결국 애도란 어떤 식으로든 타자에 대한 기억을 자기 안에서 소화해내고 슬픔과 미련을 정리하는 것이라 할 수 있다. 데리다는 이런 애도 개념은 자신에게 내부화된 타자를 소화해냄으로써 타자를 떠나보내는 것을 뜻하며, 타자의 타자성을 진정으로 대면하는 방식이 아님을 역설한다. 타자가 죽은 이후에도 그와의 대면은 지속되는 것이며, 애도는 타자와의 이별이 시작되는 과정이 아니라 그에 대한 책임 — "아무도 나 대신 해줄 수 없는 것을 나와 연결시키는 책임" — 이 시작되는 과정인 것이다.(Derrida, *The Gift of Death*, trans. by D. Willis, Univ. of Chicago Press, 1995, p. 44) 애도는 또 다른 대화의 시작이며, 이는 곧 유령/귀신과 더불어 살아감의 시작이기도 하다.

기를 나눌 수 있을 뿐이다. 그렇다면 반드시 혼령들에 관해 배워야 할 것이다.[44]

사실 실존하는 세계를 넘어 잠존하는 세계를 사유할 때, 대개 그 첫머리에 오는 것이 바로 과거와 미래의 차원이다. 실존의 차원으로서의 현재만이 아니라 과거와 미래를 포용하면서 세 차원을 입체적으로 사유하는 것이 역사철학의 기초이다. 이때의 시간은 단순한 선의 이미지로 표상되는 '크로노스'의 시간을 벗어나는 탈-크로노스(anachronie)의 시간이다. 이 시간은 과거 → 현재 → 미래로 흘러가는 물리적 시간이 아니라, 현재가 과거·미래와 대화하면서 탈-물리적으로 만들어가는, 나아가 크로노스의 이미지에 의해 지배되는 역사학적 크로놀로지를 벗어나는 시간이다. 데리다의 탈-크로노스의 시간은 벤야민의 변증법적 이미지의 시간, 레비나스의 절시적 시간, 들뢰즈의 아이온의 시간 등과 공명하면서 윤리적-정치적 시간을 사유한다.

"우리는 이 지상에서 기다려졌던 사람들"이라고 했던 벤야민의 말을 다시 상기하자. 데리다는 우리를 기다리는 유령으로서 마르크스를 지목한다. 소련과 동구가 무너지고 사회주의 국가들의 현실이 적나라하게 드러나기 시작한 시대에, "교조적 장치와 '마르크스주의적인' 이데올로기 장치들(국가, 당, 세포, 조합 및 다른 교리 생산의 장소들)이 소멸 과정에 있는 마당에", 데리다는 우리가 마르크스에 의해 기다려졌던 사람들이 되어야 한다고 외친다. 네오콘 득세의 대척점에 서서, 데리다는 마르크스를 푸닥거리=축귀(逐鬼)하려는 이들에 맞서 그를 초혼(招魂)하고자 한 것이다. 그를 보내버리려 하는 정치인들, 각종 미디어, 지식인들로 구성된 헤게모니에 맞서, 하나의 '과제'로서 마르크스의 사유를 상속하고자 하는 것이다. 이는 곧 증언과 연계된다. 왜냐하면 "우리는 우리 자신으로 하여금 증언할 수 있게 해주는 바로 그것을 상속받기 때문"이다.(『마르크스의 유령들』, 123쪽) 데리다에게

44) 데리다, 진태원 옮김, 『마르크스의 유령들』, 그린비, 1993/2021, 11쪽.

는 유령, 비존재, 과거＝잠재성의 상속과 증언의 문제가 곧 "to be or not to be"의 문제이다.

현재와 과거의 관계만큼 현재와 미래의 관계 또한 중요하며, 과거와 미래의 이어짐 또한 중요하다. 데리다가 주목하는 동일성으로서의 현재는 곧 자유주의의 최종적 승리를 의기양양하게 외치는 후쿠야마의 '역사의 종말' 테제이다.[45] 네오콘을 중심으로 하는 세력들의 신성동맹이 마르크스를 푸닥거리하려고 뭉쳤다. 헤겔과 코제브에 의해 주조된 역사의 종말 테제[46]는 후쿠야마에 의해 '새로운 복음'으로서 찬양된다. 데리다의 '신복음주의'라는 표현은 한편으로 후쿠야마 테제의 이미지와 분위기에 대한 풍자이지만, 다른 한편으로 실제 이 테제의 저변에는 곧 유대-기독교 헤게모니가 함께 작동하고 있다는 점을 지적하는 것이다. 후쿠야마가 이제는 물러난 강적들로서 나치스, 파시즘, 스탈린주의, 폴 포트의 학살 등을 들고 있지만, 또한 그 저변에 깔린 것은 이슬람에 대한 유대-기독교의 승리(에 대한 희망)이다. 역사의 종말 테제 아래 깔려 있는 철학적 틀은 기독교적 헤겔, 헤겔적 기독교이다.

데리다는 이런 후쿠야마 테제에 대해 우선 사실의 차원에서 논박한다. 야훼의 은총에 힘입은 자유주의의 최종적 승리가 외쳐지고 있는 바로 그곳에, 야훼가 파라오에게 내린 열 가지 재앙의 현대적 버전 ─ 실업, 노숙자, 이민자 등의 배제와 축출, 경제 전쟁, 시장의 혼란, 외채 누적, 군수 사업, 핵무기, 민족 간의 전쟁, 각종 범죄, 국제법에서의 불평등 ─ 이 쏟아지고 있지 않은가. 오늘날 세부적인 내용은 다소 바뀌었지만(예컨대 유럽-미국과 일본의 경제 전쟁이 중국과 미국의 경제 전쟁으로), 자유주의적 자본주의가 내포하는 불안정과 위험은 더욱더 커진 상태이다(훗날 후쿠야마 자신이 역사의 종말 테제를 스스로 철회했을 정도로). 사실 후쿠야마도 이 점을 모르는 것은 아

---

45) 프랜시스 후쿠야마, 이상훈 옮김, 『역사의 종말』, 한마음사, 1992.

46) 알렉상드르 코제브, 설헌영 옮김, 『역사와 현실변증법』, 한벗, 1981, 3장.

니다. 그래서 그는 실제로 일어난 역사와 이념으로서의 자유주의를 오가면서 논의를 펼친다. 현실을 근거로 이념을 찬양하고, 이념에 기대어 현실을 해석하고 있는 것이다. 데리다는 이를 "사건의 가정된 경험적 현실성과 자유주의적 목적의 절대적 이념성 사이의 마술/속임수"라고 비판한다.

그러나 데리다는 보다 본질적인 문제는 종말론/메시아주의 자체에 있다고 본다. 지중해세계에서 연원한 세 일신교(또는 유대-기독교와 이슬람교라는 두 일신교)는 종말론/메시아주의를 공유하고 있으며, 이 생각에 입각해 끊임없이 분쟁을 일으켜왔다. 그리고 데리다는 마르크스주의 자체도 이 종말론을 공유한다고 보며, 이 측면에서의 마르크스주의는 극복의 대상이라고 말한다. 후쿠야마의 종말론의 문제점은 이념으로 존재해야 할 종말을 이미 현실화된 것으로 제시한다는 점에 있다. 이렇게 현실성과 이념성의 원환에 갇힌 사유가 결여하고 있는 것은 사건의 사유, 독특성의 사유이다. 그것은 해방의 약속, 도래할 민주주의의 사유이다. 이것은 곧 종말론/메시아주의 없는 메시아적인 것이다.[47] "공산주의적 약속의 현실성과 마찬가지로 민주

---

47) 데리다는 메시아주의를 거부하면서도 '메시아적'이라는 용어를 쓰는 것은 세계사에서 이런 해방의 약속이라는 경험이 유대적인 경험에서 확인되기 때문일 뿐이라고 말한다. 이론적 용어는 실제 역사로부터 거리를 둠으로써 성립하는 것이지만, 특정 용어의 선택은 대개 역사적 경험을 참조해서 이루어지기 때문이다.
그러나 데리다의 생각과는 달리, 해방의 약속에 대한 경험이 유대인들의 경험에서만 발견되는 것은 아니라는 점에 유의해야 한다. 예컨대 동북아에서의 미륵 사상을 생각해보면 좋을 것이다. 서구 철학자들 중, 데리다 ── 넓게 말해 '후기 구조주의자들' ── 는 자신의 장소에의 구속을 벗어나 비-장소의 사유를 펼친 첫 번째 세대에 속한다.(레비나스는 비-장소의 사유를 전개했지만 자신의 장소에 구속되었다.) 그러나 진정으로 비-장소의 사유를 펼치려면, 자신의 장소에 서서 비-장소의 사유를 외칠 게 아니라 스스로가 비-장소로 가야, 비-장소가 되어야 한다. 타자의 윤리를 외치기만 할 것이 아니라 수행적으로도 타자-되기를 행해야 하는 것이다.(그 첫 발걸음은 타자의 장소에 가보고 타자의 언어를 배우는 것이다.)
아울러 이 "메시아주의 없는 메시아적인 것"은 벤야민이 말한 "희미한 메시아적 힘"과 통한다. "우리는 이 지상에서 기다려졌던 사람들이다. 그렇다면, 앞서간 각 세대에게서도 그랬듯이, 우리에게는 어떤 희미한 메시아적 힘이 주어져 있는 게 아니겠는가. 과거는 바로 이 힘을 요청/갈망하고 있는 것이다."(Benjamin, "Über den Begriff der

주의적 약속의 현실성은 항상 자신 안에 절대적으로 비규정적인 이러한 메시아적 희망을, 사건과 독특성, 예견 불가능한 타자성의 도래와 맺고 있는 이러한 종말론적〔메시아적〕관계를 유지하고 있으며, 또 유지해야만 한다."(『마르크스의 유령들』, 140쪽) 유령이 살고 있는 곳은 과거만이 아니라 바로 이 메시아적인 미래(장래)이기도 하다. 이렇게 물리적 시간이 아닌 탈-크로노스의 시간에서 과거와 미래는 이어진다.

> 문제는 또 다른 역사성을 사고하는 것이었다. 하지만 이는 (…) 메시아적이고 해방적인 약속을 — 존재신학적이거나 목적론-종말론적인 프로그램 내지 기획이 아니라 — 약속으로서 긍정하는 사고에 포기하지 않고 접근할 수 있게 해주는 역사성으로서 사건성의 또 다른 개방을 사고하기 위해서였다. 왜냐하면 해방의 욕망을 포기하기는커녕 그 어느 때보다 더 이러한 욕망을 고수해야, 더욱이 "해야 함"의 탈-구축 불가능한 것 자체로서 고수해야 하는 것처럼 보이기 때문이다. 바로 여기에 재-정치화의 조건, 아마도 정치적인 것의 다른 개념의 조건이 존재할 것이다.(『마르크스의 유령들』, 157쪽)

데리다는 이런 맥락에서 '새로운 인터내셔널'의 연대를 제안한다. 그러나 이 연대는 "당과 조국, 국민공동체 없이" 형성되어야 할 연대, "사람들 사이의 제도 없는 동맹" 같은 것이어야 한다. 데리다의 이런 제안은 큰 의미를 띠고 있지만, 여기에는 딜레마가 존재한다. 운동은 조직되어야 힘을 갖출 수 있지만, '조직'이라는 것은 항상 억압을 내함하기 때문이다. 역으로, 이런 억압을 의식한 (데리다가 제안한 식의) 연대는 강력한 응집력과 힘을 갖추기 힘들다. 여기에 실천철학의 근본적 딜레마가 있다. 데리다가 제안한 새로운 인터내셔널을 어떻게 구체화해나갈까 하는 것은 오늘날 철학

Geschichte", §2) 여기에서 '희미한(schwach)'은 '정해져 있지 않은(indefinite)' 또는 '잘 보이지 않는'의 의미이다.

의 중차대한 과제라 하겠다.

　유령에 대한 데리다의 논의는 구체적인 역사적-실질적 내용보다는 언어 분석적이고 문헌 분석적인 방식에 다소 치우치고 있다.(이 점은 데리다 사유 전반의 문제점이다.) 그리고 왜 꼭 마르크스여야 하는가에 대해서 더 많은 논의가 필요할 것이다. 그러나 그가 신자유주의가 폭주하는 시대에 굴하지 않고 비판적 사유의 깃발을 더욱 높이 든 점은 큰 의미가 있으며, 역사철학에 관련해 그가 남긴 여러 개념과 사유 구도는 오늘날에도 이어받아 발전시킬 가치가 있다.

§2. 법에서 정의로, 정의에서 법으로

　법은 상징계, 문법, 관습 등과 더불어 '바깥'으로서의 동일자의 전형적인 예이다. 법은 정의의 실현을 목적으로 하지만 늘 그 목적에 미치지 못한다. 반면 법으로 구체화되지 못하는 정의는 무력하며 때로 위험하기까지 하다. 그러나 바깥의 바깥으로서의 불가능한 정의는 다른 법을 가능케 한다. 정의는 법의 테두리를 벗어나지만 법으로 귀환함으로써 그것에 생성을 도래시킨다. 이 점에서 법과 정의의 문제는 데리다의 탈-구축, 나아가 후기 구조주의적 사유의 탁월한 예이다.

　우리는 어떤 법의 장 안에서 살아가며, 이 바깥을 어길 때 일정한 벌을 받는다. 법에는 강제력이 있다. 그렇다면 이 강제력은 어디에서 오는 것일까? 이 강제력은 적법한 것이기는 하지만, 그것이 정당한(just) 것인지는 쉽게 알기 어렵다. 하위법들은 상위법들에 기준하므로, 이 문제는 특히 헌법에 관련해 제기된다. 철학자들이 법(최상위 법)에 정당성을 부여해주는 메타적 차원을 찾고자 한 것은 이 때문이다. 과거에는 '天', 신, 자연 같은 초월적 차원에 호소했고, 근대에 이르러서는 도덕, 이성, 양심에 호소하기도 했다. 그러나 법의 확고한 정초는 늘 한계에 부딪치곤 했다. 마침내 법의 "정당성"을 그것을 제정한 어떤 폭력적 행위 — 여러 가지 맥락이 있을 수 있지만 국가에 의한 폭력이 대표적이다 — 에서 찾는 관점도 등장했다. 법의 제정에는 확실히 어떤 폭력성 — '시원적/정초적 폭력' — 이 개입한다. 그러나 그것만으로 법의 '정당성'이 수립되지는 않는다. 데리다의 탈-구축 작업은 한편으로 법이란 스스로를 정당화하지 못함을 폭로하고 다른 한편으로 정의로써 그것을 정초한다.[48]

법의 토대가 불확실하다는 점을 몽테뉴는 "권위의 신비한 토대"라고 했다. "법은 정당해서가 아니라 단지 법이기 때문에 신용을 얻으면서 존속하고 있다. 이것이 바로 법이 가지는 권위의 신비한 토대이며, 법은 이것 외에 다른 어떤 토대도 갖고 있지 않다."(『수상록 3』, XII) 이는 곧 법의 설립과 정초, 정당화의 순간은 항상 수행적 힘을, 즉 해석적인 폭력과 믿음에 대한 호소를 함축하고 있다는 것을 뜻한다.[49] 예컨대 아렌트는 미국의 건국이 "건국 행위 그 자체"에 의해 정당화된다고 보았으며, 그의 이런 주장 아래에는 독립선언서가 수행적 힘을 함축한다는 생각이 깔려 있다.[50] 그러나 헌법 제정 이전에는 그것에 정당성을 부여할 인민의 주권이 존재하지 않았다. 이 주권은 오히려 헌법이 제정된 이후 인민의 '서명'에 의해서만 성립할 수 있었던 것이다. 다시 말해, 인민 주권은 사후적으로만 정당화될 수 있었다.('자기적법화') 게다가 그 대표자들의 자격 또한 사후적으로만 정당화될 수 있었다. 따라서 헌법 제정과 인민 주권 사이에는 역설적 관계가 성립

---

48) **의사−선험적 정초** ——'정초'라는 용어를 썼지만, 데리다의 정초는 현대 철학이 거부하는 기존의 정초는 물론 아니다. '산종', '대리보충', '차異(différance)' 등 그의 초기 개념들이나 '시원' 개념에 대한 비판 등이 함축하듯이, 그에게서 일방향적인 정초는 성립할 수 없다. 그의 선험적 정초는 의사−선험적(quasi-transcendental) 정초이며, 정초하는 것이 정초되는 것의 변화와 맞물려 함께 변화하는 정초이다. 들뢰즈의 사유가 '선험적 경험주의'라면, 데리다의 사유는 '경험적 선험주의'라고 할 수 있다.

49) 데리다, 진태원 옮김, 『법의 힘』, 문학과지성사, 1994/2004, 31쪽.

50) "모든 창설에 따라붙는 악순환을 깨기 위해 절대적인 것을 찾는 것은 무용하다. 왜냐하면 이 '절대적인 것'은 창설의 행위 차체에 있기 때문이다."(Arendt, *On Revolution*, Penguin Books, 1963/1991, p. 196)

한다. 권리를 가져야만 선언을 할 수 있지만, 선언을 해야만 권리를 가지는 순환구조인 것이다. 주권을 자임하고서 선언을 한 후 그 선언에 입각해 주권을 정당화하는 이런 건국과 제헌의 순간을 데리다는 '우화적인 사건'이라 부른다.[51] 이 순간은 필경 차이배분 나아가 배제의 순간이다.

법의 이런 한계를 지적하는 동시에, 데리다는 법의 의사-선험적 정초로서 정의를 제시한다. 이때의 정의는 레비나스가 논했던 것과 궤를 같이하는 정의로서, 그것은 동일자와 타자의 비대칭성을 그 핵으로 한다. 정의란 항상 타자들에 관련해서 정의이다. 법이 평형을 지향하고, 계산 가능하며, 언표화되는 것이라면, 정의는 무한한 것이고,[52] 계산 불가능하며, 기존의 정식화를 벗어난다. 그러나 정의는 법의 의사-선험적 차원이기에, 정의가 법을 초월해 있는 것은 아니며 양자가 분리되어 있는 것도 아니다. "법은 정의의 이름으로 실행된다고 주장하고, 정의는 작동되어야(구성되고 적용되어야, 곧 힘에 의해 '강제되어야') 하는 법 안에 자기 자신을 설립할 것을 요구받고 있다."(『법의 힘』, 48) 법에서 정의로의 일방향적인 이행이 아니라 '법 → 정의'의 이행과 '정의 → 법'의 이행이 순환을 이루는 것이다. 탈-구축은 고정되어 있기보다 계속 움직이는 이 양자 사이에서, 그 경계에서 행해지며, 이 때문에 만만치 않은 아포리아를 만나게 된다. 이 아포리아는 세 얼굴로서 나타난다.(『법의 힘』, 49~59)

<u>규칙의 판단 중지</u> ─ 판사가 판결을 내릴 때, 적법함과 정당함 사이에서 아포리아가 발생한다. 판사가 법 조항들에만 근거해 판결할 경우 그는 '계산 기계'로 전락한다.(사실 인공지능이 발달한 오늘날 "계산 기계"는 더 이상 비

---

51) Derrida, *Negotiations*, ed. and trans. by E. Rottenberg, Stanford Univ. Press, 2002, p. 50.
52) "정의의 이념이 무한한 것은 환원 불가능하기 때문이고, 환원 불가능한 것은 타자 덕분이며, 타자 덕분인 것은 타자가 (근대 사회계약론자들이 생각한 것과 같은) 모든 계약에 앞서 항상 다른 독특성으로서의 타자의 도착으로서 도착해 있기 때문이다."(『법의 힘』, 54) 여기에서 '이념'은 조심스럽게 이해되어야 하는데, 데리다는 칸트의 규제적 이념이 메시아주의와 마찬가지로 일정한 지평의 고정을 함의한다고 보기 때문이다. 정의의 이념은 무한하다.

유가 아니다.) 판사의 판단이 진정 판단일 수 있으려면 그는 자유로워야 한다. 정의를 실현하는 존재는 의당 자유로워야 하기 때문이다. 하지만 이런 정당함이 정당함으로서 인정받기 위해서는 법, 규칙에 따라야 한다. 여기에 역설적인 관계가 드러난다. 결국 어떤 판결이 정당하고 책임 있는 것이려면 "규칙적이면서도 규칙이 없어야 하고, 법을 보존하면서도 매 경우마다 법을 재발명하고 재정당화하기 위해 (…) 판단 중지적이어야 한다." 결정 불가능한 것의 유령 ── 법은 결정＝판단을 요청하며, '判斷'은 자르는 것이다. 이 자름을 법 내부에서만 행할 때 판사는 자유로운 존재이기를 그치며, 그래서 정의는 그것의 결정 불가능성을 열어놓을 것을 요청한다. "결정 불가능한 것'이란 계산 가능한 것과 규칙의 질서에 낯설고 이질적이면서도 법과 규칙을 고려하면서 불가능한 결정에 스스로를 맡겨야 하는 사태의 경험이다." 물론 법은 결정할 것을 요청하고 그래서 결정 불가능성에 머물러서는 곤란하다. 그러나 결정이 이루어졌을 때 그 현실성의 바깥에는 항상 '결정 불가능한 것'이라는 유령이 잠존한다. 정의와 더불어 법을 사유하는 것은 곧 이 결정 불가능한 것이라는 유령과 함께 사유하는 것이다. 지식의 지평을 차단하는 긴급성 ── 정의는 미래의 어딘가에서 우리를 기다리는 지평이 아니다. 메시아적인 것은 우리가 불가능한 것으로서의 정의를 향해 다른/새로운 법의 가능성을 열어가는 매 순간 존재한다. "정의는 현전 불가능한 것이긴 하지만 기다리지 않는다. (…) 하나의 정당한 결정은 항상 직접적으로, 당장, 가능한 한 최대한 빠르게 요구된다. (…) 결정의 순간, 정당해야만 하는 이 순간 자체는 항상 긴급하고 촉박한 유한한 순간으로 남아 있어야 한다." 결정의 순간은 크로노스의 시간이 아니라 아이온의 시간이다. 이 순간은 키르케고르적 뉘앙스에서의 광기의 순간이며, 또 과잉-능동적인 동시에 과잉-수동적인 순간이다. 물론 법은 (푸코적 뉘앙스에서의) '지식'에, 정확한 진술에, 이론적 합리성에 입각해야 한다. 그럼에도 법의 진술의 맥락에는 늘 정의의 수행의 맥락이 함께하며, "이론적-진술적 언표들의 정확성이나 진리 차원은 항상 수행적 언표들의 정의 차원, 곧 그것들의 본질적인 촉박함을 전제"하고 있는 것이다.

정의는 지평을 가지기보다 '아마도'라는 부사를 동반하는 시간으로서 '장래(à-venir)'를 가지며, 도래할 사건들의 차원을 전개한다. 여기에서 아이온의 시간은 존재론적 성격만이 아니라 윤리학적 성격을 띠게 된다. 이런 맥락에서 정의는 "그저 하나의 법적이거나 정치적인 개념이 아닌 한에서, 법과 정치의 변혁이나 개조 또는 재정초를 장래로 열어놓을 것이다. (…) 절대적 타자성의 경험으로서 정의는 현전 불가능하지만, 이는 사건의 기회이며 역사의 조건이다."(『법의 힘』, 59) 그러나 정의는 법과 괴리되어서는 안 되며, 자의적인 정의는 오히려 최악의 결과를 낳을 수도 있다. "정의는 강자의 이익"이라 했던 트라쉬마코스를, 나아가 정의의 이름으로 저질러진 숱한 악행들을 떠올려보라. 계산 불가능한 정의는 계산 가능한 법으로서, 그러나 정의를 매개함으로써 새로워지는 법으로서 구체화되어야 한다.(아나바시스와 카타바시스) 이는 정치에 관련해서도 마찬가지로 말할 수 있다. 정의는 기성 정치를 초월하지만, 그 초월의 의의는 그 귀환을 통해 기성 정치의 경계에 변화가 오는 과정, 기존 정치가 재구성되고 새로운 문제들이 정치적으로 개념화되는 '정치화'의 과정을 통해서만 구체적 얼굴을 가질 수 있는 것이다.[53] 이것이 고전적인 해방의 이상을 잇는 길이며, '새로운 인터내셔널'을 실천하는 길이다.

---

53) "우리에게 가장 가까운 사례들은 언어 교육과 실행, 정전(正典)의 적법화, 과학 연구의 군사적 활용, 낙태, 안락사, 장기 이식과 자궁 외 출산의 문제들, 생명공학, 의학 실험, 에이즈에 대한 '사회적 조치', 거시적이거나 미시적인 마약 정책, '무주택자' 등에서 찾을 수 있을 테지만, 또한 동물의 생명이라 불리는 것, 소위 동물성이라는 거대한 질문을 다루는 것을 잊어서는 안 될 것이다."(『법의 힘』, 61~62)

§3. 환대의 윤리

데리다의 사유에서 메시아적인 것과 정의에 대한 논의를 살펴보았거니와, 데리다의 윤리적 사유는 매우 다양한 분야에 걸쳐 전개되었다. 여기에서는 그중 환대 개념에 초점을 맞추어 그 전반적 구도를 읽어내보자.

현대에 이르러 세계의 다양성, 타자성, 유동성은 크게 증폭되었다. 역으로 말해 이런 증폭을 통해서 오늘날의 '세계' ─ 전(全) 지구적 세계 ─ 가 형성되었다고 하겠다. 이 과정에서 다양한 형태의 타자들, 기존 국민국가 체제의 구도에서 벗어나는 존재들(이국인, 난민, 이주민, 이민자, 망명자, 소수민족, …), 나아가 각 국가 내에서의 타자들(홈리스, 외국인 노동자, 무국적자, 동성애자, …) 또한 다양한 형태로 등장하게 되었다. 게다가 국가 이상의 단위들/행위자들과 국가 이하의 단위들/행위자들, 기존의 존재론적 분절을 벗어나는 특이존재들이 대거 등장하면서 국민국가의 틀 자체가 흔들리고 있다. 이제 '외국인'이라는 개념만으로 문제에 접근하기는 힘들게 된 것이다. 이런 상황은 곧 인간 경험에 있어 이질적 타자와의 마주침이라는 경험이 중요한 계기로서 나타남을 뜻한다. 그리고 이 과정에서 각종 형태의 혐오가 증대되기도 한다. 총칭해서 '이방인'과의 낯선 마주침이 시대의 상황이 된 것이다.[54] 이런 마주침은 곧 다양한 형태의 경계들에서 일어나며, 오늘날 삶의 모든 경계들이 흔들리면서 거기에서 각종 사건들, 문제들이 솟구

---

54) 그러나 레비나스에 관련해서도 언급했듯이, 중요한 것은 누가 이방인인가라는 물음이다. 이방인의 문제는 국적이나 혈연, 시민권 등 고전적인 문제가 아니라 결국 인간에 대한 문제일 뿐이다. 사실 우리 모두는 이방인이다. 이방인의 개념은 인간의 본성에서 기인하는 것이고, 현대 사회에 이르러 심화되었을 뿐이다. 인간은 심지어 자기 자신에게조차 이방인일 수 있으며, 타자성은 피할 길 없는 삶의 진실인 것이다. 그러나 이런 지적은 이방인 개념의 근본적인 상대성과 유동성을 지적하는 것이지, 매 경우 구체적으로 확인되는 이방인의 존재를 덮어버리는 것은 아니다. 불교를 논하면서 인간의 원리적인 평등에 대한 강조가 자칫 현실의 불평등을 가려버릴 수 있다는 점을 지적했듯이, 이방인이라는 존재의 근원성에 대한 지적이 구체적 상황들에서 명백히 확인되는 이방인/타자의 존재를 가려버리면 곤란하다.

치고 있다. 이 타자들와의 마주침이 야기하는 문제들은 곧 다양성의 공존이 어떻게 가능한가의 문제와 연결된다. 이는 곧 환대의 문제이다.

데리다의 환대론은 기존 관용론의 극복이라는 형태로 전개된다. 이질성과의 마주침이 관류하는 현대 사회에서 '관용' 개념은 시대의 화두가 되었다. 현대 사회는 타자들이 마주치는 모든 경계에서 관용을 요청하고 있고, 이질성과 다양성, 유동성의 분출은 이 상황을 '인권'이라는 보편적 가치로 접근하기 어렵게 만들고 있다. 자유주의와 사회주의는 원칙적으로 보편주의적 입장을 취해왔으나 이제 보편성 바로 이것이 문제라 할 수 있으며, 그렇다고 이 상황을 이전처럼 민족주의라는 맥락에서만 접근할 수 있는 것도 아니다. 이런 상황에서 이질성, 다양성, 유동성에 대한 관용이 주요 가치로 부상한 것이다. 데리다는 관용 개념의 의의를 인정하면서도, 그것의 한계를 지적한다. 관용 개념은 오랜 시간을 두고서 발전해오기는 했지만, 거기에는 여전히 기독교적인 유래, 자유주의적인 편견, 부르주아 문화의 분위기가 가시지 않고 있기 때문이다.

> 물론 저는 분명 불관용을 표현하는 것보다는 관용을 표현하는 것이 더 낫다고 생각합니다. 그렇지만 저는 여전히 '관용'이라는 단어와 그것이 조직해내는 담론 편에 어느 정도 유보를 두고 있습니다. 이 담론은 종교적 뿌리를 지니고 있으며 또한 매우 자주 권력자의 편에서 사용됩니다. 늘상 은혜라도 베푸는 듯한 양보 같은 것으로…55)

데리다에게 관용은 주권의 대리보충적 흔적이다. 차이들은 승인되지만, 여전히 참기가 쉽지 않은 것들로 남는다.

데리다는 조건적인 환대를 넘어서는 무조건적인 환대를 사유한다. 이는

---

55) 지오반니 보라도리, 손철성·김은주·김준성 옮김, 『테러 시대의 철학』, 문학과지성사, 2004, 232쪽.

곧 칸트로부터 레비나스로 가는 길이다. 칸트는 스토아학파에서 유래하는 세계시민주의를 보편적 환대의 권리로 확장하고 이를 자연권으로 간주할 수 있는 길을 열었다.(『영구평화론』, 확정 조항 3) 칸트는 지구 위에서 특정 집단이 특정 영토를 점유한 것은 단지 우연적인 것일 뿐이기에, 사람들은 지구에 대한 공동 소유권을 가진다고 보았다. 국가를 비롯한 집단들의 지구 점유권은 인정하되, 소유는 공동적이라고 본 것이다. 그에게 환대는 박애의 문제가 아니라 어디까지나 권리의 문제이다. 그것은 곧 "적으로 간주되지 않을 이방인의 권리"이며, 이 권리는 늘 전쟁 상태에 놓여 있는 세계의 평화를 위해서도 필수적인 요건이다. 칸트의 환대 개념은 여러 조건들을 전제하는 개념이다. 19세기 초에 활동한 그가 생각한 이방인은 주로 '외국인'이다. 달리 말해 이방인은 확실한 국적이 있는 특정 국가의 '국민'이어야 하고, 자신의 이름과 신분을 밝힐 수 있는 존재여야 한다. 그리고 그는 방문을 할 수 있는 것이지 거주를 할 수 있는 것은 아니다. 또, 그는 체류하는 공동체에 위협을 가하지 않아야 함은 물론이고 그곳의 법과 규범에 따라야 한다. 환대하는 쪽에서 본다면, 자신은 어디까지나 자신의 장소와 주권을 가지고서 이방인을 맞이하는 것이다.[56) 칸트의 이런 환대 개념은 곧 근대적인 주체철학 및 국제관계에 기반한 사유이며, 계몽사상의 한계를 함축하고 있다. 데리다는 탈근대적인 타자철학 및 오늘날의 세계 상황에 기반해 칸트 환대론의 한계를 넘어서고자 했다. 그는 무조건적 환대를 다음과 같이 서술한다.

절대적 환대는 나로 하여금 내 집을 개방할 것을, (이름[姓]과 증명서를 갖춘) 이방인에게만이 아니라 절대적인, 미지의, 익명의 타자에게까지도 (상호성[계약]을 요

---

56) 여기에는 이방인이 잠재적인 적이 될 수 있다는 가정이 깔려 있다. '환대(hospitalité)'와 '적대(hostilité)'는 서로 얽혀 "hostipitalité"를 이루고 있는 것이다.(H, 45) H = Derrida, *De l'hospitalité*, Clamman-Lévy, 1997.

구하지 않고서, 심지어 그의 이름조차 묻지 않고서) 베풀 것을, 그에게 <u>장소를 제공할 것을</u>, 그를 맞이할 것을, 그가 도착할 수 있도록 할 것을, 그에게 제공하는 장소에서 장소를 가질 것을 요구한다. 절대적 환대의 법칙은 권리의 환대와, 권리로서의 법 또는 정의와 절연할 것을 명령한다. 정당한(juste) 환대는 권리의 환대와 절연한다. (…) 정의는 권리에 대해 이질적이다. 그것과 그토록 긴밀하고 사실상 결코 분리될 수 없는 것이 사실일지라도.(H, 29)

무조건적 환대는 이방인에게 동화를 요구하지 않는, 이방인의 타자성을 존중하는 환대이다. 데리다는 칸트의 조건적 환대와 대비되는 이런 무조건적 환대의 개념을 레비나스에게서 발견한다. 앞 절에서 논했듯이, 레비나스에게서는 떠돎이 집을 가능하게 하는 것이며 집은 동일자의 칩거가 아니라 타자의 환대를 위한 것이다. 이 점은 데리다에게서도 확인된다. "내가 어떤 집단의 일부도 아니라는 것, 어떤 언어적 공동체 안에도, 어떤 국민[/민족] 공동체 안에도, 어떤 당에도, 어떤 집단에도, 무엇이 되었건 어떤 회당에도, 어떤 철학적 학파에도, 어떤 문학적 학파에도 속해 있지 않다는 것", 요컨대 '떠돎'이 출발점인 것이다. 이것이야말로 "독특하기 위한, 타자이기 위한 조건인 동시에, 타자들의 독특성 및 타자성과의 관계 안으로 진입하기 위한 조건"인 것이다.[57] 데리다가 지구상의 소유권만이 아니라 점유권까지도 비판적으로 본 것 역시 같은 맥락이다. 지구 표면 위의 독점권 자체가 사실은 시초의 폭력을 함축하고 있다고 해야 한다. 그리고. 이 폭력이 계속 내려옴으로써 점유권이 성립한다고 할 수 있다. 그래서 점유권도 절대화할 수 없는 것이다. 이 자기타자화의 윤리에 입각해 무조건적 환대가 성립한다.

그러나 정의의 문제에 있어서도 그랬듯이, 데리다는 무조건적 환대로 일방향적으로 나아가는 것이 아니라 다시 방향을 돌려 조건적 환대로 나아간

---

57) 데리다, 김민호 옮김, 『비밀의 취향』, 이학사, 2018/2022, 51쪽.

다. 그리고 그 사이에서 조건적 환대의 한계를 열어가는 것과 무조건적 환대를 현실화하는 것을 동시에 사유하고자 한다. 무조건적 환대는 방문이 가지는 예측 불가능성 때문에 법제화될 수 없다. 또 그것은 자멸적 환대이기도 한데, 2자적인 대면 관계란 그 절대성과 순수성, 유일성 때문에 심각한 위험을 내포하기 때문이다. 게다가 환대하는 이는 자신의 집의 주인이어야 환대할 수 있다. 주인이 아닌 사람이 환대한다는 것 자체가 논리적으로 성립하지 않거니와, 그래야만 결정의 책임성과 독특성이 확보되기 때문이기도 하다. 오늘날의 상황에서 환대 문제는 앞으로도 지속적으로 토의해 나가야 할 대표적인 주제들 중 하나이다.

데리다의 사유는 플라톤의 그것과 비교해볼 때 흥미로운 모습을 드러낸다. 플라톤이 이데아를 강조한 것은 이데아 그 자체를 위해서라기보다 그것을 기준으로 놓을 때 비로소 '에이콘'과 '에이돌라'(나아가 '판타스마'='시뮬라크라')를 분명하게 구분할 수 있기 때문이었다. 그래야 이데아에 대한 미메시스의 성공의 정도가 측정될 수 있으며, 반대 방향에서 말해 이데아란 바로 이것들 사이의 차이를 극한으로 외삽한 것이라고 할 수 있다. 그가 볼 때 진짜와 가짜를 구분하는 이런 구도가 없다면 세계는 가짜가 판을 치는 곳이 될 수밖에 없다.

우리는 데리다의 윤리학도 이런 구도에서 음미해볼 수 있다. 그에게 '불가능한 것'은 바로 이데아의 역할을 하고 있는 것이다. 그러나 묘하게도 그것의 내용 자체는 플라톤의 것과 정확히 대비적이다. 플라톤의 이데아가 순수 동일성이라면, 그의 불가능한 것은 바로 순수 타자성이기 때문이다. 그리고 이때의 타자성은 존재론적 뉘앙스 이전에 윤리학적 뉘앙스를 띠고 있다. 무조건적 환대 개념에서는 이 점이 특히 잘 드러나고 있다. 그의 윤리학은 이 절대 타자성과 현실의 동일성 사이에 서서 이 동일성을 열어가고 절대 타자성을 현실화해가는 이중의 운동을 행하는 자기타자화의 윤리학이다.

　푸코의 타자의 역사, 레비나스와 데리다의 타자의 윤리학은 타자 개념을 현대 철학의 전면에 부각했다. 이들과 더불어, 들뢰즈와 가타리의 소수자 윤리학은 타자론의 또 하나의 핵심적인 성과이다. 이들의 논의를 다른 철학자들의 것과 변별해주는 중요한 한 측면은 그것이 생성존재론의 토대 위에서 전개된다는 점이다. 이들의 윤리학은 '타자-되기'의 윤리학이다. 다른 한편, 이들의 고유한 면모는 윤리의 문제를 생명에 연관시켜 논한다는 점이다. 이들은 일종의 자연철학의 바탕 위에서 타자-되기의 윤리학을 펼친다.

　생명은 우리의 존재이다. 그리고 윤리는 당위이다. 우리의 존재가 생명이기에 우리는 자기차이화하면서 살아간다. 이것이 일차적인 의미에서의 타자-되기이다. 그러나 타자-되기는 또한 자기타자화를 뜻할 수 있다. 이 또 하나의 의미에서의 타자-되기는 우리의 존재가 아니라 당위의 문제이다. 그것은 생성존재론에 의해 인식되어야 할 사실로서의 자기차이화가 아니라 우리의 의지에 입각한 당위로서의 자기타자화이다. 들뢰즈와 가타리의 『천의 고원』에서 타자-되기 개념이 다소 불명료한 것은 저자들이 바로 타자-되기의 이 두 의미를 구분하고 있지 않기 때문이다. 자기차이화는 우리의 의도와 관계없이 우리가 그 흐름에로 휩쓸려 들어가야 하는 생성의 와류이며, 자기타자화는 우리가 의도적으로 타자에게로 생성해가려는 행위이다. 타자-되기는 이 두 가지 모두를 뜻할 수 있으며, 이 두 맥락을 정확히 구분하는 것이 중요하다.(혼동을 피하기 위해 후자만을 '타자-되기'라고 해야 할 것이다.)

　들뢰즈와 가타리는 '되기'의 예로서 유명한 '말벌과 양란'의 관계를 든다. 말벌과 양란은 동물과 식물이라는 범주를 뛰어넘어 서로의 방향으로 탈-범주적으로 도약한다. 양자는 탈영토화의 선을 그림으로써 '되기의 블록'을 만들고 있는 것이다. 하나의 몰적 동일성 내에서는 늘 분자적 차이생

676

성이 요동치고 있다. 그렇기 때문에 어떤 코드도 그 내부를 온전히 제압하지 못하고, 코드 안의 분자적 차이생성이 그 코드를 넘쳐흐르게 된다. 이런 힘을 들뢰즈와 가타리는 '코드의 잉여가치'라고 부른다. 말벌과 양란은 각각의 코드 안에 머물기보다 코드의 잉여가치를 통해서 양자 사이의 경계를 허물어버리고 서로를 향해 되기를 행한다. 모든 것은 되기의 블록, 사이에서 일어난다.[58] 두 동일성 사이에서, 두 동일성의 동시적인 자기차이화를 통해 연속적 변이가 일어나고 두 변이의 혼효를 통해 되기가 성립한다. 두 동일성은 별개의 면에서 평행을 달리는 것이 아니라 혼효면 '에서'('위에서'가 아니라) 되기를 이룬다. 이 사이공간은 홈이 패어 있지 않은 매끄러운 공간이며, 존재와 무가 끊어지는 불연속을 무너뜨리고서 성립하는 생성의 공간이다.

생명의 생성이란 곧 진화이지만, 이들에게 진화는 '進化'와는 거리가 멀다. 앞에서 논했듯이(2장, 1절, §2), 이들에게 생명의 생성은 (창조적 진화가 아니라) 결연, 공생, 창조적 절화를 통해서 진행된다. 이 창조적 절화가 곧 '타자-되기'이다. 들뢰즈와 가타리는 이런 구도에서 동일성의 사유들을 비판하거니와, 특히 '동물-되기'와 관련해서 구조주의를 다음과 같이 비판한다. 데리다의 비판과는 다른 방식의 비판이다.

> 하나의 사회를 모든 방향에서 수파하는 '되기'들과 마주치건만, 거기에서 구조주의는 진정한 질서(무의식의 논리적 구조)로부터 이탈하고 이분법(이항 대립)의 작동을 뒤흔드는 일탈 현상들을 볼 뿐이다. 그럼에도 레비-스트로스는 신화를 연구

---

58) 이런 구도는 레비나스, 데리다의 구도와 구분된다. 레비나스와 데리다에게는 생명철학(넓게는 자연철학)이 존재하지 않으며, 이들에게 타자-되기의 문제는 순수하게 윤리학적인 맥락에서 논의된다. 반면 들뢰즈와 가타리에게는 생명철학이 우선적이며 그 위에서 윤리학이 논의된다. 그러나 이들의 논의에서 이 '위에서'는 분명하지가 않다. 이들의 '평탄한 존재론'이 오히려 생명철학과 윤리학의 구분을 흐리게 만들고 있다. 어떤 측면에서의 강점이 다른 측면에서의 약점이 된 경우이다.

하는 과정에서, 인간이 동물이 되는 동시에 동물이 …이 되는(그러나 무엇이 되는
걸까? 인간이 되는 걸까, 아니면 다른 어떤 것이 되는 걸까?) 이 빠른 속도의 행위들
에 끊임없이 직면한다. 이 되기의 이음매들을 두 관계의 상응성(유비)에 의해 설명
하고자 하는 시도는 언제든 가능하겠지만, 그랬을 경우 이 현상을 빈약하게 만듦에
틀림없다.(MP, 290)

　구조주의 사유에서 두 생명체 사이의 관계는 상응성/유비에 의해 이해된
다. 두 생명체는 어디까지나 불연속으로 맞세워지며, 그 사이에 예컨대 사
람의 허파와 물고기의 아가미 사이에서처럼 '유비'의 관계, 수학적으로 말
해 '사상(寫像)'의 관계가 설정되는 것이다. 이 유비의 사유와 되기의 사유
가 대비된다. 연속성의 이면은 결핍이다. 결핍이 부재할 때 사물들은 자기
동일성을 유지한 채 충만한 휴식을 취한다. 아니, 지금의 맥락에서는 차가
운 죽음을 맞이한다고 해야 할 것이다. 어떤 결핍이 이들을 움직이고 자기
동일성이 깨지면서 연속성이 도래한다. '생성/되기'가 도래한다. 생성/되
기의 방향성에 따라 '되기의 블록들'이 형성된다. 말벌과 양란의 예에서
처럼.
　이렇게 이들의 '되기'는 일차적으로 생명철학, 진화 — 기존의 진화론에
서와는 판이한 개념의 진화 — 의 맥락에서 논의된다. 그러나 이들의 '동
물-되기'는 또한 인간이 특정한 동물과 '되기의 블록'을 이루어 스스로를
그 동물로 화(化)해가려는 노력을 뜻하기도 한다. 이들은 이런 되기가 실재
적임을 강조한다.

　　되기는 관계들의 상응성이 아니다. 그렇지만 그것은 유사성, 모방도 아니며, 결
　　국 동일시도 아니다. (…) 그리고 특히 되기는 상상 속에서 행해지지 않는다. 융이
　　나 바슐라르의 저작들에서처럼 상상이 가장 우주적이고 역동적인 수준에 도달하
　　더라도 마찬가지이다. 동물-되기는 꿈도 환상도 아니다. 그것은 전적으로 실재적
　　이다.(MP, 291)

여기에서 알 수 있듯이, 이들의 논의는 생명철학적/진화론적 맥락에서 인간이 의지와 노력을 통해 동물-되기를 행하는 맥락으로 슬며시 미끄러지고 있다. 그러나 이 두 맥락은 분명하게 구분되어야 한다.

실제 동북아 문화에는 이런 두 번째 맥락에서의 동물-되기가 존재한다. 곧, '기' 수련의 맥락이다. 이 경우 예컨대 원숭이-되기는 원숭이와 표면상 유사해지는 것도 원숭이를 모방하는 것도 아니다.(수련의 결과 이런 유사성과 모방이 나타날 뿐이다.) 그리고 자신을 원숭이와 동일시하는 것도 아니다.(오히려 거리를 두어야만 되기가 가능하다. 자기를 원숭이라고 생각하는 사람은 원숭이-되기를 할 이유가 없다.) 또, 원숭이를 상상하거나 꿈꾸는 것은 더더욱 아니다. 그것은 원숭이와 의도적으로 되기의 블록을 형성해, 자신의 기를 원숭이의 기 방향으로 바꾸어나가는 실제적 수련, 자신의 정기(精氣)와 신기(神氣)를 원숭이의 그것과 '통'하게 하는 것이다. 이것은 창조적 절화를 통한 동물-되기, 공생과는 전혀 다른 의미에서의 동물-되기이다. 이런 동물-되기는 '타자화'와 분명히 구분되는 '타자-화' = '타자-되기'를 잘 보여준다.

잘 알려져 있듯이, 들뢰즈와 가타리는 되기 개념에 입각해 그들의 소수자 윤리학을 전개했다. 여성-되기,[59] 흑인-되기 등등.[60] 그러나 이 윤리적 맥

---

59) **여성-되기** ── 계몽사상을 통해서 형성된 여성운동은 여성이 남성과 동등한 권리 ── 특히 참정권에서의 권리 ── 를 획득하는 데에 중점을 두었다. 그러나 여성 자별주의자들은 남녀 사이의 생물학적 차이에 초점을 맞추어 남성과 여성의 엄연한 차이를 강조했다. 이런 흐름은 우생학의 흐름과도 연계되곤 했다. 여자는 여성으로서 태어나는 것이 아니라 여성으로서 길러지는 것이라는 보부아르의 지적은 이런 생물학적 본질주의를 물리치면서 여성운동의 흐름을 '젠더'의 흐름으로 바꾸어놓았다. 이 과정을 통해서 문제의 초점은 오히려 남성과 여성의 '차이'가 되며, 중요한 것은 이 차이에 깃들어 있는 잘못된 시선을 타파하는 데에 있다. 푸코가 광인에 관련해 언급했던 것과 마찬가지로, 이 차이에 대한 기존의 시선은 여성 자신에 의해서가 아니라 남성에 의해서, 남성 '이 아닌' 것으로서 규정되어왔기 때문이다.(뤼스 이리가레는 이런 남성의 시선들을 철학사적으로 읽어내고 그것들을 탈구축하고자 했다. 『반사경』, 심하은·황주영 옮김, 꿈꾼문고, 2021) 이 '차이'를 왜곡되지 않은 방식으로 찾아나갈 때, 우리는 여성의 진정한 본성/본질을 찾아낼 수 있을 것이다. 이는 곧 다양한 영역들에 걸쳐 형성된 '차이의 정치학'의

락이 분명해지려면, 앞에서 언급했듯이 진화론적 맥락에서의 되기와 윤리학적 맥락에서의 되기를 분명하게 구분해야 한다. 이는 곧 자기차이화와 자기타자화의 구별이다. 물론 이들이 생명과 윤리의 차원을 연결해 논한 것은 큰 공헌이며, 푸코, 레비나스, 데리다 등과 구별되는 이들의 고유한 측면이다. 윤리의 문제를 오로지 인간의 차원에만 국한하기보다 생명 진화의 거대한 흐름과 함께 논하는 것은 의미가 있다. 동북아 철학의 맥락에서 말한다면, 윤리의 문제는 파고 내려갈 때 기의 문제인 것이다. 그러나 '기'가 우리에게 주어진 자연적 소여인 동시에 우리가 수련을 통해서 바꾸어나갈 수 있는 차원이라는 점이 핵심이다. 기의 철학에서는 이렇게 생명의 차원과 윤리적 차원이 연결되어 있다. 그러나 두 차원이 명확히 분절되면서 연속되는 것과 미분된 상태에서 혼동되는 것은 전혀 다른 문제이다.

　이는 들뢰즈와 가타리의 이른바 '평탄한 존재론'과 관련된다. 평탄한 존재론, 만물제동의 철학이 자연과 인간의 연속성을 말하는 것이라면 문제가 없다. 그러나 자연과 인간의 총화는 원이 아니라 달걀을 그린다. 평탄한 존

한 결이라고 할 수 있다. 그러나 들뢰즈와 가타리는 각각의 동일성을 유지하는 이런 몰적 정치의 한계를 지적한다. 몰적인 A, B, C, …는 사실 분자적인 *da*, *db*, *dc*, …의 누층적 비율관계들로써 생성하는 다양체일 뿐이다. 그래서 남성도 여성도 각 다양체의 어떤 측면들을 생성시킴으로써 '되기'로 들어가야 한다. 하지만 이들은 "여성도 여성-되기를 해야 한다"고 말한다. 이는 곧 이들이 말하는 되기가 단지 대칭적이고 상대적인 되기가 아니라 어떤 '여성성'을 전제함을 뜻한다. 이런 여성성을 이들은 소녀에서 찾으며, "소녀는 남성, 여성, (…) 같은 대립하는 각 항들과 동시에 관계 맺는 생성의 블록과도 같다. 여성이 되는 것이 소녀가 아니라, 소녀를 보편적이게 하는 것이 바로 여성-되기이다"라고 말한다. 분자적 정치학은 소녀를 통과한다는 것이다. 이렇게 보면, 이들에게서도 여성성에 대한 본질주의적인 파악이 남아 있다고 할 수 있다. 어떤 사람들은 이런 본질주의를 파기하려고 한다. 이는 여성 집단들의 입장 자체가 같을 수 없으며(성의 문제는 민족/인종 문제, 계급 문제, …와 얽혀 있다.), 불평등 문제를 페미니즘의 틀로만 보려는 시각이 오히려 사태를 단순화해버리고 다른 문제들을 가리는 것이 될 수 있기 때문이다. 주디스 버틀러(예컨대 『안티고네의 주장』, 조현순 옮김, 동문선, 2005), 가야트리 스피박(예컨대 『포스트식민 이성 비판』, 태혜숙 옮김, 갈무리, 2005) 등이 이런 흐름을 대변한다.

60)　소수자-되기에 대해서는 『타자-되기의 에티카』(근간)에서 상론할 것이다.

재론은 달걀에서 큰 원과 작은 원이 연속적임을 말하는 것이지, 작은 원을 두들겨서 큰 원에 집어넣어버리는 것을 말하는 것은 아니다. 평탄한 존재론은 단순한 자연주의여서는 안 되는 것이다. 이들의 사유에는 종종 거친 자연주의의 이미지가 배어 나오거니와, 타자-되기는 자기차이화 위에서 자기타자화를 이루어가는 것으로 사유되고 실천되어야 할 것이다.

들뢰즈와 가타리는 되기 개념을 의사-물리학적 개념들을 통해서 표현했거니와, 이들의 사유는 동북아 철학의 언어로 보다 수월하게 표현할 수 있다. 이는 특히 인간의 의지적 노력이 개입하는 수행으로서의 되기의 경우에 그렇다. 동북아에는 특정한 타자를 되기의 블록으로 삼아 자신의 기(氣)를 바꾸어나가려는 유구한 사유와 실천이 내려왔기 때문이다. 『장자』에는 이와 관련되는 풍부한 시사점들이 들어 있으며, 예컨대 오금희(五禽戲) 같은 경우는 이 점을 그 즉물적인 형태로 보여준다. 그리고 자신의 기를 바꾸어나가는 것은 때로 윤리적-사회적 맥락을 띠기도 한다. 들뢰즈와 가타리가 다소 생경한 언어로 전개한 '되기'론을 기학의 언어로 새롭게 사유해보는 것은 흥미롭고 의미 있는 작업일 수 있다.

지역적-시대적 차이들을 접어둘 때, 현대인들이 영위하고 있는 삶의 거시적 형태는 18세기 서구에서 주조된 계몽의 철학에 의해 모양이 잡혔다고 할 수 있다. 19세기의 자유주의, 자본주의, 실증주의, 공리주의, 진화론 등의 사조는 이런 흐름을 지금의 우리도 영위하고 있는 형태로 구체화했다. 이런 흐름은 여러 측면들에서 역사의 발전을 가져오기도 했지만, 언급했듯이 주기적 불안정, 사회적인 것의 파괴, 제국주의를 비롯한 여러 모순들을 배태하기에 이른다. 이런 모순들에 맞서 사회주의가 제창되었으며, 공산주의, 사회민주주의 등의 사조가 역사의 발전을 위해서 분투했다. 이런 분투의 과정은 여러 감동적인 장면들을 낳기도 했으나, 결국 왕조를 떠올리게 하는 거대한 관료제와 은폐된 자본주의로 귀착하기에 이르렀음을 부정할 수가 없다. 이런 폐색된 상황에서 전개된 것이 타자의 철학이며, 우리는 오늘날에도 이 사상의 자장 속에서 사유하고 있다고 할 수 있다. 이 사유는 지난 세기 말부터 보다 현실적인 버전들로서 전개되고 있거니와, 21세기라는 시대의 최대 관건들 중 하나는 바로 이 타자의 철학이 과연 얼마나 현실에서 결실들을 맺어갈 수 있는가에 달려 있다. 이를 위해서는 타자의 철학 자체도 계속 다듬어져가야 하며,[61] 그 구체적 실현들 역시 계속 활성화되어 나가야 할 것이다.

---

61) 특히 타자의 철학은 대체적으로 서구의 맥락에서 그리고 인문학의 테두리 내에서 형성된 사유라는 한계를 가진다. 타자의 철학은 이런 테두리를 무너뜨리고 더 포용적인 사유로서 발전해나가야 한다.

12장 진보의 새로운 조건들

타자의 철학은 기존 철학의 한계를 타파하면서 우리를 새로운 인식과 가치로 이끌었다. 그러나 늘 그렇듯이, 철학의 시간과 현실의 시간 사이에는 큰 격차가 벌어져 있다. 칸트는 자신의 시대가 계몽된 시대는 아니지만 계몽의 시대라고 했거니와, 우리는 지금의 시대가 타자의 철학이 실현된 시대는 아니지만 실현되고 있는 시대라고 할 수 있을 것이다. 그리고 이 사유의 내용에 지역적-시대적 한계가 있었던 것도 사실이며, 따라서 타자의 사유 자체도 더욱더 가다듬어져야 하는 것 또한 사실이다. 역사의 진보는 그 어디에서도 보장되어 있지 않으며, 우리가 그것을 위해 노력하는 바로 그만큼만 이루어진다. 전에 볼 수 없었던 여러 새로운 상황들에 처해 있는 지금 여전히 역사의 진보를 꿈꾼다면, 어떤 조건들을 해결해나가야 하는 것일까? 철학사 연구의 긴 여정의 끝에서, 이제는 현재와 미래에 대해 논할 시간이 되었다.

1절 극한의 생명을 살아가기

생명은 안온한 동일성을 부여받은 자기운동자가 아니라 우연의 바다에서 떠도는 조각배와 같은 자기차생자이다. 그것은 연속성을 이어가면서도 끝없이 새로운 질적 차이들을 배태해내는 힘이다. 생명 진화는 그것에 잠재해 있던 다양한 경향들이 특정한 환경에 따라서 분기해온 과정이다. 진화란 생명의 자기차이화의 과정이다.

그러나 현대의 진화론은 19세기 이래 이어져온 '進化'의 개념을 거부하면서, 혈연이 아닌 횡단적인 결연이나 이종 간의 공생을 통한 다-방향적 진화론에 도달했다. "진화"는 창조적 진화가 아니라 창조적 절화를 통해 진행된다. 중요한 것은 오늘날 이런 절화를 일으키는 주요 요인이 다름 아닌 인간이라는 점이다.

본래 '진화'란 인간이 그 바깥에서 인식하는 자연적 과정이고, 극히 긴 시간에 걸쳐 이루어지는 과정이며, 살아남으려는 목적 이외의 다른 목적이 개입하지 않는 과정이다. 그러나 세계에 거대한 영향을 미치는 존재가 다름 아닌 인간인 이 시대('인류세')에 진화는 인간과 자연이 교차하는 과정이며, 짧은 시간에도 큰 변화가 일어날 수 있는 과정이며, 인간의 여러 목적들이 여러 방식으로 개입하는 과정이다. 인공지능이 발달해 기계들의 '의도'가 진화 과정에 강하게 개입하게 될 미래의 진화는 또 다른 양상을 띨 것이다. 진화의 방식은 크게 달라졌으며, 우리 시대는 동물(과 식물, 미생물), 인간, 기계 삼자의 '공(共)-진화'가 진행되고 있는 시대이다.

진화가 아니라 절화를 통해 진행되는 오늘날의 생명 진화는 지구 전체 규모에서 볼 때 그리고 인간적 삶의 맥락에서 볼 때 거의 극한에 이르고 있는 듯이 보인다. 이 극한의 생명을 살아가기 위한 철학은 무엇인가.

§1. 공-진화 시대의 생태적 사유

극한의 생명을 살아가는 오늘날 가장 절실하게 요청되는 것은 곧 생태적 삶이다. 오늘날 요청되는 생태철학은 공-진화 시대의 생태철학, 즉 자연과 인간 그리고 기계가 맞물려 변화하는 세계 전체를 시야에 넣는 생태철학이다. 자연에만 시야를 고정하는 사유가 아니라, 공-진화 전체를 시야에 넣는 사유가 오늘날 요청되는 생태철학이다.

고대인들에게 자연은 '스스로 그러한 것〔自然〕'이었고 'physis'였다. 그것은 역사/문화와 세계를 양분하는 '자연'이 아니었다. 플라톤과 아리스토텔레스에 의해 이른바 '제작적 세계관'이 등장하긴 했지만, 이 사유에서도 이런 뉘앙스는 사라지지 않았다. 자연을 '피조물'로 보고 인간 아래에 놓은 기독교 등 몇몇 사상들이나 초보적인 형태로 제시된 유물론적 사상들(예컨대 원자론)에서 이런 뉘앙스가 사라진 것은 사실이지만, 근대의 도래 이전의 자연에는 늘 이런 형이상학적 가치가 스며들어 있었다. 이런 뉘앙스를 거의 완벽하게 사상하고 전적으로 새로운 자연상을 제시한 것이 데카르트의 기계론이다. 자연/세계 이해의 맥락에서 우리는 사유의 역사를 데카르트 이전과 이후로 나눌 수 있다.

데카르트는 신과 인간의 영혼을 제외한 만물을 'res extensa'로 온전히 환원할 수 있다고 보았으며, 이 물질-조가리들에 대한 기계론적 분석을 통해 생명현상을 완벽하게 인식하고 예측할 수 있다고 보았다. 그의 이런 생명철학(생물학 인식론)은 오늘날 생화학에 기초한 분자생물학을 패러다임으로 하는 생물학으로 이어지고 있다. 그러나 '기계론'을 예로 들어 철학사에서의 개념들에 대해 논했듯이(3권, 3장, 보론 2), 하나의 개념은 그 자체 역사를 가진다. 현대 생명과학에서의 기계론은 물질, 에너지, 그리고 정보라는 개념을 장착한, 데카르트의 기계론과는 현저히 달라진 기계론이다. 특히 '정보'의 개념은 중요한데, 이는 곧 생명체에 대한 오늘날의 기계론은 아날로그 기계가 아니라 디지털 기계로서 인식된다는 것을 뜻한다. 아울러 오늘날의 물질 개념은 'res extensa'와 다르며, 데카르트에게 없었던 에너지의 개념은 생명체가 단순한 기계공학이 아니라 열역학이라는(더 넓게 보면, 지구과학, 우주론 등과 같은) 새로운 과학들과의 연관하에서 다루어짐을 뜻한다. 그럼에도 이 패러다임은 '기계론'이라 불릴 수 있으며, 데카르트 생명철학의 근본 정신과 닿아 있다. 다만 이 기계론은 라이프니츠의 모나드론과 닿아 있는 디지털 기계론이며, 오늘날 사이보그를 비롯한 다양한 형태의 하이-테크와 연계되어 현실적으로도 큰 영향을 끼치고 있다.

그러나 사실 생물학은 데카르트의 패러다임을 벗어나면서 비로소 '생물학'으로 성립할 수 있었다. 생명체는 '유기체'라는 점, 생물학적인 '조직화'는 기계의 복잡화와는 차원이 다른 것이라는 점이 발견되면서, 생물학이라는 별개의 과학이 성립할 수 있었던 것이다. '조직화의 도안' 개념은 이런 변화를 압축하고 있다. 생물학이 독립적인 분야로서 등장하던 시기가 바로 칸트의 『판단력 비판』의 시대였다는 점은 시사적이다. 칸트에게 생명의 영역은 단지 복잡한 기계의 영역이 아니라, 기계의 영역과 정신의 영역 사이에 존재하는 합목적성의 영역이다. 생명체는 물체와 달리 '감각' 능력을 갖추고 있다. 생명체의 운동은 외적 추동력이 아니라 스스로의 '자발성'에 근거한다. 감각과 자발성은 생명체를 물체들과 전혀 다른 존재로 만들어준다. 나아가 결정적으로 생명체를 생명체이게 해주는 것은 곧 생식과 유전이다. 생명은 생식과 유전을 통해서 이어져간다. 이후 세포의 발견, 다양한 생화학적 회로들의 발견 등이 이어지면서 생명에 대한 이해는 심화되었다. 생명체의 국소적 움직임은 기계론적으로 설명할 수 있다. 사실 목적론자로 알려진 아리스토텔레스나 신학자인 아퀴나스조차도 생명체 이해에 목적론을 남용하는 것을 비판했다. 목적론적 '설명'은 게으르고 뻔한 설명이기 때문이다. 그럼에도 생명의 차원 전체는 목적론적이다. 내 몸의 다양한 메커니즘들은 기계론적으로 설명되지만, 그것들의 전체적 연관성과 조화, 방향은 내 몸의 합목적적 맥락을 떠나서는 존재 이유를 상실하기 때문이다. 합목적성 패러다임이 기계론을 부정하는 것도 아니며, 역으로 볼 때 기계론의 발달로 그것이 무의미해지는 것도 아니다.

그러나 생명의 세계가 안온한 합목적성의 세계인 것만은 아니다. 칸트의 합목적성 개념에는 고대로부터 내려온 '조화' 개념이 여전히 간직되어 있다. 하지만 생명의 보다 심층으로 들어갈 때 우리가 발견하는 것은 변이, 편차, 일탈 등이며,[1] 보다 확장된 시야에서 볼 때 가변적 환경과의 투쟁을 통한 역동적 진화이다. 여기에서 작동하는 근본적인 존재론적 원리는 변화해가는 관계 그리고 우연이다. 현대에도 호메오스타시스, 자기조절 등 합목적성을 보다 동적으로 파악한 개념들이 중요한 역할을 하지만, 이 경우들 역시 그 아래에서 또 저 멀리에서 끝없이 작동하는 우연의 흐름을 성공적으로 누르고 있을 때에나 성립한다. 환원주의적 기계론이나 합목적성에 근간을 둔 목적론의 측면은 이 심층적인 진화의 흐름 위에서 성립한다. 나아가 오늘날의 진화는 절화이며, 더 이상 '進化'가 아니다.

오늘날의 진화는 인간이 그 과정에 개입하는 공-진화이다. 이 점에서 '진화'라는 개념은 근본적인 변화를 겪었다고 할 수 있다. 이제 문제는 인간이 어떻게 자연과 함께 거대 다양체를 만들어갈 것인가에 있다. 이 점에서 근대적 인간중심주의, 주체철학을 비판하면서 인간을 다시 존재/자연에 녹여

---

1) 예컨대 성 결정은 물리적 법칙처럼 그렇게 단순하게 생각할 수 있는 것이 아니다. 성 결정은 주요한 득이짐들을 성공적으로 지나야만(예컨대 호르몬들이 適時에 발현되어야 한다) 구체화되는 하나의 과정을 통해서 이루어진다. 인류의 경우 간성(間性, intersex)은 1.7퍼센트에 달한다. 결정이 상당히 유동적으로 이루어지는 경우조차 있다.(어떤 물고기는 발생 단계에서 주변 온도가 크게 바뀌면 성이 바뀌어버린다.) 생명의 시간은 (라플라스에게서 그 극단적 이미지를 볼 수 있는) 물리의 시간처럼 결정되어 있는 것이 아니다. 유전이란 단순한 복제가 아니라 하나의 복잡한 프로세스인 것이다. 인형사가 쿠사나기 모토코에게 말했듯이, "복제는 단지 복제일 뿐"이다. 생명은 이 단순성을 벗어나기 위해서 '성'이라는 프로세스를 선택했을 것이다. 단순한 동일성이 내포하는 위험성을 극복하기 위해 일부러 복잡한 차이생성을 선택한 것이다. 생명이란 다양한 차이생성들을 극복한 위에서 스스로의 동일성을 숙성시켜나갈 때에만 진정 생명답다.('pathei mathos'의 자연철학 버전이라고 할 수 있을 듯하다.) 그리고 이 과정에서 시간은 결정적인 요인으로서 작용한다. 생명과 시간의 연계성에 대한 인상 깊은 논의로 후쿠나가, 『생물과 무생물 사이』, 14-15장을 보라.

넣는 평탄한 존재론은 (큰 의미를 띤 철학적 흐름임에도) 방향을 잘못 잡은 것일 수 있다.[2] 오히려 지금 문제의 초점은 인간중심주의를 반성하면서 자연주의, 유물론, 객관주의, 실재론을 강조하는 데 있는 것이 아니라, 새로운 주체 개념 —— 근대적인 구성주의적 주체 개념이 아니라 동물, 기계 등과 함께 다양체(인간이 그에 속하지만, 동시에 인간이 그에 속함으로써 그 전체는 달라지는 다양체)를 이루는 주체 개념 —— 을 정립해, 지금까지 인간이 쌓아온 악업(惡業)을 치유해가는 데에 있기 때문이다. 인간중심주의를 해체하는 데에 초점을 맞추는 것은 자신이 벌여놓은 짓을 도외시하면서 어디론가 사라져버리려 하는 것에 불과하다. 중요한 것은 인간의 소멸이 아니라 인간의 책임이다. 기술중심주의에 휘둘리는 포스트휴머니즘이 아니라, 윤리적 주체로써 무너져가는 세상에 맞서는 새로운 휴머니즘인 것이다.

생태적 가치의 추구는 자연과 인간의 관계처럼 보이지만 사실 그 핵심은 인간과 인간의 관계에 있다. 우리가 자연과 인간의 관계라고 생각하는 상당수가 결국 인간과 인간의 관계일 뿐이다. 문제의 핵심은 인간중심주의를 타파하는 데에 있는 것이 아니다. 핵심은 어떤 인간들이 악업을 저지르고 어떤 인간들이 그것과 싸우느냐 하는 데에 있다. 이 점을 전제하고서 자연-인간 관계를 논해야 하는 것이다.

이를 위해서는 두 가지 사유가 요청된다. ① 이론적인 면에서 동물(넓게는 생명체 일반)과 인간 그리고 기계의 관계를 해명하는 입체적 존재론이 요청된다. 이는 생태적 가치의 추구를 위한 형이상학적 작업이다. ② 실천적인 면에서, 생태학적 질서를 무너뜨리는 인간-인간 관계가 무엇인지를 파악하고 해소해나가는 작업이다. 자연과 인간의 화해는 결국 인간과 인간의 화해를 실마리로 해서만 가능하다.

---

2) 평탄한 존재론은 들뢰즈와 가타리에 관련해 언급했거니와, 최근에 많이 논의되고 있는 신실재론, 신유물론에서는, 개인적인 차이들을 접어둔다면 이 점이 더욱 두드러진다.

§2. 동물, 인간, 기계

인간의 자기 탐구는 타자와 자신의 관계에 대한 성찰을 매개로 전개되어 왔으며, 조선 철학에서의 '人物性同異論'은 이 점을 잘 보여준다.(2권, 11장, 3절) 지금의 시대는 기계라는 타자, 특히 인공지능의 단계에 도달한 기계라는 낯선 타자와 인간의 관계를 성찰할 것을 요청한다. 이제 우리 시대의 인물성동이론은 인간과 동물(넓게는 자연 일반) 그리고 기계라는 삼자의 관계를 개념화해야 할 시점에 도달했다. 동물과 인간 그리고 기계의 관계가 종합적으로 그리고 근본적으로 해명되어야 하는 것이다.

동물의 이미지는 지중해세계와 아시아세계에서 상이한 양태를 띠었던 것으로 보인다. 서구에서는 기독교적 세계관의 형성 이래 동물이 대개의 경우 부정적인 방식으로 그려졌다. 이솝 우화에서 볼 수 있는 것과 같은 이미지들은 거의 사라지고, 동물은 사악한 피조물로 자리 매겨진다. 인간과 타동물 사이에는 신과 인간 사이만큼이나 범접할 수 없는 거리가 생겨난다. 밀턴의 『실낙원』초입부에는 기독교세계에서 동물 이미지와 악마 이미지가 어떻게 연관되어 있는지를 잘 보여준다. 반면 동북아세계에서 동물들은 대개의 경우 인간과 연속적인 존재로서 이해되었다. 동물들의 실질적 위협(호환 같은 불상사나 곤충들에 의한 피해 등)이라면 몰라도, 지중해세계에서와 같은 형이상학적 악의 이미지는 보이지 않는다. 자신들의 조상을 특정 동물로 이해하는, 진화론과는 전혀 상이한 뉘앙스에서의 이런 연속성은 서구적 관점에서는 거의 섬뜩하기까지 할 것이다. 이런 관점에서 본다면, 예컨대 단군 신화에서 곰이 사람이 되는 이야기는 한 종에서 다른 종으로 '化'하는 있을 수 없는(있어서는 안 되는) 이야기이고, 환웅과 웅녀의 혼인은 수간(獸姦)이라는 극악한 행위이자 신성모독인 것이다. 비록 오상(五常)을 다 갖추고 있지는 못하지만 호랑이와 이리에게는 '부자유친'이 있고, 벌과 개미에게는 '군신유의'가 있고, 기러기에게는 '장유유서'가 있고, 물수리에게는 '부부유별'이 있다고 했던 율곡 이이의 말에는 동북아 문명에서의 동물-인간 관계의 일단이 잘 드러나 있다. 양 문명에서 동물-인간 관계는 매우 상이한 흐름을 이루어왔다.

데카르트의 사유는 지중해세계 전통의 적자이다. 그의 사유는 한편으로 물체, 생명체, 인간의 신체를 일관되게 'res extensa'들로 설명하고자 한 완벽한 환원주의이다. 그러나 다른 한편 인간의 영혼(과 신)은 이것들과 실체적으로 구분되는 또 다른 실재이다. 인간은 정신활동을 하는 한에서 존재하며("생각하므로 존재한다."), 정신활동을 하지 않는 인간은 존재할 수 없다. 그리고 광인들처럼 정신활동에 문제가 생긴 인간은 온전한 의미에서의 인간일 수 없다. 인간은 철저히 정신적인 존재이다. 18세기의 유물론은 데카르트와 정반대의 방향으로 끝까지 나아갔다. 거기에서 우리는 라메트리의 『인간-기계』(1747)를 발견한다. 정신은 물질/신체에 내재화되며, 물리적 메커니즘에 의해 설명된다. 여기에서 인간과 동물은 평등해지지만, 그 평등은 양자가 공히 물질로 환원된다는 것을 뜻할 뿐이다. 이 두 갈래의 사유는 극단적으로 대비되지만, 동물에 관련해서는 오히려 거의 똑같다. 동물에 대한 이런 시선은 두 사유체계와 상이한 체계인 스피노자의 철학에서도 마찬가지로 드러난다. 그러나 다른 한편 고전시대는 질의 과학이 발달한 시대, 식물(과 일정 정도 동물, 그리고 화학적 물질들)의 질적 차이('형질')들을 분류해 표로 정리하는 계통학의 시대이기도 했다. 질의 과학의 철학적 정초자인 라이프니츠가 모나드를 여러 종류로 나눈 것('모나드들의 위계')은 시사적이다. 여기에서 동물들과 인간은 같은 면에 놓이지만, 유물론에서와는 달리 이들은 등질성이 아니라 질적 차이에 입각해 변별된다. 율곡 이이와 라이프니츠의 변별 방식을 비교해볼 만하다.

인간을 포함한 동물의 세계, 넓게는 생명계의 전체 구도가 세밀하게 탐구되고, 환경과 생명체들의 관계가 해명되고, 생명의 다른 차원들(예컨대 미생물들의 세계)이 밝혀지고, 생명계 전체에서 인간이 차지하는 자리가 드러나기 시작한 것은 역시 19세기부터였다. 진화론이 등장하면서 생명에 대한 이해는 일신된다. 이런 흐름은 타동물과 인간의 연속성과 불연속성을 보다 상세하게 드러내주기에 이른다. 대체적으로 말해서 자연과학이 전자의 측면을, 인문사회과학이 후자의 측면을 드러내주었다. 묘하게도 양자는 말하자면 "따로따로 놀았다"고 할 수 있는데, 생명과학에서는 인간과 동물의 연속성이 갈수록 깊이 파헤쳐지던 바로 그 시대에 인간과학은 인간존재의 독특함을 다양한 각도에서 드러내주었기 때문이다. 이는 19세기 이래 학문의 영역이 이른바 '문과와 이과'로 양분되었던 탓이다. 오늘날에도 예컨대 대부분의 영장류학자는 타영장류와 인간의 유사성을 힘주어 강조하고, 대부분의 언어학자는 인간 언어의 독자적 차원을 강조한다. 이런 차이는 생물학과 인간과학 전반으로 확대해도 마찬가지이다. 당연한 것이지만, 이 반쪽들을 합쳐 보아야 비로소 균형 잡힌 인물성동이론을 세울 수 있다.[3]

그러나 공-진화 시대의 인물성동이론은 다시 기계와 동물, 인간 사이의 관계에 대한 성찰을 요구한다. 기계는 '도구'가 공학적으로 발달한 것으로 이해할 수 있으며, '로봇'은 그 가장 발달한 형태에 속한다. 지금 맥락에서의 기계는 이 흐름과 맥락을 달리한다. 그것은 인간의 자기 복제, 인간에 의한 인간의 기계적 재현이라는 맥락에서의 논의이며, 이는 도구가 아니라 '인형'을 그 원형으로 한다. 두 흐름은 크게 다른 흐름이다. 전자는 공학적-산업적 흐름이고, 후자는 문화적-사상적 흐름이다. 상이한 경로로 발달한 로봇과 인형이 만나는 지점에서 안드로이드('인간-같은-것')가 성립한다. 인형형 로봇 또는 로봇형 인형으로서 안드로이드는 인간 같되 인간이 아닌 존재로서, 인간에게 친근하면서도 두려운 존재로서 다가온다. 그래서 〈바이센테니얼 맨〉(1999)의 안드로이드(앤드루스)는 사람들에게 양가적인 대접을 받는다. 현대에 들어와 유전학이 발달하면서 안드로이드의 뉘앙스에도 생명공학적 뉘앙스가 부가된다. 프랑켄슈타인은 생명공학에 의해 태어

---

3) 여기에서 '합쳐 보는 것'이 세계에 위계를 세워놓고서 그 꼭대기에 인간을 배치하는 (스펜서 등에게서 볼 수 있는) 상투적인 목적론적 진화론이 되어서는 곤란하다. 분명 인간은 타동물과 다른 차원을 살아가는 존재이지만, 그 차이는 생명의 다양한 갈래의 구도에서 이해되어야지 단순한 위계적 구도에 입각해 재단되어서는 안 된다.

난 안드로이드이고, 〈블레이드 러너〉(1982)의 로이도 마찬가지이다. 이 존재들은 '인조인간'이라고도 불린다. 20세기 후반의 컴퓨터 발명은 '기계' 개념의 새로운 단계를 만들어냈다. 〈2001년 스페이스 오디세이〉(1968)의 HAL-2000은 안드로이드와는 다른 갈래로서, 컴퓨터가 인간의 지능을 갖게 된 경우이다. 인간 신체의 모방에서가 아니라 인간 정신의 모방에서 시작된 이 갈래는 도구의 갈래와 인형의 갈래를 이은 세 번째 갈래이다. 이 갈래는 오늘날의 인공지능으로 이어지고 있다. 안드로이드의 흐름과 인공지능의 흐름이 교차하는 곳에서 사이보그(사이버-유기체)가 등장한다. 사이보그는 안드로이드의 정점으로서, 인조인간에 사이버가 장착된 존재이다. 〈공각기동대〉의 쿠사나기 모토코는 사이보그의 개념을 잘 보여주는 예이다. 20세기에 픽션의 형태로 제시되었던 이런 존재들이 오늘날 점차 현실이 되고 있다.

오늘날 우리는 기계의 인간-되기와 인간의 기계-되기를 동시에 목도하고 있다. 로봇을 끝없이 인간의 수준으로 개선해나가려는 흐름과 인간이 점차 사이보그화되어가는 흐름이 동시에 진행되고 있다. 그러나 양자의 성격은 다르다. 로봇 → 인간 방향은 인형의 최고 형태인 자기 재현의 흐름이라면,[4] '인간 → 로봇'의 방향은 인간이 자신의 조건을 바꾸어나가려는 '포스트-휴먼'의 흐름이다. 전자의 흐름은 이론적으로 흥미진진하며, 기계와 인간의 관계를 파악하면서 인간이 자신을 더 잘 인식하는 데 도움을 줄 것

---

[4] 이시구로 히로시의 '제미노이드'와 앞에서 언급했던 HAL-2000이나 〈공각기동대〉의 2501(인형사)는 대조적이다. 이시구로의 제미노이드는 인형으로서는 거의 완벽에 가깝지만 거기에 걸맞은 내측의 장치들을 갖추고 있지 못한 반면, HAL-2000이나 인형사는 인간과 거의 같은 의식/지능을 갖추고 있지만 몸이 없다. 두 갈래가 어떤 식으로 교차하느냐가, 즉 인간의 몸을 모방하는 데에서 출발한 인형과 인간의 지능을 모방하는 데에서 출발한 인공지능의 결합 여부가 로봇의 인간-되기를 이끌어갈 것이다.
아울러 로봇이 꼭 인간을 지향하라는 법은 없다. 인간을 목표로 놓고 있지 않은 로봇들, 예컨대 로드니 브룩스의 젠지스(1988)의 발명에서 촉발된 흐름은 '인형'에서 출발한 흐름과도 인공지능에서 출발한 흐름과도 다른, 인간의 관점에서는 '괴물'들이라 할 로봇들을 양산해낼 수 있다.

이다. 그러나 이보다 더 절박한 문제들이 많음에도 왜 이런 연구에 거대한 돈을 들여야 하는가는 의문이다. 후자의 흐름은 자신의 조건을 끝없이 바꾸어온 인류사의 흐름을 잇고 있지만, 다른 문제들은 도외시한 채 과학기술과 자본주의의 맥락에서만 맹목적으로 치고 나간다면 인류는 많은 끔찍한 일들을 겪게 될 것이다. 어쨌든 기계와 인간 사이에서 일어나는 이런 변화를 앞에서 논한 동물-인간 관계와 종합해 동물-인간-기계의 인물성동 이론을 전개하는 것은 21세기 철학의 중차대한 과제들 중 하나임이 분명하다.

2절 관리사회 시대의 주체-화

그러나 결국 문제는 인간과 인간의 관계이다. '인간'이라는 몰적 동일성 아래에서는 숱한 인간 집단들 사이의 분자적 차이생성이 요동치고 있다. 인간과 인간의 인정투쟁은 집단의 형태로써 전개되었으며, 기득권을 유지하려는 세력의 지배와 그 지배로부터 탈주하려는 피지배층의 저항의 변증법으로 점철되어왔다. 중요한 것은 각 시대의 지배의 형식들과 그것에 저항해온 주체들을 파악하고, 오늘날의 지배 형식은 어떤 것이며 그것에의 저항 주체는 누구인가를 읽어내는 일이다.

§1. 새로운 지배 형식과 리좀적 연대

상고 시대에 도래한 거대 권력의 힘은, 그리스의 폴리스 등 몇몇 경우를 예외로 하면, 왕조라는 지배 형식으로 유지되었으며, 이 신분사회의 구조는 근대에 이르러서야 와해되기 시작한다. 이 왕조 시대의 주된 저항 주체는 농민이었다. 중국의 경우는 이 점을 비교적 선명한 형태로 보여준다. 한 왕조의 폐단이 극에 달하면 마침내 농민들의 저항이 일어나고, 일정한 혼란기를 거쳐 새로운 왕조가 탄생하는 과정이 반복되어왔다. 다시 말해, 이 지배 형식은 신분의 사회였으며, 그 저항 주체는 지배층인 '士' 계층 바로 아래의 '農' 계층이었다. 지배층 내에서도 왕권과 신권의 다툼이 있었고 그 결과에 따라 일정한 변화가 있긴 했지만, 지배의 형식 자체에 큰 변화를 가져올 수는 없었다.

왕조라는 체제는 근대성이 도래하면서 와해되기 시작했고, 이후 근대사는 기득권을 지키려는 왕당파와 새로운 세력으로서의 시민사회를 형성한 공화파 사이의 대결로 점철되었다. 이런 흐름은 서구에서 일찍이 나타났고,

이후 세계사적인 흐름으로서 전개된다. 왕조를 무너뜨린 새로운 시민사회는 근대적 사유와 실천을 전개한 지식인들, 자연의 새로운 파악과 조작을 도래시킨 과학기술자들, 상업자본주의를 통해 새로운 세력을 형성한 상공인들 등으로 구성되었다. 새로운 저항 주체로서의 이 **시민=부르주아지** 세력에 의해 왕조의 형식, 귀족의 형식은 무너지게 된다. 이 세력은 새로운 주체 개념을 마련해 근대성의 토대를 세웠고, 자연에 대한 새로운 관점에 입각해 사물들에 대한 관념을 바꾸었으며, 삶의 물질적 토대를 바꾸기 시작했다. 이런 흐름은 인간을 세계의 주인으로 격상시켰고, 세계를 물리적으로 변화시켜 나갈 수 있게 했으며, 생산력의 비약적인 증가를 가져와 경제생활을 바꾸어놓았다. 그리고 이들은 이 새로운 생활을 뒷받침할 수 있는 여러 정치적-문화적 장치들을 주조해내었다. 이런 흐름 위에서 서구에서는, 앞에서 논했듯이 규율 메커니즘으로부터 조절 메커니즘으로의 이행이 이루어진다. 이제 지배의 형식은 생명정치의 형태를 띠게 된 것이다. 지식-권력 복합체로서의 생명정치가 점차 확대되어 오늘날 전 세계에 걸쳐 실행되고 있는 가장 일반적인 지배 형식으로 자리 잡게 되었다.

생명정치의 확산을 통해 형성된 근대 세계는 많은 모순과 갈등을 노출했다. 그리고 이 모순과 갈등의 갈래들과 매듭들에서 다양한 저항 주체들이 형성되고 다양한 형태의 투쟁이 전개되었다. 그 하나는 10장, 2절에서 논의한 사회주의적 저항 주체이다. 계급의식을 기반으로 하는 이 주체는 생명정치의 지배 형식을 담당하는 부르주아지에 대항한 **프롤레타리아트** 저항 주체이다. 이 저항 주체는 자본주의에 저항하면서 사회주의를 지향했으며 자본주의 자체를 많이 바꾸어놓기도 했다. 성격이 적지 않게 변하긴 했지만 이 흐름은 지금까지 이어지고 있다. 그러나 사회주의 국가들이 오히려 왕조적 성격의 국가로 퇴행하면서, 이번에는 이 지배 형식에 대한 저항 주체가 형성되었다. 자본주의적 생명정치에의 저항 주체가 자본가들의 자유에 대한 노동자들의 평등을 외친다면, 이 저항 주체는 역으로 국가적 억압에 대한 개인의 자유를 외친다. 양자에서 '좌'와 '우'는 서로 대칭적이다. 그러나 사실상 어느 곳에서나 자본과 국가는 착종되어 있으며, 실제 양 진영에서 지배 형식과 저항 주체가 단순한 대칭을 이루는 것은 아니다. 후자에서의 저항 주체는 오히려 근대 시민 계층의 성격과 유사하다. 아울러 오늘날 우리는 이와 같은 식의 이분법으로 재단하기에는 너무 다양하고 유동적인 현실이 도래했음을 목도하고 있다. 그럼에도 19세기 이래 이어져온 이 양 지배 형식과 저항 주체의 갈래는 지금도 여전히 이어지고 있다.

생명정치는 유럽을 중심으로 시장의 자유에 근간을 두고 전개되었으며, 이런 맥락에서 제국주의가 흥성하게 되었다. 제국주의자들은 의사-생물학을 바탕으로 인종주의를 내세우면서 타국의 점령을 정당화했다. 이런 흐름은 곧 피지배 민족들의 각종 저항을 불러왔다. 여기에서 민족이란 묘한 이중성을 띤다. 제국주의 자체도 자민족중심주의에 입각해 전개되었고, 그에 대한 피지배 민족들의 저항 역시 민족주의에 입각해 전개되었기 때문이다. 역사에서 민족주의는 이렇게 두 얼굴을 띠고서 전개되었다. '민족'이 긍정적인 의미를 띠는 경우는 이런 제국주의에의 저항이라는 맥락에서이다. 이 흐름은 오늘날 신자유주의 시대로까지 이어진다. 자본주의 폐해가 깊어지면서 케인스주의 등 시장 통제와 복지국가 정책이 등장했으나, "시장을 보호해야 한다"를 기치로 내건 신자유주의는 국가 간 보호막을 무너뜨리고 금융자본주의의 '세계화'와 '정보화'를 실현했기 때문이다. 오늘날의 제국주의와 민족주의의 쟁투는, 예전의 제국주의 행태도 남아 있고 이슬람-서방의 관계에서처럼 종교를 배경으로 하기도 하지만, 전반적으로 볼 때 경제적-문화적 맥락을 띠고 있다. 이 상황에서 '민족'이란 양날의 검, 아니 날이 여러 개인 검처럼 복잡미묘한 방식으로 작동하고 있다.

최악의 생명정치와 최악의 국가적 억압이 교차하는 곳에서 작동하는 것이 인종주의이다. 인종들 사이에는 늘 갈등과 대립이 있어왔지만, 개인을 숫자 관리의 한 항으로밖에는 생각하지 않는 생명정치와 "열등한" 인간들을 배제, 아니 제거하려는 국가적 억압의 힘이 결합할 때 인종주의의 가장 극악한 모습이 드러난다. 이런 흐름은 '進化'에 대한 자의적인 목적론적 해석과 우생학을 비롯한 사이비 생물학을 통해 뒷받침되곤 한다. 인종주의는 생명과 정치가 교차하는 곳에서 드러나는 폭력이다. 인종주의는 제국주의와 군국주의(파시즘)에서 그 적나라한 모습을 드러냈다. 전자에서 식민지 지배자들은 "선진국"에 의한 "후진국" 지배의 생물학적 정당성을 확보하려 했고, 후자에서 파시스트들은 (단지 "살게 하거나 죽게 내버려두는" 것이 아니라) 생명의 "고양"을 위해 죽여야 할 인구를 폭력적으로 획정(劃定)하고자 했다. 2권에서 몇 차례 '道德 → 仁義 → 禮智 → 法 → 戰爭'의 타락 구조를 언급했거니와, 사실 극악한 형태의 인종주의는 전쟁보다 더 타락한 것이다. 전쟁의 목표는 상대에 대한 승리이지만 인종주의의 목표는 인류 상당수의 절멸이기 때문이다. 전쟁은 이기기 위해서 죽이는 것이지만, 인종주의는 죽이기 위해 이기는 것이다. 극악한 형태의 인종주의에 비한다면 심지어 전쟁조차도 '인간적인' 것처럼 느껴진다. 때문에 인종주의에 대해서는 제거의 대상이 된 사람들만이 아니라 모든 사람들이 반(反)인종주의 대열에 함께해야 하는 것이다.

생명과 정치가 교차하는 곳에서 파열하는 또 하나의 문제는 성(性), 신체의 문제이다. 성의 차원은 인간의 동물적 삶(생식과 유전)과 인류적 삶(가족, 결연)이 중첩되는 곳이다. 그리고 성은 남녀 간의 고유한 감정(사랑)의 차원인 동시에, 성교와 결혼의 미묘한 관계를 둘러싼 사목적 권력(사회적 관리)이 작동하는 대표적인 영역이다. 생명정치의 도래와 더불어 성은 인간 개체군의 출생률을 비롯한 통계적 조절의 대표적인 항목이 된다. 인간사의 많은 부분이 결국 남녀의 만남, 성을 둘러싸고서 벌어지기에. 성을 둘러싼 이 생명-축의 측면들이 정치-축과 교차하는 곳에서, 그리고 사목적 권력이 더 이상 잘 작동하지 않는 곳에서 '젠더'의 문제가 생성되었다. 여기에는 낙태의 문제, 자궁 외 출산의 문제를 비롯한 생물학적 문제들과 여성의 사회적 인권과 지위를 둘러싼 사회학적 문제가 착종되어 있다. 그리고 동성애자 등 여러 유형의 성 소수자들의 문제가 부가된다. 아울러 다양한 형태의 신체적 핸디캡을 가진 신체적 소수자들의 문제 또한 생명정치의 문제와 직결된다. 오늘날 생명-축과 정치-축은 모든 면에서 복잡하게 착종되어 있다. 이 착종 지점들에서 생명정치의 각종 지배 형식들이 작동하고 있으며, 저항 주체들로서의 성적-신체적 소수자들이 싸우고 있다.

지난 세기 특히 그 후반기를 돌이켜 보면, 지식 계층은 항상 저항 주체들로서 선두에 서 있었다. 현대적인 의미에서의 지식인 개념은 특히 계몽시대에 형성되었으며, 이 시대 이래 배출된 사상가들, 혁명가들이 중세적 질서를 무너뜨리고 근대적인 사회를 도래시켰다. 부르주아 혁명이 달성되고 생명정치가 도래한 이래 이 지식층은 양분된다. 대체로 '학자'들이라고 불릴 만한 사람들은 이 생명정치 시스템에 그리고 대학이라는 제도에 안착하게 된다. 그러나 '사상가'들이라고 불릴 만한 사람들은 대체로 사회주의 혁명을 위해 투쟁했으며, 그중 특히 실천적인 인물들은 특이존재로서의 혁명가들이 되었다. 그리고 이와 비대칭적 대칭의 구도에 있어, 억압적인 사회주의 국가들에서는 개인의 자유를 위한 지식인들의 투쟁이 이어져왔다. 현대 사회가 도래하고 대학이 일반화한 후 특히 '학생운동'은 현대 사회의 모순을 타파해가는 커다란 원동력이었다. 대학은 사회적 저항의 한 거점이었다. 아울러 사회 저변의 모순들을 널리 알리기 위해 분투한 언론인들 또한 현대 민주화 사회의 형성에 큰 공헌을 해왔다. 이런 사상가, 혁명가, 학생, 언론인 등 지식인들의 분투가 현대 사회 형성에 큰 힘이 된 것이다.

세계사를 돌이켜 볼 때, 우리는 이렇게 지배 형식의 변화와 저항 주체의 변화가 서로 맞물리면서 각각의 '시대'를 만들어왔음을 확인할 수 있다. 그렇다면 이제 물어보아야 할 것은 오늘날의 지배 형식은 무엇이며 그것에 대한 저항 주체는 누구인가 하는 것이다. 오늘날의 지배 형식은 매우 복잡하다는 점을 인정해야겠지만, 역시 그 주된 형식은 신자유주의적 생명정치이다. 이 지배 형식은 신체, 화폐, 기표를 관리하는 관리사회이다. 지배 형식이 복합화되면서 저항 주체 역시 다원화되었다.

농민들은 본성상 보수적인 존재들이며, 오늘날 농업에 직접적인 관련이 없는 상황에서는 저항 주체로서 역할을 하지는 않는다. 근대적인 부르주아지＝시민은 오늘날 개념적으로 부르주아지와 시민으로 변별되었으며, 전자는 이미 지배 계층이 되었고 후자는 외연이 너무 넓어 지금 맥락에서는 의미가 없다. 오늘날 여전히 저항 주체로서의 성격을 띠고 있는 사람들은 프롤레타리아트＝노동 계층이다. 그러나 노동 계층이 단지 일하는 사람을 뜻한다면 이 역시 위의 시민 개념처럼 큰 의미를 가지지 못하며, 또 그 의미를 좁혀 생각할 때에도(예컨대 공장 노동자) 그 내부에서 상당한 분화와 편차를 보이고 있다. 그럼에도 노동자 계층은 여전히 오늘날의 저항 주체로서 의미를 띠고 있으며, 고전적인(근대적인) 조직적 저항의 한 축을 이룬다고 할 수 있다. 또 하나의 축은 성적-신체적 소수자들이라는 저항 주체이다. 이들 저항 주체는 노동운동과 마찬가지로 복잡한 상황에 처해 있지만, 역시 저항의 또 하나의 축으로서 큰 역할을 수행하고 있다. 지식 계층은 예전의 저항의식을 많이 상실하고 대부분 보수화되었다. 대중매체는 물론이고 대학 역시 이미 신자유주의의 자장으로 빨려 들어가 그 자체가 기득권 세력으로 안착하고 있다. 그러나 사상, 담론, 학문/과학, 예술의 생산자는 여전히 지식 계층이며, 의식 있는 지식인들이 저항 주체의 한 축을 담당하고 있는 것도 사실이다.

이렇게 보면 오늘날의 주요 저항 주체는 지식 계층, 성적-신체적 소수자들, 노동자들이 주요한 세 축을 형성하고 있다고 할 수 있다. 현대의 저항 주체들은 과거의 역사에처럼 어떤 난일하고 일사불란한 대오를 형성하고 있지 않다. 그래서 문제는 이들이 과연 얼마나 의미 있는 연대를 이룰 수 있는가에 있다. 현대의 대부분의 문제들은 복잡하게 착종되어 있으며, 때문에 이들이 얼마나 넓은 시야를 가지고서, 서로 간의 이질성과 이해관계를 극복하고서 연대할 수 있는가가 현대적 실천의 관건이라고 할 수 있다. 민족의 문제라든가 인종의 문제 등은 특히 그렇다고 할 수 있다. 저항 주체들이 얼마나 리좀적 연대를 이루어나갈 수 있는가가 향후의 역사를 좌우할 것이다.

§2. 알고리즘과 이미지 시대의 주체-화

이와 같은 연대가 가능하려면, 무엇보다도 개개인이 뚜렷한 역사의식과 철학적 지성을 갖추고 있어야 한다. 자신이 이러한 거대한 사상적-실천적 흐름에 참여하고 있음을 자각해야 하는 것이다. 개개인이 하는 일과 그가 처해 있는 상황은 각각 다를지라도, 역사에 대한 인식과 철학적 지향을 공유하는 주체들은 사안에 따라 상이한 방식으로 연대할 수 있다. 문제는 개개인이 평소에 이런 주체로서 스스로를 가다듬어갈 수 있는가에 있다. 예컨대 오늘날 대학의 성원들에게는 각자의 전공이 중요할 뿐, 지식인으로서의 정체성은 거의 희석되고 있다. 지식인으로서의 정체성이 일차적이고 출신 대학이니 전공이니 하는 사항들은 이차적이라고 생각하는 사람은 보기 드물다. 지식인 세계 자체가 분열되면서 예전의 저항 정신이 실종되어버렸다. 각 개인들이 저항 주체로서 스스로를 가다듬어가고 사안에 따라 연대할 수 있을 때에만 리좀적인 연대가 가능할 것이다.

이런 노력은 곧 각자의 삶이 생명정치의 장에서 이루어지고 있음을 자각할 때 시작된다. 왜냐하면 생명정치의 장이란 다름 아닌 주체-화를 부정하는, 적어도 최소화하려는 장이기 때문이다. 이미 논했듯이, 생명정치의 존재론적 기초는 개인적 이기주의와 사회적 복리의 양립 가능성에 있다. 홉스는 합리적이고 이기적인 개인의 개념을 확립했고, 스피노자는 이 개인 개념 — 그에게서 이 개념은 상당 수준 변형되지만 — 과 사회적 복리가 양립 불가능한 것이 아님을 역설했다. 이들의 이런 통찰은 스미스에게서 보다 구체적인 정식화에 도달하게 되며, 칸트와 헤겔의 역사철학에로까지 이어진다. 생명정치는 이런 논리/존재론을 자유주의 통치술의 형태로 변형한 것이며, 이 통치술은 오늘날의 관리사회에서도 작동하고 있다. "시장을 보호해야 한다"라는 캐치프레이즈에 입각해 있는 이 관리사회에서는 인간 역시 '인적 자본'으로서의 의미를 띠게 된다. 여기에서는 '죄와 벌'의 문제도 더 이상 종교적-철학적 견지에서 논의되지 않으며, 철저하게 국가의

'효율성'과 '비용 절감'의 측면에서 계산된다. 이 장 내에서는 합리적인 것이란 곧 경제적인 것이며, 인간은 철저하게 '호모 에코노미쿠스'로 간주된다. 이런 구도에서 사회적인 것은 경제적인 것에 의해 압박을 받게 되고, 이제 정치와 법은 시장이 아니라 시장의 조건에 개입함으로써 이 갈등을 처리해나가는 것을 주 업무로 삼게 된다. 이 장 안에서 주체-화를 해나가지 못하고 그것을 내면화한 예속주체들은 모두 작은 기업인, 작은 투자자가 되고, 대학도 병원도 또 다른 공적 기관들도 모두 이 구도 안에서 움직이게 된다.

이러한 생명정치의 흐름은 인터넷을 비롯한 현대적인 기기들이 발달하면서 정보정치의 성격을 띠게 된다. 사실 정보정치의 개념은 생명정치의 개념을 이미 내장하고 있었다. 생명정치의 대상은 인구 = '인간 개체군'이며, 이는 곧 개개인을 통계적 데이터의 한 값으로 환원함을 함축하기 때문이다. 이는 물체들을 추상공간으로 투사해 분석한 고전 역학의 패러다임에 입각해, 개인들을 디지털공간 — 모든 사물들(넓은 의미)을 디지털 데이터로 환원해 정위하는(embed) 공간 — 의 각각의 노드들로 환원해 분석하는 것을 뜻한다. 생체 데이터는 그 한 예를 보여준다. 지문 같은 고전적인 데이터로부터 오늘날 DNA를 기반으로 하는 디지털 데이터에 이르기까지 한 개인의 술어들에는 이전에는 볼 수 없었던 다양한 형태의 데이터가 들러붙게 된다. 술어적 주체의 존재 양태는 디지털 시대에 들어와 현저하게 달라졌다.[5] 수치화된 이 술어들은 다른 술어들과 빅 데이터의 공간에 들어가 분석된다. 이 자료들은 국가와 자본의 전유를 통해서 지배 형식의 기본 자료로 화한다. 인공지능의 발달로 데이터 수집의 방식도 정교해져, 중국에서는 거리를 걷기만 해도 생체 인식 기술을 통해 개인의 신원이 노출된다고 한다. 각종 감시장치들은 이른바 유비쿼터스 파놉티콘으로서 사람들의 일거수일투족을 기록한다. 이런 정보사회에서 각각의 주체는 점차 알고리즘

---

5) '술어적 주체'에 대해서는 『무위인-되기』(그린비, 2023)에서 논했다.

화된다. 모든 것이 알고리즘화되는 세계에서 어떻게 디지털 숫자들로 녹아들어가지 않고 주체-화해갈 것인가가 우리 시대의 주요 문제이다.

생명정치의 장에서 각 개인들의 주체성을 희석하는 또 하나의 요소는 대중매체와 대중문화이다. 대중매체는 무엇이 중요하고 무엇이 중요하지 않은지에 대한 피상적이고 편파적인 판단에 입각해 운영되며, 이런 왜곡된 가치는 대중의 생각과 의식이 아니라 욕망과 무의식을 파고들어 내면화된다. 대중매체는 권력의 소유자들에 대한 오락적인 관심과 가지지 못한 자들에 대한 신파적인 온정주의의 묘한 혼합을 보여준다. 그러나 이런 관점과 분위기는 어느새 사회의 표준의 지위를 획득하며, 사람들의 머리와 가슴을 틀 짓는다. 대중문화는 인간을 즉물적이고 무반성적인 존재로 만들며, 세계의 심층적인 진실을 덮어버린다. 폭력적인 이미지들은 사람들의 영혼을 거칠게 만들고, 특히 컴퓨터 게임에 빠져 영혼이 망가지는 과정은 오늘날의 남자아이들에게는 인생의 통과의례가 되어버렸다. 어떤 면에서는 진보적인 관점이 대중문화로 표현될 때 그것이 더 위험하다. 왜냐하면 그것은 그러한 관점조차도 오락이나 장난으로 만들어버리기 때문이다. 정보정치가 한 주체를 디지털의 바다로 녹여 희석한다면, 대중매체와 대중문화는 주체를 이미지의 바다로 녹여 희석한다.[6]

국가와 자본의 생명정치라는 상황에 디지털 정보의 장과 유동하는 이미지의 장이 상감된 형국을 띤 이런 상황은 각 개인의 주체성을 끊임없이 희박화하고 절편화한다. 주체-화의 노력 없이는 이런 흐름에 휩쓸려 녹아 들

---

6) 대중매체와 대중문화의 이런 문제를 윤리, 도덕의 문제나 정치의 문제로 해석하는 것은 방향을 잘못 잡은 것일 수 있다. 이 문제는 우선 인식론적 문제이다. 모든 것을 신체적인, 감각적인 차원에서밖에 생각하지 못하는 인식론적 한계가 문제의 핵심인 것이다. 우리는 저 옛날의 플라톤의 문제의식으로 되돌아와 있다. 다른 한편, 대중매체·대중문화의 문제는 결국 대중의 문제라고 해야 할 것이다. 대중이 지금과 같은 수준의 매체와 문화에 경도되지 않는다면, 대중을 기반으로 하는 매체와 문화도 대중에 맞추어 변할 수밖에 없겠기에 말이다. 저질 매체, 저질 문화가 판을 치는 것은 결국 대중이 그에 호응하기 때문일 뿐이다.

어가지 않을 수 없다. 역사 전체에 대한 인식과 삶의 의미에 대한 철학적 성찰이야말로 이런 주체-화를 위한 토대일 것이다. 각 개인의 이런 노력을 기본 터전으로 각 영역에서의 저항 주체들이 활동하고, 사안에 따라 리좀적 연대를 이루어나가는 것이 현대적인 윤리적-정치적 실천의 요체인 것이다.

오늘날까지도 우리가 그 연장선상에서 살아가는 근대성의 철학적 근간은 계몽사상에서 찾을 수 있다. 서구에서 주조된 계몽의 이상은 보편성을 가정했으며, 그 위에서 세워진 근대 문명은 자발적 수용의 형태로든 제국주의적 강압의 형태로든 오늘날 세계적인 일반성을 형성하게 되었다. 계몽사상은 인간의 이성에 토대를 두고서 왕조로 대변되는 이전의 삶의 양식을 근본적으로 쇄신할 수 있는 사상적 기반을 제공했다. 계몽사상은 이전의 삶을 '전근대적인' 것으로 만들었다. 계몽의 이런 흐름을 오늘날 가장 직접적으로 잇고 있는 것은 자유주의의 흐름이며, 자본주의와 과학기술은 이흐름에 엔진을 장착할 수 있도록 해주었다. 이 흐름의 핵심을 우리는 푸코를 따라서 '생명정치'로서 파악했다. 생명정치는 나름의 성과에도 불구하고 현대 사회의 갖가지 문제들을 배태했다. 이런 흐름에 대한 저항이 마르크스주의로부터 오늘날의 타자의 윤리학에 이르기까지의 탈근대 사유들을 낳았다. 이제 우리는 전통, 근대, 탈근대의 지배 형식들과 저항 주체들을 전반적으로 반추하면서 우리 시대의 지배 형식을 인식하고 저항 주체를 실현해야 할 지점에 와 있다. 이제 지금까지의 논의 전체를 정리해보고, 이 문제로 돌아와 우리의 긴 여정을 갈무리해보자.

우선 성찰해봐야 할 것은 세계의 '존재' 그리고 그것의 '인식'의 문제이다. 철학이 탄생한 그리스에서 철학의 이념을 가장 분명하게 나타낸 것은 동일률(과 모순율)과 충족이유율이었다. 그리스 존재론은 파르메니데스의 일자 개념을 극복하면서 가닥을 잡았고, 다른 한쪽 극에서는 플럭스 상태를 발견했다. 절대 무와 일자 그리고 플럭스는 '무'의 세 형태였고, 무의 극복을 과제로 한 그리스 존재론은 (절대무 개념이 모순적이라고 할 때) 일자와 플럭스 사이에 자리 잡게 된다. 그 사이에서 세계는 아페이론의 측면과 페라스의 측면으로 다가왔으며, 이 맥락에서 그리스 학문의 이념은 아페이론의 차원을 넘어서 동일성들을 발견하는 방향으로 가닥을 잡게 된다.

여기에서 수학과 철학이 구분된다. 수학은 자기동일성을 갖춘 다자의 공간을 발견하고, 순수 논리적 사유를 통해 이 공간의 법칙들을 발견해나갔다. 에우클레이데스 기하학은 오직 그리스에서만 발견되는 사유의 특징을 담고 있으며, 서구 학문의 이념에 끼친 그 영향은 아무리 강조해도 지나치지 않다. 에우클레이데스 공간은 '추상공간'(박홍규)이다. 세계의 현상적 질들을 솎아내고,[7] 생성을 넘어 그 심층의 자기동일성을 추구해갈 때, 그러한 활동이 겨냥하는 곳은 곧 이 추상공간이다. 고대의 자연철학에서 데모크리토스의 원자론을 현대 물리학의 원형으로 보는 것은 이런 맥락에서이다. 원자론과는 전혀 상이한 존재론적 근거에서 이 자기동일성 개념을 흡수한 것이 플라톤의 이데아 개념이다. 근대에 이르러 이 자기동일성은 '자연법칙' 개념으로 변형된다. 자연법칙에 대한 현상주의적 이해(예컨대 뉴턴, 경험론)나 구성주의적 이해(예컨대 칸트)도 있지만, 이 개념의 근저에는 이런 그리스 존재론의 토대가 놓여 있다. 셸링은 이 점을 정확히 지적했다. 서구 학문이 이 추상공간을 달리 파악하기 시작하면서('비-에우클레이데스 기하학') 새로운 경지로 나아갔던 것도 이런 맥락에서 이해된다.

---

7) 이 경향은 서구 학문의 근본 경향이다. 서구 학문의 출발점이 허무주의의 극복이었기 때문이다. 생성에서 허무를 느끼고 그것을 넘어 자기동일적 본질을 발견하려 한 경향은 서구적 사유의 심층에 놓여 있다. 이런 경향은 오늘날 환원주의 등과 같은 형태로 변형되어 지속되고 있다. 현대 생성존재론이 극복하고자 한 것이 이 오래된 전통이다.

수학과는 달리 철학은 자기동일성이 무너지면서, 존재와 무 사이의 경계가 허물어지면서 도래하는 타자화의 차원을 다룬다. 파르메니데스를 넘어 기하학이 순수 다자성을 사유한다면, 철학은 거기에 운동의 사유를 더한다. 그러나 타자화로서의 운동을 그대로 받아들일 때 그리스 학문의 또 하나의 이념인 충족이유율과 충돌한다. 충족이유율은 "x는 왜 존재하는가, 그리고 왜 그렇게 존재하는가?"라는 물음에 답하고자 한다. 그것은 결국 동일성에 근거한다. 불연속적 동일성들의 세계가 아니라 연속적 타자화의 세계인 실재를 해명하려면 이 운동 자체 내에서 작동하고 있는 새로운 의미에서의 동일성에 다가가야 했다. 따라서 플라톤이 운동을 초월한 충족이유율 — 아리스토텔레스는 이 측면만을 알고 있었기에 이 '분리'를 비판했다 — 만이 아니라, 운동 자체 내의 충족이유율을 읽어내고자 한 것은 철학사상 특히 의미 있는 사건이었다. 이유/인과에 대한 사유이자 또한 자기운동자에 대한 사유이기도 한 이 사건은 서구 철학에서 생명의 사유를 진수시킨 장면이기도 했다. 이렇게 서구 존재론은 절대 존재와 절대 생성 사이에 충족이유율을 안착시킴으로써 각 동일성의 사유로서의 각 과학과 동일성들의 전(全)체계에 대한 사유로서의 형이상학을 확립하게 된다.

지구 반대편에서 전개된 동북아의 사유 전통은 이 그리스적 사유의 전통과 대조적인 철학을 전개했다. 그리스 철학에서 세계는 생성이며 그 근저는 동일성이다. 그래시 동일성의 이념으로써 생성을 넘어서는 곳에서 철학적 사유가 발아했다. 정확히 반대로 고대 동북아 철학은 세계의 근저를 생성 — 기화(氣化) — 으로 파악했다. 그리고 현실세계를 그 생성이 일정한 방식으로 형태화된 것으로 사유했다. 세계의 심층은 생성이며, 오히려 현상 세계가 동일성(物)들인 것이다.[8] 그러나 이 심층과 현상이 어디까지나 연

---

8) 묘하게도 그 사이의 인도 철학 전통에서는 이 두 유형의 사유가 동시에 전개되었다. 바로 힌두교와 불교이다. 양자는 상극의 존재론에 입각해 있고, 결국 인도는 힌두교를 선택하고 불교는 동북아에 건너와 안착하게 된다.

속적이라는 점이 중요하다.[9] 만물은 기에서 나와 기로 돌아간다. 이 기는 물질이 아니라 물질성, 생명성, 정신성을 모두 갖춘 실체이다. 그러나 이 실체는 지중해세계 사유와 대조적으로 절대적 생성인 것이다. 동북아 사유에서 생성이 멈춘다는 것은 곧 죽는다는 것을 뜻한다. 그리고 죽은 존재들조차도 모두 생성으로 돌아가고 다시 그로부터 형태화되어 나온다. 이 사유에서 중요한 것은 질들을 동일성으로 환원하는 것이 아니라, 질들의 생성의 결을 하나도 놓치지 않고 따라가는 것이다. 그 결들이 모두 기의 표현이기 때문이다. 따라서 여기에 본질과 실존의 대립 같은 것은 없다. 그리고 학문의 목표는 특수한 기로서의 인간의 기의 결을 만물의 기의 결과 조화시켜 달걀의 큰 부분과 작은 부분에 조화를 가져오는 것이었다.

근대 형이상학으로부터 현대 형이상학으로 나아가는 결정적인 한 국면은 바로 서구 사유가 그 전통으로부터 탈피해 이 동북아적 사유와 수렴하게 되는 국면이다. 이 과정은 그 핵심에 있어 '데카르트(/고전 역학)에서 베르그송으로' 이행하는 과정이었다. 서구 근대 철학은 고대 철학으로부터 이어받은, 실재와 현상의 이분법, 그리고 실재로의 현상의 환원주의라는 난문을 둘러싸고서 고투를 벌였다. 이 때문에 이들은 현상을 비-실재로 만들고, 자기동일자를 대체한 수학적 법칙성을(또는 그 법칙성의 담지자로서의 '물질'을) 실재로 놓았다. 데카르트는 이러한 사유의 범형을 보여준다. 그리고 그는 인간의 영혼과 신을 이 세계로부터 예외인 존재들로 놓음으로써, 초월성의 영역을 따로 확보하는 전략을 취했다. 베르그송은 이와 대조적으로 세계의 심층에 생성/지속을 놓았고, 오히려 지속이 석화(石化)됨으로써

---

9) 기학의 구도는 서구 철학사에서는 베르그송에 이르러 등장한다. 베르그송은 '서양 철학'과 '동양 철학'의 결절점이다. 특히 양자는 세계의 심층-표층의 구도에서만이 아니라 두 층의 연속성의 맥락에서도 같은 입장을 취한다. 생성으로서의 심층과 동일성들로서의 표층을 연결해주는 차원, 표층에 드러나 있지만 심층을 드러내고 있는 차원이 곧 유체(流體)의 차원, 유동성의 차원이다. '氣' 개념 자체가 이런 맥락에서 형성되었다. 여기에서 유체란 쉽게 알 수 있는 물, 구름, … 같은 것들만을 뜻하는 것이 아니라 훨씬 광범위하고 다채로운 경우들을 포괄하는 개념이다.

현실이 각종 형태의 동일성들로 화한다고 보았다. 이렇게 서구 형이상학이 동북아의 기학에 수렴하는 지점에서 탈근대 사유의 한 실마리가 마련되었다. 베르그송은 서구 근대의 과학과 철학을 다각도로 비판함으로써 지속의 사유를 전개했거니와, 보다 이른 시기 동북아에서도 서구 근대 과학을 흡수하면서도 그 한계를 기학으로써 돌파하려 한 철학자가 활동했다. 혜강 최한기가 바로 그이다. 최한기가 기학의 전통에서 근대 과학을 흡수하려 했다면, 베르그송은 근대 과학(과 철학)의 비판을 통해 지속의 철학에 도달했다. 생성존재론의 관점에서 본다면, 후자가 보다 급진적인 형태를 이룬다. 이렇게 보면, 오늘날의 개념사적 관점에서 '최한기로부터 베르그송으로'의 과정을 해명해나가는 것은 철학사 연구의 중요한 한 고리라고 할 수 있다.

이렇게 최한기와 베르그송에 의해 현대 생성존재론의 기본 형태가 갖추어졌으나, 이후 이들 사유의 한계는 세 갈래의 사유에 의해 극복되어나간다. 앞에서도 지적했듯이(2장, 1절, §2), 베르그송에게도 19세기의 목적론적 진화론의 그림자가 남아 있었다. 헤겔은 생성존재론을 진수했지만 그것은 강한 목적론적 사유였고, 19세기의 대표적인 '거대 서사들'은, 심지어 다윈, 마르크스, 니체, 베르그송조차도 이 목적론적 진화론의 영향을 온전히 벗어나지 못했다. 또한 우리는 이돈화를 비롯해 20세기 동북아 철학사에서도 헤겔의 긴 그림자를 확인할 수 있다. 이런 흐름에 있어 사회진화론은 그 최악의 형태였다. 그러나 오늘날 진화는 더 이상 단순한 '進化'로서 이해되어서는 안 되며, 한편으로 '창조적 절화'를 통해서 다른 한편으로 '공-진화'를 통해서 이해되어야 한다. 생명의 진화는 목적론적 진화론은 물론 '창조적 진화'로써도 파악될 수 없다. 생명은 결연, 공생, 절화를 통해 생성할 뿐이다. 이는 곧 목적론적 진화론을 내세워 존재자들을, 사건들을 일렬로 세우려는 시도들 — 그 최악의 경우는 인종주의, 우생학이다 — 을 경계해야 함을 뜻한다. 아울러 오늘날의 "진화"는 순수 자연적 과정이 아닌 인간이 개입하는 과정, 이전의 진화와는 전혀 개념을 달리하는 진화이다. 인간이 좌우하지는 못할지라도 그 방향과 속도에 큰 영향을 끼치는 진화인 것이다. 사실 이 두 맥락은 서로 통하는데, '절화'의 한 주요 요인이 바로 인간이기 때문이다. 그래서 '창조적 절화'는 들뢰즈와 가타리가 생각한 자연적 과정에서 창조적일 뿐만 아니라, 공-진화의 맥락에서도 창조적인 과정이라고 해야 한다. 요컨대 현대 진화론은 19세기 이래 긴 그림자를 드리웠던 목적론적 진화론의 단선성(單線性)을 벗어났다.

다른 한편, 현대 형이상학은 생성존재론만이 아니라 그와 대조적인 현대적 플라톤주의로서도 전개되었다. 현대의 합리주의는 논리학과 수학을 통해서 과학과 형이상학을 전개했다. 사실 생성존재론과 현대 합리주의는 19세기의 실증주의에 대한 두 갈래의 극복이었다고 할 수 있다. 양자 공히 실증주의를 넘어 '실재'를 탐구했으며, 형이상학의 부활을 전개했다. 하지만 양자가 파악한 실재는 정확히 대조적이다. 생성존재론의 실재가 생성이라면, 합리주의의 실재는 논리적-수학적 본질이다. 전자가 질들로 충만한 세계를 그린다면, 후자는 질들을 솎아낸 추상적 구조의 세계를 그린다. 이 양극은 현대 철학의 심장부에 새겨져 있다. 그러나 두 사유가 성숙해갈 때 양자는 어떤 한 지점으로 수렴한다. 생성존재론은 생성의 결과 리듬을 해명해나가지 않을 경우 막연한 흐름의 직관에 머물게 된다. 베르그송까지의 생성존재론은 전통 형이상학을 극복하고 '존재에서 생성으로'의 길을 마련했지만, 바로 이런 이유 때문에 이후의 생성존재론은 오히려 생성의 결과 리듬을 구체화함으로써 '생성에서 존재자들로'의 길을 모색해왔다. 앞에서 언급한 들뢰즈의 존재론과 복잡계 과학이 그 범형적인 예이다. 반면 합리주의는 기존의 구축된 합리적 틀에 집착할 경우 세계의 생성을 외면하게 되며, 그렇기 때문에 생성과의 새로운 마주침들에 따라 그 틀을 계속 정교화해가야 한다. 고전 역학에서 양자역학으로의 전환이라든가 집합론에 생성의 뉘앙스를 스며들게 한 바디우의 경우가 범형적인 예를 제공한다. 가능세계 형이상학 역시 이런 흐름에 놓고서 이해할 수 있다. 두 흐름은 각자가 성숙해가면서, 만나지는 못할지라도 상당 정도 수렴한다고 할 수 있다.

우리는 두 흐름을 통합하지는 못해도 결합할 수는 있을 것이다. 21세기의 사유는 생성존재론 위에 수학적 철학이 상감되는 형태를 띨 때 가장 높은 경지에 도달할 수 있을 것이다.

다른 한편, 현대 생성존재론의 보다 근본적인 발전은 생성을 '사건'으로 개념화해간 점에 있다. 생성, 변화, 운동, 발생, 탄생, 변이, 변환, 전환, 전화, 전이, … 등, 생성을 파악하는 다양하기 이를 데 없는 방식들이 존재하거니와, 그중 '사건'은 각별한 의의를 띤다. 다른 개념들이 대체로 자연철학적-형이상학적 뉘앙스를 띠고 있다면, 사건 개념에는 '의미'라는 결정적인 뉘앙스가 깃들어 있기 때문이다. 사건은 자연과 인간, 세계와 주체 사이에서 파열하며, 그래서 사건 개념을 해명하는 것은 자연에서 문화로 넘어오는 경계선, 역으로 말해 문화를 자연에 접지시키는 경계선의 존재론을 해명하는 것이다. 이 점에서 사건-의미의 차원을 해명하는 작업은 우리 삶의 '객관적 선험'을 밝혀내는 작업이다. 사건은 물리학에서처럼 의미와 관련 없이 정의할 수도 있고, 바디우의 경우처럼 역사적 맥락에서 정의할 수도 있다. 그러나 '사건 성립의 상대성 원리'를 통해 논했듯이, 사건은 다양한 차원에서 파열하는 것으로서 이해할 수 있다. 다만 자연과 문화의 접면은 그곳이 의미의 탄생 지점이라는 점에서 각별한 중요성을 띤다 하겠다.[10] 사건의 철학을 구축해가는 것은 삶, 죽음, 운명을 이해해나가기 위한, 인생의 의미를 해명해나가기 위한 초석이나.

철학의 역사는 인간의 의미, 인생의 의미를 해명해온 역사이다. 그리고

---

10) 물론 자연을 해명해가는 언어 또한 의미를 띠고 있으며, 이 '인식'이라는 맥락에서의 의미는 삶의 의미라는 보다 넓은 지평에서의 의미 개념의 한 국면으로서 이해될 수 있다. 자연은 우리에게 주어진 것이지만, 자연이 무엇인가에 대한 해명은 자연에 문화(의미의 장)를 투영한 것이기 때문이다. 사건-의미는 자연과 문화의 접면으로부터 문화로 파열하지만, 우리는 문화라는 의미-장으로부터 자연으로 나아가 그것을 해명해나간다. 본 철학사에서 여러 번 언급한 존재와 인식의 순환 구도이다.

이러한 자기 이해는 곧 세계 인식과 맞물려 이루어졌다. 상고 시대의 인간
은 자연의 압도적인 힘과 거대 권력의 강력한 압제에 억눌렸다. 신들과 왕
들의 초월적인 힘에 압도된 세상은 개별성이 용납되지 않는 세상이었다.
지중해세계에서 이 점은 신들에게 바치는 희생 제의와 왕들에게 바쳐지는
노예들의 노동에서 특히 분명하게 확인된다. 인도와 동북아에서도 사정은
다르지 않았다. 인도의 경우, 인간은 신들의 먹거리로서 창조되었다는 생각
이라든가 계층들 사이에 장벽을 친 카스트 제도 등이 이 점을 뚜렷이 시사
한다. 동북아의 상고 시대도 크게 다르지 않았다. 인간의 일을 하늘에 물어
점을 치던 점복이라든가 무고한 사람들을 파묻은 대규모 순장이 이 점을
분명하게 드러낸다. 이른바 '기축 시대'에 이르러 인간은 자아에 대한 본격
적인 물음을 던졌고, 세계와 자신의 관계를 본격적으로 사유하기 시작했다.

　그리스 세계(와 로마 세계)는 '시민'의 개념을 확립하고, 민주주의와 철학
으로써 새로운 삶의 양식을 전개한 점에서 큰 의미를 띤다. 이 시대에 철학
자들은 자연, 인간, 정의 등 주요 개념들에 대한 선구적인 개념화를 이루었
다. 아테네가 지핀 사유의 불꽃은 오늘날까지도 이어지고 있다. "너 자신
을 알라"라는 델포이의 신탁과 "네 영혼을 돌보라"라는 소크라테스의 금언
은 그리스인들의 자아 탐구를 이끈 화두였다. 특히 소피스트들에 의한 '아
레테' 개념의 일반화와 소크라테스에 의한 '프쉬케' 개념의 재규정이 큰 의
미를 띤다. 아레테 개념이 일반화됨으로써 이전에 귀족에게 한정되어 있
던 '파이데이아'가 일반 시민의 교양으로서 자리 잡게 된 것은 결정적인 문
화적 혁명이었다. 소크라테스는 이전에 '생명'이라는 자연주의적 뉘앙스
를 띠고 있던 프쉬케 개념에 인간 고유의 차원으로서의 영혼/정신이라는
뉘앙스를 스며들게 했다. 자연의 일부가 아니라 그것으로부터 거리를 두고
서 사유할 수 있는 존재로서의 인간 개념이 도래한 것이다. 자연철학적 개
념이었던 '프쉬케'가 일신되어 인간적 삶의 철학적 토대가 마련되고, 특권
층에게만 부여되던 아레테 개념이 일반화되어 시민적 덕성, 시민적 지성의
개념으로 발전되어간 것은 그리스적 영광의 두 토대인 철학과 민주주의를

정초한 사건이었다.

공화정 로마는 그리스와 매우 다른 성격의 사회였지만, 그리스로부터 철학과 민주주의를 배울 수 있었다. 그러나 공화정 로마가 제정 로마로 전락하고, 동방의 일신교와 결합함으로써 그리스의 위대한 빛은 희미해지고 인간은 '피조물'로 전락한다. 르네상스 시대에 이르러 비로소 서구인들은 다시금 스스로의 존재에 대해 묻게 되고, 휴머니즘(인본주의와 인문주의)의 꽃을 피우기에 이른다. 이 시대에 형성된 자아 탐구의 흐름은 이후 서구 철학사에서 지속적으로 이어지게 되며, '운명 vs. 역능'의 사유 구도와 그리스에서 이어받은 "pathei mathos"의 전통은 근대적 형태로 성숙해간다. 그러나 16세기에 재등장한 새삼스러운 거대 권력은 절대왕정의 앙시앵 레짐을 통해 '신민'들을 억누른다. 특히 서구는 일신교라는 미망에 의해 끝도 없이 휘둘렸다. (심지어 오늘날까지도 지속되고 있는) 일신교들 사이의 싸움, 하룻밤에 수만 명이 살해된 성 바르톨로메오 대학살, 30년이 넘도록 지속된 종교전쟁, 군주들의 종교적 취향이 불러일으킨 온갖 악폐와 혼란, 스페인의 악몽을 넘어 서구 전체의 악몽이었던 종교재판소 등등. 사제 계층과 귀족 계층의 탐욕을 배경으로, 무지하고 어리석은 종교적인 참극이 끝도 없이 이어졌다. 계몽의 시대에 이르러서야 그리스-로마 시대, 르네상스 시대에 타올랐던 휴머니즘과 비판정신이 단단한 현실적 지반과 본격적인 철학적 개념화를 얻기에 이른다.

인도의 상고 시대 역시 종교적인 억압의 구조에 의해 지배되었다. 신들과 왕들의 지배가 길게 이어졌다. 브라만교는 인간이란 신들이 자신들의 먹거리로서 만든 것이며, 먹거리가 되지 않기 위해서는 그 대신 엄청난 규모의 제의를 바쳐야 한다는 거대한 사기극을 만들어냈다. 그러나 기축 시대에 이르러 인도에서도 역시 붓다를 비롯한 다양한 자유사상가들이 출현해 세계와 인간에 대한 다채롭기 이를 데 없는 사변들을 펼쳤다. 이런 흐름의 핵심에서 우리는 아트만＝아(我)에 대한 논변들을 발견할 수 있다. 우리의 마음속으로 깊이 들어갈 때 거기에서 눈부신 빛을 발견할 수 있고, 그 빛은 다름 아니라 세계의 근본 원리인 브라흐만이라는 힌두교의 사유와, 역으로 우리의 경험을 치밀하게 분석해볼 경우 아트만 같은 것은 존재하지 않으며 '空'에 대한 깨달음을 통해 '我'를 비롯한 이런 동일성들에 대한 집착을 해소함으로써 열반에 들 수 있다는 불교의 사유, 이 두 사유 사이의 대립적 논변들은 지금까지도 의미 있는 중요한 한 문제-장을 남겼다.

동북아 지역은 일찍부터 사제 계층에 의한 억압적인 종교라는 질곡에서 벗어나 문사-관료들이 지배하는 수준 높은 인문적 문명을 구축했다. '文化世界', '理化世界'를 역설한 공자의 영향은 동북아 지역을 일찍부터 계몽된 곳으로 만들 수 있었다. '文'의 숭상은 동북아 문명을 특히 수준 높은 것으로 만들었다. 그러나 '왕정'이라는 구조를 벗어나지 못한 한 동북아 세계에서도 온갖 형태의 무지와 어리석음은 사라지지 않았다. 지배층의 탐욕이나 심리적 변덕에 의해 수많은 사람이 초개처럼 취급되곤 했던 사건들이 이를 잘 드러낸다. 그러나 그 과정에서 이 사유 전통은 인간과 인생의 의미에 대한 탐구를 꾸준히 이어갔다. 특히 고대 이래 이어진, 불교의 영향까지도 흡수한 '사람의 마음(心)'에 대한 깊은 성찰의 역사는 오늘날에도 이어받아야 할 중요한 철학적 유산이다. 이런 흐름은 유·불·도 삼교를 통합한 성리학에서 정점에 달한다. 성리학은 "性卽理"라는, 힌두교와 유사한 구도의 도덕 형이상학의 체계를 구축했으며, 특히 조선 철학에서 보았듯이 사람의 마음에 대한 철학적 사변을 차원 높게 전개했다. 성리학과 (훗날 서구에서 등장하는) 독일 이념론에서 인간은 가장 차원 높은 존재론적 위상을 부여받는다. 성리학과 학문적 근간을 달리하면서도, 혜강 최한기는 '神氣' 개념으로써 이러한 흐름을 이었다. 사람의 마음에 대한 동북아의 유구한 사유 전통은 오늘날의 철학에도 중요한 자양분을 제공할 수 있을 것이다.

전통적인 사유들은 이렇게 인간 자신을 성찰하는 과정에서 인간존재의 고유한 차원으로서 영혼/정신/자아/마음이라는 차원을 발견해내고 개념화했다. 이런 유산들을 이어서 근대적인 자아 탐구의 본격적 흐름을 연 것은 로크 이래의 경험론의 전통이었다. 전통적 인성론이 대체적으로 말해 형이상학적 성격을 띠었다면, 근대에 도래한 경험론적 전통은 사람의 마음을 구체적인 경험의 과정에 놓고서 사유했다. 로크는 시간을 따라가면서 자신의 경험을 종합하고 기억으로써 자기차이화를 이루어가는 존재로서의 '인격'을 분명히 했거니와, 나아가 이 인격체에게 개인적 자유라는 근본 속성과 윤리적-정치적인 권리와 책임이라는 속성을 부여하기에 이른다. 로크에 이르러 인간은 비로소 지금 우리에게까지 이어져오는 경험적 주체이자 시민적 주체의 모습을 보다 분명하게 띠게 된 것이다. 근현대 철학의 가장 위대한 성취들 중 하나는 로크에 의해 밑그림이 그려진 이 인간존재론을 매우 다양한 방식으로 깊이 있게 다듬어온 점에 있다. 특히 '계몽사상'은 앙시앵 레짐을 몰아내고 '이성/정신'으로서의 인간상을 확고히 정립하기에 이른다.

근대성이 무르익기 시작한 19세기에 이르러 인간 주체에게 가장 위대한 위상을 부여한 사조들이 출현했다. 칸트는 기존의 논의들이 인간 정신의 능력들을 세심하게 구분하지 않은 채 사유한 것을 비판하고, 감성, 오성, 판단력, 사변이성과 같은 능력들의 역할과 관련성을 치밀하게 분석했다. 나아가 칸트가 '규제적' 역할을 부여했던 사변이성에 '구성적' 역할을 부여함으로써, 마이몬, 피히테, 셸링, 헤겔은 인간 정신을 무한지성으로 격상시켰으며, 세계를 이 무한지성에 집어넣어 이념의 차원에서 파악했다. 이미 셸링이 이 구도의 무리함을 감지하고서 경험주의 쪽으로 방향을 틀었거니와, 사실 경험주의, 실증주의 등 19세기를 특징짓는 사조들, 콩트, 스펜서 등은 물론이고 다윈, 마르크스, 니체, 베르그송에게서조차도 헤겔적인 목적론적 진화론의 그림자는 짙게 드리워지곤 했다. 세세한 점들을 접어둔다면, 이런 흐름은 동북아에서도 역시 발견된다. 여기에서도 "性卽理"의 구도에 입각해 "存天理去人慾"의 사유를 펼쳤던 성리학의 시대가 저물고, 경험주의적인 사유들이 펼쳐졌다. 그 정점에서 정약용은 성리학의 도덕형이상학적 주체와 실학의 경험적 주체 사이에 서서 도덕적 주체를 사유했다. 그리고 이념론자들이 칸트를 어떤 극단으로 이어갔듯이, 최한기는 정약용을 넘어

'神氣通'의 우주론적 인간존재론을 전개했다. 인간의 정신은 '신기'의 밝은 빛이 되고, 우주 진화의 최정상에 서서 생명과 역사의 긴 시간을 굽어보기에 이른다.

현대에 들어와 인간을 보는 눈은 크게 달라진다. 이전에는 상상도 못했던 규모의 전쟁들(무엇보다도, 19세기적 낙관주의의 주요 근거였던 과학기술이 얄궂은 방식으로 드러낸 가공할 파괴력), 그리고 제국주의와 파시즘이 드러낸 인간의 극악한 모습들은 이제 인간에게 정말 두려운 존재는 인간 자신이라는 점을 직시하게 만들었다. 이런 상황에서 이제 현대 철학은 19세기적인 선험적 주체와는 판이한 세 갈래의 인간존재론을 전개했다.

그 한 갈래에서, 인간은 근대에서와 같은 선험적 주체이기를 그치고 '실존'으로서 새롭게 이해된다. 이제 그는 자신에게 주어진 것들을 자신의 틀로써 구성해내는 입법자가 아니다. 현상학적 방법을 통해서 벼려진 실존 개념은 객관세계의 범주들과는 판이한 실존 범주들을 통해 이해되며, 근대적인 학문 개념의 테두리 자체를 벗어나는 고유한 존재자로서 이해된다. 이 존재는 여전히 주체이지만, 그는 더 이상 구성하는 주체가 아니라 세계와 맞물린 장에서 살아가면서 세계의 드러남과 주체의 지향성이 겹쳐지는 곳에서 의미를 인식하고 향유하는 존재이다. 이러한 실존으로서의-인간의 모습은 다양한 형태를 띠거니와, 존재가 드러나는 'Lichtung'에서의 시적 삶을 꿈꾼 하이데거의 실존이나 오로지 자신의 실제 행함에 의미를 두면서 삶을 창조적으로 만들어가는 사르트르의 실존은 그 범형적인 예들을 제시한다. 여기에서 인간은 세계의 지배자이기를 그만두고, 그 자신의 실존을 자각하고 그 무엇으로도 대체할 수 없는 고유의 의미세계를 지향하고 만들어간다.

그러나 현대 인간과학은 이렇게 실존이 의식적으로 지향하고 만들어가는 곳이 아니라, 바로 그런 실존이 자신도 모르게 그 구조 안에서 살아가고 있는 곳을 드러냈다. 여기에서 근대적인 선험적 주체는 오히려 객관적인 선험적 구조 안에서 해체되어버린다. 이 점에서 이 두 번째 갈래에서는 실존으로서의 인간이 사라져버리고, 인간은 특정한 구조에 따라서 살아가는 존재로서 재개념화된다. 그러나 주체란 온전하게 해소될 수 없는 존재이며, 이후 라캉을 비롯한 여러 철학자들은 구조주의의 성과 위에서 각각의 독창적인 주체론을 전개하기에 이른다. 바디우에 이르기까지 그리고 나아가 오늘날까지도 이어지고 있는 이 인간존재론의 흐름은 인간주체에 관한 참신한 통찰들을 다채롭게 쏟아냈다.

이러한 흐름과는 맥을 달리하면서, 인간존재를 자연의 지평에서, 생명의 맥락에서 해명해간 갈래도 오늘날까지 이어져왔다. 베르그송의『물질과 기억』을 필두로 하는 이 흐름은 멀리로는 아리스토텔레스의『영혼론』에까지 닿는, 전통 형이상학, 자연철학의 논의를 잇고 있다. 이러한 흐름은 특히 현대 생명과학의 발달, 그중에서도 신경과학의 발달에 자극받은 바 컸으며, 이런 맥락에서 (행동주의의 한계를 돌파하고자 했을 때) 두드러지게 된 것은 유물론의 관점이었다. 오늘날 유물론의 존재론과 표상주의의 인식론이 결합된 철학이 신경과학 등의 과학적 탐구에서는 거의 표준이 된 듯하다. 그러나 철학의 맥락에서는 이 관점이 만족스러운 것이 못 되며, 이후 점차 뇌, 몸, 마음, 세계를 보다 포괄적으로 사유하려는 경향들이 등장한다. 이 과정에서 이 자연주의적 갈래는 처음의 실존주의적 갈래와 어느 정도 접근하기에 이른다. 결국 현대 철학의 인간 탐구는 실존의 축, 구조의 축, 생명의 축을 돌아서 원환을 형성하게 된 것이다. 이제 이 원환 전체를 시야에 두고 사유함으로써, 그리고 전통 철학의 성과들을 잊지 않음으로써 우리는 인간의 보다 포용적인 자기 이해에 다가설 수 있을 것이다.

철학적 사유는 세계와 인간의 관계만이 아니라 인간과 인간의 관계에 대해서도 사유해왔다. 이는 곧 윤리, 정치, 법 등에 대한 사유를 뜻한다. 인간-인간 관계 즉 사회와 역사에서 특히 기본적인 것은 정치 즉 권력 배분의 문제이며, 추구해야 할 가치는 정의이다. 사회란 분업의 체계이며, 각인은 이 체계의 어느 한 이름-자리에 속함으로써 자신의 '사회적 정체성'을 가지게 된다. 막시류의 경우 이 구조는 본능에 의해 유지되지만, 개인의 고유함이 점차 강화되어온 인간 사회에서 이 구조는 보다 복잡하고 동적이다. 각 집단 사이에서는 인정투쟁과 상호 인정의 관계가 성립하고, 사회 전체는 권력 배분의 구조를 띤다. 개인들이나 집단들은 더 큰 인정, 권력을 소유하기 위해 움직인다. 권력 배분을 둘러싼 이런 갈등, 투쟁, 조정의 과정을 '정치'라고 부른다. 정치에서 추구되는 핵심적인 가치는 '정의'이다. 사회의 갈등, 투쟁, 조정이 각종 형태의 폭력을 통해서가 아니라 각인, 각 집단이 동의하는 상호 인정과 그것의 정식화인 법률에 의해 이루어지는 것을 정의라고 할 수 있다. 여기에서 더 근본적으로 파고들 때, 우리는 인간존재의 개념, 인간과 인간의 관계, 인간이 추구해야 할 가치, 좋음/나쁨 또는 옳음/그름의 개념 등 윤리학적인 문제들을 만나게 된다. 실천적인 맥락에서의 철학은 이렇게 윤리, 정치, 법 등의 문제를 집중적으로 다루게 된다.

인간의 본격적인 역사는 상고 시대의 거대 권력에서 시작되었으며, 이 초기 조건이 인간적 삶의 원초적 형태에 결정적인 영향을 미쳤다. 다시 말해, 인류의 역사는 권력의 극히 일방적인 집중에서 시작되었다고 할 수 있다. 기축 시대에 거대 권력이 일차 와해되면서 철학과 정치의 새로운 시대가 열리게 된다. 그리스와 로마에서는 민주정과 공화정이 들어서게 되며, 동북아에서는 정치철학적 사유들이 풍성하게 펼쳐지기에 이른다. 인간의 철학이라는 행위와 본격적인 형태의 정치라는 행위는 이렇게 쌍둥이로서 태어난 것이다. 이 시대에 이루어진 사유들은 지금까지도 그 빛을 잃지 않고 있다.

하지만 오래지 않아 왕조라는 지배 형식이 새로운 형태로 재정비된다. 이렇게 형성된 중세적인 지배 형식은 오래도록 지속된다. 왕조라는 지배 형식은 지배층인 (사제 세력을 포함한) 귀족에서 왕족이 특화된 형태를 띠게 되며, 한 왕조의 성격은 왕의 특성과 왕족과 다른 귀족들의 관계, 귀족사회의 성격 등에 의해 특징지어진다. 예컨대 명과 조선의 경우 왕권과 신권 사이의 관계에 큰 차이가 있었다. 지배층과 피지배층 사이의 관계가 각 왕조의 명운을 좌우했다고 볼 수 있으며, 지배층의 횡포나 무능이 극에 달하면 피지배층의 중심인 농민들의 항쟁이 일어나 왕조를 무너뜨리곤 했다. 각각의 왕조는 특정한 종교(/형이상학)를 '국교'로 삼아 그것을 통치 이데올로기로 활용함으로써 지속되었다. 동북아의 유교, 인도의 힌두교, 지중해세계의 기독교와 이슬람교는 그 전형적인 예이다. 각 지역, 각 시대의 주요 철학자들이 민본사상으로써 사회의 변화를 꾀했지만, 왕조라는 지배 형식은 번번이 이들의 노력을 좌절시켰다. 종교가 지배했던 이 시대에는 철학과 정치가 공히 위축되었다.

근대성의 도래는 상고 시대에 형성되었고 기축 시대에 잠시 흔들렸으나 이내 재구축된 이 지배 형식을 상당 부분 무너뜨렸다. 이 사건은 곧 질적 위계의 구조가 무너지고 모든 것이 등질성의 원리에 입각해 파악된 과정이었다. 그러나 이 등질화의 과정은 근대성 고유의 문제를 낳지 않을 수 없었다. 자연의 등질화, 양화는 세계를 자체로서가 아니라 인간이 고안한 기호들의 망에 포착된 것으로 나타나게 만들었다. 자연은 기호들로 그린 일종의 그림으로 화한다. 화폐의 본격화는 세상의 모든 사물들을 화폐의 양으로 환원했으며, 인공물이 아닌 자연물 나아가 사람, 문화까지도 모두 숫자화했다. 이제 우리는 이런 화폐의 매개를 통하지 않고 사물과 만나는 법을 거의 잊어버리고 있다. 정치, 사회, 문화에서의 등질화는 그 어떤 가치든 대중의 머릿수로 측정되는 시대를 낳았다. 여기에서 각인 사이의 차이, 판단의 질, 다양한 맥락 등은 고려의 대상이 되지 않으며, 오로지 머릿수만이 모든 가치판단의 근거가 된다. 요컨대 근대 문명이란 모든 것을 등질화하려는 의지에 의해 점철된 문명이다.

이런 등질화에의 의지는 어디에서 유래한 것일까? 한편으로 그것은 역사에서의 변화와 궤를 함께하는, 자유와 평등을 향한 주체들의 열망을 담고 있다. 인간은 근대성을 통해서 신민으로서의 'subjectum'에서 주체로서의 'subjectum'으로의 전환을 이루어냈다. 이 과정에서 등질화는 전통에서 근대성으로의 이행을 가능케 한 결정적인 원리였다. 그러나 다른 한편, 등질화는 자연을, 사물을, 나아가 인간까지도 조작할 수 있도록, 쉽게 다룰 수 있도록 만들려는 의지와도 관련된다. 이 의지가 곧 생명정치와 연계된다. 따라서 등질화에는 어떤 역설이 존재한다. 등질화 뒤에는 사실 새로운 형태의 권력 배분, 곧 등질화를 매개로 해서 작동하는 권력 배분이 숨어 있는 것이다. 이것은 곧 과학기술, 자본주의, 대중주의가 밀접히 연계되어 있는 권력 배분이다. 앞에서 언급했던 근대적 주체의 이중성 — 주체-화와 예속 주체화 — 은 여기에서 다시 한 번 확인된다.

이런 흐름은 생명정치의 흐름으로 귀착했거니와, 이는 곧 자유주의 이념의 (지금으로 봐서는) 궁극의 변형태라고 할 수 있다. 처음에 종교 권력으로부터의 해방을 추구했던 자유주의는 몇 번의 변형을 거친 끝에 생명정치의 형태로 굳어진 것이다. 이 과정에서 자유주의는 주기적 불안정성, 사회적인 것의 파탄, 제국주의 같은 모순들을 드러내었다. 역사의 이런 흐름에 저항한 것은 곧 사회주의의 흐름이었다. 사회민주주의, 공산주의, 아나키즘으로 갈라지면서 전개된 사회주의의 흐름은 곧 자유주의와 자본주의에 대한 처절한 투쟁의 역사였다. 사회주의는 이런 투쟁의 과정에서 많은 감동적인 장면을 연출하기도 했으나, 묘하게도 특정 국가의 권력을 잡은 이후에는 오히려 퇴행적인 모습을 보이곤 했다. 이런 퇴행의 중요한 한 이유는 확실히 국가/민족이라는 요인에 있었다. 민족주의는 제국주의에 대한 저항이라는 긍정적인 국면도 있었으나, 다른 한편으로는 제국주의를 떠받치는 사조로서도 기능하곤 했다. 그리고 그 최악의 얼굴은 파시즘 등을 통해 드러난 인종주의에서 볼 수 있다. 20세기의 역사는 인간('인간 개체군')을 조작의 대상으로 삼은 자유주의와 자본주의, 이런 흐름에 저항했으나 끝내 왕조적 국가로 퇴행한 사회주의, 그리고 특정 집단이 다른 특정 집단을 짓밟은 민족주의(나아가 인종주의)의 흐름에 의해 끝도 없는 참극을 이어간 과정이었다.

20세기 후반에 형성된 '타자의 철학'은 기존의 특정 이념들의 형태를 띠었던 정치철학들과는 달리, 전혀 새로운 철학적 근간 위에서 타자/소수자의 윤리학과 정치철학을 펼쳤다. 근대 서구를 지배한 지식-권력의 장들에 대한 면밀한 역사적 탐구를 통해 타자들의 얼굴을 드러내고자 한 푸코, 서구 존재론에 대한 근본적인 전복을 바탕으로 타자의 윤리학을 전개한 레비나스와 데리다, 독특한 자연철학/형이상학의 바탕 위에서 타자-되기와 소수자 윤리학/정치철학을 전개한 들뢰즈와 가타리를 비롯해서, 이 타자의 사유의 흐름은 이번 세기에 이르기까지 이어져오고 있다. 그러나 오늘날 다시금 우리는 이 사유들의 범위를 벗어나는 새로운 상황들에 맞닥뜨리고 있다. 인간은 거대한 자연사의 와류에 처해 흘러가는 자신을 발견했고, 또 '글로벌' 세계와 '디지털' 세계라는 (새로운 존재론을 요청하는) 현실에 처하게 되었다. 이제 우리는 지난 세기의 위대한 성취인 타자의 사유를 이어받되, 우리가 마주치고 있는 새로운 현실을 개념화하기 위해 이들의 사유를 더 먼 곳까지 밀고 나가야 할 시간의 지도리 위에 서 있는 것이다.

맺는 말

　우리의 삶을 수놓는 온갖 일들이 이런저런 길들을 따라 생겨난다. 그러한 길들이 마주치는 곳에서 새로운 무늬들이 새겨지고, 새로운 길들이 시작된다. 갖가지 연(緣)들이 만들어내는 마주침의 장소들에서 사유의 창조가 이루어진다. 책이란 유독 많은 연들이 모이는 마주침의 장소이고 사유의 모닥불이다. 이제 긴 여정을 끝내고 보니 이 장소를 밝혀주는 모닥불 주위로 많은 얼굴들이 보인다.

　소은 박홍규 선생을 민니 배운 서구 존재론사는 내 사유의 든든한 뼈대가 되어주었다. 나는 선생의 가르침에 따라 서구 존재론사의 오저(奧底)를 들여다볼 수 있었고, 그런 경험을 근거로 이 저작을 쓸 용기를 낼 수 있었다. 그러나 결국 존재론사보다는 철학사를 쓰고자 했다. 두 가지 맥락이 나를 이 길로 이끌었다. 소은 선생의 영혼에 전쟁이 깊이 각인되었듯이, 내 영혼에는 민주화를 향한 투쟁의 시대가 깊이 각인되어 있다. 내게 소은의 사유가 이론의 맥락에서 늘 그리로 돌아가게 되는 원점이듯이, 실천의 맥락에서는 1980년대에 겪은 체험이 늘 다시 돌아가 보게 되는 출발점이다. 내게는 철학만이 아니라 역사와 정치도 중요했다. 하나의 연이 더 존재한다.

2000년에 문을 연 대안공간에서 시민들이 보여준 지적 갈망이 그것이다. 그 더운 여름날 에어컨도 부실한 허름한 강의실에서 꼬박 3시간을 경청하던 수강생들, 뒤의 빈 공간까지 빽빽이 서서 경청하던 그 수강생들의 열정이 내 가슴에 평생 지울 수 없는 장면을 각인했다. 그때 느낀 깊은 감정, 내가 이들을 위해서 무언가를 해야 한다는 그 강렬한 의무감이 지금까지 이 작업을 끌고 온 원동력이 된 것 같다. 그 시절 다른 강의들보다 철학사 강의가 늘 인기가 있었다. 이 모든 인연들이 모여 나는 철학사를 쓰게 되었다.

왜 '세계'철학사가 되었는가? 나는 소은 선생께 배운 서구 존재론사에 깊이 경도되었지만, 그보다 더 깊은 곳에는 내가 어린 시절부터 살아온 세계가 늘 변치 않는 산하처럼 온존(溫存)하고 있다. 이 세계는 태극도, 각세교(覺世敎), 한의학, 고전 문헌들, 붓글씨, 가사(歌辭), … 같은 전통의 향기가 짙게 배어 있는 세계이다. 그러나 나를 둘러싼 세계는 너무나 급격히 변해갔고, 이 예스러운 시대는 이내 서구의 근대성을 모델로 한 '개발'에 매진하는 시대로, 그리고 그 시간을 채 소화하기도 전에 다시 '글로벌'과 '디지털'로 상징되는 탈-근대적 세계로 쏜살같이 이행해갔다. 내가 꿈꾼 것은 내가 짧은 시간에 압축적으로 경험했던 이 세계들, 어린 시절 할아버지 세대와 함께 살았던 전통의 세계, 그 후 아버지 세대와 함께 살아온 근대 세계, 그리고 지금 내가 아이들 세대와 함께 살아가고 있는 탈-근대적 세계, 이 세 세계를 모두 이어서 사유하는 것이었다. 그랬기에 내가 써야 할 철학사는 서양 철학사도 아니고 동양 철학사도 아닌 세계철학사여야 했고, 그 구성의 실타래는 전통과 근대 그리고 탈근대여야 했다.

내가 지금까지 살아온, 일종의 수수께끼와도 같았던 그 삶이 도대체 무슨 의미였을까를 세계철학사의 수준에서 반추해본 이제, 내 시선은 현재 우리의 삶과 미래의 가능세계들로 향하고 있다. 시간이 많이 흘러갔다. 2000년에 대안공간을 열어 시민들과 함께 철학사를 공부하던 패기만만했던 젊은이는 이제 어디론가 사라지고 없다. 그러나 사유는 계속되어야 한다. 나는 벌써 초로에 접어들었지만 내 곁에는 뜻을 함께하는 젊은이들이 있고, 이제 그들과 함께 우리 시대에 대해서 그리고 우리의 미래에 대해서 계속 사유해나갈 것이다.

2023년 겨울, 또 한 해를 보내며

逍雲

참고 문헌

가다머, 한스-게오르크, 임홍배 옮김, 『진리와 방법』, 문학동네, 2020

고형곤, 『禪의 세계』, 동국대학교 출판부, 2005

구키 슈조, 이정우 옮김, 『프랑스 철학 강의』, 교보문고, 1992

군지 페기오-유키오, 박철은 옮김, 『생명 이론』, 그린비, 2013

_____, 박철은 옮김, 『시간의 정체』, 그린비, 2019

그린, 브라이언, 박병철 옮김, 『멀티유니버스』, 김영사, 2014

그린버그, 클레멘트, 조주연 옮김, 『예술과 문화』, 경성대학출판부, 2019

김재희, 『시몽동의 기술철학』, 아카넷, 2017

김형효, 『구조주의: 사유체계와 사상』, 인간사랑, 1989

까스뜨루, 에두아르두, 박이대승·박수경 옮김, 『식인의 형이상학』, 후마니타스, 2018

니시다 기타로, 서석연 옮김, 『선의 철학』, 범우사, 2001

니시타니 게이지 외, 이경훈 외 옮김, 『태평양전쟁의 사상』, 이매진, 2007

다윈, 찰스, 송철용 옮김, 『종의 기원』, 동서문화사, 2011

다카하시 데쓰야, 고은미 옮김, 『기억의 에티카』, 소명출판, 2021

데닛, 대니얼, 유자화 옮김, 『의식의 수수께끼를 풀다』, 옥당, 2013

데란다, 마누엘, 이정우·김영범 옮김, 『강도의 과학과 잠재성의 철학』, 그린비, 2009

데리다, 자크, 남수인 옮김, 『글쓰기와 차이』, 동문선, 2007

_____, 진태원 옮김, 『법의 힘』, 문학과지성사, 2004

_____, 박성창 옮김, 『입장들』, 솔, 1992

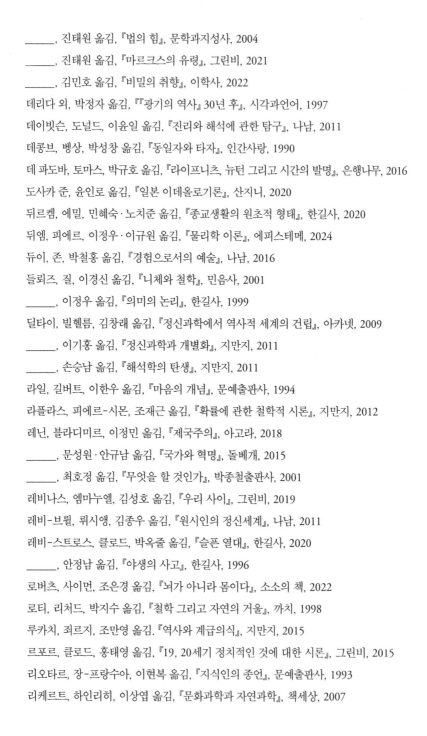

_____, 진태원 옮김, 『법의 힘』, 문학과지성사, 2004

_____, 진태원 옮김, 『마르크스의 유령』, 그린비, 2021

_____, 김민호 옮김, 『비밀의 취향』, 이학사, 2022

데리다 외, 박정자 옮김, 『『광기의 역사』 30년 후』, 시각과언어, 1997

데이빗슨, 도널드, 이윤일 옮김, 『진리와 해석에 관한 탐구』, 나남, 2011

데콩브, 뱅상, 박성창 옮김, 『동일자와 타자』, 인간사랑, 1990

데 파도바, 토마스, 박규호 옮김, 『라이프니츠, 뉴턴 그리고 시간의 발명』, 은행나무, 2016

도사카 준, 윤인로 옮김, 『일본 이데올로기론』, 산지니, 2020

뒤르켐, 에밀, 민혜숙·노치준 옮김, 『종교생활의 원초적 형태』, 한길사, 2020

뒤엠, 피에르, 이정우·이규원 옮김, 『물리학 이론』, 에피스테메, 2024

듀이, 존, 박철홍 옮김, 『경험으로서의 예술』, 나남, 2016

들뢰즈, 질, 이경신 옮김, 『니체와 철학』, 민음사, 2001

_____, 이정우 옮김, 『의미의 논리』, 한길사, 1999

딜타이, 빌헬름, 김창래 옮김, 『정신과학에서 역사적 세계의 건립』, 아카넷, 2009

_____, 이기홍 옮김, 『정신과학과 개별화』, 지만지, 2011

_____, 손승남 옮김, 『해석학의 탄생』, 지만지, 2011

라일, 길버트, 이한우 옮김, 『마음의 개념』, 문예출판사, 1994

라플라스, 피에르-시몬, 조재근 옮김, 『확률에 관한 철학적 시론』, 지만지, 2012

레닌, 블라디미르, 이정민 옮김, 『제국주의』, 아고라, 2018

_____, 문성원·안규남 옮김, 『국가와 혁명』, 돌베개, 2015

_____, 최호정 옮김, 『무엇을 할 것인가』, 박종철출판사, 2001

레비나스, 엠마누엘, 김성호 옮김, 『우리 사이』, 그린비, 2019

레비-브륄, 뤼시앵, 김종우 옮김, 『원시인의 정신세계』, 나남, 2011

레비-스트로스, 클로드, 박옥줄 옮김, 『슬픈 열대』, 한길사, 2020

_____, 안정남 옮김, 『야생의 사고』, 한길사, 1996

로버츠, 사이먼, 조은경 옮김, 『뇌가 아니라 몸이다』, 소소의 책, 2022

로티, 리처드, 박지수 옮김, 『철학 그리고 자연의 거울』, 까치, 1998

루카치, 죄르지, 조만영 옮김. 『역사와 계급의식』, 지만지, 2015

르포르, 클로드, 홍태영 옮김, 『19, 20세기 정치적인 것에 대한 시론』, 그린비, 2015

리오타르, 장-프랑수아, 이현복 옮김, 『지식인의 종언』, 문예출판사, 1993

리케르트, 하인리히, 이상엽 옮김, 『문화과학과 자연과학』, 책세상, 2007

마굴리스, 린, 이한음 옮김, 『공생자 행성』, 사이언스북스, 2018

마굴리스, 린·세이건, 도리언, 김영 옮김, 『생명이란 무엇인가』, 리수, 2018

마루야마 게이자부로, 고동호 옮김, 『존재와 언어』, 민음사, 2002

마루야마 마사오, 김석근 옮김, 『일본 정치사상사 연구』, 한국사상사연구소, 1995

_____, 김석근 옮김, 『현대정치의 사상과 행동』, 한길사, 1997

마슈레, 피에르, 진태원 옮김, 『헤겔 또는 스피노자』, 그린비, 2010

마오쩌둥, 이등연 옮김, 『마오쩌둥 주요 문선』, 학고방, 2018

마주르, 조지프, 권혜승 옮김, 『수학기호의 역사』, 반니, 2017

마트롱, 알렉상드르, 김문수·김은주 옮김, 『스피노자 철학에서 개인과 공동체』, 그린비,
  2008

메를로-퐁티, 모리스, 김웅권 옮김, 『행동의 구조』, 동문선, 2008

마하, 에른스트, 고인석 옮김, 『역학의 발달: 역사적-비판적 고찰』, 한길사, 2014

미우라 도시히코, 박철은 옮김, 『가능세계의 철학』, 그린비, 2011

바디우, 알랭, 서용순 옮김, 『철학을 위한 선언』, 도서출판 길, 2010

_____, 박정태 옮김, 『들뢰즈, 존재의 함성』, 이학사, 2001

_____, 박정태 옮김, 『일시적 존재론』, 이학사, 2018

_____, 김병욱 외 옮김, 『메타정치론』, 이학사, 2018

바슐라르, 가스통, 이가림 옮김, 『물과 꿈』, 문예출판사, 1980

_____, 이가림 옮김, 『순간의 미학』, 영언문화사, 2002

_____, 곽광수 옮김, 『공간의 시학』, 동문선, 2003

바이저, 프레데릭, 이신철 옮김, 『이성의 운명』, 도서출판b, 2018

박이문, 『인식과 실존』, 미디어북스, 2016

박치우, 『사상과 현실』, 인하대학교출판부, 2010

박홍규, 『소은 박홍규 전집』, 전5권, 민음사, 1995~2007

버틀러, 주디스, 조현순 옮김, 『안티고네의 주장』, 동문선, 2005

베넷, 맥스웰·피터 해커, 이을상 외 옮김, 『신경과학의 철학』, 사이언스북스, 2013

벤야민, 발터, 최성만·김유동 옮김, 『독일 비애극의 원천』, 한길사, 2009

보댕, 장, 나정원 옮김, 『국가에 관한 6권의 책』, 아카넷, 2013

보드리야르, 장, 하태환 옮김, 『시뮬라시옹』, 민음사, 2012

보라도리, 지오반니, 손철성·김은주·김준성 옮김, 『테러 시대의 철학』, 문학과지성사,
  2004

보부아르, 시몬 드, 이희영 옮김,『제2의 성 I』, 삼성문화사, 2020

볼, 필립, 김지선 옮김,『형태학』, 전3권, 사이언스북스, 2014

볼츠만, 루트비히, 이성열 옮김,『기체론 강의』, 아카넷, 2017

블랑쇼, 모리스, 이달승 옮김,『문학의 공간』, 그린비, 2010

비트겐슈타인, 루트비히, 이기홍 옮김,『심리철학적 소견』, 전 2권, 아카넷, 2013

사르트르, 장 폴, 현대유럽사상연구회 옮김,『자아의 초월성』, 민음사, 2017

_____, 지영래 옮김,『상상력』, 기파랑, 2008

_____, 윤정임 옮김,『상상계』, 기파랑, 2010

_____, 박정자 외 옮김,『변증법적 이성 비판』, 나남, 2009

사토 요시유키, 김상운 옮김,『권력과 저항』, 난장, 2012

설, 존, 강신욱 옮김,『신경생물학과 인간의 자유』, 궁리, 2010

세르, 미셸, 이규현 옮김,『헤르메스 4, 분포』, 민음사, 1999

_____, 김웅권 옮김,『기식자』, 동문선, 2002

셸링, 프리드리히, 심철민 옮김,『조형미술과 자연의 관계』, 책세상, 2014

_____, 한자경 옮김,『자연철학의 이념』, 서광사, 1999

_____, 권기환 옮김,『나의 철학체계의 서술』, 누멘, 2010

소쉬르, 페르디낭 드, 최승언 옮김,『일반 언어학 강의』, 민음사, 2020

손병홍,『가능세계의 철학』, 소피아, 2004

쇼펜하우어, 아르투어, 홍성광 옮김,『의지와 표상으로서의 세계』, 을유문화사, 2019

_____, 김미영 옮김,『도덕의 기초에 관하여』, 책세상, 2016

슘페터, 조지프, 변상진 옮김,『자본주의·사회주의·민주주의』, 한길사, 2021

스미스, 아담, 유인호 옮김,『국부론』, 동서문화사, 2009

스피박, 가야트리, 태혜숙 옮김,『포스트식민 이성 비판』, 갈무리, 2005

승현준, 신상규 옮김,『커넥톰, 뇌의 지도』, 김영사, 2014

시몽동, 질베르, 황수영 옮김,『형태와 정보 개념에 비추어 본 개체화』, 그린비, 2017

신오현,『자유와 비극: 사르트르의 인간존재론』, 문학과지성사, 1979

아도르노, 테오도르, 홍승용 옮김,『부정변증법』, 한길사, 2014

아도르노, 테오도르·호르크하이머, 막스, 김유동 옮김,『계몽의 변증법』, 문학과지성
  사, 2001

아렌트, 한나, 김선욱 옮김,『예루살렘의 아이히만』, 한길사, 2006

_____, 김선욱 옮김,『칸트 정치철학 강의』, 푸른숲, 2002

_____, 홍원표 옮김, 『정신의 삶』, 푸른숲, 2019

알튀세르, 루이 외, 김진엽 옮김, 『자본론을 읽는다』, 두레, 1991

_____, 서관모 옮김, 『마르크스를 위하여』, 후마니타스, 2018

_____, 김동수 옮김, 『아미엥에서의 주장』, 솔, 1993

_____, 서관모·백승욱 옮김, 『철학과 맑스주의』, 새길, 1996

야마가와 주이치, 『인간 폭력의 기원』, 곰출판, 2018

야우, 상퉁·네이다스, 스티브, 고중숙 옮김, 『휜, 비틀린, 꼬인 공간의 신비』, 경문사, 2013

에델만, 제럴드, 황희숙 옮김, 『신경과학과 마음의 세계』, 범양사, 2006

에클랑, 이바르, 박지훈 옮김, 『가능한 최선의 세계』, 필로소피, 2016

옌푸, 양일모 옮김, 『천연론』, 소명출판, 2008

오스틴, 존, 김영진 옮김, 『말과 행위』, 서광사, 1992

왕필, 임채우 옮김, 『주역 왕필주』, 도서출판 길, 1998

울스턴크래프트, 문수현 옮김, 『여성의 권리 옹호』, 책세상, 2011

윅스퀼, 야콥 폰, 정지은 옮김, 『동물들의 세계와 인간의 세계』, 도서출판b, 2012

음비티, 존, 정진홍 옮김, 『아프리카의 종교와 철학』, 현대사상사, 1979

이돈화, 『신인철학』, 한국사상연구회, 1963

이리가레, 뤼스, 심하은·황주영 옮김, 『반사경』, 꿈꾼문고, 2021

이븐 할둔, 김호동 옮김, 『역사 서설』, 까치, 2003

이우환, 김춘미 옮김, 『여백의 예술』, 현대문학, 2002/2016

_____, 심은록 엮음, 『양의의 예술』, 현대문학, 2014

이정우, 『객관적 선험철학 시론』, 그린비, 2011

_____, 『사건의 철학』, 그린비, 2011

_____, 『접힘과 펼쳐짐』, 그린비, 2011

_____, 『동일성과 차이생성』, 그린비, 2022

_____, 『무위인-되기』, 그린비, 2023

자콥, 프랑수아, 이정우 옮김, 『생명의 논리』, 민음사, 1994

재닉, 앨런·툴민, 스티븐, 석기용 옮김, 『비트겐슈타인과 세기말 빈』, 필로소픽, 2020

제이, 마틴, 전영백 외 옮김, 『눈의 폄하』, 서광사, 2019

제임스, 윌리엄, 정양은 옮김, 『심리학의 원리』, 아카넷, 2005

_____, 김재영 옮김, 『종교적 경험의 다양성』, 한길사, 2000

존슨, 마크, 김동환·최영호 옮김, 『몸의 의미』, 동문선, 2012

지젝, 슬라보예, 이수련 옮김, 『이데올로기라는 숭고한 대상』, 인간사랑, 2001

처칠랜드, 폴, 박제윤 옮김, 『플라톤의 카메라』, 철학과현실사, 2016

카시러, 에른스트, 박완규 옮김, 『문화과학의 논리』, 도서출판 길, 2007

_____, 최명관 옮김, 『인간이란 무엇인가』, 창, 2008

_____, 오향미 옮김, 『인문학의 구조 내에서 상징형식 개념 외』, 책세상, 2009

_____, 박찬국 옮김, 『상징형식의 철학』, 아카넷, 2016

캉길렘, 조르주, 여인석 옮김, 『정상적인 것과 병리적인 것』, 그린비, 2018

케인스, 존 메이너드, 조순 옮김, 『고용, 이자 및 화폐의 일반 이론』, 비봉출판사, 2020

코제브, 알렉상드르, 설헌영 옮김, 『역사와 현실변증법』, 한벗, 1981

코플랜드, 잭, 박영대 옮김, 『계산하는 기계는 생각하는 기계가 될 수 있을 것인가?』,
에디토리얼, 2020

쾨르너, 스테판, 『수학철학』, 최원배 옮김, 나남, 2015

쿤, 토머스, 김명자·홍성욱 옮김, 『과학혁명의 구조』, 까치, 2020

크립키, 솔, 정대현·김영주 옮김, 『이름과 필연』, 필로소피, 2014

클라스트르, 피에르, 변지현·이종영 옮김, 『폭력의 고고학』, 울력, 2002

클락, 앤디, 신상규 옮김, 『내추럴-본 사이보그』, 아카넷, 2015

_____, 윤초희·정현천 옮김, 『수퍼사이징 더 마인드』, 교육과학사, 2018

튜링, 앨런, 노승영 옮김, 『지능에 관하여』, 에이치비프레스, 2019

파농, 프란츠, 노서경 옮김, 『검은 피부, 하얀 가면』, 문학동네, 2022

포, 에드거 앨런, 김진경 옮김, 『도둑맞은 편지』, 문학과지성사, 2018

포더, 제리, 이영옥 옮김, 『표상』, 민음사, 1995

폴라니, 칼, 홍기빈 옮김, 『거대한 전환』, 도서출판 길, 2009

푸앵카레, 앙리, 이정우·이규원 옮김, 『과학과 가설』, 에피스테메, 2014

푸코, 미셸, 이규현 옮김, 『광기의 역사』, 나남, 2003

_____, 이규현 옮김, 『말과 사물』, 민음사, 2012

_____, 이정우 옮김, 『지식의 고고학』, 민음사, 2000

_____, 오생근 옮김, 『감시와 처벌』, 나남, 2003

_____, 이규현 옮김, 『성의 역사 1』, 나남, 2017

_____, 문경자·신은영 옮김, 『성의 역사 2: 쾌락의 활용』, 나남, 1990

_____, 김현 편역, 『미셸 푸코의 문학 비평』, 문학과지성사, 1994

_____, 박정자 옮김, 『비정상인들』, 동문선, 2001

_____, 김상운 옮김, 『"사회를 보호해야 한다"』, 난장, 2015

_____, 오트르망 옮김, 『안전, 영토, 인구』, 난장, 2011

_____, 심세광 옮김, 『주체의 해석학』, 동문선, 2007

프레게, 고트로프, 전응주 옮김, 『개념 표기』, 이제이북스, 2015

프로이트, 지그문트, 강영계 옮김, 『토템과 터부』, 지만지, 2013

피어슨, 키스 안젤, 이정우 옮김, 『싹트는 생명』, 산해, 2005

하이데거, 마르틴, 박찬국 옮김, 『니체』, 전2권, 도서출판 길, 2010~2012

하이젠베르크, 베르너, 유영미 옮김, 『부분과 전체』, 서커스, 2016

_____, 최종덕 옮김, 『철학과 물리학의 만남』, 한겨레, 1990

한정헌·최승현 엮음, 『사유의 새로운 이념들』, 그린비, 2022

해킹, 이안, 정혜경 옮김, 『우연을 길들이다』, 바다출판사, 2012

헤겔, 게오르크, 두행숙 옮김, 『미학 강의』, 은행나무, 2015

키키안, 잭, 전대호·전광수 옮김, 『무질서의 과학』, 철학과현실사, 2004

홉스, 토머스, 진석용 옮김, 『리바이어던』, 나남, 2013

화이트헤드, 알프레드 노드, 오영환 옮김, 『과학과 근대세계』, 서광사, 2008

_____, 오영환·문창옥 옮김, 『사고의 양태』, 2012

_____, 오영환 옮김, 『관념의 모험』, 한길사, 2018

후설, 에드문트, 이종훈 옮김, 『논리 연구』(I, II-1, II-2), 민음사, 2018

_____, 이종훈 옮김, 『시간의식』, 한길사, 2018

_____, 김태희 옮김, 『사물과 공간』, 아카넷, 2018

_____, 이종훈 옮김, 『순수 현상학과 현상학적 철학의 이념들』(1, 2, 3), 한길사, 2009

_____, 이종훈 옮김, 『제일철학』(1, 2), 한길사, 2020

_____, 이종훈 옮김, 『수동적 종합』(1918~1926), 한길사, 2018

_____, 이종훈 옮김, 『형식논리학과 선험논리학』, 한길사, 2019

_____, 이종훈 옮김, 『유럽 학문의 위기와 선험적 현상학』, 한길사, 2016

_____, 이종훈 옮김, 『경험과 판단』, 민음사, 2016

후설, 에드문트·핑크, 오이겐, 이종훈 옮김, 『데카르트적 성찰』, 한길사, 2002

후쿠오카 신이치, 김소연 옮김, 『동적 평형』, 은행나무, 2010

힐베르트, 다비드·포센, 슈테판 콘, 정경훈 옮김, 『기하학과 상상력』, 살림MATH, 2012

川野哲也, 『暴走する脳科学』, 光文社, 2008.

_____, 『エコロジカルな心の哲学』, 勁草書房, 2008

九鬼周造, 『文学概論』, 『九鬼周造全集』, 第十一巻, 2012

_____, 『偶然性の問題』, 岩波文庫, 2015

西田幾多郎, 『西田幾多郎哲學論集』, 全三巻, 上田閑岩照 編, 岩波文庫, 2016

田中久文, 『日本美を哲学する』, 青土社, 2016

森哲郎 解說, 『世界史の理論』, 燈影舍, 2000

三木清, 『パスカルにおける人間の研究』, 岩波文庫, 2017

_____, 『唯物史觀と現代の意識』, 全集 3, 岩波書店, 1928

_____, 全集 5, 岩波書店, 1967

_____, 『歴史哲學』, 全集 6, 岩波書店, 1932

_____, 『構想力の論理』, 全集 8, 岩波書店, 1948

齊藤慶典, 『生命と自由』, 東京大學出版會, 2014

柴谷篤弘, 『構造主義生物学』, 東京大學出版會, 1999

飯田隆, 『言語哲學大全 3: 意味と樣相 下』, 勁草書房, 1995

大森莊藏, 『時間は流れず』, 青土社, 1996

和田純夫, 『量子力学が語る世界像』, 講談社, 1994

池田清彦, 『構造主義生物学とは何か』, 海鳴社, 1988

_____, 『構造主義と生物学』, 海鳴社, 1989

田辺元, 全集 6巻, 筑摩書房

平井靖史外編, 『ベルクソン『物質と記憶』を診断する』, 書肆心水, 2017

広松渉, 『世界の共同主観的存在構造』, 岩波文庫, 2017

Adorno, Theodor, *Negative Dialektik*, Suhrkamp, 1970

Althusser, Louis, Écrits sur la psychanalyse, STOCK/IMEC, 1993

_____, *Sur la reproduction*, Presses universitaires de France, 1995

Austin, John, *Philosophical Papers*, Clarendon Press, 1961

Ayer, Alfred Jules, *Language, Truth and Logic*, Dover Publications, 2020

Ayer, Alfred(ed.), *Logical Positivism*, The Free Press, 1959

Bachelard, Gaston, *La valeur inductive de la relativité*, Librairie philosophique J. Vrin, 2014

_____, *La philosophie du non*, Presses universitaires de France, 1940

_____, *Bachelard: épistémologie*, Presses universitaires de France, 1971

_____, *La formation de l'esprit scientifique*, Librairie philosophique J. Vrin, 1938

_____, *La philosophie du non*, Presses universitaires de France, 1940

_____, *Le matérialisme rationnel*, Presses universitaires de France, 1953

Badiou, Alain, *L'être et l'événement*, Édition de Seuil, 1988

Barthes, Roland, *Système de la mode*, Points, 2014

Benjamin, Walter, *Gesammelte Schriften*, 7 Bds., Suhrkamp, 1982~1989

Bergson, Henri, *Essai sur les données immédiates de la conscience*, Presses universitaires de France, 1927

_____, *Matière et mémoire*, Presses Universitaries de France, 1939

_____, *L'évolution créatrice*, Presses universitaires de France, 1941

_____, *Les deux sources de la morale et de la religion*, Presses universitaires de France, 2013

_____, *La pensée et le mouvant*, Presses universitaires de France, 1938

_____, *L'Énergie spirituelle*, Presses universitaires de France, 2017

Bernard, Claude, *Introduction à l'étude de la médecine expérimentale*, Flammarion, 2008

Block, Ned et al.(ed.), *The Nature of Consciousness*, The MIT Press, 1997

Bohr, Niels, *The Philosophical Writings of Niels Bohr*, vol. 1, Ox Bow Press, 1987

Born, Max, *Physics in My Generation*, Springer-Verlag, 1969

Bouquiaux, Lawrence, *L'Harmonie et le chaos*, Éditions Peeters, 1994

Boutroux, Émile, *De la contingence des lois de la nature*, 2ᵉ éd. Félix Alcan, 1895

Brandom, Robert, *Making it Explicit*, Harvard University Press, 1998

Brunschvicq, Léon, *L'Expérience humaine et la causalité physique*, Forgotten Books, 2018

Canguilhem, Georges, *Idéologie et rationalité dans l'histoire des sciences de la vie*, Librairie Vrin, 2009

_____, *La connaissance de la vie*, Librairie Vrin, 2015

Cartwright, Nancy, *How the Laws of Physics, Lie*, Oxford University Press, 1983

_____, *The Dappled World*, Cambridge University Press, 1999

Chalmers, David, *The Conscious Mind*, Oxford University Press, 1996

Cohen, Hermann, *Logik der reinen Erkenntnis*, Forgotten Books, 2018

Colodny, Robert G.(ed.), *Paradigms and Paradoxes*, Univ. of Pittsburgh Press, 1972

Comte, Auguste, *Philosophie des sciences*, textes choisis par Jean Laubier, Presses

Universitaire de France, 1974

Copi, Irving and Gould, James, *Contemporary Readings in Logical Theory*, The Macmillan Company, 1967

Cournot, Antoine Augustin, *Essai sur les fondements de no connaissances et sur les caractères de la critique philosophique*, Librairie philosophique J. Vrin, 1975

Darwin, Charles, *The Portable Darwin*, Penguin Classics, 1993

de Broglie, Louis, *Physique et microphysique*, Albin Michel, 1947

Davidson, Donald, *Essays on Actions and Events*, Clarendon Press, 2001

Deleuze, Gilles, *Le bergsonisme*, Presses universitaires de France, 1966?

_____, *Différence et répétition,* Presses universitaires de France, 1968

_____, *Cinéma 1: l'image-mouvement*, Les Édition de Minuit, 1983

Deleuze et Guattari, Félix, *L'Anti-Oedipe*, Les Édition de Minuit, 1972

_____, *Mille plateaux*, Les Édition de Minuit, 1980

_____, *Foucault*, Les Éditions de Minuit, 1986

_____, *Qu'est-ce que la philosophie?*, Les Édition de Minuit, 1991

Derrida, Jacques, *La dissémination*, Seuil, 1972

_____, *Given Time* I, The University of Chicago Press, 1992

_____, *The Gift of Death*, University of Chicago Press, 1995

_____, *De l'hospitalité*, Clamman-Lévy, 1997

_____, *La carte postale*, Flammarion, 2014

Descartes, René, *Oeuvres et Lettres*, Gallimard, 1953

Davidson, Donald, *Essays on Actions and Events*, Clarendon Press, 2001

Duffy, Simon(ed.), *Virtual Mathematics*, Clinamen Press, 2006

Feigl, H. and Sellars W., *Readings in Philosophical Analysis*, Appleton-Contrury-Crofts, 1949

Fichte, Johann Gottlieb, *Grundlage der gesamten Wissenschaftslehre*, Felix Meiner, 1997

Foucault, Michel, *Naissance de la clinique*,

_____, *Les anormaux*, cours au collège de France 1974-1975, Seuil/Gallimard, 1999

Freud, Sigmund, *Das Ich und das Es*, Fischer Taschenbuch Verlag, 1992

Gibson, James J., *The Ecological Approach to Visual Perception*, Psychology Press, 2015

Goldberg, Ken, ed., *The Robot in the Garden*, The MIT Press, 2000

Goodman, Nelson, *Fact, Fiction and Forecast*, Harvard Univ. Press, 1979

Gunter, P. A. Y., ed., *Bergson and the Evolution of Physics*, The University of Tennessee Press, 1951

Heidegger, Martin, *Was ist Metaphysik?*, Vittorio Klostermann, 1943

_____, *Die Grundbegriffe der Metaphysik*, Vittorio Klostermann, 1983

_____, *Vom Wesen der Wahrheit*, Vittorio Klostermann, 1988

_____, *Beiträge zur Philosophie*, Vittorio Klostermann, 1989

_____, *Sein und Zeit*, Max Niemeyer, 2006

_____, *Holzwege*, Vittorio Klostermann, 2015

Husserl, Edmund, *Ideen zu einer reinen Phänomenologie und phänomenologischen Philosophie*, Felix Meiner, 2009

Kant, Immanuel, *Prolegomena zu einer jeden künftigen Metaphysik*, Holzinger, 1783

_____, *Idee zu einer Allgemeinen Geschichte in weltbürgerlicher Absicht*, Holzinger, 1784

_____, *Beantwortung der Frage: Was ist Aufklärung?*, Holzinger, 1784

_____, *Kritik der reinen Vernunft*, Suhrkamp, 2014

_____, *Kritik der praktishen Vernunft*, Suhrkamp, 2014

_____, *Grundlegung zur Metaphysik der Sitten*, Suhrkamp, 2014

_____, *Kritik der Urteilskraft*, Suhrkamp, 2014

_____, *Metaphysische Anfangsgründe der Naturwissenschaft*, Felix Meiner, 1997

Lacan, Jacques, Écrits, Éditions de Seuil, 1966

_____, *Les quatres concepts fondamentaux de la psychanalyse*, Éditions du Seuil, 1973

Lachelier, Jules, *Du fondement de l'induction*, Fayard 1993

Lagrange, Joseph Louis, *Mécanique analytique*, troisième édition, Mallet-Bachelier, 1853

Leibniz, Gottfried Wilhelm, *Leibniz: Philosophical Essays*, trans. by Roger Ariew and Daniel Garber, Hackett, 1989

_____, *Discours de métaphysique et autres textes*, par Christiane Frémont, Ed. Flammarion, 2011

_____, *Nouveaux essais sur l'entendement humain*, chronologie, bibliographie, introduction et notes par Jacques Brunschwig, Ed. de, Flammarion, 1990

_____, *Essais de théodicée*, Chronologie et introduction par J. Brunschwig, Ed. de

Flammarion, 1969

_____, *Principes de la Nature et de la grâce fondés en raison, Principes de la Philosophie ou Monadologie*, publiés par André Robinet, PUF, 2001

Leibniz, G. W., and Clarke, Samuel, *Correspendence*, ed. by Roger Ariew, Hackett Publishing Company, 2000

Levinas, Emmanuel, *De l'existence à l'existent*, Librairie philosophique Vrin, 2013

_____, *Le temps et l'autre*, Presses universitaires de France, 1983

_____, *Totalité et infini*, Martinus Nijhoff, 1971

_____, *Autrement qu'être ou au-delà de l'essence*, Martinus Nijhoff, 1978

Lévi-Strauss, Claude, *Le totémisme aujourd'hui*, PUF, 2017

Lewis, David, *On the Plurality of Worlds*, Blackwell Publishing, 1986

Linsky, Leonard(ed.), *Reference and Modality*, Oxford University Press, 1971

Loux, Michael(ed.), *The Possible and the Actual*, Cornell Univ. Press, 1979

Ludlow, Peter(ed.), *Readings in the Philosophy of Language*, The MIT Press, 1997

Maimon, Salomon, *Essay on Transcendental Philosophy*, trans. by A. Welchman et al., Continuum, 2010

Merleau-Ponty, Maurice, *Phénoménologie de la perception*, Gallimard, 1945

_____, *Signes*, Gallimard, 1960

_____, *L'Oeil et l'esprit*, Gallimard, 1964

_____, *Sens et non-sens*, Gallimard, 1996

Meyerson, Émile, *Identié et réalité*, Félix Alcan, 1908

_____, *Du cheminement de la pensée*, Libraire philosophique J. Vrin, 2011

Milhaud, Gaston, Études sur la pensée scientifique chez les Grecs et chez les *modernes*, Hachette Livre BNF, 2013

_____, *La philosophie de Charles Renouvier*, Ligaran, 2016

Moore, A. W., *The Infinite*, 3rd edition, Routledge, 2018

Munitz, Milton(ed.), *Logic and Ontology*, New York University Press, 1973

Nagel, Thomas, *Mind & Cosmos*, Oxford Univ. Press, 2012

Nietzsche, Friedrich, *Kritische Studienausgabe*, herausgegeben von Giorgio Colli und Mazzino Montinari, De Gruyter, 2010

Peirce, Charles Sanders, *Collected Papers of Charles Sanders Peirce*, Electronic Edition, 1994

Poincaré, Henri, *La valeur de la science*, Editions Flammarion, 1908

_____, *Dernières pensées*, Editions Flammarion, 1917

Popper, Karl, *Conjectures and Refutations*, Routledge, 2002

Putman, Hilary, *Philosophical Papers*, II, Cambridge Uniersity Press, 1979

_____, *Meaning and Moral Sciences*, Routledge, 2010

Quine, Willard van Orman, *Word and Object*, The MIT Press, 1960

_____, *From a Logical Point of View*, Harvard Univ. Press, 1980

Rawls, John, *A Theory of Justice*, Harvard University Press, 1971

Reichenbach, Hans, *The Direction of Time*, Dover Publications, 2019

Renouvier, Charles, *Essais de critique générale*, 4 vols., Nabu Press, 2010~2011

Rosen, Jeseph, *Symmetry in Science*, Springer, 1995

Roux, Michael(ed.), *The Possible and the Actual*, Cornell University Press, 1979

Russell, Bertrand, *Principles of Mathematics*, Routledge, 2010

_____, *Logic and Knowledge*, Routledge, 1956

_____, *My Philosophical Development*, Simon and Schuster, 1959

Salmon, Wesley, *Zeno's Paradoxes*, Hackett Publishing Company, 2001

Sartre, Jean Paul, *La Nausée*, Gallimard, 1938

_____, *L'être et le néant*, Gallimard, 1943

_____, *L'existentialisme est un humanisme*, Gallimard, 1996

Schrödinger, Erwin, *Collected Papers on Wave Mechanics*, Chelsea Publishing Company, 1982

Schwartz, Stephen P.(ed.), *Naming, Necessity, and Natural Kinds*, Cornell Univ. Press, 1977

Serres, Michel, *Le système de Leibniz*, Presses universitaires de France, 1968

Stalnaker, Robert, *Inquiry*, MIT Press, 1984

Strawson, Peter, *Individuals*, Routledge, 1959

Tempels, Placide, *La philosophie bantoue*, Presence Africaine, 2013

Thom, René, *Stabilité structurelle et morphogénèse*, Dunod, 1984

Wahl, Jean, *Vers le concret*, Librairie philosophique Vrin, 2004

Whitehead, Alfred North, *Process and Reality*, Free Press, 1979

Wittgenstein, Ludwig, *Tractatus logico-philosophicus*, Routledge, 1922

_____, *Philosophische Untersuchungen*, Suhrkamp, 2003

인물 찾아보기

개념 찾아보기